9-787-101-003864
U0576714

第九冊

冊府元龜

中華書局影印

册府元龜第九册目錄

牧守部

幕府部

陪臣部

冊府元龜

巡按福建監察御史臣李嗣京　訂正
分守建南道左布政使臣胡維霖　叅閲
知建陽縣事臣黄國琦較釋

牧守部

總序

唐虞之制或十二州或九州州皆有牧虞典所謂咨十有二牧左氏傳所謂禹鑄九牧之金是也三代之制王畿千里之外設方伯五國以爲屬屬有長十國以爲連連有帥三十國爲一卒卒有正二百一十國

以爲州州有伯八州八伯伯亦牧也商曰伯夏周皆曰牧自唐迄周九州之地以封諸侯諸侯賢者乃爲州牧又使大夫三人監方伯之國故曰三監秦氏罷侯置守凡三十六郡郡置守掌治其郡秩二千石內郡有丞邊郡又有長史掌兵馬秩皆六百石又置尉掌佐守典武職甲卒秩比二千石亦有丞秩六百石又置御史監之漢郡縣承秦置京兆尹左馮翊右扶風謂之三輔分治長安城中京兆初爲內史又爲右內史左馮翊初爲左內史右扶風初名主爵中尉又爲中尉後更今名各置郡尉而諸侯所封之國置內史治民中尉掌武職又省監郡御史丞相遣吏分刺州不常置景帝中二年更名郡守曰太守郡尉曰都尉武帝元封三年分諸郡爲十三部部置刺史掌奉詔條察州內秩六百石其察三輔曰司隸較尉成帝綏和元年更刺史曰牧秩二千石哀帝建平二年又以州牧復爲刺史元壽二年又以刺史爲州牧郡守之職掌治民進賢勸功決獄除奸常以春行縣所至勸民農桑振救乏絶秋冬遣無害吏案訊諸囚平其罪法論課殿最刺史之職常以八月巡行所部郡國錄囚徒考殿最初歲盡詣京都奏事皆有從事史假佐

後漢皆因之以河南郡爲河南尹省諸郡都尉其職并歸太守屬國都尉舊主蠻夷降者中興稍有八縣治民如郡安帝又置扶風及京兆虎牙都尉靈帝末復以刺史爲州牧魏始置都督諸州軍事或領州刺史晉惟舊制王畿置司隸較尉州置刺史京師所治置尹郡置太守諸王國置內史又涼州刺史領護羌較尉雍州刺史領西戎較尉荆州刺史領南蠻較尉亦或分置又刺史太守內史多領將軍中郎將之職元帝中興罷司隸以其職爲揚州刺史宋齊同之自魏已降大抵刺史任重者爲使持節都督輕者爲持

節都督諸軍事又輕者爲假節刺史治民事其非要州不帶都督則單爲刺史謂之單車刺史梁陳之制刺史二千石受拜之明日辭宗廟而行揚州南徐州東揚州刺史品第三荆江南兗郢湘雍州刺史品第四豫益廣衡青北兗北徐梁司南梁交越桂霍寧州刺史及丹陽尹會稽吳郡吳興太守品第五其餘萬戶以上郡守內史品第六不滿萬戶太守內史品第七其秩北二千石單車刺史加督進一品都督進二品太守加秩亦進一品都督進二品後魏以司隷部爲司州州置三刺史用六品宗室一人異姓二人比

古之上中下三大夫郡置三太守用七品而太守上有刺史下有令長雖置而不臨民又置大都督總綰軍民北齊京師所治司州置牧清都置尹餘州置刺史郡置太守三等上州刺史清都尹三品三等中州刺史三等上郡太守從三品三等下州刺史四品三等州郡制祿之法刺史守令下車各前取一時之秩上上州刺史與司州牧同歲秩八百疋上中上下五十疋爲差中上百疋爲差中中中下五十疋爲差下上百疋爲差下中下下五十疋爲差上郡太守歲秩五百疋降清都尹五十疋上中上下各以五十疋爲差中上四十疋爲差中中中下三十疋爲差下上四十疋爲差下中下下三十疋爲差幹力聽勅乃給幹輸絹十八疋放其身力則以州郡自直充後周雍州牧九命三萬戶以上州刺史正八命二萬戶以上州刺史八命一萬戶以上州刺史正七命五千戶以上州刺史七命京兆尹八命一萬五千戶以上郡守正七命五千戶以上郡守正六命一千戶以上郡守正五命一千戶以下郡守五命而刺史奉辭之日備列鹵簿又改都督爲總管隋雍州牧從二品上州刺史正三品中州刺史從三品下州刺史正四品京兆尹

正三品上郡太守從四品中郡太守從五品下郡太守正六品州又置總管以統餘州并益揚荆謂之大總管視從二品中總管視正三品下總管視從三品其爲總管刺史皆加持節刺史太守皆計戶而給祿大州六百二十石其以四十石爲差於下下則三百石大郡三百四十石其下每以三十石爲差後開皇三年罷郡以州統縣煬帝即位又罷州置郡郡置太守上郡從三品中郡正四品下郡從四品京兆河南俱謂之尹正三品舊制州有兵處刺史帶諸軍事以涖之至是別置都尉副都尉領兵馬郡不復知兵矣

其後郡各加置通守一人位次太守京兆河南則謂之內史而悉罷持節總管之名唐初又以郡爲州雍州雒州並置牧餘州置刺史復以雒荆并幽交五州爲總管府總管與刺史皆號持節七年改總管爲都督督十州者爲上都督不及者爲都督後又都督刺史加號使持節諸軍事而實無節但頒銅魚而已景雲二年分置二十四都督糾察所管州刺史已下官人善惡畿內州不隸都督長壽元年又改并州爲太原府神龍中罷之開元中改爲太原府又始置節度使其后又置諸道採訪使皆以刺史爲之節度使以

司戎事採訪使以聽民政天寶元年改州爲郡改刺史爲太守至德元年改郡爲州改太守爲刺史又以益州爲成都府岐州爲鳳翔府蒲州爲河中府荆州爲江陵府乾元元年改停採訪使依置觀察處置使興元中以梁州爲興元府光化中以華州爲興德府凡唐之制京兆河南太原尹從二品餘尹從三品其屬僚有少尹而下大都督從二品中都督正三品下都督從三品屬官有長史而下大都督多親王爲之以長史領州務以領戶滿四萬已上曰上州刺史從三品戶滿二萬已上曰中州刺史正四品戶不及二萬曰下州刺史正四品其屬僚有别駕下都督而下所掌清肅邦畿考覈官吏宣布德化撫和齊人勸課農桑敦諭五教每歲一巡屬縣觀風俗問百年錄囚徒恤鰥寡閱丁中務知百姓之疾五代之制並與唐同昔漢宣帝云與吾共治者惟良二千石乎夫一圻之地千乘之賦上承於王廟下熙於民務有刑辟之政有軍旅之事所謂生民休戚之所屬王室安危之所漸故得其人則成治非其材則受弊至乃仁慈以流聲清白以飛譽禮讓以化俗公正以御物不懾於威權不溺於榮利此良吏之最也巽愞以取容依阿以附勢殖貨以厚

己苛刻以求名不畏於簡書不卹於惸弱此姦吏之首也並用考其行事著之於篇其佐吏則附見於幕府凡牧守部四十二門云

選任

自舜典所載蓋十有二牧以訖于周重方伯連帥之任秦置郡守漢仍其制或郡或國錯峙於四封曰守曰相咸臨於兆姓專制千里其爲威重可知矣故推擇之際未嘗輕焉乃有密邇都邑備介戎貊或豪猾恣横或寇攘爲孽至乃干戈甫定水旱相仍罷羸賴其惠綏强暴資其式遏繇是選循良之器求眞幹之

用分符以往專城而居足以爲王廟之藩屏黔民之師長者矣

周成王時周公既没成王命君陳分正東郊成周成王重周公所營故命君陳分居正東郊成周公之邑里官司

康王命畢公分居里成周郊分別民之居里異其善惡成定東周郊境使有保護作畢命言畢公見命之書惟十有二年六月庚午朏康王即位十二年六月三日庚午朏越三日壬申王朝步自宗周至于豐於朏三日壬申王朝行自宗周至於豐宗周鎬京豐文王所都以成周之衆命畢公保釐東郊用成周之民衆命畢公使安理治王成周東郊令得所王若曰嗚呼父師惟文王武王敷大德于天下用克受殷命王順其事數告

畢公代周公爲大師爲東伯命之代君陳言文武布大德於天下故天佑之用能受殷之王命惟周公左右先王綏定厥家言周公助先王安定其家毖殷頑民遷于洛邑密邇王室式化厥訓慎殷頑民慤其叛亂故徙於洛邑客近王室用化其教既歷三紀世變風移四方無虞予一人以寧言殷民遷周已經三紀世代民易頑者漸化四方無可度之事我天子用安邑矣十二年日紀父子曰世道有升降政繇俗革不臧厥臧民罔攸勸天道有上下交接之義政教有用俗改更之理民之俗善養之俗有不善以法御之若乃不善其善則民無所勸慕惟公懋德克勤小物弼亮四世正色率下罔不祗師言言公勉行德能勤小物輔佐文武成康四世爲公卿正色率下下人無不敬仰師法嘉績多于先生予小子垂拱仰成公之善功多大先人之義我小子爲王垂拱仰公成理言其上顯父兄下施子孫王曰嗚呼父師今予祗命公以周公之事往哉今我敬命公以周公所爲之事往爲之哉言非周家所爲不敢枉公往治旌別淑慝表厥宅里彰善癉惡樹之風聲言當識別頑民之善惡表異其居里明其爲善病其爲惡立其善風揚其善聲弗率訓典殊厥井疆俾克畏慕其不循教道之常則殊其井居田界使能畏爲惡之禍慕爲善之福所以相勸申畫郊圻慎固封守以康四海郊圻雖舊所規畫當重分明之又當謹慎監固封疆之守備以安四海京師安則四海安矣政貴有恒辭尚體要不惟好異政以仁義爲常辭以理實爲要故貴尚之若異於先王君子所不好商俗靡靡利口惟賢餘風未殄公其念哉紂以靡靡利口惟賢覆亡國家今殷民利口餘風未絶公其念絶之我聞曰世祿之家鮮克繇禮以蕩陵德實悖天道特言我聞自古有之世有

祿位而無禮教少不以放蕩陵邈有德者如此實亂天道敝化奢麗萬世同流言敝俗相化車服奢麗雖相去萬世若同一流茲殷庶士席寵惟舊怙侈滅義服美于人此殷衆士居寵日久怙恃奢侈以滅德義服飾過制美於其名以僭上驕淫矜誇將繇惡終雖收放心閑之惟艱言殷衆士驕恣過制於其所能以自侈大如此不變將用惡自終雖今順從周制心未壓服以禮閑禦其心惟難資富能訓惟以永年惟德惟義時乃大訓不繇古訓于何其訓以富資而能訓義則惟可以長年命矣惟有德義是乃大訓若不用古訓典籍於何其能訓乎王曰嗚呼父師邦之安危惟茲殷士不剛不柔厥德允脩言邦國所以安危惟在和此殷士而已治之不剛不柔寬猛相濟則其德政信脩立惟周公克愼厥始惟君陳克和厥中惟公克成厥終周公遷殷頑民以消

亂眥能慎其始君陳弘周公之訓能和其中畢公闡二公之烈能成其終三后協心同底于道道洽政治澤潤生民三君合心爲一終始相成同致于道道至普洽政化治理其德澤惠施乃浸潤生民言三君之功不可不尚四夷左衽罔不咸賴予小子永膺多福言東夷西戎南蠻北狄被髮左衽之人無不皆恃賴三君之德我小子亦長受其多福公其惟時成周建無窮之基亦有無窮之聞公其惟以是成周之治爲周家立無窮之基業於公亦有無窮之名聞於後世子孫訓其成式惟乂言後世子孫順公之成法惟以治嗚呼罔曰弗克惟旣厥心人之爲政無曰不能惟在盡其心而已罔曰民寡惟愼厥事無曰人少不足治也惟在愼其政事無敢輕之欽若先王成烈以休於前政敬順文武成業以美於前人之政所以勉畢公

申伯以賢入爲宣王卿士佐王有功王又欲使繼其故諸侯之事往作邑於謝南方之國皆統理施其法度特改大其邑使爲侯伯故崧高詩云亹亹申伯王纘之事于邑于謝南國是式亹亹勉也謝周之南國也纘繼于往式法也

漢郅都景帝初爲中郎將時濟南瞯氏宗人三百餘家豪猾二千石莫能制於是帝拜都爲濟南守

灌夫爲代相武帝初卽位以淮陽天下郊勁兵處郊謂四交輻輳而兵又勁彊故徙夫爲淮陽太守

汲黯爲右內史坐小法免官隱於田園會改鑄五銖錢民多盜鑄楚地尤甚武帝以爲淮陽太守黯伏謝不受印綬詔數彊予然後奉詔召上殿黯泣曰臣自以爲塡溝壑不復見陛下不意陛下復收之臣常有狗馬之心思報効今病力力謂甚也不能任郡事臣願爲中郎出入禁闥補過拾遺臣之願也帝曰君薄淮陽邪吾今召君矣言後卽召也顧淮陽吏民不相得顧謂思念也吾徒得君重徒但也重威重也臥而治之

龔遂爲昌邑郎中令昌邑王廢旣爲城旦宣帝卽位久之渤海左右郡歲饑盜賊並起二千石不能禽制帝選能治者丞相御史舉遂可用帝以爲渤海太守

韓延壽爲淮陽太守治甚有名徙潁川潁川多豪彊

難治國家常爲選良二千石

尹賞爲長安令江湖中多盜賊乃以賞爲江夏太守坐殘賊免南山羣盜起以賞爲右輔都尉

張敞爲函谷關都尉宣帝卽位廢王賀在昌邑帝心憚之徙敞爲山陽太守後爲膠東相時潁川太守王霸以治行第一入守京兆尹不稱罷歸於是制詔以敞守京兆尹後坐事亡命冀州部中有大賊天子思敞功勅使使者卽家在所召拜冀州刺史

蕭望之宣帝時爲少府帝以望之經明持重論議有餘才任宰相任堪也欲詳試其政事復以爲左馮翊望

之從少府出爲左遷恐有不合意卽移病移病謂移書言病一曰以病而移居帝聞之使侍中成都侯安上諭意曰所用皆更治民以考功更猶言歷也前爲平原太守日淺故復試之於三輔非有所聞也所聞謂聞其短失望之卽視事

王尊爲槐里令兼行美陽令事元帝行幸雍過虢尊供張如法而辦以高第擢爲安定太守後爲中太僕坐事左遷高陵令以病免會山南羣盜數百人爲吏人害歲餘不能禽或說大將軍王鳳獨選賢京兆尹乃可於是鳳薦尊守京輔都尉行京兆尹事旬月間盜賊清

冊府元龜　牧守部　選任　卷之六百七十一　十一

王章爲司隸校尉會京兆尹王尊免代者不稱職章以選爲京兆尹

孫寶爲諫議大夫鴻嘉中廣漢羣盜起選爲益州刺史後爲丞相司直會益州蠻夷犯法巴蜀頗不安成帝以寶著名西州拜爲廣漢太守秩中二千石賜黃金三十斤蠻夷安輯吏民稱之

彭容哀帝時爲漁陽太守有名於邊容貌食飲絶衆是時單于來朝當道二千石皆選容貌飲食士故容徙爲雲中太守

後漢郭伋爲漁陽太守建武九年潁川盜賊羣起徵拜潁川太守召見辭謁帝勞之曰賢能太守去帝城不遠河潤九里冀京師并蒙福也十一年帝以盧芳據北土乃調伋爲并州牧

董宣建武中爲懷令後江夏有劇賊夏喜等寇亂郡境以宣爲江夏太守

樊曄爲軹長隗囂滅後隴右不安乃拜曄爲天水太守

臧宮爲輔威將軍建武十一年與吳漢並滅公孫述光武以蜀地新定拜宮爲廣漢太守

祭肜爲襄賁令賁音肥在今沂州臨沂縣建武十七年匈奴鮮卑

冊府元龜　牧守部　選任　卷之六百七十一　十二

及赤山烏桓連和彊盛數入塞殺略吏人朝廷以爲憂益增緣邊兵郡有數千人又遣諸將分屯障塞帝以肜爲能拜遼東太守

袁安爲陰平任城令所在吏人畏而愛之明帝永平十三年楚王英謀爲逆事下郡考覆明年三府舉安能理劇拜楚郡太守

王堂爲穀城令治有名迹穀城縣在今齊州東阿安帝永初中西羌寇郡爲民患詔書遣中郎將尹就攻討連年不克三府舉堂治劇拜巴郡太守

盧植爲博士靈帝熹平四年九江蠻反四府選植才

兼文武拜九江太守鸞冠賓服

朱儁爲太僕光和中賊帥嘗山人張燕冠河內逼近京師於是出儁爲河內太守將家兵擊却之

張綱爲侍御史時廣陵賊張嬰殺太守據郡衆與乃用綱爲廣陵太守綱至乃陳示禍福嬰等開門出降綱乃撫納離叛使各得安居部內肅清帝嘉之賜錢十萬

賈琮爲京兆尹中平元年交阯屯兵反執刺史及合補太守自稱柱天將軍帝特勑三府精選能吏有司舉琮爲交阯刺史及徵拜議郎時黃巾新破兵凶之

後郡縣重斂因緣生姦詔書沙汰刺史二千石更選精能吏乃以琮爲冀州刺史

周紆爲博平令以威名遷齊相

黃昌爲宛令政尚嚴猛皆稱神明朝廷舉能遷蜀郡太守

陽球辟司徒劉寵府九江山賊起連月不解三府上球有理姦才拜九江太守

王允爲侍御史中平初黃巾賊起選拜豫州刺史

糜竺曹公表爲嬴郡太守曰泰山郡界廣遠舊多輕悍權時之宜可分五縣爲嬴郡揀選清廉以爲守將偏將軍糜竺素履忠貞文武昭烈請以竺領嬴郡太守撫慰吏民

劉虞爲幽州劉焉爲益州劉表爲荊州賈琮爲冀州虞等皆海內清名之士或從列卿尚書以選爲牧伯各以本秩居任傳車參駕旄赤帷裳

魏何夔後漢建安中爲長廣太守徵還參丞相軍事海賊郭祖冠暴樂安濟南界州郡苦之太祖以夔前在長廣有威信拜樂安太守到官數月諸城悉平

蔣濟楚國人太祖拜濟丹陽太守大軍南征還以溫恢爲楊州刺史濟爲別駕令曰季子爲臣吳宜有君

今君還州吾無憂矣

杜畿爲西平太守太祖既定河北而高幹舉并州反時河東太守王邑被徵河東人衛固范先外以請邑爲名而內實與幹通謀帝謂荀彧曰關西諸將恃險與馬征必爲亂張晟冠殽澠間南通劉表固等因之吾恐其爲害深河東被山帶河四鄰多變當今天下之要地也君爲我舉蕭何寇恂以鎮之彧曰杜畿其人也於是追拜畿爲河東太守

賈逵爲議郎參司隸軍事太祖征馬超至弘農曰此西道之要以逵領弘農太守

晉鄭袤魏末爲散騎常侍會廣平太守缺宣帝謂袤曰賢叔大匠垂名稱於陽平魏郡百姓大蒙惠化且盧子家盧毓王子雍王肅繼蹤此郡使世不乏賢故復相屈

滕脩仕吳爲廣州刺史甚有威惠徵爲執金吾廣州部典督郭馬等爲亂孫皓以脩宿有威惠爲嶺表所服以爲使持節督廣州軍事鎮南將軍廣州牧以討之

阮种自中書郎遷平原相時襄邑衛京自南陽太守遷于河內與种俱拜武帝望而歎曰二千石皆若此

朕何憂乎

馬隆初爲武威太守太康初朝廷以西平荒毀宜時興復以隆爲西平太守

諸葛恢爲元帝鎮東從事中郎承制調爲會稽太守臨行帝爲置酒謂曰今之會稽昔之關中足食足兵在於良守以君有蒞任之方是以相屈四方分離當恢振圯運政之所先君爲言之恢陳謝因對曰今天下喪亂風俗陵遲宜尊五美屏四惡進忠實退浮華帝深納焉

劉弘爲荆州刺史平張昌時荆部守宰多缺弘請補選帝從之弘乃叙功銓德隨才補授甚爲論者所稱乃表曰被中詔勑臣隨資品選補諸缺吏夫慶賞刑威非臣所專且知人則哲聖帝所難非臣闇蔽所能斟酌然萬事有機毫釐宜慎謹奉詔書差所應用蓋崇化莫若貴德則所以濟也故太上立德其次立功也頃者多難淳朴彌凋臣輒以徵士伍朝補零陵太守庶以懲波蕩之弊養退讓之操臣以不武前退於宛長史陶侃參軍蒯恒牙門皮初戮力致討蕩滅姦凶侃恒各以始終軍事初爲都戰帥忠勇冠軍漢沔清肅實初等之勳也司馬法賞不踰時欲人知爲善

之速福也若不超授無以勸徇功之士慰熊羆之志臣以初補襄陽太守侃爲府行司馬使典論功事當爲山都令詔惟令臣以散補空缺然沶鄉令虞潭忠誠烈正首唱義舉舉善以教不能者勸臣輒特轉潭補醴陵令南郡廉吏仇勃母老疾困賊至守衛不移以致拷掠幾至隕命尚書令史郭貞張昌以爲尚書郎欲訪以朝議遁逃不出昌質其妻子避之彌遠勃孝篤著於臨危貞忠厲於強暴雖各四品皆可以訓獎臣子長益風教臣輒以勃爲歸鄉令貞爲信陵令皆功行相參循名校實條列行狀公文具上朝廷以

初雖有功襄陽又是名郡名器宜慎不可授初乃以前東平太守夏侯陟爲襄陽太守餘並從之陟弘之壻也弘下教曰夫統天下者宜與天下同心化一國者宜與一國爲任若必姻親然後可用則荆州十郡安得十女壻然後爲政哉乃表陟姻親舊制不得相監皮初之勳宜見酬報詔聽之

陶侃爲龍驤將軍武昌太守既破杜弢遣參軍王貢告捷於王敦敦曰若無陶侯便失荆州矣伯仁方入境便爲盗所破（伯仁周顗字時爲荆州刺史）不知那得刺史貢對曰鄙州方有事難非陶龍驤莫可敦然之即表拜侃

爲使持節寧遠將軍南蠻校尉荆州刺史領西陽江夏武昌鎮于沌口

尹奉爲零陵太守時王堅代父遜爲寧州刺史南夷校尉陶侃懼不能抗對蜀人太寧末表奉爲寧州徵堅還京

桓伊爲大司馬參軍時苻堅強盛邊鄙多虞朝議選能距捍疆埸者乃授伊淮南太守

吳隱之爲左衛將軍有廉節時以廣州包帶山海珍異所出一篋之寶可資數世然多瘴疫人情憚焉雖貧窶不能自立者求補長史故前後刺史皆多黷貨朝廷欲革嶺南之弊隆安中以隱之爲龍驤將軍廣州刺史假節領平越中郎將

宋胡藩初參高祖相國軍事屬盧循餘黨與蘇溪賊大相聚結故以藩爲始興相

褚淡之初爲高祖車騎長史高祖受禪後會稽郡缺朝議欲用蔡廓高祖曰彼自是蔡家佳兒何關人事可用褚佛佛淡之小字也乃以淡之爲會稽太守

何尚之元嘉中爲太子中庶子彭城王義康欲以司徒左長史劉斌爲丹陽尹文帝不許乃以尚之爲丹

南齊張沖爲廬陵王北中郎司馬未拜豐城公遥昌

爲豫州明帝慮寇難未已徙沖爲征虜長史南梁郡太守

梁夏侯夔普通二年魏郢州刺史元顯達請降高祖勑郢州刺史元樹往迎顯達夔亦自楚城會之遂留鎮焉詔改魏郢州爲北司州以夔爲刺史兼督司州

陳歐陽頠仕梁爲東衡州刺史侯景平元帝遍問朝宰曰今天下始定極須良才請卿各舉所知羣臣未有對者帝曰吾已得一人矣侍中王褒進曰未審爲誰帝曰歐陽頠公有經濟之才乃授武州刺史

王勱字公齊仕梁爲侍中高祖爲丞相以勱兼長史

吳中遭亂民多乏絶乃以勵監吳興郡及蕭勃平後又以勵舊在嶺表早有政績乃授使持節都督廣等二十州諸軍事平南將軍平越中郎將廣州刺史未行改爲衡州刺史持節都督並如故王琳據有上流衡廣攜二勵不得之鎮留于大庾嶺

吳明徹爲鎮東將軍吳興太守及引辭之郡文帝謂明徹曰吳興郡帝鄉之重故以相授君其勉之

陸繕爲侍中時留異擁割東陽新安人向文政與異連結因據本郡朝廷以繕爲貞威將軍新安太守

後魏張烈孝文時爲太子步兵校尉齊東昏將陳顯

達治兵漢南謀將入寇時順陽太守王青石世官江南荊州刺史廣陽王嘉慮其有異表請代之帝詔侍臣各舉所知時有申薦者帝曰此郡今當必爭之地須得堪濟之才何容泛舉也太子步兵張烈每論軍國之事時有會人意處朕欲用之何如彭城王勰稱讚之遂勅除陵江將軍順陽太守

辛紹先爲神部令獻文帝皇興中薛安都以彭城歸國朝廷欲綏安初附以紹先爲下邳太守加寧朔將軍爲政不苟激察舉其大綱而已

辛祥爲并州平北府司馬會刺史喪朝廷以其公清遂越長史勅行州事

薛曇尚爲徐州穀陽戍主行南陽平郡事母憂去職孝明正光中詔以陽平降接梁地綏捍須人仰尚書舉才而遣左僕射蕭寶寅舉曇尚應選馳驛之郡

裴慶孫正光末汾州吐京羣胡聚黨作逆慶孫擊之大潰於後賊復鳩集北連蠡升南通絳蜀兇徒轉盛慶孫又討之至陽城朝廷以此被山帶河衿要之所遂立邵郡因以慶孫爲太守假節輔國將軍

淳于誕孝昌中爲巴州刺史朝議以梁州安康郡阻帶江山要害之所分置東梁州仍以誕爲鎮遠將軍

梁州刺史

北齊高翼渤海人豪俠有風神爲州里所宗敬孝昌末葛榮作亂於燕趙朝廷以翼山東豪右即家拜渤海太守至郡未幾賊徒愈盛翼部率合境徙居山濟之間魏因置東冀州以翼爲刺史加鎮東將軍

司馬子如初從神武爲大行臺郎中元顥入維人情離阻以子如曾守鄴城頗有恩信乃令行相州事

源文宗爲涇州刺史入遷散騎常侍屬秦州刺史宗崙卒朝廷以州在邊垂以文宗往蒞涇州頗著聲績除秦州刺史乘傳之府特給後部鼓吹

王則爲征南將軍隨侯景西討景於潁川作逆則鎮栢崖戍文襄以則有武用徵爲徐州刺史

後周泉企魏孝武時爲東雍州刺史齊神武專政孝武有西顧之心欲委企以山南之事乃除雒州刺史當州都督未幾孝武西遷神武率衆至潼關企遣其子元禮督鄉里五千人北出大谷以禦之齊神武不敢進梁魏興與雒州接壤表請内屬詔企爲行臺尚書以鎮之大行臺賀拔岳以企昔莅東雍爲吏民所懷乃表企復爲刺史詔許之

令狐整爲司憲中大夫初梁興州刺史席固以州來

附文帝以固爲豐州刺史固莅職既久猶習梁法凡所施爲多虧政典朝議審欲代之而難其選令整權鎮豐州委以代固之畧整廣布威恩傾身撫綏數月之間化洽州府於是除整豐州刺史以固爲湖州

申徽爲都官尚書時瓜州刺史成慶爲成人張保所殺都督令狐延等起義逐保啓請刺史以徽信洽西土拜假節瓜州刺史

王羆爲右將軍與别將裴衍破梁將曹義宗于荆州時諸方鼎沸所在凋殘荆州新經寇難尤藉慰撫以羆爲荆州刺史

郭彦爲中部中大夫鎮豫州武定中純州刺史樊含率其地既東接陳境俗兼蠻左初喪主境内騷然朝議以彦威信著於東南便令鎮撫彦至吏民畏而愛之

李遠爲大丞相府司馬時河東初復民情未安太祖謂遠曰河東國之要鎮非卿無以撫之乃授河東郡守

楊雄爲洵州刺史蠻帥文子榮竊據荆州之汶陽郡又侵陷南郡之當陽臨沮等數縣詔遣開府賀若敦潘招等討平之即以其地置平州以雄爲刺史

權景宣爲廣州刺史侯景舉河南來附景宣從僕射王思政經畧應接既而侯景南叛恐東魏復有其地以景宣爲豫州刺史鎮樂口

章世康爲司會中大夫尉遲迥之亂隋文帝爲相國謂世康曰汾絳舊是周齊界因此亂階恐生揺動今以委公因授絳州刺史以雅望鎮之闔境清肅

隋公孫景茂初仕後周爲齊北太守以毋憂去職開皇初詔徵入朝訪以政術徵拜汝南郡太守

和洪初仕周爲儀同時龍州蠻聚衆爲亂刺史獨孤善不能禦朝議以洪有武畧代善爲刺史後爲折衝

中大夫高祖爲丞相時東夏初平物情尚梗高祖以洪有威名令領冀州事甚得人和

樊叔畧開皇初爲汴州刺史鄴都俗薄號曰難化朝廷以叔畧所在著稱遷相州刺史

柳儉開皇初爲廣漢太守有能名時高祖勵精思政妙簡良能出爲牧宰以儉仁明著稱擢拜蓬州刺史

衛玄拜魏郡太守高祖謂玄曰魏郡名都衝要之所民多姦宄是用煩公此郡去都道里非遠宜數往來詢謀朝政賜物五百段而遣之

侯莫陳頴爲邢州刺史時朝廷以嶺南刺史縣令多

貪鄙蠻夷怨叛妙簡清吏以鎮撫之於是徵頴入朝拜桂州總管十七州諸軍事及到官大崇恩信民夷悅服溪洞生越多來歸附後爲嵩山太守時嶺南閩越多不附帝以頴前在桂州有惠政爲南土所信伏復拜南海太守

令狐熙爲滄州刺史高祖太山還次汴州惡其殷盛多有姧俠以熙爲汴州刺史

高勵爲上開府時隴右諸羌數爲冦亂朝廷以勵有威名拜洮州刺史

長孫平歷許貝二州俱有善政鄴都俗薄舊號難治前後刺史多不稱職朝廷以平所在稱善轉相州刺史甚有能名

郭絢大業中煬帝將有事於遼東以涿郡爲衝要訪可任者聞絢有幹局拜涿郡丞

丘和爲天水郡守大業末以海南僻遠吏多侵漁百姓咸怨數爲亂逆於是選淳良太守撫之黄門侍郎裴矩言和歷居二郡皆以惠政著聞寛而不擾帝從之追和爲交阯太守

唐武士彠武德末判六尚書事揚州有人告趙郡王孝恭有變追入京屬吏高祖令士彠馳驛簡較揚州

都督府長史

陳政初爲宇文化及太常卿亡歸長安授内史舍人時漢川多盜賊高祖曰吾前欲授卿梁州總管論者以爲大擾吾度梁漢之任非卿不可政曰臣歸國日淺未繇報効蜀漢旣清無可展力今山東尚擾化及未平願得執鞭行陣少答萬一高祖曰漢川作牧山東振旅並爲卿任遂授以梁州兼令安撫

蕭瑀爲中書令時州置七職務取才望兼善者爲之時太宗臨雍州牧以瑀爲州都督

高士廉爲光祿大夫太宗以蜀王恪爲益州大都督

幼未之藩以士廉有重望才足鎭靜方面拜左光祿大夫行益州大都督府長史

楊恭仁貞觀五年遷雒州都督太宗謂曰雒陽要重古難其人朕之子弟多矣恐非所任特以委公也

韋嗣立爲鳳閣侍郎則天長安中納言李嶠夏官尚書唐休景等奏曰臣等並以凡才謬膺大任不能使兵革止息倉府殷盈戶口尚有逋逃官人未免濫濁使陛下臨朝軫念屢以爲言夙夜慙惶不知啟處伏思當今要務莫若富國安人安人之方在擇刺史竊見朝廷物議遠近人情莫不重內官輕外職每出除

授牧伯皆再三披訴比來所遣外任多是貶累之人風俗不澄寔繇於此今望於臺閣寺監妙簡賢良分典大州共康庶績臣等請輟近侍率先具寮務在憂國濟人庶當有所補益則天曰卿等處鸞臺鳳閣誰爲此行嗣立對曰臣以庸愚膠膺獎擢參掌機密非所克堪承乏外臺庶當盡節儻垂採錄臣願此行上令書名共探著者則去既而嗣立探得之於是命嗣立及御史大夫楊再思等二十人各以本官簡較刺史其後以政績可稱者惟嘗州刺史薛謙光徐州刺史司馬鍠二人後玄宗時謙光爲太子賓客元行冲爲散騎常侍開元三年詔曰周命召奭相宅建邦漢命蕭何留臺作鎭眷言斯士任在其人太子賓客昭文館學士薛謙光右散騎常侍元行冲等國之耆儒朝之碩彥舉直錯枉清心不可容非殫見洽聞白首以之從學履歷時久精明日新必能愼固邦畿保釐都邑佇成居守之務宜叶往命之委謙光宜充東都留守行冲爲副

王丘開元十二年以黃門侍郎爲懷州刺史崔沔以中書侍郎爲魏州刺史王易從以吏部侍郎爲楊州大都督府長史韓休以禮部侍郎爲虢州刺史張景

昇以大理少卿爲滑州刺史王昱以京兆少尹爲嘗州刺史制曰昔臯繇與禹言乃曰在知人在安民此皆念在邦本光于帝載乾乾夕惕無忘厥旨而長吏不稱蒼生靡寧浮思循良以矯過弊仍重諸侯之選故自朝廷之始王丘等行爲時宗才稱人秀寔有懿德著于衣冠加之善政布在臺閣咸以脩身之府載浮經國之圖朕所明知躬自推擇是有煩卿之寄用彰恤下之心俾牧人宜條無媿於明哲而變風致理可輯於遺黎爾其克沃朕心式欽往命因勑宰臣曰朕欲妙擇牧宰以崇風化亦欲重其資望以厲衣冠

自今以後三省侍郎有缺先求曾任刺史者郎官缺先求曾任縣令者

源光裕開元十三年以大理卿爲鄭州刺史楊承令以尚書左丞爲汾州刺史許景先以吏部侍郎爲虢州刺史寇泚以兵部侍郎爲宋州刺史鄭溫琦以禮部侍郎爲邠州刺史李昇以宗正卿爲邢州刺史袁仁敬以大理少卿爲杭州刺史崔志廉以鴻臚少卿爲襄州刺史蔣挺以國子司業爲湖州刺史裴觀以左威衛將軍爲滄州刺史崔誠以左司禦率府副率爲遂州刺史初帝謂宰臣曰刺史之任必在得人卿

郎於諸司中選有寔望長官奏來朕自選擇乃有茲授

蘇震爲太常卿是歲東都耆老表乞行幸帝重違其必乃選耆舊勳賢爲之牧守遂以震爲河南尹兼御史中丞仍充東都畿內觀察使

李峴天寶末爲京兆尹著聲績楊國忠惡其不附己出爲長沙太守肅宗至德初朝廷務收才傑以清冦難峴應召至行在拜扶風郡太守兼御史大夫既收京師拜禮部尚書守京兆尹復兼御史大夫

李泌天寶末爲澧州刺史詔曰今荆南都會粤在澧陽俾人歸厚惟賢是牧以泌文可以化成風俗政可以全活惸嫠爰命頒條期乎共理無薄淮陽之守勉思渤海之功其見重如此

嗣曹王皐爲處州別駕行州事人便之徵至京師久之未得召見因上書言理道拜衡州刺史

李峘爲戶部尚書肅宗以兵興之故軫慮遠人乃拜峘都統江淮節度觀察使

敬括爲大理卿志尚簡淡代宗大曆初叛臣周智光復反詔選循良爲近輔以括爲同州刺史

李紓建中末爲禮部侍郎德宗居奉天擇領三輔乃

授同州刺史兼御史中丞

張建封貞元初爲壽州刺史會高承宗父子獨孤華相次爲徐州刺史人淺貧困不能自存又以咽喉要地據江淮運路朝廷思擇重臣以鎮者久之至是以建封爲徐州刺史

吳湊爲右金吾大將軍貞元十四年京兆尹韓臯貶撫州員外司馬特召湊對於延英面授京兆尹令便視事尚未有制

裴佶遷諫議大夫會黔中觀察使韋士文慘酷馭下爲夷獠所逐俾佶代之首渠自化

李栖筠爲浙西觀察使先是土豪方清乘歲凶歉誘聚黨隷於黟歙間其衆數萬以殘害生人據守山險州郡不能制副元帥李光弼奉朝命徵諸侯兵以討之賊平獨有平盧行軍司馬兼御史中丞許杲恃兵精功多逼留於上元不發有窺覦要害之意朝廷以瘡痍之後重興干戈乃以栖筠爲浙西以鎮之

趙昌貞元七年爲虔州刺史屬安南都護爲夷獠所逐遂拜安南都護夷人率化十餘年因屋壞傷脛懇疏乞還以簡較兵部郎中裴泰代焉拜國子祭酒及泰爲首領逐出德宗召昌問狀昌時年七十二而精

健如少年者德宗奇之復命爲都護南人相賀

李鄘初爲京兆尹遷尚書左丞憲宗元和初以京師多劇竊復選爲京兆尹摧姦肅物威望甚著

孔戣爲國子祭酒初廣州崔詠卒宰臣奏擬皆不可帝因謂裴度嘗有諫進海蚶淡菜者詞甚忠正鄉可求此人度出以訪人或有言戣諫者度即日以聞乃命爲廣州刺史

辛秘爲河南尹是時以再討王承宗以潞州壓賊境凋費尤甚朝議以兵革之後思能完復者乃命秘爲潞州大都督府長史

盧士玫爲京兆少尹穆宗長慶初奉憲宗園寢刑簡事集時論推其有才擢拜大尹

陳楚爲義武軍節度長慶二年七月爲東都留守居守之任故事或用舊德或用故相未嘗以武將而當保釐之重蓋淺郊有事地逼封圻遂用勳臣俾專守禦且非舊制葬亦改焉

令狐楚鎮鄆州時北門大旱文宗意憂軫以楚理鄆有績擢爲北都留守兼太原尹楚父在并州練其風俗因人利之故封内晏然

丁公著爲禮部尚書翰林侍講學士文宗以浙西災

疫詢求良帥命公著簡較戶部尚書爲浙西觀察使

凹年開成中爲隴州刺史會鹽州刺史王宰好以法臨黨項羌人不安以牟寬厚故命易之

後唐劉遂清字得一初仕梁爲保鑾軍使歷内諸司使明宗即位加簡較尚書右僕射委以西都監守踰歲以中山王都有不臣之跡除遂清爲易州刺史俾遏其寇衝既至郡大有禦侮之畧境内賴焉王都平加簡較司空遷棣州刺史

冊府元龜

巡按福建監察御史臣李嗣京　訂正
知長樂縣事臣夏允彝　叅閱
知建陽縣事臣黃國琦　較釋

牧守部

褒寵第一

大懋功賞善有國之令典也蓋夫長人之寄共治爲重實勸能之所先非庶尹之可擬中葉而下循吏繼踵乃有勤脩厥職克揚善政彈擊豪横完補凋瘵捍患屏寇務穡敦本式遏夷猾詳明獄犴清白以自守

傾竭而奉上苛慝不作繕治以時遺愛在民藹然垂裕而君人者莫不優異其爵秩便蕃其賜予或明詔申獎或延見勞問乃至崇進禮命嚴設圖像周旋宴喜臨視歎息抑情從事起家延賞恩流闔境昭示溥率逮乎既沒尚增追悼賵贈之禮名數有加躬臨以發哀飾惠以著美方牘所載咸可徵焉

漢王訢守右扶風武帝數出幸安定北地過扶風宫館馳道脩治供張辦帝嘉之駐車拜訢爲眞視事十餘年

王成爲膠東相治甚有聲宣帝最先褒之地節三年下詔曰蓋聞有功不賞有罪不誅雖唐虞不能以化天下今膠東相成勞來不怠（謂勸勉招懷百姓也）治有異等之効（異於常等）其賜成爵關內侯秩中二千石

黃霸爲楊州刺史三歲宣帝下詔曰制詔御史其以賢良高弟楊州刺史霸爲潁州太守秩比二千石居官霸在潁川前後八年郡中愈治是時鳳凰神雀數集郡國潁川尤多天子以霸治行終長者下詔稱揚曰潁川太守霸宣布詔令百姓鄉化孝子悌弟貞婦順孫日以衆多田者讓畔道不拾遺養視鰥寡贍助貧窮獄或八年亡重罪囚吏民鄉於教化興於行誼

可謂賢人君子矣書不云乎股肱良哉其賜爵關內侯黃金百斤秩中二千石

杜延年爲北地太守治郡不進宣帝以璽書讓延年延年乃選用良吏捕擊豪強郡中清靜居歲餘帝使謁者賜延年璽書黃金二十斤徙爲西河太守治甚有名

王尊任東郡太守河水盛溢尊請以身塡金堤水稍郤吏民嘉壯尊之勇節白馬三老朱英等奏其狀下有司考皆如言於是制詔御史東郡河水盛長毀壞金堤未決三尺百姓惶恐奔走太守身當水衝履咫

尺之難不避危殆以安衆心吏民復還就作水不爲
災朕甚嘉之秩尊中二千石加賜黃金二十斤
蕭育爲右扶風太守會南郡江中多盜賊拜育爲南
郡太守哀帝以育耆舊名臣乃以三公使車載育入
殿中受策（使車三公奉使之車若安車也）曰南郡盜賊羣輩爲害朕
甚憂之以太守威信素著故委南郡太守之官其於
爲民除害安元元而已亡拘於小文加賜黃金二十
斤
雋不疑爲青州刺史齊孝王孫劉澤交結郡國豪傑
謀反欲先殺青州刺史不疑發覺收捕皆伏其辜擢

爲京兆尹賜錢百萬
陳立爲牂牁太守平定西夷徵詣京師會巴郡有盜
賊復以立爲巴郡太守秩中二千石居賜爵左庶長
（第十爵也）徙爲天水太守勸民農桑爲天下最賜金四十
斤
後漢任延爲會稽郡尉建武初延上書願乞骸骨歸
拜王庭詔徵爲九真太守光武引見賜馬雜繒令妻
子留雒陽
郭伋爲并州牧過京師謝恩光武引見并召皇太子
諸王宴語終日賞賜車馬衣服什物

鄧晨爲汝南太守光武行幸章陵徵晨行廷尉事從
至新野置酒酬讌賞賜數百千萬復遣歸郡
衛颯爲桂陽太守視事十年郡內清理建武二十五
年徵還光武欲以爲少府會颯被疾不能拜起勑以
桂陽太守歸家須後詔書居二歲載病詣闕自陳困
篤乃收印綬賜錢十萬後卒于家
杜詩爲南陽太守視事七年政化大行會病卒司隸
校尉鮑永上書言詩貧困無田宅喪無所歸詔使治
喪郡邸賻絹千疋
宣秉字巨公爲司隸校尉秉性節約常服布被蔬食

瓦器光武嘗幸其府舍見而歎曰楚國二龔不如云
陽宣巨公即賜布帛帳幃什物
羊續爲南陽太守徵爲太常未及行會病卒時年四
十八遺言薄斂不受賵遺舊典二千石卒官賻百萬
府丞焦儉遵續先意一無所受詔書褒美勑太守以
府賻錢賜續家
樊曄爲天水太守卒官永平中明帝追思曄在天水
時政能以爲後人莫之及詔賜家錢百萬
祭肜爲遼東太守徵爲太僕肜在遼東幾三十年衣
無兼副明帝既嘉其功又美肜清約拜日賜錢百萬

馬三匹衣被刀劒下至居室什物大小無不悉備

郭賀字喬卿拜荆州刺史引見賞賜恩寵隆異及到官有殊政明帝巡狩到南陽特見嗟歎賜以三公之服黼黻冕旒勑行部去襜帷使百姓見其容服以章有德每所經過吏人指以相示莫不榮之遷河南尹在官三年卒詔愍惜賜車一乘錢四十萬

秦彭爲潁川太守章帝巡行再幸潁川輙賞賜錢穀恩寵甚異

宋均爲河内太守以疾上書乞免詔除子條爲太子舍人均自扶輿詣闕謝恩章帝使中黄門慰問因留

養疾司徒缺帝以均才任宰相召入視其疾令兩騶扶之均拜謝曰天罰有罪所苦淩篤不復奉望帷幄因流涕而辭帝甚傷之召條扶持均出賜錢三十萬

張酺以尚書授皇太子及章帝即位擢酺爲侍中虎賁中郎將數月出爲東郡太守酺自以嘗經親近未悟見出意不自得上疏辭曰臣愚以經術給事左右少不更職不曉文法猥當剖符典郡班政千里必有負恩辱位之咎臣竊私自分殊不慮出城闕與蒙留恩託備冗官郡僚所不安耳目所聞見不敢避好醜詔報曰經云身雖在外乃心不離王室典城臨民益所以報効也好醜必上不在遠近今賜裝錢三十萬其亟之官

陳球爲零陵太守會州兵朱蓋等反與桂陽賊胡蘭數萬人轉攻零陵球率衆城守遂斬朱蓋等賜錢五十萬拜子一人爲郎遷魏郡太守

李進爲武陵太守漊中澧中蠻舉種反叛進討破之進乃簡選良吏得其情和在郡九年梁太后臨朝下詔增進秩二千石賜錢二十萬

鄭純爲永昌郡西部都尉爲政清潔化行夷貊君長感慕皆獻土珍頌德美功天下喜之即以爲永昌太

守

陸康爲廬江太守獻帝即位天下大亂康蒙險遣孝廉計吏奉貢朝廷詔書策勞加忠義將軍秩中二千石

魏呂虔漢末領泰山太守時濟南黄巾徐和尊所在刼長吏攻城邑虔引兵與夏侯淵會擊之前後數十戰斬首獲生數千人太祖使督青州諸郡兵以討東萊羣賊李條等有功太祖令曰夫有志必成其事蓋烈士之所徇也卿在郡以來擒姦討暴百姓獲安躬蹈矢石所征輙克昔寇恂立名於汝潁耿弇建策於

青兖古今一也舉茂才加騎都尉典郡如故

杜畿爲河東太守平虜將軍劉勲爲太祖所親貴震朝廷嘗從畿求大棗畿拒以他故後勲伏法太祖得其書歎曰杜畿可謂不媚於竈者也稱畿功美以下州郡曰仲尼之於顔子每言不能不歎旣情愛發中又宜率馬以驥今吾亦冀衆人仰高山慕景行也太祖西征至蒲阪與賊夾渭爲軍軍食一仰河東及賊破餘畜二十餘萬斛太祖下令曰河東太守杜畿孔子所謂禹吾無間然矣增秩中二千石又令曰昔蕭何定關中寇恂平河內卿有其功間將授卿以納言

之職顧念河東吾股肱郡充實之所足以制天下故且煩卿卧鎮之畿在河東十六年常爲天下最文帝即王位賜爵關內侯徵爲尚書及踐阼進封豐樂亭侯邑百戶

賈逵爲議郎叅司隸軍事太祖征馬超至弘農曰此西道之要以逵領弘農太守召見計事大悅之謂左右曰使天下二千石悉如賈逵吾何憂逵後爲豫州刺史兵曹從事受前刺史賈逵到官數月乃還考竟其二千石以下阿從不如法者皆舉免之帝曰逵眞刺史矣布告天下當以豫州爲法賜爵關內侯

梁習以別部司馬爲并州刺史單于恭順名王稽顙部曲服事供職同於編戶邊境肅清百姓布野勤勸農桑令行禁止貢達名士咸顯於世太祖嘉之賜爵關內侯文帝踐阼復爲并州刺史進封申門亭侯邑百戶

蘇則試守金城太守文帝令問雍州刺史張旣曰試守金城太守蘇則旣有綏民平夷之功聞又出軍西定湟中爲河西作聲勢吾嘉之則之功效爲可加爵邑未邪封爵重事故以問卿密白意且勿宣露也旣荅曰金城郡昔爲韓遂所見屠剝死喪流亡或竄戎

狄或陷寇亂戶不滿五百則到官內撫凋殘外鳩離散今見戶千餘又梁燒雜種羌昔與遂同惡遂斃之後越出障塞則前後招懷歸就郡者三千餘落皆卹以威恩爲官效用西平麴演等唱造邪謀則尋出軍臨其項領演則歸命送質破絶賊糧則旣有卹民之效又能和戎狄盡忠效節遭遇聖明有功必錄若則加爵邑誠足以勸忠臣勵風俗也帝以其功加則護羌校尉賜爵關內侯

王思領豫州刺史思與薛悌郤嘉俱從微起官位畧等三人中悌差挾儒術所在名爲閑省嘉與思事行

相似文帝詔曰薛悌駁吏王思郤嘉純吏也各賜關
内侯以報其勤
游楚爲隴西太守太和中諸葛亮出隴右楚堅守亮
退以功封列侯明帝嘉其治詔特聽朝引上殿楚爲
人短小而大聲自爲吏初不朝覲被詔登階不知儀
式帝令侍中贊引呼隴西太守前楚當言唯而大應
稱諾帝顧之而笑遂勞勉之罷會自表乞留宿衞拜
駙馬都尉
鄭渾爲魏郡太守以郡下百姓苦乏材木乃課樹榆
爲籬并益樹五果榆皆成藩五果豐實入魏郡界村

落齊整如一民得財足用饒明帝聞之下詔稱述布
告天下遷將作大匠
晉魯芝初仕魏爲天水太守郡鄰于蜀數被侵掠戶
口減削寇盜充斥芝傾心鎮衞更造城市數年間舊
境悉復遷廣平太守天水夷夏慕德老幼赴闕獻書
乞留芝明帝許焉仍策書嘉歎勉以黃霸之美加討
寇將軍
羅憲初仕蜀爲巴東太守劉禪歸順加陵江將軍領
武陵太守泰始初入朝詔曰憲忠烈果毅有才策器
幹可給鼓吹又賜山玄玉佩劍

向雄泰始中爲秦州刺史假赤幢曲蓋鼓吹賜錢二
十萬
王宏爲汲郡太守泰始五年十月詔以司隸校尉石
鑒所上宏勤恤百姓導化有方督勸開荒五千餘頃
遇年普饑而郡界獨無匱乏可謂能以勸教時同功
異者矣其賜穀千斛布告天下
傅詢爲平州刺史咸寧二年與前廣平太守孟桓以
清白有聞詔賜帛二百疋桓百疋
劉霄爲京兆太守梁柳爲陽平太守大康十年以有
政績各賜穀千斛

鄭默爲東郡太守值歲荒人饑默輙開倉賑給乃舍
都亭自表待罪朝廷嘉默憂國詔書褒歎比之汲黯
班告天下若郡縣有此比者皆聽出給
諸葛恢爲會稽内史太興初以政績第一詔曰自頃
多難官長數易益有諸弊雖聖人猶久於其道然後
化成況其餘乎漢宣帝稱與我共安天下者其惟良
二千石斯言信矣是以黃霸等或十年或二十年而
不徙所以能濟其中興之勳也賞罰黜陟所以明政
道也會稽内史諸葛恢蒞官三年政清人和爲諸郡
首宜進其位班以勸風教令增恢秩中二千石

吳隱之爲廣州刺史清操逾厲元興初詔曰夫家行篤於閨門清節厲乎風霜實立人之所難而君子之美致也龍驤將軍廣州刺史吳隱之孝友過人祿均九族菲己潔素儉愈魚飧處可欲之地而長能不改其操饗惟錯之需而家人不易其服革奢務嗇南域改觀朕有嘉焉可進號前將軍賜錢五十萬穀千斛

宋毛脩之爲河南河內二郡太守行四州事戍雒陽脩治城壘高祖既至嘉行善之賜衣服玩好當時評直二十萬

徐豁爲始興太守元嘉三年遣大使巡行四方并使

郡縣各言損益豁因表陳三事文帝嘉之下詔曰始興太守豁潔己退食恪居在官政事脩理惠澤沾被近嶺南荒弊郡境尤甚拯卹有方濟厥饑饉雖古之良守蔑以尚焉宜蒙褒賞以旌清績可賜絹三百疋穀千斛後以爲廣州刺史未拜卒帝又下詔豁廉清勤恪著稱所司故擢授南服申其才志不幸喪殞朕甚悼之可賜錢十萬布百疋以營葬事

王歆之爲晉史序王珣貨殖珣子弘貴顯歆之懼爲所陷出爲吳興太守王弘入爲相領揚州刺史弘雖與歆之不絕諸弟未相識者皆不復往來歆之在郡嘗慮爲弘所繩夙夜勤勵政績甚美弘亦抑其私憾文帝兩嘉之在任積年稱爲良守加秩中二千石

沈懷文父宣爲新安太守及丁父憂新安郡送故豐厚奉終禮畢余悉班之親戚一無所留文帝聞而嘉之賜奴婢六人

陸徽爲益州刺史亡之日家無餘財文帝甚痛惜之詔曰徽厲志廉潔歷任恪勤奉公盡誠克己無倦褒榮未申不幸夙殞言念在懷以爲傷悵可贈輔國將軍本官如故賜錢十萬米二百斛諡曰簡子

劉秀爲雍州刺史卒孝武以其蒞官清潔家無餘財

賜錢三十萬布三百疋

南齊張岱吳郡人建元元年出爲左將軍吳郡太守太祖知岱歷任清直至郡未幾手勑岱曰大邦任重乃未欲迴換但總戎務殷宜須望實今用卿爲護軍加給事中岱拜竟詔以家爲府

劉懷慰爲齊郡太守不受請謁民有餉其新米一斛者懷慰出所食麥飯示之曰旦食有餘幸不煩此著廉吏論以達其意太祖聞之手勑褒賞進督秦沛二郡妻子在郡賜米三百斛兗州刺史柳世隆與懷慰書曰膠東潤化潁川致美以今方古曾何足云

傅琰再爲山陰令縣內稱爲神明武帝永明三年徙盧陵王安西長史南郡內史行荊州軍事五年卒琰喪西還有詔出臨

蕭子顯爲吳興太守至郡未幾卒詔曰仁威將軍吳興太守子顯神韻峻舉宗中佳器分竹未久奄至喪殞惻愴于懷可贈侍中中書令令便舉安

丘仲孚爲豫章內史頃之卒詔曰豫章內史丘仲孚重試大邦責以後効非直悔吝云亡實亦政績克舉不幸殞喪良以傷惻可贈給事黃門侍郎

何遠爲武康令高祖聞其能擢爲宣城太守遷新興

內史天監十六年詔曰何遠前在武康已著廉平復莅二邦彌盡清白政先治道惠留民愛雖古之良二千石無以過也宜升內榮以顯外績可給事黃門侍郎遠卽還仍爲仁威長史

陳劉師知祖奚之仕齊爲淮南太守有能政武帝手詔頻褒賞之

袁樞爲丹陽尹以葬父拜表自解詔賜絹布五十疋錢十萬令葬訖停宅視郡事葬服闋復本職

蕭濟爲揚州長史嘗勑取揚州曹事躬自覽見濟條理詳悉文無滯害乃顧謂左右曰我本期蕭長史於經傳不言精練繁劇乃至於此遷祠部尚書加給事中

後魏司馬準晉汝南王亮之後也明元時歸魏爲廣寧太守悅近來遠清儉有稱太武嘉之賜布六百疋

陸馛爲相州刺史徵爲散騎常侍民乞留馛者千餘人獻文不許謂羣臣曰馛之善政雖復古人何以加之賜絹五百疋奴婢十口

源賀爲冀州刺史賀鞫獄以情徭役簡省時考殿最賀治爲第一賜衣馬器物班宣天下

鹿生爲濟南太守有治稱獻文嘉其能特徵赴季秋

馬射賜以驄馬加以青服彰其廉潔

薛拔爲冠軍將軍豫州刺史延興三年拔與南兗州刺史游明根南平陽太守許含等以治民著稱徵詣京師獻文親自勞勉復令還州

任城王雲爲徐州刺史性善撫綏得徐方人心以蓋太妃憂去官爲百姓所追戀餘錢貨一無所受獻文聞而嘉之後拜侍中中都大官賜帛千疋羊千口出爲冀州刺史乃心政事甚得下情於是合州請戶輸絹五尺粟五升以報雲恩孝文嘉之遷使持節都督陝西諸軍事征南大將軍長安鎭都大將軍雍州刺

史雲廉謹自脩留心庶獄挫豪强盜息止州民頌之者千有餘人文明太后嘉之賜帛千疋

武昌王鑒爲齊州刺史時華變之始百度惟新鑒上書遵孝文之旨不采齊之舊風軌制粲然皆合規矩孝文覽其所上嗟美者久之顧謂侍臣曰諸州刺史皆能如此變風易俗更有何難下詔褒美班之天下一如鑒所上齊人愛詠咸曰耳目更新

韋珍孝文時爲顯武將軍郢州刺史在州有聲績朝廷嘉之遷龍驤將軍賜驊騮二匹帛五十疋穀三百石珍乃召集州內孤貧者謂曰天子以我能撫綏卿

等故賜以穀帛吾何敢獨當遂以所賜悉分與之

裴仲規爲咸陽王禧司州主簿行建興郡事車駕自代遷雒次於郡境仲規備供帳朝於路側孝文詔仲規曰朕開罝神畿畿郡望重卿既首應司隸美舉復督我名邦何能自致也仲規對曰陛下窮神盡聖應天順民棄彼玄壤來宅紫縣臣方罄心力躍馬吳會與功銘帝籍勳書王府豈一郡而已孝文笑曰裴卿必副此言

韋崇爲南頴川太守郡中大治孝文聞而嘉賞賜帛二百疋

呂羅漢爲秦益二州刺史孝文詔羅漢曰赤水羌民遠居邊土非卿善政何以招輯卿所得口馬表求奉貢朕嘉乃誠便勑領納其馬付都牧口以賜卿

楊椿出爲安遠將軍豫州刺史孝文自雒向豫幸其州館信宿賜馬十匹縑千疋遷冠軍將軍濟州刺史孝文自鍾離趣鄴至碻磝幸其州館又賜馬二匹縑千五百疋

楊懿爲廣平太守有稱績孝文南巡吏人頌之加寧遠將軍賜帛三百疋

李祥爲淮陽太守勸課農桑百姓安業宣武嘉之賜

以衣馬

李平爲司徒左長史行相州事宣武至鄴親幸平第見其諸子尋正刺史加征虜將軍

路邕陽平清淵人宣武時積功勞除齊州東魏郡太守有惠政靈太后詔曰邕蒞政清勤善綏民俗比經年儉郡內饑饉羣庶嗷嗷將就溝壑而邕自出家粟賑賜貧窘民以獲濟雖古之良守何以尚茲宜見霑錫以垂奬勸可賜飛龍廐馬一匹衣一襲被褥一具班宣州鎮咸使知聞邕以善治民稍遷至南青州刺史

于雒拔爲營州刺史以治有能名進號安東將軍

公孫邃爲青州刺史以邃在公遺跡可紀下詔褒述加鎮東將軍領東夷校尉

崔振字延根爲高陽內史兼領尚書左丞後改定職令振本資准擬五品詔曰振在郡著績宜有褒昇除太子庶子

李恩穆爲京兆內史在郡八年頗有政績徵拜光祿大夫孝明初除平北將軍中山太守未拜遷安北將軍營州刺史卒於位贈安西將軍華州刺史

李韶爲冀州刺史清簡愛民甚收名譽政績之美聲

冠當時孝明嘉之就加散騎常侍遷車騎大將軍賜劔珮貂蟬各一具驊騮馬一匹幷衣服寢具後爲定州刺史正光末卒於官賻帛七百疋贈侍中特節散騎常侍車騎大將軍司空公雍州刺史謚曰文恭

崔光伯除北海太守有司以其更滿依例奏代孝明詔曰光伯自莅海沂清風遠著兼其兄光韶復能辭榮侍養兄弟忠孝宜用甄錄可更申一年以勵風化

崔亮爲雍州刺史亮性公清敏于斷決所在並號稱職三輔服其德政孝明嘉之詔賜衣馬被褥

楊藻爲建德太守以清貧賜帛六十疋

裴佗爲荆州刺史有異政加撫軍將軍又遷中軍將軍

羊敦爲廣平太守雅性清儉朝廷以其清白賜穀一千斛絹一百疋

北齊李密爲襄州刺史在州十餘年甚得安邊之術威信聞於境神武頻降手書勞問并賜口馬

李會爲高陽內史神武東巡郡國瀛州城西駐馬久立使使慰之曰孤在晉陽知山東守唯卿一人用意及入境觀風信如所聞但善始令終將位至不已

李稚廉爲齊州長史神武行經冀州令總河北六州

文籍商較戶口增損神武親自部分多在馬上徵責文簿指引取備事緒非一稚廉每應立成常先期會莫不雅合深旨爲諸州准的神武顧謂司馬子如曰觀稚廉處分快人意也因集文武數萬人令郎中杜弼宣旨慰勞仍詰諸州長史守令等諸人並謝罪稚廉獨前拜恩觀者咸歎美之其日賜以牛酒高祖還幷以其事告文襄喜而語人曰吾足知人矣

唐邕出爲趙州刺史武成謂邕曰朝臣未有帶侍中護軍中正作州者以卿故有此舉放卿百餘日休息至秋間當即追卿

許倖爲陽平太守治爲天下第一特加賞異圖形於
闕詔頒天下

冊府元龜

冊府元龜　牧守部　褒寵一　卷之六百七十二　十九

冊府元龜
巡按福建監察御史臣李嗣京　訂正
知閩縣事臣曹學佺參閱
知建陽縣事臣黃國琦較釋

牧守部　二

褒寵第二

後周李孝穆西魏大統中行岐州刺史在任有能名考績爲最文帝賜書美之

裴俠爲河北郡守嘗與諸牧守俱謁太祖太祖命俠別立謂諸牧守曰裴俠清愼奉公爲天下之最今朝

中有如俠者可與之俱立衆皆默然無敢應者帝乃厚賜俠車馬衣服號爲獨立使君

李遠爲河東郡守敦獎風俗勸課農桑禁遏奸非兼脩守禦之備曾未期月百姓懷之太祖嘉焉降書勞問徵爲侍中驃騎大將軍開府儀同三司

尉遲綱爲陝州刺史太祖以綱政績可紀賜帛千段穀六千斛錢二十萬增邑四百戶

隋梁彥光開皇初爲岐州刺史高祖臨幸悅其能乃下詔曰賞以勸善義兼訓物彥光操履平直識用凝遠布政岐下威惠在人廉愼之聲聞於天下三載之後自當遷陟恐其匱乏且旌善政可賜粟五百斛物三百段御傘一枚庶使有感朕心日增其美四海之內凡曰官人慕高山而仰止聞清風而自勵未幾又賜錢五萬

樊叔略開皇初爲相州刺史政爲當時第一帝降璽書褒美之賜物三百段粟五百石班示天下

趙軌開皇中爲齊州別駕在州四年考績連最持節使者郃陽公梁子恭狀上高祖嘉之賜物三百段米三百石

公孫景茂開皇中爲息州刺史高祖幸雒陽景茂謁

見時年七十七帝命昇殿坐問其年幾景茂以實對帝哀其老嗟嘆久之景茂再拜曰呂望八十而遇文王臣踰七十而逢陛下帝甚悅賜物三百段下詔曰景茂脩身潔己耆宿不虧作牧化人聲績顯著年終考校獨爲稱首宜昇戎秩兼進藩條可上儀同三司伊州刺史

楊達爲鄯鄭趙三州刺史俱有能名平陳之後四海大同高祖差品天下牧宰達爲第一賜雜綵五百段加以金帶擢拜工部尚書

趙賢通爲冀州刺史高祖幸雒陽賢通來朝帝勞之

曰冀州大藩民用殷實卿之善政浮副朕懷

令狐熙爲汴州刺史下車禁遊食決滯獄令行禁止稱爲良政高祖嘉之因其來朝賜帛三百段

房恭懿開皇中爲澤州司馬遷德州在職歲餘盧愷復奏恭懿政爲天下之最高祖甚異之復賜帛百段因謂諸州朝集使曰如房恭懿志存體國愛養我百姓此乃上天宗廟之所祐助豈朕寡薄能致之乎朕卽拜爲刺史豈止爲一州而已當令天下模範之卿等宜師教也帝又曰房恭懿所在之處百姓視之如父朕若置之而不賞上天宗廟其當責我內外官人

宜知我意於是下詔曰德州司馬房恭懿出宰百里新豐令毗贊二藩善政能官標映倫伍班條案牘實允僉屬委以方岳聲實俱美可使持節海州諸軍事海州刺史

慕容三藏爲廓州刺史百姓愛悅高祖聞其能屢有勞問其年當州畜產繁孳獲醍醐奉獻賚物百段

樊子蓋開皇中爲循州總管許以便宜從事十八年入朝奏嶺南地圖賜以良馬雜物加統四州令還任所遣光祿少卿柳謇之餞於霸上煬帝卽位徵還京師轉涼州刺史子蓋言於帝曰臣一居嶺表十載於茲犬馬之情不勝戀戀願趨走闕庭萬死無恨帝賜物三百段慰諭遣之授銀青光祿大夫武威太守以善政聞大業三年入朝帝引之內殿特蒙褒美乃下詔曰設官之道必在用賢安人之術莫如善政龔汲振德化於前張杜垂清風於後共治天下實資良守子蓋幹局通敏操履清潔自剖符西服愛惠爲先撫道有方寬猛得所處脂膏不潤其質酌貪泉豈渝其性故能治績克彰課最之首凡厥在位莫匪王臣若能人思奉職各表其效朕將冕旒垂拱何憂不治哉於是進位金紫光祿大夫賜物千段太守如故其年

車駕西巡將入吐谷渾子蓋以彼多瘴氣焚削木皮以禦霧露及帝還謂之曰人道公清定如此不子蓋謝曰臣豈敢言清止是小心不敢納賄耳繇此賜之口味百餘斛又下詔曰道德齊禮實惟共治懲惡勸善用明黜陟朕親巡河右觀省人風所歷郡縣訪詢治績罕遵法度多蹈刑網而金紫光祿大夫武威太守樊子蓋執操清潔處涅不渝立身雅正臨人以德咸惠兼舉寬猛相資故能畏而愛之不嚴斯治實自人之盛績有國之良臣宜加褒顯以弘獎勵可右光祿大夫太守如故賜縑千疋粟麥二千斛子蓋又自

陳曰臣自南裔卽適西垂常爲外臣未居內職不得陪屬車奉丹陛溘死邊城沒有遺恨惟陛下察之帝曰公侍朕則一人而已委以四方則萬人之敵宜識此心六年帝避暑隴川宮又云欲幸河西子蓋傾望鑾輿願巡郡境帝知之下詔曰卿夙懷恭順深執誠心聞朕西巡欣然望幸册款之至甚有可嘉宜保此純誠克終其美

柳儉仁壽中爲沔州刺史坐事免職煬帝嗣位徵之于時以功臣任職牧州領郡者並帶戎資唯儉起自良吏帝嘉其績用特授朝散大夫拜弘化太守賜物

一百段而遣之清節愈厲大業五年入朝郡國畢集帝謂納言蘇威吏部尚書牛弘曰其中清名天下第一者爲誰威等以儉對帝又問其次威以涿郡丞郭絢潁川郡丞敬肅等二人對帝賜儉帛二百疋絢肅各一百疋令天下朝集使送至郡邸以旌異焉論者美之

崔彭爲左領軍大將軍從幸雒陽彭督後軍時漢王諒初平餘黨往往屯聚令彭率衆數萬鎮遏山東復領慈州事煬帝以其清賜絹五百疋

王仁恭大業中爲汲郡太守有能名徵入朝煬帝呼上殿勞勉之賜雜綵六百段良馬二匹

唐陳君賓貞觀初爲鄧州刺史州邑喪亂以後百姓流離君賓至幾期月皆來復業二年天下諸州並遭霜澇君賓一境獨免當年官有儲積蒲虞等州戶口盡入其境逐食大宗下詔勞之曰朕以隋末亂離毒被海內率土百姓零落殆盡州里蕭條十不存一寤寐思之心焉若疚是以日昃忘食未明求衣曉夜孜孜唯以安養爲慮每見水旱降災霜雹失所撫躬責巳自愧德薄恐貧乏黎庶不免饑餒傾竭倉廩普加賑恤其有一人絕食若朕奪之分命庶僚盡心營救

去年關內六州及蒲虞陝鼎等復遭亢旱禾稼不登糧儲既少遂令分房就食比聞刺史以下及百姓等並識朕懷逐糧人戶到相安養迴還之日各有贏糧乃別賚布帛以申贈遺如此用意嘉歎良深一則知水旱無常或以遞相拯贍不虞凶年二則禮讓興行輕財重義四海士庶皆爲兄弟變澆薄之風敦慈仁之俗政化如此朕復何憂其安置戶口官人支配得所並令考司錄爲功最養戶百姓不輕財帛巳勑主者免今年調物宜知此意善相勸勉其年入爲太府少卿

李大亮爲涼州都督以惠政聞大宗賜荀悅漢紀一部下書曰卿立志方直竭節至公處職當官每副所委方大任使以伸重寄公事之閑宜尋典籍然此書敘致既明論議深博極爲政之體盡君臣之義今以賜卿宜加尋閱也

鮮于紹爲隆州刺史高宗儀鳳中爲同州刺史仍賜絹二百疋賞清廉也

李君球爲楊州大都督府長史政尚嚴肅人吏憚之盜賊屏跡高宗頻降書勞勉

姚璹神功初爲益州大都督府長史蜀中官吏多貪

暴璹屢有發擿奸無所容則天嘉之降璽書勞之曰夫嚴霜之下識貞松之擅奇疾風之前知勁草之爲貴物既有此人亦宜哉卿早荷朝恩委任斯重居中作相弘益已多防邊訓兵心力俱盡能寒無改終始不逾廼眷蜀中甿俗殷雜久缺良守弊於浸漁政以賄成人無厝足是用命卿出鎮寄茲存養果能覽轡澄清下車整肅吏不敢犯奸無所容前後糾擿蓋非一緒貪殘之伍屏跡於列城剽奪之儔遁形於外境詎勞期月康此黎元言念德聲良深嘉尚宜布遐邇之化當以益州爲法

房穎叔爲相州刺史大曆中以善政聞璽書褒美

王方義爲廣州都督南海珍物秋毫不犯境內清肅則天手制褒之曰朕以卿歷職著稱故授此官既美化遠聞實堪朝寄今賜卿雜綵六十段并瑞錦等物以彰善政也

敬暉爲雒州長史則天幸長安令暉兼知神都副留守事在職以幹理聞璽書勞勉

韋承慶歷豫虢二州刺史頗著聲績制書褒美

畢構爲益州長史先天元年以政聲召至玄宗賜衣一襲帛五十疋

成大琬爲同州刺史先天二年太上皇命有司頒賞諸州朝集使有善政者遂以大琬爲陝州刺史陸餘慶魏州刺史單思遠宋州刺史劉知柔澤州刺史岑羲等各賜物一百段

盧從愿開元四年爲蔡州刺史爲政嚴簡按察使奏課爲天下第一降璽書勞問賜絹百疋

姜師度爲同州刺史開元八年詔曰昔史起溉漳之策鄭白金涇之利自茲厥後聲塵缺然同州刺史姜師度識洞於微智形未兆匪躬之節所懷必罄奉公之道知無不爲頃職大農首開溝洫歲功猶昧物議

紛如緣其中欵平嘉委任仍舊暫停九列之重假以六條之察自藏遇半績用斯多食乃人天農爲政本故兹巡省不憚祁寒將申勸卹之懷特冒風霜之弊今原田彌望畎澮連屬繇來榛棘之所遍爲秔稻之川倉庾有京坻之饒關輔致珠金之潤本營此地欲利平人緣百姓未閑恐三農虛棄所以官爲開發與令遞相教誘功既成矣思與共之其屯田內先有百姓桂籍之地比來召人作主亦量準頃畝割還其官屯熟田如同州有貧下欠地之戶自辨功力能營種者准數給付餘地且依前官取師度以功特加金紫

光祿大夫賜帛三百疋

張嘉貞開元十七年爲定州刺史將行玄宗自賦詩詔百僚於上東門外餞之到州一年以疾上表乞就東都醫療及至都目瞑無所見帝令醫人田休祐馳傳療之

盧奐爲陝州刺史開元二十四年玄宗幸京師次陝城頓審其能政於其廳事題贊而去曰專城之重分陝之雄人多惠愛性實謙沖亦旣利物存乎匪躬斯爲國寶不墜家風奐懷慎之子也

韋虛心爲工部尚書東都留守開元二十七年詔贈揚州大都督喪事官給恩甚優厚

崔圓以尚書郎兼蜀郡大都督府左司馬知節度留後玄宗幸蜀郡特遷蜀郡大都督府長史劍南節度使圓素懷功名初聞國難潛使人探國中孚旨知有行幸之計乃增修城池建置館宇儲備什物及乘輿至殿宇床帳咸如宿設帝甚嗟賞之拜中書侍郎平章事劍南節度使如故帝親製遺愛碑于蜀以寵之後爲汾州刺史以理行稱拜揚州大都督府長史淮南節度使

崔灌爲澧州刺史下車削去煩苛以安人爲務居二

年風化大行流亡襁負而至增戶數萬有司以聞代宗寶應二年優詔特加五階至銀青光祿大夫仍賜兩季俸祿兼侍御史以灌能政遷潭州刺史兼御史中丞湖南都團練觀察處置使

楊承仙大曆初爲懷州刺史自天下兵興懷州當四戰之地邑野荒廢人無全家承仙到官苦心精力以慈愛理之同其苦耳流人自占歲盈數萬奏課第一及終朝廷優重贈太子少府

張延賞爲河南尹勤身率下政尚簡約數年間流庸歸附詔書褒美

張鎰爲亳州刺史大曆十二年以爲壽州刺史特加五階褒善政也

薛玨大曆中歷楚硤陳三州刺史建中初德宗分命使臣黜陟官吏使淮南李承以玨楚州之去煩政簡使山南趙贊以玨硤州之廉清使河南盧翰以玨之肅物皆以陟狀聞加中散大夫賜紫

劉贊爲歙州刺史以勤幹聞有老婦捃拾於藂林之間爲猛獸將噬幼女號呼搏而救之母子俱免本道觀察使韓滉奏爲異跡加金紫之服

李栖筠爲常州刺史時草賊帥張度因荒饉聚徒於

陽羨西山其地接宣城逼之則鳥散溪谷綏之則公行冦掠累歲爲四境之患莫能翦除栖筠既至部設權略不踰時而覆其巢穴度子六七人一朝伏辜縣是郡界無犬吠之驚遂脩俎豆之儀習鄉飲之禮而人知敬讓理行尤異就加銀青光祿大夫賜一子官官吏耆老等請立碑頌德焉

馮炫爲潤州刺史建中初黜陟使柳載以清白聞徵拜右庶子

李佐爲商州刺史德宗貞元二年以能政特賜金紫

韋滌爲涇陽令貞元二年以滌起復饒州刺史滌理涇陽有政績故擢焉俄以疾終贈越州都督賜絹百疋遣中使弔之

吳湊爲京兆尹貞元中以能政加簡較兵部尚書

李位爲房州刺史貞元十二年以位有善政加簡較兵部郎中

鄭賈爲金州刺史貞元十二年以賈有能政加簡較司勳郎中

魏懿文爲邵州刺史貞元十三年以懿文有善政加簡較司門郎中

羅珦爲廬州刺史貞元十五年以珦有政能加朝散大夫賜紫金魚袋

王礎爲黔中都團練觀察使貞元十五年六月卒廢朝一日贈陝州大都督賻布帛三百段米粟三百石故事都團練觀察使卒未有廢朝者自礎始焉

李惠登爲隨州刺史貞元二十年卒贈洪州都督惠登在隨州二十年田疇闢戶口增

于頔爲山南東道節度使以其績上聞加御史大夫升其州爲上尋加簡較國子祭酒及卒故加追贈焉

孟簡憲宗元和中爲常州刺史始到郡開漕古孟瀆長四十一里得沃壤四千餘頃觀察使舉其課故就

賜金紫

范傳正爲歙湖蘇等州刺史以政事修理開元和中擢爲宣歙觀察使

李愬元和中爲坊晉二州刺史以理特異詔加金紫

王爲爲婺州刺史元和十二年以善政聞賜服金紫

鄭膺甫爲懷州刺史元和十二年以理績有聞賜紫

李文悅爲鹽州刺史元和十四年冬吐蕃衆黨項圍州攻城欲陷悅防拒凡二十七日乃退十五年六月加金紫光祿大夫

趙榮國爲宥州刺史敬宗寶曆元年加簡較右散騎

常侍寵脩城池之功也

裴誼爲晉州刺史文宗太和三年以誼理行尤異賜金紫

劉源爲銀州刺史太和七年就加簡較國子祭酒旌營田積粟之功也

裴又爲曹州刺史開成二年賜金紫旌異政也

馬植爲安南都護長於吏術開成中詔諭南蠻諸首領懷綏忠言願納賦稅及奏廢珠池復生珠加簡較左散騎常侍

梁趙昶唐末爲陳州節度使昶以大寇削平之後留心政事勸課農桑大布恩惠昭宗嘉之命撰德政碑以旌厥功

夜唐孫岳天成初爲潁州刺史潁久不治賦斂煩碎民不聊生岳至州召屬邑長吏里閭胥史親問疾苦除正條賦率職務外其餘苛賦名目一切罷之潁人狀上聞明宗加岳簡較太保奬能政也

趙在禮天成初爲天雄軍節度使度支奏大名府管内今年夏苗頃畝比去年出六千八百頃宜降詔奬飾從之

周知裕歷房絳淄三州刺史宿衛團練使老於軍旅

勤於稼穡凡爲郡課皆有政聲朝廷嘉之遷安州留後

樂勳天成中爲果州團練使奏南充等五縣除舊管戶帳外招得四千二百五十八戶稅錢七千五百九十八貫勑旨宜加光祿大夫封南陽縣開國男食邑三百戶奬能政也

晉華溫琪爲棣州刺史以州城每年河水所壞居人不堪其苦表請移於便地朝廷許焉作畢賜立紀功碑仍加簡較尚書左僕射開國男食邑三百戶

白奉進爲唐州刺史治郡踰年甚有聲政高祖即位

徵赴闕超加爵較司徒充護聖左廂都指揮使

孫彥韜爲密州刺史彥韜出於軍旅稟性和厚理綿谿以首爲竹使甚著綏懷之譽及卒故有賞典旌焉

安叔千爲滄州節度奏囹圄空詔曰安叔千折獄惟良化民有術治彼無訟使之知禁鳴枹息於砥路茂草生於圜土求之古人何以臻此三載考績不忘明允之能五刑有服無違中正之道以斯爲政良可嘉焉

王周爲涇州節度奏前任弊事共二十六條已指揮停廢勅曰王周佐國賢臣殿邦良帥戰伐之功顯著

葺綏之政尤彰旅者殄寇豈山揔戎涇水安邊靜塞克施撫馭之方察俗觀風盡去煩苛之弊備陳條件足驗公清一方既洽於詠歌百姓頓期於蘇息王周宜賜詔奬飾兼頒下諸道仍付所司周於勳臣中最爲清愼累爲劇郡皆有聲績屬張彥澤虐政之後民不堪命因寢其無名科徭以章上聞故有詔褒之

漢劉審交隱帝嗣位用爲汝州防禦使汝爲近輔號爲難治審交盡去煩弊無擾於民百姓歌之乾祐三年卒郡人聚哭於柩致祭本州以聞詔曰朝廷之制皆有舊章牧守之官比無贈典其有政能殊異惠及蒸黎生有令名沒留遺愛褒賢奬善豈限彝章可特贈太尉

冊府元龜

冊府元龜

巡按福建監察御史臣李嗣京訂正

知甌寧縣事臣孫以敬叅閱

知建陽縣事臣黃國琦較釋

牧守部四

公正

夫子曰苟正其身矣於從政乎何有又曰子帥以正孰敢不正晁錯有言曰方直之士奉法令不容私若夫執德不回謹身率下無黨於物直道而行故政平而訟理令行而禁止也漢制郡守課最者或入為公卿宣帝曰使百姓無歎息愁恨之聲者其唯良二千石乎故有奉公不阿守法見憚抑強扶弱而志在無私以一警百而威克厥愛是以賞罰信而權寵莫能干政令行而豪右不能犯所以人從其化而吏不敢欺也詩曰剛亦不吐又曰好是正直其斯之謂歟

漢董仲舒為江都相後為膠西王相凡相兩國輒事驕王正身以率下數上疏諫爭教令國中所居而治

尹翁歸拜東海太守過辭廷尉于定國定國家在東海欲屬託邑子兩人（邑子同邑人之子也屬之欲功）令坐後堂待見定國與翁歸語終日不敢見其邑子既去定國乃謂邑子曰此賢將汝不任事也又不可干以私

張敞宣帝時為京兆尹朝廷每有大議引古今處便宜公卿皆服天子數從之

何武為揚州刺史時九江太守戴聖禮經號小戴者也行治多不法前刺史以其大儒優容之及武為刺史行部錄囚徒有所舉以屬郡（屬委也）聖曰後進生何知乃欲亂人治（言武仕學未久故謂之後進生也）皆無所決武使從事廉得其罪（廉察也）聖懼自免後為博士毀武於朝廷武聞之終不揚其惡而聖子賓客為羣盜得（聚為羣盜而吏為部得也）繫廬江聖自以子必死武平心決之卒得不死

自是後聖慙服武每奏事至京師（刺史每歲盡則入奏事於京師也）聖未嘗不造門謝

初武為郡吏時事太守何壽壽厚之後壽為大司農其兄子為廬江長史時武奏事在邸壽兄子適在長安壽為具召武弟顯及故人楊覆眾等（具謂酒食之具也）酒酣見其兄子（令出見顯等）曰此子揚州長史（言揚州部內長史也）材能駑下未嘗省見（省視也言不為武所識狀也）顯等甚慙退以謂武武曰刺史古之方伯上所委任一州表率也職在進善退惡吏治行有茂異民有隱逸乃當召見不可有所私問顯覆眾強之不得已召見賜卮酒（對賜一卮之酒也）歲中廬江太守舉之（繇得武之力助也）

其守法見憚如此

後漢張酺爲魏郡太守郡人鄭據時爲司隸校尉奏免執金吾竇景景後復位遣掾夏猛私謝酺曰鄭據小人爲所侵冤聞其兒爲吏放縱狠藉取是曹子一人足以警百酺大怒卽收猛繫獄檄言執金吾府疑猛與據子不平矯稱卿意以報私讐會有贖罪令猛乃得出據字平卿黎陽人也爲侍御史轉司隸校尉

韓演爲河內太守志在無私舉吏當行一辭而已因亦不及其家曰我舉若可矣豈可令偏積一門

應順遷冀州刺史廉直無私遷東平相賞罰必信吏不敢犯時竇憲出屯河西刺史二千石皆遣子弟奉賂遺憲敗後咸被繩黜順獨不在其中繇是顯名

陳寵爲廣漢太守時竇憲爲大將軍征匈奴公卿以下及郡國無不遣吏子弟獻遺者而寵與中山相汝南張郴東平相應順守正不阿後和帝聞之擢寵爲大司農郴太僕順左馮翊

李恂爲張掖太守有威重名時大將軍竇憲將兵屯武威天下州郡遠近莫不脩禮遺恂奉公不阿爲憲所奏免

王堂爲右扶風安帝西巡阿母王聖中常侍江京等並請屬於堂堂不爲用掾吏固諫之堂曰吾蒙國恩豈可爲權寵阿意以死守之卽日遣家屬歸閉閤上病果有誣奏堂者會京等誅堂以守正見稱

左雄順帝時爲冀州刺史部多豪族好請託雄常閉門不與交通奏案貪猾二千石無所回恩

延篤爲京兆尹時皇太子有疾下郡縣出珍藥而大將軍梁冀遣客齎書詣京兆并貨牛黃篤發書收客曰大將軍椒房外家而皇子有疾必應陳進醫方豈當使客千里求利乎遂殺之冀慙而不得言有司承旨欲求其事篤以疾免歸教授家巷

楊秉桓帝延熹中爲河南尹先是中常侍單超弟正爲濟陰太守以贓罪爲刺史第五種所劾窘急乃賂客任方刺兗州從事衞羽及捕得方囚繫雒陽正慮秉當窮竟其事密令方等得突獄亡走尚書召秉詰責秉對曰春秋不誅黎比而魯多盜方等無狀釁繇單正刺執法之吏害奉公之臣縱命令得逃竄寬縱罪身元惡大憝終爲國害乞檻車徵正考覈其事則姦慝蹤緒必可立得而秉竟坐論作左校

馮緄爲河南尹上言舊典中官子弟不得爲牧人職桓帝不納

蓋勳爲京兆尹時長安令楊黨父爲中常侍恃勢貪放勳案得其臟千餘萬貴戚咸爲之請勳不聽具以事聞幷連黨父有詔窮案威震京師時小黄門京兆高望爲尚藥監倖於皇太子太子因蹇碩屬望子進爲孝廉勳不肯用或曰皇太子副主望其所愛碩帝之寵臣而子違之所謂三怨成府者也勳曰選賢所以報國也非賢不舉死亦何悔及董卓廢少帝殺何太后勳與書曰昔伊尹霍光權以立功猶可寒心足下小醜何以終此賀者在門弔者在廬可不愼哉卓得書意甚憚之

史弼爲河東太守被一切詔書當舉孝廉弼知多權貴請託乃豫勑斷絶書屬中常侍侯覽果遣諸生齎書請之幷求假鹽稅積日不得通生乃説以它事謁弼而因達覽書弼大怒曰太守忝荷重任當選士報國爾何人而僞詐無狀命左右引出楚捶數百府丞掾史千餘人皆諫於廷弼不對遂付安邑獄卽日考殺

楊彪爲京兆尹時黄門令王甫使門生王翹於郡界辜搉官財物七十餘萬彪發其姦言之司隸校尉陽球因此奏誅甫天下莫不愜心

李燮爲河南尹時旣以貨賂爲官詔書復横發錢三億以實西園燮上書陳諫辭義深切靈帝乃止

劉陶爲京兆尹到職當修宮錢直千萬陶旣清貧而恥以錢買職稱疾不聽政靈帝宿重陶才原其罪徵拜諫議大夫

陳蕃爲樂安太守大將軍梁冀威震天下時遣書詣蕃有所請託不得通使者詐求謁蕃怒笞殺之坐左轉脩武令

趙謙爲司隸校尉車師王侍子爲董卓所愛數犯法謙收殺之卓大怒殺都官從事而素敬謙故不加罪

魏楊阜爲武都太守會劉備遣張飛馬超等從沮道趨下辯而氐雷定等七部萬餘落反應之太祖遣都護曹洪禦超等超等退還洪置酒大會令女倡著羅縠之衣蹋鼓一坐皆笑阜厲聲責洪曰男女之别國之大節何有於廣坐之中裸女人形體雖桀紂之亂不甚於此遂奮衣辭出洪立罷女樂請阜還坐肅然憚焉

崔林爲幽州刺史時北中郎將吳質統河北軍前涿郡太守王雄謂林別駕曰吳中郎將上所親重國之貴臣也杖節統事州郡莫不奉牋致敬而崔使君初

不與相聞若以邊塞不脩斬卿使君寧能護卿邪別駕具以白林林曰刺史視去此州如脫屣寧當此累邪此州與胡虜接宜鎮之以靜擾之則亂其逆心特爲國家生北顧憂以此爲寄在官一期寇竊寢息猶以不事上司左遷河閒太守淸論多爲林怨也

鮑勛文帝爲太子勛爲中庶子徙黃門侍郎出爲魏郡西部都尉太子郭夫人弟爲曲沃縣吏斷盜官布法應棄市太祖時在譙太子留鄴數手書爲之請罪勛不敢擅縱具列上勛前任東宮守正不撓太子固不能悅及重此事恚望滋甚會郡界休兵有失期者

密勑中尉奏免勛官

司馬芝爲河南尹抑強扶弱私請不行內官欲以事託芝不敢發言因芝妻伯父董昭昭猶憚芝不爲通特進曹洪乳母當與臨汾公主侍者共事無閒神捕下獄卞太后遣黃門詣府傳令芝不通輒勑雒陽獄考竟而上疏曰諸應死罪者皆當先表離報前制書禁絕淫祀以正風俗今當等所犯妖刑辭語始定黃門吳達詣臣傳太皇太后令臣不敢通懼有救護速聞聖聽若不得已以垂宿留宿息救切留力救切繇事不早竟是臣之罪是以冒犯常科輒送縣考竟擅行刑戮伏須誅罰帝手報曰省表明卿至心欲奉詔書以權行事是也此乃卿奉詔之意何謝之有後黃門復往愼勿通也芝居官十一年數議科條所不便者其在公卿閒直道而行

孟康爲弘農太守郡帶道路其諸過賓客自非公法無所出給若知舊造之自出於家

顏裴爲京兆尹太守淸已仰奉而已明帝靑龍中司馬宣王在長安立軍市而軍中吏士多侵侮縣民裴以白宣王宣王乃發怒召軍士候便於裴前杖一百時長安典農與裴共坐以爲裴宜謝乃私推築裴不

肯謝良久乃曰裴意觀明公受分陝之任乃欲一齊衆庶必非有所左右也而典農竊見推築欲令裴謝是吏爲不得明公意也宣王遂嚴持吏士自是之後軍營郡縣各得其分

陳泰爲幷州刺史京邑貴人多寄寶貨因泰市奴婢泰皆挂之於壁不發其封及徵爲尚書悉以還之

晉張斅字祖文弘毅有幹正武帝世爲廣漢太守王濬在益州受中制募兵討吳無虎符斅收濬從事列上繇此召斅還帝責斅何不密啓而便收從事斅曰蜀漢絕遠劉備嘗用之輒收臣猶以爲輕帝善之

樂廣爲河南尹愍懷太子之廢也詔故臣不得辭送衆官不勝憤歎皆冒禁拜辭司隸校尉蒲奮勑河南中部收縛拜者送獄廣卽便解遣衆人代廣危懼孫琰說賈謐曰前以太子罪惡有斯廢黜其臣不懼嚴詔冒罪而送今若繫之是彰太子之善不如釋去謐然其言廣故得不坐

荀晞字道將爲撫軍將軍兖州刺史有從毋依之奉養甚厚從毋子求爲將晞拒之曰吾不以王官私人將無後悔邪固欲之晞乃以爲督護後犯法晞杖節斬之從毋叩頭請救不聽既而反服哭之流涕曰殺

卿者兖州刺史哭弟者荀道將其仗法如此

劉弘爲荆州刺史都督荆交廣諸軍事命弘得選用宰守徵士武陵伍朝高尚其事衙門將皮初有勲江漢弘上朝爲零陵太守初爲襄陽太守詔書以襄陽顯郡初資名輕淺以弘壻夏侯涉爲襄陽弘曰夫統天下者當與天下同心治一國者當與一國推實吾統荆州十郡安得十女壻然後爲治哉乃表涉姻親舊制不得相監臨事初勲宜見酬報聽之衆益服其公當

王彪之爲會稽內史桓溫下鎭姑熟威勢震主四方脩敬皆遣上佐綱紀彪之獨曰大司馬誠爲富貴朝廷既有宰相動靜之宜自當諮稟脩敬若遣綱紀致貢天子復何以過之竟不遣

宋王韶之字長明爲南兖州別駕刺史江夏王義恭逆資費錢韶之曰此朝廷物執不與

顧覬之吳郡人爲本郡太守其子綽私財甚豐鄉里士庶多負其責覬之每禁之不能止及後爲吳郡誘綽曰我嘗不許汝出責定思貧薄亦不可居民間與汝交關有幾許不盡及我在郡爲汝督之將來豈可得凡諸券書皆何在綽大喜悉出諸文券一大厨與

顗之覬之悉焚燒宣語遠近負三郎責皆不須還凡券書悉燒之矣綽懊歎彌日時幸臣戴法興權傾人主而顗之未嘗降意左光祿大夫蔡興宗與覬之善嫌其風節過峻顗之曰辛毗有云不事孫劉不過使吾不爲三公耳

劉秀之爲梁州刺史遷梁益二州土境豐富前後刺史莫不經營聚蓄多者致萬金所携賓僚並京邑貧士出爲郡縣皆以苟賄自資秀之爲治整肅以身律下遠近安悅焉後爲丹陽尹時赊市百姓物不還錢市道嗟怨秀之以爲非宜陳之甚切雖納其言竟不

從用

陸子貞爲海陵太守時中書舍人狄當親幸家在海陵假還葬父子貞不與相聞當請發民治橋又以妨農不許彭城王義康聞而賞之又當死還葬橋路毀壞不通喪車縣求發民脩治子貞不許義康聞而善之

顧憲之爲隋王長史行南豫南兗二州事典籤諮事未嘗不色動遵法制爲東中郎長史行會稽郡事山陰人呂文度有寵於齊武帝於餘姚立邸頗縱橫憲之至郡即表除之文度後還葬毋郡縣爭赴弔憲之

不與相聞文度深恨之卒不能傷也遷南中郎竟陵王長史行婺州事時司徒竟陵王於宣成臨成定陵三縣界立屯封山澤數百里禁民樵採憲之固陳不可言甚切直王答之曰非君無以聞此德音即命無禁

南齊虞愿初仕宋爲晉平太守在郡不治生前政與民交關質錄其兒婦愿遣人於道奪取將還

梁楊公則爲湘州刺史湘俗單家以賂求州職公則至悉斷之所辟引皆州郡著姓高祖班下諸州以爲法

呂僧珍南兗州人爲本州刺史在任平心率下不私親戚從兄子先以販葱爲業僧珍既至乃棄業欲求州官僧珍曰吾荷國重恩無以報効汝等自有常分豈可妄求叨越但當速反葱肆爾僧珍舊宅在市北前有督郵都廨鄉人或勸徙廨以益其私宅僧珍怒曰督郵官廨也置立以來便在此地豈可徙之益吾私宅

蕭琛爲吳興太守郡有項羽廟士民名爲項王甚有靈驗遂於廳事安施牀幕爲神座公私請禱前後二千石皆於廳拜祠而避居他室琛至移神還廟處之

不疑

後魏楊津爲定州刺史初津兄椿得罪此州繇鉅鹿人趙略投書所致及津之至略舉家逃走津乃教慰喻令其還業於是一州愧服遠近稱之

李憲爲趙郡太守時趙修與其州里脩歸葬父母也牧守已下畏之累跡唯憲之不爲之屈時人高之

北齊彭城王浟爲司州牧選從事皆取文才士明剖斷者當時稱爲美選州舊案五百餘浟未勘悉斷盡別駕羊脩等恐犯權威乃詣閤諮陳浟使告曰吾直道而行何憚權威卿等當成人之美反以權威爲言

脩等慙悚而退

李繪爲高陽内史時河間守崔諶恃其弟暹勢從繪乞麋角鴿羽繪答書曰鴿有六翮飛則冲天麋有四足走便入海下官膚體疏懶手足遲鈍不能逐飛追走遠事佞人是時文襄使暹選司徒長史暹薦繪既不果咸謂緣此書

獨孤永業爲洛州刺史性鯁直不交權勢斛律光求二婢弗得毁之於朝廷

蘇瓊爲南清河太守瓊清慎不發私書道人道研爲濟州沙門統資產巨富在郡多有出息常得郡縣爲

徵及欲求謁度知其意每見則談問玄理應對肅敬研雖爲債數來無緣啓口其子弟問其故研曰每見府君徑將我入青雲間何緣得論地上事瓊初任清河太守裴獻伯爲濟州刺史酷於用法瓊恩於養人房延祐爲樂陵郡過州裴問其外聲祐云唯聞太守善刺史惡裴云安知得民譽者非至公答言若爾黃霸龔遂君之罪人也後有勑州各舉清能裴以前言恐爲瓊陷瓊申其枉滯議者尚其公平

後周閻慶爲寧州刺史時晉公護執政護母慶之姑也護雖擅朝而慶未嘗附及護誅高祖以此重之

韋總爲京兆尹武帝嘗戲總曰卿師尹帝鄉故當不以富貴威福鄉里邪總乃正色對曰陛下擢臣非分竊謂已鑒愚誠今奉嚴旨便見未炤丹赤豈可久忝此職用疑聖慮請解印綬以避賢能帝大笑曰前言戲之耳

隋田式馮翊人也初仕周爲本郡太守親故屏跡請託不行武帝聞而善之

周摇初仕周爲晉州總管時高祖爲定州總管文獻皇后自京師詣高祖路經晉州摇主禮甚薄既而白后曰公廨甚富於財限法不敢輒費又王臣無得效

私其質直如此高祖以其奉法每嘉之及爲丞相徙封濟北郡公尋拜豫州總管

梁毗爲治書侍御史遷雍州贊治毗既出憲司復典京邑直道而行無所迴避頗失權貴心繇是出爲西寧州刺史

榮毗字子諶開皇中爲殿中局監時以華陰多盜賊妙選良吏楊素薦毗爲華州長史世號爲能素之田宅俱在華陰左右放縱毗以法繩之無所寛貸毗因朝集素謂之曰素之舉卿適以自罰也毗答曰奉法一心者但恐累公所舉素笑曰所言戲耳卿之奉法

素之望也昞在華州時晉王在揚州每令人密覘京師消息遣張衡於路次往往置馬坊以畜牧爲辭實給私人也州縣莫敢違昞獨遏絶其事帝聞而嘉之賚絹百疋

敬肅爲頴川郡丞時右翊衛大將軍宇文述當塗用事其邑在頴川每有書屬肅肅未嘗開封輒令使者持去述賓客有放縱者以法繩之無所寛貸

唐張鎮州同安人也武德中爲舒州都督舒州即其本邑也鎮州乃多市酒殽就望江舊宅盡召故人親戚與之酣宴散髮箕踞敦疇昔之歡十日贈以錢帛

旣而垂泣謂親賓曰此者張鎮州與故人爲歡今日已後舒州都督治百姓爾居民禮隔不得交遊因與之訣自是親戚有犯法一無所縱州境因茲肅然

蘇良嗣爲京師留守司農寺將市賣菓菜以收其利良嗣駁之曰昔儀休相魯猶能拔葵去織未聞萬乘之主與下人爭利也遂止其事

狄仁傑爲豫州刺史初越王之亂宰相張光輔率師討平之將士恃功多所求取仁傑不之應光輔怒曰州將輕元帥仁傑曰亂河南者一越王貞爾今一貞死而萬貞生光輔質其詞仁傑曰明公董戎三十萬平一亂臣不戢兵鋒縱其暴横無罪之人肝腦塗地此非萬貞何邪且兇威脅從勢難自固及天兵暫臨乘勢歸順者萬計縋墜四面公柰何縱邀功之人殺歸降之衆但恐寃聲騰沸上徹于天如得尚方斬馬劒加於君頸雖死如歸光輔不能詰心甚銜之還都奏仁傑不遜左授復州刺史

魏元忠簡較雒陽長史號爲清嚴時奉宸張易之威震海内縱其家婢多所請託元忠笞殺之

蘇瓌則天時爲歙州刺史來俊臣坐事貶州參軍天下懼其殘酷朝中近臣不復入用或致書託瓌瓌叱

責使者棄書不發謂曰吾爲州牧高卑有禮安能虧法令以待小人乎俊臣未到追還意甚恨之累遷汴州刺史司倉參軍韋温犯贓瓌繩而杖之及温外戚用事義其公直不敢中傷中宗神龍中瓌爲京師留守鄭普思以術至祕書監妖言惑衆聚黨岐隴之間將爲亂瓌收而按之其妻第五氏長於宮中昵附椒掖頗有制命特令放免瓌固執不奉制及駕還京中宗屢欲宥之瓌抗議不迴中宗以問中書令魏元忠對曰蘇瓌長者其忠懇如此願陛下察之帝遂流普思於嶺外

張東之爲襄州刺史有鄉親舊交抵罪者必深文置法無所縱捨

宋璟爲黄門侍郎簡較貝州刺史時河北頻遭水潦百姓饑饉時梁王武三思恃寵執權有私封在貝州專政徴其賦璟拒而不與

源乾曜玄宗時爲京兆尹仍京師留守乾曜政存寛簡不嚴而理嘗有仗内白鷹因縱逸遂失所在帝令京兆切捕之俄於野外獲之其鷹挂於三棘而死官吏懼得罪相顧失色乾曜徐曰事有邂逅死亦當理主上仁明當不以此寘罪必其獲戾吾自當之不須

懼也遂入自請失旨之罪帝一切不問衆咸伏乾曜臨事不懾而能引過在已也尹京三年政令如一

蘇頲開元中知益州長史事前司馬皇甫恂破庫物不新鮮不以進頲一切罷之或謂頲公今在遠豈得忤聖意頲曰明主不以私愛奪至公豈以遠近間易忠臣節也竟奏罷之

韓林爲虢州刺史時虢州以地在兩京之間駕在京及東都並爲近州嘗被支稅藁以納閑廄休奏請均配徐州中書令張説駁之曰若獨免虢州即當移向他郡是刺史欲爲私惠耳乃下符不許休復將執奏條吏曰更奏必忤執政之意休曰爲刺史不能救百姓之弊何以爲政必以忤上得罪所甘心也竟執奏獲免人于今稱之

呂諲肅宗上元初爲荆州節度使時申泰之爲李輔國所親以左道熒惑擢爲諫議大夫於郡道州界置軍誘引諸人納其金帛賞之以緋紫用囊中勑書賜衣以示之人用聽信軍人剣衣朱紫剽掠村洞吏不敢制已積年矣潭州刺史龐承鼎忿之因泰之入奏至長沙縶之首贓鉅萬及左道文記一時搜獲快使奏李輔國黨之爲之言於帝追泰之赴闕泰之見帝

具言承鼎誣陷有詔加承鼎誣罔之罪令荆南按之諲令判官監察御史嚴郢抗疏直其事上不納郢流建州論者重諲之公諲至江陵剛斷決事皆類此也士庶翕然重之承鼎竟雪泰之後流死於邊州

李勉爲梁州刺史都督山南西道觀察使勉以故吏前密縣尉王晬勤幹俾攝南鄭令俄有詔處死勉問故乃爲權倖所誣勉謂將吏曰上方以牧宰爲人父毋豈以譖言而殺不辜乎即停詔拘晬飛表上聞晬遂獲宥而竟爲執政所非追入爲大理少卿謁見面陳王晬無罪政事脩舉盡力吏也肅宗嘉其守正即

日除太常少卿後爲京兆尹先是宦官魚朝恩爲觀軍容使仍知國子監事恃寵含威天憲在舌前尹黎幹寫心佞事動必求媚每其將至監則盛具數百人之饍傾府吏以辦之及勉涖職旬月朝恩入監府吏莫至先置者請於勉勉曰軍容使判國子監事勉候太學軍容宜厚其主禮勉官忝京尹軍容若至府庭豈敢不飾蔬饌朝恩竊聞而銜之因不復至太學勉亦受替

呂希倩德宗初爲夏州刺史時朔方節度使崔寧與宰相楊炎有隙炎令希倩伺寧過希倩與寧同力招

撫黨項歸降者甚多炎惡之因奏希倩無綏邊材召歸朝以爲神武將軍

鄭珣瑜爲河南尹珣瑜既入境官吏以遏德宗降誕日慮珣瑜到即後於事乃送所獻馬齎印於路以往例告珣瑜曰未上官不可遽有進獻及既上即失府矣遂不獻

張萬福爲泗州刺史時德宗幸奉天李希烈反陳少游悉令管內刺史送妻子揚州以爲質萬福獨不肯送謂使者曰爲某白相公萬福妻老且醜不足煩相公寄意

李充爲京兆尹德宗下制百司及府縣有於禁門內諸司追召人鞫聞者宜先奏聞於是充奏府縣庶務訊鞫繁細若悉以聞奏既黷天聽且失罪人其賊盜奸犯樗蒲鬬毆誘人妻妾債人財物及相言告者請仍舊追鞫從之

吳湊德宗時爲京兆尹于時宮禁諸司中官亂於坊市強賒買物謂之宮市人情無聊湊累上奏其弊又言故事宮市是府縣當務近年已來中官始自市買今請每有所要但勑下府縣令供送若亂入坊市取物恐小人因緣爲奸眞僞難辨不然特置宮市所令

中官謹厚者主之中人不便其事帝亦不納又奏請減省掌閑彍騎及所供飛龍內園芙蓉園幷禁軍諸司雜供事力資課幷繁冗弊事帝多從之又文敬太子義章公主相次薨歿皆帝深所愛葬送之禮頗極奢侈徵召車牛載土築墳妨百姓農務湊累奏其弊所親信及屬吏勸諭以奏事頻煩干黷聖旨湊曰人主雖甚愛念太子公主然本意最欲憂恤百姓今諫奏雖頻庶幾無過若因循不言上儻知侵擾百姓而長吏不訴必貽罪責湊前後諫奏雖不甚行然深蒙有識者稱美

裴胄爲江南西道觀察使前使李兼罷南昌軍千餘人收其資糧分爲月進胄至奏其本末罷之

張仲方爲荊州刺史郡人有田産爲中人所奪仲方三疏奏聞竟理其寃

田庭玠爲相州刺史屬薛蕚之亂田承嗣蠶食薛嵩所部庭玠守正字民不以宗門廻避而改節

李遜爲池濠二州刺史觀察使言外徭役遜皆不從後爲越州刺史遜爲政以均一貧富扶弱抑強爲巳任故所至輙理

韋貫之憲宗時爲湖南觀察使時攻兩河留兵國用

不足鹽鐵副使程异使諸道督課財賦异所至州郡皆諷令捃拾進獻貫之謂兩稅外不忍橫賦加人所獻未足异意遂率屬部內六州留錢以繼爲因是罷爲太子詹事分司東都

孔戣爲廣州刺史先是帥南海者京師權要多託買南人爲奴婢戣不受託至郡禁絶賣人口又准詔禱南海神舊多令從事代祠戣每受詔自犯風波而往韓愈在潮州作詩以美之

柳公綽元和十四年爲京兆尹時河朔復叛朝廷用兵補授行營諸將朝令夕改驛騎相望公綽奏曰幽鎮用兵使命繁併館遞匱乏鞍馬多闕又敕使行李人數都無限約其衣緋紫乘馬者二三十匹衣黃衣者不下十匹五匹驛吏不得視券牒隨口即供驛馬既盡遂奪路人鞍乘衣冠士庶驚擾怨嗟遠近宣傳行李將絶伏望聖慈明爲定限乃下中書條流人數繇是不告勞以言直爲北司所惡後爲山南東道節度使公綽馬害圉人斬之賓客進言曰可惜良馬圉人自防不至公綽曰安有良馬害人乎亟命殺之

王質文宗時爲宣州刺史清廉方雅爲政有聲雖權臣待之厚而行巳有素不涉朋比之譏

崔從爲淮南節度使權揚州舊有貨勢之利資産奴婢交易者皆有貫率羊有口算每歲收緡錢以益公用從至悉除之舊制官吏祿俸有布加估之給節度使獨不在此例從至一例以虛估請之

韓佽爲桂州觀察使桂管二十餘郡州掾而下至邑長簿尉三百員繇吏部而補者什一他皆廉使量其才而補之佽既至桂州吏以嘗爲官者數百人引謁一吏執籍而前曰具員請補佽戒之曰在任有政者不奪所理有過者必繩以法鈌者當候稽諸故籍取其可者然後補之會春秋使內官至求賄於郵吏而

豪家因厚其資以求邑宰欲悉諸之使去坐以撓法各笞其背自是豪猾斂跡皆得清廉吏以蘇活其人

後唐崔沂梁末爲西京副留守時張全義爲留守天下兵馬副元帥河南尹判六軍諸衛事守太尉中書令魏王名位之重冠絶中外沂至府客將目以副留守合有庭禮沂曰張公官位至重然尚帶府尹之名不知副留守見尹之儀何如全義知之遽見沂勞曰彼此有禮俱老矣勿相勞煩

晋相里金後唐同光初自羽林都虞候爲沂州刺史凡部曲私屬將吏不遣蒞州邑之職皆優其給贍使

分掌家事而已其後累典大都督皆有聲績

冊府元龜

巡按福建監察御史臣李嗣京訂正
新建縣舉人臣戴國士參閱
知建陽縣事臣黃國琦較釋

牧守部五

仁惠

易曰體仁足以長人書曰安民則惠用仁惠而親百姓者其惟良二千石乎繇漢以來循吏間作至於勤宣德讓專行寬厚哀此鰥寡賑其乏絕形惻隱之心術務平反於刑典權覆道殣保全生物夭厲之所及

加之營䘏民賦之不登代其輸送雖復犯矯詔之義冒畫一之法亦無憚焉自非安仁而知義果行而邁德以博濟爲已任者亦惡能及是哉

漢黃霸爲潁川太守使郵亭鄉官皆畜雞豚（郵行書舍如今之驛館鄉官鄉所治處也）以贍鰥寡貧窮者許丞老病聾督郵欲逐之霸曰許丞廉吏雖老尚能拜起送迎正頗重聽何傷且善助之毋失賢者意

龔遂爲渤海太守盜賊悉平民安土樂業遂乃開倉廩假貧民（假謂給與）選用良吏慰安牧養焉

薛宣爲左馮翊日至休吏（冬夏至之日不省官事故休吏）賊曹掾張扶獨不肯休坐曹治事宣出教曰蓋禮貴和人道尚通日至吏以令休所繇來久曹雖有公職事家亦望私恩意掾宜從衆歸對妻子設酒殽請鄰里一笑相樂（一笑謂爲歡笑爾）斯亦可矣扶慙愧官屬善之

劉德爲宗正寬厚好施生（言好施恩惠於人而生全之）每行京兆尹事多所平反罪人（反罪人使從輕也）

嚴詡爲潁川太守詡本以孝行爲官謂掾史爲師友有過輒閉閤自責終不大言郡中亂王莽遣使徵詡官屬數百人爲設祖道詡據地哭掾史曰明府吉徵不宜若此詡曰吾哀潁川士身豈有憂哉我以柔弱

徵必選剛猛代代到將有僵仆者故相弔爾

後漢崔篆爲王莽建新太尹三年不行縣門下掾倪敞諫篆乃彊起班春所至之縣獄犴填滿篆垂涕曰嗟乎刑罰不中乃陷人於穽此皆何罪而至於是遂平理所出二千餘人掾吏叩頭諫曰朝廷初政州牧峻刻宥過申枉誠仁者之心然獨爲君子將有悔乎篆曰邾文公不以一人易其身君子謂之知命如殺一太尹贖二千人蓋所願也遂稱疾去

王望爲青州刺史時州郡災旱百姓窮荒望行部道見饑者裸行食草五百餘人愍然哀之因以便宜出

所在布粟給其廩糧爲作褐衣事畢上言明帝以璽不先表請章示百官詳議其罪時公卿皆以爲璽之專命法有當條鍾離意獨曰昔華元子反楚宋之良臣不禀君命擅平二國春秋之義以爲美談

袁安爲任城令永光十三年楚王英謀爲逆事下郡覆考明年三府舉安能理劇拜楚郡太守是時英辭所連及繫者數千人明帝怒甚吏按之急迫痛自誣死者甚衆安到郡不入府先往按獄理其無明驗者條上出之府丞掾史皆叩頭爭以爲阿附反虜法與同罪不可安曰如有不合太守自當坐之不以相及

也遂分別具奏帝感悟卽許得出者四百餘家

黃香爲魏郡太守郡有內外園田常與人分種收穀歲數千斛香曰田令商者不農王制仕者不耕伐冰食祿之人不與百姓爭利乃悉以賦人課令耕種時被水年饑乃分俸祿及所得賞賜班贍貧者於是豐富之家各出義穀助官廩貸荒民獲全

張酺爲東郡太守長吏有殺盜徒者酺輒按之以爲令長受贓猶不至死盜徒皆饑寒傭保何足窮其法乎

任延爲會稽都尉掾史貧者輒分俸祿以賑給之省諸卒令耕公田以周窮急

馬稜爲廣陵太守時穀貴民饑奏罷鹽官以利百姓

陳寵爲廣漢太守先是雒縣城南（雒縣名古城在今益州雒縣南也）每陰雨常有哭聲聞於府中積數十年寵聞而疑其故使吏按行還言世衰亂時此下多死亡者而骸骨不得葬儻在於是寵愴然矜歎卽勑縣盡收斂葬之自是哭聲遂絕

蓋勳爲漢陽長史領太守事時人饑相漁食勳調穀廩之（調猶發也）先出家糧以率衆存活者千餘人

譚顯爲豫州刺史時天下饑荒競爲盜賊州界收捕

且萬餘人顯愍其困窮自陷刑辟輒擅赦之因自劾奏有詔勿理

第五訪爲張掖太守歲饑粟石數千訪乃開倉賑給以救其敝吏懼譴（譴責也）爭欲上言訪曰若上須報是棄民也（須待也）太守樂以一身救百姓遂出穀賦人順帝璽書嘉之繇是一郡得全歲餘官民並豐界無姦盜

戴封爲中山相時諸縣囚四百餘人辭狀已定當行刑封哀之皆遣歸家與剋期日皆無遺者詔書美焉

皇甫嵩爲左車騎將軍領冀州牧嵩以黃巾旣平乃

奏請冀州一年田租以贍饑民帝從之百姓歌焉臣欽若等曰歌其牧守具謠頌聞
史弼爲平原相時詔書下舉鉤黨鉤謂相牽連也郡國所奏
相連及者多至數百惟弼獨無所上詔書前後切却
州郡切急也却退也髡笞掾吏從事坐傳責曰詔書疾惡黨
人旨意懇惻青州六郡其五有黨近國甘陵亦考南
北部平原何理而得獨無弼曰先王疆理天下畫界
分境水土異壤風俗不同它郡自有平原自無胡可
相比若承望上司誣陷良善淫刑濫罰以逞非理則
平原之人戶可爲黨相有死而已所不能也從事大

怒即收郡僚職送獄遂舉奏弼會黨禁中解弼以俸
贖罪得免濟活者千餘人
孔融爲北海相國人無後及四方游士有死亡者皆
爲棺木而殯葬之
周昕爲竹陽太守袁術遣吳景攻昕未拔景乃募百
姓敢從周昕者死不赦昕曰我則不德百姓何罪遂
散兵還本郡
魏陳矯爲魏郡西部都尉曲周民父病以牛禱縣結
正棄市矯曰此孝子也表赦之
杜畿爲河東太守徵爲尚書初畿在郡孤書條寡婦
是時他郡或有已自相配嫁依書皆錄奪啼哭道路
畿但取寡者故所送少及趙儼代畿而所送多文帝
問畿前君所送何少今何多也畿對曰臣前所錄皆
亡者妻今儼送生人婦也帝及左右顧而失色
司馬芝爲河南尹門下循行嘗疑門幹盜簪幹辭不
符曹執爲獄芝教曰凡物有相似而難分者自非離
婁鮮能不惑就其實然循行何忍重惜一簪輕傷同
類乎其寢勿問
吳滕脩爲丹陽太守徙吳郡會稽每聽辭訟斷罪法
察言觀色務盡情理人有窮冤悲苦之言對之流涕

晉王濬爲巴郡太守郡邊吳境兵士苦役生男多不
養濬乃嚴其科寬其徭課其產育者皆與休復所全
活者數千人轉廣漢太守垂惠布政百姓賴之
周處爲楚內史簡尸骸無主及白骨在野收葬之
鄧攸爲吳郡太守郡中大饑攸表賑貸未報乃輒開
倉救之臺遣散騎常侍桓彝虞𩦎慰勞饑人觀聽善
不乃劾攸以擅出谷俄而有詔原之
李矩領河東平陽太守時饑饉相仍又多疫癘矩垂
心撫恤百姓賴焉會長安群賊東下所在多虜掠矩
遣部將擊破之盡得所掠婦女千餘人諸將以非矩

所部欲遂留之距日俱是國家臣妾焉有彼此乃一時遣之

祖逖爲豫州刺史收葬枯骨爲之祭醊

王羲之爲會稽内史東土饑荒羲之輒開倉賑貸

甘卓爲梁州刺史爲政簡惠善於綏撫估税悉除市無二價州境所有漁池先嘗責税卓不利其利皆給貧民西土稱爲惠政

虞潭爲吳郡太守是時軍荒之後百姓饑饉死亡塗地潭乃表出倉米賑救之

王潭爲徐州刺史年荒歲饑潭開倉賑贍百姓賴之

鄭默爲東郡太守值歲荒民饑默輒開倉賑給自上待罪朝廷嘉默憂國恤人詔書褒歎比之汲黯

孔沮爲吳興内史以歲饑運家米以賑窮乏百姓賴之

陶回爲吳興太守時人饑穀貴三吳尤甚詔欲聽相鬻買以拯一時之急回上疏曰當今天下不普荒儉惟獨東土穀價偏貴使相鬻買聲必遠流北賊聞此將窺疆場如愚臣意不如開倉廪以賑之乃不待報輒便開倉及割府郡軍資數萬斛米以救乏絶繇是一境獲全既而下詔并勅會稽吳郡依回振卹二郡賴之

王薈爲吳國内史時年饑粟貴人多餓死薈以私米作饘粥以飴餓者所濟活甚衆

王蘊爲吳興太守甚有德政屬郡荒人饑輒開倉贍卹主簿執諫請先列表上待報蘊曰今百姓嗷然路有饑饉若表上須報何以救將死之命乎專輒之愆罪在太守且行仁義而敗無所恨也於是大賑貸之賴蘊全者十七八焉朝廷以違科免蘊官士庶詣闕訟之詔特左降晉陵太守復有惠化百姓歌之

宋臨川王義慶爲荊州刺史留心撫物州統内官長

親老不隨在官舍者年聽遣五吏餉家先是王弘爲江州亦有此制在州八年爲西土所安

杜慧度爲交州刺史歲荒人饑輒以私禄賑之

南齊戴僧靜爲北徐州刺史買牛給貧民令耕種甚得邊荒之情

豫章王嶷爲荊湘二州刺史以穀過賤聽民以米當口錢優評斛一百

竟陵王子良爲丹陽尹開私倉賑屬縣貧民

虞愿爲晉平太守郡舊有蚺蛇膽可爲藥有餉愿蛇者愿不忍殺放二十里外山中一夜蛇還牀下復送

四十里外山中經宿復還故處愿更令遠送乃不復
歸論者以爲仁心所致也
崔元祖爲東海太守時青州刺史張仲啓淮北頻歲
不熟今秋始稔北境隣接戎寇彌須沃實乞權斷穀
過淮南而徐兗豫司諸州又各私斷穀米不聽出境
自是江北荒儉有流亡之弊元祖乃上書謂宜豐儉
均之書奏見從
梁王國珍仕齊爲南譙太守治有能名時郡境苦饑
乃發米散財以賑窮乏齊高帝手勑云卿愛人治國
甚副吾意也

顧憲之仕齊爲衡陽內史先是郡境連歲疾疫死者
大半棺木尤貴悉裹以葦席棄之路傍憲之下車分
告屬縣求其親黨悉令殯葬其家人絕滅者憲之爲
出公祿使綱紀營護之
始興中武王憺爲荊州刺史時軍旅之後公私空乏
憺厲精爲治廣闢屯田減省力役存問兵死之家供
其窮困民甚安之又州大水江溢堤壞親率將吏冒
雨賦丈尺築治之雨甚水壯衆皆恐或請憺避焉憺
曰王尊尚欲身塞河堤我獨何心以免乃刑白馬祭
禰俄而水退堤立邴州在南岸數百家見水漲遂驚
走登屋緣樹憺募人救之一口賞一萬估客數十人
應募救焉其州民皆以免又分遣行諸郡遭水死者
給棺木失田與糧種並賑賜之
蕭昳爲北徐州刺史在任弘恕人吏懷之嘗載粟帛
遊於境內有遇貧者卽以賑焉
任昉爲義與太守歲荒民散以私俸米豆爲粥活三
千餘人時產子者不舉昉嚴其制罪同殺人孕者供
其資費濟者千室在郡所得公田俸秩八百餘石昉
五分督一餘者悉原兒妾食麥而已
鄱陽忠烈王恢爲郢州刺史義與初郢城內疾疫死

者甚多不及藏殯及恢下車遽命埋掩又遣四使巡
行部境內治
安成康王秀爲南徐州刺史州自崔慧景亂累被兵
華戶民流散秀招懷撫納惠愛大行仍值年饑以私
財贍百姓所濟活甚多又爲江州刺史時盛夏水暴
至外司請依舊僦渡收其錢秀教曰刺史不德水潦
爲患可利之乎給船而已又爲荊州刺史時值水暴
長頗損民田秀以穀二萬斛贍之使長史蕭琛簡府
州貧老單丁吏一日散營五百餘人百姓甚悅又爲
郢州刺史先是夏口嘗爲兵衝露骸積骨於黃鶴樓

下秀叅而埋之一夜夢數百人拜謝而退每冬月嘗
作襦袴以賜凍者
陳慶之為司豫都督豫州饑慶之開倉賑給多所全
濟
王志為丹陽尹京師有寡婦無子姑亡舉債以斂葬
既畢而無以還之志愍其義以俸錢償焉時年饑每
旦為粥於郡門以賦百姓民稱之不容口
張允為吳郡太守下車卹貧老故舊莫不欣悅
蕭景為兖州刺史會年荒計口賑卹又饘粥於路以
賦之死者給棺具人甚賴焉

明山賓為青冀二州刺史太中正在州所部平陸縣
不稔啓出倉米以贍民後刺史簡州曹失簿書以山
賓為耗闕有司追責籍其宅入官山賓默不自理更
市地造宅
王瞻為晉陵太守時大司馬王敬則舉兵作亂路經
晉陵郡民多附敬則軍敗臺軍討賊黨瞻言於朝曰
愚人易動不足窮法明帝許之所全活者萬數
張稷為吳興太守下車存問遺老引其子孫置之右
職政稱寬恕
陳宗元饒為南康內史以秩米三千餘斛助民租課
存問高年拯救乏絕百姓甚賴焉
後魏武昌王平原為齊州刺史歲頻不登齊民饑饉
平原以私米三千餘斛為粥以全民命北州戍卒一
千餘人還者皆給路糧百姓咸稱詠之州民韓疑之
等千餘人詣闕頌之孝文覽而加歎
任城王澄為定州刺史表減公園之地以給無賴貧
口
薛虎子為徐州刺史境內遭水二麥不收上奏請貸
民粟民有車牛者求詣東兖給之並如所奏民得安
堵

韋珍為郢州刺史有聲績朝廷嘉之還龍驤將軍賜
驊騮二匹帛五十疋穀三百斛珍乃召集州內孤貧
者謂曰天子以我能綏撫卿等故賜以穀帛吾何敢
獨當遂以所賜悉分之
樊子鵠為殷州刺史屬歲旱儉子鵠恐民流亡乃勸
有粟之家分貸貧者并遣人牛易力多種二麥州內
以此獲安
李元護為齊州刺史值州內饑儉民人困弊志存隱
卹表請賑貸蠲其役賦
城陽王徽為并州刺史先是州界夏霜禾稼不熟民

庶逃散安業者少徽輒開倉賑之文武咸共諫止徽日昔汲長孺郡守爾尚輒開倉救民災弊况我國家親近受委大藩豈可拘法而不救民困也先給後表孝明嘉之加安北將軍

裴佗爲趙郡太守所得俸祿分卹貧民

裴宣爲司州別駕上言曰自遷都以來凡戰陣之處及軍罷兵還之後道所有骸無人覆藏者悉命郡戍逊邏簡行埋掩并付出兵之鄉其家有死於戎役者使皆招魂攝魄祔祭先靈復其年租調身被傷痍者免其兵役朝廷從之

辥真度爲豫州刺史會大饑真度表曰去歲不收饑饉十五今又災雪三尺民人萎餧無以濟之臣輒日出州倉米五十斛爲粥救其甚者詔曰真度所表甚有憂濟百姓之意宜在拯卹陳郡儲粟復不多亦可分贍尚書量賑以聞

郭祚爲青州刺史值歲不稔闔境饑饉矜傷愛下多所賑卹雖斷決淹留號爲煩緩然士女懷其德澤於今思之

裴慶孫爲邵郡太守在郡之日值歲饑凶四方遊客常有百餘慶孫自以家糧贍之

路邕爲魏郡太守蒞政清勤經年儉日出家粟賑貸貧窮

閻慶胤爲東秦州敷城太守在政五年清勤厲俗頻年饑饉慶胤歲常以家粟千石賑卹貧窮民賴以濟其部民楊寶龍等一千餘人申訟美政有司奏按慶胤自蒞此郡惠政有聞又以巳粟卹贍饑饉乃有子愛百姓之義如少加優賚無以厲彼貪殘又按齊州東魏郡太守路邕在郡治能與之相符詑其分贍又亦不殊而聖旨優隆賜以衣馬求脩即理謂合同賞

封叨爲瀛州刺史時杲寇亂之後百姓困乏四表求

賑卹百姓賴之

武昌靖王鑒爲徐州刺史屬徐兖大水民多饑饉鑒表加賑卹民賴以濟

楊逸爲光州刺史時災儉連歲人多餓死逸欲以倉米賑給而所司懼罪不敢逸曰國以人爲本人以食爲命百姓不足君孰與足假令以此獲戾吾所甘心遂出粟然後申表右僕射元羅以下謂公儲難闕並執不許尚書令臨淮王彧以爲宜貸一萬詔聽五萬逸既出粟之後其老少殘疾不能自存活者又於州門煑粥飯之將死而得濟者以萬數

北齊李元忠仕魏爲光州刺史時州境災儉人皆菜
色元忠表求賑貸至秋徵收被報聽用萬石元忠以
爲萬石給人計一家不過升斗耳徒有虚名不救其
弊遂出十五萬石以賑之事訖表陳朝廷嘉而不責
蘇瓊爲南清河太守天保中郡界大水人災絶食千
餘家瓊普集郡中有粟家自從其貸粟悉以給付饑
者州計戸徵租復欲推其貸粟綱紀謂瓊曰雖矜饑
餧恐累府君瓊曰余一身獲罪且活千室何所怨乎
遂上表陳狀使簡皆免人戸保安此等相撫兒子咸
言府君生汝在郡六年人庶懷之

徐遠督楚州諸軍事遠爲治募寬和有恩惠至東楚
其年冬邑郭大火城民千下產業遠躬自赴救對之流
涕仍爲經營皆得安立
崔謙爲濟北太守恩信大行富者禁其奢侈貧者勸
課周給田多沃壤謙咸易之以給人又改鞭用熟皮
爲之不忍見血示恥而已朝貴行過郡境問人太守
爲政何如對曰府君恩惠古者所無與人爲歌曰崔
府君能臨政給是田皮易鞭布威德人無爭客曰旣
稱恩化何須復威對曰長吏憚其威嚴人庶蒙其恩
惠故兼言之（牧守部有謠頌緣此二事語意相二今亦兩收）

後周賀蘭祥爲荆州刺史時盛夏亢陽祥乃親巡境
内觀政得失見有發掘古塚露暴骸骨者乃謂守令
日此豈仁者之爲政邪於是命所在收葬之卽日澍
雨是歲大有年（州境先多古墓其俗好行發掘至是遂息）
蕭撝爲上州刺史爲政仁恕以禮讓爲本嘗至元日
獄中所有囚繫悉放歸家聽二日然後赴獄主者固
執不可撝曰昔虞延見稱前史吾雖寡德竊懷景行
導民以信方自此始以之獲罪彌所甘心幸勿慮也
諸囚荷周並依限而至吏民稱其惠化
隋乞伏慧封西河公爲潭桂二州總管曾見人以簺
捕魚者出絹買而放之其仁心如此百姓美之號其
處曰西河公簺

公孫景茂爲息州刺史法令清靜德化大行時屬平
陳之役征人在路有疫疾者景茂撤減俸祿爲饘粥
湯藥分賑濟之賴以全活者以千數高祖聞而嘉之
詔宣告天下後爲道州刺史悉以秩俸買牛犢雞猪
散惠孤弱不能自存者
郭衍爲瀛州刺史遇秋霖大水其屬縣多漂沒民皆
上高樹依大家衍親備船栰并齎糧拯救之民多獲
濟衍先開倉賑郵後始聞奏高祖大善之

辛公義開皇中爲岷州刺史土俗畏病若一人有疾卽合家避之公義迎置廳事與之醫療後人有遇病者爭就使君共家親屬因留養之始相慈愛此風遂革闔境之内呼爲慈母

張須陁爲齊郡丞會興遼東之役百姓散失又屬歲饑穀米湧貴須陁開倉賑給官屬咸曰待詔勅不可擅與須陁曰今帝在遠遣使往來必淹歲序百姓有倒懸之急如待報至當委溝壑矣吾若以此獲罪死無所恨先開倉而後上狀煬帝知之而不責也

唐王方翼爲肅州刺史屬蝗儉諸州平人死於道路

而肅州全活者甚衆州人爲立碑頌

李裕天寶中爲義陽郡守上言所部遭損戶一萬八百三戶請給兩月糧充種子許之

嗣曹王皐肅宗時爲溫州長史攝行州事時歲儉皐擅發倉賑州人而上聞詔書嘉之

竇思仁爲華州刺史奏乏絕戶請以永豐倉米賑給之

張延賞大曆中鎮楊州屬歲旱歉人有亡去他境者吏或拘之延賞曰夫食人之所恃而生也此居而坐斃適彼而可生得存吾人又何恨彼也具舟檝而遣遣之俾吏修其廬室已而逋債而歸者增於其舊

蕭復建中初爲同州刺史時州人阻饑有京畿觀察使儲廪在境内復輒以賙貧人爲有司所劾詔下削階受代親友唁之復恬然曰苟利於人敢憚薄責

馬燧爲懷州刺史乘兵亂後其夏大旱人失耕種燧乃務化將吏有父母者燧輒造之施敬收瘞暴骨

于頔貞元中爲湖州刺史境土偏俠其送終者往往不掩其棺槥頔收葬朽骨凡千餘所

袁滋貞元末爲華州刺史以寬易淸簡爲政百姓有至自他境者皆給地以居名其居曰義合里人甚愛

之事以慈惠爲本有過犯者皆縱而不理搶盜輒捨或以物賞之

陽城貞元末爲道州刺史土地産民多矮每年常配鄕戶貢其男號爲矮奴城不平其以良爲賤又憫其編氓歲有離異之苦乃抗疏論免之自是停貢民皆賴之無不泣荷

韓愈元和末爲袁州刺史州昕以男女隸於人者愈悉計庸値而償出之

高承簡爲邢州刺史觀察使責時賦急承簡代數百戶出其租

羅讓爲福建觀察使甚著仁惠有以奴遺讓者詰其所自日本某等家人兄娣九人皆爲官所鬻其留者惟老母爾讓慘然焚其丹書以歸其母

崔倰爲湖南都團練觀察使湖南舊法豐年貨易不出境隣部災荒不相恤倰至謂屬吏曰此非人情也無宜閉糴重困於民也自是商貨流通

令狐楚爲天平軍節度觀察等使屬連歲旱儉人至相食樂其惠化而無流亡者

王起太和中爲河中節度觀察等使遇歲旱乃令定價計口出粟以濟民

狄兼謩爲鄭州刺史屬歲荒百姓阻饑以嘗平義倉粟二萬二百石逐便賑給訖事上聞

張仲方太和末爲京兆尹時將相以甘露事從累者皆大戮仲方密令識之旋詔下許令收葬得認遺骸實仲方之力也

盧均開元初爲廣州節度使晉內多流竄者子孫貧困未歸均以俸俾營大事者數百家婚嫁孤弱賙惠困窮

梁王敬蕘唐末爲潁州刺史乾寧四年冬龐師古敗於青口敗軍逃歸者甚衆路出於潁時雨雪連旬軍士凍餒敬蕘自淮燎薪相屬於道郡中設糜粥餅餌以待之全活者甚衆

後唐袁象先初仕梁爲天平軍兩使留後時鄆境再饑戶民流散象先即開倉賑恤蒙賴者甚衆

晉高漢筠爲亳州刺史有逃死百姓虛係稅錢二百緡計司累訴不蠲歲使隣伍代納漢筠在任三年以己俸輸之其惠卹多如此類

楊彥詢爲華州節度使在任二年屬部內蝗旱道殣相望彥詢以官粟假貸州民賴之存濟者甚衆

安彥威爲西州留守屬連歲蝗旱河雒之間民多逐食彥威多方撫諭未嘗繩之以法不忍去者亦大半焉至有殍者必遣人收其遺骸掩之以蘧蒢復有宜錢酒食奠而瘞之聞者美之

趙瑩爲晉昌軍節度使時天下大蝗境內捕蝗者獲蝗一斗給祿粟一斗使饑者獲濟遠近嘉之

張筠初仕後唐爲永平節度使性好施每出値貧民於路則給以口食衣物境內除省賦之外未嘗聚斂遂致百姓不撓十年小康泰民懷惠呼爲佛子後權領河南尹俄鐘興元所治之地咸用前政上下安之

漢王周爲冀州刺史性寬恕不忤物情州城西橋敗

覆民凪車周日橋梁不餙刺史之過也乃還其所瀆粟出私財以修之民庶悦焉

周石仁贇爲義州刺史言貧户殘税無可輸者臣以俸代納之

安審琦爲兖州節度使言四縣逃户租税臣自以粟帛代納詔褒之

張昭瑀爲愽州刺史上言民饑欲賑貸詔從之

冊府元龜

巡按福建監察御史臣李嗣京　訂正
分守建南道左布政使臣胡維霖　參閲
知建陽縣事臣黃國琦較釋

牧守部　六

教化

孔子曰道之以政齊之以刑民免而無恥道之以德齊之以禮有恥且格然則德禮之與政刑感人之深淺成俗之厚薄可知也自堯命州牧事多闕文泰置郡守民罕見德迨于兩漢之世始有循吏之名或與

學而化行或修禮而教闢或引咎而人知勸或掩過而人遷善若文翁韓延壽之屬皆著異迹焕乎惇史後之繼踵比比有焉非夫仁信篤誠寬厚清靜正其身而率下者孰能至於此哉

漢文翁廬江舒人也少好學通春秋以郡縣吏察舉景帝末爲蜀郡守仁愛好教化見蜀地辟陋有蠻夷風文翁欲誘進之乃選郡縣小吏開敏有材者張叔等十餘人親自飭厲遣詣京師受業博士或學律令減省少府用度買刀布蜀物齎計吏以遺博士（少府郡掌財物之府以供太守者也刀凡蜀刀有環者也布蜀布細密也二者蜀人作之皆善故齎以爲貨無限於書刀布刀也）數歲蜀生皆成就還歸文翁以爲右職（郡中高職也）用次察舉官有至郡守刺吏者又修起學宮於成都市中（學官學之官舍）招下縣子弟以爲學官子弟（下縣四郊之縣非郡所治也）爲除更繇（不令從役也）高者以補郡縣次爲孝弟力田常選學官僮子使在便坐受事（便坐別坐可以視事非正廷也）每出行縣益從學官諸生明經飭行者與俱（益多也）使傳教令出入閨閤（閨閤內中小門也）縣邑吏民見而榮之數年爭欲爲學官弟子富人至出錢以求之繇是大化蜀地學於京師者比齊魯焉至武帝時乃令天下郡國皆立學校官自文翁爲之始

韓延壽爲潁川大守潁川多豪強難治國家嘗爲選良二千石先是趙廣漢爲太守患其俗朋黨故構會吏民令相告訐（相結也）一切以爲聰明潁川繇是以爲俗民多怨讐延壽欲改更之教以禮讓恐百姓不從乃歷召郡中長老爲鄉里所信向者數十人設酒具食親與相對接以禮意人問以謡俗民所疾苦（謡俗謂閭里歌謡政教善惡也）爲陳和睦親愛銷除怨咎之路長老皆以爲便可施行因與議定嫁娶喪祭儀品畧依古禮不得過法延壽於是令文學校官諸生皮弁執俎豆爲吏民行喪嫁娶禮百姓遵用其教賣偶車馬下里僞

物者弃之市道下里地下蒿里僞物也偶木土爲人象與車馬之形也偶對也弃其物於市之道上也數年徙爲東郡大守延壽爲吏上禮義好古教化所至必聘其賢士以禮待用廣謀議納諫爭舉行喪讓財表孝弟有行修治學官學官謂庠序之舍也春秋鄉射陳鍾皷管絃盛升降揖讓及都試講武設斧鉞旌旗習射御之事治城郭收賦租先明布告其日以期會爲大事吏民敬畏趨鄉之延壽接待下吏恩施甚厚而約誓明或欺負之者延壽痛自刻責豈其負之何以至此言豈我負之邪其人何以爲此事其吏聞者自傷悔其縣尉至自刺死及門下掾自剄人救不殊因瘖不能言殊絶

也以人救之故身首不相絶也延壽聞之對掾史涕泣遣吏醫治視遣醫治之而吏護視之厚復其家延壽嘗出臨上車騎吏一人後至敕功曹議罰白今定其罪名而更白之還至府門門卒當願有所言延壽止車問之卒曰孝經曰資於事父以事君而敬同故母取其愛而君取其敬兼之者父也資取也取事父之道以事君其敬則同故母則極愛君則極敬不知父之兼敬也今旦明府早駕久駐未出騎吏父來至府門不敢入騎吏聞之趨走出謁適會明府登車以敬父而見罰得毋虧大化乎延壽舉手輿中曰微子太守不自知過微無也歸舍召見門卒卒久諸生聞延壽賢無因自達故代卒代人爲卒也延壽遂待用之其納善聽諫皆此類也入守左馮翊歲餘不肯出行縣丞掾數白宜循行郡中覽觀民俗考長吏治迹延壽曰縣皆有賢良長督郵分明善惡於外行縣恐無所益重爲煩擾丞掾皆以爲方春月可一出勸耕桑延壽不得已行縣至高陵民有昆弟相與訟田自言延壽大傷之曰幸得備位爲郡表率不能宣明教化至令民有骨肉爭訟既傷風化重使賢長吏嗇夫三老孝弟受其恥咎在馮翊當先退是日移病不聽事因入臥傳舍閉閤思過一縣莫知所爲令丞嗇夫三老亦皆自繫待罪於是訟者

宗族傳相責讓此兩昆弟深自悔皆自髠肉袒謝願以田相移終死不敢復爭兄以讓弟弟又讓之故云相移延壽大喜開閤延見內酒肉與相對飲食厲勉以意告鄉部有以表勸悔過從善之民以其悔過從善故令表顯以示勸勵延壽乃起聽事勞謝令丞以下引見尉薦郡中歙然莫不傳相敕厲不敢犯延壽恩信周遍二十四縣莫復以辭訟自言者推其至誠吏民不忍欺紿紿誑也

黃霸爲潁川太守宣帝垂意於治數下恩澤詔書吏不奉宣不令百姓皆知也霸爲選擇良吏分部宣布詔令分扶問反令民咸知上意使郵亭鄉官皆畜雞豚郵行書舍謂傳送文

言所止處亦如今之驛館者鄉所治處也以贍鰥寡貧窮者

薛宣爲左馮翊得郡中吏民罪名輒召告其縣長吏使自行罰曉曰府所以不自發舉者不欲代縣治奪賢令長名也長吏莫不喜懼免冠謝宣歸思受戒者

何武爲楊州刺史二千石有罪應時舉奏其餘賢與不肖敬之如一是以郡國各重其守相州中清平行部必先卽學官見諸生卽就也學官學舍也試其誦論問以得失意

後漢寇恂光武時爲汝南太守盜賊清靜郡中無事恂素好學乃修鄉較教生徒聘能爲左氏春秋者親

受學焉

李忠爲丹陽太守以丹陽越俗不好學嫁娶禮儀衰於中國乃爲起學較習禮容春秋鄉飲較亦學也禮記鄉飲酒之義主人拜迎賓於庠門之外三揖而後至階三讓而後升堂所以致尊讓也七十者坐五十者立侍以聽政役所以明尊長也合諸鄉射教之鄉飲酒之禮而孝弟之行立選用明經郡中向慕之

衛颯爲桂陽太守郡與交州接境頗染其俗不知禮則颯下車修庠序之教設婚姻之禮朞年間邦俗從化

任延爲會稽都尉每時行縣輒使慰勉孝子就餐飯之後爲九眞太守駱越之民無嫁娶禮法各因滛好無適對匹不識父子之性夫婦之道延乃移書屬縣爲使男年二十至五十女年十五至四十皆以年齒相配其貧無禮聘令長吏以下各省奉祿以賑助之同時相娶者二千餘人是歲風雨順節穀稼豐衍其產子者始知種姓咸曰使我有是子者任君也多名子爲任於是徼外蠻夷夜郎等慕義保塞延遂止罷偵候戍卒初平帝時漢中錫光爲交阯太守教導民夷漸以禮義化聲侔於延王莽末閉境拒守建武初遣使貢獻封鹽水侯嶺南華風始於二守焉又爲武

威太守造立較官自掾吏子孫皆令詣學受業復其傜役章句旣通悉顯拔榮進之郡遂有儒雅之士

秦彭爲山陽太守以禮訓人不任刑罰崇好儒雅敎明庠序每春秋享射輒修升降揖讓之儀乃爲人設四誡以定六親長幼之禮有遵奉教化者擢爲鄉三老常以八月致酒肉以勸勉之吏有過咎罷遣而已不加耻辱百姓懷愛莫有欺犯

張湛爲左馮翊在郡修典禮設條教政化大行

歐陽歙爲汝南太守世傳伏生尚書在郡教授數百人

伏恭爲常山太守明齊詩敦修學校教授不輟繇是北州多爲伏氏學

王追爲益州郡太守始興起學較漸遷其俗

廉范歷武威武都二郡太守隨俗化導各得治宜建初中遷蜀郡太守其俗尚文辯好相持短長范每厲以淳厚不受偷薄之說

羊續爲南陽太守班宣政令候民利病百姓勸服時權豪之家多尚奢麗續深疾之常弊衣薄食車馬羸敗

張霸爲會稽太守表用郡人處士顧奉公孫松等奉

後爲潁川太守松爲司隸較尉並有名稱其餘有業行者皆見擢用郡中爭厲志節習經者以千數道路但聞誦聲

鮑德爲南陽太守時郡學久廢德乃修起黌舍備俎豆黼冕行禮奏樂又尊饗國老宴會諸儒百姓觀者莫不歡服

劉寬爲東海相遷南陽太守典歷三郡溫仁多恕雖在倉卒未嘗疾言遽色常以爲齊之以刑民免而無恥吏人過但用蒲鞭罰之示辱而已終不加苦事有功善推之自下災異或見引躬克責每行縣止息亭傳輒引學官祭酒及處士諸生執經對講見父老慰以農里之言年少勉以孝悌之訓人感德興行日有所化

欒巴爲桂陽太守以郡處南垂不閑典訓爲吏人定婚姻喪紀之禮興立學較以獎進之雖幹吏卑末皆課令習讀程試殿最隨能升授（幹府吏之類也晉令諸郡國不滿五千以下置幹吏二人郡縣皆有幹幹猶主也）

何敞爲汝南太守敞疾文俗吏以苛刻求當時名譽故在職以寬和爲政立春日常召督郵還府（督郵主司察愆過立春陽氣發生故召歸）分遣儒術大吏案行屬縣顯孝悌有義

行者及舉寃獄以春秋義斷之是以郡中無怨聲百姓化其恩禮其出居者皆歸養其父母追行喪服（出居謂與父母別居者其親先亡者自恨喪禮不足追行喪制也）推財相讓者二百許人（高譚等百八十五人推財相讓）置立禮官不任文吏

王暢爲南陽太守郡中豪族多以奢靡相尚暢常布衣皮褥車馬羸敗以矯其敝同郡劉表諫之暢曰昔公儀休在魯拔園葵去織婦孫叔敖相楚其子被裘刈薪夫以約失之者鮮矣聞伯夷之風者貪夫有廉志雖以不德敢慕遺烈

袁安爲河南尹政號嚴明然未嘗以贓罪鞫人常稱

曰凡學仕者高則望宰相下則希牧守錮人於聖世尹所不忍爲也聞之者皆感激自厲在職十年京師肅然名重朝廷

應奉爲武陵太守興學校舉仄陋

魏霸爲鉅鹿太守以簡樸寬恕爲政掾吏有過要先誨其失不改者乃罷之吏或相毁訴霸輒稱它吏之長終不及人短知者懷慙譖訟遂息

許荆爲桂陽太守郡濵南川風俗脆薄不識學義荆爲設喪紀婚姻制度使知禮禁嘗行春到耒陽縣人有蔣均者兄弟爭財互相言訟荆對之嘆曰吾荷國

重任而教化不行咎在太守乃顧使吏上書陳狀乞詣廷尉均兄弟感悔各求受罪（鄉人謝弘等不養父母兄弟分析因此皆還供養者千有餘人也）在事十二年父老稱歌

劉表爲荆州刺史起立學校博求儒術綦毋闓宋忠等撰立五經章句講之

孔融爲北海相立學校表顯儒術

魏袁渙爲梁相渙每勅諸縣務存鰥寡高年表異孝子貞婦嘗謂曰世治則禮詳世亂則禮簡全在斟酌之間耳方今雖擾攘難以禮化然在吾所以爲之爲政崇教訓恕思而後行外温柔而内能斷

杜畿爲河東太守是時天下郡縣皆殘破河東最先定少耗減畿治之崇寬惠與民無爲民嘗辭訟有相告者畿親見爲陳大義遣令歸諦思之若意有所不盡更來詣府鄉邑父老自相責怒曰有君如此奈何不從其教自是少有辭訟班下屬縣舉孝子貞婦順孫復其徭役隨時慰勉之漸課民畜牸牛草馬下逮雞豚犬豕皆有章程百姓勤農家家豐實畿乃曰民富矣不可不教也於是冬月修戎講武又開學宫親自執經教授郡中化之郡人樂詳少好學畿署詳文學祭酒使教後進於是河東學業大興韓遂馬超之

叛也弘農馮翊多舉縣邑以應之河東雖與賊接民無異心

王恂爲河南尹建立二學崇明五經皆恂所定

令狐邵爲弘農太守舉善而教恕以待人不好獄訟與下無忌時郡無知經者乃歴問諸吏有欲遠行就師輒假遣令詣河東就樂詳學經粗明乃還因設文學學業轉興

顔斐爲京兆太守起文學聽吏民欲讀書者復其小徭又課民當輸租時車牛各因便致薪兩束爲冬寒冰炙筆硯於是風化大行吏不煩民民不求吏

劉馥爲揚州刺史恩化大行於是聚諸生立學校
牽招爲鴈門太守簡選有才識者詣大學受業還相
授教數年中庠序大典
徐邈爲凉州刺史收歛民間私仗藏之府庫然後率
以仁義立學明訓禁厚葬斷淫祀進善黜惡風化大
行百姓歸心焉西域流通羌城入貢皆邈勳也
任嘏爲河東太守所在化行有遺風餘教
劉邵爲陳留太守敦崇教化百姓稱之
王凌爲青州刺史時海濱喪亂之後法度未整凌布
政施教賞善罰惡甚有綱紀百姓稱之不容於口從

爲楊豫州刺史咸得軍民之歡心始至豫州旌先賢
之後求未顯之士各有條教意義甚美
王基爲荆州刺史明制度整軍農兼修學校南方稱
之
楊俊爲南陽太守宣德教立學校吏民稱之
范粲爲武威太守到郡選良吏立學校勸農桑又郡
壤富貴珍玩充積粲制之息其華侈
蜀王商爲蜀郡守修學校廣農桑百姓便之
吳顧邵爲豫章太守禁其淫祀非禮之祭者小吏姿
質有佳者輙令就學擢其先進擢置右職舉善以教
風化大行
晉曹志字允恭爲樂平太守在郡上書以爲宜尊儒
重道請爲博士置吏卒
李重爲平陽太守崇德化修學校表篤行拔賢能淸
簡無欲正身率下
鄭袤爲濟陰太守下車旌表孝悌敬禮賢能興立庠
序開誘後進
陶侃爲荆州刺史諸參佐或以談戲廢事者乃命取
其酒器蒱博之具悉投之於江吏將則加鞭扑曰摴
蒱者牧豬奴戲耳老莊浮華非先王之法言不可行

也君子當正其衣冠攝其威儀何有亂頭養望自謂
宏達邪有奉饋者皆問其所繇若力作所致雖微必
喜慰賜參倍若非禮得之則切厲訶辱還其所饋嘗
出遊見人持一把未熟稻侃問用此何爲人云行道
所見聊取之耳侃大怒曰汝既不佃而戲賊人稻執
而鞭之是以百姓勤於農殖家給人足
孔衍爲廣陵郡守雖隣接於賊猶教誘後進不以戎
務廢業
周處爲楚内史郡既經喪亂新舊雜居風俗未一處
敦以教義

虞傅爲鄱陽内史大修庠序廣招學徒移告屬縣

范汪爲東陽太守在郡大興學校甚有惠政

范甯汪子也爲預章太守在郡大設庠序遣人往交州採磬石以供學用改革舊制不拘常憲遠近至者千餘人資給衆費一出私祿并取郡四姓子弟皆充學生課讀五經又起學臺功用彌廣江州刺史王凝之上言曰預章郡居此州之半太守臣甯入參機省出宰名郡而肆其奢濁所爲佷籍郡城先有六門甯悉改作重樓復更開二門合前爲八私立下舍七所臣伏尋宗廟之設各有品秩而甯自置家廟又下十

五縣皆使左宗廟右社稷準之大廟皆資人力又奪人居宅力夫萬計甯若以古制宜崇自當列上而敢專輙惟存任心州既聞知即符從事制不復聽而甯嚴威屬縣惟令速立願出臣表下太常議之禮典詔曰漢宣云可與共治天下者良二千石也若范甯果如凝之所表者豈可復宰郡乎以此抵罪子泰時爲天門太守弃官稱訴帝以甯所務惟學事久不判會赦免

庾亮爲征西將軍鎮武昌開置學官亮薨乃廢

王承爲東海太守有犯夜者爲吏所拘承問其故答云從師受書不覺日暮承曰鞭撻甯越以立威名非政化之本使吏送令歸家

宋孔季恭爲會稽内史修飾學校計課調習

蔡興宗爲會稽太守三吳舊有鄉射禮久不復修興宗行之禮儀甚整先是元嘉中羊玄保爲郡亦行鄉射

杜慧度爲交州刺史崇修學校

南齊劉悛爲司州刺史於州治下立學校

虞愿爲晉平太守在郡立學堂教授

豫章王嶷爲荆湘二州刺史於南蠻園東南開立學

上表言狀置四十人取舊族父祖位正佐臺郎年二十五以上補之置儒林祭酒二人文學祭酒一人勸學從事二人行釋菜禮

竟陵王子良爲會稽太守時有山陰人孔平詣子良訟嫂市米負錢不還子良嘆曰昔高文通與寡嫂訟田義異於此乃賜米錢以償平

江祀爲東海太守治下有宣尼廟久廢不修祀更開掃構立

梁始興王憺出爲益州刺史開立學校勸課就業遣子映親受經焉繇是多向方者

殷均為臨川內史體羸多疾閉閤臥治而百姓化其德劫盜皆奔出境嘗禽劫帥不加考掠但和言誚責劫帥稽顙乞改過均便命遣之後遂為善人

陸襄為鄱陽內史有彭李二家因忿爭遂相告襄引入內室不加責誚但以和言解喻之二人感悟深自咎悔乃為設酒食令其盡歡酒罷同載而還因相親厚民歌曰陸君解無怨家鬭既罷讐共車

柳惲為鄱陽相聽吏屬得盡三年喪禮著之文教百姓稱焉

張綰為豫章內史在郡述制旨禮記正言義四姓衣

冠士子聽者嘗數百人（王欽若等曰禮記正言是梁武所撰故稱制旨四姓謂朱張顧陸也）

顧憲之為衡陽內史土俗山民有病輒云先為禍皆開冢剖棺水洗枯骨名為除祟憲之曉喻為陳生死之別事不相繇風俗遂改時刺史王奐新至唯衡陽獨無訟者乃歎曰顧衡陽之化至矣若九郡率然吾將何事

張緬為豫章內史緬為政任恩惠不設鉤距吏人化其德亦不敢欺故老咸云數十年未有也

後魏張恂為廣平太守招集離散開建學校優顯儒士吏民歌詠之

賈儁為荊州刺史先是上洛置荊州後改為雒州在重山民不知學儁乃表置學官選聰悟者以教之

李仲璇為兗州刺史以孔子廟墻宇頗有頹毀遂修改焉

裴延儁為幽州刺史以范陽人酈惲好學有文才用為主簿令其修起學校禮教大行民歌謠之

李平為相州刺史勸課農桑修飾太學簡試通儒以充博士選五郡聰敏者以教之圖孔子及七十二子於講堂親為之贊

劉道斌為弘農太守修立學館建孔子廟堂圖畫形像

盧道將為燕郡太守優禮儒生勵勸學業敦課農桑墾田歲倍

張袞年為汝南太守有郡民劉崇之兄弟分析家貧唯有一牛爭之不決訟於郡庭袞年見之悽然曰汝曹當以一牛故致此競脫有二牛各應得一豈有訟理即以家牛一頭賜之於是郡境之中各相誡約咸敦敬讓

裴安祖河東聞喜人弱冠州辟主簿民有兄弟爭財

請州相訟安祖召其兄弟以禮義責讓之此人兄弟明日相率謝罪境内欽服之

革彧爲東豫州刺史綏懷蠻左頗得其心蠻首田益宗子魯生魯賢先叛父南入數爲冦掠自彧至州魯生等咸戢厝修敬不復爲害或以蠻俗荒梗不識禮義乃表立大學還諸郡生徒於州總教

李訢爲相州刺史上疏求立學較曰臣聞至治之隆非文德無以經綸王道太平之義非良才無以光贊皇化是以昔之明王建庠序於京畿立學官於都邑教國子弟習其道藝然後選其俊異以爲造士今聖

治欽明道隆三五禮服之民咸仰德化而所任州土學較未立臣雖不敏誠願備之使後生聞雅頌之音童幼覩經教之本臣昔蒙恩寵長管中祕時課修學有成立之人髦俊之士已蒙進用臣今重荷榮遇顯任名岳思闡帝猷光宣於外自到已來訪諸文學舊德已老後生未進歲首所貢雖依制遣對問之日懼不克堪臣愚欲仰依先典於州郡治所各立學官使士望之流冠冕之胄就而受業庶必有成其經藝通明者貢之天府則郁郁之文於是不隆書奏獻文從之

高允爲懷州刺史時年將九十勸民學業風化頗行

蕭寶寅爲徐州刺史起學館朔望引見四姓子弟接以恩顏與論經義勤於政治吏民愛之

崔辯爲武邑太守政事之餘專以勸學爲務

崔遊爲河東太守大學舊在城内遊乃移至城南開敞之處親自說經當時學者莫不勸慕號爲良守

高祐爲西兗州刺史以郡國雖有大學縣黨宜有黌序乃縣立講學黨立小學

崔孝暐爲趙郡太守興立學較親加勸督百姓賴之

楊津爲華州刺史先是受調絹度尺特長在事因緣

共相進退百姓苦之津乃令依公尺度其輸物尤好者賜以杯酒而出所輸少劣亦爲受之但無以示其恥於是人競相勸官調更勝舊日又爲岐州刺史巨細躬親孜孜不倦守令寮佐有濁貨者未曾公言其罪常以私書切責之於是官屬感厲莫有犯法

冦雋爲梁州刺史民俗荒獷多爲賊盜雋乃令郡縣立爲庠序勸賊盜使歸農桑敦以禮讓數年之中風俗頓革

北齊鄭述祖父道昭先爲兗州刺史述祖天保初又爲之有人入市盜布其父怒曰何恐欺人君執之以

歸首述祖待原之自是之後境內無盜人歌之曰大鄭公小鄭公相去五十載風教猶相同

蘇瓊為南海太守有百姓乙普明兄弟爭田積年不斷各相援引乃至百人瓊召普明兄弟對衆人語之曰天下難得者兄弟易求者田地假令得田地失兄弟心如何因而下淚衆人莫不灑泣普明兄弟叩頭乞外更思分異十年遂還同居任每年春總集大儒衛隆田元鳳等講於郡學掾吏文案之暇悉令受書時人指吏曹為學生屋

後周長孫儉初仕魏為荊州刺史所部鄭縣令泉璨

為民所訟推治獲實儉即大集僚屬而謂之曰此縣刺史教誨不明信不被物是我之愆非泉璨之罪遂於廳事前肉袒自罰捨璨不問於是屬城肅厲莫有犯法西魏文帝璽書勞之太祖又與儉書曰近行路傳公以部內縣令有罪遂自杖三十用肅群下吾昔聞王臣謇謇匪躬之故蓋謂憂公忘私知無不為而已未有如公刻身罰己以訓群僚者也聞之嘉歎荊蠻舊俗少不敬長儉殷勤勸導風俗大革務廣耕桑兼習武事故得邊境無虞民安其業吏民表請為儉構清德樓樹碑刻頌朝議許焉

柳霞為霍州刺史導民務先以德再三不用者乃微加貶異以恥之而已其下感而化之不復為過咸曰我君仁惠如此其可欺乎

薛慎為湖州刺史州界既雜蠻夷恒以劫掠為務慎乃集諸豪帥具宣朝旨仍令首領每月一參或須言事者不限時節慎每見必殷勤勸誡乃賜酒食一年之間翕然從化諸蠻乃相謂曰今日始知刺史真民之父母也莫不欣悅自是襁負而至者千餘戶蠻俗婚娶之後父母雖在即與別居慎謂守令曰牧守令長是化人者也豈有其子娶妻便與父母離析非唯

蠻俗之失亦是牧守之罪慎乃親自誘導示以孝慈并遣守令者諭所部有數戶蠻別居數年遂還侍養及行得果膳歸奉父母慎以其從善之速具以狀聞有詔蠲其賦役於是風化大行有同華俗

樂遜為湖州刺史民多蠻左未習儒風遜勸勵生徒加以課試數年之間化洽州境蠻俗生子長大多與父母別居遜每加勸導多革前弊在任數載頻被褒錫

隋于義字慈恭為武安太守專崇德教不尚威刑有郡民張善安王叔兒爭財相訟義曰太守德薄不勝

任之所致非其罪也於是取財俉與二人論而遣去善安等各懷耻愧移貫他州於是風教大洽以其德化人皆此類也

梁毗爲西寧州刺史在州十一年先是蠻夷酋長皆服金冠以金多者爲豪儁繇此遞相陵奪毎于邊境略無寧歲毗患之後因諸酋長相率以金遺毗於是置金坐側對之慟哭而謂之曰此物饑不可食寒不可衣汝等以此相滅不可勝數今將此來欲殺我邪一無所納悉以還之於是蠻夷感悟遂不相攻擊高祖聞而善之

趙賢通爲冀州刺史有人盜其田中蒿者爲吏所執賢通曰此乃刺史不能宣風化彼何罪也慰喻而遣之令人載蒿一車以賜盜者媿惡過於重刑其以德化民皆此類也

令狐熙開皇中爲桂州刺史先是州縣生梗長吏多不得之官寄政於總管府熙悉遣之爲建城邑開設學較人吏感化焉

乞伏慧領潭桂二州總管三十一州諸軍事其俗輕剽慧躬行樸素以矯之風化太洽

楊汪字元度歷荆雒二州長史毎聽政之暇必延生徒講授時人稱之

辛公義爲牟州刺史下車先至獄中因露坐牢側親自驗問十餘日間决斷咸盡方還大廳受領新訟皆不立文案遣當直佐寮一人側坐訊問事若有不盡應須禁者公義即宿廳事終不還閤人或諫之曰此事有程使君何自苦也答曰刺史無德可以導人尚令百姓係於囹圄豈有禁人在獄而心自安乎罪人聞之咸自歎服後有欲爭訟者其鄉閭父老遽相曉曰此蓋小事何忍勤勞使君訟者多兩讓而止

梁彦光爲相州刺史自齊亾衣冠士人多遷關内唯

枝巧商販及樂戸之家移實州郭繇是人情險詖妄起風謠訴訟官人萬端千變彦光欲革其弊乃用秩俸之物招致山東大儒毎鄉立學非聖哲之書不得教授常季月招集之親臨策試有勤學異等聰令有聞者升堂設饌其餘並坐廊下有爭訟惰業無成者坐之庭中設以草具及大成當舉行賓貢之禮行於郊外祖道并以財物資之於是人皆克勵風俗大改有滏陽人焦通性酗酒事親禮闕爲從弟所訟彦光弗之罪將至州學令觀於孔子廟于時廟中有韓伯瑜母杖不痛哀母力弱對母悲泣之像通遂感悟既

悲且愧若無自容彦光訓諭而遣之後改過勵行卒爲善士以德化人皆此類也吏人感悅略無爭訟

柳旦爲龍川太守民居山洞好相攻擊旦開設學校大變其風煬帝聞而善之下詔褒美

唐高士廉太宗時爲益州大都督府長史蜀土俗薄畏鬼而惡疾父母病有危殆不躬扶持杖頭挂食遥以哺之兄弟異財罕通假借士廉隨方誘勸有不悛者親率官屬詣其門而諭之繇是邑里翕然多爲孝悌兼命儒生講論墳典勉勵後進西蜀學校一時復興

高智周高宗時爲壽州刺史每行部必先召學官見諸生試其講誦訪以經義及時政得失然後問及墾田獄訟之事

李栖筠代宗時爲浙西觀察使屬師旅饑饉之後百姓流離講誦之徒數年竟絶乃大開學館招延秀異表大儒河南褚冲吴郡何員等超資授官爲學者師身自執經質問疑義繇是遠邇趨風皷篋升堂者至數百人教化大行俗若鄒魯

馬燧爲懷州刺史乘兵亂後其夏大旱人失耕種燧乃務教化將吏有父母者燧輒造之施敬收瘗暴骨去其煩苛至秋田中生穭禾人頗便之

張鎰爲濠州刺史招經術之士講訓生徒比去郡升明經者四十餘人

陽城德宗時爲道州刺史在州以家人法爲理吏人宜罰者罰之宜賞者賞之一不以簿書介意前刺史有贓罪觀察使方推鞫之吏有幸於前刺史者掊拾其不法事以告欲自爲功城立杖殺之賦税不登觀察使數誚讓州上考功第城自署其第曰撫字心勞徵科政拙考下下觀察使嘗使判官督其賦至州怪城不出迎以問州吏吏曰刺史聞判官來以爲已有

罪自囚於獄不敢出判官大驚馳入謁城獄曰使君何罪某奉命來候安否耳留一二日未去城因不復歸館門外有故門扇横城晝夜坐臥其上判官不自安辭去其後觀察使又遣他判官崔某往案之（王欽若等曰史失其名）崔承命不辭載妻子以行中道而逃

令狐楚穆宗時爲宣武軍節度使先是汴卒驕悍累逐主帥韓弘以重法繩之人皆偷生莫革其性楚以仁惠明其教令人遂從化

曹華爲沂州刺史初李正己盜有青鄆十二州傳襲四世垂五十年人俗頑驁不知禮教華令將吏曰鄒

魯儒者之鄉不宜忽於禮義乃躬禮儒士習俎豆之
容春秋釋奠於孔子廟立學講經儒冠四集出家財
贍給俾成名入仕其往者如歸
鄭澣文宗時爲興元尹先是澣父餘慶之鎮興元創
儒宫設學館至澣之來復繼前美

冊府元龜終

冊府元龜

巡按福建監察御史臣李嗣京　訂正

知長樂縣事　臣　夏允彝　參閱

知建陽縣事　臣　黄國琦　較釋

牧守部七

能政

自秦氏罷侯置守漢室之興率循無改垂及中葉品式備具故有與我共此之嘆而二千石之著治効者率加褒賞以申勉勵史氏所述循吏爲盛焉東京而下咸可徵也自非厲精爲治正身率下遵道德齊禮

之訓以變風美俗推務本明利之術以厚生阜財措枉而擊強興廉而崇讓先之以條教濟之以仁惠居之以寬簡輔之以強明又曷能致政治之清夷吏人之歡愛所居民富所去見思生有榮號死見奉祀斯仲尼所謂既富而教三年有成者爲不誣矣

漢韓延壽爲淮陽太守治甚有名徙潁川潁川多豪彊難治國家嘗爲選良二千石延壽在郡數年徙爲東郡太守以黄霸代居潁川霸因其迹而大治延壽爲政事迹並見牧守教化門

黄霸爲潁川太守前後八年郡中愈治天子以霸治行部賜爵關内侯黄金百斤秩中二千石自漢興言治民吏以霸爲首入守京兆尹

趙廣漢爲京兆尹奏請令長安游徼獄吏秩百石特增其秩以厲其行其後百石吏皆差自重不敢枉法妄繫留人京兆政清吏民稱之不容口長老傳以爲自漢興治京兆者莫能及

王成爲膠東相治甚有聲宣帝最先褒之賜爵關内侯秩中二千石

翟方進爲朔方刺史居官不煩苛所察應條輒舉甚有威名再三奏事刺史歲盡輒奏事京師也

召信臣爲南陽太守爲民興利戶口增倍賊盜獄訟衰止吏民親愛信臣號之曰召父

薛宣爲臨淮太守政教大行入守左馮翊宣爲吏賞罰明用法平而必行所居皆有條教可紀多仁恕愛利愛人而安利也

馮野王爲隴西太守以治行高入爲馮翊京師稱其威信又爲上郡太守

馮逡野王弟也爲淸河都尉隴西太守治行廉平

馮立逡弟也爲五原太守徙西河上郡立居職公廉治行略與野王相似而多知有恩貸好爲條教吏民

嘉美立更歷五郡所居有迹

後漢宋均爲河內太守政化大行均嘗寢病百姓耆老爲禱請旦夕問起居其爲民愛若此

馮豹爲武威太守親事二年河西稱之

杜詩爲南陽太守性節儉而政治清平以誅暴立威善於計略省愛民役視事七年政化大行

襲鴻爲琅邪會稽二郡太守所在有異迹

曹褒爲河內太守時春夏大旱糧穀踊貴褒到乃省吏并職退去姦殘澍雨數降其秋大熟百姓給足流宂皆還

郭伋爲并州刺史所過問民病苦聘求耆德雄俊設几杖之禮朝夕與參政事

謝夷吾遷鉅鹿太守所在愛育人物有善績

歐陽歙爲揚州牧遷汝南太守推用賢俊政稱異迹

魯王興齊武王縯之子爲弘農太守有善政

王堂爲巴郡太守吏民生爲立祠永建中爲魯相政存簡一至數年無辭訟遷汝南太守郡內稱治

陸康爲武陵太守轉守桂陽樂安二郡所在稱治

陳寵爲廣漢太守西川豪右并兼吏多姦貪訴訟日百數寵到顯用良吏王渙鐔顯等以爲腹心訟者日減郡中清肅

衛颯爲桂陽太守先是含洭湞陽曲江三縣越之故地武帝平之內屬桂陽民居深山濱溪谷習其風土不出田租去郡遠者或且千里吏事往來輒發民乘船名曰傳役每一吏出傜及數家百姓苦之颯乃鑿山通道五百餘里列亭傳置郵驛於是役省勞息姦吏杜絕流民稍還漸成聚邑使輸租賦同之平民凡理卹民事居官如家其所施政莫不合於物宜視事十年郡內清理

宋登爲潁川太守市無二價道不拾遺

李膺爲蜀郡太守修庠序設教條明法令恩威並行蜀之珍玩不入於門

陳蕃爲樂安太守時李膺爲青州刺史各有威政屬城聞風皆自引去蕃獨以清績留焉

延篤爲左馮翊徙京兆尹其政用寬仁憂恤民黎擢用長者與參政事郡中歡愛三輔咨嗟焉先是陳留邊鳳爲京兆尹亦有能名郡人爲之語曰前有趙張二王後有邊延二君

景毅爲益州太守討定叛夷毅初到郡米斛萬錢漸以仁恩少年間米至數十（少年未多年也）

徐璆歷任城汝南東海三郡所在化行

公沙穆爲遼東屬國都尉善得吏人歡心

史敞爲京兆尹化有能名尤善條教見稱於三輔也

王商益州牧劉焉以爲蜀郡太守有治聲

駱俊字孝遠有文武才幹爲陳相值袁術僭號兄弟忿爭天下鼎沸群賊並起陳與比界姦慝四布俊厲威武保疆境賊不敢犯養濟百姓災害不生歲獲豐稔

魏劉靖爲河南尹散騎常侍應璩書與靖曰入作納言出臨京任富民之術日引月長藩落高峻絶穿窬

之心五種別出遠水旱之災農器必具無失時之闕蠶麥充備無雨濕之虞封符指期無流連之吏鰥寡孤獨蒙廩振之實加之以明擿幽微重之以秉憲不撓有司供承王命百里垂拱仰辦雖昔趙張三王之治未足以方也靖爲政類如此初雖似碎密終於百姓便之

司馬朗爲兗州刺史政化大行百姓稱之

杜畿爲河東太守太祖征漢中遣五千人運運者自率勉曰人生有一死不可負我府君終無一人逃亾其得人必如此

梁習爲并州刺史邊境肅清百姓布野勤勸農桑令行禁止貢達名士咸顯於世太祖嘉之賜爵關內侯更拜爲真長老稱詠以爲自所聞識刺史未有及習者

張既爲雍州刺史後轉涼州既臨二州十餘年政惠著聞

倉慈爲燉煌太守民夷稱其德惠後皇甫隆爲太守燉煌人以爲隆剛斷嚴毅不及於慈至於勤恪愛惠爲下興利可以亞之

楊阜爲武都太守會蜀先主取漢中以逼下辯太祖

以武都孤遠欲移之恐吏民戀土阜威信素著前後徙民氐使居京兆扶風天水界者萬餘戶徙郡小槐里百姓襁負而隨之爲政舉大綱而已下不忍欺

蜀馬忠爲牂牁太守郡丞朱褒反叛亂之後忠撫育卹理甚有威惠

王祇爲犍爲太守後有廣漢王離代祇爲太守亦有美績雖聰明不及祇而文采過之也

吳謝景爲豫章太守在郡有治迹吏民稱之以爲前有顧邵其次即景

周魴爲鄱陽太守在郡十三年賞善罰惡威恩並行

吳彦爲交州刺史在鎮二十餘年威恩宣著南州寧靖

晉鄭袤爲廣平太守以德化爲先善作條教郡中愛之

司馬芝爲河南尹居官十一年自魏迄今爲河南尹者莫及芝

劉弘爲荆州刺史假節都督荆交廣州諸軍事其在江漢值王室多難得專命一方盡其器能推誠群下厲以公義簡刑獄務農桑每有興發手書郡國丁寧款密故莫不感悅顛倒奔赴咸曰得劉公一紙書賢

於十部從事也

劉殷爲新興太守明刑漣善甚有政能

范晷爲馮翊太守甚有政能善於綏撫百姓愛悅之

鄧攸爲吳郡太守攸在郡刑政清明百姓歡悅爲中興良守

王況爲豫州刺史探尋善政案賈逵已來法制禁令諸所施行擇善者而從之

丁紹字叔倫爲廣平太守政平訟理道化大行于時河北騷擾靡有完邑而廣平一郡四境乂安是以皆悅其法而從其令

宋劉義欣高祖弟道憐子也爲豫州刺史鎮壽陽于時土境荒毁人民凋散城郭頽敗盜賊公行義欣綱維補緝隨宜經理刼盜所經立討誅之境内畏服道不拾遺城府庫藏並皆完實遂爲盛藩強鎮

孔季恭爲會稽相務存治實勑止浮華翦罰游情繇是寇盜衰止境内肅清

杜慧度爲交州刺史布衣蔬食儉約質素能彈琴頗好莊老禁斷淫祀崇修學校歲荒民饑則以私祿賑給爲政纖密有如治家繇是威惠沾洽姦盜不起乃至城門不夜閉道不拾遺

王僧虔初監吳郡太守後爲湘州刺史所在以寛惠稱

裴松之爲永嘉太守勤卹百姓吏民便之

陸徽爲益州刺史隱卹有方威惠兼著寇盜靜息民物殷阜蜀土安悅

阮長之歷東莞武昌臨海太守皆有風政爲後人所思宋世言善治者咸稱之

吉翰爲益州刺史著美績甚得方伯之體論者稱之

臧質爲建平太守甚得蠻楚心南蠻校尉劉湛還朝稱爲良守遷寧遠將軍

申恬爲山陽太守善於治民所莅有績爲太山太守威惠兼著吏民便之

杜驥爲青冀二州刺史在任八年惠化著於齊土自義熙至于宋末刺史唯羊穆之及驥爲吏民所稱詠

張岱爲益州刺史數年益土安其政

劉損爲義興太守時東土饑太祖遣揚州治中沈演之東入賑卹以損綏撫有方稱爲良守

南齊虞愿宋末爲晉平太守有異政後王秀之爲郡與朝士書曰此郡承虞公之後善政猶存遺風易遵差得無事

安陸王緬爲吳郡太守少時太著風績竟陵王子良與緬書曰竊承下風數十年來未有此政世祖嘉其能轉郢州刺史

張瓌爲雍州刺史加都督後拜左戶尚書後安陸王緬臨雍州行部登蔓山有野老來乞緬問何不事產而行乞耶荅曰張使君臨州理物百姓家得相保後人政嚴故至行乞緬殊是深加嗟賞

傅琰爲南郡内史行荆州事時長沙太守王沈新蔡太守劉聞慰晉平太守丘仲起長城縣令何敬叔故彰縣令丘寂之皆有能名而不及琰也

梁永陽王敷少有學業仕齊爲隨郡内史招懷遠近士庶安之以爲前後之政莫及齊明帝謂徐孝嗣曰學士舊例不叚理官聞蕭隨郡唯置酒清言而路不拾遺行何風化以至於此對曰古者修文德以來遠人况止郡境而已帝稱善

長沙王懿爲晉陵太守曾未朞月訟理人和稱爲善政

襲吳平侯昺爲淮南太守以善政稱遷豫章内史道不拾遺男女異路

孔休源爲南郡太守行州府事甚有治績平心決斷

請託不行高祖深嘉之

衡山縣侯恭爲雍州刺史簡文少與恭遊特被賞狎至是手令褒以政事恭至州政績有聲百姓請於城南立碑頌德詔許焉名爲德政碑

夏侯詳爲湘州刺史詳善吏事在州四載爲百姓所稱

王志爲宣城内史清謹有恩惠郡民張倪吳慶爭田經年不決志到官父老乃相謂曰王府君有德政吾曹鄉里乃有此爭倪因相攜請罪所訟地遂爲閑田

夏侯亶爲吳興太守有惠政遷司州刺史又爲邊人

所悅服
何敬容爲建安內史淸公有美績吏民稱之遷吳郡太守爲政勤恤民隱辯訟如神視事四年治爲天下第一世稱爲何吳郡後謝舉爲吳郡太守聲跡略相比
劉之亨代兄之遴爲南郡太守有異政荆土懷之惡斥其名號爲大南郡小南郡
王瑩爲東陽太守居郡有惠政遷吳興太守頻處二郡皆有能名
謝覽爲吳興太守初齊明帝及覽父瀹東海徐孝嗣

並爲吳興號稱名守覽皆欲過之
劉潛字孝儀爲臨海太守是時政綱疎闊百姓多不遵禁孝儀下車宣布條制勵精綏撫境內翕然風俗大革
何遠爲宣城太守郡經寇抄盡心綏理復著名迹后爲始興內史在官好開途巷修葺牆屋民居市里城隍廐庫所過若營家焉
陳王勵爲晉陵太守在郡甚有威惠郡人表請立碑頌勵政績許之
陸子隆爲荆州刺史時新置治于公安城池未固子隆修建城郭綏集夷夏甚得民和當時號爲稱職三年吏民詣都上表請立碑頌美功績詔許之
後魏長孫肥道武時爲兗州刺史撫綏河南得吏民心威信著於淮泗
張恂爲廣平太守招集離散開建學較優顯儒士吏民歌詠之於時喪亂之後罕能克厲唯恂當官清白仁恕臨下百姓親愛之其治爲當時第一
陳留王虔子崇爲并州刺史有政績
淮南王世遵爲北平將軍定州刺史百姓安之爲幽州刺史性淸和推誠化導百姓樂之

臨淮王昌弟孚爲冀州刺史勸課農桑境內稱爲慈父隣州號曰神君
任城王澄爲徐州刺史甚有聲績
任城王雲爲冀州刺史留心政事甚得下情
淮陽王孝友爲滄州刺史在郡積年以法自守甚著聲稱
元子英爲梁州刺史在仇池六載甚有威惠之稱
安豐王猛子延明爲豫州刺史甚有政績
崔寬爲鎭西將軍陝城鎭將弘農土出漆蠟竹木之饒路與南通販貿來往家産豐富而百姓樂之諸鎭

之中號爲能政

穆羆爲汾州刺史前刺史劉升在郡甚有威惠前定陽令吳平仁亦有恩信羆並爲表請之羆既頻薦升等所部守令咸自砥礪威化大行百姓安之

元欣爲荆州刺史轉齊州刺史欣在二州頗得人和

張彝爲泰州刺史彝敷政隴右多所制立宣布新風革其舊俗民庶愛仰之

張蒲爲相州刺史扶弱抑強進善黜惡教化大行

李韶爲冀州刺史清簡愛民甚收名譽後轉定州刺史二州既連接百姓素聞風德州內大治

陸昕之爲兗州刺史尋進號安東將軍治有名績仍

除青州刺史在州著寬平之稱轉安北將軍相州刺史

陸凱爲正平太守在郡七年號爲良吏

源懷爲長安鎮將雍州刺史清儉有惠政善於撫恤劫盜息止流民皆相率來還

薛虎子爲徐州刺史孝文曾從容問秘書丞李彪曰卿頻使江南徐州刺史政績何如彪曰綏邊布化甚得其和孝文曰朕亦知之

竇瑾爲長安鎮將都督秦雍二州諸軍事在鎮八年甚著威惠

李安世爲相州刺史敦勸農桑禁斷淫祀

崔挺爲光州刺史威恩並著風化大行及散騎常侍張彝兼侍中巡行風俗見挺政化之美謂挺曰彝受使省方採示謠訟入境觀政實愧清吏之名

畢元賓爲兗州刺史爲政清平善撫民物百姓愛樂之

崔亮爲雍州刺史性公清敏于斷決三輔服其德政

蘇椿爲武功郡守既爲本邑以清儉自居小大之政必盡忠恕

裴宣爲司州別駕明敏有器幹總攝州府事無疑滯遠近稱之

崔休遷安東將軍青州刺史青州九郡民單劇李伯徽劉通等一千人上書頌休德政靈太后善之

張普惠爲東豫州刺史時淮南九戍十三郡猶有梁氏前弊別郡異縣之民錯雜居止普惠乃依次括比省減郡縣上表陳狀詔許之宰守因此綰攝有方姦盜不起民以爲便

竇瑗爲廣宗太守治有清白之稱廣宗民情凶戾前後累政咸見告訟唯瑗一人終始全潔轉中山太守

聲譽甚美爲吏民所懷及北齊神武輔政玵書州郡
誡約牧守令長稱虔政績以爲勸勵
北齊永安王浚爲青州刺史聰明矜恕上下畏悅之
趙郡王子叡爲定州刺史加撫軍將軍六州大都督
時年十七留心庶事糾擿姦非勸課農桑接禮名儁
所部大治稱爲良牧
裴讓之爲清河太守至郡未幾楊愔謂讓之諸弟曰
我與賢兄交欵企聞善政適有人從清河來云姦吏
斂迹盜賊清靜朞月之期翻然更速
宋世良爲清河太守天保中太赦郡先無一囚率群

吏拜詔而已獄内穭生桃樹蓬蒿亦滿每日衙門虛
寂無復訴訟
封子繪爲鄭州刺史子繪曉達政事長於綏撫歷宰
州郡所在安之
房謨爲兗州刺史先是當州兵皆寮佐驅使飢寒死
病動至千數謨至皆加簡勒不令煩擾以休假番代
洗沐督察主司親自簡視又使傭賃令作衣服終歲
還家無不温飽全濟甚多時梁魏和好使人人其界
者咸稱歎之轉徐州刺史始謨在兗州彭城慕其德
化及爲刺史合境欣悅神武與諸州刺史書叙謨及
廣平太守羊敦廣宗太守許季良等清能以爲勸勵
許惇爲陽平太守時遷都於鄴陽平爲畿郡軍國責
辦賦斂無准又勳貴屬請朝夕徵求惇並御之以道
上下無怨政爲天下第一特加賞異圖形於闕詔頒
天下歷魏尹齊梁二州刺史政並有治聲遷大司農
蕭祇字敬式梁武第南平王偉之子也在梁爲東揚
州刺史于時江左承平政寛人慢祇獨莅以嚴切梁
武悅之遷北兗州刺史
袁聿修爲信州刺史即其本鄉也時人榮之爲政清
靜不言而治長吏以下爰逮鰥寡孤幼皆得其歡心

武平初御史普出過詣諸州梁鄭兗疆境連接州之
四面悉有舉劾御史竟不到信州其見知如此又爲
博陵太守數年大有聲績遠近稱之
後周獨孤信爲秦州刺史先是守宰闇弱政令乖方
民有冤訟歷年不能决信在州事無擁滯示以禮教
勸以農桑數年之中公私富實流民願附者數萬家
太祖以其信著遐邇故賜名爲信
張軌爲河北郡守在郡三年功績甚著臨民治術有
循吏之美大統間言宰民者多推尚之
楊雄爲淘州刺史俗雜賓渝民多輕猾雄威惠相濟

吏旻安之

竇熾爲大都督原州刺史抑挫豪右申理幽滯每親巡壟畝勸民耕桑在州十載甚有政績

令狐整爲豐州刺史廣布恩威傾身撫綏數月之間化洽州府豐州舊治不居民中賦役黍集劳逸不均整請移居武當詔可其奏獎勵撫導還者如歸旬月之間城府周備席固之遷也其部曲多願留爲整左右整諭以朝制弗之許焉莫不流涕而去及整秩滿代至人吏戀之老幼送整遠近畢集數日停留方得出界其得人心如此

唐瑾爲蔡州刺史歷拓州硤州所在皆有德化人吏稱之

梁臺爲鄜州刺史性疏通恕已待物至於涖民處政尤以仁愛爲心

韋孝寬除淅陽郡守時獨孤信爲新野郡守同荆州與孝寬情好款密政術俱美荆部吏人號爲連璧

宇文神舉爲并州刺史州旣齊氏別都控帶要重平定甫爾民俗澆訛豪右之家多爲姦猾神舉勵精爲治示以威恩旬月之間遠邇悅服

留瑾爲同和郡守先羌降附洮陽共和二郡羌民嘗越境詣璠訟理焉其德化爲他界所歸仰如此蔡公廣時鎮隴右嘉璠善政及還鎮陝州欲啓璠自隨羌人樂從者七百人聞者莫不歎異

韓盛爲新平郡守居官清淨嚴而不殘矜恤孤貧抑挫豪右賊盗止息郡境肅然

亩公廣太祖姪孫爲梁州總管秦州刺史性明察善綏撫民庶畏而悅之

席固歷豐湖昌三州刺史涖官之處頗有聲績

權景宣爲南陽郡守寇盗歛迹民得肆業百姓稱之立碑頌德

辛昂爲龍州長史領龍安郡事州帶山谷舊俗生梗昂威惠洽著吏民畏而愛之

梁曆爲敷州刺史涼安二州總管俱有惠政

隋豆盧勣仕周爲渭州刺史甚有惠政華夷悅服德澤流行

于璽爲汴州刺史甚有能名高祖聞而善之優詔褒揚賜帛百疋後歷邢洛熊州刺史並有惠政

梁彥光爲岐州刺史甚有惠政轉相州刺史下車發摘姦隱有若神明又以德化人吏人感悅畧無爭訟

令狐熙爲滄州刺史在職數年風教大洽稱良二千

石開皇四年高祖幸雒陽㷊衆剌吏人恐共遷悲泣
於道及還百姓出境迎謁歡呼盈路及為汴州剌史
下車禁遊食抑工商人有向街開門者杜之船客停
於郭外星居者勸為聚落僑人遂令歸本其有滯獄
並决遣之令行禁止高祖聞而嘉之
辛彦之為隨州剌史遷潞州剌史前後俱有惠政
慕容三藏為廓州剌史民歌頌之高祖聞其能屢有
勞問又為和州剌史轉淮南郡太守所在有惠政
柳儉為廣漢太守甚有能名高祖以儉仁明著稱擢
拜蓬州剌史獄無繫囚遷汴州剌史在職十餘年剕

吏悅服
帝協字欽仁歷定息秦三州剌史皆有能名
河間王弘每晉王廣入朝弘輒領揚州總管及晉王
歸弘復還蒲州在官十餘年風教大洽
韋壽字世齡為嘗毛二州剌史頗有治名
蘇孝慈為淅州剌史遷洪州總管俱有惠政
李諤為通州剌史甚有惠政民吏悅服
辛公義為岷州剌史合境之內呼為慈母後遷牟州
剌史時東山霖潦自陳汝至于滄海皆苦水災境內
犬牙獨無所損
敬肅為幽州長史遷衛州司馬俱有異績
公孫景茂為汝南太守息州剌史法令清靜德化大
行又歷伊道淄三州剌史皆有德政論者稱為良牧
侯莫陳穎為桂州總管十七州諸軍事至官大崇恩
信人吏悅服煬帝即位後還京師後拜嘗山太守其
年嶺南閩越多不附帝以穎前在桂州有惠政為南
方所信復拜南海太守
丘和為代州剌史在郡善撫吏士甚得歡心
宇文㢸歷翊代吳三州剌史皆有能名除泉州剌史
薛道衡為簡較襄州總管在任清簡吏民懷其惠

張溢歷撫顯齊三州剌史俱有能名
段文振為石河二州剌史甚有威惠遷蘭州總管
房彦謙為郡州司馬時郡州久無剌史州務皆歸彦
謙多有異政
柳機為華州剌史歷冀州前後作牧俱稱寬惠
賀若誼歷靈邵二州剌史原信二州總管俱有能名
柳旦歷羅淅魯三州剌史並有能名
柳謇之為肅州剌史轉息州俱有惠政
楊昇為寧都太守歷吳州總管甚有能名
張煚為冀州剌史進位上開府吏民悅服稱為良二

于石

長孫平歷許貝二州俱有善政鄴都俗薄舊號難治前後刺史多不稱職朝廷以平所在有善稱轉相州刺史甚有能名

趙賢通爲冀州刺史甚有威德甞有疾百姓奔馳爭爲祈禱其得民情如此

唐權萬紀武德中爲西韓州刺史在州以清幹著稱

韋仁壽武德中爲嶲州都督府長史時南寧州內附

高祖

令仁壽簡較南寧都督旣聽政於越嶲法令清肅人

懷懽悅

張元濟爲高陽郡丞時無郡將元濟獨統大郡吏人畏悅

武士彠武德末爲揚州都督府長史開闢田疇示以刑禮數月之間歌謡載路

李桐客太宗貞觀初累遷通鎮二州刺史所在清平流譽百姓呼爲慈父

崔幹歷宋幽二州刺史爲下所懷

劉德威爲綿州刺史以廉平著稱百姓爲之立碑

盧祖尚爲蔣州刺史轉壽州都督又轉瀛州所在之職皆稱政理

薛大鼎貞觀中爲滄州刺史大鼎與瀛州刺史賈敦頤冀州刺史鄭德本俱有美政河北號鐺脚刺史

黨仁弘爲廣州都督有方略所在皆有稱績時有扶風强實質亦以幹能致位尚書郎刺史議者以仁弘爲羌中之絕實質爲巴中之絕繇是歷居藩要

李君球爲興州刺史遷揚州大都督府長史政尚嚴肅人吏憚之盜賊屏跡高宗頻降書勞勉

高智周總章中爲壽州刺史政存寬惠百姓安之

田仁會爲平州刺史勸學務農稱爲善政

蔣儼爲幽州司馬以善政爲巡察使劉祥道所薦擢爲會州刺史改爲蒲州刺史蒲州戶口殷劇前後刺史多不稱職儼下車未幾令行禁止稱爲良牧

薛謙光則天時爲營州刺史先是李嶠等奏人情重內官輕外職乃命韋嗣立及楊再思等二十人各以本官簡較刺史其後政績可稱者唯謙光徐州刺史司馬鍠二人而已

狄仁傑爲寧州刺史撫和戎夏人得歡心郡人勒碑頌德御史郭翰巡察隴右所至多所按劾及入寧州境內耆老歌刺史德美者盈路翰旣授館召州吏謂之曰入其境其政可知也願成使君之美無爲久留

州人方散翰爲名於朝徵爲冬官侍郎
薛季昶爲雍州長史威名甚著前後京尹無及之者又爲魏陝二州刺史雍州長史所在皆以嚴肅爲政
楊元琰歷蘄蒲晉魏宣許六州刺史凉梁二郡都督荆府長史前後九度以清白昇進再降璽書褒美
李濬爲潤虢潞三州刺史又拜益州長史劒南節度所歷皆以誠信待物稱爲良吏
姚元之爲揚州長史淮南按察使爲政簡肅人吏立碑紀德俄除同州刺史
嗣吳王琨歷淄衛宋鄭梁幽六州刺史皆有能名

李傑爲河南尹勤於聽理每有訴別雖衢路當食無廢處斷豁是官無留事人吏愛之
苗晉卿爲安康郡太守歲餘郡中稱理遷魏郡太守河北採訪使居職三年政化大行
崔隱甫爲太原尹人吏刊石頌其美政後爲東都留守爲政嚴肅甚爲吏人之所憚
崔琳有幹局玄宗開元中歷典數州皆知名
李峴爲河南少尹魏郡太守入爲金吾將軍遷京兆尹所蒞皆著聲績
第五琦爲朗州刺史甚有能名
王翃自折衝授辰州刺史遷朗州皆有政術
嚴郢爲京兆尹專以文學奉朝廷論議前後請減諸色丁匠數千百人號爲稱職
張延賞爲北都副留守河南尹江陵尹成都尹連統四鎮所至稱理其去也皆刻石紀焉
呂諲肅宗上元元年罷相授太子賓客尋爲荆州節度諲初在廟堂無異稱及理江陵三年號爲良牧
蕭復大曆中爲歙州池州刺史以理化著聞遷常州刺史
李泌爲澧州杭州刺史並以理行稱

李惠登爲隋州刺史惠登樸素不知學居官無枝葉率心爲政皆與理順利人者因行之病人者因去之二十年間田疇闢戶口加諸州奏吏入其境無不謌謠其能及于頔爲山東道節度以其績上聞加御史大夫升其州爲上
閻濟美自婺州刺史爲福建觀察後爲潤州刺史浙西觀察所至以簡澹爲理两地之人嘗賦之外不知其他
令狐彰爲滑州節度使在職風化大行初滑州瘡痍未復城邑爲墟彰以身勵下一志農戰內簡軍戎外

牧黎庶法令嚴酷人不敢犯數年間田疇大闢廩庾
充積歲奉王稅及修貢獻未嘗暫闕
李復德宗建中貞元間爲江陵少尹歷容州廣州刺
史曉於政道所在稱理
張萬福貞元中歷典九郡皆有惠愛
于頔爲蘇州刺史濬溝瀆整街衢至今賴之
張敬則爲鳳翔尹撫戎理俗人甚便之
穆贊爲虔常二州刺史宣州觀察使所莅皆有政聲
渾鎬太師瑊第二子性謙謹多與士大夫游歷延鄧
唐等州刺史軍政吏職有可稱者

薛華爲汝州刺史有能名又爲浙江西道觀察使廉
風俗守法度人甚安之
王紹爲武寧軍節度使時承張愔之後兵驕難理紹
修緝軍政人甚安之
武元衡代高崇文爲劍南西川節度使高崇文旣發
城盡載其軍資金帛器幕伎樂工巧以行元衡至則
庶事節約務以便人比三年公私稍濟
薛戎爲衢湖常三州刺史遷浙東觀察使所莅皆以
政績聞
楊於陵爲浙江東道都團練觀察等使政聲大聞入
拜戶部侍郎
令狐楚爲北都留守兼太原尹楚久在并州練其風
俗因人之利而利之故封內晏然
梁王師範自昭宗龍紀中爲青州節度使十五年甚
有殊政縣令刺史皆奏儒雅之士爲之野無閑田路
無拾遺
高途唐末爲汴宋亳觀察判官僖宗文德初監宋州
軍州事時蝗潦之後編戶初復途克己爲政始定屢
畝之稅以抑兼并太祖乃命管內如其制於是賦無
虛額民無逋負公廩實而軍食羨矣改天平宣義兩

府從事
趙昶唐末爲陳州節度使昶以大寇剗平之後益留
心於政事勸課農桑大布恩惠景福元年秋陳許將
吏耆老錄其功詣闕以聞天子嘉之命文臣撰德政
碑植於通衢以旌厥功
趙凝爲襄州節度使作鎮數州甚有威惠
李珽監曹州事曹去京數舍吏民豪猾前後十餘政
未有善罷者珽在任朞歲民庶以寧
後唐何瓚唐末代張承業知河東軍府處事明敏胥
吏畏其淸而服其能好會賓友飲饌精簡談笑嬿洽

外蹊内寄事有所執往復不回
李存賢權泌州刺史先是州當賊境不能保守乃於
州南五十里據險立栅爲治所已歷十餘年矣存賢
至郡乃移復舊郡劉闢荆棘特立廨舍州民完集莊
宗嘉之轉簡較司空直拜刺史
李嗣昭爲昭義軍節度使時大兵之後城中士庶饑
死者半廓里蕭然嗣昭緩法寛租勸農務稽一二年
間軍城完輯三面隣敵軍抄縱横昭設法枝梧邉鄙
不聳
烏震爲深州刺史嘗交儒者以講誦爲樂其性純質

以清直御下河北諸郡獨有政聲
周知裕歷房絳淄三州刺史宿州團練使知裕老於
軍旅勤於稼穡凡爲郡勸課皆有政聲朝廷嘉之遷
安州留後
孫岳明宗天成初爲潁州刺史潁乆不治賦歛煩碎
民不聊生岳至州召屬邑長吏里閭耆史親問疾苦
除正條賦率職務外其餘苛賦名目一切罷之潁人
以狀上聞加簡較太保後爲耀州刺史閬州團練使
所至稱治
晉劉遂清初仕後唐天成長興中歷典淄典登三郡
咸有善政
王傳極爲寧州刺史境接蕃部以前政滋章民甚苦
之傳極自下車除去弊政數十件百姓便之不數月
移刺虢州爲理清静烝民愛戴如寧州焉
李承約爲黔南節度使數年之間巴邛蠻蛋不敢犯
境外勸農桑内興學校凶邪盡去民皆感之故父老
數輩重壐詣闕言其政化又聽留周歲後爲左衛上
將軍
符令謙爲趙州刺史下車布政務從安静廷無訟獄
無囚厮養之徒皆贍於己無擾於下不周歲而部内

大理
馮暉爲靈州節度使凊崗土橋之閒皆是氐羌帳族
從來剽掠行旅須發援兵揮加以恩惠質以義信自
是人不帶劒道不拾遺境無寇盗市無游惰獄無枉
撓吏無緇蠹四民道釋咸得其所高祖優詔褒之
劉處讓爲相澶衛等州觀察等使勤於公務孜孜求
理撫馭吏民不至苛察人甚便之
周邊蔚初仕晉開運初爲亳州防禦使爲政清肅亳
民感其惠咸設齋以報之
白延遇廣順中爲兗州防禦使在兗二年爲政有聞

人甚安之州民數百詣闕乞立德政碑以頌其美

冊府元龜終

冊府元龜　牧守部　能政　卷之六百七十七　二十九

冊府元龜

巡按福建監察御史臣李嗣京　正

分守建南道左布政使臣胡維霖　訂

知建陽縣事臣黄國琦較

牧守部八

興利　勸課

興利

昔大禹之叙九功曰利用以阜財厚生以養民班固之述循吏曰所居民富蓋夫君子之爲政必求所以利於人而行之也歷代而下賢守接武乃能相其土

宜以興物役始資乎悦使終務於善利或導達溝瀆以滋於灌溉或闢除汙萊以繁於稼穡築堤塲以備水潦疏河漕以通輸運興鑄冶以贍農器造橋梁以濟徒涉陶瓦覆屋以寧室居鑿山通道以便行旅皆豐功被於萌庶休明載於緗簡流風餘烈没而不朽其古之良二千石者歟

漢召信臣爲南陽太守時行視郡中水泉開通溝瀆起水門堤閼凡數十處（閼所以壅水）以廣溉灌歲歲增加多至三萬頃民得其利畜積有餘信臣爲民作均水約束（言用之有次第也）刻石立於田畔以防分爭禁止嫁娶送終奢靡務出於儉約府州縣吏家子弟好游敖不以田作爲事輒斥罷之甚者案其不法以視好惡其化大行郡中莫不耕稼力田百姓歸之户口增倍盗賊獄訟衰止吏民親愛信臣號之曰召父荆州刺史奏信臣爲百姓興利郡以殷富賜黄金四十斤

後漢文齊廣漢人王莽末益州群夷起兵殺郡守以齊爲太守造起陂池開通溉灌田千餘頃

鄧晨爲汝南太守興鴻郤陂數千頃田（鴻郤陂名今在豫州汝陽縣東）汝土以殷魚稻之饒流衍它郡汝南舊有鴻郤陂成帝時丞相翟方進奏毁敗之建武中晨欲修復其

功聞許楊曉水脉召與議之楊曰昔成帝用方進之言尋而自夢上天天帝怒曰何故敗我濯龍淵是後民失其利多致饑困時有謡歌曰敗我陂者翟子威飴我大豆享我芋魁及乎覆陂當復昔大禹决江疏河以利天下明府今興立廢業富國安民童謡之言將有徵於此誠願以死效力晨大悦因署楊爲都水掾吏典其事楊因高下形勢起塘四百餘里數年乃立百姓便累歲大稔

馬稜爲廣陵太守時穀貴民饑奏罷鹽官以利百姓賑貧羸薄賦稅興復陂湖灌田二萬餘頃吏民刻石

頌之

鮑昱爲汝南太守郡多陂池歲歲決壞年費嘗三十餘萬昱乃上作方梁石洫水常饒足溉田倍多人以殷富

杜詩爲南陽太守造作水排鑄爲農器冶鑄爲排以吹炭今激水以鼓之是也用力少見功多百姓便之又修治陂池廣拓土田郡內比室殷足時人方於召信臣故南陽爲之語曰前有召父後有杜母

魯丕爲趙相遷東郡太守丕在二郡爲人修通溉灌百姓殷富

任延爲武威太守河西舊少雨澤乃爲置水官吏修理溝渠皆蒙其利

何敞爲汝南太守修理鮦陽舊渠百姓賴其利鮦陽縣屬汝南郡墾田增三萬餘頃吏人共刻石頌敞功德

秦彭爲山陽太守興起稻田數千頃每於農月親度頃畝分別肥瘠差爲三品各立文簿藏之鄉縣於是姦吏跼蹐無所容詐彭乃上言宜令天下齊同其制詔書以其所立條式班令三府並下州郡

任光爲丹陽太守墾田增多三歲間流民占著者五萬餘口

張堪爲漁陽太守於孤奴開稻田八千餘頃勸民耕種以致殷富

張禹爲下邳相徐縣北界有蒲陽陂東觀記曰陂水廣二十里徑且百里在道西其東有田可萬頃旁多良田而堙廢莫修禹爲開水門通引灌溉遂成熟田數百頃勸率吏民假與種糧親自勉勞遂大收穀實鄰郡貧者歸之千餘戶室廬相屬其下成市後歲至墾千餘頃民用溫給東觀記曰禹巡行守舍止大樹下食備乾飯屑飲水而已後年鄰國貧人來歸之者茅舍草廬千戶屠酤成市墾田千餘頃得穀百萬餘斛

虞詡爲武都太守先是運道艱險舟車不通驢馬負

載僦五致一詡乃自將吏士案行川谷自沮至下辯沮及下辯並縣名沮今興州順政縣也下辯今成州同谷縣也數十里中皆燒石翦木開漕船道一云下辯東三十餘里有陝中當水泉生大石障塞水流每至春夏輙溢沒秋稼壞敗營郭詡乃使人燒石以水灌之石皆折裂因鑴去石遂無汎溺之患也以人僦直僱借傭者於是水運通利歲省四十餘萬

魏劉馥爲揚州刺史廣屯田興治芍陂及茹陂七門吳塘諸堨以溉稻田官民有畜歷代爲利

賈逵爲豫州刺史外修軍旅內治民事遏鄢汝造新陂又斷山溜長谿水造小弋陽陂

鄭渾爲陽平沛郡二太守郡界下濕患水澇百姓饑

乏渾於蕭相二縣界與陂遏開稻田郡人皆以爲不便渾日地勢洿下宜溉灌終有魚稻經久之利此豐民之本也遂躬率吏民興立功夫一冬間皆成比年大收頃畝歲增租入倍常民賴其利刻石頌之號曰鄭陂

徐邈爲凉州刺史河右少雨常苦乏穀邈上修武威酒泉鹽池以收虜穀又廣開水田募貧民佃之家家豐足倉庫盈溢乃支度州界軍用之餘以市金帛犬馬通供中國之費

牟招爲鴈門太守郡所治廣武井水鹹苦民皆擔輦

遠汲流水往反七里招準望地勢因山陵之宜鑿原開渠注水城內民賴其益

晉傅祗爲滎陽太守自魏黃初大水之後河濟氾溢鄧艾常著濟河論開石門而通之至是復浸壞祗乃造沉萊堰至今兗豫無水患百姓爲立碑頌焉

張闓爲晉陵內史時所部四縣並以旱失田闓乃立曲阿新豐塘溉田八百餘頃每歲豐稔葛洪爲其頌計用二十一萬一千四百二十工以擅興造免官後公卿並爲之言曰張闓興陂灌田可謂益國而反被黜使臣下難復爲善帝感悟乃下詔曰丹陽侯闓昔以勞役部人免官雖從吏議猶未掩其忠節之志也倉廩國之本宜得其才今以闓爲大司農闓陳黜免始爾不宜便居九列疏奏不許然後就職

杜預都督荊州諸軍事鎮襄陽修召信臣遺跡激用滍淯諸水以浸原田萬餘頃分疆刻石使有定分公私同利衆庶賴之號曰杜父

孔愉爲會稽內史句章縣有漢時舊陂毀廢數百年愉自巡行修復故堰溉田二百餘頃皆成良業

荀羨爲北府都督鎮下邳（今臨淮郡縣也）起田於東陽之石鼈公私利之

劉義欣爲豫州刺史鎮壽陽芍陂良田萬餘頃堤堨久壞秋夏常苦旱義欣遣諮議參軍殷肅循行修理有舊溝引淠水坡不治積久樹木榛塞肅伐木開榛水得通注旱患蘇是得除

劉悛爲武陵內史郡南江古堤久廢不緝悛修治未畢而江水忽至百姓棄役奔走悛親率厲之於是乃止

宋張卲爲南雍州刺史至襄陽築長圍修立堤堰開田數千頃郡人賴之富贍

南齊劉懷慰爲齊郡太守懷慰至郡修治城郭安集

居民墾廢田二百頃决沈湖灌溉

竟陵王子良爲丹陽尹上表曰京尹雖居都邑而境壤兼跨廣袤周輪幾將千里縈原抱隰其處甚多舊遏古塘非唯一所而民貧業廢地利久蕪近啓遣五官殷瀰典籤劉增瑗到諸縣循履得丹陽溧陽永世等四縣解并村耆辭列堪墾之田合計荒熟有八千五百五十四頃修治塘遏可用十一萬八千餘夫一春就功便可成立帝納之會遷官事寢

梁陳慶之爲都督南北司西豫三州諸軍事罷義陽鎮兵停水陸轉運江湖諸州並得休息開田六千頃

二年之後倉廩充實高祖每嘉賞之

後魏元萇爲河内太守以河橋船絙路狹不便行旅又秋水汎漲年常破壞乃爲船路遂廣募宜車從京出者率令輸石一雙累其岸橋濶往來便利近橋諸郡無復勞擾公私賴之

崔鑒爲徐州刺史於州内銅冶以爲農具兵民獲利

崔挺爲光州刺史先是州内少鐵器用皆求之他境挺表復鐵官公私有利

沈文秀爲懷州刺史大興水田於公私頗有利益

崔亮爲安西將軍雍州刺史城北渭水淺不通船行人艱阻謂寮佐曰昔杜預乃造河梁况此有異長河且魏晉之日亦自有橋吾今决欲營之咸曰水淺不可爲浮橋汎長無常又不可施柱恐難成立亮曰昔秦居咸陽横橋渡渭以像閣道此即以柱爲橋今唯慮長柱不可得耳會天大雨山水暴至浮出長木數百根藉此爲用橋遂成立百姓利之至今猶名崔公橋亮在州讀杜預傳見爲八磨嘉其有濟時用遂教民爲碾

裴延儁爲幽州刺史范陽郡有舊督亢渠徑五十里漁陽燕郡有故戾陵諸堰廣袤三十里皆廢毀多時

莫能修復時水旱不調民多饑餒延儁謂疏通舊跡勢必可成乃表營造遂躬自履行相度水形隨力分督未幾而就溉田百萬餘畝爲利十倍百姓至今賴之

李崇爲南荆州刺史崇於境内開立陂渠溉稻千餘頃公私賴之

杜衡行海州事在州奏通陵道并韓信故道又於州東帶海而起長堰外遏鹹潮内引淡水勑並依行

李繪爲高陽内史高陽舊多陂淀繪至後淀水皆涸乃置農正專主勸課墾田倍增家給人足

隋盧賁爲懷州刺史決沁水東注名曰和民渠又派入溫縣名曰溫潤渠以溉舄鹵民賴其利

薛胄爲兖州刺史先是兖州城東沂泗二水合而南流氾濫大澤中胄遂積石堰之使決令西注陂澤盡爲良田又通轉運利盡淮海百姓賴之號爲薛公豐兖渠

趙軌開皇中爲壽州總管長史芍陂舊有五門堰蕪穢不修軌於是勸課人吏更開三十六門灌田五千餘頃人賴其利

楊尚希爲蒲州刺史在州甚有惠政復引瀵水立堤

冊府元龜　牧守部　興利　卷之六百七十八　九

防開稻田數千頃民賴其利

唐李襲譽爲楊州大都督府長史江都俗好商賈不事農業襲譽乃引雷陂水又築句城塘以溉田八百頃百姓獲其利

長孫操武德中爲陝州刺史自州東引水入城以代井汲百姓至今賴之

河間王孝恭爲荆州大總管開置屯田創立銅冶百姓利焉

高士廉爲益州大都督府長史秦時李冰守蜀導引汶江創浸灌之利至今地居水側者頃直千金富強之家多相侵奪士廉乃於故渠外別更疏決蜀中大獲其利

裴行方簡較幽州都督引瀘溝水廣開稻田數千頃百姓賴以豐給

薛大鼎爲滄州刺史界有無棣河隋末塡廢大鼎奏開之引魚鹽於海百姓歌之曰新河得通舟檝利直達滄海魚鹽至昔日徒行今聘駟美哉薛公德滂被大鼎又以州界卑下遂決長蘆及漳衡等三河分洩夏潦境内無復水災

張儉爲朔州刺史廣營屯田歲致數十萬斛邊糧益

冊府元龜　牧守部　興利　卷之六百七十八　十

饒及遭喪亂儉勸百姓相贍遂免饑餒州境獨安

嗣楚王靈龜爲魏州刺史開永濟渠入新市控引商旅百姓利之

王晙景龍末爲桂州都督桂州糧饋乏晙始改築羅郭奏罷屯兵及轉運又堰江水開屯田數千頃百姓賴之

李傑爲河南尹先是河汴之交有梁公堰年久堰破江淮漕運不通傑奏調發汴鄭丁夫以濬之省功速就公私深以爲利刻石水濱以紀其績

宋璟爲廣州都督仍爲五府經畧使廣州舊俗皆以

竹茅爲屋屢有火災璟教人燒瓦改造店肆自是無復延燒之患夷夏懷惠立碑以紀其政

姜師度爲同州刺史開元八年十月詔曰昔史起溉漳之策鄭白鑿涇之利因茲厥後聲塵蔑然同州刺史姜師度識洞於微智形未兆匪躬之節所懷必罄奉公之道知無不爲頃職大農首開溝洫歲功猶昧物議紛如緣其忠款可嘉委任仍舊暫停九列之重假以六條之察白藏過半績用斯多食乃人天農爲政本朕故茲巡省不憚祁寒將申勸卹之懷特冒風霜之弊今原田彌望畎澮連屬繇來榛棘之所遍爲

秔稻之川倉庾有京坻之饒關輔致畝金之潤本營此地欲利平人緣百姓未開恐三農虛棄所以官爲開發冀令遞相教誘功既成矣思與共之其屯田內先有百姓挂籍之地比來召作作主亦量准頃畝割還其官屯熟田如同州有貧下欠地之戶自辦功力能營種者准數給付餘地且依前官取師度以功加金紫光祿大夫賜帛三百疋

李棲筠爲常州刺史時寇亂之後旱暵仍歲編戶轉徙廬井半空乃濬河渠導江流以資溉灌是歲大稔流民畢復

李復爲廣州刺史勸導百姓令變茅屋爲瓦舍

杜亞興元中爲淮南觀察使楊州官河填淤漕輓堙塞又僑寄衣冠及工商等多侵街衢造屋行旅擁蔽之亞乃開拓疏啓公私悅賴焉

嗣曹王皐貞元初爲江陵尹東北七十里有廢田旁漢古堤壞決凡二處每夏水溢爲浸澤皐始命塞之廣田五十頃悉良美畝收一鍾又規江南廢洲爲廬舍江爲二橋流人自占者二千餘戶自荆至樂鄉凡二百餘里旅舍鄉聚凡十數大者皆數百家楚俗佻薄舊不鑿井悉汲波澤至夏與牛畜同潦或汲水數

里行旅重困皐乃令合錢作井民以爲便

陳孝陽爲巂州刺史領二十餘年蠻夷愛之巂州隔瀘水常苦餽餫孝陽設法營田後歲收穀數萬石軍食之餘又以北餫黎州清溪關鎮軍皆足蜀人至今謂之餫般後以老歸成都蠻夷交持之泣涕數百里方免

李西華貞元中爲商州刺史商州西至藍田東至内鄉七百餘里山岨重沓小遇暴雨則隔絶行旅或露居糧絶旬日不止則往往僵仆西華上請役功十餘萬置橋立廬又廻山通偏路以避盛水自是行李不

滯

李景畧貞元中爲豐州刺史西受降城使鑿咸應永清二渠溉田數百頃公私利焉

于頔爲湖州刺史因行縣至長城方山下有水曰西湖南朝疏鑿溉田三千頃歲久堙廢頔命設堤塘以復之歲獲秔稻蒲魚之利人賴以濟

高瑀元和初爲忠武軍節度使比年水旱人民薦饑瑀召集州民繞郭立堤塘一百八十里蓄洩旣均人無饑年

孟簡元和中爲常州刺史簡始到郡開漕古孟瀆長

四十一里得沃壤四千餘頃

李吉甫元和中爲淮南節度使吉甫於高郵縣築堤爲塘溉田數千頃人受其利

韋丹元和中爲江西觀察使江西邑屋皆以草覆竹椽嘗多火患及丹到悉以瓦木大華前俗

裴度爲興元觀察使寶曆二年度奏修斜谷路及創造館驛畢自京師氏漢中列郵傳於駱谷久矣而艱難阻險人嘗病之度旣到鎭因訪故老熟其利害遂决請移路於斜谷橋梁館宇克期而就人心大愜

李聽爲靈武節度使境内有光祿渠廢塞歲久將議屯田詔聽復開舊渠溉田千餘頃至今賴之

王起太和中代裴度鎭襄陽爲民修淇堰以灌田一境利之

溫造太和中爲河陽節度使修河枋口堰役四萬工溉灌濟源河内溫縣武德武陟五縣百姓田五千餘頃

高瑀爲陳許節度使奏修築許州繞城水堤及開渠溝周回一百八十里畢功

高駢咸通末爲安南都護奏開本州海路從之初交阯以北距南溟有水路多覆巨舟駢往視之乃有橫

石隱然在於水中因奏請開鑿以通南海之利其表畧云人牵財利石限衝津纔登一去之舟便作九泉之計今若稍加疏鑿以導往來自然貨殖貿遷華戎利涉時有詔聽之駢乃召工者啖以厚利竟削其石交廣之民至今賴之以濟焉

晉陳暉爲靈州節度使作舟車百數代民轉輸行商坐賈蠲其征稅勸民播植薄其賦斂蕃漢貿易禁其欺詆屬郡莞榷田課悉復

漢慕容彦超爲磁州刺史地饒水田則西門豹史起所理漳滏十二磴之遺跡也時以郡邑薦饑溝渠堙

塞彥超曰引已之親僕及郡衙散卒出俸錢以給其食自旦及夕親令開鑿期歲之間民獲其惠及以政聞於朝遷領單州百姓遮留於路彥超始以代者未至營渠不息左右勸而止之彥超曰有未成功處與成之何頓輟而不終其志也聞者嘉之

勸課

易曰利物以和義書曰厚生以養民班固之述循吏曰所居民富繇漢而下牧守之可紀者曷嘗不以勸課爲先焉乃有勗之以耕耨勉之以樹藝鑄作乎田器敦率乎稼政教之以孳畜而豢養無闕訓之以蠶

績而纊帛是供居土者勤身以濟衆在下者知方而從化弊俗丕革美利敦治繇是家給人足政平訟治耻格之風著德讓之道隆管子所謂衣食足知榮辱者其識治體矣

漢黄霸爲潁川太守務耕桑節用殖財種樹畜養去食穀馬米鹽靡密初若煩碎（米鹽言雜而且細）然霸精力能推行之

龔遂爲渤海太守既屛盜民安土樂業遂乃開倉廩假貧民（假謂給與）選用良吏尉安牧養焉遂見齊俗奢侈好末技不田作乃躬率以儉約勸民務農桑令口種一樹榆百本薤五十本葱一畦韭（每一家即如此種也）家二母彘五母鷄（每一家則如此養之也）民有帶持刀劍者使賣劍買牛賣刀買犢何爲帶牛佩犢春夏不得趨田畝（趨向也）秋冬課收斂益畜果實菱芡勞來循行郡中皆有蓄積（菱芰也芡鷄頭也勞來勸勉也）吏民皆富實獄訟止息

邵信臣爲南陽太守爲人勤力有方畧好爲民興利務在富之躬勸耕農出入阡陌止舍離鄉亭（言休息之時皆有野次）稀有安居時府縣吏家子弟好游敖不以田作爲事輒斥罷之甚者案其不法以示好惡其化大行郡中莫不耕稼力田百姓歸之戶口增倍

後漢樊準爲鉅鹿太守時饑荒之餘人庶流迸家戶且盡準課督農桑廣施方畧期年間穀粟豐賤數十倍

任延爲九真太守九真俗以射獵爲業不知牛耕民常告糴交阯每致困乏延乃令鑄作田器教之墾闢田疇歲歲開廣百姓充給

樊曄爲楊州牧教民耕田種樹理家之術視事十餘年

茨充爲桂陽太守善其政教民種植桑柘麻紵之屬勸令養蠶織屨民得利益焉（東觀記載元和中荆州刺史上言臣行部入長

沙界觀者皆徒跣臣問御佐日人無纊亦苦之否御佐對日十二月盛寒時並多剖裂血出𤏲火爍之春温或濃潰建武中桂陽太守茨充教人種桑蚕人皆得其利至今江南頗知桑蠶織屨皆茨充之化也

崔寔為五原太守五原土宜麻枲而俗不知織績民冬月無衣集細草而臥其中見吏則衣草而出寔至官斥賣儲峙為作紡績織紝練縕之具以教之民得以免寒苦織紝織布者縕枲也

王景為廬江太守先是百姓不知牛耕致地力有餘而食常不足郡界有楚相孫叔敖所起芍陂稻田景乃驅率吏民修起蕪廢教用犂耕繇是墾闢倍多境內豐給遂銘石刻誓令民知常禁又訓令蠶織為作

法制皆著于鄉亭廬江傳其文辭

劉虞為幽州牧舊幽部應接荒外資費甚廣歲常割青冀賦調二億有餘以給足之時處處斷絕委輸不至而虞務存寬政勸督農植開上谷胡市之利通漁陽鹽鐵之饒民悅年登穀石三十

魏杜畿為河東太守漸課民畜牸牛草馬下逮雞豚犬豕皆有章程百姓勤農家家豐實

蘇則為金城太守時喪亂之後則親自教民耕種其歲大豐繇是歸附者日多

皇甫隆為燉煌太守初燉煌不甚曉田常灌溉滀水使極濡洽然後乃耕又不曉作耬犂用水及種人牛工力既費而收穀更少隆到教作耬犂又教衍溉歲終半計其所省用力過半得穀加五又燉煌俗婦人作裙攣縮如羊腸用布一疋隆禁改之所省復不訾

夏侯惇領陳留濟陰太守時大旱蝗蟲起惇乃斷大壽水作陂身自負土率將士勸種稻民賴其利轉領河南尹

顏斐為京兆太守始京兆從馬超破後民人多不專於農殖又歷數四二千石取解目前亦不為民作久遠計斐到官乃令屬縣整阡陌樹桑果是時民多無

車牛斐又課民以閑月取車材使轉相教匠作車又課民無牛者令畜豬狗賣以買牛始者民以為煩一二年間家家有丁車大牛又起文學聽吏民欲讀書者復其小徭又於府下起菜園使吏役閑鉏治課民當輸租時車牛各因便致薪兩束為冬寒冰炙筆硯於是風化大行吏不煩民民不煩吏京兆與馮翊扶風接界二郡道路既穢塞田疇又荒萊人民饑凍而京兆皆整頓開明豐富常為雍州十郡最

王昶為雒陽典農時都畿樹木成林昶斫開荒萊勤勸百姓墾田特多遷兗州刺史

鄭渾爲魏郡太守郡下百姓苦乏材木乃課樹榆爲籬並益樹五果榆皆成藩五果豐實入魏郡界村落齊整如一民得財足用饒

鄧艾爲汝南太守所在荒野開闢軍民並豐

晉王宏字正宗爲汲郡太守撫百姓如家耕桑樹藝屋宇阡陌莫不躬自教示曲盡事宜在郡有殊績司隷校尉石鑒上其政術武帝下詔稱之

范晷爲凉州刺史轉雍州于時西土荒毁氐羌蹈籍田桑失收百姓困弊晷傾心化導勸以農桑所部甚賴之

劉弘爲荆州刺史勸課農桑寬刑省賦歲用有年百姓愛悦

祖逖爲豫州刺史躬自儉約勸督農桑克己務施不畜資産子弟耕耘負擔樵薪

桓宣爲江夏相鎮襄陽招懷初附勸課農桑簡刑罰畧威儀或載鉏耒於軺軒或親耘穫於隴畝

宋申怙爲青州刺史加督冀州齊地連歲興兵百姓彫弊怙初防衛邊境勸課農桑二三年間遂皆優實

南齊劉善明爲海陵太守郡境邊海無樹木善明課民種榆雜菓遂獲其利

梁徐摛爲新安太守至郡爲治清净教民禮義勸課農桑期月之中風俗便改

孫謙爲零陵太守謙爲郡縣常勤勸課農桑務盡地利收入常多於隣境

後魏崔寬爲秦州刺史先是河東年饑刧盗大起寬至修龔遂之法勸農桑周年之間寇盗止息

呂羅漢父温爲上黨太守善勸課有治名

杜纂爲清河内史勸督農桑親自簡視勤者賞以物帛惰者加以罪譴弔死問生甚有恩紀

後周郭彦孝爲澧州刺史蠻左生梗未遵朝憲至於

賦税違命者多聚散無常不營農業彦孝勸以耕稼罷其遊獵民皆務本家有餘糧亡命之徒咸從賦役先是以澧州糧儲乏少每令荆州遞送自彦孝莅職倉庾充實無復轉輸之勞

隋公孫景茂爲道州刺史好單騎巡人家至戸入閲視百姓産業有修理者於都會時乃褒揚稱述如有過惡隨即訓導而不彰也繇是人行義讓有無均通男子相助耕耘婦人相助紡績大村或數百戸皆如一家之務

唐竇軌貞觀初爲雒川都督雒陽因隋末喪亂人多

浮僞軌並遺務農各令屬縣有遊手怠惰者皆按之繇是人吏懾憚風化整肅

蘇幹爲魏州刺史時河北饑饉王吏苛酷百姓多有流散乃督察姦吏務勸農桑繇是逃散者皆復業

劉晏爲京兆尹奏當府蒿荒地其本戶有能復業請蠲免三年差科如無復業者請散給居人及客戶并資蔭家隨例納官稅所冀田畝不荒從之

李融爲鄭州刺史作賦稅法得其餘貫無兼并豪奪之家而農者競勸境内無荒田人到于今賴之

韋冊爲江西觀察使課百姓墾田人多儲蓄

張仲武爲幽州節度使以邊塞旣寧尤勤撫育每春則勸農及夏親行縣以較其民之稼穡見稊莠不去者必撻之見滋長如雲者必坐於木陰賜酒茗以厚之

梁韓建唐末爲華州刺史建少勤農穡尤加勸課曲盡其能在華數年軍民饒衍

後唐張全義唐末爲河南尹雒都自黃巢大亂之後繼之以蔡賊十餘年間寇盜往來都城灰盡無寸椽尺梠滿目荊榛李罕之尹正也唯部下聚居坊市窮民不滿百戶加以罕之貪殘治民無術流人來者尋復散去及全義爲尹鉏萊披榛招復流庸待之如子每歲農務勸耕之始全義必自立畎畝間諭其耕者賞以酒食政寬事簡吏不敢犯繇是數年之間京畿無閑田民戶數十萬

周知裕明宗朝歷絳州淄州刺史宿州團練使知裕老於軍旅勤於稼穡凡爲郡勸課皆有政聲朝廷嘉之

晉劉審交爲陳州刺史出省風俗見耕夫田器鈍鏵甚薄而拙乃於河北取樣特鑄造以給民

冊府元龜

册府元龜

巡按福建監察御史臣李嗣京　訂正

知甌寧縣事臣孫以敬叅閱

知建陽縣事臣黄國琦較釋

牧守部九

廉儉

班固有言曰謹身帥先居以廉平不至於嚴而民從化者循吏之道也是知公廉則絶私清儉則寡欲故能使政平而訟理吏肅而民服焉周禮小宰之職弊群吏之治者有六皆以廉爲本傳曰以約失之者鮮矣歷代而下𢒰牧守之任以清白著稱者比比有之

是皆以道化人砥名礪節確然有守涅而不緇者也至若斬馬芻而席羊皮衣祇裯而宿樹下者斯固克已過差偏下已甚然迹其矯抗亦有所激云

漢何並爲潁川太守名次黄霸性清廉妻子不至官舍

後漢張堪爲蜀郡太守後遷漁陽光武嘗召見諸郡計吏問其風土及前後守令能否蜀郡計掾樊顯進曰漁陽太守張堪昔在蜀其仁以惠下威能討姦前公孫述破時珍寶山積捲握之物足富十世而堪去職之日乘折轅車布被囊而已帝聞良久歎息

羊續爲南陽太守府丞嘗獻其生魚續受而懸於庭丞後又進之續乃出前所懸者以杜其意

第五倫爲會稽太守雖爲二千石躬自斬芻養馬妻執炊爨受俸裁留一月糧餘皆賤貿與民之貧羸者

趙咨爲東海相在官清簡計日受俸豪黨畏其儉節

袁忠爲沛相乘葦車到官以清亮稱

周紆爲渤海太守免歸紆廉潔無資嘗築塹以自給章帝聞而憐之復以爲郎

楊震爲東萊太守當之郡道經昌邑故所舉荆州茂

才王密爲昌邑令謁見至夜懷金十斤以遺震震曰故人知君君不知故人何也密曰暮夜無知者震曰天知神知我知子知何謂無知密愧而出後轉涿郡太守性公廉不受私謁子孫嘗蔬食步行故舊長者或欲令爲開產業震不肯曰使後世稱爲清白吏子孫以此遺之不亦厚乎

楊秉震之子歷豫荆徐兖四州刺史遷任城相自爲刺史二千石計日受俸餘祿不入私門故吏齎錢八萬遺之閉門不受以廉潔稱

張禹爲下邳相巡行守舍止大樹下食糒飯飲水而

巳

羊陟爲河南尹計日受俸甞食乾飯茹菜禁制豪右京師憚之

李庸爲蜀郡太守蜀之珍玩不入於門益州紀其政化

劉虞爲甘陵相綏撫荒餘以蔬儉率下後爲幽州刺史清靜儉約以禮義化民靈帝時南宫災吏遷補州郡者皆責助治宫錢或一千萬或二千萬富者以私財辯或發民財以備之貧而清慎者無以充調或至自殺帝以虞清貧特不使之出錢

劉表在荆州幾二十年家無餘積

魏楊沛漢建安中代張旣領京兆尹前後宰歷城守不以私計介意又不肯以事貴人故身退之後家無餘積治疾於家借舍從兒無他奴婢後占河南夕陽亭部荒田二頃起瓜牛廬居止其中其妻子凍饑沛病亾鄉人親友及故吏民爲殯葬之

梁習再爲并州刺史在州二十餘年而居處貧窮無方面珍物明帝異之禮賜甚厚

司馬朗爲兖州刺史雖在軍旅甞麓衣惡食儉以率下

令狐邵爲弘農太守所在清如水雪妻子希到官省

孟康爲弘農太守時出案行皆豫勑督郵卒吏不得令屬官遣人探候修設曲敬又不欲煩損吏民甞豫勑吏卒行各持鎌所在刈馬草不止停傳露宿樹下又所從甞不過十餘人郡帶道路其諸過賓客自非公所無所出給若知舊造之自出於家康之始拜衆人雖知其有志量以其未甞宰牧不保其能也而康恩澤治能乃爾吏民稱焉

裴潛歷代郡太守沛國相兖州刺史每之官不將妻子妻子貧乏織藜芘以自供爲兖州時甞作一胡牀

及其去也留以挂柱

高愼爲東萊太守老病歸家草屋蓬戶甕缶無儲其妻謂之曰君累經宰守積有年歲何能不少爲儲畜以遺子孫乎愼曰我以勤身清名爲之基以二千石遺之不亦可乎

胡威字伯武荆州刺史質之子爲徐州刺史勤於政術風化大行後入朝武帝語及平生因歎其父清謂威曰卿孰與父清對曰臣不如也帝曰卿父以何爲勝耶對曰臣父清恐人知臣清恐人不知是臣不及遠也初質爲荆州威自京都定省家貧無車馬僮僕

自驅驢單行每至客舍躬放驢取樵炊爨食畢復隨侶進道既至見父停廐中十餘日告歸父賜絹一疋爲裝威曰大人清高不審於何得此絹曰是吾俸祿之餘以爲汝糧耳威受之辭歸質帳下都督先威未發請假還家陰資裝於百餘里要威爲伴每事佐助行數百里威疑而誘問之既知乃取所賜絹與都督謝而遣之後因他信以白質質杖都督一百除吏名其父子清白如此

晉鄭沖自尚書郎出補陳留太守以儒雅爲德莅職無幹局之譽簞食縕袍不營資產世以此重之

鄧攸爲太子中庶子時吳郡闕守人多欲之元帝以授攸攸載米之郡俸祿無所受唯飲吳水而已其後以疾去職郡嘗有送迎錢數百萬攸去郡不受一錢

吳隱之爲晉陵太守在郡清儉妻自負薪及爲廣州刺史未至州二十里地名石門有水曰貪泉飲者懷無厭之欲隱之既至語其親人曰不見可欲使心不亂越嶺喪清吾知之矣乃至泉所酌而飲之因賦詩曰古人云此水一歃懷千金試使夷齊飲終當不易心及在州清操愈厲嘗食不過菜及乾魚而已帷帳器服皆付外庫時人頗謂其矯然亦始終不易帳下人進魚每剔去骨存肉隱之覺其用意罰而黜焉歸舟之日裝無餘資及至自番禺其妻劉氏齎沉香一斤隱之見之遂投於湖亭之水

王遜爲上雒太守私牛馬在郡生駒犢者秩滿悉以付官云是郡中所產也

謝尚爲江夏相始到官郡府以布四十疋爲尚造烏布帳尚壞之以爲軍士襦袴

丁潭爲東陽太守以清潔見稱

孔愉爲會稽內史在郡三年乃營山陰湖南候山下數畝地爲宅草屋數間便棄官居之送資數百萬悉

無所取病篤遺令斂以時服鄉邑義賵一不得受

陸納爲吳興太守將之郡先至姑孰辭桓溫因問桓公曰公致醉可飲幾酒食肉多少溫曰年大來飲三升便醉白肉不過十臠復云卿何納曰素不能飲止可二升肉亦不足言後伺溫閑謂之曰外有微禮方守遠郡欲與公一醉以展下情溫欣然納之時王坦之刁彝在坐及受禮唯酒一斗鹿肉一柈坐客愕然納徐曰明公近云飲酒三升納止可二升今有一斗以備杯杓餘瀝溫及賓客並歎其率素更勑中廚設精饌酣飲極懽而罷納至郡不受俸祿頃之徵拜左

民尚書領州大中正將應召外白宜裝幾船納曰私奴裝糧食來無所復須也臨發止有被襆而已其餘並封以還官

殷仲堪爲荆州刺史連年水旱百姓饑饉仲堪食常五椀盤無餘肴飯粒落席間輒拾以噉之雖欲率物亦緣其性眞素也每語子弟云人物見我受任方州謂我豁平昔時意今吾處之不易貧者士之常焉得登枝而捐其本爾其存之

桓嗣爲江州刺史蒞事簡約修所住齋應作版檐嗣命以茅代之版付船官

宋臨川王義慶爲荆州刺史性謙虛始至及去鎮迎送物並不受

劉亮爲梁益二州刺史在任廉儉不營財貨所得公祿悉以還官明帝嘉之下詔褒美

申恬爲青州刺史又督冀州性清約頻處州郡妻子不免饑寒世以此稱之死之日家無餘財

劉秀之爲梁州刺史遷益州秀之折留俸祿二百八十萬付梁州鎮庫此外蕭然

王鎮之爲安成太守以母憂去職在官清儉妻子無以自給乃棄家致喪還上虞曰墓畢爲子標之求安復令隨子之官後爲廣州刺史宋高祖時爲相謂人曰王鎮之少著清績必將繼美吳隱之嶺南之弊非此不康也在鎮不受俸祿蕭然無營去官之日不異始至

江秉之爲新安太守轉臨海並以簡約見稱所得祿秩悉散之親故妻子常饑寒人有勸其營田者秉之正色曰食祿之家豈可與農人競利在郡作書案一枚及去官留以付庫

阮長之爲武昌郡先是郡縣田祿以芒種爲耕期此前去官者則一年秩祿皆入前人此後去官者則一

年秩祿皆入後人始以元嘉末改此科計月分祿長之去武昌郡代人未至以芒種後一日解印綬初發京師親故或以器物贈別得便緘錄後歸悉以還之長之前後所蒞官皆有風政爲後人所思

王琨自延尉出爲廣州刺史先是刺史但經城門一過便得三千萬琨無所取納表獻祿俸之半州鎮舊有鼓吹又啓輸還及罷任孝武知其清問還資多少琨曰臣賣宅百三十萬餘物稱之帝悅其對復爲延尉加給事中

朱修之爲雍州刺史徵爲左民尚書去鎮秋毫不犯

計在州然油及牛馬穀草以私錢十六萬償之
南齊王延之初仕宋爲吳郡太守罷郡還家產無所增益後爲江州刺史在州祿俸以外一無所納
劉亮仕宋爲梁益二州刺史在任廉儉所得公祿悉以還官宋明帝下詔褒美
王僧虔爲湘州刺史清簡無所欲不營財產百姓安之
丘仲起爲晉平郡守清廉自立褚淵歎曰見可欲心能不亂此楊公所以遺子孫也
劉懷慰爲齊郡太守不受請謁民有餉其新米一斛

者懷慰出所食麥飯示之曰且食有餘幸不煩此因著廉吏論以達其意太祖聞之手勑褒賞進督秦沛二郡妻子在都賜米三百斛兗州刺史柳世隆與懷慰書曰膠東淵化潁川致美以今方古曾何足云
王沈爲長沙太守清廉戒慎身當居祿而居處日貧死之日無宅可殯故吏爲營棺柩
裴昭明爲廣陵太守嘗謂人曰人生何事須聚蓄一身之外亦復何須子孫若不才我聚彼散若能自立則不如一經故終身不治產業
范述曾爲永嘉太守勵志清白不受饋遺明帝下詔褒美徵爲游擊將軍郡送故舊錢二十餘萬一無所受唯得白桐木火籠朴十餘枚而已
孔琇之爲臨海太守在任清約罷郡還獻乾薑二千斤世祖嫌少及知琇之清乃歎息
蕭赤斧爲雍州刺史在州不營產利勤於奉公
蕭惠基爲湘東武陵內史豫章東陽太守凡歷四郡無所蓄聚
蕭坦之爲右將軍東昏侯時遣主帥黃文濟領兵圍坦之宅殺之坦之從兄翼宗爲海陵郡將殺坦之謂文濟曰從兄海陵宅故應無他文濟曰海陵宅在何

處坦之告文濟曰應得罪仍遣收之簡家赤貧唯有質錢帖子數百還以啓帝原死繫尚方
梁庾蓽仕齊爲輔國長史會稽郡丞行郡府事時承凋弊之後百姓凶荒所在穀貴米至數千民多流散蓽撫循甚有治理唯守公祿清節逾厲至有經日不舉火太守永陽王聞而饋之蓽謝不受及天監元年卒停屍無以殮柩不能歸高祖聞之詔賜絹百疋米五十斛
顧憲之初仕齊爲豫章太守中興二年義師平建康高祖爲揚州牧徵憲之爲別駕從事史比至高祖已

受禪憲之風疾漸篤固求還吳天監二年就家授大中大夫憲之雖累經宰郡資無擔石及歸環堵不免饑寒

楊公則初仕齊爲晉壽太守在任清潔自守後爲武寧太守在郡七年資無擔石百姓便之及天監初爲湘州刺史四年徵中護代至乘二舸便發送故一無所取

王僧孺天監初爲南海太守郡常有高凉生口及海舶每歲數至外國賈人以通貿易舊時州郡以半價就市又買而卽賣其利數倍歷政以爲常僧孺乃歎

日昔人爲蜀郡長史終身無蜀物吾欲遺子孫者不在越裝並無所取

任昉天監中爲義興太守在任清潔兒妾食麥而已友人彭城到溉溉弟洽與昉共爲山澤遊及被代登舟止有米五斛旣至無衣鎭軍將軍沈約遣裙衫迎之

傅昭爲成安內史郡溪無魚或有暑月薦昭魚昭旣不納又不欲拒遂餒于門側又爲臨海太守郡有蜜巖前後太守皆自封固專收其利昭以周文之囿與百姓共之大可喻小乃教勿封縣令甞餉栗寘絹于簿下昭笑而還之

裴邃爲梁秦二州太守開創屯田民吏獲安乃相率餉絹千餘疋邃從容曰汝等不應爾吾又不可違納其絹二疋而已

夏侯亶歷爲六郡二州不修產業祿賜所得隨散親故性儉率居處服用充足而已不事華侈晚年頗好音樂有妓妾數十人並無被服姿容每有客甞隔簾奏之時謂簾爲夏侯妓衣也

王瞻爲晉陵太守潔已爲政妻子不免饑寒

江革爲武陵王長史會稽郡丞行府州事門生故吏

家多東州聞革應至並齎持緣道迎候革曰我通不受餉不容獨當故人箱篋至鎭唯資公俸食不兼味及徵爲都官尚書將還民皆戀惜之贈遺一無所受送故依舊舸舫革並不納唯乘臺所給一舸艚偏欹不得安臥或謂革曰船旣不平濟江甚險當移徙重物以迮輕艚革旣無物乃於西陵岸取石十餘片以實之其清貧如此

庾域爲懷寧太守罷任還家猶事井臼而域所衣大布餘俸專充供養

蕭勵爲廣州太守邊海舊饒外國舶至多爲刺史所

侵每年舶至不過二數及勵至纖毫不犯歲十餘至俚人不賓多爲海暴勵征討所獲生口寶物軍賞之外悉送還臺前後刺史皆營私蓄萬物之貢少登天府自勵在州歲中數獻軍國所須相繼不絶武帝歎曰朝廷便是更有廣州

蔡撙爲吳興太守口不言錢在吳興不飲郡井齊前自種白莧紫茄以爲嘗餌詔褒其清加信武將軍

伏暅爲永陽內史在郡清潔治務安靜郡民何貞秀等一百五十四人詣州言狀湘州刺史以聞詔勘有十五事爲吏民所懷高祖善之徵爲新安太守在郡

清恪如永陽時民賦稅不登者輒以太守田米助之郡多麻苧家人乃至無以爲繩其厲志如此屬縣始安新安海寧並同時生爲立祠

孫謙自少及老歷二縣五郡所在廉潔居身儉素牀施蘧蒢屏風冬則布被莞席夏日無幬帳而夜未嘗有蚊蚋人多異焉

何遠爲武昌太守杜絶交遊饋遺秋毫無所受武昌俗皆汲江水盛夏遠患水温每以錢買民井寒水不取錢者則輦水還之其他事率多如此跡雖似僞而能委曲用意焉車服尤弊素器物不用銅漆江左多水族甚賤遠每食不過乾魚數片而已

蕭洽爲南徐州治中既近畿重鎮吏數千人前後居之者皆致巨富洽爲之清身率職饋遺一無所受妻子不免饑寒

范縝爲晉安太守在郡清約資公祿而已

王勵爲南海太守行廣州府事越中饒沃前後守宰例多貪縱勵獨以清白著聞

王珍國爲桂陽內史罷任還都路經江州刺史柳世隆臨渚餞別見珍國還裝輕素乃歎曰此眞可謂良二千石也

陳孔奐爲晉陵太守晉陵自宋齊以來舊爲大郡雖經寇擾猶爲全實前後二千石多行侵暴奐清白自守妻子並不之官唯以單船臨郡所得秩俸隨即分贍孤寡郡中大悅號曰神君曲阿富人殷綺見奐居處儉素乃餉衣一襲氈被一具奐曰太守身居美祿何爲不能辨此但民有未周不容獨享温袍耳勞卿厚意幸勿爲煩

後魏廣陵侯衍性清愼所在廉潔又不營產業歷牧四州皆有稱績亡日無斂屍具

陸馛爲相州刺史在州七年家至貧約徵爲散騎常

侍吏民大斂布帛以遺之顇一皆不受

荀孤爲并州刺史不治產業死之日家無餘財百姓追思之

劉芳爲青州刺史爲政需緩不能禁止奸盜而廉清寡欲無犯公私

崔挺爲光州刺史掖縣有人年踰九十板轝造州自稱少曾充使林邑得一美玉方尺四寸甚有光彩藏之海島垂六十歲欣逢明治今願奉之挺曰吾雖德謝古人未能以玉爲寶遣船隨取光潤果然竟不肯受仍表送都

韓麒麟爲齊州刺史卒於官臨終之日唯有俸絹数十疋其清貧如此

沈文秀爲持節平南將軍懷州刺史是時河南富饒人好奉遺文秀一無所納卒守清貧

邢臧爲東牟太守時天下多事在職少能廉白臧獨清慎奉法吏人愛之

羊敦爲廣平太守雅性清儉屬歲饑饉家餽未至使人外尋陂澤採藕根而食之遇有疾苦家遂解衣質米以供之

張恂爲廣平太守時喪亂之後罕能克勵唯恂當官清白不營產業身死之日家無餘財

張膺延興中爲魯郡太守履行貞素聲績著聞妻子採樵以自供孝文深嘉其能遷京兆太守所在清白刺吏民之欣必焉

泉企爲東雍州刺史性清約纖毫不擾於民在州五年每於鄉里運米以自給

北齊杜弼初行海州事又除膠州刺史儒雅寬恕尤曉吏職所在清潔爲吏民所懷

祖鴻勲爲高陽太守在官清素妻子不免寒餒時議高之

石曜字白曜中山安喜人居官至清儉武平中爲黎陽郡守值斛律武都出爲兗州刺史武都卽丞相咸陽王世子皇后之兄性甚貪暴先過衛縣令丞已下聚斂絹數千疋以遺之及至黎陽令左右諷動曜及郡治下縣官曜手持一縑而謂武都曰此是老石機抒聊以奉贈自此外並須出於吏民之物一毫不敢輒犯武都亦知曜清素純儒笑而不責

蘇瓊爲南清河太守郡民趙頴曾爲樂陵太守年八十因事歸五月初得新瓜一雙自來送頴恃年老苦請便爲留仍致於聽事梁上竟不剖人遂競貢新果

至門開之額瓜猶在相顧而去

郎甚爲頴川郡守性清儉無所營求曾語人曰任官之所木枕亦不煩作况重於此乎唯頗令寫書㳙子義曾遺之書曰在官寫書亦是風流罪過甚荅書曰觀過知仁斯亦可矣

後周唐永初仕魏大統初爲東雍州刺史性清廉家無蓄積妻子不免饑寒世以此稱之

孟信魏末爲趙平太守政尚寬和豪權無犯山中老人曾以犢酒饋之信和顔接引殷勤慰勞乃自出酒以鐵鎗温之素木盤盛蕪菁葅器唯此而已乃以一

鎗與老人俱執一盃各自斟酌申酬酢之意謂老人日吾至郡來無人以一物見遺今卿獨有此餉且食菜已久欲爲卿受一犢髀耳酒既自有不能相費老人大悦再拜擘犢進之酒盡方别

泉仲遵歷雒荆南雒三州刺史歷官之處皆以清白見稱

劉璠爲同和郡守先羌除附前後郡守多經營以致貲產唯璠秋毫無所取妻子並隨羌俗食麥衣皮始終不改

韋瑱爲瓜州刺史州通西城蕃夷往來前後刺史多受賂遺故寇犯邊叉莫能禦瑱雅性清儉兼有武畧蕃夷贈遺一無所受胡人畏威不敢爲寇公私安靜夷夏懷之

申徽爲襄州刺史時南方初附舊俗官人皆通餉遺徽性廉慎乃畫楊震像於寢室以自戒

賈𢦟爲原州刺史州城之北有泉水焉𢦟屢經遊踐嘗與僚吏宴於泉側因酌水自飲曰吾在此州唯當飲水而已及去職之後人吏感其遺惠每至此泉者莫不懷之

寇儁爲梁州刺史在州清苦不治產業其子等並徒

步而還吏民送儁留連於道久之乃得出界

辛慶之爲荆州刺史率性儉素車馬衣服示不尚華侈志量淹和有儒者風度特爲當時所重

裴俠爲河北郡守躬履儉素愛人如子所食唯菽麥鹽菜而已吏人莫不懷之此郡舊制有魚獵夫三十人以供郡守俠亦不以私並收庸爲市官馬歲時既積馬遂成群去職之日一無所取

王思政爲荆州刺史都督藺小歡繕治城塹掘得黃金二十斤夜中密送之至旦思政召佐吏以金示之曰人臣不宜有私悉封金送上太祖嘉之賜錢二十

萬
隋庫狄士文爲貝州刺史性清苦不受公料家無餘財其子嘗噉官廚餅士文枷之於獄累日杖之二百步送還京又嘗入朝遇文帝賜公卿入左藏任取多少人皆極重士文獨口銜絹一疋兩手各持一疋帝問其故士文曰臣口手俱足餘無所須帝異之别賚遺之後爲雍州刺史既死家無餘財有三子朝夕不繼親賓無贍之者

柳儉爲汚州刺史坐與蜀王秀交通免職及還鄉里乘弊車羸馬妻子衣食不贍見者咸歎服焉

唐李大亮太宗貞觀中爲越州都督在州寫書數百卷及去皆委之廨宇

皇甫無逸貞觀中歷同州刺史寧州都督閉門自守不通賓客左右不得出門凡所貿易皆往他州每按郡樵菜不犯於人嘗夜宿人家遇燈炷盡主人將續之無逸遽抽佩刀斷衣帶以爲炷其廉介如此

王方慶則天時爲廣州都督地際南海歲有崑崙乘船以珍物與中國交市舊都督路元叡冒求其貨崑崙懷刃殺之方慶在任數載秋毫不犯

蘇瓌爲揚州大都督府長史歲時轉陝州刺史揚州地當衝要多富商大賈珠翠珍玩之產承前長史皆致之數萬惟瓌挺身而退時論服其清絜

朱敬則爲廬州刺史經數月代到還鄉里無淮南一物惟有所乘馬一匹諸子姪步從而歸

劉之濟中宗神龍初爲青州長史爲吏清白河南道巡察使路敬潜甚稱薦之

李齊物肅宗乾元中歷鳳翔京兆尹清廉自飭人吏莫敢抵犯

李勉代宗大曆中爲廣州刺史前後西域舶泛海者歲纔四五勉性廉潔舶來都不簡閱故末年舶至者

四十餘在官累年器用車服無增飾者耆老以爲可繼前朝宋璟盧奐李朝隱之徒人吏詣闕請立碑代宗許之

韓滉德宗貞元初爲潤州節度素持節儉志在奉公衣裘茵褥十年一易居處陋薄纔蔽風雨弟洄嘗於故里宅增修廊宇滉自江南至即命撤去之曰先公容焉吾輩奉之嘗恐失墜所有摧圮葺之則已豈敢改作以傷儉德

薛苹爲浙西觀察使理身儉薄嘗衣一綠袍十餘年不易恩加朱紱然後解去莅歷三鎮凡十餘年家無

聲樂俸禄悉以散親族故人子弟

裴玢爲鄜坊節度使憲宗元和三年改興元尹山南西道節度等使玢武臣爲政以清廉聞衣服飲食同於士卒故遷授大鎮

孔戣元和末爲廣州刺史戣剛正清儉南海請刺史俸料之外絶其取索

薛戎爲衢湖常三州刺史浙東觀察使儉身處約不務虛名俸入之餘散宗族身殁之後人無譏焉

令狐楚爲宣武軍節度使先是汴州主帥始至率以錢二百萬實其私藏楚悉以歸公府縣是汴人愛其

廉儉爲户部尚書

殷侑爲桂州觀察使轉江西觀察使皆以廉潔著稱

盧均文宗開成中爲廣州節度先是蕃船到府節度使已下爭以賤估其珍貨均悉不問時人服其潔廉

王龜懿宗咸通中爲浙東觀察使凡天下有倉庫羨餘皆隸於本州名曰賞設庫以備地主之費龜所至兩州有給于公者則給之或遊客故人皆以已俸而奉之餘可知矣

晉郭延魯初仕後唐爲復州刺史正俸之外未嘗歛貨庶事求理一郡賴焉

高漢筠至廉在襄陽有薛吏嘗課外獻白金二十鎰漢筠嘆曰非多納麯麫則刻削闤闠吾有正俸此何用爲因戒其主者不得復然其白金皆以狀上進有詔嘉之

安元信少帝開運二年爲復州防禦使卒元信歷數任皆名郡也親族嘗謂曰公身俸二千石鬢有白髮家無肥美田園何以爲子孫計元信曰吾本無文經武畧遭遇先帝風雲之會繼提郡印位在親人平生之望過矣每以衣食豐足爲愧安有積貨治產欲爲豚犬輩後而不亦愚乎聞者美之

漢武漢球爲維州刺史至郡未期以日疾請代乾祐二年秋卒於京師漢球雖出自行伍然長於撫理當以掊歛爲戒民懷其惠身死之日家無餘財

册府元龜

巡按福建監察御史臣李嗣京　訂正
新建縣舉人　臣　戴國士　叅閱
知建陽縣事　臣　黄國琦　較釋

牧守部　十

靜理　推誠

靜理

夫古人之爲政者曷嘗不崇清靜以致治貿簡易以成化故老氏著玄默之教仲尼垂恥格之訓蓋斯民三代之所以直道而行也豈可挾術而致擾哉漢室

而下良牧相繼乃有推寛大之志布仁厚之德宣流愷悌敦修禮讓專務通恕悉蠲煩苛或反己而自思獄訟以止或責成而委任曹事咸舉物安其所民愛其賜斯足以爲循吏之稱首矣

漢曹參初爲齊相使者召參參去囑其後相曰以齊獄市爲寄愼勿擾也後相曰治無大於此者乎參曰不然夫獄市者所以并容也今若擾之姦人安所容乎吾是以先之（孟康曰夫獄市者兼受善惡若窮極姦人無所容竄久且爲亂秦人極刑而天下畔孝武峻法而獄繁此其效也）

兒寛爲左内史治民勸農業緩刑罰理獄訟卑體下士務在於得人心擇用仁厚士推誠與下不求名聲吏民大信愛之

汲黯爲東海太守學黄老言治官民好清靜擇丞史任之（擇郡丞及史任之也鄭當時爲大司農官屬丞史亦是也）責大指而已不細苛黯多病臥閤内不出歲餘東海大治

黄霸爲潁川太守力行教化而後誅罰（力猶勤也言先以德教化於下若有弗從然後用刑罰也）務在成就全安長史（不欲易代及損傷）許丞老病聾（許縣丞）督郵白欲逐之霸曰許丞廉吏雖老而能拜起送迎止頗重聽何傷且善助之毋失賢者意或問其故霸曰數易長吏送故迎新之費及姦吏緣

絶簿書盜財物（緣因也因交代之際而棄匿簿書以盜官物也）公私費耗甚多皆當出於民所易新吏又未必賢或不如其故徒相益爲亂凡治道去其泰甚者耳

龔遂宣帝時選爲渤海太守遂曰臣聞治亂民猶治亂繩不可急也唯緩之然後可治臣願丞相御史且無拘臣以文法得一切便宜從事帝許之

薛宣爲右馮翊性密靜有思（有智思也）思省吏職求其便安省（視也）下至財用筆研皆爲設方畧利用而省費（利便也省減也便於用而減於費也）吏民稱之郡中清靜

後漢衛颯字子彥河内修武人也建武初爲桂楊太

守理卹民事居官如家其所施政莫不合於物宜槪事十年郡內清理

鮑永爲揚州牧時南土尚多寇暴永以吏人痍傷之後乃緩其銜轡示誅彊橫而鎮撫其餘百姓安之

馬援爲隴西太守務開寬信恩以待下任吏以職但總大體而已賓客故人日滿其門諸曹時白外事援輒曰此丞掾之任何足相煩頗哀老子使得遨遊若大姓侵小民黠羌欲旅距此乃太守事耳

劉寵爲會稽太守山民愿朴乃有白首不入市井者頗爲官吏所擾簡除煩苛禁察非法郡中大化

王况字文伯性聰敏爲陳留太守以德行化人

杜安爲邑郡太守率身正下以禮化俗

郭賀爲河南尹以清靜稱

廉范歷武威武都二郡太守隨俗化導各得治宜建中初遷蜀郡太守其俗尚文辯好相持短長范每勵以淳厚不受偷薄之說

魏覇爲鉅鹿太守以簡朴寬恕爲政掾吏有過要先誨其失不改者乃罷之

王堂爲魯相政存簡一至數年無辭訟

張敏爲汝南太守清約不煩用刑平正有理能名

任延更始初拜會稽都尉時年十九迎官驚其壯壯少也及到靜泊無爲唯先遣饋禮祠延陵季子

盧植爲九江太守以疾去官會南夷反叛以植嘗在九江有恩信拜爲廬江太守植深達政宜務存清靜弘大體而已

魏華歆漢末爲豫章太守爲政清靜不煩吏民感而愛之

游楚字仲元漢末爲蒲阪令後遷隴西太守爲人慷慨歷位宰守所在以恩德爲治不好刑殺

孟康齊王正始中爲弘農守領典農校尉康到官清

已奉職嘉善而矜不能省息獄訟緣民所欲因而利之郡領吏二百餘人涉春遣休嘗四分遣一事無宿諾

楊阜爲武都太守郡濵蜀漢阜請依龔遂故事安之而已

蜀楊戲出領梓潼太守入爲射聲校尉所在清約不煩

晉傅嘏爲河南尹河南尹內掌帝都外統京畿兼古六鄉六遂之士其民異方雜居多豪門大族商賈胡貊天下四方會利之所聚而姦之所生前尹司馬芝

舉其綱而太簡次尹劉靜綜其目而太密後尹李勝毀昔法以收一時之聲假立司馬氏之綱統裁劉氏之細目以經緯李氏之所毀以漸補之郡有七百吏半非舊也河南俗黨五官掾功曹典選職皆授其本國人無用異邦人者假各舉其良而對用之官曹分職而後以次考核之其治以德教爲本然持法有常簡而不可犯見理識情獄訟不加檟楚得其實不爲小惠有所薦達及夫有益於民事皆隱其端迹若不繇巳出故當時無赫赫之名吏民久而後安之

和嶠爲潁川太守爲政清簡甚得百姓懽心

鄭冲爲陳留太守冲以儒雅爲德蒞職不爲幹局之譽

王承爲東海太守政尚清靜不爲細察

王述爲臨海太守遷會稽内史蒞政清肅終日無事

劉琰爲丹陽尹爲政清整門無雜賓時百姓頗有訟官長者諸郡往往有相舉正琰歎曰夫居下訕上此弊道也古之善政司契而已豈不以其敦本正源鎮靜流末乎君雖不君下安可以失禮若此風不革百姓將往而不返遂寢而不問

宋王弘爲江州刺史至州省賦簡役百姓安之

張茂度爲廣州刺史綏靜百越嶺外安之

謝述爲吴興太守在郡清省爲吏民所懷

袁湛爲吴郡太守秩中二千石蒞政和理爲吏民所稱

段福榮爲豫州刺史蒞任清謹爲西土所安

南齊裴昭明爲廣陵太守明帝以其在事無啓奏代還責之昭明曰臣不欲競執關捷故耳

王綸之爲吴興太守爲政寛簡稱良二千石

張岱爲吴興太守秩中二千石岱晚節在吴興更以寛恕著名

梁王峻仕齊爲桂陽内史會高祖義師起上流諸郡多相驚擾峻閉閤靜坐一郡帖然百姓賴之又爲宣城太守爲政清和吏民安之

江蒨爲晉安内史莅政清約務在寛簡吏民便之

馮道根爲南梁太守豫州刺史歷處州郡和理清靜爲下所懷

張充爲義興太守爲政清靜吏民便之

王志爲丹陽尹爲政清靜去煩苛

徐摛爲新安太守至郡爲治清靜教民禮義勸課農桑期年之中風俗便改

張續爲吳興太守治郡省煩苛務清靜民吏便之

蕭子雲爲臨川内史在郡以和理民吏悅之

謝舉爲豫章内史爲政和理甚得民心後爲晉陵太守在郡清靜百姓化其德境内肅然

范述曾爲永嘉太守爲政清平不尚威猛民俗便之

任昉爲新安太守在郡不事邊幅率然曳杖徒行邑郭民通辭訟者就路決焉爲政清省吏民便之

范雲爲零陵内史在任潔己省煩苛去游費百姓安之又爲始興内史郡多豪猾大姓二千石有不善者謀共殺害不則逐去之邊帶蠻俚尤多盜賊前内史

皆以兵刃自衛雲入境撫以恩德罷亭候商賈露宿郡中稱爲神明

帝放爲竟陵太守在郡和理爲吏民所稱

王承爲東陽太守爲政寛惠吏民悅之

伏暅爲永陽内史在郡清潔政務安靜

張緬爲豫章内史爲政任恩惠不設鉤距吏人化其德亦不敢欺故老咸云數十年未有也

劉孺爲晉陵太守在郡和理爲吏民所稱

謝朏爲義興太守加秩中二千石在郡不省雜事悉付綱紀曰吾不能作主者吏但能作太守耳

殷均爲臨川内史體多疾閉閤臥理而百姓化其德劫盜皆奔出境

陶季直爲東莞太守在郡號爲清和後爲建安太守爲政清靜百姓便之

王茂爲江州刺史歷丹陽尹性寛厚居官雖無譽亦爲吏民所安

褚翔爲義興太守莅政潔己省煩苛去游費百姓安之

蕭洽爲臨海太守爲政清平不尚威猛民俗便之

陳王勱爲晉陵太守時兵饑之後郡中凋弊勱爲政

清簡吏民便安之

魯達爲巴州刺史爲政簡要推誠任下吏民便之

後魏彭城王勰爲揚州刺史簡刑道禮與民休息州境無虞遐邇安靜

樂安王範爲長安鎮都大將謙恭惠下推心撫綏百姓稱之時秦土新罹殺賊流亾相繼範請崇易簡之體帝納之於是遂寛徭與人休息

張白澤爲雍州刺史清心少欲吏民安之

茹皓爲濮陽太守清簡寡事

張袞爲幽州刺史清儉寡欲勸課農桑百姓安之

賈儁爲荆州刺史在州五載清靜寡事爲吏民所安
賈禎爲魯陽太守清素善撫接得百姓情
高悦爲長樂太守爲政寛惠民庶安之
陸惟州爲相州刺史政尚寛惠吏民安之
酈約歷東萊魯郡二郡太守爲政清靜吏民安之
韓麒麟爲齊州刺史在官寡於刑罰從事劉普慶說麒麟曰明公仗節方夏而無所斬戮何以示威麒麟曰刑罰所以止惡盖不得已而用之民不犯法何以戮乎若必須斬戮以立威名當以卿應之普慶慙而退

游明根爲東兖州刺史爲政清平新民樂附
房景伯爲齊州輔國長史値刺史死勅行州事政存寛簡百姓安之
常崇爲南頴川太守不好發摘細事甞云何用小察以傷大道吏民感之郡中大治
李訢爲相州刺史爲政清簡明於折獄姦盜止息百姓稱之
劉元孫起家拜蘭陵太守治以清靜爲名
鄭道昭爲光州刺史轉青州刺史其在二州政務寛厚不任威刑爲吏民所愛
鄭尚爲濟州刺史爲政寛簡百姓安之
畢祖朽爲東豫州刺史祖朽善撫邊人清平有信務在安靜百姓稱之
王襲爲并州刺史太和中孝文輿駕詣雒路幸其治供帳粗辦境内清靜帝頗嘉之
李平爲太子中庶子平因侍從容請自效一郡孝文曰卿復欲以吏事自試也拜長樂太守政務清靜吏民懷之
裴叔義爲兖州安東府外兵參軍累遷太守爲政清靜吏民安之

裴芬爲東秦州刺史在州有清靜之稱
柳僧習爲北地太守爲政寛平氐羌悦愛
賈思同爲襄州刺史雖無明察之譽百姓安之
曹世表爲清河太守治官省約百姓安之
張烈爲瀛州刺史爲政清靜吏民安之
范紹爲并州刺史清愼守法頗得民和
劉道斌爲弘農太守遷岐州刺史所在有清治之稱
張偉爲營州刺史在州郡以仁德爲先不任刑罰清身率下宰守不敢爲非
王翊爲濟州刺史清靜愛民有政治之稱

北齊堯雄初仕東魏爲豫州刺史雄雖武將而性質寛厚治民頗有誠信爲政去煩碎舉大綱而已

叚榮爲濟州刺史歷相州秦州事性温和所歷皆推仁恕吏民愛之

叚韶爲并州刺史爲政舉大綱不存小察甚得民和時又有韓賢爲雒州刺史雖武將而性和直不甚貪暴雖無善政不爲吏民所苦

後周闞慶爲寧州刺史性寛和不苛察百姓悦之

馮遷爲廣漢郡守時蜀土初平人情擾動遷政在簡恕夷俗頗安之

李穆爲并州總管時東夏甫平人情尚擾穆鎮之以

静百姓安之

顔之儀爲濟州刺史在州清静夷夏悦之

李和爲漢陽郡守治存寛簡百姓稱之後爲夏州刺史又除雒州刺史和前在夏州頗留遺惠及有此授商雒父老莫不想望德音和至州以仁恕訓物獄訟爲之簡静

臯携爲襄樂郡守遷湖州刺史性静退每以清約自處前後所歷頗有聲稱

梁椿爲渭州刺史在州雖無他政績而夷夏安之

王雅爲鄜城郡守政尚簡易吏人安之

韓果爲華州刺史爲政寛簡吏民稱之

皇甫璠爲隨州刺史政存簡惠百姓安之

王子直爲行瓜州事性清静務以德政化民西土悦附

庾信爲雒州刺史多識舊章爲政簡静吏民安之

魏玄爲熊州刺史政存簡惠百姓悦之

厙狄峙爲益州刺史性寛和尚清静爲夷獠所安

隋柳裘爲許州刺史在官清簡民吏懷之

河間王弘出爲寧州總管在州治尚清静甚有恩惠

韋世康爲絳州刺史以雅望鎮之合境清肅又爲荆

州總管爲政簡静百姓愛悦合境無訟

韋藝爲齊州刺史爲政清簡士庶懷惠

柳儉爲蓬州刺史訟者庭遣不爲文書約束從容而已獄無繫囚蜀王秀時鎮益州列上其事遷邛州刺史

公孫景茂爲息州刺史法令清静德化大行

梁彦光初爲岐州刺史其俗頗質以静鎮之合境大化

唐楊恭仁隋末爲甘州刺史恭仁務舉大綱不爲苛察戎夏安之文帝謂其父雄曰恭仁在州甚有善政

非惟朕舉得人亦是卿義方所致也

襄武王琮爲晉州道行臺總管馭衆寬簡大爲民吏所附

宇文士及貞觀初爲蒲州刺史爲政寬簡吏人安之

張文琮貞觀中爲亳州刺史爲政清簡百姓愛之

田留安貞觀中歷徐洪二州都督皆以寬簡爲吏民所安

高智周爲壽州刺史政存寬惠百姓安之

霍王元軌前後爲刺史至州唯閉閤無爲吏事責成於長史司馬

陸象先爲益州大都督府長史仍爲劍南道按察使在官務以寬仁爲政大司馬韋抱貞言曰望明公稍行杖罰以立威名不然恐下人怠惰無所懼也象先曰爲政者理則可矣何必嚴刑樹威損人益己恐非仁恕之道竟不從抱貞之言象先玄宗開元中爲蒲州刺史仍爲河東道按察使嘗有小吏犯罪但語示而遣之錄事白曰此例皆合與杖象先曰人情相去不遠此豈不解吾言若其必須行杖即當自汝爲始錄事慙懼而退象先嘗謂人曰天下本自無事秖是庸人擾之始爲繁耳但當靜其源則亦何憂不簡前後爲刺史其政如一吏咸懷思之

李適之爲河南尹適之性簡率不務苛細人吏便之

倪若水爲汴州刺史政尚清靜人吏安之

苗晉卿天寶中爲金州刺史歷魏郡太守政化大行晉卿寬厚廉謹爲政舉大綱不問小過所在有惠化

鄧景山肅宗至德初爲揚州長史淮南節度使政理簡肅聞於朝廷

崔衍爲宣歙池觀察使政務簡便人頗懷之

韋夏卿爲京兆尹東都留守爲政務通適不喜改作

魏少游早以吏幹知名累遷京兆尹居職緣飾成務

不爲事首有規簡善任人果於集事前後四領京兆雖無赫赫之名而齪齪廉謹有足稱者

張延賞爲河南尹時河雒兵戈之後邑里丘墟延賞政尚易簡東都甚理

張鎰代宗大曆中爲濠州刺史爲政清靜州事大理

李勉爲京兆尹政尚簡肅甚有時稱及爲滑亳永平節度使在鎮八年以舊德清重不言而理東諸侯雖暴驁者亦宗敬之

闞播大曆中以淮南判官攝滁州刺史爲政清靜簡惠甿無盜賊人甚安悅之

馬燧爲懷州刺史乘兵亂後夏大旱人失耕種燧乃務教化去煩苛

段秀實爲涇州刺史清約率易遠近安之退公之後端居靜慮而已

薛播德宗建中初爲晋州刺史遷河南尹皆爲政簡肅甚獲當時之稱

韋元甫有器局所蒞有聲爲揚州長史淮南節度在揚州三年政尚不擾事亦能理

吴湊爲京兆尹孜孜爲政以勤儉清簡爲務人心安悦及爲婺州都團練觀察使爲政勤儉清正美聲聞

於朝廷

裴諝爲河南尹不鞠人於贓罪以寛厚和易爲理

武元衡爲西川節度使在成都比三年公私皆濟撫蠻夷畢類約束明具輒不生事

崔詠爲鄧州刺史後爲桂管觀察使皆不生事溪洞夷俗頗安

孔戣憲宗元和中爲廣州刺史時桂管經畧使楊旻桂仲武裴行立等騷動生蠻以求功伐遂致嶺表累歲用兵唯戣以清儉爲理不務邀功交廣大理

王锷爲容管經畧使凡八年溪洞安之

薛放爲江南西道觀察使在鎮唯用清潔爲理一方之人至今思之

閻濟美爲福建觀察使復移鎮浙左所至甞以簡澹爲理兩地之人甞賦之外不知其他

丁公著爲浙西觀察使二年爲河南尹皆以清靜爲理

沈傳師爲湖南江西宣州三觀察使所至以廉靜稱理

崔郾爲鄂岳浙西觀察使所至用寛政清簡少事財用有餘人遂寧泰

漢李殷累爲郡守性沉厚所蒞無苛暴之名

周馮道後唐清泰初爲同州節度使爲政閑淡獄市無撓

翟光鄴權知京兆以寛靜爲治前政有煩苛之事一切停罷百姓便之

推誠

禮云惟天下至誠爲能盡其性又曰惟天下至誠爲能化夫欲盡物之性而化之者其唯至誠乎故古之良二千石咸識治體推誠明之性爲撫御之術簡畧苛細輸寫心腹選任於淳質慰薦於勤勵待衆以信

而民不恐欺推功於下而人樂爲用或因壘以喻寇賊或刻期以遣囚繫動發于衆以底于治宜乎詔勅之嘉奬史册之褒紀傳云安靜之吏悃愊無華日計不足月計有餘其是之謂乎

漢趙廣漢二千石（王欽若等曰漢歷京兆尹潁川太守秩皆二千石）以和顔接士其慰薦待遇吏殷勤甚備（慰薦爲安慰而薦進之）事推功善歸之於下曰某掾卿所爲非二千石所及行之發於至誠吏見者皆輸寫心腹無所隱匿咸願爲用僵仆無所避

嚴延年爲涿郡太守吏忠盡節者厚遇之如骨肉皆

親鄉之（讀鄉曰嚮）出身不顧以是治下無隱情

兒寬爲左內史勸農業緩刑罰理獄訟卑體下士務在於得人心擇用仁厚士推情與下不求名聲吏民大愛信之

韓延壽爲左馮翊恩信周徧二十四縣莫復以辭訟自言者推其至誠吏民不敢欺紿（紿誑也）

龔遂爲渤海太守先是渤海左右郡歲饑盜賊並起郡聞新太守至發兵以迎遂皆遣還移書勅屬縣悉罷逐捕盜賊吏諸持鉏鉤田器者皆爲良民吏毋得問也（鉤鎌也）持兵者乃爲賊遂單車獨行至府郡中翕然盜賊亦皆罷（罷讀曰疲言爲盜賊久心疲厭也）渤海又多劫畧相隨聞遂教令即時解散棄其兵弩而持鉤鉏盜賊於是悉平

後漢郭伋爲并州刺史行部到西河美稷有童兒數百各騎竹馬迎拜伋問曰兒曹何自遠來對曰聞使君到喜故來迎諸兒復送到郭門外問使君何日當還伋曰別駕從事計日告之行部還入美稷界先期一日伋念負諸童兒遂止於野亭須期乃入

馬援爲隴西太守務開寬信恩以待下任吏以職但總大體而已諸曹時白外事輒曰此丞掾任何足相

煩

戴封爲中山相時諸縣囚四百餘人辭狀已定當行刑封哀之皆遣歸家與尅期日皆無違者詔書褒美焉

張綱爲廣陵太守初廣陵賊張嬰等衆數萬人殺刺史二千石前太守往輒多請兵及綱受拜詔問當得兵馬幾何綱對曰無用兵馬遂單車之官徑詣嬰壘門示以禍福嬰大驚懼走欲閉門綱又於門外罷遣吏兵留所親者十餘人以書語其長老素爲嬰所信者請與相見問以本變因示以詔恩使還請嬰嬰見

綱意誠卽出見綱綱延置上坐問疾苦禮畢乃謂之曰前後二千石多非其人杜塞國恩肆其私求鄉郡遠天子不能朝夕聞也故民人相聚以避害二千石信有罪矣爲之者乃非義也忠臣不欺君以自明孝子不損父以求福天子聖人欲文德以來之故使太守來思以爵祿相榮不願以刑也今誠轉禍爲福之時也若聞義不服天子赫然發怒大兵雲合豈不危乎宜浮計其利害嬰聞泣曰荒裔愚人數爲二千石所侵枉不堪其困故遂相聚偷生明府仁及草木乃嬰等更生之澤但恐投兵之日不免孥戮耳綱曰豈

其然乎要之以天地誓之以日月方當相顯以爵位何禍之有乎嬰曰苟赦其罪得全首領以就農畝則抱戴没齒爵祿非所望也嬰雖爲大賊起於狂暴自以爲必死及得綱言曠然開明乃辭還營明日遂將所部萬餘人與妻子面縛詣綱綱悉釋縛慰納謂嬰曰卿諸人一旦解散方匯蕩然當條名上之必受封賞嬰曰乞歸故業不願以穢名汙明時也綱以其至誠乃各從其意親爲安居宅子弟欲爲吏者隨才任職欲爲民者勸以農桑田業並豐南州晏然

劉岱爲兖州刺史虛己愛物爲士人所附

魏田豫爲南陽太守先時郡人侯音反衆數千人在山中爲群盜大爲郡患前太守收其黨與五百餘人表奏皆當死豫悉見諸繫囚慰諭開其自新之路一時破械遣之諸囚皆叩頭願自効卽相告語群賊解散郡内清靜

蜀董和爲益州郡太守與蠻夷從事務推誠心南土愛而信之

晋劉弘爲荆州刺史値王室多難得專命一方盡其器能推誠御下厲以公義每有手書郡國丁寧款密莫不感悦顛倒奔赴咸曰得劉公一紙書賢於十部

從事

宋謝方明轉晋陵太守復爲南部相當年終江陵縣獄囚事無輕重悉散聽歸家候過正三日還到罪應入重者有二十餘人紀綱以下莫不疑懼時晋陵郡送故主簿弘季盛徐壽之並隨在西固諫以爲昔人雖有其事或是記籍過言且當今民情僞薄不可以古義相許方明不納一時遣之因及父兄皆驚喜涕泣以就死無恨至期有重罪二人不還方明不聽討捕其一人醉不能歸達至二日乃反餘一囚十日不至五官朱千期請見欲白討之方明知爲囚事使左

右謝五官不須入囚自當反囚逡巡墟里不能自歸鄉村貴讓之率領將送遂竟無逃亾者遠近咸歎服焉

南齊安陸王緬爲雍州刺史留心辭訟親自隱䘏刼鈔渡口皆赦遣以自新再犯乃加誅爲百姓所畏愛

梁何裔字子秀初仕齊爲建安太守爲政有恩信民不忍欺每伏臘放囚還家依期而返

始興王憺爲荆州刺史自以少年始居重任思欲開導物情乃謂佐吏曰政之不臧士君子所宜共惜言可用用之可也如不可用於我何傷吾開懷矣爾其

勿憾於是小人知恩而君子盡意矣

王志爲東陽太守郡獄有重囚十餘人冬至日悉遣還家過節皆反唯一人失期獄司以爲言志曰此自太守事主者勿憂明旦果自詣獄辭以爲婦孕吏民益歎服之

陳沈君高爲平越將軍廣州刺史嶺南俚獠世相攻伐君高本文吏無武幹推心撫御甚得民和

後魏沛郡公頑爲南豫州刺史初豫州城豪胡丘生數與外交通及頑爲刺史丘生嘗有犯懷恨圖爲不軌詐以婚集城人告云刺史欲遷城中大家送之向代共誅翻城城人石道起以事密告頑速掩丘生并諸預謀者頑曰吾不負人人何以叛但丘生誑誤若即收掩衆必大懼吾靜以待之不久自當悔服語未訖而城中三百人自縛詣州門陳丘生譎誑之罪而丘生單騎逃走頑恕而不問

宇文福爲瀛州刺史性忠清在公嚴毅以信御民甚得聲譽

艾陵伯子華爲齊州刺史先是州境數經反逆邢杲之亂（王欽若等曰是時平原主簿邢杲作亂也）人不自保而子華撫集豪右委之管籥衆感悦境内帖然

李仲遵爲營州刺史時四方州鎮叛亂相續營州城内咸有異心仲遵單車赴州既至與大使盧同以恩信懷誘率皆怡悦

北齊張華原爲兖州刺史境内大賊及鄰州亾命二百餘人皆詣華原歸款咸撫以恩信放歸田里於是人懷感附寇盜寢息州獄先有囚千餘人華原皆決遣至年暮唯有重罪者數十人華原亦遣歸家申賀依期至獄

後周宇文測行汾州事政在簡惠頗得人和地接東魏數相抄竊或有獲其爲寇者多寘而文測皆命解

縛置之賓館然後引與相見如客禮焉仍宴設放還其國而送出境自是東魏人大慙乃不爲寇兩界遂通慶問時論方之羊叔子王欽若等曰羊叔子事具將帥推誠門

隋令狐熙爲桂州總管有寗猛力者與陳後主同日生自言貌有貴相在陳日已據南海平陳後高祖因而撫之即拜安州刺史然驕倨恃其阻險未嘗參謁熙手書諭之申以交友之分其母有疹熙復遺以藥物猛力感之詣府請謁不敢爲非

衛玄爲資州刺史時獠攻圍大牢鎮玄單騎造其營謂群獠曰我是刺史銜天子詔安養汝等勿驚懼也

冊府元龜　牧守部　推誠　卷之六百八十　二十三

諸賊莫敢動於是說以利害渠帥感悅解兵而去

唐田留安爲魏州總管劉黑闥之亂來攻州城于時山東豪猾多殺長吏以應賊百姓兇人咸懷異志凡諸郡守皆以心腹自衛多所猜防繇是上下情隔怨叛者多留安獨撫結所部示無疑阻但有白事者無問疎遠皆至臥內謂人曰吾與卿輩同爲國守自宜一心無爲疑二也必欲棄國即異背順歸逆亦任卿斮斬吾頭而去矣城中父老遞相誡勵子弟曰田公以赤心相付何得負之繇是人情遂同

張伯義爲廣州刺史嶺南節度朴直不知書然能推誠委任軍府簡肅人皆便之

于邵爲巴州刺史時歲儉夷獠相聚山澤爲盜數千百人來圍州城邵撫勵州兵與之拒戰凡旬有二日間遣使說諭示以善惡山盜邀邵出乃以儒服出城致之不疑因皆降之節度使李抱玉以聞遷梓州刺史

呂元膺爲蘄州刺史頗著恩信嘗歲終閱郡獄囚囚有自告者曰某有母在明日元正不得相見因泣下元膺惻焉盡脫其械縱之與期守吏曰賊不可縱元膺曰吾以忠信待之及期無後至者繇是群盜感義

冊府元龜　牧守部　推誠　卷之六百八十　二十四

相引而去

册府元龜

廵按福建監察御史臣李嗣京　訂正

分守建南道左布政使臣胡維霖　条閱

知建陽縣事臣黄國琦較釋

牧守部十一

謠頌　感瑞

謠頌

虞書曰勸之以九歌卜商有言曰嗟歎之不足故咏歌之盖謠頌之作其來尚矣若乃牧守之寄風教所出而能敦清靜之治流愷悌之政愛養萌庶蠲除苛

刻厚生以興利遏彊而去惡孤弱以之成立閭里繇其富庶乃有斑白之詠齠齓之謠發於委巷布於行路自非仁厚淪於骨髓誠心激於肺腑又豈能抑揚蹈厲周旋詠歎言有章而聲成文者哉傳曰入其國其教可知是之謂也

漢趙廣漢張敞王尊王章王駿爲京兆尹皆有能名京師稱曰前有趙張後有三王

馮立任太原太守徙西河上郡居職公廉治行冪與野王相似野王立相代爲太守歌之曰大馮君小馮君兄弟繼踵相因循聰明賢智惠吏民政如魯衛德化鈞周公康叔猶二君

後漢岑熙爲魏郡太守招聘隱逸與參政事無爲而化視事二年輿人歌之曰我有枳棘岑君伐之我有蟊賊岑君遏之狗吠不驚足下生氂含哺鼓腹焉知凶災我喜我生獨丁斯時美矣岑君於戲休茲

廉范爲蜀郡太守成都民物豐盛邑宇逼側舊制禁民夜作以防火災而更相隱蔽燒者日屬范乃毁削前令但嚴使儲水而已百姓爲便乃歌之曰廉叔度來何暮不禁火民安作平生無襦今五袴

郭賀字喬卿爲荆州刺史到官有殊政百姓便之歌

曰厥德仁明郭喬卿忠正朝廷上下平

張堪爲漁陽太守乃於狐奴開稻田八千餘頃勸民耕種以致殷富百姓歌曰桑無附枝麥穗兩岐張君爲政樂不可支

杜詩爲南陽太守脩治陂池時人方於召信臣故南陽爲之語曰前有召父後有杜母

賈琮爲交阯刺史先是屯兵反執刺史有司舉琮爲刺史琮即移書告示各使安其資業招撫荒散蠲復徭役誅斬渠帥爲大害者簡選良吏試守諸縣歲間蕩定百姓以安巷路爲之歌曰賈父來晚使我先反

今見清平吏不敢飯

朱暉爲臨淮太守其諸報怨以義犯率皆爲求其理多得生濟其不義之囚即僵仆吏人畏愛爲之歌曰彊直自遂南陽文季（暉字文季）吏畏其威人懷其惠

延篤爲左馮翊又徙京兆尹其政用寬仁憂恤民黎擢用長者與參政事郡中歡愛三輔咨嗟焉先是陳留邊鳳爲京兆尹亦有能名郡人爲之語曰前有趙張二王後有邊延二君

張霸爲會稽太守越賊束手歸附童謠曰棄我戟捐我矛盜賊盡吏皆休

陳臨爲蒼梧太守有遺腹子報父怨捕得繫獄傷其無子令其妻入獄遂產得男人歌曰蒼梧陳君恩廣大令死罪囚有後代德參古賢天報施

李燮拜京兆尹詔發西園錢燮上封事遂止不發吏民愛仰乃歌曰我府君道教舉恩如春威如虎剛不吐弱不茹愛如毋訓如父

皇甫嵩爲冀州牧奏請一年租以振饑民民歌曰天下亂兮市爲墟毋不保子兮妻失夫賴得皇甫兮復安居

宗資爲汝南太守任功曹范滂南陽太守成瑨亦委功曹岑晊二郡爲謠曰汝南太守范孟博南陽宗資主畫諾南陽太守岑公孝弘農成瑨但坐嘯（范滂字孟博岑晊字公孝）

晉王祥初爲徐州刺史呂虔辟爲別駕時寇盜充斥祥率勵兵士頻討破之州界清靜政化大行時人歌之曰海沂之康實賴王祥邦國不空別駕之功

杜預爲荊州刺史都督荊州諸軍事南土美之而歌曰後世無叛由杜公孰識智名與勇功

祖逖爲豫州刺史百姓感悅嘗置酒大會耆老中坐流涕曰吾等老矣更得父母死將何恨乃歌曰幸哉

遺黎免俘虜三辰既朗遇慈父玄酒忘勞甘瓠脯何以詠恩歌且舞其得人心如此

應詹爲南平太守督南平天門武陵軍事天門武陵谿蠻並反詹討降之時政令不一諸蠻怨望並謀背叛詹召蠻酋破銅券與盟由是懷詹數郡無虞其後天下大亂詹境獨全百姓歌之曰亂離既普殆爲灰朽僥倖之運賴茲應后歲寒不凋孤境獨守拯我塗炭惠隆丘阜潤同江海恩猶父母

鄧攸爲吳郡太守稱疾去郡嘗有送迎錢數百萬攸去不受一錢百姓數千人留牽攸船不得進攸乃止

停中夜發去吳人歌之曰統如打五鼓鷄鳴天欲曙鄧侯拖不留謝令推不去

梁始興王憺爲安西將軍荆州刺史以慈母喪詔徵本號還朝民爲之歌曰始興王民父母趍人急如水火何時復來哺乳我

夏侯夔爲豫州刺史夔兄亶先經此任至是夔居焉兄弟並有恩惠於鄉里百姓歌之曰我之有州頻仍夏侯前兄後弟布政優優

陸襄爲鄱陽内史平妖賊鮮于琛時隣郡豫章安城守宰案治黨與因求貨賄皆不得其實或有善人盡

室罹禍惟襄郡枉直無濫民作歌曰鮮于抄後善惡分人無横死賴陸君

後魏呂顯爲鉅鹿太守清身奉公務存贍䘏妻子不免饑寒民頌之曰時惟府君克清克明緝我荒土民胥樂生願壽無疆以享長齡

李曾爲趙郡太守并州丁零數爲山東之害知曾能得百姓死力憚不入境賊於常山東得一死鹿謂趙郡地也賊長責之還令送鹿故處隣郡爲之謡曰乍作趙郡鹿猶勝常山粟其見憚如此

北齊鄭述祖道昭之子也道昭先爲兖州刺史述祖天保初又爲之有人入市盜布其父怒曰何忍欺君執之以歸首述祖特原之自是之後境内無盜人歌之曰大鄭公小鄭公相去五十載風教猶尚同

張晏之行北徐州事尋即眞爲吏人所愛御史崔子武智察州郡至北徐無所案劾唯得百姓所製清德頌數篇乃歎曰本求罪狀遂聞頌聲遷兖州刺史

宋世良爲清河太守先是郡東南有曲堤成公一姓居之羣盜多萃於此人爲之語曰寧渡東吳會稽不歷成公曲堤世良至郡施條制盜奔他境人又謡曰曲堤雖險賊何益但有宋公自屏跡

後周崔謙齊天保初爲濟北太守恩信大行富者禁其奢侈貧者勸課周給縣公田多沃壤謙咸易之以給人又改鞭用熟皮爲之不忍見血示恥而已朝貴行過郡境問人太守爲政何如對曰府君恩化古者所無輿人爲歌曰崔府君能臨政給是田皮易鞭布威德人無爭客曰既稱恩化何因復威對曰長吏憚其威嚴人庶蒙其恩惠故兼言之

裴俠爲河北郡守躬履儉素愛人如子所食唯菽麥鹽菜而已吏人莫不懷之此郡舊制有漁獵夫三十人以供郡守俠曰以口腹役人吾所不爲也乃悉罷

之又有丁三十人供郡守役使亦不以私並收庸爲市官馬歲時既積馬遂成羣去職之日一無所取人歌曰肥鮮不食丁庸不取裴公貞惠爲世規矩

隋豆盧勣初仕後周爲渭州刺史甚有惠政華夷悅服鳥鼠山俗呼爲高武隴其下渭水所出其山絕壁千尋繇來乏水諸羌苦之勣馬足所踐忽飛泉湧出有白鳥翔止廳前乳子而後去民爲之謠曰我有丹陽山出玉漿濟我民夷神鳥來翔

于仲文字次武仕周爲安固太守始州刺史屈突尚宇文護之黨也先坐事下獄無敢繩者仲文至郡窮

治遂竟其獄蜀中爲之語曰明斷無雙有于公不避強禦有次武

樊叔畧累封清鄉安定公開皇中爲相州刺史百姓爲之語曰智無窮清鄉公上下正樊安定

唐顏遊秦武德初爲廉州刺史封臨沂縣男時劉黑闥初平人多以強暴寡風俗未安遊秦撫恤境內敬讓大行邑里歌之曰廉州顏有道性行同莊老愛人如赤子不殺非時草高祖璽書勞勉之

薛大鼎爲滄州刺史州界有無棣河隋末塡廢大鼎奏開之引魚鹽於海百姓歌之曰新河得通舟檝利直達滄海魚鹽至昔日徒行今聘駟美哉薛公德滂被

田仁會永徽初爲郢州刺史以善政聞時屬亢旱仁會自曝祈禱竟獲甘澤其歲大熟百姓歌之曰父母育我田使君精誠爲人上天聞中田致雨山出雲倉廩既實禮義伸但願常在不患貧

張仁愿爲幷州都督府長史遠近震懾無敢犯者初高宗時賈敦實爲雒州長史亦有政績與仁愿皆爲一時之最故時人爲之語曰雒州有前賈後張可敵京兆三王其見稱如此

李峴爲京兆尹楊國忠惡其不附己以雨災出爲長沙郡太守時京師米麥踴貴百姓謠言曰欲得米粟賤無過追李峴其爲政得人心如此

感瑞

夫政平訟理民無愁怨至和浹洽瑞物來格斯蓋肇自人心契於神道者矣自漢室而下重牧守之任循良間作德讓宣洽協氣斯兆嘉瑞薦降至於服猛鷙之性不爲物害弭螟螣之災無入郡境膏雨隨應夭癘自消枯木發榮靈泉沸涌美利浹於萌庶休徵表於圖牒著之囊紀形於謠頌自非仁化之淵塞誠心

之胎合亦何以通至誠之感臻無方之應者焉

漢黄霸爲潁川太守治爲天下第一徵守京兆尹坐事貶秩有詔歸潁川太守官以八百石居治如前前後八年郡中愈治是時鳳凰神爵數集郡國潁川尤多

後漢冦恂建武初爲潁川太守郡中大生穭豆收得十萬餘斛以應給諸營

秦彭爲潁川太守有鳳凰麒麟嘉禾甘露之瑞集於郡境

劉昆建武中爲弘農太守先是崤澠驛道多虎災行

旅不通昆爲政三年仁化大行虎皆負子渡河光武聞而異之

朱暉爲臨淮太守建武十六年四方牛大疫臨淮獨不鄰郡人多牽牛入界

鄭弘爲淮陰太守消息繇賦政不煩苛行春天旱隨車致雨白鹿方道挾轂而行弘怪問主簿黄國曰鹿爲吉爲凶國拜賀曰聞三公車輜畫作鹿明府必爲宰相

宋均爲九江太守郡多虎暴數爲民患嘗募設檻穽而猶多傷害均到下諭屬縣曰夫虎豹在山黿鼉在水各有所託且淮江之有猛獸猶北之有鷄豚也今爲民害咎在殘吏而勞勤張捕非憂恤之本也其務退姦貪思進忠善可一去檻穽除削課制其後傳言虎相與東游渡江中元元年山陽楚沛多蝗其飛至九江界者輒東西散去由是名稱遠近

王况爲陳留太守性聰敏善行德教明帝永平末蝗蟲起泰山彌衍兖豫過陳留界飛逝不集五谷獨豐

周暢性仁慈爲河南尹安帝永初二年夏旱久禱無應暢因收葬雒城傍客死骸骨凡萬餘人應時澍雨歲乃豐稔

法雄爲南郡太守斷獄省少戶口益增郡濱帶江沔又有雲夢藪澤永初中多虎狼之暴前太守賞募張捕反爲所害者甚衆雄乃移書屬縣曰凡虎狼之在山林猶人之居城市古者至化之世猛獸不擾皆由恩信寬澤仁及飛走太守雖不德敢忘斯義記到其毀壞檻穽不得妄捕山林是後虎害稍息人以獲安在郡數歲歲嘗豐稔

鮑德爲南陽太守時歲多荒災唯南陽豐穰吏人愛悅號爲神父

魯丕爲趙相在職六年嘉瑞屢降吏人重之

趙憙為平原太守青州大蝗侵入平原界輒死歲累有年百姓歌之

馬稜為廣陵太守蝗蟲入江海化為魚蝦遷為益州郡太守政化尤異有神馬四匹出鍾河中甘露降白烏見始興起學校漸遷其俗

王阜為益州郡太守政教清靜百姓安業甘露降白烏見連有瑞應世謂其持法平正寬慈所致

沈豐為零陵太守到官一年甘露降芝草生

曹褒為河內太守時春夏大旱糧穀踊貴褒到乃省吏併職退去殘貪澍雨數降其秋大熟百姓給足流

寓皆還

百里嵩自景山為徐州刺史州境遭旱嵩出巡遂甘雨輒澍東海祝其合鄉等二縣父老訴曰人等是公百姓獨不遠降嵩廻赴之雨隨車而下

孟嘗為合浦太守郡不產穀實而海出珠寶與交趾北境嘗通商販買糴糧食先時宰守並多貪穢詭人採求不知紀極珠遂漸徙於交趾郡界於是行旅不至人物無資貧者死餓於道嘗到官革易前弊求民利病曾未踰歲去珠復還百姓皆反其業商貨流通稱為神明

晉虞溥為鄱陽內史為政嚴而不猛風化大行有白烏集於郡庭

南齊虞愿為晉平太守初海邊有越王石嘗隱雲霧相傳云清廉太守乃得見愿往觀視清徹無隱蔽

梁始興王憺為荊州刺史大水江溢堤壞憺親率將吏冒雨賦丈尺築治之雨甚水壯衆皆恐或請憺避焉憺曰王尊尚欲身塞何心以免乃刑白馬祭神俄而水退又嘉禾一莖六穗生於州界甘露降於黃閤後荊州大旱憺使祠于天井有巨虵長二丈出遶祠壇俄而注雨歲大豐

安成王秀牧荊州嘗苦旱咸欲徙市開渠秀乃責躬親祈楚望俄而甘雨即降遂獲有年

蕭曄為晉陵太守至郡屬旱躬自祈禱果獲甘潤郡省林村舊多猛虎為害曄在政六年此暴遂息

蕭昞為吳興太守累郡不稔中大通三年野穀生武康凡二十二處自此豐穰昞製嘉穀頌以聞中詔稱美

蕭脩為梁秦二州刺史長史范洪曹有田一頃將秋遇蝗脩躬至田所深自咎責功曹史琅琊王廉勸脩捕蝗脩曰此由刺史無德所至捕之何補言卒忽有

飛鳥千羣齡日而至瞬息之間食蟲遂盡而去其知何鳥適有臺使見之具言於帝璽書勞問詔曰犬牙不入無以過也州人表請立碑頌德

長沙王子業爲湘州刺史尤著善政零陵舊有二猛虎爲暴無故相枕而死郡人唐睿見猛虎傍一人曰刺史德感神明所以兩猛虎自斃言訖不見衆竝異之

吳平侯勵爲宣城内史郡多猛虎嘗爲人患及勵在任獸暴爲息

傅昭爲安城内史郡多猛虎爲害嘗設檻穽昭曰人

不害猛虎猛虎亦不害人乃命去檻穽猛虎竟不爲害

殷鈞爲臨川内史郡舊多山瘧更暑必動自鈞在任郡境無復疾

張纘爲湘州刺史有善政益陽縣人作田二頃皆異畝同頴

褚翔爲義興太守翔在政潔己省繁苛去游費百姓安之郡之西亭有古樹積年枯死翔至郡忽更生枝葉百姓咸以爲善政所感及秩滿吏民詣闕請之勅許之

桂陽王象爲湘州刺史湘州舊多猛虎爲暴及象任州日四猛虎死于郭外自此靜息故老咸稱德政所感

孫謙爲零陵太守年已衰老獨强力爲政吏民安之先是郡多虎暴謙至絶迹及去官之夜虎卽害居民

後魏李繪字敬文爲高陽内史郡境舊有三虎人嘗患之繪欲修檻遂因鬬俱死於郡西咸以爲化感所致皆勸申上繪曰猛虎因鬬而斃自是偶然貪此爲功人將窺我竟不聽

崔挺爲光州刺史州治舊掖城西北數里有斧山峯

嶺高峻北抵滄海南望岱岳一邦遊觀之地挺於頂上欲營觀宇故老曰此嶺秋夏之際嘗有暴雨迅風巖石盡落相傳云是龍道此觀不可久立挺曰人神相去何遠之有虬龍倏忽豈唯道路遂營之數年間果無風雨之異挺既代卽爲風雹所毁於後作復尋壞遂莫能立時以爲善化所感

北齊平鑒東魏時州刺史奏請於州西故軹道築城以防遏西寇朝廷從之尋而西魏來攻是時新築之城糧仗未集舊來乏水衆情大懼南門内瞳汲卽竭覽乃具冠俯井而祝至旦而井泉湧溢合城取之

李渾天保中爲海州刺史亡人反攻州城中多石無井嘗食海水賊絶其路城内先有一池時旱乆涸一朝天雨泉流通溢賊以爲神應時駭散渾督屬將士捕斬渠帥

趙郡王叡天保中爲北朔州刺史有無水之處禱而掘井釜鍤纔下泉源湧出至今號曰趙郡王泉

羊烈爲平陽太守治有能名是時頻有災蝗犬牙不入平陽境勑書褒美焉

張華原爲兖州刺史先是州境數有猛虎爲暴自華原臨州忽有六駮食之咸以爲化感所致

魏蘭根爲岐州刺史部内麥多五穗隣州田鼠爲災犬牙不入岐州界

宋世良爲清河太守醴泉出於界内

孟業爲東郡太守以寛惠著名五官張凝因出使得麥一莖五穗其餘或三穗四穗共一莖合郡人以政化所感至秋有東燕縣人班暎祖送嘉禾一莖九穗

房豹爲樂陵太守鎮以凝重哀矜貧弱堦庭簡靜囹圄空虚郡治瀕海水味多鹹苦豹命鑿一井遂得甘泉遐邇以爲政化所致豹罷歸後井味復鹹

後周陸逞爲京兆尹都界有豕生數子經旬而死其家又有豬遂乳養之諸豚賴之以活時論以逞仁政所致

賀蘭祥爲荆州刺史時盛夏亢陽祥乃親巡境内觀政得失見有發掘古冢暴露骸骨者乃謂守令曰此豈仁者之政耶於是命所在收葬之即日澍雨是歲大有年州境先多古墓其俗好行發掘至是遂息

達奚武爲同州刺史時屬大旱武帝勑武祀華岳而岳廟舊在山下嘗所祈禱武謂寮屬曰吾備位三公不能燮理陰陽遂使盛農之月乆絶甘雨天子勞心百姓惶懼忝寄既重憂責實深不可同於衆人在常

祀之所必須登峯展誠須其靈輿岳既高峻千仭壁立武年逾六十唯將數人攀藤援枝然後得上於是稽首祈請陳百姓懇誠晩不得還即於岳上藉草而宿夢見白衣人來執武手曰辛苦甚相嘉尚武遂驚覺益用祗肅至旦雲霧四起俄而澍雨遠近沾洽帝聞之璽書慰勞

于翼爲安州總管時屬大旱涓水絶流舊俗每逢亢陽禱白兆山祈雨武帝先禁郡祀山廟已除翼遣主簿祭之即日澍雨霑洽歲遂有年民庶感之聚會歌舞頌翼之德

隋韋公義開皇中爲牟州刺史山出黃銀獲之以獻詔水部郎婁崱就公義禱焉乃聞空中有金石絲竹之音

梁彦光爲岐州刺史甚有惠政嘉禾連理出於州境

令狐熙爲滄州刺史風教大洽在州獲白烏白麞嘉麥甘露降於庭前柳樹

豆盧勣爲渭州刺史德澤流行多至祥瑞烏鼠山俗呼爲高武隴其下渭水所出其山絶壁千尋由來乏水諸羌苦之勣馬足所踐忽飛泉涌出有白烏翔止廳前乳子而後去又白狼見於襄武民爲之謡曰我

有丹陽山出玉漿濟我民夷神烏來翔百姓因號其泉爲玉漿泉

唐武士彠貞觀中爲荆州都督初届任時有白狼嘉禾出於境內至是太宗手勑曰公比潔冬水方思春日姦吏豪右畏威懷惠善政所暨祥祉屢臻白狼見於郊坰嘉禾生於壠畝其感應如此

尹思貞爲青州刺史境內有蠶一年四熟者黜陟使衛州司馬路敬潜八月至州見繭歎曰非善政所致孰能至於此乎特表薦之

馬燧爲懷州刺史乘兵亂之後其夏大旱人失耕稼燧乃務脩教化將吏有父母者輙造之施敬收瘞暴骨去其煩苛其秋界中生穭穀人頗頼之

韓愈爲潮州刺史旣視事詢吏民疾苦皆曰郡西湫水有鱷魚卵而化其長數丈食民畜産將盡以是民貧居數日愈往視令判官秦濟炮一豚一羊投之湫水呪之曰前代德薄之君棄楚越之地則鱷魚涵泳於此可也今天子神聖四海之外撫而有之况揚州之境刺史縣令之所治出貢賦以共天地宗廟之祀鱷魚豈可與刺史雜處此土哉刺史受天子命令守此土而鱷魚悍然安谿潭食民畜熊鹿豕以肥其

身以繁其卵與刺史爭爲長雄刺史雖駑弱安肯爲鱷魚低首而下哉今潮州大海在其南鯨鵬之大蝦蟹之細無不容鱷魚朝發而夕至今與鱷魚約三日乃至七日如頑而不徙須爲物害則刺史選材伎壯夫操勁弓毒矢與鱷魚從事矣呪之夕有暴風雷起於湫中數日湫水盡涸徙於舊湫西六十里自是潮人無鱷魚患

孔戢爲京兆尹時累月亢旱戢遽請祈禱於曲池是夕大雨

李紳爲汴州節度使蝗蟲入界不食田苗文宗賜詔

書褒之紳刻石寘於相國佛寺以自矜功

後唐袁象先唐末爲陳州刺史州大水民饑有物生於野形類葡萄其實可食貧民賴焉

朱漢賓在曹州日飛蝗去境父老歌之臨平陽遇旱齋潔禱龍子祠踰日雨足四封大稔咸以爲善政之所致也

漢侯益乾祐初爲開封尹時楊武雍丘襄邑蝗益遣人以酒脯致祭二縣蝗爲鸛鴿聚食勑禁羅弋鸛鴿以其有吞噬之異也

冊府元龜

冊府元龜

巡按福建監察御史臣李嗣京　訂正

知長樂縣事臣夏允彝參閱

知建陽縣事臣黃國琦較釋

牧守部十二

遺愛

仲尼之稱子産曰古之遺愛班固之述循吏曰所去見思夫君子之爲政也仁愛深矣故其恩德淪於骨髓風烈播於弦詠攀轅遮道而借其罷去號呼啜泣而形於戀慕以至邀車駕而願借留守關門而求代

罪取其姓以名子避其名以易官申奉祠之禮脩服喪之報致恭於丘慕懷德於息裔自非明允惇篤宣慈惠利以濟衆救物爲任者亦何以及茲蓋桃李不言而下自成蹊非可驅而致之也已

周召公奭治西方甚得兆民和召公巡行鄉邑有棠樹決獄政事其下自侯伯至庶人各得其所無失職者召公卒而民思召公之政懷棠樹不敢伐歌詠之作甘棠之詩

漢文翁景帝末爲蜀郡太守仁愛好教化終於蜀吏民爲立祠堂歲時祭祀不絶

召信臣九江人爲上蔡令其治視民如子後爲南陽太守其治如上蔡吏民親愛信臣號之曰召父元始四年詔書祀百辟卿士有益於民者蜀郡以文翁九江以召父應詔書歲時郡二千石率官屬行禮奉祠

魏相爲南陽太守後有人告相賊殺不辜事下有司河南卒戍中都官者二三千人（來京師諸官府爲戍卒若今衛士上番分守諸司）遮大將軍自言願復留作一年以肎大守罪河南老弱萬餘人守關欲入上書關吏以聞大將軍光用武庫令事遂下相廷獄（初霍光用丞相車千秋子爲雒陽武庫令千秋死而相治郡嚴恐獲罪乃自免去官以此書責相）久繫踰冬會赦出

趙廣漢爲京兆尹坐事下廷尉吏民守闕號泣者數萬人或言臣生無益縣官願代趙京兆死使牧養小民竟坐要斬廣漢廉明威制豪彊小民得職百姓追思歌之

韓延壽爲左馮翊蕭望之劾奏延壽在東郡時上僭不道坐棄市吏民數千人送至渭城老小扶持車轂爭奏酒炙（奏進也）延壽不忍距逆人人爲飲計飲酒石餘使掾史分謝送者遠苦吏民延壽死無所恨百姓莫不流涕

王章爲京兆尹二歲爲大將軍王鳳所陷死不以其

罪衆庶寬之號爲三王王陽王駿及章也駿陽子也

何武歷楊兖州刺史京兆尹所居亦無赫赫名去後常見思

後漢侯霸爲淮平大尹（王莽改臨淮郡爲淮平）更始元年遣使徵霸百姓老弱相攜號哭遮使者車或當道而臥皆曰願乞侯君復留朞年民至戒乳婦勿得舉子侯君當去必不能全使者慮霸就徵臨淮必亂不敢受璽書具以狀聞會更始敗道路不通乃止

耿純前爲東郡太守後從光武擊董憲道過東郡百姓老小數千隨車駕涕泣云願復得耿君帝謂公卿

曰純年少被甲冑爲軍吏耳治郡乃能見思若是乎

祭肜爲遼東太守招至烏桓鮮卑皆遣子入侍肜死烏桓鮮卑追思肜無已每朝賀京師嘗過冢拜謁仰天號泣乃去遼東吏人爲立祠四時奉祭焉

寇恂前爲潁川太守後光武至潁川盜賊悉降而竟不拜郡百姓遮道曰願從陛下復借寇君一年乃留恂長社鎮撫無吏人受納餘降

武威侯順建武中擊破六安賊因拜爲六安太守數年光武欲徵之吏人上書請留

郭伋再爲荊州牧前在并州素結恩德及後入界所到縣邑老幼相攜逢迎道路

宋均爲東海相在郡五年坐法免官客授潁（臣欽若等曰客授謂爲客以經業教授也）而東海吏民思均恩化爲之作歌詣闕乞還者數千人明帝以其能徵拜尚書令

第五倫爲會稽太守坐法徵老小攀車叩馬號呼相隨日纔行數里不得前倫乃僞止亭舍陰乘船去衆知復追之及詣廷尉吏民上書守闕者千餘人是時明帝方按梁松事亦多爲松訟者帝患之詔公車諸爲梁氏及會稽太守上書者勿復受會帝幸廷尉錄囚徒得免歸田里

張翕爲越巂太守政化清平得夷人和在郡十七年卒夷人愛慕如喪父母蘇祈叟（蘇祈縣名）二百餘人齎牛羊送喪至翕本縣後明帝以翕有遺愛乃拜其子湍爲太守夷人歡喜奉迎道路曰郎君儀貌類我府君後湍頗失其心有欲叛者諸夷耆老相曉語曰當爲先府君故遂以得安

張綱犍爲人爲廣陵太守卒百姓老幼相攜詣府赴哀者不可勝數初綱自被疾吏人咸爲祠祀祈福皆言千秋萬歲何時復見此君張嬰等五百餘人制服行喪到犍爲負土成墳

种暠爲梁州刺史甚得百姓歡心被徵當遷吏人詣闕請留之梁太后歎曰未聞刺史得人心若是乃許之暠復留一年遷漢陽太守戎夷男女送至漢陽界暠與相揖謝千里不得乘車後爲司徒薨并凉邊人咸爲發哀

任延爲九眞太守視事四年徵詣雒陽以病稽留左轉睢陽令九眞吏人生爲立祠

許荆爲桂陽太守在事十二年父老稱歌以病自上徵拜諫議大夫卒於官桂陽人爲立廟樹碑

劉寵爲會稽太守徵爲將作大匠山陰縣有五六老

叟龐眉浩髮自若邪山谷間出入齎百錢以送寵寵勞之曰父老何自苦對曰山谷鄙生未嘗識郡朝它守時吏發求民間至夜不絶或狗吠竟夕民不得安自明府下車以來狗不夜吠民不見吏年老遭値聖明今聞當見棄去故自扶奉送寵曰吾政何能及公言邪勤苦父老爲人選一大錢受之

孟嘗爲合浦太守以病自上被徵當還吏民攀車請之嘗既不得進乃載鄉民船夜遁去

張奐爲武威太守其俗多妖忌凡二月五月産子及與父母同月生者悉殺之奐示以義方嚴加賞罰風俗遂改民生爲立祠

陳龜爲五原太守後卒西域胡夷并凉民庶咸爲舉哀弔祭其墓

周嘉爲零陵太守視事七年卒零陵頌其遺愛吏民爲立祠

駱俊爲陳國相人有産子厚致米肉遺府主意生男女者以駱爲名袁術使部曲將張闓陽私行到陳之俊所俊往從飲酒因詐殺俊一郡吏人哀號如喪父母

劉虞爲幽州牧以恩厚得衆懷及爲公孫瓚所殺北

州百姓流舊莫不痛惜焉

袁紹爲冀州牧爲人政寬百姓德之及軍敗病死河北士女莫不傷怨市巷揮涙如喪其親

陳登爲廣陵太守以破吳主功遷爲東城太守廣陵吏民佩其恩德共拔郡隨登老弱襁負而追之登曉語令還曰太守在卿郡頻致吳寇幸而克濟諸卿何患無令君乎

袁渙爲梁相以病去官百姓思之

魏賈逵爲豫州刺史及薨吏民追思之爲刻石立祠

蒼慈爲燉煌太守數年卒官吏民悲感如喪親戚圖

畫其形思其遺像及西域諸胡聞慈死悉共會衆於戊巳校尉及長吏治下發哀或有以刀畫面以明血誠又爲立祠遥共祠之

顔斐爲京兆太守數歲遷爲平原太守吏民啼泣遮道車不得前步步稽留十餘日乃出界東行至崤而疾困斐素心戀京兆其家人從者見斐病甚勸之言平原當自勉勵作健斐曰我心不願平原汝曹等呼我何不言京兆邪遂卒還平原京兆聞之皆流涕爲立碑于今稱頌之

滿寵爲汝南太守領豫州太和三年遷督揚州諸軍

事汝南兵民戀慕大小相率奔隨道路不可禁止護軍表上欲殺其爲首者詔使寵將親兵千人自隨其餘一無所問

田豫爲汝南太守後遷衛尉遜位歸居魏縣會汝南遣健步詣征北感豫宿恩過拜之豫爲殺雞炊黍送至陌頭謂之曰罷老苦汝來過無能有益若何健步愍其貧羸流涕而去還爲故吏民説之汝南爲具資數千疋遣人餉豫一不受會病亡汝南聞其死也悲之既爲畫像又就而立碑銘

牽招爲鴈門太守在郡十二年威風遠振其治邊之稱次於田豫百姓追思之

崔林爲司隷校尉屬郡皆罷非法除過員吏爲政推誠簡存大體是以去後每輙見思

魯芝爲天水太守郡鄰于蜀數被侵掠戶口減消寇盜充斥芝傾心鎮衛更造城市數年間舊境悉復遷廣平太守天水夷夏慕德老幼赴闕獻書乞留明帝許焉仍策書嘉歎勉以黄覇之美

蜀何祇爲成都令時汶山夷反以祇爲汶山太守民夷服信遷廣漢後夷反叛亂令得前何府君乃能安我耳時難屈祇拔祇族人爲汶山復得安

王嗣爲西安圍督汶山太守後從姜維北征爲流矢所傷數月卒戎夏會葬贈送數千人號呼涕泣嗣爲人美厚篤至衆所愛信嗣子及孫羌胡見之如骨肉或結兄弟恩至於此

張嶷爲越巂太守在郡十五年邦域安穆屢乞求還乃徵詣成都夷民戀慕扶轂泣涕過旄牛邑邑君襁負來迎及追尋至蜀郡界其督相率隨嶷朝貢者百餘人嶷至拜盪寇將軍後與魏戰死南土越巂民夷聞嶷死無不悲泣爲嶷立廟四時水旱輙祀之

吳張俊爲豫章太守坐掃除孫奮母墳塋爲後主車

裂之豫章吏千人乞代俊死皓不聽
黃蓋爲武陵太守以病卒官蓋當决斷事無留滯國人思之圖畫蓋形四時祭祀
陶璜爲交州牧後徵爲武昌都督以合浦太守脩允代之交土人請留璜以千數於是遣還璜在南三十年威恩著於殊俗及卒舉州號哭如喪慈親
晉扶風王駿嘗爲征西大將軍凉州都督善撫御有威恩後西土聞其薨也泣者盈路百姓爲之樹碑長老見碑無不下拜其遺愛如此
羊祜爲荆州刺史及薨襄陽百姓於峴山祜平生遊

憩之所建碑立廟歲時饗祭焉望其碑者莫不流涕杜預因名爲墮淚碑荆州爲祜諱名屋室皆以門爲稱改戶曹爲辭曹焉
樂廣爲河南尹爲政無當時功譽然每去職遺愛爲人所思
鄭袤爲廣平太守徵拜侍中百姓戀慕涕泗路隅
丁詔爲廣平太守遷徐州刺史士庶戀慕攀附如歸未之官復轉荆州刺史從車千乘
曹攄爲襄城太守後高密王鎮襄陽以攄爲征南司馬時流人王逌作亂攄戰死故吏及百姓並奔喪會葬號哭即路如赴父母焉
劉弘爲荆州刺史自以老疾將解州未及上表卒於襄陽士女嗟痛若喪所親及高密王畧代鎮荆州寇盜不禁詔起弘子璠爲順陽内史江漢之間翕然歸心及畧薨山簡代之簡至以璠得衆心恐百姓逼以爲主表陳之由是徵璠爲越騎挍尉璠亦深慮逼迫被書便徑至雒陽然後遣迎家累僑人侯脫路難等相率衛送至都然後辭去南夏遂亂父老追思弘雖甘棠之詩召伯無以過也
陶侃爲荆州刺史王敦深忌侃功左轉侃廣州刺史

敦平遷都督荆雍益梁州諸軍領護南蠻挍尉征西大將軍荆州刺史楚郢士女莫不相慶侃薨遺令葬國南二十里故吏刊立石碑畫像於武昌西
應詹爲南平太守遷益州刺史詹之去郡士庶攀車號泣若戀所生
鄧攸爲吳郡太守去郡百姓數千人留牽攸船不得進攸乃少停夜中發去吳人歌之曰紞如打五皷雞鳴天欲曙鄧侯挽不留謝令推不去臣欽若等曰謝令史失其名百姓詣臺乞留一歲不聽
謝安爲吳興太守在官無當時譽去後爲人所思

蔡豹爲徐州刺史坐討徐龕退敗斬之豹在徐土內撫將士外懷諸侯甚得遠近情聞其死多悼惜之

桓冲初鎮江陵其後冲卒喪下至江陵士女老幼皆臨江瞻送號泣盡哀

宋劉道産爲寧蠻校尉南雍州刺史甚得人情惠澤被於西土及喪還諸蠻皆被衰絰號哭追送至於沔口

羊玄保爲吳郡太守加秩中二千石文帝以玄保廉素寡欲故授名郡爲政雖無幹績而去後嘗見思

蕭承之爲漢中太守既卒梁士民思之於襃公山立

豫章王嶷爲荆湘二州刺史將還都修治廨宇及路陌東歸部曲不得齎府州物出城發江津士女觀送數千人皆垂泣

安陸王緬爲雍州刺史既卒喪還百姓緣沔水而泣設祭於峴山爲立祠

南齊王玄載爲寧益二州刺史在京益有清績西州至今思之

蘇偘爲山陽太守清修有治理百姓懷之

劉悛爲武陵內史會國哀表奔赴勑蔕郡還都吏民送者數千人悛執手涕泣百姓感之

崔景貞爲平昌太守有惠政嘗懸一蒲鞭而未嘗用去任之日士人思之爲立祠

梁始興王憺爲荆州刺史有惠西土徵爲侍中薨荆州人聞之皆哭於巷嫁娶有吉日移以避哀

安成康王秀都督雍梁南北秦四州郢州之竟陵司州之隨郡諸軍事初西之郢州民相送出境聞其疾百姓商賈咸爲請命既薨四州民裂裳爲白帽哀哭以迎送之雍州蠻迎秀聞薨祭哭而去

南康簡王績爲南兗州刺史在州著稱尋有詔徵還民曹

嘉樂等三百七十人詣闕上表稱之尤異一十五條乞留州任優詔許之進號北中郎將

栁惲爲吳興太守爲政清靜民吏懷之於郡感疾自陳解職父老千有餘人拜表陳請事未施行而卒

蕭昱爲晉陵太守暴疾卒百姓行號哭市里爲之諠沸設祭奠於郡庭者四百餘人田舍有女人夏氏年百餘歲扶曾孫出郡悲泣不自勝其惠化所感如此百姓相率爲廟建碑以紀其德又詣京師表求贈謚贈湘州刺史謚曰恭

蕭勱自豫章徙廣州刺史去郡之日吏人悲泣數百

里中舟乘塡塞各齎酒肴以送勵人爲納受隨以錢帛與之至新淦縣峴山村有一老姥以槃檠鱐魚自送舟側奉上之童兒數十人入水扳舟或歌或泣

陸襄爲鄱陽內史在政六年郡中大治民李睍等四百三十人詣闕拜表陳襄德化求於郡立碑降敕許之又表乞留襄襄固求還徵爲吏部郎

夏侯亶爲徐豫二州刺史卒州民夏侯簡等五百人表請爲亶立碑置祠詔許之

袁君正爲東陽太守尋徵還都郡民士徐天祐等三百人詣闕乞留一年詔不許仍除豫章內史

冊府元龜 牧守部 遺愛 卷之六百八十二 十三

王僧孺爲南海太守視事期月有詔徵還郡民道俗六百人詣闕請留不許

劉之亨少有名望代兄之遴爲南郡太守有異政荆土懷之惡斥其名號爲大南郡小南郡

謝舉爲晉陵太守罷郡還吏詣闕請立碑詔許之

任昉爲新安太守爲政清省吏民便之視事朞歲卒於官舍闔境痛惜百姓共立祠堂於城南

王冲爲南郡太守元帝鎮荆州以冲爲鎮西長史冲性和順事上謹肅習於法令政在平理佐藩涖人鮮有失德雖無赫赫之譽久而見思由是推重累居二千石

劉坦爲長沙太守行湘州事坦嘗在湘州多舊恩道迎者甚衆

褚翔爲義興太守徵爲吏部郎去郡百姓無老少追出送境涕泣拜辭

丘仲孚爲豫章內史卒官相將豫章老幼號哭舉送車輪不得前

范述曾爲永川太守徵爲遊擊將軍民無老幼皆出拜辭號哭聞于一十里

陳鄭萬頃爲豐州刺史在州甚有惠政吏民表請立

冊府元龜 牧守部 遺愛 卷之六百八十二 十四

碑詔許焉

毛喜爲南安內史在郡有惠政及徵入朝道路送百里

冊府元龜

冊府元龜

巡按福建監察御史臣李嗣京　訂正

知閩縣事臣曹屵臣叅閱

知建陽縣事臣黃國琦較釋

牧守部　十三

遺愛第二

後魏刁雍爲徐州刺史在鎮七年徵還京師頻歲爲邊民所請太武嘉之復授使持節侍中都督楊豫兗徐四州諸軍事征南將軍徐豫二州刺史

伊馛爲東雍州刺史恩化大行百姓思之

薛虎子文成時爲枋頭鎮將因小過黜爲鎮門事獻文南巡虎子拜訴於路時山東饑饉盜賊競起相州民孫誨等五百餘人稱虎子在鎮之日土境清靜訴乞虎子乃復除枋頭鎮將即日之任

陸馛爲相州刺史假長廣公徵爲散騎常侍民乞留馛者千餘人獻文不許民吏大斂布帛以遺之馛一皆不受民亦不取於是以物造佛寺焉名長廣公寺

崔寬爲鎮西將軍陝城鎮將弘農土出漆蠟竹木之饒路與南通販貿來往家産豐富百姓樂之諸鎮之中號爲能政及解鎮還京民多追戀詣闕上者三百餘人書奏孝文嘉之

穆羆爲征東將軍吐京鎮將孝文改吐京鎮爲汾州仍以羆爲刺史前吐京太守劉升在郡甚有威惠限滿還都胡民八百餘人詣羆請之羆爲表請帝從之後州民李軌郭及祖等七百餘人詣闕訟羆恩德帝以羆政和民悅增秩延限

穆亮羆之子亮累遷使持節征西大將軍西戎校尉燉煌鎮都大將軍政尚寬簡賑恤窮乏被徵還百姓追思之

長孫陳爲北鎮都將性寬厚好學愛士所歷輒爲人

追思之

尉諾爲幽州刺史在州有惠政吏民追思之薊人張廣達等二百餘人詣闕請之復除幽州刺史

李祥爲河間太守有威恩之稱徵拜中書侍郎民有千餘上書乞留數年不許

任城王雲爲徐州刺史性善撫綏得徐方人心以盍太妃憂去官爲百姓追戀所遺錢貨一無所受

彭城王勰爲揚州刺史政崇寬裕秋毫不犯淮南士庶追其餘惠至今思之

張蒲爲相州刺史卒於州吏民痛惜之

尅治爲荆州刺史代下之後蠻民以刺史酈道元峻刻請治爲刺史朝議以邊民宜悦乃以治代道元

崔挺爲光州刺史宣武即位累表乞還景明初見代老幼泣涕追隨縑帛贈送挺悉不納後北海王祥爲司徒錄尚書事以挺爲司馬卒光州故吏聞凶問莫不悲感共鑄八尺銅像於城東廣固寺起八關齋追奉冥福其遺愛如此

楊逸爲光州刺史甚有異政及其家禍爾朱仲遠遣使於州害之吏人如喪親戚城邑村落爲營齋供一月之中所在不絶

傅豎眼爲益州刺史屢請解州乃以元法僧代之益州民追隨戀泣者數百里

崔休爲幽州刺史遷青州在幽青積五六年皆清白愛民甚著聲績二州懷其德澤百姓追思之

裴衍爲建興河内二郡太守廉貞寡欲善撫百姓民吏追思之

劉道斌爲當農太守修理學館建孔子廟堂畫圖形像去郡之後民追思之乃復書道斌形於孔像之西而拜謁焉

明亮爲平陽太守清白愛民甚有惠政聲績之美顯著當時朝廷嘉其風化轉汲郡太守爲治如前二郡民吏迄今追思之

趙宗爲河東太守清淨愛人及卒百姓追思之

房景伯爲清河太守舊守令六年爲限限滿將代郡民韓靈和等三百餘人表訴乞留復加二載

韋崇爲鄉郡太守更滿應代吏民詣闕乞留復延三年在郡九年

羊敦爲廣平太守卒吏民奔哭莫不悲慟

淮南王他孫法壽爲安州刺史更滿還朝吏人詣闕訴乞孝明嘉之詔復州任

李韶爲冀州刺史清簡愛民復轉定州刺史及赴中山冀州父老皆送出西境相聚而泣正光三年卒於官既葬之後有冀州兵千餘人戍於荆州還經韶墓相率陪冢數日方歸其遺愛如此

杜纂歷博陵鉅鹿平陽清河太守蔬食敝衣爲百姓所思號爲良守纂後爲大中大夫正光末清河人房通等三百人頌纂德政乞重臨郡詔許之

蘇淑爲樂陵内史在郡綏撫甚有名譽始經二周謝病乞解有詔聽之民吏老幼訴乞淑者甚衆後歷滎陽太守亦有能名又拜中山太守卒於郡淑清心愛

下所歷三郡皆爲吏民所思當時稱爲良二千石

堯雄爲豫州刺史尋與行臺侯景破梁楚豫州民上書更乞雄爲刺史復行豫州事撫養兵民得其力用在邊十年屢有功績豫人於今懷之

裴佗爲趙郡太守轉東荆州刺史郡民戀仰傾境餞送至今追思之

史寧爲凉州刺史西魏大統中詔寧率所部鎮河陽寧先在凉州戎夷服其威惠遷鎮之後邊民竝思慕之復除凉州刺史

北齊彭城王浟自定州刺史徵爲侍中人吏送別悲

號有老翁數百人相率具饌曰自殿下至來五載人不識吏吏不欺人百姓有識已來始逢今化殿下唯飲此鄉水未食百姓食聊獻蔬薄浟重其意爲食一口

封隆之爲冀州刺史留心撫字吏民追思立碑頌德

韓軌爲秦州刺史甚得邊和神武巡秦州欲以軌還仍賜城人戶別絹布兩匹州人田昭等七千戶皆辭不受唯乞留軌神武嘉歎乃留焉

李平歷八州刺史再臨懷州所在爲吏民所思立碑頌德

趙彥深爲東南道行臺尚書徐州刺史政尚恩信爲吏人所懷多所降下所營軍處士庶追思號趙行臺文宣璽書勞勉徵爲侍中

辛術爲清河太守政有能名追授幷州長史遭父憂去職清河父老數百人詣闕上請立碑頌德

赫連子悅爲鄭州刺史治爲天下之最入爲都官尚書鄭州民八百餘人請立碑頌德有詔許焉

獨孤永業爲雒州刺史徵爲領軍將軍雒民庶多思永業朝廷又以疆埸不安除永業河陽道行臺僕射雒州刺史

陽休之爲中山太守後爲西兗州刺史俱有惠政爲吏民所懷去官之後百姓樹碑頌德

盧潛爲揚州刺史大樹風績徵爲五兵尚書揚州吏民以潛戒斷酒肉篤信釋氏大設僧會以香花緣道流涕送之潛歎曰正恐不久復來耳至鄴未幾陳將吳明徹度江侵掠復以潛爲揚州行臺尚書

韋津脩爲信州刺史及解代還京民庶道路追別滿道或將酒脯涕泣留連竟欲送出境旣盛暑恐其勞弊往往爲之駐馬隨舉一酌示領其意辭謝令還後州民鄭播宗等七百餘人請爲立碑斂縑布數百匹

詔中書侍郎李德林爲文以紀功德府省爲奏物報
許之
即基爲潁川郡守既卒柩將還遠近將送莫不攀轅
悲哭
宋世良爲清河太守及代至傾城祖道有老人丁金
剛泣而前謝曰已年九十記三十五政君非唯善治
清亦徹底今失賢君民何以濟莫不攀轅涕泣
後周鄧惠公道爲秦州刺史薨於上邽議者以道撫
和西戎威恩顯著欲令世鎮隴右以彰厥德乃葬上
邽城西無疆原華戎會葬萬餘人奠祭於路悲號滿

野咨曰我君捨我而去大小相率負土成墳墳高五
十餘尺周廻八十餘步爲官司所止然後泣辭而去
其遺愛見思如此
齊殤王憲爲益州刺史時年十六憲善綏撫留心政
術辭訟輻輳聽受不疲蜀人懷之共立碑頌德
崔謙爲齊北太守既徵赴鄴百姓號泣遮道數日不
得前
寇儁爲梁州刺史儁在州清苦不治產業其子等並
徒步而還吏民送儁留連久之乃得出界
郭賢歷廣勳安三州刺史在官無明察之譽以廉平

待物去後頗亦見思
長孫儉爲荆州總管以疾還京及卒荆民儀同趙超
等七百人感儉遺愛詣闕請爲儉立廟樹碑詔許之
韋瑱爲瓜州刺史州通西域蕃夷前後刺史多受賂
遺瑱雅性清儉蕃夷賂遺一無所受公私安靜夷夏
安之及秩滿還京夷民戀慕老幼追送留連十日方
得出境
郭彥爲澧州刺史秩滿還朝民吏號泣送彥三百餘
里
唐永爲幽州刺史夷人送路者莫不垂淚當路遮留

相隨數日始得出境
薛端爲蔡州刺史爲政寬惠人吏愛之轉基州刺史
州地接于梁籍其鎮撫總管史寧遣司馬梁榮催令
赴任蔡州父老詣榮請留端者千餘人
尉遲迥爲益州刺史及徵還蜀人思之立碑頌德
宇文顯和爲夏州刺史以疾去職深爲吏民所懷
柳敏爲郢州刺史甚得物情及將還朝夷夏士人感
其惠政並賫酒餚及物產候之於路敏乃從他道而
還
申徽爲襄州刺史及代還人吏送者數十里不絕徽

自以無德於人慨然懷愧因賦詩題於清水亭長幼聞之皆竟來就讀遍相謂曰此是申使君手迹並寫讀之

竇嶽爲原州刺史州城之北有泉水爲嶽屢經遊踐嘗與僚吏宴於泉側因酌水自美曰吾在此州唯當飲水而已及去職之後人吏感其遺惠每至此泉者莫不懷之

楊敷自蒙州刺史徵爲司水中大夫夷夏吏民及荆州總管長孫儉並表請留之時議欲東討將委敷以以舟艦轉漕之事故弗許焉

裴俠爲河北郡太守後遷工部中大夫卒河北郡前功曹張因及吏人等感俠遺愛乃作頌紀其清德焉

隋獨孤楷爲益州總管甚有惠政蜀中父老于今稱之

伊婁謙字彦恭爲澤州刺史清約自處甚得人和以疾去職吏人攀戀行數百里不絶

樊叔畧爲相州刺史徵拜司農卿吏人莫不流涕相與立碑頌其德政

公孫景茂歷息伊道淄四州刺史皆有德政其去伊州吏人號泣於道身死之日諸州人吏赴喪者數千人或不及葬皆望墳慟哭野祭而去

趙軌爲齊州别駕考績連最高祖徵軌入朝父老相送者各揮泣曰别駕在官水火不與百姓交是以不敢以壺酒相送公清若水請酌一杯水奉餞軌受而飲之

令狐熙爲滄州刺史風教大洽開皇四年高祖幸雒陽熙之朝吏民恐其遷易悲泣於道及熙復還百姓出境迎謁歡呼盈路八年徙爲河北道行臺度支尚書吏民追思立碑頌德

王仁恭爲汲郡太守有能名遷信都太守汲郡吏民

扣馬號哭於道數日不得出境其得人情如此

樊子蓋先任武威太守後卒於京武威民吏聞其死莫不嗟痛立碑頌德

薛胄簡較相州事甚有能名後以罪鏁詣大理相州吏人素感其恩詣闕理胄者百餘人

周羅睺初仕陳爲豫章内史獄訟庭決不關吏手民懷其惠立碑頌德焉

裴肅爲永平郡丞甚得民夷心歲餘卒夷獠思之爲立廟於鄣江之浦

元巖爲益州總管長史卒官高祖悼惜久之益州父

老莫不殞涕于今思之

于璽為邵州刺史在州數年甚有恩惠州人張顯等數十人詣闕上表請留高祖嘉歎良久令還邵州父老相賀

衛玄為衛尉少卿仁壽初山獠作亂為資州刺史以鎮撫之玄到官單騎造其營說以利害渠帥感悅解兵而去除遂州總管仍令劍南安撫煬帝即位復徵為衛尉夷獠攀戀數百里不絕玄曉之曰天子詔徵不可久住因與之訣夷獠各揮涕而去

來護兒為瀛州刺史以善政聞頻見勞勉煬帝嗣位

被追入朝百姓攀戀累日不能出境詣闕上書致請者前後數百人帝謂曰昔國步未康卿為名將今天下無事又為良二千石可謂兼美矣

楊文思為魏州刺史甚有惠政及去職吏民思之為立碑頌德

元亨為衛州刺史衛土俗薄亨以威嚴鎮之在職八年風化大洽後以老病表乞骸骨吏人詣闕乞表請留卧治帝嗟歎者久之其年亨以疾重還京

侯莫陳穎為瀛州刺史甚有惠政在職數年坐與秦王俊交通免官百姓送者莫不流涕因相與立碑頌穎清德

郭絢為涿郡通守將兵擊竇建德於河間戰死人吏哭之數日不息

唐韋仁壽武德初為巂州刺史簡較南寧州都督及將還諸酋長號泣曰天子遣公鎮撫南寧何得便去仁壽以城池未立為辭諸酋長乃相與築城立廨舍仁壽曰吾奉詔但令巡撫不敢擅住及將歸蠻夷父老各揮涕相送因遣子弟隨之

劉師立貞觀中簡較岐州都督丁母憂去職岐州父老上表請留之太宗下優詔不許赴哀令更聽後旨

楚王靈龜高宗永徽中為魏州刺史稱為良牧及喪歸百姓思其德政為立碑焉

賈敦實咸亨初為雒州長史初敦實兄敦頤為雒州刺史甚有惠政百姓共為樹碑于大市通衢及敦實去職復刻石頌其德立於兄碑之側故時人呼為棠棣碑焉

崔日用為并州刺史為政以惠愛見稱及卒靈櫬初發并州吏人數百皆縞素送喪

裴懷古初為并州大都督府長史為吏人所懷中宗神龍中遷左羽林大將軍未達都復授并州長史吏

人問懷古下車而罷出郊以候懷古懷古恐傷其意命官吏驅逐出迎之人而百姓奔赴逾衆其爲人所思如此

李濬歷潤虢潞三州刺史又拜益州長史所歷皆以誠信待物稱爲良吏及去職咸有遺愛

王晙景龍末爲桂州都督桂州糧餽乏晙始改築羅城奏罷屯兵及轉運又堰江水開屯田數千頃百姓賴之後上疏請歸鄉拜墓州人詣闕請留之中宗手詔報晙曰卿處事強濟遠近寧輯築城務農利益已廣招攜撫綏復業已多宜俟政成安此黎庶况百姓

堅請豈敢固違不須來也晙在州數年人立碑以頌其政

陽嶠爲魏州刺史歷兗州荊州長史所在以清白聞魏人詣闕割耳請嶠重臨其郡又除魏州刺史

宋璟爲廣州都督夷夏懷惠立碑以紀其政

呂諲肅宗上元中爲荊州節度理江陵三年號爲良牧初立生祠祈禱歿後歲餘將士等又率錢十萬於府西爽塏地移祠宇立之

李鼎爲鳳翔尹百姓立生祠爲執表乞改置佛寺度僧七人許之

苗晉卿寬厚廉謹爲政舉大綱不問小過所到有惠化所莅金州魏州人思之皆立碑頌德

嚴郢爲京兆尹宰臣楊炎惡其累巳陰令御史張著廷尉劾郢誣以他罪拘於金吾仗京師百姓日數千百人將詣闕救郢於建福門德宗微知之乃削郢兼御史中丞百姓知郢得不坐皆迎拜喧呼聲聞數里

張延賞練達政經大曆建中間連統四鎮所至稱理其去也皆刻石紀德焉

陳孝揚爲巂州刺史二十餘年蠻夷愛之後以老歸成都蠻夷交持之泣涕數百里方免

袁滋自華州刺史徵拜左金吾衛大將軍耆耋鰥孤遮道不得去楊於陵代其任宣言謂百姓曰於陵必不敢易袁公之政然後羅拜而訣

嚴公弼爲隨州刺史亡毋墓在沔州爲盜所發公弼奔赴沔州隨州百姓耆老相率見觀察使柳公綽稱公弼在州甚有惠政公綽上言却令守本官以從人欲可之

薛平元和中爲滑州刺史鄭滑節度使在鎮六周歲兵甲完利井賦均一至是入覲百姓遮道乞留數月乃得出時人以爲近日節制罕有其比

楊元卿爲涇原節度使既罷監軍奏涇人請爲立德政碑以紀之

薛放爲江南西道觀察使在鎮唯用清潔爲理一方之人至今思之

韋丹爲江西觀察使卒官大和中觀察使裴誼奏請與丹立碑祠丹踐歷官次深達吏方江西邑屋皆以草覆竹椽嘗多火患及丹到悉以瓦木大華前俗并課百姓墾田人多儲蓄因有是請文宗從之

王質爲虢州刺史歷河南尹宣歙池等州觀察使每分憂寄必先究其土俗然後致理故所至有遺愛焉

崔戎自華州刺史遷兖海沂密都團練觀察等使將行州人戀惜遮道至有解韡竊鐙者

令狐緒爲汝州刺史有能政後郡人請立碑頌德及爲壽州罷郡吏人乞留焉

張仲武武宗會昌中鎮幽州既卒漁陽之人有八九十歲少而識其面者說之則淚

宗國咸通末爲濠州刺史僞道百姓詣義成軍節度使杜慆與留慆奏之勑曰宗回清靜臨人自有月限方藉綏輯未議替移

後唐張全義自唐末爲河南尹四十年兵亂之餘再造都畿遲維之民恩如父母班白耆老到今思之

李嗣昭爲昭義節度天祐十六年代周德威權幽州軍府事九月李紹宏代歸嗣昭出薊門百姓號泣請留截鞍借別嗣昭夜遁而歸

夏魯奇明宗天成初自河陽移鎮許州百姓官吏塡門號泣留一年如是數日不能別魯奇曰吾爲天子軍民長吏遲留違詔昭有嘗刑多謝父老勿貽我譴父老曰拜章聞天可也公不可行乃至卧輪斷鞦塹守軍門明宗遣中使慰譬之方解父老號泣攀蹕交境而去

袁象先爲天平節度使奉詔赴闕鄆人遮留毀石橋而不得進乃自他門而逃

烏震初爲趙州刺史疎財禮士有安民之政轉深州刺史人頗思之

郭廷魯末帝清泰中爲復州刺史臨任忽驚嘆曰先人曾爲沁牧九年不移我得不遵其家法而使政有紕繆者乎由是正俸之外未嘗斂貸庶事致理一郡賴焉及秩滿百姓上章舉留將離境攀轅遮固者不能去朝廷聞而嘉之

晉李承約初仕後唐爲黔南節度使數年之間巴邛

蠻蜑不敢犯境外勸農桑內興學校凶邪悉去民皆感義故父老司徒俊等詣闕言其政化又聽留周歲

符令謙初仕後唐爲趙州刺史不周歲而部內大理俄以病終於官及歸葬本邑百姓隨而泣之者數千人庶幾爲一代之良牧也

漢劉審交爲汝州防禦使汝爲近輔號爲難治審交蒞去州弊無擾於民百姓歌之乾祐三年春卒郡人聚哭於柩所列狀乞留葬本州界立碑起祠以時致祭本州以聞詔曰朝廷之制皆有舊章牧守之官比無增典其或政能殊異惠及蒸黎生有令名歿留遺

愛褒賢獎善豈限彝章可特贈太尉吏民所請宜依

周翟光鄴廣順中權知京兆府既卒吏民如喪所親街衢父老相逢垂涕或以漿酒還奠者將葬郡民詣府乞留神柩葬於雍土仍請立祠以時祭醊府司以聞朝廷不允其請

李穀初仕漢爲陳州刺史廣順末陳州言宛丘縣民稱穀以惠愛治民欲立祠堂以聞時穀爲宰輔聞郡人陳請太祖前陳讓者數四

薛瓊爲萊州團練使卒本州僧道百姓等列狀上請以瓊有善政在人乞立祠堂及樹碑以述其遺愛世

宗從之

册府元龜

巡按福建監察御史臣李嗣京訂正

知甌寧縣事臣孫以敬參閱

知建陽縣事臣黃國琦較釋

牧守部一十四

條教　課最

條教

易臨之象曰君子以教思無窮容保無疆語云既富矣又何加焉蓋居長人之任典教爲本令下禁止風行草偃其所繇來尚矣漢氏而下良吏繼出乃能推

本俗尚講求治要思所懲革樹之風聲繇是奬善防非置之表率遏強撫弱爲之約束尊賢興學禁淫起廢除律令之不便袪風軌之因習至於樹藝之便利蠶績之程品布帛之度舂汲之宜靡不爲立科條以杜紛競眞得夫善人爲邦之旨哉詩曰愷悌君子民之父母興乎不戒視成者已

漢黃霸爲潁川太守爲條教置父老師帥伍長班行之於民間勸以爲善防姦之意及務耕桑節用殖財種樹畜養去食穀馬米鹽靡密初若煩碎（米鹽言雜而且細）然霸精力能推行之

王尊爲安定太守到官出教告屬縣曰令長丞尉奉法守城爲民父母（城謂縣城也）抑彊扶弱宣恩廣澤甚勞苦矣太守以今日至府願諸君卿勉力正身以率下故行貪鄙能變更者與爲治（更改也有如此者太守乃共爲治者也）明愼所職毋以身試法又出教敕掾功曹各自砥礪助太守爲治其不中用趣自避退毋久妨賢（趣讀曰促）夫羽翮不修則不可以致千里閫內不理無以整外（閫門橛之屬）府丞悉署吏行能分別白之賢爲上毋以富賈人百萬不足與計事昔孔子治魯七日誅少正卯今太守視事已一月矣五官掾張輔懷虎狼之心貪汙

不軌（汙濁不軌不修法制也）一郡之錢盡入輔家然適足以葬矣今將輔送獄直符史詣閣下從太守受其事（直符史若今之當直左史也）丞戒之戒之相隨入獄矣（意丞教戒張輔令其避罪故以此言豫勑之）輔繫獄數日死盡得其狡猾不道百萬姦藏威震郡中盜賊分散入傍郡界豪彊多誅傷伏辜者

何武爲揚州刺史行部入傳舍出記問墾田頃畝五穀美惡（謂記教命之書）已迺見二千石以爲常

後漢任延爲九眞太守駱越之民無嫁娶禮法各因淫好無適對匹不識父子之姓夫婦之道延乃移書屬縣爲使男年二十五至五十女年十五至四十皆

以年歯相配其貧無禮聘令長吏已下各省俸祿以振助之同時相娶者二千餘人

張湛爲左馮翊在郡設條教政化大行

楊球爲高唐令以嚴苛過理郡守牧舉會赦原後遷平原相出教曰相前莅高唐志埽姦鄙遂爲貴郡所見枉舉昔桓公釋管仲射鉤之讎高祖赦季布逃亡之罪雖以不德敢忘前義况君臣分定而可懷夙昔哉今一蠲往愆期諸求効若受教之後而不改姦狀者不得復有所容矣郡中咸畏服焉

秦彭爲山陽太守興起稻田數千頃每於農月親度

頃畝分別肥瘠差爲三品各立文簿藏之鄉縣於是姦吏跼蹐無所容詐彭乃上言宜令天下齊同其制詔書以其所立條式班令三府並下州郡

王景爲廬江太守驅率吏民修起蕪廢遂銘石刻誓令民知當禁又訓令蠶織爲作法制皆著于鄉亭廬江傳其文辭

魏司馬芝漢末爲河南尹爲教與羣下曰盖君能設教不能使吏必不犯也吏能犯教而不能使君必不聞也夫設教而犯君之劣也犯教而聞吏之禍也君劣於上吏禍於下此政事所以不理也可不各勉之哉於是下吏自勵

蘇則爲金城太守旬月之間流民皆歸得數千家乃明爲禁令有干犯者輒戮其從者必賞

晉王沉魏末爲豫州刺史至鎮乃下教曰自古聖賢樂聞誹謗之言聽輿人之誦芻蕘有可錄之事負薪有廊廟之語故也自至今日未聞逆耳之言豈未明虛心故令言者有疑其宜下屬城及士庶若能舉遺逸於林藪黜奸佞於州國陳長吏之可否說百姓之所患興利除害損益昭然者給穀五百斛若達一至之言說刺史得失朝政寬猛令剛柔得中者給穀千

斛謂予不信明如皎日主簿陳廞褚䂮曰奉省教旨伏用感歎勞謙日昃思聞苦言愚謂上之所好下無不應而近未有極諫之辭遠無傳言之箴者誠得失之事將未有也今使教命班下示以賞勸將恐拘介之士或憚賞不言貪昧之人將慕利而妄舉苟不合宜賞不虛行則遠聽者未知當否之所在徒見言之不用謂設有而不行愚以告下之事可小須後沉又教曰夫德薄而位厚功輕而祿重貪夫之所狥高士之所不處也若陳至言於刺史興利益於本州達幽隱之賢去祝鮀之佞立德於上受分於下斯乃君子

之操何不言之有直言至理忠也惠加一州仁也功成辭賞廉也兼斯而行仁智之事何故懷其道而遂其國哉褚碧復白曰堯舜周公所以能致忠諫者以其欵誠之心著也氷炭不言而冷熱之質自明者以其有實也若好忠直如氷炭之自然則諤諤之臣將濟濟而盈庭逆耳之言不求而自至若德不足以配唐虞明不足以並周公實不可以同氷炭雖懸重賞忠諫之言未可致也昔魏絳繇和戎之功蒙女樂之賜管仲有與齊之勳而加上卿之禮功勳明著然後賞勸隨之未聞張重賞以待諫臣懸穀帛以求盡言

也沉無以奪之遂從碧議沉採尋善政按賈逵已來法制禁令諸所施行擇善者而從之乃教曰後生不聞先生之教而望政道日興不可得也文武並用長久之道也俗化陵遲不可不革革俗之要實在敦學昔原伯魯不悅學閔馬父知其必亡將吏子弟優閑家門若不教之必致游戲傷毀風俗矣於是九郡之士咸悅道教移風易俗

華軼永嘉中爲江州刺史雖逢喪亂每崇典禮置儒林祭酒以弘道訓乃下教曰今大義頹替禮典無宗朝廷滯議莫能攸正當以慨然宜特立此官以弘其事軍諮祭酒杜夷棲情玄遠確然絶俗才學精博道行優備其以爲儒林祭酒

虞溥爲鄱陽內史大修庠序廣招學徒移告屬縣曰學所以定情理性而積衆善者也情定於內而行成於外善積於心而名顯於教故中人之性隨教而移善積則習與性成唐虞之時皆比屋而可封及其廢也而云可誅豈非化以成俗教移人心者哉自漢氏失御天下分離江表寇隔久替王教庠序之訓廢而莫脩今四海一統萬里同軌熙熙兆庶咸休息乎太和之中宜崇尚道素廣開學業以協贊時雍光揚盛

化乃具爲條制於是至者七百餘人溥乃作誥以獎訓之曰文學諸生皆冠帶之流年盛質美始涉學庭講修典訓此大成之業立德之基也夫聖人之道淡而寡味欲始學者不好也及至朞月所觀彌博所習彌多日聞所不聞日見所不見然後心開意朗敬業樂羣忽然不覺大化之陶已至道之入神也故學之染人甚於丹青丹青吾見其久而渝矣未見久學而渝者也夫工人之染先修其質後事其色質修色積而染工畢矣學亦有質孝弟忠信是也君子內正其心外修其行行有餘力則以學文文質彬彬然後爲

德夫學者不患才不及而患志不立故曰希驥之馬亦驥之乘希顔之徒亦顔之倫也又曰契而舍之朽木不知契而不舍金石可虧斯非其效乎今諸生口誦聖人之典體閑庠序之訓比及三年可以小成而令名宣流雅譽日新朋友欽而樂之朝士敬而歎之於是州府交命擇官而仕不亦美乎若迺含章舒藻揮翰流離稱述世務探賾究奇使楊班韜筆仲舒結舌亦惟才所居固無嘗人也然積一勺以成江河累微塵以崇峻極匪志匪勤理無繇濟也諸生若絶人間之務心專親學累一以貫之積漸以進之則亦或

遲或速或先或後耳何滯而不通何遠而不至耶時祭酒求更起屋行禮溥曰君子行禮無嘗處也故孔子射於矍相之圃而行禮於大樹之下況今學庭庠序高堂顯敞乎

庾亮爲征西將軍鎮武昌下教曰人情重交而輕財好逸而惡勞學業至苦而禄答未厚繇捷徑者多故莫肯用心洙泗邈遠風雅彌替後生放任不復憲章典謨臨官宰政者務目前之治不能閑以典誥遂令詩書荒廢頌聲寂寞仰瞻俯省能不歎慨自胡夷交侵殆二十年矣而未革面嚮風者豈威武之用盡抑文教未洽不足綏之邪昔魯秉周禮齊不敢侮范會崇典晉國以治楚魏之君皆阻帶山河憑城據漢國富民殷而不能保其強大吳起屈完所以爲歎也繇此言之禮義之固孰與金城湯池季路稱攝乎大國之間加之以師旅因之以饑饉爲之三年猶欲行其義方況今江表晏然王道隆而不能弘敷禮樂敦明庠序其何以訓彝倫而來遠人乎魏武帝於馳鶩之時以馬上爲家逮於建安之末風塵未弭然猶留心遠覽太學興業所謂顛沛必於是眞通才也今使三時既務五教竝修軍旅已整俎豆無廢豈非兼善者

哉便處分安學校處所籌量起立講舍參佐大將子弟悉令入學吾家子弟亦令受業四府博學識義通涉文學經綸者建儒林祭酒使班同三署厚其供給皆妙選邦彥必有其宜者以充此舉近臨川臨賀二郡竝求脩復學校可下聽之若非束脩之流禮教所不及而欲階緣免役者不得爲生明爲條制令法清而人貴又繕造禮器俎豆之屬將行大射之禮亮甍又廢

劉弘爲荆州刺史每有興廢手書守相丁寧款密所以人皆感悅爭赴之咸曰得劉公一紙書賢於十倍

從事又舊制峴方二山澤中不聽百姓捕魚弘下教曰禮名山大川不封與共其利今公私並兼百姓無復厝手地當何謂邪速改此法

殷仲堪領晉陵太守居郡禁産子不舉久喪不葬錄父母以質亡叛者所下條教甚有義理

唐彬爲雍州刺史下教曰此州名都士人林藪處士皇甫申叔嚴舒龍姜茂時梁子遠等並志節清妙履行高潔踐境望風虛心饑渴思加延致待以不臣之典幅巾相見論道而已豈以吏職屈染高規郡國備禮發遣以副都邑之望於是四人皆到彬敬而待之

劉秀之爲梁南秦二州刺史時漢川饑儉境內騷然秀之限令用錢百姓受其利

後魏高祐爲西兗州刺史令一家之中自立一碓五家之外共造一井以供行客不聽婦人寄春取水

北齊蘇瓊爲清河太守每蚕月豫下綿絹度樣於部內其兵賦次第並立明式至於調役事必先辦郡縣長吏常無十杖稽失當時州郡無不遣人至境訪其政術

隋令狐熙爲鴻臚卿開皇中文帝祠太山還次汴州惡其殷盛多有姦俠於是以熙爲刺史下車禁遊食抑工商民有向街開門者杜之船客停於郭外星居者勸爲聚落僑人逐令歸本其有滯獄並決遣之令行禁止稱爲良政帝聞而嘉之

趙賢通爲冀州刺史冀俗薄市井多奸詐乃爲銅斗鐵斛置之於肆百姓便之帝聞而喜頒告天下以爲常法

唐張文琮高宗永徽中爲建州刺史州境素尚淫祀不修社稷文琮下教書曰春秋二社蓋本爲農唯獨此州廢而不立祀典旣闕風俗何觀近年已來田多不熟抑不祭先農所致乎神在於敬何以邀福於是

示其節限條制百姓欣而行之

課最

繇漢以來重長人之寄有會課之法稽勞底績以功多者爲最焉蓋取乎治行殊等閥閱彰著乃處乎上第或申之懋賞所以旌勸良吏聳厲當世者也若夫考績之典紀於虞書大計之法著於周制所以揆勞而責實獎能而褒善載於前籍斯爲懿範然而牧守之重吏民之本忠於數易罔克成化儻善人爲邦復久於其道亦未有不邁德敦教厚生美俗而致尤異之課者矣

漢兒寬（兒音倪）武帝時爲左內史收租稅時裁闊狹與民相假貸（謂有貧弱及農要之時不即徵收也）以故租多不入後有軍發左內史以負租課殿當免民聞當免皆恐失之大家牛車小家擔負輸租繦屬不絕（繦索也言輸者接連不絕於道若繦索之相屬也猶今言續索矣屬之欲切）課更以最帝繇此愈奇寬

朱邑爲北海太守以治行第一入爲大司農

召信臣爲南陽太守遷河南太守治行嘗爲第一

陳立爲天水太守勸民農桑爲天下最

尹翁歸爲右扶風盜賊課嘗爲三輔最

韓延壽守東郡三歲令行禁止斷獄大減爲天下最

入守左馮翊

毋將隆爲潁川太守以高第入爲京兆尹

黃霸爲楊州刺史以高第爲潁川太守以外寬內明得吏民心戶口歲增治爲天下第一徵守京兆尹秩二千石自漢興言治民吏以霸爲首

馮野王爲隴西太守以治行高入爲左馮翊

班況舉孝廉爲郎積功勞至上河農都尉（上河地名農都尉者典農事）大司農奏課連最入爲左曹越騎校尉

後漢馬魴建武中遷魏郡太守二十七年以高第入代趙熹爲太僕

鄧晨好樂郡職繇是拜爲中山太守吏民稱之嘗爲冀州高第（中山屬冀州冀州所部郡課嘗爲第一也）

崔寔爲五原太守整厲士馬嚴烽候虜不敢犯嘗爲邊最

賈琮爲交阯刺史在事三年爲十三州最

黃琬爲豫州牧時寇賊陸梁州境彫殘琬討擊平之威聲大震政績爲天下表

張奐爲武威太守平均徭賦率厲散敗嘗爲諸郡最河西繇是而全

魏朗爲河南太守政稱三河表（三河謂河東河內河南也）

劉祐爲河東太守時屬縣令長率多中官子弟百姓患之祐到抑其權強平理冤結政爲三河表

魏杜畿爲河東太守在任十六年嘗爲天下最

鄭渾爲京兆尹太祖征張魯大軍入漢中運轉軍糧爲最

梁習再爲并州刺史政治嘗爲天下最

顏斐爲京兆尹與馮翊扶風接界二郡道路既穢塞田疇又荒萊人民飢凍京兆皆整頓開荒人民豐富嘗爲雍州十郡最

晉解脩初爲魏琅琊太守梁州刺史考績爲天下第

一武帝受禪封梁鄒侯
諸葛恢爲會稽內史大興初以政績第一詔秩中二千石
梁何敬容爲吳郡太守爲政勤恤民隱辨訟如神視事四年治爲天下第一世稱何吳郡後謝舉爲吳郡太守聲跡略相比
後魏陸俟爲冀州刺史時考州郡治功唯俟與河內太守丘陳爲天下第一
源賀爲冀州刺史賀之臨州鞫獄以情徭役簡省時考殿最賀治爲第一賜衣馬器物班宣天下賀上表

請代朝議以賀得民情不許在州七年乃徵拜太尉
裴延儁爲幽州刺史在州五年考績爲天下最
張恂爲廣平太守其治爲當時第一
北齊赫連子悅爲鄭州刺史于時新經河清大水民多逃散子悅親加恤惠戶口益增治爲天下之最
許惇爲陽平太守當時遷都鄴陽平即是畿郡軍國責辦賦斂無准又勳貴屬請朝夕徵求惇並御之以道上下無怨治爲天下第一
後周鄭孝穆西魏大統中行岐州刺史在任未幾有能名王羆時爲雍州刺史欽其善政貽書盛相稱述先是所部百姓久遭離亂逃散殆盡孝穆下車之日戶止三千留情撫綏遠近咸至數年之內百四萬家歲考績爲天下最文帝賜書美之徵拜京兆尹
王德爲平涼郡守雖不知書至於斷文處分良吏無以過涇州所部五郡德嘗爲最
崔謙爲鉅鹿太守在郡七年獄無停囚每有大使巡察嘗處上第徵拜銀青光祿大夫
隋樊叔略開皇初爲相州刺史政爲當時第一
梁彥光開皇中爲岐州刺史其俗頗質以靜鎮之合

境大化奏課連最爲天下第一
劉仁恩爲亳州刺史治績號天下第一擢拜刑部尚書
韋世康爲絳州刺史在任數年有惠政奏課連最擢爲禮部尚書
楊達爲鄯鄭趙三州刺史俱有能名平陳後高祖差品天下牧宰達爲第一擢拜工部尚書加上開府
令狐熙爲汴州刺史下車禁遊食抑工商民有向街開門者杜之船客停於郭外星居者勸爲聚落僑人逐令歸本其有獄滯並決遣之令行禁止稱爲良政

文帝聞而嘉之顧謂侍臣曰鄴都天下難理處也勑相州刺史豆盧通令習熙之法其年來朝考績爲天下之最賜帛三百疋頒告天下

房恭懿開皇中爲澤州司馬遷德州在職歲餘盧愷復奏恭懿政爲天下之最

趙軌開皇中爲齊州别駕在州四年考績連最時使者御陽公梁子恭狀上高祖嘉之賜物三百段米三百石

侯莫陳頴爲邢州刺史仁壽中吏部尚書牛弘持節巡撫山東以頴理行爲第一高祖嘉歎優詔褒揚

公孫景茂開皇中爲息州刺史詔以景茂年終考較獨爲稱首昇上儀同伊州刺史

裴蘊歷洋直隸三州刺史俱有能名大業初考績連最煬帝聞其善政徵爲太常少卿

唐皇甫無逸隋大業中爲淯陽太守甚有能政名差品爲天下第一

鄭善果隋大業中爲魯郡太守克巳爲治號爲清吏煬帝遣御史大夫張衡勞之考爲天下最

梁文謙隋大業中爲饒州刺史歲餘爲鄱陽太守稱爲天下之最

盧從愿玄宗開元四年爲蔡州刺史爲政嚴簡按察使奏課爲天下第一降璽書勞問賜絹百疋無幾入爲工部侍郎

楊承仙代宗大曆初爲懷州刺史當四戰之地邑野荒廢人無全家承仙到官苦心積力以慈愛理之同其甘苦流人自古歲盈數萬表課第一

蕭定累爲袁信胡安睦潤六州刺史所莅皆有聲大曆中有司條天下牧守課績唯定與常州刺史蕭復濠州刺史張鎰爲理行第一其勸農桑均賦稅逋亡歸復戶口增加定又冠焉尋遷戶部侍郎

李承爲撫州江州刺史課績連最

張延賞大曆三年爲河南尹充諸道營田副使河雒久當兵衝閭井丘墟延賞勤身率下政尚簡約疏導河渠脩築宮廟數年間流庸歸附邦畿復完詔書褒美之時罷河南淮西山南副元帥以其兵鎮東都延賞又權知東都留守以領之理河南五年理化第一徵拜御史大夫

嚴震爲鳳州刺史德宗建中初司勳郎中韋楨爲山劍黜陟使薦震理行爲山南第一時賜上下考封鄖國公在鳳州十四年能政不替

李惠登爲隋州刺史在州二十年田疇闢戸口加于頎爲山南東道節度使以其績上聞加御史大夫升其州爲上貞元二十年贈洪州都督

薛苹少以吏事進累官至長安令拜虢州刺史朝廷以九課擢爲湖南觀察使

盧元輔爲杭常絳三州刺史以課高徵爲吏部郎中

盧商爲蘇州刺史在蘇州變鹽法獲利倍多文宗開成二年宰臣爲鹽鐵使以課績上聞乃以商爲潤州觀察使

册府元龜

冊府元龜

巡按福建監察御史臣李嗣京訂正

新建縣舉人臣戴國士參閱

知建陽縣事臣黃國琦較釋

牧守部一十五

忠

古人有言曰竭身命以徇國經夷險而一節者忠臣也是故公家之利知無不為儒者之寶於是乎在謂之令德豈虛談哉繇漢以來居牧守之任者乃有明誠內孚英規外著奮志而黜敵挺躬而冒險忿大盜之肆慝糾衆而致誅察姦人之無良先事而除怨值

亂而不廢貢職遭難而克敦禦備濟王師之乏困保臣節於艱虞以至強寇侵逼危城失守轉鬬冒刃遂隕厥軀王綱絕紐大事將去守義不回困罹非命凜然生氣寒於民聽誠足以聳厲來者俾知委質之道焉

漢卜式為齊相武帝時南粵呂嘉反式上書曰臣聞主媿臣死群臣宜盡節其駑下者宜出財以佐軍如是則強國不犯之道也臣願與子男（子男自謂其子也）及臨菑習弩博昌習船者請行死之以盡臣節帝賢之下詔曰朕聞報德以德報怨以直今天下不幸有事郡縣諸侯未有奮繇直宇者也齊相雅行躬耕（雅正也言其行雅正躬耕也）又隨牧畜蕃輒分昆弟更造（言畜牧滋多則與昆弟而更自營為也）不為利惑日者北邊有興（日者往日也興謂發軍）上書助官往年西河歲惡率齊人入粟（歲惡猶凶歲也禮曰歲凶年谷不登）今又首奮雖未戰可謂義形於內矣其賜式爵關內侯黃金十斤田十頃布告天下使明知之

王尊為益州刺史先是瑯琊王陽為益州刺史行部至邛郲九折阪（郲山名在蜀郡嚴道縣郲音來）歎曰奉先人遺體奈何數乘此險後以病去及尊為刺史至其阪問吏曰

此非王陽所畏道耶吏對曰是尊叱其馭曰驅之王陽為孝子王尊為忠臣

翟義為東郡太守時新都侯王莽居攝義心知之乃謂姊子上蔡陳豐曰新都侯攝天子位號令天下故擇宗室幼稚者以為孺子依託周公輔成王之義且以觀望必代漢家其漸可見今宗室衰弱外無疆蕃天下傾首服從莫能亢扞國難吾幸得備宰相子（王欽若等曰翟義丞相方進子）身守大郡父子受漢厚恩義當為國討賊以安社稷欲舉兵西誅不當攝者選宗室子孫輔而立之設令時命不成死國埋名猶可以不慚於先

帝（埋名謂身埋而名立）今欲發之乃肯從我乎（乃爾也）豐年十八勇壯許諾義遂與東郡都尉劉宇嚴鄉侯劉信信弟武平侯劉璜結謀及東郡王孫慶素有勇略以明兵法徵在京師義迺詐移書以重罪傳逮慶（追赴獄也）於是以九月都試日（太守都尉令長丞尉會都試課最也）斬觀令（觀縣名音工喚切）因勒其車騎材官士募郡中勇敢部署將帥嚴鄉侯信者東平王雲子也雲誅死信兄開明嗣爲王薨無子而信子匡復立爲王故舉義兵并東平立信爲天子義自號大司馬柱天大將軍以承平王傅蘇隆爲丞相中尉皐丹爲御史大夫移檄郡國言莽矯攝尊

號令天子已立共行天罰（共讀曰恭）郡國皆震比至山陽衆十餘萬竟爲莽兵所敗

後漢文齊王莽時爲益州太守及公孫述據益土齊固守拒險述拒其妻子許以封侯齊遂不降聞光武既位乃間道遣使自聞蜀平徵爲鎮遠將軍封成義侯

伏湛更始初爲平原太守時天下驚擾門下督素有氣力謀欲爲湛起兵湛惡其惑衆即收斬之徇首城郭以示百姓於是吏人信向郡内以安平原一境湛所全也

梁統爲酒泉太守遣使隨竇融長史劉鈞詣闕奉貢願得詣行在所詔加宣德將軍光武自征隗囂統與竇融等將兵會車駕囂敗封成義侯

寇恂建武初爲河内太守光武北征時軍食乏恂以輦車驪駕轉輸前後不絶尚書升斗以稟百官帝數策書勞問

耿況爲上谷太守時漁陽太守彭寵反自以與況有重功而恩賞並薄數遣使要結誘況況不受輒斬其使

傅燮靈帝中平中爲漢陽太守金城賊王國韓遂等

殺凉州刺史耿鄙進圍漢陽城中兵少糧盡燮猶固守時北湖騎數千隨賊攻郡皆夙懷燮恩共於城外叩頭求送燮歸鄉里子幹年十三從在官舍知燮性剛有高義恐不能屈志以免進諫曰國家昏亂遂令大人不容於朝今天下已叛而兵不足自守鄉里羌胡先被恩德欲令棄郡而歸願必許之徐至鄉里率厲義徒見有道而輔之以濟天下言未終燮慨然而歎呼幹小字曰別成汝知吾必死邪蓋聖達節次守節且殷紂之暴伯夷不食周粟而死仲尼稱其賢今朝廷不甚殷紂吾得亦豈絶伯夷世亂不能養浩然

之志食祿又欲避其難乎吾行何之必死於此汝有才知勉之勉之主簿楊會吾之程嬰也幹哽咽不能復言左右皆泣下王國使故酒泉大守黄衍說熒曰成敗之事已可知矣先起上有霸王之業下成伊吕之勲天下非復漢有府君寧有意爲吾屬帥乎熒按劒叱衍曰若剖符之臣反爲賊說耶遂麾左右進兵臨陣戰殁

朱儁爲河南尹董卓入關留儁守雒陽儁與山東諸將通謀爲内應旣而懼爲卓所襲乃棄官奔荆州卓以弘農楊懿爲河南尹守雒陽儁聞復進兵還雒懿

走儁以河南殘破無所資乃東屯中牟移書州郡請師討卓徐州刺史陶謙遣精兵三千餘州郡稍有所給謙乃上儁行車騎將軍董卓聞之使其將李傕郭汜等數萬人屯河拒儁進擊爲傕汜所破儁自知不敵留關下不敢復前及董卓被誅傕汜作亂儁時猶在中牟陶謙以儁名臣數有戰功可委以大事乃與諸豪傑共推儁爲大帥因移檄牧伯同討李傕等奉迎天子乃奏記於儁曰徐州刺史陶謙前楊州刺史周乾瑯琊相陰德東海相劉馗彭城相汲廉北海相孔融沛相袁忠太山太守應劭汝南太守徐繆前九江太守服虔博士鄭玄等敢言之行車騎將軍河南尹幕府國家旣遭董卓重以李傕郭汜之禍幼主劫執忠良殘弊長安隔絶不知吉凶是以臨官尹人縉紳有識莫不憂懼以爲自非明哲雄霸之士曷能克濟禍亂自起兵已來於兹三年州郡轉相顧望未有奮擊之功而互爭私變更起疑惑謙等並共諮諏義消國難僉曰將軍君侯旣文且武應運而出凡百君子靡不顒顒故相率厲簡選精悍堪能浮入空指咸陽多持資糧足支半歲謹同心腹委之元帥會李傕用太尉周忠尚書賈詡策徵儁入朝

蓋勲爲京兆尹董卓廢少帝左將軍皇甫嵩精兵三萬屯扶風勲密相要結將以討卓會與嵩俱被徵勲以衆弱不能獨立遂並還京師

陶謙爲徐州刺史時董卓之亂州郡起兵天子都長安四方斷絶謙遣使間行致貢獻遷安東將軍徐州牧封溧陽侯

陸康爲廬江太守獻帝初天下大亂康蒙險遣孝廉計吏奉貢朝廷詔書策勞加忠義將軍秩中二千石時袁術屯兵壽春部曲饑餓遣使求委輸兵甲康以其叛逆閉門不通内修戰備將以禦之袁術大怒遣

將孫策攻康圍城數重康固守吏士有先休假者皆遁伏還赴暮夜緣城而入受敵二年城陷月餘病卒

王正爲河内太守時董卓擅政正屯兵河陽津將以圖卓卓疑兵挑戰而潛使鋭卒從小平津過津北破之死者略盡

孔融爲北海相時袁曹方盛而融無所協附左丞相者稱有意謀勸融有所結納融知袁曹終圖漢室不欲與同曹公怒而殺之

徐璆爲東海太守被徵當還爲袁術所刼僭號欲授以上公之位璆終不爲屈術死後璆得術璽致之漢

朝拜衛尉太常

魏華歆漢末爲豫章太守爲政清淨不煩吏民感而愛之時揚州刺史劉繇死其衆願奉歆爲主歆以爲因時擅命非人臣之宜衆守之連月卒謝遣之不從

游楚爲隴西太守明帝太和中蜀將諸葛亮出隴右吏民騷動天水南安太守各棄郡東下楚獨據隴西召會吏民謂之曰太守無恩德今蜀兵至諸郡吏民皆以應之此亦諸卿富貴之秋也太守本爲國家守郡義在必死卿諸人便可取太守頭持往東民皆涕泣言死生當與明府同無有二心楚復言卿曹若不願我爲卿畫一計今東二郡已去必將來寇但可共堅守若國家救到寇必去是爲一郡守義人人獲爵寵也若官救不到蜀攻日急爾乃取太守以降未爲晚也吏民遂城守而南安果將蜀兵就攻隴楚聞兵到乃遣長史馬顒出門設陣而自於城上曉謂蜀帥言卿能斷隴使東兵不上一月之中則隴西吏人不攻自服卿若不能虚自疲弊爾使顒鳴鼓擊之蜀人乃去後十餘日諸軍上隴諸葛亮破走南安天水皆坐應亮破城兩郡守各獲重刑而楚以功封列侯長史掾屬皆賜拜明帝嘉其治詔牧聽朝引上殿

吳士燮漢末爲交阯太守是時天下喪亂道路斷絶而燮不廢貢職特下詔拜安遠將軍封度亭侯

虞忠爲宜都太守吳之亡也堅壁不降遂死之

晉劉暾爲司隸校尉惠帝達長安留暾守雒陽河間王顒遣使鴆羊皇后暾乃與留臺僕射荀藩河南尹周馥等上表理后無罪顒見表大怒遣陳頽呂朗率騎五千收暾暾東奔高密王略會劉根作逆略以暾爲大都督加鎮軍將軍討根暾戰失利還雒至酸棗值東海王越奉迎大駕及帝還雒羊后反宫后遣使謝暾曰賴劉司隸忠誠之志得有今日暾後爲太原

內使趙王倫篡位假征虜將軍不受與三王共舉義
劉弘爲荆州刺史鎮南大將軍惠帝幸長安弘遣使
受東海王越節度成都王穎南奔欲歸本國弘距之
及弘卒弘司馬郭勱欲推穎爲主弘子璠追遵弘志
於是墨絰率府兵討勱戰於濁水斬之襄沔肅清初
東海王越疑弘與劉喬貳于己雖下節度心未能安
及弘子璠又斬勱朝廷嘉之越手書與璠賛美之
張光爲新平太守屬雍州刺史劉忱被密詔討河間
王顒光起兵助忱忱時委任秦州刺史皇甫重重自
以關西大族心每輕光謀多不用及二州軍潰爲顒

所擒顒謂光曰前起兵欲作何策光正色答曰但劉
雍州不用鄙計故令大王得有今日也顒壯之引與
歡宴彌日
張髦爲河南尹愍帝建興初劉聰寇河南髦死之
麴特爲新平太守時劉曜既據長安安定太守賈疋
及諸氐羌皆送質任唯特與西平太守竺恢固守不
降護軍麴允頻陽令梁肅自京兆南山將奔安定遇
疋任子於陰密擁還臨涇推疋爲平西將軍率衆五
萬攻曜於長安扶風太守梁綜及特恢等亦率衆十
萬會之曜遣劉雅趙染來距敗績而還曜又盡長安
銳卒與諸軍戰于黄丘曜衆大敗
華軼爲江州刺史時天子孤危四方瓦解軼有濟天
下之志每遣貢獻入雒不失臣節謂時者曰若雒都
道斷可輸之瑯琊王以明吾之爲司馬氏也
顧衆爲尚書郎大將軍王敦請爲從事中郎元帝以
衆補南康太守衆徑之鄱陽不過敦敦甚怪言及敦
搆逆令衆出軍衆遲回不發敦大怒以軍期召衆還
詰之聲色甚厲衆不爲動容敦意漸釋後爲義興太
守時蘇峻反王師敗績衆還吳潛圖義舉時吳國內
史庾冰奔於會稽峻以蔡謨代之前陵江將軍張悊

爲峻收兵於吳衆遣人喻悊悊從之衆乃遣郎中徐
機告謨曰衆已潛合家兵待時而奮又與張悊剋期
効節謨乃檄衆爲本國督護揚威將軍仍舊衆從弟
護軍參軍颺爲威遠將軍前鋒督護吳中人士同時
響應峻遣將孔徽領甲卒五百鼓行而前衆與颺悊
要擊徽戰于高莋大破之收其軍謨以冰當還任故
便去郡衆遣颺率諸軍屯無錫冰至鎮御亭恐賊從
海虞道入自往備之而賊率張健馬流攻無錫颺等
大敗庾冰亦失守健等遂據吳城衆自海虞縣婁縣
東倉與賊别率交戰破之義軍又集屯烏苞會稽內

定王舒吳興內史虞潭竝檄衆爲五部大都護統諸義軍討健潭遣將姚休爲衆前鋒與賊戰没衆還守紫壁時賊黨方鋭義軍沮退人咸勸衆過浙江衆曰不然今保固紫壁可得全錢塘以南五縣若越他境便爲寇軍控引無所非長計也臨平人范明亦謂衆曰此地險要可以制寇不可委也衆乃叛明率宗黨五百人諸軍凡四千人後進討健健退于曲阿劉錢弘爲吳令軍次路丘即斬弘首衆住吳城遣督護朱祈等九軍與蘭陵太守李閎共守虞亭健遣馬流陶陽等往攻之閎與祈等逆擊大破之斬首三千餘級

峻平論功衆以承檄奮義推功于謨謨以衆唱謀非巳之力具表相讓論者美之

司馬勳爲梁州刺史守武當時後趙石季龍死中國亂雍州諸豪帥馳告勳勳率衆出駱谷壁于懸鈎去長安二百里遣部將劉煥攻長安又拔賀城於是關中皆殺季龍太守令長以應勳勳兵少未能自固復還梁州

應詹爲南平太守時荆州刺史王澄假詹督南平天門武陵三郡軍事及雒陽傾覆詹攘袂流涕勸澄赴援澄使詹爲檄詹下筆便成辭義壯烈見者慷慨然竟不能從也

王舒明帝太寧初爲廷尉從兄敦表舒爲荆州刺史及敦敗敦兄含父子俱奔舒舒遣軍逆之竝沉于江

熊遠爲會稽內史時王敦作逆沈充舉兵應之加寧遠將軍距而不受不輸軍資於充保境安衆爲務敦至石頭諷朝廷徵遠乃拜太常卿

謝邈爲吳興太守孫恩之亂爲賊胡桀郜驃等所執害之賊逼令北面邈厲聲曰我不得罪天子何北面之有遂害之

江績爲南郡相會荆州刺史殷仲堪舉兵以應王恭

仲堪要績與南蠻校尉殷顗同行竝不從仲堪等屢以爲言績終不爲之屈顗慮績及禍乃於仲堪坐和解之績曰大丈夫何至以死相脅江仲元行年六十未知獲死所爾一坐皆爲之懼仲堪憚其堅正以楊佺期代之朝廷聞而徵績爲御史中丞

辛恭靖爲河南太守會姚興來寇恭靖固守百餘日以無救而陷被執至長安引見興而不拜興曰朕將任卿以東南之事恭靖曰我寧爲國家鬼不爲羌賊臣興怒幽之別室經三年至元興中誑守者乃踰垣而遁歸于江東安帝嘉之

宋王鎮之晉末爲安城太守及桓玄敗將苻宏寇亂郡境鎮之拒戰彌年子弟五人並臨陣見殺

杜瑗晉末爲交州刺史時盧循竊據廣州遣使通好瑗斬之

劉虔之晉末爲江夏相高祖西征司馬休之魯宗之等遣將軍檀道濟朱超石步騎出襄陽虔之率府郡兵力出涢城屯三連立橋聚糧以待道濟等積日不至爲宗之子軌所襲衆寡不敵叅軍孫長庸流涕勸退軍虔之厲色曰我使順伐罪理無不克如其不幸命也戰敗見殺

褚叔度爲廣州刺史時高祖征劉毅叔度遣三千人過嶺荆州平乃還

張邵爲湘州刺史時謝晦反遣書要邵邵不發亟馳使呈高祖

杜弘文爲交州刺史文帝元嘉四年以廷尉王徽代之弘文就徵會得重疾牽以就路親舊見其患篤勸表待病瘉弘文曰吾世荷皇恩使節三世嘗欲投軀帝庭以報所荷况親被徵命而可晏然者乎如其顛沛此乃命也弘文母旣年老見弘文輿疾就路不忍分别相與俱行到廣州遂卒臨死遣弟弘猷詣京朝廷甚哀之

王僧達爲宣州太守時魏軍來逼都邑危懼僧達求入衛京師見許賊退又除宣城太守頃之徙在義興及元凶弑立孝武入討普檄諸州郡又符郡發兵僧達未知所從客說之曰方今釁逆滔天古今未有爲君之計莫若承義師之檄移告旁郡使工言之士明示禍福苟在有心誰不響應此策之上也如其不能可躬率向義之徒詳擇水陸之便致身南歸亦其次也僧達乃自間道南奔逢孝武於鵲頭卽命爲長史加征虜將軍初孝武發尋陽沈慶之謂人曰王僧達

必來赴義人問其所以慶之曰虜馬飲江王出赴難見在先帝前議論開張執義明决以此言之其至必也帝卽位以爲尚書右僕射

臧質爲雍州刺史元凶弑立質家遣門生師顗報質質疏顗所言馳告司空義宣又遣州祭酒從事田穎起銜命報孝武率衆五千馳下討逆自陽口進江陵義宣質諸子在都邑聞舉義並逃亡邵欲相慰悅乃下書曰臧敦等無因自駭急便竄逸迷昧過甚良可怪歎質國戚勳臣忠誠篤亮方當顯位贊翼京輦而子弟波迸傷其乃懷可遣宣譬令還咸復本位邵

尋録得敦使大將軍義恭行枚三十厚給賜之義宣得報質即日舉兵馳信報孝武板進質號征北將軍質逕赴尋陽與孝武同下

蕭思話爲徐兗二州刺史元凶構逆思話即率部曲還彭城起義以應孝武遣使奉牋曰下官近在歷下始奉國諱所承使人不知澗狹既還在路漸有所聞猶謂人倫無容有此私懷感慨未敢載言奉被令教果出處表重增哀惋不能自勝此實天地所不覆載人神所不容恐率土臣民莫不憤咽況下官蒙荷榮渥義兼常志此月五日被驛使追命驅還朝切齒拊

心輒已種疾雖百口在都一非所顧正欲遣啓受規略會奉令旨悲懼兼情伏承司徒英圖電發殿下神武霜斷臧質忠虔竝到不謀同時使順沿流席卷江甸前驅風邁已應在近下官復練始集遣輔國將軍申垣龍驤將軍梁坦二軍分配精甲五千申垣爲統便以即日水陸齊下下官悉率文武絡繹繼發憑威策懦勢同振朽開泰有期悲欣交集孝武至新亭坦亦進克京口

垣護之爲寧遠將軍冀州刺史孝建元年南郡王義宣反兗州刺史徐遺寶護之妻弟也遣相連結與護之書勸使同逆護之馳使以聞遺寶時戍湖陸護之留子恭祖守歷城自率步騎襲遺寶道經鄒山破其別戍未至湖陸六十里遺寶焚城西走

劉延孫鎮京口南兗州刺史竟陵王誕有罪不受徵延孫馳遣中兵參軍杜幼文率兵起討既至誕已閉城自守乃遣還誕使劉公泰齎書要之延孫斬公泰送首京師

梁曠爲山陽內史時竟陵王誕舉兵反曠家在廣陵誕執其妻子遣使要曠曠斬使拒誕怒滅其家

劉懷珍爲河間太守時竟陵王誕及郡人王璪族甚

盛勸懷珍起兵助誕懷珍殺之帝嘉其誠除豫章王子弼車騎參軍

册府元龜

巡按福建監察御史臣李嗣京　正
分守建南道左布政使臣胡維霖　訂
知建陽縣事臣黄國琦較

牧守部

忠第二

南齊謝玄邈宋明帝時爲青州刺史罷州還高帝塗中要之玄邈嚴軍直過還都啟宋明帝稱高帝有異謀高帝不恨也

梁袁昂仕齊爲吳興太守東昏侯永元末義師至京

州牧郡守皆望風降款昂獨拒竟不受命高祖手書喻曰夫禍福無門興亡有數天之所棄人孰能扶機來不再圖之宜早頃聽道路承欲狼顧一隅既未測雅懷聊申往意獨夫狂悖振古未聞窮凶極虐歲月滋甚天未絕齊聖明啟運兆民有賴百姓來蘇吾荷任前驅掃除京邑方撥亂反正伐罪弔民至心以來前無横陣今皇威四臨長圍已合遐邇畢集人神同奮鋭卒萬計鐵馬千羣以此攻戰何往不克況建鄴孤城人懷離阻面縛軍門日夕相繼屠潰之期勢不云遠兼熒惑出端門太白入氐室天文表於上人事符於下不謀同契實在茲辰且范岫申胄久薦誠款各率所部仍爲犄角沈法瑀孫盱朱端已肅清吳會而足下欲以區區之郡禦堂堂之師根本既傾枝葉安附童兒牧豎咸謂其非求之明鑒實所未達今竭力昏主未足爲忠家門屠滅非足爲孝忠孝俱盡將欲何依豈若翻然改圖自招多福進則遠害全身退則長守祿位去就之宜幸加詳擇若執迷遂往同惡弗悛大軍一臨誅及三族雖貽後悔寧復云補欲布所懷故致今日昂答曰都史至辱誨承藉以衆論謂僕有勤王之舉兼蒙誚責獨無送款循復嚴旨若臨

萬仞三吳內地非用兵之所況以偏隅一郡何能爲役近奉勑以此多虞見使安慰自承麾旆届止莫不膝袒軍門唯僕一人敢後至者正以內揆庸素文武無施直是陳國賤男子爾雖欲獻心莫增六師之勇置其愚默寧沮衆軍之威幸藉將軍含弘之大可得從容以禮竊以一食微施尚復投殞況食人之祿而頓忘一旦非惟物議不可亦恐明公鄙之所以躊躇未遑薦璧遂以輕微爰降重命震灼于心忘其所厝誠惟埋鑒猶懼威靈

歐陽頠爲臨賀內史高祖大清中侯景構逆衡州刺

史羣黎自解還都征景以領監衡州京城陷後嶺南互相吞併蘭欽弟前高州刺史裕攻始興内史蕭紹基奪其郡裕以欽與頠有舊遣招之頠不從乃謂使云高州昆季隆顯莫非國恩今應赴難援都豈可自爲跋扈後爲鎮南將軍廣州刺史王琳據有中流頠自海道及東嶺奉使不絶又多致鎔鋳生口獻奉琳與前後委積頗有助於軍國焉

陳斯爲驃騎外兵臨川太守侯景圍歷陽勑召斯還斯啟云采石急須重鎮王質水軍輕弱恐慮必濟乃板斯爲雲旗將軍代質未及下渚景已渡江仍遣率

所領遊防城外不得入守欲奔京口乃爲景所擒景見斯殷勤固留極飲曰我至此得卿餘人無能爲也令斯收集部曲將用之斯誓而弗許景使其儀同范桃棒嚴禁之斯因說桃棒令率所領歸降襲殺王偉宋子仙爲信桃棒許之遂盟約射啟城中遣斯夜縋而入高祖大喜勑即受降太宗遲疑累日不決外事發洩斯弗知猶依期而下景邀得之乃逼斯令更射書城中云桃棒且輕將數十人先入景欲裹甲隨之斯既不肯爲書期以必死遂爲景所害

王褒爲安城内史侯景陷京城江州刺史當陽公大心舉州附賊賊轉寇南中褒猶據郡拒守大寶三年元帝徵褒赴江陵以爲忠武將軍南平内史

袁君正爲吳興太守侯景亂率數萬人隨邵陵王赴援及京城陷還郡

王冲爲南郡太守元帝鎮荆州爲鎮西長史侯景之亂帝於荆州承制冲求解南郡以讓王僧辯并獻女妓十人以助軍賞帝授持節督衡桂成合四州諸軍事雲麾將軍

陳周敷梁末爲豫章太守是時江南酋帥並戀巢窟私署令長不受召朝廷未遑致討但羈縻之唯敷獨

先入朝

蕭乾爲建安太守文帝天嘉二年留異反陳寶應將兵助之乾棄郡以避時閩中守宰並爲寶應迫脅受其署置乾獨不從徙居郊野屏絶人事及寶應平乃出詣都督章昭達以狀表聞帝甚嘉之起授五兵尚書

程靈洗爲郢州刺史雲麾將軍華皎之叛也遣使招誘靈洗靈洗斬皎使以狀聞朝廷深嘉其忠增其守備給鼓吹一部因推心待之

後魏崔元珍孝莊永安中爲唐州刺史爾朱榮之趣

徂雒也遣其都督樊子鵠取唐州元琛與行臺酈惲拒守不從爲子鵠所陷

裴俠爲義陽郡守元顥入雒（王欽若等曰北海王顥時奔于梁梁高祖爲魏王送至雒陽）俠執其使人焚其赦書孝莊嘉之授東郡太守帶防城別將

辛子馥爲平原相時元顥入雒子馥不受其赦刺史元仲景附顥拘子馥并禁家口孝莊反正詔封三門縣男

崔庠爲東郡太守元顥寇逼郡界庠拒不從命棄郡走還鄉里孝莊還宮賜爵平原伯

崔巨倫爲東濮陽太守元顥入雒據郡不從莊帝還宮行西兗州事封漁陽縣男

楊津爲定州刺史時賊帥雒周圍州城津盡力捍守及葛榮專制以司徒說津津大怒斬其使以絕之

北齊高季式爲濟州刺史濮陽民杜靈椿等攻城剽野聚衆將萬人季式遣騎三百一戰擒之又陽平路文徒黨緒顯等立營柵爲亂季式討平之季式兄弟貴盛並有勳於時自領部曲千餘人馬八百匹戈甲器仗皆備故能追督盜賊多致尅捷有客嘗謂季式曰濮陽陽平乃是畿內旣不奉命又不侵境有何急急遣私軍遠戰萬一失脫豈不招罪季式曰君言何不忠之甚也我與國家同安危豈有見賊不討之理且賊知臺軍卒不能來又不疑外州有救來備破之必矣兵尚神速何得後機若以獲罪吾亦無恨

傅伏爲東雍州刺史會周兵來逼伏出戰卻之周克晋州執獲行臺尉相貴以之招伏伏不從

後周張嵊初仕梁爲吳興郡守時侯景陷京城百官逃散湘東王記室參軍姚僧坦假道歸至吳興謁嵊嵊見僧坦流涕曰吾過荷朝恩今報之以死君是此邦大族又朝廷舊臣今日得君吾事辦矣俄而景兵

大至攻戰累日郡城遂陷

泉企爲雒州都督爲東魏將高敖曹所攻陷執企而東企臨發密誡其子元禮仲遵曰吾平生志願不過令長爾幸逢遭會位亞台司今爵祿旣隆年齒又衰前途夷險抑亦可知汝等志業方弘堪立功効且忠孝之道不可兩全宜各爲身計勿相隨寇手但得汝等致力本朝吾無餘恨不得以我在東遂虧臣節也爾其勉之乃揮涕而訣餘無所云聞者莫不憤歎焉卒於鄴

竇熾爲雍州牧隋文初爲相國百官皆勸進熾自以

累代受恩遂不肯署戕將人高其節

隋王長述爲信州總管時王謙作亂益州遣使致書於長述因執其使上其書又陳取謙之策帝大悅

陳孝意大業末爲鴈門郡丞煬帝幸江都馬邑劉武周舉兵來攻孝意拒之每致克捷但孤城獨守外無聲援孝意執志誓以必死每遣使江都道路隔絕竟無報命孝意執志亦知帝必不反每旦暮向詔勅庫俯伏流涕悲慟左右圖城百餘日糧盡爲較尉張倫所殺以城歸武周

劉權大業末爲南海太守甚有異政數歲遇盜賊羣

起數來攻郡豪帥多願推權爲首權竟盡力固守以拒之子世徹又咨遣人賫書詣權稱四方擾亂英雄並起時不可失諷令舉兵權召集佐寮對斬其使竟無異圖守之以死

劉子翊大業末爲丹陽留守於上江督運爲賊吳基子所虜子翊說之因以衆首復遣領首賊清江遇江都之變賊知而告之子翊弗信斬所言者賊又欲請以爲主子翊不從羣賊執子翊至臨川城下使告城中云江都之變子翊反其言於是見害

堯君素大業末爲河東通守唐高祖義師攻之君素守不易每言及國家未嘗不歔欷嘗謂將士曰吾是藩邸舊臣累蒙獎擢至于大義不得不死今穀支數年食盡此穀足知天下之事必若隋室傾敗天命有歸吾當斷頭以付諸君也時百姓苦隋日久及逢義舉人有息肩之望然君素善爲統領下不能叛歲餘頗得外口城中微知江都傾覆又糧食乏絕人不聊生男女相食衆心離駭白虹降于府門兵器之端夜皆光見月餘君素爲左右所害

唐李襲志初仕隋歷始安郡丞大業末江外盜賊尤甚襲散家產召募得三千人以守郡城後聞江都之

變人勸襲志曰公累葉冠族久臨鄙郡華夷畏威士民悅服雖曰隋臣實我之君長今江都篡逆四海鼎沸主號者非止一人公宜因此時據有嶺表則百越之人皆拱手向化追蹤尉他亦千載一遇也襲志厲聲曰吾世樹忠貞見危授命今雖江都隕沒而宗社猶存當與諸君戮力中原共雪讐耻豈可怙亂稱兵以圖不義吾寧蹈忠而死不爲逆節而求生尉他愚鄙無識何足景慕於是欲斬勸者從衆議而止

皇甫無逸隋末留守雒陽及江都之變與段達元文都尊立越王侗爲帝及王世充作難無逸棄老母妻

子斬關而走追騎且至無逸謂之曰當與汝死戰吾頭何可得也

鄭元璹隋末爲文城郡守高祖起義大原遣將張綸西畧地至文城元璹堅守不下攻拔其城擒致軍門及平京城拜太常卿授上柱國

甞達武德初爲隴州刺史爲薛舉所擒達辭色抗厲不爲之屈舉指其妻謂達曰識皇后不達曰止是瘦老嫗何足識竟釋之

李玄通武德初爲定州總管爲劉黑闥所擒黑闥重其才欲以爲大將玄通歎息曰吾荷朝恩作藩東夏

孤城無援遂陷虜庭當守臣節以忠報國豈能降志輒授賊官拒而不受故吏有以酒食餽之者玄通曰諸君哀吾困辱故以酒食來相寬慰吾當爲諸軍一醉遂與樂飲謂守者吾能劔舞可借吾刀守者與之及曲終大息而言大丈夫受國恩鎮撫方面不能保全所守何面目視息世間哉因潰腹而死高祖聞之爲之流涕拜子伏護爲大將軍

呂子臧武德初爲鄧州刺史賊朱粲圍城遇霖雨戍壁皆壞所親者知城必陷固勸其降子臧曰安有天子方伯降賊者乎於是率其麾下赴敵而死俄而城陷

劉政會武德初爲太原留守劉武周進逼并州晉陽豪右薛深等以城應賊政會爲賊所擒于賊中密表論武周刑勢事平復其官爵

高叡聖曆中爲趙州刺史時突厥默啜寇州長史唐波若將以城降賊叡不能禁止乃於廳事自縊不死默啜逼令誘說趙州屬縣叡抗節不顧遂爲賊所害則天聞而嘉之贈冬官尚書諡曰節

楊元琰長安中爲荆州長史與張柬之交代泛舟江中流言及則天革命諸武擅權之狀發言慷慨有恢

復之意後入爲右羽林將軍與柬之誅二張立中宗

李京玄宗天寶末爲饒州太守時祿山反攻饒陽京憂迫無計遂投火而死

顔杲卿天寶末爲常山太守時安祿山反賊將蔡希德攻陷常山杲卿及長史袁履謙並爲賊所害杲卿晉陵人也少以吏幹稱祿山奏爲常山太守及祿山反杲卿與長史袁履謙前眞定令賈深内丘丞張通幽密謀開土門以背之時賊將李歸仁令弟欽湊領步騎五千鎮土門而隸於常山杲卿遂謀誅欽湊乃召欽湊赴郡會議因殺之以并其兵會賊將高邈何

千年俱自東京至杲卿設策遣藁城尉崔安石與縣吏翟萬德潛縛之安石遂與萬德伏兵於驛生擒千年及邈致于杲卿杲卿使其男泉明與賈深張通幽執邈千年及欽湊之首獻於京師帝大喜以杲卿爲衛尉卿兼御史中丞袁履謙爲常山太守賈深爲司馬是時河北十五郡皆殺賊官吏以歸國祿山聞有變乃遣其黨史思明蔡希德以平盧步騎五千攻常山杲卿力屈城陷思明執杲卿送于祿山祿山怒縛於雒水橋柱支解之杲卿詬詈之聲至死不屈履謙亦同時遇害履謙性剛俏詬賊尤甚賊忿之先截其

舌履謙以口血噴其賊面賊臠割之路人皆不忍視

李遵天寶末爲彭原太守時肅宗幸靈武至烏氏頓遵至謁見進奉衣服器械資糧以助軍

顏眞卿天寶末爲平原太守安祿山乘虛遣史思明尹子奇急攻河北諸郡饒陽河間景城樂安相次陷沒獨平原清河博平三郡城守然人心危急不可復振眞卿乃歷江淮荆襄朝于鳳翔授憲部尚書

崔光遠天寶末爲京兆尹時肅宗在靈武光遠領長安縣令蘇震并府縣官屬十餘人於京西市號令百姓召能從靈武郡者百餘人其日出城西門歸順

袁光庭天寶末爲伊州刺史祿山之亂西北邊戍兵人赴難河隴郡邑皆爲吐蕃所拔惟光庭守伊州累年外救不至虜百端誘說終不降屈部下如一矢石既盡糧儲將竭城將陷沒光庭手殺其妻自焚而死

薛雄代宗大曆中爲衛州刺史魏博節度田承嗣誘爲亂雄不從承嗣遣刺客盜殺之

康日知德宗建中中爲趙州刺史會成德軍節度李寶臣卒其子惟岳謀有父位詔幽州節度朱滔討之日知遂以州順命

姚況建中末爲涇原節度判官時節度使姚令言奉

詔率兵赴關東以況知州事以兵馬使馮河清知兵馬留後及令言至京師所統兵叛德宗幸奉天況與河清聞之乃集三軍大哭因共激勵將吏誓敦忠節衆頗義之卽時發甲仗器械車百餘兩連夜送行在所時駕初遷幸六軍雖集蒼黃之際都無戎器及涇州甲仗至軍士大振特詔褒其誠効拜況兼御史中丞行軍司馬河清四鎭北庭行軍涇原節度使兼御史大夫

韋皐建中末爲鳳翔判官權知隴州留後事時涇師犯闕德宗幸奉天鳳翔兵馬使李楚琳殺節度使張

鎰以府叛歸於朱泚先是泚留范陽戍卒五百人於隴州舊將牛雲光將之是時雲光將欲謀亂擒皐以應泚皐將翟曄同知之白皐爲備雲光知事泄遂率其兵以奔行及汧陽遇泚家童蘇玉將使于皐以皐爲御史中丞乃相率却過隴州乃云皐恭承命郎吾人也知不受命彼書生可以圖了事無不濟矣及反旆疾趨隴州皐迎勞之先納蘇玉受其僞命乃問雲光曰始不告而去今又來何也雲光曰前未知公心故潛去知公有新命今乃復還願與戮力定功同其生死皐曰善又謂雲光曰大使苟不懷詐請納器甲

使城中無所危疑衆乃可入雲光以書生待皐且以爲信然乃盡付弓矢戈甲皐既受之乃内其兵明日皐犒宴蘇玉雲光之卒於郡舍伏甲於兩廊酒既行伏發盡誅之斬雲光蘇玉首以徇泚又使家僮劉海廣以皐爲鳳翔節度使皐斬海廣及從者三人生一人使報泚乃遣從父兄平翕繼入奉天城中聞皐有備士氣增倍皐乃築壇于庭血牲與將士盟曰上天不弔國家多難逆臣乘間盜據皇宮而李楚琳亦扇兇徒傾陷城邑酷虐所加爰及本使既不事上安能恤下皐是用激心憤氣不遑底寧誓與羣公竭誠王室戹我同盟一心竭力伏順除兇祖先之靈必當幽贊言誠則志合義感則心齊粉骨塵軀決無所顧有渝此志明神殛之迨于子孫亦罔遺育皇天后土當鑒斯言又使人通于吐蕃以求助朱泚既滅授左金吾將軍兼禮部尚書尋遷大將軍

張建封建中末爲壽州刺史時淮西節度李希烈稱兵擒李元平擊走劉德信唐漢臣等又摧破哥舒曜於襄城連陷鄭汴等州李勉棄城而遁鑾駕又幸奉天賊兇威益盛淮南陳少遊且使使交通希烈希烈僭稱僞號改元遣將楊豐賫僞赦書二道送少遊及

建封豐至壽州建封乃令擒縛豐號令軍州適會中使自行在及使江南廻者同至建封乃令引楊豐對中使斬之于通衢封僞赦書送行在遠近震駭陳少遊聞之既怒且懼建封遂奏少遊與希烈往來事狀希烈僞署其黨杜少成爲節度令先平壽州然後赴江都建封其將賀蘭元均邵怡等守霍丘柵少成竟不能侵軼乃南掠蘄黄等州

崔造建中末爲建州刺史涇原叛逆聞難作撽馳隣州請齊舉兵遂調發所部得二千人抗表上聞朝廷嘉之及京師收復詔徵造至藍田自以源休之甥上

疏請罪不敢即赴闕德宗以爲有禮優詔慰勉拜史
部侍郎
李紓建中末爲同州刺史德宗幸梁州紓亦棄州詣
行在拜兵部侍郎
高承簡貞元中爲宋州刺史時汴州反逐其帥因以
部將李介行師事介遣其將持記責宋州官私財物
承簡執而囚之自是汴使來輒繫之一日并出斬于
衙門之外威震郡中及介兵大至宋州凡三城賊已
陷南一城承簡保北兩城以拒屯十餘戰會徐州救
兵至介爲汴將李質執之傳送京師兵圍介即遣去
冊府元龜 牧守部 忠二 卷之六百八十六 十五
承簡拜簡較左散騎常侍兖海沂密等州節度觀察
處置等使
崔從憲宗元和初爲興元推官知邛州事劉闢竊據
西川以兵逼從歸附從訓卒設備以一邛抗禦之
杜愔懿宗咸通末爲泗州刺史時桂林戍卒龐勛等
爲亂擁衆還徐至泗州令息攻之遣牙將李員入城
見愔曰留後知中丞名族不敢令軍士失禮但開城
門令百姓存活無相疑也愔執而殺之
後唐張憲莊宗同光末爲太原尹時趙在禮入魏州
憲家屬在魏關東俶擾在禮善待其家遣人賫書至
太原誘憲憲斬其使書不發函而奏
王思同明宗長興末爲京兆尹兼西京留守潞王鎮
鳳翔與之隣境及潞王稟朝旨致書于秦涇雍梁邠
諸帥言賊臣亂政屬先帝疾篤謀害秦王迎立嗣君
自擅權柄以至殘害骨肉搖動藩垣懼先人基業忽
焉墜地故誓心入朝以除君側事濟之後謝病歸藩
邸素貧兵力俱困欲希國士共濟艱難乃令小伶安
十十以五絃妓見思同因勸諷勁又單較宋審温者
請使於雍若不從命即獨圖之又令推官郝昭府吏
朱延乂以書檄起兵會赴部暑藥彥稠至方宴而妓
冊府元龜 牧守部 忠二 卷之六百八十六 十六
使適至乃繫之獄彥稠請誅審温拘送昭赴闕思同
已遣其子入朝言事朝廷嘉之乃以思同爲鳳翔中
行營都部署
晉李瓊高祖天福中爲棣州刺史遇楊光遠以青州
叛統本部兵攻其郡城且以書誘瓊瓊固拒之以書
上進朝廷嘉之

冊府元龜

巡按福建監察御史臣李嗣京　訂正

知長樂縣事　臣　夏允彝　叅閱

知建陽縣事　臣　黃國琦　較釋

牧守部一十七

禮士　旌表

禮士

夫見善如不及先儒之丕訓親賢體遠爲政之要道自昔牧人守土之吏曷嘗不尊尚賢者詳延俊乂申以禮遇咨其道義然後能成化而美俗哉至若几杖

之設以重於耆年書記之問以奬其高行親詣閭巷靡辭於屈禮召至郡閣欽聞其緒言或重其經術待以師友或接之恩紀同乎昆弟及至旌異其德推顯其材褒待越於常制延辟極其勤懇用能聳厲四封之内激昂中人之志使其靡然向風翕然遷善遵行禮讓臻乎耻格周書所謂庸庸祗祗者謂此物也夫

漢曹參爲齊相聞膠西有蓋公（古盖反）善治黃老言（黃帝老子之書）使人厚幣請之既見蓋公蓋公爲言治道貴乎清淨而民自定推此類具言之參於是避正堂舍蓋公焉

吳公爲河南守雒陽人賈誼年十八以能屬文稱於郡中吳公聞其秀材召置門下（秀美也）甚幸愛

何壽爲蜀郡太守時何武爲郡吏事壽壽知武有宰相器以其同姓故厚之

趙貢爲琅邪太守時薛宣爲廷尉書佐都船獄吏後以大司農斗食屬察廉補不其丞（斗食者祿少每歲不滿百石計日以斗爲數也不其縣名也）貢行縣見宣甚說其能從宣歷行屬縣還至府令妻子與相見戒曰薛君至丞相我兩子亦中丞相史後宣代張禹爲丞相除趙貢兩子爲史

孫寶爲京兆尹故吏侯文以剛直不苟合常稱疾不

肯仕寶以恩禮請文欲爲布衣友日設酒食妻子相對文求受署爲掾進見如賓禮

後漢杜詩爲南陽太守穰人郭丹爲吏如諫議大夫便始敗歸鄉詩請爲功曹丹薦鄉人長者自代而去詩乃歎曰昔明王興化卿士讓位今功曹推賢可謂至德勑以丹事編署黃堂以爲後法（黃堂太守之廳事）

郭伋爲并州牧聘求耆德雄俊設几杖之禮朝夕與參政事

任延爲會稽都尉時天下新定道路未通避亂江南者皆未還中土會稽頗稱多士延到皆聘請高行如

董子儀嚴子陵等敬待以師友之禮吳有龍丘萇者隱居太末（縣屬會稽）志不降辱王莽時四輔三公連辟不到掾史白請召之延曰龍丘先生躬德履義有原憲伯夷之節都尉埽灑其門尤懼辱焉召之不可遣功曹奉謁脩書記致醫藥吏使相望於道積一歲萇乃乘輦詣府門願得先死備錄延辭讓再三遂署議曹祭酒萇尋病卒延自臨殯不朝三日是以賢士大夫爭徃官焉

鮮于褒為京兆尹郡人第五倫始以營長詣褒褒見而異之署為吏後褒坐事左轉高堂令臨去握倫臂訣曰恨知晚（訣別也東觀記曰倫步擔徃候之留十餘日將倫上堂令妻子出相對以屬託焉）

朱暉為臨淮太守暉好節槩有所拔用皆厲行士

朱穆為冀州刺史所辟用皆清德長者多至公卿州郡

梁統為姑臧太守姑臧稱為富邑時天下未定士多不脩節操而孔奮以議曹掾守姑臧力行清絜為衆人所笑或以為身處脂膏不能以自潤徒益苦辛耳奮既立節治貴仁平梁統深相敬待不以官屬禮之嘗迎於大門引入見母

周景為河內太守好賢愛士其拔才薦善嘗恐不及毎至歲時延請舉吏入上後堂與共宴會如此數四乃遣之賜送什物無不充備既而選其父兄子弟相優異嘗稱曰臣子同貫若之何不厚

鮑昱為汝南太守新息人高獲三公爭辟不應昱毎行縣輒軾其閭

第五倫為會稽太守郡人謝夷吾為督郵倫甚崇其道德轉署主簿使子從受春秋夷吾待之如師弟子之禮

徐蕭為右扶風時張玄習春秋顏氏兼通數家法為陳倉縣丞嘗以職事對府不知官曹處吏白門下責之蕭亦大儒也聞玄諸生試引見之與語大驚曰今日相遭真解矇矣（遭逢也）遂請上堂難問極日

王龔為汝南太守政崇溫和好才愛士引進郡人黃憲陳蕃等憲雖不屈蕃遂就吏蕃性氣高初到龔不即召見之乃留記謝病去龔怒使除其錄功曹袁閬請見言曰聞之傳曰人臣不見察於君不敢立於朝蕃既以賢見引不宜退以非禮龔改容謝曰是吾過也乃復厚遇待之繇是後進知名之士莫不歸心焉

陳蕃為豫章太守在郡不接賓客惟徐稺來特設一

榻去則懸之後爲樂安太守郡人周璆字孟玉高絜之士前後郡守招命莫肯至唯蕃能致焉字而不名特爲置一榻去則懸之

种拂爲頴川太守頴陰人劉翊嘗守志臥疾不屈聘命拂臨郡引爲功曹翊以拂名公之子乃爲起焉拂以其擇時而仕甚敬任之復舉翊孝廉

龎參爲漢陽太守郡人任棠者奇節隱居教授參到先候之棠不與言但以薤一大本水一盂置戶屏前自抱孫兒伏於戶下主簿白以爲倨參思其微意良久曰棠是欲曉太守也水者欲吾清也拔大本薤者

欲吾擊強宗也抱兒當戶欲吾開門恤孤也於是歎息而還參在職果能抑強助弱以惠政得民

羊陟爲河南尹時趙壹舉郡上計到京師往造陟陟延與語大奇之謂曰子出矣陟明旦大從車騎奉謁造壹時諸計吏多盛飾車馬帷幕而壹獨柴車草屏露宿其傍延陟坐於車下左右莫不歎愕陟遂與言談至熏夕極歡而去執其手曰良璞不剖必有泣血以相明者矣陟乃與袁逢共稱薦之名動京師士大夫想望其風采

陶謙爲徐州牧時公卿舉鄭玄爲趙相道斷不至會黃巾寇青部乃避地徐州謙接以師友之禮

孔融爲北海相承黃巾殘破之後脩復城邑崇學校設庠序舉賢才顯儒士以彭璆爲方正邴原爲有道王脩爲孝廉又以原爲計佐是時漢朝陵遲政以賄成原乃將家人入鬱洲山中郡舉有道融書喻原曰脩性保貞清虛守高危邦不入久潛樂土王室多難西遷鎬京聖朝勞謙疇咨雋乂我祖來定策命懇惻國之將隕嫠不恤緯家之將亡緹縈跋涉彼匹婦也猶執此義實望根矩（原字根矩）仁爲己任授手執溺振民於難乃或宴宴居息莫我肯顧謂之君子固如此乎

根矩可以來矣原遂到遼東後原欲歸鄉里止於三山融書曰隨會在秦賈季在翟諮仰靡所歎息增懷頃知來至近在三山詩不云乎來歸自鎬我行永久今遣五官掾奉問榜人舟楫之勞禍福動靜告慰亂階未已阻兵之雄若棊弈爭梟原於是遂復反還積十餘年乃遁還南行已數日而公孫度甫覺知原之不可復追也因曰邴君所謂雲中白鶴非鶉鷃之網所羅矣又吾自遣之勿復來也遂免危難（吳太史慈初避遼東融數遣人訃問其母并致餉遺）

公孫度爲遼東太守時王烈避地遼東度接以昆弟

之禮訪以政事

劉表爲荆州牧時趙戩客於荆州表厚禮焉

魏張邈漢末爲陳留太守弟超與臧洪起義同至陳留邈問臧洪何人超曰洪才畧智數優超超甚愛之海內奇士也邈即引見洪與語大異之致之於劉兖州公山孔豫州公緒皆與洪親善

盧毓爲上黨太守先是鉅鹿人張琦養志不仕移居上黨毓到官三日綱紀白承前致板謁琦毓教曰張先生所謂上不事天子下不友諸侯者也豈此板謁所可光飾哉但遣主簿奉書致羊酒之禮

陳登爲廣陵太守請郡人陳矯爲功曹使矯詣許謂曰許下論議待吾不足足下相爲觀察還以見誨矯還曰聞遠近之論頗謂明府驕而自矜登曰夫閨門雍穆有德有行吾敬陳元方兄弟淵清玉絜有禮有法吾敬華子魚清脩疾惡有識有議吾敬趙元達博聞强記奇異卓犖吾敬孔文舉雄姿傑出有王霸之畧吾敬劉玄德所敬如此何驕之有餘子瑣瑣亦焉足錄哉登雅意如此而深敬友矯

裴徽爲冀州刺史越人孔曜薦清河文學管輅於徽徽即檄召輅爲文學從事一相見清論終日不覺罷倦天時大熱移床在庭前樹下乃至鷄向晨然後出再相見便轉爲鉅鹿從事三見轉治中四見轉爲別駕至十月舉爲秀才

王凌爲青州刺史表請郎中王基爲別駕後召爲秘書郎凌復請還頃之司徒王朗辟基凌不遣朗書劾州曰凡家臣之良則升於公輔公臣之良則入於王職是故古者侯伯有貢士之禮今州取宿衛之臣留秘閣之吏所希聞也凌猶不遣凌流稱青土蓋亦繇基協和之輔也

蜀夏侯纂爲廣漢太守以緜竹人秦宓爲師友祭酒

領五官掾稱曰仲父宓稱疾臥在茅舍纂將功曹古朴主簿王普厨膳即宓第宴談宓臥如故

吴士燮爲交趾太守體器寬厚謙虛下士中國士人往依避難者以百數

吴繄字孔休爲會稽太守召處士謝譚爲功曹譚以疾不詣繄教曰夫應龍以屈伸爲神鳳凰以嘉鳴爲貴何必隱形於天外潜鱗於重淵者哉

顧邵爲豫章太守初錢唐丁諝出於役伍陽羨張秉生於庶民烏程吴粲雲陽殷禮起乎微賤邵皆拔而友之邵當之豫章發在近路值秉疾病時送者百數

邵辭賓客曰張仲節有疾苦不能來別恨不見之魋還與訣諸君少時相待其留心下士唯善所在皆此類也

晉陶侃爲荆州刺史時皇甫方回謐之子少尊父操辟亂荆州侃禮之甚厚侃每造之著素士服望門輒下而進

周浚爲楊州刺史廣陵人華譚好學不倦爲隣里所重浚引爲從事史愛其才品待以賓友之禮

劉弘爲荆州刺史時陳敏作亂順陽太守張光率步騎五千詣荆州討之弘雅敬重光稱爲南楚之秀

劉陶爲楊州刺史先是杜夷爲王敦所舉方正夷遁於壽陽鎮東將軍周馥傾心禮接引爲參軍夷辭之以疾馥知不可屈乃自詣夷爲起宅宇供其醫藥馥敗夷歸舊居道遇兵寇陶告廬江郡曰昔魏文侯軾干木之閭齊相曹參尊崇蓋公皆所以優賢表德敦勵末俗徵士杜君德懋行絜高尚其志頃流離道路聞其頓躓刺史忝任不能崇飾有道而使高操之士有此難也今遣吏宣慰郡可遣一吏縣五吏每每營恤之常以市租供給家人糧廩勿令闕乏尋以胡寇又移渡江王導遣吏周瞻之

許猛爲幽州刺史素服霍原之名將詣之主簿當車諫不可出界猛歎恨而止原山居積年門徒百數燕王月致羊酒

王敦爲荆州牧以郭舒爲參軍轉從事中郎將敦重舒公亮給賜轉豐數詣其家乃表爲梁州刺史

謝尚爲丹楊尹鎮牛渚秋夜乘月率爾與左右微服泛江會臨汝令袁勗子宏在舫中諷詠聲既清亮辭又藻拔遂駐聽久之遂問焉答曰是袁臨汝郎誦詩即宏詠史之作也尚傾率有勝致即迎升舟與之譚論申旦不寐自此名譽日茂

鄧嶽爲廣州刺史葛洪爲句漏令將子姪俱行嶽留不聽去洪乃止羅浮山鍊丹嶽表補東莞太守又辭不就嶽乃以洪兄子望爲記室參軍

王弘爲江州刺史時彭澤令陶潛棄官閑居弘甚欽遲之後日造焉潛稱疾不見既而語人云我性不狎世因疾守閑幸非絜志慕聲豈敢以王公紆軫爲榮邪夫謬以不賢此劉公幹所以招謗君子其罪不細也弘每令人候之密知當往廬山乃遣其故人龐通之等齎酒先於半道要之潛既遇酒便引酌野亭欣然忘進弘乃出與相聞遂歡讌窮日潛無履弘顧左

右爲之造履左右請履度濳便於坐申脚令度焉弘要之還州問其所乘答云素有脚疾向乘籃輿亦足自反乃令一門生二兒共輿之至州而言笑賞適不覺有羨於華軒也弘後欲見輒於林澤間候之至於酒米乏絶亦時相贍

前凉陰澹爲燉煌太守郡人索襲虚靜好學不與當世交通或獨笑或長歎涕泣或先生碩德名儒眞可以諮大義澹欲行鄉射之禮請襲爲三老曰今四表輯寧將行鄉射之禮先生年耆望重道冠一時養老之義實繫儒賢既樹非梧桐而希鸞鳳降翼器謝曹

公而冀蓋公枉駕誠非所謂也然夫子至聖有召赴焉孟軻大德無聘不至蓋欲弘闡大猷敷明道化故也今之相屈遵道崇教非有爵位意者或可黷乎會病卒

後秦符融爲冀州刺史州人崔玄伯少有儁才號曰冀州神童融虚心禮敬

宋劉道産爲雍州刺史柳元景有器質道産深愛其能元景居父憂未得加命會荆州刺史江夏王義恭召之道産謂曰久欲見屈今貴王有召難輒相留乖意以爲惘惘

袁粲爲丹陽尹太原王延秀薦傅昭於粲深爲所禮辟爲郡主簿使諸子從昭定其所制每經昭戶輒歎曰經其戶寂若無人披其帷其人斯在豈得非名賢也

張崇之爲吳興太守烏程人吳達有孝行爲鄉里所推崇之三加禮命其後太守王韶之擢補功曹史達以門寒固辭不就

南齊張永爲吳興太守郡人沈驎士隱居教授從學者數十百人永請驎士入郡驎士聞郡後堂有好山水乃往停數月永欲請爲功曹使人致意驎士曰明

府德履冲素留心山谷民是以被褐負杖忘其疲病必欲飭渾沌以蛾眉冠越客於文冕走雖不敏請附喬鄉永乃止

王曇生張淹並爲東陽太守郡人徐伯珍積學十年究尋經史遊學者多依之曇生與淹並加禮辟伯珍應召便退如此者凡十二焉

王僧達爲吳郡太守錢塘人褚伯玉有高世之行僧達苦禮致之伯玉不得已停郡信宿裁交數言而退寧朔將軍丘珍孫與僧達書曰聞褚先生出居貴館此子滅景雲棲不事王侯抗高木食有年載矣自非

折節好賢何以致之昔文覺棲佁城安道入邑門於兹而三焉郤粒之士飡霞之人乃可暫致不宜久羈君當思遂其高步成其羽化望其還策之日暫紆清塵亦願助爲譬説僧達答曰褚先生從白雲遊舊矣古之逸民或留慮兒女或使華陰成市而此子索然唯服松石分於孤峯絶嶺者積數十載近故要其來此冀慰日夜比談討芝桂借訪荔蘿若已窺煙液滄州矣知君欲見之輒當申譬

袁昂領丹陽尹辟徐之才爲主簿人務事宜皆被顧訪郡廨遭火之才起望夜中不著衣披紅服帕出房

映光爲昂所見功曹白請免職昂重其才術仍特原之

梁蔡興宗爲郢州刺史引沈約爲記室嘗謂其諸子曰沈記室人倫師表宜善事之

蕭琛爲東海太守瑯邪人諸葛璩辟江祀府議曹不就琛與刺史安成王秀鄱陽王恢並禮異焉

衡陽王元簡爲會稽太守時何胤隱居東山元簡深加禮敬月中常命駕式閭談論竟日

柳惲爲吳興太守郡人沈顗幼清靜有志行慕黄叔度徐孺子之爲人累徵不起天監四年大舉北伐訂民丁惲以顗從役楊州別駕陸任以書責之惲大慚厚禮而遣之

王峻爲桂陽太守時郡丞周興嗣博通紀傳善屬文峻素相賞好禮之甚厚

陳侯安都爲南徐州刺史先是湘東王主簿蕭允臺城陷居京口侯景平從高祖鎮南徐州以書召之允又辭疾安都躬造其廬以申長幼之禮

後魏陸馥爲相州刺史州中有德宿老名望重者以友禮待之詢之政事咨以方畧如此者十人號曰十善

王誦爲幽州刺史范陽涿人盧義僖爲寇軍將軍中散大夫以母憂去職誦與義僖交款每與舊故李神儁等書曰盧寇軍在此時復惠來輒留連數日得諮詢政道其見重若此

劉模爲穎州刺史王肅之歸關路經懸瓠羈旅窮悴時人莫識獨模給所須吊待以禮肅臨豫州模猶在郡

裴慶孫爲邵郡太守在郡愛好文流與諸才學之士咸相交結輕財重義坐客常滿是以爲時所稱

崔休爲渤海太守時大儒張吾貴有盛名於東出四

方學士咸相宗慕弟子自遠而至者嘗千餘人生徒既衆所在多不見容休乃爲設俎豆招延禮接使肄業而還儒者稱爲口實

北齊楊州公永樂爲齊州刺史州人李系爲廣陵王錄事參軍府解還鄉里徵拜寇軍將軍中散大夫永樂聞而請與相見待以賓友之禮及永樂薨系送葬還都

任城王湝爲定州刺史李德林居貧轗軻湝重其才召入州館朝夕同遊殆均師友不爲君臣禮數

唐高士廉太宗貞觀中爲益州都督府長史蜀人朱

桃椎者澹泊爲事隱居披裘帶索沉浮人間實軌之鎮益州也聞而召之遺以衣服逼爲鄉正桃椎口竟無言棄衣於地逃入山中結菴澗曲夏則倮形冬則樹皮自覆人有贈遺一無所受每爲屩致之於路人見之者曰朱居士之屩也爲鬻米置於本處桃椎至夕而取之終不與人相見議者以爲焦光之流士廉下車以禮致之及至降階與語桃椎不荅直視而去士廉高之每令存問桃椎見使者輒入林自匿近代以來多輕隱逸士廉獨加褒禮蜀中以爲美談

張嘉貞玄宗開元中爲益州長史判都督事性簡貴待管內刺史禮隔而引漢州刺史李擇言同榻坐談政理時人榮之

盧齊卿爲兗州刺史王希夷隱於徂徠山齊卿就謁致禮因訪以字人之術希夷曰孔子稱己所不欲勿施於人可以終身行之矣

賀蘭進明天寶中爲試信安太守其後第五琦貶爲須江丞進明重其才畧遇之轉深

李勉德宗貞元中爲汴滑節度以名士李巡張叅爲糧料官巡卒於幕三歲之內每遇宴飲必設虛位延次陳膳執酹辭色悽惻論者美之

李峴爲魏郡太守時李栖筠爲寇氏主簿峴待之如布衣交

張建封爲壽州刺史聞温造之名招以尺書造曰可人也挈家從之建封動靜咨詢而不敢縻以爵祿及按節彭門造歸下邳有高視天下之心建封恐一旦失造遂妻以兄之子

李泌爲陝虢觀察使時陽城隱於河東中條山下遠近慕其德行來學者相繼有爭者不詣官府詣陽城決之泌數禮問之

崔衍爲宣歙池觀察使所擇從事多得名流時有士

者得賓寮率輕傲衍獨加禮敬幕中之士後多顯達

旌表

夫追甄往烈申奬至行興廉而舉孝尚賢而崇德乃爲政之所先也況乎居岳牧之任爲萬夫之長風化攸繫品庶式瞻自非敦勗名義旌别淑慝亦何以臻耻格之漸成懷音之美哉繇漢曁唐循吏間作乃有移書以褒直節置饋以禮先民至若貞操遵倫懿範絶俗或著之銘刻或加以辟署或表厥鄉里揚其淑聲或列之圖像形於善頌或枉顧於衡蕐或存推於廪賜既優異於羣萃復升聞於王庭故能激勵頹弛

冊府元龜　牧守部　禮士　卷之六百八十七　十七

聳動倫伍致民德之歸厚成政績之尤異焉

漢薛宣爲左馮翊池陽令舉廉吏獄掾王立府未及召聞立受囚家錢宣責讓縣縣案驗獄掾迺其妻獨受繫者錢萬六千受之再宿獄掾實不知掾慙恐自殺宣聞之移書池陽曰縣所舉廉吏獄掾王立家私受賕而立不知殺身以自明立誠廉士甚可憫惜其以府決曹掾書立之柩以顯其魂以此職追贈府掾史素與立相知者皆予送葬

後漢任延年十九爲會稽都尉及到靜泊無爲唯先遣饋禮祠延陵季子

郅惲爲長沙太守初長沙有孝子古初遭父喪未葬隣人失火初匍匐柩上以身扞火火爲之滅惲甄異之以爲首舉

劉護爲江夏太守郡人黄香年十九歲失母思慕憔悴殆不勝哀免喪鄉人稱之至孝護聞而召之署門下孝子甚見愛敬

賈琮爲冀州刺史初白馬令李雲以直言死廷尉獄中琮使行部過祠雲墓刻石表之又巴肅爲議郎與竇武陳蕃等謀誅閹官武等遇害肅亦坐黨禁錮中常侍曹節後聞其謀收之肅自載詣縣縣令見肅入

冊府元龜　牧守部　旌表　卷之六百八十七　十八

閤解印綬與俱去肅曰爲人臣者有謀不敢隱有罪不逃刑既不隱其謀矣又敢逃其刑乎遂被害琮刊石立銘以記之

張酺爲東郡太守郡吏王青者祖父翁與前太守翟義起兵攻王莽及義敗餘衆悉降翁獨守節力戰莽燔燒之父隆建武初爲都尉功曹青爲小吏與父俱從都尉行縣道遇賊隆以身衛全都尉遂死於難青亦被矢貫咽音聲流喝前郡守以青身有金夷竟不能舉酺見之歎息曰豈有一門忠義而爵賞不及乎遂擢用極右曹

韓崇爲汝南太守郡人蔡順以至孝稱崇召爲東閤祭酒順毋平生畏雷自亡殁每有雷震順輙圜冢泣日順在此崇聞之每雷輙爲差軍馬到墓所

孔融爲北海相郡人甄子然臨孝存知名早卒融恨不及之乃命配食縣社高密人鄭玄字康成融深敬之屣履造門告高密縣爲玄特立一鄉曰昔齊置士鄉越有君子軍皆異賢之意也鄭君好學實懷明德昔太史公廷尉吳公謁者僕射鄧公皆漢之名臣又商山四皓東園公夏黃公潛光隱耀世嘉其高皆悉稱公然則公者仁德之正號不必三事大夫也今鄭

君鄉宜曰鄭公鄉昔東海于公僅有一節猶或戒鄉人侈其門閭矧乃鄭公之德而無駟牡之路可廣開門衢令容高車號爲通德門

魏王肅爲廣平太守時有張臶學兼內外不應辟命卒肅教下縣曰前在京都聞張子明（臶字子明）來至問之會其已亡致痛惜之此君篤學隱居不與時競以道樂身昔絳縣老人屈在泥塗趙孟升之諸侯用睦愍其耄勤好道而不蒙榮寵書到遣使勞問其家顯題門戶務加殊異以慰既往以勸將來

毋丘儉爲幽州刺史討高句驪王名宮將叛於魏其臣句驪沛者名得來數諫宮宮不從得來歎曰立見此地生蓬蒿不食而死及儉至令諸軍不壞其墓不伐其樹得其妻子皆放遣之

蜀王商爲蜀郡太守成都禽堅有至孝之行商表其墓追贈孝廉又與嚴君平李弘立祠作銘以旌先賢

董榮爲益州刺史圖畫譙周像於州學命從事李通誦之

吳顧邵爲豫章太守下車祀先賢徐孺子之墓優恤其後

晉孔嚴爲吳興太守餘杭婦人經年荒賣其子以活

夫之兄弟武康有兄弟二人妻各有孕弟遠行未反遇荒歲不能兩全棄其子而活弟子嚴並褒薦之

溫嶠鎮武昌甚有惠政甄異行能親祭徐孺子之墓

陰澹爲敦煌太守郡人索襲虛靖好學舉孝廉賢良方正皆以疾辭澹禮之襲卒澹素服會葬贈錢二萬澹曰世人之所有餘者富貴也目之所好者五色也耳之所玩者五音也而先生棄衆人之所收收衆人之所棄味無味於恍惚之際兼黃玄於衆妙之內宅不彌敞而志忽九州形居塵俗而棲心天外雖黔婁之高遠莊生之不顯蔑過也乃謚曰玄居先生

揚宣爲敦煌太守郡人宋纖隱居於酒泉南山宣畫其像於閣上出入視之作頌曰爲枕何石爲漱何流身不可見名不可求

馬岌爲酒泉太守時宋纖隱於南山岌具威儀鳴鍾鼓造焉纖高樓重閣距而不見岌歎曰名可聞而身不可見德可仰而形不可覩吾而今而後知先生人中之龍也銘詩於石壁曰丹崖百丈青壁萬尋奇木蓊鬱蔚若鄧林其人如玉維國之琛室邇人遐實勞我心

劉弘爲荆州刺史立諸葛孔明羊叔子碣使參軍李

與爲之文

前秦符朗爲晉州刺史桑虞五世同居閭門邕穆朗甚重之嘗詣虞家升堂拜其母時人以爲榮

宋張崇爲吳興太守烏程人吳逵經荒饑病合門死者十有三人逵夫妻僅存家極貧窘朞年成七墓十三棺時人賻贈一無所受崇義之以羔鴈之禮禮爲

劉悛爲武陵內史漢壽人邵榮興六世同爨表其門閭

劉損爲吳郡太守至昌門便入太伯廟時堂宇頹毁垣墻不脩損愴然曰清塵尚可髣髴衡宇一何摧頹卽令脩葺

南齊竟陵王子良爲會稽太守郡民朱百年有至行先卒賜其妻米百斛蠲一人給其薪蘇

王綸之爲豫章太守下車祭徐孺子許子將墓圖畫陳蕃華歆謝鯤像於郡朝堂

梁顧憲之爲豫章太守有貞婦萬晞者少孀居無子事舅姑尤孝父母欲奪而嫁之誓死不許憲之賜以束帛表其節義

謝朓爲東海太守辟琅邪人諸葛璩爲議曹不就朓教曰昔長孫東徂降龍丘之節文舉北輶高通德之

稱所以激貪立懦式揚風範處士諸葛璩高風所漸結轍前脩豈懷珠被褐韞玉待價將幽貞獨往不事主侯者邪聞事親有啜菽之窶就養寡藜蒸之給豈得獨享萬鍾而忘茲五秉可餉穀百斛

蔡興宗爲會稽太守先是郡人郭原平有孝行爲鄉里宗仰太守王僧朗察不就興宗臨郡深加貴異以私米饋原平友山陰朱百年妻下教曰秩年之眖著自圖書餼貧之典有聞甲令況高柴窮老萊婦屯暮者哉永興郭原平世禀孝德洞業儲虛深仁絶操追風曠古棲貞處約華耇方嚴山陰朱百年道終物表

妻孔季茵孀居寡迫殘日欽風撫事嗟慨滿懷可以
帳下米各斛百斛原平固讓不受

後魏盧道將爲燕郡太守下車表樂毅霍光之墓而
爲之立祠樂墓在良鄉霍墓在蠡州

任城王澄爲揚州刺史下車封孫叔敖之墓

髙允爲懷州刺史秋月巡境問民疾苦至郡縣見邵
公廟廢毁不立乃歎曰邵公之德闕而不祀爲善者
何望乃表聞脩葺之

李安世爲相州刺史以西門豹史起有功於民者爲
之脩飾廟堂

隋漢王諒爲并州總管先是文水人郭儁家門雍睦
七葉共居犬豕同乳烏鵲通巢時人義之諒聞嘉歎
賜兄弟二十人衣各一襲

唐許景先開元中爲虢州刺史閿鄉人梁文貞少從
征役比回而父母皆卒文貞恨不終養乃泣血廬墓
三十餘年景先奏請宣付史官

李栖筠爲浙西觀察使時蘇州嘉興人徐岱少好學
六籍諸子悉所探究栖筠厚遇之爲改所居爲復禮
鄉

冊府元龜

巡按福建監察御史臣李嗣京　訂正
知閩縣事臣曹耑臣參閱
知建陽縣事臣黃國琦較釋

牧守部　十八

薦賢　愛民

薦賢

國有進賢之令易稱彚征之吉蓋淑人君子志不掩善義從公共與得英哲以奉其上者也夫十室之邑必有忠信三人同行必有我師況乎百城共治萬夫

覩政按察封部親撫萌俗者哉至乃節行純正才譽彰著名迹韜晦卿里推服或屬吏之善治或令族之久廢咸能特達慰薦周旋稱述揚於王庭舉不失德傳曰惟善人能舉其類豈虛語也哉

漢吳公史失其名爲河南守雒陽人賈誼年十八以能誦詩書屬文稱吳公召置門下文帝初立徵吳公以爲廷尉廼言誼年少頗通諸家之書帝召以爲博士

王襄宣帝時爲益州刺史時蜀人王襃既爲刺史作頌郎中和樂職宣布詩也以美盛德故謂之頌也又作其傳解釋頌歌之義及作者之意襄因奏襃有軼才帝乃徵襃既至詔襃爲聖主得賢臣頌

徐明元帝時爲涿郡守郡人王尊爲護羌將軍坐擅離部會赦免歸家明薦尊不宜久在閭巷帝以尊爲郿令

蕭育成帝時爲朔方刺史時馮野王以中山孝王舅出爲上郡太守育奏封事薦言野王行能高妙內足以圖身外足以慮化圖謀也慮思也竊惜野王懷國之寶而不財陪朝廷與朝者並野王前以王舅出以賢復入明國家樂進賢也帝自爲太子時聞知野王會其病免復以故二千石使行河隄因拜爲瑯邪太守

後漢銚期建武初爲魏郡太守時功曹馮勤有能稱期嘗從光武征伐政事一以委勤勤同縣馮巡等舉兵應光武謀未成而爲豪右焦廉等所反勤乃率將老母兄弟及宗親歸期期悉以爲腹心薦於光武初未被用後乃除爲郎中給事尚書

劉育建武初爲濟陰太守郡丞劉平有孝行育甚重之任以郡職上書薦平會平遭父喪去官服闋拜全椒長

杜詩建武初爲南陽太守雅好推賢數進知名士清河劉統及魯陽董崇等

張輔章帝建中初爲東郡太守郡吏王清者祖父翁與前太守翟義起兵攻王莽及義敗餘衆悉降翁獨守節力戰莽遂燔燒之父隆建武初爲都尉功曹清爲小吏與父俱從都尉行縣道遇賊隆以身衛全都尉遂死於難清亦被矢貫咽音聲流渴前太守以清身有金夷竟不能舉輔見之歎息曰豈有一門忠義而爵賞不及乎遂擢用極右曹乃上疏薦清三世死節宜蒙顯異奏下三公錄此爲司空所辟除步兵司馬輔傷清不遂復舉其子孝廉也

胥丕和帝永元初爲東郡太守數薦達幽隱名士王

龔等皆備帷幄近侍

張霸永元中爲會稽太守表用郡人處士顧奉公孫松等奉後爲穎川太守松爲司隷校尉並有名稱其餘有業行者皆見擢用郡中爭厲志節習經者以千數道路但聞誦聲

龐奮和帝時爲河南尹緱氏人龐參初仕郡未知名奮見而奇之舉爲孝廉拜左校令

向苗爲沛郡守有名迹舉桓鸞孝廉爲膠東令

法雄安帝時爲交阯太守先是交阯都尉胡貢一作龐子廣爲郡散吏雄察廣孝廉旣到京師試以章奏帝以廣爲天下第一故事孝廉高第三公尚書輒優文詩勞來其舉將於是公府下詔書勞來雄焉旬月拜尚書郎

李固順帝時爲荊州刺史薦桂楊太守欒巴治迹徵拜議郎守光祿大夫

范津爲北地太守明知人舉傅燮孝廉及津爲漢陽與燮交代合符而去鄉邦榮之

蓋勳靈帝中平初爲京兆尹是時漢陽叛人臣國衆十餘萬攻陳倉三輔震動勳領郡兵五千人自請滿萬人因版用處士扶風孫瑞爲鷹鷂都尉桂陽魏傑爲破敵都尉京兆杜楷爲威虜都尉弘農楊儒爲鳥

擊都尉長陵第五儁爲精寇都尉凡五部都尉皆素有名悉領屬勳

張浩爲彭城相薦隱士閭丘遵等

劉翊爲汝南太守舉郡人許靖計吏察孝廉除尚書郎典選舉

陰修爲穎川太守以旌賢擢俊爲務舉五官擢張中方正察功曹鍾繇主簿荀彧主記掾張禮賊曹掾杜祐孝廉荀攸計吏郭圖爲吏以光國朝

孔融爲北海相薦舉賢良鄭玄彭璆邴原等

高幹爲并州刺史時嘗林有高行幹表爲騎都尉林

辭不受

魏梁習漢末爲幷州刺史薦州界名士嘗林陽俊王陵王象荀緯太祖皆以爲縣長

孟達爲安定太守嘗薦涿郡太守王雄曰臣聞明君以求賢爲業忠臣以進善爲效故易稱拔茅連茹傳曰舉爾所知臣不自量竊慕其義日以人乏謬備部職時涿郡太守雄爲西部從事與臣同僚雄天性良固果而有謀歷試三縣政成民和頃任近職奉宣威德懷柔有術清愼持法臣往年出使經過雄郡自說特受陛下拔擢之恩嘗厲節精心思投命爲效言辭

激揚情趣款惻臣雖愚暗不識眞僞以爲雄才兼資文武忠烈之性踰越倫輩今涿郡領戶三千孤寡之家參居其半比有守兵藩衞之固誠不足舒雄智力展其勤幹而已也臣受恩深厚無以報國不勝慺慺淺見之情謹冒陳聞詔曰昔蕭何薦韓信鄧禹進吳漢惟賢知賢也雄有膽智技能文武之姿吾宿知之今使以參散騎之選方使少在吾門下知指歸便大用之矣天下之士欲使皆先歷散騎然後出據州郡是吾本意

高堂隆爲陳留太守犢民酉牧年七十餘有至行舉爲計曹掾明帝嘉之特除郎中以顯焉

張旣爲雍州刺史時武威太守毋丘興甚有惠政旣上表曰河右遐遠喪亂彌久武威當諸郡路道喉轄之要加民夷雜處數有兵難領太守毋丘興到官內撫吏民外懷羌胡士卒柔附爲官效用黃懽張進初圖逆亂扇動左右興志氣忠烈臨難不顧爲將校民夷陳禍福言則涕泣於時男女萬口咸懷感激形毁髮亂誓心致命尋率精兵蹴脅張掖濟拔領太守杜通西海太守張睦張掖番和驪軒二縣吏民及郡雜胡並悪詰興興皆安卹使盡力田興毎所歷盡竭心

力誠國之良吏殿下卽位留心萬機苟有毫毛之善必有賞錄臣伏緣聖旨指陳其事

蜀劉焉漢末爲益州牧廣漢郡人任安兼通數經究極圖讖不就徵辟焉表薦安味精道度厲節高邈揆其器量國之元寶宜處弼疑之輔以消非當之咎玄纁之禮所宜招命時王塗隔塞遂無聘命

晉王戎爲荆州刺史時樂廣有名戎聞廣爲夏侯玄所賞乃舉爲秀才後廣爲右僕射領吏部代戎爲尚書令始戎薦廣而終踐其位時人美之

裴楷爲河內郡太守范晷爲丞楷雅知之薦爲侍御

史

山濤爲冀州刺史冀州俗薄無相推轂濤甄拔隱居搜訪賢才旌命三十餘人皆顯名當時人懷慕向風俗頗華

華譚爲廬江内史舉寒族周訪爲孝廉訪果立功名時以譚爲知人

王敦爲廬江刺史時懷帝詔王公舉賢良方正敦以賀循爲賢良杜夷爲方正乃上疏曰臣聞有唐疇咨元凱登用漢武欽賢俊彦嚮應故能允協時雍敷崇盛化伏見於孫舍人會稽賀循處士廬江杜夷履道

彌高清操絶俗思學融通才經王務循宰二縣皆有名實備僚東宮忠恪允著清虚冲淡上俗異軌考槃空谷肥遁匿迹羞經國之良實聘命之所急若得待詔公車承對册問必有忠讜良謨弘益政道矣敦於是逼夷赴維夷適於壽陽

孔廞爲吳興太守先是郡人王談父爲鄰人竇度所殺後以鍤斬度太守孔嚴宥之及廞爲太守宪其義行舉爲孝廉時稱得人

何充爲東陽太守薦徵士虞喜

孔愉爲會稽内史韓績好文學以潜退高操愉上疏薦之召拜博士績稱老病不起

後秦郭播爲隴東太守時赫連勃勃乞伏乾歸作亂西北禿髪傉檀沮渠蒙遜擅兵河右疇咨將帥之臣欲鎮撫二方播言於姚興曰嶺北二州鎮戸皆數萬若得文武之才以綏撫之足靖塞姦路興曰吾每思得廉頗李牧鎮撫四方使便宜行事然任非其人嘗致負敗卿試舉之播曰清素善撫邊則平陸子王元始雄武多奇畧則建威王焕賞罰必行臨敵不顧則奮武彭蚝興曰蚝令行禁止則有之非綏邊之才也始焕年少吾未知其爲人播曰廣平公弼才兼文武

宜鎮督一方願陛下遠鑒高車近悟後轍興不從

宋王韶之爲吳興太守郡人潘綜少有孝行綜鄉人祕書監丘繼祖廷尉沈赤黙以綜異行薦補左右令史除遂昌長歲滿還家韶之臨郡發曰前被符孝薦之選必審其人雖四科難該文質寡備必能孝義邁俗拔萃著聞者便足以顯應明敭允稱符旨烏程潘綜守死孝道全親濟難烏程吳逵義行純至列墳成行感積誠内淳休聲外著可並察孝廉并列上州臺陳其行跡

陸徽爲益州刺史先是龔穎爲前刺史毛璩從事璩

爲譙縱所殺顔獨不屈節及縱僭號徵之又不起逼以兵刄執志益堅縱平後元嘉二十四年徽上表曰臣聞運纏明夷則艱貞之節顯時屬棟撓則獨立之操彰昔者皇綱弛紊譙縱乘釁肆虐巴庸害殺前益州刺史毛璩竊據蜀土涪岷士庶休延受職璩故吏襲顔秉心貞白抗志不撓殯送舊君哀敬盡禮全操九載不染僞朝縱雖殘凶尤重義槩遂延以旌命刼以兵威顔忠誠奮發辭色方壯雖桎梏在身踐危愈信其節白刄臨頸見死不更其守若王蠋之抗辭燕軍周苛之肆詈楚王方之於顔蔑以加焉誠當今

之忠壯振古之遺烈而名未登於王府爵猶齒於鄉曹斯實邊垠遠土所爲於邑臣過叨恩私宣風萬里志存砥礪有懷必聞故率愚懿舉其所知過懼紕妄伏增悚慄顔遂不被朝命終於家

陸徽爲廣州刺史上表薦士曰伏見廣州別駕從事史朱萬嗣年五十三字少豫理業冲夷秉操純白行稱私庭能著官政雖氏非世祿職無通資而處牒南服位極僚首九綜州綱三端府職頻掌藩機屢顯符守年暨知命廉尚愈高氷心與貪流爭激霜情與晩節彌茂歷宰金山家無寶鏤之飾連組珠海室靡璫珥之珍確然守志不求聞達是以澄華汙吏洗鏡貪氓臣謬忝司牧任專萬里雖情祇愼擢才闕毫露敢罄愚陋舉其所知如得提名禮闈抗跡朝省搏嶺表之清風負氷壺之絜望則恩融一臣而施光萬物敢緣天澤雲布時德雨施每甄外州榮加遠國是以獻其瞽言希埀聽覽

蔡興宗爲會稽太守時會稽貴重望計及望孝盛族出身不減秘著泰始七年興宗欲舉山陰孔仲智長子爲望計郭原平次息爲望孝仲智會土高門原平一邦至行欲以相敵會太宗別勑用人故二選並寢

泰豫元年興宗徵還京師表其殊行宜舉拔顯以勸風俗

南齊褚淵爲吳興太守郡人丘靈鞠爲烏程令不得志泰始初坐事黨錮數年及淵至謂人曰此郡才士唯有丘靈鞠及沈勃耳乃啓申之

王奐爲吳興太守武康之沈鱗士隱居教授學者數十百人奐上表薦之詔徵爲奉朝請不就

梁謝朏爲吳興太守唯與姑熟周興嗣談文史而已及罷郡還因大相稱薦本州舉秀才除桂陽郡丞

鄭紹叔爲司州刺史能傾心接物多所薦舉士類以

此歸之

後魏穆羆爲汾州刺史前吐京太守劉升在郡甚有威惠限滿還都胡民八百餘人詣羆請之前定陽令吳平人亦有恩信戶增數倍羆以吏民懷之並爲表請孝文皆從焉

胡泥爲幽州刺史有陽尼少好學博通羣籍泥以其學藝文雅乃表薦之徵拜秘書著作郎

李安世爲相州刺史時路恃慶有幹用與廣平宋翻俱知名爲鄉閭所稱安世並表薦之太和中除奉朝請恃慶以從兄文居有才望因推言之孝文遂并拜

焉

鄭義爲兗州刺史酸棗令鄭伯孫甄城令董騰別駕賈德治中申靈度並在任廉貞勤恤百姓義皆申表稱薦時論多之

北齊王昕爲東萊太守時杜𤦪爲光州曲城令爲政清淨務在仁恕普泰中吏曹下訪守令尤異𤦪已代還昕以𤦪應詔

後周陳公純爲岐州刺史舉遂伯中大夫樂遜爲賢良

唐陳少遊爲楊州刺史吳郡陸贄有經學少遊愛其才辟爲從事後薦於朝拜左拾遺

張九皋爲宋州刺史時高適好學以詩知名佳句朝出夕遍人口九皋表薦之

韓滉爲浙西觀察使時萬年人常衮年少警悟涉覽經史滉奏授試秘書省校書郎

韋夏卿爲蘇州刺史扶風竇羣以處士隱毗陵嘗著書號古今名臣畧三十卷夏卿以丘園茂異薦詔兼獻其書不報及夏卿爲京兆尹又薦之徵拜左拾遺

韋皋爲西川節度使西河人段文昌家于荆州倜儻有氣義節度使裴胄知之而不能用皋在蜀表授校

書郎

楊汝士爲同州刺史入朝薦防禦判官魏謩爲右拾遺文宗以謩魏徵之後頗奇待之

後唐張全義初仕梁爲河南尹以李專美名族之後奏爲陸渾尉

晉趙在禮天福中爲宋州節度使奏荐前節州節度使官李穀乞除一官尋授監察御史

愛民

夫牧守吏民之本可以感物而行化者也居其任者苟能宣恩澤之詔布忠厚之教廣求民瘼洞達治體

知所疾苦去其繁苛俾夫百姓寬息一境休和茲所謂良二千石矣漢氏而下循吏間作至有專行仁恵務於安輯振恤周困拯濟孤弱或條上其損益或蠲省其賦調至於推恕心以惜民力違科禁以順物情苟利於人靡顧于已或出私積以代民租故能上下忻賴所在化行爲吏人所稱績用可紀非夫忠信之長慈恵之師庶幾乎德讓之風者亦胡以臻此

漢黄霸爲頴川太守力行教化而後誅罰力猶勤也先以德教化於下若有不從然後用刑罰

薛宣爲陳留太守入守左馮翊所居皆有條教可紀

多仁恕愛利愛而安利也

後漢鍾離意爲會相視事五年以愛利爲化人多殷富

李善爲日南太守以愛恵爲政

劉岱爲兖州刺史虚已愛物

魏何夔爲長廣太守是時太祖始制新科下州郡又收租税緜絹夔以郡初立近以師旅之後不可卒繩以法乃言曰自喪亂以來民人失所今雖小安然服教日淺所下新科皆以明罰勑法齊一大化也所領六縣疆域初定加以饑饉若一切齊以科禁恐或有不從教者不從者不得不誅則非官民設教隨時之意也先王辯九服之則以殊遠近制三典之刑以平治亂愚以爲此郡宜依遠域新邦之典其民間小事使長吏臨時隨宜上不背正法下以順百姓之心比及三年民安其業然後齊之以法則無不治矣太后從其言

袁渙爲沛南部都尉是時新募民開信田民不樂多逃亡渙白太祖曰夫民安土重遷不可卒變易以順行難以逆動宜順其意樂之者乃取不欲者勿彊太祖從之百姓大悦

盧毓爲梁譙二郡太守帝以譙舊鄉故大徙民充之以爲屯田而譙土地墝百姓窮困毓愍之上表徙民於梁國就沃衍失帝意帝雖聽毓所表心猶恨之遂左遷毓使將徙民爲睢陽典農校尉毓心在利民躬自臨視擇居美田百姓頼之遷安平廣平太守所在有恵化

王觀爲涿郡太守明帝即位下詔書使郡縣條爲劇中平者主者欲言郡爲中平觀敎曰此郡濱近外虜數有寇害云何不爲劇邪主者曰若郡爲外劇恐於明府有任子觀曰夫君子所以爲民也今郡在外劇

則於役條當有降差豈可為太守之私而負一郡之民乎遂言為外劇郡後遂任子詣郡時觀但有一子而又幼弱其公心如此觀治身清素帥下以儉僚屬承風莫不自勵

晉王羲之為會稽內史時東土饑荒賦役繁重吳會尤甚羲之每上疏爭事多見從又遺尚書僕射謝安書曰頃所陳論每蒙允納所以令下小得蘇息各安其業若不爾此一郡久已蹈東海矣今事之大者未布運漕是也吾意望朝廷可申下定期委之所司勿從事下但當歲終考其殿最長吏尤殿命檻車送詣

天臺三縣不舉二千石必免或可左降令在疆寒極難之地又自吾到此從事常有四五兼以臺司及都水御史行臺文符如雨倒錯違背不復可知吾又瞑目循常推前取重者及綱紀輕者在五曹主者莅事未嘗得十日吏民趨走功費萬計卿方任其重可徐尋所言江左平日揚州一良刺史便足統之況以羣才而更不理正緣為法不一牽制者眾思簡而易從便足以說斷而時意不同近簡較諸縣無不皆爾餘尤千萬解重斂以資姦吏令國用空乏良可歎也自軍興以來征役及充運死亡叛散不反者眾虛耗至此而補代修常所在凋困莫知所出上命所差上道多叛則吏及叛者席卷同去又有常制輒令其家及同伍課捕捕不擒家及同伍尋復亡叛百姓流亡戶口日減其源在此又有百工醫寺死亡絕歿家戶空盡差代無所上命不絕事起或十年十五年彈舉獲罪無懈息而無益實事何以堪之請自今諸死罪原輕者及五歲刑可以充此其減死者可長充兵役五歲者可充雜工醫寺皆令移其家以實都邑都邑既實是政之本又何絕其叛亡不移其家逃亡之患復如初耳令除罪而充雜役盡移其家小人愚迷或以

為重於殺戮可以絕姦刑名雖輕懲肅實重豈非適時之宜邪

宋徐豁為始興太守朝廷遣大使巡行四方并使郡縣各言損益豁因此表陳三事其一曰郡大田武吏年甙十六便課米六十斛十五以下至十三日課米三十斛一戶隨丁多少悉皆輸米且十三日兒未堪田非或是俾向無相兼通年及應輸便自逃免且邊接蠻俚去就益易或乃斷截支體産子不養戶口歲減實此之繇謂宜更量課限使得存立今若減其米課雖有交損考之將來理有深益其二曰郡領銀民

三百餘戶鑿坑採砂皆二三丈功役既苦不顧摧壓一歲之中每有死者官司檢切猶致逋逭老少相隨永絕農業千有餘口皆資他食豈惟一夫不耕或受其饑而已所以歲有不稔便致甚困尋臺郎用米不異於銀謂宜准銀課米即事爲便其三曰中宿縣俚民課銀一丁輸南稱半兩尋此縣自不出銀又俚民皆巢居鳥語不閑貨易之宜每至買銀爲損已甚又稱兩受入易生姦巧山俚愚佚不辯自中官所課甚輕民以所輸爲劇今若聽計丁課米公私兼利太祖嘉之

梁顧憲之仕齊永明中爲隋王東中郎長行會稽郡事時西陵戍主杜元懿啓吳興無秋會稽豐登商旅往來倍多嘗歲西陵牛埭音大税課格日三千五百元懿郎如所見日可一倍盈縮相兼畧計年長百萬浦陽南北津及柳浦四埭乞爲官領攝一年外長四百許萬西陵戍前簡税無妨戍事餘三埭自舉腹心世祖勑示會稽郡此詎是事宜可訪察憲之議曰尋始立一牛埭之意非苟逼僦以納税也當以風濤迅險人力不捷屢致膠溺濟急利物耳既公私是樂所以輸直無怨京師航渡即其例也而後之監領者不達其本各務已功生於理外或禁遏别道或空税江河或撲船倍價或力周猶責凡如此類不經牛埭煩告者上詳被報格外十條並蒙停寢從來諠訴始得暫弭案吳興頻歲失稔今茲尤饉去之從豐良繇饑棘或徵貨貿粒還拯親累或攜老扶弱陳力餬口埭司責税依格弗降舊格新減尚未議登格本加倍將何以濟皇慈卹隱振廩蠲調而元懿幸災權利重增困瘼人而不仁古今共疾且比見加格置市者前後相屬非惟新加無贏並皆舊格猶闕愚恐元懿今啓亦當不殊若事不副言懼加遣詰使百姓侵苦爲公賈

怨元懿禀性苛刻已彰往効任以物土譬以狼將羊其所欲舉腹心亦當虎而冠耳書云與其有聚斂之臣寧有盜臣此言盜公爲損蓋微斂民所害乃大也今雍熙在運草木含澤其非事宜仰如聖旨然掌斯任者應簡廉平廉則不竊於公平則無害於民矣愚又以便宜者蓋謂便於公宜於民也竊見頃之言便宜者非能於民力之外用天分地者也率皆即日不宜於民方來不便於公名與實反有乖政體凡如此等誠宜深察山陰一縣課戶二萬其民貲不滿三千者殆將居半刻又刻之猶且三分餘一凡有貲者多

是士人復除其貧極者悉皆露戶役三五屬官盖惟分端輸調又則嘗然比衆局簡較首尾尋續横相賫累者亦復不少一人被攝十人相追一緒裁萌千蘖年起蠶事弛而農業廢賤取庸而貴取積應公贍私日不暇給欲無爲非其可得乎死且不憚匇伊刑罰身且不愛何况妻子是以前簡未窮後巧復滋網辟從峻循不能悛竊尋名之多僞寔繇宋季軍旅繁興役賦殷重不堪勤劇倚巧祈優積習生常迷途忘反四海之大黎庶之衆用心參差難卒澄一化宜以漸不可疾責誠存不擾藏疾納污實增崇曠務詳覽簡

則稍自歸淳又被簡病前後年月久被其事不存符旨歸欵不敢暗信縣簡送郡郡簡呈使殊形詭狀千變萬源聞者莫不驚懷見者實足傷駭兼親屬里伍流離道路時轉寒涸事方未已其士人婦女彌難厝衷不簡則疑其有巧欲簡復未知所安愚謂此條宜縣簡保舉其綱領畧其毛目乃當有漏不出貯中庶嬰疾沉痾者重荷生還之恩也又永興與諸暨罹唐寓寇擾公私殘燼彌復特甚儻值水旱實不易思俗諺云會稽打皷送卹吳興步擔令史會稽舊稱沃壤今猶若此吳興本是塉土事在可知用循餘弊誠宜改張置法臣緣元懿令啓敢陳管見世祖並從之繇是以方直見委

蕭景爲雍州刺史初到州省除三迎羽儀噐服不得煩擾吏人

陸果爲義興太守在郡寬惠爲民下所稱

後魏任城王澄爲定州刺史初入中每横調百姓煩苦前後牧守未能蠲除澄多所省減民以忻賴

裴良爲汾州刺史先是官粟貸民未及收聚仍值寇亂民大饑人相食賊知倉庫空虛攻圍日甚死者十三四良以饑窘因與人民奔赴西河汾州之治西河

自良始也

張昭爲幽州刺史年谷不登州廪虛罄民多菜色昭謂民吏曰何我之不德而遇斯時乎乃使富人通濟貧乏車馬之家羅運外境貧弱者勸以農桑歲乃大熟士女稱頌之

辛彦爲汝陽太守值水潦民饑上表請輕稅賦從之遂勑汝陽一郡聽以小絹爲調

張熤爲岐州刺史矜恤貧弱爲民所愛代還値元顥入雒仍令復州

劉道試爲武邑太守時冀州新盐元愉逆亂之後加

以連年災險道試頻為表請蠲其稅賦百姓賴之

崔遊為河東太守郡有盜戶常供州郡兵子孫見丁從役遊矜其勞苦乃表聞請聽更代郡內感之

杜纂為清河內史尤愛貧老所至問民疾苦對之流涕

北齊裴獻之為永昌太守客旅過郡皆出私財供給人間所無預代下民所出為吏人所懷

赫連悅為林慮太守文襄往晉陽路縣郡因問所不便悅荅云臨水武安二縣去郡遙遠山嶺重疊車步艱難若東屬魏郡則地平路近文襄笑曰卿徒知便

民不覺損幹悅荅云所言者民所疾苦不敢以私潤負心文襄云卿能如此甚善甚善乃勑依事施行

房豹嘗為徐兗二州刺史魏朝以河南數州鄉俗絹濫退絹一疋徵錢三百民庶苦之豹乃表請錢絹兩受任人所樂朝廷從之徵拜侍中

後周韋孝寬為雍州刺史先是路側一里置一土堠經雨頹毀每須脩之孝寬臨州乃勒部內當堠處植槐樹代之既免脩復行旅又得庇蔭太祖後見怪問知之曰豈得一州獨爾當令天下同之於是令諸州夾道一里種一樹十里種三樹百里種五樹焉

唐崔善太宗貞觀初拜陝州刺史府朝廷立議戶殷之處聽徙寬鄉善為上表稱畿內之地是謂戶殷丁壯之人悉入軍府若聽移轉便出關外此則歷近實遠非經通之議其事乃止

賈敦實高宗咸亨初為洛陽長史洛陽令楊德幹尤稱殘猛敦實謂人曰政在養人義須存育傷生過多雖能亦不足貴也嘗抑止德幹德幹亦為之稍減

敬暉則天聖歷初為魏州刺史時河北新有突厥之寇方秋而脩城不輟暉下車謂曰金湯非粟而不守豈有棄收穫而繕城郭哉悉令罷散縣是人吏咸歌

詠之

狄仁傑中宗通天元年契丹攻瀛州河北震動太后制起仁傑為魏州刺史前刺史畏契丹寇至悉驅百姓入城繕脩守具仁傑既至悉放歸農謂曰賊猶在遠何必如是萬一賊來吾自當之必不關百姓也賊聞之自退百姓咸歌誦之

韓休玄宗開元中為虢州刺史以地在兩京之間車駕在京及東都並為近州常被支稅藁以納閑廄休奏請均配餘州中書令張悅駁之曰若獨免虢州即當移向他郡是刺史欲為私惠耳乃下符不許休復

將執奏寮吏曰更奏必忤執政之意休曰爲刺史不能救百姓之弊何以爲政必以忤上得罪所甘心也竟執奏獲免州人于今稱之

崔縱爲河南尹時兵革甫定人戸什耗六七縱悉心爲理惠愛簡易蠲苛去煩先是戍邊之師歲餘雒陽者儲器取辦於編戸縱始官備不徵於人令五家相保俾自占告發斂以繩胥吏之私又益導伊雒以通里閈溉灌通貨皆不擾人

嗣曹王皐累爲譚洪荆襄觀察使至嘗平物價布帛貴則官出賣之或給將吏廩俸故豪家不得擅其利

人不大困

崔衍爲虢州刺史居華陝之間而稅重數倍其苗錢華陝之郊畝出十有八而虢之人畝徵七十衍乃上其事時裴延齡領度支方務聚斂乃詰衍以前後刺史無言者衍又上陳人困日久有司不宜以進言爲譴其畧曰伏見比來諸州應緑百姓間事患在長吏因循不爲申請不患陛下不憂恤患在申請不詣實不患朝廷不矜放有以不言受譴者未有以言得罪者是用不敢回顧苟求自安上奏切直爲時所稱後爲宣歙池觀察使時天下好進奉以給主恩徵求聚歛州郡頗耗竭韋皐劉贊裴肅爲之首贊死而衍代其位衍雖不能盡革其弊而衍居州十年頗以勤儉府庫盈溢

穆贊代崔衍爲宣歙池觀察使宣州歲饑贊遂以錢四十二萬貫代百姓之稅故宣州人不流散

鄭珣瑜貞元中爲河南尹清淨惠下賤歛貴發以便百姓時吳少誠寇許州韓全義爲招討使全義與監軍使發牒催督或非條珣瑜得牒輒挂壁不以付吏及軍罷盡數百封其所供市草粟珣瑜素以備積於陽翟密縣與官軍相近故河南百姓不知餽運之勞

而事集矣

房式憲宗元和中爲河南尹時討王承宗於鎮州配河南府餽餉車四千輛式表以凶旱人貧力徵難以徵發帝可其奏既免役人懷而安之

李渤爲江州刺史張平叔判度支奏徵久遠逋懸渤在州上疏曰伏奉詔勑云度支央奏令臣設計徵塡當州貞元二年逃戸所欠錢四千四百四十貫臣當州管田二千九百一十七頃今已旱死一千九百頃有餘若更勒徇度支使所爲必懼史官書陛下於大旱中徵三十六年前逋懸臣任刺史罪無所逃臣既

上副聖情下不忍鞭笞黎庶不敢輕離符印特乞放臣歸田穆宗下詔云江州所奏實爲懇誠若更抑爲必難勝濟所訢逋欠宜令時放

衛次公爲陝虢觀察使請蠲租錢三百萬人得蘇息

後唐安彥威爲河中節度上言被省符課丁夫運石脩河隄農事方急請以牢城軍千人代役從之

晉東郡留守石重人奏皇后一行發往汴州所有汾路支贍諸雜物色等並和雇脚乘般馱不擾百姓

盧質知汴州軍府事時孔謙握利權志在聚斂累移文於汴配民放絲質堅論之事雖不行時論賞之

漢趙德鈞爲薊門守以北虜孔熾雖軍威不振郡任甚理兵糧皆給於朝廷而百姓數年不藉租調增峻城洫惟以軍士役作境内歌之

冊府元龜

巡按福建監察御史臣李嗣京　訂正

知長樂縣事　臣夏允彝　參閱

知建陽縣事　臣黃國琦　較釋

牧守部一十九

威嚴　革弊

威嚴

書曰威克厥愛允濟故子產有言惟有德者能以寬服人其次莫如猛夫火之烈民望而畏之故鮮死焉斯威嚴之謂也繇漢以來長人之吏以武健彊圉而

著稱者蓋有之矣莫不因其天姿之峻厲乘其民風之豪橫繇是懲習俗之弊嚴其約束去害羣之惡正其典刑姦吏震悚羣盜屏去風化肅於境內威聲動於鄰壤人用胥畏吏不敢欺此其所以為能也若夫山甫之不吐剛茹柔而德舉仲尼謂以寬濟猛而致和亦何必厲氣作威然後臻夫治者已

漢義縱為河內都尉至則族滅其豪穰氏之屬河內道不拾遺後為南陽太守吏民重足歛迹

尹立為京兆尹尚威嚴有治辦名

雋不疑為京兆尹京師吏民敬其威信每行縣錄囚徒還省錄之知其情狀有寃滯與不也而延俗不曉其意為思慮之慮其母輒問不疑所平反活幾何人及謂奏使從輕也即不疑多有所平反母喜笑為飲食語異於他時或亡所出母怒為不食故不疑為吏嚴而不殘

趙廣漢為京兆尹長安少年數人會窮里空舍謀共刼人窮里里中之極隱處坐語未訖廣漢使使捕治具服富人蘇回為郎二人刼之規取其身為質令家將財贖之有頃廣漢將吏到家自立庭下使長安丞龔奢叩堂戶曉賊曉謂諭告之曰京兆尹趙君謝兩卿無得殺質此宿衛臣也釋質束手得善相遇幸逢赦令或時解脫若束手自來雖合處牢獄當善

處遇之或逢赦令則得免脫也二人驚愕又素聞廣漢名即開戶出下堂叩頭廣漢跪謝曰幸全活郎甚厚送獄勑吏謹遇給酒肉至冬當出死豫為調棺給歛葬具告語之調辦具之也棺歛以棺衣歛尸也皆曰死無所恨

何武為揚州刺史所舉奏二千石長吏必先露章服罪者為虧枉除免之而三虧減也減除其狀直令免去也不服極法奏之抵罪或至死

王溫舒為廣平都尉齊趙之郊盜不敢近廣平廣平稱為道不拾遺遷為中尉為人少文它惛惛不辨言為餘官則心意蒙蔽職事不舉至於中尉則心開素習關中俗知豪

惡吏豪惡吏盡復爲用吏苛察淫惡少年投鉥購告言姦（鉥所以受投書也）置百落長以收司姦

魏相爲河南太守禁止姦邪豪彊畏服

朱博爲冀州刺史行部有老從事敎吏民數百人遮道自言官府盡滿博駐車決遣四五百人皆罷去如神後博徐問知老從事所敎乃殺此吏州郡畏博威嚴後遷琅邪太守齊郡舒緩養名（齊人之俗其性遲緩多自高大以養名）聲博親視事右曹掾史皆病移卧博問其故對言惶恐故事二千石新到輒遣吏存問致意乃敢起就職博奮髯抵几曰觀齊兒欲以此爲俗邪皆斥罷諸病

吏白帝走出府門郡中大驚博治郡嘗令屬縣各用其豪傑以爲大吏帝有劇賊及宅非常博輒移書以詭責之其盡力有効必加厚賞懷詐不稱誅罰輒行以是豪強恐服

翟義字文仲爲南陽都尉宛令劉立與曲陽侯爲婚又素著名州郡輕義年少義行太守事行縣至宛丞相史在傳舍立持酒肴謁丞相對飲未訖會義亦往外吏白都尉方至立語言自若（自若言如故）須臾義至内謁徑入（内謁猶今通名也）立乃走下義既還大怒陽以它事召立至以主守盗十金賊殺不辜部掾夏恢等收縛立傳送鄧獄（部分其掾而遣之鄧亦南陽之縣）恢亦以宛大縣恐見篡奪白義可因隨後行縣送鄧（因太守行縣以文義自隨即送鄧之獄）義曰欲令都尉自送則如勿收邪（言若都尉自送至鄧獄不如本不收治）載環（環繞也）宛市迺送吏民不敢動威震南陽

後漢梁統爲武威太守爲政嚴猛威行鄰郡

荅延爲左馮翊視事四年人敬其威信

朱暉字文季南陽人爲臨淮太守好節槩有所拔用皆厲行士其諸報怨以義犯率皆爲求其理多得生濟其不義之囚即時僵仆吏人畏愛爲之歌曰強直自遂南陽朱季吏畏其威人懷其惠

賈宗字武孺少有操行多智畧建初中爲朔方太守舊内郡徙人在邊者率多貧苦爲居人所僕役不得爲吏宗擢用其任職者與邊吏參選轉相監司以越發其姦或以功次補長吏故各願盡死匈奴畏之不敢入塞

賈琮爲冀州刺史舊典傳車驂駕垂赤帷裳迎於州界及琮之部升車言曰刺史當遠視廣聽糾察美惡何有反垂帷裳以自掩塞乎乃命御者褰之百城聞風自然悚震其諸贓過者望風解印綬去惟癭陶長濟陰董昭觀津長梁國董就當官待琮於是州界翕

然

郅壽爲京兆尹郡多彊豪姦暴不禁三輔素聞壽在冀州皆懷震悚各相簡勑莫敢干犯壽雖威嚴而推誠下吏皆願効死莫有欺者

張宗爲瑯琊相其政好厲猛敢殺伐

張衡爲河間王相時國王驕奢不遵典憲又多豪右共爲不軌衡下車治威嚴整法度陰知姦黨名姓一時收擒上下肅然稱爲正理

張酺爲東郡太守雖儒者性剛斷下車擢用義勇搏擊豪強

韓稜爲南陽太守發擿姦盜郡中震慄政號嚴平

朱穆字公叔桓帝永興元年河溢漂害人庶數十萬戶百姓荒饉流移道路冀州盜賊尤多故擢穆爲冀州刺史州人有宦者三人爲中常侍並以檄謁穆穆疾之辭不相見冀部令長聞穆濟河解印綬去者四十餘人及到奏劾諸郡至有自殺者以威略權宜盡誅賊渠帥舉劾權貴或乃死獄中有宦者趙忠喪父歸葬安平僭爲璵璠玉匣偶人玉匣長尺廣二寸半衣死者自腰以下至足連以金鏤天子之制也穆聞之下郡案驗吏畏其嚴明遂發墓剖棺陳尸出之而收其家屬帝聞大怒徵穆詣廷尉謝成書曰穆臨當就道冀州從事欲爲畫像置聽事上穆留板書曰勿畫吾形以爲重負忠義之未顯何形像之足紀也輸作左較後復赦之

王渙爲兗州刺史繩正部郡風威大行部郡所屬之郡也

張禹爲下邳相功曹史戴閏故大尉掾也權動郡內有小譴禹令自致徐獄然後正其法自長史以下莫不震肅

范康爲太山太守郡內豪姓多不法康至奮威怒施嚴令莫有干犯者先所侵奪人田宅皆遽還之

趙苞爲遼西太守抗厲威嚴名振邊俗

陳蕃爲豫章太守性方峻不接賓客士民亦畏其高

蕃喪妻鄉人里邑唯許子將不往日仲舉性峻峻則少通故不造也徵爲尚書令送者不出郭門

李膺爲青州刺史有威政守令畏威明多望風棄官屬城聞風皆自引去

成瑨遷南陽太守郡舊多豪強中官黃門凡至境界下車振威以簡攝之

劉祐爲司隸校尉時權貴子弟罷州郡還入京師者每至界首輒改易輿服隱匿財寶威行朝廷

陳龜爲京兆尹時三輔豪強之族多侵枉小民龜到厲威嚴悉平理其怨屈者郡內大悅

橋玄爲漢陽太守時上邽令皇甫禎有贓罪玄收考髡笞死於冀市一境皆震

劉表爲荆州刺史諸守令聞表威名多解印綬去

魏陳登漢末爲東陽長有能名奉使到許太祖以登爲廣陵太守令陰合衆以圖呂布登在廣陵明審賞罰威信宣布海賊薛州之羣萬有餘戶束手歸命未及期年功化以就百姓畏而愛之

王基爲安豐太守郡接吳寇爲政清嚴有威惠民設防備敵不敢犯加討寇將軍

蜀張嶷爲越巂太守定莋臺登卑水三縣去郡三百

餘里舊出鹽鐵及漆而夷徼久自固食嶷率所領奪取署長吏焉嶷之到定莋定莋率豪狼岑槃木王舅甚爲蠻夷所信任忿嶷自侵不自來詣嶷使壯士數十直往收致撻而殺之持尸還種厚加賞賜喻以狼岑之惡且曰無得妄動動即殄矣種類咸面縛謝過嶷殺牛饗宴重申恩信遂獲鹽鐵器用周贍

晉何曾魏末爲河內外守在任有威嚴之稱徵拜侍中

衞詵爲雍州刺史在任威嚴明斷甚得四方聲譽

王遜爲魏興太守永嘉四年寧州治中毛孟詣京師求刺史乃以遜爲南夷校尉寧州刺史使於郡便之鎮遜與孟俱行道遇寇賊踰年乃至外逼李雄內有夷寇吏士散沒城邑丘墟遜披荒糾厲收聚離散專仗威刑鞭撻殊俗遜未到州遥舉董聯爲秀才建寧功曹周悅謂聯非才不行版檄遜既到收悅殺之悅弟潛謀殺遜以前建寧太守趙混子濤代爲刺史事覺並誅之又誅豪右不奉法度者數十家征伐諸夷俘馘千計獲馬及牛羊數萬餘於是莫不震服威行寧土

吳彥爲順陽內史時順陽王暢驕縱前後內史皆誣

之以罪及彥爲之清貞率下威刑嚴肅衆皆畏懼暢不能誣乃更薦之與其去職

山遐爲東陽太守爲政嚴猛康帝詔曰東陽頃來竟囚每多入重登郡多罪人將垂所求莫能自固邪遐處之自若郡境肅然

宋吉翰爲徐州刺史時有死罪囚典籤意欲活之因翰入齋閤呈其事翰省其語令且去明可便呈明旦典籤不敢復入呼之乃來取昨所呈事視訖謂之曰卿意當欲宥此囚死命昨於齋坐見其事亦有心活之但此囚罪重不可全貸既欲加恩卿便當代任其

罪因命左右收與籤付殺之原此囚生命其刑政如此自下畏服莫敢犯禁

劉懷慎爲徐州刺史爲政嚴猛境内震肅

劉湛領歷陽太守爲人剛嚴用法姦吏犯贓百錢以上皆殺之自下莫不震肅

沈攸之爲郢州刺史州從事輒與府錄事鞭攸之免從事官而更鞭錄事五十謂人曰州官鞭府職誠非體要錄小人凌侮士大夫也

蕭惠開行雍州州府事善於爲政令行禁止又爲東海太守時會稽太守蔡興宗之郡而惠開自京口請

假還郡相逢於曲阿惠開先與興宗名位略同又經情款自以負釁摧屈慮興宗不能詣已戒勒自下蔡會稽部伍若借問愼不得答惠開素嚴自下莫敢違犯興宗見惠開舟力甚盛不知爲誰遣人歷舩訊惠開有舫十餘事力二三百人皆低頭直去皆無一人答者

南齊孔琇之爲輔國將軍監吳興郡尋拜太守治稱清嚴

梁蕭穎達爲豫章内史在任威嚴郡人畏之

蕭景監揚州事在州尤稱明斷符教嚴整有田舍老姥嘗訴得符還至縣縣吏未即發姥語曰蕭監州符如火大爇汝手何敢留之其爲所畏敬如此

江革爲廬陵王長史行府州事以清嚴爲百城所憚又爲會稽郡丞行府州事功必賞過必罰民安吏畏百城震恐

瑯琊王騫爲山陰令賊貨狼藉望風自解

何遠爲新興内史其聽訟猶人不能過絕而性果斷民不敢非爲畏而惜之所至皆生爲立祠表言治狀高祖每優詔答焉

後魏元興都聰敏剛毅爲河澗太守爲政嚴猛百姓

憚之

元志爲揚州刺史在州威名雖減李崇（臣欽若等曰李崇延昌初爲揚州刺史大有威望）亦爲揚荆楚所憚尋爲雍州刺史

穆鑽爲平北將軍并州刺史在公以威猛稱

李詵試守博陵郡抑強扶弱政以威嚴爲名

房士達爲平原太守時邢杲寇亂憚其威名越郡城西度不敢攻逼

苟頹爲雍州刺史爲政剛嚴抑強扶弱山蠻畏威不敢爲寇

李曾爲趙郡太守并州丁零數爲山東之害知曾能

得百姓死力憚不入境賊於韋山界得一屍妄謂趙郡地賊長責之還令送歸故處

張奐爲安西將軍秦州刺史務尚典式考訪故事及臨隴右彌加制習於是出入直衛方伯威儀赫赫然可觀羌夏畏服憚其整嚴一方肅靜號爲良牧

劉藻爲秦州刺史誅戮豪横羌氐神之遇車駕南征以藻爲來道都督秦人紛擾詔藻還州人情乃定

夏侯道遷華州瀛州刺史爲政清嚴

裴佗爲趙郡太守爲治有方威惠甚著猾吏姦民莫不改肅

冊府元龜　牧守部　威嚴　卷之六百八十九　十一

羊敦爲廣平太守甚有名能姦吏跼蹐秋毫無犯

宋世景爲滎陽太守鄭尚弟遠慶先爲苑陵令多所受納百姓患之而世景下車召而謂之曰與卿親宜借假吾未至之前一不相問今日之後終不相捨而遠慶行意自若世景繩之以法遠慶懼棄官亡走於是寮屬畏服莫不改肅

王椿爲太原太守歷華殷冀瀛四州刺史性嚴察下不容姦所在吏民畏之重足

北齊清河王岳爲冀州刺史轉青州刺史任權日久素爲朝野畏服又爲三藩百姓望風讋憚

蔡儁爲齊州刺史爲人嚴暴又多受納然亦明解有部分使民畏服之

劉緯爲雕州刺史邊人服其威信甚得疆埸之和

後周裴果爲正平郡守果正平本郡人也以威猛爲政百姓畏之盜賊亦爲之屏息

宇文深爲東雍州刺史爲政嚴明示民以信抑挫豪右吏民懷之

崔說爲凉州刺史說莅政强毅百姓畏之

鄭偉爲華州刺史偉前後莅職皆以威猛爲政吏人莫敢犯禁盜賊亦爲之休止雖未仁政然頗以此見

冊府元龜　牧守部　威嚴　卷之六百八十九　十二

稱

隋庫狄士文爲貝州刺史僮隸無敢出門所置鹽菜必於外藏凡百出入皆封署其門親故絶迹慶弔不通法令嚴肅吏人貼服道不拾遺

崔弘度爲襄州總管弘度素貴御下嚴急動行捶罰吏人讋氣聞其聲莫不戰慄所在之處令行禁止盜賊屏迹

田式爲渭南太守政尚嚴猛吏人重足而立無敢違犯者

元亨爲衛州刺史衛士俗薄亨以威嚴鎮之

高勵爲上開府隴右諸羌數爲寇亂朝廷以勵有威名拜洮州刺史下車大崇威惠民夷悅附其山谷間生羌相率詣府稱謁前後至者數十餘戶豪猾屛迹路不拾遺在職數年稱爲治理

爾朱敞爲徐州總管在職數年號爲明肅民吏懼之

唐李勣貞觀中授光祿大夫行并州大都尉府長史在并州凡十六年令行禁止號爲稱職

李緯簡較雍州長史糾發姦豪無所容貸甚爲吏人畏服

王方慶爲廣州都督管內諸州首領多貪縱百姓有

詣府稱冤官以先受首領餽餉未曾鞫問方慶乃禁止府寮絕其交往首領縱暴者悉繩其罪繇是境內清肅

楊德幹歷澤齊沂相四州刺史治有威名郡人爲之語曰寧食三斗蒜不逢楊德幹

權懷恩爲變萊衛雅四州刺史合州長史所歷皆以威名御下人吏重足而立俄出爲朱州刺史時沂州刺史楊德幹亦以嚴肅與懷恩齊名懷恩路繇沂州德幹送出郊懷恩見新橋中途立木以禁車過者謂德幹曰一言處分豈不得何用此爲德幹大慙時議遂以爲不如懷恩也

薛季昶則天時爲雍州長史威名甚著後歷魏陝二州刺史雒州長史所在皆以威肅爲政

張知謇天授以後歷房和舒延德定稷晋雒宣貝十二州刺史所蒞有威嚴人不敢犯

魏元忠爲左肅政臺御史大夫兼簡較雒州長史政號清嚴宋慶禮爲貝州刺史遷簡較營州都督爲政清嚴而勤於聽理所歷之處人吏不敢犯

張嘉貞爲并州長史爲政嚴肅甚爲人吏敬畏

李暠爲汝州刺史爲政嚴簡州境肅然

韋虛心爲荆楊長史兼採訪使所在官吏振肅威令甚舉

崔隱甫爲都留守爲政嚴肅甚爲人吏所憚

信安王禕歷蜀濮二州刺史政號清肅人吏畏而服之

李齊物歷鳳翔京兆尹無術學在官嚴整好發官吏陰事以察爲能少恩而清廉自飾人吏莫敢抵犯

李撢言爲漢襄相岐四州刺史所歷皆以嚴幹聞

嚴郢爲京兆尹清嚴疾惡練於法令敢誅殺盜賊屛息胥吏莫敢欺

李若初爲浙西觀察使善於吏道至性剛嚴殫力束下吏人甚畏服

李鄘爲淮南節度使當官嚴重以峻法操下所至稱理而剛决

穆寧爲鄂岳沔都團練使淮西節度使李忠臣貪暴不奉法設防戍以稅商賈又縱兵士剽刼行者殆絶與寧夾江爲理憚寧威名寇盜輙止

劉贊父彙祖子玄皆左常侍贊爲宣州刺史宣歙池觀察使贊領宣州十餘年祖父皆以文學稱贊不知書唯以強猛立威官吏畏重之

王沛爲海沂密節度使邦實新造人多獷驁沛明法制董師旅軍鎮大理

王起鎮蒲州每歲蕃使繇於郡府逆旅郵傳咸苦之起至是待之以禮抑之以威無敢犯者

蕭廩乾符中除京兆尹時軍容使楊復恭有假子抵罪廩命地界捕之尋爲所匿既至斷曰新除京兆尹敢收所繇將今百司難逃一死時政救者盈門尋殺之繇是內外畏服

梁馮行襲鎮同州到任誅大吏張澄暴其罪州人莫不惴慴

後唐孔循爲許州節度使爲政嚴明軍民畏而愛之

周武行德爲西京留守白馬寺僧永順每歲至四月於寺聚衆擊鼓搖鈴衣婦人服赤麻縷畫襪誦雜言里人廢業聚觀有自遠方來者行德惡其惑衆殺之又前留守恩都押衙徐衙徐祚以醉訛言行德斬之

革弊

夫政化之貪與民俗之浮僞因習而不改流蕩而忘返非夫賢明之長窮察其事形於教條峻其科論剗去蠹害納之軌物又曷能祛累積之根抵革閭閻之視聽哉東漢而下居方牧之任者乃有勤求民瘼崇

樹治本敦正道以祛多僻厲德色以窒邪思去泰甚以厚其生蠲煩苛以除其疾出令畫一而下莫敢犯立誠果斷而妖不下興用能阜康斯人澄清屬邑信孚於比屋風動於百姓與化成治易俗至道惠浹於封內澤及於後世詩曰愷悌君子民之父母其是之謂歟

後漢第五倫爲會稽太守會稽俗多淫祀好卜筮民嘗以牛祭神百姓財產以之困匱其自食牛肉而不以薦祀者發病且死先爲牛鳴前後郡將莫敢禁倫到官移書屬縣曉告百姓其巫祝有依託鬼神詐怖

愚民皆祭諭之有妄屠牛者吏輒行罰民初頗恐懼或祝詛妄言倫案之愈急後遂斷絶百姓以安

周舉為并州刺史大原一郡舊俗以介子推焚骸有龍忌之禁新序曰晉文公反國介子推無爵遂去而之介山之上文公求之不得乃焚其山推遂不出而焚死龍星木之謂也春見東方心為火之盛故謂之禁火禁火俗傳本子推以此日被焚禁火至其亡日咸謂神靈不樂舉火繇是士民每冬中輒一月寒食莫敢烟爨老少不堪歲多死者舉既到州乃作弔書以置子推之廟言盛冬去火殘損民命非賢者之意以宣示愚民使還温食於是衆惑稍解風俗頗革

宋均為九江太守浚遒縣故城在今慎南縣有唐后二山民共祠之衆巫遂取百姓男女以為公嫗以男為山公以女為山嫗猶祭之有戶主也歲歲改易既而不敢嫁娶前後守令莫敢禁約乃下書曰自今以後為山娶者皆娶巫家勿擾良民於是遂絶

張奐為武威太守其俗多妖忌二月五日產子及與父母同月生者悉殺之奐示以義方嚴加賞罰風俗遂改

欒巴為豫章太守郡土多山川鬼怪小人常破貲[illegible]以祈禱巴素有道術能役鬼神乃悉毀壞房祀剪理姦巫於是妖異自消百姓始頗為懼終皆安之

蜀呂乂為蜀郡太守蜀郡一都之會戶口衆多又諸葛亮卒之後士伍亡命更相重冒姦巧非一乂到官為之防禁開喻勸導數年之中漏脱自出者萬餘口

晉王恂為河南尹時魏氏給公卿以下租牛客戶數各有差自後小人憚役多樂為之貴勢之門動有百數太原諸郡部亦以匈奴胡人為田客多者數千武帝踐位詔禁募客恂明峻其防所部莫敢犯者

庾和穆帝升平中代孔嚴為丹陽尹表除衆役六十餘事

殷仲堪為荆州刺史以異姓相養禮律所不許子孫繼親族無後者唯令主其蒸嘗不聽別籍以避役也佐史咸服之

劉敬宣為宣城内史襄城太守宣城多山縣郡舊立屯以供府郡費用前人多發調工巧造作器物敬宣到郡悉罷私屯唯伐竹木治府舍而已亡叛多首出遂得三千餘戶

宋謝方明為會稽太守江東民戶殷盛風俗峻刻強弱相陵姦吏蜂起符書一下文攝相續又罪及比伍動相連坐一人犯吏則一村廢業邑里驚擾狗吠達

旦方明洊逵治體不拘文法濶略苛細務在綱領州
臺符攝餉時宣下綏民期會展其辦舉郡縣監司不
得妄出貴族豪士莫敢犯禁除比伍之罪判从繫之
獄每征伐兵運不充悉發倩士庶事既寧息皆使還
本而屬所刻害餉以補吏守宰不明與奪乖方人事
不至必被抑塞方明簡汰精當各慎所宜雖服役十
載亦一朝從理東土至今稱詠
羊玄保爲宣城太守先是劉式之爲宣城立吏民士
叛制一人不禽符五里吏送州作部若獲者賞位二
階玄保以爲非宜陳之曰臣伏尋亾叛之繇皆爲窮

逼未有足以推存而樂爲此者也今立殊制於事爲
若臣聞苦節不可以貞懼致流弊昔龔遂譬民於亂
繩緩之然後可理黄覇以寬和爲用不以嚴刻爲先
臣愚以單身逃役便爲盡戶今一人不測坐者甚多
既憚重負各爲身計牽挽逃竄必致繁滋又能禽獲
叛身類非謹惜既無堪能坐鄰勞吏名器虛借所妨
實多將恐階級不足供賞伏勤無以自勤又尋此制
施一邦而已若其是耶則應是與天下爲一若其非
耶亦不宜獨行一郡民罹憂患其弊將甚臣忝守所
職懼難遵用敢率管穴冒以陳聞繇此此制得停

蕭摹之爲丹陽尹奏曰佛化被於中國已歷四代形
像塔寺所在千數進可以繫心退足以招勸而自頃
以來情敬浮末不以精誠爲主更以奢意爲重舊宇
頹弛曾莫之修而各務造新以相姱尙甲第顯宅於
茲殆盡材竹銅綵縻損無極無關神祇有累人事遵
中越制宜加裁簡不爲之防流竟未息請自今以後
有欲鑄銅像者悉詣臺自聞興造塔寺精舍皆先詣
在所二千石通辭郡依事列言本州須許報然就功
其有輙造寺舍者皆依不承用詔書律銅宅材瓦悉
沒入官詔可

南齊豫章王嶷爲荊州刺史務存約省停州府儀迎
物初沈攸之欲聚衆開人相告士庶坐執役者甚衆
嶷至鎭·日遣二千餘人見四五歲以下不連臺者
悉皆原遣之以市稅重多所寬假百姓甚悅
王僧虔爲丹陽尹郡縣獄相承有上湯殺囚僧虔上
言湯本救疾而實行寃暴若罪必入重自有正刑若
去惡宜疾則應先啓豈有死生大命而潛制下邑太
祖納其言而止
竟陵王子良爲會稽太守夏禹廟盛有禱祀子良曰
禹泣辜表仁菲食旌約服翫墓棕足以致誠使歲獻

扇簟而已

顧憲之爲衡陽内史土俗山民有病輙去就祖爲禍皆開冢剖棺水洗枯骨名爲除祟憲之曉諭爲陳生死之别事不相縣風俗遂改時刺史王奐新至唯衡陽獨無訟者乃嘆曰顧衡陽之化至矣若九郡率然吾將何事

劉懷珍爲冀州刺史於堯廟祠神廟有蘇侯像懷珍謂主簿崔祖思曰堯聖人而與雜神爲列欲去之何如祖思曰蘇峻今日可謂四凶之主也懷珍遂令除諸雜神

梁楊公則爲湘州刺史湘俗單家以賂求州職公則至悉斷之所辟引皆州郡著姓高祖班下諸州以爲法

宣城康王秀爲郢州刺史郢州當途爲劇地百姓貧至以婦人供役其弊如此秀至鏇務安之主者或求召吏秀曰不識救弊之術此州彫殘不可擾也於是務存省薄去遊費境壤晏然也

王神念爲青冀二州刺史性剛正先時郡有神廟妖巫欺惑百姓糜費極多神念令毁撤風俗遂改

蕭琛爲吳興太守禁殺牛解祀以脯代肉

張纘爲湘州刺史至州停遣十郡慰勞解放老疾吏役及關市戍邏先所防人皆省併

鄱陽忠烈王恢爲益州刺史成都去新城五百里陸路往來悉訂私馬百姓患焉累政不能改恢乃市馬千疋以付所訂之家恣其騎乘有用則以次發民人賴之

袁君正爲豫章内史性不信巫邪有師萬世榮稱道術爲郡巫長君正在郡小疾主簿熊嶲之師云須疾者衣爲信命君正以所着襦與之事竟取襦師云神將送與北斗君君正使檢諸身於衣裏獲之以爲亂

衆即刑於市而焚神一郡無敢行巫

後魏任城王澄爲定州刺史初人中每模調百姓煩苦前後牧守未能蠲除澄多所省減民以州賴又禁造布絹不任衣者

楊椿爲定州刺史自道武平中山多置軍府以相威攝凡八軍軍各配兵五千食祿主軍師各四十六人自中原稍定八軍之兵漸各南戍一軍兵統千餘然主師如故費祿不少椿表罷四軍減其主師百八十四人州有宗子稻田屯兵八百戶年常發夫三千草三百車修補畦堰椿以屯兵輸此田課更無徭役及

至開月卽應修治不容復勞百姓榛亦表罷朝廷從之

封回爲安州刺史山民愿樸父子賓旅同寢一室回下車勒令別處其俗遂改

鹿生爲濟南太守前後在任十年時三齊始附人懷苟且蒲博終朝頗廢農業生制斷之聞者嗟喜

崔猷爲京兆尹時婚姻禮嫁娶會之辰多舉音樂又鄙里富室衣服奢淫乃有織成文綉者猷請禁斷事竝施行

北齊蘓瓊爲南清太守禁斷淫祠

冊府元龜　牧守部　革弊　卷之六百八十九　二十三

清河王勱爲楚州刺史先是城北有伍子胥廟其俗敬神祈禱者必以牛酒至破家業勱歎曰子胥賢者豈宜損百姓乃告諭所部自此遂止百姓賴之

隋辛公義爲岷州刺史土俗畏病若一人有疾則合家避之父子夫妻不相看養孝義道絶繇是病者多死公義患之欲變其俗因分遣官人巡簡部內凡有疾病皆以牀輿來安置聽事暑月疫時病人或至數百廳廊悉滿公義親設一榻獨坐其間終日連夕對之理事所得秩俸盡用市藥爲迎醫療之躬觀其飲食於是悉愈方召其親戚而喻之曰死生繇命不關相看前汝棄之所以死耳今我聚病者坐臥其間若言相染那得不死病而復差汝等勿復信之諸病家子孫慙謝而去

唐蕭齡之貞觀十八年爲廣州都督表稱嶺南州縣多用土人任官不顧憲章唯求潤屋其婚姻資須卽稅人子女百姓怨苦數爲背叛且都督刺史多居庄宅動經旬月不至州府所有辭訟皆委之判官省選之人竟無几案惟有勑詔施行纔經省覽而已又守領之輩年別娶妻不限多少各營別第肆情侵奪專恣若是實斁彜倫於是詔下竝皆禁斷自此蠻俗便

冊府元龜　牧守部　革弊　卷之六百八十九　二十四

之

黨仁弘爲戎州都督夷獠之俗賣親鬻子仁弘制法禁斷百姓便之

李暠爲太原尹舊俗有僧徒以習禪爲業及死不斂但輿屍送近郊以飼鳥獸如是積年土人號其地爲黃坑坑側有餓犬千數食死人肉因侵害幼弱遠近苦之前後官吏不能禁止暠到官申明理憲期不再犯仍發兵捕殺群狗其風遂革

杜亞爲淮南觀察使僑寄衣冠及工商等多侵街衢造屋行旅擁蔽亞乃開拓疎啓公私悅賴焉

裴度爲蔡州節度使吳元濟平度乃視事蔡人大悅其俗舊令途無偶語夜不然燭人有經過醉飲者皆以軍法論度始至惟盜賊鬭殺外餘盡除之其往來者不復以晝夜爲限於是百姓始知王人之樂

薛珏爲楚州刺史本州營田使先是州營田宰相遥領使刺史得專達俸錢及他給百餘萬田官數百員奉厮役者三千戶歲以優授官者復十餘人珏皆省之十留一二而租入有羸

于頔爲蘇州刺史吳俗事鬼神頔病淫祀廢生業廟宇皆撤唯吳太伯伍員等三數廟存焉

王播爲京兆尹奏以諸縣皆有鎮軍並隨逐水草牧放羊馬賊徒因茲假託挾帶軍器晨夜混雜善惡不分伏請從今日已後牧放之徒不得別帶刀劍器仗等放牧仍請詔下後十日外有犯者百姓所在集衆決重杖二十屬軍者許臣擒捉牒送本鎮亦准例科決仍便解退其近城弋獵准前後勑並以禁斷公郡駙馬將軍子弟子鷹鷂准勑但許城南按放不得輒越諸界並請不得別持刀劍等所冀邦畿之內盜賊屏息居人行客晨夕獲安詔可其北軍按習不同私家任隨便近

孔戣爲廣州刺史至郡禁絶賣女口

郗士美爲昭義軍節度前政之豐給浮費至則皆減撤焉

楊於陵爲京兆尹先是禁軍影占編戶無以別白於陵請置挾名勑每五丁者得兩丁入軍四丁三丁者差以條限繇是京師豪強復知所畏

李德裕爲浙西觀察使壯年得位銳於報政凡舊俗之害民者悉革其弊江嶺之間信巫祝惑鬼怪有父母兄弟癘疾者舉室棄之而去德裕欲變其風擇鄉人之有識者諭之以言繩之以法數年之間弊風斯

屬郡祠廟按方志前代名臣賢后則祠之四郡之內除淫祠一千一十所又罷私邑山房一千四百六十以清寇盜人樂其政優詔嘉之時徐泗觀察使王智興奏請於當道置浮圖戒壇度僧尼元和已來屢有詔旨禁絶此弊諸道莫敢有請獨智興首啓其事因緣牟斂甚於王税自淮已南蚩蚩之徒奔走尤甚智興之家資累巨萬蓋因以此德裕狀論云徐州觀察使近於泗州開元寺置戒壇從去冬便遣僧人於兩浙福建已來所在帖牓召僧尼受戒江淮自元和二年後更不度人百姓聞知遠近務奏當道僧尼又皆

私蓄資産與編氓無異自有戒壇巳來一戸有三丁五丁者皆發遣一人出家意在規避丁徭影占資産正月巳來百姓落髪者無數蒜山渡僧一日點得一百餘人過江勘問唯下四人是舊出家沙彌及客僧餘悉是蘇嘗州百姓亦無本州公憑其時並勒歸本貫還俗訖聞泗州所置戒壇只在聚斂財貨殊非爲降誕資福之意其僧到者每人納錢二千當日給牒放廻元不受戒若不鈐制直到降誕日方停計兩浙及福建合失却六十萬丁壯此事非小繫於朝廷法度况江淮賦役至重實要稍爲限約狀到中書門下

卽時奏停又宋汴觀察使令狐楚上言亳州聖水出有疾者飲之輒愈無遠近老幼莫不奔赴兼緜中書門下德裕又狀論云亳州聖水訪問本因無良僧三數人欲求丐錢物與側近百姓相知稱此水能療疾病訛言一扇遂至惑人數月巳來自淮泗達於閩越無不奔走又聞此水每斗三貫價每三二十家卽顧一人就亳州取水發心之時數十家巳不食葷血服此水後又三七日蔬食兼於門牆帖牓食葷辛者不得入門就任妄中又多非本水皆是無良之徒所在别取水販賣其百姓羸老病疾者旣須踰月蔬食又晝屏絶醫藥飲此惡水並皆困篤自秋巳來此水過江者每日嘗不下三五十人除當道百姓外兼半是越州福建百姓近巳於蒜山津嚴加捉搦若不絶其根本終恐信惑不巳伏以吳時有聖水宋齊有聖火皆虛誕人以爲妖今亳州水頗近於此又爲黎甿之害伏乞特申典制速令塡塞所冀人知禁令俗保乂安於是宰相裴度於汴州狀後判曰妖由人興水不自作牒宋汴觀察使塡塞訖報時人皆以爲當德裕後爲淮南節度使又奏比以婦人長裾大袖朝廷制度尚未頒行微臣之分合副天心比閭閻之間濶四

尺今令濶一尺五寸裙曳四尺今令曳五寸事闘釐革不敢不奏正月十五日延安公主以衣服踰制駙馬竇澣得罪德裕因有是奏

陸亘爲浙東觀察使將行延英面奏節制分兵在州貽患於國詔天下兵分於屬郡者隷於刺史初越之永嘉郡城於海壖嘗罹寇境奪官吏廪祿之半以代嘗賦因循相踵吏返爲姦亘按舉贓罪表請郡守巳降增給其俸人至於今頼之

崔鄲爲郟州觀察使舊弊有二供不足奪吏俸以益之歲八十萬鄲以廉使嘗用之直代之

牛僧孺爲鄂岳觀察使江夏城客土散惡難立垣墉

每年加板築賦青茅以復之吏緣為姦蠹弊綿歲僧獳至計茅苦被築之費歲十餘萬卽賦之以傭以當苦築之價凡五年墉皆甃葺蠹弊永除

王彥威為陳許節度奏毀除管內山房三千八百餘所

盧均為廣州節度使奏請禁土人與外蕃婚姻及禁蕃人置田宅可之吏人與華人雜居婚娶歲月滋久至均方能立法以禁之

後唐馮贇為北京留守先是以相堂為使院後以為樂營羣吏簿籍無定居又取太原縣為軍營縣寄治

潛玄觀贇至並詢舊制復以相堂為史院太原歸舊縣其餘觸類如之

周知裕為安州留後淮土之風惡其病者至於父母有疾不親省視甚者避於他室或時問訊卽以食物揭於長竿之首委之而去知裕心惡之召鄉之頑佷者訶詰教導俾知父子骨肉之恩繇是弊風稍革

王晏球長興中為青州節度使奏臣所部州縣點簡到見役節級所繇等四千五百餘人今留合充役者二千八百餘人並放歸農訖明宗優詔褒之

晉王傳拯為寧州刺史州接蕃部前政滋章民多厭苦傳拯自下車除去弊政數十件百姓便之

王周為涇州節度使奏前節度使張彥澤在任日不法事二十六條已改正停廢詔褒之

漢閻建為景州刺史本州三正至節進馬一疋價錢五萬舊例分配牙前及諸縣人吏因茲丐斂編民今後所買進馬刺史出自俸錢又每歲冬月量於鄉村分配柴薪供州衙因此求取過倍蔫席蔬園舊亦諸縣取給今並止絕滄州奏之優詔獎激仍示諸道州府

周李從敏為定州節度使其政靜而不煩易定征賦

舊典三鎮同風賦歛出自藩侯朝法不能拘制至是從敏刊舊弊載振朝綱不取兵於民不橫賦於境部內便之

巡按福建監察御史臣李嗣京　正

分守建南道左布政使臣胡維霖　訂

知建陽縣事臣黄國琦較

牧守部二十

强明

古者列爵分土以封諸侯威福自專政令已出故俗既易治民亦恭命泰氏而下罷侯置守地廣於曩日勢輕於昔人至於抑兼并制豪猾評獄弁静鄉閭非强以立威明以鑒物則何以致尤異之治興謳誦之

聲乎然則寬猛相濟韋弦在御乃有誠之於懦以苛爲强防之在闇用察爲明卽古之循良異乎斯矣苟或强而不苛明而不察曲直立斷而繭以簡易情僞洞見而兼以仁恕固可以三月而報政百年而勝殘爲

漢田廣明爲淮陽太守歲餘故城父令公孫勇與客胡倩等謀反（倩音千見反）倩詐稱光祿大夫從車騎數十言使督盜賊止陳留傳舍太守謁見欲收取之廣明覺知發兵皆捕斬焉而公孫勇衣繡衣乘駟馬車至圉（陳留縣者）圉使小史待之亦知其非是守尉魏不害與費嗇夫江德列史蘇昌共收捕之

趙廣漢爲京兆尹吏咸願爲用僵仆無所避廣漢聰明皆知其能之所宜盡力與否其或負者輒先聞知風（風讀日諷）諭不改乃收捕之無所逃案之辠立具卽時伏辠廣漢爲人强力天性精於吏職見吏民或不寢至旦尤善爲鉤距以得事情（鉤致也距閉也使對者無疑若不問而自知衆覺覺所繇以閉其術爲距也）鉤距者設欲知馬賈則先問狗（賈讀日價下同）已問羊又問牛然後及馬參伍其賈以類相準則知馬之貴賤不失實矣唯廣漢至精旣行之它人效者莫能及郡中盜賊閭里輕俠其根株窟穴所在及

吏受請求銖兩之姦皆知之廣漢嘗記召湖都亭長（爲書記以召之若今之符追呼人也）湖都亭長西至界上界上亭長戲曰至府爲我多問趙君（多厚也言千萬問訊也）亭長旣至廣漢與問事畢謂曰界上亭長寄聲謝我（謝告也）何以不爲致問亭長叩頭服實有之廣漢因曰還爲吾謝界上亭長勉思職事有以自效京兆不忘卿厚意其發姦擿伏如神皆此類也長老以爲自漢興治京兆者莫能及時左馮翊右扶風皆治長安中犯法者從迹喜過京兆界（從讀日縱喜許吏反）廣漢歎曰亂吾法者嘗二輔也誠令廣漢得兼治之直差易耳

張敞爲京兆尹爲人敏疾賞罰分明見惡輒取時時越法縱舍有足大者越法縱舍即足大者也其治京兆畧循趙廣漢之迹方畧耳發伏禁姦不如廣漢然敞本治春秋以經術自輔其政頗雜儒雅往往表賢顯善不醇用誅罰以此能自全竟免於刑戮京兆與京師長安中浩穰於三輔尤爲劇浩大也穰盛也言人衆之多也穰人掌反郡國二千石以高第入守及爲其久者不過三二年近者數月一歲輒毀傷失名以罪過罷唯廣漢及敞任職敞爲京兆朝廷每有大議引古今處便宜公卿皆服天子數從之

田延年爲河東太守選拔尹翁歸等以爲爪牙誅鉏豪強姦邪不敢發以選入爲大司農

尹翁歸爲東海太守治郡明察吏民賢不肖及姦邪罪名盡知之縣縣有記籍自聽其政言決斷諸縣姦邪之事不委令長有惡名則少緩之吏民小解輒披籍披有罪者籍也解讀曰解縣縣收取黠吏豪民案致其罪當至於死取人必於秋冬課吏大會中及出行縣時於大會之中及行縣時則收取罪人以驚衆也不以無事其有所取也以一警百吏民皆服恐懼改行自新以高第入守右扶風選用廉平疾姦吏以爲右職治如在東海故迹姦邪罪名亦縣縣有名籍盜賊發其比伍中比爲左右相次者若今伍保也翁歸輒召其縣長吏曉示以姦黠主名教使用類推迹盜賊所過抵抵歸也所經過及所歸投也類常如翁歸言無有遺脫

黄霸爲潁川太守吏民見者語次尋繹繹謂抽引而出也問他陰伏以相參考嘗欲有所伺察擇長年廉吏遣行屬令周密屬戒也周密不泄漏也屬之欲反吏出不敢舍郵亭止舍也食於道傍烏攫其肉攫搏持之也民有欲詣府口言事者適見之霸與語道此後日吏還謁霸霸見迎勞之曰甚苦食於道傍乃爲烏所盜肉吏大驚以霸具知其起居所問毫氂不敢有所隱鰥寡孤獨有死無以葬

者鄉部書言霸具爲區處區處謂分別而處置也某所大木可以爲棺某所猪子可以祭吏往皆如言其識事聰明如此識記也音式二反吏民不知所出不知其果何術也咸稱神明姦人去入他郡盜賊日少

薛宣守左馮翊滿歲稱職爲真始高陵令楊湛櫟陽令謝游皆貪猾不遜持郡短長前二千石數案不能竟雖每案驗之不能窮竟其事及宣視事詣府謁宣設酒飯與相對接待甚備已而陰求其罪臧具得所受取宣察湛有改節敬宣之効乃手自牒書條其姦臧牒書爲書於簡牒也封與湛曰吏民條言君如牒或議以爲疑於主守盜

法有主守盜斷官錢自入馮翊敬重令又念十金法重不忍相暴章依當時律條減直十金則至重罪故密以手書相曉欲君自圖進退可後申眉於後中眉言無憂也且令自去職不廢其後更爲官者即無其事後封還記爲君分明之記謂所與湛書也分明爲考問使知清白也宣恐其匪諱即欲驗治之湛自知罪贓皆應記與宣書記相當宣辭語溫潤無傷害意湛即時解印綬付吏爲記謝宣終無怨言而櫟陽令游自以大儒有名輕宣宣獨移書顯責之日告櫟陽令吏民言治行煩苛適罰作使千人以上適讀日謫賊取錢財數十萬給爲非法言賦取錢物以供給與造非法之用賣買聽任富吏賈數不可知賈讀價證驗以明白欲遣

吏考案恐負舉者恥辱儒士游本因薦舉得官而身又是儒者故云故使掾平鐫令平掾之名鐫謂琢鑿也孔子曰陳力就列不能者止令詳思之方調守言欲遷人具代游守令職游得檄亦解印綬去又頻陽縣北當上郡西河爲數郡湊多盜賊其令平陵薛恭本縣孝者功次稍遷未嘗治民職不辦而粟邑縣小辟在山中辟讀日僻民謹樸易治令鉅鹿尹賞久郡用事吏爲樓煩長舉茂才遷在粟宜即以令奏賞與恭換縣時令條有不稱職得改之二人視事數月而兩縣皆治宣因遺書勞勉之曰昔孟公綽優於趙魏而不宜滕薛孔子曰孟公綽爲趙魏老則優不可以爲滕薛大夫言器能各有所施也趙魏晉卿之家老家之長相也滕薛小國諸侯也故或以德顯或以功舉君子之道焉可憮也憮音詡局也兼也屬縣各有賢君馮翊垂拱蒙成言自端拱無爲而受縣之成功願勉所職卒功業

朱博爲冀州刺史博本武吏不更文法更歷也音上衡反及爲刺史行部行下更反吏民數百人遮道自言官寺盡滿從事白請且留此縣錄見諸自言者事畢乃發欲以觀試博博心知之告外趣駕趣讀日足既白駕辦博出就車見自言者使從事明敕告吏民欲言縣丞尉者刺史不察黃綬各自詣郡丞尉職卑皆黃綬欲言二千石墨綬長史者行部還詣治所治所刺史止理事處其民爲吏所冤及

言盜賊辭訟事各使屬其部從事屬委也音之欲反博因駐車決遣四五百人皆罷去如神吏民大驚不意博應事變乃至於此後博徐問乘老從事教民聚會博殺此吏州郡畏博威嚴徙爲并州刺史護漕都尉遷瑯琊太守齊部舒緩養名言齊人之俗性遲緩多自高大以養名聲博新視事右曹掾史皆移病臥右曹上曹也移病謂移書言病也一日以病而移居也博問其故對言惶恐言懼新太守之威故事二千石新到輒遣吏存問致意乃敢起就職博奮髯抵几曰髯頰毛也抵擊也音紙觀齊兒欲以此爲俗耶乃召見諸曹史書佐及縣大吏選視其可用者出教置之皆新補置以代移病者皆斥罷

諸病吏白巾走出府門郡中大驚頃之門下掾贛遂
贛古送反耆老大儒教授數百人拜起舒遲博出教主簿
以此教告主簿贛老生不習吏禮主簿且教拜起閑習乃止
文勑功曹官屬多褒衣大祒音紹謂大袴也不中節度自今
掾史衣皆令去地三寸博尤不愛諸生所至郡輒罷
去議曹曰豈可復置謀曹耶文學儒吏時有奏記稱
說云云博見謂曰如太守漢吏奉三尺律令以從事
耳亾奈生所言聖人道何也言不能用且持此道歸堯舜
君出爲陳說之其折逆人如此視事數年大改其俗
掾史禮節如楚趙吏博治郡嘗令屬縣各用其豪傑

以爲大吏文武從宜各因其材而任之縣有劇賊及它非常
博輒移書以詭責之其盡力有効必加厚賞懷詐不
稱誅罰輒行稱副也以是豪強慹服慹之涉反姑幕縣有羣
輩八人執佹廷中皆不得於縣廷之中執佹殺人而其賊亾捕不得也長
吏自繫書言府賊曹掾史自白請至姑幕事留不出
功曹諸掾卽皆自白復不出於是府丞詣閤博乃見
丞掾曰以爲縣自有長吏府未嘗與也丞掾謂府當
與之耶與讀曰預閤下書佐入博口占檄文曰隱度其言口授
之占之贍反府告姑幕令丞言賊發不得有書言已得縣之文書如
此檄到令丞就職游徼王卿力有餘如律令游徼職主捕盜
賊故云如律令王卿得勑惶怖親屬失色晝夜馳騖十餘日
間捕得五人博復移書曰王卿憂公甚效檄到齎閥
閱詣府閥功勞也閱所經歷也部掾以下亦可用漸盡其餘矣
部掾所部之掾也其操持下皆此類也以高第入守左馮翊
滿歲爲眞其治左馮翊文理聰明殊不及薛宣而多
武謫網絡張設少愛利敢誅殺言少仁愛而不能便於人然亦縱
舍時有大貸縱放也舍置也貸謂寬假於下也音土戴反下吏以此爲盡
力長陵大姓尚方禁姓尚方名禁少時嘗盜人妻見斫創
著其頰府功曹受賂白除禁調守尉博聞知以它事
召見視其面果有瘢博辟左右問禁辟讀曰闢是何等創

也禁自知情得言其得被斫之情狀叩頭服狀博嘆曰丈夫固
時有是言情欲之事人所不免馮翊欲洒卿恥抆拭用禁洒音先里
反抆音文粉反能効不禁且喜且懼對曰必死言盡死力也博因
勑禁毋得泄語有便宜輒記言令不泄抆拭之言而外有便宜之事爲書
記以言於博因親信以爲耳目禁晨夜發起部中盜賊及
宅伏姦有功効博擢禁連守縣令久之召見功曹閉
閤數責以禁等事與筆札自記積受取一錢以上無
得有所匿積累前後受取之事欺謾半言斷頭矣謾誣也言慢又莫連切
功曹惶怖具自疏姦贓大小不敢隱博知其對以實
乃令就席受勑自改而已投刀使削所記遣出就職

功嘗後嘗戰栗不敢蹉跌傳遂成就之（言進達也）

何武爲楚內史遷沛郡太守疾朋黨問文吏必於儒者問儒者必於文吏以相參簡欲除史先爲科例以防請託

後漢孔奮爲武都郡丞爲武都太守奮自爲府丞已見敬重及拜太守舉郡莫不改操爲政明斷甄善疾非見有美德愛之如親其無行者忿之若讐郡中稱爲清平

羊續爲南陽太守當入郡界乃羸服間行侍童子一人觀歷縣邑採問風謡然後乃進其令長貪潔吏民

良猾悉逆知其狀郡內驚悚莫不震懾

法雄爲青州刺史每行部錄囚徒察顏色多得情僞長吏不奉法者皆解印綬去

欒巴爲桂陽太守視事七年政事明察

荀淑爲朗陵侯相涖事明理稱爲神君

刁題爲魯東海二郡相性抗厲有明略所在稱神

陳蕃爲樂安太守民有趙宣葬親而不閉埏隧因居其中行服二十餘年鄉邑稱孝州郡數禮請之郡內以薦蕃與相見問及妻子而宣五子皆服中所生蕃大怒曰聖人制禮賢者俯就不肖企及且祭不欲數以其易黷故也況乃寢宿冢藏而孕育其中誑時惑衆誣汚鬼神乎遂致其罪

王吉爲沛相（吉宦者王甫養子年二十餘）曉達政事能斷察疑獄發起姦伏多出衆議課使郡內各舉姦吏豪人諸嘗有微過酒肉爲臧者雖數十年猶加貶棄注其名籍

謝夷吾爲荊州刺史雅性明達能決斷罪疑行部始到南陽縣遇章帝巡狩駕幸魯陽有詔勑荊州刺史入傳錄見囚徒誡長吏勿廢舊儀朕將覽焉帝臨西廂南面夷吾處東廂分帷隔中央夷吾所決正一縣三百餘事與帝合帝嘆息曰諸州刺史盡如此者朕

不憂天下嘗以勵羣臣

馬嚴爲陳留太守下車明賞罰發姦慝郡界清靜時京師訛言賊從東方來百姓奔走轉相驚動諸郡惶急各以狀聞嚴察其虛妄獨不爲備詔書勑問使驛係道嚴固執無賊後卒如所言

張禹爲楊州刺史歷行郡邑深幽之處莫不畢到親錄囚徒多所明舉

黃昌爲蜀郡太守李根年老多悖政百姓稱冤及昌到吏人訟者七百餘人悉爲斷理莫不得所密捕盜帥一人脅使條諸縣彊暴之人姓名居處乃分遣掩

討無有遺脫宿惡大姦皆奔走他疆

魏倉慈爲燉煌太守屬城獄訟衆猥縣不能決多集治下慈躬往省閱料簡輕重自非殊死但鞭杖遣之一歲決刑曹不滿十人

袁渙爲梁相殺熟長呂岐善朱淵袁津遣使行學還召用之與相見出署淵師友祭酒津決疑祭酒淵等因各歸家不受署岐大怒將吏明收淵等皆杖殺之議者多非焉渙敕勿劾主簿孫徽等以爲淵等罪不足死長吏無專殺之義孔子稱唯器與名不可以假人謂之師友而加大戮刑名相伐不可以訓渙教曰

主簿以不請爲罪此則然矣謂淵等罪不足死則非也夫師友之名古今有之然有君之師友有士大夫之師友君置師友之官者所以敬其臣也有罪加於刑焉國之法也今不論其罪而謂之戮師友斯失之矣主簿取弟子戮師之古而加君誅臣之實非其類也夫聖哲之治觀時而動客不必循常將有權也間者世亂民陵其上雖務尊君卑臣猶或未也而反長世之過不亦謬乎遂不劾

司馬岐爲陳留相梁郡有繫囚千數連及數歲不決詔書徙獄於岐屬縣請豫治牢具岐曰今囚有千數既巧詐難符且已倦楚毒其情易見豈當復久處囹圄耶及囚至詰之皆莫敢匿詐一朝決竟遂超爲廷尉

陳矯爲魏郡太守時繫囚千數至有歷年矯以爲周有三典之制漢約三章之法今惜輕重之理而忽久繫之患可謂謬矣悉自覽罪狀一時論決

王修爲魏郡太守爲治抑強扶弱明賞罰百姓稱之

蜀楊洪字李休諸葛亮表洪領蜀郡太守衆事皆辦遂使即真

晉荀晞爲兗州刺史練於官事文簿盈積斷決如流

人不敢欺

陶侃爲荆州刺史性纖密好問頗類趙廣漢嘗課諸營種柳都尉夏施盜官柳植之於已門侃後見駐車問曰此是武昌西門前柳木何因盜來此種施惶怖謝罪

紀瞻爲會稽内史時有詐稱大將軍府符收諸軍令令受拘瞻覺其詐便破檻出之訊問使者果伏詐妄

劉頌爲淮南相任官嚴整有政績舊修陂年用數萬人豪強兼并孤貧失業頌使大小戮力計功受分百姓歌其平惠

劉道規爲荆州刺史善於爲治政刑明理匹民莫不畏而愛之

周處爲廣漢太守郡多滯訟有經三十年而不決者處詳其枉直一朝決遣

前秦苻融爲司隸校尉苻堅及朝臣雅皆嘆服疑獄莫不折之於融融觀色察形無不盡其情狀

南齊王敬則歷南兗州刺史丹陽尹雖不大識書然性警黠臨州郡令省事讀辭下教判決皆不失理

豫章王嶷爲荆州刺史時太祖輔政務在約省停府州儀迎物初沈攸之欲聚衆開民相告士庶坐執役

者甚衆嶷至鎮一日遣三千餘人見囚五歲刑以下不連臺者皆原遣

裴昭明爲始安內史郡民龔玄宣云神人與其玉印玉板書不須筆吹紙便成字自稱龔聖人以此惑衆前後郡守敬事之昭明付獄治罪

梁始興忠武王憺爲荆州刺史民辭訟者皆立能待符教決獄俄頃曹無留事民益悅焉

安成康王秀牧荆州時武寧太守爲弟所殺乃僞云土反秀明其慝慝望風首伏咸謂之神

蕭昺爲晉陵太守下車勵名迹除煩苛明法憲嚴於姦吏優養百姓旬日之間郡中大化

蕭景爲兗州刺史居州清恪有威裁明解吏職文案無擁下不敢欺吏人畏敬如神

孔休源爲宣惠將軍監揚州而神州都會簿領殷繁休源剖斷如流傍無私謁

張緬爲淮南太守時年十八高祖疑其年少未閑吏事乃遣主書封取郡曹文案見其決斷允愜甚稱賞之

江革爲會稽郡丞行府州事郡境殷廣辭訟日數百革分判辯析曾無疑滯

陳周羅睺爲豫章內史獄訟庭決不關吏手民懷其惠立碑頌德焉

後魏崔光韶知青州事清直明斷吏民愛之

楊逸字遵道爲光州刺史折節綏撫乃心民務或日昃不食夜分不寢法令嚴明寬猛相濟於是合境肅然莫敢干犯逸爲政愛人尤憎豪猾廣設耳目其兵吏出使下邑皆自持粮人或爲設食者雖在闇室終不敢進咸言楊使君有千里眼那可欺之在州政績尤美

陸馛音步木反爲相州刺史簡取諸縣彊門百餘人以爲

假子誘接殷勤賜以衣服令各歸家爲耳目於外於是發姦擿伏事無不驗百姓以爲神明無敢刼盜者

江文遥爲咸陽太守勤於禮節終日坐廳事至者見之假以恩顔屏人密問於是民所疾苦大盜姓名奸猾吏長無不知悉郡中震肅姦刼悉止治爲雍州諸郡之最徵拜驍騎將軍孝明初拜平原太守在郡六年政治如在咸陽

樊子鵠爲兖州刺史先遣腹心緣歷民間採察得失及入境太山太守彭穆叅候失儀子鵠責讓穆幷截其罪狀穆皆引伏於是州内震悚

宋世景爲滎陽太守縣吏三正至即見之甞屏人密語民間之事巨細必知發姦擿伏有若神明甞有一吏休澣還郡食人雞豚又有一幹受人一帽又食二雞世景叱之曰汝何敢食甲乙雞豚取丙丁之帽吏幹叩頭伏罪於是上下震悚莫敢犯禁

淮南王他孫法壽爲安州刺史先令所親微服入境觀察風俗下車便大行賞罰於是境内肅然

北齊司馬子如行冀州事甚有聲譽發擿姦僞寮吏畏伏之轉行幷州事

彭城景思王浟爲滄州刺史爲政嚴察郡内肅然守令叅佐下及胥吏行遊往來皆自齎糧食浟纖介知人間事有濕沃縣主簿張達甞詣州夜於人舍食雞羹浟察知之守令畢集浟對衆曰食雞羹何不還價直達即伏罪合境號爲神明

蘇瓊爲南清河太守郡中舊賊一百餘人悉充左右人間善惡及長吏飲人一盞酒無不即知

馮翊王潤爲定州刺史性廉慎方雅習於吏職擿發隱僞姦吏無所匿其情

郎基爲潁川郡守積年留滯數日之中剖判咸盡而臺報下並允基所陳條綱既疎獄訟清息官民遐邇

皆相慶悅

後周齊王憲子貴爲幽州刺史貴雖出自深宫而留心庶政性聰過目輒記甞道逢一人謂其左右曰此人是縣黨何因輒行左右不識貴便説其姓名莫不嗟服自獸烽經爲商人所燒烽師納貨不言其罪他日此師道隨例來叅貴乃問云商人燒烽何因私放烽師愕然遂自首伏明察如此

崔謙爲鉅鹿太守下車道人以禮豪族皆放心整肅事無巨細必自親覽在縣有貪務未理者皆曰我自告白鬚公不慮不决

子仲文字次武爲始州刺史屈突尚宇文護之黨也先坐事下獄無敢繩者仲文至郡窮治遂竟其獄蜀中爲之語曰明斷無雙有于公不避強禦有次武

隋乞伏惠爲曹州刺史曹武舊俗民多姦隱戶口簿帳甞不以實惠下車案察得戶數萬後爲齊州刺史得隱戶數千

裴政爲襄州總管妻子不之官所受秩俸散給僚吏犯罪者陰悉知之或竟歲不發至再三犯乃因都會時於衆中召出親案其罪五人處死流徙者衆合境惶懼令行禁止

冊府元龜　牧守部　強明　卷之六百九十　十七

高構爲雍州司馬以明斷見稱

裴蘊爲京兆贊治發擿纖毫使民慴憚

梁彥光爲相州刺史以靜鎮之鄴都雜俗人多變詐作歌稱其不能理坐是免官歲餘拜趙州刺史彥光言於文帝曰臣前待罪相州百姓呼爲戴帽餳臣自分廢黜無復衣冠之望不謂天恩復垂收採請復爲相州改絃易調庶有以變其風俗上答洪恩帝從之復爲相州刺史豪猾者聞彥光自請而來莫不嗤笑彥光下車發擿姦隱有若神明狡猾之徒莫不潛竄合境大歌

辛公義爲牟州刺史下車先至獄中因露坐牢側親自簡問十餘日間决斷咸盡方還大廳受領新訟皆不立文案遣當直佐寮一人側坐訊問事若不盡應須禁者公義即宿廳事終不還閤

韋鼎爲光州刺史中州有土豪外修邊幅而內行不軌甞爲劫盜鼎於都會時謂之曰卿是好人那忽作賊因條其徒黨謀議遍留其人驚懼即自首伏

陳孝意爲鴈門郡丞發姦擿伏動若有神吏民稱之

楊玄感爲鄖州刺史到官潛布耳目察長吏能不其有善政及贓汙者纖介必知之往往發其事莫敢欺

冊府元龜　牧守部　強明　卷之六百九十　十八

隱吏民敬服皆稱道其能

樊子蓋爲齊州刺史武威太守臨民明察下莫敢欺

薛冑爲兗州刺史有陳州人向道力者僞稱高平郡守將之官冑遇諸塗察其有異將留詰之司馬王君馥固諫乃聽詣郡既而悔之即遣主簿追禁道力有部人徐俱羅者甞任海陵郡守先是以爲道力僞代之比至秩蒲公私不悟俱羅遂語君馥曰向道力已經代俱羅爲郡使君豈容疑之君馥以俱羅所陳又固請冑呵君馥曰吾已察知此人之詐也司馬容姦當連其罪君馥乃止遂往收之道力懼而引僞其發

姦擿伏皆此類也時人謂爲神明

唐張亮歷懷州刺史歷夏幽豳三州都督府長史督府長史所莅之職潛遣左史伺察善惡發擿姦隱動若有神抑豪强而恤貧弱故所在見稱

武士彠武德末爲揚州都督府長史移丹陽郡於都不日而就時論以爲明幹

李晦河間王孝恭之子爲右金吾衛將軍兼簡較雍州長史京輦殷煩姦豪所聚前後官長多不能簡察晦糾發其姦無所容貸甚爲人吏畏服

姚璹則天時爲益州大都督府長史時蜀中官吏多

貪暴璹屢發擿姦無所容則天嘗謂侍臣曰凡爲官長者能清身甚易得寮屬甚難至於姚璹可謂兼之矣

李栖筠爲浙西觀察使浙西大藩且爲中原衣食之本栖筠明於政術臨事風生當時嗟伏若有神助

吳湊貞元中爲京兆尹府縣掾吏等以湊自少因緣外戚爲官當未閑習吏事有疑獄闘競難决者多候湊將出府時方諮呈與免指擿瑕纇湊每閱視必能盤根錯節舉其利病而批押之未嘗分毫差舛官吏過犯者以理曉諭之罕有責罰

李遜歷湖南江西觀察使鋭於爲理持下以法吏不敢欺而動必知察

嗣曹王臯累爲潭洪荆襄觀察使性勤儉明察知人疾苦多設監伺能參聽於下將吏短長賞罰必信每遣人粮肉令自持量衡以致之官署布帛令縱書其幅而印之以絶吏之更易

李憲西平王晟之子憲宗元和中歷衛絳二州刺史累遷江西觀察使後爲嶺南節度使憲雖出自勳伐之家弱冠以吏道自進前後所至能平反冤獄全活無辜者數百人政無敗事人頗稱之

楊於陵爲京兆尹先是禁軍影占編戶無以别白於陵請置挾名勅每五丁者得兩丁入軍四丁三丁者差以條限繇是京師豪强復知所畏

劉栖楚爲京兆尹摧抑豪右不顧患難事無大小必設鉤距故時人異之或稱其機往往有類於西漢時趙廣漢者

梁趙犨季弟珝爲忠武留後珝公幹之才播於遠邇至於符籍虛實財穀耗登備閱其根本民之利病無不洞知庶事簡廉公私俱濟太祖深加慰薦尋加特進簡較司徒

後唐張憲爲與唐尹知留守事憲學識優深尤精吏
道剖析聽斷人不敢欺
晉高漢筠爲曹州刺史以勾吏積欺在已妥櫌封民
民去者半漢筠鞫而得情殺吏於廷民不踰月呼舞
比戶歌之
盧文進爲昭義節度使將吏以兗狡相尚言訟成風
數政不能治文進至止鞫其罪必誅之其事漸息武
臣臨事潔身有斷當時少比
郇里金爲忻州刺史凡部曲私屬皆不令干預民事
但優其贍給使分掌家事而已故郡民之安大有聲

續
安重榮爲成德軍節度使嘗有夫婦共訟其子不孝
者重榮面詰責抽劒令自殺之其父泣曰不忍也其
母詬罵杖劒逐之重榮疑而問之乃其繼也因叱出
後射之一箭而斃聞者以爲快意繇此境內以爲強
明大得民情
漢劉銖爲青州節度使乾祐中淄青大理銖下令捕
蝗畧無遺漏田苗無害先是濱海郡邑皆有兩浙回
易務取民利如有所負回易吏自置刑案追攝士民
前後長吏利其厚賂不能禁止銖即告所部不得與
吳越徵債及擅行追攝浙人惕息莫敢干命

冊府元龜

册府元龜

巡按福建監察御史臣李嗣京 訂正

分守建南道左布政使臣胡維霖 參閱

知建陽縣事臣黄國琦 較釋

牧守部 六百九十一

智畧

夫鈞深致遠表微達變之謂智臨事制宜經物成務之謂畧蓋君子之所以熙民志而賛邦治何莫繇斯道也若乃膺長人之寄總連城之政兵農之衆條教所出禮俗之化風軌攸繫由漢而下良吏接武乃有

材謀兼蘊幾神獨炤設計策以弭寇盜推恩信而懷戎旅撫御夷落而威惠式孚招輯萌庶而流徙來復興利以竭地力備患以謹天戒式遏邊圉而保障增固居守京邑而輦轂以清斯皆負兼濟之用得馭衆之術真王國之傑俊者哉

漢龔遂宣帝時爲渤海郡太守渤海左右郡歲饑盜賊並起郡聞新太守至發兵以迎遂皆遣還移書勑屬縣悉罷逐捕盜賊吏諸持鉏鈎田器者皆爲良民吏毋得問持兵者廼爲賊遂單車獨行至府郡中翕然盜賊亦皆罷渤海又多劫畧相隨聞遂教令卽時解散棄兵弩而持鈎鉏盜賊於是悉平

孫寳爲諫議大夫成帝鴻嘉中廣漢群盜起選爲益州刺史廣漢太守扈商者太司馬車騎將軍王音姊子耎弱不任職寳至部親入山谷諭告群盜非本造意渠率皆得悔過自出渠大也遣歸田里自劾矯制擅放盜歸故云矯制

後漢王閎更始遣爲琅琊太守郡人張步聚衆據本郡閎爲檄曉諭吏人降得贑榆等六縣收兵數千人與步戰不勝步拓地寖廣甲兵日盛閎懼兵衆散乃詣步相見欲誘以義方步大陳兵引閎怒曰步有何

過君前見攻之甚乎閎按劍曰太守奉朝命而文公擁兵相拒文公張步字閎攻賊耳何謂甚耶步默然良久離席跪謝陳樂獻酒待以上賓之禮令閎關掌郡事關通也

竇融爲張掖屬國都尉既到撫結雄傑懷輯羌虜甚得其懽心河西翕然歸之是時酒泉太守梁統金城太守厙鈞厙姓卽倉庫吏後也今羌中有姓厙音一云承鈞之後張掖都尉史苞苞字叔文茂陵人酒泉都尉竺曾燉煌都尉辛彤並州郡英俊融皆與爲厚善及更始敗融與梁統等計議曰今天下擾亂未知所歸河西斗絶在羌胡中不同心

戮力則不能自守權均力齊難以相率當推一人爲大將軍共全五郡觀時變動議計定而各謙讓咸以融世任河西爲吏人所敬向乃推融行河西郡將軍事是時武威太守馬期張掖太守任仲並孤立無黨乃共移書告示之二人即解印綬去於是以梁統爲武威太守史苞爲張掖太守竺曾爲酒泉太守辛形爲燉煌太守庫鈞爲金城太守後隗囂兵寇安定光武將自西征之先戒竇融期會遇雨道斷且囂兵已退乃止融至姑臧被詔罷歸融恐大兵遂久不出乃上書曰隗囂聞車駕將西臣融東下士衆騷動計且

不戰囂將高峻之屬皆欲逢迎大車後聞兵罷峻等復疑囂揚言東方有變西州豪傑遂復附從囂入引公孫述令守突門臣融孤弱介在其間雖承威靈宜速救助國家當其前臣融促其後緩急迭用首尾相資囂執排迮不得進退此必破也若兵不早進久生持疑則外長寇佐內示困弱復令讒邪得有因緣臣竊憂之惟陛下哀矜帝深美之

鮑永爲魯郡太守時董憲別帥彭豐虞休皮常等各千餘人稱將軍不肯下頃之孔子闕里無故荆棘自除從講堂至于里門永異之謂府丞及魯令曰方今危急而闕里自開斯豈夫子欲令太守行禮助吾誅無道耶乃會人衆修鄉射之禮請豐等共會觀視欲因此擒之豐等亦欲因永乃持牛酒勞饗而潛挾兵器永覺之手格殺豐等禽破黨與光武嘉其畧封爲關內侯

魏梁習爲太祖西曹屬漢土新附習以別部司馬領并州刺史時承高幹荒亂之餘胡狄在界張雄跋扈吏民亡叛入其部落兵家擁衆作爲寇害更相扇動往往棊峙習到官誘諭招納皆禮召其豪右稍稍薦舉使詣幕府豪右已盡乃次發諸丁彊以爲義從又

因大軍出征分請以爲勇力吏兵已去之後稍移其家前後送鄴凡數萬口其不從命者興兵致討斬首千數降附者萬計單于恭順名王稽顙部曲服事供職同于編戶邊境肅清百姓布野勤勸農桑鮮卑大人育延常爲州所畏而一旦將其部落五千餘騎詣習求互市習念不聽則恐其怨若聽到州下又恐爲所畧于是乃許之往與會空城中交市遂勅郡縣自將治中以下軍往就之市易未畢市吏收縛一胡延騎皆驚上馬彎弓圍習數重吏民惶怖不知所施習乃徐呼市吏問縛胡意而胡實侵犯人習乃使譯呼

延延到習責延曰汝胡自犯法吏不侵汝汝何爲使諸騎驚駭耶遂斬之餘胡破膽不敢動是後無寇虜至太祖拔漢中諸軍還到長安因留騎督太原烏丸王魯昔使屯咸陽以備盧水昔有愛妻住在晉陽昔既思之又恐遂不得歸乃以其部五百騎叛還并州留其餘騎置山谷間而單騎獨入晉陽盜取其妻巳出城州郡乃覺吏民又畏昔善射不敢追昔乃令從事張景募鮮卑使逐昔昔馬負其妻重騎行遲未及與其衆合而爲鮮卑所射死始太祖聞昔叛恐其爲亂於北邊會聞已殺之太喜以昔前後有策畧封爲

關内侯

裴潛爲太祖倉曹屬時代郡大亂以潛爲代郡太守烏丸王及其大人凡三人各自稱單于專制郡事前太守莫能治正太祖欲授潛精兵以鎮討之潛辭曰代郡戸口殷衆士馬控弦動有萬數單于自知放橫日久内不自安今多將兵往必懼而拒境少將則不見憚宜以計謀圖之不可以兵威迫也遂單車之郡單于驚喜潛撫之以靜單于以下脫帽稽顙悉還前後所畧婦女器械財物潛案諸郡中大吏與單于爲表裏者郝温郭端等十餘人北邊大震百姓歸心

杜畿代王邑爲河東太守而高幹舉并州及河東人衛固范先外以請邑爲名而内實與幹通謀太祖遣夏侯惇討之未至荀彧謂畿曰宜須大兵畿曰河東有三萬戸非皆欲爲亂也今兵迫之急欲爲善者無主必懼而聽于固固等勢專必以死戰討之不勝四鄰應之天下之變未息也討之而勝是殘一郡之民也且固等未顯絶王命外以請故君爲名必不害新君吾單車直往出其不意固爲人多計而無斷必僞受吾吾得居郡一月以計縻之足矣遂詭道從郖津渡郖音豆范先欲殺畿以威衆且觀畿去就於門下斬

殺主簿已下三十餘人畿舉動自若於是固曰殺之無損徒有惡名且制之在我遂奉之畿謂衛固范先曰衛范河東之望也吾仰成而已然君臣有定義成敗同之大事當共平議以固爲都督行承事領功曹將校吏兵三千餘人皆范先督之固等喜雖陽事畿不以爲意固欲大發兵畿患之說固曰夫欲爲非常之事不可動衆心今大發兵衆必擾不如徐以貲募兵固以爲然從之遂爲貲調發十日乃定諸將貪多應募而少遣兵又入諭固等曰人情顧家諸將掾史可分遣休息緩急召之不難固等惡逆衆心又從之

於是善人在外陰爲己援惡人分散各還其家則衆離矣會白騎攻東垣高幹入濩澤上黨諸縣殺長吏弘農執郡守固等密調兵未至畿知諸縣附已因出單將數十騎赴張辟拒守吏民多舉城助畿者比數十日得四千餘人固等與高幹張晟共攻畿不下畧諸縣無所得會大兵至幹晟敗固等伏誅其餘黨皆赦之使復其居業

牽招爲鴈門太守郡在邊陲雖有候望之備而寇鈔不斷招既教民戰陣又表復烏丸五百餘家租調使備鞍馬遠遣偵候虜每犯塞勒兵逆擊來輒摧破於

是吏民膽氣日鋭荒野無虞又構間離散使虜更相猜疑鮮卑大人步度根泄歸泥等與軻比能爲隙將部落三萬餘家詣郡附塞勅令還擊比能殺比能弟苴羅侯及叛烏丸歸義侯王同王寄等大結仇怨是以招自出率將歸泥等討比能於雲中故郡大破之招通河西鮮卑附頭等七有餘萬家緣治陘北故上館城置屯戍以鎮內外夷虜大小莫不歸心諸亡叛雖親戚不敢藏匿咸悉收送于是野居晏閉寇賊靜息

趙儼爲扶風太守時被書差千二百兵往助漢中守使平難將軍殷署督送之行者卒與室家別皆有憂色署發後一日儼慮其有變乃自追至斜谷人人慰勞又深戒署還宿雍州刺史張既舍署軍復前四十里兵果叛亂未知署吉凶而儼自隨步騎百五十人皆與叛者同部曲或婚姻得此問各驚被甲持兵不復自安儼欲還既等以爲今本營黨已擾亂一身赴之無益可須定問儼曰雖疑本營與叛者同謀要當聞行者變乃發之又有欲善不能自定宜及猶豫促撫寧之且爲之元帥既不能安輯身受禍難命也遂去行三十里止放馬息盡呼所從人喻以成敗慰勞

懇切皆慷慨曰生死當隨護軍不敢有二前到諸營各召料簡諸姦結叛者八百餘人散在原野惟取其造謀魁率治之餘一不問郡縣所收送皆放遣乃即相率還降儼密白宜遣將詣大營請舊兵鎮守關中太祖遣將軍劉柱將二千人當須到乃發遣而事露諸營大駭不可安喻儼謂諸將曰舊兵既少東兵未到是以諸營圖爲邪謀若或成變爲難不測因其狐疑當令早決遂宣言當差召新兵之溫厚者千人鎮守關中其餘悉遣東便見主者內諸營兵籍案累重立差別之留者意定與儼同心其當去者亦不敢動

儼一日盡遣上道因所留千人分布羅落之東兵尋至乃復脅喻并徙千人令相及共東凡所全致二萬餘口

王觀字偉臺爲涿郡太守涿北接鮮卑數有寇盜觀令邊民十家已上屯居築京候時或有不願者觀乃假遣朝吏使歸助子弟不與期會但敕事訖各還於是吏民相率不督自勸旬日之中一時俱成守禦有備寇鈔以息

孫禮爲滎陽都尉魯山中賊數百人保固險阻爲民作害乃徙禮爲魯相禮至官出俸穀發吏民募首級

招納降附使還爲間應時平泰

胡質爲東征將軍假節都督青徐諸軍事廣農積穀有兼年之儲置東征臺且佃且守又通渠諸郡利舟楫嚴設備以待敵海邊無事

吳殷札爲零陵大守言於文帝曰今天棄曹氏喪誅累見分爭之際而幼童涖事陛下身自御戎取亂侮亡宜犇荊揚之地舉疆贏之數使疆者執戟贏者轉運西命益州軍于隴右授諸葛瑾朱然大衆指事襄陽陸遜朱桓別征壽春大駕入淮陽歷青徐襄陽壽春困于受敵長安以西務對蜀軍許雒之衆勢必分歷犄角瓦解民必内應將帥對向或失便宜一軍敗績則三軍離心便當秣馬脂車陵蹈城邑乘勝逐北以定華夏若不悉軍動衆循前輕舉則不足大用易於屢退民痡威消時往力竭非出兵之策也帝弗能用

諸葛恪爲撫越將軍領丹陽太守時山賊未平恪到府乃移書四部屬城長吏令各保其疆界明立部伍其從化平民悉令屯居乃分内諸將羅兵幽阻但繕藩籬不與交鋒候其穀稼將熟輒縱兵芟刈使無遺種舊穀既盡新田不收平民屯居畧無所入於是山

民饑窮漸出降首恪乃復敕下曰山民去惡從善皆當撫慰徙出外縣不得嫌疑有所執拘越陽長胡伉得降民周遺遺舊惡民困迫暫出内圖叛逆伉縛送府恪以伉違教斬以徇以狀表上民聞伉坐執人被戮知官惟欲出之而已於是老幼相攜而出歲期人數皆如本規恪自領萬餘人分給諸將大帝嘉其功拜恪威北將軍封都鄉侯

晉杜預爲荊州刺史咸寧三年詔曰今年霖雨過差又有虫災潁州襄城自春以來畧不下種深以爲慮主者何以爲百姓計促處當之預上疏曰臣竊思惟

今者水災東南特劇非但五稼不收居業并損下田所在停汙高地皆多墝埆此郎百姓困窮方在來年雖詔書切告長吏二千石爲之設計而不廓開大制定其趣舍之宜恐徒文具所益蓋薄當今秋夏蔬食之時而百姓已有不贍前至冬春野無青草則必指仰官穀以爲生命此乃一方之大事不可不預爲思慮者也臣愚謂既以水爲困當恃魚菜螺蜯而洪波汎濫貧弱者終不能得今者宜大壞兗豫州東界諸陂隨其所歸而宜導之交令饑者盡得水産之饒百姓不出境界之内旦暮野食此目下日給之益也水

去之後填淤之田畝收數鍾至春大種五穀五穀必豐此又明年益也臣前啓典牧種牛不供耕駕至于老不穿鼻者無益於用而徒有吏士穀草之費歲送任駕者甚少尚復不調習宜大出賣以易穀及爲賞直詔曰孳育之物不宜咸散事遂停寢問主者今典虞右典牧種産牛大小相通有四萬五千餘頭苟不益世用頭數雖多其費日廣古者匹馬丘牛居則以耕出則以戰非如豬羊類也今徒養宜用之牛終爲無用之費甚失事宜東南以水田爲業今無牛犢今既壞陂可分種牛三萬五千頭以付二州將吏士庶使及春耕穀登之後頭責二百斛是爲化無用之費得運水次成穀七百萬斛此又數年後之益也加以百姓降丘宅土將來公私之饒乃不可計其所留好種萬頭可郎令右典牧都尉官屬養之人多畜少可並佃牧地明其考課此又三魏近甸歲當復入數千萬斛穀牛又皆當調習動可駕用皆今日之可全者也預又言諸欲修水田者皆以火耕水耨爲便非不爾也然此事施於新田草萊與百姓居相絶離者耳往者東南草創人稀故得火田之利自頃户口日增而陂堨歲決良田變生蕭葦人居沮澤之際水陸失

宜放牧絶種樹木立枯皆陂之害也陂多則土薄水淺潦不下潤故每有水雨輒復横流延及陸田言者不思其故因云此土不可陸種臣計漢之戸口以驗今之陂處皆陸業也其或有舊陂舊堨則堅完修固非今所謂當爲人害者也臣前見尚書胡威啓宜壞陂其言懇至臣中者又見宋侯相應遵上便宜求壞泗陂徙運道時下都督度支共處當各據所見不從遵言臣案遵上事運道東詣壽春有舊渠可不繇泗陂泗陂在遵地界壞地凡三千餘頃傷敗成業遵縣領應佃二千六百口可謂至少而猶患地狹不足肆

力此皆水之爲害也當所共恤而都督度支方復執
異非所見之難直以不同害理也人心所見既不同
利害之情又有異軍家之與郡縣士大夫之與百姓
其意莫有同者此皆偏其利以忘其害者也此理之
所以未盡而事之所以多患也臣又案豫州界二度
支所領佃者州郡大軍雜士凡用水田七千五百餘
頃耳計三年之儲不過二萬餘頃以常理言之無爲
多積無用之水況於今者水潦分溢大爲災害臣以
爲與其失當寧瀉之不畜宜發明詔勑刺史二千石
其漢氏舊陂舊堨及山谷私家小陂皆當修繕以積

水其諸魏氏以來所造立及諸因雨決溢蒲葦馬腹
陂之類皆決瀝之長吏二千石躬親勸功諸食力之
人並一時附功令比及水東得粗枯涸其所修功食
之人皆以俾之其舊陂堨溝渠當有所補塞者皆尋
求微跡一如漢時故事預爲部分列上須冬東南休
兵交代各留一月以佐之夫川瀆有常流地形有定
體漢氏居人數多猶以無患今因其所患而宣寫之
跡古事以明近大理顯然可坐論而得臣不勝愚意
切謂最是今日之實益也朝廷從之
陶侃爲江夏太守鷹揚將軍陳敏遣其弟恢來寇武
昌侃與諸軍并力距恢乃以運船爲戰艦或言不可
侃曰用官物討官賊但須列上有本末耳於是擊恢
所向必破
宋申恬爲濟南太守時又遷換諸郡守恬上表曰伏
惟朝恩當加臣濟南太守仰惟優旨荒心散越臣殃
咎之餘遭蒙殊泰寵私罔已復兼今授豈其愚迷所
能上答臣近至止郡履行所統究其形宜河濟之間
應置戍扞其中四處急須修立隺口故城又是要所
宜移太原委以邊事緣山諸邏並得除省防衛綏懷
利便非一呂綽誠効益著深同臣意百姓聞者咸皆

附悅急有迴異二三求宜且房紹之莅郡經年君民
粗狎改以帶臣有舊事遠牽太原於民爲苦而隺口
之計復成乂牙人情非樂容有不安疆埸威刑患不
開廣若得依先處分公私允緝帝從之
顏竣爲丹陽尹時歲旱民饑竣上言禁餳一月息米
近萬斛
南齊王玄邈爲梁南秦二州刺史兄弟同時爲方伯
高帝建元初亡命李烏奴作亂梁部玄邈使人僞降
烏奴告之曰王使君兵弱攜愛妾二人已去矣烏奴
盡輕兵襲州城玄邈奇兵破之帝聞之曰玄邈果不

負吾
㫖俟詳爲新興太守便道先到江陽時始安王遥光稱兵京邑南康王長吏蕭穎胄並未至中兵參軍劉山陽先在州山陽副潘紹欲謀作亂詳僞呼紹議事郎於城門斬之州府乃安
柳慶遠字文和爲魏興太守郡遭暴水流漂居民吏請徙民祀城慶遠曰天降雨水豈城之所知吾聞江河長不可三日斯亦何慮命築土而已俄而水過百姓服之
梁張齊爲巴西梓潼二郡太守巴西郡居益州之半

又當東道衝要刺史經過軍府遠涉多饋遺齊緣路聚糧食種蔬菜行者皆取給焉其能濟辦多此數也
後魏于栗磾明元時爲豫州刺史帝南幸盟津謂栗磾曰河可橋乎栗磾曰杜預造橋遺事可想乃編次大船搆橋於治坂六軍旣濟帝深歎美之
南安王禎孝文初拜南豫州刺史大胡山蠻時鈔掠前後守牧多羈縻而已禎乃召新蔡襄城蠻首使之觀射先選左右能射者二十餘人禎自發數箭皆中然後命左右以次而射先出一囚犯死罪者使參射限命不中禎即責而斬之蠻魁等伏强畏威相視股慄又預教左右取死囚四十人皆着蠻衣云是鈔賊禎乃臨坐僞舉目瞻天微風有動禎謂蠻曰風氣少暴似有鈔賊入境不過十人當在西南五十里許即命騎追掩果縛送十人禎告諸蠻曰爾鄉里作賊如此合死不蠻等即叩頭曰合萬死禎即斬之因慰喻遣還自是境無暴掠
苟頹爲司空孝文大駕行幸三州頹留守京師沙門法秀謀反頹率禁兵收掩畢獲內外晏然駕還飲至文明太后曰當爾之日卿若持疑不即收捕處分失所則事成不測矣今京畿不擾宗社獲安者實卿之

功也
于烈孝文末爲散騎常侍時齊將陳顯達寇馬圖帝親征之以烈爲留守及彭城王勰稱詔召宣武會駕魯陽以烈留守之重密報以孝文凶問烈處分行留神色無變後遷車騎大將軍太尉咸陽王禧友謀反武興王楊集始馳于北邙以告時宣武從禽於野左右分散直衞無幾倉卒之際莫知計之所出乃勑烈子忠馳視虛實烈時留守已處處有備因忠奏曰臣雖朽邁心力猶可此等猖狂不足爲慮願緩蹕徐還以安物望帝聞之甚以慰悅

李彦宣武時爲徐州刺史延昌二年夏大霖雨川瀆皆溢彦相水陸形勢隨便疏通得無淹漬之害朝廷嘉之頻詔勞勉

北齊潘樂爲東雍州刺史神武嘗議欲廢州樂以爲東雍地界山河境連胡蜀形勝之會不可棄遂如故

楊津爲岐州刺史有武功民齎絹三疋去城十里爲賊所劫時有使者馳驛而被劫人因以告之使者到州以狀白津津乃下教云有人着某色衣乘某色馬在城東十里被劫不知姓名若有家人可速收視有一老母行出而哭云是己子於是遣騎追收并絹俱

獲自是合境畏服

祖珽爲徐州刺史至州會有陳寇百姓多反珽不關城門守陴者皆令下城靜坐街巷禁斷人行雞犬不聽鳴吠賊無所聞見者不測所以或聞人走空城不設警備珽忽然令大叫鼓譟聒天賊大驚登時走散後復結陳向城珽乘馬自出令錄事參軍王君植率兵馬乃親臨戰賊先聞其盲謂爲不能抗拒忽見親在戎行彎弧從鏑相與驚怪畏之而罷

李愍爲南荆州刺史當州大都督此州自孝昌以來舊路斷絕前後刺史皆從間道始得達州愍勤部曲數千人徑向懸瓠從比湯舊道且戰且前三百餘里所經之處即立鄣亭蠻酋大服

後周崔猷西魏大統中爲浙州刺史侯景據河南歸款行臺王思政赴之太祖與思政書曰崔猷智畧明贍有應變之才若有所疑宜與量其可不思政初頓兵襄城後於潁川爲行臺并致書于猷猷書曰襄城控帶京洛實當今之要地如有動靜易相應接者也潁川既比諫官出者數四時中外屬望大寮三數人廷諍其事僕射竇易直日人臣無將將而必誅聞者愕然惟京兆尹崔琯大理卿王正雅連上疏請出內

獄且曰王師文未獲即獄未具請出豆盧著與申錫同付外廷勘當人情翕然推重初議申錫抵死顧物論不可又將殺于嶺表帝終悟外廷之言乃有開州之命初申錫既被罪怡然不以爲意自中書歸私第止于外廳素服以俟命妻出謂之曰公爲宰相人臣位極於此何負天子反乎申錫對曰吾自書生被厚恩擢相位不能鋤去姦亂反爲所羅網夫人察申錫豈反者乎因相與泣數行下申錫至自居內庭及爲宰相以時風侈靡若要位者尤取納不顧風俗不暇更方遠古且與貞觀時甚相背矣申錫至此約身謹

潔尤以公廉爲己任四方問遺悉無受者旣被畀爲
有司驗劾多獲其四方收領所還問遺之狀朝野爲
之歎息丁未詔曰朕以菲德奉玆丕搆雖虔恭修己
不敢暇逸而誠意格物未能弘敷遂使姦宄懷非覬
之端藩同日生日言貌有貴相在陳世已據南海平
陳後文帝因而撫之卽拜安州刺史然驕倨恃險未
嘗參謁煕手書諭之申以交友之分其母有疾煕復
遺以藥猛力感之詣府謁不敢爲非
李詢爲司衞上士武帝建德三年幸雲陽宮委以留
府事衞王直作亂焚肅章門詢於內益火故賊不敢

入帝聞而善之
隋梁睿周末爲益州總管威振西州夷獠歸附惟南
寧酋帥爨震恃遠不賓時高祖總百揆睿上疏曰竊
以遠撫長駕王者令圖易俗移風有國常典寧州漢
氏牂牁之地近代以來分置興古雲南建寧朱提四
郡戶口殷衆金寶富饒二河有駿馬明珠益寧出鹽
井犀角晉太始七年以益州曠遠分置寧州至僞梁
置南寧州刺史徐文盛被湘東徵赴荊州屬東夏尚
阻未遑遠略士民爨瓚遂竊據一方國家遥授刺史
其子震相承至今而震臣禮多虧貢賦不入每年獻
不過數十疋馬其處去益路止一千朱提北境卽與
戎州接界如聞彼民苦其苛政思被皇風伏惟大丞
相裨贊聖朝寧濟區宇繼後光前方垂萬代闢土服
遠今正其時幸因平蜀士衆不煩重興師旅押獠旣
訖卽請略定南寧自瀘戎已東軍糧須給過此卽于
蠻夷徵稅以供兵馬其寧州朱提雲南西爨並置總
管州縣計彼熟蠻租調足供城防倉儲一則以肅蠻
夷一則裨益軍國今謹件南寧州郡縣及事意如別
有大都督杜神敬昔曾使彼具所諳練今并送往書
未答又請曰竊以柔遠能邇著自前經拓土開疆王

者所務南寧州漢世牂牁之郡其地沃壤多是漢民
旣饒寶物又出名馬今若往取仍置州郡一則遠振
威名二則有益軍國其處與交廣相接路乃非通漢
世開此本爲討越之計伐復之日復是一機以此商
量決謂須取高祖深納之然以天下初定恐民心不
安未之許後竟遣史萬歲討平之並自睿之策也
唐敬暉爲衞州刺史時河北新有突厥之寇方秋而
修城不輟暉下車謂曰金湯非粟而不守豈有棄收
穫而繕城郭哉悉令罷散繇是吏人感悅
王方翼爲夏州都督屬牛役無以營農方翼造人耕

之法施關鍵使人推之百姓賴焉

王翃爲河中少尹節度留後有悍將凌正者横猾擾軍政因約夜鼓謀斬關以逐翃有告翃者乃縮夜漏數刻以差其期賊驚而遁遂戮其首亂者

康日知爲趙州刺史會成德軍節度使李寶臣卒其子惟岳謀有父位令兵馬使王武俊統衆擊日知日知遣使謂武俊曰惟岳孱而無謀何足同反我城堅衆一未可以歲月下之且惟岳恃田悅爲援前歲悅之丁男甲卒塗地於邢州城下猶不能陷況此城乎復紿爲手詔招武俊武俊信之遂倒兵入鎭州殺惟

岳

李承建中初爲襄陽節度時李希烈雖歸蔡州留守將較等於襄州守當所掠得財帛什器等錄是使使襄漢往來不絕承亦使腹心臧叔雅往來許蔡厚結希烈腹心周曾王玢姚憺等及曾謀殺希烈以衆歸朝多承首建謀也累賜密詔褒美之

劉怦爲涿州刺史居數年朱滔將兵討田承嗣奏署怦領留府寬緩得衆心時李寶臣爲田承嗣間説與之通謀承嗣又以滄州與寶臣乃以兵劫朱滔于瓦橋滔脱身走乘勝欲襲取幽州怦設方畧鎭撫寶臣不敢進以功加御史中丞自是滔每將兵皆以怦爲守

韋臯爲鳳翔判官權知隴州營田留後德宗幸奉天鳳翔兵馬使李楚琳殺張鎰以府城叛歸於朱泚隴州刺史郝通奔於楚琳先是朱泚自范陽入朝以甲士隨因爲鳳翔節度故隴州有盧龍之卒五百人而牛雲光爲之將雲光素事泚泚既以兵圍奉天雲光因稱疾請臯爲帥將謀亂擒臯以赴泚臯將翟曄知之白臯雲光知事洩遂率其兵以奔泚及汧陽遇泚之家僮蘇玉將使于臯所蘇玉因請雲光曰太尉既

爲天子矣今使我持詔以韋臯爲御史中丞君可領兵士疾返韋臯若承命卽吾人矣如不受彼圖之無不濟矣乃反旗疾趨隴州臯迎勞之先納蘇玉受其命乃問雲光曰始不告而去今又來者何雲光曰前未知公心故前去今公既受新天子命則復來願與公合力立功同生死耳臯應曰大使苟不懷詐請納器甲使城中人無所疑衆乃可入雲光以書生視臯且以爲信然乃倂戈甲臯卽受之乃納其衆明日臯伏兵宴雲光蘇玉并陳牛酒犒其卒卽就坐殺其卒斬雲光蘇玉首以徇

劉習裔爲陳州刺史貞元十六年韓全義討蔡州敗於溵水諸道兵皆走保陳州求舍昌裔登城謂曰天子命公討蔡州今乃來陳州義不敢納請舍城外已而從千騎入全義營持牛酒勞軍全義不自意驚喜歎服

郗士美爲鄂州觀察使貞元末安黃節度使伊愼來朝其子宥主將事朝廷未能去會宥毋卒于京師宥貪其土不發喪士美命從事託他故過其境宥果迎之告以凶問先備宥監即日遣之

呂元膺爲東都留守畿汝防禦使時朝廷方討淮西

鄆賊李師道遣將率兇徒數十人伏雒陽邸潛結嵩山群盜欲焚刼雒陽居衣冠以撓朝廷計指日將發會有告者元膺發留守兵捕之賊黨白晝持滿斬關而去雒人震恐河南府門往往晝閉留守兵殘弱不可倚而元膺坐皇城自若以故居人稍安後數月得賊于嵩山斬之

柳公綽爲襄州刺史山南東道節度使行部至鄧縣二吏犯法一贓賄一舞文縣令以公綽守法必殺贓吏獄具判之曰贓吏犯法法在姦吏壞法法亡誅舞文者

漢趙在禮爲晉昌節度使在郡有飛蝗爲害在禮使北戸張幡幟鳴鼙鼓蝗皆越境而去人亦服其智焉

第六頁二行太祖下脱二十二字

以鐵爲太守固等使兵數千人絕陜津鐵至不得渡太祖

巡按福建監察御史臣李嗣京訂正
知長樂縣事臣夏允彝參閱
知建陽縣事臣黄國琦較釋

牧守部六百九十一

招輯

小雅鴻鴈之作美其能勞來安集使離散者寧其居鰥寡者得其所也若乃總列城之任膺共此之寄或仍歲凶荒民居流徙或師旅之後瘡痍未復或寇盜群萃侵擾封部或夷狄狙獷密邇亭障乃能懷輯化誘循撫愛養俾襁負者相屬而至安堵者無改其舊推以恩信宄奐爲之革音敷以仁惠殊俗因而款附下與樂國之詠上有長城之賴斯固道德齊禮之餘風招攜懷遠之美政也

漢王成宣帝時爲膠東相流民自占八萬餘（占謂隱度名數而來附業也）帝下詔褒之賜關内侯（事具牧守褒寵門）

龔遂爲渤海太守時渤海左右郡歲饑盜賊並起遂乘傳至渤海界郡聞新太守至發兵以迎遂皆遣還移書勅屬縣悉罷逐捕盜賊吏諸持鉏田器者皆爲良民吏無得問持兵者乃爲賊遂單車獨行至府郡中翕然盜賊亦皆罷渤海又多刼畧相隨及聞遂教令皆卽時解散棄其兵弩而持鉤鉏盜賊於是悉平

王尊爲益州刺史居部二歲懷來徼外蠻夷歸附服其威信

後漢郭伋光武時爲漁陽太守在職五歲戶口增倍後潁川盜賊群起徵拜潁川太守召見辭謁帝勞之曰賢能太守去帝城不遠河潤九里與京師并蒙福也君雖精於追捕而山道險阨自闚當一士耳深宜愼之伋到郡招懷山賊陽夏趙宏襄城召吳等數百人皆束手詣伋降悉遣歸附農因自劾專命帝美其策不以咎之後宏吳等黨與聞伋威信遠自江南或從幽冀不期俱降絡繹不絶

夏恭爲太山郡尉和集百姓甚得其歡心

應奉汝南人爲郡決曹吏和帝時大將軍梁冀舉奉茂才先是武陵蠻詹山等四千餘之反叛執縣令屯結連年詔下公卿議四府舉奉才堪將帥永興元年拜武陵太守到官慰納山等皆悉降散

虞詡安帝時爲武都太守先是羌寇武都詡掩擊破之乃占相地勢築營壁百八十所招還流亡假賑貧

人郡遂以安詡始到郡戶裁盈萬及綏聚荒餘招還流散二三年間遂增至四萬餘戶鹽米豐賤十倍于前一云詡始到穀石千鹽石八千見戶萬三千視事三歲米八十鹽四百流人還歸郡戶數萬人足家給一郡無事

汝郁爲魯相以德教化百姓稱之流人歸者八九千戶

霍諝爲金城太守性明達篤厚能以恩信化誘殊俗甚爲羌胡所敬服

張喬順帝時爲交阯太守先是日南象林徼外蠻夷攻燒城寺殺長吏喬至開示慰誘並皆降散

祝良爲九真太守單車入賊中設方畧招以威信降者數萬人皆爲良築起府寺繇是嶺外復平

李固爲梁商從事中郎永和中荊州盜賊起彌年不定乃以固爲荊州刺史固到遣吏勞問境內赦盜寇前釁與之更始於是賊帥夏密等斂其魁黨六百餘人自縛歸首固皆原之遣還使自相招集開示信法半歲間餘類悉降州內清平

种暠爲益州刺史暠素慷慨好立事在職三年宣恩遠夷開曉殊俗岷山雜落皆懷服漢德其白狼槃木唐菆卭僰諸國自前刺史朱輔卒後遂絕暠至乃復舉種向化

傅燮爲漢陽太守善卹人叛羌懷其恩化並來降附

趙溫爲蜀郡太守桓帝之世板楯數反溫以恩信降服之

劉虞爲幽州刺史轉甘陵相甚得東土戎狄之心又青徐士庶被黃巾之難歸虞者百餘萬口皆收視溫恤爲安立生業流民皆忘其遷徙

魏何夔仕漢爲長廣太守郡濱山海黃巾未平豪傑多背叛袁譚就加以官位長廣縣人管承徒衆三千餘家爲寇害議者欲舉兵攻之夔曰承等非生而樂

亂也習於亂不能自還未被德教故不知反善不兵迫之悒彼恐夷滅必并力戰攻之既未易拔雖勝必傷吏民不如徐喻以恩德使容自悔可不煩兵而定乃遣郡丞黃珍往爲陳成敗承等皆請服夔遣使成弘領校尉長廣縣丞等郊迎奉牛酒詣郡

劉繇仕漢與平中爲楊州牧時袁術據淮南繇乃移居曲阿值中國喪亂士民多南奔繇攜接收養與同憂劇甚得名稱

劉表漢末爲荊州牧荊州人情好擾加以四方駭震寇賊相扇處處麋沸表招誘有方威懷兼治其姦猾

甯賊更爲效用萬里肅清大小咸悅而服之關西祭
豫學士歸者蓋有千數表安慰賑饑皆得資全
張既漢末爲京兆尹招懷流民興復縣邑百姓懷之
鍾繇漢末督關中百事自天子西遷洛陽人民單盡
繇徙關中民又招納亡叛以充之數年間民戶稍實
太祖征關中得以爲資表繇爲前軍師
蘇則漢末爲武都太守太祖征張魯過其郡見則悅
之使爲軍導魯破則綏安下辯諸氐通河西道徙爲
金城太守是時喪亂之後吏民流散饑窮戶口損耗
則撫循之甚謹外招懷羌胡得其牛羊以養貧老與

民分糧而食旬月之間流民皆歸數千家乃明爲禁
令有干犯者輒戮其從教者必賞親自教民耕種其
歲大豐收繇是歸附者日多
杜襲爲太祖丞相長史隨到漢中討張魯太祖還留
督漢中軍事綏懷開導百姓自樂出徙洛鄴者八萬
餘口
夏侯尚爲荆州牧時荆州荒殘外接蠻夷而與吳阻
漢水爲境舊民多居江南尚自上庸通道西行七百
餘里山民蠻夷多服從者五六年間降附數千家
劉馥爲太祖司徒掾會孫策所置廬江太守李述攻
殺揚州刺史嚴象廬江梅乾雷緒陳蘭等聚衆數萬
在江淮間郡縣殘破太祖表馥爲揚州刺史馥既受
命單車造合肥空城建立州治南懷緒等皆安集之
貢獻相繼數年中恩化大行百姓樂其政流民越江
南而歸者以萬數
梁茂爲御史時泰山多盜賊以茂爲泰山太守旬月
之間襁負而至者千餘家
郭淮爲雍州刺史安定羌大帥辟蹏又討破降之每
羌胡來降淮輒先使人推問其親理男女少年歲長
幼及見一二知其款曲訊問周至咸稱神明正始元

年蜀將姜維出隴西淮遂進軍追至彊中維退遂討
羌迷當等案撫柔氐三千餘落拔徙以實府中遷左
將軍
呂虔爲泰山太守郡接山海世亂聞民人多藏竄袁
紹所置中郎將郭祖公孫犢等數十輩保山爲寇百
姓苦之虔將家兵到郡開示恩信祖等黨屬皆降服
諸山中亡匿者盡出安土業簡其强者補戰士泰山
由是遂有精兵冠各州郡
蜀王嗣爲西安圍督汶山太守綏集羌胡咸悉歸服
諸種素桀惡者皆來首降待以恩信時北境得以安

靜

張嶷爲越嶲太守漢嘉郡界旄牛夷種類四千餘戶其率狼路欲爲姑壻冬逢報怨遣叔父離將逢衆相度形勢嶷逆遣親近齎牛酒勞賜又令離姊逆逢妻宣暢意旨離既受賜并見其姊姊弟歡悅悉率所領將詣嶷嶷厚加賞待遣還旄牛繇是輙不爲患

吳步騭爲交州刺史時益州大姓雍闓年殺蜀所署太守正昂與士燮相聞求欲內附騭因承制遣使宣恩撫納繇是見知拜平戎將軍封廣信侯

虞潭領廬陵太守綏撫荒餘咸得其所

鍾離牧爲海南太守揭陽縣賊率曾夏等衆數千人歷十餘年以侯爵雜繒千匹下書購募絕不可得牧遣使慰譬登時首服自改爲良民

晉魯芝宣帝初爲天水太守郡鄰於蜀數被侵掠戶口減削寇盜充斥芝傾心鎮衛更造城市舊境悉復又爲幷州刺史以綏緝有方遷大鴻臚

華軼爲江州刺史甚有威惠州之豪士接以有道得江表之歡心流亡之士赴之如歸

劉弘爲荊州刺史于時流人在荊州十餘萬戶羇旅貧乏多爲盜賊弘乃給其田種粮食擢其賢才隨才敘用

褚裒爲丹陽尹時京邑焚蕩人物凋殘裒收集散亡甚有惠政

曹攄爲襄城太守時襄城屢經寇難攄綏懷振理旬月克服

王彪之爲會稽內史居郡八年豪右斂跡亡民歸者三萬餘口

桓宣鎮襄陽宣遣步騎收南陽諸郡百姓沒賊者八千餘人以歸

周處爲新平太守撫和戎狄叛羌歸附雍士美之

宋張茂度爲始興相郡經賊寇廨宇焚燒民物凋散百不存一茂度創立城寺弔死撫傷收集離散民戶漸復在郡一周徵爲太尉參軍

劉道產爲西戎校尉梁南秦二州刺史在州有惠化關中流民前後出漢川歸之者甚多元嘉六年道產表置隴西宋康二郡以領之又爲襄陽太守善於臨民在雍部政績尤著蠻夷前後叛戾不受化者並皆順服悉出緣沔爲居百姓樂業民戶豐贍繇此有襄陽樂歌自道產始也

臧熹爲臨海太守郡經兵寇百不存一熹綏緝綱紀

招聚流散歸之者千餘家

陸徽文帝時爲長沙内史母憂去職時張尋趙廣爲亂于益州兵寇之餘政荒民擾元嘉二十三年乃遣徽爲持節益寧二州諸軍事益州刺史隱卹有方威惠兼著寇盗静息民物殷阜蜀土安悦至今稱之

王僧虔爲湘州刺史巴峽流民多在湘土僧虔表割益陽羅湘西三縣緣江民立湘陰縣從之

王景文爲江州刺史晉安王子勛起兵以焦度爲先鋒及事敗逃宫亭湖中爲寇賊朝廷聞其勇甚憂患之使景文誘降度等度將部曲出首景文以爲已鎮

南泰軍尋領中直兵厚待之

張稷爲交阯太守治有異績會刺史死交土大亂稷之威懷循撫境内以寧文帝嘉之

范述曾爲永嘉太守所部横陽縣山谷險峻爲逋逃所聚前後二千石討捕莫能息述曾下車開示恩信凡諸凶黨襁負而出編户屬籍者二百餘家自是商賈流通居民安業

梁蕭皦初仕齊爲隨郡内史招懷遠近黎庶安之以爲前後之政莫之及也

楊公則初自高祖舉義師於雍州以公則爲湘州刺史初公則東下湘部諸郡多未賓從及公則還州然後諸屯聚並散湘州寇亂累年民多流散公則輕刑薄斂頃之户口充復爲政雖無威嚴然保已廉慎爲吏民所悦

安成康王秀爲郢州刺史時司州叛蠻田魯生弟魯賢超秀據蒙籠來降高祖以魯生爲北司州刺史魯賢北豫州刺史超秀定州刺史爲北境捍蔽而魯生超秀互相讒有去就意秀撫喻懷納各得其用當時賴之

王茂爲江州刺史時九江新罹軍寇民思反業茂務農省役百姓安之

夏侯亶爲豫州南豫二州刺史壽春久罹兵荒百姓多流散亶輕刑薄賦務農省役頃之民户充復

張讃爲湘州刺史州界零陵衡陽等郡有莫徭蠻者依山險爲居歷政不賓服因此向化在政四年流人自歸户口增益十萬餘州境大安

江革爲都官尚書出監吳郡于時境内荒儉劫盗公行革至郡惟有公給仗身二十人百姓皆懼不能静寇及省逆軍尉民下愈恐革乃廣施恩撫明行制令盗賊静息民吏安之

撤嚴歷監義陽武寧郡郡界首蠻左前郡守常選武人以兵鎮之嚴獨以數門生單車入境群蠻悅服遂絶寇盜

王襃爲安城郡守及侯景渡江建業擾亂襃輯寧所部見稱

陳沈君理爲吳郡守是時兵革未寧百姓荒弊軍國足用咸資東境君理招集士卒修理器械民下悅附深以幹理見稱

後魏于栗磾明元帝時爲豫州刺史洛陽雖歷代所都久爲邊裔城闕蕭條野無煙火栗磾刊闢榛荒勞

來安集德刑既設甚得百姓之心

韋閬大武時爲武都太守屬告城鎮將郝溫及蓋吳反關中擾亂閬盡心撫納所部

李祥大武時以南土未賓遣尚書韓元興率衆出青州以祥爲軍司畧地至于陳汝淮北之民詣軍降者七千餘戶遷之於兗豫之南置淮陽郡以撫之拜祥爲太守加綏遠將軍流民歸之萬餘家

司馬淮字臣之晉汝南王亮之後爲廣寧太守悅近來遠清儉有稱太武嘉之賜布六百疋

李佐爲輔國將軍行荊州事在州威信大行邊民悅附前後歸之者二萬許家尋爲正刺史

秦明王翰曾孫禎孝文初爲南豫州刺史淮南人相率投附者三千餘家置之城東汝水之側名曰歸義坊

韋欣爲彭城內史廣陵侯元衍爲徐州刺史又請爲長史帶彭城內史撫綏內外甚得民和

裴宣爲益州刺史善於綏撫甚得羌戎之心後晉壽更置益州改宣所莅爲南秦州先是有餘平曷酋揚孟孫擁戶數萬自立爲王通引梁寇數爲邊患宣乃遣使招喻曉以逆順孟孫感恩即遣子詣闕武興曷

姜謨等千餘人上書乞延更限宣武嘉焉

高綽爲豫州刺史爲政清平抑強扶弱百姓愛之流民歸附者三千餘戶

崔鑒爲奮武將軍徐州刺史鑒欲安悅新附民有年耆表求以守令詔從之

呂羅漢爲秦益二州刺史秦益嶮遠南連仇池西接赤水諸羌恃嶮數爲叛逆自羅漢莅州撫以威惠西戎懷德士庶帖然

伊利爲兗州刺史善撫導在州數年邊民歸之伍千餘戶

武昌簡王平原爲齊州刺史善于懷撫邊民歸附者千有餘家

臨淮王昌弟孚爲冀州刺史先是州人張孟都張洪建馬潘崔獨憐張叔緒崔醜張天宜崔思哲等八家皆屯保林野不臣王命州郡號曰八王孚至皆請入城願致死效力

京兆王子推爲征南大將軍長安鎮大將性沈雅善于綏接秦雍之人皆服

安豐王猛子延明爲都督徐州刺史頻經師旅人物彫殘延明招攜新故人悉安業百姓咸附

尉諾爲幽州刺史時改邑遼西燕土亂久民戶彫散諾在州前後數十年還業者萬餘家

裴慶孫爲邵郡太守當郡都督民經賊亂之後率多逃竄慶孫務集之咸來歸業

李仲琁爲弘農太守先是宮牛二姓阻險爲害仲璇示以威惠並即歸伏

房景伯爲清河太守郡民劉簡虎曾失禮於景伯聞其臨郡闔家逃亡景伯督切屬縣追捕擒之即署其子爲西曹椽命諭山賊賊以景伯不念舊惡一時俱下論者稱之

劉藻莊帝永安中爲南郡主書號爲稱職時北地諸羌數萬家恃嶮作亂前後牧守不能制姦興之後並無名朝廷患之以藻爲北地太守藻推誠布信諸羌咸來歸附藻言其名籍收其賦稅朝廷嘉之

劉桃符爲豫州刺史善撫蠻左爲吏民所懷

裴他爲荆州刺史蠻酋田盤石田敬宗等部落萬餘家恃衆阻險不賓王命前後牧守雖屢征討未能降款他至州單使宣慰示以禍福敬宗等聞他威德相率歸附於是合境清晏寇賊寢息邊民懷之襁負而至者千餘家

李洪之爲秦益二州刺史赤葩渴郎羌深居山谷雖相羈縻王人罕到洪之芟山爲道廣十餘步示以軍行之勢乃興軍臨其境山人驚駭洪之將數十騎至其里閭撫其妻子問所疾苦因資遺之衆羌喜悅求編課調所入十倍于常

史寧爲東義州刺史州旣隣接疆埸百姓流移寧留心撫慰咸來復業

崔孝暐爲趙郡太守郡經葛榮離亂之後民戶喪亡六畜無遺斗粟乃至數縑民皆賣鬻兒女夏椹大熟孝暐教民多收之郡內無牛教其人種招撫遺散先

恩後威一周之後民大至

司馬裒字遵府西魏大統六年爲北徐州刺史八年入朝文帝嘉之特蒙賞勞頃之河内有四千餘家歸附並裒之鄉舊乃命領河内郡守令安集流人

北齊尉長命爲幽州刺史居北陲士荒民散長命雖多聚斂然以恩撫民多得安集

堯雄爲瀛州刺史時禁網踈濶官司相與聚斂惟雄義然後取復能接下以恩甚爲吏民所懷附

盧潛文帝天保中爲楊州道行臺左丞先是梁將王琳爲陳兵所敗擁其主蕭莊歸壽陽朝廷以琳爲楊

州刺史勑潛與琳爲南討經畧琳部曲義故多在楊州與陳寇鄰接潛輯諧内外甚得邊俗之和

源文宗孝昭皇建中爲涇州刺史以恩信待物甚得邊境之和爲鄰人所欽服前攻破鈔掠多被放遣

獨孤永業爲洛州在河南善于招撫歸降者萬計選其爲爪牙

元景安後主天統中爲豫州刺史景安之在邊州鄰他境綏和邊鄙不相侵暴人物安之又管内蠻多華少景安被以恩威咸得寧輯比至武平末招慰生蠻輸租賦者數萬戶

後周長孫儉從太祖平侯莫陳悅爲秦州長史時西夏州仍未内屬而東魏遣許和爲刺史儉以信義招之和乃舉州歸附即以儉爲西夏州刺史總統三夏州

王雅爲汾州刺史勵精爲治人庶悅而附之自遠至者七百餘家

元偉爲成州刺史政尚清靜百姓悅附流民復業者三千餘家

楊雄爲平州刺史時寇亂之後戶多逃散雄在所慰撫民並安輯

元定爲政州刺史威信兼濟甚得豪羌之情生羌據險不賓者至是並出山谷從征賦焉及代還羌豪等咸戀慕之

劉璠爲同和郡守璠善於撫慰莅職未期生羌降附者五百餘家

辛昂爲渠州通州刺史昂推誠布信甚得夷獠歡心秩滿還京首領皆隨昂詣闕朝覲以昂化洽夷落進位驃騎大將軍開府儀同三司

梁昕爲東荆州刺史昕撫以仁惠蠻夷悅之流民歸者相繼而至

賀蘭祥爲荆州刺史先是祥嘗行荆州事雖未朞月頗有政惠至是重往百姓安之由是漢南流民襁負而至者日有千數遠近蠻夷莫不款附祥隨機撫納咸得歡心

閻慶爲河州刺史州居河外地接戎夷慶留心撫納頗稱簡惠

尉遲運爲隴州刺史地帶汧渭民俗難治運垂情撫納甚得時譽

泉仲遵爲南洛州刺史留情撫接百姓安之流民歸附者相繼而至初蠻杜青和自稱巴州刺史以州入

附朝廷因其所據而授之仍隸東都青和以仲遵善於撫御請隸仲遵朝議以山川非便弗之許也青和遂結安康酋帥黃仲寶等舉兵圍東梁州復遣王雄討平之改巴州爲洵州隸于仲遵先是東梁州刺史劉孟良在職貪婪民多背叛仲遵以廉簡處之群蠻率服

韋世康爲司州總管長史于時東夏初定百姓未安世康綏撫之士民胥悅

趙芬爲能州刺史撫納降附得二千戶加開府儀同三司

隋王長述初仕後周爲廣州刺史甚有威惠夷人懷之在任數年蠻夷歸之者三萬餘戶朝議嘉之就拜大將軍

令狐熙開皇初爲滄州刺史時山東承齊之弊戶口簿籍類不以實熙曉諭之令自歸首至者一萬口在職數年風化大洽稱爲良二千石高祖以嶺南夷越數爲反亂徵拜桂州總管十七州諸軍事許以便宜從事熙至部大弘恩信其溪洞渠帥更相謂曰前時總管皆以兵威相脅今者乃以手教相諭我輩其可違乎於是相率歸附

衞玄仁壽初爲衞尉少卿會山獠作亂出爲資州刺史以鎮撫之玄旣到官時獠攻圍大牢鎮玄單騎造其營謂群獠曰我是刺史銜天子詔安養汝等勿驚懼也諸賊莫敢動於是說以利害渠帥感悅解兵而去前後歸附者十餘萬口高祖大悅賜縑二千匹除遂州總管仍令劍南安撫

劉權大業中爲南海太守行至鄱陽會群盜起不得進詔令權召募討之權率兵與賊相逢不與戰先乘單舸詣賊營說以利害而群賊感悅一時降附煬帝聞而嘉之

慕容三藏大業末爲廓州刺史州極西界與吐谷渾鄰接姦宄犯法者皆遷配彼州流人多有逃逸及三藏至招納綏撫百姓愛悅襁負而至吏民謌頌之

丘和爲交阯太守撫諸豪傑甚得蠻夷之心

唐韋仁壽隋大業末爲蜀郡司法書佐高祖入關遣使定巴蜀使者承制拜仁壽嶲州都督府長史時南寧州內附朝廷每遣使安撫類皆受賄邊患之或有叛者高祖以仁壽素有能名令檢校南寧州都督寄聽政於越嶲使每歲一至其地以慰之仁壽將兵五百人至西洱河承制置八州十七縣授其豪帥爲牧

宰法令肅清人懷歡心

劉政會武德初以衛尉少卿留守太原內輯軍士外和戎狄遠近莫不悅服

趙王元景武德中爲安州大都督其舊安陸都民隋末流宕他所者皆歸之

陳君賓貞觀元年累轉鄧州刺史郡邑喪亂以後百姓流離君賓至纔期月皆來復業二年天下諸州並遭霜澇君賓一境獨免當年多有儲積蒲虞等州戶口盡入其境逐食太宗下詔勞之

党仁弘貞觀初授南寧州都督夜郎之表聾教久絶仁弘下車招撫遠近安輯

李素立貞觀中累轉揚州大都督府司馬時突厥鐵勒部相率內附太宗於其地置瀚海都護府以統之以素立爲瀚海都護又有𤟤泥熟別部猶爲邊患素立遣使招諭降之夷人感其惠率牛以饋素立素立惟受其酒一盃餘悉還之爲建立廨舍開置屯田

崔知溫高宗時爲蘭州刺史會有黨項三萬餘帳來寇州城城內勝兵既少衆大懼不知所爲知溫使開城門延賊賊恐有伏不敢進俄會將軍權善才率兵來救大破黨項之衆餘首領乞降欲盡坑之以絶後

患知溫力語其下曰古之善戰誅無譙類禍及後世且山谷崢嶸草木幽蔚萬一變生悔之何及善才然其計又欲分降者五百人以與知溫知溫曰向論安危之策乃公事也豈圖私利哉固辭不受黨項餘衆繇是悉皆降附

馮元常則天時授眉州刺史劍南先時火光賊夜掠居人晝潛山谷元常至喻以恩信許其首露仍切加捕逐賊徒捨器仗而縛自陳者相繼又轉廣州都督便道之任不許詣都尋屬安南首領李嗣仙殺都護劉延祐剽陷州縣勑元常討之率士卒濟南海先馳

檄示以威恩喻以禍福嗣仙徒黨多相率歸降因縱兵誅其魁首慰居人而旋

裴懷古則天時始安賊歐陽倩擁徒數萬剽陷州縣授懷古桂州都督仍充招慰討擊使纔及嶺飛書招誘示以禍福賊徒迎降自陳爲吏人侵逼乃舉兵爾懷古知其誠懇乃輕騎以赴之左右曰夷獠難親未可信也懷古曰吾仗忠信可通于神明況於人也因造其營以慰喻之群賊喜悅歸其所掠財貨納于公府諸洞酋長素持兩端者盡皆款附嶺外悉定

薛登本名謙光中宗時檢校常州刺史屬宣州狂寇

鍾大臣作亂百姓奔走謙光嚴備安輯合境肅然在官未期流人稍復雞犬之音復相接矣

宋慶禮開元中累遷貝州刺史仍爲河北支度營田使初營州都督府置在柳城控帶奚契丹則天時都督趙文翽政理乖方兩蕃反叛攻陷州城其後移于幽州東二百里漁陽城安置開元五年奚契丹各款塞歸附玄宗欲復營府於舊城侍中宋璟固爭以爲不可獨慶禮盛陳其利乃詔慶禮及太子詹事姜師度左騎衛將軍邵宏等充使更於柳城築營州城興役三旬而畢俄拜慶禮御史中丞兼檢校營州都督開屯田八十餘所追拔幽州及漁陽淄青等招輯商胡爲立店肆數年間營州倉廩頗實居人漸殷

鮮于叔明代宗永泰大曆間爲東州節度使兵荒之後彫殘頗甚叔明理之近二十年招撫其甿庶夷落皆獲安集

張延賞大曆二年拜河南尹充諸路營田副使河雒久當兵衝閭井丘墟延賞勤身率下政尚簡約疏導河渠修築官廟數年間流庸歸附邦畿復完詔書褒美之

崔灌大曆中爲澧州刺史下車削去煩苛以安人爲

務居二年風化大行流亡襁負而至增戶數萬

韓滉德宗建中初繼爲蘇州潤州刺史安輯百姓均其租稅未及踰年境內稱理

張建封興元初爲豪壽廬等三州觀察使大修緝城池悉心綏撫遠近悅附

袁滋正元中出爲華州刺史中丞潼關防禦鎮國軍使以寬易清簡爲政百姓有至自他境者皆給地以居曰義合里專以慈惠爲本人甚愛之

曲環正元中爲陳許觀察使時陳許州以李希烈擾亂遭剽頗甚人多逃竄他邑以避禍環勤身恭儉賦

役均平政令寬簡不三二歲襁負而歸者相屬訓農理戎兵食皆豐羨

殷侑爲滄景節度觀察等使時滄州百戰之餘僅無人煙侑至之日以仁惠爲理襁負而歸者衆焉

姜㬙爲泰州刺史至州撫以恩信盗賊悉來歸首士庶安之

馬植文宗開成中爲安南都護上言當管羈縻州首領或處巢穴自固爲南蠻所誘久不招喻事有可虞臣自到鎮約以信誠曉之逆順今諸首領悉發忠言願納賦稅其武陸督伏請改爲武陸州從之

梁韓建初仕唐爲華州刺史河潼經大寇之後戶口流散建披荆棘闢汙萊勸課農事樹植蔬果出入閭里親問疾苦不數年流亡畢復軍民充實

趙克裕唐末領亳鄭二州刺史時關東藩鎮方爲蔡寇所毒黎元流散不能相保克裕妙有農戰之備復善于綏懷民賴而獲安者衆太祖表爲河南節度使

成汭爲荆州節度使是時荆州經巨盗之後居民纔一十七家汭撫緝凋殘厲精爲理通商務農勤於惠養比及末年僅及萬戶時韓建披荆棘以緝華州亦善於綏撫故其時號北韓南郭郭即汭舊冒之姓也

張歸厚權知洺州是郡嘗爲晉人所陷井邑蕭條歸厚撫之數月之内民庶翕然太祖自鎮定還覩其緝理之政大嘉賞之

高季興爲荆南兵馬留後荆州自唐乾符之後兵火互集井邑不完季興招輯離散流民歸復太祖嘉之乃授節鉞

謝瞳爲宣義軍留後在滑州十三年部内增戶約五萬益兵數千人

後唐李嗣昭爲潞州節度使被圍歷年城中士民饑死大半廛里蕭條嗣昭緩法寬租勸農務積一二年

閒軍城完集三面隣於敵境冦鈔縱横設法枝梧邊鄙不聳

李存賢爲慈州刺史慈與晉絳接境存賢招懷控撫頗得隣和

漢王周初仕晉爲荆州節度使先是前帥張彦澤在任苛虐部民逃者五千餘戶及下車華前獘二千餘事逃民歸復賜詔褒美

周劉禧廣順初爲單州刺史自之任招復逃戶二千四百六十七

翟光鄴廣順中爲青州防禦使時郡民喪亡十之六

七而招懷撫喻視之如傷故朞月之間流亡再集

册府元龜

巡按福建監察御史臣李嗣京　訂正
知閩縣事臣曹冉臣叅閱
知建陽縣事臣黃國琦較釋

牧守部　六百九十三

武功

自秦分天下爲三十六郡而守尉皆領兵至晉武平吳去州郡武備其後盜賊四起以至大亂山濤之論精矣若乃百城提封之廣比屋士民之富或因歲凶荒嘯聚不逞合烏鳥之衆弄潢池之兵竊法干紀敢

行稱亂至於邊城候望之所羌戎走集之地或伺間而入寇或驕國之内叛烈火燎原常恐鬬于撲滅農夫去草非可使其滋蔓盖有乘其便宜不暇中覆率厲士衆擢鋒致討震耀國威攘除民患固已名載勳籍事藏策府其或鄰敵接畛申嚴警備拒戰而克勝交使而大獲者其績亦茂矣詩云干城傳云保障皆是之謂歟

漢朱買臣武帝時召待詔會東越數反覆買臣因言故東越王居保泉山一人守險千人不得上今聞東越王更徙處南行去泉山五百里居大澤中今發兵浮海直指泉山陳舟列兵席卷南行可破滅也帝拜買臣會稽太守居歲餘買臣受詔將兵與橫海將軍韓說等倶擊破東越有功徵入爲主爵都尉

田廣明爲淮陽太守歲餘故城父令公孫男與客胡倩等謀反倩詐稱光祿大夫從車騎數十言使督盜賊止陳留傳舍太守謁見欲收取之廣明覺知發兵皆捕斬焉

陳立爲牂牁太守立臨卬人前爲連然長不韋令（皆益州縣也）蠻夷畏之及至牂牁諭告夜郎王興不從命立請誅之未報乃從吏數十人出行縣至興國且同亭

召興興將數千人往至亭從邑君數十人入見立立數責因斷頭邑君曰將軍誅亡狀爲民除害願出曉士衆以興頭示之皆釋兵降（釋解）鉤町王禹漏臥侯俞震恐入粟千斛牛羊勞吏士立還歸郡興妻父翁指與子邪務收餘兵迫脅旁二十二邑反至冬立奏募諸夷與都尉長史分將攻翁指等翁指據阸爲壘立使騎兵絶其饟道從反間以誘其衆都尉萬年曰兵久不決費不可共引兵獨進敗走趨立營立怒叱戲下令格之都尉復還戰立引兵救之時天大旱立攻絶其水道蠻夷共斬翁指持首出降立已平定西

夷徵詣京師

越䕶爲河東都尉成帝鴻嘉中廣漢男子鄭躬等六十餘人攻官寺篡囚徒盜庫兵自稱山君黨與寖廣犯歷四縣衆且萬人拜䕶爲廣漢太守發郡中及蜀郡合三萬人擊之或相捕斬除罪（賊黨相捕斬而來者赦其本罪）旬月平遷爲執金吾賜黃金百斤

嚴訢爲汝南太守永始三年山陽鐵官徒蘇令等二百二十八人攻殺長吏盜庫兵自稱將軍經郡國十九殺東郡太守汝南都尉遣丞相長史御史中丞持節督趣逐捕訢捕斬令等遷爲大司農

後漢耿況爲上谷太守更始時五校賊二十餘萬北寇上谷況與子舒連擊破之賊皆退走建武初漁陽太守彭寵反征虜將軍祭遵屯良鄉（縣名屬涿郡）驍騎將軍劉喜屯陽鄉（縣名故城在今幽州故安縣西北）以拒寵寵遣弟純將匈奴二千餘騎寵自引兵數萬分爲兩道以擊遵喜胡騎經軍都（縣名屬廣陽郡有軍都山在西北）舒襲破其衆斬匈奴兩王寵乃退走況復與舒攻寵取軍都

銚期爲虎牙大將軍建武初檀鄉五樓賊入繁陽內黃（縣名繁陽在今相州內黃在西北）又魏郡大姓數反復而更始將卓京（京一作原）謀欲相率反鄴城帝以期爲魏郡太守行大將軍事期發郡兵擊卓京破之斬首六百餘級京亡入山追斬其將校數十人獲京妻子進擊繁陽內黃復斬數百級郡界清平

鮑永爲諫議大夫建武初董憲裨將屯兵於魯侵害百姓乃拜永爲魯郡太守永到擊討大破之降者數千人

寇恂建武初爲河內太守坐擊考上書者免是時潁川人嚴終趙敦聚衆萬餘與密人賈期連兵爲寇恂免數月復拜潁川太守與破姧將軍侯進俱擊之數月斬期首郡中悉平

陳俊爲瑯邪太守建武八年張步既降步將妻子逃奔臨淮與弟弘藍欲招其故衆乘船入海俊追擊斬之

王霸爲上谷太守建武九年領屯兵捕虜無拘郡界（拘限也）明年霸與吳漢等四將軍六萬人出高柳擊賈覽詔霸與漁陽太守陳訢將兵爲諸軍鋒匈奴左南將軍將數千騎救覽霸等連戰於平城下破之追出塞斬首數百級十三年將弛刑徒起亭障自代至平城三百餘里凡與匈奴烏桓大小數十百戰

祭彤爲遼東太守有勇力能貫三百斤弓虜每犯塞

嘗爲士卒鋒數破走之建武二十一年秋鮮卑萬餘騎寇遼東肜率數千人迎擊之自被甲陷陳虜大奔投水死者過半遂窮追出塞虜急皆棄兵裸身散走斬首三千餘級獲馬數千匹自是後鮮卑震怖畏肜不敢復闚塞明帝永平元年肜使鮮卑擊赤山烏桓大破之斬其渠帥赤山在遼東西北數千里

廉范永平中爲雲中太守會匈奴大入塞烽火日通故事虜入過五千人移書傍郡吏欲傳檄求救范不聽自率士卒拒之虜衆盛而范兵不敵會日暮令軍士各交縛兩炬三頭爇火營中星列用兩炬交縛如十字爇其三頭

手持一端使敵人望疑兵士之多也虜遙望火多謂漢兵救至大驚待旦將退范乃令軍中蓐食晨往赴之蓐食早起食于寢蓐中也斬首百級虜自相轔藉死者千餘人轔轢也藉相蹈藉也緜此不敢復向雲中

耿夔爲遼東太守和帝元興初貊人寇郡界夔追擊斬其渠帥

王堂拜巴郡太守安帝永初中冋羌寇郡堂馳兵赴賊斬虜千餘級巴庸清靜吏民生爲立祠

法雄爲青州刺史永初三年海賊張伯路等寇海濱雄與御史中丞王宗并力討之連戰破賊斬首溺死者數百人餘皆奔走收器械財物甚衆會赦詔到賊猶以軍甲未解不敢歸降於是王宗召刺史太守議皆以爲當遂擊之雄曰不然兵凶器戰危事勇不可恃勝不可必賊若乘船浮海深入遠島攻之未易也及有赦令可且罷兵以慰誘其心勢必解散然後圖之可不戰而定也宗善其言卽罷兵賊聞大喜乃還歸畧人而東萊郡兵獨未解甲賊復驚恐遁走遼東止海島上五年春乏食復抄東萊間雄率郡兵擊破之賊逃還遼東遼東人李文等共斬平之於是州界清靜

楊琁爲零陵太守是時蒼梧桂陽猾賊相聚郡縣賊衆多而琁力弱吏人憂恐琁乃特制馬車數十乘以排囊盛石灰於車上繫布索於馬尾又爲兵車專彀弓弩尅共會賊乃令馬車居前順風鼓灰賊不得視因以火燒布然馬驚奔突賊陣因使後車弓弩亂發鉦皷鳴震群盜波駭破散追逐傷斬無數梟其渠帥郡境以清

王衡爲吳郡太守順帝永和三年郡丞羊珍反攻郡府衡破斬之

張綱爲御史漢安元年廣陵賊張嬰等衆數萬人殺

刺史二千石寇亂揚徐間積十餘年朝廷不能討梁冀乃諷尚書以綱爲廣陵太守因欲以事中之前遣郡守率多求兵馬綱獨請單車之職旣到乃將吏卒十餘人徑造嬰以慰安之求得與長老相見申示國恩嬰初大驚旣見綱誠信乃出拜謁綱延置上坐問所疾苦乃譬之曰前後二千石多肆貪暴故致公等懷憤相聚二千石信有罪矣乃爲之者又非義也今主上仁聖欲以文德服叛故遣太守思以爵祿相榮不願以刑罰相加今誠轉禍爲福之時也若聞義不服天子赫然震怒荆揚兗豫大兵雲合豈不危乎若

不料彊弱非明也棄善取惡非智也去順效逆非忠也身絶血嗣非孝也背正從邪非直也見義不爲無勇也六者成敗之幾利害所從公其深計之嬰聞泣下曰荒裔愚人不能自通朝廷不堪侵枉遂復相聚偷生若魚游釜中喘息須臾間耳今聞明府之言乃嬰等更生之辰也旣陷不義復恐投兵之日不免孥戮綱約之以天地誓之以日月嬰深感悟乃解還營明日將所部萬餘人與妻子面縛歸降綱乃單車入嬰壘大會置酒爲樂散遣部衆任從所之親爲卜居宅相田疇子弟欲爲吏者皆引召之人情悅服南州晏然朝廷論功當封梁冀遏絶乃止天子嘉美徵欲擢用綱而嬰等上書乞留乃許之

魏朗爲九真都尉先是九真賊起朗到官奬勵吏兵討破群賊斬首二千級桓帝美其功徵拜議郎

杜尚爲右校令延熹中長沙零陵賊七八千人自稱將軍又豫章艾縣六百餘人應募而不得賞直遂反謁者督州郡討之不能尅乃擢尚爲荆州刺史尚躬率部曲與同勞逸廣募雜種諸蠻夷明設購賞進擊大破之降者數萬人出兵二年群寇悉定後遷遼東太守數月鮮卑率兵攻尚與戰破之戎狄憚畏

李顒巴郡人爲太尉掾延熹五年益州郡諸夷反叛執太守雍陟遣御史中丞朱龜討之不能尅朝議以爲郡在邊外蠻夷喜叛勞師遠役不如棄之顒建策討伐乃拜顒益州太守與刺史龐芝發板楯蠻擊破平之還得雍陟顒卒後夷人復叛以廣漢景毅爲太守討定之

陳奉爲桂陽太守延熹六年桂陽盜賊李研等寇郡界奉與戰大破降之

陸康爲議郎會廬江賊黃穰等與江夏蠻夷結十餘萬人攻沒四縣拜康廬江太守康申明賞罰擊破穰

等餘黨悉降
張堪爲漁陽太守匈奴嘗以萬騎入漁陽堪率數十騎奔擊大破之郡界以靜
賈琮爲豫州牧時寇賊陸梁州境彫殘琮討擊平之威聲大震
翟酺爲酒泉太守叛羌千餘騎從燉煌來鈔郡界酺赴擊斬首九百擊羌衆幾盡威名大震
皇甫規爲泰山太守初規以詩易教授時泰山賊叔孫無忌侵亂郡縣中郎將宗資討之未服公事時徵規拜太守規到官廣設方畧寇虜悉平

臧旻爲揚州刺史時會稽妖賊許昭起兵句章自稱大將軍立其父生爲越王攻破城邑衆以萬數旻率丹陽太守陳夤擊昭破之昭遂復更屯結大爲人患旻等進兵連戰三年破平之獲昭父子斬首數千級
夏育爲北地太守會鮮卑入寇育率休著屠各追擊破之遷育爲護烏桓校尉
耿臨爲玄菟太守靈帝建寧二年高句麗王宮死子伯固立臨討之斬首虜數百級伯固降屬遼東
朱儁爲交阯太守先是儁爲蘭陵令光和元年合浦交阯烏滸蠻叛招引九眞日南民攻沒郡縣人交阯部群賊並起牧守輭弱不能禁又交阯賊梁龍等萬餘人與海南太守孔芝反叛攻破郡縣即拜儁刺史令過本郡募簡家兵及所調合五千人分從兩道而入既到州界按甲不前先遣使詣郡觀賊虛實宣揚威德以震動其心既而與七郡兵俱進逼之遂斬梁龍降者數萬人旬月盡定以功封都亭侯千五百戶賜黃金五十斤四年儁討交阯合浦烏滸蠻破之後爲太僕賊帥恒山人張燕寇河内逼京師於是出儁爲河内太守將家兵擊却之
王允中平元年爲侍御史黃巾賊起特選拜豫州刺

史辟荀爽孔融等爲從事除其黨討擊黃巾別帥大破之與左中郎將皇甫嵩右中郎將朱儁等受降數十萬
何苗爲河南尹中平四年滎陽賊數千人群起攻燒郡縣殺中牟縣令詔苗出擊之苗攻下群賊平定而還
祁續爲廬江太守揚州黃巾賊攻舒州焚燒城郭續發縣中男子二十巳上皆持兵勒陳其小弱者悉使負水灌火會集數萬人并勢力戰大破之郡界平後安風（安風縣屬廬江郡）賊戴風等作亂續復擊破之斬首三

千餘級生獲渠帥其餘黨輩原爲平民賊與佃畍使就農業中平三年江夏兵趙慈反叛殺南陽太守秦頡攻没六縣拜續爲南陽太守發兵與荆州刺史王敏共擊慈斬之獲首五千餘級屬縣餘賊並詣續降續爲上言宥其枝附

劉虞爲幽州牧前中山相張純叛入烏桓與烏桓峭王等攻破清和平原虞到州罷省屯兵務廣恩信遣使告峭王等以朝恩寛弘開許善路又設賞購純走出塞餘皆降散純爲其客王政所殺函首詣虞北州乃定

李章爲瑯邪太守時北海安丘大姓夏長思等反遂囚太守處興（處姓也）而據營陵城章聞卽發兵千人馳往擊之掾史止章日二千石行不得出界兵不得擅發章按劍怒曰逆虜無狀囚劫郡守此何可忍若坐討賊而死吾不憾也遂引兵安丘城下募勇敢燒城門與長思戰斬之獲三百餘級得牛馬五百餘頭而還與歸郡以狀上聞悉以所得班勞吏士

陶謙爲陽武都尉會徐州黄巾起以謙爲徐州刺史擊黄巾破走之

應劭爲泰山太守黄巾賊三十萬衆入郡界劭糾率文武連與賊戰前後斬首數千級獲生口老弱萬餘人輜重二千兩賊皆退却郡内以安

魏董昭漢末爲魏郡太守時郡界大亂賊以萬數遣使往來交易市買昭厚待之因用爲間乘虚掩討輒大克破二日之中羽檄三至

滿寵漢末爲許令時袁紹盛於河朔而汝南紹之本郡門生賓客布在諸縣擁兵拒守太祖憂之以寵爲汝南太守寵募其服從者五百人率攻下二十餘壁誘其未降渠帥於坐上殺十餘人一時皆平得戸二萬兵三千人令就田業

陳登爲廣陵太守吳孫權圍之登令功曹陳矯求救於太祖太祖乃遣赴救吳軍既退登多設間伏勒兵追奔大破之

鄭渾爲左馮翊時梁興等畧吏民五十餘家爲寇鈔諸縣不能禦皆恐懼寄治郡下議者悉以爲當移就險渾曰興等破散竄在山阻雖有隨者率脅從耳今當廣開降路宣諭恩信而保險自守此示弱也乃聚斂吏民治城郭爲守禦之備遂發民逐賊明賞罰與要擊其所得獲十以七賞百姓百姓大悦皆願捕賊多得婦女財物賊之失妻子者皆還求降渾責其得

他婦女然後還其妻子於是轉相寇盜黨與離散又遣吏民有恩信者分布山谷告諭出者相繼乃使諸縣長吏各還本治以安集之興等懼將餘衆聚鄜城太祖使夏侯淵就郡助擊之渾率吏民前登斬興及其支黨又賊靳富等脅將夏陽長邵陵令并其吏民入礓山富等獲二縣長吏將其所畧還及趙青龍者殺左内史程休渾聞遣壯士就梟其首前後歸附四千餘家繇是山賊皆平民安產業

梁習爲并州刺史烏丸王魯昔叛還并州習令從事張景募鮮卑逐昔昔爲鮮卑所射死始太祖聞昔叛

恐其爲亂於北邊會聞已殺之大喜以習前後有策畧封爲關内侯

何夔爲長廣守牟平賊從錢衆亦數千夔率郡兵與張遼共討定之東牟人王營衆三千餘家脅昌陽縣爲亂夔遣吏王欽等授以計畧使離散之旬月皆平定

蘇則爲金城太守李越以隴西反則率羌胡圍越越卽請服太祖崩西平麴演叛稱護羌校尉則勒兵討之演恐乞降文帝以其功加則護羌校尉賜爵關内侯後演復結旁郡爲亂張掖張進執太守杜通酒泉黃華不受太守辛機進華皆自稱太守以應之又武威三種胡並寇鈔道路斷絶武威太守毋丘興告急於則時雍涼諸豪皆驅畧羌胡以從進郡人咸以爲進不可當又將軍郝昭魏平先是各屯守金城亦受詔不得西渡則乃見郡中大吏及昭等與羌豪帥謀曰今賊雖盛然皆新合或有脅從未必同心因釁擊之善惡必離而歸我我增而彼損矣既獲益重之實且有倍氣之勢率以進討破之必矣若待大軍曠日持久善人無歸必合於惡善惡既合勢難卒離雖有詔命違而合權專之可也於是昭等從之乃發兵救

武威降其三種胡與興擊進於張掖演聞之將步騎三千迎則辭來助軍而實欲爲變則誘與相見因斬之出以徇軍其黨皆散走遂與諸軍圍張掖破之斬進及其支黨衆皆降演軍敗華懼出所執乞降河西平乃還金城進封都亭侯邑三百戸

賈逵爲豫州刺史黃初中與諸將並征吳破呂範於洞浦進封陽里亭侯

張既爲涼州刺史酒泉蘇衡反與羌豪鄰戴及丁令胡萬餘騎攻邊縣既與夏侯儒擊破之衡及鄰戴等皆降

徐邈爲撫軍軍師明帝時涼州絶遠南接蜀寇以邈爲涼州刺史使持節領護羌校尉至値諸葛亮出祁山隴右三郡反邈輒遣叅軍及金城太守等擊南安賊破之

牽招爲鴈門太守鮮卑大人軻比能大合騎來到故平州塞北招潛行撲討大斬首級

胡質爲荆州刺史景初元年孫權遣將朱然等二萬人圍江夏郡質擊之退走

毌丘儉爲幽州刺史齊王正始七年二月儉討高句驪五月討濊貊皆破之

王基爲荆州刺史嘉平三年正月攻吳破之降者數千人

鄧艾爲兖州刺史毌丘儉作亂遣健步齎書欲疑惑大衆艾斬之兼道進軍先趣樂城作浮橋司馬景王至遂據之文欽以後大軍破賊於城下艾追之至丘頭欽奔吳吳大將軍孫峻等號十萬衆將渡江鎮東將軍諸葛誕遣艾據肥陽艾與賊勢相遠非要害之地輒移屯附亭遣泰山太守諸葛緒等於黎漿拒戰遂走之

霍弋爲護軍時永昌郡夷獠恃險不賓數爲寇害乃以弋領永昌太守率偏軍討之遂斬其豪帥破壞邑落郡界寧靜

李嚴爲犍爲太守盜賊馬秦高勝等起事於郪合聚部伍數萬人到資中縣時先主在漢中嚴不更發兵但率將郡士五千人討之斬秦勝等首支黨星散悉復民籍又越嶲夷率高定遣軍圍新道縣嚴馳往赴救賊皆破走

吳朱然字義封大帝分丹陽爲臨川郡以然爲太守授兵二千人會山賊盛起然平討旬月而定

鍾離牧爲南海太守高涼賊率仍弩等破掠百姓殘

害吏民牧越界撲討旬日降服

周魴爲丹陽西部都尉黄武中鄱陽大帥彭綺作亂攻沒屬城乃以魴爲鄱陽太守與胡綜勠力致討遂生擒綺送詣武昌加昭義校尉

蔣欽爲西部都尉會稽冶賊呂合秦狼等爲亂欽將兵討擊遂擒合狼五縣平定徙討越中郎將以涇拘昭陽爲奉邑

陳表爲翼正都尉嘉和中諸葛恪領丹陽太守討平山越以表領新安都尉與恪叅勢表在官三年廣開降納得兵萬餘人事捷當出會鄱陽民吳遽等爲亂

攻没城郭屬縣摇動表便越界討遽以破賊遂降陸遜拜表偏將軍進封都鄉侯

黄蓋爲武鋒中郎將武陵蠻夷反亂攻守城邑以蓋領太守時郡兵纔五百人自以不敵因開城門賊半入乃擊之斬首數百餘皆奔走盡歸邑落誅討魁帥附從者赦之自春訖夏寇亂盡平諸幽邃巴醴繇誕邑侯君長皆改操易節奉禮請見郡境遂清後長沙益陽縣爲山賊所攻蓋又平討加偏將軍

朱治爲吳郡都尉從錢唐欲進到吳吳郡太守許貢拒之於繇拳（臣欽若等曰繇拳地名在吳郡）治與戰大破之貢南就

山賊嚴白虎治遂入郡領太守事

呂岱爲交州刺史時交阯太守士燮卒大帝以燮子徽爲安遠將軍領九眞太守徽不承命舉兵戍海口岱於是上疏請討徽罪督兵三千人晨夜浮海或謂岱曰徽藉累世之恩爲一州所附未易輕也岱曰徽雖懷逆計未虞吾之卒至若我潛軍輕舉掩其無備破之必也稽留不速使得生心嬰城固守七郡八蠻雲合響應雖有智者誰能圖之遂行過合浦徽聞岱至果大震怖不知所出卽率兄弟六人肉袒迎岱岱皆斬送其首

晉王濬爲益州刺史時張弘殺前刺史濬至設方畧悉誅弘等以勳封關內侯

嵇喜初爲江夏太守吳將孫遵李承帥衆寇江夏喜擊破之又爲徐州刺史吳故將莞恭帛奉舉兵反攻害建鄴令遂圍揚州喜討平之

吳彥代陶璜爲交州刺史璜之死也九眞戍兵作亂逐其太守九眞賊帥趙祉圍郡城彥悉討平之

丁紹爲冀州刺史到鎮率州兵討破汲桑有功加寧北將軍假節監冀州諸軍事時境內羯賊爲患紹捕而誅之號爲嚴肅河北人畏而愛之

羅尚領益州刺史時李特寇成都尚據大城自守李流進屯江西尚懼遣使求和是時蜀人危懼並結村堡請命於特特遣人安撫之益州從事任明說尚曰特旣凶逆侵暴百姓又分人散衆在諸村堡驕怠無備是天亡之也可告諸村密尅期日內外擊之破之必矣尚從之明先僞降特特問城中虛實明曰米穀已欲盡但有貨帛耳因求省家特許之明潛說諸村諸村悉聽命還報尚尚許如期出軍諸村亦許一時赴會二年惠帝遣荆州刺史宋岱建平太守孫阜救尚阜已次德陽特遣蕩督李璜助任臧距阜尚遣大

泉掩襲特營連戰二日泉少不敵特軍大敗收合餘卒引趣新繁尚軍引還得復追之轉戰三十餘里尚出大軍逆戰特軍敗績斬特及李輔李遠皆焚尸傳首雒陽

華譚爲廬江内史時石氷之黨陸珪等屯據諸縣譚遣司馬褚敦討平之又遣別軍擊氷都督孟徐獲其驍率以功封都亭侯食邑千戶

鄧嶽爲西陽太守及蘇峻反平南將軍溫嶠遣嶽與督護王愆期鄱陽太守紀睦等率舟軍赴難峻平還郡郭默之殺劉胤也大司馬陶侃使嶽平西陽之衆

討之默平遷督交廣二州軍事建武將軍領平越中郎將廣州刺史假節

鍾雅爲宣城内史錢鳳作逆雅率衆屯青弋時廣德縣人周玘爲鳳起兵攻雅雅退據涇縣收合士庶討玘斬之鳳平徵拜尚書左丞

袁眞爲廬江太守攻合肥執南蠻校尉桑垣遷其百姓而還

王廙爲廬江鄱陽二郡豫討周馥杜弢以功累增封邑

任權爲蜀郡太守斬苻堅益州刺史李平遂平益州

辛景爲臨海太守時孫恩叛亂寇臨海景討破之恩窮蹙乃赴海自沉妖黨及妓妾謂之水仙投水從死者百數

劉牢之爲淮陰太守妖賊劉黎僭尊號於皇丘牢之討滅之

桓沖爲江州刺史桓溫之破姚襄也獲襄將張駿楊凝等徙于尋陽沖在江陵未及之職而駿率其徒五百人殺江州督護趙毗掠武昌府軍將妻子北反沖遣將討獲之還所鎮

朱序爲江夏相哀帝興寧末梁州刺史司馬勳反桓

溫表序爲征討都護征之以功拜征虜將軍太和中遷兗州刺史時長城人錢弘聚黨百餘人藏匿原鄉山以序爲中軍司馬吳興太守序至郡討禽之事訖還兗州

周楚從父撫入蜀爲鷹揚將軍犍爲太守父卒楚監梁益二州時梁州刺史司馬勳作逆楚與朱序討平之集冠軍將軍海西公太和中蜀盜李金銀廣漢妖賊李弘並聚衆爲寇僞稱李勢子當以聖道三百年號鳳皇又隴西人李高詐稱李雄子攻破涪城梁州刺史楊亮失守楚遣其子瓊討平之

杜瑗爲交阯太守孝武太元五年十月九眞太守李遜據交州反六年七月瑗斬遜交州平

辟閭渾爲平原太守太元十七年齊國內史蔣喆殺樂安太守辟閭濬據青州反渾討平之

諸葛長民爲宣城內史于時桓歆聚衆向歷陽長民擊走之

魏詠之爲豫州刺史桓歆寇歷陽詠之率衆擊走之

劉謙之爲始興相安帝義熙末東海人徐道期流寓廣州無事行爲僑舊所陵侮因刺史謝欣死合率郡不逞之徒作亂攻没州城殺士庶素恨者百餘傾府

庫招集亡命出攻始興謙之破走之齊平廣州誅其黨與仍行州事卽以爲振威將軍廣州刺史

劉敬宣爲江州刺史時桓玄兄子亮自號江州刺史寇豫章亮又遣苻龍寇廬陵敬宣並討平之

宋孟龍符晉末爲淮陵太守與劉藩向爾征桓歆桓石康破斬之

劉懷愼晉末爲徐州刺史亡命王靈秀爲寇討平之

褚談爲會稽太守富陽人孫法光反寇山陰談遣山陰令陸邵討敗之

徐循爲寧州刺史晉寧太守爨松子反叛循討平之

劉道隆爲徐州刺史司州刺史劉季之反叛道隆討斬之

薛繼孝爲義州刺史雍州刺史海陵王休茂殺司馬庾深之舉兵反繼孝討斬之

劉道產爲巴西梓潼二郡太守郡人黃公生任肅之張石之等並譙縱餘燼與姻親侯攬羅奥等招引白水氐規欲爲亂道產誅公生等二十一家宥其餘黨

申怙爲北譙梁二郡太守郡境邊接屢被寇掠怙到密知賊來仍伏兵要害出其不意悉皆擒殄

沈叔任爲梓潼太守戍涪城東軍既反二郡强宗侯

勵羅奥聚衆作亂四面雲合遂至萬餘人攻城悉叔任東兵不滿五百推布腹心衆莫不爲用出擊大破之逆黨皆平

諸叔度爲廣州刺史時桓玄族人闞山聚謀掩廣州事覺叔度悉平之

蕭思話爲青州刺史有亡命司馬朗之元之可之兄弟聚黨於東莞發干縣謀爲寇亂思話遣北海太守蕭任之討斬之餘黨悉平

趙伯符爲竟陵太守時竟陵蠻屢爲寇伯符征討悉破之繇是有將帥之稱

王玄謨爲豫州刺史淮上亡命司馬黑石推立夏侯方進爲主改姓李名弘以惑衆玄謨討斬之

崔諲武帝永初末爲振威將軍東萊太守景平初亡命司馬靈期司馬順之千餘人圍東萊諲擊之斬靈期等

杜瑗爲交阯太守時勝遜之爲交州刺史遜之在州十餘年與林邑累相攻伐遜之將北還林邑王范胡達攻破日南九德九眞三郡遂圍州城遜之去已遠瑗與第三子玄之悉力固守多設權策累戰大破之追討於九眞日南達走還林邑乃以瑗爲龍驤將軍

交州刺史義旗建進號冠軍將軍

沈文季爲吳興太守沈登之作亂於吳興文季討斬之

劉眞道爲梁南秦二州刺史文帝元嘉十八年氐賊難當便寇漢中眞道率軍討破之

擅和之爲交州刺史元嘉二十四年十月豫章胡誕反殺太守桓陵和之南還至豫章因討平之

南齊柳世隆爲江夏內史行郢州事宋昇明元年冬沈攸之反乘輕舸從數百人先大軍下住白螺州坐胡牀以望其軍有自驕色既至郢以郢城弱小不足攻遣人告世隆曰被太后令當覽還都卿既相與奉國想得此意世隆使人荅曰東下之師久承聲問郢城小鎮自守而已攸之將去世隆遣人於西渚挑戰攸之果怒令諸軍登岸燒郭邑築長圍攻道顧謂人曰以此攻城何城不尅晝夜攻戰世隆隨宜拒應衆皆被劫孝武初下與世隆別曰攸之一旦爲變焚夏口舟艦沿流而東則坐守空城不可制也雖留攻城不可卒拔卿爲其內我爲其外乃無憂耳至是孝武遣軍主桓敬苟元賓等八軍據西塞令堅壁以待賊疲慮世隆危悉遣腹心胡元直潛使入郢城通援軍

消息內外並喜郢城既不可攻而平西將軍黃回軍至西陽乘三層艦作羌胡伎泝流而進攸之素失人情本逼以威力初發江陵已有叛者至是稍多攸之日夕乘馬歷營撫慰而去不息攸之大怒召謂軍主曰我被太后令建義下都大事若尅白紗帽共着耳如其不振朝廷自誅我百口不關餘人此軍人叛散皆卿等不以爲意我亦不能問叛心自今軍中有叛者軍主任其罪於是一人叛遣並去不反莫敢發覺咸有異計軍旅大散攸之度魯山岸猶有數十匹騎自隨宣令軍中曰荊州城中大有錢可相與還取以

爲資糧鄃城未有追軍而散軍畏蠻抄更相聚結可二萬人隨攸之將至江陵乃散世隆乃遣軍副劉僧驎道追之攸之已死世隆後爲湘州刺史永明中湘州蠻陳雙李楷寇掠郡縣刺史呂安國討之不克世隆到州督衆征討乃平之

王詡爲始興內史廣州刺史劉纘爲奴所殺詡率郡兵討平之

蕭惠休爲徐州刺史明帝武建二年魏軍攻鍾離惠休破之

蕭意爲徐州刺史武建二年魏軍圍漢中意拒退之

楊公則爲扶風太守荆州刺史巴東王子響搆亂公則率師進討事平遷武寧太守

陳顯達爲益州刺史廣漢賊司馬龍駒據郡反顯達討平之

第十二頁十行後脱一條

呂虔領泰山太守郡接山海世亂聞民人多藏竄袁紹所置中郎將郭祖公孫犢等數十輩保山為冠百姓苦之虔將家兵到郡開恩信祖等黨屬皆降服諸山中亡匿者盡出安土業簡其彊者補戰士泰山由是遂有精兵冠名州郡濟南黄巾徐和等所在刼長吏攻城邑虔引兵與夏侯淵會擊之前後數十戰斬首獲生數千人太祖使督青州諸郡兵以討東萊群賊李條等有功

册府元龜

巡按福建監察御史臣李嗣京　訂正

新建縣舉人臣戴國士參閱

知建陽縣事臣黄國琦較釋

牧守部　六百九十四

武功第一

梁曹景宗初爲蕭赤斧冠軍中兵參軍領天水太守時齊建元初蠻寇群動景宗東西討擊多所擒破

韋叡爲豫州刺史領歷陽太守魏衆來寇叡率州兵擊走之

鄧元起初仕齊爲弘農太守時西陽馬榮率緣江寇抄商旅斷絶刺史蕭遥欣使元起率衆討平之後爲武寧太守東昏永元末魏軍逼義陽元起自郡援焉蠻帥田孔明附于魏自號郢州刺史寇掠三關竟襲夏口元起率銳卒攻之旬月之間頻陷六城斬獲萬計餘黨悉皆散走乃戍三關

劉季連初仕齊爲益州刺史永平二年巴西人雍道晞率群賊萬餘逼巴西去郡數里道晞稱鎮西將軍號建義巴西太守魯休烈與涪令李膺嬰城自守季連遣中兵參軍李奉伯率衆五千救之奉伯至與郡兵破擒道晞斬之涪市

裴邃爲江州太守天監五年魏將呂頗率衆五萬奄來攻郡邃率麾下拒破之加右軍將軍

桓和爲青冀二州刺史天監五年伐魏和前軍尅朐山城

蔡樽爲吳興太守天監九年宣城郡吏吳承伯妖道聚衆攻宣城殺太守朱僧勇因轉屠旁縣踰山寇吳興所過皆殘破衆有二萬奄襲郡城東道不習兵革民怯擾奔散並請樽避之樽堅守不動募勇敢固郡承伯盡銳攻樽樽命衆出拒衆於門應手摧破臨陣斬承伯餘黨悉平加信武將軍

李旻爲交州刺史天監五年十一月旻斬交州反者阮宗孝傳首京師曲赦交州

成景儁爲徐州刺史普通五年八月景儁尅魏潼城九月又尅睢陵城

夏侯夔爲司州刺史大通元年正月夔進軍三關所至皆克捷

徐頗爲臨賀内史湘衡之界五十餘洞不賓勑令衡州刺史韋粲討之粲委頗爲都督悉平殄粲啓武帝稱頗誠幹降詔褒賞仍加超武將軍征討廣衡二州

山賊

安成王秀爲荆州刺史先是巴陵馬營之蠻爲緣江寇害後軍馬高江産以郢州軍伐之不尅江産死蠻遂盛秀遣防閤文熾率衆討之燔其林木絶其蹊徑蠻失其嶮期歲而江路清於是州境盜賊遂絶

張齊爲巴西太守郡人搖景和聚合蠻蜑鈔斷江路攻破金城齊討景和於平昌破之

陸襄爲鄱陽内史先是郡民鮮于琛服食修道法嘗入山採藥拾得五色幡眊又于地得古璽竊怪之琛先與妻別室望琛所處嘗有異氣益以爲神大同元

年遂結其門徒殺廣晉令王筠號上願元年署置官屬其黨轉相誑惑有衆萬餘人將出攻郡襄先令率民吏修城隍爲備禦及賊至連戰破之生獲琛餘衆逃散

蘭欽爲北梁州刺史大同元年十一月攻漢中尅之後爲衡州刺史兼廣州因破俚帥陳文徹兄弟並擒之

新喻侯映爲廣州刺史大同十年廣州人盧子略反映討平之

楊瞟爲交州刺史梁大同元年正月尅交阯嘉寧城賊李賁竄入獠洞交州平

陳慶之爲北兗州刺史會有妖賊沙門僧强自稱爲帝土豪蔡伯龍起兵應之僧强頗知幻術更相扇惑衆至三萬攻陷北徐州濟陰太守楊起文棄城走鍾離太守單希寶見害使慶之討焉慶之受命而行曾未浹辰斬伯龍僧强傳其首

裴之高爲梁郡太守時魏汝陰來附勑之高應接仍假節飈勇將軍潁州刺史士民夜乃踰城而入之高率家僮與麾下奮擊賊乃散走

杜懷寶爲梁州刺史進督華州值秦州所部武興氐

王楊紹反懷寶擊破之

王僉爲建安太守山首方善謝旆聚徒依險屢爲民害僉潛設方畧率衆平之有詔褒美頒示州郡

陳周敞仕梁爲寧州刺史熊曇朗之殺周文育據豫章將兵萬餘人襲敞徑至城下敞與戰大破之追奔五十餘里曇朗單馬獲免盡收其軍實曇朗走巴山郡收合餘黨敞因與周廸黃法𣰰等進兵圍曇朗屠之

周文昭仕梁爲弋陽太守侯景之亂元帝承制改授西陽太守封西陽縣伯景遣子思穆據守齊安文昭

率驍勇襲破思穆擒斬之以功授持節高州刺史

周廸爲江州刺史武帝永定二年熊曇朗殺都督周文育舉兵反文帝天嘉元年廸平南中斬曇朗傳首京師

後魏元延爲并州刺史道武始平二年并州守將封貞率其種族與徒河爲逆將攻延延討平之

趙德爲趙郡太守神瑞二年司馬順之入恒山流言惑衆稱受天帝命年二十五應爲人君遂聚黨於封龍山德執送京師斬之

許宗之爲定州刺史乞佛成龍爲并州刺史文成大

安二年丁零數千家亡匿井陘山聚爲寇賊詔宗之成龍等討平之

武昌王平原爲齊州刺史孝文延興元年妖賊司馬小聚衆反於平陵平原討擒之

尉雒侯爲秦益二州刺史太和元年秦州路畧陽民王元壽聚衆五千餘家自號爲衝天王雒侯討破元壽獲其妻子送京師

李肅爲幽州刺史太和二十三年州民王惠定聚衆反自稱明法皇帝肅捕斬之

茍頹爲司空孝文行幸三州頹留守京師沙門法秀謀反頹率禁旅收掩畢獲內外晏然

桓道進爲荆州刺史宣武景和元年攻南齊下苲茂拔之降者三千餘戶

田益宗爲東豫州刺史景明元年破齊將吳子群鄧元起于長風

楊大眼爲東荆州刺史正始元年大破群蠻樊季安等

薛真度爲揚州刺史正始二年大破梁將王超宗俘斬三千

司馬靈壽爲陳郡太守宋師侵境詔靈壽招引義士

得二千餘人平公安頡破虎牢滑臺雒陽三城徙五百餘家入河內又從討蠕蠕西征凉州所在著功

薛懷吉延昌中爲梁州刺史南秦氏攻逼武興懷吉遣長史崔纂司馬韋弼別駕范珣擊平之進號右將軍

桓叔興爲南荆州刺史延昌三年大破梁軍于九山斬其虎旅將軍蔡令孫冠軍將軍席世興貞義將軍藍次孫

魏子建爲東益州刺史孝文貞光五年招降南秦氏民復六郡十二州又斬賊王韓祖香南秦賊王張艮

命畏逼乃造降於蕭寶寅孝昌元年莫折念生遣都督楊鮓梁下辯姜齊等攻仇池郡城子建遣將成遷擊破之斬下辯齊等首

安樂王鑒爲青州刺史孝昌元年齊州清河民崔畜殺太守董遵廣川民傅堆執太守劉莽反鑒討平之

呂羅漢爲秦益二州刺史涇州民張羌郎扇惑隴東聚衆千餘人州軍討之不能制羅漢率步騎一千擊羌郎擒之

武昌王鑒爲徐州刺史梁角城戍主柴慶宗以城內附鑒遣淮南太守吳秦生率千餘赴之梁淮陰援

軍已來斷路秦生屢戰破之乘勝而進遂尅角城

李元護爲齊州刺史入朝以州民聊世明圖爲不軌元護馳還歷城至即擒殄誅戮所加微爲濫酷

彭城王勰子劭爲青州刺史齊州民劉均房頊等扇動三齊梁遣彭城郡王辯等擾擾邊陲劭頻有防拒之効

陸希賢爲膠州刺史梁武帝遣將率數萬從郁州浮海據島來侵州界希賢討破之

鄭輯之爲黎陽太守屬元顥入雒令其舅范遵鎮守滑臺與輯之隔岸相對遵潛軍夜度規欲掩襲輯之率厲城民拒河擊之遵遂遁走朝廷嘉之除司州別駕

崔元珍爲平陽太守頻破胡賊郡內以安

楊椿初爲梁州刺史以母老解還後武都氐楊會反假椿節冠軍都督西征諸軍事行梁州刺史與軍司羊祉討破之

房亮爲平原太守時冀州刺史京兆王愉據州反平原界在河北與愉接境愉乃遣人說亮啖以利榮亮卽斬其使人發兵防捍愉怒遣其大將張靈和率衆攻亮亮督厲兵民喻以逆順出城拒擊沈破之

路思令爲南冀州刺史假平東將軍都督時葛于遣其清河太守李虎據高唐城以招叛民思令乃命麾下并率鄉曲潛軍夜往出其不意遂大破之徐乃收衆南還

潘永基爲南徐州刺史梁將曹世宗馬洪武等率衆來寇永基出討破之

奚康生爲南青州刺史梁武帝自郁州遣軍主徐濟寇邊康生率將出破之擒濟賞帛千疋

宋翻爲兗州刺史梁將先據荆山規將虜竊屬壽春淪陷遂乘勢徑趣項城翻遣將成僧達潛軍討襲頻

戰破之自是州境帖然

張普惠爲東豫州刺史梁將胡廣來寇安陽軍主陳明祖等脇白沙鹿城二戍梁又遣定州刺史田超秀用僧達等竊陷石頭戍徑據安陂城郢州新塘梁軍近在州西數十里普惠前後命將拒戰並破之

李賢爲原州刺史茹茹圍逼州城剽掠居民驅擁畜牧賢欲戰大都督王德猶豫未決賢固請德乃從之賢勒兵將出賊密知之乃引軍退賢因率騎士追擊斬二百餘級捕虜百餘人獲駝馬牛羊二萬頭財物不可勝計所掠之人還得安堵

李孝怡爲魏郡太守時湘州刺史中山王熙據鄴起兵孝怡陰結募城民與熙長史柳元章別駕游荆之等率衆擒熙賞爵昌樂伯

裴果爲龍州刺史州人張遁李祐驅率百姓圍逼州城時糧仗皆闕兵士又寡果設方畧以拒之賊便退走於是出兵追擊累戰破之旬日之間州境清晏

叔孫建爲相州刺史饑胡劉虎等聚黨反叛公孫表等爲虎所敗建督表等以討虎斬首萬餘級餘衆奔走投泚水而死水爲不流虜其十餘萬口

蔡儁爲濟州刺史前青州刺史梁侯反攻掠青齊濟州儁討平之又胡遷等據兖州作逆儁與齊州刺史尉景討平之

北齊堯奮爲南汾州刺史胡夷畏憚之西魏行臺薛崇禮舉衆攻奮與戰大破之崇禮兄弟乞降送於相府轉奮驃騎將軍左光祿大夫穎州刺史

堯雄在魏爲豫州刺史梁將李洪芝王當伯襲破平鄉城侵擾州境雄設伏要擊生擒洪芝當伯等俘獲甚衆梁司州刺史陳慶之復率衆逼州城雄出與戰所向披靡身被二創壯氣益厲慶之敗棄輜重走

高季式在魏爲齊州刺史天平中山東舊賊劉盤陁

史明耀等攻劫道路剽掠村邑齊兖青徐四州患之歷攻不能討季式至皆破滅之尋有濮陽民杜靈椿等攻剽野聚衆將萬人季式遣騎三百一戰擒之又平路文徒黨緒顯等立營栅爲亂季式討平之又有群賊破南河郡季式遣兵臨之應時斬戮自茲以後遠近清晏

王峻爲營州刺史茹茹主菴羅辰率其餘黨東徙峻度其必來預爲之備未幾菴羅辰到頓軍城西峻乃設奇伏大破之獲其名王郁久閭豆拔提等數十人送於京師菴羅辰於此遁走先是刺史陸士茂詐殺

室韋八百餘人因此朝貢遂絶至是峻分命將士要其行路室韋果至大破之虜其酋帥而還因厚加恩禮放遣之室韋遂獻誠欵朝貢不絶峻有力焉

任城王湝爲青州刺史後主武平中州人崔蔚波等夜襲州城湝部分倉卒之際咸得齊整擊賊大破之

後周寇儁爲梁州刺史時梁遣其將曹琰之鎮魏興繼日版築琰之屢擾疆埸邊民患之儁遣長史杜林道率兵攻克其城并擒琰之琰之郎梁大將景宗之季弟也於是梁人憚焉

郭彦爲澧州刺史時齊南安城主馮顯密遣使歸降

其衆未之知也柱國宇文貴令彦率兵應接齊人先令顯率所部送糧南下彦懼其衆不從命乃於路邀之顯因得自拔其衆果拒戰彦縱兵奮擊並虜獲之以南安無備郎引兵掩襲顯外兵參軍郯紹旣爲彦所獲因請爲鄕導彦遂夜至城下令紹詐稱顯歸門者開門待之彦引兵而入遂有其城俘獲三千餘人晉公護嘉之

史寧在西魏爲車騎將軍行涇州事時賊帥莫折後熾寇掠居民寧率州兵與行原州事李賢討破之轉東義州刺史寧僅得入州梨苟亦至寧逆擊破之斬其雒安郡守馮善道轉涼州刺史寧未至而前刺史宇文仲和據州作亂詔遣獨孤信率兵與寧討之寧先至涼州爲陳禍福城中吏民皆相率降仲和仍據城不下尋亦克之加車騎大將軍儀同三司

宇文神舉爲并州刺史所部東壽陽縣土人相聚爲盜率其五千人來襲州城神舉以兵討平之

韓褒爲汾州刺史州界北接太原當千里陘先是齊寇數入民廢耕桑前後刺史莫能防捍褒乃不下屬縣民旣不及設備以故多被抄掠齊人喜相謂曰汾州不覺吾至先未集兵今者之還必莫能追躡我矣

繇是益懈不爲營壘褒已先勒精鋭伏北山中分據險阻邀其歸路乘其衆怠縱伏擊之盡獲其衆故獲生口者並囚送京師褒因是奏曰所獲賊衆不足爲多俘而辱之但益其忿耳請一切放還以德報怨有詔許焉自此抄兵頗息

杜果爲修武都守屬鳳州人仇周貢等構亂攻逼修武果信洽於民部內遂無叛者尋而開府趙昶督諸軍進討果率郡兵與昶合勢遂破平之

梁臺爲平涼郡守時莫折後熾結聚輕剽寇掠居民刺史史寧討之歷時不克臺陳賊形勢兼論攻取之

策寧善而從之遂破賊徒

和洪爲龍州刺史先是蠻人任公忻李國立等聚亂刺史獨孤善力不能禦朝議以洪有武畧代善爲刺史月餘擒公忻國立皆斬首梟之餘黨悉平

楊文思爲武都太守十姓獠反文思討平之復治冀州事黨項羌叛文思率州兵討平之進擊資中武康隆山生獠及東山獽戎屬並破之

趙昶爲安夷郡守時屬軍機科發切急氐情難之相率謀叛昶乃潛遣誘說離間其情因其攜貳遂輕往臨之群氐不知所爲咸來見昶乃收其首逆者二十

餘人斬之餘衆遂定又爲武州刺史興州人段吒及氐酋姜多復反攻没郡縣昶討斬之

賀若誼治熊州刺史平齊之役誼率兵出函谷先據雒陽即拜雒州刺史

陸騰爲江州刺史明帝初陵眉戎江資邛新遂八州夷夏及合州民張喻兄弟並反衆數萬人攻破郡縣騰率兵討之轉潼州刺史後爲龍州刺史州民李廣嗣李武等據憑巖險以爲堡壁招集不逞之徒攻劫郡縣歷政不能治騰密令多造飛梯身率麾下夜往掩襲未明四面俱上遂破之執廣嗣於鼓下其黨有任公忻者更聚徒衆圍逼州城乃詔騰曰但免廣嗣及武即散兵請罪騰謂將士曰吾若不殺廣嗣等可謂褒軍賞而長寇讎等之不可者也公忻豎子乃敢要人即斬廣嗣及武以首示之賊徒沮氣於是出兵奮擊盡獲之

隋趙賢通初仕後周爲硤州刺史蠻首向天王聚衆作亂以兵攻信陵秭歸賢通勒所部五百人出其不意襲擊破之二郡獲全時周人於江南岸置安蜀城以禦陳屬霖雨數旬城頹百餘步蠻首鄭南鄉叛引陳將吳明徹欲掩安蜀議者皆勸賢通益修守禦賢

通曰不然吾自有以安之乃遣使說誘江外生蠻同武令乘虛掩襲所居獲其南鄉父子妻南鄉聞之其黨各散陳兵遂退明年吳明徹屢爲寇患賢通勒兵禦之前後十六戰每挫其鋒獲陳裨將覃閭王足子吳郎等三人斬首一百六十級以功封開府儀同三司遷荆州總管長史

元景山爲建州刺史時高祖爲丞相司馬消難之以汾州入陳也遣將樊毅馬傑等來援景山率輕騎五百馳赴之毅等懼掠居民而遁景山追之一日一夜行三百餘里與毅戰於漳口三合皆克毅等退保甑

山鎮其城邑消難所陷者悉平之拜安州總管桐柏山蠻相聚爲亂景山復擊平之及高祖受禪拜景山亳州總管陳人張景遵以淮南内屬爲陳將任蠻奴所攻破其數栅景山發蕪頼兵援之蠻奴引軍而退徵爲候正

劉弘彭城人初仕後周爲鄀太守尉遲逈之亂遣其將席毗寇掠徐兗弘勒兵拒之以功授儀同

元亨爲雒州刺史尉遲逈之亂頴陽人梁康邢流水等舉兵應逈旬月之間衆至萬餘州治中王文舒潛與梁康相結將圖亨亨陰知其謀乃選關中兵得二

冊府元龜　牧守部　武功二　卷之六百九十四　十五

千人爲左右執文舒斬之以兵襲擊梁康邢流水皆破之

豆盧通爲北徐州刺史尉遲逈之亂遣其所署台州刺史烏丸尼率衆來攻通逆討破之賜帛八百段進位大將軍

蘇沙羅爲資州刺史冉龍羌作亂攻汶山金川二鎮沙羅率兵擊破之授邛州刺史

韋冲簡較括州事時東陽賊帥陶子定吳州賊帥羅方慧並聚衆爲亂攻圍婺州永康烏程諸縣冲率兵擊破之

張須陁爲齊郡丞賊帥王薄聚結亡命數萬人寇掠郡境官軍擊之多不利須陁發兵拒之薄遂引軍南轉掠魯郡境須陁躡之及於岱山之下薄恃驟勝不設備須陁選精鋭出其不意擊之薄衆大潰因乘勝斬首數千級薄收合亡散得萬餘人將北渡河須陁追之至臨邑復破之斬五千餘級獲六畜萬計薄復北連豆子航賊孫宣雅石秖闍郝孝德等衆十餘萬攻章丘須陁遣舟師斷其津濟親帥馬步二萬襲擊大破之賊徒散走既至津梁復爲舟師所拒前後獲其家累輜重不可勝計明年賊帥裴長才石子河等

冊府元龜　牧守部　武功二　卷之六百九十四　十六

衆二萬奄至城下縱兵大掠須陁未暇集兵親率五騎與戰賊競赴之圍百餘重身中數創勇氣彌厲會城中兵至賊稍却須陁督兵復戰長才敗走後數旬賊帥秦君弘方預等合軍圍北海兵鋒甚鋭須陁謂官屬曰賊自恃强謂我不敢救吾今速去破之必矣於是簡精兵倍道而進賊果無備擊大破之斬數萬級復獲輜重二千兩又賊左孝友衆將十萬屯於蹲狗山須陁列八營以逼之復分兵扼其要害孝友窘迫面縛來降其黨解散王良鄭大彪李畹等衆各萬計須陁悉討平之威振東夏以功遷齊郡通守領河

南道十二郡黜陟討捕大使
楊善會爲清河郡丞賊帥張金稱以輕兵掠寇氏善會與平原通守楊元弘步騎數萬衆襲其不意武賁郎將王辯軍亦至金稱釋寇氏來援因與辯戰辯不利善會選精鋭五百赴之所當皆靡辯軍復進賊退守本營諸軍各還于時山東思亂從盜如市郡縣微弱陷没相繼能抗賊者惟善會而已前後七百餘陣未嘗負敗每憾衆寡懸殊未能滅賊會太僕楊義臣討金稱復爲賊所敗退保臨清取善會之策頻與决戰賊乃退走乘勝遂破其營盡俘其衆金稱將數百

人遁逃後歸漳南招集餘黨善會追捕斬之傳首行在所煬帝賜以尚方甲矟弓劒進拜清河通守其年從楊義臣斬漳南賊高士達傳首江都宫帝下詔褒揚之士達所部將竇建德自號長樂王來攻信都臨清賊王安阻兵數千與建德相影響善會襲安斬之
陳孝意爲雁門郡丞煬帝幸江都馬邑劉武周殺太守王仁恭舉兵作亂孝意率兵與武賁郎將王智辯討之戰於下館城反爲所敗武周遂轉攻傍縣百姓恂恂將懷叛逆前郡丞楊仁雁門令王確等並桀黠爲無賴所歸謀應武周孝意陰知之族滅其家郡中戰慄莫敢異志俄而武周來攻孝意拒之每致剋捷
慕容三藏爲疊州總管黨項羌時有反叛三藏隨便討平之部内夷夏咸得安輯
楊義臣爲簡較趙郡太守妖賊向海公聚衆作亂寇扶風安定閒義臣奉詔擊平之
王世充爲江都郡丞領江都宫監及吳玄感反吳人朱燮晉陵人管崇起兵江南以應之自稱將軍擁衆十餘萬煬帝遣將軍吐萬緒魚俱羅討之不能克充募江都萬餘人頻擊破之每有克捷必歸功於下所獲軍實皆推與士卒身無所受繇此人爭爲用功最

居多齊郡賊帥孟讓自長山寇掠諸郡至盱眙有衆十餘萬充以兵拒之而羸師示弱保都梁山爲五柵相持不勝後因其解弛出兵奮擊大破之乘勝盡滅賊讓乃以數十騎遁去斬首萬人六畜軍資莫不盡獲帝以充有將帥才畧始遣領兵討諸小盜所向皆破之
郭絢爲涿郡通守山東盜賊起絢逐捕之多所尅獲時諸郡無復完者惟涿郡獨全
唐蕭瑀初仕隋爲河池郡守既至有山賊萬餘人寇暴縱横瑀前募勇敢之士設奇而擊之在陣斬賊帥

而降其衆所獲財畜咸賞有功繇是人竭其力續以薛舉遣衆數萬侵掠郡境瑀要之自後諸賊莫敢進郡中復安

丘和隋末交阯太守會煬帝爲宇文化及所弑鴻臚卿寗長貞以鬱林始安之地附於蕭銑馬㕽以蒼梧高梁珠崖番禺之地附於林士弘各遣人召之和初未知隋亡皆不就林邑之西諸國並遣遺和明珠文犀金寶之物富埒王者銑利之遣將張貞率百越之衆渡海侵和和遣高士廉率交愛首領擊之張貞退走境內獲全郡中樹碑頌德

于德秀武德中爲慶州刺史梁師都來侵德秀擊却之

楊則爲靈州長史梁師都遣兵侵靈州則擊走之

任瓌爲穀州刺史王世充遣其將郭士衡步騎數千來侵瓌逆擊大破之俘斬且盡

張善爲伊州總管武德二年王世充遣其將王世隆寇伊州善擊走之

丁伯德爲西濟州刺史王世充遣其將來侵伯德擊破之

許紹爲硤州刺史蕭銑遣其將楊道生來侵紹擊破之

郭仁暠爲同州留守胡賊掠同州之白水縣坊仁暠討平之

開緒爲朔州刺史劉武周遣其將牛讓來侵開緒擊走之

獨孤開遠爲遼州刺史劉黑闥擾亂山東所在多陷沒開遠率厲百姓保其州境屢將兵斷賊糧道賊竟不敢侵逼

公孫武達貞觀初爲肅州刺史歲餘突厥數千騎輜重萬餘人侵肅州欲戰虜稍却急攻之遂大潰犄之

於張掖河又命軍士於上流以桃渡兵擊其餘衆賊半濟兩岸夾攻之斬溺略盡降璽書慰勉之拜右監門將軍又突厥犯西偏武達與甘州刺史成仁重擊大破之俘其男女千餘口雜畜數千計

李道彥貞觀中爲岷州都督吐谷渾來寇道彥擊走之執其名王二人俘斬七百餘級

崔義玄以高宗永徽中爲婺州刺史時睦州女子陳碩貞作亂寇東陽義玄發兵拒之百姓訛言碩貞有神靈犯其兵馬無不滅門士衆恟懼司功參軍崔玄籍曰起兵仗順猶懼無成此乃妖誑豈得能久義玄

乃遣玄籍爲先鋒自率官吏繼進至下進戍擒其間諜數十人夜有流星墜賊營詰朝進擊之左右以楯蔽箭義玄日刺史尚欲避箭誰肯致死遽令去之於是士卒齊力賊衆大潰斬首數千級餘衆悉許其歸進至睦州界歸者萬計房仁裕之軍與義玄相會遂擭碩貞等斬之餘黨悉平

劉鱗爲南海大守以玄宗天寶三載破海賊吳令光永嘉郡平

顏杲卿爲恒山太守天寶十四載安祿山陷東都杲卿與長史袁履謙賈深等殺賊將李欽湊執賊將何

千年高邈送京師

顏眞卿天寶末爲平原太守安祿山遣其將李欽湊高邈何千年等守土門眞卿從兄弟恒山太守杲卿與長史袁履謙殺欽湊邈擒千年送京師土門旣開十七郡同日歸順共推眞卿爲帥得兵二十餘萬橫絶燕趙詔加眞卿戶部侍郎依前平原太守

薛景仙以肅宗至德初爲扶風太守安祿山逆賊曳落河兵數萬人來寇景仙與將軍康景龍率百姓斬其渠帥十餘人餘皆奔走

武齊莊爲交城太守破賊安定遠等五千餘衆盡獲其軍資器械

韋倫爲商州刺史究判襄等道租庸使會襄州裨將康楚元張嘉延擁衆爲叛兇黨萬餘人自稱東楚義王襄州刺史王政棄城遁走嘉延又南襲破江陵漢沔饋運阻絶朝廷旰食倫乃調兵駐鄧州界楚元兇黨有來降者必厚加賞數日後楚元衆頗怠倫進軍擊之生擒楚元以獻餘衆悉走收租庸錢物僅二百萬貫並免失墜荊襄二州平

高晃爲汝州刺史破逆賊史思明賊衆三千生擒賊帥八十人及驢馬器械不可勝數明年又破逆賊五

千衆生擒三千人

李抱玉爲澤州刺史史思明圍澤州抱玉夜出軍大破之

邢濟寶應初爲桂州刺史討西原賊帥吳功曹等平之

裴虬爲道州刺史代宗永泰五年湖南都團練使崔灌爲其兵馬使臧玠所殺玠據潭州出軍討玠呂太一武日昇相繼背叛虬與諸道兵戰悉攻平之

李勉爲江西觀察使賊帥陳莊連陷江西州縣偏將

王翃大曆中爲容州刺史初安祿山反詔徵嶺南募

兵命南陽太守魯炅統之以遏南侵魯與賊戰敗于葉縣嶺南山洞夷獠乘此相聚爲亂其首領梁崇南自號平南十道大都統及其黨帥覃問等因誘西原賊張夏侯永攻陷城邑偷據容州前後陳仁琇李抗侯金儀耿愼惑元結長孫全緒等容州刺史皆寓理藤州或居梧州者及翃至藤州言於衆曰吾爲容州刺史安得寄理他邑乃出私財募將徒許奏以高官厚勳以是人各盡力未數日有斬賊帥歐陽珪馳往廣州見節度李勉求兵應援勉曰容州陷賊已久賊勢且强必難圖也若速討祇自敗耳終無成功翃復

請曰大夫若不能命帥但諜告諸州揚言三千兵援助翼藉爲勢耳勉然之翃乃手札告諭義州刺史陳仁璀藤州刺史李曉庭等盟約討賊翃復募三千餘人同力耕戰至六年三月遂剋復容州故城賊猶壓境戰日數合節度使牒止翃用兵翃慮惑將士匿其牒奮起士卒大破賊數萬衆擒其大首領梁崇牽賊逋數百里外盡復容州故境翃發表以聞奏置順州以遏餘寇前後大小百餘戰生擒賊帥上獻者七十餘人累加銀青光祿大夫兼御史中丞充招討處置使翃又令其將張利用李實等分討襲西原遂收復鬱林諸州部內漸安後因哥舒晃殺節度使呂崇賁嶺南復亂翃遣大將李實悉所官兵赴援廣州西原賊帥覃問復招集其黨白容管兵馬盡赴廣州可襲取之於是悉衆奄至翃又力戰大破之生擒覃問代宗累遣中使慰問加翃金紫光祿大夫

于邵爲益州刺史時歲儉夷獠相聚山澤爲盜數千萬人來圍州城邵撫勵州兵與之拒戰凡旬有二日間遣使說喻示以善惡山盜邀邵出乃以儒服出城致之不疑因皆降之節度使李抱玉以聞邵遷梓州刺史

張萬福攝廬壽二州刺史州送租賦詣京師至潁州界爲盜所劫萬福領輕兵入潁州界討之賊不意萬福至狀迫不得戰萬福悉聚而誅之盡得其所亡物并得前後所掠人妻子財物牛馬等萬福悉還其家不能自致者萬福給船乘以遣尋拜壽州刺史淮南節度副使爲節度使崔圓所忌失刺史改鴻臚卿以節度副使將千人鎮壽州萬福不以爲慽許杲以平盧行軍司馬將三千人駐濠州不去有窺淮南意圓令萬福攝濠州刺史杲聞即提卒去止當塗陳莊賊陷舒州圓又以萬福爲舒州刺史督淮南岸盜賊連

破其黨又歷三年召赴京師代宗謂曰聞卿名欲一識卿且將累卿以許果焉萬福拜謝因前曰陛下以許果召臣如河北諸將叛欲以屬何人代宗笑謂曰且與吾了許果事方當大用卿以爲和州刺史行營防禦使督淮南岸盜賊至州果懼移軍上元果至楚州大掠節度使韋元甫命萬福追討之未至淮陰果爲其將康自勸所逐自勸擁兵繼掠循淮南東萬福倍道追而殺之免者十二三盡得擄掠金帛婦女等皆護致其家軍還元甫將厚賞將士萬福曰官健嘗虛費衣糧無所事今乃一小煩之不足過賞請用三

之一代宗發詔以勞之賜衣一襲禁錦十雙

郗士美以德宗建中年爲黔中觀察使時溪州賊帥向子琪連結夷蠻控據山洞衆號七八千士美設奇畧討平之詔書勞慰加檢校右常侍封高平郡公又爲鄂岳觀察使討伊愼有功授安黃節度

韓滉爲潤州刺史李希烈陷汴州滉擇其銳卒令裨將李長榮王西曜與宣武軍節度使劉玄佐掎角討襲解寧陵之圍復宋汴之路滉功爲多

李澄爲滑州刺史破李希烈逆衆於鄭州南境擒賊黨四十七人戎器二千餘事

辛秘以憲宗元和中爲湖州刺史屬李錡阻命將收支郡以大將守之遂分兵取五州刺史蘇常杭睦或先以戰破或先被拘執賊黨以爲秘儒懦甚易之秘密遣牙門將丘知二勒兵數百人候賊將動逆戰大破之知二中流矢墜馬起而復戰斬其將焚其營一州遂安賊平以功賜金紫繇是僉以秘材任將帥

李憲爲絳州刺史澤州沁水縣妖賊李有經聚衆三千餘人來寇翼城縣憲以州兵及神策鎭軍擊破之擒有經以獻

李聽爲楚州刺史李師道反鄆人素易淮南之卒聽

潛訓練出其不意趨海州據險要破沭陽兵降朐山戍懷仁東海兩城望風乞降山東平以功授夏州節度

竇易直以穆宗長慶中爲潤州刺史部將王國清以所部八百人爲亂易直自將牙兵拒之國清衆潰斬於京口餘黨連親兵復爲亂皆誅之

裴誼以文宗太和中爲江南西道觀察使誼奏吉州破赤石徐莊等洞賊戮殺擒獲共二百三十六人收賊栅七所器械三千二百三十事水陸田四百頃牛馬等四百七十餘頭

梁王敬荛唐末爲潁州刺史州境荒饉大寇繼至黃巢數十萬衆聚寨于州南敬荛極力抗禦逾旬而退俄又秦宗權之衆陵暴益甚合圍攻壁皆力屈而去蔡賊復遣將才君務以萬衆來逼敬荛列陣當之身先馳突殺敵甚多繇是竟全郡壘遠近歸附及淮人不恭太祖屢以大軍南渡路繇州境敬荛悉心供億

太祖深嘉之

張敬方開平中爲均州刺史時襄陽小將王求殺留後王班間使附于蜀房州聞之亦叛敬方能完其郡又務兵尅房陵

後唐袁建豐爲湘州刺史領相州軍事行營在外指揮使孟守謙據城以叛建豐引兵討平之改隰州刺史

索自通爲京兆尹西京留守屬河中指揮使楊彥溫據河中作亂自通率師討平之

晉馬全節後唐清泰初爲全州防禦使會蜀軍攻其州城兵纔及千人兵馬都監陳隱懼託以他事出城領三百人順流而逃賊既盛人情憂沮全節悉出其家財以給士復出奇拒戰以死繼之賊退朝廷嘉其功

孫彥韜仕後唐爲濮州刺史清泰末群寇入郡郡人大擾彥韜率帳下百人一呼破之人皆感之

劉遂清爲易州刺史時王都與契丹連結將使遏其寇衝既至郡大有禦侮之畧境內賴焉

周許遷爲隰州刺史以太祖廣順元年十二月朝見賜襲衣金帶銀鞍馬奬守城之功也

冊府元龜

巡按福建監察御史臣李嗣京　訂正
新建縣舉人臣戴國士叅閲
知建陽縣事臣黄國琦校釋

牧守部六百九十五

刺舉　屏盜　折獄

刺舉

夫方伯之任民物是司必在當官而行臨事而斷不畏權倖靡私親暱糾發瑕釁考案是非使吏不能為姦民不受其弊政事明舉風威振肅其治之害於斯為要先民有言養禾者去其稂莠其斯之謂歟

漢蓋寬饒為司隸校尉刺舉不可廻避

魏相為楊州刺史考案郡國守相多所貶退

何武為楊州刺史所舉奏二千石長吏必先露章服罪者為虧除免之而已（虧減也減除其狀令免去也）不服極法奏之抵罪（又云二千石有罪應時舉奏其餘賢不肖敬之如一）

後漢鄧壽為冀州刺史冀部屬郡多封諸王賓客放縱類不檢節壽案察之無所容貸乃使部從事專任王國又徙督郵舍王宫外動靜失得即時騎驛言上奏王罪及劾傳相於是藩國畏懼並為遵節視事三年冀土肅清

徐璆字孟本為荆州刺史時董太后姊子張忠為南陽太守因勢放濫贓罪數億璆臨當之部太后遣中常侍以忠屬璆璆對曰臣身為國不敢聞命太后怒遽徵忠為司隸校尉以威相臨璆到州舉奏忠贓餘一億使冠軍縣上簿詣大司農以彰暴其事又奏五郡太守及屬縣有贓汙者悉徵案罪威風大行

蘇章字孺文為冀州刺史故人為清河太守章行部案其姦贓乃請太守為設酒肴陳平生之好甚歡太守喜曰人皆有一天我獨有二天章曰今夕蘇孺文

與故人飲者私恩也明日冀州刺史案事者公法也遂舉正其罪州境知章無私望風畏肅

第五種為兖州刺史時中常侍單超兄子喬為濟陰太守負勢貪放種欲收舉未知所使會聞從事魏羽素抗直乃召羽具告之曰聞公不畏彊禦今欲相委以重事若之何對曰諾庶幾於一割羽出遂馳到定陶閉門收喬賓客親吏四十餘人六七日中糾發其贓五六千萬種即奏喬并以劾超

蔡衍為冀州刺史中常侍具瑗託其弟恭舉茂才衍不受乃收齎書者案之又劾奏河間相曹鼎贓罪千

萬鼎中常侍騰之弟騰使大將軍梁冀爲書請之衍不答鼎竟坐輸作左校

羊陟爲冀州刺史奏案貪濁所在肅然

陳羽字子鱗爲揚州刺史舉奏豫章太守王永奏事中官吳郡太守徐參在職貪穢並徵詣廷尉參中常侍璜之弟繇此威名大振

劉祐爲揚州刺史時會稽太守梁旻太將軍冀之從弟也祐舉奏其罪旻坐徵

王龔爲青州刺史劾奏貪濁二千石數人安帝嘉之徵拜尚書

趙戒爲荆州刺史時梁襄弟讓爲南陽太守恃椒房之寵不奉法戒到州劾奏之後戒爲南陽太守糾豪傑恤吏人奏免中官貴戚子弟爲令長貪濁者徵拜爲尚書令

种暠爲益州刺史永昌太守冶鑄黃金爲文蛇以獻大將軍梁冀暠糾發追捕馳傳上言

魏賈逵爲豫州刺史是時天下初復州郡多不攝逵曰州本以御史出監州郡以六條詔書察長吏二千石以下故其狀皆言嚴能鷹揚有督察之才不言安靜寬仁有愷悌之德也今長吏慢法盜賊公行州知而不舉天下復何取正乎兵曹從事受前刺史假逵到官數月乃還考竟其二千石以下阿縱不如法者皆舉奏免之文帝曰逵眞刺史矣布告天下當以豫州爲法賜爵關内侯

後魏辛術爲東南道行臺尚書安州刺史時臨清太守盱眙蘄城二鎭將犯法術皆按奏殺之

武昌悼王鑒爲徐州刺史先是京兆王愉爲徐州王既年少長史盧淵寛以馭下郡縣多不奉法鑒表曰梁郡太守程靈虬惟酒是耽貪財爲事虐政殘民寇盜並起黷音悖響盈于道路郡境吁嗟僉焉怨酷梁

郡密邇譙醜聲易布非直有黠清風臣恐取嗤荒遠請免所居官以明刑憲詔免靈虬郡守徵還京師於是徐境肅然

薛虎子爲徐州刺史時沛郡太守邵安下邳太守張攀咸以贓汙虎子案之於法

唐孔若思爲衛州刺史先是諸州別駕皆以宗室爲之不爲刺史致敬繇是多行不法若思至州舉奏別駕李道欽罪犯請加鞫訊乃詔別駕於刺史致禮

嗣曹王皐爲温州長史攝行州事州人李鈞及弟鍔棄其親不養凡十餘年時鈞爲殿中侍御史鍔爲京

兆法曹皐奏鈞鍔不孝皆除名勿齒

柳公綽爲山南東道節度觀察使司農少卿李彤前爲鄧州刺史坐贓錢百餘萬仍自刻石紀功號爲善政碑公綽以事聞貶吉州司馬同正

屏盜

夫養雞者不畜狸牧獸者不育豺樹木者憂其蠹保人者除其賊故古之爲邦者著詰盜之制垂去惡之訓以惠保于小民也矧乃百城共治之侬重萬夫觀政之所屬寬猛爲術懲勸云繁而能奮嫉惡之志竭刺姦之勞勇畧速成威信兼運廣設科禁周深淵藪

行反間之計開自新之路懸告捕之賞恕既往之罪傳檄敦諭藏厥兇渠厲兵掩擊滅其黨類或竄伏他境或悔歸本業澄清所治震肅鄰部路有遺而莫顧商次野而如室其或饑民放僻獷俗貪殘無假滋章不煩血刃推心布惠令行禁止斯又堯舜之良吏也

漢王溫舒爲廣平都尉擇郡中豪敢往吏十餘人爲爪牙豪傑而性果敢一往而無所顧者以爲吏也皆把其陰重罪而縱使督盜賊快其意所欲得此人雖有百罪弗法言其捕盜賊得其人而快溫舒意者則不問其先所犯罪也法謂行法也即有避回夷之亦滅宗以故齊趙之郊盜不敢近廣平廣平聲爲道不拾遺

趙廣漢爲潁川太守郡大姓原褚宗族橫恣原褚二姓也賓客犯爲盜賊前二千石莫能禽制廣漢既至數月誅原褚首惡郡中震慄

龔遂爲渤海太守先是左右郡歲饑盜賊並起聞新太守至發兵以迎遂皆遣還移書勑屬縣悉罷逐捕盜賊吏諸持鉏鉤田器者皆爲良民吏毋得問持兵者乃爲賊遂單車獨行至府郡中翕然盜賊亦皆罷渤海又多劫掠相隨聞遂教令即時解散棄其兵弩而持鉏鉤盜賊於是悉平

嚴延年爲涿郡太守時郡比得不能太守比頻也涿人

畢野白等繇是廢亂大姓西高氏東高氏西高氏各以其所居爲號自郡吏以下皆畏避之莫敢與牾牾逆也咸曰寧負二千石莫負豪大家賓客放爲盜賊發輒入高氏吏不敢追浸浸日多道路張弓拔刃然後敢行其亂如此延年至遣掾蠡吾趙繡按高氏得其死罪繡見延年新將謂郡守爲郡將者以其兼領武事也心内懼即爲兩劾欲先白其輕者觀延年意怒迺出其重劾延年已知其如此矣趙掾果白其輕者延年索懷中得重劾即收送獄夜入晨將至市論殺之先所按者死在前高氏者死吏皆股栗更遣吏分考兩高窮究其姦誅殺各數十人郡

中震恐道不拾遺三歲遷河南太守賜黃金二十斤豪彊脅息野無行盜威震旁郡

張敞爲膠東相先是膠東盜賊起敞自請治之旣辭之官又自請治劇郡非賞罰無以勸善懲惡吏追捕有功効者願得一切比三輔尤異（一切權時也趙廣漢奏請令長安游徼獄史秩百石左馮翊有二百石卒史比之謂尤異也）天子許之敞到膠東明設購賞開群盜令相捕斬除罪吏追捕有功上名尚書調補縣令者數十人由是盜賊解散轉相捕斬吏民翕然國中遂平是時潁川太守黃霸以治行第一入守京兆尹霸視事數月不稱罷歸潁川於是制以

膠東相敞守京兆尹自趙廣漢誅後比更守尹如霸等數人皆不稱職京師寖廢長安市偷盜尤多百賈苦之宣帝以問敞敞以爲可禁敞旣視事求問長安父老偷盜酋長數人居皆溫厚出從童騎閭里以爲長者敞皆召見責問因貰其罪把其宿負令致諸偷以自贖偷長曰今一旦召詣府恐諸偷驚駭願一切受署敞皆以爲吏遣歸休置酒小偷悉來賀且飲醉偷長以赭汙其衣裾吏坐里閭閱出者汙赭輒收縛之一日捕得數百人窮治所犯或一人百餘發盡行法罰繇是枹鼓稀鳴市無偷盜（枹擊鼓椎也）天子嘉之後殺賊捕掾絮舜亡命數月冀州部中有大賊天子思敞功効使使者即家拜爲冀州刺史敞起亡命復奉使典州旣到部而廣川王國群輩不道賊連發不得敞以耳目發起賊主名區處誅其渠帥廣川王姬昆弟及王同族宗室劉調等通行爲之囊橐（言容止賊盜者囊橐之盛物也）吏逐捕窮窘蹤迹皆入王宮敞自將郡國吏車數百兩圍守王宮搜索調等果得之殿屋重轑中（轑椽也重棼中重棼郎令之廡舍也一邊虛爲兩楔者也）敞傳吏皆捕格斷頭（言敞旨監護吏而捕之）縣其頭王宮門外因劾奏廣川王天子不忍致法削其戶敞居部歲餘冀州盜賊禁止

王尊成帝時爲京兆尹先是南山郡盜傰宗等數百人爲吏民害拜故弘農太守傅剛爲校尉將迹射士千人逐捕（迹射言能尋迹而射取之也）歲餘不能禽或說大將軍王鳳賊數百人在轂下發軍擊之不能得難以視四夷獨選賢京兆尹乃可於是鳳薦尊爲諫議大夫守京輔都尉行京兆尹事旬月閒盜賊清息

蕭育爲大鴻臚以鄠名賊梁子政阻山爲害久不伏辜（名賊者自顯其名無所避匿言其強也）育爲右扶風數月盡誅子政等

薛宣爲臨淮太守政教大行會陳留郡有大賊廢亂

徙爲陳留太守盗賊禁止吏民敬其威信
朱博爲犍爲太守先是南蠻若兒數爲寇盗博厚結其昆弟使爲反間襲殺之郡中清平
後漢董宣爲北海相坐殺人多濫左轉懷令後江夏有劇賊夏喜等寇亂郡境以宣爲江夏太守到界移書曰朝廷以太守能禽姦賊故辱斯任今勒兵界首檄到幸思自安之宜喜等聞懼即時降散
郭伋爲漁陽太守漁陽既罹王莽之亂重以彭寵之敗民多猾惡寇賊充斥伋到示以信賞糾戮渠帥盗賊銷散

魯恭爲樂安相時東州多盗賊群輩攻劫諸郡患之恭到重購賞開恩信其渠帥張漢等率支黨降恭上以漢補博昌尉其餘遂自相捕擊盡破平之州郡以安
馬稜爲濮陽太守坐事抵罪後數年江湖多劇賊以稜爲丹陽太守稜發兵掩擊皆禽滅之
第五種爲高密侯相永壽中徐兗二州盗賊群輩高密在二州之郊種乃大儲糧稸勤厲吏士賊聞皆憚之桴鼓不鳴流民歸者歲中至數千家
度尚爲泰山都尉寇賊望風奔亡及在長沙宿賊皆平
張覇爲會稽太守始到越賊未解郡界不寧乃移書開購明用信賞賊遂束手歸附不煩士卒之力童謡曰棄我戟捐我矛盗賊盡吏皆休
樊曄爲天水太守道不拾遺行旅至夜聚衣裝道傍曰以付樊公
陽球辟司徒劉寵府舉高第九江山賊起連月不解三府上球有理姦才拜九江太守球到設方畧凶賊殄破收郡中姦吏盡殺之
魏臧洪漢末爲青州刺史洪在州二年群盗奔走

田豫爲南陽太守時郡人侯音反衆數千人在山中爲群盗大爲郡患前太守收其黨與五百餘人表奏皆當死豫到郡悉見諸繫囚慰諭開其自新之路一時破械遣之諸囚皆叩頭願自效即相告語群賊一朝解散郡内清静具以狀上太祖善之
晉周玘爲吳興太守吳興寇亂之後百姓饑饉盗賊公行玘甚有威惠百姓敬愛之期月之間境内寧謐
陶侃爲武昌太守時天下饑荒山夷多斷劫掠侃令諸將詐作商船以誘之劫果至生獲數人是西陽王羕之左右侃即遣兵逼羕令出向賊侃整陣於釣臺

為後繼兼縛送帳下二十人偶斬之自是水陸肅清

前秦苻融為司隷校尉及鎮關東所在賊盗止息路不拾遺

宋劉鍾為高陽内史領石頭戍事高祖討司馬休之前軍將軍道憐留鎮東府領屯兵治亭群盗數百夜襲鍾壘拒擊破之

南齊虞玩祖為豫章王嶷中兵參軍嶷為荆湘二州刺史時義陽劫帥張群亡命積年鼓行為賊義陽武陵天門南平四界郡被其殘破沈攸之連討不能禽末乃首用之攸之起事群從下郢於路先叛結砦于

三谿依據深險嶷遣祖為義陽太守時降意誘納之厚為禮遺於坐斬首其黨數百人皆散四郡獲安

王敬則為吳興太守郡舊多剽掠有十數歲小兒於路取遺物殺之以徇自此道不拾遺郡無劫盗又錄得一偷召其親屬於前鞭之令偷身長掃街路久之乃令偷舉舊偷自代諸偷恐為其所緝皆逃走境内以清

梁王珍國為桂陽内史捕討盗賊境内肅清

蕭景為雍州刺史州内清肅緣漢水陸千餘里抄盗絶迹又為郢州刺史齊安竟陵郡接魏界多盗賊景移書告示魏即焚塢戍保境不復侵畧

臧厥字獻卿為晉安太守郡居山海常結聚逋逃前二千石雖募討捕而寇盗不止厥下車宣風化凡諸凶黨襁負而出居民復業商旅流通

謝覽為吳興太守郡境多劫為東道患覽下車肅然一境清謐

檀和之為豫州刺史和之先歷始興太守交州刺史所在有威名盗賊屏迹每出獵猛獸伏不敢起

陳王猛為晉陵太守威惠兼舉姦盗屏迹富商野次云以付王府君郡人歌之以比漢之趙廣漢

徐儉為溧陽内史為政嚴明盗賊静息

後魏莫題道武時為中山太守督司州之山東七郡事車駕征姚興次于晉陽而上黨群盗秦頗丁零翟都等聚衆於壺關詔題帥衆三千以討之上黨太守捕頗斬之都走林慮詔題搜窮討盡平之

李會為趙郡太守令行禁止劫盗奔竄胡元嘉之

薛裔為河北太守郡帶山海路多盗賊有韓馬兩姓各二千餘家恃强憑險最為狡害劫掠道路侵暴鄉閭裔至都之日即收其姦魁二十餘人一時戮之於是群盗慴氣郡中清肅

韓均爲冀州刺史廣阿澤在定冀相三州之界士庶民稀多有盜賊乃置鎮以靜之均在冀州劫盜止息

夏侯道遷爲西平將軍華州刺史轉安東將軍瀛州刺史爲政清嚴善禁盜賊

李安世爲相州刺史初廣平人李波宗族強盛殘掠生民前刺史薛道摽親往討之波率其宗族拒戰大破道摽軍遂爲逋逃之藪公私成患百姓爲之語曰李波小妹字雍容褰裙逐馬如卷蓬左射右射必疊雙婦女尚如此男子那可逢安世設方畧誘波及諸子姪三十餘人斬于鄴市境内肅然

高祐爲西兗州刺史設禁賊之方令五五相保若盜發皆連坐初雖似煩碎後風化大行寇盜止息

廣陽王嘉子深孝明初拜肆州刺史預行恩信胡人便之劫盜止息

李崇爲兗州刺史兗土舊多劫盜崇乃村置樓樓懸一鼓盜發之處雙槌亂擊四面諸村始聞者撾鼓一通次復聞者以二爲節次後聞者以三爲節各擊數千槌諸村聞鼓皆守要路是以盜發俄頃之間聲布百里之外其中險要悉有伏人盜竊始發便爾擒送諸州置樓懸鼓自崇始也

崔休爲渤海太守性嚴明雅長治體下車先戮豪猾數人廣布耳目所在姦盜莫不擒翦百姓畏之寇盜止息清身率下渤海大治

崔延伯爲荆州刺史荆州土險蠻左爲寇每有結聚者延伯輒自討之莫不摧殄繇是壤土帖泰無敢爲患

辛纂爲滎陽太守民有姜洛生康乞得者舊是太守鄭仲明左右豪猾偷竊境内爲患纂伺捕擒獲梟於郡市百姓欣然

李洪之爲河内太守河内北連上黨南接武牢地險

人悍數爲劫害長吏不能禁洪之至郡嚴設科防募斷賊者便加重賞勸勵務本盜賊止息鉏姦黨過爲酷虐

北齊王峻爲營州刺史營州地接邊城賊數爲民害峻至州遠設斥候廣置疑兵每有賊發常出其不意要擊之賊不敢發合境獲安

蘇瓊爲南清河太守其郡多盜賊及瓊至民吏肅然姦盜止息或外境姦非輒從界中行過者無不捉送之

朱世良爲清河太守郡東南有曲隄成公一姓阻而

吾之群盜多萃於此人爲之語曰寧渡東吳會稽不歷成公曲隄世良施八條之制盜奔他境民又謡曰曲隄雖險賊何益但有朱公自屏迹

後周泉企爲東雍州刺史蜀人張國儁聚黨剽劫州郡不能制企命收而戮之闔境清肅

李遷哲爲直州刺史鎭白帝黔陽蠻田烏度田都唐等每抄掠江中爲百姓患遷哲隨機出討殺獲甚多由是諸蠻畏威各送糧餼又遣子弟入質千有餘家遷哲乃於白帝城外築水城以處之并置四鎭以靜峽路自此寇盜頗息軍糧贍給

韓褒爲北雍州刺史州帶北山多有盜賊褒密訪知並豪右所爲也而陽不之知厚加禮遇謂之曰刺史起自書生安知督盜所賴卿等共分其憂耳乃悉召桀黠少年素爲鄉里患者署爲主帥分其地界有盜發而不獲者以故縱論於是諸被署者莫不惶懼皆首伏曰前發者並某等爲之所有徒侶皆列其姓名或亡命隱匿者亦悉言其所在褒乃取盜名簿藏之因大牓州門曰自知行盜者可急來首即除其罪盡今日不首者顯戮其身籍沒妻子以賞前首者旬日之間諸盜咸悉首盡褒取名簿挍之一無差異並原其罪許以自新繇是群盜屏息

宇文貴爲益州刺史蜀人多劫盜貴乃召任俠傑健者署爲游軍令其督捕繇是頗息

隋元景山爲亳州總管先是州民王迴洛張季貞等聚結亡命每爲劫盜前後牧守不能制景山下車逐捕之迴洛季貞挺身奔江南擒其黨數百人皆斬之法令明肅盜賊屏迹稱爲大治

陰世師爲武賁郎將遼東之役出襄平道明年帝復擊高麗以本官爲涿郡留守於時盜賊蜂起世師逐捕之往往剋捷及帝還大加賞勞

楊子崇爲離石太守時百姓饑饉相聚爲盜子崇前後捕斬數千人

河間王弘爲蒲州刺史得以便宜從事時河東多盜賊民不得安弘奏爲盜者百餘人投之邊裔州境帖然號爲良吏

麥鐵杖爲汝南太守稍習法令群盜屏迹

唐呂子臧仕隋爲南陽郡丞性剛直有幹用討擊群賊往往克勝諸郡多荒殘南陽殷實子臧之力也

楚王靈龜爲魏州刺史爲政嚴肅姦盜屏絶

左難當太宗貞觀初爲江州刺史時以江中盜賊劫

掠爲商旅之獘詔以難當爲靜江大使自是江路肅清

李栖筠代宗時爲常州刺史時草賊帥張度因荒饉聚徒於陽羨西山且地接宣城逼之則鳥散彼谷緩之則公行寇掠累歲爲四境之患莫能翦除栖筠既至部設權畧不踰時而覆其巢穴度子六七人一朝伏辜繇是郡界無大吠之虞而人知敬讓

吕元膺憲宗元和中爲東都防禦使時淄青節度使李師道置邸於河南府兵諜雜以往來吏不敢辨因吳元濟北犯郊畿多警防禦兵盡戍伊闕師道潛以

兵數千百人內其邸謀焚宮闕而肆殺掠既烹牛饗衆矣明日將出會有卒楊進李再興者詣元膺告變變元膺始自伊闕追兵圍之半日無敢進攻者防禦判官王茂元殺一人而進或有毀其墉而入者賊衆突出殺數人圍兵奔駭賊得結伍中衢內其妻子於囊橐以甲冑殿而行防禦兵羅觀其後不敢追賊出長夏門殺行人而奪其馬轉掠郊墅濟伊水乃望山而逸元膺誡境上兵重購以捕之數日有山棚鬻鹿於市賊遇而奪之山棚走而徵其黨或引官軍共圍之谷中盡獲之窮驗得其魁中岳寺僧日圓淨年八十餘嘗爲史思明將偉悍過人初執之使巨力者奮鎚折其脛不能折圓淨罵曰鼠子折人腳猶不能敢稱健兒乎乃自置其足使折之如其教乃折臨誅乃日誤我事不得使洛城流血死者凡數千人留守防禦將二人都亭驛卒五人甘水驛卒三人皆潛受其職而爲之耳目自始謀及將敗無知者初師道多買田於伊闕陸渾之間凡十餘處故以舍山棚而衣食之嘗嘉珍門察者潛布分之以屬圓淨圓淨以師道錢千萬僞理嵩山之佛光寺期以嘉珍竊發時舉火於山中集二縣山棚入作亂及窮按之嘉珍門察皆

稱賊武元衡者也元膺密檻開以送之

蘇良嗣爲雍州長史時京城人相食盜賊縱橫良嗣爲政嚴肅盜發三日內無不擒獲遠近稱爲神明

崔郾爲岳鄂安黃等州觀察使江湖之間萑蒲是聚因造蒙衝小艦上下千里期月而盡獲群盜

梁蔡從訓開平末權知汝州刺史殺山賊誅其首領李虔

後唐竇廷琬同光初爲復州遊奕使姦盜屏迹

晉孫彥韜初仕後唐爲濮陽刺史屬清泰末群盜入郡郡人大擾彥韜率帳下百人一呼破之

陸思鐸爲深州刺史群盗結聚與屬邑爲患思鐸率數十騎朝夕討捕出必擒獲境内肅然百姓頼之

周李穀漢末爲工部侍郎權知開封府以中牟多盗誘縣人求其淵藪有劉德餘者衆時畏懾簿尉於幾甸德餘時閒居中牟宗正之劉繼儒與之有舊因見而問曰高祖踐祚四方群盗屏息何國門之外惟中牟爲患德餘素幹事謂繼儒曰如朝廷要捕賊假僕攝主簿或鎮時可勦絶矣繼儒登時言於穀穀納其言尋版署攝主簿僅旬日穀請侍衛兵數十騎付德餘悉擒其黨一人縣佐吏一人役御史臺爲其首也

索其家得金寳犀玉帶羅錦衣服頗多積年兄弟爲賊自是中牟無道路之患

王晏爲徐州節度使晏滕人少以無頼攻剽爲吏所搜索乃從軍洎爲節將于故里徐方多盗前後帥守不能禁詰晏下車悉召故時僚友與之衣服鞍馬謂之曰吾鄉有多盗之名後來者應出諸君之下爲召集徧諭之嘗戕鎮撫時各宜禁戢由是自晏撫封鬭并晏然枹鼓之音頓息

折獄

呂刑有折獄之文秋官有弊訟之義非夫明智絶俗臨事不惑又安能察微隱而辯疑似以厭乎人心者哉自炎漢而下修舉吏職親民之重濟以法術繇是按察捕劾著績尤異若乃詰作折惑申究訊盗斷之以經義聽之以辭氣濟之以識畧參之以奇譎靡待兩造之備克申片言之敏寘於憲法畏若神明斯固簡孚閱實之可尚也

漢雋不疑昭帝時爲京兆尹時有一男子自稱衛太子詣公卿將軍中二千石雜視不疑到叱從吏收縛或曰是非未可知且安之不疑曰諸君何患於衛太子昔蒯聵違命出奔輒拒而不納春秋是之（蒯聵衛靈公太

子輒蒯聵子也蒯聵得罪于靈公而出奔晉及靈公卒使輒嗣位而晉趙鞅納蒯聵于戚欲求入衛魯哀公三年春齊國夏衛石曼姑帥師圍戚公羊傳曰曼姑受命于靈公而立輒曼姑之義固可以距蒯聵也輒之義可以立乎曰可其子柰何不以父命辭王父命也）衛太子得罪先帝亡不即死今來自詣此罪人也遂送詔獄天子與大將軍霍光聞而嘉之曰公卿大臣當用經術明於大誼由是名聲重於朝廷在位者皆自不及也

魏國淵爲魏郡太守時有投書誹謗者太祖疾之欲必知其主淵請留其本書而不宜露其書多引二京賦淵勑功曹曰此郡旣大今在都輦而少學者其間開解年少欲遣就師功曹差三人臨遣引見訓以所

學未及二京賦博物之書也世人忽畧少有其師可求能讀者從受之又密喻音句月得能讀者遂往受業吏因請使作箋比方其書與投書人同手收攝案問具得情理

胡質爲東莞太守士盧顯爲人所殺質曰此士無讎而有少妻所以死乎悉見其比居年少書吏李若見問而色動遂窮詰情狀若卽自首罪人斯得

孫禮爲冀州牧太傅司馬宣王謂禮曰今清河平原爭界八年更二刺史靡能決之虞芮待文王而了宜善令分明禮曰訟者據墟墓爲驗聽者以先老爲正

而老者不可加以夏楚又墟墓或遷就高敞或徙避仇讎如今所云雖皋陶猶將爲難若欲使必也無訟當以烈祖初封平原時圖決之何必推古問故以益辭訟昔成王以桐葉封叔虞周公便以封之今圖藏在天府便可于坐上斷也豈待到州乎宣王曰是也當別下圖禮到案圖宜屬平原而曹爽信清河下書云圖不可用當參異同禮上疏曰管仲伯者之佐其器又小猶能奪伯氏駢邑使沒齒無怨言臣受牧伯之任奉聖朝明圖驗地著之界界實以王翁河爲限而鄃以馬丹候爲驗詐以鳴犢河爲界假虛訟訴疑誤臺閣竊聞衆口鑠金浮石沈木三人成市虎慈母投其杼今二郡爭界八年一朝決之者緣有解書圖畫可得尋按擿校也平原在兩河向東上其間有爵隄爵隄在高唐西南所爭地在高唐西北相去二十餘里可爲長歎息流涕者也案解與圖奏而鄃不受詔此臣軟弱不勝其任臣亦何顏尸祿養餐輒束帶著履駕車待放爽見禮奏大怒劾禮怨望結刑五歲在家朞年衆人多以爲言除城門校尉

前秦符融爲司隸校尉京兆人董豐游學三年而返過宿妻家是夜妻爲賊所殺妻兄疑豐殺之送豐有

司豐不堪楚掠誣引殺妻融察而疑之曰汝行往還頗有怪異及卜筮與否豐曰初將發夜夢乘馬南渡水返而北渡復自北而南馬停水中鞭之不去俯而視之見兩日在于水下馬左白而濕右黑而燥寤而心悸竊以爲不祥還之夜夢如初問之筮者云憂訟獄遠三枕避三沐旣至妻爲具沐夜授豐枕豐記筮者之言皆不從之妻乃自沐枕枕而寢融曰吾知之矣周易坎爲離夢乘馬南渡旋北而南從坎之離三爻同變變而成離離爲中女坎爲中男兩日二夫之象坎爲執法吏吏詰其夫婦人被流血而死坎二陰

一陽離二陽一陰相承易位離下坎上既濟文王遇之囚羑里有禮而生無禮而死馬左而濕濕水也左水右馬馮字也兩日昌字也其馮昌殺之乎於是推檢獲昌而詰之昌具首服昌本與其妻謀殺董豐期以新沐枕枕爲驗是以誤中婦人又在冀州有老母遇劫於路母揚聲唱盜行人爲母逐之既擒劫者返誣行人爲盜時日垂暮母及路人莫知孰是乃俱送之融見笑曰此易知耳可二人並走先出鳳陽門者非盜既而還入融正色謂後出者曰汝眞是盜何以誣人其發姦擿伏皆此類也

後魏司馬悅字慶宗爲豫州刺史有汝南上蔡董毛奴者齎錢五千死在道路郡縣疑民張隄爲劫又於隄家得錢五千隄懼拷掠自誣言殺獄既至州悅觀色察言疑其不實引見毛奴兄靈之謂曰殺人取錢當時狼狽應有所遺此賊竟遺何物靈之云惟得一刀鞘而已悅取鞘視之曰此非里巷所爲也乃召州城刀匠示之有郭門者前曰此刀鞘門手所作去歲賣與郭民董及祖悅收及祖詰之曰汝何故殺人取錢而遺其刀鞘及款引靈之又於及祖身上得毛奴所着皂襦及祖伏法悅之察獄多此類也

宋世良爲清河太守陽平郡移掩劫盜三十餘人世良訊其情狀惟送十二人餘皆放之陽平太守魏明朗大怒云輒放吾賊及推問送者皆實放者皆非明朗大服

辛祥爲并州平北府司馬有白壁還兵樂道顯被誣爲賊官屬推處咸以爲然祥曰道顯面有悲色察獄以色其此之謂乎苦執申之月餘別獲眞賊

柳崇爲河東太守初留郡郡民張明失馬疑十餘人崇見之不問賊事人別借以溫顏更問其親老存否農桑多少而徵察其辭色即獲眞賊呂豫等二人餘

皆放遣郡中畏服境內怗然

李崇爲揚州刺史先是壽春縣人苟泰有子三歲遇賊亡失數年不知所在後見在同縣人趙奉伯家泰以狀告各言已子並有鄰證郡縣不能斷崇曰此易知耳令二父與兒各在別處禁經數旬然後遣人告之曰君兒遇患向已暴死有教解禁可出奔哀也苟泰聞即號跳悲不自勝奉伯咨嗟而已殊無痛意崇察知之乃以兒還泰詰奉伯詐狀奉伯乃款引云先亡一子故妄認之又定州流人解慶賓兄弟坐事俱徙揚州弟思安背役亡歸慶賓懼後役追責規絶名

貲乃認城外死尸詐稱其弟爲人所殺迎歸殯葬頗類思安見者莫辯又有女巫楊氏自云見鬼說思安被害之苦饑渴之意慶賓又誣疑同軍兵蘇顯甫李蓋等所殺經州訟之二人不勝楚毒各自款引獄將決矣崇疑而停之密遣二人非州內所識者僞從外來詣慶賓告曰僕住在州北去此三百里有一人見過寄宿夜中共語疑其有異便卽詰問迹其蹤緖乃云是流兵背役逃走姓解字思安時欲送官苦見求及稱有兄慶賓今住揚州相國城內嫂姓徐君脫矜愍爲往報若見申委曲家兄聞此必重相報所有資

財當不愛惜今但見質若往不獲送官何晚是故相造指申此意君欲見顧幾何當放賢弟若其不信可見隨看之慶賓帳然失色求其少停當備財物此人具以報崇崇攝慶賓問曰爾弟逃亡何故妄認他尸慶賓引伏更問蓋等乃云自誣數日之間思安亦爲人縛送崇召女巫視之鞭笞一百崇斷獄精審皆此類也

李惠爲雍州刺史人有負鹽負薪者同釋重擔息于樹陰二人將行爭一羊皮各言藉背之物惠遣爭者出顧州綱紀曰以此羊皮拷知主乎羣下以爲戲言咸無應者惠令人置羊皮席上以杖擊之見少鹽屑曰得其實矣使爭者視之負薪者乃伏而就罪凡所察究多如此類蹤是吏民莫敢欺犯

北齊任城王湝爲并州刺史有婦人臨汾水浣衣有乘馬人換其新靴而去婦人持故靴詣州言之湝召城外諸嫗以靴示之紿曰有乘馬人於路被賊劫害遺此靴焉得無親屬乎一嫗撫膺哭曰兒昨着此靴向妻家如其語捕獲一時稱明察

彭城王浟爲滄州刺史有一人從幽州來驢馱鹿脯至滄州界脚痛行遲偶會一人爲伴盜驢及脯去明

旦告州浟乃令左右及府僚吏分市鹿脯不限其價其主見識之推獲盜者轉都督定州刺史時有人被盜黑牛背上有白毛長史韋道建謂中從事魏道勝曰使君在滄州擒姦如神若捉得此定神也浟乃詐爲上府市牛皮倍酬價直使牛主認之因獲其盜建等歎服又有老母姓王孤獨種菜三畝數被偷乃令人密往書菜葉爲字明日中看菜葉有字獲賊爾後境內無盜政化爲當時第一

蘇瓊爲南清河太守初零陵縣民魏雙成失牛疑其村人魏子賓送至郡一經窮問知子賓非盜者卽便

以詐求之乃匿名書多牓官門曰我等共劫胡家徒侶混雜終恐泄露今欲首懼不免誅若聽先首免罪便欲來告慶乃復施免罪之牓居二日廣陽王欣家奴面縛自告牓下因此推窮盡獲黨與慶之守正明察皆此類也每歎曰昔于公斷獄無私闢高門可以待封儻斯言有驗吾其庶幾乎

于仲文爲安固太守有任氏杜氏家各失牛後得牛兩家俱認州郡久不能決益州長史韓伯儁曰于安固少聰察可令決之仲文曰此易解耳於是令二家各驅牛至郡乃放所認者遂同任氏群牛又陰使人微

傷其牛任氏嗟怨杜家自若仲文於是詞詰杜氏杜氏服罪而去

隋元褒爲原州總管有商人爲賊所劫其人疑同宿者而執之褒察其色冤而辭正遂捨之其盜尋發于他所

韋鼎爲光州刺史有人客遊遇主家之妾及其還去妾道珍於夜逃去尋于草中爲人所殺主家知與客通因告客殺之縣司鞫問具得姦狀因斷客死辜獄成上於鼎鼎覽之曰此客實姦而殺非也乃某寺僧該妾盜物令奴殺之贓在某處即放此客遣人掩僧

放之雙成訴云府君放賊去百姓牛何處可得瓊不理其語密遣訪獲盜者從此畜牧不收多放散云但付府君有鄰郡富人將財物寄置界內曰我物已寄蘇公矣遂去平原郡有妖賊劉黑狗搆結徒侶通於滄海所部人連接村居無相染累鄰邑於此服其德後爲左丞行徐州事徐州城中五級寺忽被盜銅像一百區有司徵檢四鄰防宿及蹤迹所疑逮繫數十人瓊一時放遣寺僧怨訴不爲推賊瓊遣僧謝曰但且還寺得像自送爾後十日抄賊姓名及贓處所徑收掩悉獲實驗賊徒欵引道路歎伏

後周柳慶初仕後魏爲雍州別駕有賈人持金三十斤詣京師交易寄人停止每欲出行常自執管鑰無何緘閉不異而失之謂是主人所竊諸縣訊問主人遂自誣服慶聞而歎之乃召問賈人曰鄉鑰常置何處對曰常自帶之慶曰頗與人同宿乎曰無曰與人同飲乎曰向者曾與一沙門再度酬宴醉而晝寢慶曰主人特以痛自誣非盜也彼沙門乃真盜耳即遣吏逮捕沙門乃懷金逃匿後捕得盡獲所失之金又有胡家被劫郡縣按察莫知賊所鄰近被囚繫者甚多慶以賊徒既衆似是烏合既非舊交必相疑阻可

并獲贓物自是部內肅然不言咸稱其有神道無拾遺

晉張希崇鎮汾州日有民與郭氏為義子自孩提以至成人因愎戾不受訓遣之郭氏夫婦相次俱死郭氏有嫡子已長時郭氏諸親與義子相約云親子欲分其財助而訟之前後數政不能理遂成疑獄希崇覽其訴斷云父在已離母死不至止稱假子孤二十年撫養之恩倘曰親兒犯三千條悖逆之罪頗為傷害名教復敢理認田園其生涯並付血屬所訟人與朋姦者委法官以律定刑聞者服其明

冊府元龜

巡按福建監察御史臣李嗣京　訂正
分守建南道左布政使臣胡維霖　參閱
知建陽縣事臣黃國琦較釋

牧守部　二十六

修武備　抑豪強

修武備

夫備豫不虞古之善教思艱圖易政之善經乃有居牧伯之重總連城之寄屬寇攘之連結或羌戎之密邇以至偪逼強敵旁接叛壘而能發先見之慮設未

然之防厚囷倉之蓄增池隍之固簡稽軍實申明師律訓練講閱之必至斥堠烽燧之必嚴峻誅賞之令治戰守之具觸類而長大爲之防用能應變無窮遇戰必克叶干城之詠得庇民之術者焉古所謂物不素具則不可以應卒誠哉是言矣

後漢第五倫爲高密侯相時徐兗二州盜賊羣起高密在二州之郊倫乃大儲粮稸勤厲吏士賊聞皆憚之桴鼓不鳴流民歸者歲至數千家

郭伋爲漁陽太守時匈奴數抄郡界邊境苦之伋整勒士馬設攻守之畧匈奴畏憚遠迹不敢復入塞民得安業後爲并州牧伋知盧芳夙賊卒難以力制常嚴烽堠明購賞以結寇心芳將隨昱遂謀脅芳降伋芳乃亡入匈奴

崔寔爲五原太守是時胡虜連入雲中朔方殺畧吏民一歲至九奔命寔整厲士馬嚴烽堠虜不敢犯常爲邊最

樊準爲鉅鹿太守而趙魏之郊數爲羌所鈔暴準外禦寇虜內撫百姓郡境以安後轉河內太守時羌復屢入郡界準輙將兵討逐修理塢壁威名大行

任延爲武威太守郡北當匈奴南接種羌民畏寇抄

多廢田業延到選武畧之士千人明其賞罰令將雜種胡騎休屠黃石屯據要害其有警急逆擊追討虜常多殘傷絕不敢出

劉馥爲楊州刺史高爲城壘多積木石編作草苫數千萬枚益貯魚膏數千斛爲戰守備建安十三年孫權數十萬衆攻圍合肥城百餘日時天連雨城欲摧於是以苫蓑覆之夜然脂炤城外視賊所作而爲備賊以破走楊州士民益追思之以爲雖董安于之守晉陽不能過也

賈逵爲豫州刺史州南與吳接逵明斥堠繕甲兵爲

守戰之備賊不敢犯
張旣爲凉州刺史與夏侯儒擊叛胡破之遂上疏請
與儒治左城築鄣塞置烽堠邸閣以備胡西羌恐率
衆二萬餘落降
魏范粲爲武威太守時戎夷頗侵疆埸粲明設防備
敵不敢犯西城流通無烽燧之警
吳吾彦爲建平太守時王濬將伐吳造船於蜀彦覺
之請增兵爲備皓不從彦乃輒爲鐵鎖橫斷江路及
師臨境緣江諸城皆望風降附或見攻而拔唯彦堅
守大衆攻之不能剋

晉王濬爲益州刺史武帝謀吳詔濬修舟艦濬乃作
大船連舫方百二十步受二千餘人以木爲城起樓
櫓開四出門其上皆得馳馬來往又畫鷁首怪獸於
船首以懼江神舟檝之盛自古未有濬造船於蜀其
木柹蔽江而下吳建平太守吾彦取流柹以呈孫皓
日晉必有攻吳之計宜增建平兵建平不下終不敢
渡浩不從彦以謎言拜濬爲龍驤將軍監梁益諸軍
事
劉敬宣爲江州刺史課集軍粮搜召舟乘軍戎要用
嘗有儲擬故西征諸軍雖失利退據因之每即振復

虞潭爲吳國内史修滬瀆壘以防海抄百姓賴之
梁廬陵王續爲雍州刺史多聚馬仗畜養驍雄金帛
内盈倉廩外實
鄭紹叔爲司州刺史創立城隍繕修兵器
陳毛喜爲永嘉内史喜至郡不受俸秩政宏清静民
吏便之遇豐州刺史章大寶舉兵反郡與豐州相接
而素無備禦喜乃修治城隍嚴飭器械又遣所部松
陽令周礑領千兵援建安賊平授南安内史
後魏韋彧爲豫州刺史於城北置崇武館以習武焉
境内清肅

江文遥爲汝州刺史善於綏納甚得物情時維州肖
榮等相繼叛逆自幽燕已南悉皆淪陷惟文遥介在
羣賊之外孤城獨守鳩集荒餘且耕且戰百姓皆樂
爲用
北齊封子繪爲合州刺史到州未幾値蕭軌裴英起
等江東敗没行臺司馬恭發歷陽徑還壽春疆埸大
駭兼在州器械隨軍略盡城隍樓雉虧壞者多子繪
乃修造城樓繕治軍器守禦所須畢備人情漸安尋
勑於舟營造船艦子繪爲大使總監之陳武帝曾遣
其護軍將軍徐度等率輕舟從柵口歷東關入巢湖

經襄合肥規燒船艦以夜一更潛寇城下子繪率將士格戰陳人奔退

後周王思政爲荊州刺史州境卑濕城塹多壞思政乃命都督藺行歡督工匠繕治之

權景宣爲南陽太守地隣敵境景宣備起城樓多備器械寇盜斂迹民得肄業

宇文測行綏州事先每歲河水合後突厥卽來寇掠測乃於要路數百處並多積柴仍遠斥候知其動靜

唐顔眞卿爲平原太守時安祿山逆節頗著眞卿以霖雨爲託修城浚池陰科丁壯儲廪實乃陽會文士

泛舟外池飲酒賦詩或譖於祿山密偵之以爲書生不足虞無幾祿山反河朔盡陷獨平原城守具備

張鎰爲濠州刺史屬李靈曜反於汴州鎰訓練鄉兵嚴守禦之備詔書襃異加侍御史緣淮鎮守

李芃爲陳州刺史時李靈曜反於汴州永平節度使李勉署芃兼亳州防禦使練達軍事兵備甚肅

關播爲淮南節度陳少遊判官攝滁州刺史時李靈曜阻兵跋扈於汴州少遊自領兵鎮淮上所在盜賊蜂起播調閱州兵令其守備

嗣曹王皐爲洪州刺史時梁崇義反乃集州吏令軍中日嘗有功未伸者別爲行有策謀及器能堪佐軍者別爲行有裨將伊愼李伯潛劉旻皆自卑占察其詞氣驗其功皆補大將擢王鍔委之中軍以馬彝許孟容爲賓介繕甲兵具戰艦將軍二萬焉

張建封爲壽州刺史時李希烈陷汴州遣使赴楊州未至爲建封所得斬之希烈聞之大怒卽署其大將杜少誠爲僞僕射淮南節度令先平壽州然後取廣陵建封於霍丘堅柵嚴加守禁少誠竟不能進後爲濠壽廬三州觀察使大修緝城池悉心綏撫遠近悅附

韓滉爲潤州刺史屬輿駕巡幸河汴騷然滉訓練士卒鍛礪戈甲稱爲精勁

王翃爲東都留守凡開置二十餘屯復市勁筋長鐵簡練器械無何吳少誠反蔡州翃賦車籍甲不得完繕而卒

呂元膺爲東都留守請募置山棚子弟以衛宮城東畿西南聯鄧號山山谷曠遠多麋鹿猛獸人習射獵不務耕稼春夏以其族黨遷徙無常俗呼爲山棚前留守權得輿知其可縻而用將請之會詔徵故元膺繼請焉

李景畧爲豐州刺史廩儲備器械具二歲後軍聲雄

寇北邊

梁趙犨唐末爲陳州刺史時黄巢犯宫闕犨謂將吏曰賊巢之虐徧於四方苟不爲長安市人所誅則必驅殘黨以東下況與忠武久爲仇讐凌我土疆勢必然也乃遣增垣塘濬溝洫實倉廪積薪芻凡四門之外兩舍之内民有資糧者悉令輓入郡中繕甲利兵劍矟弓弩矢石無不畢備又招召勁勇寘之麾下以仲弟昶爲防遏都指揮使以季弟珝爲親從都知兵馬使長子麓次子霖皆分領鋭兵黄巢在長安果爲王師四面振東食盡人饑謀東奔之計先遣驍將孟

楷擁徒萬人直入項縣犨引兵擊之賊衆大潰斬獲略盡生擒孟楷中和三年朝廷聞其功就加簡較兵部尚書

王檀守宻州刺史郡接淮戎舊無壁壘乃率丁夫修築羅城六旬而畢居民賴之

鄧季筠爲登州刺史下車稱理登州舊無羅城及季筠至郡率丁壯以築之民其安之

抑豪強

孔子曰齊之以刑國僑曰糾之以猛是知剛嚴武健以御其下者蓋亦有不得已而然也若夫豪猾之民陵暴疲弱兼并之族雄張邑里撓敗法令侵害吏治復有倚恃强勢肆行姦宄條敎不足以懲違德義不能以宣化繇是聳疾邪之志以除惡爲務靡顧權右專事威斷道德齊禮我則未暇風行霜烈一致於法俾暴横者自禁柔懦者獲全其或浮刻之過差勝任而媮快固與夫斷斷守道之吏異矣

漢郅都景帝時爲中郎將濟南瞯氏宗人三百餘家豪猾二千石莫能制於是帝拜都爲濟南守至則誅瞯氏首惡餘皆股栗言懼之甚至於股戰栗也居歳餘郡中不拾遺旁十餘郡守畏都如大府

嚴延年武帝時爲涿郡太守其治務在摧折豪強扶助貧弱雖陷法曲文以出之其豪桀侵小民者以文納之飾文而入之爲罪

義縱爲河内都尉至則族滅其豪穰氏之屬河内道不拾遺

趙廣漢守京兆尹時新豐杜建爲京兆掾護作平陵方上壙藏上也建素豪俠賓客爲姦利廣漢聞之先風告不改於是收案致法致至也令至於罪罰之法中貴人豪長者爲請無不至終無所聽中貴人居中朝而貴者也豪豪桀也長者名德之人也宗族賓客謀欲篡取逆取曰篡廣漢盡知其計議主名起居

起居謂居止之處及欲發之狀使吏告曰若計如此且并滅家令數吏將建棄市莫敢近者京師稱之遷潁川太守先是潁川豪傑大姓相與爲婚姻吏宿朋黨廣漢患之厲使其中可用者受記受相訟歲記也擇其中可使者奬厲而使之出有案問旣得罪名行法罰之廣漢故漏洩其語令相怨咎遣知其事由其人發故結怨咎也又敎吏爲缿筩缿若金盛錢藏缾爲小孔可入而不可出或缿或筩皆爲此制而用受書令投於其中也及得投書削其主名而託以爲豪傑大姓子弟所言其後強宗大族家家結爲仇讐姦黨散落風化大改吏民相告訐面相斥曰訐廣漢得以爲耳目盜賊以故不發發又輒得一切治理威

名流聞

孫寶爲京兆尹以立秋日署侯文東部督郵入見勑曰今月鷹隼始擊當順天氣取姦惡以成嚴霜之誅掾部渠有人乎渠豈也言掾所部內豈有其人乎文卬曰無其人不敢空受職卬謂仰頭而對也寶曰誰也文曰霸陵杜穉季寶曰其次除穉季之外更有誰也文曰豺狼當道不宜復問狐狸言不當釋大而取小也寶默然穉季者大俠與衛尉淳于長大鴻臚蕭育等皆厚善寶前失車騎將軍與紅陽侯有郤失車騎將軍謂失士音恩奏罷商事也自恐見危時淳于長方貴幸友寶寶亦欲附之始視事而長以穉季託寶故寶窮無以復應文文怪寶氣索索盡也知其有故因曰明府素著威名今不敢取穉季當且闔閤勿有所問闔閉也如此竟歲吏民未敢誣明府也誣謗也即度穉季而譴已事過度不治罪衆口讙譁終身自墮墮毀也寶曰受敎穉季耳目長聞知之杜門不通水火杜塞也不通水火謂雖鄰伍亦不往來也穿舍後墻爲小戶但持鉏自治園因文所厚自陳如此具言怨悔改飾之狀也文曰我與穉季幸同土壤素無睚眦顏受將命分當相直言自顧念受天子命爲郡將以職分故當相直遇也誠能自改嚴將不治前事即不改心但更門戶適趣禍耳更改也穉季遂不敢犯法寶亦竟歲無所譴

何並爲潁州太守郡人鍾元爲尚書令領廷尉用事有權弟威爲郡掾藏千金藏謂致罪之臧也並過辭鍾廷尉廷尉免冠爲弟請一等之罪臧罪死罪一等願蚤就髡鉗並曰罪在弟身與君律不在於太守元懼馳遣入呼弟時陽翟輕俠趙季李款多畜賓客以氣力漁食閭里漁者謂侵奪取之若漁獵之爲也至姦人婦女持吏長短縱橫郡中聞並且至皆亡去並下車求勇猛曉文法吏且十人使文吏治三人獄武吏往捕之各有所部勑曰三人非負太守乃負王法不得不治鍾威所犯多在赦前驅使入函谷關勿令汙民間不入關乃收之趙季款

惡雖遠去當得其頭以謝百姓鍾威負其兄止雒陽（負謂恃其權力也）吏格殺之亦得趙季㐌郡持頭還並皆縣頭及其具獄於市郡中清静

尹翁歸爲東海太守大豪郯許仲孫（郯縣之豪姓許名仲孫）爲姦猾亂吏治郡中苦之二千石欲捕者輒以力勢變詐自解終莫能制翁歸至論棄仲孫市一郡怖栗莫敢犯禁東海大治以高第入守右扶風滿歲爲真緩於小弱急於豪強豪強有論罪輸掌畜官（論罪決罪也扶風畜牧所在有花師之屬故曰掌畜官也）使斫莝（莝斬）責以員程不得取代（員數也計其人乃日數爲功程）不中程輒笞督（督責也）極者至以鈇自

剄而死（鈇斫莝刀也使其斫莝故因以莝刀自剄）京師畏其威嚴扶風大治

陳咸爲南陽太守操持掾吏（操執也）郡中長吏皆令閉門自斂不得踰法公移敕書曰（公然移書以約勅也）卿各欲求索自快是一郡百太守也何得然哉下吏畏之豪強慹服令行禁止然亦以此見廢

後漢蔡茂爲廣漢太守有政績稱時陰氏賓客在郡界多犯吏禁茂輒糾察無所迴避

董宣爲北海相到官以大姓公孫丹爲五官掾丹新造宅而卜工以爲當有死者丹乃令其子殺道行人置屍舍内以塞其咎宣知卽收丹父子殺之丹宗族親黨三十餘人操兵詣府稱寃號呌宣以丹前附王莽慮交通海賊乃悉繫劇獄（劇縣之獄）使門下書佐水丘岑盡殺之青州以爲多濫奏宣考岑宣坐徵詣廷尉在獄晨夜諷誦無憂色及當出刑官屬具饌送之宣乃厲聲曰董宣平生未曾食人之食況死乎升車而去時同刑九人次當及宣光武馳使騶騎特原宣刑且令還獄遣使者詰宣多殺無辜宣具狀以對言水丘岑受臣旨意罪不繇之願殺臣活岑使者以聞有詔左轉宣懷令令青州勿案岑罪

第五倫爲蜀郡太守蜀地肥饒人吏富實掾吏家資多至千萬皆鮮車怒馬以財貨自達（怒馬謂馬之肥壯其氣憤怒也）倫悉簡其豐贍者遣還之更選孤身志行之人以處曹任於是爭賕抑絶文職修理

羊陟爲河南尹禁治豪右京師憚之

史弼爲平原相爲政特挫抑豪強其小民有罪多所容貸

張歆爲淮陽王相時王新歸國賓客放縱亂法禁歆將令尉入宫捜捕王自上歆坐左還爲汲令

王暢爲南陽太守前後二千石逼懼帝鄉貴戚多不

稱職暢深疾之下車奮厲威猛其豪黨有釁穢者莫不糾發會赦事得散暢追恨之更爲設法諸受臧二千萬以上不自首實者盡入財物若其隱伏使吏發屋伐樹堙井夷竈豪右大震

任延爲武威太守將兵長史田紺郡之大姓其子弟賓客爲人暴害延收紺繫之父子賓客伏法者五六人紺少子尚乃聚會輕薄數百人自號將軍夜來攻郡延卽發兵破之自是威行境内吏民累息

升延爲濟北相時小黄門叚珪中常侍侯覽家在濟陰立田業近濟北界僕從賓客犯侵百姓劫掠行旅

延一切收捕殺數十人陳尸路衢覽珪大怨以事上訴延坐多殺無辜徵詣廷尉免

朱穆爲冀州刺史州人有宦者三人爲中常侍並以檄謁穆穆疾之辭不相見

黄昌爲陳相縣人彭氏舊豪縱造起大舍高樓臨道昌每出行縣彭氏婦人輙升樓而觀昌不喜也亟勑付獄案殺之郡中震慄

任宏爲弘農太守考案郡中有事官官買爵位者雖位至二千石皆掠考收捕遂殺數十人威動鄰界

苑康遷泰山太守是時山陽張儉殺常侍侯覽母案其宗黨賓客或有迸匿太山界者康旣常賊閹官因此皆窮相收掩無得遺脫覽大怨之誣康與兖州刺史第五種及都尉壺嘉詐上賊降徵康詣廷尉獄減死罪一等徙日南潁陰人及大山羊陟等詣闕爲訟乃原還本郡

李固爲荆州刺史上奏南陽太守高賜等贓穢賜等懼罪遂共重賂大將軍梁冀冀爲千里移檄言移一日行千里急檄之急也而固持之愈急冀遂令徙固爲太山太守

李燮爲河南尹先是潁川甄邵諂附梁冀爲鄴令有同歲生得罪於冀亡奔邵邵僞納而陰以告冀冀卽

捕殺之邵當遷爲郡守會母亡邵且埋屍於馬屋先受封然後發喪邵還至雒陽燮行塗遇之使卒投車於溝中笞捶亂下大署帛於其背曰諂貴賣友貪官埋母乃具表其狀邵遂廢錮終身

杜密歷代郡泰山太守北海相其宦官子弟爲令長有姦惡者輙捕案之

第五種爲兖州刺史中常侍單超兄子匡爲濟陰太守負勢貪放種欲收舉未知所使會聞從事衛羽素抗厲乃召羽具告之謂曰聞公不畏強禦今欲相委以重事若何對曰願庶幾於一割以鉛刀論羽出遂馳至

定陶閉門收正賓客親吏四十餘人六七日中糾發
其贓五六千萬種卽奏正幷以劾超超窘廹遣刺客
刺羽羽覺其姦乃收繫客具得情狀州内震慄朝廷
嗟嘆之
荀昱爲沛相弟曇爲廣陵太守兄弟皆正身疾惡志
除閹官其支黨賓客有在二郡者纖罪必誅昱後共
大將軍竇武謀誅中官與李膺俱死曇亦禁錮終身
魏蒼慈爲燉煌太守郡在西陲以喪亂隔絶曠無太
守一十歲大姓雄張遂以爲俗前太守尹奉等循故
而巳無所改革慈到抑挫權右撫恤貧羸甚得其理

舊大族田地有餘而小民無立錐之土慈皆隨口割
賦稍稍使畢其本直
吳鄭胄爲建安太守時較事呂一賓客於郡犯法胄
收付獄考竟壹懷恨後密譖胄大帝大怒召胄還潘
濬陳表並爲請得釋太常潘濬作將軍陳表
晉劉喬爲豫章太守郡人莫鴻南土豪族因亂殺本
縣令橫恣無道百姓患之喬至誅鴻及諸豪右界内
肅然
宋蔡興宗爲會稽太守郡多豪右不遵王憲又幸臣
近習參半宮省封畧山湖妨民害治興宗皆以法繩
之會稽全實民物殷阜王公妃主邸舍相望橈亂在
所大爲民患子息滋長督責無窮興宗悉啓罷省又
陳原諸逋負蠲遣雜役並見從
南齊顧憲之爲東中郎長史行會稽郡事山陰人呂
文度有寵於武帝於餘姚立邸頗縱横憲之至郡郎
表除文度後還葬母郡縣爭赴弔憲之不與相聞文
度深恨之卒不能傷也
梁謝覽爲吳興太守中書舍人黄睦之家居烏程子
弟專横前太守皆折節事之覽未到郡睦之子弟來
迎覽逐去其船杖吏爲通者自是睦之家杜門不出

不敢與公私關通
何遠爲東陽太守疾强富如仇讐視貧細如子弟特
爲豪右所畏憚
後魏趙郡王謐弟譚自羽林監出爲高陽太守爲政
嚴斷豪右畏之
房士達爲平原太守抑摧豪强境内肅然
劉藻爲秦州刺史秦人恃險率多麁暴或拒人郡縣
藻開示恩信誅戮豪强羌氐憚之守宰於是始得居
其舊所
賓懺爲原州刺史抑挫豪右申理幽滯

泉企爲東雍州刺史部民楊羊皮大保椿之從弟恃託椿勢侵害百姓守宰多被其淩侮皆畏而不敢聞企收而治之將加極法於是楊氏慚懼闔宗詣闕請恩自此豪右屏迹無敢犯者

元仲景爲河南尹奉法無私時吏部尚書樊子鵠部下縱横又爲盜竊仲景密加收捕悉獲之咸即行決於是豪貴寒心

北齊裴讓之爲河清太守郡有二豪吏田轉貴孫舍興久吏姦猾多有侵削於是遂脅人取財計贓依律不至死讓之以其亂法殺之

後周柳慶魏末孝武帝時爲雍州別駕廣陵王元欣魏之懿親其甥孟氏屢爲凶横或有告其盜牛慶推捕得實趣令就禁孟氏殊無懼容乃謂慶曰今若加以桎梏後復何以脫之欣亦遣使辨其無罪孟氏繇此益驕慶於是大集僚吏盛言孟氏依倚權威侵虐之狀言畢便令笞殺之此後貴戚斂手不敢侵暴

韓褒爲都督西凉州刺史羌胡之俗輕貧弱尚豪富豪富之家侵漁小民同於僕隷故貧者日削豪者益富褒乃悉募貧民以充兵士優復其家蠲免徭賦又調富人財物以賑給之每西域商貨至又先盡貧者市之於是貧富漸均戸口殷實

隋庫狄士文爲雍州刺史士文謂人曰我向法深不能窺候要貴必死此官矣乃下車執法嚴正不避貴戚賓客莫敢至門人多怨望

唐魏元忠則天長安中爲并州副元帥時奉宸令張易之嘗縱其家奴淩暴百姓元忠笞殺之權豪莫不敬憚

路嗣恭代宗大曆中爲江南西道都團練觀察使在官恭恪善理財賦賈明觀者事北軍都虞候劉希暹從坐明觀積惡犯衆怒時宰相元載受賂遣江南効

力魏少遊承載意苟容之及嗣恭代少遊即日杖殺識者稱之

鄭叔則德宗正元初爲京兆尹奏射生神策及六軍將士准三月二十一日勅如有關府縣須其辨對者先具奏聞然後牒本軍不得懸有追捕伏以浩穰之地姦慝不常小失隄防恐難懲肅其婚田常務即請准勅處分其盜賊鬬毆及姦僞等若待奏報恐失罪人請以時追捕具狀中奏從之

許孟容憲宗元和四年爲京兆尹神策軍吏李昱假貸長安富人錢八千貫滿三歲不償孟容遣吏收捕

械繫尅日命還之曰不及期當死自興元以後禁軍有功又中貴人猶有恩渥者方得護軍故軍士益橫府縣不能制孟容剛正不懼以法繩之一軍盡驚寃訴於帝帝命中使宣旨令送本軍孟容繫之不遣中使再至乃執奏曰臣誠知不奉詔當誅然臣職司輦轂合爲陛下彈抑豪強錢未盡輸昱不可得帝以其守正許之自此豪右歛跡威望大震

王播元和五年代許孟容爲京兆尹時禁軍諸鎭布列畿内軍人出入屬鞬佩劍往往盜發難以擒姦播奏請畿内軍鎭將卒出入不得持戎具諸王駙馬權

豪之家不得於畿内試鷹犬𤋎獵之具詔從之於是姦豪屛息

劉栖楚敬宗寶曆中爲京兆尹摧抑豪右甚有鉤距時人比之西漢趙廣漢

馮宿爲河南尹維苑使姚文壽縱部下侵欺百姓吏不敢捕日遇大會當所捕者傲睨於文壽之側宿知而掩之杖死

王起鎭蒲州有豪民怙西軍之勢者立擒而鞭之一境獲濟

韋長文宗太和末爲京兆尹奏准勑天下州府犯輕罪除情狀巨蠹者其他過誤及尋常公事違犯不得鞭背者伏以京師浩穰姦豪所聚終日懲罰抵犯猶多小有寛容即難禁戢若恭守勑旨則無以肅清若臨事用刑則有違詔命伏望許依前據輕重處置從之

薛元賞開成初爲京兆尹奏京城豪猾素難禁戢自去冬後益恣兇狂假託軍司刼掠坊市伏望自去年十一月後府縣所繇及坊市百姓投名諸軍諸使諸司悉令解還府縣冀得畿内寧止輦下清肅許之

柳仲郢武宗會昌中爲京兆尹時紇于泉訴表甥劉

詡毆母詡爲禁軍小較仲郢不候奏下杖殺之

王龜宣宗大中中爲同州防禦使同州素稱難理春夏稍有水旱公賦不齊以妄訴者得計龜下車之後春雨霑洽夏復訴之乃分幹吏繩其強者斷其貧者有牙將白約者兇戾狡譎前後長吏皆爲姑息龜知之一日有軍士楊言云月給虧損承前必撻其主吏遂令擒楊言者於其理所詰之咸曰白約所教也遂遣判官韋巖鞫而得情杖殺之有爲黨者悉配之於外繇是兇豪者肅然而感其威而且惠

第十六頁十九行後脫一條

李洪之爲安南將軍秦益二州刺史至治立禁姧之制有帶刀行者罪與叔同輕重品格各有條章於是大饗州中豪傑長老示之法制乃夜密遣騎分部覆諸要路有犯禁者輒送州宣告斬決

册府元龜

巡按福建監察御史臣李嗣京 訂正
知長樂縣事臣夏允彝參閲
知建陽縣事臣黄國琦較釋

牧守部二十七

酷虐 苛細 驕逸 邪佞

酷虐

孔子曰道之以政齊之以刑民免而無耻老子曰其政察察其民缺缺故歷代史官以酷吏叙傳者其貶惡亦深矣自秦網凝密不務教化滅絶仁義殘及至

親上之所行下有甚者至於守土之吏又何足論本其爲術出於法家故其御民也若薙氏之去草既蘊崇之又行火焉漢承秦弊凡事簡易禁網疎濶僅至刑措然吏二千石而下以能挫豪猾威震郡國爲己任者亦比比而有其弊也氷慘火烈鷹擊虎怒以刀鋸爲治具流膏血於境内懸若束濕害過屠伯克積兇氣鮮聞令終斯乃椎埋刻薄之人非鄉黨禮義之士任官苟失何世無之如狠牧羊誠非虚語則共理之政得不愼擇其術良也哉

漢周陽由（周陽姓由名也）景帝時爲郡守武帝即位吏治尚修謹然由居二千石中最爲暴酷驕恣所愛者撓法治之所憎者曲法滅之（撓亦屈曲也）所居郡必夷其豪

甯成爲内史抵罪家居武帝欲以爲郡守御史大夫公孫弘曰臣居山東爲小吏時成爲濟南都尉其治如狠牧羊成不可令治民帝乃拜成爲關都尉歲餘關吏稅肄郡國出入關者（肄閲也）號曰寧見乳虎無值甯成之怒（猛虎産乳養護其子則搏噬過常故以喻也値當也）其暴如此

義縱爲河内都尉至則族滅其豪穰氏之屬河内道不拾遺自河内遷爲南陽太守聞關都尉甯成家居南陽及至關甯成側行送迎然縱氣盛弗爲禮至郡

遂案甯氏破碎其家成坐有罪及孔暴之屬皆奔亡南陽（孔氏暴氏二家素豪猾者）吏民重足一迹而平氏朱彊杜衍杜周爲縱爪牙之吏任用（平氏杜衍二縣名）遷爲廷尉史軍數出定襄定襄吏民亂敗於是徙縱爲定襄太守縱至掩定襄獄中重罪二百餘人及賓客昆弟私入相視者亦二百餘人縱一切捕鞠曰爲死罪解脱（一切皆捕之也律諸囚徒私解脱桎梏鉗赭加罪一等爲人解脱與同罪縱鞠相賂餉者二百人以爲解脱死罪盡殺之鞠窮也謂窮治也）是日皆報殺二百餘人（奏請得報而論罪）郡中不寒而慄猾民佐吏爲治（百姓有豪猾禁爲罪惡者今長縱之嚴及爲吏耳目助治公務以自劾）是時趙禹張湯爲九卿矣然其治尚寬輔

法而行縱以鷹擊毛摯爲治（言如鷹隼之擊奮毛羽執取飛鳥也）後會更五銖錢白金起（更改也）民爲姦京師猶甚迺以縱爲右内史王溫舒爲中尉溫舒至惡所爲弗先言縱縱必以氣陵之（言溫舒雖酷惡而縱又甚也）敗壞其功其治所誅死甚多然取爲小治姦盜不勝直指始出矣吏之治以斬殺縛束爲務閻奉以惡用矣

王溫舒爲廣平郡尉擇郡中豪敢往吏十餘人爲爪牙（豪傑而性果敢一往無所顧者以爲吏）皆把其陰重罪而縱使督盜賊快其意所欲得此人雖有百罪弗法（言所捕盜賊得其人而快溫舒意者則不問其先所犯罪也法謂行法也）即有避回夷之亦滅宗（避回謂不

盡意捕擊也）以故盜不敢近廣平（事具牧守屏盜門）遷爲河内太守素居廣平時皆知河内豪姦之家及往以九月至令郡具私馬五十疋爲驛自河内至長安（以私馬於道上往往置驛也）部吏如居廣平時方略捕郡中豪猾相連坐千餘家上書請大者至族小者乃死家盡沒入償贓（以贓致罪者既沒入之又令出倍贓或收入官或還其主也）奏行不過二日得可事論報至流血十餘里（天子可其奏而論決之殺人既多故流血十餘里）河内皆怪其奏以爲神速盡十二月郡中無犬吠之盜其頗不得失之旁郡追求會春溫舒頓足歎曰嗟乎令冬月益展一月足吾事矣（立春之後不復行刑故云然展伸也）其好殺行威不愛人如此

尹齊爲淮陽都尉所誅滅猶甚及死仇家欲燒其尸妻亡去歸葬

田雲中祁連將軍廣明之弟爲淮陽守亦敢誅殺吏民守闕告之竟坐棄市

嚴延年爲涿郡太守疾惡太甚中傷者多猶巧爲獄文善史書所欲誅殺奏成於手中主簿親近史不得聞知奏可論死奄忽如神冬月傳屬縣囚會論府上（總集郡府而論殺）流血數里河南號曰屠伯（言延年殺人如屠兒之殺六畜伯長也）令行禁止郡中清正

尹賞爲江夏太守捕格江賊及所誅吏民甚多坐殘賊免

鄭昌爲太原涿郡太守南陽太守弘之弟也昌用刑罰深不如弘平

陳咸爲南陽太守所居以殺罰立威豪猾吏及大姓犯法輒論輸府（府謂郡之府）以律程作司空（司空主作役之官）爲地臼木杵舂不中程或私解脫鉗釱衣服不如法（鉗在頸釱在足皆以鐵爲之）輒加罪笞督作劇不勝痛（作程劇苦又被督察笞罰既多故不勝痛也）自絞死歲數百千人久者蟲出腐爛家不得收

後漢樊曄爲天水太守政嚴猛好申韓法善惡立斷人有犯其禁者率不生出獄吏人及羗胡畏之凉州爲之歌曰游子嘗苦貧力子天所富寧見乳虎穴不入冀府寺大笑期必死忿怨或見置嗟我樊府君安可再遭値

李章爲千乘太守坐誅斬盜賊過濫徵下獄免

周紆爲司隸校尉六年夏旱車駕自幸雒陽錄囚徒二人被掠生蟲坐左轉騎都尉又爲渤海太守每赦令到郡輒隱閉不出先遣使屬縣盡决刑罪乃出詔書坐徵詣廷尉免歸

楊球爲平原相天下大旱司空張顥條奏長吏苛酷貪汚者皆罷免之球坐嚴苦徵詣廷尉

王吉中常侍甫之養子爲沛相顓選剽悍吏擊斷非法若有生子不養卽斬其父母合土棘埋之凡殺人皆磔尸車上隨其罪目宣示屬縣夏月腐爛則以繩連其骨周徧一郡乃止見者駭懼視事五年凡殺萬餘人其餘慘毒刺刻不可勝數郡中慄恐慄懼也莫敢自保及楊球奏甫球爲司隸校尉奏收甫等乃就收執死雒陽獄

魏施畏丹陽人倪覬魯郡人胡業南陽人並爲刺史郡守時人謂之苛暴

劉頻高陽人歷位宰守苛慝猶甚嘉平中爲弘農太守吏二百餘人不與休暇專使爲不慸過無輕重輒捽其頭又亂杖撾之牽出復入如是數四乃使人掘地求錢所在市里有孔穴又外託簡省每出行陽勑督郵不得使官屬曲修禮敬而陰識不來者輒發怒中傷之

苟晞爲領青州刺史以嚴刻立功日加斬戮流血成川人不堪命號曰屠伯晞出屯無鹽以弟純領州刑殺更甚於晞百姓號小苟酷於大苟

晉裴盾爲徐州刺史委任長史司馬興輿勸盾刑殺

立威大發良人爲兵有不奉法者罪便至死在任三年百姓著怨

王廙代陶侃爲荆州刺史廙在州大行誅戮侃府將佐及徵士皇甫方回於是大失荆土之望人情乖阻帝乃徵廙爲輔國將軍加散騎常侍

羊聃爲廬陵太守疑郡人簡良等爲賊殺一百九十人徙謫百餘人有疾見簡良爲祟旬日而卒

宋趙伯符爲徐兗二州刺史爲政苛暴吏人畏之若豺虎然而寇盜遠竄無敢犯境爲丹陽尹在郡嚴酷吏人苦之或至委判被錄赴水而死典筆吏取筆不

如意鞭五十
沈攸之爲郢州刺史爲政刻薄或鞭士大夫上佐以下有忤意輙面加罵辱將吏一人亡叛同籍符伍充代者十餘人而曉達吏事自強不息士民畏憚人莫敢欺
江謐爲長沙内史行湘州事政治苛刻僧遵道人與謐情欵隨謐莅郡犯小事餓繫郡獄僧遵裂三衣食之旣盡而死爲有司所奏徵還遇赦得免
南齊劉季連爲益州刺史東昏即位徵季連爲右衛將軍道斷不至季連聞東昏失德京師多故稍驕矜

本以文吏知名性忌而褊狹至是遂嚴愎酷狠士人始懷怨望
蕭士開爲益州刺史嚴用威刑蜀人號曰卧虎
梁臧厥爲晋安守爲政嚴酷少恩吏民小事必加杖罰百姓謂之臧獸
後魏趙郡王謐爲岐州刺史性嚴暴虐下人
元麗爲雍州刺史爲政嚴酷吏人畏患之後遷冀州刺史入爲尚書左僕射帝問曰聞公在州好殺無理枉濫非一又大殺道人對曰臣在冀州可殺道人二百許人亦復何多帝曰一物不得其所若納諸隍児殺道二百而言不多麗脫冠謝
元暉字道周任城王澄之子爲兗州刺史頗愛書史而貪暴好殺澄深耻忿之絶其往來
薛忱爲北廣平太守爲治暴虐曾因公事一家之内併殺數人爲民所訟將致之罪遇患卒於郡
于雒侯爲秦州刺史而貪酷安忍州人富熾奪民吕勝脛纓一具雒侯輙鞭富熾一百截其右腕百姓王隴客刺殺民王羌奴王愈二人依律罪死而已雒侯生拔隴客舌刺其本并刺胸腹二十餘瘡隴客不堪苦痛隨力戰動乃立四柱磔其手足命將絶始斬其

首支解四體分懸道路見之者無不傷楚合州驚震人懷怨憤百姓王元壽等一時反叛有司糾劾孝文詔使者於州刑人處宣告民衆然後斬雒侯以謝百姓
胡尼爲宋州刺史以暴虐刑罰酷濫就家賜自盡
李洪之爲安南將軍秦益二州刺史在任設禁姦之制有帶刀行者罪與刼同輕重品格各有條章於是大享州中豪傑長老示之法制乃夜密遣騎於分部覆諸要路有犯禁者輙捉送州宣告斬决其中在見殺害者百數刻害之聲聞於朝野

崔暹爲瀛州刺史貪暴安忍庶人患之嘗出獵州北單騎至於民村井有汲水婦人暹令飲馬因問曰崔瀛州何如婦人不知其暹也答曰百姓何罪得如此癩兒刺史暹默然而去

王質爲瀛州刺史質在州十年風化粗行察姦糾慝究其情狀民庶畏服之而刑政刻峻多所笞戮號爲威酷

元昭孝明時爲尚書河南尹醜而很戾理務峭急所在患之尋出爲雍州刺史在州貪虐大爲人害

元暹字叔照莊帝初除南兖州刺史在州猛暴多所

殺害累遷秦州刺史先秦州城人屢爲反覆暹盡誅之存者十一二後除凉州刺史貪暴無極欲規府人及商胡富人等物詐臺符誑諸豪等云欲加賞一時屠戮所有資財生口悉没自入

鄭伯猷爲青州刺史在州貪惏妻安豐王元延明女專爲聚斂貨賂公行潤及親戚戶口逃散邑落空虛乃誣陷良民云欲反叛籍其資財盡以入己誅其丈夫婦女配没百姓怨苦聲聞四方爲御史糾劾死罪數十條遇赦免因以頓廢齊文襄作相每誡厲朝士嘗以伯猷及崔叔仁爲喻

皇甫瑒爲豫州刺史爲政殘暴百姓患之

北齊庫狄伏連爲開府鄭州刺史性嚴酷不識士流開府參軍多是衣冠士族伏連加以箠撻逼遣築墻

隋庫狄士文爲貝州刺史至州發擿姦諂長吏尺布斗粟之贓無所寬得千人悉配防嶺南親戚相送哭聲遍於州境至嶺南遇瘴癘死者十八九於是父母妻子唯哭士文士文聞之令人捕搦撾捶盈前而哭者彌甚司馬京兆韋焜清河趙達二人並苛刻唯長史有惠政時人語曰刺史羅刹政司馬蝮蛇瞋長史含笑判清河坐噢人文帝聞之歎曰士文暴過猛獸

竟坐免

燕榮爲青州總管榮在州選絕有力者爲伍伯吏人過之者必加詰問輒楚撻之瘡多見骨姦盜屏迹境內肅然他州縣人行經其界者畏若寇讎不敢休息懼自范陽盧氏代爲著姓榮皆署爲吏卒以屈辱之後爲幽州總管榮性嚴酷有威容長吏見者莫不惶鞭笞左右動至千數血流盈前飲噉自若嘗案部道次見蘩荊堪爲笞棰命取之輒以試人人或自陳無咎榮曰後若有罪將免爾及後犯細過將撾之人曰前日被杖使君許有罪宥之榮曰無過尚爾況有過

耶榜搖如舊

田式爲襄州總管顯以立威爲務每視事於外必盛氣以待其下官屬股慄無敢仰視有犯禁者雖至親昵無所容貸其女婿京兆杜寧自長安省之式誡寧無出外寧久之不得還竊上北樓以暢羇思式知之笞寧五十其所愛奴嘗詣式白事有蟲上其衣衿上揮袖拂去之式以爲慢已立棒殺之或僚吏姦贓部內刼盜者無問輕重悉禁地牢中寢處糞穢令其苦毒自非身死終不得出每赦書到州未暇省讀先召獄卒殺重囚然後宣示百姓其刻暴如此

元弘嗣除觀州總管長史在州專以嚴峻任事吏人多怨之二十年轉幽州總管長史于時燕榮爲總管肆虐於弘嗣每被笞辱弘嗣心不伏遂禁弘嗣於獄將殺之及榮誅死弘嗣爲政酷又甚之每推鞫囚徒多以酢灌鼻多椓弋其下竅無敢隱情姦僞屏息

趙仲卿爲石州刺史法令嚴猛纖微之失無所容捨鞭笞長吏輙至二百官人戰慄無敢違犯盜賊屏息皆稱其能遷兗州刺史未之官拜朔州總管于時塞北盛興屯田仲卿總管統之微有不理者仲卿輙召主掌撻其胸背或解衣倒曳於荆棘中時人謂之猛獸事多克濟雖是收穫歲積邊戍無餽運

王文同爲常山郡丞有一人豪猾每持長吏長短前後守吏咸憚之文同下車聞其名含而數之因令左右刻木爲大橛埋之於廷出尺餘四角各埋小橛令其踣心於木橛上縛四支於小橛以棒毆其背應時潰爛郡中大駭吏人相視懾氣

元褒爲齊郡太守煬帝與遼東之役郡官督事者前後相屬有西曹掾當行詐疾褒詰之掾理屈褒杖之掾遂大言曰我將詣行在所欲有所告褒大怒因杖百餘數日而死坐是免官

唐蘭謨爲武侯大將軍令於雒陽宫留守謨性苛刻遇下無恩縱有病者亦逼令就役小吏或懼威而自縊者詔遣案驗使者以法繩之謨以爲詰巳遂委稱疾密入京雖是坐免

崔湜爲襄州刺史請別開南山新路以趣商州役工數萬死者十三四仍嚴錮舊道不許人行其新路每經夏潦摧壓踣陷行旅艱辛僵仆相繼後湜流於嶺表俄誅戮於路山南人先苦湜所役競以磚瓦投擲其尸應時盡碎而商州奏請復依舊路而行

張仁愿爲并州都督府長史神龍二年檢校洛州長

史時都城殺貴盜竊甚衆仁愿一切皆捕獲杖殺之尸積府門遠近震懾無敢犯者

令狐彰爲滑州節度使性識偏阻人有忤意不加省察輒至斃踣

李遜爲江西觀察使徇喜怒無辜而斃踣者不可勝紀

李實爲京兆尹恃寵強愎不顧文法人皆側目貞元二十年春夏旱關中大歉實爲政猛暴方務聚斂進奉以固恩寵百姓所訴一不介意因入對德宗問人疾苦實奏曰今年雖旱田穀甚好繇是租稅皆不免

人窮無告乃撤屋瓦木賣苗麥以供賦斂優人成之端因戲作語爲秦民艱苦之狀實聞之怒言之誹謗國政德宗遽令決殺京師無不切齒以怨實二十一年有詔蠲王畿內逋租實違詔徵之百姓大困官吏多遭笞罰剝割掊斂聚錢三十萬貫胥吏無犯者卻按之有乞丐絲髮固死無者且曰死亦不啻亦杖殺之京師貴賤同苦其暴虐順宗在諒闇逾月實斃人於府者十數遂議逐之乃貶爲通州長史制出市人皆袖瓦石將碎其首實知之繇曰營門自苑西出人人相賀

韓滉爲浙江東西兩鎮觀察使政令明察末年傷於嚴急嘗以縱人疾之殺耕牛敗之蠹也巡內婺州傍縣有犯其令誅及鄰伍死者數百人又俾推覆官分察境內情涉疑似必寘極法誅殺殘忍一判即勦數十人月無虛日雖令行禁止而冤濫相尋

于頔爲陝虢觀察使自以爲得志益恣威虐官吏日加笞罰掾曹姚峴不勝其虐與其弟況舟於河遂自投而死

李鄘爲揚州節度使七年令行禁止擒摘生殺一委軍吏參伍束手居人頗陷非法

王遂爲沂兗海等州觀察使遂器用不弘僻於聚斂而非廉撫之才但峻威刑以繩亂俗其所製杖笞率踰常制遂既死監軍中使封其杖進呈上令出示於朝以誡廉使

李紳爲揚州節度使有舉子訴揚子江舟人不渡恐失試期紳判云昔在風塵曾遇此輩今之多幸得以相逢各抛付揚子江其苛急也如此

周慕容彥超晉天福中累授磁單濮埭等州刺史志性輕脫人面獸心恣法爲姦是爲當態用酷虐爲氣勢以陰狡爲聰明故所至以貪苛聞執事者不勝其

苦然搜擒盜賊必窮隱伏兇黠之輩竄奔他境而良善之民横遭詿誤破家陷獄者不可勝紀

葉仁魯漢乾祐中授衛州刺史部内多盜賊仁魯每親自擒捕隨意殺戮濫死者衆嘗有羣賊部民聚而追之追至山林不復見賊矣仁魯至盡執追者爲盜悉斷其足筋曝於林麓之下宛轉號呼數日而死

許遷爲單州刺史切於除盜嫉惡過當或釘磔賊人令部下臠割

苛細

漢宣帝有言曰與我共治者其惟良二千石乎若夫

不務寛大惟尚煩苛令旣滋彰民不堪命政失寛裕俗所厭勞爲之師長不其爽歟仲尼所謂苛政甚於猛虎其是之謂乎

漢减宣爲左内史其治米鹽（米鹽細雜也）事小大皆關其手其部署縣名曹寶物官吏令丞弗得擅搖痛以重法繩之居官數年一切爲小治辯然獨宣以小至大能自行之難以爲經（經常也不可謂常法也）

鮑宣爲豫州牧歲餘丞相司直郭欽奏宣舉錯煩苛代二千石署吏聽訟所察過詔條坐免歸家

王吉爲沛相課使郡内各舉姦吏豪人諸嘗有微過酒肉爲贓者雖數十年猶加貶棄注其名籍

後漢孫堪爲左馮翊坐遇下促急司隸校尉舉奏免官

魏王思爲豫州刺史思亦能吏然苛碎無大體

劉類爲弘農太守吏二百餘人不與休假專使爲不急過無輕重輒捽其頭又亂杖撾之牽出復入如是數四乃使人掘地求錢所在市里皆有孔穴又外託簡省每出行陽敕督郵不得使官屬曲修禮敬而陰識不來者輒發怒中傷之性又少信每遣大吏出輒使小吏隨覆察之白日常自於牆壁間闚閃夜使幹

廉察諸曹復以幹不足信又遣鈴下及奴婢使轉相簡驗嘗案行宿止民家民家二狗逐猪猪驚走頭插柵間嗚呼良久類以爲外之吏擅共飲食不復徵察便使伍伯曳五官掾孫弼入頓頭責之弼以實對類自愧不詳因詐問以他事民尹昌年垂百歲聞類出行當經過謂其兒曰扶我迎府君我欲陳恩兒扶昌在道左類望見呵其兒曰安用是死人使來見我其視人無禮皆此類也

晉王宏爲河南尹務爲苛碎後爲司隸校尉簡察士庶使車服異制庶人不得衣紫絳及綺練錦績武帝

嘗遣左右微行觀風俗宏緣此復遣吏科簡婦人袒服至寒發於路論者以爲暮年謬妄由是獲譏於世坐免官

宋王玄謨爲雍州刺史令九品以上租役貧富相通境内莫不嗟怨

劉道濟爲益州刺史初道濟以五城人帛玄奴梁顯爲參軍督護費謙固執不與遠方商人多至蜀土貲貨或有直數百萬者謙又限布絲綿各不得過五十斤馬無善惡限蜀錢二萬府又立冶一斷民私鼓鑄而貴賣鐵器商旅吁嗟百姓咸欲爲亂玄奴既懷恚

忿聚黨爲盜賊

北齊庫狄干爲定州刺史不閑吏事事多擾煩

隋李德林爲懷州刺史在州逢亢旱課民掘井溉田空致勞擾竟無補益爲考司所貶歲餘卒官

唐潘好禮玄宗開元中爲豫州刺史爲政孜孜而繁於細事人吏雖憚其清嚴亦厭其苛察

于頎代宗大曆中爲京兆尹爲政苛細無大體及爲河南尹以繇政績代還

盧蕃德宗建中初爲京兆尹無術學爲政苛躁盧杞惡之諷有司彈奏貶撫州司馬

呂渭貞元中爲湖南都團練觀察使在任三歲政理煩碎

薛珏貞元中爲京兆尹以勤身率下失於纖悉無文學大體

元義方憲宗元和中爲福建觀察徵拜京兆尹歷鄜坊觀察使皆著强能悉辦之績然爲政稍務苛刻人多怨之

崔詠元和中爲嶺南節度使爲吏清刻然不失大體政號苛碎

李紳文宗開城中爲汴州節度使紳上言於本州置

利潤樓店從之議者以爲與下爭利非長人者所宜

晉李永福高祖時爲同州節度使性鄙吝無器局好察人微事多有詆訐錐刀小過不能恕工商之業輿隸之情官吏之幸皆善知之雖不欺詐不貪濁然自任所見無所準的故人多薄之

驕逸

夫荷千里之寄布六條之政必勤卹而是務豈驕逸而可恣其有以小人之質乘君子之器事其豪率不拘簡節推誇詭以自得率胸臆以行事聲色自娱奢費無度受詞訟於遊獵畫龍虎於兵車及乎罪戾不

辭猶侮自擬非不幸也

漢韓延壽爲東郡太守後爲左馮翊延壽在東郡府試騎士每歲大試也治飾兵車畫龍虎朱爵延壽衣黃紈方領以黃色素作直領也衣於記切駕四馬傳總建幢棨幢麾也棨有衣之戟也其衣以朱墨繒爲之幢文江切棨音啓植羽葆植亦立也羽葆聚翟尾爲之亦今纛之類也植音職切鼓車歌車如今郊駕時車上鼓吹也郊駕祀時備法駕也功曹引車皆駕四馬載棨戟五騎爲伍分左右部軍假司馬千人持幢旁轂旁步浪切歌者先居射室都試射堂也望見延壽車嗷咷楚歌嗷音叫呼之叫咷音滌濯之滌又它釣切延壽坐射室騎吏持戟夾陛列立騎士從者帶弓鞬羅後鞬弓衣也音居言切使騎

士兵車四面營陳被甲鞮鞪居馬上抱弩負蘭鞮鞪即兜鍪也蘭盛弩矢者也其形如木桶鞮丁奚切鞪莫侯切又使騎士戲車弄馬盜驂戲車弄馬之技也馳盜解驂馬御者不見也延壽又取官銅物候月蝕鑄作刀劍鉤鐔放效尚方事鉤亦兵器也似劍而曲所以鉤殺人也鐔劍喉也又曰鐔似劍而小胝鐔音淫又音尋及取官錢帛私假繇使吏假謂過賃也繇讀與傜同及治飾車甲二百萬以上御史大夫蕭望之劾奏延壽延壽竟坐棄市

魏畢軌爲黃門郎子尚公主居處殷富遷并州刺史在州名爲驕豪

夏侯惇爲陳留太守舉郡人衛臻計吏命婦出宴臻以爲末世之俗非禮之正惇怒執臻既而赦之

晉魏志字允恭爲樂平太守後遷章武趙郡太守雖累郡職不以政事爲意晝則遊獵夜誦詩書以聲色自娛當時見者未能審其量也

宋臧質爲徐兗二州刺史奢費無度爵命無章爲有司所糾

王僧達爲宣城太守性好遊獵而山郡無事僧達肆意馳騁或三五日不歸受詞訟多在獵所民或相逢不識問府君所在僧達曰近在後

周朗爲廬陵内史郡後荒蕪頗有野獸母薛氏欲見

獵朗乃合圍縱火令母觀之火逸燒郡廨朗悉以秩米起屋償所燒之限稱疾去官爲州司所糾還都謝孝武曰州司舉臣愆失多有不允臣在郡虎三食人蟲鼠犯稼以此二事上負陛下帝變色曰州司不允或可有之蟲虎之災寧關卿小物

後魏元志爲揚州刺史晚年耽好聲妓侍側將百人器服珍麗冠於一時

李訢爲相州刺史獻文以訢治爲諸州之最加賜衣服自是遂有驕矜自得之志

北齊高季式爲濟州刺史豪率好酒又恃舉家勳功

不拘簡節與光州刺史李元忠生平遊欵在濟州夜飲憶元忠開城門令左右乘驛馬持一壺酒往光州勸元中朝廷知而容之

唐李邕爲汲郡北海二郡太守性豪侈不護細行

嚴武爲成都尹蜀土頗饒珍産武窮極奢靡賞賜無度或悅一言賞至百萬蜀方閭里以徵斂殆至匱竭然蕃虜亦不敢犯境而性本狂蕩視事多率胸臆雖慈母之言亦不之顧

裴均自江陵節度使入爲僕射未幾出鎭襄陽居兩府凡十年荒縱無法度士流以爲穢恥

晉房知溫爲兗州節度使厚歛不已積貨數百萬治第於南城出則以妓樂相隨任意所之曾不以政事爲務有幕客顏衎者正直之士也委曲陳其利病知溫不能用焉

邪佞

古人有言曰邪佞者宇宙之螟螣王化之蟊賊也斯賢者疾之已甚之言也然而詩曰思無邪蓋將舉直以錯諸枉者也傳曰遠佞人蓋惡色取而行違者也若乃受專城之寄總方伯之任利姦而爲用希世以取容或諂事權貴致毒良善或潛行賂遺苟圖爵寵阿上意以媮合匱民力以承歡下不聊生自爲得計斯先王之法所深惡者也亦復爲英主之所察致僞行之靡顧彰厥心迹蓋無幾焉所以前訓謂其孔壬將聖言其厚貌者良謂是已

後漢移良安帝時爲弘農太守時太尉楊震爲中常侍樊豐等共譖遂策收太尉印綬遣歸本郡行至城西几陽亭飲酖而卒良承樊豐等旨遣吏於陝縣留停震喪露棺道側謫震諸子代郵行書道路皆爲隕涕郵境上行書舍也

晉荀晞惠帝時爲兗州刺史見朝政日亂懼禍及已

而多所交結每得珍物卽貽都下親貴兗州去洛五百里恐不鮮美募得千里牛每發信旦遣暮還

鞠仲爲慕容德青州刺史德僭位後因讌其羣臣酒酣笑而言曰朕雖寡薄恭已南面而朝諸侯在上不驕夕惕於位可方自古何等主也仲曰陛下中興之聖后少康光武之儔也帝顧命左右賜仲帛千疋仲以賜多爲讓德曰卿知調朕朕不知調卿乎卿飾對非實故亦以虛言相賞賞不謬加何足謝也

宋劉德願孝武時爲秦郡太守性猶率爲帝所狎侮帝寵姬殷貴妃薨葬畢數與羣臣至殷氏之墓謂德

願曰卿哭貴妃若悲者當加厚賞德願應聲便號慟撫膺擗踊涕泗交流帝甚悅以為豫州刺史

南齊崔惠景武帝時為南郡內史梁南秦二州刺史又為司州刺史每罷州輒資獻奉動數百萬帝以此嘉之

劉悛武帝時為益州刺史悛既藉舊恩猶能悅附人主承迎權貴賓客閨房供費奢廣罷廣司二州傾資貢獻家無留儲

後魏長孫道生明元時為冀州刺史取人美女以獻帝切責之以舊臣不加罪黜

寇臻字仙勝獻文末為中川太守時雒州刺史馬熙政號貪虐仙勝微能附之甚得其意轉弘農太守

薛懷吉宣武時為汾州刺史偏有聚納之響自以支庶（懷吉散騎常侍眞度之庶子）餌誘勝己共為婚姻多攜親戚悉令同行兼為之彌縫恕其取受而獎勞賓客曲盡物情送去迎來不避寒熱性少言每有接對但默然而返飲指授先期明人馬之數左右密已記錄俄而酒饌相尋芻粟繼至逮於將別贈以錢縑下及厮傭咸過本望其延納貴賤若此

韋景孝明時為武威太守內官賈粲與元乂為黨廢靈太后自云本出武威魏太尉文和之後遂移家焉景承露意以其兄緒為功曹緒時年向七十未幾又以緒為西平太守比景代下已轉武威太守

北齊敬長瑜為廣慶太守多受財賄刺史陸駿將啓劾之長瑜以貨求於散騎常侍和士開士開以畫屏風詐為長瑜之獻齊主大悅駿啓尋至遂不問焉

隋魚俱羅煬帝時為趙郡太守因朝集至東都與將軍梁伯隱有舊數相往來又從郡多將雜物以貢獻帝不受因遺權貴御史劾俱羅以郡將交通內臣帝大怒與伯隱俱坐除名

王世充為江都郡丞煬帝數幸江都充善候人主顏色阿諛順旨每入言事帝善之又以郡丞領江都宮監乃彫飾池臺陰奏遠方珍物以媚於帝繇是益昵之

唐趙元楷太宗時為蒲州刺史貞觀十二年駕幸其境元楷課父老服黃紗單衣迎謁路左盛飾廨宇修營樓雉欲以求媚又潛飼羊百口魚數千頭將饋貴戚帝知而數之曰朕巡省河雒經歷數州凡有所須皆資官物卿飼羊養魚彫飾院宇此乃亡隋弊俗不可復行當識朕心改卿舊態

黎幹代宗時爲京兆尹大曆九年七月以旱故祈雨於朱雀門街造土龍悉召城中巫覡舞於龍所幹與巫覡更舞觀者駭笑彌月不雨幹又請禱於文宣王廟帝聞之曰丘之禱久矣命毁土龍祈雨减膳節用以聽天命俄而澍雨豐霈朝野相賀

陳少遊歷晉鄭二州刺史厚歛財貨交結權右以是頻獲遷擢後除桂管觀察使少遊以嶺徼遐遠欲規求近郡時中官董秀掌樞密用事少遊乃宿於里候其下直際晚謁之從容曰七郎家中人數幾何每月所費復幾何秀曰久忝近職家累甚重又屬時物騰

貴一月過千餘貫少遊曰據此之費俸錢不足支數日其餘當須素求外人方可取濟倘有輸誠供億者但留心庇匐之固易爲力耳少遊雖不才請以一身獨供七郎之費每歲請送錢五萬貫今見有大半請即受納餘到官續送免貴人勞慮不亦可乎秀既踰於始望欣愜頗甚因與之厚相結少遊言訖泣曰南方炎瘴深愴遠僻但恐不生還載覩顔色矣秀遽曰中丞美才不當遠官請從容旬日冀竭蹇分時少遊又巳納賄於元載子仲武矣秀載内外引薦數日拜宣州刺史兼御史中丞宣歙池都團練觀察使大曆五年改越州刺史兼御史大夫浙東觀察使八年遷揚州長史淮南觀察使所在悉心綏緝而多以任數爲政好行小惠胥吏得職人亦安焉十餘年間三總大藩皆天下殷厚處也以故徵求貿易且無虚日斂積財寶巨累億萬多賂遺權貴視文雅清流之士蔑如也初結元載每年饋金帛約千萬貫文多納賄於用事中官駱奉先劉清潭吳承情等繇是美聲達於中禁後見元載在相位年深以過犯漸見疑忌少遊亦稍疎之無何載子伯和貶官揚州少遊外與之深交結而陰使人伺其過失密以上聞代宗以爲忠待

之益厚

宋晦爲虢州刺史與元載賄交率百姓採盧氏山林爲載製造東都私第弁私致書結載子弟及主書卓英倩載得罪晦遂爲百姓所發帝初猶疑下憲司訊鞫悉自欵伏自同州刺史貶澧州員外司馬

杜亞德宗時東都留守厚賂中官令奏河南尹

鄭式瞻爲衢州刺史進絹五千疋銀二千兩德宗曰式瞻坐事巳詔御史按問進物宜付左藏庫

裴肅德宗時爲常州刺史鬻薪貨炭案牘百價之上皆規利焉歲餘又進奉無幾遷浙東觀察使天下刺

史進奉自肅始

盧徵德宗時自戶部侍郎歷同華刺史故事同華以近地人貧每至端午降誕所獻甚微薄徵遂竭其財賦每所進獻輒加常數人不堪命

裴均德宗時爲山南東道節度使均素與內官左神策護軍中尉竇文場善有崔太素亦得幸於文場太素一日晨省文場文場臥帳中賓客塡門獨引太素入臥內太素自謂文場之眷極深徐覩後床一人寢方伸乃均也太素大慚而出

李錡爲湖州刺史是時李齊運獨被德宗恩顧計從

言行錡累以吳中寶貨密輸齊運錄是遷潤州刺史

范傳正憲宗時爲宣歙觀察使厚以財貨問遺權貴視公蓄如私藏幸而不至甚敗

李修歷坊州絳州刺史餙厨傳以奉往來中貴及賓客以求名稱後爲京兆尹顓務聚斂貢獻以希恩寵班行正直之士多潛見誣毀時人爲之側目時憲宗方切於貨財以浙西宣歙皆號富饒遂與王遂同拜觀察使數歲以病歸闕庭未朝見而卒人皆相賀

李道古爲鄂州觀察使以貪暴聞懼終得罪乃薦山人柳泌以媚於憲宗

裴弘泰文宗時爲鄭滑節度使奏緣妖星見爲國設三千僧齋

劉源文宗時爲銀州刺史請置營田事多不實或朝廷遣使至邊上源必先令下吏多驅馬皆負布囊實之以土聲言運粮於屯田百千馱之中或致粟麥之囊一二因潛爲識認於使者前私與其囊以遺之用取信於人而廣以財賄交通遂擢授夏州節度使又虛增監牧馬數以取其度支供給時人知其贓伕倚權倖有司不敢舉劾終不寘於極法議者以爲幸

馮行襲哀帝時爲金州節度使奏當道昭信軍額內

一字與元帥梁王諱字同乃賜號戎昭軍

後唐段凝仕梁爲懷州刺史乾化元年十二月梁祖北征迴過郡凝貢獻加等梁祖大悅二年梁祖復北征凝迎奉進貢有加於前

楊思權爲邠州節度使進新修佛寺圖思權前帥禁軍倒戈入岐州違負朝廷獲節旄之賞心嘗愧畏邠即思權故里遂率民修寺冀銷陰禍故也

第二十七頁一行後脱一條

齊映為江西都團練觀察使映嘗自以為相無大過當復入用乃多進獻及為金銀器以希旨先是禁中銀瓶大者高五尺餘及李兼為江西觀察使又獻高六尺者是年德宗降誕日及端午映獻高八尺餘者

冊府元龜　補　卷之六百九十七　二十九

冊府元龜

巡按福建監察御史臣李嗣京 訂正

知閩縣事臣曹冑臣參閱

知建陽縣事臣黄國琦較釋

牧守部二十八

懦劣 失政 專恣

懦劣

夫居專城之任責共守之功旣須才賢必資果斷乃可以外申幹國之力內成庇民之術者也乃有巽耎無立覬覦苟存處金湯之固委符於外寇挾兵衞之

勢歛袵於凶徒條教靡行僚吏不率政歸於下民無攸措豈惟敗事之責蓄成滅身之禍書之於册良可羞焉

後漢劉度爲荆州刺史桓帝延熹三年武陵蠻寇江陵度與謁者馬牧南郡太守李肅皆奔走肅主簿胡爽扣馬首諫曰蠻夷見郡無儆備故敢乘閒而進明府爲國大臣連城千里舉旄鳴鼓應聲十萬奈何委符守之重而爲逋逃之人乎肅拔刃向爽曰掾促去太守今急何暇此計爽抱馬固諫肅遂殺爽而走桓帝聞之徵肅棄市度牧減死一等復爽門閭拜家一人爲郎

甘定爲蒼梧太守延熹五年長沙賊起寇桂陽攻没蒼梧取銅虎符定與刺史侯輔各奔出城

焦和爲青州刺史靈帝時黄巾羣盜處處飈起而青部殷實軍革尚衆和欲與諸同盟西赴京師未及得行而賊已屠城邑和不理戎警但坐列巫史禜禱羣神又恐賊乘凍而過命多作陷冰丸以投於海衆遂潰散和亦病卒

劉璋襲父焉爲益州牧性柔寬無威畧獻帝建安初督義司馬張魯據漢中以璋闇懦不復承順十九年

蜀先主圍成都數十日城中有精兵三萬人穀支一年吏民咸欲拒戰璋言父子在州二十餘歳無恩德以加百姓而攻戰三載肌膏草野者以璋故也何必能安遂開城出降羣下莫不流涕

宋周嶠爲吳興太守文帝元嘉末元凶劭弑立隨王誕舉義於會稽劭加嶠冠軍將軍誕檄又至嶠素懦怯廻惑不知所從爲府司馬丘珍孫所殺

南齊戴元孫爲汝陽太守太祖建元元年北土黄蠻文勉德寇汝陽元孫孤城力弱慮不自保棄戍歸江陵

房法乘爲交州刺史至鎮屬疾不理事專好讀書長史伏登之因此擅權改易將吏不令法乘知錄事房季文白之法乘大怒繫登之於獄十餘日登之厚賂法乘妹夫雀景叔得出將部曲襲州執法乘謂之曰使君既有疾不宜勞因之別室法乘無事復就登之求書讀之登之曰使君靜處猶恐動疾豈可看書遂不與乃啓法乘心疾動不任視事孝武仍以登之爲交州刺史法乘還至嶺而卒

梁謝覽爲新安太守高祖天監九年山賊吳承伯破宣城郡餘黨散新安叛吏鮑叙等與合攻没黟歙諸

縣進兵擊覽覽遣郡丞周興嗣於錦沙立塢拒戰不敵遂棄郡奔會稽臺軍平山寇覽復還郡左遷司徒諮議參軍

袁君正爲吳興太守高祖太清末侯景亂賊遣于子悅攻之新城戍主戴僧易勸令距守吳睦映公等懼賊脫勝畧其資產乃曰賊軍甚鋭其鋒不可當今若距之恐民心弗從也君正性怯懦乃送米及牛酒郊迎子悅子悅既至掠奪其財物女子君正因感疾卒

陳蕭乾爲建安太守文帝天嘉二年留異反陳寶應將兵助之又資周廸兵糧出寇臨川因逼建安乾單使臨郡力不能守乃棄郡以避寶應

後魏房伯祖爲歷城郡内史閹弱委事於功曹張僧皓僧皓大有受納伯祖衣食不充

皮喜爲豫州刺史在州寬怠以飲酒廢事威不禁下

乙瓌爲濟南太守時逆賊劉桃攻郡瓌踰城獲免後郡督季叔仁討桃平之瓌乃還郡

雀道固爲平齊郡太守是時頻歲不登郡内饑弊道固雖在位積年撫慰未能周盡是以多有怨叛

王衍爲兗州刺史涖治未幾屬徐朱仲遠稱兵内向州既路衝爲其攻逼衍不能守爲仲遠所擒以其名

望不害也令其騎牛從軍久乃見釋

隋史祥爲燕郡太守被賊高開道所圍祥稱疾不視事及城陷開道甚禮之會開道與羅藝通和送祥於涿郡卒於途

唐韋光裔德宗建中中爲汝州刺史時李希烈反叛朝廷以汝州與賊接壤而光裔懦弱不任職乃以李元平代之

李元平自湖南觀察判官爲宰臣關播所薦授簡較吏部郎中兼汝州別駕知州事既至郡募工徒繕理郛郭李希烈乃使勇士應募執役版築凡入數百人

元平不之覺希烈將李克誠以百騎突至先應梟執役者應於內縛元平馳去既知希烈遣下汚地希烈見其無鬚恥少戲謂克誠曰使汝取李元平何得將元平兒來因慢罵曰盲宰相使汝當我何待我淺耶

後唐王正言莊宗同光中爲興唐尹留守鄴都時武德使史彥瓊監守鄴都廪帑出納兵馬制置皆出彥瓊將佐官吏頤指氣使正言不能以道御之但趑趄聽命及貝州戍兵亂入魏州彥瓊望風敗走亂兵剽刼坊市正言促召書吏寫奏章家人曰賊已殺人縱火都城已陷何奏之有是日正言引諸寮佐謁趙在

禮望塵再拜請罪在禮曰尚書重德勿自卑屈余受國恩與尚書共事但思歸之衆倉卒見迫耳

失政

牧守之任本乎長人提封之内所以觀政蓋夫知微郵隱恕己愛人之謂仁摘姦屏盜抑強扶弱之謂明敦本務農立學阜俗之謂化惡衣菲食約己奉公之謂清反是四德政何有焉民何仰焉中世而下乃有專務縱弛致紀律之靡修失於簡御俾羣下之肆暴或怠於保障之義或乖夫惕厲之訓或偏執而違道或詐矯以市恩或委任非其人而亂乎倫理或酬縱過乎度而成乎湎淫斯亦何以綱紀列城表正庶吏至有罹厥刑典以被廢黜者固其宜哉

後漢向栩爲趙相及到官略不視文書舍中生蒿萊

孔融爲北海相自以智能優贍溢才命世當時豪俊皆不能及亦自許大志且欲舉軍耀甲與羣賢要功自於海岱結殖其根不肯碌碌如平居郡守事方伯赴期會而已然其所任用好奇取異皆輕剽之才至於稽古之士謬爲恭敬禮之雖備不與論國政也高密鄭玄稱之鄭公執子孫禮及高談教令盈溢官曹詞氣溫雅可玩而誦論事考實難可悉行但能張磔

網羅其自理甚疎租賦少稽一朝殺五部督郵姦民汙吏猾亂朝市亦不能治幽州精兵亂至徐州卒到城下舉國皆恐融直出說之令無異志遂與別校謀夜覆幽州幽州軍敗悉有其衆無幾時還復叛亡黃巾將至融大飲醇酒躬自上馬禦之淶水之上寇令上部與融相拒兩翼徑涉水直到所治城城潰融不得入轉至南縣左右稍叛連年傾覆事無所濟遂不能保障四境棄郡而去後徙徐州以北海相自還領青州刺史治郡北郡欲附山東外接遼東得戎馬之利建樹根本孤立一隅不與共也于時曹袁公孫共

尾戰士不滿數百穀不至萬斛王子法劉孔慈凶辦小才信爲腹心左丞相劉義遜清俊之士備在坐席而已言此民望不可失也丞相勸融自託強國融不聽而殺之義遜棄去遂爲袁譚所攻自春至夏城小寇衆流矢雨集然融憑几安坐讀書論議自若城壞衆亡身奔山東室家爲譚所虜

魏陶謙爲徐州刺史時徐州百姓殷盛穀米豐贍流民多歸之而謙背道任情廣陵太守琅邪趙昱徐方名士也以忠直見疎曹宏等讒慝小人也謙親任之刑政失和良善多被其禍由是漸亂

劉類爲弘農太守郡民尹昌年垂百歲聞類出行當經過謂其兒曰扶我迎府君欲陳恩兒扶昌在道左類望見呵其兒曰用是死人扶來見我其視人無禮皆此類也舊俗民謗官長者有三不肯謂遷免與死也類在弘農吏民患之乃題其門曰劉府君有三不肯類雖聞之猶不能自改其後安東將軍司馬文王西征路經弘農弘農人告類荒耄不任宰郡乃召入爲五官中郎將

晉劉琨爲并州刺史士奔迸者多歸於琨琨善於懷撫而短於控御一日之中雖歸者數千去者亦相繼初單于猗㐌以救東嬴公騰之功琨表其弟猗盧爲代郡公與劉希合衆於中山王浚以琨侵己之地數來擊琨琨不能抗由是聲實稍損

鄭冲爲陳留太守以儒雅爲德蒞民不爲幹局之譽

王機爲成都内史終日醉酒不存政事由是百姓怨之人情騷動

王澄爲荆州刺史澄既至鎮日夜縱酒不親庶事雖寇戎急務亦不以在懷擢順陽人郭舒於寒悴之中以爲别駕委以州府

殷仲堪出鎮江陵時以仲堪雖有美譽議者未以分陝許之既受腹心之任居上流之重朝野屬想謂有異政乃在州綱目不舉而好行小惠

宋蕭思話爲丹陽尹時京邑多有劫掠二旬中十七發引咎陳遜不許

張淹爲東陽太守逼郡吏燒臂炤佛百姓有罪使禮佛贖刑動至數千拜後免官禁錮起爲光祿勳

南齊虞悰失志不仕王敬則反取悰監會稽郡而軍事悉付寒人張靈寶郡人攻郡殺靈寶悰以不豫事得全

謝朏爲義興太守不省雜事悉付綱紀日吾不能作

王者吏但能作太守耳

後魏李元護爲齊州刺史值州內饑儉民人困弊志存隱卹表請賑貸蠲其賦役但多有部曲時爲侵擾城邑苦之故不得爲良州刺史也

劉尼爲定州刺史在州清慎然率多酒醉治日甚少

馮熙爲洛州刺史洛陽雖經破亂而舊三字石經宛然猶在至熙與常伯夫相繼爲州廢毀分用大至頹落

北齊李元忠魏永安初就拜南趙郡太守以好酒無政績

冊府元龜　牧守部　失政　卷之六百九十八　九

徐之才爲兗州刺史在州無所侵害但不甚閑法理頗亦疏慢用捨自由

隋丘和爲代州刺史煬帝北巡過州和獻食至精及至朔州刺史楊廓獨無所獻帝不悅而宇文述又盛稱之乃以和爲博陵太守仍令楊廓至博陵觀和爲式及駕至博陵和上食又豐帝甚稱之由是所幸處獻食者競爲華侈

衛玄字文昇與代王留守京師大業十一年詔玄安撫關中時盜賊蜂起百姓饑饉玄竟不能卹而官方壞亂貨賂公行唐義師入關自知不能守憂懼稱疾不知政事城隍歸於家

唐任瓌爲徐州總管選補官吏頗私親故或依倚其勢多所求納瓌知而不禁

侯希逸爲淄青節度政事怠惰篤崇釋教且好畋遊興工創寺宇軍州苦之

崔寓爲河中尹代宗廣德二年秋河中府鎮兵叛大掠河中廨署及居人廬舍貲貨不可勝紀蓋寓失政也時將征蕃寇寓發防秋將行爲法不一衆遂叛終夕乃定

王翃爲京兆尹屬發涇原兵討李希烈軍次滻水翃

冊府元龜　牧守部　失政　卷之六百九十八　十

備頓肉敗粮糲衆怒借以爲名而叛翃奔至奉天

杜亞爲楊州長史淮南節度觀察使時陳少遊征稅繁重奢侈僭濫之後又遭王佋亂兵剽掠淮南之人望亞之至革剗舊弊冀以康寧亞自以臨當公輔之選而黜出外職志頗不適政事多委參佐但招引賓客談論而已

孟簡爲浙西觀察使初李遜廉問越俗勵心爲政亦士族太過而編戶恣橫及簡莅政一皆反之農估賤夫多受其弊當時議者謂兩未適中

李德裕爲楊州節度使先是府庫倉廩節度使交代

例皆申奏州帑藏見在者八十餘萬貫匹德裕所申奏交割止於一十四萬仍元未到已前張鷺知留務又用其半德裕之黨不知以爲府庫虛竭欲發制使鞫問前節度之罪時宰相李固言得交割之數於前淮南節度副使張鷺宰相李石因許德裕再具交割人數申奏德裕既知隱没事已彰露遂錄軍資雜以朽敗奇零之物廣爲數百萬之數上聞仍以表自陳初到疾病爲下吏所誤且請自罰雜罪胥吏以解其過當時補闕王績魏謨崔讜韋有翼拾遺令狐綯韋楚老太宗仁等抗疏論之中外黨庇事竟不行

梁李思安乾化元年爲相州刺史思安自謂當擁旄仗鉞久矣得是殊不快但因循宴安無意爲政及太祖出幸以候騎之設落然無所備而復壁壘荒圯帑廪空涸帝怒甚遂貶柳州司戶尋以怨望斬之

後唐王瓚初仕梁歷兗華等州節度使頗能除盜而明不能炤下及尹正京邑委政於愛胥牙將辛廷蔚曲法納賄因緣爲姦

王正言莊宗同光中爲興唐尹知留守事正言年耄風病事多忽忘比無經治之才武德使史彥瓊者以伶官得幸帝待以腹心之任都府之中威福自我正言已下皆脅肩低首曲事不暇由是政無統攝姦人得以窺圖

袁建豐爲相州刺史領相州軍事行營在外委州事於小人失於撫馭指揮使孟守謙據城以叛

李從璋爲彰國軍節度使明宗天成中以璋昧於政理詔歸闕

張進爲鄭州防禦使與副使咸繼威並停任以盜掠城中居人故也

晉皇甫遇歷團練使節度使所至苛暴以誅斂爲務高祖入多自襄鄧移領中山與鎮州叛臣安重榮結

姻好仍移上黨改平陽咸以險人執事政皆猥紊及鎮河陽部内創別業開畎水泉以通溉灌所經墳墓悉毀之民以朝廷姑息羣帥莫之敢訴

張景遷前爲登州刺史爲三司所奏景遷自到任至得替月日合徵去年秋稅課利等北並諸州係欠最多其官吏省司已行決罰其張景遷伏候進止勅張景遷宜降階爵各一級勒歸私第

漢王松初仕晉權知青州軍州事松性坦率不事邊幅樂於歡宴政事不治人士譏之

周趙鳳爲單州刺史廣順三年十一月入朝有本州

民張州僧智溫等十餘人捉鳳馬於皇城門訟鳳在郡不道勅遣通事舍人劉言控鶴官二人監鳳下御史臺收繫又爲宋亳宿三州刺史部下綱紀號宋臺刀孫矩者始隨鳳爲暴至是委以心腹平民因捕盜而破家者多矣

專恣

書曰臣有作福作威玉食害於而家凶於而國禮曰教不可長欲不可縱斯蓋聖人立言垂訓以警乎臣子之亂大猷者也乃有剖符守土分憂治俗憑恃恩寵廢格科法聽訟由其喜怒任人係乎愛憎戮辱俊良刻爍黔庶或前吏不由中覆或宥罪非從詔令以

至露究尻之迹形貪黷之咎侈汰自任逸豫無度小則瘝官而廢職大則亡身而覆族書良吏之筆爲吉士之笑固與夫守靖恭之節樹謙讓之德者不可同年而語也千載之下其鑒之哉

漢周陽由景帝時爲郡守史闕郡名武帝即位吏治尚修謹然由居二千石中最爲暴酷驕恣所愛者撓法活之所憎者曲法滅之

衆扶封帳侯元封九年坐爲東海太守行過擅發卒爲衛當斬會赦免

後漢魯平爲陳留太守請郡人李充署功曹充不受平怒乃援充以捐溝中因謫署都亭長

晉申儀魏末爲魏興太守時司馬宣王平孟達於新城儀久在魏興專威疆場輙承制刻印多所假授達既誅有自疑心時諸郡守以宣王新克捷奉禮求賀皆聽之乃使人諷儀儀至問承制狀執之歸於京師

宋褚叔度晉末爲廣州刺史晉安帝義熙八年盧循餘黨劉敬道等窘迫詣交州歸降刺史杜慧度以事言統府叔度以敬道等路窮請命事非款誠報使誅之慧度不加防錄敬道招集亡命攻破九真殺太守

杜章民慧度討平之叔度輙貶慧度號爲奮揚將軍坐不先上爲有司所糾詔原之

南齊李叔獻交阯人初從兄長仁殺交州刺史據州叛數年病死叔獻嗣事號令未行遣使求刺史宋朝以南海太守沈煥爲交州刺史以叔獻爲煥寧遠軍司武平新昌二郡太守叔獻得朝命人不服從發兵守險不納煥煥停鬱林病卒太祖建元元年仍以叔獻爲交州刺史就安慰之叔獻受命既而斷割外國貢獻寡少世祖欲討之永明三年以司農劉楷爲交州刺史發南康廬陵始興郡兵征交州叔獻聞之遣

使願更申數年獻十二隊純銀兠鍪及孔雀毦世祖不許叙獻懼爲楷所襲間道自湘州還朝

梁魚弘襄陽人歷南譙盱眙竟陵太守嘗曰我爲郡有四盡水中魚鼈盡山中麞鹿盡田中米穀盡村里人庶盡丈夫生如輕塵棲弱草白駒之過隙人生但歡樂富貴在何時於是恣意酣賞侍妾百餘人不勝金翠服翫車馬皆窮一時之譽絶有眠牀一張皆是蹙栢四周無一有異通用銀鏤金花福壽兩重爲脚

後魏濟陰王誕爲齊州刺史家人奴隷悉迫取良人爲婦

元麗爲雍州刺史其妻誕一男麗遂出州獄囚死及徒流案未申臺者一時放免

馮熙爲雒州刺史因事取人子女爲奴婢有容色者幸之爲妾有子女數十人號爲貪縱

北齊高愼爲光州刺史時天下初定聽愼以本鄉部曲數千人自隨愼爲政嚴酷又縱左右吏民苦之

平鑒爲楊州刺史其妻生男因喜飲醉擅免境内囚罰免闔巾細作二人醒而知之上表自劾

庫狄伏連爲鄭州刺史開府參軍多是衣冠士族皆捶撻逼遣築墻

隋燕榮爲幽州總管每巡省管内聞官人及百姓妻女有容色輙舍其室而淫之貪暴放縱日甚高祖遣考功侍郎劉士龍馳驛鞫問奏榮毒虐非虛又贓穢狼藉遂賜死

唐段綸高祖武德中爲益州總管于時巴蜀初降得以便宜行事承制拜授益州富饒而綸生殺自已乃高下恣情多所凌傲有人告綸將反遣使覈之無狀徵還京師

張虔陀明皇天寶中爲雲南太守舊事南詔嘗與其妻女謁見都督虔陀皆私之又有所徵求閤羅鳳皆

不應虔陀遣人罵辱之仍密奏其罪惡閤羅鳳忿怒因發兵反攻圍虔陀殺之

張登德宗貞元中爲漳州刺史暴很貪冒擅賦百姓沒買州人爲奴婢者三十人姦亂裨將家財非一其不堪辱有縊死者部人蔡伲詣于闕下詔命就鞫幽死州獄

于頔貞元中爲蘇州刺史雖爲政有績然橫暴已甚追憾湖州舊尉封杖以計強決之觀察使王緯奏其事德宗不省及後頔累遷乃與緯書曰一蒙惡奏三度改官由大理卿遷陜虢觀察使自以爲得志益恣

威虐官吏日加笞罰椽曹姚覘不勝其虐與其弟沈舟於河遂自投而死

嚴礪貞元末為東川節度使擅籍沒管內官吏居人等八十八户田宅一百一十一所奴婢二十七人稅外徵草四十一萬五千束錢七千貫米五千石死後爲監察御史元稹劾奏之

崔元略文宗太和中爲京兆尹以徵畿甸放免緡錢萬七千貫爲侍御史蕭澈彈劾有詔刑部郎中趙元亮大理正元從質侍御史溫造充三司覆理元略有中助止於削兼大夫

庾威太和中爲湖州刺史貶吉州長史以御史臺所奏威爲郡日自立條制應田地奴婢下及竹樹鵝鴨等並估計出稅差軍人一千一百五十人散入鄉村檢責剩徵稅錢四千九百餘貫

王晏平開成初爲靈武節度使擅將官馬四百一十五匹并旗旛器械六千一十七事歸東郡私第河南府奏之准勑收納

第十頁十六行後脫一條

柳冕為福州觀察使以久不遷欲立事迹以求恩寵乃奏云閩中南朝放牧之地畜牛馬可使滋息請置監許之遂收境內畜產令吏牧其中羊之大者重不過十斤馬之良者錢數千不經時輒病死又斂以充之百姓苦之遠近以為笑後觀察使閻濟美奏罷之

冊府元龜

巡按福建監察御史臣李嗣京　訂正

知甌寧縣事臣孫以敬參閱

知建陽縣事臣黃國琦較釋

牧守部二十九

枉濫　譴讓

枉濫

以私害公厥政用壞依勢作威其下安仰自漢承秦獘訓俗務刑酷暴餘風薰循相尚故有任氣以逞文致其罪懷詭詐以巧詆挾纖隙以伸報倚法以削論

死非一覆盆曷炤往愬莫獲亦有識用不敏聽斷罔審不幸是殺寃氣由集天監在下咎徵乃見自茲以降世或有之秉心姦回虐下滋甚乃至誣搆其狀本非服辯憑縱所欲韜在規求政以賄成民用愁歎是知長人之寄可不慎柬其循良哉

漢張敞為京兆九歲坐與光祿勳楊惲厚善後惲坐大逆誅公卿奏惲黨友不宜處位等比皆免（比例也音必寐切）而敞奏獨寢不下（天子惜敞故留所奏事不出）敞使賊捕掾絮舜有所案驗（賊掾主捕賊者也絮姓舜名也音女居切又人餘切）舜以敞劾奏當免不肯為敞竟事私歸其家人或諫舜舜曰吾為是公盡力多矣今五日京兆耳安能復案事敞聞舜語即部吏收舜是時冬月未盡數日按事吏晝夜驗治舜竟致其死事舜當出死敞使主簿持教告舜曰五日京兆竟何如冬月已盡延命乎（言汝不欲望延命乎）乃棄舜市

東海太守（史不書姓名）郡有孝婦少寡亡子養姑甚謹姑欲嫁之終不肯姑謂鄰人曰孝婦事我勤苦哀其亡子守寡我老久絫丁壯奈何（絫古累字也音力瑞切）其後姑自經死（不欲累婦故自殺）姑女告吏婦殺我母吏捕孝婦辭不殺吏驗治孝婦自誣服具獄上府（府郡之曹府也上音時掌切）吏

于公以為此婦養姑十餘年以孝聞必不殺也太守不聽于公爭之弗能得乃抱其具獄哭於府上（具獄者獄案也成其文備具也）因辭疾去太守竟論殺孝婦郡中枯旱三年后太守至卜筮其故于公曰前孝婦不當死太守強殺之咎黨在是乎（黨音他郎切）於是太守殺牛自祭孝婦冢因表其墓天立大雨歲熟郡中以此大敬重于公

汝南太守（史失其名）欲枉殺人決曹掾周燕諫不聽遂殺四而黜燕

嚴延年為涿郡太守衆人所謂當死者一朝出之所

謂當生者詭殺之詭違正理而殺也吏民莫能測其意深淺戰栗不敢犯禁按其獄皆文致不可得反致至密也言其文案整密也反音幡

山壽為商利侯代郡太守宣帝元康元年坐故劾十人罪不直免

翟義為南陽都尉行太守事收宛令劉立立與曲陽侯有親立家輕騎馳從武關入語曲陽侯曲陽侯白成帝帝以問丞相方進遣吏勑義出宛令宛令已出吏還白狀方進曰小兒未知為吏也其意以為入獄當輙死矣謂其不知立有所挾恃以自免脫

後漢會稽太守史不書姓名郡人孟嘗仕為戶曹吏上虞有寡婦至孝養姑姑年老壽終夫女弟先懷嫌忌乃誣婦厭苦供養加鴆其母列訟縣庭郡不加尋察遂結竟其罪嘗先知枉狀備言於太守不為理嘗哀泣外門因謝病去婦竟寃死自是郡中連旱二年禱請無所獲後太守殷丹到任訪問其故嘗詣府具陳寡婦寃誣之事因曰昔東海孝婦感天致旱于公一言甘澤時降宜戮訟者以謝寃魂庶幽枉獲申時雨可期丹從之即刑訟女而祭婦墓天應時澍雨穀稼以登

曹紹中常侍曹節從子也靈帝時為東郡太守建寧中青蛇見前殿大風拔木郎中謝弼上封事左右惡其言出為廣陵府丞去官歸家紹忿疾於弼遂以它罪收考掠案死獄中時人悼傷焉

段紀明為司隸校尉初蘇不韋父謙為李暠掠死獄中不韋既復暠之仇後太傅陳蕃辟不應為郡五官掾初弘農張奐睦於蘇氏而紀明與暠素善後奐與紀明有隙及紀明為司隸以禮辟不韋不韋懼稱病不詣紀明既積憤於奐因發怒乃追咎不韋前報暠事以為暠表治謙事被報見誅君命天也而不韋仇

之又令長安男子告不韋多將賓客奪舅財物遂使從事張賢等就家殺之乃先以鴆與賢父曰若賢不得不韋便可飲此賢到扶風郡守使不韋奉謁迎賢即時收執并其一門六十餘人盡誅滅之諸蘇以是衰破及紀明為陽球所誅天下以為蘇氏之報焉

侯參中常侍侯覽之兄為益州刺史民有豐富者輙誣以大罪皆誅之沒入其財

周紆為齊相頗嚴酷顯任刑法坐殺無辜左轉博平令

魏公孫度漢末為玄菟郡吏稍遷冀州刺史以謠言

免同郡徐榮爲董卓中郎將薦度爲遼東太守襄度起玄菟小吏爲遼東郡所輕先是屬國公孫昭守襄平令召度子康爲伍長度到官吏收昭笞殺於襄平市郡中名豪大姓田韶等宿遇無恩皆以法誅所夷滅百餘家郡中震慄東伐高句驪西擊烏丸威行海外故西河太守李敏郡中知名惡度所爲恐爲其所害乃將家屬入於海度怒掘其父塚剖棺焚尸誅其宗族

晉顧壽交阯太守參弟也參卒壽求領州州人不聽固求之遂領州壽乃殺長史胡肇等又將殺帳下督

梁碩走得免起兵討擒之付壽母令鴆殺之

南齊謝瀹爲吳興太守長城縣民盧道優家遭劫誣同縣殷孝悌等四人爲劫乃收付縣獄考正孝悌母駱詣登聞訴稱孝悌爲道優所誹謗橫劾爲劫一百七十人連名保徵在所不爲申理瀹聞孝悌母訴乃啓度建康獄覆道優理窮欵首依法斬刑有司奏免瀹官

後魏趙郡王謐爲岐州刺史孝明初臺使元延到其州界以驛邏無兵擲使簡閱隊主高保願列言所有之兵王皆私役謐聞而大怒鞭保願等五人各二百數日之間謐召近州夫閉城四門內外嚴固搜掩城中楚掠備至又無事而斬六人合城恂懼衆遂大呼屯門謐登樓毀梯以自固人士散走城人分守四門靈太后遣游擊將軍王靖馳驛諭之城人既見靖至開門謝罪奉送管籥乃罷謐州

趙邕爲幽州刺史在州與范陽盧氏爲婚女父早亡其叔許之而母不從母北平陽氏擕女至家藏避規免邕乃拷掠陽叔遂至於死陽氏訴寃臺遣中散大夫孫景安研簡事狀邕坐處死會赦得免

唐鄭式瞻爲衢州刺史初鹽鐵使李錡於衢州郎山

鑿銀式瞻誣銀工杖殺十餘人人寃之

杜亞德宗時爲東都留守惡大將令狐運會賊發離城之北運適與其部下畋於北部亞意其爲盜遂執訊之逮繫者四十餘人監察御史楊寧按其事亞以爲不直密表陳之寧遂得罪亞將逞其宿怒且以得賊爲功上表指明運盜之狀帝信而不疑宰臣以獄大宜審奏請覆之命侍御史李元素就決亞迎以獄成告元素驗之五日盡釋其四以還亞大驚且怒親追送馬上責之元素不答亞遂上疏又誣奏元素元素還奏言未畢帝怒曰出俟命元素曰臣未盡詞帝

又曰且去元素復奏臣一出不得復見陛下乞容盡詞帝意稍緩元素盡言運寃狀明白帝乃寤曰非卿孰能辯之後數月竟得真賊元素繇是爲時器重

杜兼貞元中爲濠州刺史性浮險豪傍矜氣屬德宗厭兵革姑息戎鎭至軍郡刺史亦難於更代兼探上情遂練卒修武占召勁勇三千人以聞乃得自恣録事叅軍韋賞團練判官陸楚皆以守職論事忤兼密誣奏二人通謀扇動軍中忽有制使至兼率官吏迎於驛中前呼韋賞陸楚出宣制使殺之賞進士擢第楚兗公象先之孫皆名家有士林之譽一朝以無罪

受戮郡中股慄天下寃嘆之

李紳文宗開成中鎭維陽有顔氏女姝色爲游客吳湘所聘吳湘即江都縣尉也與紳爭婚顔氏紳怒其無禮拾贓罪奏而殺之非游客也紳屢求之意欲遺李德裕爲湘所拒乃誣以他罪害之顔氏尋亦自裁

後唐韋堅知徐州事百姓楊知元詣闕訟堅知元割耳稱寃堅賂權勢請知元歸本道推劾洎至枉殺之憤痛之聲聞於遠邇

張全義爲河南尹四十年少長軍中不明刑法立性樸滯凡百姓有詞訟取先訴者得理以是人多屈濫爲時所非

周趙鳳爲單州刺史鳳既剛忿不仁得位逾縱刑獄之間猶爲不道嘗斷殺賊丁鸞而納其室又民家女趙哥者許嫁李誨未成婚鳳逼納之母楊辭以女許嫁不可鳳叱之與三縑携之入第楊號泣告訴鳳怒召李誨及行媒崔氏并楊氏三人俱决杖五十經兩月餘楊氏又號於州門鳳出趙哥見楊子母俱鞭脊十七仍配趙哥爲州妓又鳳妻兄劉遷納州民馮氏女爲妾馮氏母詣州訟遷鳳召遷與馮氏母俱杖之馮氏訴有娠鳳鞭背十七遞之外鎭又成武縣僧智

源弟子智栓竊智源錢十八千告官勘鞫伏罪其弟子誣師與尼姦械繫智源六十餘日須令伏姦鞭脊十七盡沒其資財又單州民張諭張珪姚誨等訴男張弘滋等被趙鳳廵捕時拷捶令伏與賊通納賂方免

譴讓

秦開郡縣之制漢重牧守之選崇其服章授以符契自茲厥後其寄彌隆所以分字烝黎大暢王澤其有馮朱旛之軾據黃堂之坐遐棄厥職罔思其憂忘卿緯之義昧守器之道奉制令而不謹夬爰書而多誤

或異懦不事沉湎自安投殳乘方代庖違舊虧損於儀序受譏於謡詠以致綱紀廢墜圖籍參互抱鼓競發獄訟滋豐虧共治之規煩切責之詔既速官謗用干刑書皆著於篇以警厥後云

漢嚴助武帝時爲會稽太守數年不聞問無善聲賜書曰制詔會稽太守君厭承明之廬承明廬在石渠閣外直宿所止曰廬勞侍從之事懷故土懷思也出爲郡吏會稽東接於海南近諸越越種非一故言諸北枕大江間者濶焉久不聞問具以春秋對毋以蘇秦從橫從音子容切助恐上書謝稱春秋天王出居於鄭不能事母故絶之周惠王之子襄王也弟叔

帶有寵於惠后惠后欲立之故襄王避難而出奔也僖公二十四年經書天王出居於鄭公羊傳曰王者無外此其言出何不能事母者臣事君猶子事父母也臣助當伏誅陛下不忍加誅願奉三年計最舊法當使丞奉歲計令躬自欲入奉也又曰最凡要也詔許

吾丘壽王武帝時爲東郡都尉是時軍旅數發年歲不熟多盜賊詔賜壽王璽書曰子在朕前之時智畧輻湊無方而室若車輪之歸於轂也以爲天下少雙海內寡二及至連十餘城之守任四千石之重郡守都尉皆二千石以壽王爲都尉不置太守兼於二任故云四千石也職事並廢盜賊從橫從音子容切甚不稱在前時何也壽王謝罪因言其狀復徵入爲光祿大夫侍中

黄桒武帝時爲汝南太守坐知民不用赤側錢爲賦免爲鬼薪時並令以充賦而汝南不奉詔令

公孫度武帝時爲南陽太守坐詔徵鉅野令史成詣公車度留不遣免爲城旦

郝賢武帝時爲上谷太守坐入戍卒財物計謾免上財物之計簿而欺謾不實

公孫戎奴武帝時爲上黨太守坐發兵擊匈奴不以聞免

黄霸宣帝時爲京兆尹坐發民治馳道不先聞又發

騎士詣北軍馬不適士關西人謂補滿爲適馬少士多不相補滿也劾乏軍興運貶秩有詔歸潁川太守官以八百石居治如其前

鮑宣爲豫州牧歲餘丞相司直郎欽奏宣行部乘傳去法駕行音下更切傳音張戀切駕一馬言其單率不依典制也舍宿鄉亭爲衆所非宣坐免歸家

後漢王梁光武時爲河南尹梁穿渠引穀水注雒陽城下東瀉鞏川及渠成而水不流七年有司劾奏之梁慚懼上書乞骸骨乃下詔以梁前將兵征伐衆人稱賢故擢典京師建議開渠爲人興利旅力既愆迄

無成功族衆也愆過也言衆力已過而功不成百姓怨讟談者譴誰雖蒙寬宥猶執謙退君子成人之美論語載孔子之言也其以梁爲濟南太守

任延光武時爲九眞太守視事四年徵詣雒陽以病稽留左轉睢陽令後爲武威太守坐擅誅羌不先上左轉召陵令

謝庚吾章帝時爲鉅鹿太守後以行春乘柴車從兩吏冀州刺史上其儀序失中有損國典左轉下邳令

晉袁耽爲歷陽太守成帝咸康初石季龍游騎十餘匹至歷陽耽上列不言騎少時胡寇強盛朝野危懼王導以宰輔之重請自討之旣而賊騎不多又已退散導止不行朝廷以耽失於輕妄黜之

宋袁豹晉末爲丹陽尹坐使徒上錢降爲太尉諮議參軍

張永明帝時爲左將軍會稽太守有賓客謝方童阮須何遂之等竊其權贓貨盈積方童等下獄死永乃降號冠軍將軍

檀韶爲瑯邪內史坐六門內乘輿白衣領職

蔡興宗爲安西將軍郢州刺史坐詣尚書切論以何始眞爲諮議參軍初不被許後又重陳帝怒貶號平西將軍

南齊王琨初仕宋明帝時爲吳郡太守坐在郡用朝舍錢三十六萬營餉二宮諸王及作絳襖奉獻軍用左遷光祿大夫後爲會稽太守坐誤竟囚降號冠軍將軍

王倫之爲豫章太守武帝幸瑯邪城倫之與光祿大夫全景文等二十一人坐不參承爲有司奏免官

裴昭明明帝時爲廣陵太守帝以其在事無所啓奏代還責之昭明曰臣不欲競執關鍵故耳

後魏陳建文成帝時爲幽州刺史假秦郡公帝以建貪暴遣使就州罰杖五十

皮喜爲散騎常侍豫州刺史詔讓其在州寬怠以飲酒廢事威不禁下遣使者就州決以杖罰

韓均獻文時爲冀州刺史都督定冀相三州軍事均懷新附之民咸受優復然舊人姦逃者多往投焉均表陳非便朝議罷之言後均所統劫盜頗起詔書詣讓之

王襲孝文時爲并州刺史車駕詣雒路幸其治民庶多爲立銘置於大路虛相稱美或云襲所敎也帝聞而召問之對不以實因是而被責讓尚書奏免其官

准降號二等

元修義孝明時爲秦州刺史表陳廢人禧廢人愉等請宥前愆賜塋陵城靈太后日收塋之恩事由上旨藩岳何得越職干陳

元弼孝明時爲河東太守太原太守韓伯華爲弼所辱其姪子熈乃泣訴朝廷詔遣按簡弼遂大見詰讓

隋梁彦光高祖開皇初爲相州刺史鄴都雜俗人多變詐爲之作歌稱其不能理化帝聞而譴之

韋冲開皇中爲南寧州總管兄子伯仁隨冲在府掠人之妻士卒縱暴邊人失望高祖聞之大怒令蜀王

秀按其事益州太守元巖性方正按冲無所寬貸竟坐免官

長孫平開皇中爲相州刺史在州數年會正月十五日百姓大戲畫衣裳爲鍪甲之象帝怒而免之

唐顏少連德宗時爲京兆尹京兆上言好時風雨雹傷夏麥幅員二十餘里帝命縣吏與品官同覆視不實詔罰少連已降有差

裴行立爲費州刺史憲宗元和四年閏三月勑行立違制書迂路詣觀察使宜罰一月俸料觀察使郗士美不舉奏罰一季俸

裴瑾爲金州刺史以上供違旨條限爲度支所奏罰一季俸料屬官免殿者八人

柳公綽爲湖南觀察使崔芃爲江南觀察使元和七年三月勑公綽崔芃所進絹等所司奏聞各有欠少事緣貢獻皆合精詳致使闕遺固非審愼柳公綽宜罰兩季俸料崔芃罰一季俸

袁滋爲襄州觀察使有李洪者嘗爲前觀察使于頔推官按罪深刻以奉頔之指使有小卒吏爲洪所鞫不勝其忿因抽佩刀以斫洪數瘡頔爲洪殺卒吏歸洪於汝州及頔坐事降責則洪之前過益彰既配流

之出襄州軍吏謀劫洪以殺之滋知之慮其亂因杖洪十五而後上聞爲御史所舉罰一月俸料

李銛爲京兆尹坐縱獄罰一月俸初鄠縣人崔易簡與堂兄立數以財競他日陰使奴殺立而埋之有發其事者易簡博陵右族且多姻戚之援銛因其殺立而不使窮究罰推官而杖其典及縣尉陳中師移摽洪喆重按之帝命御史臺覆得其情且言奴殺立而易簡酬以錢帛具獄上奏故罰之

王遂爲鄧州刺史元和九年御史臺奏遂輒詣觀察使有違前後勑文遂坐罰一季俸

趙宗儒爲河中尹晉絳慈隰等節度觀察使元和九年赴鎮後擅用供軍錢八千貫坐罰一月俸

烏重胤令狐楚魏義通並爲懷州刺史穆宗長慶元年六月知懷州河南節度參謀兼監察御史韋珩奏論當州元和九年秋至十四年夏准聖旨額外加徵并節度使司簡見苗徵子及草等共計五百六十萬三千五百八十石束勑曰前刺史烏重胤等並位居守土職在牧人加稅縱緣軍須豈得不先聞奏遇赦雖皆原宥亦合量有科懲烏重胤令狐楚魏義通等宜各罰一月俸料知州官釋放

劉遵古爲京兆尹長慶二年六月詔曰遵古官守尹寺所寄非輕奏事之間先須據實關於詳審須示薄懲宜罰一月俸料遵古前奏于方等陰事及有詔獄遂令所由潛羅元稹私第爲稹所訴故坐罰

崔元略爲京兆尹兼御史大夫敬宗寶曆元年四月詔元略宜削兼御史大夫元略爲京兆尹誤用詔條畿內放錢萬七千貫侍御史蕭徹於閤門彈奏詔令刑部郎中趙元亮大理正元從質侍御史温造鞫其事不謬故有是命

殷侑爲江西觀察使寶曆二年三月侑上言請於洪州寶曆寺置僧尼戒壇勑殷侑故違制令擅置戒壇須示薄懲用警方任罰一季俸料其戒壇勑停

沈傳師爲江西觀察使文宗太和三年十月奏當道未具戒僧尼等願因降誕之月於當州開方等道場凡私度之人皆與正度詔曰不度僧尼累曾有勑傳師旣爲藩守合奉條詔誘致迷妄須示薄懲罰一月俸料戒僧勒停

陳君奕爲鳳翔節度使文宗開成元年九月巳卯詔罰君奕兩月俸以舊制西藩非賀正賀冬繼奏使臣不至論屆熱等不由三事而來節度使宜留之奏聽

朝旨君奕不遵舊制故有是罰

李頴爲鄭州刺史開成三年六月詔曰鄭州中牟縣私置壇場度僧一百六十人並仰勒歸色役其刺史李頴罰一季俸料攝縣令前管城縣令叔良停攝官仍殿本官兩選

鄭復爲京兆尹開成四年六月勑罰復攝祭在郊外信宿不辭臺丞御史中丞高元裕舉舊事以請故也

裴弘泰爲鄭滑節度使開成四年十一月弘泰奏應成節日放當州囚徒以資聖壽詔曰弘泰以慶成令節擅放繫囚雖云竭誠且爲干禁恐開後例須示薄

懲宜罰一月俸料

後唐孔知鄴明宗天成三年爲濮州刺史先爲船糧妄稱逃却人戶奉敕大駕省廵六師屯聚覽有司所奏慮軍食稍虧須議轉般然後供贍事非獲已理在權行而濮州地里匪遙戶民不少纔承旨命廣奏逋逃及降條流却申齊足頗驚聞聽猶涉因循蓋撫馭之無方致黎氓之暫惑旣乖體國何以齊時尚緣裝發已齊轉納將畢聊從薄罰以誡衆多孔知鄴罰一月俸

曹廷隱爲齊州防禦使天成三年以舉奏失實配流

永州

張進爲鄭州防禦使咸繼威爲副使明宗長興元年五月敕自張進等或位分符竹或職倅郡城殊乖警備之方致此殺戮之苦更容虛誑不戢元隨須舉憲章以爲懲戒宜勒停見任以盜掠城中居人故也

藥縱之爲磁州刺史縱之迂踈在郡弛於撫馭每王人經縣傲睨不接藉藉言之歲餘罷之

馮暉爲興州刺史末帝清泰初配同州衙前安置暉爲興州屯乾梁蜀人來侵暉自屯所奔歸鳳翔故有是責

康承詢爲丹州刺史清泰三年閏十一月停任配流鄧州時承詢奉詔率義軍赴延州義軍亂承詢奔鄜州故有是責

晉郭重義爲内園使留守維京高祖天福二年七月敕重義先因張從賓作亂之時收田承肇妻女入宅宜收身定罪以聞者詔決杖勒停所職

慕容彥超天福中爲濮州刺史違法配斂貸官麥造麴俵配部民及移典穎州爲濮民所訟詔下御史臺獄彥超伏罪漢祖鎮幷州上章救解朝廷不得已曲法減死配流房州

王徹爲懷州刺史天福中坐斷獄不平罰征馬十匹

陳延福爲房州刺史少帝開運二年爲民任行通所論創置支計司廻圖錢物及改移市井未利下御史臺鞫云其支計廻圖是本州舊事改移市井充公家使用敕日陳延福位居牧守首被訟論移市肆以創廻圖已彰生事假役夫而科採捕猶驗擾人但以稱贍本州云承累政雖除姦革弊全昧經心而案罪計贓未明入已聊從懲罰用顯含洪宜罰征馬十匹放

周趙鳳爲單州刺史太祖廣順三年十二月御史臺奏鳳在任日殘虐百姓非理科率十六事敕趙鳳驟

承委寄合禀憲章臨民不利於撫綏率性但開於兇暴淤淮延寇當年之殘忍難名近郡頒條在任之貪虐猶甚奪部民之妻女率州户之資財招納賊徒擾攘生聚爾不奉法國有常刑其趙鳳宜削奪在身官爵賜自盡

石仁贇爲申州刺史世宗顯德五年十一月責授右清道府率先是命諸道州府悉於京師創修邸院時仁贇方爲郡守不時禀命故黜之

册府元龜牧守部　譴讓　卷之六百九十九　十九

册府元龜

巡按福建監察御史臣李嗣京 訂正
新建縣奉人臣戴國士參閲
知建陽縣事臣黄國琦較釋

牧守部三十

貪黷

夫天子所與共治者惟良二千石爾嗟呼風敎陵遲廉恥凋喪見得思義幾何人哉徇利之夫厚顔斯甚荷析圭剖符之寵膺百城千里之寄而乃割剥萌庶譬斂貨財見金而不見人知得而不知喪識多積之可樂闇厚亡之難悔貫盈惡稔顛沛隨之故君子辭富以求安知足以遠辱者豈徇名安節至性之所存抑失身殄祀古人之攸戒也繇漢以來居長人之任彰貪墨之迹者悉條著於篇云

漢居益昌嗣湘城侯臣欽若等按南粤傳桂林監居翁注姓居名翁益昌即其子也而功臣表云監居翁誤也爲九眞太守坐盗使人出買犀奴婢贓百萬以上不道誅

陳咸爲南陽太守其治放嚴延年其廉不如所居調發屬縣所出食物以自奉養調徒釣切奢侈玉食玉食美食如玉也

後漢歐陽歙自汝南太守徵爲大司徒坐在汝南贓罪千餘萬發覺下獄

羊元羣罷北海郡贓罪狼籍郡舍溷軒有奇巧乃載之以歸溷軒廁也

侯參中常侍覽之兄爲益州刺史民有豐富者輒誣以大逆皆誅滅之沒入財物前後累億計太尉楊秉奏檻車徵於道自殺京兆尹遠逢於旅舍閲參車三百餘兩皆金銀錦帛珍玩不可勝數

韋毅爲陳留太守桓帝延熹九年坐贓自殺

左昌爲梁州刺史靈帝中平初北地羌胡與邊章等寇亂隴右昌等因軍興斷盗數十萬斷謂割截漢陽長史蓋勳固諫昌怒乃使勳别屯阿陽以拒賊鋒阿陽縣屬天水郡欲因軍事罪之而勳數有戰功昌坐斷盗徵

晉石崇爲荆州刺史崇頴悟有才氣而任俠無行簡在荆州刼遠使商客致富不貲

孫盛爲桓温從事中郎出補長沙太守以家貧頗營資貨部從事至郡察知之服其高名而不劾之盛與温牋而辭旨放蕩稱州遣從事觀採風聲進無威鳳來儀之美退無鷹鸇搏擊之用徘徊湘川將爲怪鳥温得盛牋復遣從事重按之贓私狼籍檻車收盛到

州捨而不罪

周仲孫爲寧州刺史在州貪暴人不堪命

後秦周班爲姚興始平太守以黷貨誅於是郡國肅然

北涼隗仁爲沮渠蒙遜高昌太守爲政有威惠之稱然頗以愛財爲失

宋劉式之爲宣城淮南二太守在任贓貨狼藉楊州刺史王弘遣從事簡較從事呼攝吏民欲加辨覆式之召從事謂曰治所還白使君劉式之於國家粗有微分偷數百萬錢何有況不偷耶吏民及文書不可

得從事還具白弘弘曰劉式之便如此亦可繇此得停

裴方明爲潁川南平昌太守皆坐贓私免官

韶叔度爲廣州刺史在任四年廣營資貨賄財豐積坐免官禁錮終身

劉道錫爲廣州刺史坐貪縱過度自杖治中荀齊文垂死乘輿出城行與阿尼同載爲有司所糾值赦徵又以赦後餘贓收下廷尉被宥

王僧達爲吳郡太守吳郭西臺寺多富沙門僧達求須不稱意乃遣主簿顧曠率門義劫寺內沙門竺法瑤得數百萬

桓閎爲交州刺史閎罷州還資財鉅萬孝武末年貪慾刺史二千石罷任還都必限使獻奉又以蒲戲取之要令罄盡乃止閎還至南州値明帝即位擁南資爲富人後爲益州刺史蜀還之貨亦數千金先送獻物傾西州之半明帝猶嫌其少及閎至都詣廷尉自簿先詔獄官留閎於是悉送資財然後被遣凡資兼不受鞭罰輸財贖罪謂之贖時人謂閎被贖刺史

南齊崔慧景爲梁南秦二州刺史在州蓄聚多獲珍貨

王洪範爲魯郡太守多取贓賄爲州所按大懼棄郡奔建鄴

梁王筠爲臨海太守在郡侵刻還資有芒屩兩舫他物稱是爲有司奏不調累年

江祿爲武寧郡守頗有資産積錢於壁壁爲之倒銓銅物皆鳴人戲之曰所謂銅山西傾雒鐘東應者也湘東王恨之旣深以其名祿改字曰榮財以志其忿

蕭恭爲雍州刺史武帝以雍爲邊鎭運數州粟以實儲恭乃多取官米還贍私宅又恭與鎭陳保印侵刻百姓爲荊州刺史廬陵王所啓被詔徵還在都朝請

白服隨例帝曰白衣者爲誰對曰前衡山侯恭帝厲
色曰不還我陳保印吾當白汝未已而保印實投湘
東王改其姓名曰袁逢恭竟不敘用

爲湘州刺史頗好積聚多寫圖書數萬卷有
油二百斛米四千石他物稱是

曹景宗爲郢州刺史在州鬻貨聚斂於城南起宅長
堤以東夏口以北開街列門東西數里而部曲殘橫
民頗厭之

蔡樽爲臨海太守百姓楊元孫以婢採蘭貼與同里
黃權約生子酧乳哺直權死後元孫就權妻吳贖婢

母子五人吳背約不還元孫訴樽判還本主吳能爲
卒賂樽妾遂改判與吳元孫撾登聞鼓訟之爲有司
所劾時樽已去郡雖不坐而嘗以爲耻

陳庚持監臨海郡以貪縱失民和爲山盜所劫幽執
十旬文帝遣劉澄討平之乃獲免

後魏元志爲楊州刺史聰好聲妓後爲雍州刺史逾
尚華侈聚斂無極聲名遂損

元仲景爲涼州刺史貪暴無極欲規府人及商胡富
人財物詐作一臺府誣諸豪等云欲加賞一時屠戮
所有資財生口悉沒自入

元洪字普安爲營州刺史性貪殘人不堪命相率逐
之洪走平州

元誕爲齊州刺史在州貪暴大爲人患牛馬騾驢無
不逼奪家之奴隸悉迫取良人爲婦有沙門爲誕採
藥還見誕問外消息對曰惟聞王貪願王早代誕曰
齊州七萬家吾到來一家未得三斗錢何得言貪耶
爲御史中尉元纂所糾會赦免

武昌王鑒爲齊州刺史兄和罷沙門歸俗棄其妻子
納一寡婦曹氏爲妻曹氏年齒已長攜男女五人隨
鑒至歷城干亂政事和與曹及五子七處受納鑒皆

順其意言無不從於是獄以賄成取受狼藉齊人苦
之鑒治名大損

鄧羨爲東魏郡太守兼齊州長史在治十年經三刺
史以清勤著稱齊人懷其恩德號曰良二千石及代
還大受民吏送遺頗以此爲損後爲郢州刺史鎮義
陽在州貌於聚斂又納賄於于忠徵爲給事黃門侍
郎

王雲爲兖州刺史坐受所部荊山戍主桂受財貨又
取官絹因染割易御史糾劾付廷尉遇赦免

寇臻爲弘農太守坐受賂爲御史所彈遂廢卒於家

冦治孫之子也爲河州刺史在任數年城民詣都列其貪狀十六條會赦免

崔康爲廣平內史大納財貨爲清論所鄙

鄭羲爲安東將軍西兗州刺史多有受納政以賄成性又嗇恡民有禮餉者皆不與杯酒臠肉西門受羊酒東門酤賣之以李冲之親法官不知糺羲子懿爲齊州刺史好勸課善斷決雖不潔清義然後取百姓循思之義兒洞林爲濮陽太守坐貪穢除名洞林兒子平城爲東平太守性清狂使酒爲政貪殘平城子伯猷爲南青州刺史在州貪惏妻安豐王元延明女

專爲聚斂貨賄公行潤及親戚戶口逃散邑落空虛乃誣陷良民云欲反叛籍其資財盡以入已誅其丈夫妻女配沒百姓怨苦聲聞四方爲御史糺劾死罪數十條遇赦免因以頓廢齊文襄王作相每誠屬朝士嘗以伯猷及崔叔仁爲喻

鄭雲字道漢歷鴈門濮陽二郡貪穢狼藉以納賄爲事

劉騰爲安州刺史坐選舉受財爲御史所糺因暴病卒

趙超宗爲汝南太守多所受納徙河東太守卒官超宗長子叔隆爲中山內史在郡無德政專以貨賄爲事

薛道次爲秦州刺史帶隴西太守後爲滎陽太守遷肆州刺史所在貪穢在州彌甚納賄於司空劉騰以求美官未得而騰死

高雙爲清河太守黷貨將刑在市遇赦免後爲太尉史俄出爲凉州刺史專肆貪暴以罪免旣納貨高肇復起爲幽州刺史又以貪穢被劾罪未判遇赦復任未幾而卒

李遷哲崇之子也崇性好財貨家資巨萬營求不息

遷哲爲相州刺史亦無清名鄴雒市鄽收㩁其利時論所鄙遷哲初至州斥逐細人遷徙佛寺逼買其地廣興第宅百姓患之崇北征之後徵兼太常卿御史高道穆毀發其罪過

張纂爲樂陵太守在郡多所受納聞御史至棄郡逃走於是除名乃卒

傅敬和豎眼之子豎眼前爲益州刺史朝廷以其父有遺惠復以敬和爲益州聚斂無已好酒嗜色遠近失望

崔延治爲安北將軍幷州刺史在州貪汙聞於遠近

李子貞爲兗州刺史坐貪汙賜死
賈智爲滄州刺史貪縱甚爲民害
李洪之爲秦益二州刺史洪之素非廉清每多受納時孝文始建祿制法禁嚴峻司察所聞無不窮糾遂鎖洪之赴京孝文臨太華庭集羣官有司奏洪之受賍狼藉又以酷暴孝文親臨數之以其大臣聽在家自裁
高遵爲齊州刺史選召寮吏多所取納又其妻胡氏家在齊州母弟舅甥共相憑屬爭求貨利嚴暴非理殺害甚多貪酷之響孝文頗聞之及車駕幸鄴遵自

州來朝會有赦宥遵臨還州請辭帝於行宮引見誚讓之遵自陳無負帝厲聲曰若無遷都赦必無高遵矣又卿非惟貪惏又虐於刑法自謂何如齊陰王猶不免於法卿何人而爲此行自今宜自謹約還州仍不悛華齊州人孟僧振至洛訟遵詔廷尉少卿劉述窮鞫皆如所訴先沙門道登過州遵以道登荷寵於帝多奉以貨深託仗之道登屢因言次申啓救遵帝不省納遂詔述賜遵死時遵子元榮詣洛訟寃猶恃道登不時還赴道登知事决方乃遣之
安樂王長樂爲定州刺史多不奉法以貪暴徵詣京師子銓宣武初爲凉州刺史在州貪穢政以賄成
許彦自散騎常侍出爲相州刺史在州受納多違法度詔書切讓之然以彦腹心近臣弗之罪也
崔暹爲南兗州刺史盜官炭賍汙狼藉爲御史中尉李平所糾免官後行豫州事尋即眞坐遣子析户分隷三縣廣占田宅藏匿官奴障恡陂葦侵盜公私爲御史中尉王顯所彈免官
胡泥爲定州刺史以刑罰酷濫受納貨賄徵還戮之
張赦提爲幽州刺史頗縱妻段氏多有受納令僧尼因事通請貪虐流聞中散李眞香出使幽州訪牧守

政績眞香驗按其罪赦提懼死欲逃其妻姑爲大尉東陽王丕妻恃丕親貴自許詣丕申訴求助謂赦提曰當爲訴理幸得申雪願且寬憂不爲異計赦提以此差自解慰段乃陳列眞香昔嘗因假而過幽州知赦提有好牛從索不果今爲臺使心脇前事故威逼部下考楚過極横以無辜證成誣罪執事恐有不盡使駕部令趙秦州重往究訊事狀如前處赦提大辟孝文詔賜死於第
北齊元坦爲冀州刺史專務聚斂每百姓納賦除正税外别先青絹五疋然後爲受

王則爲雍州刺史性貪惏在州取受非法舊京諸像毁以鑄錢茲時世號阿陽錢皆出其家後爲徐州刺史取受狼藉鎖送晉陽文襄恕其罪

常山王演孫彦道爲徐州刺史坐奪商人財物免官

段孝言爲齊州刺史以贓賄爲御史所劾遇赦免

可朱渾元爲幷州刺史以貪汙劾特見原

斛律武都爲梁兗二州刺史所在並無政績唯事聚斂侵漁百姓

司馬消難爲北豫州刺史鎮武牢消難博涉史傳有風神然不能廉潔在州爲御史所劾

張保雍爲滄州刺史封敷城郡王在州聚斂免官削奪王爵

任胄爲東郡太守家本豊財又多聚斂動極豪華賓客往來將迎至厚牟以贓汙爲有司所劾

庫狄伏連爲鄭州刺史鄙悋愚很無治民政術及居州任專事聚斂

薛修義爲齊州刺史以黷貨除名

尭傑爲南兗州刺史多所取受然性果决吏民畏之

封延之爲青州刺史好財利在州多所受納

盧勇爲齊州刺史好財利多所受納後行梁州事除散騎常侍爲夏陽太守段業告其在州聚斂被禁止送梁州窮治未竟遇疾卒於禁所

王紘爲北豫州刺史所歷皆好聚斂然性和直吏民不甚患之

韓軌爲瀛州刺史在州聚斂爲御史糾劾削除官爵

廣陽王深爲鎮州刺史在州多所受納政以賄成私家有馬千匹者必取百匹以此爲常深子湛孝靜初爲冀州刺史所在聚斂風政不立

崔叔仁爲潁州刺史以貪黷爲御史所劾與和中賜死於宅

崔季叔爲齊州刺史坐遣人渡淮平市亦有贓賄事爲御史所劾會赦不問

隋靈貴爲齊州刺史民饑穀米踊貴閉人糴而自糶之坐是除名

張威爲青州總管在州頗治產業遣家奴於民間鬻蘆菔根其奴緣此侵擾百姓帝深加譴責坐廢於家

王仁恭爲馬邑太守時天下大亂百姓饑餒道路隔絶仁恭頗改舊飾受納貨賄又不敢輙開倉廩賑恤百姓

唐席辯貞觀中爲滄州刺史辯雖有幹畧而性貪鄙

時所部長蘆令李太辨恣行侵奪貲賂盈門按察旣知屢加詰讓大辨懼求媚於辨送縑二百疋羅三十疋以遺之辨遂納之及加顧遇事發詔朝集便臨觀而戮之大辨亦伏法

李敬業爲眉州刺史中宗嗣聖元年坐贓貶授柳州司馬

左感意爲鄜州刺史開元二年坐贓杖殺

張嘉貞開元初爲定州刺史至州於恒嶽廟中立頌嘉貞自爲其文乃書於治其碑用白石爲文素質黑文甚爲奇麗先是嶽祠爲遠近祈賽有錢百萬嘉貞

自以爲頌文之功納其數萬

蕭執珪爲嵐州刺史盧季珣爲復州刺史崔憬爲銀州刺史開元八年並坐貶詔曰先王制法度立師長將以爲理也夫刺吏者受方岳之寄爲吏人之表以宣法則以樹風教故得人則河潤九里京師蒙其福非才則虐流百城黎庶受其害所以漢宣云與我共理者其惟良二千石歟中大夫前守嵐州刺史蕭執珪通議大夫前守復州刺史盧季珣中散大夫前守銀州刺史崔憬等各藉階資謬居藩牧不率法度情匪在公憑此尸素黷其貨賄豈有奉條察之委居道化之先顧利無厭貪以敗類固上行而下効豈澄源以正本有醜面目實虧風憲雖罪無所漏已寘刑章而情頗難容宜從遠謫執珪宜除名配隸營府即差使所在馳驛領送至彼不得東西季珣可恩州司馬憬可施州司馬并員外置同正員即發遣赴任仍須於郡國以勵在官

崔皎爲河南尹開元八年貶代州都督受賄故也

李邕爲陳州刺史開元十三年車駕東封廻邕於汴州謁見獻詞賦甚稱旨頗自矜衒中書令張說甚惡之俄而陳州贓濫事發下獄鞫訊罪當死許州人孔

彰上書救之請以身代邕罪疏奏會赦減死貶爲欽州遵化縣尉彰亦配嶺南

盧暉爲魏州刺史開元二十九年坐贓詔云暉素是妄庸幸承資地早升清列爰典大藩不能勵彼公心少申答効而咨其鄙識莫顧廉隅黷貨無厭蠹政斯甚或增加賦歛或減截官錢入已之贓六百餘貫自外所犯數倍於茲況又役使人工殆三十萬復有何要輙化爲勞慢法徇私觸類非一朕志存撫育情切好生特寬斧鑕之誅俾從流放之典可長流富州百姓與朕共理伊邇列城自頃以來每加優異凡在遠

近固合周知豈有受恩而不盡節炤鑒若此咸宜勉之無或效尤自拔於網

王琚爲鄴郡太守天寶五載坐贓詔云琚从經任使歷典藩條侍朝廷之見寬冒憲法而無憚凡所莅職罕著善聲自頃移官益彰喧訟志由貪敗政以賄成所犯贓私動盈千計正名論罪合寘流刑宥過推恩猶從貶任可江華郡司馬員外置

劉巨鱗爲南海太守充嶺南五府經畧採訪處置等使坐贓下獄死

李宓爲雲南太守犯贓貶爲澧陽郡慈利縣丞員外

置

韋陟爲河東太守天寶十三年貶爲臨賀郡桂嶺縣尉員外置仍馳驛發遣陟天寶初自吏部侍郎出爲襄陽鍾離義陽三郡太守楊國忠專政徵爲河東太守本道採訪使陟以名位素著怏怏久失職及臨闕輔冀有任用而性頗侈豪所莅不修清廉之標遂恣其利欲盛以河東土物入饋權要爲部人所發詔下御史訊鞫陟時朝謁在華清宮惶怖不安乃厚遺御史中丞吉温求救於祿山事泄爲國忠奏貶温亦坐貶澧州長史

李巨肅宗乾元初爲河南尹於城市橋梁出入車牛皆稅錢以供國用頗有乾沒士庶怨之後與妃張氏不睦張氏即皇后從父妹宗正卿李遵搆之發其贓貶爲遂州刺史

張萬頃爲廣州刺史上元二年以贓貶巫州龍標縣尉員外置長任

李鼎自鳳翔入爲衛尉卿寶慶六年貶爲思州長史員外置坐贓也鼎守鳳翔以賄聞雖去職姦狀皆露既行賜死於路

李佚爲宣州刺史代宗永泰二年坐贓二十四萬集

衆杖殺籍沒其家

黎幹大曆八年復拜京兆尹兼御史大夫幹自以爲得志無心卹理貪暴益甚徇於財色

薛邕爲宣州刺史德宗建中初盜官貨計錢萬萬殿中侍御史員寓因私憾而奏舉之故貶官無幾又配流象州

崔穆爲黔中觀察使貞元十一年部人告穆贓二十七萬貫及他犯遣監察御史李直方往州覆按

劉贊貞元十二年爲宣州刺史天下殷贍處也贊厚斂殖貨以務貢獻用求恩寵又不訓子弟童稚者便

以驕傲爲事

路恕爲涪州刺史貞元十四年以贓追奪兩官仍勿齒三五年

陽履爲永州刺史貞元十六年觀察使呂渭奏履犯贓令三司使推鞫履又表自言當州營備錢物上獻爲觀察使所鞫按令中使王文奏就州取履至京師三司使訊其所妄破用履云市馬進茫及訊其馬於何人處買及價直齒歲履答狀馬主東西南北貴公子也今不知所在言馬齒歲按禮經齒路馬者當誅今不敢言其他狀欵多如此類德宗悦其進奉之言

不責也但令免官而已

鄭式瞻爲衢州刺史貞元十七年死於州獄初鹽鐵使李錡於衢州即山鑿銀式瞻誣銀工技殺十餘人人怨之觀察使舉奏發御史就鞫之坐贓二千貫笞四十流崖州詔未至而死

張登爲漳州刺史貞元十七年死於州獄登暴很貪冒擅賦百姓沒買州人爲奴婢者三十人姦亂裨將家財非一其不堪有縊死者部人蔡化訴於闕下詔命就鞫遂幽死

陳審爲明州刺史貞元十九年坐贓配流崖州

臧濆爲韶州刺史元和四年以賄聞貶賀州司馬

王仲周爲明州刺史元和四年坐贓貶韶州司戶

劉文翼爲瀘州刺史元和四年坐贓貶爲崖州登邁縣尉

陳當爲榮州刺史元和五年貶爲羅州吳川縣尉以坐贓故也

張愻爲將作少監元和五年貶爲朗州長史愻前爲蘄州刺史坐贓爲觀察使郗士美所奏

李少和前爲江西觀察使元和七年勑曰李少和職奉察廉迹乖周愼除替已後猶取公錢或交換未塡

或轉移私費今除已塡納贓數外尚欠三千七百餘貫身已淪沒不可徵收宜放免

李宙爲丹王府長史元和七年以前任復州刺史坐贓貶爲賀州司戶參軍

孟嘗謙爲安州刺史元和八年坐在郡貪濁弋獵無人貶柳州司馬

李將順爲袁州刺史元和九年坐以官錢貿易以求利且擅與工役貶循州司戶參軍

李彥輔爲簡州刺史元和十年坐贓貶韶州司馬

龐說爲忠州刺史元和十年貶爲端州司戶說嘗故

易其州庫門以內向用便遞貨故及貶

馬平陽爲夔州刺史元和十年以貪虐貶爲韶州司戶

夏侯至爲沂州刺史元和十年以貪虐貶潮州司戶

李遂爲台州刺史元和十二年坐贓貶康州司戶參軍

啖異爲集州刺史元和十二年坐贓貶封州司戶參軍

崔祝爲鄭州刺史元和十二年御史臺奏祝坐贓三萬餘貫勑崔祝抵犯刑章宜加貶逐緣其身居憂服

未可授官宜且於康州安置待服滿日處分其贓充進助者仍令度支收管本道觀察使覺察不早特宜釋放祝於當州顧召行營車除充佑給付又擅出州倉粟麥貴貨之以利入己及觀察使舉聞發御史按之乃以助軍進奉爲名晝夜促進祝父老病聞御史按祝竟以憂死祝既除名所至遲留又錮身配流康州

第五申爲資州刺史元和十四年坐贓貶連州司馬

崔鄘爲邛州刺史元和十四年坐贓決杖流驩州

宋君平爲涪州刺史元和十五年坐贓削官一任

楊朗爲鄜州刺史元和十五年坐贓削官一任徵十斤銅

唐慶前爲壽州刺史長慶四年刺史楊歸厚告論慶違赦勑科配百姓稅錢及破用官庫錢物等事慶犯正入己贓四千七百餘貫勑唐慶入己贓僅五千貫據罪定刑實難全宥但以惟新之日政務從寬要示含容俾從流竄宜除名長流崖州

李彤自鄧州刺史入爲司農少卿長慶四年貶吉州司馬員外同正彤前在鄧州坐贓錢百餘萬仍自刻石紀功號爲善政碑觀察使柳公綽以事聞故有是

命

元稹以穆宗長慶中爲浙東觀察使既放意娛游稍不修邊幅以贖貨聞於時

梁張思愼爲蔡州刺史以貪貨大失民情

後唐李存儒爲衛州刺史爲梁將段凝所陷存儒從御無術誅斂州民防城之卒皆徵月課縱其歸去段凝知其若此夜渡舟師詰旦登城存儒不之覺

李鄴爲亳州刺史明宗天成二年詔配崖州長流百姓所在賜自盡鄴爲政貪汙有奴爲人轉金輿廻公道奴匿其金鄴知遂殺之其家人上論訴其私事遂

伏法

成景弘爲曹州刺史受倉吏百緡天成三年七月勑成景弘位列百城秩膺八命在旌旃而甚至於委任以非輕所宜均我詔條副余優寄而乃罔遵彝憲輙恣貪求差麋吏以非公取貨財而潤己纔行鞫勘果伏罪尤宜行竄逐之文以示澄清之道可貶綏州司户參軍續勑長流宥州

韓知章爲漢州刺史天成四年以在任日恣誅求違於聖聰勒歸私第

盧質爲滄州節度使長興四年奏薦滄景觀察判官

靳詡雪得究獄乞行恩奬詡父名儒滄州市井之富民也家財鉅萬前後鎮帥無不受其賂者先是應聖節靳儒來朝帝見之於後樓下儒因言其子詡爲本道觀察判官月限已滿乞量留一年帝即從之又薦押牙郝寓帝曰寓乃何人朝廷事有大臣朕不自由爾無宜多言也詡商販之子不數年至本州從事質書生備位廉察而受賂薦許人士醜之

晉李彦珣爲坊州刺史高祖天福五年十二月犯枉法贓特勑免官彦珣以臨翟道苛暴不法結怨所部宜君縣民唐璘與李婦爭田彦珣納賄數十萬曲斷其事故李婦詣御史府上訴按詰伏罪法寺詳斷以以奏勑曰李彦珣頃委分符不能求瘼既受贓而枉法合準律以定刑特與含弘聊示懲戒宜奪一任官送虢州收管

周安審信歷許兖二鎮所至以聚斂爲務民甚苦之

葉仁魯爲萊州刺史貪暴特甚吏民不勝其苦受代日適離本州及爲部民所訟下獄鞫之仁魯伏罪贓汙狼藉

趙鳳爲單州刺史以進奉南郊爲民率斂部民財貨爲人所訟

張順爲楚州刺史顯德五年十二月己丑賜死於都城外順發身戎伍累遷虎捷廂主歷登汝楚三州防禦使在楚州日嘗隱落下榷稅錢五十餘萬官庫絲綿二千餘兩及縱其部下擾民民甚苦之爲轉運判官馮瓚所奏下御史府訊之得實故寘於法焉

冊府元龜

巡按福建監察御史臣李嗣京　訂正
分守建南道左布政使臣胡維霖　參閱
知建陽縣事臣黃國琦較釋

令長部一

總序

古者列爵惟五分土惟三文軌所通諸侯而已縣道之制蓋未聞焉周礼小司徒之職都鄙之制四甸爲縣方一十里周書千里百縣其名雖肇其地尚小東周之末諸侯強大封内之縣制始盛矣掌其政者曾

謂之宰仲尼爲中都宰是也齊謂之大夫齊威王封即墨大夫烹阿大夫是也楚謂之尹沈尹戍爲方城之外縣尹是也亦謂之公葉公諸梁是也秦氏罷侯置守以郡統縣其制萬戶已上置令秩千石至六百石減萬戶置長秩五百石至三百石所職治民顯善勸義禁姦罰惡理訟平賦恤民時務秋冬集課上計於所屬郡國其列侯所食者爲國國置相所掌如令長皇太后皇后公主所食曰邑有蠻夷曰道皆置令長漢因之秩六百石以上皆銅印墨綬三百石銅印黃綬成帝綏和初又詔長相皆墨綬哀帝建平中復黃綬後漢自千石令至四百石長皆墨綬哀帝三采青赤紺淳青質長丈六尺八十首其屬官丞一人署文書典知倉獄大縣尉二人小縣一人主盜賊各置諸曹掾有廷掾勸農掾制度掾之類其餘大約如郡員丞尉秩四百石至二百石名爲長吏計食佐史百石以下名爲小吏統内五家爲伍十家爲什百家爲里里有魁以相簡察十里爲亭亭置長以禁盜賊十亭爲鄉鄉置有秩三老嗇夫凡五千戶置有秩秩百石小者置嗇夫皆主知民善惡爲役先後知民貧富爲賦多少三老掌教化凡孝子順孫貞女義婦讓財

救患及學士爲民法式者皆表其門以興善行游徼掌徼循禁司姦盜又有鄉佐主收賦稅丞尉而下並兩漢之通制也後漢以維邑京邑所治屬官差多故丞有三人焉魏循漢制晉千戶以上及州治下皆置令減此置長並銅印墨綬朝服進賢一梁冠雒陽置六部尉大縣二尉次縣一尉小縣一尉又有主簿錄事史主記室史門下書佐幹游徼議生循行功曹史小史廷掾功曹史小史書佐幹法門曹幹金倉賊曹掾兵曹史吏曹史獄小吏獄門亭長都亭賊捕掾等戶不滿三百以下職吏十八人散吏四人三百以上

職吏二十八人散吏六人五百以上職吏四十人散吏八人千以上職吏五十三人散吏一十二人千五百以上職吏六十八人散吏一十八人三千以上職吏八十八人散吏二十六人鄕及長安置吏得同三千戶之制又縣戶百五已上置鄕三千已上置二鄕五千已上置三鄕萬已上置四鄕鄕置嗇夫一人千戶已上置治書史一人千戶以上置史佐各一人正一人千五百已上置史一人佐二人又統內百戶置里吏一人千戶以上置較官掾一人又皆置方畧吏四人宋齊已後多如晉制縣令秩千石者銅印環鈕

墨綬朝服進賢冠兩梁餘並一梁亦有帶雜號將軍而爲之者亦有以臺省而帶之者後魏縣置三令長爲封國者置相雒陽令其品從五上縣令相其品六中縣令相其品七下縣令相其品七下孝文初制縣令能靜一縣刼盜者兼治二縣即食其祿能靜二縣者兼治三縣三年遷爲郡守太和中復次職令其祿甚厚京官清貧者或帶縣令以優之其後用人益雜但選勳舊令史爲之而搢紳恥居焉北齊制縣自上上至下下凡九等之差上上上中縣其品並從五鄴臨漳成安三縣同之上下縣其品六中上中中中下其品從六下上縣其品七下中下下縣其品從七然用人尚濫武成帝捜揚世胄子弟總召集神武門宣旨慰諭而授之自是始用士人凡上縣有丞尉先迎功曹先迎主簿功曹主簿錄事及兩曹戶曹金曹租曹兵曹等掾市長等員合五十四人上中上下縣遞減五人中上縣減六人中中縣減五人中下至下下縣遞減一人各置白直以供役鄴臨漳成安三縣其員差多鄴又領右部西部三尉凡一百三十五里臨漳又領左部東部二尉凡一百一十四里成安又領後部北部二尉凡七十四里里各置正後周長安萬

年縣令正五命七千戶以上令亦同之四千戶以上縣令正四命二千戶以上令四命五百戶以上令正三命戶百以下令三命隨增大興長安河東雒陽四縣令爲正五品諸縣以閑劇衝要爲等級屬官改尉爲正唐制有赤縣畿縣望縣緊縣上縣中縣中下縣下縣之差赤令其品正五畿令其品正六上縣令其品從六望緊同之中縣令其品正七下縣令其品從七其後又有次赤次畿之名後魏已後冠服並隨其品焉亦有假臺省官以榮之者屬官置錄事司功司倉司兵司法司士畧如周制丞爲副貳如州上佐主

簿撿轄如州錄事參軍尉分治諸曹如州判司統內百戶爲里里置正五里爲鄉置耆老亦曰父老五代因之夫一同之地有社稷焉有吏民焉可以事神可以爲政有督責之令有刑罰之威勸課以率下貢賦以奉上蓋生民舒慘之所屬國家休戚之所同至于丞尉而下皆亦佽助其治居其任者可不重乎今故銓次其善惡之迹以爲後世之戒焉凡二十一門

選任　褒異　公正

選任

令長參五等之列布一同之政苟非選任曷補風化

所以蘊幹才而有聲因篤行而辟召若非務其幹蠱守以廉勤恕察民情精深理道則曷能與於此哉故日正理之本必在于親人親人之官莫切于令長斯之謂矣

漢嚴延年任侍御史坐法致死亾命會赦出丞相御史府徵書同日到延年以御史書先至詣御史府復爲掾宣帝識之（識其前劾霍光擅廢立）拜爲平陵令

尹賞爲粟邑令左馮翊薛宣奏賞能治劇徙爲頻陽令後以御史舉爲鄭令成帝永始元年延間長安中姦猾浸多閭里少年群輩殺吏受賕報仇（或有自怨於吏或受人賄賂爲仇讐也）相與探丸彈（爲彈丸作赤黑白三色而共探取之也）得赤丸者斫武吏得黑者斫文吏白者主治喪（其黨與有爲所殺者則主其喪事也）城中薄暮塵起剽刼行者死傷橫道枹鼓不絕（枹擊鼓椎也）賞以三輔高第選守長安令得一切便宜從事

後漢吳祐以光祿四行遷膠東侯相（漢官議曰四行敦厚質樸遜讓節儉）

韓韶辟司徒府時太山賊公孫舉僞號歷年守令不能破散多爲坐法尚書選三府掾能理劇者乃以韶爲嬴長賊聞其賢相戒不入嬴境

魏何夔爲太祖司空掾屬時東南多變太祖以東郡爲鄭令夔爲城父令諸縣皆用名士以鎮撫之其後吏民稍定

鄭渾字文公避難淮南太祖聞其篤行召爲邵陵令

蜀鄧芝字伯苗先主定益州爲郫邸閣督先主出至郫與語大奇之擢爲郫令

南齊沈憲爲左軍司馬太祖以山陰戶衆難治欲分爲兩縣武帝啓曰縣豈不可治但用不得其人耳乃以憲帶山陰令治聲大著孔稚珪請假東歸謂人曰沈令料事特有天才

傅琰初爲山陰令有能名及謂江夏王録事參軍大
祖輔政以山陰獄訟煩積復以琰爲山陰令
陳沈君高爲廷尉卿宣帝大建元年東境大水百姓
饑敝乃以君高爲貞威將軍吳令
蕭弘爲中庶子以疾去官明年京師多盜乃復起爲
貞威將軍建康令
褚玠爲中書侍郎太建中山陰縣多豪猾前後令皆
以贓汙免宣帝患之謂中書舍人蔡景曆曰稽陰大
邑久無其宰卿文士之内試思其人景曆進曰褚玠
廉儉有幹用未審堪其選不帝曰甚善卿言與朕意

同乃除戎昭將軍山陰令
北齊路去病爲殿中侍御史以正直知名時敕用士
人爲縣宰以去病爲定州饒陽令
後周辛昂爲龍州長史領龍安郡時事成都一方之
會風俗舛雜尉遲迥平蜀以昂達於從政表昂行成
都令
唐權懷恩高宗時爲尚乘奉御有奉乘安畢羅善于
調馬帝頗狎之懷恩因奏事遇畢羅在帝左右言戲
無禮懷恩既退執而杖之帝知而嗟賞謂侍臣曰懷
恩巧能不避強禦眞良吏也即日權爲萬年縣令

竇申德宗時爲司勲員外郎貞元二年正月詔曰政
理之本必在於親人親人之官莫切于長令臺郎御
史選重當時得以分朕之憂司勲員外郎竇申等十
人咸以器能精深理道輟於周行往涖通邑申可長
安縣令鄭珣瑜簡較吏部員外郎兼奉先縣令嘗武
簡較禮部員外郎兼昭應縣令賈全咸陽縣令兼監
察御史韋貞伯藍田縣令兼監察御史崔淙以原縣
令兼侍御史王倉簡較比部員外郎兼美原縣令李
曾盩厔縣令兼監察御史李鯤富平縣令兼殿中侍
御史

韋夏卿爲刑部員外郎時久旱詔于郎官中選畿赤
令縣是改奉天縣令
馮伉貞元中爲膳部員外郎澤潞節度使李抱眞卒
充弔贈使抱眞男遺伉帛數百疋不納又專送至京
伉因表奏固請不受屬醴泉闕縣令宰臣進人名德
宗意不可謂宰臣曰前使澤潞不受財帛者此人必
有清政可以授之遂改醴泉縣令
梁李文矩爲司門郎中太祖開平元年六月以文矩
爲闕之縣令司勲員外郎孫拙爲浚儀縣令先是二
邑皆吏部注授今昇爲赤縣故命二省郎理

褒異

夫賞有功褒有德帝王之彝典也古者子男之任實列于諸侯宰字之官或選于郎署蓋民政之攸係而教化之所出也西漢而下暨夫五代乃有知識深遠材用周敏絜身以馳譽勤職而集事布優異之政著殊尤之績獄訟稀簡寇盜衰息以至濟危窘而有備制彊禦而不僭力勸乎耕稼誕宣其條教由是增之爵秩進諸章綬或降彼恩詔臨問其勤勞或載在冊書激勸乎群萃或寵之蕃錫或賜之嘉名斯皆薰灼其聲猷便蕃其崇獎咸用編次式垂于後

漢王尊行美陽令事宣帝行幸雍過虢尊供張如法而辦（尊雖行美陽令而就虢供張也）以高第擢為安定太守

後漢卓茂前漢末為密令有異政光武即位下詔褒之拜太傅封褒德侯

歐陽歙為原武令光武徇平河北到原武見歙在縣修政遷河南都尉

孔奮建武初守姑臧長光武詔書以為治有絕迹賜爵關內侯

董宣為睢陽令卒于官光武詔遣使者臨視惟見布被覆尸妻子對哭有麥數斛敝車一乘帝傷之曰董宣廉潔死乃知之帝以宣嘗為二千石賜文綬葬以大夫禮拜子並為郎中

馮魴遷郟令光武車駕西征隗囂潁川盜賊群起郟賊延褒等衆三千餘人攻圍縣舍魴率吏士七十許人力戰連日弩矢盡城陷魴乃遁皂帝聞其反即馳赴潁川魴詣行在所帝案行鬬處知魴力戰乃嘉之曰此健令也

祭肜為襄賁令時賊鈔掠到官誅鉏姦猾縣界清靜詔書增秩一等賜縑百疋

寒朗為濟陽令以母喪去官百姓追思之章帝東巡

狩過濟陽三老吏人上陳朗前政狀帝至梁見朗詔三府為辟首由是辟司徒府

魯恭為中牟令有異政河南尹袁安上書言狀章帝異之會詔百官舉賢良方正恭薦中牟名士王方帝即徵方詣公車禮之與公卿所舉同恭在事三年州舉尤異後拜侍御史

魯丕恭之弟也為新野令州課第一擢拜青州刺史

陳重為細陽令舉尤異遷會稽太守

臧旻為盧奴令冀州舉尤異遷揚州刺史

童恢為不其令青州舉尤異遷丹陽太守

魏楊沛漢末爲新鄭長大祖爲兗州刺史西迎天子所將千餘人皆無糧沛進乾椹大祖喜後大祖以爲鄴令已拜大祖見之問曰以何治鄴沛曰竭盡心力奉宣科法大祖善之顧謂坐席曰諸君皆可畏也賜其生口十人絹百疋旣欲以勵之且以報乾椹也

崔林河東武城人大祖定冀州召除鄔長冀無車馬單步之官大祖征壺關問長吏德政最者并州刺史張陟以林對于是擢爲冀州主簿

吳張純字元基補廣德令治有異績擢爲太子輔義都尉

晉郤正初仕蜀爲祕書郎入晉除安縣令武帝泰始八年詔曰正昔在成都顛沛守義不違忠節及見受用盡心幹事有治理之績以正爲巴西大守

竇允爲謁者泰始中詔曰當官者能絜身修己然後在公之節乃全身善有章雖賤必賞此興化立教之務也謁者竇允前爲浩長以修勤清白見稱河右是當擢用使立行者有所勸主者詳復參訪有以旌表之拜臨水令

夏謖爲鄮令咸寧元年以謖有清稱賜穀百斛

宋劉眞道爲錢塘令文帝元嘉十三年東饑帝遣揚州治中從事史沈演之巡行在所演之上表薦眞道政績爲治民之良宰帝嘉之賜穀千斛以眞道爲步兵校尉

江秉之爲山陰令以在縣有能遷補新安大守

梁何遠爲武康令勵廉節正身率職民甚稱之高祖聞其能擢爲宣城太守自縣爲近畿大郡近代未之有也

陳褚玠爲山陰令縣民張次的王休達等與諸猾吏賄賂通姦全丁大戶類多隱沒玠乃鎖次的等以其狀啓臺宣帝手勑慰勞

北齊薛琡初仕後魏爲雒陽令孝明時京師久旱悉召集華林理問惟雒陽獄有三人帝嘉之賜絹百疋

後周路去病初仕北齊爲饒陽令有能名武帝平齊重其能官除郡守公孫景茂二人不被替代發詔褒揚

隋房恭懿高祖開皇初吏部尚書蘇威薦爲新豐令政爲三輔之最時雍諸縣令每朔謁帝見恭懿必呼至榻前訪以理人之術蘇重薦之超授澤州司馬

劉曠爲臨穎令清名善政爲天下第一尚書左僕射高熲言其狀高祖召之及引見勞之曰天下縣令固

多矣卿能獨異于衆良足美也顧謂侍臣曰若不殊
奬何爲勸于天下優詔擢拜黄州刺史
郭絢爲滦縣丞煬帝問納言蘇威天下清名第一者
誰威以絢對帝賜絢帛百疋令朝集使送至郡郊以
旌異焉
唐李大亮高祖武德初爲土門令勸以懇闢歲因大
稔時太宗居藩撫廵北境聞而嘉之賜馬一疋帛五
十段
王甫武德初年爲醴泉縣令有善政賜帛五十段賞
之

賈敦實爲饒陽令政化清淨老幼懐之時兄敦頤復
授瀛州刺史舊制大功已上不復連官朝廷以其兄
弟在職俱有能名遂不遷替
常崇德爲葉縣令高宗咸亨二年冬幸許汝等州詔
賜崇德絹百疋表清節也
鄧玄挺爲頓丘令爲縣有異政璽書勞問
馮元淑爲清漳令政有殊績又歷浚儀始平二縣令
中宗時降璽書勞勉仍令史官編其事迹
李朝隱爲長安令有宦官内寺伯干以非法朝隱正
色叱之仍繫于獄睿宗下製褒之日夫不吐剛而諂
上不茹柔而黷下者君子之事也践霜必繩登車無
屈者正人之務也中大夫行長安縣令李朝隱見義
不回强直自遂亟聞佳政累著能名近者品官入官
有干儀式遂能責之以禮繩之以僁但宦竪之流多
有憑恃柔寛之代必弄威權每觀載籍嘗爲嘆息朕
規戒前古勤求典憲能副朕意實在斯人虞延持皇
后之客梅陶鞭太子之傳古稱遺直復見于今思欲
旌其美行遷以重職爲時當閲戸政在養人宜加一
階用表剛烈
劉思穆爲深州饒陽縣令崔懐嶷爲冀州信都縣令

玄宗開元三年並以課績居最各賜物三十疋勑有
司待秩滿日優與處分
唐昪爲河東縣令代宗大暦七年褒昪階至朝散大
夫更留三年旌善政也
韋滌爲涇陽令德宗貞元二年正月詔曰滌有禦灾
之術有字物之方人不流亾事皆辦集惟是一邑之
内獨無愁怨之聲古之循良何以邁此可簡較工部
員外郎兼本官賜緋魚袋并賜衣一襲絹一百疋馬
一匹凡百君子各宜自勉
鄭珣瑜爲奉先令韋武爲昭應令崔琮爲華元令韋

貞伯爲藍田令李曾爲盩厔令貞元三年五月詔以珣瑜爲饒州刺史武爲遂州刺史琮爲欽州刺史貞伯爲舒州刺史曾爲郢州刺史録善政也各賜馬一匹并綵物衣服以遣之

王正雅爲萬年縣令當穆宗時京邑號爲難理正雅抑強扶弱政甚有聲會柳公綽爲京兆尹帝前褒稱帝命以緋衣銀章就縣宣賜遷戸部郎中

梁劉群爲長子令開平二年三月大祖在澤州群率人戸來見且言久在山谷保護親族無與軍前潛探報蕃賊行止時亦供餽芻粟遞相告報帝嘉其忠節

乃賜群章服百姓賑而遣之

李濟美爲開封令薛昭文爲浚儀令乾化二年開封尹以其課最來上請未除替勑曰李濟美等宰邑浩穰有及物之政朕甚嘉之宜量留一年

後唐王延禧攝湯陰縣令柳承翰攝主簿明宗天成元年八月並賜緋魚袋以帝赴難時經過供頓之勞也

李温美爲博州武水縣令廢帝清泰二年縣民郭贇而下再經州將陳狀乞奏留之觀察使言温美公廉無濫賦于民實爲良吏詔曰州縣量留已有規制李温美賜緋魚袋

晉趙賚爲壽長令高祖天祐四年七月詔考滿之外量留三年飛蝗避境故也

漢劉繼儒晉末爲晉陽縣令兼昌陵臺令開運三年詔曰興王舊地原廟所存載懷瞻奉之心允屬循良之吏以爾涖官有政晉人美之假其省銜許留周歲更圖盡瘁以稱陟明可簡較工部員外郎仍量留一年從北京奏故也

周劉袞徵爲新安令大祖廣順元年遷河東府司録參軍奬能吏也

公正

古者子男居五等之列今宰爲百里之長人民社稷之攸繫政教威令之所出故名器斯重選任非易歷代而下惟賢是圖乃有禀剛方之性勵貞固之操中立不倚當官而行拒非理之求絶諂上之迹謹守科法靡顧彊禦惟公是徇惟弊是革以至矯偷薄之俗弃印綬而去者咸足多尚者已

齊晏嬰字平仲治東阿三年景公召而數之曰吾以子爲可而使子治東阿今子治而亂子退而自察也寡人將加大誅乎晏子曰臣請改道易行而治東阿

三年不治臣請死之景公許之于是明年上計景公迎而賀之曰善矣子之治東阿也晏子對曰前臣之治東阿屬託不行貨賂不至陂池之魚以利貧民當此之時民無饑者而君反以罪今臣之治東阿也屬託行貨賂至事左右陂池之魚入權家民之饑者過半君反迎而賀臣臣愚乞骸骨公乃下席而謝曰子強復治之東阿者子之東阿也人無復與焉

后漢虞延少爲戶牖亭長時王莽貴人魏氏賓客放縱延率吏卒突入其家捕之以此見怨故位不升

陳球爲繁陽令時魏郡大守諷縣求納貨賄球不與

之大守怒而撾督郵欲令逐球督郵不肯

袁安初爲縣功曹奉檄詣從事因安致書于令安曰公事自有郵驛私情則非功曹所持辭不肯受從事懼然而止

趙儼爲郎陵長陽安大守李通妻伯父犯法儼收治致之大辟是時殺生之柄決于牧守通妻子號泣以請其命通曰方與曹公戮力義不以私廢公嘉儼執憲不阿與爲親交

武周爲下邳令時徐州刺史沛國公臧霸散輿周身詣令舍部從事譓調不法周得其罪便收考竟霸益以善周

周規爲臨湘令長沙大守程徐二月行縣敕諸縣治道規以方春向農民多劇務不欲奪人良時徐出督郵責規即委官而去徐憮然有愧色遣功曹齎印綬檄書謝請還歸規謂功曹曰程府君愛馬蹄不重民力徑逝不顧

魏滿寵漢末爲許令故大尉楊彪收付縣獄尚書令荀彧少府孔融等並屬寵但當受詞勿加考掠寵一無所報考訊如法數日求見大祖言之曰楊彪考訊無他詞語當殺者宜先彰其罪此人有名海内若罪

不明必大失民望竊爲明公惜之大祖即日赦出彪初彧融聞考掠彪皆怒及因此得了更善寵

司馬芝爲廣平令征虜將軍劉勳貴寵驕豪又芝故郡將賓客子弟在界數犯法勳與芝書不著姓名而多所屬託芝不報其書一皆如法後勳以不軌誅交關者皆獲罪而芝以此見稱

吳闞謙爲舒令郡太守張磐同郡先輩與謙父友謙恥爲之屈當舞屬謙不爲起固強之乃舞舞入不轉磐曰不當轉耶曰不可轉轉則勝人

晉李密爲溫令而憎疾從事嘗與人書曰慶父不死

魯雖未已從事自共書司隷司隷以密在縣清慎弗
之劾也密政化嚴明中山諸王每過溫縣必賫求供
給溫吏民患之及密至中山王過縣欲求芻茭薪蒸
密劾引高祖過沛賓禮老幼桑梓之供一無煩擾伏
惟明王孝思惟則動識先戒本國望風式歌且舞詠
求之辭所未聞命自後諸王過不敢有煩隴西王司
馬子舒深敬友密而貴勢之家憚其公正
前秦徐嵩爲長安令貴戚子弟犯法者嵩一皆考竟
請託路絶苻堅甚奇之謂其叔父成曰人爲長吏故
當應耳此年少落落有端貳之才

南齊孔逭爲陽羨長義興太守王績輒錄郡吏陳伯
喜付陽羨獄欲殺之逭不知何罪不受績教爲有司
所奏績坐白衣領職
梁顧憲之初仕宋爲建康令至于權要請託長吏貪
殘據法直繩無所阿縱
羅研爲信安令故事置勸農謁者圍桑度田勞擾百
姓研請除其弊從之
隋劉行本爲太子左庶子以本官領大興令權貴憚
其方直無敢至門者由是請託路絶法令清簡吏民
懷之

唐李義琰爲太原尉時李勣爲并州都督僚吏皆望
風懾伏義琰獨挺持曲直勣甚禮之
李元素爲武德令時州將李文暕將調率金銀造常
清鑄以獻百姓甚弊之而官吏無敢異議者元素抗
詞固執文暕乃損其制度以家財營之
楊瑒爲麟遊令時御史大夫竇懷貞簡較造金仙玉
仙二觀移牒近縣徵百姓所隱逆人資財以充觀用
瑒拒而不受懷貞怒曰焉有縣令卑微敢拒大夫之
命乎瑒曰所論爲人冤抑不知計位高卑貞壯其對
遂寢其事又中宗時韋庶人上表請以年二十二爲

丁限及韋氏敗省司舉徵租調瑒執曰韋庶人臨朝
當國制書非一或進階卿士或赦宥罪人何獨于已
役中男重徵丁課恐非保人之術省司遂依瑒所執
一切免之
薛訥爲藍田令有富商倪氏于御史臺理其私債中
丞來俊臣受其貨財斷取義倉粟數千石以給之訥
曰義倉本備水旱以爲儲蓄安敢絶衆人之命以資
一家之產竟執之不與會俊臣得罪其事遂行
後唐羅貫爲河南縣令貫爲人強直正身奉法不避
權豪時宦官伶人用事凡請託于貫者其書盈閣一

無所報皆以示郭崇韜崇韜因奏其事由是左右無言責之失

册府元龜終

册府元龜　補　卷之七百一　二十一

第十四頁十四行後脱一條

路嗣恭始名劍客為神烏令考績上上為天下最以其能賜名嗣恭

第十五頁四行後脱一條

裴向為渭南令朝廷聞其理行擢為户部員外郎

第二十頁十八行後脱一條

李朝隱景雲初為長安令有宦官内寺□干以非法朝隱正色叱之仍繫于獄中睿宗下制褒之

冊府元龜

巡按福建監察御史臣李嗣京　訂正

知長樂縣事　臣　夏允彝　參閱

知建陽縣事　臣　黄國琦　較釋

令長部　二

能政　遺愛　課最

能政

夫建縣邑置令長有社稷焉有人民焉政之所由出也歷代而下曷嘗不推擇而授任故其宜美績流淑聲者亦不乏其人焉或明以炤姦或智能治劇或推

之以恩信或鎮之以清静或兼文武之用或適寛猛之宜而史氏之述曰其民稱之懐之詠歌之不欺之畏而愛之雖爲政不同歸于能矣

孔子爲中都宰一年四方皆則之

宓不齊字子賤治單父其民附孔子曰告丘之所以治之者對曰不齊時倉廪賑窮補不足孔子曰是小附耳未也對曰當有能招賢才退不肖孔子曰是士附耳未也對曰所父事者三人所兄事者五人所友事者十有二人所師者一人孔子曰所父事者三人所兄事者五人足以教弟矣所友者十有二人足以迍壅蔽矣所師者一人足以慮無遺策擧無敗功矣惜乎不齊爲之大功乃與堯舜參詩曰愷悌君子民之父母子賤其似之矣（呂氏春秋曰宓子賤治單父彈鳴琴身不下堂而單父治巫馬期以星出以星入日夜不居以身親之而單父亦治巫馬期問其故于宓子宓子曰我之謂任人子之謂任力任力者固勞任人者固逸子則君子矣逸四支平耳目而百官以治義矣任其教而已矣）

子奇年十八齊君使之化阿至阿鑄其庫兵以爲耕器出倉廪以賑貧窮阿縣大化

西門豹魏文侯時爲鄴令河内稱治名聞天下（子産治鄭民不能欺子賤治單父民不忍欺西門豹治鄴民不敢欺三子之才能誰最賢哉辨治者當能别之）

漢朱邑字仲卿廬江舒人少時爲舒桐鄉嗇夫廉平

不苛以愛利爲行（仁愛于人而安利也）未嘗笞辱人存問耆老孤寡遇之有恩所部吏民愛敬焉

召信臣字翰卿九江壽春人以明經甲科爲郎出補穀陽長擧高第遷上蔡長其治視民如子所居見稱

述超爲零陵太守

後漢公孫述字子陽扶風茂陵人哀帝時以父任爲郎後父仁爲河南郡尉而述補清水長仁以述年少遣門下掾隨之官月餘掾辭歸白仁曰述非待教者也

卓茂爲密令勞心諄諄視人如子擧善而教口無惡

言吏民親愛而不忍欺之

歐陽歙爲原武令世祖平河北到原武見歙在縣修政遷河南都尉

班彪察司徒廉（察舉也司徒薦爲廉）爲望都長吏民愛之

耿國歷頓丘陽翟上蔡令所在吏人稱之

李咸爲高密令政多奇異青州表其狀

劉平彭城人爲郡吏守菑丘長政教大行其後每屬縣有劇賊輒令平守之所至皆理由是一郡稱其能後爲全椒長政有恩惠百姓懷感人或增貲就賦或減年從役刺史太守行部獄無繫囚人自以得所不

知所問惟班詔書而去

魯王興光武兄子試守緱氏令有明略善聽訟甚得名稱

法雄爲平氏長善政事吏人威愛之南陽太守鮑得上其理狀遷宛陵令

滕撫爲涿令有文武才用太守以其能委任郡職兼六縣風政修明流愛于人在事七年道不拾遺

劉騊駼爲湞陽長政化大行道不拾遺

韋義爲廣都長甘陵陳二縣令政甚有績官曹無事牢獄空虛

陸康爲高城令縣在邊鄙舊制令戶一人具弓弩以備不虞不得行來（行來猶往來也）長吏新到輒發民繕修城郭康至皆罷遣百姓大悅以恩信爲治寇賊亦息州縣表上其狀

和拂爲宛令時南陽縣郡吏因休沐游市里爲百姓所患拂出逢之必下車公謁以愧其心自是莫敢出者政有能名

第五訪補新都令政平化行三年之間鄰縣歸之戶口十倍

趙苞爲廣陵令視事三年政教清明郡表其狀遷遼

西太守

葛龔爲湯陰令又爲臨汾令居二縣皆有稱績

王渙爲雒陽令以平正居身得寬猛之宜

任浚爲劇令（劇縣名屬北海郡）初雒陽令王渙卒後連詔三公時選皆不稱職順帝永和中以浚補之浚擢用文武吏皆盡其能一歲斷獄不過數十

衛颯辟大司徒鄧禹府舉能按劇除侍御史襄城令政有名績

童翊舉孝廉除須昌長化有異政吏人生爲立碑

宋登爲汝陰令爲政明能號稱神父

桓鸞爲巳吾汲二縣令甚有名迹諸公並薦

劉洪爲曲成侯相政教清均吏民愛而畏之爲州郡之所禮異也

崔瑗爲汲令在事數言便宜視事一年百姓歌之

袁安歷陰平長任城令所在吏人畏而愛之

荀淑爲朗陵侯相號稱神君

劉虞爲博平令治政推平高尚純樸境内無盜賊災害不生

魏梁習漢末爲漳長累轉乘氏海西下邳令所在有治

崔林河東武成人太祖定冀州召除鄔長無車馬單步之官太祖征壺關問長吏德政最者并州刺史張陟以林對于是擢爲冀州主簿徙署别駕丞相掾屬

倉慈字孝仁黄初末爲長安令清約有方吏民畏而愛之

吉茂字叔暢舉茂才除臨汾令在官清靜吏民不忍欺

蜀吕乂爲新都綿竹令乃心隱卹百姓稱之爲一州諸城之首

晉曹攄爲雒陽令仁惠明斷百姓懷之

喬智明少以德行聞成都王穎表爲殄冦將軍隆慮共二縣令二縣愛之號爲神君

竇允始平人出自寒門清尚自修少仕縣稍遷郡主簿察孝廉除浩亹長勤于爲政勸課田蚕平均調役百姓賴之爲臨水令克巳勵俗改修政事士庶悦服咸歌詠之

潘京歷巴丘邵陵泉陵三令京明于政術路不拾遺

陸雲爲浚儀令縣居都會之要名爲難理雲到官肅然下不能欺市無二價

宋傅僧祐有吏才再爲山陰令甚有能名末世令長

莫及

江秉之爲烏程令以善政著名東土徵爲建康令爲治嚴察京邑肅然後爲山陰令民戸三萬政事煩擾訟訴殷積階庭嘗數百人秉之御繁以簡嘗得無事宋世惟顧凱之亦以省務著績其餘雖復刑政循理而未能簡事以在縣有能遷補新安大守

徐豁爲山陰令精練法理爲時所推

陸徽吳人也補建康令清平無私爲太祖所善

南濟沈憲爲烏程令甚著政績大守褚淵嘆之曰此人方圓可施

蕭赤谷爲錢塘令治政爲百姓所安遷正員郎吏民請留之時議見許

蕭景爲永寧令永嘉大守范述曾居郡號稱廉平雅服景爲政乃牓郡門曰諸縣有疑滯者可就永寧令決之

傅琰字季珪山陰令僧祐子也琰又爲山陰令山陰東上大縣難爲官長僧祐在縣有稱琰尤明察父子並著奇績江左鮮有世云諸傅有治縣譜子孫相傳不以示人一云琰爲武庫令遷山陰令並著能名二縣皆謂之傅聖也

劉玄明有吏能爲山陰令大著名績傅琰子翽代玄

明爲山陰令問玄明曰願以舊政告新令尹荅我有奇術卿家譜所不載我臨去當告卿將別謂之曰作縣惟日食一升飯而莫飲酒此第一策也

顧憲之爲建康令性清儉強力爲政甚得民和故京師飲酒者得醇旨輙號爲顧建康醇清且美也

丘仲孚爲山陰令居職甚有聲稱百姓爲之謡曰二傅沈劉不如一丘前世傅琰父子沈憲劉玄明相繼宰山陰並有政績言仲孚皆過之也

吉翂年十七應辟爲本州主簿出監萬年縣攝官朞月風化大行

陳殷不佞初仕梁承聖初爲武康令時兵荒饑饉百姓流移不佞廵撫招集襁負而至者以千數

江德藻爲新渝令政尚恩惠頗有異績

後魏韓念祖爲上黨令徐州刺史尉元表念祖始臨之初舊民南叛全無一人撫慰招集愛民如子南來民費係先等前後歸附戸至二百有餘南齊陰郡睢陵縣人趙憐等辭稱念祖善于綏撫清身請乞念祖爲睢陵令若得其人必能招集離叛成立一縣獻文詔曰樹君爲民之情如此可聽如請

吳平仁爲定陽令有恩信戸增數倍汾州刺史穆羆

以吏民懷之爲表請孝文從之

楊機行河陰縣事明達政事斷獄以情甚有聲譽

高謙之爲河陰令在縣二年損益治體多爲政事

北齊杜弼爲光州曲城令爲政清靜務盡仁恕詞訟止息遠近稱之

隋房恭一字愼言沈深有局量達于從政爲平恩令有能名

郎茂初仕北齊爲保城令有能名百姓爲立清德頌周平齊後爲衛國令歷年詞訟不詣州省魏州刺史元暉謂茂曰長史言衛國民不敢申訴者要明廉耳

茂蓮曰民猶水也法令爲隄防隄防不固必致奔突苟無決溢使君何患哉暉無以應之

長孫斌爲諫議大夫攝長安令與大興令梁毗俱爲稱職然毗以嚴正聞斌以寬平顯爲政不同部內各化

魏德深大業中爲貴鄉長遼東之役徵稅百端使人往來責成郡縣于時王綱弛紊吏多贓賄所在徵歛下不堪命惟德深一縣有無相通不竭其力所求皆給百姓不擾稱爲大化于是盜賊群起武陽諸城多被淪陷惟貴鄉獨全郡丞元寶藏受詔逐捕盜賊每

戰不利則器械必盡輒徵發于人動以軍法從事如法者數矣其鄰城營造皆聚于廳事吏人遞相督責晝夜喧囂猶不能淸德深各問其所欲任隨便修營官府寂然嘗若無事惟約束長吏所修不須過餘使百姓勞苦然在下各自竭心嘗爲諸縣之最

高世行大業末爲櫟陽令劉高爲蕭令劉斌爲城皐令俱有恩惠風教大洽獄無繫囚爲吏人所稱

唐顔師古隋仁壽中爲安養尉尚書左僕射楊素見師古年弱貌羸因謂曰安養劇縣何以克當師古曰割鷄焉用牛刀素奇其對官梁以幹理聞

獨孤懷恩爲鄠縣令高祖平京城受長安令在職嚴明甚得時譽

韋承慶調露中爲烏程令風化大行

李峴信安王褘第三子樂善下士頗有吏才以門蔭入仕累遷高陵令政術知名特遷萬年令所蒞皆著聲績

蔣沇乾元中爲陸渾盩厔咸陽高陵四令當軍旅之後瘡痍未平沇竭心撫綏所至安輯副元帥郭子儀每統兵由其縣必誡軍吏曰蔣令淸嚴幹辦供億固當有素士衆得蔬飯見饋則已無撓淸政其爲時人

所稱如此

閻㨗大曆中爲河南府兵曹攝職數縣皆有政能

田庭玠魏博節度使興之父幼敦儒雅不樂軍職起家爲平舒丞遷樂壽淸池東城河間四縣令所至以良吏稱

王正雅穆宗朝爲萬年令時京邑號爲難理正雅抑強扶弱政甚有聲會拼公綽爲京兆尹于帝前保稱帝命以緋衣銀章就縣宣賜遷戶部郎中

後唐賈俊累爲鎭冀屬邑令所蒞有能政

劉遠淸泰初爲鉅野令縣民張廷煦等舉留遠詔曰

月限外量留一年

李溫美清泰中爲博州武水令縣民二百舉留溫美詔本限外留一年

王遵美爲密州諸城令考限欲滿部人以善政舉留時已除替人特減一選

晉李顓美爲武陽令性廉謹大著政聲

任沆爲青州邑益都令縣民舉留勑量留一年

孟承誨爲宗城令秩滿以百姓舉留移當山槀城令皆有善政

宇文頡爲汝州襄城令縣民舉請救月限外量晋一

年

李敞爲太谷令北京上言殷勤務公廉以德化下獄無囚繫刑無鞭樸薪水之事不擾于民力賦輿之數不失于公程三時勸農躬行田井乾糇賜饑褁行而食一邑熙熙長幼有序流者歸復如戀父母令考秩垂滿衆情願留敞希明恩重令治任詔下褒美量留一年

周司徒詡清河人後唐明宗之鎮邢臺詡往謁之甚見禮遇命試吏于邯鄲歷永年須城令皆有能名

景範初以明經擢第歷貝州清陽簿濮州范縣令皆以強幹著名

李元懿爲青州北海縣令民五千餘詣闕舉稱元懿所任添千戶出稅錢貫足萬勸課百姓種樹十三萬于縣廨內種株千其年旱霜北海不損田諸縣蝗不入縣界泥龍求雨無應李令笞龍責之即日雨足民有詞訟當面剖斷出俸錢修公廨置什物當李令在官曾將其事于木州舉請前使劉銖以爲阿附例遣決責令以元懿之政望更賜李令三二年時元懿已授宋城令以縣民堅請遂復爲北海以獎之

遺愛

觀夫寄百里之命布一同之政若乃清白自處風教外行訢合民情允孫王化則有因伏臘以放囚繫勸農桑而成歲事民懷其惠吏不忍欺頌德以立碑畫像以配祀故先民有言曰善人爲政殁且不朽其是之謂乎

西門豹爲鄴令鑿十二渠引河水灌民田皆溉至漢時長吏以爲十二渠橋絕馳道相比近不可欲合渠水且至馳道合三渠爲一橋鄴民人父老不肯聽長吏以爲西門君所爲也賢君之法式不可更也長吏終聽置之

漢朱邑少時爲舒桐鄉嗇夫廉平不苛以愛利爲行
未嘗笞辱人存問耆老孤寡遇之有恩所部吏民愛
敬焉後遷大司農病死屬其子曰我故爲桐鄉吏其
民愛我必葬桐鄉後世子孫奉嘗我不如桐鄉民嘗謂
烝嘗之祭及死其子葬之桐鄉西郭外民果共爲邑起冢
立祠歲時祠祭至今不絕
焦贛爲小黄令化行縣中舉最當遷三老官屬上書
願留贛有詔許增秩留
後漢卓茂初爲密令是時王莽秉政置大司農下部
丞勸農桑遷茂爲京丞密人老少皆涕泣隨送

魯恭爲中牟令會遭母喪去官吏人思之
王喬爲葉令及卒百姓乃爲立廟號葉君祠
韋義爲廣都長以兄順喪去官廣都爲生立廟後爲
甘陵陳二縣令及卒二縣吏民爲義舉哀若喪考妣
寒朗爲濟陽令以母喪去官百姓追思之章和元年
和帝東巡狩過濟陽三老吏人上書陳朗前政狀帝
至梁召見朗三府爲辟首由是辟司徒府
楊仲續爲郃令甚有德惠人爲立祠
劉寵爲東平陵令以仁惠爲吏民所愛母疾弃官去
百姓將送塞道車不得進乃輕服遁歸

姜詩爲江陽令卒于官所居治鄉人爲立祀
朱登爲汝陰令後爲潁川大守病免卒汝陰人配社
祠之
王渙爲雒陽令病卒百姓市道莫不咨嗟男女老壯
皆相與賦斂致奠醊以千數渙喪西歸道經弘農民
庶皆顧槃按于路吏問其故咸言平常持米到雒爲
卒司所鈔當亾其半自王君在事不見侵枉故來報
恩其政化懷物如此人思其德爲立祠于安陽亭西
每食輒弦歌薦之
陳寔爲太丘長修德清静百姓以安以沛相賦斂違

法乃辭印綬去吏人追思之
荀淑爲當塗長歷朗陵侯相及卒二縣皆爲立祠
劉陶爲順陽長又云名騊駼爲湏陽以病免吏民思而歌之曰
邑然不樂思我劉君何時復來安此下民
蜀董和爲成都令縣界豪強憚和嚴去託益州牧劉
璋轉和爲巴東屬國都尉吏民老幼相携乞留和者
數千人璋聽留二年
晋荀勗爲安陽令轉驃騎從事中郎勗有遺愛安陽
生爲立祠
陸雲爲浚儀令郡守害其能屢譴責之雲乃去官百

姓追思之圖畫形像配食縣社

孔奐爲全椒令在官有惠化及卒市人若喪慈親

南齊樂預爲永世令民懷其德卒有一老嫗行擔斛蔌若將詣市聞預死弃擔號泣

周顒爲剡令有恩惠百姓思之

梁樂藹爲龍陽相以父憂去職吏民詣州請之葬訖起焉

劉杳爲臨津令有善績秩滿縣人三百餘人詣闕請留勑許焉

蕭景爲永寧令以疾去官永嘉人胡仲宣等千人詣

闕表請景爲郡不許還爲驃騎將軍

傅岐爲始平令後去縣民無老小皆出境拜送啼號之聲聞于數十里

隋劉曠高祖開皇初爲平鄉令在職七年風教大洽及去官吏人無少長號泣于路將送數百里不絶

魏德深煬帝大業中爲貴鄉長百姓不擾稱爲大化遷館陶長貴鄉吏人聞之相與言及其事皆欷歔流涕語不成聲及將赴任傾城送之號泣之聲道路不絶既至館陶闔境老幼皆如見父母貴鄉父老冒涉險難詣闕請留有詔許之館陶父老復詣郡相訟以貴鄉文書爲詐郡不能決會持節使者韋霽杜整等至兩縣詣使訟之乃斷從貴鄉貴鄉吏人歌呼滿道互相稱慶館陶衆庶合境悲哭因而居任者數百家後與賊戰没于陣貴鄉館陶人庶至今懷之

房彦謙爲長葛令超授鄭州司馬吏民號哭相謂曰房明府今去吾屬何用生爲其百姓思之立碑頌德

唐張元濟隋大業中爲武陽令務以德教訓下百姓懷之

高叡爲通義令以善政稱去官後人吏樹碑頌其德

崔務智爲博州清平令以歲滿當去職百姓懷其善

政詣闕請更留一年制許之

韋景駿爲肥鄉令後爲趙州長史路由肥鄉人吏驚喜競來犒餞留連經日有童稚數人年甫十餘歲亦在其中景駿謂曰計吾去此時汝輩未生既無舊恩何慇懃之甚也咸對曰比聞長宿傳説縣中廨宇學堂館舍隄橋並是明公遺迹將謂古人不意親得瞻覩不覺欣戀倍于嘗也其爲人所思如此

崔縱爲藍田令寬明勤謹德化大縣人請立碑

薛珏爲渭南令以清白才異聞遷昭應令縣人請立碑紀政珏固讓不受

裴耀卿爲長安令在職二年寬猛得衷及去官縣人甚思詠之

晉史圭爲樂壽令里人爲之立碑

課最

夫郡縣者國之藩維令長者民之父母欲親其民必修其政則有立神明之譽興廉讓之風吏民悅服獄訟和平清白尤異課績連最莫不升諸公朝待之異數所以三考黜陟前王令典五等優劣後世準繩不然淸濁不分善惡何勸乎

漢卜式爲緱氏令緱氏便之遷成皋令將漕最爲縣令而又使領漕其課最上

趙廣漢爲陽翟令以治行尤異遷京輔都尉守京兆尹

王尊行美陽令事宣帝行幸雍過虢尊供張如法而辦尊雖行美陽令而就虢供張也以高第擢爲安定大守

義縱補上黨郡中令治敢往少溫籍敢行嚴酷之政少溫籍言無所含容也縣無逋事逋亡也負也舉第一遷爲長陵及長安令

焦延壽守贛爲少黃令愛養吏民化行縣中舉最當遷以課最而被舉故一遷而爲他官也三老官屬上書願留贛有詔許增秩留係許留而增其秩

召信臣爲穀陽長舉高第遷上蔡長

後漢杜詩爲成皋令視事三歲舉政尤異

魯恭爲中牟令在事三年州舉尤異

魯丕爲新野令視事朞年州課第一

祭肜爲偃師長有權略視事五歲縣無盜賊課爲第一

牟融以司徒茂才爲豐令視事三年縣無獄訟吏畏而愛之治有異迹爲州郡最

孔奮守姑臧長詔書以奮在姑臧治有絶迹賜爵關內侯

胡紹爲河內懷令政教清平爲三河表

陳重舉茂才除細陽令政有異化舉尤異當遷爲會稽大守

劉祐除任城令兗州舉爲尤異

童恢爲不其令青州舉尤異遷丹陽大守

伏恭爲劇令視事十三年以惠政公廉聞青州舉爲尤異

魏張旣字德容馮翊高陵人舉茂才除新豐令治爲三輔第一

臧旻爲盧奴令冀州舉尤異遷揚州刺史

蜀呂義爲新都綿竹令乃心隱卹百姓稱之爲一州諸城之首

晉鄭袤爲黎陽令吏民悅服大守班下屬城特見甄異爲諸縣之最

杜軫除池陽令爲雍州十一郡最

宋夏侯詳爲新汲令治有異績豫州刺史段佛榮班下境內爲屬城表轉治中從事史

南齊蕭景爲永寧令治爲百城最

梁丘仲孚再爲山陰令仲孚長于撥煩善適權變吏民敬服號稱神明治天下第一

隋長孫熾建德二年授雍州倉城令尋轉盩厔令頻宰二邑考績連最遷崤郡守

劉曠開皇中爲臨潁令清名善政爲天下第一

房恭懿開皇初爲新豐令政爲三輔之最

房彥謙爲長葛令仁壽中文帝令持節使者巡行州縣察長吏能不以彥謙爲天下第一

唐劉思穆爲深州饒陽令與冀州信都令崔懷嶷課績居最

薛珏拜試太子中允兼渭南令奏課第一間歲復以清白尤異聞

路嗣恭始名劒客後歷仕郡縣有能名後授神烏令考績上下爲天下最以其能賜名嗣恭

裴向累爲京兆府戶曹轉櫟陽渭南縣令奏課皆第一朝廷亟聞其理行擢爲戶部員外郎

王播爲殿中侍御史授三原令臨所部政理修明持勢豪門未嘗貸法歲終考課爲畿邑之最

冊府元龜終

冊府元龜

巡按福建監察御史臣李嗣京　訂正

知閩縣事臣曹胤臣叅閱

知建陽縣事臣黃國琦較釋

令長部　三

教化　感化　勸課

教化

傳著格恥之論雅有胥傚之訓蓋邑宰之任風化之所出焉有社稷之守有人民之衆施于爲政足以成俗乃有示之禮讓陳之德義推之以誠信昜之以仁

厚躬行儉約以戒奢侈興隆學校以尚經術責已以息其訟隨方以勸其善繇是俗化斯革政事惟醇貪暴用悛親黨成睦下以無𢍰人不恣欺至于道不拾遺耕者讓畔班白不挈弦誦相聞者蓋有之矣頌曰懷我好音班固亦云廩廩庶幾德讓君子之遺風者皆斯之謂也

魯孔子爲中都宰一年四方皆則

仲繇字子路爲蒲大夫三年孔子過之入其境而善之曰繇乎恭敬以信矣入其邑曰善哉繇乎忠信以寬矣至其庭曰善哉繇乎明察以斷矣子貢執轡而問曰夫子未見繇而三稱善可得聞乎孔子曰我入境田疇草萊甚辟此恭敬以信故民盡力入其邑墉屋甚尊樹木甚茂此忠信以寬其民不偷入其庭甚閒此明察以斷故民不擾也

言偃字子游爲武城宰孔子之武城聞弦歌之聲莞爾而咲曰割鷄焉用牛刀（言治小國何須用大道）子游曰昔者偃也聞諸夫子曰君子學道則愛人小人學道則易使（道謂禮樂也樂以和人人和則易使）孔子曰二三子（謂從行者）偃之言是也前言戲之耳（戲治小而用大道）

宓子賤治單父恐魯君聽讒令已不得行術將行請

迎史二人俱至單父使其書將書宓子掣其肘書不善則怒史患之請歸報魯君太息曰宓子以此諫寡人也乃令告宓子曰自今以來單父非寡人之有也子有之也有便于人者决之五歲而言其要宓子敬諾得行其術三年巫馬期往而觀化于單父見夜漁者得則舍之期歸告孔子曰宓子之德化至矣使民闇行若有嚴刑于旁敢問何以至于此孔子曰丘嘗與言曰誠乎此者形乎彼宓子必行此術也

高柴字子皐（一作子羔）爲成宰初成人有其兄死而不爲衰者聞子皐將爲成宰遂爲衰成人曰蠶則績而蟹

有筐范則冠而蟬有緌兄則死而子臯爲之衰（嘡兄死者言其衰之不爲兄死如蟹有筐蟬有緌不爲蠶之績范之冠也范蜂也蟬蜩也緌謂蜩喙長在腹下也）

魏西門豹爲鄴令倉無積粟府無儲錢兵甲官無計會人數言其過于文侯文侯身往行其縣果若人言文侯曰翟黃任子治鄴大亂子能變道則可不能將加誅于子西門豹曰王主富民霸主富武亾國富府庫今君欲爲霸者也臣敢爲積于民君以臣請先登皷之甲兵粟米可立具也乃登城而皷之致甲苻（卑鐙苛箭矢也）操兵弩而出再皷服捷載粟米而出（服駕出而捷檐）文侯曰罷之西門豹曰信非一日積也一舉而欺之其

後不可復用也燕嘗侵魏八城臣請北擊之以復侵地遂舉兵擊燕復地而後反

後漢卓茂爲密令勞心諄諄視人如子舉善而教口無惡言吏人親愛而不忍欺之人嘗有言部亭長受其米肉遺者茂辟左右問之曰亭長爲從汝求乎爲汝有事囑之而受乎將平居自以恩意遺之乎人曰往遺之耳茂曰遺之而受何故言耶人曰竊聞賢明之君使人不畏吏吏不欺人今我畏吏是以遺之吏旣卒受故來言耳茂曰汝爲敝人矣凡人所以貴于禽獸者以有仁愛知相敬事也今鄰里長老尚致餽遺此乃人道所以相親况吏于民乎吏顧不當乘威力彊請求耳凡人之生群居雜處故有經紀禮義以相交接汝獨不欲修之寧能高飛遠走不在人間耶亭長素善吏歲時遺之禮也人曰苟如此律何故禁之茂笑曰律設大法禮順人情今我以禮教汝汝必無怨惡以律治汝何所措其手足乎一門之內小者可論大者可殺也且歸念之于是人納其訓吏懷其恩初茂到縣有所廢置吏人笑之鄰城聞者皆嗤其不能河南郡爲置守令茂不爲嫌理事自若數年教化大行道不拾遺

魯恭爲中牟令專以德化爲治不任刑罰訟人許伯等爭田累守令不能決恭爲平理曲直皆退而自責輟耕相讓亭長從人借牛而不肯還之牛主訟于恭恭召亭長勑令歸牛者再三猶不從恭嘆曰是教化不行也欲解印綬去掾史泣涕共留之亭長乃慚悔還牛詣獄受罪恭貰不問（貰寬貸也）于是吏人信服

劉寵爲東平陵令是時民俗奢泰寵到官躬儉訓民以禮上下有序都鄙有章

宋均爲辰陽長其俗少學者而信巫鬼均爲立學校禁絶淫祀人皆安之後爲上蔡令時府下記禁人喪

葬不得侈長（禁之不得奢侈有餘）均曰夫送終踰制失之輕者今有不義之民尚未循化而遽罰過禮非政之先竟不肯施行

賈彪爲新息長小民困貧多不養子彪嚴爲其制與殺人同罪城南有盜劫害人者北有婦人殺子者彪出按法而掾吏欲引南彪怒曰賊寇害人此則常理母子相殘逆天違道遂驅車北行按驗其罪城南賊聞之亦面縛自首數年間人養子者千數僉曰賈父所長生男名爲賈子生女名爲賈女

吳祐爲膠東侯相政惟仁簡以身率物民有爭訴者

輒閉閤自責然后斷其訟以道譬之或身到閭里重相和解自是之後爭隙省息吏人懷而不欺嗇夫孫性私賦民錢市衣以進其父父得而怒曰有君如是何忍欺之促歸伏罪性慚懼詣閤持衣自首祐屏左右問其故性具談父言祐曰掾以親故受污穢之名所謂觀過斯知仁矣使歸謝其父還以衣遺之

劉矩爲雍丘令以禮讓化之其無孝義者皆感悟自革民有爭訟矩常引之於前提耳訓告以爲忿恚可忍縣官不可入使歸更尋思訟者感之輒各罷去其有路得遺者皆推尋其主

楊仁爲什邡令寬惠爲政勸課掾史弟子悉令就學其有通明經術者顯之右署（右署上司）或貢之朝由是義學大興

陳寔爲太丘長修德清靜百姓以安鄰縣人歸附者寔輒訓導譬解發遣各令還本縣司官行部吏慮有訟者白欲禁之寔曰訟以求直禁之理將何申其勿有所拘司官聞而歎息曰陳君所言若是豈有怨於人乎亦竟無訟者

劉梁爲北新城長告縣人曰昔文翁在蜀道著巴漢庚桑瑣隸風移碨𥔲吾雖小宰猶有社稷苟赴期會

理文墨豈本志乎乃更大作講舍延聚生徒數百人朝夕自往勸戒身執經卷試策殿最儒化大行此邑至後猶稱其教焉

仇覽爲蒲亭長勸人生業農事既畢乃令子弟群居還就黌學其剽輕游恣者皆役以田桑嚴設科罰躬助喪事賑卹窮寡朞年稱其大化覽初到亭人有陳元者獨與母居而母詣覽告元不孝覽驚曰吾近日過舍廬落整頓耕耘以時此非惡人當是教化未極至耳母守寡養孤苦身投老柰何肆忿於一朝欲致子以不孝乎母聞感悔涕泣而去覽乃親到元家與

其子毋飲因爲陳人倫孝行譬以禍福之言元卒成孝子一呂覽爲縣陽遂亭縣如行教化部人羊元凶惡不孝其母詣覽言元覽呼元誚責元以子道與一卷孝經使誦讀之元深改悔到床下謝罪曰元少孤爲母所驕諺曰孤犢觸乳驕子罵母乞自改母子更相向泣於是元遂修孝道後成佳士鄉邑爲之諺曰父母何在在我庭化我鴟梟哺所生

鍾離意爲瑕丘令吏有檀建者盜竊縣内意屏人問狀建叩頭服罪不忍加刑遣令長休建父聞之爲建設酒謂曰吾聞無道之君以刃殘人有道之君以義行誅子罪命也遂令建進藥而死

童恢爲不其令吏人有犯違禁法輙隨方曉示若吏

稱其職人行善事者皆賜以酒餚之禮以勸勵之耕織種收皆有條章一境清静牢獄連年無囚比縣流人歸化徙居二萬餘戶

劉平爲全椒令摎吏五日一朝罷門閣卒署各遣就農人懐感至或增貲就賦或減年從役刺史行部獄無囚徒民各自以爲職不知所問惟頒詔書而已

魏鄭渾歷下蔡長邵陵令天下未定民皆剽輕不念産殖其生子無以相活率皆不舉渾所在奪漁獵之具課使耕桑又兼開稻田重去子之法民初畏罪後稍豐給無不舉贍所育男女多以鄭爲字

趙儼爲朗陵令縣多豪猾無所畏忌儼取其尤甚者收縛案驗皆得死罪儼既囚之乃表府解放自是威恩並著

司馬朗爲堂陽長其治務寛惠不行鞭杖而民不犯禁先時民有徙充都内者後縣調當作舡徙民恐其不辦乃相率私還助之其見愛如此

高柔爲菅長縣中素聞其名姦吏數人皆自引去柔教曰昔邴吉臨政吏嘗有非猶尚容之況此諸吏於吾未有失乎其召復之咸還皆自勵咸爲佳吏

蜀董和字幼宰劉璋以爲成都令蜀土富實時俗奢

侈貨殖之家侯服王食婚姻葬送傾家竭産和躬率以儉惡衣蔬食防遏踰僭爲之軌制所在皆移風變善畏而不犯

晉杜軫爲建寧令導以德政風化大行夷夏悅服

唐彬爲鄴令道德齊禮朞月化成

范甯爲餘杭令在縣興學校養生徒潔已修禮志行之士莫不往宗之朞年之後風化大行自中興以來崇學敦教未有如甯者也

江道爲大末令縣界深山中有亾命數百家恃險爲阻前後守宰莫能平道到官召其魁帥厚加撫接諭

以禍福旬月之間襁負而至朝廷嘉之

宋孔欣之爲武康令時吳興人沈道虔居石山下鄉里年少相率受學道虔嘗無食以給學徒欣之厚相資給受業者咸得有成

梁裴子野爲諸暨令在縣不行鞭罰民有爭者示之以理百姓稱悅合境無訟

後周辛昂爲成都令到縣便與諸生祭文翁學堂因共歡宴謂諸生曰子孝臣忠師嚴友信立身之要如斯而已若不事斯語何以成名宜自勉克成令譽昂言切理至諸生等深感悟歸而告其父老曰辛君教

誠如此不可違之於是井邑肅然咸從其化

隋劉曠開皇初爲平鄉令單騎之官人有爭訟者輒丁寧曉以義理不加繩劾自各引咎而去所得俸祿賑施窮乏百姓感其德化更相篤勵曰有君如此何得爲非在職七年風教大治獄中無繫囚爭訟絕息囹圄盡皆生草庭可張羅

郎茂爲衛國令有民張元預與從父弟思蘭不睦丞尉請加嚴法茂曰元預兄弟本相憎疾又坐得罪彌益其忿非化民之意也於是遣縣中耆舊更往敦諭道路不絕元預等各生感悔詣縣頓首請罪茂曉之以義遂相親睦稱爲友悌

唐高智周常州晉陵人高宗朝舉進士補費縣令與丞尉均分俸錢政化大行人刊石以頌之

韋景駿開元中爲肥鄉令縣人有母子相訟者景駿謂之曰吾少孤每見人養親自痛終天無分汝幸在溫凊之地何得如此錫類不行令之罪也因垂泣嗚咽乃取孝經與之令習讀於是母子感悟自請改悔遂稱慈孝

馮伉貞元中爲醴泉令患百姓多昏猾爲著諭家十四篇大指明忠孝仁義勸學務農每鄉給一卷俾其

傳習

感化

夫寄百里之命布一同之政既惠愛以臨民必誠心而待物則有民懷感而附德物反妖而爲瑞是以獸出其境鳳集于庭雉馴蝗散滅火反風感化所至其道可見書曰德惟善政政在養民斯之謂也

後漢卓茂初爲密令時天下大蝗河南二十餘縣皆被其災獨不入密縣界督郵言之太守不信自出案行見乃服焉

劉昆以光武建武五年爲江陵令時縣連年火災昆

輒何火叩頭多能降雨止風

謝夷吾爲壽張令明帝永平十五年蝗發泰山流徙郡國薦食五穀過壽張界飛逝不集

鄭引爲騶令勤行德化部人王逢等得路遺寶物縣於道衢求主還之魯國當春大旱五穀不登騶獨致雨偏熟永平十五年蝗起泰山流被郡國過騶界不集郡因以狀聞詔不以爲然遣使案行如言也

戴封爲西華令時汝潁有蝗災獨不入西華界時督郵行縣蝗忽大至督郵其日即去蝗亦頓除一境奇之其年大旱封禱請無獲乃積薪坐其上以自焚火

起而大雨暴至於是遠近歎服

楊統章帝建初中爲彭城令一州大旱統推陰陽消伏縣界蒙澤在縣休徵時序風雨得節嘉禾生於寺舍人庶稱神也

魯恭爲中牟令建初七年郡國螟傷稼犬牙緣界不入中牟河南尹袁安聞之疑其不實使仁恕掾肥親往廉（仁恕掾主獄屬河南尹廉察也）恭隨行阡陌俱坐桑下有雉過止其傍傍有童兒親曰兒何不捕之兒言雉方將雛親瞿然而起與恭訣曰所以來者欲察君之政迹耳今蟲不犯境此一異也化及禽獸此二異也豎子有仁心此三異也以留徒擾賢者耳還府具以狀白安是歲嘉禾生恭便坐廷中（便坐於便側之處非正室也恭兼不矜功封以言府府卿奏上尹以擬勞日君以名德久屈中牟暴產之化流行天降休瑞應行而生尹甚嘉之）安因上書言狀章帝異之

公沙穆爲弘農令縣界有螟蟲食稼百姓惶懼乃設壇謝曰百姓有過罪穆之田請以身禱於是暴雨不經日旣霽而螟蟲自消百姓稱曰神明

童恢爲不其令民嘗爲虎所害乃設檻捕之獲二虎恢聞而出呪虎曰天生萬物惟人爲貴虎狼當食六畜而殘暴於人王法殺人者死傷人則論法汝若是

殺人者當垂頭服罪自知非者當號呼稱冤一虎低頭閉目狀如震懼即時殺之其一視恢鳴吼踴躍自奮遂令放釋吏人爲之歌頌

韓稜字伯師爲下邳令視事未碁吏民愛慕時鄰縣皆雹傷稼惟下邳界獨無

王阜字世公爲重泉令吏民向化鸞鳥集止學官阜使校官掾長沙疊爲張雅樂擊磬鳥舉足垂翼應聲而舞翱翔復上縣庭屋十餘日乃去

劉平爲全椒令先是縣多虎爲害平到修政選進儒良退黜貪殘視事三月虎皆渡江而去

陳曄字文鍾爲辛令有惠政桑旅生二萬餘株民以自給

劉虞爲博平令治政推平高尚純樸境内無盜賊災害不生時鄰縣接壤蝗蟲爲害至博平界飛過不入

南齊夏侯恭叔爲竟陵令惠化大行木連理上有光如燭咸以善政所致

梁庾黔婁仕齊爲編令治有續先是縣境多虎暴黔婁至皆渡往臨沮界當時以爲仁化所感

陳司馬申宣帝太建九年除秣陵令在職以清能見紀有白雀巢于縣庭

唐元德秀爲魯山令部人爲盜吏捕之繫獄會縣界有猛獸爲暴盜自陳曰願格殺猛獸以自贖德秀許之猾吏曰盜詭計苟免擅放官囚無乃累乎德秀曰吾不欲負約累則吾坐必請不及諸君即破械出之翼日格猛獸而還誠信化人大率此類

晉趙賡爲壽張令高祖天福四年閏七月詔賡考滿之外量留年以飛蝗避境故也

勸課

夫百里之長教乃居先四民之業農爲之首俾盡力乎樹藝在以時而敦勗若乃嚴制科令篤勸生業雖果菜之細鷄豕之徵咸有名數以爲程課所以風化振舉戸口繁多靡不由此者也所謂勸穡以固本原生以利人斯之謂矣

後漢仇覧爲蒲亭長勸人生業爲制科令至於果菜爲限鷄豕有數

魏楊沛字孔渠爲新鄭長興平末人饑窮沛課民益蓄乾椹收䔢豆閲其有餘以補不足如此積得千餘斛藏在小倉會太祖爲兖州刺史西迎天子所將千餘人皆無糧過新鄭沛謁見乃皆進乾椹

楊仁爲什邡令墾田千餘項

邢顒爲行唐令勸民農桑風化大行

吳陸遜爲海昌屯田都尉并領縣事縣連年荒旱遜開倉穀以賑貧民勸督農桑百姓蒙賴

晉竇允字文雅始平人爲浩亹長勤於爲政勸課田蠶平均調役百姓賴之

梁姚察爲原鄉令時邑境蕭條流亾不及察輕其賦役勸以耕種於是戸口殷盛民至今稱焉

沈瑀爲建德令教民一丁種十五株桑四株柿及梨栗女丁半之人咸歡悅頃之成林

唐李大亮武德初爲土門令屬百姓饑荒大亮勸以

墾闢歲因大稔

冊府元龜

冊府元龜　令長部　卷之七百三　十五

册府元龜

巡按福建監察御史臣李嗣京　訂正

知甌寧縣事臣孫以敬　叅閲

知建陽縣事臣黄國琦　較釋

令長部四

仁惠　靜治　廉儉

仁惠

傳曰中心憯怛愛人之仁也又曰德以施惠若夫居宰邑之任藴恤下之志誠信既篤吏不忍欺仁惠所化民用胥悦斯固道德齊禮庶幾乎恥格者也至有

遭疫癘而給以醫藥值伏臘而免其徒繫遣囚申孝活人甘戾開公廩以賑乏出私穀以濟貧重絶世嗣俾有遺育或便人而坐罰或受餉而代輸及夫興利以厚其生捍患而濟其戾裒多以矜務克己以愛人用能與廉讓之風成愷悌之政非夫恂恂君子以教化爲任者疇能及是哉

漢朱邑廬江舒人也少時爲桐鄉嗇夫廉平不苛以愛利爲行（仁愛於人而安利也）未嘗笞辱人存問耆老孤寡遇之有恩所部吏民愛敬焉

後漢馮魴爲郟令光武西征隗囂潁川盜賊群起郟賊延褒等衆三千餘人攻圍縣舍魴率吏士七十許人力戰連日弩矢盡城陷魴乃遁去帝聞郡國反即馳赴潁川魴詣行在所帝案行鬭處知魴力戰乃嘉之曰此健令也所當討擊勿拘州郡褒等聞帝至皆自髡剔負鈇鑕將其衆請罪帝且赦之使魴轉降諸聚落縣中平定詔乃悉以褒等還魴誅之魴責讓以行軍法皆叩頭曰今日受誅死無所恨魴曰汝知悔過伏罪今一切相赦聽各反農桑爲令作耳目皆稱萬歲是時無有盜賊並爲褒等所發無敢動者縣界清靜

虞延爲細陽令每至歲時伏臘輒休遣徒繫各使歸家並感其恩德應期而還有囚於家被病自載詣獄既至而死延率掾吏殯于門外百姓咸悅之

鮑昱爲泚陽長政化仁愛境內清淨縣人趙堅殺人繫獄其父母詣昱自言年七十餘惟有一子適新娶今繫獄當死長無種類涕泣求哀昱憐其言令將妻入獄解械上宿遂全其有子

鍾離意會稽山陰人少爲郡督郵大守賢之任以縣事建武十四年會稽大疫死者萬數意獨身自隱親經給醫藥（隱親謂親自隱恤之經給謂給營療給之）所部多蒙全濟後爲

堂邑令初到市無屋意乃出俸錢作屋民齎茅竹或持材木爭赴趣作不日而成旣畢爲緋土祝日興功役者令也如有禍祟令自當之民皆大悅邑人防廣爲父報讐繫獄其母病死廣哭泣不食意憐傷之乃聽廣歸家使得殯斂丞掾皆爭意日罪自我歸義不累下遂遣之廣斂母訖果還入獄意密以狀聞竟得以減死論

曹褒爲圉令以禮理人以德化俗時它郡盜徒五人來入圉界吏捕得之陳留太守馬嚴聞而疾惡風縣殺之褒勑吏曰夫絕人命者天亦絕之臯陶不爲盜

制死刑管仲遇盜而升諸公今承旨而殺之是逆天心順府意也其罰重矣如得全此人命而身生之吾所願也遂不爲殺嚴奏褒耎弱免官歸郡

吳祐爲膠東侯相安丘男子毌丘長與母俱行市道遇醉客辱其母長殺之而亡安丘追蹤於膠東得之祐呼長謂曰子母見辱人情所恥然孝子忿必慮難動不累親今若背親逞怒白日殺人赦若非義刑若不忍將如之何長以械自繫曰國家制法囚身犯之明府雖加哀矜恩無所施祐問長有妻子乎對曰有妻未有子也即移安丘逮長妻到解其桎梏使同宿獄中妻遂懷孕冬至盡行刑長泣謂母曰負母應死當何以報吳君乎乃齧指而吞之含血言曰妻若生子名之吳生言我臨死吞指爲誓屬兒以報吳君因投繯而死

崔瑗爲汲令爲人開稻田數百頃視事七年百姓歌之

蘇章爲武原令時歲饑輙開倉廩活三千餘戶

庾尚爲文安令遇時疾疫穀貴人饑尚開倉廩給營救疾者百姓蒙其濟時冀州刺史朱穆行部見尚甚奇之

周澤爲澠池令奉公克己矜恤孤羸吏人歸愛之

韓韶爲嬴長賊聞其賢相戒不入嬴境餘縣多被寇盜廢耕桑其流入縣界索衣糧者甚衆韶愍其饑困乃開倉賑之所資贍萬餘戶主者爭謂不可韶曰長活溝壑之人而以此伏罪含笑入地矣太守素知韶名德竟無所坐

陳登爲東陽長養耆育孤視民如傷

吳朱桓爲餘姚長往遇疫癘穀食荒貴桓分部長吏隱親醫藥餐粥相繼士民感戴之

晉喬智明隆慮共二縣令部人張兌爲父報讐母老

單身有妻無子智明愍之停其獄歲餘令兇將妻入獄兼陰縱之人有勸兇逃者兇曰有君如此吾何忍累之縱吾得免作何面目視息世間於獄產一男會赦得免其仁感如是

華譚爲郟令于時兵亂之後境内饑饉譚傾心撫卹司徒王戎聞而善之出穀三百斛以助之譚甚有政績

范廣爲堂邑令丞劉榮坐事當死郡劾以付縣榮即縣人家有老母至節廣輙聽暫還榮亦如期而反縣堂爲野火所及榮脱械救火事畢還自著械後大旱

米貴廣散私穀賑饑人至數千斛遠近流寓投之戶口十倍卒於官

夏方爲高山令百姓有罪應加捶撻者方向之涕泣而不加罪大小莫敢犯焉

曹攄爲臨淄令獄有死囚歲夕攄行獄愍之曰卿等不幸致此非所如何新歲人情所重豈不欲暫見家耶衆囚皆涕泣曰若得暫歸死無恨也攄悉開獄出之剋日令還掾吏固爭咸謂不可攄曰此雖小人義不見負自爲諸君任之至日相率而還並無違者一縣歎服號曰聖君

南齊周顒爲山陰令縣舊訂滂民以供雜使顒言之於太守聞喜公子良曰竊見滂民之困困實極矣役命有常秖應轉竭蹙迫驅催莫安其所險者或竄避山湖困者或自經溝瀆亦有摧臂斮手首目殘落既傭貼子權赴急難每至滂使發動遵赴常促輙有柤杖被縕稽額皆垂泣涕告哀不知所振下官未嘗不臨食罷筯當書偃筆爲之久之愴不能已交事不齊不得不就加捶罰見此辛酸時不可過山陰邦治事倍餘城然略聞諸縣亦處處皆躓唯上虞似百戶一滂大爲優足過此列城不無彫罄宜應有以普救倒

懸設流開便則轉患爲功得之何遠

何思澄爲長城令有能名在縣清廉不受禮遺夏節至忽膀門受餉數日得米二千餘斛他物稱是悉以代貧人輸稅

梁傅岐爲始新令縣民有因鬬相毆而死者死家訴郡郡錄其仇人考掠備至終不引咎郡乃移獄於縣岐即命脱械以和言問之便即首服法當償死會冬節至岐乃放其還家使過節一日後獄掾曹固爭曰古者乃有此於今不可行岐曰其若負信縣令當坐主者勿憂竟如期而反太宗深相歎異遽以狀聞

隋房恭懿開皇初爲新豐令政爲三輔之最文帝聞而嘉之賜物四百段恭懿以所得賜分給窮乏未幾賜米三百石恭懿又以賑貧人帝聞而止之時應州諸縣令每朝謁帝必呼恭懿至榻前訪以化下之言

魏德深大業末爲貴鄉長越王侗徵兵於郡丞元寶藏令德深率兵千人赴東都俄而寶藏以武陽歸李密德深所領皆武陽人也以本土從賊念其親戚輒出都門東向慟哭而反人或謂之曰李密兵馬近在金墉去此二十餘里汝欲歸誰能相禁何爲自苦如此其人皆垂泣曰我與魏明府同來不忍棄去豈以

道路難乎其得人心如此

唐李大亮爲土門令屬百姓饑荒盜賊充斥大亮賣所乘馬分給貧弱勸以懇田歲因大稔

員半千爲武陟尉屬頻歲旱饑勸縣令殷子良開倉以賑貧餒子良不從會子良赴州半千便發倉粟以給饑人懷州刺史郭齊宗大驚因而按之時黄門侍郎薛元超爲河北道存撫使謂齊宗曰公之百姓不能救之而使惠歸一尉豈不愧也遽令釋之

裴耀卿開元初爲長安令舊有配戶和市之法百姓苦之耀卿到官一切令出儲蓄之家預給其直遂無姦僦弊公私甚以爲便

盧坦爲壽安令時河南尹徵賦限窮而縣人許以機織未就坦請延十日府不許坦令人但就其織而輸勿顧限也違之不過罰令俸耳旣成而輸坦亦坐罰由是知名

韋景駿爲肥鄉令縣北界漳水連年泛溢舊堤迫近水漕雖修築不息而漂流相繼景駿審其地勢拓南數里因高築堤暴水至而堤南以無水患水去而堤北稱腴田澤水舊有架柱長橋每年修葺景駿又改造爲浮橋自是無復水患至今賴焉時河北饑景駿

躬撫合境村閭必通贍恤貧弱獨免流離

晉史圭初仕後唐同光中爲寧晉令擅給驛廩以代饑民民甚感之及爲欒壽令里人爲之立碑

靜治

令長之德有仁恕有明察有強毅有清儉各行其志同歸於理然字人之道簡易爲先不嚴而理不肅而成民性本靜斯得不煩之旨焉古人有是不下堂智周於物不求課最政寬務簡渾無朕迹化若神明幾乎無爲之治清靜之化老氏曰治大國若烹小鮮斯之謂矣

子奇齊人年十八齊君使之治阿既行矣悔之使使追曰未至阿及之還之已至勿還也使者及之而不還君問其故對曰臣見所與共載者白首也夫以老者之智以少者之決必能治阿矣是以不還至阿鑄其庫兵以爲農耕器出倉廩以賑貧窮阿縣大化

宓子賤魯人爲單父宰子賤辭去因請借善書者二人使書憲法數品魯君與之至單父使書子賤從旁引其肘書醜則怒之欲好書又引之書者患之請辭去歸以告魯君魯君曰子賤苦吾憂之使不得施其善政也乃命有司無得擅徵發單父大治宓子賤彈鳴琴身不下堂

單父治巫馬期亦治單父以星出以星入日夜不處以身親之而單父亦治巫馬期問其故宓子曰我之謂任人子之謂任力任力者勞任人者佚

漢原涉爲大司徒史丹舉能治劇爲谷口令在馮翊之縣令之雲陽谷口是其處也時年二十餘谷口聞名不言而治

李歷爲新城長政貴無爲

後漢陳寔爲太丘長修德清靜百姓以安鄰縣人戶歸附者寔輒訓導譬解發遣各令還本縣司官行部吏慮有訟者白欲禁之寔曰訟以求直禁之理將何申其勿有所拘司官聞而嘆息曰陳君所言若是豈有怨於人乎亦竟無訟者

劉永國字叔儒爲東城令聞其名枉者更直濁者殊清肅然無事唯以著作爲務

魏倉慈字孝仁文帝黃初末爲長安令清約有方吏民畏而愛之

吉茂字叔暢爲臨汾令在官清靜吏民不忍欺

晉夏侯湛出爲野王令以卹隱爲急而緩於公調政清務閑優游多暇

李喬爲樂平侯相政尚清簡

王衍爲元城令終日清談而縣務亦理

劉超爲句容令推誠於物爲百姓所懷當年賦稅主

者常自四出結評家貲至超但作大函封別付之使各自書家產投函中訖送還縣百姓依實投上課輸所入有踰當年

賀循爲陽羨令以寬惠爲本不求課最

宋顧覬之爲山陰令山陰民戶三萬海內劇邑前後官長晝夜不得休事猶不舉覬之理繁以約縣用無事晝日垂簾門階閑寂自宋世爲山陰務簡而績修莫能尚也

江秉之爲山陰令民戶三萬政事煩擾訟訴殷積庭堦常數百人秉之御繁以簡常得無事

南齊傅翽琰之子翽爲官亦有能名後爲吳令别建康令孫廉廉因問曰聞文人發姦摘伏惠化如神何以至此荅曰無他也唯勤而清清則憲綱自行勤則事無不理綱自行則吏不能欺事自理則物無凝滯欲不理得乎後爲建康令復有能名

梁劉霽爲海鹽令前後宰二邑並以和理著稱

何炯爲永康令以和理著稱

後魏泉企字思道年十二爲豊陽令雖童幼而好學恬静百姓安之

隋劉曠文帝開皇初爲平鄉令人有爭訟者輒丁寧

曉以義理不加繩剋各自引咎而去

魏徳深煬帝大業中爲貴鄉長爲政清静不嚴而化

唐張元齊隋末爲武陽令務以徳教訓百姓懷之

廉儉

廉以自斂儉爲恭徳誠以約而鮮失亦遠恥而斯在乃有分蒞邑政克敦清節彰明於素履率厲於頹俗處脂膏而弗潤立折務而無媿服飲蔬菲器玩質樸唯仰給於俸禄咸抑讓其饋禮損己卹下致孝博愛迨乎罷秩罔能治生乃至云亡曾無餘粒若乃浮雲公廪脫屣室家徹庖爨之具減芻秣之微雖切自修亦矯激大過耳

後漢董宣爲雒陽令卒於官詔遣使者臨視唯見布被覆屍妻子對哭有大麥數斛敝車一乘光武傷之曰董宣廉絜死乃知之

孔奮建武初爲姑臧長時天下擾亂唯河西獨安而姑臧稱爲富邑通貨羌胡市日四合每居縣者不盈數月輒致豊積奮在職四年財産無所增事母孝謹雖爲儉約奉養極求珍膳躬率妻子同甘菜茹時天下未定士多不修節操而奮力行清絜爲衆人所笑以爲身處脂膏不能以自潤徒益苦辛耳奮既立節

治貴仁平太守梁統深相敬待不以官屬禮之嘗迎於大門引入見母隴蜀既平河西守令咸被徵召財貨連轂彌竟川澤唯奮無資單車就路姑臧吏民及羌胡更相謂曰孔君清廉仁賢舉縣蒙恩如何今去不共報德遂相賦斂牛馬器物千萬以上追送數百里奮謝之而已一無所受

胡紹爲河南懷令三日一視事十日一詣倉受俸米於閣外炊作乾飯食之不設釜竈

宋度爲定陵令素杯食麥飯

范丹字史雲爲萊蕪長去官於市賣卜妻績紡以自

給閭里歌之曰甑中生塵范史雲釜中生魚范萊蕪

魏時苗字德胄爲壽春令其始之官乘薄軬車黃牸牛布被囊居官歲餘牛生一犢及其去留其犢謂主簿曰令來時無此犢犢是淮南所生有也群吏曰六畜不識父自當隨母苗不聽時人皆以爲矯激然由此名聞天下

蜀董和漢末爲江原長成都令蜀土富實時俗奢侈貨殖之家侯服玉食婚姻葬送傾家竭產和躬率以儉惡衣蔬食防遏踰僭爲之軌制

晉杜軫爲建寧令秩滿將歸群蠻追送路遺甚多軫

一無所受去如初至

宋何子平有孝行爲六郡海虞令縣祿唯給供養一身妻子不犯一毫人或疑其儉薄子平曰希祿本在養親不在爲己問者慙而退

南齊褚球爲溧陽令在縣清白資公俸而已

周洽歷句容曲河上虞吳令廉約無私卒於都水使者無以殯斂吏人爲買棺器武帝聞而非之曰洽累歷名邑而居處不理遂坐無車宅死令吏衣棺之此故宜罪貶無論褒邮乃勅不給贈賻

梁孫謙爲寧朔將軍錢塘令治煩以簡獄無繫囚及去官百姓以謙在職不受餉遺追載縑帛以送之謙却不受每去官輒無私宅嘗借官空庫廊居焉

何敬叔爲東海令在縣清廉不受饋

劉杳爲餘姚令在縣清絜人有饋遺一無所受郡守湘東王發教褒稱之

樂法才爲建康令不受俸秩比去任將至百金縣曹啓輸臺庫高祖嘉其清節曰居職若斯可以爲百城表矣

何遠爲武康令愈厲廉節除淫祀正身率職民甚稱之太守王彬巡屬縣諸縣盛供帳以待焉至武康遠

獨設糗水而已彬去遠送至境進斗酒隻鵝爲別彬戲曰卿禮有過陸納將不爲古人所笑乎

嚴植之建武中爲康樂侯相在縣清白民吏稱之

丘師施以廉潔稱罷臨安縣還唯有二十籠簿書並是倉庫券帖當時以比范述曾位至臺郎范述曾事具牧守門

陳楮玠爲山陰令在任歲餘守祿俸而已去官之日不堪自致因留縣境種蔬菜以自給或嗤玠以非百里之才玠答曰吾委輸課最不後列城除殘去暴姦吏跼蹐若謂其不能自潤脂膏則如來命以爲不達從政吾未服也時人以爲信

隋高世衡爲櫟陽令劉高爲蕭令劉斌爲成皐令大業之末長吏多贓惟衡高及斌清節逾厲

馮履謙爲河北尉有部人張懷道任江陽尉與謙疇舊餽鏡一面謙集寮吏遍視之曰此張公所致也吾與之有舊吾效官以俸祿自守豈私受遺哉昌言曰清水見底明鏡照心余之效官必至於此復書於使者乃歸之

唐袁承序武德中爲建昌令在任清絜士吏懷之

馮元淑爲浚儀始平二縣令單騎赴職未嘗以妻子之官所乘馬牛後則不與芻云令其作齋身及奴僕

每旦食而已俸祿之餘皆備公用並給與貧乏或譏其邈名元淑曰此本性不爲苦

柳公綽爲渭南尉屬歲饑其家雖給而每飲不過一器歲稔復初

晉李爲光初仕後唐爲臨頴令已俸之外未嘗受邑人饋遺其縣署破損有年矣累政因循無復修者爲光以文告乃屬縣上戶出材植人工營葺悅而使之百姓子來不數月公宇一新暨得替移家唯有大豆數石

漢鄧守中爲開封令妻子不之官舍其所履有可稱者

冊府元龜終

册府元龜

巡按福建監察御史臣李嗣京　訂正
新建縣舉人臣戴國士叅閲
知建陽縣事臣黄國琦較釋

令長部五

明察　折獄　武功　屏盜　屈才

明察

百里之民條舒繫之令長之謂也若非臨下有立斷之敏處事知矯枉之效何以糾正微隱擿摘姦伏使盜賊之輩避其嚴明孤弱之流受其惠養乎嘉之有

始有卒惟清惟勤勤則事無不理清則人皆自憚上可以宣帝王之風下可以裨岳牧之政次之簡編俾後生之擊節爾

漢魏相以對策高第爲茂陵令頃之御史大夫桑弘羊客詐稱御史止傳（傳謂縣之傳舍）丞不以時謁客怒縛丞相首姦收捕案致其罪論客棄市（殺之於市）茂陵大治

焦延壽字贛梁人爲郡史察舉補小黄令以其能先知姦邪盜賊不得發（以其嘗先知姦邪故欲爲盜賊者不敢起發）

後漢公孫述爲清水長太守以其能使兼攝五縣政事修理姦盜不發郡中謂有鬼神（言明察也）

周紆爲召陵侯相廷掾憚紆嚴明欲損其威乃晨取死人斷手足立寺門紆聞便往至死人邊若與死人共語狀陰察視口眼有稻芒乃密問守門人曰悉誰載藁入城者（悉猶知也）門者對唯有廷掾耳又問鈴下（鈴下侍閤辟車此皆以名自定者也）外頗有疑我與死人語者不對曰廷掾疑君乃收廷掾考問具服不殺人取道邊死人後人莫敢欺者

法雄爲平氏長善政事好發擿姦伏盜賊希發吏人畏而愛之

度尚爲上虞長爲政嚴峻明於疑理發擿姦非吏人

謂之神明

荀淑爲朗陵侯相號稱神君

方儲字聖明爲句章長時人田還置餘粟一石及刀鋤於田陌明日求亾去疑其傍家儲曰此人非偷自呼縣功曹謂曰君何取人粟置家後積芟中功曹款服後爲雒陽令功曹是竇憲客爲竇所諷夜殺人斷頭著槍中置庭門下欲令儲去官儲摩死者耳邊問誰所殺有頃者死人言爲功曹所殺收功曹拷竟具服

蜀何祇爲成都縣令時郫縣令缺以祇兼二縣二縣戸口猥多切近都治饒諸姦穢每比人嘗眠睡値其

覺籍輒得姦詐衆咸謂祇之發摘或以爲有術無敢欺者

晉孔奕爲全椒令明察過人時有遺其酒者始提入門奕遥呵曰人餉吾兩甖酒其一何故非也簡視之一甖果是水或問奕何以知之奕曰酒者手有輕重之異故耳

陳珉爲吳令善發摘姦伏境内以爲神明

宋劉秀之爲建康令性纖密善糾摘微隱政甚有聲吏部尚書沈演之每稱之於太祖

南齊孫廉爲建康令時吳令傅翽聞其廉白因問曰

聞丈人發姦摘伏惠化如神何以至此答曰無他也唯勤而清清則憲綱行勤則事物無不理綱自行則吏不能欺事自理則物無疑滯欲不理得乎

梁王籍仕齊爲餘杭令政化如神善於摘伏目下莫能欺也

孫謙爲句容令清慎強記人號爲神明

顧憲之爲建康令發姦摘伏人號爲神明

後周柳帶韋爲解縣令轉汾陰令發姦摘伏百姓畏而愛之

唐張元濟隋末爲武陽令嘗道逢一老母種葱者結菴守之元濟謂母曰但歸不煩守也若遇盜當來吾令老母如言居一宿而葱大失母以告元濟濟悉召葱地十里中男女畢集元濟呼前驗問果得盜葱者

李畬爲汜水主簿處事敏速有聲稱雖村童厮養之輩一閱之後無不知替代姓名者

李勉天寶末爲開封尉時昇平日久汴州水陸所輳邑居龎雜號爲難理勉與聯尉盧成軌等並有擒姦摘伏名

李夷簡建中末爲華陰尉德宗發幽隴戴蘭段誠諫等數將兵東討李希烈邐迤進發相次出關朱泚既

僭位廼使以僞詔追令却廻至華陰縣夷簡見泚使非常人也言於知驛官李翼令捕斬之翼初未許夷簡再三言廼令追及於潼關即泚所使腹心劉忠孝齎書牒也遂與關使駱元光立殺之故泚所召兵不得時入關駱元光得以整齊師旅華州竟免陷賊

馮元淑則天時爲清漳令百姓號爲神明

折獄

夫令長字人之官聽斷立政之本善惡攸司曲直是主一境由其治亂三農繫乎慘舒非夫明達君子忠信篤躬孰能使其無訟乎苟非其人則輕重由心上

下其手貨賂公行民受其弊矣孔子曰刑罰不中則民無所措手足至哉斯言乎

後漢王渙爲雒陽令其宛嫌久訟歷政所不斷法理所難平者莫不曲盡情詐壓塞群疑又能以譎數發摘姦伏京師稱歎以爲渙有神筭

魏杜畿年二十爲郡功曹守鄭縣令縣囚繫數百人畿親臨獄裁其輕重盡決遣之雖未悉當郡中竒其年少而有大意也

胡質爲頓丘令縣民郭政通於從妹殺其夫程他郡吏馮諒繫獄爲證政與妹皆耐掠隱抵諒不勝痛自

誣當反其罪質至官察其情色更詳其事撿驗具服

吳張舉字子清爲句章令有婦殺夫者因焚屋言燒死其弟疑而訟之舉案屍開口視無灰令人取猪二頭殺一生一而俱焚之開視其口所殺者無灰生者有灰乃明夫死婦遂首服焉政化流行民歌遺澤

晉曹攄爲雒陽令時天雨雪宮門夜失行馬群官撿察莫知所在攄使收門士衆官咸謂不然攄曰宮掖禁嚴非外人所敢盜必是門士以燎寒耳詰之果服

調補臨淄令縣有寡婦養姑甚謹姑以其年少勸令改適婦守節不移姑愍之密自殺親黨告婦殺姑官爲考鞫寡婦不勝苦楚乃自誣獄當決適值攄到攄知其有冤更加辯究具得情實時稱其明

陸雲爲浚儀令人有見殺者姓名不立雲録其妻而無所問十許日遣出密令人随後謂曰而去不出十里當有男子候之與語便縛來既而果然問之具服云與此妻通共殺其夫聞妻得出欲與語憚近縣故遠相要候於是一縣稱爲神明

宋顧憲之元徽中爲建康令時有盜牛者被失者所認盜者亦稱己牛二家辭理等前後令莫能決憲之至覆其狀謂二家曰無爲多言吾得之矣乃令解牛

任其所去牛逕還本主宅盜者始伏其辜發姦擿伏多如此類時人號曰神明

南齊傅琰爲山陰令賣針賣糖老姥爭團系來詣琰琰不辨覆團系於柱鞭之密視有鐵屑乃罰賣糖者二野父爭鷄琰各問何以食爲一人云粟一人云豆乃破鷄得粟罪言豆者縣内稱神無敢復爲盜

傅岐爲始興令縣民有因鬭相毆而死者死家訴郡郡録其仇人考掠備至終不引咎郡乃移獄於縣岐即命脱械以和言問之便即首服

後魏高謙之爲河陰縣令有人囊盛瓦礫指作錢物

詐市人馬因而逃去詔令追捕必得以聞謙之乃僞枷一囚立於馬市宣言是前詐市馬賊令欲刑之密遣腹心察市中私議者有二人相見忻然曰無復憂矣執送案問具伏盜馬徒黨悉獲

北齊薛琡魏正光中行維陽令部內肅然有犯法者未加考掠直以辭理窮覈多得其情於是豪猾畏威事務簡靜

隋郎茂爲衛國令時有繫囚二百茂親自究審數日釋免者百人人歷年辭訟不詣州省

唐張元濟隋大業中爲武陽令務以德教訓下百姓

懷之元武縣與其鄰接有人以牸牛依其妻家者八九年牛孳生至十餘頭及將異居妻家不與縣司累政不能决其人詣武陽質於元濟元濟曰爾自有令何至此也其人垂泣不止具言所以元濟遂令左右縛牛主以衫蒙其頭將詣妻家村中云捕盜牛賊召村中牛悉集各問所從來處妻家不知其故恐被連及指其所訴牛曰此是女壻家牛也非我所知元濟遂發蒙謂妻家人曰此即女壻可以歸之妻家叩頭服罪

武功

夫宰人之職恤隱爲急禦武之備遇事則應或當紛擾之際有彊毅之能寇戎之來吏民是賴或自完其郛邑或往覆其巢穴盖會其時而集事亦不得已而用兵可與之權厥功茂矣

後漢鮑昱字文泉光武建武初太行山中有劇賊上黨太守戴涉聞昱有智略乃就謁請署守高都長昱應之遂討擊群賊誅其渠帥道路開通由是知名

馮衍爲曲陽令誅斬劇賊郭勝等降五千餘人論功當封以讒毀故賞不行

傳育明帝永平初爲臨羌長與捕虜將軍馬武等擊

羌須吾功冠諸軍

魏賈逵舉茂才爲澠池令高軌之反張琰將舉兵以應之逵不知其謀往見琰聞變起欲還恐見執乃爲琰畫計如與同謀者琰信之時縣寄治蠡城城塹不固逵從琰求兵修城諸欲爲亂者皆不隱其謀故逵得盡誅之遂修城拒琰

杜襲漢末爲西鄂長縣濵南境寇賊縱橫時長吏皆斂民保城郭不得農業野荒民困倉庾空虛襲自知恩結於民乃遣老弱各分散就田業留丁彊備守吏民歡悅會荆州出步騎萬人來攻城襲乃悉召縣吏

民任拒守者五十餘人與之要誓其親戚在外欲自營護者恣聽遣出皆叩頭願致死於是身執矢石率與戮力吏民感恩咸爲用命臨陣斬數百級而襲衆死者三十餘人其餘十八人盡被創賊得入城襲師傷痍吏民決圍得出死喪畧盡而無反背者遂收散民徙至摩陂營吏民慕而從之如歸

吳賀齊爲太末長漢建安元年孫策臨郡察齊孝廉時王郎奔東治候官長商升爲起兵策遣永寧長韓晏領南部都尉將兵討升以齊爲永寧長晏爲升所敗齊又代晏領都尉事升畏齊威名遣使乞盟齊因

告諭爲陳禍福升遂送上印綬出舍求降

陸遜領海昌縣事時吳會稽丹陽多有伏匿遜陳便宜乞與募焉會稽山賊大帥潘臨舊爲所在毒害歷年不會遜以手下召兵討治深險所向皆服部曲已有二千餘人鄱陽賊帥尤突作亂復往討之拜定威校尉屯利浦

徐盛領蕪湖令討臨成南阿山賊有功徙中郎將督校兵

周魴舉孝廉爲寧國長轉在懷安錢唐大帥彭式等蟻聚爲寇以魴爲錢唐侯相旬月之間斬式首及其支黨

晉虞潭爲醴陵令值張昌作亂郡縣多從之潭獨起兵斬昌别率鄧穎等襄陽太守華恢上潭領建平大守以疾固辭遂周旋征討以軍功賜爵都亭侯

宋陸邵爲山陰令廢帝景平元年富陽人孫法光反寇山陰會稽太守褚談遣邵討敗之

梁韋愛爲冠軍南平王司馬帶襄陽令時京邑未定雍州空虛魏興太守顔僧都等據郡反州内驚擾百姓携貳愛沉敏有謀素爲州里信伏撫御曉示逆順兼率募鄉里得千餘人與僧都等戰於始平郡南大

破之百姓乃安

丘仲孚仕齊爲曲阿令值會稽大守王敬則舉兵反乘朝廷不備反問始至而前鋒已留曲阿仲孚謂吏民曰賊乘勝雖銳而烏合易離今若收船艦鑿長崗埭瀉瀆水以阻其路得留數日臺軍必至則大事濟矣敬則軍至值瀆涸果頓兵不得進遂敗散仲孚以距守有功遷山陰令

陳蕭摩訶蘭陵人文帝天嘉初除本縣令以平留異歐陽紇之功累遷巴山大守

周鐵虎少膂力過人便馬槊事梁河東王譽譽爲廣

州刺史以鐵虎爲廣州今譽遷湘州又爲臨蒸令侯景之亂元帝於荆州遣世子方等代譽具以兵臨之譽拒戰大捷方等死鐵虎功寂

賀當遷爲宣城郡涇縣令天嘉元年高州刺史紀機自叛還宣城據郡以應王琳當遷討平之

後魏穆琳舉秀才爲安戎令頗有吏幹隨長孫稚征蜀有功除尚書屯田郎

泉企上雒豐陽人世襲本縣令雍州蕭寶寅反遣其黨郭子恢襲據潼關企率鄉兵三千人拒之虜其將軍寶寅又遣兵萬人趣青泥誘動巴人圖取上雒豪

族泉杜二姓密應企與刺史董紹潜兵掩襲二姓散走寶寅軍亦退遷右將軍淅州刺史

北齊杜弼爲光州曲城令時天下多難盜賊充斥徵召兵役塗多亾叛朝廷患之乃令兵人所齎戎具道別車載又令縣令自送軍所時光州發兵弼送部達北海郡州兵一時散亾唯弼所送不動他境叛兵並來攻劫欲與同去弼率所領親兵格鬬終莫肯從遂得俱達軍所軍司崔鍾以狀上聞其得人心如此

隋陶模煬帝大業中爲大興令楊玄感之反也率兵從衛玄擊之以功進位銀青光祿大夫

楊善會大業中爲鄃令山東饑饉百姓相聚爲盜善會以左右數百人逐捕之往往克捷其後賊師長金稱聚數萬屯于縣界屠城剽邑郡縣莫能禦善會率勵所領與賊搏戰或日有數合每挫其鋒煬帝遣將軍段達來討金稱善會進計於達不能用軍竟敗焉達深謝善會後與賊戰進止以謀之於是大克金稱復引渤海賊孫宣雅高士達等衆數十萬破黎陽西還軍鋒甚盛善會以勁兵千人邀擊破之擢拜朝請大夫清河郡丞

唐李大亮高祖武德初爲土門令躬捕寇盜所擊輒

平時太宗在藩鎮撫北境聞而嗟嘆下書勞之其後胡賊寇境大亮衆少不敵遂單馬詣賊營召其魁渠諭以禍福群胡感悟相率請降大亮又殺所乘馬與之宴樂徒步而歸於是降者千餘人縣境以清高祖聞而奇之超拜員外散騎侍郎

穆寧玄宗天寶末爲藍山尉是時安祿山始叛僞署劉道玄爲景城守寧唱義起兵斬道玄傳檄郡邑多有應者賊將史思明來寇郡寧以攝東光將兵禦之思明遣使誘寧立斬之

屏盜

夫宰字之任風化之先容民期洽於教寧除惡必資於芟蘊苟害馬之未去豈夜犬之獲安則有肅高風單醲化肴膳在御弦歌不輟而人懷其惠吏不忍欺行路無懷璧之憂草竊革見金之志使清靜之政無得而稱禮義之邦詢訏且樂不其遠哉又若糺之刑攷一之明察訪游㑹於絶澗猛以濟寬懲跋誹於太山威克厥愛使暴民不作能政用成耕鑿之畝丼榆自得雖較諸善化諒同功而異情然要其大歸蓋百慮而一致矣

漢尹賞爲鄭令成帝永始元延間怠於政貴戚驕恣

紅陽長仲兄弟交通輕俠藏匿亾命姓紅陽而兄字長弟字仲令書長字或作張字者非也後人所改耳一曰紅陽侯王立之子兄弟長少也而北地大豪浩商等報怨殺義渠長妻子六人往來長安中丞相御史遣掾求逐黨與詔書召捕久之迺得長安中姦猾浸多閭里少年群輩殺吏受賕報仇或有自怨於吏或受人賕賂爲報仇讐也相與探丸爲彈爲彈丸作赤黑白三色而共探取之也得赤丸者斫武吏得黑丸者斫文吏白者主治喪其黨與有爲吏及他人所殺者則主其喪事也城中薄暮塵起剽刼行者死傷橫道枹鼓不絶枹擊鼓椎也賞以三輔高弟選守長安令得一切便宜從事賞至修治長安獄穿地方深各數丈致令辟爲郭致謂積累之也令辟甎也郭謂四週之內也以大石覆其口名爲虎穴乃部戶曹掾史與鄉吏亭長里正父老伍人五家爲伍伍人者各其同伍之人也雜舉長安中輕薄少年惡子惡子不承父母教命者無市籍商販作務而鮮衣凶服被鎧扞持刀兵者悉籍記之凶服危險之服鎧甲也扞臂衣也籍記爲名籍以記之得數百人賞一朝會長安吏車數百兩分行收捕皆劾以爲通行飲食群盜賞親閱見十置一置放也其餘盡以次內虎穴中百人爲輩覆以大石數日一發視皆相枕藉死便輿出瘞寺門桓東瘞埋也舊亭傳於四角面百步築土四方上有屋屋上有柱出高丈餘有大板貫柱四出名曰桓表縣所治夾兩邊各一桓陳宋之俗言桓聲如和今猶謂之和表即華表

也楬著其姓名楬杙也楬杙於瘞處而書死者名也百日後迺令死者家各自發取其尸親屬號哭道路皆歔欷長安中歌之曰安所求子死桓東少年場安猶焉也死謂尸也生時諒不謹枯骨後何葬諒信也葬字合韻賞所置皆其魁宿魁根本也宿久舊也或故書長家子失計隨輕黠願自改者財數十百人皆貰其罪貰緩也詭令立功以自贖詭責也盡力有效者因親用之爲爪牙追捕甚精甘耆姦惡甚于凡治賞視事數月盜賊止郡國亾命散走各歸其處不敢闚長安

後漢祭肜爲襄賁令時天下郡國尚未悉平襄賁盜

賊日日公行形至誅破姦猾殄其支黨數年襄賁政清

公孫述爲清水長大守以其能使兼治五縣政事修理姦盜不發郡中謂有神明

侯覇爲隨宰縣界廣遠濱帶江湖而亾命者多爲寇盜覇到即案誅豪猾分捕山賊縣中清淨

馮魴爲郟令賊延褒攻縣舍後褒等降光武悉以褒等還魴誅之魴一切相赦令作耳目是時每有盜賊並爲褒等所發無敢動者縣界清淨

陸康爲嵩成令縣在邊郵舊制令戶一人具弓弩以備不虞不得往來長吏新到輙發民繕修城郭康至皆罷遣百姓大悅以恩信爲治寇盜亦息州郡表上其狀

劉平爲菑丘長政教大行其後每屬縣有劇賊輙令平守之所至皆理由是一郡稱其能

李章爲陽平令時趙魏豪右往往屯聚清河大姓趙綱遂於縣界起塢壁繕甲兵爲在所害章到乃設饗會而延謁綱綱帶兵劒被羽衣從士百餘人來到章與對讌飲有頃手劒斬綱伏兵亦悉殺其從者因馳詣塢壁掩擊破之吏人遂安

法雄爲平民長善政事好發擿伏姦盜賊稀發

杭徐守宣城長悉移深林遠藪椎髻鳥語之人置于縣下由是境內無復盜

胡紹爲河內懷令得一強盜問其黨與得數百人皆誅之政教清平爲三河表

王渙爲溫令縣多姦猾積爲人患渙以方畧討擊悉誅之境內清夷商人露宿無遺有放牛者輙云以屬稚子民間終無侵犯

虞詡爲郎中大將軍鄧隲惡之朝歌賊甯季等數千人攻殺長吏州郡不能禁乃以詡爲朝歌長故舊皆弔詡曰得朝歌何衰詡笑曰志不求易事不避難臣之職也不遇盤根錯節何以別利器乎始到謁河內太守馬稜稜勉之曰君儒者當籌謀廟堂反在朝歌耶詡曰初除之日士大夫皆見弔勉以詡籌之知其無能爲也朝歌者韓魏之郊背太行臨黃河去敖倉百里而青冀之人流亾數萬賊不知開倉招衆劫庫兵守城皋斷天下右臂此不足憂也今其衆新盛難與爭鋒兵不厭權願寬假轡策勿令有所拘閡而已及到官設令三科以募求壯士自掾史以下各舉所知其攻劫者爲上傷人偷盜者次之帶喪服而不事

家業爲下收得百餘人詭爲饗會悉貫其罪使入賊中誘令劫掠乃伏兵以待之遂殺賊數百人又潛遣貧人能縫者傭作賊衣以朱縱縫其袪爲識有出市里者吏輒禽之賊由是駭散咸稱神明縱當作綫

吳濬璋爲大市刺姦盜賊斷絶由是知名遷豫章西安長

晉王育爲南武陽令爲政清約宿盜逃奔他郡

宋朱齡石爲武康令時縣人姚係祖招聚亡命專爲劫盜所居險阻郡縣畏憚不能討齡石至縣僞與係祖親厚召爲參軍係祖恃其兄弟徒黨強盛謂齡石

必不敢圖已乃出應召齡石潛結心腹知其居處塗逕乃要係祖宴會叱左右斬之乃率吏人馳至其家掩其不備莫有得舉手者悉斬係祖兄弟數十人由是一郡得清

南齊王敬則爲暨陽令軍荒之後縣有一部劫逃紫山中爲民患敬則遣人致意劫帥可悉出首當相申論治下廟神甚酷烈百姓信之敬則引神爲誓必不相負劫帥既出敬則於廟中設會於座收縛曰吾先啓神若負誓還神十牛今不違誓卽殺十牛解神并斬諸劫百姓悅之

唐張元濟初仕隋爲武陽令行人候曉先發遺衫於路行十數里方覺或謂曰我武陽境內路不拾遺但能廻取物必當在如言果得遠近稱之

屈才

倚天之劍不可以補履涵牛之鼎不可以烹鶩故才屈於命位不充量古今之所難也乃有僶俛象雷之任躬親宰人之事或宴安自得或弛慢無狀或退藏而不拜或慨憤而罷去歷代而下時或有之所以詩人興簡兮之刺大易垂井渫之象者焉

言偃爲武城宰孔子之武城聞弦歌之聲莞爾而

笑莞爾小笑貌曰割雞焉用牛刀言治小何須用大道子游對曰昔者偃也聞諸夫子曰君子學道則愛人小人學道則易使也道謂禮樂也樂以和人和則易使子曰二三子從行者偃之言是也前言戲之耳戲以治小而用大道

宓不齊爲單父宰孔子曰惜哉不齊所治者小所治者大庶幾矣

漢汲黯以謁者爲滎陽令黯爲令稱疾歸田里武帝聞乃召爲中大夫

後漢仇覽一名香爲蒲亭長考城令王奐署爲主簿謂覽曰主簿聞陳元之過不罪而化之陳元不孝其母告之覽爲陳人

倫孝行元卒成孝子得無少鷹鸇之志邪覧曰以爲鷹鸇不如鸞鳳涣謝覧曰枳棘非鸞鳳所棲百里非大賢之路乃以月俸資覧令入大學

虞詡辟大尉李修府拜郎中後朝歌賊寗季等數千人屯聚州縣不能禁乃以詡爲朝歌長故舊皆弔詡曰得朝歌何衰詡笑曰志不求易事不避難臣之職也不遇盤根錯節何以别利器乎

蜀龐統以荆州從事守耒陽令在縣不治免官吳將魯肅遺先主書曰龐士元非百里才也使處治中别駕之任始當展其驥足耳諸葛亮亦言之於先主先

主見與譚大器之以爲治中從事

蔣琬字公琰隨先主入蜀除廣都長先主嘗因游觀奄至廣都見琬衆事不理時又沉醉先主大怒將加罪戮軍師將軍諸葛亮請曰蔣琬社稷之器非百里之才也其爲政以安民爲本不以修飾爲先願主公重加察之先主雅敬亮乃不加罪倉卒但免官而已

晉潘岳辟司空大尉府舉秀才才名冠世爲衆所疾遂栖遲十年出爲河陽令負其才而鬱鬱不得志

夏侯湛自尚書郎出爲野王令居邑累年朝野多歎其屈除中書侍郎

宋張岱爲東遷令時殷仲堪治吳興謂人曰張東遷親貧須養所以棲遲下邑然名器方顯終當大至

唐顔師古初仕隋仁壽中授安養尉尚書左僕射楊素見師古年弱貌羸因謂曰安養劇縣何以克當師古曰割雞焉用牛刀素奇其對到官果以幹理聞

李淳風父播仕隋爲高唐尉秩卑不得志棄官爲道士

冊府元龜終

冊府元龜

巡按福建監察御史臣李嗣京　訂正

分守建南道左布政使臣胡維霖　參閲

知建陽縣事臣黄國琦　較釋

令長部　六

強毅

皐陶之述九德其一曰強而義仲尼曰剛毅木訥近仁又曰士不可以不弘毅若夫宰百里之邑爲千室之長非夫志除豪橫不畏強禦亦何以庇民而興化哉戰國而下居是職者乃有力祛蠹政深抑權倖敢

犯貴勢窮討姦宄專任威克資以武斷用能保安罷弱澄清邑里巨猾收歛而知懼下吏震慄而不欺盗徙於鄰邦聲震于列部苛慝屏去政化以成自非器識邁倫勁直成性見義而有勇遭事而不惑者亦疇能及於是乎

魏西門豹爲鄴令豹往到鄴會長老問之民所疾苦長老曰苦爲河伯娶婦以故貧豹問其故對曰鄴三老廷掾常歲賦歛百姓收取其錢得數百萬用其二三十萬爲河伯娶婦與祝巫共分其餘錢持歸當其時巫行視小家女好者云是當爲河伯婦即聘取洗沐之爲治新繒綺縠衣閒居齋戒爲治齋宮河上張緹絳帷女居其中爲具牛酒飯食行十餘日共粉飾之如嫁女牀席令女居其上浮之河中始浮行數十里乃没其人家有好女者恐大巫祝爲河伯取之以故多持女遠逃亡以故城中益空無人又困貧所從來久遠矣民人俗語曰即不爲河伯娶婦水來漂没溺其人民云豹曰至爲河伯娶婦時願三老巫祝父老送女河上幸來告語之吾亦往送女皆曰諾至其時豹往會之河上三老官屬豪長者里父老皆會以人民往觀之者二三千人其巫老女子也已年七十

從弟子女十人所皆衣繒單衣立大巫後豹曰呼河伯婦來視其好醜即將女出帷中來至前豹視之顧謂三老巫祝父老曰是女子不好煩大巫嫗爲入報河伯得更求好女後日送之即使吏卒共抱大巫嫗投之河中有頃曰巫嫗何久也弟子趣之復以弟子一人投河中有頃曰弟子何久也復使一人趣之復投一弟子河中凡投三弟子豹曰巫嫗弟子是女子不能白事煩三老爲入白之復投三老河中豹簪筆磬折嚮河立待良久長老吏傍觀者皆驚恐豹顧曰巫嫗三老不來還奈之何欲復使廷掾與豪長者一

人入趣之皆叩頭叩頭且破額血流地色如死灰豹曰諾且留待之須臾須臾豹曰廷掾起矣狀河伯留客之久皆罷去歸矣鄴吏民大驚恐從是以後不敢復言爲河伯娶婦

漢義縱武帝時任長陵及長安令直法行治不避貴戚以捕按太后外孫脩成子中（脩成君王太后所生金氏女也中者其子也）帝以爲能

胡建昭帝時爲渭城令帝幼皇后父上官安與帝姊蓋主私夫丁外人相善外人驕恣怨故京兆尹樊福使客射殺之客藏公主廬吏不敢捕建將吏卒圍捕

蓋主聞之與外人上官將軍多從奴客往犇射追吏（奔走赴之而射也）吏散走主使僕射劾渭城令游徼傷主家奴建報亡它坐（言游徼奉公無它坐也）蓋主怒使人上書告侵辱長公主射甲舍門（甲舍郎甲第公主之宅）知吏賊傷奴辟報故不窮審（言爲游徼避罪而妄報文書故不窮治也）大將軍霍光寢其奏後光病上官氏代聽事下吏捕建建自殺

何並字子廉哀帝時爲長陵令道不拾遺劾功成太后外家王氏貴而侍中王林卿通輕俠傾京師後坐法免賓客愈盛歸長陵上冢因留飲連日並恐其犯法自造門上謁謂林卿曰冢間單外君宜以時歸林卿曰諾先是林卿殺婢壻埋冢舍並具知之以非已時又見其新免故不發舉欲無令留界中而已即且遣吏奉謁侍送林卿素驕慚於賓客並度其爲變儲兵馬以待之林卿既去北度涇橋令騎奴還至寺門拔刀剝其建鼓（諸官曹之所通呼爲寺建鼓一名植鼓建立也謂植木而旁懸鼓焉縣有此鼓者所以召集號令爲開閉之時）並自從吏兵追林卿行數十里林卿迫窘迺令奴冠其冠被其襜褕自代乘車從童騎身變服從間徑馳去會日暮追及收縛冠奴奴曰我非侍中奴耳並心自知已失林卿迺曰王君困自稱奴得脫死刑叱吏斷頭持還縣所剝鼓置都亭下署

曰故侍中王林卿坐殺人埋冢舍使奴剝寺門鼓吏民驚駭林卿因亡命衆庶讙譁以爲實死（讙譁衆議也）成帝王后以功成太后愛林卿故聞之涕泣爲言哀帝哀公問狀而善之遷並隴西太守

尹公爲茂陵守令原涉爲中郎免官欲上冢不欲會賓客密獨與故人期會涉單車毆上茂陵投暮入其里宅因自匿不見人遣奴至市買肉奴乘涉氣與屠爭言斫傷屠者亡是時尹公新視事涉未謁也聞之大怒知涉名豪欲以示衆厲俗遣兩吏脅守涉至日中奴不出吏欲便殺涉去涉迫窘不知所爲會涉所

與期上冢者車數十乘到皆諸豪也共說尹公尹公不聽諸豪則曰原巨先奴犯法不得使肉袒自縛箭貫耳詣延門謝罪於君威亦足矣尹公許之涉如言謝復服遣去巨先涉字也令涉如故著衣服也

後漢趙憙建武中爲懷令大姓李子春先爲琅邪相豪猾并兼爲人所患憙下車聞其二孫殺人事未發覺即窮詰其姦收李子春二孫自殺京師爲請者數十終不聽

董宣建武中爲雒陽令時湖陽公主蒼頭白日殺人匿主家吏不能得及主出行而以奴驂乘宣於夏門

亭候之乃駐車叩馬以刀畫地大言數主之失叱奴下車因格殺之主即還宮訴於光武帝大怒召宣欲箠殺之宣叩頭曰願乞一言而死帝曰欲何言宣曰陛下聖德中興而縱奴殺良人將何以理天下乎臣不須箠請得自殺即以頭擊楹流血被面帝令小黄門持之使宣叩頭謝主宣不從强使頓之宣兩手據地終不肯俯主曰文叔爲白衣時藏亡匿死吏不敢至門今爲天子威不能行一令乎帝笑曰天子不與白衣同因勑强項令出勑令詣太守賜食宣受詔出飯盡覆柸食就上大官以狀聞上問宣宣對曰臣食不敢遺餘如奉職不敢遺力賜宣錢三十萬宣悉以班諸吏由是搏擊豪强莫不震慄京師號爲臥虎歌之曰枹鼓不鳴董少平少平宣之字也

馮魴建武中爲虞令爲政敢殺伐以威信稱遷郟令後光武西征隗囂潁川賊起攻圍縣舍魴力戰弩矢盡城陷魴遁去帝聞叛馳赴潁川魴詣行在所帝案行鬬處知力戰乃嘉之曰此健令也

虞延建武末爲雒陽令是時陰氏有客馬成者嘗爲姦盜延收考之陰氏屢請獲一書輒加箠二百信陽侯陰就乃訴帝譖延多所寃枉帝乃臨御道之館親録囚徒延陳其獄狀可論者在東無理者居西成乃

回欲趨東延前執之謂曰爾人之巨蠹久依城社不畏熏燒今考實未竟宜當盡法成大呼稱枉陛戟郎以戟刺延叱使置之帝知延不私謂成曰汝犯王法身自取之呵使速去後數日伏誅於是外戚斂手莫敢干法

杜安爲宛令先是宛有報讎者其令不忍致理將與俱亡縣中豪强有告其處者致捕得安深疾惡之到官治戮肆之於市懼有司繩彈遂自免

祝良爲雒陽令案太尉龐參夫人有司以良不先聞奏輒折辱宰相坐繫詔獄良能得百姓心雒陽吏人

守闕請代其罪者日有數千萬人詔乃原刑

吳樹爲宛令之官辭梁冀冀賓客布在縣界以情託樹樹對曰小人姦蠹比屋可誅明將軍以椒房之重處上將之位宜崇賢善以補朝闕宛爲大都士之淵藪自侍坐以來未聞稱一長者而多託非人誠非敢聞冀嘿然不悅樹到縣遂誅殺冀客爲人害者數十人由是深怨之

劉陶爲除順陽長縣多姦猾陶到官宣募吏民有氣力勇猛能以死易生者不拘亡命姦臧於是剽輕劍客之徒過晏等千餘人（過姓也過國之後）皆來應募陶責其

先過要以後效使各結所厚少年得數百人皆嚴兵待命於是覆案姦軌所發若神

黃昌爲宛令政尚嚴猛好發姦伏人有盜其車蓋者昌初無所言後乃密遣親客至門下賊曹家掩取得之收其家一時殺戮大姓戰懼皆稱神明

張升守外黃令吏有受賕者即論殺之或譏升守領一時何足趍趍（趍急也）明威戮乎對曰昔仲尼暫相誅齊之侏儒手足異門而出故能威震強國反其侵地君子仕不爲己職思其憂豈以久而異其度哉

周紆永平中補南行唐長到官曉吏人曰朝廷不以長不肖使牧黎民而性讎猾吏志除豪賊且勿相試遂殺縣中尤無狀者數十人吏人大震遷博平令收考姦臧無出獄者後徵拜雒陽令下車先問大姓主名吏數閭里豪彊以對紆厲聲怒曰本問貴戚若馬竇等輩豈能知此賣菜傭乎於是部吏望風旨爭以激切爲事貴戚跼蹐京師肅清皇后弟黃門郎竇篤從宮中歸夜至止姦亭亭長霍延遮止篤蒼頭與爭延遂拔劍擬篤而肆詈恣口篤以表聞詔召司隸校尉河南尹詣尚書譴問遣劍戟士收紆送廷尉詔獄數日貰出後竇氏貴盛篤兄弟秉權睚眦宿怨無不

僵仆紆自謂無全乃柴門自守以待其禍然篤等以紆公正而怨隙有素遂不敢害

繆肜辟公府舉尤異遷中牟令縣近京師多權豪肜到誅諸姦吏及託名貴戚賓客者百有餘人威名遂行

王渙永元末爲雒陽令以譎數發擿姦伏京師稱歎

任峻勃海人爲劇令自王渙卒後連詔三公特選雒陽令皆不稱職永和中以峻補之峻推用文武吏皆盡其能糾剔姦盜不得旋踵一歲斷獄不過數十威風猛於渙而文理不及之

王脩勑平中守高密令高密孫氏素豪俠人客數犯法民有相刧者賊人孫氏吏不能執脩將吏民圍之孫氏拒守吏民畏憚不敢近脩令吏民敢有不攻者與同罪孫氏懼乃出賊繇是豪強慴服後守膠東令膠東人公沙盧宗強自爲營壍不肯應發調脩獨將數騎徑入其門斬盧兄弟公沙氏驚愕莫敢動脩撫慰其餘由是寇少止

魏司馬芝爲菅長時天下草創多不奉法郡主簿劉節舊族豪俠賓客千餘家出爲盜賊入亂吏治頃之芝差節客王同等爲兵掾吏據白節家前後未甞給

繇若至時藏匿必爲留負芝不聽與節書曰君爲太宗加股肱郡而賓客每不與役既衆庶怨望或流聲上聞令條同等爲兵幸時發遣兵已集郡而節藏同等因令督郵以軍興詭責縣縣掾吏窮困乞代同行芝乃馳檄濟南具陳節罪太守郝光素敬信芝即以節代同行青州號芝以郡主簿爲兵

趙儼爲郎陵長縣多豪猾無所畏忌儼取其尤甚者收縛案驗皆得死罪儼既囚之乃表府解放自是威恩並著

楊沛爲長社令時曹洪賓客在縣界徵調不肯如法沛先撾折其脚遂殺之由此太祖以爲能累遷九江東平樂安太守並有治迹坐與督軍爭鬬髡刑五歲輸作未竟會太祖出征在譙聞鄴下頗不奉科禁乃發教選鄴令當得嚴能如楊沛比故沛從徒中起爲鄴令已拜太祖見之問曰以何治鄴沛曰竭盡心力奉宣科法太祖曰善顧坐席曰諸君此可畏也賜生口十人絹百疋既欲以勵之且以報乾椹也初沛爲與平長人多饑窮沛收乾椹萱豆積千餘斛太祖軍過無糧沛乃進乾椹太祖甚喜故言及之沛辭去未到而軍中豪右曹洪劉勳等畏沛各遣家騎告子

弟使各自簡勑沛爲令數年以公能轉爲護羌都尉

沐並爲成皋令校事劉肇出過縣遣人呼縣吏來索豪殺是時蝗旱官無有見未辦之間肇人從之並之閤下呴呼罵吏並怒因躧履提刀而出多從吏卒欲收肇肇覺知驅走具以狀聞有詔肇爲牧司爪牙吏而並欲收縛無所忌憚自恃清名遂收欲殺之肇髡決減死刑竟復吏由是放散十餘年

滿寵字伯寧守高平令縣人張苞爲都督郵貪穢受取干亂吏政寵因其來在傳舍率吏卒出收之詰責所犯即日考竟遂棄官歸後爲許令時曹洪宗室親

貴有賓客在界數犯法罷收治之洪書報罷龎不聽洪白太祖太祖召許主者寵知將欲原乃速殺之太祖喜曰當事不當爾邪

吳黃蓋從孫策及權諸山越不賓有寇難之縣輒用蓋爲守長石城縣吏特難簡御蓋乃置兩掾分主諸曹教曰令長不得徒以武功爲官不以文吏爲稱今賊寇未平有軍旅之務一以文書委付兩掾當檢攝諸曹糾擿謬誤兩掾所置事入諾出若有姦欺終不加以鞭杖宜各盡心無爲衆先初皆怖威夙夜恭職久之吏以蓋不視文書漸容人事蓋亦嫌外懈怠時

有所省各得兩掾不奉法數事乃悉請諸掾吏賜酒食因出事詰問兩掾辭屈皆叩頭謝罪蓋曰前已相勑終不以鞭杖相加非相欺也遂殺之縣中震慄後轉春穀長尋陽令凡守九縣所在平定遷丹陽都尉抑強扶弱山越懷附

賀齊字公苗會稽山陰人少爲郡吏守剡長縣吏斯從輕俠爲姦齊欲治之主簿諫曰從縣大族山越所附今日治之明日寇至齊聞大怒便立斬從從族黨遂相糾合衆千餘人舉兵攻縣齊率吏民開城門突擊大破之威震山越

淩操爲永平長平治山越姦猾斂手

晋張輔爲藍田令不爲豪強所屈時強弩將軍龎宗西州大姓護軍趙浚宗婦族也故僮僕放縱爲百姓所患輔繩之殺其二奴又奪宗田二百餘頃以給貧户一縣稱之轉山陽令太尉陳準家僮亦暴橫輔復擊殺之

山遐字彦林爲餘姚令時江左初基法禁寬弛豪族多挾藏户口以爲私附遐繩以峻法到縣八旬出口萬餘縣人虞喜以藏户當棄市遐欲繩喜諸豪強莫不切齒於遐言於執事以喜有高節不宜屈辱又以

遐輒造縣舍遂陷其罪遐與會稽内史何充牋乞留百日窮翦逋逃退而就罪無恨也充申理不能得竟坐免官

前秦王猛爲始平令縣多枋頭（枋頭地名）西歸之人豪右縱橫刼盜充斥猛下車明法峻刑澄察善惡禁勒強豪鞭殺一吏百姓上書訟之有司劾奏檻車徵下廷尉詔獄苻堅親問之曰爲政之體德化爲先莅任未幾而殺戮無數何其酷也猛曰臣聞宰寧國以禮治亂邦以法陛下不以臣不才任臣以劇邑謹爲明君翦除凶猾始殺一姦餘尚萬數若以臣不能窮殘盡

暴肅清軌法者敢不革心鼎鑊以謝孤負酷政之刑臣實未敢受之堅謂群臣曰王景畧固是吏吾子産之儔也於是赦之

宋虞玩之爲烏程令路太后外親朱仁彌犯罪玩之依法録治太后怒訴孝武坐免官

劉亮爲武康令時境内多盜鑄錢亮掩討無不擒者所殺以千數

南齊丘仲孚爲于湖令有能名太守呂文顯當時倖臣淩詆屬縣仲孚獨不爲之屈

孔琇之爲吳興令有小兒年十歲偷刈隣家稻一束

琇之付獄治罪或諫之琇之曰十歲便能爲盜長大何所不爲縣中皆震肅

梁張稷爲剡縣令時賊唐瑾作亂稷率勵縣人保全縣境

江革歷秣陵建康令爲治明肅豪強憚之

王摛爲秣陵令清直請謁不行羽林隊主潘敞有寵二宮勢傾人主婦弟犯法敞爲之請摛摛投書於地更鞭四十敞怒譖之明日而見代

沈瑀爲餘姚令縣大姓虞氏千餘家請謁如市前後令長莫能絶自瑀到非訟所通其有去者悉立之堦下以法繩之縣南又有豪族數百家子弟縱横遞相庇廕厚自封植百姓甚患之瑀召其老者爲石頭倉監少者補縣僮皆號泣道路自是權右屏跡瑀初至富吏皆鮮衣美服以自彰别瑀怒曰汝等下縣吏何自擬貴人邪悉使着芒屩麄布侍立終日足有蹉跌輙加榜捶瑀微時嘗自至此鬻瓦器爲富人所辱故因以報焉由是士庶駭怨然瑀廉潔自守故得遂行

陳蕭引爲建康令時殿内隊主吳璡反宫官李善慶蔡脫兒等多所請囑引一皆不許引始族子密時爲黄門郎諫引曰李蔡之勢在位皆畏憚之亦宜少爲

身計引曰吾之立身自有本末亦安能爲李蔡改行就令不平不過解職耳吳璡竟作飛書李蔡證之坐免官卒於家

褚玠爲山陰令縣民張次的王休達等與諸猾吏賄賂通姦全丁大户類多隱没玠乃鎖次的等具以狀啓臺宣帝手勑慰勞并遣使助玠搜括所出軍民八百餘户時舍人曹義達爲宣帝所寵縣民陳信家富於財諂事義達信父顯文恃勢横暴玠乃遣使執顯文鞭之一百於是吏民股慄莫敢犯者

後魏元志爲雒陽令不避強禦與御史中尉李彪爭

路倶入見面陳得失彪言御史中尉辟承華車蓋駐
論道劍鼓安有雒陽縣令與臣抗衡志言神鄉縣主
普天之下誰不編户豈有俯同衆官趍避中尉孝文
曰雒陽我之豐沛自應分路揚鑣自今以後可分路
而行及出與彪折尺量道各取其半帝謂邢巒曰此
兒竟可所謂王孫公子不鏤自彫巒曰露竹霜條故
多勁節非鸞則鳳其在本枝也
宋繇字飛烏爲河陰令順陽公主家奴爲刼攝而不
送繇將兵圍主宅執聟馮穆步驅向縣時正炎暑立
之日中流汗霑地縣舊有大枷時人號曰彌尾青及
冊府元龜　令長部　强毅　卷之七百六　十五
翻爲縣主吏請焚之翻曰且置南牆下以待豪家未
幾有内監楊小駒詣縣請事辭色不善命取尾青以
鎮之既免入訴於宣武大怒勑河南尹推治其罪繇
具自陳狀詔曰卿故違朝法豈不欲作威以買名繇
對云造者非臣買名者亦宜非臣所以留者非敢施
於百姓欲待兇暴之徒如小駒者耳於是威振京師
高綽字僧裕爲洛陽令爲政強直不避豪右京邑憚
之
楊機字顯略行河陰縣事當官正色不避權勢後爲
雒陽令京輦伏其威風希有干犯

鄧淵字彦海爲蒲吾令誅剪姦猾盜賊肅清
陽固字敬安爲雒陽令在縣甚有威風
高崇字積善爲雒陽令爲政清斷吏民畏其威風每
有發擿不避彊禦縣内肅然
北齊路去病爲定州饒陽令去病明閑時務性頗嚴
毅人不敢欺然至廉平爲吏民歎服擢爲成安令輦
轂之下舊號難治重以政亂時難綱維不立功臣内
戚請屬百端去病消息事宜以理抗答勢要之徒雖
厮養小人莫不憚其風格亦至嫌恨自遷鄴以還鄴
與臨漳成安三縣令治術去病獨爲稱首
冊府元龜　令長部　强毅　卷之七百六　十六
後周樂運建德中爲萬年縣丞抑挫豪右號稱強直
高祖嘉之特許通籍事有不便於時者令巨細奏聞
隋魏德深大業中爲館陶長闔境老幼皆如見其父
母有猾人員外郎趙君實與郡丞元寶藏深相交結
前後令長未有不受其指麾者自德深至縣君實屏
處於室未嘗輙敢出門逃竄之徒歸來如市
唐劉仁軌爲陳倉尉部人有折衝都尉魯寧者恃有
高班豪縱無禮歷政莫能禁止仁軌特加誡喻期不
可再犯寧又暴横尤甚竟杖殺之州司以聞大宗怒
曰是何縣尉輙殺吾折衝遽追入與語奇其剛正擢

授櫟陽丞

李朝隱景雲初爲長安令朝隱政刑畢舉權豪懾憚有内寺伯非禮于忤朝隱叱繫于獄睿宗嘉之加朝隱大中大夫

馬燧寶應中爲趙城尉是時廻紇大軍還國恃復東都之功倨强恣睢所過或虜掠廩餼不如意輒賊殺之澤潞節度李抱王難其供辦賓介皆憚不敢行燧自贊請主郵驛比廻紇至則先厚賂其渠帥與明要約廻紇乃授燧旗幟爲識有犯令者令燧戮之燧又取死囚給左右廝役小違令殺之廻紇相顧色動涉

其境無敢暴掠抱王奇之

竇參代宗朝爲奉先尉縣人曹芬隸北軍素兇暴與弟毆其女弟芬父救之不得遂投井死參捕理芬兄弟當死官皆請俟免喪參曰子因父生父由子死若以喪延罪是殺父不坐也皆正其罪而杖殺之一縣畏伏

晉顏衎兖州曲阜人仕梁爲青州北海主簿自卑官不畏强禦縣民有豪暴者必嚴刑制之由是知名

冊府元龜卷終

冊府元龜

巡按福建監察御史臣李嗣京　訂正

知長樂縣事　臣夏允彝　叅閱

知建陽縣事　臣黃國琦　較釋

令長部七

酷暴　黜責　貪黷

酷暴

逸德比於烈火苛政甚於猛虎雖百里之非廣乃緜垠之攸賴則有性既嚴酷貌復兇很惟申韓之是法於理刑而失中報虐以威歛怨於下峻罰是長殘殺無罪或馮勢而成濫亦擊殭而過正乃至榜楚不絕綢穽交設重足斯畏謹言載興寧失不經斯可鑒矣

漢義縱補上黨郡中令治敢往少溫籍（敢行暴害之敢少溫藉言無所含容也溫於問切藉才夜切）

嚴延年爲平陵令坐殺不辜去官

尹賞爲頻陽令坐殘賊免

後漢陽球爲高唐令性嚴厲好申韓之學以嚴苛過理郡守收舉（收擧劾之）會赦見原

周紆爲雒陽令章帝知紆奉法疾姦不事貴戚然苛慘失中（慘虐也）數爲有司所奏遂免官

徐宣爲下邳令暴虐尤甚先是求故汝南太守下邳李暠女不能得及到縣遂將吏卒至暠家載其女歸戲射殺之埋著寺內

魏滿寵漢末爲許令時曹洪宗室親貴有賓客在界數犯法寵收治之洪書報寵寵不聽洪白太祖召許主者寵知將欲原乃速殺之太祖喜曰當事不當爾邪故太尉楊彪收付縣獄尚書荀彧少府孔融等並屬寵但當受辭勿加考掠寵一無所報考訊如法數日求見太祖言之曰楊彪考訊無他辭諸當殺者宜先彰其罪此人有名海內若罪不明必大失民望竊

爲明公惜之太祖即日赦出彪初彧融聞考掠彪皆怒及因此得出復善寵（裴松之以爲楊公積德之門身爲名士縱有愆負猶宜佑免涖刑所濫而可加其楚掠乎若理應考訊荀孔二賢豈其妄有相請屬哉寵以此爲能酷吏之用心耳雖有後善何解前虐）

齊江介爲吳令其父謐爲長沙內史謐政治苛刻介治亦深切民間榜死人髑髏爲謐首介棄官而去

梁沈瑀爲餘姚令富吏鮮衣美服以自彰別瑀怒曰汝等下縣吏何自擬貴人邪悉使著芒屩麤布侍立終日足有蹉跌輒加榜棰

陳庾時爲臨安令坐枉殺縣民免

唐權懷恩高宗咸亨中爲萬年令不避強禦時有雒陽令楊德幹亦以威嚴爲人吏所畏時人語曰寧喫三斗塵不逢權懷恩寧喫三斗炭不逢楊德幹

楊德幹爲雒陽令杖殺人吏以立威名雒州長史賈敦實曰政在養人義須存撫傷生過多雖能亦不足貴也牢抑止德幹德亦爲稍戢

楊廻爲盈川令政殘酷人吏動不如意輒榜殺之

王鈞玄宗開元中爲雒陽尉與河南丞嚴安之皆性毒虐笞罰人畏其不死央杖訖不放起須其腫憤徐乃重杖之懊血流地苦楚欲死鈞與安之始眉目喜

暢故人吏懾懼

毛若虛天寶中爲蜀川尉若虛眉毛覆於眼性殘忍使司以推勾見任

侯遵德宗貞元中爲富平令縣人李載配納元陵園糞兩車愆期或譖毀載於遵者因寄怒以痛繩之載所負之値不過數千而罰之三百貫文枷禁捶辱焉載妹壻昭得皇后弟王某奏之帝命御史臺鞫之遵具欵伏宰臣董晉竇參進日李載不納差科未爲巨蠹侯遵峻其懲罰頗越當倫況是國親去就有禮毀損過甚理當罪責坐貶澧州司户參軍帝不欲以戚屬之故而罪吏止停其官

黜責

令長字民之重任也黜陟馭下之大典也列國以大夫守邑漢氏以郎官出宰自兹已降名數寖優宜乎撫恵黎烝宣暢德澤若乃性異明達行非貞素徇違不斷苛刻無恩訟起獄豊土荒民散或沉湎棄職聚歛是圖儲峙闕供裁處非允瘡痏既積怨讟並興廢百里之威頃三尺之法爲人臣者可不慎歟其有因虐吏之奏劾繇要臣之誣毀以陷於非罪者亦類次于篇云

阿大夫史不書姓名齊威王即位召阿大夫語曰自子之守阿譽日聞然吾使人視阿田野不闢民人貧苦是子以幣厚吾左右以求譽也乃烹阿大夫

漢任安爲三百石長坐上行出游共帳不辦斥免

尹賞爲頻陽令坐殘賊免

朱雲爲杜陵令坐故縱亡命會赦

後漢鄭興爲蓮勺令蓮音輦勺音酌故城在今下邽縣是時喪亂之餘郡縣殘荒興方欲築城郭脩禮教以化之會以事免

尹敏爲長陵令明帝永平五年詔書捕男子周慮慮

素有名稱而善於斂敏坐繫免官及出歎曰瘖聾之徒眞世之有道者也何謂察察而遇斯患乎

周紆爲雒陽令苛慘失中數爲有司所奏遂免官

陽球爲高唐令以嚴苛過理郡守收舉收繫舉劾之會赦見原

曹褒爲圉令以禮理人以德化俗時它郡盜徒五人來入圉界吏捕得之陳留太守馬嚴聞而疾惡風縣殺之褒勑吏曰夫絶人命者天亦絶之皐陶不爲盜制死刑管仲遇盜而升諸公今承旨而殺之是逆天心順府意也其罰重矣如得全此人命而身坐之吾

所願也遂不爲殺嚴奏褒耎弱免官歸郡

蜀蔣琬字公琰爲廣都長先主甞因遊觀奄至廣都琬衆事不理時又駞酒先主大怒將加罪戮軍師將軍諸葛亮請曰蔣琬社稷器非百里之才其爲政以安民爲本不以修飾爲先願主公重加察之先主雅敬亮乃不加罪倉卒免官而已

宋沈文秀字仲達爲建康令坐爲尋陽王鞭殺私奴免官加杖百尋復官

南齊沈嶱之爲丹徒令性疎直在縣自以清廉不事左右浸潤日至遂鏁繫尚方歎曰一見天子足矣武帝召問曰復欲何陳答曰臣坐清復以獲罪帝曰清復何以獲罪曰無以承奉要人帝曰要人爲誰嶱之以手板四面指曰此赤衣諸賢皆是若臣得更鳴必令清譽日至嶱之雖危言帝亦不責

梁庾仲容歷末康錢唐武康令治縣並無績多被劾

唐裴行儉爲長安令高宗顯慶中坐事左遷西州都督府長史

王同慶爲汾州平遥縣令玄宗開元十一年坐貶處州贛縣尉勑曰朕問俗觀人務存節儉先有處分不許煩勞王同慶違法擾人借歛無紀望鄉科祓率户

出軰幷風花盤計盈數百徵求既廣般運又勞以此字人豈我良宰宜書刑典以誡具寮

李泳爲鄧州南陽縣令開元二十四年坐擅興賦役貶康州都城縣尉

薛近爲長安縣尉徐綱爲萬年尉代宗大曆五年四月貶近連州連山縣尉綱邵州武岡縣尉並員外置是月又雨京城畿代宗令出米五萬石減價分糶貧人近等踰法徇私是以懲也

劉澡爲渭南縣令大曆十二年京畿水旱京兆尹黎幹奏損田户部侍郎判度支韓滉執奏幹不實乃命

廻覆時滎曲附度支具干善名以縣界田並無損白于府及户部分廻御史趙計不欲忤度支奏報恊滎代宗覽奏以爲水旱咸均不宜渭南獨免特命侍御史朱敖再覆敖覆命渭南損田三千餘頃帝歎息久之大怒滎因詔敖曰縣令職在字人不損猶宜稱損損而不問豈有恤隱之意耶卿之此行可謂稱職下有司訊覆滎及趙計並伏罪乃貶滎爲萬州南浦縣員外尉計爲澧州員外司户參軍

苟曾爲三原縣令德宗貞元二年四月以無政理攻授司議郎

李佇爲處化縣令憲宗元和九年七月勑佇虐下以條訊罪違律至使鎮餉皆絶瘐死非辜因其壟隅吏令殘毁戍人及此良用憮然俾投禦魅之鄉以戒字氓之長可守雷州海康縣尉

劉行餘爲馮翊縣尉敬宗寶曆元年十月坐擅決軍入貶道州延昌尉

姚中立爲萬年縣令孟琯爲長安縣令文宗太和九年十一月兩縣捕賊官領其徒受羅立言指使（王欽若等日立言爲同李訓鄭注事）內萬年縣捕賊官鄭洪懼而詐死令其家人喪服而哭中立陰識之慮其詐聞不能免所累以其狀告之洪藏入左神策軍洪銜中立之告返言追集所錄皆縣令指揮故貶中立爲郎州長史琯爲硤州長史尋再貶中立爲昭州司户參軍琯爲梧州司户參軍

朱儔爲京兆府美原縣主簿文宗開成三年十二月貶爲衢州衢山縣尉初奉先馮翊等縣百姓爲牛羊使占其田產儔奉使推鞫盡以百姓田歸牛羊司給事姚合列疏其事遂貶之

梁高縮爲封丘令太祖開平元年六月以封丘境內虫蝗爲災最甚太祖令近界撲滅下明勑以懸賞罰

之戒以縮不恭罰金仍免官

田光裔爲穀熟縣令開平四年四月宋州衙王友諒進瑞麥一莖三穟太祖覽奏不懌曰古來上瑞惟在豐年合穎兩岐皆是虚事乃停光裔官仍追毁歷任官牒以瑞麥故也

後唐劉知章爲醴泉縣令長興元年七月明宗命廻鶻使三走馬入廻鶻部給程有日沿路乘驛而行醴泉既非衝要素無驛馬長吏供億無准泊使三至縣索驛馬館穀所司未辦適遇知章不在縣或謂使三云知章出從禽之矣鎮帥以馬給之俄而知章至哀

訴引過侯三不之顧因奏其狀明宗大怒促命械送至京事幾不測安重誨從容奏覆方得減死配流沁州

張紹業爲沛州臨漳令長興元年縣人劉暉訟紹業贓賄不公及借便官物勑旨張紹業勒停見任

薛文玉爲武功縣令長興元年九月西京奏武功縣百姓三千餘人持白棒入縣亂擊人吏分刼縣庫税錢公解什物尋差兵士捉到結集首領武功鎮將趺跌琉等三十二人各招本罪稱縣令以大竿尺簡田所以衆心難抑其趺跌琉准法科斷文玉罰七十直

主簿李彦柔罰五十直並勒停

鄭延郎爲衞縣令長興元年九月魏博奏延郎自於獄中推劾盜賊妄引平人孫厚延郎自行栲决孫厚致死勑旨付大理詳覆以聞

盧嵩爲獲嘉令長興元年五月坐户民閻延韜不伏責問喧悖令從人曳撲良久致死大理寺斷配流大德勑旨盧嵩容易宰邑造次怒人不如法以行刑遂尋時而致死原情則本非故殺據律則當處極刑小不忍而難追内自訟而何及法不可除義亦須明但究彼根蹤似緣公事罪雖甚重理稍可疑峻行則慮致民驕輕恕則恐滋吏酷未從遠竄特貸餘生聊以慰往者之寃兼可戒爲官之屬嵩宜配蔚州長流百姓縱逢恩赦不在放歸之限其出身歷任告赤付所司焚毁餘依省寺詳斷

王韜王前爲湖陽令愍帝時於端門接宰臣陳考績事不實配流坊州

晉張嗣宗爲襄邑縣令少帝開元二年開封府奏嗣宗先被百姓趙覺直論訟不公法寺定罪合徒一年半以官收贖贖銅三十斤府司尋科放訖擾新除襄邑令王允昇狀申稱張嗣宗不肯交割縣務稱未考

滿者勑旨張嗣宗已招過犯斷處徒刑雖定徵銅更難居任既聞除替便合稟承乃敢拒違益彰狡惡須加竄謫俾省愆尤宜配流商州

周陳權前爲清水令太祖廣順三年四月勑追奪前任官牒毁棄仍長流房州權居許州舞陽縣與隣子將爭地詐理石爲記及揩改契内文字既伏其罪故有是責

駱延規爲開封縣令世宗顯德六年九月除名流沙門昂先是延規有過停任有司召延規宣勑延規拒命爲憲司所按故有是命

貪黷

夫制錦之重象雷之威有社稷焉有人民焉可以專刑辟可以移風俗一同之地禍福所繫百乘之賦豈約斯繫自非守不欺之誠存慎獨之心則何以奉政經去民瘼其或罔思絜己姑務藩身忘清白之訓恣貪墨之欲或凌厲其氣以威下民或便辟其容以附權右肆豺狼之心盈谿壑之志或人不堪命盜以之興或法不可逃身蹈之殞雖惡有巨細事有隱顯然而流毒於下斂怨于上則一揆焉爾詩云貪人敗類其惡之深矣

册府元龜 令長部 貪黷 卷之七百七 十一

漢楊湛爲高陵令謝游爲櫟陽令皆貪猾不遜左馮翊薛宣手自牒書條其姦贓湛自知罪贓皆應記即時解印綬付吏爲記謝宣而游自以大儒有名輕宣宣獨移書顯責之曰告櫟陽令吏民言令治行煩苛適罰作使千人以上賦取錢財數十萬給爲非法賣買聽任富吏賈數不可知（賈讀日價）證驗明白游得檄亦解印綬去

後漢居風令（史不書姓名）貪暴無度縣人朱達等及蠻夷相聚攻殺之

張朔爲野王令貪殘無道聞司隷校尉李膺威嚴懼罪逃還京師

晉袁毅陳郡人爲鬲令貪濁而賂遺公卿以求虛譽後事露檻車送廷尉

李彰爲姚萇槐里令以黷貨誅於是郡國肅然矣

梁丘仲孚仕齊爲山陰令居職甚有聲稱齊末頗有贓賂爲有司所舉將見収仲孚竊逃還京師詣闕會赦得不治

唐王鈞爲雒陽縣主簿玄宗開元十年三月坐贓杖殺

裴景仙爲冀州武強令開元十年八月坐贓逃匿聽

册府元龜 令長部 貪 卷之七百七 十二

集衆殺之勑曰有善必賞所以勸能有罪必誅所以懲惡代天理物勤憂萬姓求瘼恤人寄之牧宰共理天下實在於茲裴景仙幸以緒余素無名節恣行貪冒不憚典刑聚斂之贓向五十疋肆其威虐剝我黎元自作何逃仍更亡命此而將捨罪孰可誅雖法有常科合寘投竄而情在難恕用申懲肅宜令集衆決殺仍宣告遐邇

宋廷暉爲宣州溧陽令周仁公爲涇州良原令裴襄爲寧州彭原令開元二十五年正月皆犯贓坐死刑玄宗以陽和在候特恕之悉杖六十配流于龔州勤

曰朕思致時和每矜刑典而貪叨之吏抵犯自多循
蒐雖格豈在哀矜宣州溧陽令宋延暉等各效官榮
非無祿利不能砥礪乃黷貨贓使者繩違刑曹定罪
並當極法合正嚴科然而發生在時布澤茲始永言
惻隱能無惠恤乃期改過且用輕刑宜並配流郎差
綱領送雖止殺之義頗乖於國體而好生之德冀洽
於人心教而不誅庶乎不及何必峻罰然後爲善凡
令在位宜副此懷
郴昇爲長安縣令天寶三年坐賍於朝堂杖殺之
竇鉴爲萬年縣令代宗永泰元年坐贓流虔州百姓

高駿爲鄭州陽武縣令憲宗元和九年七月坐侵蠹
百姓賍恩州陽江縣尉
殷復易爲長水縣令元和九年九月坐求利擾人賍
永州司户參軍
韓晤爲萬年捕賊尉元和十二年以姦贓發京兆尹
竇易直使法曹掾韋正牧鞫之得贓三十萬帝意其
未盡令復鞫之果得贓三百萬晤除名配流昭州
王仲堪爲溵州上蔡縣令穆宗長慶元年八月坐贓
錢八百二十貫敕上蔡久經寇虐方藉緝綏恐加厚
斂害此疲俗委本道觀察使決重杖處死

麗黷爲遂寧縣令長慶四年東川觀察使奏黷犯贓
事下大理寺以法論中書舍人楊嗣復等參酌曰麗
黷賍貨之數爲錢四百餘千其間大半是枉法據贓
定罪合處極刑雖經恩赦不在原先伏以近日贓吏
皆蒙小有矜寬類例之間慮須貸死敕長吏犯贓其
數不少縱寬刑典難免鞭笞但以近遇鴻恩人思減
等雖節文不在免限於情理亦要哀矜麗黷宜除名
溪州其賍付所司准法
孟孚爲蘇州嘉興縣令敬宗寶曆元年六月坐贓杖
四十除名流康州

劉伉爲藍田令寶曆二年三月御史臺推勘在任日
將諸色錢隱沒破用凡九十餘萬制曰劉伉所犯贓
私其數至廣恣爲貪猾固抵刑章若據本條合當極
法以其大父於國有勞特爲矜量俾從寬宥宜除名
流雷州伉故宰相晏之孫也
李林宗爲河南縣令爲縣未數月賤買市人縑帛文
宗大和七年三月坐賍
梁陳知古爲華陰縣令太祖開平元年十一月同州
劉知俊奏知古因抽選丁藏匿富户以受其賂闔縣
詐論今已按驗罪狀帝惡其貪猾委本道以法誅之

王漁爲青州壽光令贜貨聚斂強奪下民資糧材木修建私第百姓苦之乃詣於廉使者因鞫劾計贜十餘萬有司以聞帝怒開平二年三月委本郡長吏准格處分

尹崇規爲青州北海令殘虐於民賄賂彰顯開平二年七月委本道長吏斃之

後唐張延輝爲許州臨潁令明宗長興元年九月爲縣人韋知進所訟稱知進父充所差爲衙參不到決杖致死又論延輝取贜賂法司估計錢三十三貫以絹平之得絹二十二疋准法決重杖一頓處死主簿

高延誨罰兩月俸

楊鐐爲鼓城令長興四年七月鎮州奏鐐與主簿徐延同情出賣官麴一十二碩計錢三十八千估絹三十四疋二丈其錢入已破使事下法司大理正張仁琢刑部郎中康澄斷准律主當監官罪並當絞徐延專掌賣麴縣令監臨據罪並絞關連典吏笞杖徒流有差從之

呂澄爲秦州清水縣令長興四年七月觀察使奏澄於長興元年二年二年相以乞歛人户財物共計一千一百一十九碩顆貼貫計贜三百六十八貫事下法司大理少卿康澄斷准律受所監臨贜罪當贖流三千里呂澄以兩任官當三年徒罪餘二年徒罪徵銅四十斤刑部員外郎薛沖又詳覆呂澄贜賂事發因鎮將上論乞取之贜又無文簿鎮將遍下鄉村勘問又無人户姓名積數雖多未當正格量其情狀難逭刑章勑旨呂澄命爲宰字委以民人不守公廉恣行聚歛贜數甚廣情狀難矜當寘重刑仍從遠竄宜決脊杖二十配流嵐州關連人吏依法司所奏

晉郭縮爲絳州翼城令少帝開運二年法寺奏縮乞門户人眾八百一十五碩五斗計贜絹八十疋准律

徒四年以官當注毀四任告赤流三千里從之

周陸憲爲曹州宼句令太祖廣順元年十月坐贜絲五萬兩先是本部民楊文投匭論憲下開封府推鞫憲以本部内放絲伏罪獄成追毀入仕官牒

陳守愚爲唐州方城令廣順二年二月在任尅留人户麴一千五百斤貨之兼丐率資金爲民所訟守愚攜牌印自訴於闕下御史臺推劾伏罪杖死之

冊府元龜卷終

冊府元龜

巡按福建監察御史臣李嗣京　正

分守建南道左布政使臣胡維霖　訂

知建陽縣事臣黃國琦　較

宮臣部

總序

古之有天下者必立儲貳用承統緒並建子弟以屏王室莫不內制宮朝之秩外設國藩之職爲之輔佐焉唐虞之前官次莫記夏商之際教世子之法大傳在前少傳在後入則有保出則有師晉荀綽百官表云太子大傳唐虞官而未詳所得動有司過之史處有徹膳之宰所以翼導乎元良教喻而成德者也周監二代建職制吏地官司徒之屬有師氏掌以三德教國子中大夫一人上士二人保氏掌養國子以道教以六藝下大夫一人中士二人夏官司馬之屬有諸子掌國子之倅掌其戒令下大夫二人中士四人皆有胥徒府史之屬燕義云周天子官有庶子是也斯皆六聯之內左右太子者也而太傅居三公論道之位少傅當三孤貳公之任職在經緯匪專輔導班彪云成王爲孺子時出則周公召公史佚入則太顛閎夭南宮括散宜生左右前後賈誼云成王在襁褓之中置三少皆上大夫曰少保少傅少師與太子宴者也又幽王時有太子傳作

小弁之詩列國太子亦有師傅少師之名晉杜元款爲太子申生傳楚潘崇爲太子君臣師伍奢爲太子建師費無極爲太子建少師戰國亦置師傅秦商鞅黥孝公太子師傅秦立百官之職因古制設太子太傅少傅增置屬官有太子門大夫庶子各五人洗馬十六人掌前驅舍人無員又置詹事掌太子家有丞屬官有太子率更家令丞僕中盾衛率廏長丞率更掌知漏刻中盾主周衛徼道衛率主門衛漢氏因之而大裂疆土分王子弟宮室百官同制京師王國有太傅輔王內史治國民中尉掌武職丞相統衆官群卿大夫都官如漢朝國家惟爲置丞相其御史大夫以下皆自置之群卿已上皆秩二千石景帝中五年改丞相曰相省御史大夫廷尉少府宗正博士官大夫謁者郎諸官長丞皆損其員時七國之亂抑損諸侯王始令諸國皆天子爲置吏武帝改丞僕曰僕并郎中令皆損其秩爲千石成帝綏和元年省內史更令相治民如郡太守中尉如郡都尉而太子官復有左右戶將左右戶直郎後漢省之及省詹事員而太傅專職輔導不領官屬少傅亦司輔導而悉主諸職員吏十二人以率更令主庶子舍人更直職比光祿屬官庶子舍人皆無員庶子如三署郎舍人如三署郎中一云舍人十三人選良家子充家令主倉穀飲食職比司農少府屬官增置太子倉令一

人主倉庫太子食官令一人主飲食太子僕主車馬
職如太僕屬官廄長一人主車馬門大夫比郎將一云
員二人選四府椽屬充增置中庶子員五人職如侍中洗馬職
如謁者選以郎中補中盾衛率如故皇子封王者並置傳
相相有長史如郡丞餘諸卿皆如舊制又有大夫無
員掌奉王使至京都奉璧賀正及使諸國皆持節舊有
尚書尋改治書又更名大夫謁者掌冠長員十六人禮樂長主樂
人衛士長主衛士醫工長主醫藥永巷長主宮中婢
使宦者爲之祠祀長主祠祀又有郎中無員二漢以來嘗
以詹事少傅主太子家然時有以佗官監護娛侍輔

導者孝宣欲以中郎將監護太子又以王褒劉向張子僑等娛侍太子元帝以侍中史丹護太子家
光武以侍中陰識守執金吾輔導太子順帝立太子居承光宮以侍御史种暠監護之魏國初
建太子官屬率擬漢臺之制而別有太子侍講嘗從
虎賁督保傅丞東宮摘句郎其諸王國別有文學監
國謁者典書令家令都尉長史司馬之職其侯國又
有家丞武帝選邢顒爲平原侯植家丞陳思王有監國謁者灌均明帝已後東宮
制度廢闕官司不具惟置衛率令典兵二傳并攝衆
事佗皆闕焉蜀有太子太傅家令舍人中庶子庶子
之名後主爲太子以諸葛亮爲太子太傅譙周爲太子家令董允爲太子舍人後主立太子璿戈冲
爲中庶子李譔爲庶子吳有左輔布弼輔正翼正二都尉爲太

子四友亦有太傅少傅中庶子之官孫權立子登爲太子以諸葛恪
爲左輔張休爲右弼顧譚爲輔正都尉陳表爲翼正都尉是爲四友孫和爲太子以闞澤爲太傅薛綜爲
少傅及以中庶子爲親近之官晉武帝泰始二年始建東宮損益前
制備置官屬以太子太傅少傅總官事並有功曹主
簿五官太傅少傅專職訓導後以儲副體尊遂命諸公居之以本位重故或行或領蓋一時之制
也始置中衛率其中庶子正置四人皆以俊茂者爲之或以郡守參
選其食官令一人職如太官令庶子四人比散騎常
侍中書監令太子舍人十六人比散騎中書侍郎從
駕則正直從次直守妃出則次直從洗馬八人准秘
書郎掌圖籍釋奠講經率更令主宮殿門戶及賞罰

事職如光祿衛尉家令主刑獄穀貨飲食職比司農
少府丞一人後漢以家令主食官令至是食官自爲官不復屬家令僕主車馬
親秩如太僕宗正諸王置師友文學各一人後改師
爲傅避景帝諱改太守爲內史省相及僕有郎中令中尉
大農爲三卿大國置左右嘗侍各一人省郎中置侍
郎二人典書典祠典衛學官令典書丞各一人治書
四人中尉司馬世子庶子陵廟牧長各一人謁者四
人中大夫六人舍人十人典醫典府丞各一人公國無中
尉嘗侍侯國又無大農侍郎伯子男惟典書已下無學官令史皆以次損公侯置官屬皆隨國大小無定
制其餘官司各有差皆選其文武官五年分中衛率爲左右衛率各領

一軍咸寧元年復置詹事掌宮事二傅不復領官屬大國置上中下軍三將軍次國上下二將軍小國上軍後又省詹事崇廣傅訓之職置太子太保并太傅皆以諸公領之少傅亦以重官兼領吏屬如舊四年始置中舍人四員以舍人才學美者爲之與中庶子共掌文翰職如黄門侍郎惠帝元康元年復置詹事職擬尚書令掌三令四率中庶子庶子洗馬舍人等官丞一人主簿五官掾功曹史主記門下史録事戸曹法曹倉曹賊曹功曹書佐門下亭長門下書佐省事各二人愍懐建宮乃置六傅三太三少太師後避景帝諱改

爲太保而詹事文書皆關通六傅自元康已後諸傅不備或二或三或四或六加置前後二衛率各有丞一人永康中又不置詹事惟置丞一人擬尚書左右丞掌奉行文書關通六傅又置中衛率是爲五率太安已來復置詹事江左有太傅少傅不立師保省前後二率詹事丞用員外郎博士爲之遷尚書郎孝武大元中又復前後二率僭僞諸國亦有東宮藩國諸職前趙劉乂爲皇太弟有太師太傅太保東宮舍人劉曜時又有太子少師前秦苻堅有太子舍人後秦姚萇爲秦王置左右長史司馬掾屬參軍及爲太子又置中舍人洗馬宋氏之始東宮王國皆循晉制惟二傅各加置丞一人以家令率更令僕爲太子三卿倉官令屬中庶子止置左右二率增置

屯騎步兵翊軍較尉各七人宂從僕射七人旅賁中郎將十人又置左右積弩將軍左十人右二人殿中將軍十人殿中員外將軍二十人復置門大夫一人王國師改爲傅餘皆無改齊因宋制二傅詹事始稱府無庶子官復置宮從虎賁督王國改傅爲師置典籤帥增置食官廄牧長倉官令無内史治書司馬世子庶子陵廟長中大夫舍人典醫典府丞公侯國惟置郎中令一郷自魏晉已來諸王多領將軍州鎮而王國屬官率兼幕府之職昔長史司馬參軍別駕治中祭酒儀曹從事史功曹兵曹書佐主簿掾屬東西閤祭酒之輩梁以太子太傅視尚書令少傅視左僕射詹事視中護軍任總

宮朝門大夫視謁者僕射通事舍人視南臺御史以多佗官兼之左右衛率視御史中丞左率領果毅統遠立德建寧陵鋒夷冦祚德等七營右率領崇營永吉崇和細射等四營二率各置殿中將軍十人正員司馬四人又有員外司馬督官而旅賁中郎將宂從僕射左右積弩將軍各置一人又置通事守舍人典法守舍人以中庶子功高者一人爲祭酒中舍人庶子功高者各一人與中庶子祭酒共掌其坊之禁令而以舍人專掌文記置典經局洗馬八人視通直郎掌文翰取甲族有才名者爲之屬官有典經守舍人典事守舍人無員又有外監殿局内監殿局導客局齋内局主璽主衣扶持等局復有門局錫庫局内廐局中藥藏局食

官局外廄局車廄局各有司存以承其事皇弟皇子府置師長
史司馬從事中郎諮議參軍友椽屬中記室中直兵
等參軍功曹史録事記室中兵等參軍文學主簿正
參軍行參軍長兼參軍等員副王府減師友文學長兼行參軍藩王府減從
事中郎諮議參軍椽屬録事記室中兵參軍等員王國復置廟長陵長典醫
典府丞舍人中大夫增置執書中尉嗣王國惟置郎中令嘗侍大農
寺員藩王又省嘗侍餘皆循前制天監初置東宮嘗侍以散騎嘗侍爲之六
年詔家令視通直嘗付率更僕視黃門皆置丞東宮三卿
宋齊已來清流者不爲之至是武帝始詔革其選七年以太子中舍人司從
中郎爲庶子自齊庶子用人卑雜至是詔革其選大通三年又置金華

家令以昭明太子妃居金華宮陳仍梁制東宮惟置太傅而無師
保又有東宮學士之員王府藩國正員之外復有版
授之職後魏起於北土亦封建王侯因郡爲國其大
郡王國吏二百人吹郡王國一百人皆立典師職比
家丞總統群師太武延和三年始立東宮備置屯衛
比西宮三分之一孝文太和中始定官品東宮之屬
增置太子主書主衣舍人典書典衣令史左右衛率
主簿而分詹事爲左右改食官令爲食官長復置中
盾之名而三太三少左右衛率中庶子庶子三卿三授官嘗從虎賁督守中舍人洗馬門大夫舍
人倉令廄長詹事五官舍人並仍舊咨王國置王家尉王家吏諸王師友皆仍

舊號亦置皇子府官屬別有開府從事中郎開府椽屬
郎中令列曹參軍事開府祭酒中尉參軍事列曹參
軍事侍郎上中下將軍參軍督護中大夫二率丞典
書典衛典祠學官等四令餘並同梁制其始藩王二藩王
三藩王之官屬有長史司馬諮議參軍録事參軍事
功曹記室户曹參軍中兵參軍事功曹史主簿列曹
參軍事列曹行參軍參軍督護一云皆有師傅又有王公國
置郎中令大農中尉嘗侍侍郎上中下將軍中大夫
等官北齊制官多循後魏而東宮職局統領有異以
詹事總内外衆務領三寺左右率二坊置司馬功曹主簿以丞其

事家令寺領食官典倉司藏等署令丞又領内坊令
丞食官又別領器局酒局二丞典倉又別領園丞司
藏又別領使庫典作二局丞率更等領中盾署令丞
僕寺領廄牧署令丞車輿局丞左右衛署防率各領
騎官備身正副都督騎官備身五職騎官備身又有
内直備身正副都督内直備身五職内直備身而又
有備身正副都督備身五職備身直閣直前直後等
員又有旅騎屯衛典軍較尉各二人騎尉三十人門
下坊有中庶子中舍人通事守舍人主事守舍人各
四人領殿内局内直監六人副直監四人典膳局監

丞各二人藥藏局監丞各二人侍醫四人齋帥局齋帥内閤帥各二人典書坊庶子四人舍人二人十人領典經坊洗馬八人守舍人二人門大夫坊門大夫主簿各一人又統伶官西涼二部清商二部王置師一人皇子王國置郎中令大農中尉常侍各一人侍郎二人上中下三將軍各一人上中大夫各二人防閤四人典書典祠學官典衛令各一人齋帥四人食官廄牧長各一人典醫丞二人典書二人謁者四人舍人十人諸王國增置陵長廟長常侍各一人上中大夫各減一人并減中將軍（諸公又減防閤齋帥典衣丞等員侯伯子男又

減諸國公將軍大夫員）後周武帝六官之逮有小師氏保氏司戎司武司衛等員皆宮衛之職而諸侯之宮謂之外命建德二年增改東宮官員三年置太子諫議大夫四人文學十人皇弟皇子各置友二人學士六人後又置太子宮正宮尹諸王侍讀隋室革命官名俱復置三太三少以二坊分統諸局（以門下内史二省開皇初置詹事二年罷之）門下坊左庶子二人内舍人四人録事二人主事二人主事令史四人所統六局司經局洗馬四人校書六人正字二人（時又有太子學士史不載其員）宮門局大夫二人内直局監副監各二人監殿舍人四人典膳局監丞各二人藥藏局監丞各二人侍醫四人齋帥局齋帥四人典書坊右庶子二人舍人通事舍人各八人録事二人主事令史四人又有内坊典内及丞各二人丞直四人録事一人内廄尉二人其家令率更令僕三寺各置丞（家令寺二人二寺各一人）家令領三署食官署令一人食官二人典倉署令一人典倉一人司藏署令一人司藏三人僕寺領廄牧令一人凡五衛十率左右衛各置率一人副率二人有長史司馬録事功曹兵騎兵等曹參軍事法曹鎧曹行參軍各一人行參軍四人又別置直閤四人直寢八人直前直後各十人

左右宗衛官如左右衛如置行參軍二人（宗衛掌以宗人侍衛無直閤直寢直前直後等員）左右虞候各置開府一人餘如左右衛止置行參軍一人（虞候掌斥候伺非無録事參軍員）左右内率各一人官與虞候同別有千牛備身備身左右各八人備身二十人（内率掌領備身以上禁内侍衛供奉兵仗無功騎兵法等曹及行參軍員千牛備身掌執千牛刀備身左右掌供奉弓箭備身掌宿衛侍從）左右監門率各一人副率二人直長十人餘官同内率親王置師友各一人文學二人長史司馬諮議參軍事椽屬各一人主簿各二人録事功曹記室户倉兵等曹騎兵城局等參軍事東西閤祭酒各一人參軍事四人法田水鎧

士等曹參軍事各一人行參軍事六人長兼參軍八人典籤二人特亦有學士之名史不載其員者嗣王加置參軍事一人行參軍六人無師友減主簿錄事參軍東西閤祭酒長兼行參軍等員餘並同親王府自後東宮又有侍講之職煬帝省內舍人洗馬各二人改家令爲司府令宮門大夫爲宮門監通事舍人爲宣令舍人正字爲正書左右衛率爲左右侍率左右宗衛爲左右武衛虞候開府爲左右虞候左右監門率爲左右監門將軍唐初多因隋制復置詹事府以統東宮衆務增置少詹事復以司府令爲家令宮門監爲宮門大夫宣令舍人爲通事舍人內舍人爲

中舍人正書爲正字左右侍率爲左右衛率增置親勳翊三府中郎將各一人郎將二人左右武衛爲左右宗衛左右監門將軍爲左右監門率餘皆如舊時秦王齊王府官之外各置左右六護軍府及左右親事帳內府左一右一護軍府護軍各一人副護軍各二人長史錄事參軍及史各一人倉兵鎧曹參軍事并府史各一人統軍各五人將各一人左二右二左三右三護軍府各減統軍三人別將六人餘職員並同左右親事府統軍各一人長史錄事參軍事并史各一人兵鎧曹參軍事各一人府史各一人左右別將各一人帳內府同又有庫直及驅咥直量事置之秦王又置天策上將府官員長史司馬各一人從事中郎二人軍諮祭酒二人典籤四人主簿錄事記室參軍事功倉兵騎鎧士等曹參軍事各二人參軍事六人六曹各有令史書令史等又置文學館學士

以房喬等十八人爲之武德七年定令東宮置三師三少詹事府三坊三寺十率府王公已下定置府佐國官是時王府置師及嘗侍侍郎舍人之職又有侍讀其太子亦有侍讀並以他官領之其後多以重官領詹事庶子太宗貞觀初改太子中舍人爲中允復置中舍人以中自擬黃門侍郎中舍人擬中書侍郎中舍人又謂之太子中書舍人後又置崇賢館有學士直學士及讎較之職崇賢館掌經籍圖書教授諸生隷門下坊十八年又於門下坊置太子司議郎四人時皇太子請置史職以司箴戒乃置比官妙簡名士掌侍從規諫駁正啓奏并錄東宮記註分判坊事高宗永徽三年改中允爲內允中舍人爲內舍人尋復舊初避皇太子忠諱俄太子遜位而復顯慶元年置太子賓客四人漢高將廢太子時東園公綺里

季夏黃公角里先生侍從太子爲賓客卒護太子至武帝又爲太子立博望苑以通賓客若有宴賜則太子賓客皆豫焉晉元康元年閔懷太子在東宮惠帝詔太保衛瓘息庭司空隴西王泰息略太子太傅楊濟息毖太子少師裴楷息憲太子少傅張華息禕尚書令華廙息嘗游處太子左右謂之東宮賓客皆非官也至是乃以太子少傅兼侍中韓瑗中書令朱濟禮部尚書許敬宗左僕射兼太子少師于志寧爲太子賓客遂爲正官員四人以象四皓焉龍朔二年改詹事府爲端尹府詹事爲端尹少詹事爲少尹門下坊爲左春坊典書坊爲右春坊左右庶子爲左右中護中允爲左贊善大夫中舍人爲右贊善大夫司議郎爲左司議郎舍人爲左司議郎洗馬爲司經大夫家令寺爲宮府寺令爲宮府大夫率更寺爲司更寺令、爲司更大夫僕寺爲馭僕寺僕爲馭僕大夫典膳藥藏內直三局監宮門大夫並爲郎（內直郎擬尚輦奉御宮門郎擬城門郎）齋帥爲典設郎左右衛率府爲典戎衛左右宗衛率府爲司禦衛左右虞候率府爲清道衛左右監門率府爲崇掖衛左右內率府爲奉裕衛太子千牛爲奉裕三年置太子左右諭德各一人（擬散騎常侍）分司經局置桂坊置令一人司直二人太子文學四人（坊比御史臺令比大夫司直比侍御史職在彈劾以肅宮寮以崇賢館隸之）未幾廢桂坊改崇賢館爲崇文館（桂坊之廢以司直隸詹事文學隸司經崇賢館復隸春坊尋避沛王賢諱又改館名）咸亨元年官名並復舊仍置贊善大夫左右各五員（左庶子擬侍中右庶

子擬中書令司議郎擬給事中贊善擬諫議大夫）又以諸衛依舊爲率府（惟司禦清道奉裕三率府未復舊名）儀鳳四年增置左右贊善大夫各十員以授諸王之子（永淳元年立皇孫重昭爲皇太孫將置府寮高宗以問吏部中王方慶對曰晉惠帝立愍懷子襄陽王尚爲皇太孫時皇太子官屬即轉爲皇太孫官屬南齊永明中立文惠太子昭業爲皇太孫便居東宮帝悅使方慶定官屬乃奏太孫府置師傅友文學祭酒長史曹椽主簿管記司錄已下六曹從事等官各加王府一級事亦不行）則天垂拱元年又以詹事府爲宮尹府詹事爲宮尹少詹事爲少尹左右監門率府爲鶴禁衛率府鎧曹爲胄曹中宗神龍元年復詹事府官號又以司禦衛率府爲宗衛率府清道衛率府爲虞候率府鶴禁衛率府爲監門率府左右

奉裕衛爲內率府時又以佗官簡較太子賓客（秘書監楊嗷大嘗卿武崇訓並簡較太子賓客）睿宗景雲元年復以門下坊爲左春坊典書坊爲右春坊二年改王府師爲傅令贊善大夫兼用庶姓明皇先天元年詔東宮三師三少宜開府置令丞各一人隸詹事府等罷開元初復以宗衛率府爲司禦衛率府虞候率府爲清道率府（自貞觀至開元凡府衛坊局改易其丞主簿率副率等官屬皆隨府衛坊局號改復）七年改崇文館讎較爲較書二十五年始總定官數裁爲典制太子六傅不必備惟其人無則闕之以賓客掌贊相禮儀先後太子詹事總三寺十率之政令二坊掌分領諸

職詹事府有丞主簿司直各二人左右春坊各有庶子二人諭德一人贊善大夫五人（皆分左右）傳令四人又皆有錄事主事令史書令史亭長掌固員以丞其事左春坊別有中允二人司議郎四人掌議二人贊善四人其所統有崇文館司經典膳藥藏內直典設宮門等六局崇文館學士無員學生三十人較書典書搨書手各二人熟紙匠筆匠各三人裝潢匠五人司經局有洗馬二人文學三人餘五局皆有郎一人丞二人司經之屬別有較書四人正字二人典書四人楷書二十五人典膳之屬別有主食六人典食二百

人藥藏之屬別有侍醫四人典藥藥童各九人内直之屬別有典服三十人典扇典書各十五人典設之屬別有幕士六百人宮門之屬別有門僕一百三十三人而皆有令史書令史書吏掌固等爲之吏役右春坊別有中舍人二人通事舍人八人典謁二十一人内坊掌東宮閤内之禁有典内二人丞二人典直四人導客舍人六人閤師六人内給使無員内廄典事亭長各二人駕士三十人掌固四人家令寺有丞二人主簿録事各一人府十人史二十人亭長掌固各四人統食官典倉司藏三署署各有令丞一人食

官署別有掌膳十二人供膳四百人奉觶三十人典倉署別有園丞二人典事六人司藏署別有典事四人皆有府史掌固之屬率更寺有丞一人府三人史四人伶官師二人漏刻博士二人掌漏六人漏童六人典鼓二十四人餘官如家令寺僕寺史五人丞府如率更寺餘官如家令寺領廏牧署有典乘牧長各四人典事六人翼馭十五人駕士三十人獸醫二十人餘職如食官等署左右衛率府左右司禦率府左右清道率府各置率一人副率二人長史録事參軍事録事并史各一人倉兵胄曹參軍事各一人府史

各有差又有亭長掌固中候司戈各二人司階一人執戟三人左右監門率府左右内率府無倉曹參軍事以兵曹兼之又減司階中候司戈執戟等員而監門率府別有監門直長七十八人内率府別有千牛十六人備身二十八人主仗六十人餘官並同諸衛其親勳翊三府仍隷左右衛率府有中郎將左右郎將兵曹參軍事録事并府各一人史二人校尉五人旅帥十人隊正副隊正各二十人親王府傅諮議參軍事各一人文學二人東西閤祭酒長史司馬掾屬主簿各一人史二人記室參軍事并史各二人録事

參軍事參軍事録事各一人史二人功倉户兵騎法士等曹參軍并府各一人史各二人參軍事二人行參軍四人典籤二人又有親事帳内二府親事府典軍副典軍各二人府一人史二人執仗親事執乘親事各十六人親事三百三十人校尉旅師隊正隊副准人部領帳内府無執仗等親事之職別有帳内六百六十七人餘官同親事府親王國有令一人大農尉各二人丞録事各一人府五人史十人典衛八人舍人四人學官長食官丞各一人廄牧典府長丞各二人二十七年以内坊隷内侍省爲局肅宗在宮邸

始置侍書之職（時以韓擇木爲侍書）德宗建中四年增宮寮二員興元初又增四員貞元四年復舊員數十六年置太子侍直（時以山人崔芊爲右贊善大夫太子侍直）穆宗長慶元年封鄜王等十四人王每府惟置傅長史司馬諮議參軍友功曹參軍各一員參軍二員（唐故事王府官屬隨王之任及在京師各有曹局天寶已後諸王不出閤所置寮寀過於閑冗順宗寶曆中瓔王長史裴簡求始論奏其事自後稍復舊制焉）文宗太和四年始限流外官不得爲東宮五局郎（時左庶子孫革奏青宮則局護翼元良必用卿相子弟先擇文學端士近年特有流外出身徼求授任寔玷流品當司有司經局較書正字品秩至卑而文學之人求之蓋無有塵雜故也其典膳等五局郎資序本是清品若授流外不已則漸成蔓伏請吏部今後不擬流外人詔從之）開成二年諸王

又有講讀之職（時劉仲武爲講讀閤門入對諸王授經）五代多故典制未備儲副居尹京之任皇子分節鎮之職官國寮吏蓋多闕焉惟後唐長興中秦王府始置官屬（梁開平元年宰臣議親王令建府置寮屬太祖抑而不行後唐同光初中書門下奏王府及東宮屬司請未除授至長興四年始以秘書監劉贊兼秦王傅前忠武軍節度判官蘇瓚爲秦王友前襄州觀察支使魚崇遠爲秦王府記室參軍）然自唐室至於五代東宮之職王府之屬或總領佗務或授左降分司致仕官不專爲官府之任若建置儲嫡諸王出閤則宮府之職多以佗官兼領及簡較之天寶後武臣及藩鎮牙較幕府僚佐亦多簡較東宮之職以爲散官原其擬職上臺輔翊帝嗣列位藩國左右宗親歷代已還授任斯重其有宣亮直之德敦訓導之禮請以經義規以正道懿文秀茂明識淵邃事之盡節臨難不奪膺慎簡之典被隆寵之數洎褻慢求媚典憲是羅者並用論次以垂厥後云爾凡宮臣部十二門

選任

禮曰凡三王之教世子太傅少傅以養之欲其知父子君臣之道又曰太傅在前少傅在後入則有保出則有師師也者教之以事而喻諸德者也慎諸身以輔翼之而歸諸道也由漢而下曷嘗不茂建儲兩崇

翊蕃屏上以貞邦而固本次以強幹而昌世故其左右前後必詢求於正人傅相宮屬咸參取於時彥資乎忠亮賴其老成將以申切磋之益成溫文之美芝蘭俱化允歸於善道磐維克固誕揚於頌聲斯固乃僚慎簡之攸先爲邦令典之稱首者也

漢張良既封留侯性多疾即導引不食穀高祖自將東擊黥布良強起至曲郵（曲郵在新豐）謂曰子房雖疾強卧傅太子時叔孫通已爲太傅以良行少傅事

周昌爲御史大夫時高祖憂趙王如意年少而戚夫人與呂后有隙用符璽御史趙堯計爲趙王置貴強

相堯進言昌爲人堅忍伉直自呂后太子及大臣皆素嚴憚之獨昌可高祖曰善於是召昌謂曰吾固欲煩公（固必也 煩勞也）公彊爲我相趙昌泣曰臣初起從陛下獨柰何中道而棄之於諸侯乎高祖曰吾極知其左遷（是時尊右卑左故謂貶秩位爲左遷）然吾私憂趙念非公無可者公不得已強行於是徙昌爲趙相

賈誼爲長沙王大傅歲餘文帝思誼徵之乃拜爲梁懷王太傅懷王帝少子愛而好書故令誼傅之

石奮孝文時爲大中大夫無文學恭謹無與比時東陽侯張相如爲太子太傅免選可爲傅者皆推奮奮

爲太子太傅

轅固治詩爲傅士景帝以固廉直拜爲清河王太傅

衛綰爲中郎將景帝以爲敦忠實無它腸乃拜綰爲河間王太傅後爲中尉賜告歸帝立膠東王爲太子召拜太子太傅

石慶爲沛守武帝元狩元年立太子選羣臣可傅者以慶爲太子太傅

嚴彭祖爲東郡太守以高第選太子太傅

韋玄成丞相賢之子宣帝愛淮陽憲王欽欲立之以太子蚤失母故弗忍也久之帝以玄成陽狂讓侯兄經明行高稱於朝廷乃召拜玄成爲淮陽中尉欲感諭憲王輔以推讓之臣繇是太子遂安

疏受太子太傅廣之兄子也受次公子亦以賢良舉爲太子家令受好禮恭謹敏而有辭（敏謂所見捷利）宣帝幸太子宮受迎謁應對及置酒宴奉觴上壽辭禮閑雅帝甚驩說（說讀曰悅）頃之拜受爲少傅

史丹字君仲元帝爲太子以丹爲中庶子侍從十餘年帝即位爲駙馬都尉侍中出常驂乘甚有寵帝以丹舊臣皇考外屬（丹祖父恭有女弟爲衛太子良娣）爲信之詔丹護太子家

傅喜少好學問有志行哀帝初爲太子成帝選喜爲太子庶子

後漢張佚爲傅士光武大會百官詔問誰可傅太子者群臣承意皆言太子舅執金吾陰識可佚正色曰今陛下立太子爲陰氏乎爲天下乎即爲陰氏則陰侯可爲天下則固宜用天下之賢才帝稱善曰欲置傅者以輔太子也今傅士不難正朕況太子乎即拜爲太子太傅

桓林爲光祿勳時稱通儒有節行會皇太子強求乞自封東海王故重選官屬以林爲王傅

何湯豫章人桓榮弟子明帝始立爲皇太子選求明經乃擢湯爲虎賁中郎將以尚書授太子

陰識爲侍中明帝始立爲皇太子以識守執金吾輔導東宫

魏邢顒爲左馮翊以病去官時武皇諸子高選官屬令曰侯家吏宜得淵深法度如邢顒輩遂以爲平原侯植家丞後參丞相軍事轉東曹掾初太子未定而臨淄侯有寵丁儀等並贊翼其美太祖問顒顒對曰以庶代宗先世之戒也願殿下深重察之太祖識其意後遂以爲太子少傅遷太傅

鄭稱爲侍中文帝初嗣王位封子叡爲武德侯以稱爲傅令曰龍淵太阿出昆吾之金和氏之璧繇井里之田礱之以砥礪錯之以他山故能致連城之價爲命世之寶學亦人之砥礪也稱篤學大儒勉以經學輔侯宜旦夕入侍曜明其志

司馬孚宣王次弟時陳思王有俊才清選官屬以孚爲文學掾

蜀董允字休昭府掌軍中郎將和之子先主立太子允以選爲舍人

李譔字欽仲延熙元年後主立太子以譔爲庶子遷爲僕射轉中散大夫右中郎將猶侍太子太子愛其多知甚悅之

吳闞澤字德潤究覽群籍孫和爲太子以澤爲太子太傅又以薛宗爲少傅而蔡穎張純封俌嚴維等皆從容侍從

程秉字德樞汝南南頓人也避亂交州太帝聞其名儒以禮徵秉既到拜太子太傅

張温字惠恕父允名顯州郡少修節操容貌奇偉大帝聞之以問公卿曰温當今與誰爲比大司農劉基曰可與全琮爲輩太常顧雍曰基未詳其爲人也温

當今無輩帝曰如是張允不死也徵到延見文辭占對觀者傾竦帝改容加禮尋遷太子太傅

陳表字文奥孫登爲太子表及諸葛恪張休顧譚等以選入傳講詩書出從騎射太傅張温言於大帝曰夫中庶子官最親密切問近對宜用俊彦於是乃用表等爲中庶子

華融字德蕤祖父避亂居山陰時皇象亦寓居山陰吳郡張温來就象學欲得所舍或告温曰有華德蕤者雖年少美有令志可舍也温遂止融家朝夕談講俄而温爲選部尚書乃推擢融爲太子庶子

晋鄭袤滎陽開封人魏武帝初封諸子爲侯精選賓友袤與徐幹俱爲臨淄文學

郭奕性剛正武帝踐祚初建東宫以奕及鄭默並爲中庶子

何劭爲中書監惠帝永熙元年以初建東宫太子年幼欲令親萬機故盛選師傅以劭爲太子太師吏部尚書王戎爲太子太傅衛將軍楊濟爲太子太保裴楷爲少師張華爲少傅和嶠爲少保

劉寔爲散騎常侍愍懷太子初封廣陵王高選師友以寔爲師孟珩爲友楊準馮蓀爲文學及建東宫又

詔曰遹尚幼蒙今出東宫惟當賴師傅群賢之訓其游處左右宜得正人使共周旋能相長益於是使太保衛瓘息庭司空泰息略太子太傅楊濟息毖太子少師裴楷息憲太子少傅張華息禕尚書令華廙息常與太子游處以相輔導焉

高光爲散騎常侍從惠帝還雒陽時大弟新立重選傅訓以光爲少傅加光禄大夫常侍如故

孔坦少方直有雅望善左氏傳解屬文元帝爲晋王以坦爲世子文學東宫建補太子舍人

丁潭爲尚書祠部郎元帝建武初瑯邪王裒始受封帝欲引朝賢爲其國上卿將用潭以問中書令賀循循曰郎中令職望清重寔宜審授潭清淳貞粹雅有隱正聖明所簡才實宜之遂爲瑯邪王郎中令

顧榮字彦先吳人也時入雒者惟陸機陸雲及榮三人而已以南土季望補吳王郎中令王衍舉遼東太守不就以名問超爲太子舍人

賀循字彦先元帝時爲中書令以老疾固辭拜太子太傅詔曰循清直履道秉尚真實居身以冲約爲本立德以仁讓爲行可弼訓儲宫黙而成化

周顗太興初明帝爲太子顗以吏部尚書更拜太子

少傅顗上疏讓曰臣退自循省學不通一經智不效一官止足良難未能守分遂忝顯任名位過量不悟天鑒忘臣頑弊乃欲使臣内管銓衡外忝傅訓質輕蟬翼事重千鈞此之不可不待識而明矣若臣受負乘之責必貽聖朝帷塵之恥俯仰愧懼不知所圖詔曰紹幼冲便居儲副之貴當賴輔匠以祛蒙蔽望之儼然斯不言之益何學之有邪所謂與田蘇游忘其鄙心者便當副往意不宜冲讓

殷仲堪少好學能清言善屬文人士咸欽愛之以孝行稱康帝聞其名召爲太子中庶子甚相知悦

顏含爲東陽太守東宮初建含以儒素篤行補太子中庶子

傅暢右僕射祗之子年未弱冠甚有重名以選入侍講東宮爲秘書丞

孔安國爲領軍將軍安帝詔曰安國貞慎清正外内播譽可以本官領東海王師必能導達津梁依仁游藝

宋裴松之爲高祖治中從事史既克雒陽高祖勑曰松之廊廟之才不宜久尸邊務今召爲世子洗馬與殷景仁同可令知之

王惠字令明爲世子征虜長史宋國初建當置郎中令高祖難其人謂傅亮曰今用郎中令不可減袁曜卿也既而曰吾得其人矣乃以惠居之遷世子詹事

王僧達太保弘之少子也少好學善屬文年未二十以爲始興王後軍參軍遷太子舍人

謝述從兄曜爲義康王長史喪官述代之太祖與義康書曰今以述代曜其才應詳諫著於歷職故以佐汝汝始親庶務而任事殷宜寄懷群賢以盡弼諧之美想自得之不俟吾言也

謝超宗解褐奉朝請孝武帝寵子子鸞爲新安王超宗以選補國常侍

齊王僧虔弱冠寬厚宋孝武時自太子中庶子出爲豫章王子尚撫軍長史遷散騎常侍後出爲新安王子鸞北中郎長史東海太守行南徐州事二藩皆帝愛子也

王琨爲歷陽内史初仕宋孝武以琨忠實徙爲寵子新安王東中郎長史加輔國將軍遷右衛將軍度支尚書出爲永嘉王左軍始安王征虜二府長史加輔國將軍廣陵太守皆孝武諸子

謝顥武帝永明初高選文學以顥爲竟陵王友

何昌寓永明初爲竟陵王子良文學以清信相得意好甚厚

王景文明帝時爲中書監領太子太傅景文固辭太傅帝遣新除尚書右僕射褚淵宣旨以古來比例六事詰難之不得已乃受拜

張緒字思曼清簡寡欲明帝時爲太子中庶子遷司徒左長史吏部尚書袁粲言於帝曰臣觀張緒有正始遺風宜爲官職轉中庶子

梁沈約初仕齊爲步兵校尉惠文太子入居東宮約管書記當時王侯到官或不得進約每以爲言太子

曰吾生平懶起是卿所悉得卿談論然後志簽卿欲我夙興可嘗早入還太子家令

徐勉爲太子中庶子侍東宮昭明太子尚幼昭選極親賢妙盡時譽勉陳讓數四又與沈約書授侍講詔不許然後就焉轉太子詹事又改授侍中頻表解官官職優詔不許

王規天監年爲中書黃門侍郎勑與陳郡殷鈞瑯邪王錫范陽張緬同侍東宮俱爲昭明太子所禮

劉洽天刊中爲太子中舍人與庶子陸倕對掌東宮管記俄爲侍讀侍讀省仍置學士二人洽復充其選

陸襄中大通中爲太子中庶子會昭明太子薨妃蔡氏別居金華宮以襄爲中散大夫領步兵校尉金華宮家令知金華宮事

劉杳爲東宮通事舍人昭明太子薨新宮建舊人例無停者勑特留杳焉

庾於陵爲太子洗馬舊東宮官屬通爲清選洗馬掌文翰尤其清者近世用人皆取甲族有才望時於陵與周捨並擢充職高祖曰官以人而清豈限於甲族時論以爲美

徐摛爲左衛司馬會晉安王出戍石頭高祖謂周捨曰爲我求一人文學俱長兼有行者欲令與晉安游處捨曰臣外弟徐摛形質陋小若不勝衣而堪此選高祖曰必有仲宣之才亦不簡其容貌以摛爲侍讀普通二年晉安王爲西平將軍寧蠻校尉摛爲王諮議

徐陵摛之子也參進安王寧蠻府軍事大通二年王立爲皇太子東宮置學士陵充其選

孔休源爲宣惠晉安王府長史南郡太守行荆州府州事高祖謂之曰荆州總上流衝要義高分陝今以十歲兒委卿善輔翼之勿俾周昌之舉也對曰臣以

庸鄙曲荷恩遇方揣丹誠效其一割帝善其對乃勑晉安王曰孔休源人倫儀表汝年尚幼當每每師之

宗史字明馭武帝嫡孫南郡王居西州以史管書記史既以筆札被知貞正見許故任爲俄而文惠太子薨王爲皇太孫史仍舊管書記

庾肩吾爲中庶子初簡文在藩雅好文章士時肩吾與東海徐摛吳郡陸杲彭城劉遵劉孝儀弟孝威同被賞接及居東宮又開文德省置學士肩吾子信摛子陵吳郡張長公北地傅弘東海鮑至等充其選

王褒爲秘書丞時宣城王大器簡文帝之家嫡即褒

之姪子也于時盛選僚佐乃以襲爲學士

陳蔡景歷爲高祖記室時衡陽獻王昌爲吳興郡昌年尚少吳興王之鄉里父老故人尊卑有數高祖恐昌年少接對乖禮乃遣景歷輔之

王瑒爲中庶子父冲嘗爲瑒辭中庶子文帝顧謂冲曰所以久留瑒於承華正欲使太子微有瑒風法耳

虞寄自閩還朝文帝謂劉仲舉曰衡陽王既出閤雖未置府僚然須得一人旦夕游處兼掌書記宜求宿士有行業者仲舉未知所對文帝曰吾自得之乃手勑用寄寄入謝帝曰所以暫屈卿游藩者非止以文翰相煩乃令以師表相助也

陸繕爲太子中庶子領步兵較尉掌東宮管記繕儀表端麗進退閑雅文帝使太子諸王咸取則焉其趨步躡履皆令習繕規矩除尚書吏部郎中步兵如故仍侍東宮

顧野王宣帝太建中爲國子博士後主在東宮野王兼東宮管記遷太子率更令兼通事舍人時宮僚有濟陽江總吳國陸瓊北地傅縡吳興姚察並以才學顯著論者推重焉

陸瓊爲中書侍郎太子家令長沙王爲江州刺史不循法度宣帝以王年少授瓊長史行江州府國事帶尋陽太守瓊以母老不欲遠出太子亦固請留之遂不行

後魏車路頭代人也道武時以忠厚選給東宮爲明元帳下師

谷渾明元時爲前鋒將軍從幸河南選給事東宮

盧魯元敏而好學寬和有雅度明元時選爲直郎以忠謹給侍東宮恭勤盡節太武親愛

李靈字虎符太武時爲淮陽太守以學優溫謹選授文成經

李敷字景文選入中書教學以忠謹給事東宮

盧誕本名恭祖爲給事黃門侍郎太武詔曰經師易求人師難得朕諸兒稍長欲命卿爲師於是親幸晋王第勑晋王以下皆拜之於帝前因賜名曰誕加征東將軍散騎常侍

陸馥獻文將禪位於京兆王子推隴西王源賀並固諫馥抗言曰皇太子聖德承基四海屬望不可橫議干國之紀臣請刎頸殿廷有死無二久之帝意乃解詔曰馥直臣也其能保吾子乎遂以馥爲太保

鄭羲孝文延興初爲散騎常侍中山王叡寵幸當世

並置王官義爲其傳
祖瑩太和中爲司徒彭城王勰法曹行參軍孝文顧謂勰曰蕭賾以王元長爲子良法曹今爲汝用祖瑩豈非倫匹也勑令掌勰書記
高諒字脩賢太和末京兆王愉開府辟召孝文妙簡僚佐諒與隴西李仲尚趙郡李鳳起等同時應選
游肇孝文時爲太子中庶子以謹素敦重文雅見任
李沖爲侍中吏部尚書時咸陽王禧自冀州刺史朝京師孝文詔曰仲尼在鄉黨猶尚恂恂周文王爲世子早躬求道禧等雖連萼宸暉得不尊尚師傅也故

欲爲置之以嘉令德廷尉卿李沖可咸陽王師東宫既建拜太子少傅
楊機少有志節爲士流所稱宣武時解褐奉朝請於時皇太子國官多非其人詔選清直之士機見舉爲京兆王愉國中尉愉甚敬憚之
崔光宣武延昌初爲中書監帝幸東宫召光與黄門甄琛廣陽王淵等並賜坐詔光曰卿是朕西臺大臣當令爲太子師傅光起拜固辭詔不許即命孝明出從者十餘人勑以光爲傳之意令孝明拜光又拜辭不當受太子拜復不蒙許孝明遂南面再拜詹事王顯啓請從太子拜於是宫臣畢拜光北面立不敢答拜惟西面拜謝而出
裴伯茂西魏出帝永興中以廣平王贊盛選賓僚以伯茂爲文學
北齊李鉉爲太子傅士高祖令世宗在京妙簡碩學以教諸子世宗以鉉應旨徵詣晉陽時中山石曜北平陽絢北海王晞清河崔瞻廣平宋欽道及工書人韓毅同在東館師友諸王
李渾文宣太保初除太子少保邢邵爲少師楊愔爲少傅皆以爲榮

封孝琰爲太子舍人出入東宫甚有令望丁母憂解任除晉州法曹參軍尋徵還復除太子舍人
王晞孝昭皇建初爲丞相從事中郎時百官請建東宫勑未許每令晞就東堂監視太子冠服導引趨拜爲太子太傅晞以局司奉重綬皇太子釋奠又薦中庶子帝謂曰今既當劇職不得尋常舒慢也晞溫雅有器度神武訪朝廷子弟忠孝謹密者令與諸子游晞與清河崔瞻頓丘李度范陽盧正通首應此選文襄時爲大將軍握晞等手曰我弟並向成長志識未定近善狎惡可移吾弟不負義方郎祿位嘗亞舍弟

君苟使囘邪致相詿誤罪及門族非止一身聯隨神武到晉陽補中外府功曹參軍帶常山公演友

崔瞻爲征虜將軍孝昭踐祚皇太子就傳受業詔除太子中庶子徵赴晉陽勑專在東宮調護講讀及進退禮度皆歸委焉

馮子琮爲東宮管記又奉別詔令共胡長粲輔導太子轉庶子

孫靈暉後主時爲潼郡太守天統中勑令朝臣推舉可爲南陽王綽師者吏部尚書尉瑾表薦靈暉徵爲國子博士授南陽王經綽雖不好文學亦甚相敬重

啓除其府諮議參軍綽除定州刺史仍隨之鎮綽所爲猖蹷靈暉惟默默憂頼不能諫正綽欲以管記馬子結爲諮議參軍乃表請轉靈暉爲王師以子結爲諮議朝廷以王師三品啓奏不合後主於啓下手答云但用之仍手報南陽書並依所請儒者甚以爲榮

後周裴文舉字道裕少忠謹涉獵經史西魏大統十年起家奉朝請遷丞相府默曹參軍時太祖諸子年幼盛簡賓友文舉以選與諸公子游雅相欽敬未嘗戲狎

隋蘇亮初仕西魏文帝爲中書舍人魏文帝子宜都王武爲秦州刺史以亮爲司馬帝謂亮曰黄門侍郎豈可爲秦州司直以朕愛子出藩故以心膂相委勿以爲恨臨辭賜以御馬

尉遲運初仕周明帝爲右司衛時宣帝在東宮親狎諂佞數有罪失武帝於朝臣内選忠諒鯁正者以輔弼之於是以運爲右宮伯建德三年帝幸雲陽宮又令運以本官兼司武與長孫覽輔皇太子居守

李徹字廣達初仕周武帝爲左武衛將軍後入隋及煬帝爲晉王鎮并州妙選府官詔徹總晉王府軍事進爵齊安郡公時蜀王秀亦鎮益州帝謂侍臣曰安

得文同王子相武如李廣達者乎其見重如此

顏之儀初仕後周明帝爲麟趾殿學士稍遷司書上士武帝初建儲宮盛選師傅以之儀爲太子侍讀

明克讓高祖受禪拜太子舍人率更令于時東宮盛徵天下才學之士至于博學洽聞皆出其下

褚亮初仕陳爲尚書殿中侍郎開皇中陳亡入京文帝詔亮侍游東宮爲太子學士

蘇孝慈開皇中爲兵部尚書待遇踰密時皇太子勇頗知時政帝欲重宮官之望多令大臣領其職于是拜孝慈爲太子右衛率尚書如故

張虔威字元敬開皇初煬帝爲晉王出鎮并州盛選僚佐以虔威爲刑獄參軍累遷爲屬王甚美其才與河內張衡俱見禮晉邸稱爲二張焉

徐孝克陵之弟也煬帝爲皇太子文帝以孝克爲國子博士侍東宮講禮傳

宇文述開皇中爲右衛大將軍及晉王爲皇太子以述爲左衛率舊令率官第四品文帝以述素貴遂進率品爲第三其見重如此

柳謇之大業初爲黃門侍郎時元德太子初薨朝野注望以齊王當立帝亦重王府選拜爲齊王長史帝

法服臨軒命齊王于西朝堂遣吏部尚書牛弘內史令楊約左衛大將軍宇文述等從殿庭引謇之詣齊王所西面立宣勑謂齊王曰我出藩之初時年十二先帝立我于西朝堂乃令高頻虞慶則元旻等從內送王子相於我誡我曰以汝未更世事令子相作輔於汝事無大小皆可委之無得昵近小人踈遠君子相若從我言者有益於社稷成立汝名行如不用此言惟國及身敗無日矣吾投勑奉以周旋不敢失墜微子相之力吾幾無今日矣若與謇之從事一如子相也又勑謇之曰今以卿作輔相齊副朕所望也若齊王德業修備富貴自當鍾卿一門若有不善罪亦相及

唐李綱初爲太子詹事以太子建成漸狎無行之徒有猜忌之謀不可諫止頻乞骸骨高祖慢罵之曰卿爲何潘仁長史何乃羞爲朕尚書且建成在東宮遣卿輔導何爲屢致辭乎綱頓首陳謝曰潘仁賊也誠在殺害每諫便止所活極多爲其長史故得無愧陛下功成業泰頗自矜伐臣以凡劣才乖元凱所言如水投石安敢久爲尚書兼以愚臣事太子所懷鄙見復不採納既無補益所以請退帝謝曰知公直士勉

弼我兒於是擢拜太子少保尚書詹事並如故

杜淹武德末隱太子誅後擢爲御史大夫判太子詹事詔東宮儀式薄領並取淹節度至貞觀初爲散騎常侍行太子左庶子兼崇賢館學士太宗謂曰國之儲副自古所重必擇善人爲之輔佐今太子年在幼冲志意未定朕若朝夕見之可得隨事誡約今既委以監國不在目前知卿志懷貞慤能執直道故輟卿于朕以輔太子宜知委任輕重也

王珪爲禮部尚書魏王泰師太宗嘗謂侍臣曰古來帝子生于宮闈及其成人無不驕逸是以傾覆相踵

少能自齊我今嚴教子弟欲令皆得安全王珪我久驅使是所諳悉以其意存忠孝選爲子師爾宜語泰汝之待珪如事我也可以無過泰每爲之先拜珪亦以師道自居物議善之

孔頴達爲給事中以正直稱庶人承乾之在東宮也妙選朝望爲宮屬以頴達爲太子中允累遷嘗侍國子祭酒仍侍講東宮

于志寧爲太子左庶子太宗謂志寧曰古者太子既生卜士負之即置輔弼昔成王幼小周召爲師傅日聞正道習以成性今皇太子既幼少卿當輔之正道

無使邪僻闇其心勉之無忘當稱所委官賞可不次而得也

房玄齡爲左僕射拜太子少師玄齡上表遜位優詔不許玄齡固讓乃下詔曰夫選賢之義無私爲本奉上之道當仁是貴列代所以弘風通賢所以叶力卿忠肅恭懿明允篤誠草昧霸圖綢繆帝道儀形禮閣庶政惟和輔翼春宮望實斯在而忘彼大體徇茲小節雖恭教諭之職乃辭機衡之務豈所謂弼余一人共安四海者也宜聽此懷無煩固讓玄齡固不奉詔又詔曰玄齡德爲時秀位隆朝右業履恭儉志懷冲退頻表陳誠固辭執法朕旰食思治虛已欽賢方資啓沃共康兆庶豈得申其雅尚用虧彝典便可斷表即令攝職

魏徵爲特進知門下省事貞觀中皇太子承乾不修德業魏王泰寵愛日隆內外庶僚並有疑議太宗聞而惡之謂侍臣曰當今朝臣忠謇無踰魏徵我遣傅皇太子用絕天下之望後拜太子太師知門下省事如故徵自陳有疾詔答曰漢之太子四皓爲助我之賴公耶其義也知公疾病可臥護之

馬周貞觀中爲御史中丞兼知諫議大夫事高宗在

藩盛隆府望周以本官簡較晉王長史及升儲位加中書侍郎兼太子左庶子

長孫無忌爲司徒定策立晉王爲太子太宗以無忌爲太子太師房玄齡蕭瑀爲傅保制曰明兩之重寔固宗祧輔導之職莫先師保是以呂望召奭騰芳于有周叔孫玄成繼美於隆漢司徒趙國公無忌器範宏邈風鑒秀遠材稱棟幹地兼姻戚佐命之功勒乎鍾鼎論道之譽襌乎台槐股肱是屬邦國攸賴教諭少陽僉望斯在司空梁國公玄齡體業忠肅識具弘通誠著霸圖功宜鼎業奉上之節所懷必盡藎國之

事知無不爲必能厲兹六行審喻三善特進宋國公璟操行清約識局貞正夙受先遇早升朝右立身之操必在於直道體國之心無忘於忠義輔翼儲貳望實攸歸無忌可太子太師玄齡可太子太傅璟可太子太保又以黄門侍郎褚遂良爲太子賓客

李勣爲兵部尚書高宗踐儲宫以勣爲太子詹事兼右衛率同中書門下三品太宗謂勣曰我兒親登儲兩卿舊長史今以宫事相委故有此授雖屈階資可勿怪也

來濟爲考功員外郎時初置太子司議郎妙選人望

遂以濟爲之仍崇文館直學士

敬播爲著作佐郎以撰實録功遷太子司議郎時此官初置極爲清望

韓瑗高宗顯慶初爲侍中時代王弘爲皇太子瑗與中書令來濟禮部尚書許敬宗並爲皇太子賓客又以尚書左僕射于志寧爲太子太傅

劉仁軌上元中爲左僕射雍王爲皇太子仁軌與右僕射戴至德侍中張文瓘中書令郝處俊並爲皇太子賓客

王方慶爲麟臺監中宗立爲東宫方慶兼簡較太子左庶子則天聖曆二年正授左庶子侔料同職事三品兼侍皇太子讀書

崔融累補宫門丞兼直崇文館學士中宗在春宫制融爲侍讀兼侍屬文

劉禕之爲中書侍郎轉相王府司馬高宗謂曰朕之愛子以卿忠孝之門藉卿師範所與蓬生麻中不扶自直耳

元讓高宗末爲太子右内率府長史歲滿還鄉里中宗居東宫徵拜司議郎及謁見則天謂曰卿既孝於家必能忠於國今授此職須知朕意宜以孝道輔我

兒也

源乾曜司刑太常伯直心之子開元初邠王守禮府僚吏有犯法者玄宗令左右求堪爲王府長史者太常卿姜皎薦乾曜公清有吏幹因召見與語乾曜神氣清爽對答皆有倫序玄宗甚悦之乃拜少府監兼邠王府長史

潘好禮開元初爲邠王府長史六年二月詔曰分命諸王典於大郡諒存公道以鎮淳風邠王禀性頗寛馭下不肅且復簡貴未詳倫理故選剛直任之蝙寮王家奴客等有違法綱者長史潘好禮隨事簡覈科

央若王有何怪卬好禮具狀聞徹王歷㢘隴襄滑晉等州刺史時皆擇首僚以持綱紀好禮與源乾曜袁嘉祚皆爲邠府長史燕州佐

郗當通爲國子博士開元六年皇太子及郯王嗣直等五人年近十歲尚未就學以左散騎常侍褚無量內精寫論語孝經各五本以獻玄宗覽之曰吾知無量意矣乃下詔曰修身貴乎愼始篤學在乎自幼朕諸子已各髫丱須聞詩禮宜于儒官中選德行者宿三五人入閤教授俄以常通國子博士郭謙光左拾遺潘元祚等爲太子及郯王已下侍讀

賀知章開元中爲散騎常侍時肅宗爲陜王天性屬辭典麗玄宗甚愛之詔知章與潘肅呂向皇甫彬邢璹等侍讀韓擇木侍書

孔述睿德宗建中初爲諫議大夫會有詔東宮官宜擇端厚之士皇太子時幸太學行齒冑之禮乃以述睿爲太子侍讀

徐岱貞元初以前京兆府功曹爲膳部員外郎睦王已下侍讀歲中遷水部郎中皇太子侍讀兼舒王已下侍讀

馮伉貞元中爲醴泉令韋渠牟薦給事中充皇太子諸王侍讀崔羣自茅山徵爲右贊善大夫充太子侍直新名也

歸登貞元末爲兵部員外郎皇太子侍讀順宗即位遷給事中元和四年憲宗冊皇太子與呂元膺俱爲皇太子侍讀詔曰輔翼元良教諭成德使目睹正事耳聞正言形于施爲漸于心術非齊莊忠慤之士不在茲選工部侍郎歸登給事中呂元膺並踐履端方行義修絜通於經訓而得其要達於教化而蹈其中侍講承華師範槃石訪乃公議副予精求並可充皇太子諸王侍讀

李逢吉爲給事中元和七年與司勳員外郎李巨並爲太子諸王侍讀

常緩爲屯田郎中元和九年八月以爲職方郎中充皇太子及諸王侍讀

薛放爲兵部郎中憲宗以儲皇好書求端士輔導經義旋充皇太子侍讀

呂元膺爲諫議大夫給事中規諫大舉其職及出爲同州刺史乃入謝帝訪以時政元膺抗辭直對無所阿諛帝察其忠蓋命復守舊官加皇太子侍讀賜以金紫

丁公著爲右補闕集賢殿直學士元和十一年九月改爲水部員外郎充皇太子侍讀

庾敬休爲户部侍郎文宗太和六年以敬休守本官兼魯王傅又以太常少卿鄭肅守本官兼魯王府長史以户部郎中李踐方守本官兼魯王府司馬魯王帝之元子帝以年幼思賢傅輔導之時魯王傅和元亮因侍制召問事元亮出於卒吏不知書一不能對後宰相延英奏事帝從容曰魯王質性可教宜擇賢士大夫爲官屬不可復用和元亮之輩因有是命

崔栯爲中書舍人太和九年二月以栯及考功員外

郎史館修撰蘇滌兼充皇太子侍讀

王起爲兵部尚書判户部事太和九年七月以起及翰林學士太常少卿知制誥陳夷行並充皇太子侍讀仍每五日一入長生院對皇太子

劉仲武爲國子監四門助教開成元年十二月仲武充奉諸王講讀

橋庶爲河南府緱氏縣開成二年四月以庶爲諸王講讀與劉仲武更入教授

韋温爲給事中開成二年五月以温充皇太子侍讀

竇宗直爲秘書少監開成二年七月以宗直爲皇太子侍讀

周敬復爲禮部員外郎兼起居郎史館修撰開成三年五月以敬復守本官充皇太子侍讀依前史館脩撰

狄兼謩武宗會昌三年二月以兼謩兼益王傅鄭簡之兼益王府長史制曰古者聖王之教子也皆選天下之端士以衛翼之漢代梁王好書則以賈誼經緯之才而耀明之其淮陽好政則以玄成讓兄之節而鎮静之前王令猷百代可法况朕建立元子錫之奥區朱邸祚開黄髮是思以兼謩慷慨立志有表益正

席之忠以簡之取捨俟時有貢禹彈冠之操皆行不苟合誠無暗欺歷職有聲居正不撓舉其素行權在顯僚爾宜廣德義之風明孝愛之道俾其嚴於問寢敬不絶馳化與心成中道若性欽我休命可不勉歟王欽若等按唐書本傳不載此事唐年補録有此詔而不載兼謨等本官

王牘爲太子賓客昭宗乾寧四年韓建獻封事十條其三太子諸王請置師傅教導乃以牘爲諸王侍讀制曰王者之子在襁褓中置三師訓之蓋古道也我思成人已來遺此多難師訓之義蔑焉闕聞南面稱尊愧于寡昧繇是言念諸子疚于厥心擇正人爲之

傅導今丞相言爾贖老於大學雅有德行明君臣父子之道知禮樂詩書之源可使高步承華大叅望苑琢磨羽翼朕有與焉爰授正卿以加峻級且旌優異往爲傅師邪蒿鮑魚勿俾登俎胄筵講肆爲惜分陰使其知東平爲善之規喜王褒洞簫之賦承萬代之業固盤石之基斯實賴於老成人也

後唐劉贊明宗時爲刑部侍郎時秦王爲元帥秦王府判官太子詹事王居敏與贊鄉曲之舊以秦王盛年自恣須朝中選端士納誨與其稟畏乃奏薦贊焉授秘書監兼秦王傅

巡按福建監察御史臣李嗣京　訂正
知甌寧縣事臣孫以敬　叅閲
知建陽縣事臣黃國琦　較釋

宮臣部二

正直

夫明神之介福本夫正直宗室之成德由乎輔導自漢而下崇建儲貳分樹藩戚精選端士並列宮屬資其明智導之治體其或安於佚樂不遵憲度簡局非慎驕奢自恣則必箴規以正道禆察其邪心至於簡

督群下忠亮自處形誾誾之色有凜然之風俾夫聞義則遷以嚴見憚王制是守國政用修斯古人任夫賢直輔以德義之明效也若乃切辭而被惡縣諫而免罪斯又出於誠心立身無撓者矣

漢汲黯字長孺以父任孝景時爲太子洗馬（大臣任其子弟爲官）以嚴見憚

漢龔遂爲昌邑王賀中尉昭帝亡子賀嗣立官屬皆徵入王相安樂遷長樂衛尉遂見安樂流涕謂曰王立爲天子日益驕溢諫之不復聽今哀痛未盡（謂新居喪服）日與近臣飲食作樂鬬虎豹召皮軒車九流驅馳東西所爲誖道（誖音布內切）古制寬大臣有隱退今去不得佯狂恐知身死爲世戮奈何君陛下故相宜極諫爭王即位二十七日卒以淫亂廢昌邑群臣坐陷王於惡不道皆誅死者二百餘人唯遂與中尉王吉以數諫爭得減死髡爲城旦

王吉字子陽爲昌邑中尉昌邑王既即位二十餘日以行淫亂廢昌邑群臣坐在國時不舉奏王罪過令漢朝不聞知又不能輔道陷王大惡（道讀曰導）皆下獄誅惟吉與郎中令龔遂以忠直數諫止得減死髡爲城旦

王式字翁思爲昌邑王師王嗣立以行淫亂廢昌邑

群臣皆下獄誅惟中尉王吉郎中令龔遂以數諫減死論式繫獄當死治事使者責問曰師何以亡諫書式對曰臣以詩三百五篇朝夕授王至於忠臣孝子之篇未嘗不爲王反復誦也（復方目切）至於危亡失道之君未嘗不流涕爲王深陳之也臣以三百五篇諫是以亡諫書使者以聞亦得減死論

疏廣爲太子太傅太子外祖父特進平恩侯許伯以爲太子少自使其弟中郎將舜監護太子家上以問廣廣對曰太子國儲副君師友必於天下英俊不宜獨親外家許氏且太子自有太傅少傅官屬已備今

復使舜讓太子家視陋非所以廣太子德於天下也（視讀曰示言獨親外家示天下以淺陋）上善其言以語丞相魏相相免冠謝曰此非臣等所能及

王尊爲東平相是時東平王以至親驕奢不奉法度傳相連坐（前任傳相者坐以王得罪）及尊視事奉璽書至庭中王未及出受詔尊持璽書歸舍食已乃還致詔後謁見王太傅在前說相鼠之詩（相鼠鄘風篇名刺無禮之詩也）尊曰毋持布鼓過雷門（雷門會稽城門也有大鼓越擊此鼓聲聞雒陽故尊引之也布鼓謂以布爲鼓無聲）故王怒起入後宮尊亦直趨出就舍先是王數私出入驅馳國中與后姬家交通尊到官召敕廄長

大王當從官屬鳴和鸞乃出自今有令駕小車叩頭爭之言相教不得後尊朝王王復延請登堂尊謂王曰尊來爲相人皆弔尊也以尊不容朝廷故見使相王稱天下皆言王勇顧但負貴安能勇（顧念也負持也安焉也）如尊乃勇耳王變色視尊意欲格殺之即好謂尊曰願觀相君佩刀（陽爲好語也）尊舉掖顧謂傍侍郎前引佩刀視王（視讀曰示）王欲誣相拔刀向王也王情得（謂尊所測王得其情也）又雅聞尊高名大爲尊屈酌酒具食相對極驩

梁荒王太傅輔（史不書姓）成帝鴻嘉中奏荒王立一日至十一犯法臣下愁苦莫敢親近不可諫止願令王非耕祠法駕毋得出宮盡出馬置外苑收兵仗藏私府毋得以金錢財物假賜人事下丞相御史請許（許太傅所奏）奏可後數復毆傷郎（毆捶擊音一口切）夜私出言傳相連奏坐削或千户或五百户如是者數焉

後漢魯丕章帝時爲趙相趙王商嘗欲避疾（商趙王良之孫）便時移住學官丕止不聽（學官謂學舍人）王乃上疏自言詔書下丕丕奏曰臣聞禮諸侯薨於路寢大夫卒於嫡室死生有命未有逃避之典也學官傳五常之道修先王禮樂教化之處王欲廢塞以廣遊讌事不可聽詔從丕言王以此憚之

張酺以尚書教授明帝令入授皇太子酺爲人質直守經義每侍講間隙數有規正之辭以嚴見憚（東觀記曰太子家時爲奢侈物未甞不正諫甚見重焉）章帝即位出爲東郡太守帝每見諸王師傅嘗言張酺前入侍講屢有諫正誾誾惻惻出於誠心可謂有史魚之風矣

沈景吳郡人順帝時爲河間王相王政傲很不奉法憲景到國謁王王不正服箕踞殿上侍郎贊拜景峙不爲禮（峙立也）問王所在虎賁曰是非王耶景曰王不服當人何別今相謁王豈謁無禮者也王慚而更服景然後拜出住宮門外請王傅責之曰前發京師陛

下見受詔以王不恭使相簡督諸君空受爵祿而無訓導之義因奏治罪詔書讓政而詰責傅景因捕諸姦人上案其罪殺戮尤惡者數十人出寃獄百餘人政遂爲改節悔過自修

李燮字德公靈帝時爲安平相先是安平王續爲張角賊所略國家贖王得還朝廷議復其國燮上奏曰續在國無政爲妖賊所虜守藩不稱損辱聖朝不宜復國時議者不同而續竟歸藩燮以謗毁宗室輸作左較未滿歲王果坐不道被誅乃拜燮爲議郎京師語曰父不肯立帝子不肯立王

魏邴原爲太子五官中郎將長史太子燕會衆賓百數十人太子建議曰君父各有篤疾有藥一丸可救一人當救君邪父邪衆人紛紜或父或君時原在坐不與此論太子諮之於原原悖然對曰父也太子亦不復難之

司馬孚爲陳思王植文學掾植負才凌物孚每切諫初不合意後乃謝之又孚爲中庶子太子即位時當選侍中常侍等官太子左右舊人頗諷諭主者便欲就用不調餘人孚曰雖有堯舜必有稷契今嗣王新立當進用海內英賢猶患不得如何因際會自相薦舉邪官失其任得者亦不足貴遂更他選

吳陸遜字伯言黃龍初爲上大將軍大帝東遷建業留太子皇子及尚書九官乃徵遜輔太子并掌荊州及豫章郡事董督軍國時建昌侯慮於堂前作鬭鴨欄頗施小巧遜正色曰吾侯宜勤覽經典以自新益用此何爲耶即時毁撤之射聲較尉松於公子中最親戲兵不整遜對之髡其職吏南陽謝景善劉廙之先刑後禮之論遜訶景曰禮之長於刑久矣廙以細辯而詭先聖之教皆非也君今侍東宮宜遵仁義以彰德音若彼之談不須講也

晉杜錫爲太子中舍人性亮直忠烈屢諫愍懷太子言辭懇切太子患之後置針著錫常所坐處氈中刺之流血他日太子問錫向著何事錫對曰醉不知太子詰之曰君喜責人何自作過也

江統叅大司馬齊王軍事冏驕荒將敗統切諫又爲成都王穎請爲記室多所箴諫申論陸雲兄弟辭甚切至

孔衍爲太子中庶子王敦專權衍私於太子曰殿下宜博延朝彥搜揚才俊詢謀時政以廣聖聽敦聞而惡之乃啓出衍爲廣陵郡時人爲之寒心而衍不形

子色

宋謝景仁爲會稽王輔國參軍事王世子元顯嬖人張法順權傾一時內外無不造門者惟景仁不至

沈演之爲彭城王義康別駕從事史領本郡中正深爲義康所待故在府州前後十餘年後劉湛劉威等結黨欲排廢尚書僕射殷景仁演之雅仗正義與湛等不同湛因此讒之於義康嘗因論事不會旨義康變色曰自今後我不復相信演之與景仁素善盡心於朝廷太祖甚嘉之

阮韜爲征南江州長史桂陽王休範在鎮數出行遊

韜性方峙未嘗隨從

南齊范述曾爲太子步兵校尉帶開陽令述曾爲人謇諤在宮多所諫爭太子雖不能全用然亦弗之罪也竟陵王子良相器重號爲周舍時太子左衛率沈約亦以述曾方汲黯

梁范雲初仕齊爲竟陵王子良記室參軍事時子良兄文惠太子嘗出東田觀穫顧謂衆賓曰刈此亦殊可觀衆皆唯唯雲獨曰夫三時之務實爲長勤伏願殿下知稼穡之艱難無徇一朝之逸既出侍中蕭緬先不相識因就車握雲手曰不圖今日復聞讜言

江革爲廬陵王長史時王少行事多傾意於籤帥革以正直自居不與籤帥等同坐

陳袁憲字德章爲太子詹事皇太子頗不率典訓憲手表陳諫凡十條皆援引古今言辭切直太子雖外示容納而心無悛改後主欲立寵姬張貴妃子始安王爲嗣嘗從容言之吏部尚書蔡徵順旨稱贊憲厲色折之曰皇太子國家儲嗣億兆宅心卿是何人輕言廢立是夏竟廢太子爲吳興王後主知憲有規諫之事歎曰袁德章實骨鯁之臣即日詔爲尚書僕射

後魏高道悅爲太子中庶子正色立朝儼然難犯宮

官上下咸畏憚之

陽固領汝南王悅郎中令先是清河王懌舉固爲步兵校尉領是職時悅年少行多不法肩近小人固上疏切諫并面陳往代諸王賢愚之分以感動悅悅甚敬憚之懌大悅以爲舉得其人懌領大尉辟固從事中郎屬懌被害及悅爲大尉選舉多非其人又輕肆撾撻固以前爲元卿雖離國猶上疏切諫悅辟固爲從事中郎不就

楊昱爲廣平王懷左常侍王好武事數出遊獵昱每規諫宣武正始中以京兆廣平二王國臣多有縱恣

公行囑請於是詔御史中尉崔亮窮治之伏法於都市者三十餘人其不死者悉除名爲人惟昱與傳陵崔楷以有忠諫得免

崔楷爲廣平王懷文學正始中以王國官非其人多被刑戮惟楷與楊昱以數諫諍獲免

北齊王昕字元景汝南王悅辟爲騎兵參軍悅嘗散錢於地令諸佐爭拾之昕獨不拾悅又散銀錢以目昕昕乃取其一悅與府寮飲酒起自移床人爭進乎昕獨執版却立悅於是作色曰我帝孫帝子帝弟帝叔今爲宴適親起輿牀卿是何人獨爲偃蹇對曰元

景位望微劣不足使殿下式瞻儀刑安敢以親王寮寀從厮養之役悅謝焉坐上皆引滿酣暢昕先起卧於閑室頻召不至悅乃自詣呼之曰懷其才而忽府主可謂仁乎昕曰商辛沈湎其亡也忽諸府主自忽微寮敢任其咎悅大笑而去

後周宇文孝伯高祖深委信之爲東宮正建德之後皇太子稍長既無令德惟昵近小人孝伯謂高祖曰皇太子四海所屬而德聲未聞臣忝宮官實當其責且春秋尚少志業未成請妙選正人爲其師友調護聖質猶望日將如或不然悔無及矣帝斂容曰卿世載鯁直竭誠所事觀卿此言有家風矣孝伯拜謝曰非言之難也深願陛下思之帝曰正人豈復過君於是以尉遲運爲右宮正孝伯仍爲左宮正宗師中大夫累遷右宮伯嘗因侍坐帝問我兒比進不答曰皇太子比懼天威更無罪失及王軌因内宴捋帝鬚言太子之不善帝罷酒責孝伯曰公嘗謂我云太子無過今軌有此言公爲詐矣孝伯拜曰臣聞父子之際人所難言臣知陛下不能割情忍愛遂爾結舌帝知其意默然久之又曰朕已委公其勉之

隋裴政爲太子左庶子時右庶子劉榮性甚專固時

武職交番通事舍人趙元愷作辭見帳未及成太子有旨再三催促榮語元愷云但爾口奏不須造帳及奏太子問曰名帳安在元愷曰禀承劉榮不聽造帳太子即以語詰榮榮便拒諱云無此語太子付政推問未及奏狀有附榮者先言於太子曰政欲陷榮推事不實太子召責之政奏曰凡推事有兩一察情一據證審其曲直以定是非臣察劉榮位高任重縱令實語元愷蓋是纖介之愆計理而論不須隱諱又察元愷受制於榮豈敢以無端之言妄相點累二人之情理正相似元愷引右衛率崔倩等爲證倩等款伏

悉與元愷符同察情既敵須以證定臣謂榮語元愷事必非虛太子亦不罪榮而稱政平直政好面折人短而退無後言時雲定與數入侍太子爲奇服異器進奉後宮又縁女寵來往無節政數切諫太子不納政因謂定與曰公所爲者不合禮度又元妃暴薨道路藉藉此於太子非令名也願公自引退不然將及禍定與怒以告太子益踈政繇是出爲襄州摠管判

劉行本拜太子左庶子領治書如故皇太子勇虛襟敬憚時唐令則亦爲左庶子太子昵狎之每令以絃歌教內人行本責之曰庶子當正太子以正道何有

嬖昵房帷之間哉令則甚慚而不能改時所親劉臻平原明克讓魏郡陸爽並以文學爲太子所親行本怒其不能調護每謂三人曰卿等正解讀書耳時左衛率長史夏侯福爲太子所昵嘗於閤內與太子戲福大笑聲聞於外行本在閤下聞之待其出行本數之曰殿下寬容賜汝顏色汝何物小人敢爲褻慢因付執法者治之數日太子爲福致請乃釋之太子當得良馬令福乘而觀之太子甚悅因欲令行本復乘之行本不從正色而進曰至尊置臣於庶子之位者欲令輔導殿下以正道非爲殿下作弄臣也太子慚而止未幾卒於官上甚傷惜之及太子廢上曰嗟乎若使劉行本在勇不及乎此

唐李綱在隋開皇末爲太子洗馬皇太子勇嘗以歲首宴宮臣左庶子唐令則自請奏琵琶又歌武媚娘之曲綱白勇曰令則身任宮卿職當調護乃於宴座自比倡優進淫聲穢視聽事若上聞令則罪在不測豈不累於殿下臣請遽正其罪勇曰我欲爲樂耳君勿多事綱起而出文帝廢太子勇召東宮寮屬切讓之無敢對者綱進曰今日之事乃陛下之過也非太子之罪太子才非上品性是常人得賢明之士輔導

之足嗣皇業方今多士盈朝當擇善人居任柰何以絃歌鷹犬之才日在其側致令至此乃陛下訓導不足豈太子之罪耶文帝奇其對擢爲尚書右丞貞觀中又爲太子少師太子每親政事太宗必令綱及左僕射房玄齡侍中王珪坐太子嘗商略古來君臣名教竭忠盡節之事綱凛然曰託六尺之孤寄百里之命古人以爲難綱以爲易每吐論發言皆辭色慷慨有不可奪之志

權萬紀爲西韓州刺史會吳王恪以驕縱被譴拜萬紀爲長史萬紀屬其抗直恪遂折節從之太宗以齊

王佑溺情群小以萬紀爲長史萬紀性剛毅所在以
強直稱祐聞其名望風畏憚親愛左右咸詭示疎斥
外接萬紀而內深疾之萬紀見祐非法嘗犯顔切諫
初尚有從者後皆相反爲左右昝君謩梁猛虎並以
善射野豕得幸於祐萬紀驟諫不納遂皆劾逐之而
祐潛遣招延狎暱愈甚會萬紀宅中有土塊夜落萬
紀以爲君謩等將害已悉收繫獄而乘傳以聞雖不
顯言而意指於祐又云與小人聚飲殺馬而食內人
代判畋獵無時同爲非者數十人詔遣刑部尚書劉
德威往覆之事頗有實者

孔頴達爲太子右庶子庶人承乾不循法度頴達每
犯顔進諫庶人乳母遂安夫人見其發言亮直謂頴
達曰太子成長何宜屢得面折頴達對曰蒙國厚恩
死無所恨諍爭逾切

崔義玄爲左司郎中兼韓王府長史與友孟神慶雖
志好不同各以介直規正府幕王並委任之

蘇良嗣高宗時爲周王府司馬王時年少舉事不法
良嗣正色規諫甚見敬憚王府官屬多非其人良嗣
守文簡括莫敢有犯深爲高宗所稱

王及善遷左奉裕率孝敬皇帝之居春宮宴集命之
蹴倒及善對曰殿下自有樂官正當守職此非臣任
也臣將奉令恐非殿下羽翼之備太子謝而遣之

後唐劉贊爲尚書刑部侍郎時言事者云親王舊有
師傅以爲輔導請爲親王置師傅上顧問近臣王官
如何執政以秦王從榮名勢既隆凡事不敢制置郎
日王官宜委從榮自擇從榮奏爲秘書監兼秦王傅
贊朝之正人也有節操不趨競方爲列曹侍郎一旦
爲王官掩泣陳訴素知從榮之爲人尤懼獲禍時秦
王府參佐皆新進小生動多輕脫或稱頌從榮功德
阿意諂笑而贊每見從容諷議必獻嘉言時從榮潛

於篇章凡門客及通謁進士必坐於客次日出題目
令賦一章然後接見酒筵之中悉令秉筆賦詠贊雖
師傅亦與諸生混然令秉筆賦詩贊辭承命容狀不
悅從容心知其意自是戒典客勿通令每月一度至
衙贊既官係王府不敢朝參不通慶弔閉關暗鳴而
已

冊府元龜

巡按福建監察御史臣李嗣京　訂正
新建縣舉人臣戴國士參閱
知建陽縣事臣黃國琦較釋

宫臣部三

輔導　講習

輔導

三王之教世子也建師保之職喻之德而歸諸道漢氏之分王子弟亦爲選置傅相故儲闈以至于戚藩莫不資賢良之士申輔導之義然後成溫文之德著

信厚之質者焉乃有藉其素望以定大計極其誠心以安宗社陳禮義而救其失援法度而窒其邪周旋以盡規切磋以縫闕以至形於筆述表乎箴諷皆所以罄惓惓之衷勵蹇蹇之節蓋夫朋友著忠告之義官師有相規之訓況乎委質事人豈不念納忠而成美哉

漢東園公與綺里季夏黃公角里先生四人惠帝爲太子時高帝欲廢太子立趙王如意呂后用張良計令建成侯呂澤奉太子卑辭迎四人至客建成侯所高帝十一年黥布反高祖疾欲使太子往擊之四人相謂曰凡來者將以存太子太子將兵事危矣迺說建成侯請呂后乘閒言諸將皆陛下故等夷迺令太子將此屬莫肯爲用於是高祖自將而東以良行太子少傅事十二年高祖破布歸疾益甚愈欲易太子良諫不聽因疾不視事叔孫太傅稱說引古以死爭太子高祖陽許之猶欲易之及宴置酒太子侍四人者從太子年皆八十有餘鬚眉皓白衣冠甚偉（所以謂之四皓）高祖怪問曰何爲者四人皆對各言其姓名上迺驚曰吾求公避逃我今公何自從吾兒游乎四人曰陛下輕士善罵臣等義不辱故恐而亡匿今聞太子

仁孝恭敬愛士天下莫不延頸願爲太子死者故臣等來上曰煩公幸卒調護太子（調謂和平之護謂保之）四人爲壽已畢趨去高祖目送之（以目瞻之訖而出也）召戚夫人指視曰我欲易之彼四人爲之輔羽翼已成難動矣呂氏眞迺主矣（迺汝也）

叔孫通爲太子太傅高帝欲以趙王如意易太子通諫曰昔者晉獻公以驪姬故廢太子立奚齊晉國亂者數十年爲天下笑秦以不早定扶蘇胡亥詐立自使滅祀此陛下所親見今太子仁孝天下皆聞之呂后與陛下攻苦食啖（啖當作淡淡謂無味之食言共攻擊勤苦之事而食無味之食）

其可背我陛下必欲廢適而立少適讀曰嫡臣願先伏誅以頸血汚地高帝曰公罷矣吾特戲耳特且也通曰太子天下本本壹搖天下震動奈何以天下戲高帝曰吾聽公

淮南相史失姓名孝景三年吳楚七國反吳使者至淮南王安欲發兵應之其相曰王必欲應吳臣願爲將王廼屬之謂以兵委之也相已將兵因城守不聽王而爲漢漢亦使曲城侯將兵救淮南曲城侯蟲達之子也名捷淮南以故得完

董仲舒爲江都易王相易王帝兄素驕好勇仲舒以

禮誼規正王敬重焉

史冊爲駙馬都尉護太子家時孝成爲太子喜酒樂燕元帝不以爲能而定陶恭王有材藝冊傅昭儀又愛幸帝以故嘗有意欲以恭王爲嗣賴冊護太子家輔助有力帝亦以先帝尤愛太子故得無廢

後漢公沙穆爲繒相時繒侯敞東海恭王之後也所爲多不法廢嫡立庶傲很放恣穆到官謁曰臣始除之日京師咸謂臣曰繒有惡侯以弔小相明侯何因得此醜聲之甚也幸承先人之支胤傳茅土之重不戰戰兢兢而違越法度故朝廷使臣爲輔願改往修來自求多福乃上沒敞所侵官民田地廢其庶子還立嫡嗣其蒼頭兒客犯法皆收考之因苦辭諫敞敞涕泣爲謝多從其所規

何敞爲濟南王康太傅康尊貴驕甚敞至國輔康以道義數引法度諫正之康敬禮焉

程堅爲趙王乾傅先是乾居父喪私娉小妻又白衣出司馬門坐削五縣及堅爲傅輔以禮義乾改悔前過堅列上復所削縣

魏吳質字季重以才學通博爲世子及諸侯所禮爲元城令太祖嘗出征世子及臨菑侯植並送路側植

稱述功德發言有章左右屬目太祖亦悅焉世子悵然自失質耳曰王當行流涕可也及辭世子泣而拜太祖及左右咸歔欷是皆以植辭多華而誠心不及也

賈詡爲太中大夫時文帝爲五官將而臨菑侯植才名方盛各有黨與有奪宗之議帝使人問詡自固之術詡曰願將軍恢崇德度躬素士之業朝夕孜孜不違子道如此而已帝從之深自砥礪

高堂隆爲歷城侯徽相遭太祖喪不哀及游獵馳騁隆以義正諫甚得輔導之節

蜀霍弋爲太子中庶子太子犞好騎射出入無度弋援引古義盡言規諫甚得切磋之禮

晉安平王孚初爲魏國太子中庶子文帝初聞太祖薨號哭過甚孚諫曰大行晏駕天下恃殿下爲命當上爲宗廟下爲萬國奈何效匹夫之孝乎太子良久乃止曰卿言是也

嵇喜爲齊王攸司馬攸居文帝喪哀毀過禮左右以稻米乾飯雜理中丸進之攸泣而不受喜諫曰毀不滅性聖人之教且大王地𨚗密親任惟元輔匹夫猶惜其命以爲祖宗況荷天下之大業負帝室之重任

而可盡無極之哀與顏閔爭孝不可令賢人笑愚人幸也喜躬自進食攸不得已爲之強飯喜退攸謂左右曰嵇司馬將令我不忘居喪之節得存區區之身耳

丁綏爲高密王泰司空祭酒楚王瑋之被收泰嚴兵將救之綏諫曰公爲宰相不可輕動且夜中倉卒宜遣人參審定問泰從之

王脩爲東平王楙長史惠帝北征以楙都督徐州率衆赴鄴湯陰之役東海王越奔于下邳楙不納越乃還國帝既西幸越總兵謀迎大駕楙甚懼脩說曰東海宗室重望今將興義公宜舉徐州以授之此克讓之美也楙從之

卞壺爲明帝東中郎長史又爲世子師壺前後居師佐之任盡禆輔之節一府貴而憚焉

温嶠爲太子中庶子數陳規諷又獻侍臣箴甚有弘益（嶠又與阮放等共勸太子遊談老莊不教以經史太子甚敬之）

華廙爲太子少傅動遵禮典得輔道之義

梁江革爲武陵王長史王僤之雅相欽重每至侍宴言論必以詩書王因此耽學好文典籤沈㒶文以王所製詩呈高祖高祖謂僕射徐勉曰江革果稱職乃

除都官尚書

後魏游雅爲太子少傅時恭宗揔百揆監國雅上疏曰殿下親覽百揆經營內外昧旦而興諮詢國老臣職忝疑承司是獻替漢武時始啟河右四郡議諸疑罪而謫徙之十數年後邊郡充實並脩農戍孝宣因之以服北方此近世之事也帝王之於罪人非怒而誅之欲其從善而懲惡謫徙之苦其懲亦深自非大逆正刑皆可從徙雖舉家投遠忻喜赴路力役終事不敢言苦且遠流分離心或思善如此姦邪可息邊陲足備恭宗善其言然未之行

楊昱爲詹事丞于時孝明在懷抱之中至於出入左右乳母而已不令宮寮聞知昱諫曰陛下不以臣等凡淺備位宮臣太子動止宜令翼從然自此以來輕爾出入進無二傅輔導之美退闕群寮陪侍之式非所謂示民儀軌著君臣之義陛下若召太子必降手詔令臣下咸知爲後世法於是詔曰自今已後若非朕手敕勿令兒輙出宮臣在直者從至萬歲門

程駿爲任城王雲郎中令進箴於王王納而嘉焉

裴瑗爲汝南王悅郎中令悅散費無當每王俸初入一日之中分贈極意瑗每隨例嘗辭多受少伺悅虛

竭還來奉貢悅雖性理不嘗然亦相賞愛

宋欽初仕沮渠蒙遜爲世子洗馬欽上東宮侍臣箴

北齊邢峙爲國子助教授皇太子經厨宰進太子食有萊曰邪蒿峙命去之曰此菜有不正之名非殿下所宜食文襄聞而嘉之賜以被襦縑纊拜國子博士

王晞爲常山王友時文宣昏亂王以切諫爲文宣所撻王從容謂晞曰主上起居不嘗卿耳目所具吾豈可以前逄一怒遂爾結舌卿宜爲撰諫草吾當伺便極諫晞遂條十餘事以呈切諫王曰今朝廷乃爾欲學介子匹夫輕一朝之命狂藥令人不自覺刀箭豈復識親疎一旦禍出理外將奈殿下家業何奈皇太后何乞且將順日愼一日王歔欷不自勝曰乃至是乎明日見晞曰吾長夜久思今便息意便命火對晞焚之

后周伊婁穆初爲衞公直長史武帝建德初授荆州後以穆爲揔管府長史穆頻貳戚藩甚得裨贊之譽

蕭圓肅德中爲太子少傅以任當師傅調護是職乃作少傅箴太子見而悅之致書勞問

鄭譯爲太子宮尹時太子多失德內史中大夫烏丸軌每勸帝廢太子而立秦王繇是太子嘗不自安其

后詔太子西征吐谷渾太子陰乃謂譯曰秦王上愛子也烏丸軌上信臣也今吾此行得無扶蘇之事乎譯曰願殿下勉著仁孝無失子道而已勿爲他慮太子然之

隋裴政爲太子勇左庶子多所規正見稱純慤東宮凡有大事皆以委之

唐孔頴達爲右庶子皇太子承乾始自幼小大宗令頴達專侍讀書頴達性眞正每讀書至可規諷必反覆引諭然以早居侍奉意頗狎之雖心有不平而免於憎忿時左庶子于志寧又受詔輔導承乾志寧正

色直道多所裨益撰諫苑二十卷以進承乾太宗並嘉之二人各賜帛百疋黃金一斤以厲承乾之意仍遷志寧詹事

王珪爲禮部尚書兼魏王師王問珪以忠孝珪荅曰陛下王之君也事君思盡忠陛下王之父也事父毋盡孝忠孝之道可以立身可以成名當年可以享天祐餘芳可以垂後葉王曰忠孝之道已聞教矣願聞所習珪答曰漢東平王蒼云爲善最樂太宗謂侍臣曰古來帝子生於宮闈及其成人無不驕逸是以傾覆相踵少能自濟我今嚴教子弟欲令皆得安全王

珪我久驅使是所諳悉以其意存忠孝選爲子師爾宜語泰汝之待珪如事我也可以無過泰毎爲之先拜珪亦以師道自居物議善之

蘇幹少以明經累授徐王府記室參軍王好畋獵幹毎諫止之

劉憲睿宗景雲初爲太子詹事玄宗在東宮留意經籍憲因上啓曰自古及今皆重于學至于光輝盛德發揚令問安靜身心保寧家國無以加焉殿下居副君之位有絶人之才豈假尋章摘句蓋資略知大意用功甚少爲利極多伏願克成美志無棄暇日上以慰至尊之心下以答庶寮之望侍讀褚無量經明行脩耆年宿望時賜召問以察其言玄宗甚嘉納之

褚無量爲國子司業景雲初玄宗在春宮無量兼皇太子侍讀嘗撰翼善記以進之太子降書嘉勞賚絹四十疋

講習

夫先王之教子也逮師保之職申誨諭之道莫不先之以禮樂道之以典法使其近正人而聞正言達古義而式古訓化與心會習以性成然後德智長而治道得矣漢氏而下學術尤盛名儒碩生乘時間出乃

有奉持素業入參講議敷暢經旨進對宴説以師道而自處蒙体貌之殊等博約浸潤以敦乎藝文切磋琢磨以成乎德範自非誦説有法進退可度秉踐言之善行留博古之多聞者疇以充是選哉

漢瑕丘江公受穀梁春秋及詩於魯申公爲博士武帝時江公與董仲舒並仲舒通五經能持論善屬文江公吶於口上使與仲舒議不如仲舒而丞相公孫弘本爲公羊學比輯其議卒用董生於是帝因尊公羊家詔太子受公羊春秋繇是公羊大興太子既通復私問穀梁而善之

歐陽地餘共先歐陽生事伏生授倪寬寬授歐陽生子世世相傳地餘宣帝時爲太子中庶子授太子

蕭望之爲太傅以論語禮服授皇太子

張禹元帝初元中立皇太子而博士鄭寬中以尚書授太子薦言禹善論語令禹授太子論語繇是遷光祿大夫

孔霸事太傅夏侯勝傳尚書之學爲太中大夫授太子

鄭寬中有儁材事小夏侯建傳尚書爲博士授太子

後漢桓榮門徒嘗四百餘人何湯爲高第明帝始立

爲皇太子選求明經乃擢湯爲虎賁中郎將以尚書授太子光武從容問湯本師爲誰湯對曰事沛國桓榮帝即召榮令説尚書甚善之拜爲議郎

劉昆受施氏易於戴賓光武時代杜林爲光祿勳乃令入授皇太子及諸王小侯五十餘人

包咸習論語舉孝廉爲郎中建武中入授皇太子論語

鍾興習嚴氏春秋明帝時爲左中郎將詔令定春秋章句去其復音複重以授皇太子又使宗室諸侯從興受章句召訓習韓詩章帝時爲左中郎將入授諸王

魏應習魯詩建初四年拜五官中郎將詔入授千乘王伉

蜀尹默爲僕射以左氏傳受太子太子後主也

吳張休字叔嗣太帝以子登爲太子欲登讀漢書習知近代之事以張昭有師法重煩勞之乃令休從昭受讀還以授登休與諸葛恪顧譚等俱爲太子登僚友以漢書授登

晉徐邈爲中書侍郎武帝時皇太子尚幼帝甚鍾心文武之選皆一時之後以邈爲前衛率領本郡大中正授太子經帝謂邈曰雖未勅以師禮相待然不以博士不復尊以爲師故帝有云

阮放字思度爲太子中舍人遷庶子時雖戎車屢駕而放侍太子嘗説老莊不及軍國明帝甚友愛之

鄧殷以儒學嘗授皇太子詩

庾亮爲中書郎領著作侍講東宮其所論釋多見稱述

宋何承天爲率更令領國子博士皇太子講孝經承天與中庶子顔延之同爲執經

蔡茂之侍廬陵王義眞讀書官至彭城王義康驃騎從事中郎

南齊伏曼容字公儀武帝永成初爲太子率更令侍

皇太子講

王儉爲少傅文惠太子於崇政殿講孝經儉令摘句太僕周顒撰爲義疏

梁何佟之初仕齊明帝建武中爲鎮北記室叅軍侍皇太子講

張譏爲士林館學士簡文在東宮每有降集必使召之及侯景寇逆於圍城之中猶侍哀太子武德後殿講老莊

庾詮婁爲尚書金部郎遷中軍表記室叅軍東宮建以本宮侍皇太子講甚見知重詔與太子中庶子殷

均中舍人到洽國子博士明山賓等遞日爲太子講五經義

賀革爲湘東王府諮議勑革講三禮

顧越聰慧有口辯說毛氏詩傍通異議解褐揚州議曹吏兼太子左衛率丞越於義理精妙尤善持論與會稽賀文發俱爲梁南平王偉所重引爲賓客尋補五經博士遷國子博士世祖即位除始興王諮議叅軍侍東宮講讀世祖以敦篤厚遇之

許懋年十四入大學領師說尤曉故事文惠太子開而召之侍讀于崇明殿僕射江祏重之號爲經史笥

陳沈文阿文帝時爲通直散騎常侍兼國子博士領羽林監仍令於東宮講孝經論語

沈德威篤學無倦遂治經業天嘉元年徵出都侍太子講禮傳

王元規爲鄱陽王記室叅軍領國子助教後主在東宮引爲學士親授禮記左傳喪服等義賞賜優厚國子祭酒新安王伯固嘗因入宮適會元規將講乃啓請執經時論以爲榮

姚察入隋爲員外散騎常侍又勑侍晉王講讀煬帝初在東宮數被召見訪以史籍

徐孝克初爲散騎常侍臣亡入隋授國子博士後侍東宮講禮傳

後魏梁越國初爲禮經博士太祖以其謹厚舉動可則拜上大夫會授諸皇子經書

谷洪少受學中書太武令洪入授太子經位至尚書

李郁字承穆爲廣平王懷深相禮遇時學士徐遵明教授山東生徒甚盛懷徵遵明在館令郁問其五經義例十餘條遵明所答數條而已

劉芳爲中書侍郎與邢產入授皇太子經遷太子庶子從駕雒陽自在路及旋京師常侍坐講讀

高允爲秦王翰傅後勑以經授恭宗甚見禮待

孫惠蔚自宣武在東宮爲博士侍讀及世宗即位之後嘗在左右敷訓經典自冗從僕射遷秘書丞

董徵爲四門小學博士後宣武詔徵入璇華宮令孫惠蔚問以六經仍詔徵教授京兆清河廣平汝南四王

盧辯孝武時爲太子少傅太子及諸王等皆行束脩之禮受業於辯

北齊馮敬德世祖時爲後主擇師傅爲侍講後主既不好學敬德侍講甚踈時以春秋入授

後周樂遜爲太尉李弼府諮議參軍太祖召遜教授諸子在館六年與諸儒分經授業遜講孝經論語毛詩及服虔所註春秋左氏傳辛慶之以經明行脩與盧誕等教授諸王

斛斯徵爲司樂中大夫高祖以徵治經有師法詔令教授皇太子宣帝時爲魯公與諸皇子等咸服青衿行束脩之禮受業於徵仍並呼徵爲夫子儒者榮之

隋元善雒陽人通涉五經尤明左氏傳初仕後周武帝甚禮之以爲太子宮尹賜爵江陽縣公每執經以授太子

楊汪字元度勤學專精左氏傳通三禮初仕周冀王侍讀王甚重之每曰楊侍讀德業優深孤之穆生也

唐孔穎達武德中爲秦府文學館學士以經授中山王承乾

陸德明爲秦府文學館學士命中山王承乾從其受業

馬嘉運武德中爲崇賢館學士與洗馬秦暐等侍講殿中恩禮甚渥

王元感濮州鄄城人也少舉明經累補博城縣丞兗州都督紀王慎深禮之命其子東平王續從元感受學

蕭瑀爲太子太保貞觀十七年十一月甲辰誕皇太孫太宗幸東宮謂皇太子曰爾國之儲貳府藏是同金玉綺羅不足爲賜但先聖典籍可爲鏡誡耳因賜尚書毛詩孝經各一部瑀跪而言曰臣道德才術無一可稱徒以犬馬之年謬當求舊之舉擢其朽質以保儲皇塵露之資實慙無効五經義訓臣頗聞之今所賜書請陳其要太宗許之瑀乃先説孝經次述尚書末叙毛詩咸舉其要旨申明義趣可爲深誡者皆委曲言之太宗太説以爲保傅得人

高智周高宗時爲蘭臺大夫時孝敬在東宮智周與司文郎中賀顗司經大夫王貞儒等俱以儒學受詔爲侍讀

吳文璀爲道士以儒學善教誘童孺大曆中代宗召入宮太子及諸王嘗受經藝

王起爲皇太子侍讀文宗開成二年正月詔起及陳夷行再入長生院對皇太子講讀劉仲武橋度十日對諸王講讀二月詔起夷行三日入長生院對皇太子講讀仲武度八日入內見諸王授書三月詔起夷行五日一入長生院對太子講讀仲武間日入對諸

王授經四月甲午朔皇太子於長生殿對陳起夷行諸王對仲武

竇宗直爲祕書少監開成二年七月以宗直爲太子侍讀三年七月詔宗直及周敬復令每遇雙日入對皇太子九月又詔宗直敬復依前隔日入少陽院

冊府元龜卷終

册府元龜

巡按福建監察御史臣李嗣京　訂正

分守建南道左布政使臣胡維霖　參閱

知建陽縣事臣黃國琦較釋

宮臣部

文學　智識　褒寵

文學

傳曰言之無文行之不遠記曰玉不琢不成器人不學不知道是知文學者士君子立身脩己之本也乃有鍾粹和之氣挺牖牌之才列職官坊曳裾藩邸摛辭奮藻者適用之稱索隱鉤深得待問之旨故彬彬儒雅冠映一時者焉

漢疏受爲太子家令好禮恭謹敏而有辭宣帝幸太子宮受迎謁應對及置酒宴奉觴上壽辭禮閑雅上甚驩說

吳韋曜爲太子中庶子時蔡穎亦在東宮性好博奕太子和以爲無益命曜論之

晉潘尼元康初爲太子舍人上釋奠頌江統爲愍懷太子洗馬及太子之死改葬統作誄敘哀爲世所重

宋謝惠連爲彭城王義康法曹參軍時義康治東府城塹中得古冢爲之改葬使惠連爲祭文留信待成其文甚美

南齊謝超宗初仕宋爲新安王子鸞國常侍王母殷淑妃卒超宗作誄奏之孝武大嗟賞曰超宗得鳳毛恐靈運復出（超宗靈運之子）

謝朓爲徐王子隆文學子隆在荆州武帝勑朓還都朓道中爲詩以寄西府

梁沈約爲齊文惠太子步兵校尉管記室直永壽省校四部圖書時東宮多士特被親遇

王筠爲太子洗馬中書舍人並掌東宮管記昭明太

子愛文學士嘗與筠及劉孝綽陸倕到洽等游宴玄圃太子獨執筠袖撫孝綽肩而言曰所謂左把浮丘袂右拍洪涯肩昭明薨勑爲哀册文大見嗟賞

劉孝綽爲太子僕掌東宮管記時昭明太子好士愛文孝綽與王筠等同見賓禮太子起樂賢堂乃使畫工圖孝綽焉太子文章繁富群才咸欲撰太子獨使孝綽集而序之

劉孝威爲太子中舍人庶子率更令並掌管記太通九年白雀集東宮孝威上頌其辭甚美

徐摛爲太子家令兼掌管記摛文體既別春坊盡學

之官體之號自斯而始高祖聞之怒召摛加讓及見應對明敏詞義可觀高祖意釋

劉杳爲東宮通事舍人注太子徂歸賦稱爲博悉

庾肩吾爲簡文晉安王國常侍兼記室參軍王爲皇太子肩吾兼東宮通事舍人歷率更令中庶子初簡文在藩雅好文章士時肩吾與東海徐摛吳郡陸杲彭城劉遵劉孝儀儀弟孝威同被賞接及居東宮又開文德省置學士肩吾子信摛子陵吳郡張長公北地傅弘東海鮑至等充其選

蕭愷爲太子洗馬中舍人家令並掌管記簡文在東

宮早引接之時中庶子謝嘏出守建安於宣猷堂宴餞蓋召時才賦詩同用十五劇韻愷詩先就其辭甚美簡文與湘東王令曰王筠本自舊人後進有蕭愷可稱信爲才子

陳徐伯陽爲新安王記室鄱陽王爲江州刺史伯陽奉使造焉王率府僚與伯陽登廬嶺置宴酒酣命筆賦劇韻二十伯陽與祖孫登先成王賜以奴婢雜物及皇太子幸太學詔劉安王於辟雍發論語題仍命伯陽爲辟雍頌甚見嗟賞

陸瑜爲東宮學士太建二年太子釋奠令官臣並賦詩命瑜爲序文甚贍麗

顧野王爲太子率更令兼通事舍人時後主在東宮官僚有濟陽江總吳國陸瓊北地傅縡吳興姚察並以才學顯著論者推重焉

隋柳䛒爲晉王諮議參軍王朝京師還作歸藩賦命䛒爲序詞甚典麗初王屬文爲庾信體及見䛒已後文體遂變

潘徽爲秦孝王俊學士嘗從俊朝京師在塗令徽於馬上爲賦行一驛而成名曰述思賦俊覽而善之後令爲萬字文并遣撰集字書名爲韻纂徽爲序

唐杜淹武德中爲秦王府文學館學士嘗侍宴賦詩時八人同淹爲稱首賜以銀鍾

褚亮爲秦王文學秦府初開文學館以房玄齡等十八人爲學士皆圖畫其象令亮爲之贊

薛元敬武德末太宗入東宮時爲太子舍人時軍國之務總於東宮元敬專掌文翰號爲稱職

崔融字安成中宗在春宮爲侍讀兼侍屬文東朝表疏多成融手

智識

傳曰智者不惑又曰識者不求所告蓋覩乎事機非

智則不周察乎人情非識則不達若夫列藩國之任居傅相之地懷研幾之慮臨事而洞分覔先見之明未萌而預辨陳王覇之體序君臣之分繼之以禮樂濟之以規諷逮漢而下世有人焉皆著于篇以永其譽

漢宋昌為代王中尉太尉周勃朱虛侯章等既誅諸呂遂使人迎代王郎中令張武等議皆曰漢大臣皆故高帝時將習兵事多謀詐其屬意非止此也（言嘗有異志也屬意猶言注意也屬音之欲切）特畏高帝呂太后威耳今已誅諸呂新喋血京師（喋音長頰切本字當作蹀蹀謂履涉之耳）以迎大王為名實不可信願稱疾無往以觀其變昌進曰群臣之議皆非也夫秦失其政豪傑並起人人自以為得之者以萬數然卒踐天子位者劉氏也（卒終也）天下絶望一矣高帝王子弟地犬牙相制所謂盤石之宗也（犬牙言地形如犬之牙交相入也）天下服其強二矣漢興除秦煩苛約法令施德惠（約省也）人人自安難動揺三矣夫以呂太后之嚴立諸呂為王王擅權專制然而太尉以一節入北軍一呼（呼叫也音火故切）士皆袒左為劉氏叛諸呂卒以滅之此乃天授非人力也今大臣雖欲為變百姓弗為使（為音于偽反）其黨寧能專一邪内有朱虛東平之親

外畏吳楚淮南琅邪齊代之強方今高帝子獨淮南王與大王大王又長賢仁孝聞於天下故大臣因天下之心而欲迎立大王大王勿疑也代王遣太后弟薄昭見勃勃具言所迎立王者昭還報信矣代王笑謂昌曰果如公言（大王即文帝也）

董仲舒為江東相事易王久之王問仲舒曰粤王勾踐與大夫泄庸種蠡謀伐吳（種大夫種也蠡范蠡也種之勇切蠡音禮）遂滅之孔子稱殷有三仁寡人亦以為粤有三仁（泄庸一也大夫種二也范蠡三也）桓公決疑於管仲寡人決疑於君仲舒對曰臣愚不足以奉大對（大對謂大問也）聞昔者魯君問柳

下惠吾欲伐齊何如柳下惠曰不可歸而有憂色曰吾聞伐國不問仁人此言何為至於我哉徒見問耳且猶羞之況設詐以伐吳虖繇此言之粤本無一仁夫仁人者正其誼不謀其利明其道不計其功是以仲尼之門五尺之童羞稱五伯（伯讀曰覇此下亦同）為其先詐力而後仁誼也苟為詐而已故不足稱於大君子之門也（仲尼之門故稱大也）五伯比於他諸侯為賢其比三王猶碔砆之與美玉也（碔砆石之似玉者也）王曰善

閻崇為太子少傅時哀帝自定陶王立為太子月餘天子立楚孝王孫景為定陶王奉恭王後太子議欲

謝崇以爲春秋不以父命廢王父命（王父謂祖也）爲人後之禮不得顧私親不當謝太傅趙玄以爲當謝太子從之詔問所以謝狀尚書劾奏玄左遷少府

吳是儀爲尚書僕射時南魯二宮初立儀以本職領魯王傅儀嫌二宮相近切乃上疏曰臣竊以魯王天挺懿德兼資文武當今之宜宜鎮四方爲國藩輔宣揚德美廣耀威靈乃國家之良規海內所瞻望但臣言辭鄙野不能究盡其意愚以二宮宜有降殺正上下之序明教化之本書三四上爲傅盡忠動輒規諫

晉脩肅爲懷帝豫章王與書令帝立爲皇太弟且以

清河王覃本太子也懼不敢當肅曰二相經營王室志寧社稷儲貳之重宜歸時望親賢之舉非大王而誰清河幼弱未允衆心是以旣升東宮復贊藩國今乘輿播越二宮久曠常恐氐羌飲馬於涇川螘衆控弦於霸水宜及吉辰登儲副上翼大駕早寧東京下允黔首喁喁之望帝曰卿吾之宋昌也乃從之

宋王華爲文帝宜都王司馬帝將入奉大統以少帝見害不敢下華曰先帝有大功於天下四海所服雖嗣主不綱人望未改徐羨之中才寒士傅亮布衣諸生非有晉宣帝王大將軍（王大將軍謂王敦也）之心明矣畏廬陵嚴斷將來必不自容殿下寬睿慈仁中外所知已且越次奉迎冀以見德悠悠之論殆必不然羨之亮晦又要檀道濟王引五人同功孰肯相讓勢必不行今日就徵萬無所慮帝從之曰卿復欲爲吾之宋昌矣乃留華總後任帝即位以華爲侍中右衛將軍

梁何敬容爲太子詹事時簡文帝頻於玄圃自講老莊二書學士吳孜時寄詹事府每日入聽敬容謂孜曰昔晉氏喪亂頗繇祖尚虛玄胡賊殄覆中夏今東宮復襲此殆非人事其將爲戒乎俄而侯景難作其言有徵

北齊魏收爲太子少傅仍兼詹事文宣帝數宴喜收每須侍從皇太子之納鄭良娣也有司備設牢饌帝旣酣飲起而自毀覆之仍召收曰知我意否收曰臣愚謂良娣歸東宮之妾理不須牢而惟聖懷緣此毀去帝大笑握收手曰卿知我意

王睎爲常山王友時文宣昏亂王錄尚書事新除官者必詣王謝職去必辭睎言於王曰受爵天朝拜恩私第自古以爲干紀朝廷文武出入辭謝宜一約絕主上顒顒賴殿下扶翼王納焉

唐尉遲敬德爲太宗秦王府左二副護軍太宗討隱

太子巢剌王命敬德侍衛高祖南衙北門兵馬及二宮左右猶相拒戰敬德奏請降手勅令諸軍兵兼受秦王處分於是內外遂定高祖勞敬德曰卿於國有安社稷功也

褒寵

三王之教世子也咸建保傅之職以敦道德之訓曷嘗不咨求碩德申擇雋望爲之輔導而申其教喻焉茲所以重燕翼之謀增盤維之固者也漢室而下英偉間出蒙被選擢周旋翼亮或以經術精邃進見講授或以志行脩整雍容翼從或以才藻蒙賞或以故

舊見思繇是厚其賜予之數異其褒命之禮形於奬歎申之委遇乃至不幸淪逝飾終彌渥褒賢之典不其驗歟

漢夏侯勝宣帝時爲太子太傅受業詔撰尚書論語賜黃金百斤卒官賜冢塋葬平陵

疏廣爲太子太傅太子外祖父特進平恩侯許伯爲太子少傅自使其弟中郎將舜監護太子家宣帝以問廣廣以爲不宜獨親外家許氏帝善其言廣繇是見器重數受賞賜及乞骸骨帝以其年篤加賜黃金二十斤

後漢桓榮光武時爲太子少傅賜以輜車乘馬榮大會諸生陳其車馬印綬曰今日所蒙稽古之力也可不勉哉

桓焉爲太子少傅月餘遷太傅以毋憂自乞聽以大夫行喪踰年詔使者賜牛酒奪服即拜光祿大夫

桓郁明帝時爲侍中入授皇太子經遷越騎較尉詔勅太子諸王各奉賀致禮

魏應習魯詩爲五官中郎將章帝詔入授千乘王伉應經明行脩章帝甚重之數進見論難於前特授賞賜

魏袁渙字曜卿爲魏國郎中令及卒武帝爲之流涕賜穀二千斛一教以太倉穀千斛賜郎中令家一教以垣下穀千斛與曜卿家外不解其意教曰以太倉穀者官法也以垣下穀者親舊也

吳程秉爲太子太傅黃武四年大帝爲太子登聘周瑜女秉守太常迎妃於吳大帝親幸秉舡深見優禮

晉山濤字巨原武帝時爲太子少傅在東宮年已七十疾病告退手詔不聽帝嘗講武於宮試塲楊有詔濤乘步輦導皇太子

溫嶠元帝時爲太子中庶子嶠在東宮特見嘉寵僚

爵莫與爲比

賀循爲太子太傅及疾篤車駕親幸執手流涕太子親臨者三焉往還皆拜儒者以爲榮太興二年卒元帝素服舉哀哭之甚慟贈司空謚曰穆將葬帝又出臨其柩哭之盡哀遣兼侍御史持節監護皇太子追送近塗望船流涕

南齊王儉領太子詹事加兵三十人

張緒永明中爲太子詹事每朝見世祖目送之謂王儉曰緒以位尊我我以德貴緒也

梁柳惔爲太子詹事加散騎常侍武帝因宴爲詩貽

惔曰爾實冠群后惟余切念功

周捨爲右驍騎將軍知太子詹事普通五年卒武帝臨哭哀慟左右詔曰太子詹事豫州大中正捨奄至殞喪惻愴于懷其學思堅明志行開敏劬勞機要多歷歲年才用未窮彌可嗟慟宜隆追遠以旌善人可贈侍中護軍鼓吹一部給東園祕器朝服一具衣一襲喪事隨用資給謚曰簡子

王規爲散騎常侍太子中庶子太同二年卒詔贈散騎常侍光祿大夫賻錢二十萬布百疋謚曰章

陸倕爲太子中舍人管東宮書記詔爲右闕銘記奏之敕曰太子中舍人陸倕所製闕銘詞義典雅足爲佳作昔摯虞辯物邯鄲獻賦賞以金帛前史美談可賜絹三十疋遷太子庶子

到洽與從弟沆齊名洽爲太子舍人高祖御幸華光殿詔洽及沆蕭浮任昉侍讌賦二十韻詩以洽辭爲工賜絹二十疋高祖謂昉曰諸到可謂才子昉對曰臣常竊議宋得其武梁得其文（洽祖彥之仕宋武有戰功）

王儉爲太子中庶子掌東宮管記太清二年卒贈侍中給東園祕器朝服一具衣一襲

蕭特爲太子舍人卒遺啓簡文求爲墓誌銘帝爲製

銘焉

庾於陵爲太子洗馬舊東宮官屬通爲清選洗馬當文翰尤其清者近世用人皆取甲族有才望者於陵與周捨並擢充職高祖曰官以人而清豈限以甲族時論以爲美

陳孔奐爲仁威將軍始興王長史奐在職清儉多所規正宣帝嘉之賜米五百斛并累降勅書殷勤勞問

張譏宣帝時爲建安王府記室參軍兼東宮學士轉武陵王限內記室學士如故後主在東宮集官僚置宴時造玉柄麈尾新成後主親執之曰當今雖復多

士如林至於堪捉此者獨張機耳即手授機仍令於溫文殿講老莊宣帝幸宮臨聽賜御服衣一襲後主嗣位領南平王府諮議參軍東宮學士尋遷國子博士學士如故後主嘗幸鍾山開善寺召從臣坐於寺西南松林下勅召機竪義時索麈尾未至後主勑取松枝手以屬機曰可代麈尾顧謂群臣曰此即是張機後事

袁憲爲侍中信威將軍太子詹事後主至德元年太子加元服二年行釋奠之禮憲於是表請解職後主不許給扶二人進號雲麾將軍置佐使

阮卓爲始興王叔陵記室叔陵之誅也後主謂朝臣曰阮卓素不同逆宜加旌異

後魏張黎太武時賜爵廣平公恭宗初總百揆黎與東郡公崔浩等輔政忠於奉上非公事不言詔曰侍中廣平公黎東郡公浩等保傅東宮有老成之勤朕甚嘉焉其賜布帛一千疋以褒舊勳

古弼太武時爲安西將軍建興公及恭宗總攝萬機徵爲東宮四輔與宜都王穆壽等並參政事詔以弼保傅東宮有老成之勤賜帛千疋綿千斤

盧統父魯元爲太保録尚書事統以父任侍東宮太武以元舅陽平王杜超女南安長主道處之恩禮甚厚每有四方珍異輒以賜之

唐李綱爲太子少保高祖以綱隋代名臣甚加優禮每手勅未嘗多稱名其見重如此貞觀四年拜太子少師時綱有脚疾不堪踐履太宗特賜步輿令綱乘至閤下數引禁中問以政道及綱遇疾太宗遣尚書左僕射房玄齡詣宅存問賜絹二百疋五年卒年八十五贈開府儀同三司謚曰貞太子爲之立碑

房玄齡爲秦府記室參軍高祖嘗謂侍臣曰此人深識機宜足堪委任每爲我兒陳事必會人心千里之

外猶對面語耳

孔穎達爲太子右庶子太宗以穎達在東宮數規諫太子承乾與左庶子于志寧各賜黄金一斤絹百疋仍遷志寧爲詹事

于志寧爲太子詹事太子承乾敗徙黔州左庶子張玄素等皆免爲庶人唯志寧以驟諫承乾太宗嘉之而特慰勞焉

李勣爲太子詹事太宗嘗閒宴顧謂勣曰朕將囑以幼孤思之無越卿者公往不遺於李密今豈負於朕哉勣雪涕至詞因噬指流血俄而沉醉乃解御衣覆

之

劉武仲以國子四門助教充奉諸王講讀上於禁中會讌諸王因命武仲每隻日入内對諸王仍令上食供食

陸敦信爲太子舍人嘗纂録古先太子善惡之事多所規諷太宗嘗召勞之曰爾所録誠有可嘉因賜帛五十疋

秦暕爲太子舍人從幸定州加授朝散大夫守洗馬還京無幾而卒皇太子深惻惜之弔贈甚厚

蕭德言爲太子侍讀尋以年老請致仕太宗不許又

遺之書曰朕歷觀前代詳覽儒林至於顔冉之才不終其壽游夏之德不逮其學惟卿幼挺珪璋夙彰美譽下帷閉戸包括六經映雪聚螢牢籠百氏自隋季板蕩庠序無聞儒道墜泥塗詩書填坑穽眷言墳典每用傷懷頃年以來天下無事方欲建禮作樂偃武脩文而卿年齒已衰教將何恃所冀才德猶茂卧振高風更使濟南伏生重存於兹日闕西孔子故顯於當今令聞令望何其美也尋賜爵封陽縣侯拜祕書少監兩宮禮賜甚厚

李百藥爲太子右庶子貞觀五年與左庶子于志寧中允孔頴達舍人陸敦信侍讀于弘教殿時太子頗留意典墳然閑讌之處嬉戲過度百藥作贊道賦以諷焉太宗見而遣使謂百藥曰朕於皇太子處見卿所獻賦悉述古來儲貳事以戒太子甚是典要朕選卿以輔弼太子正爲此事大稱所委但須善始令終耳因賜綵物三百段

王方慶聖歷初爲麟臺監兼簡較太子左庶子二年正除太子左庶子俸料並同職事三品兼侍皇太子讀書及卒贈兖州都督謚曰貞

薛元超爲中書令兼太子左庶子高宗幸東都太子

於京師監國因留元超侍太子元超數上疏諫太子高宗知而稱善遣使慰諭賜物百段

王及善爲左奉裕率孝敬居春官因宴集令宮臣擲到次至及善及善辭曰此非臣任也孝敬謝而遣之高宗聞之特加賞慰賜絹百疋

姚珽爲太子詹事兼左庶子節愍太子舉事不法前後上書諍諫太子雖稱善竟不悛革太子敗詔遣索其宫中得珽諫書中宗嘉其切直時宫臣皆貶黜唯珽擢拜右散騎常侍

源乾曜爲太子少傅安陽郡公薨贈幽州大都督帝

於雒城南門舉哀深悼惜之

陸象先爲太子太保兖國公開元二十四年七月薨制曰象先含和毓粹體道居身跡在區中心游象外懋昭丕德光輔先朝爰悉優恩是爲師保方期承命以配上祥厲疾無瘳徽音劇隔興言念舊震悼于懷宜旌端揆之職用光窀穸之事贈尚書左丞賻物二百段米粟二百石

韋見素代宗時爲太子太師賓應中詔曰太子太師見素太子少傅李遵太子少保韓擇木太子賓客嗣吳王祗太子詹事兼揚州長史崔圓並承東宮優異

品秩已高不可更改宜各與子孫一人官見素後以疾終帝以老臣悼之贈司徒輟朝一日

冊府元龜

巡按福建監察御史臣李嗣京　訂正
知長樂縣事臣夏允彝叅閱
知建陽縣事臣黃國琦較釋

宮臣部

規諷

古者世子旣冠爰有司過之史覦膳之宰至於列樹藩屏咸置傅相蓋所以保其無咎格諸非心者也乃若德義不脩奢縱敗度罔愼所履將蹈危機繇是始終彌縫從容進說鋪述秦記更獻箴言竭忠以盡規

諫陳古以申諷乃至激發吟咏情極涕洟指禍福之門陳順逆之理周旋剴切冀其感悟斯固忠於所奉義不顧私極慮無隱彌縫其闕者焉其或知媿改圖因以蒙福乃有性習背訓終焉不悛龜監所存良足勸戒

漢韋孟爲楚元王傅傅子夷王及孫王戊韋爲楚王傅而歷相三王也戊荒淫不遵道孟作詩諷諫曰肅肅我祖國自豕韋在商爲豕韋氏黼衣朱紱四牡龍旂黼衣畫斧形而白與黑爲彩也朱紱爲朱裳畫爲亞文也亞古弗字也故因爲朱紱字又作黼其音同聲彤弓斯征撫寧遐荒言受彤弓之賜於此得專征伐也總齊群邦以翼大商翼佐助也迭彼大彭勳績維光大彭豕韋爲商伯迭至也自言豕韋氏與大彭互爲伯于殷商也迭徒結反至于有周歷世會同繼爲諸侯預盟會之事也王赧聽譖實絕我邦王赧周末王聽譖受譖絕豕韋氏也我邦旣絕厥政斯逸逸放也管仲曰命而不行謂之放賞罰之行非繇王室庶尹群后靡扶靡衛五服分離宗周以隊五服謂甸服侯服綏服要服荒服也庶尹衆官之長也群后諸侯也隊失也音直類反我祖斯微遷于彭城言我之先祖于此遂微也遷古遷字在於小子勤誒厥生誒歎聲音許其切阨此嫚秦耒耜以耕言遭秦暴嫚無有列位躬耕于野悠悠我秦上天不寧迺眷南顧授漢于京高祖起在豐沛于秦爲南故曰南顧言以秦之京邑授于漢也於赫有漢四方是征於讀曰烏烏歎辭也赫明貌凡此詩中諸歎辭稱於者其音皆同靡適不懷

萬國逌平懷思也來也逌古攸字攸所也言漢兵所往之處人皆思附而來萬國所以平也迺命厥弟建侯于楚俾我小臣惟傅是輔兢兢元王恭儉淨壹兢兢戒謹也惠此黎民納彼輔弼享國漸世垂烈于後元王立二十七年而薨垂遺業於後嗣也迺及夷王克奉厥緒咨命不永唯王統祀咨嗟也永長也夷王立四年而薨戊乃嗣立故言不永也左右陪臣此惟皇士皇正也如何我王不思守保不惟履氷以繼祖考惟亦思也言不思念敬愼如履薄氷之義用繼其祖考之業也邦事是廢逸遊是娛犬馬繇繇是放是驅繇與悠同悠悠行貌放放犬也驅驅馬也務彼鳥獸忽此稼苗蒸民以匱我王以媮媮與愉同樂也言衆人失此稼穡以致困匱而王反以爲樂也所引非德所親非俊唯囿是恢

唯諛是信怟大也諛諂言也睮睮諂夫咢咢黃髮睮睮自媚貌咢咢直言也睮音踰咢五各反如何我王曾不是察既藐下臣追欲從逸藐遠也與疏同言疏遠忠賢之輔追情欲縱逸遊也下臣孟自謂也從讀曰縱嫚彼顯祖輕兹削黜嗟嗟我王漢之睦親睦客也言服屬近曾不夙夜以休令聞休美也令善也聞聲名也穆穆天子臨爾下土明明群司執憲靡顧靡無也言執天子之法無所顧望也顧讀如古協韻也正遐繇近殆其怙兹言欲正遠人先從近親始而王怙恃與漢戚屬不自勗慎以致危殆也嗟嗟我王曷不此思非思非鑒嗣其罔則不思鑒戒之義是令後嗣無所法則也彌彌其失岌岌其國彌彌稍稍也罪過兹甚也岌岌危動貌音五合切致冰匪霜致隊匪嫚瞻惟我王昔靡不練言堅冰之成起于微

霜隕隊之咎繇于怠慢也練繇閱歷之言往昔之事皆在王心無所不閱也興國救顛孰遠悔過追思黃髮秦繆以霸言與復邦國救上顛隊之道如無能自悔其過悉秦穆公伐鄭為晉所敗而歸乃作秦誓曰雖則貟然尚猶詢兹黃髮則罔所愆謂雖有貟然之失庶幾以道謀於黃髮之賢則行無所過矣黃髮老壽之人也謂髮落更生黃也貟與云同歲月其徂年其逮耇逮及也耇者老人面色如垢也言歲月驟往年將及垢不可殆忽也於昔君子庶顯於後於歎辭也古昔之君子庶幾善道所以能大顯于後世也我王如何曾不斯覽覽視也叶韻音濫黃髮不近胡不時監黃髮不近者斥遠者老之人也近其靳反

鄒陽齊人文帝時吳王濞招致四方遊士陽與嚴忌枚乘等俱仕吳皆以文辨著名久之吳王以太子事怨望稱疾不朝陰有邪謀陽奏書諫其事尚隱惡指斥言故先引秦為諭因道胡越齊趙淮南之難然後乃致其辭曰臣聞秦倚曲臺之宮始皇帝所治之處若漢家未央宮倚恃也懸衡天下關西為衡畫地而人不敢犯兵加胡越畫地不犯者法制之行也至其晚節末路張耳陳勝連從兵之據從音子從反以叩函谷咸陽遂危叩擊何則列郡不相親萬室不相救也今胡數涉北河之外上覆飛鳥下不見伏兔言胡來人馬之盛陽塵上覆飛鳥下不見伏兔也一曰覆盡也言上射飛鳥下盡伏菟也覆盡是也音方目反鬬城不休救兵不止死者相隨輦車相屬屬連也音之欲反轉粟流輸千里不絕何則彊趙責於河間趙幽王子呂后

所幽死文帝立其長子遂為趙王取趙之河間立遂弟辟彊為河間王至子哀王無嗣國除遂欲復還得河間六齊望於惠后高后割齊南郡為呂台奉邑又割琅琊郡封營陵侯劉澤為瑯琊王文帝乃立悼惠王子立為王言六齊不保今日之恩而追怨惠帝與呂后也一說惠帝二年悼惠王入朝呂后欲鴆殺之獻城陽郡尊魯元公主得免六子以此怨之城陽顧於盧博城陽王喜也喜父章與弟興居討諸呂有功本當盡以趙地王章梁地王興居文帝聞其欲立齊王更以二郡王之章失職歲餘薨興居誅死盧博濟比王治處喜故顧念而怨也三淮南之心思墳墓淮南厲王三子為三王念其父見遷殺思墳墓欲報怨也三子為王謂淮南衡山濟比也大王不憂臣恐救兵之不專言諸國各有私怨欲申其志不肯專為吳非不敢戰救也胡馬遂進窺于邯鄲越水長沙還舟青陽青陽地名也還舟聚舟船也言胡為趙難越為吳難可恃也雖使梁并淮陽之兵下淮東越廣

陵以遏越人之糧漢亦折西河而下北守漳水以輔大國胡亦益進越亦益浮此臣之所爲大王患也折截也陽知吳王陰連結齊趙淮南胡越欲諫不敢指斥言故陳胡越之難齊趙之怨微言梁并淮陽絕越人之糧漢折西河以輔大國以破難其計欲隱其詞故謬言胡亦進越亦浮爲大王患之以錯亂其語若吳爲憂助漢者也自此以下乃致其意焉臣聞蛟龍襄首奮翼則浮雲出流霧雨咸集也襄舉也聖王砥節脩德則游談之士歸義思名砥礪也音止今臣盡智畢議易精極慮改易精思以極盡謀慮也則無國而不可奸飾固陋之心則何王之門不可曳長裾乎然臣所以歷數王之朝背淮千里而自致者非惡臣國而樂吳民也竊高下風之行尤說大王

之義言在下風側聽高美尚悅大王之行義也說讀曰悅故願大王之無忽察聽其志臣聞鷙鳥絫百不如一鶚鷙擊之鳥鷹鸇之屬也鷙鳥比諸侯鶚鳥比天子也絫古累字鶚音愕夫全趙之時全趙趙未分之時武力鼎士袨服叢臺之下者一旦成市袨服盛服也鼎士舉鼎之士也叢臺趙王之臺也在邯鄲袨音州縣之縣而不能止幽王之湛患幽王謂趙幽王友也湛讀曰沈沈患言幽王爲呂后所幽死淮南連山東之俠死士盈朝不能還厲王之西也厲王淮南厲王長也西謂廢遷嚴道而死於雍也而計議不得雖諸賁不能安其位亦明矣諸謂專諸賁謂孟賁皆古勇士也故願大王審畫而已畫計也音獲始孝文皇帝據關入立寒心銷志不明求衣文帝入關而立以天下多難故乃寒心戰慄未明而起自立天子之後使東牟朱虛褒義父之後天下已定文帝遣朱虛侯章東諭齊王嘉其首舉兵欲誅諸呂猶春秋褒邾儀父也立天子謂立爲天子也義讀曰儀父讀曰甫浮割嬰兒王之或用皇子武爲代王參爲太原王揖爲梁王壤子王梁代文帝第二子又曰梁益之間所愛謂其肥盛曰壤益以淮陽卒仆濟北囚弟於雍者豈非象新垣平等哉仆僵仆也濟北王興居反見誅囚地於雍者淮南王長有罪見徙死於雍所以然者坐二國有姦臣如新垣平等勸王共反仆音赴今天子新據先帝之遺業左規山東右制關中變權易勢大臣難知大王弗察臣恐周鼎復起於漢新垣過計於朝新垣平詐言鼎在泗水中臣望東北汾陰有金寶氣鼎其在乎弗迎則不至爲吳言者猶新垣平之言周鼎終不可得也則我吳遺嗣不可期於世矣言吳當絕無遺嗣也高皇帝燒

棧道灌章邯章邯爲雍王高祖以水灌其城破之也兵不留行言無所稽留不廢於行收弊民之倦東馳函谷西楚大破項羽自號西楚霸王水攻則章邯以亡其城陸擊則項王以失其地荊亦楚也謂項羽敗走此皆國家之不幾者也言不可庶幾願大王熟察之吳王不納其言於是鄒陽枚乘嚴忌知吳不可說皆去之梁

枚乘字子叔淮陰人爲吳王濞郎中吳王之初怨望謀爲逆也乘奏書諫曰臣聞得全者全昌失全者全亡舜無立錐之地以有天下禹無十戶之聚以王諸侯聚聚邑也音才喻切湯武之王不過百里上不絕三光之明

下不傷百姓之心者有王術也德政和平上感天象則日月星辰無有錯繆故言不絕三光之明也故父子之道天性也忠臣不避重誅以直諫言父子君臣其義一也則事無遺策功流萬世臣乘願披腹心而效愚忠唯大王少加意念惻怛之心於臣乘言夫以一縷之任繫千鈞之重上縣無極之高下垂不測之淵雖甚愚之人猶知哀其將絕也馬方駭鼓而驚之駭亦驚也鼓擊鼓也繫方絕又重鎮之繫絕於天不可復結墜入深淵難以復出其出不出間不容髮改計取福正在今日言其激切甚急也能聽忠臣之言百舉必脫脫者言免於禍也音吐活切必若所欲爲危於累卵難於上天變所欲爲易

於反掌安於泰山今欲極天命之壽敝無窮之樂究萬乘之埶敝盡也竆竟也不出反掌之易以居泰山之安而欲乘累卵之危走上天之難走趨向之也音奏此愚臣之所大惑也人性有畏其景而惡其跡者卻背而走跡愈多景愈疾背音步內切不如就陰而止景滅跡絕欲人勿聞莫若勿言欲人勿知莫若勿爲欲湯之滄音悽愴之愴寒也一人炊之百人揚之無益也炊謂爨火也不如絕薪止火而已不絕之於彼而救之於此譬猶抱薪而救火也養繇基楚之善射者也去楊葉百步百發百中楊葉之大加百中焉可謂善射矣然其所止乃百步之

內耳比於臣乘未知操弓持矢也乘自言所知遠者非見百步之中故謂繇基爲不曉射也福生有基禍生有胎基胎皆始也納其基絕其胎禍何自來納猶藏也何自來言無所從來也泰山之霤穿石單極之統斷幹綆古綆字也單盡也盡極之綆斷幹并上四交之幹韋謂汲索所鍥傷也統音鯁統鍥統刻也音口計反水非石之鑽索非木之鋸漸靡使之然也靡盡也夫銖銖而稱之至石必差寸寸而度之至丈必過言至小以至於大數則有輕重不同也度音徒各反石稱丈量徑而寡失徑直也夫十圍之木始生如蘖足可搔而絕手可擢而拔如蘖若蘖之生芽也搔謂抓也搔音索高切抓音莊交切攟其未生先其未形也磨礱砥礪不見其損有時而盡礱亦磨也砥柔石礪皁石皆可以磨者礱

音聾種樹畜養不見其益有時而大積德累行不知其善有時而用棄義背理不知其惡有時而亡臣願大王熟計而身行之此百世不易之道也吳王不納乘等去而之梁從孝王游景帝即位御史大夫鼂錯爲漢定制度損削諸侯吳王遂與六國謀反舉兵西鄉鄉讀曰嚮以誅錯爲名漢聞之斬錯以謝諸侯枚乘復說吳王曰昔者秦西舉胡戎之難北備榆中之關今所謂榆關也南距羌筰之塞筰西南夷也音才各反東當六國之從從子容反六國乘信陵之籍魏公子無忌號信陵君無忌嘗總五國卻秦有地資也明蘇秦之約厲荊軻之威并力一心以備秦然秦卒禽六

國滅其社稷而并天下是何也則地利不同而民輕重不等也今漢據全秦之地兼六國之衆脩戎狄之義修恩義以撫夷狄而南朝羌筰此其與秦地相什而民相百大王之所明知也地十倍於秦民百倍於秦今夫讒諛之臣為大王計者不論骨肉之義民之輕重國之大小以為吳禍言勸王之反則於吳為禍也此臣所以為大王患也夫舉吳兵以訾於漢訾量也音子利反譬猶蠅蚋之附群牛腐肉之齒利劒鋒接必無事矣蚋蚊屬齒謂當之也蚋音芮又音而悅反天下聞吳率失職諸侯願責先帝之遺約失職謂被削黜失其常分今漢親誅其三公以謝前過是大王之威加於天下而功

越於湯武也夫吳有諸侯之位而實富於天子有隱匿之名而居過於中國隱匿謂僻在東南天漢并二十四郡十七諸侯方輸錯出運行數千里不絕於道其珍恠不如東山之府言漢比時有二十四郡十七諸侯方軌而輸雜出貢賦入于天子猶不如吳也轉粟西鄉陸行不絕水行滿河不如海陵之倉海陵縣名也有吳大倉鄉讀曰嚮脩治上林雜以離宮積聚玩好圈守禽獸不如長洲之苑吳苑也以江水洲為苑在吳東游曲臺臨上路不如朝夕之池曲臺長安臺臨上路吳以海水朝夕為池也深壁高壘副以關城不如江淮之險此臣所以為大王樂也言其富饒及游宴之處踰天子也今大王還兵疾歸尚得十半十分之中可冀五分無患故云尚得十半不然漢知吳之有吞天下之心也赫然加怒遣羽林黃頭循江而下羽林黃頭郎習水戰襲大王之都魯東海絕吳之饟道饟古餉字梁王飭車騎習戰射飭與勑同飭整也積粟固守以備滎陽待吳之饑大王雖欲反都亦不得已已語終之辭夫三淮南之計不負其約吳楚反皆守約不從也齊王殺身以滅其跡齊孝王將閭也吳楚反堅守距三國後欒布聞齊初與三國有謀欲伐之王懼自殺齊王傳云吳楚已平齊王乃自殺今茲枚乘諫書即已稱之二傳不同當有誤者四國不得出兵其郡膠東膠西濟南淄川王也發兵應吳楚皆見誅趙因邯鄲漢將酈奇圍趙王於邯鄲與四無異此不可掩亦已明矣言事已彰著大王已去千里之國而制於十里之內矣梁下屯兵方千里矣

張韓將北地張羽韓安國也將北地言將軍而處吳軍之北以拒吳弓高宿左右弓高侯韓頹當也宿止也言弓高所將之兵屯止於吳軍左右也兵不得下壁軍不得大息臣竊哀之願大王熟察焉吳王不用乘策卒見禽滅漢已平七國乘繇是知名

韓安國為梁內史梁孝王時公孫詭羊勝說王求為帝太子及益地事恐漢大臣不聽乃陰使人刺漢用事謀臣及殺故吳相袁盎景帝遂聞詭勝等計畫乃遣使捕詭勝必得必令得之漢使十輩至梁相以下舉國大索索搜也音山客反月餘弗得安國聞詭勝匿王之所乃入見王而泣曰主辱者臣死大王無良臣故紛紛至

此今詭勝不得請辭賜死王曰何至此安國泣數行下曰大王自度於皇帝孰與太上皇之與高帝及皇帝與臨江王親孰與猶言何如也王曰弗如也安國曰夫太上皇臨江親父子間然高帝曰提三尺取天下者朕也三尺謂劒也故太上終不得制事居于櫟陽臨江適長太子適讀曰嫡以一言過廢王臨江景帝嘗屬諸姬子太子母栗姬言不遜繇是廢太子栗姬憂死也用宮垣事卒自殺中尉府以侵壖垣徵自殺也何者治天下終不用私亂公語曰雖有親父安知不爲虎雖有親兄安知不爲狼言其恩愛不可必保也今大王列在諸侯訹邪臣浮說訹誘也音戌犯上禁撓明法撓曲也音女教反

天子以太后故不忍致法於大王大后日夜涕泣幸大王自改大王終不覺悟有如太后宮車即晏駕大王尚誰攀乎語未卒王泣數行而下謝安國曰吾今出之即日詭勝自殺漢使還報梁事皆得釋釋解也安國力也

伍被爲淮南王安中郎安陰有邪謀被微諫私諫之也後王坐東宮召伍被欲與計事呼之曰將軍上被曰王安得亡國之言乎昔子胥諫吳王不用乃曰臣今見麋鹿游姑蘇臺名之臺也今臣亦將見宮中生荆棘露沾衣也於是王怒繫被父母囚之後召被曰將軍許寡人乎被曰不臣將爲大王晝計耳臣聞聰者聽於無聲明者見於未形言智慮通達事未形先皆預見故聖人萬舉而萬全文王一動而功顯萬世列爲三王所謂因天心以動作者也王曰方今漢庭治乎亂乎被曰天下治王不說說讀曰悅曰公何以言天下治也被對曰被竊觀朝廷君臣父子夫婦長幼之序皆得其理上之舉錯遵古之道錯音千故反風俗紀綱未有所缺重裝富賈周流天下道無不通交易之道行南越賓服羌僰貢獻東甌入朝僰西南夷也音蒲切反廣長榆廣謂斥大之也長榆塞名王恢所謂樹榆以爲塞也長榆在朔方即衛青傳所云榆谿舊塞是也或謂之榆中開朔方匈奴折傷

雖未及古太平時然猶爲治王怒被謝死罪王又曰山東即有變漢必使大將軍將而制山東公以爲大將軍何如人也被曰臣所善黃義從大將軍擊匈奴言大將軍遇士大夫以禮與士卒有恩衆皆樂爲用騎上下山如飛膂力絕人如此數將習兵未易當也及謁者曹梁使長安來言大將軍號令明當敵勇嘗爲士卒先須士卒休乃舍穿井得水乃取飲軍罷士卒已踰河乃渡皇太后所賜金帛盡以賞賜雖古名將不過是也王曰夫蓼太子淮南太子也亦猶漢之栗太子也知畧不世出非常人也以爲漢庭公卿列侯皆如沐猴而

冠耳被曰獨先刺大將軍乃可舉事王復問被曰公
以爲吳舉兵非邪被曰非也夫吳王賜號爲劉氏祭
酒祭祀時唯尊長者以酒沃酹受几杖而不朝而四郡之衆地方
數千里釆山銅以爲錢煮海水以爲鹽伐江陵之木
以爲舡國富民衆行珍寶賂諸侯與七國合從舉兵
而西破大梁敗孤父在梁碭之間也父音甫奔走而還爲越所
禽死於丹徒東潤州縣也頭足異處身滅祀絶爲天下戮
天下之人皆共戮之一曰天下之大戮也夫以吳衆不能成功者何也誠
逆天違衆而不見時也王曰男子之所死者一言耳
言男子感氣相許一言不顧其死或曰一言之根不顧危亡以此致死也且吳何知反漢

將一日過成皐者四十餘人言不知塞成皐口而令漢將得知之是不知反計也今我令緩先要成皐之口緩者名也不言其姓今流俗書本於緩上安加樓字非也周被下潁川兵塞轘轅伊闕之道陳定發南陽
兵守武關河南太守獨有雒陽耳如此計則漢河南郡唯有雒陽在耳
餘皆不爲何足憂然此北尚有臨晉關河東上黨與河內
趙國界者通谷數行言此北尚險阻其谿谷可得通行者有數處人言絶
成皐之道天下不通據三川之險招天下之兵公以
爲何如被曰臣見其禍未見其福也後漢逮淮南王
孫建繫治之王恐陰事泄謂被曰事至吾欲遂發天
下勞苦有間矣有間猶言中間已有也故謂此者皆爲間諸侯頗有失行

皆自疑我舉兵西鄉必有應者鄉讀曰嚮無應即還畧衡
山勢不得不發被曰畧衡山以擊廬江有尋陽之舡
守下雉之城雉戔□縣名結九江之浦絶豫章之口彊弩
臨江而守以禁南郡之下東保會稽南通勁越屈江
彊淮間屈音具物反切可以延歲月之壽耳未見其福也王
曰左吳趙賢朱驕如皆以爲什八九成吳賢驕如王之三臣公
獨以爲無福何被曰大王之群臣近幸素能使衆者
皆前繫詔獄餘無可用者王曰陳勝吳廣無立錐之
地百人之聚起於大澤奮臂大呼天下鄉應呼音大炙切鄉讀曰嚮
西至於戲而兵百二十萬今吳國雖小勝兵可

得二十萬公何以言有禍無福被曰臣不敢避子胥
之誅願大王無爲吳王之聽往者秦爲無道殘賊天
下殺術士燔詩書滅聖迹棄禮義任刑法轉海瀕之
粟致于河西瀕涯也海瀕謂緣海涯之地瀕音頻又音賓當是之時男女
疾耕不足於糧餽餽古饋字也女子紡績不足於蓋形遣
蒙恬築長城東西數千里暴兵露師常數十萬死者
不可勝數僵尸滿野流血千里於是百姓力屈屈盡也音
其勿切欲爲亂者十室而五又使徐福入海求仙藥多
賫珍寶童男女三千人五種百工而行五種五穀之種也徐
福入平原大澤止王不來於是百姓悲痛愁思欲爲

亂者十室而六又使尉佗踰五嶺攻百越尉佗知中國勞極止王南越（南海尉佗囂謂趙佗曰聞陳勝等作亂豪傑叛秦相立郎被佗書行南海尉事囂死後佗始自爲王今此乃言尉佗行者先王陳勝乃反此蓋一時對辭伍被不究其實）不還往者莫返於是百姓離心瓦解欲爲亂者十室而七與萬乘之駕作阿房之宮收大半之賦發閭右之戍父不寧子兄不安弟（言不能相保）政苛刑慘民皆引領而望傾耳而聽悲號仰天叩心怨上（叩擊也）欲爲亂者十室而八客謂高皇帝曰時可矣高帝曰待之聖人當起東南間不一歲陳吳大呼（中間不經一歲也呼音火故切）劉項并和天下嚮應（和音胡卧反嚮讀曰響）所謂蹈瑕釁因秦之

亡時而動百姓願之若枯旱之望雨故起於行陳之中以成帝王之功今大王見高祖得天下之易也獨不觀近世之吳楚乎當今陛下臨制天下壹齊海內汎愛蒸庶（汎普也蒸亦衆也汎音敷劒切）布德施惠口雖未言聲疾雷震令雖未出化馳如神心有所懷威動千里下之應上猶影響也（言如影之隨形嚮之應聲嚮讀曰響）而大將軍材能非直章邯楊熊也王以陳勝吳廣論之被以爲過矣（過誤也）且大王之兵衆不能什分吳楚之一天下安寧又萬倍於秦時願王用臣之計臣聞箕子過故國而悲作麥秀之歌（箕子將朝周過殷故都見麥及禾黍心悲乃作歌曰麥秀之漸漸兮黍苗之繩繩兮彼狡童兮不與我好兮狡童謂紂也）痛紂之不用王子比干之言也故孟子曰紂貴爲天子死曾不如匹夫是紂先自絕久矣非死之日天去之也今臣亦竊悲大王棄千乘之君將賜絕命之書爲群臣先（在群臣先死）身死於東宮也（王時所居所也）被因流涕而起王復召問被苟如公言不可以徼幸邪（徼要也幸非望之福也）被曰必不得已被有愚計王曰柰何被曰當今諸侯無異心百姓無怨氣朔方之郡土地廣美民徙者不足以實其地可爲丞相御史請書（謂詐爲此文書令徙人也）徙郡國豪傑及耐罪已上以赦令除家產五十萬以上者皆徙其家屬朔方之郡（以赦

令除謂赦免罪者）益發甲卒急其會日（促其期日）又爲左右都司空上林中都官詔獄書（宗正有左右都司空上林有水司空皆主囚徒官也中都官京師諸官府也）以逮諸侯太子及幸臣如此則民怨諸侯懼即使辯士隨而說之黨可以徼幸（黨讀曰儻）王曰此可也雖然吾以爲不至若此專發而已（言不須爲此詐直自發兵而已）後事發覺被諸吏自告遂坐誅

田叔爲魯相（王欽若等曰張叔子魯王偃也）初至官民以王取其渠財物自言者百餘人叔取其渠率二十人笞怒之曰王非汝主邪何敢自言主魯王聞之大慙發中府錢使相償之（中府王之財物藏也）相曰王自使人償之不爾是王

為惡而相為善也不爾是則王為惡曾王好獵相嘗從入苑中王輙休相就館相常暴坐苑外於外自暴露而坐終不休曰吾王暴露何為舍王以故不大出遊

韓義為燕剌王旦國郎中旦之謀逆也義諫而死國人閔之

王吉昭帝時為昌邑王中尉王好游獵驅馳國中動作亡節吉上疏諫曰臣聞古者師日行三十里吉行五十里詩云匪風發兮匪車揭兮顧瞻周道中心制兮檜風匪風之篇發飄風貌揭疾驅貌制古怛字傷也言見此飄風及疾驅則顧念哀傷思周道也揭音丘列反說曰是非古之風也發發者是非古之車也揭揭者蓋傷之也今之發發然者非古有道之風也今之揭揭然者非古有道之車也故傷之今者大王幸方與縣名曾不半日而馳二百里百姓頗廢耕桑治道牽馬臣愚以為民不可數變也數音朔昔召公述職召讀曰邵當民事時舍於棠下而聽斷焉舍止息也是時人皆得其所後世思其仁恩至乎不伐甘棠甘棠之詩是也大王不好書術而樂逸游馮式樽銜樽推也音子奔反馳騁不止口倦乎叱咤咤亦叱字也音竹駕反手苦於箠轡箠音止蘂反身勞乎車輿朝則冐霧露晝則被壓埃冐音莫克切夏則為大暑之所暴炙冬則為風寒之所匽薄匽與偃同言遇疾風則偃靡也薄迫也數以耎脆之玉體犯勤

勞之煩毒耎音而兗反非所以全壽命之宗也宗尊也又非所以進仁義之隆也隆高也夫廣廈之下細旃之上廣廈大屋也旃與氈同明師居前勸誦在後上論唐虞之際下及殷周之盛考仁聖之風習治國之道訢訢焉發憤忘食日新厥德訢古欣字其樂豈徒銜橛之間哉銜馬銜橛車鉤心橛音其月反休則俛仰詘伸以利形形體也信讀曰伸進退步趨以實下今人不行則膝已下虛弱不實吸新吐故以練藏專意積精以適神藏五臟也練練其氣也適和也於以養生豈不長哉大王誠留意如此則心有堯舜之志體有喬松之壽喬松仙人伯喬及赤松子也美聲廣譽登而上聞則福祿其轃而社稷安矣轃與臻同臻至也皇帝仁聖至今思慕未息皇帝謂昭帝也言武帝晏駕未久故尚思慕於宮館囿池弋獵之樂未有所幸大王宜夙夜念此以承聖意諸侯骨肉莫親大王大王於屬則子也於位則臣也一身而二任之責加焉恩愛行義纖介有不具者於以上聞非饗國之福也臣吉愚戇願大王察之王賀雖不遵道然猶知敬禮吉乃下令曰寡人造行不能無惰中尉甚忠數輔吾過謁者千秋賜中尉牛肉五百斤酒五石脯五束其後復放從從音子用反吉輙諫諍甚得輔弼之義雖不治民國中莫不敬重焉及大將軍霍光秉政遣大鴻臚宗正迎昌

邑王吉郎奏書戒王曰臣聞高宗諒闇三年不言今
大王以喪事徵宜日夜哭泣悲哀而已慎毋有所發
發謂興舉衆事且何獨喪事凡南面之君何言哉天不言四
時行焉百物生焉願大王察之大將軍仁愛勇智忠
信之德天下莫不聞事孝武皇帝二十餘年未嘗有
過先帝棄群臣屬以天下寄幼孤焉屬音之欲切大將軍
抱持幼君襁褓之中布政施教海内晏然雖周公伊
尹亡以加也今帝亡嗣大將軍惟思可以奉宗廟者
攀援而立大王援引也音爰其仁厚豈有量哉言其深多也量音力
向反臣願大王事之敬之政事一聽之大王垂拱南面

而已願留意以爲念
龔遂字少卿山陽人爲昌邑郎中令事王賀動作多
不正遂爲人忠厚剛毅有大節内諫諍於王外責傅
相引經義陳禍福至於涕泣蹇蹇亡已蹇蹇不阿順之意也易蹇
卦曰王臣蹇蹇面刺王過王至掩耳起走曰郎中令善媿人
媿古愧字愧辱也及國中皆畏憚焉王及國人皆憚之王嘗久與騶
奴宰人游戲飲食賞賜亡度遂入見王涕泣膝行左
右侍御皆出涕王曰郎中令何爲哭遂曰臣痛社稷
危也願賜清閒竭愚王辟左右閒讀曰閑辟音闢遂曰大王
知膠西王所以爲無道亡乎王曰不知也曰臣聞膠
西王有諛臣侯得王所爲儗於桀紂也儗比也得以爲
堯舜也王説其諂諛嘗與寢處説讀曰悦唯得所言以至
於是唯用得之邪言故致亡今大王親近群小漸漬邪惡所習
存亡之機不可不慎也臣請選郎通經術有仁義者
與王起居坐則誦詩書立則習禮容宜有益王許之
遂乃選郎中張安等十八人侍王居數日王皆逐去
安等及王被徵乘七乘傳詣長安邸夜漏未盡一刻
以火發書其日中賀發餔時至定陶行百三十五里
侍從者馬死相望於道遂諫王令還郎謁者五十餘
人賀到濟陽求長鳴鷄鳴聲長者也道買積竹杖合竹作杖也

過引農使大奴善以衣車載女子凡言大奴者謂奴之尤長大者也
至湖湖即縣使者以讓相安樂使者長安使人也讓責也安樂告遂
遂入問賀賀曰無有遂曰即無有何愛一善以毁行
義請收屬吏以善付吏也屬音之欲切其下亦同以湔灑大王湔澣也灑濯也
湔子顛反灑先禮反即捽善屬衞士長行法捽持頭也衞士長主衞之官捽音才
兀反賀到霸上大鴻臚郊迎騶奉乘輿車王使僕壽成
御郎中令遂參乘旦至廣明東都門遂曰禮奔喪望
見國都哭此長安東郭門也賀曰我嗌痛不能哭嗌疾
咽也音益至城門遂復言賀曰城門與郭門等耳且至未
央宮東闕遂曰昌邑帳在是闕外馳道北弔哭帳也是謂此

未至帳所有南北行道馬足未至數步大王宜下車鄉闕西面伏哭盡哀止（鄉讀曰嚮）王曰諾到哭位如儀王受皇帝璽綬即位二十七日行淫亂廢賀歸故國初賀在國時數有怪嘗見白犬高三尺無頭其頸以下似人而冠方山冠後見熊左右皆莫見又大鳥飛集宫中王知惡之輒以問遂遂爲言其故王仰天歎曰不祥何爲數來遂叩頭曰臣不敢隱忠數言危亡之戒大王不說夫國之存亡豈在臣言哉願王內自揆度大王誦詩三百五篇人事浹王道備（浹徹也）王之所行中詩一篇何等也（言王所行皆不合法度王自謂當於何詩之文也）大王位

爲諸侯王行汙於庶人以存難以亡易宜深察之後又血汙王坐席王問遂遂叫然號曰宫空不久祆祥數至血者陰憂象也宜畏慎自省賀終不改節居無何徵既即位後王夢青蠅之矢積西階東可五六石以屋版瓦覆發視之青蠅矢也（版瓦大瓦也）以問遂遂曰陛下之詩不云乎（猶言陛下所讀之詩也）營營青蠅至于藩愷悌君子毋信讒言陛下左側讒人衆多如是青蠅惡矣（惡即矢也越王句踐爲吳王嘗惡亦其義也）宜進先帝大臣子孫親近以爲左右如不忍昌邑故人（如若也不忍謂不能踈遠也）信用讒諛必有凶咎願挽禍爲福皆放逐之臣當先逐矣賀不用其言卒至於廢

王式爲昌邑王師昌邑王嗣立以行淫亂廢昌邑群臣皆下獄誅唯中尉王吉郎中令龔遂以數諫減死論式繫獄當死治事使者責問曰師何以亡諫書式對曰臣以詩三百五篇朝夕授王至於忠臣孝子之篇未嘗不爲王反復誦之也至於危亡失道之君未嘗不流涕爲王深陳之也臣以三百五篇諫是以亡諫書使者以聞亦得減死論

張敞爲膠東相王太后數出游獵敞奏書諫曰臣聞秦王好淫聲葉陽后爲不聽鄭衛之樂（葉陽秦昭王后也音式涉反）

楚嚴好田獵樊姬爲不食鳥獸之肉（樊姬楚莊王姬也）口非惡旨甘耳非憎絲竹也所以抑心意絕耆欲者（耆讀曰嗜）將以率二君而全宗祀禮君出門則乘輜軿下堂則從傅母（輜軿衣車也輜音甾又從疑切軿步千反）進退則鳴玉佩內飾則結綢繆（謂衣裳結束綢繆也細紐之屬所以自結固也綢直留反繆亡料反）此言尊貴所以自斂制不從恣之義也（從讀曰縱）今太后資質淑美慈愛寬仁諸侯莫不聞而少以田獵縱欲爲名於以上聞亦未宜也（上聞聞於天子也）唯觀覽於往古全行乎來今令后姬得有所法則下臣有所稱誦敞幸甚書奏太后止不復出

後漢桓郁為侍中入授皇太子經太子賜郁鞍馬刀劍郁乃上疏皇太子曰伏見太子體性自然包含今古謙讓之恭天下共見郁父子受恩無以明益夙夜慚懼誠思自竭愚以為太子上當聖心下當卓絕於衆宜思遠慮以光朝廷

何敞為濟南王傅王康奢侈恣欲游觀無節敞上疏諫康曰蓋聞諸侯之義制節謹度然後能保其社稷和其民人大王以骨肉之親享食茅土當施張政令明其典法出入進止宜有期度輿馬臺隸應為科品而今奴婢廐馬皆有千餘增無用之口以自蠶食宫

婢閉隔失其天性感亂和氣又多起內第觸犯防禁費以巨萬而功猶未半夫文繁者質荒木勝者人亡皆非所以奉禮承上傳福無窮者也故楚作章華以凶吳興姑蘇而滅景公千駟民無稱焉今數游諸弟晨夜無節又非所以遠防未然臨深履薄之法也願大王修恭儉遵古制省奴婢之口減乘馬之數斥私用之富節游觀之宴以禮起居則敞乃敢安心自保惟大王深慮愚言康素敬重敞雖無嫌悟然終不能改

冊府元龜

冊府元龜

巡按福建監察御史臣李嗣京　訂正

知閩縣事臣曹𢘅臣參閱

知建陽縣事臣黃國琦較釋

宮臣部六

規諷第二

魏崔琰爲太祖別駕從事太祖北征并州留琰傳文帝於鄴世子仍出田獵變易服乘志在驅逐琰書諫曰蓋聞盤于游田書之所戒魯隱觀魚春秋譏之此周孔之格言二經之明義殷鑒夏后詩稱不遠子卯

不樂禮以爲忌此又近者之得失不可不深察也袁族富強公子王欽若等日袁族言袁紹之家也寬於盤游滋侈義聲不聞哲人君子俄有色斯之志熊羆壯士墮於吞噬之用固所以擁徒百萬跨有河朔無所容足也今邦國殄瘁惠康未洽士女企踵所思者德況公親御戎馬上下勞慘世子宜遵大路慎以待正思經國之高畧内鑒近戒外揚遠節深惟儲副以身爲寶而猥褻賔族之賤服忽馳鶩而陵險志雉兎之小娛忘社稷之爲重斯誠有識所以惻心也唯世子燔翳揃穧以塞衆望不令老臣獲罪於天世子報曰昨奉嘉命惠示雅教欲使燔翳揃穧翳已壞矣穧亦去焉後有此蒙復誨諸

劉楨爲平原侯植庶子時邢顒爲植家丞顒防閑以禮無所屈撓繇是不合楨書諫曰家丞邢顒北土之彥少秉高節玄靜澹泊言少理多真佳士也楨誠不足同貫斯人並列左右而楨禮遇特殊顒反疏簡私懼觀者將謂君侯習近不肖禮賢不足採庶子之春華忘家丞之秋實爲上招謗其罪不小以此反側

蜀譙周字允南後主爲太子以周爲家令後主時頗出遊觀增廣聲樂周上諫曰昔王莽之敗豪傑並起

跨州據郡欲併神器世祖初入河北賢才智士思望所歸未必以其勢之廣狹唯其德之厚薄也

霍弋爲太子中庶子太子璿好馳射出入無度弋援引古事盡言規諫甚得切磋之體

吳程秉爲太子傅黃武四年迎太子登妃於吳既還秉從容進說登曰婚姻人倫之始王教之基是以聖王重之所以率先衆庶風化天下故詩美關雎以爲稱首願太子尊禮教於閨房存周南之所詠則道化隆於上頌聲作於下矣登笑曰將順其美規救其惡誠所賴於傅君也

晉齊王攸爲太子太傅獻箴於太子王欽若等曰太子即惠帝也曰伊昔上皇建國立君仰觀天文俯察地理創業恢道以安人承祀祚延統重故援立太子尊以弘道固以貳己儲德既立邦有所恃夫親仁者功成邇佞者國傾故保相之材必擇賢明昔在周成旦奭作傅外以明德自輔內以親親立固德以義濟親則自然廢公族其權如山劉建子弟漢祚永傳楚以無極作亂宋以伊戾興難張禹佞給卒危彊漢輔弼不忠禍及乃躬匪徒乃躬乃喪乃邦無曰父子不間昔有江充無曰至親匪貳或容潛崇讒言亂真譖潤離親驪

姬之讒晉侯疑申固親以道勿固以恩脩身以敬勿託以尊自損者有餘自益者彌昏庶事不可以不恤大本不可以不敦見亡戒危覩安思存冢子司義敢告在閤

陸雲爲吳王晏郎中令晏於西園大營第室雲上書曰臣竊見世祖武皇帝臨朝拱默訓世以儉即位二十有六載宮室臺榭無所新崇屢發明詔厚戒豐奢國家纂承務在遵奉而世俗陵遲家競盈溢漸漬波蕩遂已成風雖嚴詔追述先帝節儉之教懇切之旨刑于四海清河王毀壞成宅以奉詔命海內聽望咸用欣然臣以先帝遺教日以陵替今與國家恊崇大化追闡前蹤者實在殿下先敦素樸而後可以訓正四方凡在崇麗一宜節之以制然後上厭帝心下允時望臣以凡才特蒙拔擢亦思竭忠效以報所受之施是以不慮犯逆敢陳所懷如愚臣言有可採乞垂三省時晏信任部將使覆察諸官錢帛雲又陳曰伏見令書以部曲將李咸馮南司馬吳定給使徐泰等覆較諸官市買錢帛簿臣愚以聖德龍興光有大國選衆官材庶工隸業中尉該大農誕皆清廉淑慎恪居所司其下衆官悉州閭一介疎闇之咎雖可日聞

至處義用情庶無大戾今咸南軍旅小人定泰士卒厮賤非有清慎素著忠公足稱大臣所闕猶謂未詳咸等督察然後得信既非開國勿用之義又傷殿下推誠曠蕩之量雖使咸等能盡節益國而功利百倍至於光輔國美猶未若開懷信士之無失況所益不過姑息之利而使小人用事大道陵替此臣所以懷慨也臣備位大臣職在獻可苟有管見敢不盡規愚以宜發明令罷此等覆察庶事一付治書則大信臨下人思盡節矣

江統爲愍懷太子洗馬在東宮累年甚被親禮太子

頗好遊宴或闕朝覲又奢費過度多諸禁忌統上書諫曰臣聞古之爲臣進思盡忠退思補過獻可替否拾遺補闕是以人主得以舉無失行言無口過德音發聞揚名後世臣等不逮無能云補思竭愚誠謹陳五事如右惟蒙一省再省少垂察納其一曰六行之義以孝爲首虞舜之德以孝爲稱故太子以朝夕視君膳爲職左右就養無方文王之爲世子可謂篤於事親者也故能擅二代之美爲百王之宗自頃聖體屢有疾患數闕朝侍遠近觀聽者不能深知其故以致疑惑伏願殿下雖有微苦可堪扶輿則宜自力易

曰君子終日乾乾蓋自勉彊不息之謂也其二曰古之人君雖有聰明之姿睿喆之質必須輔弼之助相導之功故虞舜以五臣興周文以四友隆及成王之爲太子也則周召爲保傅史佚昭文章故能聞道早備登崇大業刑措不用流聲洋溢三曰古之聖王莫不以儉爲德故堯稱采椽茅茨禹稱卑宫惡服漢文身衣弋綈足履革舃以身先物政致太平存爲明主沒見宗祀及諸侯脩之者魯僖以恭儉節用聲列雅頌蚡冒以篳輅藍縷用張楚國大夫脩之者文子相魯妾不衣帛晏嬰相齊鹿裘不補亦能安君濟俗興國隆家庶人脩之者顏回以簞食瓢飲揚其仁聲原憲以蓬戶繩樞邁其清德此皆聖主明君賢臣智士之所履行也故能懸名日月永世不朽蓋儉之福也及至末世以奢失之者帝王則有瑶臺瓊室玉杯象箸肴膳之珍則熊蹯豹胎酒池肉林諸侯爲之者至於丹楹刻桷饒徵百牢大夫有瓊弁玉纓庶人有擊鍾鼎食亦罔不亡國喪宗破家失身醜名彰聞以爲後戒切聞後園鏤飾金銀刻磨犀象畫室之巧課試日精臣等以爲今四海之廣萬物之富以今方古不足爲侈也然上之所好下必從之是故居上者必慎

其所好也昔漢光武皇帝時有獻千里馬及寶劍者馬以駕鼓車劍以賜騎士世祖武皇帝有上雉頭裘者即詔有司焚之都街高世之主不尚尤物故能正天下之侈刑四方之風臣等以爲畫室之巧可且減省後園雜作一皆罷遣肅然清靜優游道德則日新之美光于四海矣其四曰以天下而供一人以百里而供諸侯故王侯食籍而衣稅公卿大夫受爵而資祿莫有不贍者也是以士農工商四業不雜交易而退以通有無者庶人之業也周禮三市旦則百族晝則商賈夕則販夫販婦買賤賣貴販鬻菜果收十百

之盈以救旦夕之命故爲庶人之貧賤者也樊遲匹夫請學爲圃仲尼不答魯大夫臧文仲使妾織蒲又譏其不仁公儀子相魯則拔其園葵言食祿者不與貧賤之人爭利也秦漢以來風俗轉薄公侯之尊莫不殖園圃之田而收市井之利漸染相倣莫以爲恥乘以古道誠可愧也今西園賣葵菜藍子鷄麵之屬虧敗國體貶損令聞其五曰竊見禁土令不得繕脩牆壁動正屋宅臣以爲此旣違典彝舊義且以拘攣小忌而廢弘廓大道宜可蠲除於事爲宜朝廷善之

杜錫預之子也爲太子中舍人性亮直忠烈屢諫愍

懷太子言辭激切

裴權爲愍懷太子詹事太子性剛知賈謐恃后之貴不能假借之謐至東宫或捨之而於後庭游戲權諫曰賈謐甚有寵於中宫而有不順之色若一旦交搆大事去矣宜深自謙屈以防其變廣延賢人用自輔翼太子不能從

曹攄爲齊王冏記室督固輔政嘗從容問攄曰天子爲賊臣所逼莫有能奮吾率四海義兵興復王室今入輔朝廷救振時難或有勸吾還國於卿意何如攄曰蕩平國賊興復帝祚古今人臣之功未有如大王之盛也然道罔隆而不殺物無盛而不衰非唯人事抑亦天理竊預下問敢不盡情願大王居高慮危在盈思冲精選百官存公屏欲舉賢進善務得其才然後脂車秣馬高揖歸藩則天下同慶攄等幸甚冏不納

王豹順陽人也少而抗直爲齊王冏大司馬主簿冏驕縱失天下心豹致牋於冏曰豹聞王臣蹇蹇匪躬之故將以安主定時保存社稷者也是以爲人臣而欺其君者刑罰不足以爲誅爲人主而逆其諫者幽厲不足以爲譴伏惟明公虚心下士開懷納善欵誠

以著而逆耳之言未入於聽豹伏思晉政漸缺始自元康以來宰相在位未有一人獲終乃事勢使然未爲輙有不善也今公尅平禍亂安國定家故復因前傾敗之法尋中間覆車之軌欲冀長存非所敢聞今河間樹根於關右成都盤桓於舊魏新野大封於江漢三面貴王各以方剛強盛並典戎馬處險害之地且明公興義討逆功蓋天下聖德光茂名震當世今以難賞之功挾震主之威獨據京都專執大權進則亢龍有悔退則蒺藜生庭冀此求安未知其禍敢以淺見陳寫愚情昔武王伐紂建諸侯爲二伯自陝以

東周公主之自陝以西召公主之及至其末覇國之世不過數州之地四海强兵不敢入闚九㝢所以然者天下習於所奉故也今誠能尊用周法以成都爲北州伯統河伯之王侯明公爲南州伯以攝南土之官長各各因本職出居其方樹德於外盡忠於内歲終率所領而貢於朝簡良才命賢儁以爲天子百官則四海長寧萬國幸甚明公之德當與周召同其至羑危敗路塞社稷可保願明公思高祖納婁敬之策侶張良躡足之謀遠臨深之危保泰山之安若合聖思宛許可都也書入無報豹重牋曰豹書御以來十

有二日而聖旨高遠未垂採察不賜一字之令不勅可否之宜蓋覇王之神寶安危之秘術不可須臾而忽者也伏思明公挾大功抱大名懷大德執大權此四大者域中所不能容聖賢所以戰戰兢兢日昃不暇食雖休勿休者也昔周公以武王爲兄成王爲君伐紂有功以親輔政執德弘深聖恩博遠至忠至仁至孝至敬而攝事之日四國流言離主出奔居東三年賴風雨之變成王感悟若不遭皇天之應神人之察恐公旦之禍未知所恨也至於執政猶與召公分陝爲伯今明公自視功德孰如周公元康已來宰相之患危機竊發不及容思密禍潛起輙在呼吸豈復晏然得全生計前鑒不遠公所親見也君子不有遠慮必有近憂至於悔悟無所及也今若從豹此策皆遣王侯之國北與成都分河爲北成都在鄴明公都宛寬方千里以與圻内侯伯子男小大相率結好要盟同獎皇家貢御之法一如周典若合聖規可先與成都共論雖以小才願備行人昔厮養燕趙之微者耳百里奚秦楚之商人也一開其説而兩國以寧况豹雖陋大州之綱紀加明公起事險難之主簿也故身雖輕其言未必否也冏令曰得前後白事具意輙

別思量也會長沙王乂至於冏案上見豹牋謂冏曰小子離間骨肉何不銅駞下打殺冏既不能嘉豹之策遂納乂言乃奏豹曰臣忿姦凶四逆皇祚顛墜與成都長沙新野共興義兵安復社稷惟欲戮力皇家與親親宗室腹心從事此臣夙夜自誓無負神明而主簿王豹比有白事敢造異端謂臣忝備宰相必遭危害慮在一旦不祥之聲可蹻足而待欲臣與成都分陝爲伯盡出藩王上誣聖朝鑒御之威下長妖惑疑阻衆心噂嗒背憎巧賣兩端訕上謗下讒内間外遘惡導奸坐生猜嫌昔孔丘輔魯而誅少正子產相

鄭先數鄧析誠以交亂名實若趙高詭怪之類也豹爲臣不忠不順不義輒勅都街考竟以明邪正豹將死曰懸吾頭大司馬門見兵之攻齊也衆庶寃之俄而冏敗

祖納爲趙王倫太子庶子東萊王蕤齊獻王攸之子也歷步兵屯騎校尉蕤性麤暴使酒數陵侮弟冏冏以兄故容之冏起義兵趙王倫收蕤及弟北海王寔繫廷尉當誅納上疏諫曰罪不相及惡止其身此先哲之弘謨百王之達制也是故鯀旣殛死禹乃嗣興二叔誅放而邢衛無責逮乎戰國及至秦漢明恕之

道寖猜嫌之情用乃立質任以御衆設從罪以發奸其所繇來蓋三代之弊法耳蕤實獻王之子明德之裔宜蒙特宥以全穆親之典會孫秀死蕤等悉得免

邵續爲成都王穎參軍穎將討長沙王乂續諫曰續聞兄弟如左右手今明公當天下之敵而欲去一手乎續竊惑之穎不納

溫嶠爲太子中庶子太子即明帝也數見規諷又獻侍臣箴甚有弘益時太子起西池樓觀頗爲勞費嶠上疏以爲朝廷草創巨寇未滅宜應儉以率下務農重兵太子納焉王敦舉兵內向六軍敗績太子將自出戰嶠執轡諫曰臣聞善戰者不怒善勝者不武如何萬乘儲副而以身輕天下太子乃止

庾亮爲中書郎領著作侍講東宮時元帝方事刑法以韓子賜皇太子亮諫以申韓刻薄傷化不足留聖心太子甚納焉

宋劉混之爲竟陵王誕司空主簿誕有寶琴左右犯其徽誕罰焉混之諫誕曰此余寶也混之曰前哲以善人爲寶不以珠玉爲寶故王孫圉稱觀射父爲楚國之寶未聞以琴瑟爲寶誕忸然不悅

南齊袁廓之爲太子洗馬于時何潤亦稱才子爲文

惠太子作楊畔歌辭甚惻麗太子甚悅廓之諫曰夫楊畔者旣非典雅而聲甚哀思殿下當降意簫韶奈何聽亡國之響太子改容謝之

梁江淹初仕宋爲巴陵王景素左常侍景素爲荆州淹從之鎮少帝即位多失德景素專據上流咸勸因此舉事淹每從容諫曰流言納諫二叔所以同亡抵局銜怨七國於焉俱斃殿下不求宗廟之安而信左右之計則復見麋鹿霜露棲於姑蘇之臺矣景素不納及鎮京口淹又爲鎮軍參軍事領南東海郡丞景素與腹心日夜謀議淹知禍機將發乃贈詩十五首

以諷焉

范雲初仕齊爲竟陵王子良主簿恩禮甚隆雲每獻損益未嘗阿意子良嘗啓齊武帝論雲爲郡帝曰庸人聞其嘗相賣弄不復窮法當宥之以遠子良曰不然雲動相規誨諫書俱存請取以奏旣至有百餘紙辭皆切直帝歎息因謂子良曰不謂雲能爾方使彌汝何宜出守齊文惠太子嘗出南田觀穫稲顧謂衆賓曰刈此亦殊可觀衆皆唯唯雲獨曰夫三時之務實爲勤勞伏願殿下知稼穡之艱難無徇一朝之宴逸也旣出侍中蕭緬先不相識因就車握雲手曰不

謂今日復聞讜言

周弘正爲晉安王主簿及昭明太子薨其嗣華容公不得立乃以晉安王爲皇太子弘正乃奏記曰竊聞撝謙之象起於羲軒爻畫揖讓之原生於堯舜禪受其來尚矣可得而詳焉夫以廟堂汾水殊途而同歸稷契巢許異名而一貫出者稱爲元首處者謂之外臣莫不内外相資表裏成治斯蓋萬代同規百王不易者也暨于三王之世浸以陵夷各親其親各子其子乃至七國爭雄劉項競逐皇漢扇其俗有晉揚其波謙讓之道廢多歷年所矣夫文質遞變澆淳相革還樸反古今也其時伏惟明大王殿下天挺將聖聰明神武百辟冠冕四海歸仁是以皇上發德音下明詔以大王爲國之儲副乃天下之本焉雖復夏啓周誦漢儲魏兩此數君者安足道哉意者願聞殿下抗伯夷上仁之義執子臧大賢之節逃王輿而弗乘棄軒冕如脫屣庶改澆競之俗以大吳國之風古有其人今聞其語能行之者非殿下而誰能使無爲之化復興於邃古讓王之道不墜於來葉豈不盛歟弘正陋學書生義慙稽古家自汝潁世傳忠烈先人決曹掾燕高節秉危正色王府雖盛德之業將絶而狂直

之風未墜是以敢布腹心肆其愚瞽如使芻言野説少陳於聽覽縱復委身烹鼎之下絶命肺石之上雖死之日猶生之年

後魏程駿爲任城王雲郎中令進箴於王王納而嘉之

宋欽初仕沮渠蒙遜爲世子洗馬欽上東宫侍臣箴

高允字伯恭以經授景穆太子甚見禮待太子季年頗親近左右營立田園以收其利允諫曰天地無私故能覆載王者無私故能包養昔之明王以至公宰物故藏金於山藏珠於淵示天下以無私訓天下以

至儉故美聲洋溢千載不衰今殿下國之儲貳四海屬心言行舉動萬方所則而營立私田畜養鷄犬乃至販酤市廛與民爭利議聲流布不可追掩夫天下者殿下之天下富有四海何求而不獲何欲而不從而與販夫競此尺寸昔虢之將亡神乃下降賜之土田卒喪其國漢之靈帝不循人君之重好與宮人列肆販賣私立府藏以營小利卒有顛覆傾亂之禍前鑒若此甚可畏懼夫為人君者必審於擇人故稱知人則哲惟帝難之商書云無邇小人孔父有云小人近之則不遜遠之則怨矣武王愛周召齊畢所以王

天下殷紂愛飛廉惡來所以喪其國歷觀古今存亡之際莫不繇之今東宮誠曰乏人儁乂不少頃來侍御左右者恐非在朝之選故願殿下察愚言斥出邪佞親近忠良所在田園分給貧下畜產販賣以時收散如此則休聲日至謗議可除太子不納

陽固為汝南王悅郎中令悅年少行多不法褻近小人固上疏切諫并面陳往代諸王賢愚之分以感動悅悅甚敬憚之後為清河王懌從事中郎悅性不倫俶儻難測無故過杖京兆王倫子寶月固雖離國猶上疏諫曰伏聞殿下乃以小忿過行威罰誠嚴訓有餘而慈惠不足當今主上幼冲宰輔用事履氷踐霜兢兢業業猶恐不濟況肆意非彝任情行事欲保全福祿其可得乎昔龔遂去國猶獻直言常孟離朝不忘本國況臣忝屬朝私猥充謬舉伏隸國僚聞道有歲敢不盡言悅覽之大怒

鹿悆初為真定公元子直國中尉嘗勸以忠廉之節嘗賦五言詩曰嶧山萬丈樹雕鏤作琵琶繇此材高遠絃響藹中華又曰援琴赴何調幽蘭與白雪絲管韻未成莫使絃響絕子直少有令問悆欲其善終故以諷焉

冊府元龜

册府元龜

巡按福建監察御史臣李嗣京　訂正
知晄寧縣事臣孫以敬參閲
知建陽縣事臣黄國琦較釋

宫臣部七

規諷第三

後周劉休徵爲齊王憲友休徵獻王箴一首憲美之休徵後又以此箴上高祖高祖甚悦其文

蕭元肅建德三年爲太子少傅元肅以任當師傅調護是職乃作少傅箴曰惟王建國辨方正位左史記言右史書事莫不立太子爲皇之貳是以易稱明兩

禮云上嗣東序養德震方主器東髮就學胥音小雅便隸朝讀百篇乙夜乃寐愛日惜力寸陰無棄視膳再飯寢門三至小心翼翼大孝蒸蒸詢謀記悳問對凝丞安樂必敬無忘戰兢夫天道益謙人道惡盈漢嗣不絶乎馳道魏儲迴還乎鄴城前史攸載後世揚名三善既備萬國以貞姬周長久實賴元良嬴秦短祚誠緣少陽雖卜年七百有德至歷而昌數世一萬無德不及而亡敬之敬之天惟顯思光付皇極永固洪基觀德觀諭敢告職司太子見而悦之致書勞問

隋柳肅高祖開皇中爲太子僕學士劉臻嘗進章仇大翼於宫中爲巫蠱事肅知而諫曰殿下帝之冢子位當儲貳誠在不孝無患見疑劉臻書生鼓摇脣舌適足以相詿誤願殿下勿納之太子不懌他日謂臻曰汝何故漏洩使柳肅知之令面折我自是後言皆不用

唐長孫敞惰開皇末爲晉王庫直嘗從獵於驪山見群鹿駭軼王策馬凌危逐之敞馳下馬諫曰大王不慮垂堂滛於原獸小人之情未見其可王乃忻然而止

李綱爲太子詹事上書諫太子建成曰綱耄矣日顧時流墳樹已拱幸未就土託傳聖躬無以酬恩請效愚直伏願殿下詳之竊見飲酒過多誠非養生之術且凡爲人子者務於孝友以慰君父之心不宜聽受邪言妄生猜忌建成覽書不懌而所爲如故綱以數言事忤太子言道既不行鬱鬱不得志

李百藥爲右庶子時太子嬉戲無度乃作贊道賦以諷諫之

于志寧爲散騎常侍行太子左庶子志寧以太子承乾數虧禮度志在規救撰諫苑二十卷諷之太宗大

悅承乾嘗於盛農之時營造曲室累月不止所爲多
不法志寧上書諫曰臣聞克儉節用實刋道之源崇
侈恣情乃敗德之本是以凌雲槩日戎人於是致譏
峻宇雕墻夏書以之作誡昔趙盾佐晉呂望師周或
勸之以節財或諫之以厚斂莫不盡忠以佐國竭誠
以奉君欲茂實播於無窮英聲被乎物聽咸著簡策
以爲美談今所居東宮隋日營建覩之者尚譏其侈
見之者猶歎其華何容此中更有脩造財帛日費土
木不停斧斤之工極磨礱之妙窮且丁匠官奴入內
比者曾無伏鑒此等或兄犯國章或弟羅王法往來

御苑出入禁闈鉗鑿緣其身槌杵在其手監門本防
非慮宿衛以備不虞直長既自不知千夫又復不見
爪牙在外廝役在內所司何以自安臣下豈容無懼
又鄭衛之樂古謂淫聲昔朝歌之鄉回車者墨翟夾
谷之會揮劍者孔丘先聖既以爲非通賢將以爲失
頃聞宮內屢有鼓聲大樂伎兒入便不出聞之者股
慄言之者心戰往年口勅伏請重尋聖旨殷勤明誡
懇切在於殿下不可不思至於微臣不得無懼臣自
驅馳宮闕已積歲年犬馬尚解識恩木石猶能知感
所在管見敢不盡言如鑒以丹誠則臣有生路若責

其悞旨則臣是罪人但悅意取容臧孫方之疾疢犯
顏逆耳春秋比之藥石伏願停工匠之作罷久役之
人絶鄭衛之音斥群小之輩則三善允備萬國作貞
矣承乾不納承乾又令閹官多在左右志寧上書諫
曰臣聞堯稱稽古功著於搜揚舜曰聰明績彰于去
惡然開元立極布政辨方莫不旌賁英賢驅除不肖
理亂之本咸在於茲况閹官之徒體非全氣便煩階
闥左右宮闈託親近以立威權假出納以爲禍福昔
易牙被任變起齊邦張讓執鈞亂生漢室伊戾爲詐
宋國受其殃趙高作姦秦氏鍾其弊加以弘石用事

京賈則連首受誅王曹掌權何寶則踵武被戮遂使
縉紳重足宰司屏氣然順其情者則榮逮幼冲逆其
旨者則災及襁褓爰暨齊高都鄴亦樊閹官鄧長顒
位至侍中陳德信爵隆開府外干朝政內預宴私宗
枝藉其吹噓重臣仰其鼻息罪積山岳靡桂於刑書
功無涓露巳勤於鍾鼎富踰金穴財甚銅山是以家
起怨嗟人懷憤歎骨鯁之士語不見聽蹇諤之臣言
必被斥齊都顛覆職此之繇向使任諒直之臣退佞
給之士據趙魏之地擁漳滏之兵脩德行仁養政施
化何區區周室而敢窺覦焉然杜漸防萌古人所以

遠禍以大喻小先哲於焉取則伏惟殿下道茂重離德光守器憲章古始祖述前脩欲使休譽遠聞英聲遐暢臣竊見寺人一色未識上心或輕忽高班或凌轢貴士便是品命失序綱紀不立取笑通方之人見譏有識之士然典内職掌唯在門外通傳給使主司但緣階闥供奉今乃往來閤内出入宮中行路之人咸以爲怪伏望狎近君子屏出小人上副聖心下允衆望承乾覽書甚不悅承乾嘗驅使司馭等不許分番又私引突厥達哥支入宮内志寧上書諫曰臣聞上天蓋高日月以光其德明君至聖輔佐以贊其功

是以周頌升儲見規毛畢漢盈居震取資黃綺姬旦抗法於伯禽賈生陳事于文帝莫不殷勤於端士懇切於正人昔鄧禹名臣方居審諭之任疏受宿望始陳輔導之官歷代賢君莫不丁寧於太子者良以地膺上嗣位處副君善則率土霑其恩惡則海内罹其禍近聞僕寺司馭爰及駕士獸醫始自春初迄茲夏晩常居内後不放分番或家有尊親闕於溫凊或室有幼弱絶於撫養春則廢其耕墾夏又妨其播直事乖存育恐致怨嗟且突厥達哥支等人面獸心豈得以禮教期不可以仁信待心則未識於忠孝言則莫辨其是非近之有損於英聲暱之無益於盛德引之入閤人皆驚駭豈臣愚識獨用不安臣下爲殿下之股肱殿下爲臣下之君父君父以存撫爲務股肱以規救爲心是以昔口之藥以奉身逆耳之言以安位古人樹誹謗之木以求己愆懸敢諫之鼓以思身過繇是從諫之主長祚克昌愎諫之君洪業隳墜承乾大怒

孔穎達爲太子右庶子承乾令撰孝經義疏穎達因文見意更廣規諷之道學者稱之後承乾不循法度穎達每犯顏進諫承乾乳母遂安夫人謂曰太子成

長何宜屢致面折對曰蒙國厚恩死無所恨諫諍愈切承乾不能納

王引直爲漢王元昌友元昌畋獵無度乃上書以諫其畧曰夫宗子維城之說者所以固邦家之業也大王功無任城戰尅之效行無河間樂善之心爵高五等邑富千室當思荅極施之洪慈保無疆之永祚其爲計者在乎脩德冠履詩禮畋獵史傳覽古人成敗之所繇鑒旣往存亡之異軌覆前戒後居安慮危奈何列騎齊驅交橫壟畝野有遊客巷無居人貽衆庶之憂逞一時之樂從禽不息實用寒心元昌覽書而

遏止漸見疏斥

王珪爲禮部尚書兼魏王師王問珪以忠孝珪答曰陛下王之君也事君思盡忠陛下王之父也事父思盡孝忠孝之道可以立身可以成名當年可以享天祐餘芳可以垂後葉王曰忠孝之道已聞教矣願聞所習答曰漢東平王蒼云爲善最樂

李義府自高宗在春宮時爲太子舍人嘗獻承華箴以申諷諭詞甚典美

邢文偉咸亨中爲典膳丞時皇太子久在内罕與宫臣相接文偉輙減膳上疏諫曰竊見禮載記曰太子

既冠成人免於保傅之嚴則有司過之史虧膳之宰史之義不得不司過宰之義不得不徹膳皇帝式稽前典妙簡英俊自庶子以下至司議舍人及學士侍讀等使翼佐殿下以成聖德近者以來未甚延納談議不狎謁見尚稀參朝之後但與内人獨居何以發揮聖智使濬哲文明者乎今史雖闕官宰當奉職忝備所司不敢逃死謹守禮經徹申減膳皇太子答曰顧以虛庸早向墳典每欲研精政術極意書林但往在幼年未閑將衛竭誠耽誦因即損心比日以來風塵更積中奉恩旨不許重勞加以趨侍含元温凊朝夕承親無自專之道遵禮以色養爲先所以屢闕坐論時乖學緒公潛申雅勗式薦忠規敬尋來請良符宿志自非情思審諭義均彌諧豈能盡此藥言形於簡墨撫躬三省感愧兼浮文偉自此益知名

韋承慶爲太子司議郎儀鳳四年皇太子賢監國時太子頗近聲色戶奴等與之款狎承慶上書諫曰臣聞太子者君之貳國之本也所以承宗廟之重繫億兆之心萬國以貞四海屬望殿下以仁孝之德明睿之姿岳峙泉渟金真玉裕天皇升殿下以儲副寄殿下以監撫欲使幽無不及恩無不覃百僚仰重耀之

輝萬姓聞洊雷之響夫君以人爲本人以食爲命君非人無以保其位人非食無以全其生故有子曰百姓足君孰與不足百姓不足君孰與足自頃年以來頻有水旱菽粟不能豐稔黎庶自致煎窮今夏亢陽米價騰踴貧屢之室無以自資朝夕弗遑惟憂饘餒下人之瘼實可哀矜稼穡艱難所宜詳悉天皇所以垂衣北極殿下所以守器東朝爲天下之所尊得天下之所利者豈惟上玄之幽贊亦百姓之倚命也故百姓危則社稷不得獨安百姓亂則帝王不能獨理古之明君飽而知人饑煖而知人寒每以天下爲憂

不以四海爲樂今關隴之外凶寇馮陵西土邊甿凋喪將盡干戈日用烽火薦驚千里有勞於饋糧三農不遑於稼穡殿下爲臣爲子乃國乃家爲臣在於竭忠爲子期於盡孝在家不可以自逸在國不可以自康一物有虧聖上每留神念三邊或梗殿下豈不兢懷況當養德之秋非是任情之日伏承北門之內造作不甞玩好所營或有煩費娼優雜伎不息於前鼓吹繁聲甞聞於外既喧聽覽見黷宮闈蕪之僕隸小人緣此得親左右亦既奉承顏色能不恃託恩光作福作威莫不繇此不加防慎必有愆非倘使微累德

音於後悔之何及書云不作無益害有益之事故高而不危所以長守貴滿而不溢所以長守富是知高危不可不慎滿溢不可不持也易曰君子終日乾乾夕惕若厲敬慎之謂也在於凡庶能守而行之猶可以高振聲華坐致榮祿況殿下有少陽之位有天挺之姿片善而天下必聞小能而天下咸服豈可不爲盡善盡美之道以取可久可大之名哉伏願博覽經書以廣其德屏退聲色以抑其情靜默無爲恬虛寡欲非禮勿動非法不言居處服玩必循節儉畋獵遊娛不爲縱逸正人端士必引而親之便辟側媚必斥而遠之使惠風溢於遠近仁聲翔於內外則可以克享終吉長保利貞爲上嗣之稱首奉聖人之鴻業者矣承慶又上論善箴以諷太子勞而遣之

薛元超永隆中拜中書令兼太子左庶子時皇太子在京師頗以畋獵爲事元超上啓諫曰臣聞位隆載咢居之者匪易業峻承祧守之者爲重伏惟殿下幼彰岐嶷夙擅溫文大孝因心不繇於外獎深仁植性禀之於自然故能聿膺景福式光正緒皇基永固宸構克昌加以識度幾晤天姿獨秀生知之量振古莫儔比者監守務殷親賢政事所闕視聽決斷如流凡

在朝行僉論極美況臣委質階陛齒跡宮闈恭聞喜躍實百常品區區所望唯願聖德日新勵茲三善無忘四術伏見去年之內數召學士等討論經籍亹亹不倦此令問播於遐邇在外聞者誰不欣然今夏已來接對講藝之道有謝曩時臣之事君在於無隱敢緣茲義輒獻愚忠但臣智識庸淺未足以發明雅訓求之史傳楊榷而言焉昔漢苑招賢高軒同敞曹園愛客飛蓋連陰此乃副君之待士也亦有推心鄭衆毋佇於諮詢降禮桓榮用承於誨命此則副君之尊師也魏太祖征并州留太子在鄴頗出畋獵崔季珪

書諫曰盤于遊田書之所誠魯侯觀漁春秋譏之此周孔之格言二經之明義也深惟儲副以身為實今忽馳騖而凌險誠有識所懼晉明帝之在宮中庶子温嶠中書舍人阮放諫馬射曰臣聞千金之子猶坐不垂堂况萬乘之貳若有駭駟之艱豈可不熟念哉殿下縱一日之娛忘萬代之基凡人猶知其不可况在聖明乎太子答云省所陳明卿等忠至咸從卿等動靜此則副君之納規諫不以為嫌者也非獨一時之美事固亦千載之芳猷且思患預防著於易象樂不可極陳之禮經列聖垂模可為龜鏡殿下昔在藩

邸時以打毬為戲當此之日已經墜馬近取諸身足為深鑒又殿下仁孝之德聞於四海自車駕發京天慈許入苑内臣竊惟殿下之意既承恩旨始復出遊以為上副聖懷非徇盤遊之樂顧以園苑之地草樹極深絶磴危橋往往而有控轡離之馬擁太阿之劍截輕禽逐狡兎倘有銜橜之變雖悔不追至如戶奴等色非是一種或反逆之嗣或破亡之餘夷狄遺醜兼在其數寄計兇謀理難懸測忽有潛身翳薈侍衛不虞白龍魚服事出慮表臣每一思至此魂爽飛越夫為人子者不登高不臨深恐近於危辱也故樂正子春下堂傷足三月猶有憂色弟子問之子春曰君子跬步不敢忘孝今孝之道先是以有憂色也子春匹夫尚知愛其身體儲后之尊何可以不慎焉倘馬逸佚馭微致毀傷豈不上貽二聖之憂下乖兆人之望伏請打毬馳射深焰危機天皇所賜誡書殷勤切至綱羅今古罕得名言竊循旨要在於披懷虔已書云山林隱逸草澤高人總萃春坊與朝夕譚對採其裨贊廣納忠規機務之餘遊心墳籍瑩襟靈於藝圃散耳目於書林披帙橫經克勤無怠此之至誠亦何不思殿下敦崇儒術闡揚文藝爰徵學士獎收人物

應斯舉者若登龍津莫不延頸企踵思承顧盼皆願聚肝膽露款誠布衣之交一言相託尚有懷知已之遇銜國士之恩殿下數存接引與其切磋道義竭忠進善必日有異聞則玉裕彌光金聲自遠頃日時景炎欝不敢望有引召金商戒序物候漸凉伏乞聽政餘閒留情墳典所讀班史請畢殘功前者别勅賜物本緣殿下書進時請臨池染翰使筆力轉遒仍請每月一兩度總喚學士因為設食文學張君相素明老莊命之談說能暢玄風殿下假以温顏人各申其藝業鈎深理窟者思逞懷蛟擁寶詞條者文成吐鳳此

亦一時之奇觀可以滌慮怡神預在宮僚人知自效便辟取容者踈之正直不撓者親之棄不急之務而省遊娛絶無益之慾而敦節儉以儒墨爲城池翺翔其際以禮義爲干櫓棲息其間一則遵天后誡書不敢失墜二則挹古人遺範有所發揮豈不美歟豈不盛歟伏乞燔翳捐罻以塞衆望太子報曰昨奉嘉命廣開正路翳已燔矣罻亦去焉師傅之言實獲我心帝聞元超有諫書遣使慰勉仍召赴東都

唐休璟則天時爲夏官尚書同鳳臺鳳閣三品孝和居春宮轉太子右庶子依舊知政事以契丹入寇後

拜夏官尚書簡較幽州都督及將行進啓皇太子曰張易之兄弟幸蒙寵遇數侍宴禁中縱情失禮非人臣之道惟加防察

姚珽爲太子左庶子中宗太子重俊性明果少未有師傅舉事或不法珽前後上四疏以諫其一曰臣聞賈誼曰選天下之端士孝悌博聞有道術者使與太子居處出入故太子乃生而見正事聞正言行正道左右前後皆正人也夫習與正人居不能無正習與不正人居不能無不正太子既冠成人免於保傅之嚴則有記過之史徹膳之宰進善之旌誹謗之木敢諫之鼓史誦詩工誦箴諫大夫進謀故年與智長化與心成夫教得而左右正則太子正矣太子正而天下定矣臣又聞之木從繩則正后從諫則聖善言古者可以驗於今伏惟殿下睿德洪深天姿聰敏近代成敗遠古幾危莫不懸覽在心動合典禮臣以庸朽濫居輔弼虛備耳目叨預股肱輙薦塵露庶裨山海伏以內置作坊工巧得入宮闈之內禁衛之所或言語內出或事狀外通小人無知不識輕重因爲詐僞有黷嚴猷臣望並付所司以停宮內造作如或要須便近猶望宮外安置庶得工匠往來不於宮禁出入

其二曰臣聞漢文帝身衣弋綈足履革舃齊高帝欄檻用銅者皆易以鐵經侯帶具玉劍環珮以過魏太子不視經侯曰魏國亦有寶乎太子曰主信臣忠魏之寶也經侯委劍珮而去太子使追還之謂曰珠玉珍玩寒不可衣饑不可食無遺我賊經侯杜門不出臣觀聖賢經籍務以簡素爲貴皇王政化皆以菲薄爲德伏惟殿下留心恭儉靡尚浮奢臣愚猶望損之又損居簡而行簡減省造作節量用度其三曰臣聞銀牓銅樓宮闈嚴秘門閣往來皆有簿曆殿下時有所須唯遣門司宣令或恐詐假之輩因此妄爲增減

脫有文狀舛錯事理便即差遣近日呂昇之便乃代署宣勑伏賴殿下睿敏當即覺察其姦僞自除臣以庸淺豈能深辨真僞望請墨令及覆事行不並用內印畫署之後與得免有詐假乃是長久規模臣又聞之忠臣事君有犯而無隱明主馭下納諫以進德故書云有言逆於志必求諸道有言順於心必求諸非道伏惟殿下仁明昭著聖敬日躋通幽洞微窮神索隱事之善惡毫釐靡差理有危微錙銖無爽臣以庸愚叨侍春闈職居獻替豈敢緘默伏乞降明離之德俯鑒微誠紆洊雷之威賜矜翹懇倘得捶山益峻少

海增深碎首糜軀其甘如薺輕塵視聽伏待刑書其四曰臣聞聖人不專其德賢智必有所師故曰與善人言如入芝蘭之室久自芬芳與不善人言如火銷膏不覺而盡伏惟殿下神逾藏往理冠生知留意篇章研精典籍然而山岳不棄塵壤是以能高大江河不逆細流所以成深廣伏願崇儒敬業訪道稽疑是則品物增暉懷生欣忭今司經見無學士供奉未有侍讀伏望時因侍膳奏請置人所與講席談筵務盡忠規之道披文摘句方資審諭之勤臣又聞臣之事主必盡乃誠君之進賢務求忠讜伏惟殿下養德儲闈理以端靜爲務恭膺守器必以學業爲先經所以立德脩身史所以諳識成敗雅誥既習忠孝乃成傳記方通安危斯辨知父子君臣之道識古今鑒戒之規經史爲先斯乃急務至於工巧造作寮吏直司實爲末事無足勞慮

甯原悌爲太子洗馬時玄宗在東宮原悌上啓曰臣聞事有可言者直臣所以抗議忠而見棄者志士所以太息至於竭誠事君信而獲罪懷祿輔國諂於取容二者雖明取舍或異臣竊爲朝廷憂之伏惟殿下孝敬純深仁明善斷有大功於天下繼元良於社稷

萬姓所以拭目百寮所以清耳皆欲王化之興隆風俗之革易也頃年以來天綱少紊小人趍競內難屢起方當振綱張弦之秋委才任士之日若推心得人則萬目直舉如托寄非所則百度斯廢故王者先擇良臣後能任使均明同日月無私並天地功高化洽地平天成又以爲官擇人者理爲人擇官者亂理亂之繇官人之職也自二月以來勑令授官吏部注擬塡塞府寺滿盈臺省其優勞當作別勑放還或匿名邀功或作才僥倖日以增益布列州縣殫竭府庫侵削黎元臣誠以爲漸不可長也昔晉政多門官以賄

進劉毅憂其危傳咸恐其亂武帝終而不悟卒有敗官之右十數年間億兆塗炭是知古者省吏以崇化不聞多官以致理臣以爲懲其弊者歸乎任人者也故忠臣難進而易退無黨而孤立守死善道執心不移廼姦人之所嫉爲國家之所利近者姚元之宋璟居獻替之職處銓衡之地用節員位頗立綱紀不爲權門贖貨所拘而以平心汲引爲務于時草澤之賢翹足待用天下凜然復有昇平之望也臣覩二相爲人勵己忠肅直身鯁亮雖有微疵又受黜責且守正之士志節之人棄瑕錄用今其時也昔叔向下獄祁

奚訟之猶將宥其十代以勸能者況其身不免乎往者易之三思傾動朝政所賴柬之元忠戮力王室社稷殆危忠臣處朝而獲安神器將移賢者竭誠而必復豈非忠臣良士力哉璟等行事無忝今古夫安必思危理則憂亂明王之誡也忠臣處朝姦邪屏退興邦之道也易曰雷雨作解君子以赦過宥罪殿下誠能捨其無咎收彼衆望因主上之餘閒議朝政之臧否使並悔過令復舊職則舉善之美垂於無窮濫官之弊澄清匪日矣

賈曾爲太子舍人睿宗景雲三年八月太子屢遣詔召女樂宮臣就率更寺閱樂多奏女妓曾進啓諫曰臣聞作樂崇德以感神人韶夏有容咸英有節婦人褻黷無預其間昔魯用孔子幾致於霸齊人懼之遺以女樂魯君既受孔子遂行戎有繇余兵彊國富秦人反間遺之女妓戎王耽樂繇余乃奔斯大聖名賢疾之已甚良以婦人爲樂女務冶容娃姣動心蠱惑喪志上行下效淫俗將成敗國亂人實繇茲起伏惟殿下神武命代文思登庸宇內顒顒瞻仰德化而渴賢之美未被於旪謡好妓之聲以惑於人聽豈足追啓誦之徽烈襲堯舜之英風者哉至若監撫餘閒宴

私多豫後庭之樂古或有之非以風人爲敝猶隱至於所司教習章示衆寮嫚妓淫聲實虧睿化願下教令發德音屏倡優敦雅頌率更女樂並令禁斷諸招召一切皆停則朝野內外皆知殿下放遠邪佞輝光日新凡在含靈孰不欣戴皇太子令答曰比嘗聞公正直信亦不虛寡人近日頗尋典籍至於政化偏所留心女樂之徒亦擬禁斷公之所言雅符本志

歸登爲工部侍郎東宮諸王侍讀獻龍樓箴以諷

丁公著爲水部員外郎充皇太子及諸王侍讀著皇太子及諸王訓十卷

止

册府元龜

巡按福建監察御史臣李嗣京訂正

新建縣舉人臣戴國士參閱

知建陽縣事臣黃國琦較釋

宫臣部 八

忠於所事 昵狎 罪譴

忠於所事

士有脩身立志策名委質夙夜匪懈思不出位風雨如晦不改其節所謂善於其職而無媿於人矣若乃肇建儲闈列樹藩戚尊崇保傅慎簡寮寀所以賛翊

元良保乂宗室式固本支以隆邦翰則有博識端士老成碩德周旋輔導朝夕規誨奉之以義不納於邪者蓋比比有焉其或處艱難之際奮不顧身明趣向之方繼之以死信可以敦激薄俗昭示後世者也

漢周昌爲趙王相高祖宴駕太后使使召趙王昌令王稱疾不行使者三反昌曰高帝屬臣趙王（屬委也音之欲）及王年少竊聞太后怨戚夫人欲召王并誅之臣不敢遣王王且亦不疾不能奉詔太后怒乃使使召趙相相至謁太后太后罵昌曰爾不知怨戚氏乎而不遣趙王昌既徵高后使使召趙王王果來至長安月餘見鴆殺昌謝病不朝見三歲而薨

賈誼爲梁王傳梁王勝墜馬死（文三王傳言揖此誼言勝爲有兩名）自傷爲傳無狀（無善狀）嘗哭泣後歲餘亦死

韓安國事梁孝王爲中大夫梁王以至親故得自置相二千石出入遊戲僭於天子（僭儗也）景帝聞之心不善太后知帝弗善迺怒梁使者弗見案責王所爲安國爲梁使見大長公主而泣（大長公主景帝姊也）曰何梁王爲人子之孝爲人臣之忠而太后曾不省也（省視也）夫前日吳楚齊趙七國反自關以東皆合從而西鄉（從音子容切）唯梁最親爲艱難梁王念太后帝在中（京師爲中猶言中國）

也而諸侯擾亂一言泣數行而下跪送臣等六人將兵擊卻吳楚吳楚以故兵不敢西而卒破亡梁之力也今太后以苛禮責望梁王（苛細也）梁王父兄皆帝而所見者大故出稱蹕入言警（蹕止行人也警令戒肅也天子出入皆備此儀而今云出稱蹕入言警者互舉之耳）車旗皆帝所賜即以娉鄙小縣（娉音呼說切夸奼也）驅馳國中欲夸諸侯令天下知太后帝愛之也今梁使來輒案責之梁王恐日夜涕泣思慕不知所爲何梁王之忠孝而太后不卹也長公主具以告太后太后喜曰爲帝言之言之帝心迺解免冠謝太后曰兄弟不能相教迺爲太后遺憂悉見梁使厚賜

之其後梁王益親驩太后長公主更賜直千餘金（更音工衡切）繇此顯結於漢

竇嬰景帝時爲栗太子傅十年太子廢嬰爭不能得謝病屏居藍田南山下數月諸竇賓客辯士說莫能來

史丹爲駙馬都尉元帝令丹護太子家時傅昭儀子定陶共王有材藝（共讀曰恭）子母俱愛幸而太子頗有酒色之失母王皇后無寵建昭之後元帝被疾不親政事留好音樂（留意於音樂）或置鼙鼓殿下天子自臨軒檻上隤銅丸以擿鼓（隤音頹下也擿音持益丁歷二切投也）聲中嚴鼓之

節（嚴鼓節）後宮及左右習音知者莫能爲而定陶王亦能之帝數稱其材丹進曰凡所謂材者敏而好學溫故知新皇太子是也若乃器人於絲竹鼓鼙之間則是陳惠李微高於康衡可相國也（器人取人器能也陳惠李微皆黃門鼓吹也）於是帝嘿然而咲（咲古笑字）其後中山哀王薨太子前弔哀王者帝之少弟與太子游學相長大（同處長養以至於壯）帝望見太子感念哀王悲不能自止太子既至前弔帝大恨曰安有人不慈仁而可奉宗廟爲民父母者乎帝以責謂丹（謂者告語也）丹免冠謝帝曰臣誠見陛下哀痛中山王至以感損向者太子當進見臣竊戒屬毋涕泣感傷陛下（屬之欲切）罪迺在臣當死帝以爲然意乃解丹之輔相皆此類也竟寧元年帝寢疾傅昭儀及定陶王常在左右而皇后太子希得進見帝疾稍侵意忽忽不平（稍侵言漸篤也平和也）數問尚書以景帝時立膠東王故事是時太子長舅陽平侯王鳳爲衞尉侍中與皇后太子皆憂不知所出（不知計所出）丹以親密臣得侍視疾候帝閒獨寢時丹直入卧內頓首伏青蒲上（以青規地曰青蒲自非皇后不得至此）涕泣言曰皇太子以適長立積十餘年（適讀曰嫡）名號繫於百姓天下莫不歸心臣竊見定陶王雅素愛幸今者道路流言爲國生意

以爲太子有動搖之議審若此公卿以下必以死爭不奉詔臣願先賜死以示群臣天子素仁不忍見丹涕泣言又切至帝意大感喟然太息曰吾日困劣而太子兩王幼少意中戀戀亦何不念乎然無有此議且皇后謹慎先帝又愛太子吾豈可違指駙馬都尉安所受此語（安焉也）丹即却頓首曰愚臣妄聞罪當死（却退也離青蒲上）帝因納謂丹曰吾病寖加恐不能自還（還讀曰旋）善輔道太子毋違我意（道讀曰導）丹噓唏而起（噓音虛唏許既切）太子繇是遂爲嗣矣

後漢郅惲爲上東城門侯光武令惲授皇太子韓經

郭后旣廢而太子意不自安惲乃說太子曰久處疑位上違孝道下近危殆昔高宗明君吉甫賢臣及有纖介放逐孝子春秋之義毋以子貴太子宜因左右及諸皇子引愆退身奉養母氏以明聖教不背所生太子從之帝竟聽許

張湛爲太子太傅及郭后廢因稱疾不朝拜大中大夫居中東門候舍故時人號曰中東門君帝數存問賞賜

朱暉爲東平王蒼掾正月朔旦蒼當入賀故事少府給璧是時陰就爲府卿貴驕吏傲不奉法蒼坐朝堂

漏且盡而求璧不可得顧謂掾屬曰若之何暉望見少府主簿持璧卽往紿之曰我數聞璧而未嘗見試請觀之主簿以授暉顧召令史奉之主簿大驚遽以白就就曰朱掾義士勿復求更以它璧朝蒼旣罷召暉謂曰屬者掾自視孰與藺相如光武聞而壯之

杜撫字叔和爲驃騎將軍東平王蒼所辟及蒼就國掾史悉補王官屬未滿歲皆自劾歸時撫爲大夫不忍去蒼聞賜車馬財物遣之辟大尉府

种暠爲侍御史順帝擢監太子於承光宮中常侍高梵從中單駕出迎太子時太傅杜喬等疑不欲從惶惑不知所爲暠乃手劒當車曰太子國之儲副天命所係今常侍來無詔何以知非姦邪今日有死而已梵辭屈不一敢對馳命奏之詔報太子乃得去喬退而歎息愧暠臨事不惑帝亦嘉其持重稱善者良久

吳謝景字叔發與刁玄羊衜等皆爲太子登賓客及登薨景時爲豫章太守不勝哀情棄官奔赴拜表自劾大帝曰君與太子從事異於他吏使中使慰勞聽復本職卽遣還鄉

陸裔字敬宗凱弟也始爲御史尚書選曹郎太子和聞其名待以殊禮會全寄楊竺等阿附魯王霸與和

分爭陰相譖構陸坐收下獄楚毒備至終無他辭

晉劉卞爲愍懷太子左衛率知賈后廢太子之謀甚憂之以計干司空張華而不見用益以不平賈后親黨微服聽察外間頗聞卞言乃遷卞爲輕車將軍雍州刺史卞知言泄恐爲賈后所誅乃飲藥卒

江統爲愍懷太子洗馬及太子廢徙許昌賈后諷有司不聽宮臣追送統與洗馬潘滔舍人杜蕤王敦魯瑶等冒禁至伊水拜辭道左悲泣流漣

荀闓爲齊王冏掾屬長沙王乂旣誅冏暴尸於西明亭三日而莫敢收斂闓表乞殯瘞許之

盧志爲成都王頴左長史頴之敗也官屬奔散唯志隨從不怠及頴襲親自殯送時人嘉之

王矩爲長沙王國左常侍時成都王頴遣刺客圖長沙王乂矩侍宜見客色動殺之

丁潭爲琅琊王裒郎中令裒薨潭上疏元帝求行終禮曰在三之義禮有達制近代以來或隨時降殺宜一聳華以敦於後輒案令文王侯之喪官僚服斬旣葬而除今國無繼統喪庭無主臣實陋賤不足當重謬荷首任禮宜終喪詔下博議詔使除服心喪三年

張禕爲琅琊王國郎中令從王至雒還京都宋高祖

封藥酒一甖付禕使密加酖毒禕受旣還於道自飲而卒

宋王璵之琅琊人有才局爲竟陵王誕録事參軍時誕在廣陵孝武遣戴明寶襲之誕遣壯士擊破之帝又遣車騎大將軍沈慶之討誕時璵之五子悉在建鄴璵之嘗乘城慶之縛其五子示而招之許以富貴璵之曰吾受主王厚恩不可以二心三十之年未獲死所耳安可以私親誘之五子號叫於外呼其父及城平慶之悉撲殺之

南齊何昌寓爲臨海王昭秀西中郎長史行荆州事明年上遣玄慶西害藩鎮諸王玄慶至荆州欲以便宜從事昌寓曰僕受朝廷意寄翼輔外藩何容以殿下付君一介之使若朝廷必須殿下還當更聽後旨昭秀以此得還京師

江泌爲南康王子琳侍讀子琳爲明帝所害泌往哭之淚盡以血親視殯葬乃去時廣漢王侍讀嚴桓之亦哭王盡哀

王皎爲晉安王子懋外兵參軍子懋叛明帝遣王玄邈及南北討使軍主裴叔業襲湓城中兵參軍子琳之說子懋重賂叔業子懋使琳之因説叔業請取子

懋叔業遣軍主徐玄慶將四百人隨琳之入城僚佐皆奔散唯周英及皎更移入城内子懋聞之歎曰不意吾府有義士二人琳之從二百人伏入齋子懋笑謂之曰不意渭陽翻成梟獍琳之以袖障面使人害之故人懼罪無敢至者唯英皎及董僧慧號哭盡哀爲之喪殯

王思遠爲建平王景素南徐州主簿洊見禮遇景素被誅左右離散思遠親視殯葬手種松栢與廬江何昌寓沛郡劉璡上表理之事感朝廷景素女廢爲庶人思遠分衣食以相資贍

梁庾於陵爲齊隨王子隆荆州主簿子隆亦爲明帝所害僚吏畏避莫有至者唯於陵獨留

陸閑者襄之父也爲始安王遥光揚州治中遥光之據東府作亂或勸閑去之閑曰吾爲人吏何所逃死臺軍攻陷城閑見執將刑第二子絳求代死不獲遂以身蔽刃刑者俱害之

徐摛爲太子左衛率太清末侯景攻陷臺城時簡文居永福省賊衆奔入舉兵上殿侍衛奔散莫有存者摛嶷然侍立不動徐謂景曰侯公當以禮見何得如此凶儀遂折侯景令拜謁是景嘗憚摛帝嗣位進授

左衛將軍固辭不拜帝後被幽閉摛不獲朝因感氣疾而卒

嚴植之仕齊爲廣漢王國右常侍王誅國人莫敢視植之獨奔哭手營殯殮徒跣送喪墓所爲起冢葬畢乃還當時義之

陳蕭乂初仕梁爲太子洗馬侯景攻陷臺城百僚奔散乂獨整衣冠坐于宫坊景軍敬焉弗之逼也

司馬屬仕梁爲太子庶子江陵陷隨例入關而梁室屠戮太子瘞殯失所屬以宫臣乃抗表周朝求還江陵改葬辭甚酸切周朝優詔答曰昔主父從戮孔車有長者之風彭越就誅欒布得陪臣之禮庶子卿國已改猶懷送往之情始驗忠貞方知臣道即勑荆州以禮安厝

顧越文帝時爲黄門侍郎東宫皇太子嘗虛己禮接越以宫僚未盡時彦且太子仁弱宣帝有奪宗之兆内懷憤激乃上疏曰臣梁世薄官禄不代耕季年叔蕩竄身窮谷幸屬聖期得奉昌運朝廷以臣微涉藝學遠垂徵引擢臣以貴仕資臣以厚秩二宫恩遇有異凡流木石知感犬馬識養臣獨何人罔懷報德伏惟皇太子天下之本養善春宫臣陪侍經籍於今五

載如愚所見多有曠官輔弼丞疑未極時選至於文宗學府蕪潔正人當趨奉龍樓晨遊夕論嘗聞前聖格言往賢正道如此則非僻之語無從而入臣年事侵迫非有邀求正是懷此不言則爲有負明聖敢奏狂瞽願留中不泄疏奏帝深感焉而竟不能改革

殷不佞爲太子通事舍人及文帝晏駕廢帝嗣位高宗爲太傅録尚書輔政甚爲朝望所歸不佞素以名節自立又受委東宫乃與僕射到仲舉中書舍人劉師知尚書右丞王暹等謀矯詔出高宗衆人猶豫未敢先發不佞乃馳詣相府面宣勑令相王還第及事

發仲舉等皆伏誅高宗雅重不佞特赦之免其官而已

後魏王雒兒明元在東宮時給事帳下帝嘗獵於灅南（灅水名在鴈門）乘氷而濟氷陷沒馬雒兒投水奉帝出岸水沒雒兒殆將凍死帝解衣以賜之自是恩寵日隆元紹之逆帝左右唯雒兒與帳下師車路頭而已（路頭少以忠厚選給東宮）晝居山嶺夜還雒兒家雒兒隣人李道潛相奉給晨夜還山衆庶頗知喜而相告紹聞收道斬之雒兒猶冐難往還京都通問於大臣大臣遂出奉迎百姓奔赴明元還宮社稷獲乂雒兒有功焉

韓子熙爲清河王懌常侍遷郎中令及領軍元義害懌乂不得葬子熙爲之憂悴屏處田野每言王若不得復封以禮遷葬誓以終身不仕後靈太后反政以元義爲尚書令解其領軍子熙與懌中大夫劉定興學官令傳靈樹賓客張子愼伏闕上書曰竊惟故主太傅清河王職綜樞衡位居論道盡忠貞以奉公竭心膂以事國自先皇晏駕陛下冲幼負扆當朝義同分陝宋維反掌小子性若青蠅汙白點黑讒佞是務以元義皇姨之婿權勢攸歸遂相附託規求營利共結圖謀坐生眉眼誣告國王枉以大逆賴明明在上赫赫臨下泥緇自消王質還潔謹案律文諸告事不實以其罪罪之雒遐無罪出爲太郡刑賞僭差朝野怪愕若非宋維與義爲計豈得全其身命方撫千里王以權在寵家塵謗紛雜恭愼之心逾深逾厲去其本宅移住殿西闔門靜守親賓阻絶于時吏部諂禀劉騰奏其第官郡戍蕪補乃遲内呈爲王駁退騰懸此生嫌私深怨怒遂乃擅廢太后離隔二宮掠拷胡定誣王行毒含齒戴髮莫不悲惋及會公卿議王之罪莫不俛眉飲氣唯諾是從僕射游肇亢言厲氣發憤成疾爲王致死王之忠誠款篤節義純貞非但蘊

藏胷衿實乃形於文翰搜括史傳撰顯忠録區目十篇分卷三十既欲彰忠心於萬代豈可爲逆亂於一朝乞追遺志足明冊款又籍寵姻戚特握兵馬無君之心實懷皂白擅廢太后枉害國王生殺之柄不繇陛下賞罰之詔一出於義名藩重地皆其親黨京官要任必其心腹中山王熙本興義兵不圖神器戮其大逆合門滅盡遂令元略南奔爲國巨患奚康生國之猛將盡忠棄市其餘枉被屠戮者不可稱數緣此普天喪氣匝地憤傷致使朔隴猖狂歷歲爲亂荊徐蠢動職是之繇昔趙高秉秦令關東鼎沸今元義執

權使四方雲擾自古及今竹帛所載賊子亂臣莫此爲甚開逆之始起自宋維成禍之末良繇騰矣而令逆徒姦黨迭相樹置高官厚祿任情自取非但臣等痛恨終身仰爲聖朝懷慚負愧以臣赤心慺慺之見義宜梟諸兩觀瀦其舍廬騰合斲棺斬骸沉其五族上謝天人幽隔之憤下報忠臣寃酷之痛方乃宗亞三事委以樞端所謂虎也更傳其翼朝野切齒遐邇扼腕蔓草難除去之宜盡歷觀曠代緬追振古當斷不斷其禍更生況義猜忍尚居衡要臣中霄永歎竊以寒心實願宸鑒早爲之所臣等潛伏閭閻於茲六

載旦號白日夕泣星辰叩地寂寥呼天無响衛野納肝秦庭夜哭千古之痛何足相比今幸遇陛下睿聖觀覽萬機太后仁明更撫四海臣等敢詣闕披陳乞報寃毒書奏靈太后義之乃引子熙爲舍人後遂剖騰棺賜義死

北齊魏收爲太子少傅文宣每以酣宴之次云太子性懦宗社事重終當傳位常山收謂楊愔曰古人云太子國之根本不可動搖至尊三爵後每言傳位常山令臣下疑貳若實便須決行此言非戲魏收既忝師傅正當守之以死但恐國家不安愔以收言於帝自此便止

孫靈暉爲南陽王綽師綽死後每至七日至於百日靈暉嘗爲請僧設齋轉經行道

隋姚最爲蜀王秀友秀鎮益州遷秀府司馬秀後陰有異謀文帝令公卿窮治其事開府慶整郝偉等並推過於秀最獨曰凡有不法皆最所爲王實不知也搒訊數百卒無異詞竟坐誅論者義之

王延爲秦王俊府將性忠厚領親信兵十餘年俊甚禮之及俊有疾嘗在閤下衣不解帶俊薨勺飲不入口者數日羸頓骨立文帝聞而憫之賜以御藥授驃

騎將軍典宿衛俊葬之日延號慟而絕帝歎異之令通事舍人弔祭焉詔葬延於俊側

唐李綱初仕周爲齊王憲參軍宣帝將害憲召僚屬證成其罪綱誓之以死終無撓辭

姚思廉初仕隋爲代王侑讀屬義師平京城府寮駭散唯思廉侍王不離其側大言曰義師本扶王室卿等不宜無禮於王衆服其言於是布列階下須臾太宗至聞而義之許其扶王室順陽閤下泣拜而去觀者咸歎曰忠烈之士也仁者有勇此之謂乎太宗居藩引爲文學及親征徐九郎思廉時在雒陽太宗嘗

從容言及隋亡之事慨然曰姚思廉不懼兵刃以明大節求諸古人亦何以加也因寄物百段遺其書曰想卿節義之風故有斯贈後為文學舘學士寫其形像列於十八學士圖令文二褚亮為之賛曰志古精勤紀言實錄臨危殉義餘風厲俗

王珪為太子中允劉黑闥反珪及魏徵謂太子建成曰殿下但以地居嫡長爰踐元良功績旣無可稱仁聲又未遐布而秦王勳業克隆威震四海人心所向殿下何以自安今黑闥率破亡之餘衆不盈萬加以糧運阻絕瘡痍未瘳若大軍一臨可不戰而擒也願

請討之且以立功深自封植因結山東英俊建成從其計遂請討劉黑闥擒之而旋

張公謹倜儻好奇略太宗引入幕府時太宗功德甚隆每為建成元吉之所讒毀因召公謹訪以自安之術對甚合旨未見親遇及建成將為亂公謹與長孫無忌等九人奉太宗於玄武門以討亂其黨來犯玄武門公謹閉門以拒之以功累轉右武候將軍封定遠縣公邑二千戶別食一千戶

魏徵為隱太子洗馬甚禮之徵見太宗勲業日隆每勸建成早為之所及敗太宗使召之謂曰汝離間我兄弟何也徵曰皇太子若從徵言必無今日之禍太宗素器之引為詹事主簿

尉遲敬德為秦王府副護兵隱太子巢剌王之有異謀也乃致書於敬德贈以金器物一車敬德拒之不受因以啓聞太宗謂曰公之素心鬱如山岳積金以至斗極未能動公之情何須慮也元吉等深忌之乃令壯士往刺敬德覺之終不能害乃譖敬德於高祖囚之於大理并拘其親屬訊驗無狀然後得釋會突厥侵擾河西建成與元吉為將西討相與陰謀請太宗同送於昆池因欲肆其凶逆敬德旣聞其謀遽啓

其事且曰大王若不速正之則恐被其圖害然後社稷危矣太宗嘆而言曰如公之言寡人實有茲慮然一旦倉卒其若在上驚動何其若骨肉痛傷何同懷之情終所不忍時房玄齡杜如晦皆被斥在外不得復入太宗密令長孫無忌召之玄齡等報曰有勑不許更得事王今若私謁必至誅滅不敢奉命太宗大怒謂敬德曰玄齡如晦召之不來果背我也乃取所佩刀以授敬德曰以賜公且往觀玄齡等意若無來意且斬其首以進也玄齡聞之惶懼因隨敬德服道士衣以謁敬德朝夕進勸太宗猶豫未決敬德固諍

十返然後討定二凶既誅高祖泛舟海池太宗乃令敬德身往侍衛高祖意乃安於是賜以珍物敬德並辭而不受事平之後授太子左衛率

段志玄大業末隨父在太原義兵起志玄召募得千餘人授軍頭從太宗後轉右護軍隱太子及齊王元吉競以金帛誘之志玄拒而不顧每以白太宗及郎位遷左驍衛大將軍

程知節爲秦王府左三統軍爲隱太子所忌構之於高祖除康州刺史知節白太宗曰大王手臂今並翦除身必不久知節以死不去願速自全遂從討建成

元吉事定拜太子右衛率

薛萬徹爲車騎將軍封武安縣公隱太子建成引置左右建成被誅萬徹率宮兵戰於玄武門鼓譟將入秦府將士大懼乃以建成首示之萬徹以十餘騎亡於終南山太宗累遣使諭意萬徹釋伏而來太宗以其忠於所事不之罪也

李安儼與隱太子同取鄭氏因事東宮及建成敗率兵拒戰太宗以爲忠於所事故漸任用之

謝叔方事巢剌王元吉數有戰功元吉與隱太子作亂太宗討逆于玄武門叔方率府兵與東宮率馮立合軍拒戰於北闕下殺屯雲將軍敬君弘中郎將呂衡俄而尉遲敬德傳元吉首以示之叔方號哭而遁明日出首太宗曰義士也命釋之

李義琰爲太子右庶子章懷太子之廢也高宗慰勉官僚盡捨罪令復其位薛元超等皆舞蹈謝恩義琰獨引罪涕泣時論美之

李安仁爲太子右庶子顯慶元年皇太子忠既廢黜官僚皆懼罪亡匿無敢見者安仁獨候忠涕泣拜辭而去時論美之

昵狎

夫出入承華游從儲聖皆調護斯屬羽儀攸寄者也固當敦厚爲德教導是先其有怠棄典禮昵狎元良追隨禁闥之中群言罔恤陪侍杯筵之右酣飲過差近失師資遠貽譏謗豈足以增前星之元彩繼南山之軌躅焉

漢昌邑王賀從官騶宰奴二百餘人嘗與居禁闥內敖戲

魏劉楨字公幹爲文帝五官將文學與王粲等並見友善帝嘗賜楨廓落帶其後師死欲借取以爲像因書嘲楨云夫物因人爲貴故在賤者之手不御至尊

之側今雖取之勿嫌其不反也楨答曰楨聞荆山之璞曜元后之寶隋侯之珠燭庶士之好南垠之金登窈窕之首鼲貂之尾綴侍臣之幘此四寶者伏朽石之下潛汙泥之中而揚光千載之上發彩疇堵之外亦皆未能初自接於至尊也夫尊者所服卑者所脩也貴者所御賤者所先也故夏屋初成而大匠先立其下嘉禾始熟而農夫先嘗其粒楨所帶無他妙飾若實殊異尚可納也楨辭旨巧妙皆如是繇是特爲諸公子所親愛其後太子嘗請諸文學酒酣坐歡命夫人甄氏出拜坐中衆人咸伏而楨獨平視太祖聞

之乃收楨減死輸作

吴質文帝初爲五官將時質以才學通博爲五官將及諸侯所禮及即位嘗召質及曹休歡會命郭后出見質等曰卿諦視之其親昵如此

晉殷仲堪能清言善屬文孝武爲太子召爲中庶子甚相親愛

陳江總爲太子詹事共太子爲長夜之飲養良娣陳氏爲女太子微行遊總家宣帝怒而免之

後魏盧内領太保録尚書事魯元之少子内給侍東宫恭宗深暱之嘗與卧起同衣父子有寵兩宫勢傾天下

鄧祚領太子少師孝明在東宫幼弱祚嘗隨宣武幸東宫懷一黄瓠出奉太子時應詔左右趙桃弓及祚皆私狎之時人謂之桃弓僕射黄瓠少師

北齊和士開爲長廣王府參軍王性好握槊士開善於此戲繇是遂有斯舉加以傾巧便辟又能彈胡琵琶因此親狎嘗謂王曰殿下非天人也是天帝也王曰卿非世人也是世神也其深相愛重如此文宣知其輕薄不欲令王與小人相親善責其戲狎過度徙之馬城

隋鄭譯仕周爲太子宫尹坐褻狎皇太子武帝大怒除名爲民太子復召之譯戲狎如初因言於太子曰殿下何時可得據天下太子悦而益昵之

唐令則爲太子左庶子太子勇昵狎之每令以絃歌教内人時劉行本亦爲左庶子責之曰庶子當輔太子以正道何有嬖昵房帷之間哉令則甚慙而不能改又太子歳首宴宫臣令則自請奏琵琶又歌武媚娘之曲洗馬李綱白太子曰令則身任宫卿職當調護乃於宴坐自比倡優進淫聲以穢視聽事若上聞罪在不測豈不累於殿下臣請正其罪勇曰我欲爲

樂耳君勿多事綱趨而出

夏侯福為太子左衛率長史為太子勇所昵嘗於閤內與太子戲福大笑聲聞於外左庶子劉行本時在閤下聞之待其出行本數之曰殿下寬容賜汝顏色汝何物小人敢為褻慢因付執法者治之數日太子為福致請乃釋

劉臻為太子勇東宮學士甚褻狎之

柳䛒為晉王諮議參軍王為太子引䛒為東宮學士加通直散騎常侍簡較洗馬甚見親待每召入卧內與之宴䜩䛒尤俊辯多在侍從有所顧問答應如響

性又嗜酒言雜俳諧繇是彌為太子所親狎

唐楊璬中宗世為秘書監太常卿武崇訓並簡較太子賓客在職不能讜言正議以申調護之禮唯以打毬猳戲取媚於太子故大為時論所譏

罪譴

夫任處儲官職參王府自非才行優著藝術精明故不可以贊於重離賓於盤石若乃失調護之方忘輔導之訓忠言不發善道靡彰昵狎小人陰圖非望以至自貽官謗坐逮刑章者不亦宜乎

漢公孫詭為梁孝王中尉初景帝廢栗太子太后心欲以梁王為嗣大臣及袁盎等有所關說於帝太后議格（音閣）梁王怨袁盎及議臣乃與詭及羊勝之屬謀陰使人刺殺盎及他議臣十餘人賊未得也於是天子意梁（意疑也）逐賊果梁使之遣使冠蓋相望於道覆案梁事捕公孫詭羊勝皆匿王後宮使者責二千石急梁相軒丘豹（姓軒丘名豹）及內史安國（韓安國）皆泣諫王王乃令勝詭皆自殺出之

枚臯為梁恭王郎（恭王名買孝王子也）三年為王使與冗從事（冗從散職之從王者也）見讒惡遇罪（惡謂冗從言其短惡之事）室家沒入官臯亡至長安會赦

許廣漢為昌邑王郎從武帝上甘泉誤取它郎鞍以被其馬發覺吏劾從行而盜當死有詔募下蠶（死罪囚欲腐宮者聽之）

王式為昌邑王師為王廢式繫獄當死治事使者責問曰師何以亡諫書式對曰臣以詩三百五篇朝夕授王至於忠臣孝子之篇未嘗不為王反覆誦之也（復日方切）至於危亡失道之君未嘗不流涕為王深陳之也臣以三百五篇諫是以亡諫書使者以聞亦得減死論

王吉為昌邑王賀中尉後賀即位二十餘日以行淫

亂廢昌邑群臣坐在國時不舉奏王罪過令漢朝不聞知又不能輔道陷王大惡道讀曰導皆下獄誅唯吉與郎中令龔遂忠直數諫正得減死髡爲城旦

後漢楚王英既以不道廢徙丹陽涇縣乃悉出楚官屬無辭語者

師遷爲陳愍王寵國相靈帝熹平二年遷奏前相魏愔與寵共祭天神希幸非冀罪至不道有司奏遣使者案驗詔檻車傳送愔詣北寺詔獄使中常侍王酺一作王甫與尚書令侍御史雜考愔辭與王共祭黄老君求長生福而已無他冀幸酺等奏愔職在規正而所

爲不端遷誣告其王罔以不道皆誅死有詔赦寵不案

魏楚王彪有罪自殺彪之官屬以下及監國謁者坐知情無輔導之義皆伏誅

晉江統爲太子洗馬太子奢費過度統上書諫及太子廢徙許昌

南齊張克爲武陵王友坐書與尚書令王儉辭旨激揚御史中丞到撝所奏免官禁錮論者以爲有恨於儉也

梁王僧孺高祖天監中爲南康王長史行府州國事王典籤湯道愍暱于王用事府内僧孺每裁抑之道愍遂謗訟僧孺建請南司奉牋辭府曰下官不能避溺山隅而正冠李下既貽疵辱方致徽繩解籙收簪且歸初服竊以董生偉器止相驕王賈子上才爰傅卑土下官生年有値謬仰清塵假翼西雍竊步東門多慙衹服取亂長裾高榻相望直居坐右長階如畫申白榮望多厠應徐厚德難逢小人易悦方謂離腸獨在僚端借其從容之詞假以寬和之色恩禮遠過隕首不足以報一言露膽披誠何能以酬屢顧寧謂罻羅裁舉微禽先落閶闔始吹細草仍墜一辭九畹

方去五雲縱天網是漏聖恩可恃亦復孰寄心骸何施眉目方當横潭亂海就魚鼈而爲群披榛捫樹從虺蛇而相伍豈復仰聽金聲式瞻玉色顧步高軒悲如霰委跼厠下席淚若綆縻僧孺坐免官

後魏馮誕爲太子太師孝文謂其無師傅獎道風誕深自悔責

游肇爲中庶子孝文謂曰自建承華已經一稔然東宮之官無直言之士雖未經三載事須考黜肇及中舍人李平識學可觀可爲中庶子安樂王詮可爲下中解東華之任退負外散騎常侍馮夙可爲下下免

中庶子免爵两任員外常侍如故中舍人閻賢保可爲下下退爲武騎都尉

隋韋世約高祖開皇中爲太子洗馬兄沖爲南寧州總管士卒縱暴益州長史元巖治其事無所寬貸世約譖巖於皇太子帝謂太子曰古人有沽酒酸而不售者爲箠大耳今何用世約乎適累汝也世約遂除名

柳肅開皇中爲太子僕太子廢坐除名爲民

柳謇之煬帝大業中爲齊王長史王擅寵左右放縱喬令則之徒深見昵狎謇之雖知其罪失不能輔正

及王得罪謇之竟坐除名

唐韋挺高祖武德中爲太子左衛驃騎簡較左衛率隱太子恩遇甚隆宮臣罕與爲比會有上事者稱挺得幸於隱太子構扇两端帝訊之有狀與王珪等同流於越嶲

王珪武德中爲太子中允爲隱太子所禮後以連其陰謀事流於嶲州

杜正倫太宗貞觀中爲中書侍郎兼太子左庶子特太子承乾有足疾不能朝謁好昵近群小太宗謂正倫曰我兒疾病乃可事也但全無令譽不聞愛賢好善私所引接多是小人卿可察之若教示不得須來告我正倫數諫不納乃以太宗語告之承乾抗表聞奏太宗謂正倫曰何故漏洩我語對曰訓導不入故以陛下語嚇之冀其有懼或當反善帝怒出爲穀州刺史

薛大鼎貞觀中爲齊王祐長史祐溺情群小大鼎屢諫不聽太宗以鼎輔導無方竟坐免而以權萬紀代之

張玄素貞觀中爲太子左庶子趙智引令狐德棻爲右庶子濮王仁表家令崔知機並以材選用太子承

乾既敗太宗引大義以讓之皆免爲庶人

王勃高宗乾封初上東岳頌及乾元殿頌沛王賢奏就府脩撰時諸王以鬭鷄爲戲勃作檄英王鷄文高宗聞之曰迴車朝歌不踐勝母者惡其名也勃之此文恐成交構之漸斥勃不令入府

蓋文達爲蜀王師坐王非法免

蕭嵩玄宗開元中爲太子太師嘗以城南別業遺宦者牛仙童仙童得罪嵩坐交通小人出爲青州刺史

令狐峘初爲衡州刺史李泌輔政召拜右庶子脩史無何泌卒竇參秉政惡其爲人貶吉州刺史

蘇弁爲太子詹事初入朝班位失序殿中侍御史鄒儒立對仗彈之弁於金吾待罪數刻特釋舊制太子詹事班次大常宗正卿之下貞元三年御史中丞竇參叙言班位移詹事在河南大原尹之下弁乃引舊班制立臺官詰之仍紿云已白宰相請依舊故爲儒立彈之

韋綬憲宗元和中爲諫議大夫充皇太子侍讀綬好諧戲兼通人間小說太子因侍或以綬所譚言之他日帝謂宰臣曰侍讀者當以經術輔導太子使深知其君臣父子之教今或聞綬之談論有異於是豈導

太子者因命罷其職尋又出之

白居易元和中爲太子左贊善大夫先是居易母因看花墜井死時居易作賞花及新井詩名教之士譏焉或以其事上言因命宰臣與居易遠州刺史中書舍人王涯上言居易所坐事跡不合理郡乃授江州司馬

後唐司徒詡爲戶部員外郎秦王從榮之開府也朝廷以詡充河南府判官王之遇害側貶寧州尋移相州司馬

册府元龜

巡按福建監察御史臣李嗣京　訂正
分守建南道左布政使臣胡維霖　參閱
知建陽縣事臣黃國琦較釋

幕府部一

總序

周禮六官六軍並有吏屬大則命於朝廷次則皆自辟除春秋諸國有軍司馬尉候之職而未有幕府之名戰國之際始謂將帥所治爲幕府秦分天下爲郡屬官有丞邊郡有長史主兵漢丞相三公開府置掾

史司隸刺史有從事史佐京尹守相有掾史曹屬皆幕府之職也文帝二年丞相府置兩長史秩千石武帝時有三長史（三長史蓋有守者非正員故也至劉屈氂爲相始分丞相長史爲兩府）又分丞相長史爲兩府元狩五年初置丞相司直比二千石掌佐丞相舉不法其餘寮屬之職逮於中興名次大傅太傅太尉司空府皆有長史一人掾屬令史御屬各有差（大傅掾屬二十四人令史御屬三十二人太尉掾屬同太傅加置令史御屬一人司徒皆置掾屬八人令史御屬十三人司空减司徒掾屬二人加置令史御屬八人正曰掾副曰屬）長史掌署諸曹事掾屬則西曹主府史署用東曹主二千石長史遷除及軍吏戶曹主民戶祠祀農桑

奏曹主奏議辭曹主辭訟法曹主郵驛科程尉曹主卒徒轉運賊曹主盜賊决曹主罪法兵曹主兵金曹主貨幣鹽鐵倉曹主倉穀令史則有閤下令史主閤下威儀記室令史主上章表報書記門下令史主府門其餘令史各典曹文書御屬主爲公御職如錄事太尉府別有黃閤主簿錄省衆事司空別有橋道掾主橋道大將軍驃騎將軍府有司馬一人從事中郎二人長史掾屬同司空府令史御屬减司徒府五人騎衛將軍無長史司馬又减大將軍掾屬九人御屬六人別有部集一人總知營事兵曹掾史主兵事器

械禀假掾史主禀假禁司外刺姦主罪法皆無員其領兵外討則營有五部部置校尉軍司馬各一人部有曲曲置軍候一人曲有屯屯置長一人若不置校尉則部但有軍司馬假軍候其別部則有別部司馬其餘將軍置以征伐者則府無員職唯有部曲司馬軍候以領兵其城門屯騎越騎步兵胡騎射聲等校尉各有司馬一人主兵使匈奴郎將護羌護烏桓等校尉皆置從事二人有事隨事置掾因而爲員司隸校尉有從事史二十人假佐二十五人都官功曹別駕簿曹兵曹等從事主簿門亭長功曹書佐經師月

令師律令師簿曹都官等書佐皆無員所部郡國各有從事書佐一人刺史省都官從事改功曹從事爲治中從事餘官同司隷河南京兆等尹有掾史五人四部督御史部掾二十六人案獄仁恕掾三人監津渠漕水掾二十五人卒史三百五十人文學守助掾六十人書佐五十人循行三百人幹小史二百一人郡守官屬有掾史督鉤倉功等曹（史不備載其職）光武建武中置司徒司直尋省又罷邊郡丞以長史領職明帝增驃騎將軍長史掾史員爲四十人（四府長史掾史皆無四十人東平王蒼爲驃騎明帝特置四十人以優之）和帝時竇憲爲車騎將軍置官

屬如司空府又置中護軍一人與參謀議安帝置右扶風都尉京兆虎牙都尉皆置諸曹掾史略如公府無東西曹及令史別有功曹史主選署功曹及諸曹事五部督御曹掾主監屬縣亭長主正門記室史主錄記書催期會閤下及諸曹各有佐幹主文書桓帝元嘉二年置禮儀大將軍增掾屬令史置舍人各十人（時以梁冀爲禮儀大將軍）靈帝時以九卿出爲州牧（大嘗劉焉益州宗正劉虞爲幽州大僕黃琬爲豫州）其任漸重官屬有別駕從事史主財穀簿書兵曹從事史主兵簿主錄閤下衆事省署文書門亭長主州正門功曹書佐主選用考師主試經

月令師主時節祭祀律令師平律簿曹佐主簿書各一人部郡從事史主察非法郡書典書佐主一郡文書每郡各一人獻帝建安十二年置中護中軍領軍各有長史司馬員魏武帝爲丞相置左右長史各一人徵事二人省西曹掾是時三國鼎峙官府吏屬各因漢制如有正行參軍行參軍員後晉景帝爲魏大將軍置東西戶倉賊金水兵騎兵等曹掾各一人不置屬文帝爲相國府官置中衛驍衛二將軍左右長史司馬從事中郎主簿各四人舍人十九人參軍二十二人參戰十一人後復置左右戶賊金水兵等曹

屬各一人倉曹屬二人增置鎧集法奏等曹掾屬各一人士馬媒等曹屬各一人散屬九人晉初諸公開府位從公（驃騎車騎衛將軍伏波撫軍都軍護軍中軍四征四鎮龍驤典軍上軍輔國等大將軍左右光祿光祿三大夫開府者皆爲位從公）長史一人西東閤祭酒西東曹掾戶倉賊曹令史屬各一人御屬各下令史西東倉戶賊等曹令史門令史記室省事令史閤下記室書令史西東曹學事各一人司徒加置左右長史各一人主簿左西曹掾屬各一人改西曹爲右西曹司空加置導橋掾一人其加兵者增置司馬一人從事中郎二人主簿記室督掾各一人舍人四人兵鎧士

曹營軍刺姦帳下都督外都督令史各一人為持節都督者增參軍六人驃騎以下及大將軍不開府非持節都督及三品將軍者置長史司馬各一人主簿功曹史門下督錄事兵鎧士賊曹營軍刺姦帳下都督功曹書佐門下書吏各一人州刺史置別駕治中從事主簿門亭長錄事記室書佐諸曹佐守從事武猛從事都水從事等吏四十一人所領郡各置部從事一人邉州又置弓馬從事五十餘人徐州別置淮海從事凉州別置河渠從事荆州別置監佃督各一人凉益州又加置吏員八十五人郡置主簿主記室

門下賊曹議生門下史記室吏錄事史書佐門下書佐循行幹小史五官掾功曹書佐循行小史五官掾文學掾等員河南郡京師所在則置尹王國以內史掌太守事其吏屬並同凡郡國戶滿五千者職五十人散吏十三人五千以上加職吏十三人散吏八人萬戶以上又加職吏六人散吏十八人武帝初置左右衛將軍亦有長史司馬功曹主簿員後安平獻王孚為大宰而分府兵鎧士營軍刺姦五曹增置屬楊駿為太傅又增祭酒為四人分兵曹為左右法金田集水戎軍馬等曹皆置屬趙王倫為相國置左右長史司馬從事中郎四人參軍二十人主簿記室督祭酒各四人東西曹又置屬餘十八曹加置掾諸曹又皆置御屬令史學幹等員東海王越為丞相府又置行參軍兼行參軍元帝初為鎮東將軍置錄事參軍為丞相置從事中郎分掌諸曹有錄事度支三兵等中郎以諮議參軍主諷議事有錄事記室東西度支戶法金倉理中兵外兵騎兵典兵兵賊運禁防典賓鎧用士騎士車直兵長流刑獄城局水右戶墨等曹其后公府止置長史倉曹掾戶曹屬東西閤祭酒各一人主簿舍人二人御屬二人令史無定員領兵者置司馬一人從事中郎二人參軍無定員加崇者置左右長史司馬從事中郎四人掾屬四

人增置倉曹屬戶曹掾領兵者又置軍諮祭酒參軍督護以領兵中護中軍領軍府增置功曹主簿出征則置參軍時又有長兼參軍除拜則為參軍事府版則為行參軍又為版行參軍五校亦置司馬功曹主簿員後省五校屯騎步兵越騎長水射聲校尉也又罷左右衛將軍長史員成帝咸康中置江州別駕祭酒省諸郡丞宋高祖為相止置諮議錄事記室戶倉外兵騎兵長流賊刑獄城局法田水鎧士集右戶墨等曹參軍皆無員合中兵直兵置一參軍曹仍舊為二自後公府皆循其制而小府省長流參軍置禁防參軍諸府參軍督護罷領軍兵騎將軍以下為刺史

都督儀同三司者置官屬並如公府都督不帶儀同者不置從事中郎置公曹一人主吏在主簿上刺史則有別駕從事史治中從事從主簿西曹書佐祭酒從事史部郡從事史楊州無祭酒以主簿治事荆州別有從事史廣州徐州別有月令從事豫州別有長史參軍別駕（西曹主吏及選事西曹郎漢之功曹也治中主衆曹文書祭酒分掌諸曹事）郡屬卒因前制文帝元嘉四年定置郡官略如公府無東西曹有功曹史主選舉五官掾主諸曹部縣有都御門亭長主記史催督期會齊州郡之職亦循前制三公府置左右長史左西曹掾屬主簿祭酒令史

從事中郎倉曹掾户曹屬東西閤祭酒主簿舍人御屬等員加崇者長史以下並增員數大將軍位從公開府儀同等府置左長史司馬各一人諮議以下參軍並同宋公府而城局以上曹署正參軍法以下曹署行參軍無曹職爲專兼員梁諸公大將軍大司馬等府置長史司馬諮議參軍掾屬從事中郎記室主簿列曹參軍行參軍舍人等員司徒府則有左右長史左西曹掾州別有文學從事郡官仍舊陳庶姓公府置諮議參軍長史司馬從事中郎掾屬中錄事中記室中直兵錄事記室中兵等參軍主簿祭酒參軍等員庶姓持節府省從事中郎參軍別置功曹史餘同公府庶姓非公不持節將軍止置長史主簿安蠻戎越校尉中郎將止置長史司馬正員之外皆有版授官自餘州郡之吏皆循梁制後魏起于代北庶職草創道武皇始元年初令州郡定置刺史太守而寮屬未著至大和定令官制始詳三公大將軍府有司馬長史元士諮議參軍主簿從事中郎參軍行記室督掾屬舍人御屬令史閤下令史又有錄事參軍事功曹記室户倉中兵參軍事參軍事列曹行參軍行參軍長兼行參軍參軍都督開府置長史從事中郎

諮議參軍正參軍主簿行參軍記室督令史一品二品三品正從將軍開府別有功曹史無元士記室督護員並如公府四品五品正從將軍止置長史司馬掾屬舍人御屬令史其長馬諮議錄事及諸參軍督主簿列曹參軍列曹行參軍中軍鎮軍撫軍有長史司馬中散行參軍按督州有別駕功曹都官司事從事錄事從事史治中從事史主簿議曹從事史郡有功曹主簿通事等員宣武永平二年併省諸州諮議記室户刑獄田水集士等曹參軍孝莊初增大丞相大宰佐史（時以爾朱榮爲太丞相元天穆爲太宰）孝靜天子中置京畿

大都督立府置佐而吏闕其職後齊二大三公府無元士分戶曹爲左右加置外兵騎兵長流城局刑獄等曹參軍事東西閤祭酒法墨田水鎧集士等曹行參軍餘並如後魏制司徒府加左右長史三公以下儀同三司開府者減記室倉城局田水鎧士等曹各一人領軍中領軍護軍中護軍府皆有長史司馬功曹主簿錄事等員其領軍府所領左右衛左右護軍府所領東西南北四中郎將府各減功曹錄事員而郎將府加置錄事參軍統府錄事直兵功倉中兵外兵騎兵長流城局等參軍法田鎧曹行參軍司府牧

置別駕從事史治中從事史州都主簿西曹書佐記室戶功金祖兵騎等曹都官法部郡等從事（主簿置史西曹以下各置掾史）清都郡置丞中正功曹主簿都御五官門下督錄事主記議生功曹記室戶田金租兵騎賊法等曹掾中部掾州刺史屬官有長史司馬錄事功倉中兵等曹參軍事及掾史主簿及掾記室掾史外兵騎兵長流城局刑獄等參軍事參軍事及掾史參軍事法墨田鎧集士等曹行參軍及掾史左戶掾史行參軍長兼參軍參軍督護統府直兵箱錄事等員州屬官有別駕從事史治中從事史州都先迎主簿主簿西曹佐月令史祭酒從事史都郡從事早服從事典籤及史門下督省事都錄事及史箱錄事史朝直刺姦記室戶田金租兵左戶等掾史（上上州刺史府及州屬官佐吏共三百九十三人上中上下州各差減十人中上州又減五十一人中中中下州又差減十人下上州又減五十人下中下下州又差減十人）郡太守屬官有丞中正先迎功曹先迎主簿功曹主簿五官省事及西戶金租兵集等曹掾佐大學博士助教大學生市長倉督等員（上上州太守官屬佐吏共二百十二人上中上下郡各差減五人中上又減四十五人中中中下郡又差減五人下郡又減四十人下中下下郡又差減二人）後周六官之制公府有上大夫元士統軍驃騎車騎柱國大將軍四征中鎮撫諸將軍府

有長史司馬司錄中郎掾屬列曹參軍戍副等員別將開府有長史司馬司錄呼藥別駕侍中列曹參軍等員隋三師不置府屬三公依後周置官寮而左右衛左右武衛左右武候大將軍並有長史司馬錄事功倉兵騎曹參軍法鎧曹行參軍各一人行參軍左右衛武候各六人武衛八人左右衛又各統親衛置開府儀同二府開府府官屬減功騎曹參軍鎧曹行參軍儀同府又減法曹行參軍餘如左右衛左右領左右府屬同開府府左右監開府別有行參軍四人餘官如左右府左右領軍府別有掾屬各一人明法

四人加行參軍十人餘官如左右衞後高祖又採後周之制置上柱國柱國上大將軍大將軍上開府儀同三司儀同三司上儀同三司儀同三司大都督帥都督總十一等上柱國府長史司馬諮議參軍事掾屬各一人功曹記室戶倉兵騎兵城局等曹參軍事各一人參軍事五人法田水鎧士等曹行參軍各一人行參軍十二人典籤二人國柱省騎兵參軍事水曹行參軍員減參軍事行參軍各一人上大將軍又省諮議參軍事田鎧曹行參軍員又減行參軍一人大將軍又省掾屬員減參軍事二人上開府又省法

士曹行參軍事參軍事員開府又省典籤員減行參軍二人上儀同又省功曹城局參軍事員又減行參軍事三人儀同又省倉曹員減行參軍二人又令三師三公置府佐與柱國同雍州牧置別駕贊務州都郡正主簿錄事西曹書佐金戶兵法士等曹從事部都從事武猛從事弁佐史等員五百二十人京兆尹置丞正功曹主簿金戶兵法士等曹佐弁佐史等員二百四十四人州刺史置長史司馬錄事功戶兵等曹參軍法士曹行參軍典籤州都光初主簿郡正主薄西曹書佐祭酒從事部郡從事倉督市令丞弁佐史等員上上州三百二十三人上中州減十二人下州又減十六人中上州又減二十九人下中中中上州又差減二十人下上州又減十人下中州又減十五人下下州又減二人郡太守置丞尉正光初主簿縣正功曹主簿西倉戶兵法士等官曹市令佐史等員上上郡一百四十六人上中郡減五人上下郡又減四人中上郡又減十九人中中郡又減六人中下郡又減五人下上郡又減十九人下中郡又減五人下下郡又減六人開皇二年罷郡以州統縣改別駕贊務爲長史司馬罷辟署令吏部除授品官爲州郡佐官四年一遷以曹爲名者並改爲司自兩漢以除府幕官都自辟署亦有朝命者梁魏以來州都縣正以下皆州郡自調用理時事至是以爲鄉官始以品官總職開皇十二年悉改諸州司從事爲參軍十五年盡罷州郡鄉官煬帝卽

位置十二衞將軍各有長史錄事司倉兵騎鎧等曹左右翊衞又有親侍鷹揚二府各有司馬長史兵倉曹左右候衞別置察非掾二人罷州置郡罷長史司馬贊務一人以二之次置東西掾主簿司功倉戶兵法士等書佐各因郡之大小而爲增減改行參軍爲行書佐其後諸郡又加置通守一人改贊務爲丞位在通守下唐丞相之務歸于臺省三公無官屬改郡爲州仍置總管之職武德四年始改總管爲都督府貞觀中分爲二等大都督府有長史司馬錄事參軍錄事六曹參軍事各二員功士曹二員參軍事典獄問事

丞佐史倉督等員有差中都督府别有别駕一人餘官竝同大都督府上州中州刺史府官同中都督府下州刺史省長史餘與中州同其大都護府無别駕士曹及叅軍事以下員上都督府又無法曹員餘同上州又因隋制置十二衞皆有衞佐長史錄事倉兵騎等曹叅軍司皆中候司戈執戟奉車都尉等員龍朔二年置左右羽林軍開元二十七年置左右龍武軍官屬同十二衞佐又有十六衞將軍正有長安史曹錄事較尉等員則天長壽中有經畧使睿宗景雲後有節度使肅宗至德後有觀察使明皇天寶後有團練防禦使節度使之屬有副使一人行軍司馬一人判官二人掌書記一人叅謀無員隨軍

四人觀察使有判官支使經畧使有判官等員其後節度觀察使防禦團練皆有推官巡官之職兼度支營田招討使者又有度支營田等判官自是正為幕府之職自後上佐曹官皆為州縣之職更不復紀其有軍轂若都虞候都知兵馬使之比有武功叅軍謀者則附次焉皆奏請有出身人及六品以下正員官為之唯兩省供奉尚書省御史臺見任卽官不得奏請其辟署未有官者皆謂之攝自從諸使兵馬留後兩京留守後置判官鹽鐵度支及場院使亦置判官推巡之職後唐莊宗同光二年令諸道節度副使兩使判官朝廷除授外幕不職吏皆委本道選任明宗天成二年又限諸藩鎮幕職不得兼錄事叅軍與都管內諸州錄事叅軍不得兼防禦判官始改刺史州防團判官為軍事判官晉高祖天福二年又限防禦團練刺史不得奏未有官人為從事漢乾祐元年又禁諸道不得奏薦行軍副使兩使判官周世宗顯德二年始令刺史州置軍士推官一員原其叅佐將幕禆贊公府承刺舉之職分守相之務而能左右宣力出入盡規潔素靡渝亮直是與建謀議而惟允集勳伐以居多竭乃忠誠膺其倚頼至于懿文秀茂明識淵猝承辟署之美膺棟求之重及負墨自恣回邪是圖

憲法所罹罪釁連及竝用論次以儆方來凡幕府部一十六門

選任　倚任

選任

夫任官惟賢前經之丕訓以能詔事三代之達道二漢之際始盛賓佐之選故辟署之命行焉施及鼎國典戎右武晉宋以降藩寄彌重其或誓師遣將建牙開府竝建宗室出臨屏翰以至掌司留務委之腹心尊崇宰弼重其叅贊則必簡乎朝議精擇素望旣咨其策畫亦頼其傳導至乃取于近侍輟自高位豈非

愼重大事貴經武之有功恊比正人冀茂親之盛德者也

魏杜襲爲太祖丞相長史從討漢中太祖東之當選留府長史鎭守長安主者所選多不當太祖令曰釋騏驥而不乘焉皇皇而更索遂以襲爲留府長史駐關中

張緝爲溫令會蜀相諸葛亮出緝上便宜詔以問中書令孫資資以爲有籌畧遂召拜騎都尉遣叅征蜀軍

晉王舒爲溧陽令明帝之爲東中郎將妙選上佐以

舒爲司馬轉後將軍宣城公褚裒諮議叅軍頻領望府咸稱明練

宋張邵爲高祖楊州主簿世子始開征虜府以邵爲錄事叅軍遷諮議叅軍領記室

張敷少整貴文韻端雅武帝聞其美召見奇之曰眞千里駒也以爲世子中軍叅軍

袁洵元嘉中累歷顯官盧陵王紹爲南中郎將江州刺史少年未親政以洵爲長史尋陽太守行府州事

張暢爲尚書主客郎未拜除江夏王義恭征北記室叅軍孝武鎭彭城暢爲安北長史沛郡太守元嘉末暢履行盱眙城欲立太鎭時魏軍聲去當出襄陽故以暢爲南譙王義宣司空長史

張永爲左衛將軍免官時孝武寵子新安王子鸞爲南徐州刺史割吳郡屬徐州起永爲別駕從事史

南齊張融字思光吳人宋孝武聞融有早譽解褐爲新安王北中郎叅軍

張岱初仕宋爲撫軍諮議叅軍領山陰令時巴陵王休若爲北徐州未親政事以岱爲冠軍諮議叅軍領彭城太守行府州國事後臨海王爲征虜廣州豫章王爲車騎楊州晉安王爲征虜南兗州岱歷三府

諮議遷驃騎長史領廣陵太守新安王子鸞以盛寵爲南徐州高選佐史孝武召岱謂之曰卿美效夙著兼資宦已多今欲用卿爲子鸞撫刺史之任無謂小屈終當大伸也

王琨初仕宋爲歷陽內史孝武以琨忠實徙爲寵子新安王東中郎長史歷右衛將軍度支尚書出爲永嘉王左軍始安王征虜二府長史皆孝武諸子也

王僧虔初仕宋自太子庶子出爲豫章王子尚撫軍長史遷散騎常侍復出爲新安王子鸞北中郎長史二藩皆孝武之愛子也

陸慧曉爲太子洗馬建元初武陵王曄守會稽太祖爲精選僚吏以慧曉爲征虜功曹

王續爲東陽太守武帝爲撫軍時吏部尚書張岱選續爲長史呈選牒太祖笑謂岱曰此素望也

張仲建武中爲廬陵王北中郎司馬未拜豐城公遥昌爲豫州帝慮寇未已徙仲爲征虜長史南梁郡太守

胡諧之爲武帝江州別駕文惠太子初鎮襄陽帝以諧之心腹出爲北中郎征虜司馬扶風守爵關內侯在鎮毗贊甚有心力

崔慧景爲南郡內史南蠻長史加輔國將軍內史如故先是蠻府置佐用資甚輕至是始重其選

孔琇之爲吳興太守時明帝輔政防制諸藩致密旨子上佐隆昌元年遷琇之爲寧朔將軍晉熙王冠軍長史江夏內史行郢州事

梁張率字士簡爲秘書丞直壽光省晉安王戍石頭以率爲雲麾中記室王遷南兖州轉宣毅諮議參軍並記室王還都率除中書侍郎王爲荆州復以率爲宣惠諮議領江陵令府遷江州以諮議領記室出監豫章臨川郡率在府十年恩禮甚篤

到漑爲湘東王繹輕車長史行府郡事武帝勑繹曰到漑非直爲汝行事足爲汝師

江革爲少府卿時武陵王在東州頗自驕縱高祖召革面勑曰武陵王年少臧盾性弱（盾王之官屬也）不能規正欲以卿代爲行事非卿不可不得有辭乃除折衝將軍東中郎武陵王長史會稽郡丞行府州事

後魏鄧述爲齊州刺史初改置百官始重公府元佐時大傅元丕出爲并州刺史以述爲太傅長史帶太原太守

刁整字景智少有大度頗涉書史爲郡功曹太和十

五年奉朝請孝文都雒親自臨選除司空法曹參軍從帝南討命廣陽王嘉鎮荆州以整爲嘉外兵參軍事

崔珽爲典屬國下大夫太和十八年大將軍宋王劉昶南鎮彭城詔假立義將軍爲昶府長史珽以疾辭免乃以王肅爲長史

李憑唐茂盧尚之孝文時趙郡王幹爲都督冀定瀛三州諸軍事詔以憑爲長史茂爲司馬尚之爲諮議參軍以輔弼之

傅永字修期爲任城王長史王肅之爲豫州以永爲

平南長史咸陽王禧慮肅難信言于孝文孝文曰已選傳修期爲其長史雖威儀不足而文武有餘矣肅以永宿士禮之甚厚永亦以肅爲孝文眷遇盡心事之情義至穆

崔鴻爲尚書都兵郎中永平初豫州城人白早生殺刺史司馬悅據懸瓠叛詔鎮南將軍邢巒討之以鴻爲行臺鎮南長史

李系爲王客郎齊文襄攝選以系爲司徒諮議參軍因謂之曰自郎署至此所謂不次以卿人才故有此舉耳

後周薛寘西魏末爲中書令時車騎大將軍儀同三司燕公于謹征江陵以寘爲司錄軍中謀畧寘並參之

薛端字仁直太祖時大軍東討以柱國李弼爲別道元帥妙簡英僚數日不定帝謂弼曰爲公思得一長史無過薛端對曰眞才也乃遣之

樂遜爲小師氏下大夫以經術教授譙王儉以下及衛公直鎮蒲州以遜爲直府主簿加車騎將軍右光祿大夫

隋元巖爲兵部尚書高祖初即位遣晉王廣鎮并州蜀王秀鎮益州盛選寮佐於時巖與王韶俱以骨鯁知名物議稱二人才具侔於高熲由是拜巖爲益州摠管長史韶爲河北道行臺右僕射高祖謂之曰公宰相大器今屈輔我兒亦如曹參相齊之意也及巖到官法令明肅吏民稱焉

令狐熈爲上開府會蜀王秀出鎮於蜀綱紀之選盛屬正人以熈爲益州摠管長史

楊异爲宗正少卿蜀王秀之鎮益州也朝廷盛選綱紀以异方直拜益州摠管長史賜錢二十萬縑三百匹馬五十匹而遣之

宇文弼領太子虞候時朝廷以晉陽爲重鎮并州摠管必屬親王長史司馬亦一時高選前長史王韶卒以弼有文武幹用出爲并州長史

皇甫誕開皇中爲尚書左丞時漢王諒爲并州摠管朝廷盛選寮佐前後長史司馬一時名士高祖以誕公方著稱拜并州摠管司摠管政事一以諮之諒甚敬焉

趙軌開皇中自齊州別駕徵至京師時衛王爽爲原州摠管高祖見爽年少以軌所在有聲授原州摠管司馬

源師爲尚書右丞時蜀王秀頗違法度乃以師爲益州摠晉司馬

劉臻開皇中爲儀同三司左僕射高熲之伐陳也以臻隨軍典文翰進爵爲伯

唐宇文歆爲右衛將軍武德初齊王元吉爲并州摠晉時劉武周南侵汾晉遣歆助元吉守并州

封倫爲內史侍郎武德初太宗之討王世充高祖召倫叅謀軍事以功封平原縣公兼天策府司馬

溫彦博爲中書侍郎武德中突厥入寇高祖命右衛大將軍張瑾爲并州道行軍摠管出拒之以彦博爲

行軍長史

竇昭爲少卿監天寶末玄宗幸蜀以永王璘爲山南東路及黔中江南西路節度度支採訪以昭爲之副

鄧景山爲隴西太守天寶末玄宗以豐王珙爲威武都督領河西隴右安西北庭等路節度採訪使以景山爲之副

裴冕爲御史中丞肅宗即位於靈武以元子廣平王領朔方河東河北三道節度使以冕爲之副

蘇震爲吏部侍郎暢璀爲諫議大夫至德初肅宗以廣平王爲天下兵馬元帥以震璀爲副使判官

李進爲御史中丞寶應初代宗以元帥雍王統河東朔方及諸道行營兵馬時廻紇兵馬十餘萬東討逆賊史朝義以進爲行軍司馬又以中書舍人常少華爲掌書記

李復大曆中歷江陵府司錄江陵少尹建中初李希烈背叛荆南節度張伯儀數出兵爲希烈所敗時朝廷憂之以復久在江陵得軍州人心時復在母喪乃起復爲江陵少尹兼中丞充節度行軍司馬

蕭復爲兵部侍郎建中末晉王誼爲揚州大都督持節荆襄江西沔鄂等道節度使兼諸將軍行營兵馬

都元帥討李希烈以復爲戸部尚書兼御史大夫充帥統軍長史（舊令有行軍長史以復父名衡更之）又以新除潭州刺史孔巢父爲右庶子兼御史中丞行軍左司馬山南東道節度行軍司馬檢校兵部郎樊澤爲諫議大夫兼御史中丞行軍右司馬刑部員外郎劉從一爲吏部郎中侍御史常贇爲工部郎中并兼御史中丞充判官兵部員外郎高叅爲兵部郎中掌書記右金吾衛大將軍渾瑊爲簡較工部尚書兼御史大夫爲中軍虞侯又以左散騎常侍歸崇敬叅謀（會朱泚亂不行）

陸長源爲汝州刺史貞元中董晉爲宣武軍節度朝

延恐晉柔懦尋以長源爲晉行軍司馬

李景畧爲左羽林將軍貞元中對於延英殿奏論衎衎有大臣風采時河東李說有疾詔以景畧爲大原少尹節度行軍司馬時方鎭節度使少徵入換代者皆死亡乃命爲行軍司馬盡簡自上意受命之日人心屬之

鄔士美未冠爲陽翟丞李抱真鎭潞州邀爲從事雅有叅賛之績其後易二帥皆詔士美佐之

裴向爲戶部員外郎德宗季年天下方鎭副倅多選自于朝防一日有變遂就授之節制向以選爲太原

少尹德宗召見喻旨尋用爲行軍司馬兼御史中丞

辛秘爲湖州刺史僉以材任將帥元和初太原節度范希朝領全師出討王承宗詔徵秘爲河東行軍司馬

崔弘禮爲棣州刺史元和中魏博田弘正請入覲思得副其事者弘禮以選授衛州刺史充魏博節度副使久之除鄭州刺史長慶元年劉摠入覲張弘靖移鎭范陽復以弘禮簡較左散騎常侍充幽州盧龍軍節度副使

胡証爲長安縣令元和中田弘正以魏博內屬詔証以左庶子爲之副

馬摠爲刑部侍郎元和十二年門下侍郎平章事裴度出爲彰義軍節度淮西宣慰處置等使憲宗以摠兼御史大夫充副使右庶子韓愈兼御史中丞充行軍司馬司勳員外郎李正封都官員外郎馮宿禮部員外郎李宗閔並兼侍御史充判官書記

錢可復爲禮部郎中大和末翰林侍講學士工部尚書鄭注出鎭鳳翔文宗以可復爲簡較兵部郎中兼御史中丞充鳳翔行軍司馬兼賜紫以駕部員外郎盧簡能爲簡較司封郎中兼侍御史充鳳翔節度判

官以主客員外郎蕭傑爲簡較工部郎中兼侍御史充鳳翔觀察判官並賜緋以左拾遺盧茂弘爲鳳翔節度掌書記

後唐任圜爲工部尚書同光二年魏王繼岌爲伐蜀行營都統莊宗以圜及翰林學士李愚從王出征叅預軍機

任賛爲刑部侍郎長興四年秦王從榮爲兵馬元帥以賛爲兵部侍郎充元帥府判官

馬義爲北部郎中天福中以爲簡較尚書吏部郎中兼御史中丞充河陽節度判官朝廷選佐皇子故也

漢張允初仕後唐爲兵部員外郎知制誥清泰初皇子重美爲河南尹典六軍諸衛事時朝廷選叅佐以允剛介改給事中充六軍判官

周張可復爲左諫議大夫漢乾祐初湘陰公鎮徐方朝行中選可倅戎者因授武寧軍節度副使簡較禮部尚書

王敏爲侍御史世宗鎮澶淵太祖以敏謹厚有稱遂命爲澶州節判及世宗尹正王畿改開封少尹

倚任

夫居牧伯之任當將帥之重雖復奉法遵職盡節效

命亦何嘗不推擇僚佐咨諏委顧然後政成而功立者哉由漢以來選辟甚盛乃有待遇隆篤周旋倚任至于條教憲令俾之裁處機謀戎務咸用關決假其風望以抨彈豪縱倚其忠厚以揔督居留極其辭藻之能施之文檄之用知人而善使推誠而不疑繇是懷才者得盡其長立義者得宣其教叶贊斯至勳業用彰古人謂申于知己者此之謂也

漢黄霸爲河南太守丞霸爲人明察内敏又習文法爲丞處職當于法令太守甚任之

陳湯爲大將軍王鳳從事中郎幕府事壹决于湯

後漢劉平爲濟陽郡丞太守劉育甚重之任以郡職

韓稜潁川舞陽人初爲郡功曹太守葛興中風病不能聽政稜陰代興視事出入二年令無違者

朱穆舉孝廉屬江淮盜賊群起大將軍梁冀素聞穆名乃辟之使典兵事甚見親任

趙勤南陽人太守桓虞召爲功曹委以郡事嘗有重客過虞欲託一事爲曹吏虞曰我有賢功曹趙勤當與議之客潛于内中聽虞乃問勤勤對曰恐未合衆客曰止止勿復道也

范滂字孟博汝南人太守宗資請署功曹委任政事

時人謡曰汝南太守范孟博南陽宗資主畫諾

岑晊字公孝南陽太守成瑨下車欲振威嚴聞晊名請爲功曹時人謡曰南陽太守岑公孝弘農成瑨但坐嘯

王渙爲廣漢功曹太守陳寵徵爲大司農和帝問何以爲治寵曰臣任功曹王渙由是知名（一云寵顯用良吏王渙鐔顯以爲腹心訟者日減郡中清肅）

陳蕃爲汝南郡主簿太守王堂搜才禮士不苟自專乃教掾史曰古人勞于求賢逸于任使故能化清于上事緝于下其憲章朝右簡覈朝職委功曹陳蕃禪

政理務拾遺補闕任王簿應嗣庶循名責實察言觀效焉自是委誠求當不復妄有辭教郡內稱治

魏審配漢末爲袁紹冀州別駕紹委以腹心并揔幕府

臧洪廣陵人漢末爲郡功曹太守張超兄邈謂超曰聞弟爲郡守政教威恩不由己出動任臧洪洪果何人超曰洪才畧智數優超超甚愛之海內奇士也邈即引見洪與語大奇之

蔣濟爲大祖丞相主簿西曹屬令曰舜舉臯陶不仁者遠臧否得中望于賢屬

楊修字德祖爲太祖丞相倉曹屬主簿是時軍國多事修總知內外事皆稱意自魏太子已上竝爭與交好

徐奕字季才爲大祖司空掾屬從西征馬超超破軍還時關中新服未甚安留奕爲丞相長史鎮撫西京稱其威信轉爲雍州刺史復還爲東曹屬太祖征吳從爲留府長史謂奕曰君之忠亮古人不過也然微太嚴昔西門豹佩韋以自緩夫能以柔弱制剛者望之于君也今使君統留事孤無復還顧之憂也

滿寵字伯寧山陽昌邑人也年十八爲郡督郵時郡內李朔等各擁部曲害于平民大守使寵糾焉朔等請罪不復鈔畧

蜀蔣琬字公琰爲丞相諸葛亮參軍亮住漢琬與長史張裔統留府事後代裔爲長史亮素外出琬當足食足兵以相供給亮每言公琰託志忠雅當與吾共贊王業者也

楊儀爲諸葛亮長史加綏軍將軍亮數出軍儀當規畫分部籌度粮穀不稽思慮斯須便了軍戎節度取辦于儀

吳劉靖盧江人孫皎爲征虜將軍督夏口委靖以得

失委江夏李允以衆事廣陵吳碩河南張梁以軍旅而傾心親待莫不自盡

晉裴秀歷文帝安東及衛將軍司馬軍國之政多見信納遷散騎常侍帝討諸葛誕秀與尚書僕射陳泰黃門侍郎鍾會以行臺從豫參謀畧

山濤爲文帝大將軍從事中郎鍾會作亂于蜀帝將西征時魏氏諸王公竝在鄴帝謂濤曰西偏吾自了之後事深以委卿以本官行軍司馬給親兵五百人鎮鄴

王祥爲呂虔徐州別駕虔委以州事州界清靜政化

大行時人歌之曰海沂之康毎賴王祥邦國不空別駕之功（一云民事一以委之世多其任能）

郭舒順陽人王澄爲荊州刺史旣至鎮日夜縱酒不親庶事雖寇戎急務亦不以在懷擢舒於寒悴之中以爲別駕委以州府

羅尚字敬之善屬文荊州刺史王戎以尚及劉喬爲參軍並委任之

劉毅字仲雄僑居陽平大守杜恕擧爲功曹月餘日沙汰郡吏百餘人爲之語曰但聞劉功曹不聞杜府君

應詹爲鎮南大將軍劉弘長史弘詹之祖舅請之曰君器識宏深後當代老子于荊南矣乃委以軍政弘著績漢南詹之力也

溫嶠爲劉琨平北大將軍參軍琨遷司空以嶠爲右司馬時并土荒殘寇盜群起石勒劉聰跨帶疆埸嶠爲之謀主琨所憑恃焉

諸葛恢爲元帝瑯琊王從事中郎愍帝即位徵用四方賢儁召恢爲尚書郎王以經緯碩才疏留之

卞壺字望之元帝爲琅邪王鎮建業召爲從事中郎委以選擧甚見親使

勰喬爲王導從事中郎南頓王宗反喬殺宗于是導及庾亮並倚仗之轉鎮軍將軍

毛穆之寶之子果毅有父風爲安西將軍庾翼參軍翼等專制陝西以子方之爲建武將軍守襄陽方之年少翼選武將可信仗者爲輔弼乃以穆之爲建武司馬

王珣爲桓溫大司馬主簿時溫經畧中夏竟無寧歲軍中機務並委珣焉

江逌爲吳令中軍將軍殷浩將謀北伐請爲咨議參軍浩甚重之遷長史浩方修復雒陽經營荒梗逌爲

上佐甚有輔弼之益軍中書檄皆以委逌

劉鍾爲劉牢之鎮北參軍督護高祖每有戎事鍾不辭艱劇事必盡力甚見愛信

宋劉穆之高祖初定京城辟爲車騎主簿諸大處分皆倉卒立定並穆之所建也遂委以腹心之任動止咨焉穆之亦竭節盡誠無所遺隱從征廣固還拒盧循嘗居幕中畫策決斷衆事劉毅等疾穆之見親每從容言其權重高祖愈信仗之後遷太尉中軍司馬高祖西伐司馬休之中軍將軍長沙王道憐知留任而事無大小一決穆之乃加冊陽尹高祖西討劉毅

以諸葛長民監留府摠攝後事高祖疑長民難獨任留穆之以輔之加建威將軍置佐吏配給實力長民果有異謀而猶豫不能發乃屏人謂穆之曰悠悠之言皆云大尉與我不平何以至此穆之曰公泝流遠伐而以老母稚子委節下若一毫不盡豈容如此耶意乃小安高祖還長民伏誅

臧燾爲通直郎高祖鎭軍車騎中軍大尉諮議參軍高祖北伐關雒大司馬瑯邪王同行除大司馬從事中郎摠留府事

謝景仁爲高祖車騎司馬及高祖北伐時大司馬瑯

邪王天子母弟屬當儲副高祖深以根本爲憂轉景仁爲大司馬專摠府任

徐羨之爲高祖大尉左司馬高祖北伐掌留任以副貳劉穆之

謝晦爲高祖大尉主簿從征關雒内外要任悉委之

王誕爲高祖大尉諮議參軍轉長史盡心歸奉日夜不懈高祖甚委使之

張茂度爲高祖太尉主簿楊州治中從事史高祖西伐劉毅茂度居守留州事悉委之軍還遷中書侍郎高祖北伐關雒復任留州事

王華爲文帝司馬大祖入奉大統留華總後任

顔竣爲孝武安北鎭軍北中郎府主簿孝武鎭尋陽遷南中郎記室參軍元嘉三十年春以父延之致仕固求解職不許賜假未發而孝武舉兵入討元凶轉諮議參軍領錄事任總外内并造檄書孝武發尋陽便有疾領錄事自沈慶之以下並不堪相見唯竣皆專斷施行

張邵初爲世子中軍參軍武帝北伐邵請見曰人生危脆必當遠慮劉穆之若邂逅不幸誰可代之事業如此苟有不諱事將如何帝曰此自委穆之及卿耳

又爲文帝荆州司馬領南郡相事悉決于邵

劉湛爲彭城王義康豫州長史梁郡太守義康弱年未得親政府州事悉委湛後爲江夏王義恭撫軍長史湛子琰于江陵病卒湛求自送喪還都義恭亦爲之陳請文帝答義恭曰吾亦得湛啟事爲之酸懷乃不欲苟違所請但汝弱年新涉庶務八州殷曠專斷事重疇咨委仗不可不得其人量筭二三未獲便相順許令答湛啓權停彼葬頃朝臣零落相繼寄懷轉寡湛實國器吾乃欲令其引還直以西夏任重要且停此事耳汝慶賞黜罰預關失得者必宜悉相委寄

庾登之爲衡陽王義季征虜長史義季少年未親政衆事一以委之
范曄爲始興王濬後軍長史領南下邳太守及濬爲揚州未親政事悉以委曄
謝方明爲左將軍道憐長史高祖命府內衆事皆諮決之隨府轉中軍長史尋更加晉陵太守復爲驃騎長史南郡相委任如初
江湛爲吏部郎隨王誕爲北中郎將南徐州刺史以湛爲長史南東海太守政事悉委之
南齊胡諧之南昌人武帝頓盆城使諧之守尋陽城

及爲江州復以諧之爲別駕委以事任
沈冲字景緯爲武帝征虜長史尋陽太守甚見委遇帝還都使冲行府州事
江祏爲明帝驃騎諮議參軍帝時輔政委以腹心
沈瑀爲竟陵王子良府參軍領揚州部傳從事子良甚相知賞家事皆委瑀子良薨瑀復事刺史始安王遙光嘗被使送民丁速而無怨遙光謂同使曰爾何不學沈瑀所爲乃令瑀專知州獄事
李珪之字孔璋爲蔡興宗安西府佐委以職事清治見知
宗史爲南康王荆州別駕時西土位望唯史與同郡樂謁劉坦爲州人所推信故領軍將軍蕭穎冑深相委仗每事諮焉
徐摛爲晉安王諮議參軍王揔戎北伐以摛兼寧蠻府長史參贊戎政教命軍書多自摛出
孔休源爲晉安王府長史南蘭陵太守別勅專行南徐州事休源累佐名藩甚得民譽王深相倚仗軍民機務動止詢謀嘗于中齋別施一榻云此是孔長史坐人莫得預焉其見敬如此
梁蔡道恭齊末爲和帝西中郎中兵參軍帝起兵蕭

穎冑以道恭素著威畧專相委任
王茂爲高祖雍州長史帝以王佐許之事無大小皆詢焉
何遠爲後漢軍鄱陽王恢錄事參軍在府盡其智力知無不爲恢亦推心仗之恩寄甚密
蕭允爲晉王長史王爲南豫州允從爲長史時王尚少未親民務故委允行府州事
劉穀爲湘東王中記室太清中侯景亂世祖承制上疏書檄多委焉穀亦竭力盡忠甚蒙賞遇
許亨爲太尉王僧辯從事中郎與吳興沈景對掌書

記府朝政務一以委焉

庾黔婁鄉人鄧元起爲益州刺史以黔婁爲録事參軍又得荆州刺史蕭遙欣故客蔣光濟並厚待之任以州事黔婁甚清潔光濟多計謀並勸爲善政

劉盈爲岳陽王察中郎府録事參軍隨察之鎮有器度勤于公軍國經謀頗得參預

陳謝岐仕梁爲山陰令侯景亂岐流寓東陽景平依於張彪彪在吳郡及會稽庶事一以委之彪每征討常留岐監郡知後事

趙知禮字齊旦高祖討元景仲引爲記室嘗侍左右

深被委任當時計畫莫不預焉知禮亦多所獻替

陸山才字孔章爲周文育南豫州都督長史育不知書疏政事悉以委之文育南討歐陽頠計畫多出山才及文育西征王琳留山才監江州事仍鎮豫章

盧淵爲京兆王愉蕭長史賜絹百疋愉既年少巨細多決于淵淵以誠信御物甚得東南民和

陸見賢侍中纘之兄子宣帝爲楊州牧乃以爲治中從事史深被知遇歷給事黄門侍郎

程文季爲始興王府門內中直兵參軍是時王爲楊州刺史鎮治城府中事悉以委之

後魏辛琛爲榮陽郡丞孝文南征大守元麗從與駕詔琛曰委郡事如大守也

高景自符璽郎中出爲冀中別駕未之任屬刺史元愉據州反宣武遣尚書李平爲都督率衆討之平以顥彼州領袖乃引爲録事參軍仍領統軍機取含多與參決

楊機字顯畧爲河南尹元暉功曹暉尤委以郡或謂暉曰弗躬弗親庶人弗信何得委事于機高卧而已暉曰吾聞君子勞於求士逸於任賢吾既委得其才何爲不可由是聲名更着

楊固爲尚書考功郎大軍征硤石勅爲僕射李平行臺七兵郎平奇固勇敢軍中大事悉與謀之

崔光韶爲濟州輔國府司馬刺史高祖甚知之政事多委訪焉

甄楷字德式定州人刺史廣陽王淵被徵還朝時楷丁憂在鄉淵臨發召楷兼長史委以州任

高緒爲冀州儀同府中司兵參軍爲府主封隆之所賞隆之行梁州引自隨嘗令摠攝數郡

房天樂爲清州別駕大將軍文秀扳爲長史督齊郡州府之事一以委之

高道穆初爲蕭寶寅行臺郎中軍機之事多以委之大都督崔延伯敗後賊勢轉彊屢請益兵朝廷不許寶寅謂道穆曰非卿一行兵無益理遂令乘傳赴雒靈大后親問賊勢道穆具以狀對大后怒曰比來使人皆言賊弱何獨云其彊也道穆曰前使不實者當是曩陛下恩顏望露爵賞臣旣忝使人不敢虛妄願令近臣親簡足知虛實

楊侃爲叔椿雍州錄事參軍帶長安令府州之務多所委決

崔康爲彭城王勰衞軍府錄事參軍勰從征行招致

壯俠以爲部下勰目之謂左右曰吾當寄胆氣于此人

姜儉爲太尉外兵參軍蕭寶寅討關西引爲開府屬軍機謀畧多所參預儉亦自謂遭逢知巳遂竭誠委託

盧陽烏爲彭城王府長史京兆王愉拜都督徐州刺史以陽烏兼長史州事巨細委之

朱瑞爲將軍爾朱榮府戶曹參軍瑞長厚質直敬愛人士又爲大行臺郎中甚爲榮所親任

劉貴爲爾朱榮府騎兵參軍榮性猛急貴尤嚴峻每見任使多愜榮心遂被信遇位望日重加撫軍將軍

北齊薛琡東魏天平初神武引爲丞相長史琡宿有能名深被禮遇軍國之事多所關知琡亦推誠盡節屢進忠讜

張華原字蒲國少明敏有器度神武開驃騎府引爲法曹參軍遷大丞相府屬仍侍左右從於信都深爲高祖所親待高祖每號令三軍府當令宣諭意旨

孫搴爲神武相府主簿掌文筆能通鮮卑語兼宣傳號令當煩劇之任大見賞重

趙彥深爲神武丞相功曹參軍專掌機密及文襄嗣位丞相慮河南有變乃自巡撫委彥深後事轉大行

臺都官郎中臨發握手泣曰以母弟相託幸得此心旣而內外寧靜彥深之力也

裴昭字元景爲文襄府墨曹參軍甚見親委與陳元康崔暹等參謀機密

裴雋爲幽州刺史盧文偉平北府長流參軍雋案舊迹修督亢陂溉田萬餘頃民賴其修立之功多以委焉

崔昂文襄在藩嘗委以腹心之任及入輔朝政召爲開府長史時勲將親族賓客在都下放縱多行不軌孫騰司馬子和之門尤劇昂受帝咨旨以法繩之未

幾之間內外齊肅

李義深爲幷州長史時刺史可朱渾道元不親細務民事多委義深甚濟機速

後周令狐整初爲後魏東陽王榮主簿委以庶務晝諾而已

趙善初爲後魏爾朱天光主簿天光討邢杲及萬俟醜奴以善爲長史軍中謀議每參預之

蘇亮初爲後魏齊王蕭寶寅參軍歷開府主簿記室參軍寶寅遷大將軍仍爲之掾寶寅雅知重亮凡有文檄謀議皆以委之尋行武功郡事甚著聲績長孫

稚爾朱天光等西討並以亮爲郎中專典文翰及賀拔岳爲關西行臺引亮爲左丞典機密

呂思禮初爲後魏關西大行臺賀拔岳郎中與姚幼愉入關俱爲岳所重專掌機密甚有時譽

柳虬初爲後魏馮翊王季海行臺郎中時軍旅務殷虬勵精從事或通夜不寢季海嘗云柳郎中判事我不復重看

李旭初爲後魏綏德公陸通司馬大祖許之旭雖年少通特加接待公私之事咸取決焉

王思政初爲後魏員外散騎侍郎屬萬俟醜奴宿勤明達等擾亂關右北海王顥率兵討之啓思政隨軍軍中所有謀議並與參詳

申徽爲太祖夏州記室參軍兼府主簿太祖察徽沉密有度量每事信委之

長孫儉爲太祖夏州錄事深敬器之賀拔岳被害太祖赴平涼凡有經綸謀策儉皆參預

趙肅字慶雍雒陽人大統三年獨孤信東討肅爲司州別駕監督粮儲軍用不匱大祖聞之謂人曰趙肅可謂雒陽主人也

柳敏字白澤爲太祖丞相府戶曹參軍兼記室每有

四方賓客常令主之爰及吉凶禮儀亦令監綜

馮遷爲晉公護府掾性質直小心畏慎雖居樞要不以勢位加人兼明練時事善於斷決每校閱文簿孜孜不倦從晨逮夕未嘗休止以此甚爲護所委任

隋陰壽爲高祖丞相掾尉迥之亂韋孝寬以元帥擊之令壽監軍時孝寬有病不能親撫戎事每卧帳中遣婦人傳教命三軍綱紀皆取決於壽以功進位上柱國

盧昌衡爲壽州摠管宇文述長史述甚敬之委以州務

李圖通爲秦王并州揔管長史王仁恭自弱少斷決府中事多圖通

府任環陳末爲衡州司馬都督王勇甚敬異之委以州府之務

裴矩初任隋伐陳之役領元帥記室及陳平晉王令矩與高熲收陳圖籍歸之祕府

李靖爲趙郡王孝恭行軍長史討蕭銑高祖以孝恭未更戎旅三軍之任一以委靖

朱仙客開元中爲河西節度蕭嵩判官嵩以軍政委仙客清勤不倦接待上下必以誠信

裴冕天寶中爲京畿採訪使王鉷判官冕雖無學術守職通明果於臨事鉷甚委之

韋元甫初任滑州白馬尉以吏術知名本道採訪使韋陟深器之奏充支使與同幕判官員錫齊名元甫精於簡牘錫詳於平覆陟推誠任之時謂員推韋狀

呂諲爲隴右河西節度哥舒翰度支判官性謹守勤于吏職雖同寮追賞而塊然視事不離案牘翰益親之段秀實至德初爲安西判官父殁哀毁過禮都將李嗣業授節制思秀實如失左右手表請起復爲義王友克節度判官

張群爲京兆府司錄肅宗以府尹劉晏判度支晏委府事於群及杜亞綜大體議論號爲稱職

李復大曆中爲江陵府司錄精曉吏道尹衞伯玉厚遇之府中之事多以咨委性刻削爲伯玉所信奏爲江陵令遷少尹

李融大曆中爲福建都團練觀防判官防移江西融復爲團練判官政事多決於融

張建封大曆中爲河陽節度馬燧判官李靈曜反於梁宋間與魏博田悅犄角同爲叛燧與李忠臣同討平之軍務多以委建封人稱其能

鄭雲逵建中末奉天之難以諫議大夫奔赴行在居數日神策行營節度李晟表爲行軍司馬戎略多咨之王鍔貞元中爲江西節度嗣曹王皋都虞候鍔小心習業事善探府軍情狀至於語言動靜巨細畢以白皋皋亦推心委之雖家醼妻女之會鍔或在焉鍔亦感皋之知事無所避

盧群貞元中爲江西節度嗣曹王皋判官曹王移鎮江陵襄陽群皆佐使府幕中之事多以咨委以正直聞

嚴震貞元中爲東川節度判官韋收薦爲押衙攺鎮

王府司馬嚴武以宗姓之故軍府之事多以委之
元義方精於吏理貞元中爲京兆府司錄時常夏卿李實繼居尹正府之公務一以咨之
梁敬翔爲太祖宣武從事太祖與蔡賊相拒累歲城門之外戰聲相聞機畧之間翔頗預之大祖大悅恨得翔之晚故軍謀政術一以諮之蔡賊平奏授太子中允賜緋從平兗鄆簡較水部郎中
裴廸太祖至汴延在賓席恩禮甚優厥後每統帥出征咸命主留事廸亦勤瘁夙夜不失所委累遷職至節度判官官至簡較僕射光化初太祖牓於院曰謬

膺重委摠授三藩軍機雖鑿於柮謀民政全繫於右席節度裴判官詳明吏理首冠賓筵冰蘗不渝始終如一自此應諸州錢穀刑獄等事並請指揮乃偏報管內咸遣知委
後唐司空頲爲魏州節度使羅紹威掌書記紹威聚書萬卷尤工篇什每公私宴集無不屬和幕中皆知名士而頲益蒙聽遇軍機政術必先圖議誅牙軍之謀頲亦預焉
淳于晏在霍彥威幕相得甚歡及歷數鎮皆爲從事軍府之事至于私門事無巨細俱取決於晏雖爲幕賓有若家宰爾後公侯門客往往效之時謂之效淳故彥威所至稱治由晏之力也
晉張彭仕後唐爲眞定留守任圜推官事無巨細悉訪於彭

冊府元龜

册府元龜

巡按福建監察御史臣李嗣京　訂正

知長樂縣事臣夏允彝叅閲

知建陽縣事臣黄國琦較釋

幕府部二

知識

傳曰知者不失人亦不失言易曰君子見幾而作乃有受署戎府叅佐郡務咨以策畫賴其協贊漢魏而下逮辟甚盛賢英畢集話言多在至或深識政本洞達治要究時之利病知事之善敗察姦宄之情狀辨

强弱之形勢循預之論立決曠廢之典斯舉援經義以正大體酌物理而見未然用能釋患而解紛成務而宣績道茂乎當世美流乎無窮斯所謂好謀而成其智足使者已

後漢鄭興爲更始丞相李松長史松先入長安令興還奉迎遷都更始諸將皆山東人咸勸留雒陽興說更始曰陛下起自荆楚權政未施一朝建號而山西雄桀爭誅王莽開關郊迎者何也此天下同苦王氏虐政而思高祖之舊德也今久不撫之臣恐百姓離心盜賊復起矣春秋書齊小白入齊不稱侯未朝廟故也今議者欲先定赤眉而後入關是不識其本而爭其末恐國家之守轉在函谷雖卧雒陽庸得安枕乎更始曰朕西決矣

鮑永上黨人爲郎功曹時有矯稱侍中止傳舍者太守趙興欲謁之永疑其詐諫不聽而出興遂駕往永乃拔佩刀截馬當胷乃止後數日詔書果下捕矯稱者永由是知名

鍾離意會稽山陰人少爲郡督郵時部縣亭長有受人酒禮者府下記案考之意封還記入言於太守曰春秋先內後外詩云刑於寡妻以御於家邦明政化

之本自近及遠今宜先清府內且濶畧遠縣細微之愆太守甚賢之遂任以縣

周章南陽人初仕郡爲功曹時大將軍竇憲免封冠軍侯就國章從太守行春到冠軍太守猶欲謁之章進諫曰今日公行春豈可越儀私交且憲椒房之親勢傾王室而退就藩國禍福難量明府剖符大臣千里重任舉止進退其可輕乎太守不聽遂便升車章前拔佩刀絕馬鞅於是乃止及憲被誅公卿以下多以交關得罪太守幸免以此重章

崔瑗辟車騎將軍閻顯府時太后稱制顯入叅政事

先是安帝廢太子爲濟陰王而以北鄉侯爲嗣瑗以侯立不以正知顯將敗欲說令廢立而顯日沈酔不能得見乃謂長史陳禪曰中常侍江京陳達等得以嬖寵惑蠱先帝遂使廢黜正統扶立疎孽少帝即位發病廟中周勃之徵於斯復見（呂后立惠帝後宮子爲少帝周勃廢之也）今欲與長史君共求見說將軍白大后收京等廢少帝引立濟陰王必上當天心下合人望伊霍之功不下席而立則將軍兄弟傳祚於無窮若拒違天意久曠神器則將以無罪并辜元惡（元大也書曰元惡大憝）此所謂禍福之會分功之時（蔡澤說范雎曰君獨不觀夫博者乎或欲大投或欲分功今君相秦坐制諸侯使天下皆畏秦此亦秦之分功之時也）禪猶豫未敢從會北鄉

侯薨孫程立濟陰王是爲順帝閻顯兄弟悉伏誅瑗坐被斥門生蘇祇具知瑗謀欲上書言狀瑗聞而遽止之時陳禪爲司隸校尉召瑗謂曰第聽祇上書禪請爲之證瑗曰此譬猶兒妾屛語願使君勿復出口遂辭歸

周舉辟司徒李郃府時宦者孫程等既立順帝誅滅諸閻議郎陳禪以爲閻大后與帝無母子恩宜徙別館絕朝見羣臣議者咸以爲宜舉謂郃曰昔鄭武姜謀殺莊公莊公誓之黃泉秦始皇怨母失行久而隔絕後感頴考叔茅焦之言修復子道書傳美之今諸閻新誅大后幽在離宫若悲愁生疾一旦不虞主上將何以令于天下如從禪議後世歸咎明公宜密表朝廷令奉太后率厲群臣朝覲如舊以厭天心以答人望郃即上疏陳之明年正月帝乃朝于東宫大后由此以安

鍾皓爲司徒掾公出（臣欽若曰公謂司徒也史失其名）道路泥濘導從惡其相灑去公車絕遠公推軾言司徒今日爲獨行爾還府向閣鈴下不扶令揖掾屬公奮手不顧時舉府掾屬皆投劾出皓爲西曹掾即開府門分布曉語已出者曰臣下不能得自直于君若司隸舉繩墨

以公失宰相之禮又不勝任諸君終身何所任邪掾屬以故皆止都官果移西曹掾問室府去意皓召都官吏以見掾屬名示之乃止

何顒南陽人辟司空府每三府掾屬會議顒策謀有餘者皆自以爲不及

魏沮授爲袁紹從事時紹進軍黎陽遣顔良攻劉延於白馬曹公救延與良戰破斬良先是紹臨發授會其宗族散資財以與之曰夫勢在則威無不加亡則不保一身哀哉其弟宗曰曹公士馬不敵君何懼焉

授日以曹兗州之明略又挾天子以爲資我雖克公孫衆（謂公孫瓚也）實疲獘而將驕主怢軍之破敗在此舉也楊雄有言六國蚩蚩爲嬴弱姬今之謂也及紹將濟河授諫曰勝負變化不可不詳今宜留屯延津分兵官渡若其克獲還迎不晚設其有難衆弗可還紹弗從授臨濟歎曰上盈其志下矜其功悠悠黄河吾其反乎遂以疾辭紹恨之乃省其所部兵屬郭圖紹後果敗

王朗舉孝廉辟公府不應徐州刺史陶謙察朗茂才時漢帝在長安關東兵起朗爲謙治中與别駕趙昱

等說謙曰春秋之義求諸侯莫如勤王今天子越在西京宜遣奉承王命謙乃遣昱奉章至長安天子嘉其意拜謙安東將軍以昱爲廣陵太守朗會稽太守

荀彧爲太祖奮武司馬時董卓威陵天下太祖以問彧彧曰卓暴虐已甚必以亂終無能爲也

國淵爲太祖太司空掾屬太祖征關中淵統留事田銀蘇伯反河間銀等旣破破賊文書舊以一爲十及淵上首級如其實數太祖問其故淵曰夫征討外寇多其斬獲之數者欲以大武功宣示民聽也河間在封域之内銀等叛逆雖克捷有功淵竊耻之太祖大悦

郭嘉爲太祖司空軍祭酒太祖謂嘉曰本初擁冀州之衆青并從之地廣兵强而數爲不遜吾欲討之力不敵如何對曰劉項之不敵公所知也漢祖唯智勝項羽雖彊終爲所擒嘉竊料之紹有十敗公有十勝雖兵强無能爲也紹繁禮多儀公體任自然此道勝一也紹以逆動公奉順以率天下此義勝二也漢末政失于寬紹以寬濟寬故不攝公糾之以猛而上下知制此治勝三也紹外寬内忌用人而疑之所任唯親戚子弟公外易簡而内機明用人無疑唯才所宜

不問遠近此度勝四也紹多謀少决失在後事公策得輒行應變無窮此謀勝五也紹因累世之資高議揖讓以收名譽之士好言飾外者多歸之公以至心待人推誠而行不爲虚美以儉率下與有功者無所吝士之忠正遠見而有實者皆願爲用此德勝六也紹見人饑寒恤念之形於顔色其所不見慮或不及也所謂婦人之仁爾公于目前小事時有所忽至于大事與四海推恩之所加皆過其望雖所不見慮之所周無不濟也此仁勝七也紹大臣爭權讒言惑亂公御下以道浸潤不行此明勝八也紹是非不可知

公所是進之以禮所不是正之以法此文勝九也紹好爲虚勢不知兵要公少以克衆用兵如神軍人恃之敵人畏之此武勝十也大祖笑曰如卿所言孤何德以堪之後劉備來奔大祖以爲豫州牧或謂大祖曰備有英雄志今不早圖後必爲患大祖以問嘉嘉曰有是然公提劒起義兵爲百姓除暴推誠仗信以招俊傑猶懼其未也今備有英雄名以窮歸已而害之是以害賢爲名則智士將自疑回心擇主公誰與定天下夫除一人之患以沮四海之望安危之機不可不察太祖笑曰君得之矣大祖將北征三郡烏丸

諸將皆曰袁尚亡虜爾夷狄貪而無親豈能爲尚用今深入征之劉備必說劉表以襲許萬一爲變事不可悔惟嘉策表必不能任備勸太祖行

何夔爲太祖司空掾屬時有傳袁術軍亂者大祖問夔曰君以爲信不夔對曰天之所助者順人之所助者信術無信順之實而望天人之助此不可以得志于天下夫失道之主親戚叛之而况于左右乎以夔觀之其亂必矣太祖曰爲國失賢則亡君不爲術所用亂不亦宜乎

和洽爲大祖丞相掾屬時毛玠崔琰並以忠清幹事其選用先尚儉節洽言曰天下大器在位與人不可以一節論也儉素過中自以處身則可以此節格物所失或多今朝廷之議吏有著新衣乘好車者謂之不清長吏過營形容不飾衣裘敝壞者謂之廉潔至令士大夫故汙辱其衣藏其輿服朝府大吏或自挈壺飡以入官寺夫立教觀俗貴處中庸爲可繼也今崇一槩難堪之行以簡殊塗激而爲之必有疲瘁古之大教務在通人情而已凡激詭之行則容隱僞矣

程昱爲奮武將軍太祖征馬超文帝留守使昱參軍事田銀蘇伯等反河間遣將軍賈信討之賊有千餘

人請降議者皆以爲宜如舊法昱曰誅降者謂在擾攘之時天下雲起故圍而後降者不赦以示威天下開其利路使不至于圍也今天下略定且在邦域之中此必降之賊殺之無所威懼非前日誅降之意臣以爲不可誅也縱誅之宜先啟聞衆議者曰軍事有專無請昱不答文帝起入特引見昱曰君有所不盡邪昱曰凡專命者謂有臨時之急呼吸之間者爾今此賊制在賈信之手無朝夕之變故老臣不願將軍行之也文帝曰君慮之善即白太祖太祖果不誅太祖還聞之甚說謂昱曰君非徒明于軍計又善處人

父子之間

田豫字國讓公孫瓚使守東州令瓚敗而鮮于輔爲國人所推行太守事素善豫以爲長史時英傑並起輔莫知所從豫謂輔曰終能定天下者必曹氏也宜遂歸命無後禍期輔從其計因受封寵太祖召豫爲丞相軍謀掾

蜀王商爲益州牧劉璋治中從事初韓遂與馬騰作亂關中數與璋父焉交通信至騰子超復與璋相聞有連蜀之意商謂璋曰超勇而不仁見得不思義不可以爲脣齒老子曰國之利器不可以示人今之益

部士美民豐寶物所出斯乃狡夫所欲傾覆超等所以西望也若引而近之則猶養虎將自遺患矣璋從其言乃拒絕之

黄權爲劉璋主簿時別駕張松建議宜迎先主使伐張魯權諫曰左將軍有驍名今請到欲以部曲遇之則不滿其心欲以賓客禮待則一國不容二君若客有泰山之安則主有累卵之危可但閉境以待河清璋不聽竟遣使迎先主出權爲廣漢長

楊洪爲定蜀太守李嚴功曹先主爭漢中急書發兵軍師將軍諸葛亮以問洪洪曰漢中則益州咽喉存亡之機會若無漢中則無蜀矣此家門之禍也方今之事男子當戰女子當運發兵何疑

周群爲先主儒林校尉先主欲與魏太祖爭漢中問羣羣對當得其地不得民也若出偏軍必不利當戒愼之時後部司馬張裕天才過群諫先主曰不可爭漢中軍必不利先主竟不用裕言果得地而不得民也遣將軍吳蘭雷銅等入武都皆沒不還悉如羣言

吳顧徽爲大帝主簿嘗近出行見營軍將一男子至市行刑問之何罪云盜百錢徽語使住須臾馳詣闕陳啓方今畜養士衆以圖北虜視此兵丁健兒且所

盜少愚乞哀原帝許而嘉之轉東曹掾

潘濬爲大帝荆州治中軍事一以諮之武陵部從事樊伷誘導諸夷圖以武陵屬劉備外白差督督萬人往討之帝不聽特召問濬濬荅以五千兵往足以擒伷帝曰卿何以輕之濬曰伷是南陽舊姓徒能弄脣吻而實無辨論之才臣所以知之者伷昔嘗爲州人設饌比至日中食不可得而十餘自起此亦侏儒觀一節之驗也帝大笑而納其言即遣濬將五千往果斬平之

晉唐彬魯國鄒人爲郡門下掾轉主簿刺史王沉集

諸參佐盛論距吳之策以問九郡吏彬與譙郡主簿張惲俱陳吳有可兼之勢沉善其對又使彬難言吳未可伐者而辭理皆屈後爲文帝參軍鄧艾之誅也帝以艾久在隴右素得士心一旦夷滅恐邊情騷動使彬密察之彬還白帝曰鄧艾忌克詭狹矜能負才順從者謂爲見事直言者謂之觸迕雖長史司馬參佐牙門答對失指輒見罵辱處身無禮大失人心又好施行事役數勞衆力隴右甚患苦之喜聞其禍不肯爲用今諸軍已至足以鎮壓外內願無以爲慮

荀勗爲文帝從事中郎領記室時官騎路遺求爲刺

客入蜀勗言于帝曰明公以至公宰天下宜仗正義以伐違貳而名以刺客除賊非所謂刑于四海以德服遠也帝稱善時鍾會謀叛審問未至而外人先告之帝待會甚厚未之信也勗曰會雖受恩然其性未可許以見得思義不可不速爲之備帝即出鎮長安

杜軫蜀郡成都人爲郡功曹吏時鄧艾至成都軫白太守曰今大軍來征必除舊布新明府宜避之此全福之道也太守乃出艾果遣其參軍牽引自之郡引問軫前守所在軫正色對曰前守達去就之機輒自出官舍以俟君子引器之命復爲功曹軫固辭

魏舒爲相國參軍府朝碎務未嘗見是非至於廢興大事衆人莫能斷者舒徐爲籌之多出衆議之表

潘京武陵漢壽人辟郡主簿後立太廟州郡皆遣使賀京白太守曰夫太廟立移神主應問訊不應賀遂遣京作文使詣京師以爲永式

陳頵字延思元帝遷鎮東頵行參軍事典法兵二曹建興初制板補錄事參軍參佐掾屬多設辭故以避事任頵議諸寮屬秉昔西臺養望餘弊小心恭肅更以爲俗偃蹇倨慢以爲優雅至令朝士縱誕臨事遊行漸弊不革以至傾國故百尋之屋突直而燎焚千

里之隄蟻垤而穿敗古人防小以全大慎微以杜萌自今臨使稱疾須催乃行者皆免官初趙王簒位三王起義制己亥格其後論功雖小亦皆依用頵意謂不宜以爲常式駁之曰聖王懸爵賞功制罰糺違斯道苟明人赴水火且名器之實不可妄假非才謂之致寇罷厚戒在斯亡昔孫秀口唱簒逆手弄天機惠皇失御九服無戴三王建義席捲四海合起義之衆結天下之心故設己亥義格以權濟難此皆一切之法非常倫之格也其起義以來依格雜猥遣人爲侯或加兵伍或出皂僕金紫佩士卒之身符策委傭隸

之門使天官降辱王爵黷賤非所以正皇綱重名器之謂也請自今以後宜停之

顧和爲王導揚州從事導遣八部從事之部和爲下傳還同時俱見諸從事各言二千石官長得失和獨無言導問和卿何所聞答曰明公作輔寧使網漏呑舟何緣採聽風聞以察察爲政導咨嗟稱善

毛寶爲溫嶠平南參軍蘇峻作逆嶠將赴難而征西將軍陶侃懷疑不從嶠屢說不能迴更遣使順侃意曰仁公且守僕宜先下遣信已二日會寶別使還聞之說嶠曰凡舉大事當與天下共同衆克在和不聞

有異假令可疑猶當外示不覺況自作疑邪便宜急追信改舊書說必應俱征若不及前信宜更遣使嶠意悟即遣信改書侃果共征峻

羅含爲桓溫征西參軍溫嘗使含詣太守謝尚有所檢劾含至不問郡事與尚累日酣飲而還溫問所劾事含曰公謂尚何如人溫曰勝我也含曰豈有勝我公而行非邪故一無所問溫奇其意而不責焉

殷仲堪爲謝玄冠軍長史致書于玄曰胡亡之後中原子女鬻於江東者不可勝數骨肉星離荼毒終年怨苦之氣感傷和理誠喪亂之常足以懲戒復非王澤廣潤愛育蒼生之意也當世大人旣慨然經略將以救其塗炭而使理至於此良可歎息願節下引之以道德運之以神明隱心以及物垂理以禁暴使足踐晉境者必無懷感之心枯槁之類莫不同漸天潤仁義與干戈並運德心與功業俱隆實所期於明德也頃聞抄掠所得多皆採稆饑人壯者欲以救子少者志在存親行者傾箱以顧念居者吁嗟以待延而一旦幽縶生離死絕求之於情可傷之甚昔孟孫獵而得麑使秦西以之歸其母隨而悲鳴不忍而放之孟孫赦其罪以傳其子禽獸猶不可離況於人乎夫

鵶鶚惡鳥也食桑葚猶懷好音雖曰戎狄其無情乎苟感之有物非難化也必使邊界無貪小利強弱不得相陵德音一發必聲振沙漠二寇之黨將靡然向風何憂黃河之不開哉玄深然之

宋胡藩爲高祖鎭軍參軍事從征鮮卑賊保廣固累月未拔之夜佐史並集忽有鳥大如鵞蒼黑色飛入高祖帳裏衆皆駭愕以爲不祥藩起賀曰蒼黑者胡虜之色胡虜歸我大吉之祥也明旦攻城陷之

臧熹爲東海太守參高祖車騎中軍軍事高祖將征廣固議者多不同熹從容言曰公若奮威北境拯其

塗炭寧一六合未爲無期高祖曰卿言是也

謝景仁爲高祖車騎司馬義熙中高祖以內難既寧思弘外畧將伐鮮卑朝議皆謂不可劉毅時鎮姑孰固止高祖以爲苻堅侵境謝太傅猶不自行宰相遠出傾動根本景仁獨曰公建桓文之烈應天人之心興復皇祚芟夷姦逆雖業高振古而德刑未孚宜推亡固存廣樹威畧鮮卑密邇疆甸屢犯邊陲伐罪弔民于是乎在平定之後養銳息徒然後觀兵雒汭修復園寢豈有坐長寇虜縱敵貽患者哉高祖納之

張邵爲楊州王謐主簿劉毅爲亞相愛才好士當世

莫不輻湊獨邵不往或問之邵曰主公命世人傑何煩多問劉穆之聞以白高祖高祖益親之轉大尉參軍署長流賊曹盧循寇迫京師使邵守南城時百姓臨水望賊帝怪而問邵邵曰若節鉞未反奔散之不暇亦何能觀望今當無復恐爾後遷世子中軍諮議參軍時高祖北伐邵與劉穆之掌留務青州刺史檀祗鎮廣陵時滁州結聚亡命祗率衆掩之劉穆之恐以爲變將發軍邵曰檀韶據中流道濟爲軍首若疑狀發露恐生大變宜且遣慰勞以觀其意旣而祗果不動及穆之卒朝廷恐懼便欲發詔以司馬徐羨之代之邵對曰今誠急疾任終在徐且世子無專命宜須諮之信反方使世子出命曰朝廷及大府事悉諮徐司馬其餘啓還武帝重其臨事不撓有大臣體

王懿字仲德爲高祖中兵參軍及盧循寇逼敗劉毅于桑雒帝北伐始還士卒創痍堪戰者可數千人賊衆十萬舳艫百里奔敗而歸者咸稱其雄衆議並欲遷都仲德正色曰今天子當陽而治明公命世作輔新建大功威震六合妖賊豕突乘我遠征旣聞凱入將自奔散今自投草間何以威物此謀若行請自此辭武帝悅之後遷諮議參軍帝欲遷都雒陽衆議咸

以爲宜仲德曰非常之事當人所駭今暴師日久士有歸心固當以建業爲王基俟文軌大同然後議之可也帝深納之使衛送姚泓先還彭城

申永爲劉毅府諮議參軍高祖初誅殺領荆州問永曰今日何施而可永曰除其宿釁倍其惠澤貫叙門次顯擢才能如此而已

王華爲文帝湘州司馬帝入奉大統以少帝見害疑不敢下華建議曰羨之等授寄崇言未容便敢背德廢主若存憂其將來受禍致此就害蓋由每生情多每貪寧敢一朝頓懷逆志且三人勢均莫相推服不

遏欲握權自固以少主仰待爾今日誅徵萬無所慮
文帝從之
張永爲江夏王義恭大司馬從事中郎領中兵時使
百僚獻讜言永以爲宜立諫官開不諱之路講師旅
示安不忘危
張暢爲孝武安北長史沛郡太守元嘉二十七年魏
大武南侵太尉江夏王義恭總統諸軍出鎭彭城時
大武親率大衆已至蕭城去彭城十數里彭城衆雖
多而軍食不足義恭欲棄彭城南歸計議彌日不定
時歷城衆少食多安北中兵參軍沈慶之建議欲以

車營爲函箱陳精兵爲外翼奉二王及妃媛直趣歷
城分兵配護軍蕭思話留守大尉長史何勗不同欲
席卷奔鬱洲自海道還京都義恭去意已判惟二議
未央更集群僚謀之衆咸皇擾莫有異議暢曰若歷
城鬱洲有可至之理下官敢不高談今城內乏食百
姓咸有走情但以關扃嚴固欲去莫從爾若一旦動
脚則各自散走欲至所在何由可得今軍食雖寡朝
夕猶未窘罄量其欲盡臨時更爲其宜豈有舍萬安
之術而就危亡之道若此計必用下官請以頸血汚
公馬蹄孝武既聞暢議謂義恭曰阿父既爲總統去

留非所敢干道民忝爲城主而損威延寇其爲愧恧
亦已深矣委鎭奔逃實無顏復奉朝廷當與此城共
其存没張長史言不可異也暢言既堅孝武又贊成
其議義恭乃止及魏軍自瓜步北走經彭城下遣
人語城內食盡且去須麥熟更來義恭大懼閉門不
敢追之慮期又至議欲芟麥剪苗移民堡聚論並不
同復更會議鎭軍錄事參軍王孝孫獨曰虜不能復
來既自可保如其更至此議亦不可立百姓閉在內
城饑饉日久方春之月野採自資一入堡聚饑死立
至民知必死何可制邪虜若必來芟麥未晚四坐默

然莫之敢對暢曰孝孫之議實有可尋鎭軍府典籤
董元嗣侍帝側進曰王錄事議不可奪實如來論暢
斂板白帝曰下官欲命孝孫彈子夏（別駕王子夏也）帝曰王
別駕有何事邪暢曰芟麥移民可謂大議一方安危
事係于此子夏親爲州端曾無同異及聞元嗣之言
則懽笑酬答阿意左右何以事君子夏大慙元嗣亦
有愧色義恭之議遂寢文帝聞暢屢有正議甚嘉之
沈懷文爲西陽王子尚揚州別駕從事史時熒惑守
南斗孝武乃廢西州舊館使子尚移居東城以厭之
懷文曰天道示變宜應之以德今雖空西州恐無益

也帝不從而西州竟廢
南齊劉善明爲太祖驃騎諮議沈攸之反太祖深以爲憂善明曰攸之控引八州縱情蓄歛收衆聚騎營造舟仗包藏賊志於焉十年性旣險躁才非持重而起逆累旬遲回不進豈有所待也一則暗於兵機二則人情離怨三則有掣肘之患四則天奪其魄本慮其剽勇長于一戰疑其輕速掩襲未備今六師齊奮諸侯同舉昔謝晦失理不鬬自潰盧龍乖道雖衆何施且袁粲劉秉賊之根本根本旣滅枝葉豈久此是已籠之鳥爾及事平太祖謂善明曰卿策沈攸之雖

復張良陳平適如此耳
梁江淹字文通宋末齊高祖輔政聞其才召爲尚書駕部郎驃騎參軍事俄而荊州刺史沈攸之作亂帝謂淹曰天下紛紛若是君謂何如淹對曰昔項強而劉弱袁衆而曹寡羽號令諸侯卒受一劍之辱紹跨躡四州終爲奔北之虜此謂在德不在鼎公何疑哉帝曰聞此言者多矣試爲慮之淹曰公雄武有奇畧一勝也寬容而仁恕二勝也賢能必立三勝也民望所歸四勝也奉天子而伐叛逆五勝也彼志銳而器小一敗也有威而無恩二敗也士卒解體三敗也縉紳不懷四敗也懸兵數千里而無同惡相濟五敗也故雖豺狼十萬而終爲我獲焉帝笑曰君談過矣
柳忱仕齊爲西中郎主簿功曹史東昏遣巴西太守劉山陽由荊州襲高祖西中郎長史蕭穎冑計未有定召忱及其所親席闡文等夜入議之忱曰朝廷狂悖爲惡日滋頃聞京中長者莫不重足累息今幸在遠得假日自安雍州之事且藉以相斃爾獨不見蕭令君乎以精兵數千破崔氏十萬衆竟爲群邪所陷禍酷相尋前事不忘後事之師也若使彼凶心已逞豈知使君不旋踵而及且雍州士銳粮多蕭使君雄

姿冠世必非山陽所能擬若破山陽荊州復受失律之責進退無可且深慮之闡文亦深勸同高祖穎冑乃誘斬山陽以忱爲寧朔將軍
席闡文仕齊爲雍州刺史蕭赤斧中兵參軍與其子穎冑善和帝稱尊號時穎冑暴卒州府擾擾闡文以和帝幼弱中流任重時始興王憺留鎮雍部乃與西朝群臣迎王總州事故賴以寧輯
庾城爲長沙宣武王梁州錄事參軍帶華陽太守時魏軍攻圍南鄭州有空倉數十所城封題指示將士云此中粟皆滿足支二年但努力堅守衆心以安虜

退以功拜羽林監
陳毛喜初爲宣帝參軍時廢帝冲昧宣帝録尚書輔政僕射到仲舉等知朝望有歸乃啓太后令遣宣帝還東府當時疑懼無敢厝言喜即馳入謂宣帝曰陳有天下日淺海内未夷兼國禍併鍾萬邦危懼皇太后深惟社稷至計令王入省方當共康庶績比德伊周今日之言必非太后之意宗社之重願加三思以喜之愚須更聞奏無使姦賊得肆其謀竟如其策
後魏温子昇爲上黨王天穆行臺郎中時天穆討邢杲元顥入洛天穆召子昇問曰即欲向京師爲隨我

北渡對曰主上以虎牢失守致此狼狽元顥新入人情未安今往討之必有征無戰王若克復京師奉迎大駕桓文之舉也捨此北渡竊爲大王惜之天穆善之而不能用遣子昇還洛顥以爲中書舍人莊帝還宫爲顥任使者多被廢黜子昇復爲舍人天穆每謂子昇曰恨不用卿前計
北齊封子繪爲大行臺吏部郎中武定元年高仲密以武牢西叛周文帝擁衆東侵高祖於邙山破之乘勝長驅遂至潼關或諫不可窮兵極武者高祖總命群僚議其進止子繪言曰賊帥才非人雄偷竊名號遂敢驅率亡叛送死伊瀍天道禍淫一朝瓦解雖僅以身免而魂膽俱喪混一車書正在今日天與不取反得其咎時難遇而易失昔魏祖之征漢中不乘勝而取巴蜀失在遲疑悔無及已伏願大王不以爲疑高祖深然之但以時既盛暑方爲後圖遂命班師
後周陸通爲太祖夏州帳内督頃之賀拔岳爲侯莫陳悦所害時有傳軍府已亡散者太祖憂之通以爲不然數日問至果如所策
蘇綽爲太祖大將軍行臺郎中在官歲餘太祖未深知之然諸曹疑事皆詢於綽而後定所行公文綽又

爲之條式臺中咸稱其能後太祖與僕射周惠達論事惠達不能對請出外議之乃召綽告以其事綽即爲量定惠達入呈太祖稱善謂惠達曰誰與卿爲此議者惠達以綽對因稱有王佐之才太祖曰吾亦聞之久矣尋除著作佐郎
宇文深爲太祖丞相府直閤齊神武率大衆渡河涉路至于沙苑諸將皆有懼色唯深獨賀太祖詰之曰賊來充斥何賀之有對曰高歡之撫河北甚得衆心雖乏智謀人皆用命以此自守未易可圖今懸師渡河北非衆所欲唯歡耻失竇氏愎諫而來（臣欽若等曰竇氏即

齊將竇泰爲周太祖所獲所謂忿兵一戰可以擒也此事昭然可見不賀何爲請假深一節發王羆之兵邀其走路使無遺類矣太祖然之尋而大破齊神武軍如深所策

隋薛道衡開皇八年伐陳授淮南道行臺尚書吏部郎兼掌文翰王師臨江高熲夜坐幕下謂之曰今日之舉克定江東與不君試言之道衡答曰凡論大事成敗先須以至理斷之禹貢所載九州本是王者封域後漢之季群雄競起孫權兄弟遂有吳楚之地晉武受命尋又吞併永嘉南遷重自分割自爾以來戰爭不息否終斯泰天道之當郭璞有云江東偏王三

百年還與中國合今數將滿矣以運數而言其必克一也有德者昌無德者亡自古興滅皆由此道主上躬履恭儉憂勞庶政叔寶峻宇雕墻酣酒荒色上下離心人神同憤其必克二也爲國之體在于任寄彼之公卿備員而已拔小人施文慶委以政事尚書令江總惟事詩酒本非經畧之才蕭摩訶任蠻奴是其大將一夫之用爾其必克三也我有道而大彼無德而小量其甲士不過十萬西自巫峽東至滄海分之則勢懸而力弱聚之則守此而失彼其必克四也席卷之勢其在不疑熲欣然曰君言成敗事理分明吾今豁然矣本以才學相期不意籌畧乃爾

唐帝倫天寶中爲楊國忠所署鑄錢內作使判官國忠恃權寵又邀名稱多徵諸州縣農人鑄錢農夫旣非本色工匠被所由抑令就役多遭捶罰人不聊生倫曰國忠鑄錢須得本色人抑令百姓農人爲尤費力無功人且興謗請厚懸估價募工曉者爲之由是役使減少而益鑄錢之數

班宏爲劍南西川節度高適判官時青城山有妖賊張居安以左道惑衆事覺多誣引大將冀綾日月軍吏皆恐懼宏驗理而速殺之人心乃安

杜黃裳爲郭子儀朔方從事子儀入朝令主留務于朔方部將李懷光與監軍設謀將代子儀乃僞爲詔書欲誅大將溫儒雅等黃裳立辨其僞以示懷光懷光流汗伏罪諸將有難制者黃裳矯子儀命盡出之數月而難不作

盧坦爲義成軍節度使李復判官復疾篤監軍事薛盈珍慮變遽封府庫入其麾下五百人于使衙軍士恟恟坦密言于盈珍促收之及復卒坦護復喪歸東都

劉昌裔爲陳許節度曲環判官環卒詔上官涚知節

度留後時淮西吳少城攻許州沇新領事欲去城走昌亂追止之曰留後旣受詔宜以死守兒城中士馬足以破賊但堅壁不戰不過五六月賊勢必衰我以全制之可也沇然之

張弘靖爲東都留守杜亞從事留守將令狐運逐禽獸出郊其日有刼轉運絹于道者亞以運豪家子意其爲之乃令判官穆員及弘靖同鞫其事員與弘靖以運職在衙門必不爲盜堅請不按亞不聽遂以獄聞仍斥員及弘靖出幕府有詔令三司使雜治之後果於河南界得賊

裴向建中初爲同州刺史李紓從事朱泚反李懷光又叛河中使其將趙貴先築壘于同州紓來奔奉天向領州務貴先因賀縣尉林寶役徒板築不及期將斬之吏人百姓奔竄向卽詣貴先軍壘以順逆之理責之貴先感悟遂來降故同州不陷向繇是知名

後唐任圜爲潞州觀察判官嵩山之役李嗣昭爲帥卒于軍圜代摠其事號令如一敵人不知莊宗聞之倍加獎賞

周邊蔚爲邠州李德琉從事晉高祖建義入維德琉不卽獻城蔚力勸曰清泰運去新主勃興兩都衣冠歸之大器在手矣公宜表率西諸侯入覲何遲疑若此稍稍達于外則後悔無及矣德琉然之乃馳使入覲朝廷知蔚有其力尋徵拜虞部員外郎

段希堯初爲晉高祖從事清泰中晉祖總戎於代北一日軍亂呼萬歲晉祖惑之希堯曰夫兵猶火也弗戢將自焚遽請戮其亂首乃止

冊府元龜

冊府元龜

巡按福建監察御史臣李嗣京訂正
知閩縣事臣曹粤臣叅閲
知建陽縣事臣黄國琦較釋

幕府部三

才學

兩漢而下公府將幕咸得以辟署賓佐咨其策畫焉故士之懷才者莫不願伸於知己而效其所長者矣乃有藻翰英發學術淵奥洽聞強識稽古博達摛筆牘之敏馳文雅之譽辭令尚乎體要書檄暢於事情銘記極於温潤賦詠臻於典麗用能飛騰光價抑揚望實聳和門之風采為士林之矜式固可以隆賓禮之異數為道義之益友又豈特曳長裾託後乘已哉

後漢傅毅章帝時為郎中以文雅顯於朝廷車騎將軍馬防外戚尊重請毅為軍司馬及馬氏敗免官歸永元元年車騎將軍竇憲復請毅為記室崔駰為主簿及憲遷大將軍復以毅為司馬班固為中護軍憲府文章之盛冠於當世

班固永元初為大將軍竇憲中護軍與參議從憲平匈奴固與傅毅之徒皆置幕府以典文章憲登燕然山去塞三千餘里刻石勒功紀漢盛德令固作銘

魏陳琳廣陵人漢末為大將軍何進主簿其後避難冀州袁紹使典文章袁氏敗琳歸太祖太祖謂曰卿昔為本初移書但可罪狀孤而已惡惡止其身何乃上及父祖邪琳謝罪太祖愛其才而不咎以為司空軍謀祭酒管記室宣琳作諸書及檄草成呈太祖太祖先苦頭風是日疾發臥讀琳所作翕然而起曰此愈我病數加厚賜

阮瑀陳留人漢末都護曹洪欲使掌書記瑀終不為屈太祖以瑀及陳琳為司空軍謀祭酒管記室軍國檄書多琳瑀所作也太祖嘗使瑀作書與韓遂時太祖適近出瑀隨從因于馬上具草書成呈之太祖覽畢欲有所定而竟不能增損

繁欽為太祖丞相主簿欽既長於書記又善為詩賦其所與太子書記發喉囀意率皆巧麗

徐幹為太祖司空軍謀祭酒掾屬幹聰識洽聞操翰成章太祖特加旌命後為五官將文學

董昭為袁紹參軍事既歸太祖為太祖作書與長安諸將李傕郭汜等各隨輕重致殷勤

傅嘏字蘭石司空陳群辟為掾時散騎常侍劉劭作

考課法事下三府𢽾著論難砺正始初除尚書郎

蜀李朝爲先主益州牧別駕從事群下上先主爲漢中王其文朝所造也

劉巴字子初爲先主左將軍西曹掾先主稱尊號昭告于皇天上帝后土神祇凡諸文誥策命皆巳所作

吳滕胄善屬文大帝爲吳侯時待以賓禮軍國書疏嘗令損益潤色之

胡綜字偉則大帝爲討虜將軍時以綜爲金曹從事累遷書部領右都督自帝統事諸文誥策命鄰國書符略皆綜之所造也

晉荀勗初爲文帝從事中郎記室會平蜀還維與裴秀羊祜共管機密時將發使聘吳並遣當時文士作書與孫皓帝用勗所作皓旣報命和親帝謂勗曰君前作書使吳思順勝十萬之衆也

劉輿爲東海王越左長史越旣總錄以輿爲上佐賓客滿筵文案盈几遠近書記日有數千終日不倦或以夜繼之皆人人歡暢莫不悅附命議如流酬對款備時人服其能比之陳遵時稱越府有三才潘滔大才劉輿長才裴邈清才

孫惠爲東海王越記室專掌文疏越遷大傅以惠爲軍諮祭酒數諮訪得失每造書檄越或驛馬催之應命立成皆有文采

諸葛恢爲元帝鎮東參軍與卞壼並以時譽遷從事中郎兼統記室時四方多務牋疏殷積恢斟酌酬答咸稱折中于時王氏爲將軍而恢兄弟及顧含並居顯要劉超以忠謹掌書令時人以帝善任一國之才

孔衍避地江東元帝引爲安東參軍專掌記室書令殷積而衍每以稱職見知

袁宏爲大司馬桓溫府記室溫重其文筆專總書記後爲東征賦賦末列稱過江諸名德而獨不載桓彝

時伏滔先在溫府又與宏善苦諫之宏笑而不答溫知之甚忿而憚宏一時文宗不欲令人顯問後遊青山飲歸命宏同載衆爲之懼行數里問宏云聞君作東征賦多稱先賢何故不及家君宏答曰尊公稱謂非下官敢專旣未遑啓不敢顯之耳溫疑不實乃曰君欲爲何辭宏即答云風鑒散朗或搜或引身雖可亡道不可殞宣城之節信義爲允溫泫然而止後從溫北征作北征賦皆其文之高者

伏滔爲桓溫參軍從溫伐袁眞至壽陽以淮南屢叛著論二篇名曰正淮

羅含爲征西將軍桓温叅軍温甞與寮屬讌會含後至温問衆坐曰此何如人或曰可謂荆楚之材温曰此眞江左之秀豈惟荆楚而已徵爲尚書郎温雅重其才又表轉征西戶曹叅軍

習鑿齒爲桓温别駕善尺牘論議温甚器遇之時與清談文章之士韓伯伏滔等並相友善

宋劉穆之爲高祖車騎府記室穆之與叅軍朱齡石並便尺牘甞於高祖坐與齡石答書自旦至日中穆之得百函齡石得八十函而穆之應對無廢也

傅亮博涉經史尤善文辭爲高祖大尉從事中郎掌

記室自登庸之始文筆皆是叅軍滕演北征廣固悉委長史王誕及宋國建以至受命表策文誥皆亮辭也

謝晦爲高祖大尉主簿涉獵文義朗贍多通高祖深加愛賞群僚莫及

沈懷文文帝時爲楊州治中從事史時議省錄尚書懷文以爲非宜上議曰昔天官正紀六典序職載師掌均七府成務所以翼平辰衡經贊邦極故總屬之原著夫官典和統之要昭于國言憂因虞禮有冢司之則周承殷法無損掌邦之儀用乃調佐王均緝亮帝度而式憲之軌弘正漢庭述章之範崇明魏室雖條錄之名立稱於中代總釐之實不愆於自古比代相沿歷朝罔革及乎爵以事變級以時改皆輿替之道無害國章八統元任靡或省華按台輔之職三曰禮典以和邦國以統百官四曰政典以平邦國以正百官鄭康成云冢宰之于庶寮無所不總也考于玆義備於典文詳古准今不宜虛廢帝從之

南齊孔稚珪仕宋爲尚書殿中郎大祖爲驃騎以稚珪有文翰取爲記室叅軍與江淹對掌辭筆

劉繪爲豫章王嶷驃騎主簿繪聰警有文義善隷書

數被賞召進對華敏僚吏之中見遇莫及瑯邪王諶爲功曹以吏能自進嶷謂僚佐曰吾雖不能得應嗣陳蕃然閤下自有二驥也

謝朓爲隋王子隆鎮西功曹轉文學子隆在荆州好辭賦數集僚友朓以文才尤被賞愛流連晤語不捨日夕長史王秀之以朓年少密啓武帝遷新安王軍中記室朓牋辭子隆曰朓聞潢汙之水思朝宗而每竭駑蹇之乘希沃若而中疲何則皐壤搖落對之惆悵岐路西東或以嗚邑而乃服義徒擁歸志莫從邈若墜雨飄似秋蔕朓實庸流行能無筭屬天地休明

山川受納褒採一介搜揚小善捨未塲圖奉筆兎園
東汎三江西浮七澤契濶戎行從容讌語長裾曳
後乘載脂榮立府庭恩加顔色沐髮晞陽未測涯涘
撫臆論報早誓肌骨不悞滄溟未運波臣自蕩渤澥
方春旅䭈先謝清切藩房寂寞舊輩輕舟反泝弔影
獨留白雲在天龍門不見去德滋永思德滋深唯待
清江可望候歸艎於春渚朱邸方開效蓬心于秋實
如其簪履或存袵席無改雖復身填溝壑猶望妻子
知歸攬涕告辭悲來横集及爲尚書殿中郎明帝輔
政以朓爲驃騎諮議領記室掌霸府文筆

王秀之爲豫章王驃騎長史王于荆州立學以秀之
領儒林祭酒
梁王僧孺仕齊爲大學博士尚書僕射王晏深相賞
好晏爲丹陽尹召補郡功曹使僧孺撰東宮新記
范雲爲齊竟陵王子良會稽主簿子良嘗日登秦望
山及命雲雲以山上有秦始皇刻石此文三句一韻
人多作兩句讀之並不得韻又皆大篆人多不識乃
夜取史記讀之令上山明日登山子良令賓僚讀之
皆茫然不識末問雲雲曰下官嘗讀史記見此刻石
文乃進讀之如流子良大悅因以爲上賓自是寵冠
府朝
江淹字文通齊高帝輔政聞其才召爲驃騎參軍及
荆州刺史沈攸之作亂是時軍書表記皆使淹具草
相國建補記室參軍事
任昉齊永明初衛將軍王儉領丹陽尹引爲主簿儉
每見其文必三復殷勤以爲當時無輩曰自傅季友
已來始復見於任子若孔門是用入其室升其堂于
是令昉作一文及見曰正得吾腹中之欲乃出自作
文令昉點正昉因定數字儉拊几嘆曰後世誰知子
定吾文其見知如此後爲司徒竟陵王記室參軍時

瑯邪王融有雋才自謂無對當時見昉之文怳然自
失
裴邃河東聞喜人齊建武初刺史蕭遥昌引爲府主
簿壽陽有八公廟遥昌爲立碑使邃爲文甚見稱賞
丘遲字希範齊末爲殿中郎高祖平建業引爲驃騎
主簿甚被禮遇時勸進梁王及殊禮皆遲文也天監
四年中軍將軍臨川王宏北伐遲爲諮議參軍領記
室時陳伯之在北與魏軍來拒遲以書喻之伯之遂
降
鍾嶸字仲偉天監中衡陽王元簡出守會稽引爲寧

辨記室專掌文翰時居士何胤築室若邪山山發洪
水漂拔樹石而胤室獨存元簡命嶸作瑞室頌以旌
表之辭甚典麗
顔協爲元帝湘東王荊州記室時吳郡顧協亦在蕃
邸與協同名才學相亞府中稱爲二協
劉緩字含度少知名歷安西湘東王記室時西府盛
集文學緩居其首
周弘直幼而聰敏爲元帝外兵記室參軍與東海鮑
泉南陽宗懍平原劉緩沛郡劉瑴同掌書記
劉瑴爲元帝中記室大清中侯景亂帝承制上流書

檄多委瑴焉
蕭子範爲大司馬南平王戶曹屬從事中郎王愛文
學士子範偏被恩遇帝曰此宗室奇才也使製千字
文其辭甚美王命記室蔡遠注釋之自是府中文筆
皆使具草
後梁蔡大寶初爲岳陽王詧諮議參軍元帝與河東
王譽結隙詧令大寶使江陵以觀之元帝素知大寶
見之甚悅乃示所製玄覽賦令注解焉三日而畢元
帝大嗟賞之贈遺甚厚
陳王勱仕梁爲南徐州別駕從事史大同末武帝謁
園陵道出朱方勱隨例迎候敕勱令從輦側所經山
川莫不顧問勱隨事應對咸有故實又從登北固樓
賦詩辭義清典帝甚嘉之
孔奐梁時爲揚州刺史王僧辯治中從事史時侯景
新平每事草創憲章故事無復存者奐博物強識甄
明故實問無不識儀注體式牋表書翰皆出於奐
趙知禮字齊旦天水人高祖之討元景仲或薦之引
爲記室知禮爲文贍速每占授軍書下筆便就率皆
稱旨及征侯景軍至白茅灣上表于梁元帝及與王
僧辯論軍事其文並知禮所製

蔡景歷爲高祖記室高祖將討王僧辯獨與侯安都
等數人謀之景歷弗之知也部分既畢召令草檄景
歷援筆立成辭義感激事皆稱旨僧辯誅高祖輔政
除從事中郎掌記室如故
徐伯陽初爲司空侯安都府記室參軍事安都素聞
其名見之降席爲禮時甘露降樂遊苑詔賜安都令
伯陽爲謝表文帝覽而奇之
毛喜天嘉中爲宣帝驃騎將軍府諮議參軍領中記
室府朝文翰皆喜詞也文帝謂宣帝曰我諸子皆以
伯爲名汝諸兒宜用叔爲稱宣帝以訪于喜喜即條

隱自古名賢杜叔卿等二十餘人以啟帝稱善

後魏胡方回初爲赫連屈丐中書侍郎大武破赫連昌方回入國雖雅有才尚未爲時所知也後爲北鎮司馬爲鎮修表有所稱慶大武覽而嘉歎問誰所作旣知方回召爲中書博士賜爵臨涇子

張普惠爲任城王澄司空倉曹參軍澄之表議書記多出普惠

溫子昇字鵬舉爲廣陽王深東北道行臺郎中時黃門郎徐紇受四方表啓答之敏速於深獨沉思曰彼有溫郎中才藻可畏

袁躍爲大傅清河王懌文學雅爲懌所愛賞懌之文表多出于躍

王偉爲侯景行臺郎中武定中景據河南叛文襄令韓軌討之不克議者咸云侯景猶有北望之心乃遺景書景復答文襄覽之問誰爲作或曰其行臺郎王偉王曰偉才如此何因不使我知

北齊楊愔爲神武行臺郎時神武攻鄴未下命愔作祭文燎畢而城陷由是轉大行臺右丞于時霸圖草創軍國務廣文檄教令皆自愔出

後周盧柔爲大祖行臺郎中除從事中郎時沙苑之役大軍屢捷汝潁之間多舉兵來附書翰往反日百餘牒柔隨機報答皆合事宜

田巖爲太祖夏州記室參軍時軍國草創幕府務殷四方書檄皆巖之辭也

裴俠字嵩和河東解人時王思政鎮玉壁歸于太祖乃以俠爲長史齊神武以書招思政思政令俠草報書甚壯烈太祖善之曰雖魯仲連無以加也

元偉字猷道少好學有文性尉遲迥伐蜀以偉爲司錄書檄文記皆偉之所爲

裴漢初仕魏爲大丞相府屬曹參軍漢善尺牘尤便

簿領理識明贍決斷如流相府爲之語曰日下粲爛有裴漢

劉璠初爲梁雍州刺史蕭循司馬循在漢中與蕭紀牋及答國家書移襄陽文皆璠之辭也

隋劉璩字宣摯周末爲冢宰宇文護中外府記室軍書羽檄多成其手

李德林爲高祖大丞相府屬未幾而三方亂軍書羽檄朝夕填委一日之中動逾百數或機速競發口授數人文意百端不加治點進授丞相府從事內中郎禪代之際其相國總百揆九錫殊禮詔策牋表璽書

皆德林之詞也

祖君彥大業中位至東平郡書佐郡陷翟讓因爲李密所得密甚禮之署爲記室軍書羽檄皆成其手

唐魏徵字玄成隋末武陽郡丞元寶藏舉兵以應李密召徵使典書記密每見寶藏文疏未嘗不稱善旣聞徵所爲遽使召之徵進十策以干密密雖奇之而不能用

陳叔達高祖建議爲丞相主簿禪代文誥多叔達所爲尋拜黃門侍郎

房玄齡爲秦府記室參軍時戎軒歲警羽檄交馳出

入十年嘗典管記每軍書表奏駐馬立成文約理贍初無藁草

薛收爲天策府記室參軍太宗初授天策上將尚書令命收與虞世南並作第一讓表竟用收者太宗曾侍高祖遊後園池中獲一白魚命收爲獻表收援筆立疏不復停思時人推其二表贍而速

薛元敬有文學爲從父收之亞武德初爲天策府參軍事署學士與許敬宗俱以本官直記室

張昌齡爲崑山道行軍記室破盧明月平龜茲軍書露布皆昌齡之文也

韋承慶爲雍王府參軍府中文翰皆出于承慶詞藻之美擅于一時又嘗扈從九成宮爲山詩十首文理清暢屬和者數百

令狐楚爲太原掌書記時節度使鄭儋在鎮暴卒不及指撝後事軍中諠譁將欲有變中夜忽數十騎持刃迫楚至軍門諸將逼之令草遺表楚在白刃之中搦管立成讀示三軍無不感泣由是名聲益重

李商隱爲令狐楚天平宣武廵官商隱能爲古文不喜偶對楚能章奏遂以其道授商隱自是始爲今體章奏博學強記下筆不能自休善爲誄奠之詞與太

原溫庭筠南郡段成式齊名時號三才商隱後爲河陽王茂元掌書記桂州鄭亞東蜀柳仲郢判官有表狀集四十卷

劉三復長於章奏李德裕始鎮浙西迄於淮甸皆參佐賓筵軍政之餘與之吟咏終日

李巨川爲王重榮河中掌書記時僖宗在蜀賊據京師重榮糾合諸藩恊力殄冦軍書奏請堆案盈几巨川文思敏速翰動如飛傳之藩鄰無不聳動後爲韓建華州掌書記時昭宗駐蹕于華建以一州之力供億萬乘慮其不濟遣巨川傳檄天下請助傳餉同輔

王室四方書檄醻報輻輳巨川灑翰陳敘文理俱愜昭宗深重之

梁李珽爲太祖掌書記滄州節度使劉守文拒命太祖引兵十餘萬圍之久而未下乃召珽草檄班師即就外次筆不停綴登時而成大爲太祖嗟賞

後唐李襲吉爲武皇河東節度副使好學有筆述雖軍前馬上手不釋卷凡太原自中和末所發牋奏軍書皆襲吉所爲也昭宗重其文章因入奏授諫議大夫使上事北省以榮之上事竟還歸太原復其戎職

馬郁幽州人少警悟有俊才多智數言辯縱横下筆

成文乾寧末爲幽州府刀筆小吏時節帥李威爲王鎔所殺鎔書報其弟儔云威謀危軍府裹甲竊發輿三軍接戰而死儔遣使于鎔問謀亂本末幕客爲書多不知旨郁時直記室即起草爲之條列事狀云可疑者十詞理俊贍以此知名因得署幕職後在莊宗幕府自李襲吉卒後每有四方會盟書檄多命郁爲之答吳蜀書與王檀檄皆郁文也

盧汝弼初仕唐爲祠部郎中知制誥天祐三年歸于武皇代李襲吉爲副使軍國政務委其參决汝弼美書翰文彩綺麗人士稱之

司空頲初爲羅紹威魏州掌書記後爲楊師厚招討判官師厚卒賀德倫初至三軍亂張彥召德倫判官王正言令草奏正言本非文士又爲亂兵所迫汗流浹背秉筆不能措一詞張彥怒排之揭下曰鈍漢笑我叱書吏曰誰能爲吾草奏者吏曰司空郎中羅令公幕客有俊才即馳騎召之頲已被剽奪敝衣而至長揖彥即操筆於白刃間神氣自若筆不停輟連草數奏張彥讀至軍府無非甚切朝廷却以爲閑必若四向取謀但恐六州俱失彥甚怪其意即日與之儀馬乃令德倫請爲判官

李愚同光末自翰林學士爲魏王繼岌伐蜀都統判官是時幕府軍書羽檄皆出其手蜀平就拜中書舍人

周張沆後唐明宗朝擢進士第秦王從榮爲河南尹表沆爲巡官王童年踈率動不由禮每賓僚大集手自出題令面賦詩小不如意則壞裂抵棄沆初遇刺屬合座客各爲南湖廳記謂沆曰聞生名請爲此文沆不獲已措翰及群士記成獨取沆所爲勒之于石繇是署職

王仁裕初仕後唐爲王思同西京留守判官及思同

敗績廢帝素聞其名召令隨駕入雒泌路書詔皆出仁裕之手

册府元龜

册府元龜　幕府部　才學三　卷之七百一十八　十七

冊府元龜

巡按福建監察御史臣李嗣京　訂正

知甌寧縣事臣孫以敬叅閲

知建陽縣事臣黄國琦較釋

幕府部　四

公正　清廉

公正

夫率性蹈道中立不倚毅然其色確乎其志其行已也彊禦不畏其事上也詭隨靡縱斯烈士之所守也漢氏之後辟府尤盛故戎府之賓佐州郡之從事濟

濟乎其多賢才焉乃有涖職剛果遇事忼慨臨難不苟當官而行靡念媮合未嘗曲意枉塞請託之徑勵激忠義之節持論守正造次由禮脅逼而無撓危險而靡憚乃至言之不用志之不伸投傳而去褁足而逝者蓋有之矣斯皆含忠履潔立誠秉操守死而不貳者也顧豈肯枉道而事人希世而取容者哉詩曰靖恭爾位好是正直傳曰不爲利回不爲義疚蓋古之益友者歟

漢尹翁歸爲河東督郵河東二十八縣分爲兩部汾北翁歸部汾南所舉應法得其罪辜屬長吏雖中傷莫有怨者

後漢樊準字幼陵南陽人爲州從事一云爲郡功曹臨職介正不發私書

衛羽爲兗州從事時中常侍單超兄子康爲濟陰太守負其勢大爲貪放刺史第五種欲劾之聞羽素抗厲乃召羽謂曰聞公不畏彊禦今欲相委以重事若何對曰願庶幾於一割羽出遂馳至定陶閉城門收康賓客親吏四十餘人七日中糾發其贓五六千萬種卽舉奏一州震慄

楊倫爲大將軍梁商長史諫諍不合出補常山王傅

吳祐爲大將軍梁冀長史及冀誣奏太尉李固祐聞而請見與冀爭之不聽時扶風馬融在坐爲冀章草祐因謂融曰李公之罪成于卿手李公卽誅卿何面目見天下之人乎冀怒而起入室祐亦徑去冀遂出祐爲河間相

楊仁辟司徒桓虞府掾有宋章者貪奢不法仁終不與交言同席時人畏其節

陳蕃字仲舉汝南平輿人也初仕郡舉孝廉刺史周景辟別駕從事以諫爭不合投傳而去

何敞辟大尉宋由府時齊殤王子都鄉侯暢奔吊國

憂上書未報侍中竇憲遂令人刺殺暢于城門屯衛之中而主名不立敞又說由曰劉暢宗室肺腑茅土藩臣來弔大憂上書須報親在武衛致此殘酷奉憲之吏莫適討捕蹤迹不顯主名不立敞備數股肱職典賊曹故欲親至發所以糾其變而二府以爲故事三公不與賊盜昔陳平生於征戰之世猶知宰相之分云外鎮四夷內撫諸侯使卿大夫各得其宜今二府執事不深惟大義或於所聞公縱姦慝莫以爲咎惟明公運獨見之明昭然勿疑敞不勝所見請獨奏案由乃許焉二府聞敞行皆遣主者隨之於是推舉

具得事實京師稱其正

朱震字伯厚初爲州從事奏齊陰太守單康贓罪并逮單兄中常侍車騎將軍超桓帝收康下廷尉以譴超超詣獄謝三府諺曰車如鷄栖馬如狗疾惡如風朱伯厚

胡騰字子升桂陽人桓帝巡狩南陽以騰爲護駕從事公卿貴戚車騎萬計徵求費役不可勝極騰上言天子無外乘輿所幸卽爲京師臣請以荆州刺史比司隷校尉南陽屬荆州故請以刺史比司隷臣自同都官從事帝從之都官從事主雒陽百官朝會與三府掾同也自是肅然莫敢妄有所干騰以此顯名

蓋勳爲漢陽長史時武威太守倚恃權勢恣行貪橫從事武都蘇正和案致其罪涼州刺史梁鵠畏懼貴戚欲殺正和以免其負乃訪之于勳勳素與正和有仇或勸勳可因此報隙勳曰不可謀事殺良非忠也乘人之危非仁也乃諫鵠曰夫紲食鷹鳶欲其鷙鷙而烹之將何用哉鵠從其言正和喜于得免而詣勳求謝勳不見曰吾爲梁使君謀非爲蘇正和也怨之如初

王允太原人爲郡吏郡人有路佛者少爲名行而太

守王球召以補吏允犯顏固爭球怒收允欲殺之刺史鄧盛聞而馳傳辟爲別駕從事

劉惠爲冀州治中董卓廢少帝袁紹奔冀州紹舉兵刺史韓馥乃謀於衆曰助袁氏乎助董氏乎惠勃然曰興兵爲國安問袁董

孔融辟司徒楊賜府時隱覆官僚之貪濁者將加貶黜融多舉中官親族尚書畏迫內寵召掾屬詰責之融陳對罪惡言無阿撓

韓嵩北海人避難南方劉表逼以爲別駕轉從事中郎表郊祀天地嵩正諫不從漸見違忤

魏牽招字子經冀州牧袁紹辟爲督軍從事兼領烏丸突騎紹舍人犯令招先斬乃白紹紹奇其意而不見罪也

徐奕爲太祖東曹屬丁儀等見寵於時並害之而奕終不爲動或謂奕曰夫以史魚之直孰與蘧伯玉之智丁儀方貴重宜思所以下之奕曰以公明聖儀豈得久行其僞乎且姦以事君者吾所能禦也子寧以他規我

國淵辟太祖司空掾屬每於公朝論議常直言正色退無私焉

袁渙避地江淮間爲袁術所命術每有所咨訪渙常正議術不能抗然敬之不敢不禮也

崔琰初爲袁紹所辟後太祖領冀州牧又辟琰爲別駕從事太祖謂琰曰昨案戶籍可得三十萬衆故爲大州也琰對曰今天下分崩九州幅裂二袁兄弟親尋干戈冀方蒸庶暴骨原野未聞王師仁聲先路存問風俗救其塗炭而校計甲兵唯此爲先斯豈鄙州士女所望於明公哉太祖改容謝之於時賓客皆伏失色

邴原爲五官將長史閉門自守非公事不出

賈逵爲文帝丞相主簿從至黎陽津渡者亂行逵斬之乃整

高堂隆泰山人太守薛悌命爲督郵郡督軍與悌爭論名悌而呵之隆按劒叱督軍曰昔魯定見侮仲尼歷階趙彈秦箏相如進缶臨臣名君義之所討也督軍失色悌驚起止之

蜀費詩爲部永昌從事初漢陽縣降人李鴻來詣諸葛亮時蔣琬與詩在坐鴻謂亮曰孟達委仰明公無復已已亮謂琬詩曰還都當有書與子度相聞詩進曰孟達小子昔事振威不忠後又背叛先主反覆之人何足與書耶亮默然不答

吳劉繇東萊牟平人漢末州辟部濟南濟南相中常

侍子貪穢不修繇奏免之

潘濬字承明武陵漢壽人漢末荊州牧劉表辟爲部江夏從事時沙羨長贓穢不修濬按殺之一郡震竦

晉劉毅字仲雄魏平陽太守杜恕請爲功曹沙汰郡吏百餘人三魏稱焉爲之語曰但聞劉功曹不聞杜府君魏末辟司隸都官從事京邑肅然彈河南尹司吏不許曰蠼虎之犬鼷鼠蹈其背毅曰既能蠼虎又能殺鼠何損于犬投傳而去

盧欽字子若初仕魏大將軍曹爽辟爲掾爽弟嘗有所屬請欽白爽子弟不宜干犯法度爽深納之而罰

其弟

程衛爲劉毅都官從事毅奏中護軍羊琇犯憲應死武帝與琇有舊乃遣齊王攸喻毅許之衛正色以爲不可徑自馳車入護軍營收琇屬吏考問陰私先奏琇所犯狼藉然後言於毅由是名振遐邇百官厲行

傅咸爲司徒左長史在位多所執正豫州大中正夏侯俊上言魯國小中正司馬孔毓四移病所不能接賓求以尚書郎曹馥代毓旬日復上毓爲中正司徒三却俊故據正咸以俊與奪惟意乃奏免俊大中正司徒魏舒俊之姻屬屢却不署咸據正甚苦舒終不

從咸遂獨上舒奏咸激訕不直詔轉咸爲車騎司馬

王濬弘農人州辟河東從事守令有不廉潔者望風自引而去

王銓爲梁王肜大將軍參軍肜嘗大會謂銓曰我從兄爲尚書令不能啖大臠大臠故難銓曰公在此獨嚌尚難矣肜曰長史大臠爲誰曰盧播是也肜曰是家吏隱之耳銓曰天下咸是家吏便恐王法不可復行肜又曰我在長安作何等不善因指單衣補幰以爲清銓答曰朝野望公舉薦賢才使不仁者遠而但居公輔單衣補幰以此爲清無足稱也肜有慚色

羊亮爲大傅楊駿參軍時京兆多盜竊駿欲更重其法盜百錢加大辟請官屬會議亮曰昔楚江一毋失布以爲盜由令尹公若無欲盜宜自止何重法爲駿慙而止

干敦字仲仁爲東海王越主簿王彌逼雒敦及胡毋輔之勸越擊王彌而王衍潘滔共執不聽敦庭爭苦至衆咸壯之

滦顥字延思陳國苦人州辟部從事劾按沛王韜獄未竟會解結代楊準爲刺史繇因河間王顒屬結結至大會問主簿史鳳曰沛王貴藩州據何法而擅拘

邪時顥在坐對曰甲午詔書刺史銜命國之外臺其非所部而在境者刺史並糾事徵文墨前後列上七被詔書如州所劾無有違謬結曰衆人之言不可妄聽宜依法窮竟

陶侃爲廬江郡主簿會州部從事之郡欲有所按侃閉門部勒諸吏謂從事曰若鄙郡有違自當明憲直繩不宜相逼若不以禮吾能禦之從事即退

何充爲大將軍王敦主簿敦兄含時爲廬江郡貪汙狼藉敦嘗於座中稱曰家兄在郡定佳廬江人士咸稱之充正色曰充即廬江人所聞異于此敦默然傍

人皆爲之不安充晏然自若由是忤敦左遷東海王
文學
宋劉敬宣晉末爲會稽王元顯驃騎從事中郎元顯
嬌恣縱肆群下化之敬宣每預燕會未嘗飲酒調戲
之來無所酬答元顯甚不悅
吉翰字休文爲長沙王道憐驃騎中兵參軍從事中
郎爲將佐十餘年清謹剛正甚爲高祖所知賞
劉湛爲廬陵王義真車騎長史義真居高祖憂使帳
下備膳湛禁之義真乃使左右人索魚肉珍羞於齋
內別立厨帳會湛入因命臑酒炙車螯湛正色曰公

當今不宜有此設義真曰旦甚寒一盌酒亦何傷長
史事同一家望不爲異酒旣至湛因起去曰旣不能
以禮自處又不能以禮處人
沈演之爲彭城王義康別駕從事史領本郡中正深
爲義康所待故在府州前後十餘年後劉湛劉威等
結黨欲排廢尚書僕射殷景仁演之雅仗正義與湛
等不同湛因此讒之於義康嘗因論事不會義康旨
義康變色曰自今後我不復相信演之與景仁素善
盡心於朝廷太祖甚嘉之
袁淑爲彭城王義康軍司時祭酒劉湛淑從母兄也
欲其附已而淑不以爲意由是大相乖失以久疾免
官
張暢爲南譙王義宣長史及義宣有異圖蔡超等以
暢人望勸義宣留之乃解南蠻校尉以授暢加冠軍
將軍領丞相長史暢遣門生荀僧寶下郡因顏竣陳
義宣釁狀僧寶載私貨止巴陵不時下會義宣起兵
津路斷絕遂不得前義宣將爲逆使嬖人翟靈寶告
暢暢陳必無此理請以死保之靈寶還白義宣云暢
必不可迴請殺以徇衆賴丞相司馬竺超民得免進
號撫軍別立軍部以收人望暢雖署文檄飲酒常醉

不省其事
阮韜爲兗州別駕時刺史江夏王義恭超逆求其資
費錢韜曰此朝廷物執不與
南齊劉璡建元初爲武陵王曄冠軍征虜參軍曄與
僚佐飲自割鵝炙璡曰應刃落俎膳夫之事殿下親
執鸞刀下官未敢安席因起請退
蕭暢爲始安王遙光諮議參軍遙光初起兵問暢暢
正色拒折不從乃與撫軍長史沈昭略潛自南出濟
淮還臺
梁孫謙仕宋爲征北司馬府主建平王將稱兵患謙

彊直託事遣使京師然後作亂及建平誅遷左軍參軍

夏侯詳爲齊明帝豫州別駕及帝輔政招令出都將大用之每引詳及鄉人裴叔業日夜與語詳輒寤畧不酬帝問叔業叔業告詳詳曰不爲福始不爲禍先由此微有忤出爲征虜長史義陽太守

庾蓽仕齊爲荊州別駕初梁州人益州刺史鄧元起功勳甚著名地卑瑣願名挂士流時始興忠武王憺爲州將元起位已高謂挂籍不先州官則不爲鄉里所悉元起上籍出身州從事憺命蓽用之蓽不從憺

大怒責之曰元起已經我府卿何爲苟惜從事蓽曰府是尊府州是蓽州宜須品藻憺不能折遂止

庾喬蓽子也爲荊州別駕時元帝爲荊州刺史而州人范興話以寒賤仕加九流選爲州主簿又皇太子令及之故元帝勸喬聽興話到職及屬元日府州朝賀喬不肯受列曰庾喬忝爲端右不能與小人范興話同處興話羞慙還鄉憤卒世以喬爲不墜家風

沈瑀爲尋陽太守仍爲信威蕭穎達長史太守如故瑀性峭彊每忤穎達穎達銜之天監八年因入諮事辭又激厲穎達作色曰朝廷用君作行事邪瑀出謂人曰我死而後已終不能傾側面從是日於路爲人所殺多以穎達害焉子續累訟之遇穎達亦尋卒出是遂不窮竟

後魏公孫同慶篤厚廉慎爲李崇驃騎府外兵參軍隨崇北征有方直之稱

楊固爲大將軍宋王劉昶征義陽法曹行參軍昶嚴暴治軍甚急三軍戰慄無敢言者固啓諫并面陳事宜昶大怒欲斬之使監當攻道固在軍勇決志意閑雅了無懼色昶甚奇之

費穆字郎興爲涇州平西府長史時刺史皇甫集靈

太后之元舅特外戚之親多爲非法穆正色規諫集亦憚之轉安定太守仍爲長史

辛少雍爲高陽王雍田曹參軍少雍性清正不憚疆禦積年久訟造次決之請託路絕時稱堅明

辛雄爲清河王懌司徒左曹參軍並當煩劇爭訟填委雄用心平直加以閑明政事經其斷割莫不悅服懌重之每謂人曰必也無訟乎辛雄有焉由是名顯懌遷大尉又爲記室參軍

鹿悆爲貴州彭城王劭府司馬廣川人劉鈞清河人房須反劭遣悆監州軍討之戰於商山頗有所捷將

統皆劭左右擢增首級妄請賞帛僉面執不與劭弗從僉勃然作色曰竭志立言爲王爲國豈僉家事不辯而出劭追而謝焉竊勳者放言嘷㖃欲加私害僉聞而笑之不以介意

羊敦爲梁州别駕公平正直見有非法教終不判署

于烈爲司空長史大傅錄尚書北海王詳親尊權重將作大匠王遇多隨詳所欲而給之後因公事烈于詳前謂遇曰殿下國之周公阿衡王室所須財用自應關旨何至阿諛附勢損公惠私也遇既不寧詳亦慙謝

北齊盧勇爲高祖丞相主簿屬山西霜儉運山東租輸皆令載實違者治罪令勇與其事卿郡公主虐僦千餘車勇繩劾之公主訴于高祖而勇守法不屈高祖謂郭秀曰盧勇懍懍有不可犯之色真公人也方當委之大事豈直納租而已

杜弼爲大行臺郎中相府法曹辛子炎諮事云須取署子炎讀署爲樹高祖大怒曰小人都不知避人家諱弼進曰禮二名不偏諱子炎因蒙釋宥世子在京聞之語楊愔曰王左右頼有此人方正康天下皆蒙其利豈獨吾家也

李繪天保初除司徒右長史繪質性方重未嘗趨事權門以此久而沉屈

隋李雄爲鴻臚卿開皇中晉王出鎮并州高祖以雄爲河北行臺兵部尚書雄當官正直侃然有不可犯之色王甚敬憚吏民稱焉

王韶爲晉王并州行臺右僕射韶性剛直王甚憚之每事諮詢不敢違於法度

元巖爲兵部尚書封平昌郡公蜀王秀鎮益州以巖爲總管長史王性好奢侈嘗欲取獠口以爲閹人又欲生剖死囚取膽和爲藥巖皆不奉教排閤切諫王

輒謝而止憚巖爲人每修法度蜀中獄訟巖所裁斷莫不悅服其有得罪者相謂曰平昌公與吾何怨焉帝甚嘉之賞賜優給

房彦謙年十八屬齊廣寧王孝珩爲齊州刺史辟爲主簿時禁網踈闊州郡之職尤多縱弛及彦謙在職清簡守法州境肅然莫不敬憚

唐杜景佺爲益州錄事參軍時隆州司馬房嗣業除益州司馬除書未到欲即視事又鞭笞僚吏特以威勝景佺謂曰公雖受命爲此州司馬而州司莫受命也何藉數日之祿而不待九重之旨即欲視事不亦

急耶盍怒景佺又曰今公持咫尺之制眞僞未知即欲擅一州之權誰敢相保楊州之禍非此類邪遂叱左右各罷散房懟赧而止俄有制除嗣業荆州司馬竟不得視事人吏爲之語曰錄事意與天通益州司馬折威風景佺由是稍知名

帛倫天寶末爲劒南節度行軍司馬時中官及禁軍人相次到蜀多所侵暴號爲難理倫清儉率身以化之蜀川咸賴其理竟遭中官毀譖貶衡州司戶

穆寧上元二年爲殿中侍御史佐鹽鐵轉運使副元帥李光弼以餉運不繼或惡寧者誣譖於光弼且言

將殺寧以脅之寧直抵徐州見光弼喻以義理不爲撓折光弼深敬之寧得行職

崔祐甫爲永平軍行軍司馬尋知本軍京師留後性剛直無所容受遇事不回

高郢爲朔方節度郭子儀掌書記儀嘗怒從事張曇奏殺之郢極言爭救遂忤其意奏貶猗氏丞

王宗爲壽州團練副使貞元十五年壽州刺史楊承恩老耄多病其政事委於男澄及判官鄉侃孔目官林晨等至是疾甚侃等乃與將校等謀以澄爲刺史宗知之密與大將軍田瑀等議曰楊大夫暫疾病當即痊平脫有不諱即朝廷自除刺史豈可便令楊澄知事也遂囚繫澄侃等驛騎以聞故授宗權知壽州刺史事晨侃等得罪尋加宗御史中丞

李藩爲東都留守杜亞從事雒中盜發有許平人令狐運者亞信之拷掠竟罪藩知其冤爭之不從辭出後獲眞盜宋瞿曇藩益知名

薛戎少有學術不求聞達居陽羨山辟江西從事府罷歸山柳冕爲福建觀察表戎爲從事會泉州闕刺史冕署戎權領州事是時姚南仲節制鄭滑從事馬摠以其直道爲監軍使誣奏貶泉州別駕冕附會權

勢將織成摠罪使戎案問曲成之戎以摠無辜不從冕意別白其狀戎還自泉州冕盛氣據衙令引戎入戎叱引者曰安有觀察使據衙而見賓客哉遂歷東廂從容而入冕度勢未可屈徐起以見一揖而退又搆其罪具以狀聞置戎于佛寺環以武夫恣其侵辱如是累月誘令成摠之罪戎操心如一竟不動搖杜佑鎭淮南知戎之冤乃止其表發書諭之戎難方解遂辭職寓居於江湖間

賈直言生河朔間始以孝聞鄉里得齒士類後爲李師道賓佐頗以逆順之理規正之師道前後將加危

害者數四及師道就戮劉悟於禁錮之所引爲上介移鎭東郡上黨皆在府幕悟有纖毫之失未嘗緘言於是正直之譽頗洽羣聽朝廷以諫議大夫徵之詔下之時無不稱當

韓愈貞元中參故相董晉汴州幕府後爲張建封徐州從事言多率直無所畏避

孔戡元和初爲昭義軍節度盧從史從事從史狂恣不道戡以言直不從引去及從史敗時已死贈司勳員外郎

後唐譚善達爲寧江軍節度使西方鄴判官鄴爲政

貪虐善達每箴其失鄴忿形於色令左右告善達受人金下獄拷掠善達亦剛訶多不遜遂殺於獄中無幾寢疾時見善達入其戶俄卒於治所

劉贊明宗朝爲刑部侍郎時秦王爲元帥秦王府判官太子詹事王居敏與贊鄉曲之舊以秦王盛年自咨須朝中選端士納誨與其稟畏乃薦贊明宗授秘書監兼秦王傅贊性雍和與物無忤居官畏慎人若以私故干之雖權豪不能移其操及在秦府因事或發正論王側目怒視殊無下賢之色或與諸僚佞於外屏有竟日不召而不得食而指闕之謀故不預聞及秦府得罪或傳旨安慰言止於朝略而贊已被麻衣驢乘在門聞其安慰曰此存撫之情也豈有國君之嗣一旦舉室塗地而參佐朝降免死幸也俄而臺吏示勑長流郎時詣貶所在嵐州踰年放歸田里

晉符蒙倅當山戎事安重榮在鎭所爲不法蒙多否之爲左右所間幾罹其禍

清廉

夫委之貨財不虧其義儒者之行也約失者鮮儉則固先民之訓也由漢而下盛幕府之選士之負氣節懷智術者多歸焉故有敦尚名檢砥礪廉隅內懷耿

介無所遷染以至奉身居家儉而有度輕財辭賂舉無矯飾受賜不思於苟得安貧未聞於改樂自非道義中積志尚絕俗又惡能確然秉操言不隕穫者哉

漢趙廣漢涿郡蠡吾人少爲郡吏州從事以廉潔通敏下士爲名

後漢王良爲大司徒司直在位恭儉妻子不入官舍布被瓦器

聞人襲爲郡督郵行則負擔卧則無被連鹿皮以自覆不受人之費

雷義字仲公豫章鄱陽人初爲郡功曹嘗濟人死罪

罪者後以金二斤謝之不受金主伺義不在客投金於承塵上後葺理屋宇乃得金金主已死無所復還義乃以付縣曹

范丹辟公府步行無被囊自隨

蓋勳爲漢陽長史中平初黃巾賊起故武威太守黃儁被徵失期刺史梁鵠欲奏誅儁勳爲言得免儁以黃金二十斤謝勳謂儁曰吾以子罪在八議故爲子言吾豈賣評哉終辭不受

魏王修爲袁譚別駕袁氏政寬在職勢者多蓄聚太祖破鄴籍没審配等家財物貲以萬數及破南皮閱

修家穀不滿十斛有書數百卷太祖歎曰士不妄有名乃辟爲司空掾行司金中郎將

晉薛兼爲元帝丞相長史甚勤王事以上佐祿優每自約損取周而已

南齊王延之仕宋爲司徒建安王休仁左長史加寧朔將軍延之清貧居宇穿漏褚淵往候之見其如此具啓明帝帝即勅材官爲起三間齋室

梁范岫仕齊爲蔡興宗荆州主簿興宗將卒以岫貧乏遺言賜錢二十萬岫辭拒之

庾蓽仕齊爲荆州別駕前後紀綱皆致富饒蓽再爲之清身率下杜絕請託布被蔬食妻子不免饑寒明帝聞而嘉焉手勅褒美州里榮之

庾黔婁爲鄧元起益州長史及成都平城中珍寶山積元起悉分與僚佐唯黔婁一無所取元起惡其異衆厲聲曰長史何獨爲高黔婁示不違之請書數帙

蕭介爲武陵王楊州長史在職清白爲朝廷所稱

蕭洽爲南徐州中從事近畿重鎮職吏数千人前後居者皆致巨富洽清身率職饋遺一無所受妻子不免饑寒

江革歷官八府長史四王行事旁無姬侍家徒壁立

世以此高之

後魏高允神䴥三年大武舅陽平王杜超行征南大將軍鎮鄴以允爲從事中郎年四十餘與超以方春而諸州囚多不決乃表允與中郎呂熙等分詣諸州共評獄事熙等皆以貪穢得罪唯允以清平獲賞

劉懋爲大尉司馬家甚清貧亡之日家徒四壁而已太傅清河王懌及當時才儁莫不痛惜之

張普惠爲任城王澄參軍及澄轉揚州普惠又爲開府主簿歷佐二藩甚有聲譽旋京之日裝束藍縷澄賚絹二十疋以充行資

龐僉爲眞定公元子直國中尉子直出鎭梁州僉隨之州州有兵糧和糴者靡不潤屋僉不取子直彊之終不從命

平嘗爲幽州別駕廉貞寡欲不營資産衣食至嘗不足妻子不免饑寒

溫子昇爲廣陽王東北道行臺郎中高車破走珍寶盈蒲子昇取絹四十疋

北齊張耀爲中軍大都督韓軌府長史及軌除瀛冀二州長史又以耀爲軌諮議參軍後爲御史所劾州府僚佐及軌左右以贓罪挂網者百有餘人唯耀以

淸白獨免徵爲丞相府倉曹

後周裴文舉爲齊王憲府司錄憲出鎭劍南復以文舉爲益州摠管府中郎蜀土沃饒商販百倍或有勸文舉以利者文舉答之曰利人爲貴莫若身安身安則道隆非貨之謂是以不爲非惡財也憲矜其貧窭每欲資給之文舉常自謙遜辭多受少

隋趙軌開皇初爲齊州別駕有能名其東隣有桑葚落其家軌遣人悉拾還謂其諸子曰吾非以此求名意者非機杼物不願侵人汝等宜以爲誡在州考績連最持節使者郃陽公梁子恭上狀文帝賜以米帛甚優令入朝父老將送者各揮涕曰別駕在官水火不與百姓交是以不敢盃酒相送公請酌一盃水奉餞軌受飲之

高師平陳之役領元帥掾陳國府藏悉委於師秋毫無犯稱爲淸白

陳孝意大業中爲鴈門郡丞時政刑日紊長吏多贓汚孝意淸節彌厲

敬肅大業末爲穎川郡丞去官之日家無餘財

唐崔義玄淸河人大業末説賊帥黃君漢歸國拜懷州總管府司馬王世充遣將高毗畧河内義玄擊敗

之君漢將分所獲金帛義玄拒而不受

杜暹爲婺州參軍秩滿將歸州吏以紙三萬餘張以贈之暹唯受一百餘悉還之時州僚別者見而歎曰昔淸吏受一文錢復何異也

韋倫天寶末爲劍南節度行軍司馬時中官及禁軍相次到蜀多所侵暴號爲難理倫沿儉率身以化之蜀川咸賴其理

晉李遐天福初爲西京留守判官兼監西京左藏庫會張從賓作亂使人輦取十帛以賞羣逆遐曰不奉詔書安敢承命遂爲其下所害

漢王松晉高祖鎮太原時松爲節度判官晉祖令監
帑廪以清苦見重

周馮道初爲河東節度掌書記所得廪賜不置别府
皆與從者共之

冊府元龜

册府元龜

巡按福建監察御史臣李嗣京　訂正

新建縣舉人臣戴國士參閱

知建陽縣事臣黄國琦較釋

幕府部　五

謀畫

仲尼曰可與立未可與權蓋夫揣摩成敗之理裁量用捨之要終以寡過而有成功者爲難矣漢氏而下公卿牧伯多所聘署故其從事掾佐頗有卓犖奇偉之士至或參議正輿經綸戎務決機制勝料敵應變慮必周物舉無遺策斯固心術明悟出於中智之上識理深粹頤乎天下之精者已乃有失於聽納終貽悔吝事機既往追咎奚及蓋俊哲之忠謀賢達之嘉論不可以不察也

漢杜欽字子夏大將軍王鳳輔政奏欽爲其軍武庫令會西南夷夜郎王等相攻漢遣大中大夫張康解和不從命欽說鳳曰大中大夫康使和解蠻夷王侯王侯受詔已復相攻輕易漢使不憚國威其效可見恐議者選耎復守和解（選耎怯不前之意也）太守察動静有變廼以聞如此則復曠一時（一時三月也言空廢一時不早發兵）王侯得收獵其衆申固其謀黨助衆多各不勝忿必相殄滅自知罪成狂犯守尉遠藏温暑毒草之地雖有孫吳將賁育士若入水火往必焦沒知勇亡所施屯田攻守之費不可勝量宜因其罪惡未成未疑漢家加誅陰勑旁郡守尉練士馬大司農豫調穀積要害處選任職太守往以秋涼時入誅其王侯尤不軌者即以爲不毛之地（不毛言不生草木）亡用之民聖王不以勞中國宜罷郡放棄其民絶其王侯勿復通如以先帝所立累世之功不可墮壞（墮毀也）亦宜因其萌芽早斷絶之及已成形然後戰師則萬姓被害鳳納其說後爲議郎以病免徵詣大將軍幕府欽見鳳專政泰重戒之曰昔周公身有至聖之德屬有叔父之親而成王有獨見之明無信讒之聽然管蔡流言而周公懼穰侯昭王之舅也權重於秦威震鄰敵有旦莫偃伏之愛（言昭王幼少旦夕偃伏戲弄於舅之旁側也）心不介然有間然范雎起徒步繇異國無雅信（雅信謂素相任信）開一朝之說而穰侯就封（范雎爲丞相穰侯就國）及近者武安侯之見退（武安侯謂田蚡也退謂請考工地益宅帝怒乃退也）三事之跡相去各數百歲若合符節甚不可不察願將軍由周公之謙懼損穰侯之威放武安之欲毋使范雎之徒得間其說頃之復日蝕京兆

尹王章上封事求見果言鳳專權蔽主之過宜廢勿
用以應天變於是天子感寤召見章與議欲退鳳鳳
甚憂懼欽令鳳上疏謝罪乞骸骨文指甚哀太后涕
泣爲不食帝少而親倚鳳亦不忍廢復起鳳就位鳳
心慙稱病篤欲遂退欽復說之曰將軍深悼輔政十
年變異不已故乞骸骨歸咎於身剋己自責至誠動
衆愚知莫不感傷雖然是無屬之臣執進退之分絜
其去就之節者耳無屬無親屬於上也分等或作介介隔其義兩通非主上
所以待將軍非將軍所以報主上也昔周公雖老猶
在京師明不離成周示不忘王室也仲山父異姓之

臣無親於宣就封于齊詩言仲山甫徂齊者言御命往治齊城郭也而韓詩以爲
封於齊故欽引之猶歎息永懷宿夜徘徊不忍遠去況將軍
之於主上主上之與將軍哉夫欲天下治安變異之
意莫若將軍言衆人之意皆不如也主上那然知之故攀援不
遣援引也書稱公毋困我此周書洛誥成王告周公詞也言公必須留此毋得遂去
而令我困蓋成帝與鳳詔書引此言之唯將軍不爲四國流言自疑於
成王以固至忠鳳復起視事上令尚書劾奏京兆尹
章章死詔獄章旣死衆庶寃之以譏朝廷欽欲救其
過復說鳳曰京兆尹章所坐事密吏民見章素好言
事以[illegible]不坐官[illegible][illegible]數日蝕見對有所言也假令
章內有所犯雖陷正法事不暴揚自京師不曉況於
遠方恐天下不知章實有罪而以爲坐言事也如是
塞爭引之原損寬明之德爭引謂引事類以諫爭也一曰下有諫爭之言上引
而納之也欽愚以爲宜因章事舉直言極諫並見郎從官
展盡其意加於往前以明示四方使天下咸知主上
聖明不以言罪下也若此則流言消釋疑惑著明鳳
白行其策欽之補過將美皆此類也
後漢馮衍初爲王莽更始將軍廉丹掾丹討伐山東
與衍俱至定陶莽追詔丹曰倉廩盡矣府庫空矣可
以戰矣將軍受國重任不捐身於中野無以報恩塞

責丹惶恐夜召衍以書示之衍因說丹曰衍聞順而
成者道之所大也逆而功者權之所貴也是故期於
有功不問所由論於大體不守小節昔逢丑父伏軾
而使其君取飲稱於諸侯鄭祭仲立突而出忽終得
復位見美春秋蓋以死易生以存易亡君子之道也
詭於衆意寧國存身賢智之慮也故易曰窮則變變
則通通則久是以自天祐之吉無不利若夫知其不
可而必行之破軍殘衆無補於主身死之日負義於
時智者不爲勇者不行且衍聞之得時無怠張良以
五世相韓椎秦始皇博浪之中勇冠乎賁育名高乎

泰山將軍之先爲漢信臣新室之興英俊不附今海內潰亂人懷漢德甚於詩人思召公也愛其井棠而况子孫乎人所歌舞天必從之方今爲將軍計莫若屯據大郡鎮撫吏士砥厲其節百里之內牛酒日賜納雄傑之士詢忠智之謀要將士之心待從横之變與社稷之利除萬人之害則福祿流於無窮功烈著於不滅何與軍覆於中原身膏於草野功敗名喪耻及先祖哉聖人轉禍而爲福智士因敗而爲功願明公深計而無與俗同丹不能從進及睢陽復說丹曰蓋聞明者見於無形智者慮於未萌况其昭晳者乎

凡患生於所忽禍發於細微敗不可悔時不可失公孫鞅曰有高人之行負非於世有獨見之慮見贅於人故信庸庸之論破金石之策襲當世之操失高明之德夫決者智之君也疑者事之役也時不重至公勿再計丹不聽遂進及無鹽與赤眉戰死衍乃亡命河東

衞羽爲兖州刺史第五種從事是時太山賊叔孫無忌等暴橫一境州郡不能討羽說種曰中國安寧忘戰日久而太山險阻寇猾不制今雖有精兵難以赴敵羽請往譬降之種敬諾羽乃往備說禍福無忌即帥其黨與三千餘人降

韓嵩爲劉表從事中郎劉先爲別駕時曹操與袁紹方相持於官渡紹遣人求助於表表許之而不至亦不佐操欲保江漢間觀天下變嵩先說表曰豪傑並爭兩雄相持天下之重在於將軍將軍若欲有爲起乘其弊可也若不然固將擇所從將軍擁十萬之衆安坐而觀望夫見賢而不能助請和而不得此兩怨必集於將軍將軍不得中立矣夫以曹公之明哲天下賢俊皆歸之其勢必舉袁紹然後稱兵以向江漢恐將軍不能禦也故爲將軍計者不若舉州以附曹

公曹公必重德將軍長享福祚垂之後嗣此萬全之策也表大將蒯越亦勸表表狐疑乃遣嵩詣曹操以觀虛實嵩還深陳操威德說表遣子入質表疑嵩反爲太祖說大怒欲殺嵩考殺隨嵩行者知嵩無他意乃止

魏荀彧爲太祖奮武將軍司馬太祖領兖州牧任彧留事會張邈陳宮以兖州潰迎呂布彧召東郡太守夏侯惇至誅叛者乃定時豫州刺史郭貢帥衆數萬來至城下或言與呂布同謀衆甚懼貢求見彧彧將往惇等曰何知貢不與呂布同謀而輕欲見之君一

州鎮也往必危不可或曰貢與邈等分非素結也今來速計必未定及其未定說之縱不爲用可使中立若先疑之彼將怒而成計貢見或無懼意謂鄄城未易攻遂引兵去又與程昱計使說范東阿卒全三城以待太祖太祖自徐州還擊布濮陽布東走二年夏太祖軍乘氏大饑人相食陶謙死太祖欲遂取徐州還乃定布彧曰昔高祖保關中光武據河内皆深根固本以制天下進足以勝敵退足以堅守故雖有困敗而終濟大業將軍本以兗州首事平山東之難百姓無不歸心悅服且河濟天下之要地也今雖殘壞

猶易以自保是亦將軍之關中河内也不可以不先定今以破李封薛蘭若分兵東擊陳宮宮必不敢西顧以其閒勒兵收熟麥約食畜穀一舉而布可破也破布然後南結楊州共討袁術以臨淮泗若舍布而東多留兵則不足用少留兵則民皆保城不得樵採布乘虛寇暴民心益危唯鄄城范衞可全其餘非已之有是無兗州也若徐州不定將軍當安所歸乎且陶謙雖死徐州未易亡也彼懲往年之敗將懼而結親相爲表裏今東方皆以收麥必堅壁清野以待將軍攻之不拔略之無獲不出十日則十萬之衆未戰而自困耳前討徐州威罰實行其子弟念父兄之恥必人自爲守無降心就能破之尚不可有也夫事固有棄此取彼者以大易小可也以安易危可也權一時之勢不患本之不固可也今三者莫利願將軍孰慮之太祖乃止大收麥復與布戰分兵平諸縣布敗走兗州遂平建安元年太祖擊破黄巾漢獻帝自河東還雒陽太祖議奉迎都許或以山東未平韓暹楊奉新將天子到雒陽北連張楊未可卒制彧勸太祖曰昔晉文公納周襄王而諸侯景從高祖東伐爲義帝縞素而天下歸心天子播越將軍首唱義兵徒以

山東擾亂未能遠赴關右然猶分遣將帥蒙險通使雖禦難於外乃心無不在王室是將軍匡天下之素志也今車駕旋軫東京榛蕪義士有存本之思百姓感舊而增哀誠因此時奉主上以從民望大順也秉至公以服雄傑大略也扶弘義以致英俊大德也天下雖有逆節必不能爲累明矣韓暹楊奉其敢爲害若不時定四方生心後雖慮之無及太祖遂至雒陽奉迎天子都許

毛玠爲太祖治中從事語太祖曰今天下分壞國主遷移生民廢業饑饉流亡公家無經歲之儲百姓無

安固之志難以持久今袁紹劉表雖士民衆彊皆無經遠之慮未有樹基建本者也夫兵義者勝守位以財宜奉天子以令不臣修耕植畜軍資如此則霸王之業可成也太祖敬納其言轉幕府功曹

劉曄爲太祖司空主簿從征張魯旣至漢中山峻難登軍食頗乏太祖曰此妖妄之國耳何能爲有無吾軍少食不如速還便自引歸令曄督後諸軍使以次出曄策魯可克加糧道不繼雖出軍猶不能皆全馳白太祖不如致攻遂進兵多出弩以射其營魯奔走漢中遂平曄進曰明公以步卒五千將誅董卓北破

袁紹南征劉表九州百郡十并其八威震天下勢慴海外今舉漢中蜀人望風破膽失守推此而前蜀可傳檄而定劉備人傑也有度而遲得蜀日淺蜀人未恃也今破漢中蜀人震恐其勢自傾以公之神明因其傾而壓之無不克也若小緩之諸葛亮明於治而爲相關羽張飛勇冠三軍而爲將蜀民旣定據險守要則不可犯矣今不取必爲後憂太祖不從大軍遂還後蜀降人言蜀中一日數十驚雖斬之不能安也太祖延問曰今尚可擊否曄曰今已小定未可擊也

賈詡參太祖司空軍事太祖破荆州欲順江東下詡諫曰明公昔破袁紹今收漢南威名遠著軍勢旣大若乘舊楚之饒以饗吏士撫安百姓使安土樂業則不可勞衆而江東稽服矣太祖不從軍遂無利

司馬朗爲太祖丞相主簿朗以爲天下分崩之勢由秦滅五等之制而郡國無蒐狩習戰之備故也今雖五等未可復行可令州郡並置兵外備四夷內威不軌於策爲長又以爲宜復井田往者以民各有累世之業難中奪之是以至今今承大亂之後民人分散土業無主皆爲公田宜及此時復之議雖未施行然州郡領兵朗本意也

高柔爲太祖倉曹屬時太祖欲遣鍾繇等討張魯柔諫以爲今猥遣大兵西有韓遂馬超謂爲己而舉將相扇動作逆宜先招集三輔三輔苟平漢中可傳檄而定也繇入關遂超等果反

曹純以議郎參太祖軍事督虎豹騎從圍南皮袁譚出戰士卒多死太祖欲緩之純曰今千里蹈敵進不能克退必喪威且懸師深入難以持久彼勝而驕我敗而懼以懼敵驕必可克也太祖善其言遂急攻之譚敗純麾下騎斬譚首

陳群潁川人蜀先主臨豫州辟爲別駕時陶謙病死

徐州迎先主先主欲往群說先主曰袁術尚彊今東必與之爭呂布若襲將軍之後將軍雖得徐州事必無成先主遂東與袁術戰布果襲下邳遣兵助術大破豫州軍先主恨不用群言

趙浮爲韓馥冀州都督從事浮與程奐將彊弩萬張屯河陽浮等聞馥欲以冀州與袁紹自孟津馳東下時紹尚在朝歌清水口浮等從後來船數百艘衆萬餘人整兵鼓夜過紹營紹甚惡之浮等到謂馥曰袁本初軍無斗糧各已離散雖有張楊於扶羅新附未肯爲用不足敵也小從事等請自以見兵拒之旬日

之閒土分瓦解明將軍但當開閤高枕何憂何懼馥不從乃避位出居趙忠舍遣子齎冀州印綬於黎陽與紹

董昭字公仁爲袁紹參軍事紹逆公孫瓚於界橋鉅鹿太守李邵及郡冠蓋以瓚兵彊皆欲屬瓚紹聞之使昭領鉅鹿問禦以何術對曰一人之御不能消衆謀欲誘致其心唱與同義及得其情乃當權以制之耳計在臨時未可得言時郡右姓孫伉等數十人專爲謀主驚動吏民昭至郡僞作紹檄告郡云得賊羅候安平張吉辭當攻鉅鹿賊故孝廉孫伉等爲應檄到收行軍法惡止其身妻子弗坐昭案檄告令皆即斬之一郡惶恐乃以次安慰遂皆平集事訖白紹紹善之

程昱東郡人太祖辟昱表爲東平相太祖與呂布戰於濮陽數不利蝗蟲起乃各引去於是袁紹使人說太祖連和太祖亦欲遣家居鄴太祖新失兗州軍食盡將許之時程昱使適還引見因言曰竊聞將軍欲遣家與袁紹連和誠有之乎太祖曰然昱曰昔田橫齊之世族兄弟三人更王據千里之齊擁百萬之衆與諸侯並南面稱孤旣而高祖得天下而橫顧爲降

虜當此之時橫豈可爲心哉太祖曰然此誠丈夫之至辱也昱曰昱愚不識大旨以爲將軍之志不如田橫田橫齊一壯士耳猶羞爲高祖臣今聞將軍欲遣家往鄴將北面事袁紹夫以將軍之聰明神武而反不羞爲袁紹之下竊爲將軍恥之意者將軍殆臨事而懼不然何慮之不深也夫袁紹據燕趙之地有并天下之心而知不能濟也將軍自度能爲之下乎將軍以龍虎之威可爲韓彭之事邪今兗州雖殘尚有三城能戰之士不下萬人以將軍之神武與文若昱等收而用之霸王之業可成也願將軍更慮之太祖

乃止

郭嘉爲太祖司空軍祭酒太祖將討袁紹嘉曰紹方北擊公孫瓚可因其遠征東取呂布不先取布若紹爲冦布爲之援此深害也太祖曰然太祖討呂布欲引軍還嘉曰昔項籍七十餘戰未嘗敗北一朝失勢而身死國亡者恃勇無謀故也今布每戰輒破氣衰力盡內外失守布之威力不及項籍而困敗過之若乘勝攻之此成禽也太祖曰善急攻之遂禽布太祖欲遠征劉備議者懼軍出袁紹襲其後進不得戰而退失所據太祖疑以問嘉嘉勸太祖曰紹性遲而多

疑來必不速備新起衆心未附急擊之必敗此存亡之機不可失也太祖曰善遂東征備備敗奔紹紹果不出後嘉從討袁譚袁尚於黎陽連戰數克諸將欲乘勝遂攻之嘉曰袁紹愛此二子莫適立也有郭圖逢紀爲之謀臣必交鬭其閒還相離也急之則相持緩之而後爭心生不如南向荆州若征劉表者以待其變變成而後擊之可一舉定也太祖曰善乃南征軍至西平譚尚果爭冀州譚爲尚軍所敗走保平原遣辛毗乞降太祖還救之遂從定鄴又從攻譚於南皮冀州平封嘉洧陽亭侯（河北既平太祖多辟召青冀幽并知名之士漸臣事之以爲省事掾屬皆嘉之謀也）太祖將征袁尚及三郡烏丸諸下多懼劉表使劉備襲許以討太祖嘉曰公雖威震天下胡恃其遠必不設備因其無備卒然擊之可破滅也且袁紹有恩於民夷而尚兄弟生存今四州之民徒以威附德施未加舍而南征尚因烏丸之資招其死主之臣胡人一動民夷俱應以生蹋頓之心成覬覦之計恐青冀非已之有也表坐談客耳自知才不足以御備重任之則恐不能制輕任之則備不爲用雖虛國遠征公無憂矣太祖遂行至易嘉言曰兵貴神速今千里襲人輜重多難以趍利且彼聞之必爲備

不如留輜重輕兵兼道以出掩其不意太祖乃密出盧龍塞直指單于庭虜卒聞太祖至惶怖合戰大破之斬蹋頓及名王已下尚及兄熙走遼東

沮授爲袁紹從事太祖征紹還官渡紹進保陽武授曰北兵數衆而果勁不及南南穀虛少而貨財不及北南利於急戰北利在於緩搏宜持久曠以日月紹不從

李孚爲袁尚冀州主簿後尚與其兄譚爭鬭尚出軍諸平原留別駕審配守鄴城孚隨尚行會太祖圍鄴尚還欲救鄴行未到尚疑鄴中守備少復欲令配知

外動止與孚議所遣孚答尚言今使小人往恐不足以知外內且恐不能自達孚請自往尚問孚當何所得孚曰聞鄴圍甚堅多人則覺以爲直當將三騎足矣尚從其計孚自選溫信者三人不語所之皆勅使具脯糧不得持兵仗各給快馬遂辭尚來南所在止亭傳及到梁淇使從者斫問事杖三十枚繫著馬邊自著平上幘將三騎投暮詣鄴下是時大將軍雖有禁令而芻牧者多故孚因此夜到以一鼓中自稱都督歷北圍循表而東從東圍表又循圍而南步步呵責守圍將士隨輕重行其罰遂歷太祖營前徑南過

從南圍角西折當章門復責怒守圍者收縛之因開其圍馳到城下呼城上人城上人以繩引孚得入配等見孚悲喜鼓譟稱萬歲守圍者以狀聞太祖笑曰此非徒得入也方且復得出孚事訖欲得還而顧外圍必急不可復冒謂已使命當速反乃陰心計請配曰今城中穀少無用老弱爲也不如驅出之以省穀也配從其計乃復夜簡別數千人皆使持白幡從三門並出降又使人持火孚乃無何將本所從作降人服隨輦夜去時守圍將士聞城中悉降火光照曜但共觀火不復視圍孚出北門遂從西角突圍得去其明太祖聞孚已得出抵掌笑曰果如吾言也孚北見尚尚甚歡喜會尚不能救鄴破走至中山而袁譚又追擊尚尚走孚與尚相失遂詣譚復爲譚主簿

郭淮爲征西將軍夏侯淵司馬淵與蜀戰淮時有疾不出淵遇害軍中擾擾淮收散卒推盪寇將軍張郃爲軍主諸營乃定其明日蜀先主欲渡漢水來攻諸將議衆寡不敵備便乘勝欲依水爲陣以拒之淮曰此示弱而不足挫敵非算也不如遠水爲陣引而致之半濟而後擊備可破也既陣蜀先主疑不渡淮遂堅守示無還心以狀聞太祖善之假郃節復以淮爲

司馬

趙儼爲扶風太守時蜀將關羽圍征南將軍曹仁於樊儼以議郎參仁軍事南行與平寇將軍徐晃俱前既到羽圍仁遂堅餘救兵未到晃所督不足解圍而諸將呵責晃促救儼謂諸將曰今賊圍素固水潦猶盛我徒卒單少而仁隔絕不得同力此舉適所以弊內外耳當今不若前軍偪圍遣諜通仁使知外救以勵將士計北軍不過十日尚足堅守然後表裏俱發破賊必矣如有緩救之戮余爲諸軍當之諸將皆喜便作地道箭飛書與仁消息數通北軍亦至并勢大

城羽軍旣退舟船猶據沔水襄陽隔絶不通而孫權襲取羽輜重羽聞之卽走南還仁會諸將議咸曰今因羽危懼必可追禽也儼曰權邀羽連兵之難欲掩制其後顧羽還救恐我承其兩疲故順辭求救乘釁因變以觀利鈍耳今羽已孤迸更宜存之以爲權害若審入追北權則改虞於彼將生患於我矣王必以此爲深慮仁乃解嚴太祖聞羽走恐諸將追之果疾勑仁如儼所策

蔣濟字子通楚國平阿人爲州别駕建安中吳大帝率衆圍合肥時大軍征荆州遇疾疫唯遣將軍張喜

單將千騎過領汝南兵以解圍頗復疾疫濟乃密白刺史爲僞得喜書云步騎四萬已到雩婁遣主簿迎喜三部使齎書語城中守將一部得入城二部爲賊所得大帝信之遽燒圍走城用得全後爲太祖丞相主簿時關羽圍樊襄陽太祖以漢帝在許近賊欲徙都司馬宣王及濟說太祖曰于禁等爲水所沒非戰攻之失於國家大計未足有損劉備孫權外親內疎關羽得志權必不願也可遣人勸躡其後許割江南以封權則樊圍自解太祖如其言權聞之卽引兵西襲公安江陵羽遂見擒

魏常林爲文帝五官功曹時太祖西征田銀蘇伯反幽冀扇動文帝欲親討之林曰昔忝傳陵又在幽州賊之形勢可料度也北方吏民樂安厭亂服化已久守善者多銀伯犬羊相聚智小謀大不能爲害方今大軍在遠外彊敵將軍爲天下之鎭也輕動遠舉雖克不武文帝從之遣將往伐應時克滅

蜀殷觀爲先主荆州主簿吳大帝遣使云欲共取蜀或以爲宜報聽許吳終不能越荆有蜀蜀地可爲已有觀進曰若爲吳先驅進未能克蜀退爲吳所乘卽事去矣今但可然贊其伐蜀而自說新據諸郡未可

以動吳必不敢越我而獨取蜀如此進退之計可以收吳蜀之利先主從之吳果輟計遷觀爲别駕從事

龐統爲先主軍師中郎將說先主曰荆州荒殘人物殫盡東有吳孫北有曹氏鼎足之計難以得志今益州國富民彊戶口百萬四部兵馬所出必具寶貨無求於外今可權借以定大事備曰今指與吾爲水火者曹操也操以急吾以寬操以暴吾以仁操以譎吾以忠每與操反事乃可成耳今以小故而失信義於天下者吾所不取也統曰權變之時固非一道所能足也兼弱攻昧五伯之事逆取順守報之以義事定

之後封以大國何負於信今日不取終爲人利耳備遂行統隨從入蜀益州牧劉璋與先主會涪統進策曰今因此會便可執之則將軍無用兵之勞而坐定一州也先主曰初入他國恩信未著此不可也璋既還成都先主當爲璋北征漢中統復說曰陰選精兵晝夜兼道徑襲成都璋既不武又素無預備大軍卒至一舉便定此上計也楊懷高沛璋之名將各杖彊兵據守關頭聞數有牋諫璋使發遣將軍還荆州將軍未至遣與相聞說荆州有急欲還救之並使裝束外作歸形此二子既服將軍英名又喜將軍之去計

必乘輕騎來見將軍因此執之進取其兵乃向成都此中計也退還白帝連引荆州徐還圖之此下計也若沉吟不去將致大困不可久矣先主然其中計即斬懷沛還向成都所過輙克

楊洪字季休爲益州治中從事時先主征吳不克還往永安漢嘉太守黃元素爲丞相諸葛亮所不善聞先主疾病懼有後患舉郡反燒臨邛城時亮東行省疾成都單虛是以元益無所憚洪即啓太子遣其親兵使將軍陳曶鄭綽討元衆議以爲元若不能圍成都當繇越巂據南中洪曰元素性凶暴無他恩信何能辦此不過乘水東下冀主上平安面縛歸死如其有異奔吳求活耳勑曶綽但於南安峽口遮即便得矣曶綽承洪言果生獲元

馬謖爲諸葛亮丞相參軍建興三年亮征南中謖送之數十里亮曰雖共謀之歷年今可更惠良規謖對曰南中恃其險遠不服久矣雖今日破之明日復反耳今公方傾國北伐以事強賊彼知官勢內虛其叛亦速若殄盡遺類以除後患既非仁者之情又且不可倉卒也夫用兵之道攻心爲上攻城爲下心戰爲上兵戰爲下願公服其心而已亮納其策赦孟獲以

服南方故終亮之世南方不敢反

吳張紘初爲大帝長史從征合肥城久不拔紘進計曰古之圍城開一面以疑衆心今圍之甚密攻之又急誠懼并命戮力死戰之寇固難卒拔及救未至可小寬之以觀其變議者不同會救騎至數至圍下馳騁挑戰

晉何惲爲楊州別駕刺史周浚隨王渾伐吳與中軍大戰俘馘萬計進軍屯于橫江時聞龍驤將軍王濬既破上方惲說浚曰張悌率精銳之卒悉吳國之衆殄滅於此吳之朝野莫不震懾今王龍驤既破武昌

兵威甚盛順流而下所向輒尅土分之勢見矣竊謂宜速度江直指建業大軍卒至奪其膽氣可不戰而擒浚善其謀便使白渾憚曰渾闇於事機而欲慎已免咎必不我從浚固使白之渾果曰受詔但令江北抗衡吳軍不使輕動貴州雖武豈能獨平江東今者違命勝不足多若其不勝爲罪已重且詔令龍驤受我節度但當具君舟檝一時俱濟耳憚曰龍驤尅萬里之寇以旣濟之功來受節度未之聞也且握兵之要可則奪之所謂受命不受辭也今渡江必全尅獲將有何慮若疑於不濟不可謂智知而不行不可謂

忠實鄙州上下所以恨恨也渾執不聽居無何而濬至渾召之不來乃直指三山孫皓遂降於濬渾深恨之

任明爲益州刺史羅尚從事時流人李特寇成都尚據大城自守李流進屯江西尚懼遣使求和是時蜀人懼竝結村堡請命于特特遣人安撫之明說尚曰特旣凶逆侵暴百姓又分人散衆在諸村堡驕怠無備是天亡之也可告諸村密尅期日內外擊之破之必矣尚從之明先僞降特特問城中虛實明曰米穀已欲盡但有貨帛耳因求省家特許之明潛說諸村悉聽命還報尚尚許如期出軍諸村亦許一時赴會二年惠帝遣州刺史宋岱建平太守孫阜救尚阜已次德陽特遣蕩督李璜助任臧阜尚遣大衆奄襲特營連戰三日衆少不敵特軍大敗收合餘卒引趣新繁尚軍引還特復追之轉戰三十餘里尚出大軍逆戰特軍敗績斬特及李輔李遠皆焚尸傳首雒陽

陳珎爲凉州牧張茂參軍劉曜遣將攻韓璞於冀城茂出次石頭謂珎曰劉曜以乘勝之聲握三秦之銳繕兵積年士卒習戰若以精騎奄尅南安席卷河外長驅而至者計將何出珎曰曜雖乘威怙衆恩德未

結於下又其關東離貳內患未除精卒寡少多是氐羌烏合之衆終不能近舍關東之難增隴上之戍曠日持久與我爭衡也若一旬不退者珎請爲明公率弊卒數千以擒之茂大悅以珎爲平虜護軍率步騎一千八百救韓璞曜陰欲引歸聲言要先取隴西然後廻滅桑壁珎募發氐羌之衆擊曜走之克復南安茂深嘉之拜折衝將軍

趙誘字元孫州辟主簿值刺史郗隆被齊王冏檄使起兵討趙王倫隆欲承檄舉義而諸子姪並在雒陽欲坐觀成敗恐爲冏所討進退有疑會群吏計議誘

説隆曰趙王簒逆海内所病今義兵飈起其敗必矣今爲明使君計莫若自將精兵徑赴許昌上策也不然且可留後遣猛將將兵會盟亦中策也若遣小軍隨形助勝下策也隆不從遂被攻死

盧志字子道自尚書郎出爲鄴令成都王穎之鎮鄴也愛其才量委以心膂遂爲謀主齊王冏起義遣使告穎穎召志計事志曰趙王無道肆行簒逆四海人神莫不憤怒今殿下摠率三軍應期電發子來之衆不召自至掃夷凶逆必有征無戰然兵事至重聖人所慎宜旌賢任才以收時望穎深然之改選上佐高

辟掾屬以志爲諮議參軍仍補左長史專掌文翰穎前鋒都督趙驤爲倫所敗士衆震駭議者多欲還保朝歌志曰今我軍失利敵新得勝必有輕易陵轢之情若頓兵不進三軍畏懦懼不可用且戰何能無勝負宜更選精兵星行倍道出賊不意此用兵之奇也穎從之及倫敗志勸穎曰齊王號衆百萬與張泓等相持不能決大王逕得濟河北之大勳莫之與比而齊王當今與大王共輔朝政志聞兩雄不俱處功名不並立今宜因太妃微疾求還定省推崇齊王徐結四海之心此計之上也穎納之遂以母疾還藩委重於冏由是穎獲四海之譽天下歸心朝廷封志爲武彊侯加散騎常侍

淳于定爲南陽王模謀臣模爲征西大將軍鎮關中東海王越表徵模爲司空遣中書監傳祗代之定説模曰關中天府之國霸王之地今以不能綏撫而還既於聲望有虧又公兄弟唱起大事而並在朝廷若自彊則有專權之罪弱則受制於人非公之利也模納其言不就徵

潘滔爲東海王越司馬時苟晞爲撫軍將軍都督青兗有威名滔説越曰兗州要衝魏武以之輔相漢室

苟晞有大志非純臣久令處之則患生心腹矣若遷于青州厚其名號晞必悅公自牧兗州經緯諸夏藩衛本朝此所謂謀之于未有爲之於未亂也越以爲然乃遷晞征東大將軍開府儀同三司加侍中假節都督青州諸軍事領青州刺史

孔坦爲尚書左丞相時蘇峻挾天子幸石頭坦奔陶侃侃引爲長史時侃等夜築白石壘至曉而成聞峻軍嚴聲咸懼來攻坦曰不然若峻攻壘必須東北風急令我水軍不得往救今天氣清淨賊必不動決遣軍出江乘掠京口以東矣果如所籌時郗鑒鎮京口

俍等各以兵會既至坦議以爲本不應須召郗公遂使東門無限今宜遣還雖曉猶勝不也俍等猶疑坦固爭甚切始令鑒還據京口遣郭默屯大業又令驍將李閎曹統周光與默并力賊遂勢分率如坦計

高崧爲簡文帝撫軍司馬時桓温擅威率衆北伐軍次武昌簡文患之崧曰宜致書諭以禍福自當反旆如其不爾便六軍整駕逆順於兹判矣若有異計請先釁鼓便於坐爲簡文書草曰寇難宜平時會宜接此實爲國遠圖經略大筭能弘斯會非足下而誰但以此興師動衆要當以資實爲本運轉之艱古人之

所難不可易之於始而不熟慮須所以深用爲疑在乎此耳然異常之舉衆之所駭遊聲噂嗒想足下亦少聞之苟患失之無所不至或能望風振擾一時分散如其不然者則望實竝喪社稷之事去矣皆吾闇弱德信不著不能鎮靜群庶保固維城所以內愧于心外慙良友吾與足下雖職有內外安社稷保國家其致一也天下安危繫之明德先存寧國而後圖其外使王基克隆大義弘著所望於足下區區誠懷豈可復顧嫌而不盡哉温得書還鎮

郄超爲桓温叅軍太和中温將伐慕容氏於臨漳超諫以道遠汴水又淺運道不通温不從遂引軍自濟入河超又進策於温曰清水入河無通運理若寇不戰運道又難因資無所實爲深慮也今盛夏不悉力徑造鄴城彼伏公威畧必望陣而走退還幽朔矣若能決戰呼吸可定設欲城鄴難爲功力百姓布野盡爲官有易水以南必交臂請命但恐此計輕決公必務其持重耳若此計不從便當頓兵河濟控引糧運令資儲充備足及來夏雖如賒遲終亦濟尅若舍此二策而連軍西進進不速決退必愆乏賊因此勢日月相引僶俛秋冬船道澁滯且北地早寒三軍裘褐

者少恐不可以涉來此大限悶非惟無食而已温不從果有枋頭之敗温深慙之

晉鄧潛之爲何無忌大將軍府長史無忌將率衆以距盧循潛之諫曰今以神武之師抗彼逆衆廻山壓卵未足爲譬然國家之計在此一舉聞其舟艦大盛勢居上流蜂蠆之毒邾魯成鑒宜決破南塘守二城以待之其必不敢捨我遠下蓄力候其疲老然後擊之若棄萬全之長策而決成敗於一戰如其失利悔無及矣無忌不從果敗

宋劉敬宣晉末爲會稽王世子元顯征虜叅軍事隆

安二年王恭起兵於京口以誅司馬尚之兄弟爲名敬宣父牢之時爲恭前軍司馬輔國將軍晉陵太守置佐領兵而恭以豪戚自居甚相陵忽牢之心不能平及恭此舉使牢之爲前鋒太傅會稽王道子與牢之書備言禍福使以兵反恭牢之呼敬宣謂曰王恭昔蒙先帝殊恩今居伯舅之重義心未彰唯兵是縱吾不能審恭事捷之日必能奉戴天子緝穆宰相與不今欲奉國威靈以明逆順汝以爲何如敬宣曰朝廷雖無成康之隆未有桓靈之亂而恭怙亂阻兵志陵京邑大人與恭親無骨肉分非君臣雖共事少時

意好不恊今日討之於情何有牢之至竹里斬恭大將顏延遣敬宣率高雅之等還京襲恭恭方出城耀軍馳騎橫擊之一時散潰元顯進號後將軍以敬宣爲諮議參軍加寧朔將軍

胡藩爲高祖鎮軍參軍事從征鮮卑賊屯聚臨朐藩言於高祖曰賊屯軍城外守者必寡今往取其城而斬其旗幟此韓信所以克趙也高祖乃遣檀韶與藩等潛往既至即克其城賊見城陷一時奔走還保廣固

王誕爲高祖太尉長史盧循自蔡洲南走毅固求追討高祖持疑未决誕密白曰公既平廣固復滅盧循則功蓋終古勲無與二如此大威豈可餘人分之毅與公同起布衣一時相推耳今既巳喪敗不宜復使立功高祖從其說

顏竣爲孝武安北鎮軍北中郎府主簿魏軍自彭城北歸復求互市竣議曰愚以爲與虜和親無益巳然之明效何以言其然夷狄之欲侵暴正苦力之不足耳未嘗拘制信義用輟其謀昔年江上之役乃是和親之所招歷稔交聘遂求闕婚朝廷羈縻之義依違不絶既積歲月漸不可誣猒心無厭重以忿怒故至

於深入今幸因兵交之後華戎隔判若言互市則復開曩弊之萌議者不過言互市之利在得馬今棄此所重得彼下駟四千匹尙不足言況所得之數裁不十百耶一相交關卒難閉絶寇負力玩陵驕黠巳甚雖云互市實覘國情多贈其求則桀放罔巳通而爲節則必生邊虞不如塞其端漸杜其觖望內修德化外經邊事保境以觀其釁於事爲長

沈慶之年三十未知名往襄陽省兄倫之見而賞之倫之子伯符時爲竟陵太守倫之命伯符板爲寧遠中兵參軍竟陵蠻屢爲寇慶之爲設規略每擊破之

伯符出此致將帥之稱

冊府元龜

冊府元龜

巡按福建監察御史臣李嗣京 正
分守建南道左布政使臣胡維霖 訂
知建陽縣事臣黄國琦 較

幕府部 六

謀畫第二

南齊紀僧真爲太祖領軍功曹太祖將廢立謀於袁粲褚淵僧真啓曰今朝廷猖狂人不自保天下之望不在袁褚明公豈得黙然坐受夷滅存亡之機仰希熟慮太祖納之太祖欲渡廣陵起兵僧真又啓曰主

上累世皇基猶固磐石今百口北渡何必得俱縱得廣陵城天子居深宮施號令目明公爲逆何以避此如其不勝則應北走胡中竊謂此非萬全策也太祖曰卿顧家豈能逐我行耶僧真頓首稱無貳

梁夏侯詳仕宋爲豫州刺史殷琰主簿泰始初琰叛明帝遣輔國將軍劉勔討之攻守連月人情危懼將請救於魏詳說琰曰今日之舉本效忠節若社稷有奉便歸身朝廷何可屈身北面異俗且今魏氏之卒近在淮次三軍未測去就懼有異圖今若遣使致款必厚相慰納豈免罪而已若謂不殺請充一介琰許之出見勔曰將軍嚴圍峭壘矢刃如霜城內愚迷實同困獸士庶懼誅咸欲投魏僕所以踰城歸德敢布腹心願將軍弘曠蕩之恩垂霈然之惠解圍退舍則皆相率而至矣勔曰審爾當如君言請反命勔遣人到城下呼城中人語以勔辭即日琰及衆俱出一州以全勔爲刺史又補主簿

陳毛喜爲宣帝叅軍時廢帝冲昧僕射到仲舉與右衛將軍韓子高通謀其事未發喜請帝曰且簡選人馬配與子高并賜鐵炭使修器甲帝驚曰子高謀反即欲收執何爲更如是耶喜答曰山陵始畢邊寇尚

多而子高受委前朝名爲劾順然甚輕狷不時授首脫其稽誅或後王度宜推心安誘使不自疑一壯士之力耳帝深然之卒行其計

後魏李先爲衛王府左長史從平鄴到義臺破慕容驎軍回定中山先每一進策所向尅平道武還代以先爲尚書左中兵郎

鄘範爲征南大將軍慕容白曜左司馬師次無鹽宋戍主申纂憑城拒守識者僉以攻具未周不宜便進範曰今輕軍遠襲深入敵境無宜淹留久稽機候且纂必以我軍來速不去攻守謂方城可憑弱卒可恃

此天亡之時也今若外潜威刑內整戎旅密厲將士出其非意可一攻而尅之白曜曰一日縱敵數世之患今若舒遲民心固矣司馬之策是也遂潜軍僞退示以不攻纂果不設備於是即夜部分旦便騰城崇朝而尅白曜將盡以其人爲軍實範曰齊四履之地世號東秦不遠爲經略恐未可定也今皇威始被民未霑澤連城有懷貳之將比邑有拒守之夫宜先信義示之軌物然後民心可懷二州可定白曜曰此上策也乃免之進次肥城白曜將攻之範曰肥城雖小攻則淹日得之無益軍聲失之有損威勢且見無鹽

之卒死者塗炭成敗之機足爲鑒矣若飛書告喻可不攻自伏縱其不降亦當逃散白曜乃以書曉之肥城果潰白曜目範於衆曰此行也得卿三齊不足定矣軍達升城宋太原守房崇吉棄母妻東走宋青州刺史沈文秀遣其寧朔將軍張元孫奉牋歸欵請軍接援白曜將遣偏師赴之範曰桑梓之戀有懷同德文秀家在江南青土無墳栢之累擁衆數萬勁甲堅城强則拒戰勢屈則走師未逼之朝夕無事竟何所畏已求援軍且觀其使詞煩而顔愧視下而志怯幣厚言甘誘我也若不遠圖懼虧軍勢旣進無所取退

遇强敵羝羊觸藩羸角之謂未若先守歷城平盤陽下梁鄒尅樂陵然後方軌連鑣揚旌直進何患不壼漿路左以迎明公者哉白曜曰卿前後納策皆不失衷今日之筭吾所不取何者道固孤城裁能自守盤陽諸戍勢不野戰文秀必能尅殄意在先誠天與不取後悔何及範曰如範短見猶謂不眞歷城足食足兵非一朝可拔文秀旣據東陽爲諸城根本多遣軍則歷城之固不立少遣衆則無以懼敵心脫文秀還叛閉門拒守偏師在前爲其所挫梁鄒諸城追擊其後文秀身率大軍必相乘追腹背受敵進退無途歸

有韓白恐無全理願更思審勿入賊計中白曜乃止遂表範爲青州刺史以撫新民

李璨爲中書郎太安初宋徐州刺史薛安都舉彭城降詔鎮南大將軍博陵公尉元鎮東將軍陽城公孔伯恭等率衆迎之獻文復以璨參二府軍事達九里山安都率文武出迎元不加禮出接安都還城使遂不至時宋將張永沈攸之等率先屯下磕元令璨與中書郎高閭入彭城說安都安都即與俱載赴軍元等入城收管鑰其夜永攻南門不尅退還時永輜重在武原璨勸元乘永失據攻永米船大破之斫首數

千級府大雪寒氷軍凍死者萬計於是遂定淮地加璆寧朔將軍

鄭義爲中書博士大安初宋司州刺史常珍奇據汝南來降獻文詔殿中尚書元石爲都將赴之并招慰淮汝遣義叅右軍事到上蔡珍奇率文武三百人來迎旣相見議欲頓軍於汝北未即入城義謂石曰機事尚速今珍奇雖來意未可量不如直入其城奪其管鑰據有府庫雖出其非意要以全制爲勝石從義言遂策馬徑入其城城中尚有珍奇親兵數百人在珍奇宅內石旣尅城意益驕怠置酒嬉戲無警防之

虞義謂石曰觀珍奇甚有不平之色可嚴兵設備以待非常其夜珍奇果使人燒府廂屋欲因救火作難以石有備乃止明旦義齎白虎幡慰郭邑衆心乃定明年春又引軍東討汝陰劉彧汝陰太守張超城守不下石率精銳攻之不尅遂退至陳項議欲還軍長社待秋擧之諸將心樂早還咸稱善計義曰今張超驅市人負擔石錢聚窮城命不延月宜安心守之超食已盡不降當走可翹足而待成擒物也而欲棄還長社道塗懸遠超必修城浚壍多積薪穀將來難圖矣石不納遂旋師長社至冬復往攻超超果設備無功而還歷年超死楊文長代戍食盡城潰乃尅之竟如義策

楊侃爲長孫稚楊州錄事叅軍梁豫州刺史裴邃治合肥城規相掩襲密購壽春郭人李瓜花袁建等令爲內應邃巳募勒兵士有期日矣而慮壽春疑覺遂謬移云魏始於馬頭置戍如聞復欲修白捺舊城若爾便稍相侵逼此亦須營歐陽設交境之備今板卒巳集唯聽信還白捺佐寮咸欲以實答之云無修白捺意而侃曰白捺小城本非形勝邃好小黠今集兵遣移虛搆是言得無有別圖也稚深悟之乃云錄事

可造移報侃曰彼之募兵想別有意何爲妄搆白捺也他人有心予忖度之勿謂秦無人也邃得移謂巳知覺便爾散兵瓜花等以期契不會便相告發伏辜者十數家

酈惲字幼和爲長孫稚行臺郎惲頗兼武略嘗以功名自許每進計於稚多見納用以功賞魏昌縣開國子邑三百戶

甄楷中山無極人爲尚書儀曹郎丁憂在鄉時定州刺史廣陽王淵被徵還朝臨發召楷兼長史委以州任會值鮮于修禮毛普賢等率北鎮流民反於州西

北之左人城屠村掠野引向州城州城之內先有燕
管雲三州避難之力皆依傍而鄭草廬擯任修禮等
聲云欲收此輩共爲舉動旣外寇將逼恐有內應楷
見人情不安慮有變起乃收州人中麁豪者皆殺之
以威外賊固城民之心及刺史元固大都督楊津等
至楷乃還家
陽固孝明初征陝石以固爲僕射李平行臺七兵郎
中平命固節度水軍固設奇計先期乘賊襲其外城
北齊魏蘭根初仕魏爲尚書令李崇討茹茹都督長
史因說崇曰緣邊諸鎭控攝長遠昔時初置地廣人

稀或激發中原強宗子弟或國之肺腑寄以爪牙中
年以來有司乖實號曰府戶役同厮養官婚班齒致
失清流而本宗舊類各各榮顯顧瞻彼此理當憤怨
更張琴瑟今也其時靜境寧邊事之大者宜改鎭立
州分置郡縣凡是府戶悉免爲民入仕次叙一準其
舊文武兼用威恩並施此計若行國家無北顧之慮
矣崇以奏聞事寢不報
薛琡初仕魏爲上黨王天穆討邢杲行臺尚書時元
顥已據鄴城天穆集文武議其所先議者咸以杲衆
強盛宜先經略唯琡以爲邢杲聚衆無名雖強猶賊
元顥皇室昵親來稱義舉此恐難測杲鼠盜狗竊非
有遠志宜先討顥天穆以羣情所欲遂先討杲杲降
軍還顥入雒天穆謂琡曰不用君言乃至於此天平
初高祖引爲丞相長史時高祖大舉西伐將渡蒲津
琡諫曰西賊連年饑饉無可食啗故冐死來入陝州
欲取倉粟今高司徒已圍陝城粟不得出但置兵諸
道勿與野戰比及來年麥秋人民盡應餓死寶炬黑
獺自然歸降願王無渡河也侯景亦曰今者之舉兵
衆極大萬一不捷卒難收斂不如分爲二軍相繼而
進前軍若勝後軍承之高祖皆不納遂有沙苑之敗

陳元康爲相府功曹參軍從高祖破周文帝於邙山
大會諸將議進退之策咸以爲野無青草人馬疲瘦
不可遠追元康曰兩雄交爭歲月已久今得大捷便
是天授時不可失必須乘勝追之高祖曰若遇伏兵
孤何以濟元康曰王前沙苑還軍彼尚無伏今奔敗
若此何能遠謀若捨而不追必成後患高祖竟不從
後爲大行臺右丞及高祖疾篤謂文襄曰邙山之戰
不用元康之言方貽汝患以此爲恨死不瞑目
徐周徐招初仕後魏爲廣陽王深府長流參軍深討
鮮于修禮招陳策請離間之葛榮竟殺修禮自爲魁

師

盧柔初仕後魏爲賀拔勝荆州大行臺郎中掌書記軍之機務柔多預之及勝爲太保以柔爲掾孝武後召勝引兵赴雒勝以問柔柔曰高歡託晉陽之甲意實難知公宜席卷赴都與決勝負存没以之此忠臣之上策也若北阻魯陽南并舊楚東連兖豫西接關中帶甲十萬觀釁而動亦中策也舉三荆之地通款梁國可以身免功名去矣策之下者勝輕柔年少唯而不應及孝武西遷東魏遣侯景襲穰勝敗南奔梁

唐瑾初仕後魏吏部尚書于謹南伐江陵以瑾爲元

帥府長史軍中謀略多出瑾焉

李崇字長卿初仕東魏爲高仲密北豫州掾先是仲密與吏部郎中崔暹有隙暹被齊文襄委遇仲密恐其搆已每不自安將圖來附時東魏又遣鎮城奚壽興典兵事仲密但知民務而已既至州遂與崇謀伏壯士欲因此執之壽興辭而不赴崇遂往見之曰君與高公義符昆季今日之席以爲君首豈有賓客總萃而公無事不行將恐遠近聞之竊有疑惟壽興遂俱赴便發伏執之乃師其士衆據城遣崇詣闕歸款

宇文深爲太祖丞相府直閤齊神武屯蒲坂分遣其將竇泰趣潼關高敖曹圍雒陽太祖將襲泰諸將咸難之太祖乃隱其事陽若未謀者而獨問策於深深對曰竇氏歡之驍將也頑凶而勇戰亟勝而輕敵歡每伏之以爲禦侮今者大軍若就蒲坂則高歡拒守竇泰必援之內外受敵敗之道也不如選輕鋭之卒潛出小關泰性躁急必來決戰高歡持重未即救之則泰可擒也既虜竇泰歡勢自沮迴師禦之可以制勝太祖喜曰是吾心也軍遂行果獲泰而齊神武亦退深又說太祖進取弘農復克之太祖大悦謂深曰君即吾家之陳平也

隋李詢初仕後周爲司衛大將軍高祖爲丞相尉遲迥作亂遣韋孝寬擊之以詢爲元帥長史委以心膂軍至永橋諸將不一詢密啓高祖請重臣監護高祖遂令高熲監軍與熲同心協力唯詢而已

李德林爲高祖丞相府屬時鄖公韋孝寬爲東道元帥師次永橋爲沁水泛長兵未得渡長史李詢上密啓云大將梁士彥宇文忻崔弘度竝受尉遲迥金軍中慅慅人情大異高祖得詢啓深以爲憂與鄭譯議欲代此三人德林獨進計云公與諸將竝是國家貴臣未相伏馭今以挾令之威使得之耳安知後所遣

者能盡腹心前所遣人獨致乖異又取金之事虛實難明即令換易彼將懼罪恐其逃逸便須禁錮然則鄖公以下必有驚疑之意且臨敵代將自古所難樂毅所以辭燕趙括以之敗趙也如愚所見但遣公一腹心明於智略爲諸將舊來所信服者速至軍所覩其情僞縱有異志必不敢動丞相大悟曰若公不發此言幾敗大事即令高熲馳驛往軍所爲諸將節度竟成大功凡厥謀多此類也

李徹爲左武衛將軍突厥沙鉢略可汗犯塞高祖令衛王爽爲元帥擊之以徹爲長史遇虜於白道行軍

總管李克請襲之諸將多以爲疑唯徹奬成其事請同行遂掩擊大破之沙鉢略棄所服金甲而遁因此稱藩

唐裴寂爲高祖大將軍府長史從至河東屈突通拒攻之不下三輔豪傑歸義者日有千數高祖將先定京師議者恐通爲後患猶豫未決寂進說曰今通據蒲關若不先平前有京城之守後有屈突之援此乃腹背受敵敗之道也未若攻蒲州下之後入關京師無援可不攻而定太宗曰不然兵法尚權權在於速宜乘機早度以駭其心我若遲留彼則生計且關中群盜所在此徒未有定主易可招懷賊附兵強何城不尅屈突通自守賊耳不足爲虞若入關之機則事未可知矣高祖兩從之留兵圍河東而引軍入關

劉文静爲高祖大將軍府司馬文静勸改旗幟以彰義舉又請連突厥以益兵威高祖並從之

房玄齡爲太宗秦王府記室參軍太宗嘗至隱太子所食中毒而歸府中震駭計無所出玄齡因謂長孫無忌曰今嫌隙已成禍機將發天下恟恟人懷異志變故一作大亂必興非直禍及府朝正恐傾危社稷此之際會安可不深思也僕有愚計莫若遵周公之

事外寧區夏內安宗社申孝養之禮古人有云爲國者不顧小節此之謂歟孰若家國淪亡身名俱滅乎無忌曰久懷此謀未敢披露公定所說深會宿心乃入白之太宗召玄齡謂曰阽危之兆其迹已見將若之何對曰國家患難今古何殊自非睿聖欽明不能安輯大王功蓋天地事鍾壓紐神贊所在匪藉人謀因與府屬杜如晦同心戮力隱太子將有變太宗令無忌召玄玄齡及如晦令衣道士服潛引入閣計事遂平內難

杜如晦爲太宗秦王府屬從征薛仁杲劉武周王世

克實建德嘗參謀帷幄及隱太子之變如晦嘗入畫策及事捷與房玄齡功等

薛收爲太宗秦王府主簿判陜東道行臺北部郎中太宗之討王世充也竇建德率兵來拒諸將皆以爲宜且退軍以觀賊形勢收獨建策曰世充據有東都府庫塡積其兵皆是江淮精銳所患者在於乏食是以爲我所持求戰不可建德親總軍旅來拒我師亦當盡彼驍雄期於奮决若縱其至此兩寇相連轉河北之糧以相資給則伊雒之間戰鬬不已今宜分兵守營深其溝防即世充欲戰愼勿出兵大王親率猛

鋭先據成臯之險訓兵坐甲以待其至彼以疲敝之師當我堂堂之勢一戰必尅建德即破世充自下矣不過兩旬二國之君可面縛麾下若退兵自守計之下也太宗納之卒擒建德

段秀實天寶十二年爲安西節度封常清判官關大勃律師次賀薩勞城一戰而勝常清逐之秀實進曰賊兵行餌我也請備左右搜其山林遂殲其伏大曆中秀實爲涇原節度馬璘行軍司馬時吐蕃來寇戰子鹽倉官軍不利璘爲寇戎所隔逮暮未還敗將潰兵爭道而入時都將焦令諶與諸將四五輩狼狽而至秀實召讓之曰兵法大將麾下當斬公等忘其死而欲安其家耶令諶等恐懼下拜數十秀實乃悉驅城中士卒未出戰者使驍將統之東依古原列奇兵示賊將戰且以收合敗亡蕃衆望之不敢逼及夜璘方獲歸

李芃永泰初爲江西觀察使李勉判官時宣饒二州人方清陳莊聚衆據山洞西絶江路劫商旅以爲亂芃乃請於秋浦置州守其要地以破其謀勉然其計以聞代宗嘉之以宣州之秋浦青陽饒州之至德置池州以芃攝行州事

齊抗大曆中爲壽州刺史張鎰判官鎰爲江西觀察隴西節度前後籌量幕中事多出抗

嚴郢爲河東副元帥郭子儀判官子儀遷鎮邠州郢領留府時軍士久處河中各有生業不樂遷徙多匿名姓自邠逃還郢悉捕得其渠帥戮之人心方定

李自良德宗初爲試殿中監隷浙東節度使薛兼訓移鎮太原自良從至鎮兼訓卒鮑防代爲節度使會回鶻入寇防令大將焦伯瑜杜榮國將兵擊之自良言於防曰回鶻遠來不可與爭鋒不如於歸路築二壘以兵守之堅壁不動虜求戰不得師老必退還然

後出兵逐之二壘扼其歸路策之上者也防不從趣
但瑜等與戰于百井軍大敗自艮蹶是稍知名
齊映建中末爲鳳翔行軍司馬時德宗居奉天鳳翔
通於賊泚節度使張鎰懦緩不曉事部將有李楚琳
者剽悍兇暴軍中皆畏之乘間將謀亂先數日映與
同列齊抗皆覺之乃密言於鎰令殺之鎰不從映言
乃示其寬大召楚琳語云欲令公使於外楚琳恐懼
是夜作亂乃殺鎰以應泚軍中多爲映指導故得免
因赴奉天行在除御史中丞
崔弘禮元和中爲東都留守呂元膺從事時淮西吳

少陽初死吳元濟阻兵拒命山東反側之徒爲之影
援東平李師道謀驚東畿以脅朝廷弘禮爲元膺籌
畫部分兵衆以固東都平亦無累
梁謝瞳唐末居太祖門下太祖據同州遂署右職廣
明初太祖與河中交戰再不利連上章請兵於黃巢
僞右軍中尉孟楷抑而不進瞳揣太祖有攜禍意乃
進說曰黃家以數十萬之師値唐朝乆安人不習戰
因利乘便遂下兩京然始竊僞號任用已失其所今
將軍勇冠三軍力戰於外而孟楷專務壅蔽奉章不
達下爲庸才所制上無獨斷之明破亡之兆必矣况
土德未厭外兵四集漕運波注日以收復爲名惟所
天察之太祖曰我意素決爾又如是復何疑哉翌日
遂定策殺僞監軍使悉衆歸順于河中王重榮表瞳
爲簡較屯田員外郎賜緋令奉表于蜀僖宗大悅召
入顧問錫賚甚厚以功授朝散大夫太子率更令賜
紫
李振爲太祖從事唐光化中往長安議事時昭宗爲
中尉劉季述廢爲太上皇振東歸太祖方在邢洺遽
還于梁大計未決季述遣養子希度以社稷委輸於
梁欲中帝意又遣供奉官李奉本副介支彥勳稱上

皇誥諭以傳皆季述黨也振入言曰夫豎刁伊戾之
亂所以資霸者之事也今閹豎幽辱天子王不能討
無以令諸侯時監軍使劉重楚季述兄也固黨其族
舊相張濬在河南緱氏亦來謂帝曰同中官則事易
濟且得所欲唯振堅執不改獨曰行正道則大勳可
立帝英悟忽厲色曰張公勸我同勅使是欲傾附自
求宰相耶乃定策縶僞使李奉本支彥勳與希度等
即日召程巖折足械至鎮杖殺之請振將命于京師
遂與宰臣謀返正
裴迪爲太祖節度判官唐天復中太祖駐軍于岐下

忽有青州健步苗公立者齎其帥王師範書問至府廸召之詢以東事徵覺色動因去左右密徵其說公立乃具述師範稱兵之狀時太祖猶子友寧爲馬步軍指揮使廸不俟命遽請友寧統在府諸軍至兖鄆廵警以示軍威及昭宗還長安太祖歸梁邸凡府僚並被命遷秩兼錫功臣之號廸獨轉官爲簡較司徒號寧鑾叶贊功臣一日賓佐集謁太祖目廸曰叶贊之名唯司徒獨有之他人莫及也其見重如此

李珽爲成汭荆州掌書記天復中淮冦大衆圍夏口逼巴陵太祖患之飛命成汭率水軍十萬援于鄂李

珽入言曰今舳艫容介士千人載稻倍之緩急不可動吳人剽輕若爲所絆則武陵武安皆我之讎也將有後慮不如遣驍將屯巴陵大軍對岸一月不與戰則吳冦粮絶而鄂圍解矣汭性剛决不聽淮人果乘風縱火舟盡焚兵盡溺汭亦自沉于江郢人澧人遂入荆渚一如所料

後唐李愚同光中自翰林學士爲魏王繼岌征蜀都統判官仍帶本職從軍物議以蜀險阻未可長驅招討使郭崇韜問計於愚愚曰如聞蜀人厭其主荒恣倉卒必不爲用宜乘其人情二三風驅電擊彼必破膽安能守險及前軍至固鎭守軍食十五萬斛崇韜因謂愚曰公能料事吾軍濟矣招討判官陳乂至寶鷄稱疾乞留在後愚厲聲曰陳乂見利則進懼難則止今大軍涉險人心易惑正可斬之以徇繇是軍中無敢遲留者是時軍書羽檄皆出其手筆蜀平就拜中書舍人

巡按福建監察御史臣李嗣京　訂正

知長樂縣事臣夏允彝叅閲

知建陽縣事臣黄國琦較釋

幕府部七

禪贊

二漢而下公卿牧伯皆有官屬叅于幕府盖其辟署之爲盛焉故世之英髦多齒乎賓佐其於周旋禪贊著之話言者亦不乏其人矣觀其被知己之遇敦報德之義或推達名士置于賓館或裁製條式施於軍

務辨刑章之枉則釋其非辜陳政事之失則救其不逮乃至轉禍爲福知所去就徇公滅私不畏彊禦竭慮而納忠盡規而補過用能彌縫其失激揚其美臨機事而無爽全大節而克終仲尼之所謂益友者斯近之矣

漢杜欽字子夏成帝時爲議郎以病免徵詣大將軍王鳳幕府國家政謀鳳嘗與欽慮之（慮計也）數稱達名士王駿韋安世王延等（王駿王陽子也韋安世韋賢之孫方山之子也王延卽成帝時塞河堤者）救解馮野王王尊胡常之罪過及繼功臣絶世鎭撫四夷當世善政多出於欽者

後漢陳寵沛國人少爲州郡吏辟司徒鮑昱府是時三府掾屬專尚交遊以不肯視事爲高寵常非之獨勤心物務數爲昱陳當世便宜昱高其能

韓稜潁川人爲郡功曹時太守葛興中風病不能聽政稜陰代興視事出入二年令無違者興子嘗發教欲署吏稜拒執不從因令怨者章之事下案驗吏以稜掩蔽興病專典郡職遂致禁錮明帝知其忠後特詔原之

劉翊爲潁川功曹時陽翟黄綱恃程夫人權力求占山澤以自營植太守种拂召翊問曰程氏貴盛在帝

左右不聽則恐見怨與之則奪民利爲之柰何翊曰名山大澤不以封盖爲民也明府聽之則被佞倖之名矣若以此獲禍貴子申甫則自以不孤也拂從翊言遂不與之

魏國淵爲太祖司空屬太祖征關中以淵爲居府長史統留事田銀蘇伯反河間銀等旣破後有餘黨皆應伏法淵以爲非首惡請不行刑太祖從之賴淵得生者千餘人

董昭爲司空軍祭酒時建議宜修古建封五等太祖曰建設五等者聖人也又非人臣所制吾何以堪之

昭日自古以來人臣佐世未有今日之功有今日之功未有久處人臣之勢者也今明公恥有懿德而未盡善樂保名節而無大責德美過於伊周此至德之所極也然太甲成王未必可遭今民難化甚於殷周處大臣之勢使人以大事疑己誠不可不重慮也明公雖邁威德明法術而不定其基爲萬世計猶未至也定基之本在地與人宜稍建立以自藩衛明公忠節穎露天威在顏耿弇牀下之言朱英無妄之論不得過耳昭受恩非凡不敢不陳

何夔爲太祖丞相東曹掾言於太祖曰自軍興以來

制度草創用人未詳其本是以各引其類時忘道德夔聞以賢制爵則民慎德以庸制祿則民興功以爲自今所用必先核之鄉閭使長幼順敘無相踰越顯忠直之賞明公實之報則賢不肖之分居然別矣又可修保舉故不以實之令使有司別受其負在朝之臣時受教與曹並選者各任其責上以觀朝臣之節下以塞爭競之源以督羣下以率萬民如是則天下幸甚太祖稱善

劉壹爲豫章太守華歆功曹時孫策在椒丘遣虞翻說歆翻既去歆請壹入議壹勸歆在城遣檄迎軍歆日吾雖劉刺史新置上用猶是剖符吏也（劉繇爲楊州刺史豫章揚之屬郡也）今從卿計恐死有餘責矣壹曰王景興既漢朝所用且爾時會稽人衆盛彊猶見原恕明府何慮於是夜逐作檄明旦出城遣吏齎迎策便進軍與歆相見待以上賓接以朋友之禮

王基字伯輿爲青州刺史王淩別駕淩流稱青土蓋繇基協和之輔也

蜀來忠敏之子也博覽經學有敏風與尚書向充等並能協贊大將軍姜維維善之以爲參軍

吳駱統字公緒大帝領會稽太守召爲功曹行騎都

尉妻以從兄輔女統志在補察苟所聞見夕不待旦嘗勸帝以尊賢接士勤求損益饗賜之日可人人別進問其燥濕加以密意誘諭使言察其志趣令皆感恩戴義懷欲報之心帝納用焉

晉丁贖爲齊王攸主簿攸都督青州將就國不悅贖曰昔太公封齊猶表東海桓公九合以長五伯況殿下誕德欽明恢弼大藩穆然東軫莫不得所何必絳闕乃弘帝載攸曰吾無佐時之用卿言何多

何攀蜀郡郫人也王濬爲益州辟爲別駕濬謀伐吳遣攀奉表詣臺口陳事機詔再引見乃令張華與攀

籌量進討之宜濬兼遣攀過羊祜面陳伐吳之策攀善於將命武帝善之詔攀叅濬軍事及孫晧降於濬而王渾恚於後機將攻濬攀勸濬送晧與渾繇是事解以攀為濬輔國司馬封關內侯

何惲為周浚揚州別駕浚隨王渾伐吳惲勸浚速渡江詣建業浚言於王渾渾不從及孫晧降王濬渾深恨之而欲與濬爭功惲牋與浚曰書貴克讓易大謙光斯古文所詠道家所崇前破張悌吳人失氣龍驤因之陷其區宇論其前後我實緩師動則為傷事則不及而今方競其功彼旣不吞聲將虧雍穆之弘興

矜爭之鄙斯愚情之所不取也浚得牋卽諫止王渾渾不能納遂相表奏

孫洵為新野郡公歆叅軍時趙王倫篡位以歆為南中郎將及齊王冏舉義移檄天下歆未知所從嬖人王綏曰趙親而彊齊疎而弱公宜從趙洵大言於衆曰趙王凶逆天下當共討之大義滅親古之明典歆從之乃使洵詣冏冏迎執其手曰使我得成大節者新野公也冏入雒歆躬貫甲冑率所領導冏以勸進封新野郡王

孫含為長沙王乂驃騎記室都尚書郎乂與成都王穎交戰穎軍轉盛尚書郎旦出督戰夜還理事含言於乂曰昔魏武每有軍事增置掾屬青龍二年尚書令陳矯以有軍務亦奏增郎今姦逆四逼王路擁塞倒懸之急不復過此但居曹理事尚須增郎況今都官中騎三曹晝出督戰夜還理事一人兩役內外廢之含謂今有千萬人都督各有主帥推轂授綏委付大將不宜復令臺僚雜與其間乂從之乃增郎及令史

郭舒為荆州刺史王澄別駕澄終日酣飲不以衆務在意舒常切諫之及天下大亂又勸澄脩德養威保

完州境澄以為亂自京都起非復一州所能禦雖不能從然重其忠亮

虞預會稽人太守庾琛命為主簿預上記陳時政所失曰軍寇以來賦役繁數兼值年荒百姓失業是輕繇薄歛寬徭刑省役之時也自頃長吏輒多去來送故迎新交錯道路受迎者惟恐船馬之不多見送者惟恨吏卒之常少窮奢竭費謂之忠義省煩從簡呼為薄俗轉相倣效流而不反雖有常防莫肯遵脩加以王途未夷所在停滯送者經年永失播植一夫不耕十夫無食況轉百數所妨不訾愚謂宜勒屬縣若

令尉先去官者人船吏侍皆具條例到當依法減省使公私允當又今統務多端動加重制每有特急輒立督郵計今直兼三十餘人人船吏侍皆當出官益不堪命宜復減省嚴爲之防琛善之卽皆施行

孔嚴爲殷浩楊州別駕時朝廷崇樹浩以抗擬桓溫溫深以不平浩又引接荒人謀立功於閫外嚴言於浩曰當今時事艱難可謂百六之運使君屈巳應務屬當其會聖懷所以日昃匪懈臨朝斤斤每欲深根固本靜邊寧國耳亦豈至私哉而處任者所志不同所見各異人口云云無所不至頃來天時人情良可

寒心古人爲政防人之口甚於防川間日侍坐亦巳粗申所懷不審竟當何以鎮之老子云夫惟不爭則萬物不能與之爭此言不可不察也愚意故謂朝廷宜更明授任之方韓彭可專征伐蕭曹可守管籥內外之任各有攸司廉藺屈伸之道平勃相和之義令婉然通順人無間言然後乃可保大定功平濟天下也又觀頃日降附之徒皆人面獸心貪而無親難以義感而聚著都邑雜處人間使君嘗疲聖體以接之虛府庫以拯之足以疑惑視聽耳浩深納之

習鑿齒爲桓溫別駕溫出征伐鑿齒或從或守所在任職每處機要涖事有績

宋劉穆之高祖初定京城辟爲主簿時晉綱寬弛威禁不行盛族豪右負勢陵縱小民窮蹙自立無所重以司馬元顯政令違舛桓玄科條繁密穆之斟酌時宜隨方矯正不盈旬日風俗頓改高祖書素拙穆之曰此雖小事然宣被四遠願公小復留意高祖旣不能留意又稟分有在穆之乃曰公但縱筆爲大字一字徑尺無嫌大旣足有所包且其勢亦偉高祖從之一紙不過六七字便滿穆之外所聞見莫不大小必白雖復閭里言謔塗陌細事皆一一以聞高祖每得

民間委密消息以示聰明皆由穆之也又愛好賓遊坐客嘗滿布耳目以爲視聽故朝野同異穆之莫不畢知雖復親暱短長皆陳奏無隱人或譏之穆之曰以公之明將來會自聞達我蒙公恩義無隱諱此張遼所以告關羽欲叛也

謝晦爲高祖太尉主簿從征關雒內外要任悉委之帝於彭城大會命紙筆賦詩晦恐帝有失起諫帝卽代作曰先蕩臨淄穢却清河雒塵華陽有逸驥桃林無伏輪於是群臣竝作

張邵爲高祖太尉參軍高祖鎮楊州邵補主簿悉心

政事精力絕人及誅劉藩邵時在西州直廬即夜誠
衆曹曰大軍當大討可各脩舟船倉庫及晚取辨旦
日高祖求諸簿署應時即至怪問其速諸曹答曰昨
夜受張主簿處分高祖曰張邵可謂同我慮憂矣
殷景仁爲高祖太尉叅軍建議宜令百官舉才以所
薦能否爲黜陟
蒯恩爲世子征虜將軍中兵叅軍高祖北伐留恩侍
衛世子命朝士與之交恩益自謙損與人語常呼位
官而自稱爲鄙人撫待士卒甚有綱紀衆咸親附之
張暢爲南譙王義宣司空長史元凶弒逆義宣發哀

之日即便舉兵暢爲元佐舉哀畢改服着黄帬袴褶
出射堂簡人音儀容止衆皆矚目見者皆願爲盡命
事平徵爲吏部尚書封夷道縣侯
顔竣爲世祖撫軍主簿甚被愛遇竣亦盡心禆益
沈懷文爲西陽王子尚揚州别駕從事及子尚移鎮
會稽遷撫軍長史行府州事時囚繫甚多動經年月
懷文到任訊五郡九百三十六獄衆咸稱平後爲竟
陵王誕驃騎録事叅軍淮陵太守時國哀未釋誕欲
居内齋懷文以爲不可乃止
南齊蔡約爲宜都王冠軍長史時諸王行事多相裁
割約在任主佐之間穆如也
梁庾黔婁鄧元起之鄉人也元起爲益州刺史黔婁
爲録事叅軍又得荆州刺史蕭遥欣故客蔣光濟並
厚待之任以州事黔婁甚清潔光濟多計謀並勸爲
善政
陳虞寄初爲梁岳陽王詧中記室詧爲會稽太守寄
領郡五官掾在職簡略去煩苛務存大體曹局之内
終日寂然
後魏高允爲樂安王範從事中郎範大武之寵弟西
鎮長安允甚有禆益秦人稱之

游肇爲南安王禎鎮北府長史王薨復爲高陽王雍
鎮北府長史爲政清簡加以禆贊歷佐二王甚有聲
迹
韓務爲征蠻都督李崇司馬崇翦蕩羣蠻除近畿之
患務有力焉
傅永字脩期爲王肅豫州平南長史咸陽王禧慮肅
難信言於孝文孝文曰已選傅脩期爲其長史雖威
儀不足而文武有餘矣肅以永宿士禮之甚厚永亦
以肅爲孝文眷遇盡心事之情義至穆
鄭範爲慕容白曜征南大將左司馬範前後屢陳策

書大破宋師乃表範爲青州刺史以撫新民
高顯爲冀州別駕時軍旅之後因之饑饉顯爲綱紀務在寬靜甚收時譽
路恃慶爲定州河間王琛長史琛貪暴肆意恃慶每進苦言
乇則驍果有武藝初隨叔父廣平王內史老生征討每有戰功
盧道約爲開府高岳長史岳除青冀二州道約仍爲長史兩藩有毗佐之稱
北齊徐遠爲高祖丞相騎兵參軍事嘗征伐克濟軍

務浮爲高祖所知
後周蘇綽爲太祖行臺郎中在官歲餘太祖未浮知之然諸曹疑事皆詢於綽而後定所行公文綽又爲之條式臺中稱咸其能
冦儁爲太祖行臺記室時侯莫陳悅阻兵隴右太祖志在平之乃令儁僞作魏帝勑書與費也頭令將兵助太祖討悅儁依舊勑模寫及代舍人主書等署與眞無異太祖說費也頭巳曾得魏帝勑書及見此勑不以爲疑遂遣步騎一千受太祖節度
唐溫彥博初仕隋爲幽州總管羅藝司馬藝以幽州歸國彥博贊成其事授幽州總管府長史
褚亮爲秦王文學太宗平王世充竇建德等亮嘗侍從軍中宴筵必預歡賞從容諷議多所裨益
元萬頃乾封中從英國公李勣征高麗爲遼東道管記時別帥馮本以水軍援稗將郭待封船破失期待封作書與勣恐高麗知其救兵不至乘危迫之乃令萬頃作離合詩贈勣勣不達其意大怒曰軍機危切何用詩爲必斬之萬頃爲解釋之乃止
第五琦天寶末爲須江丞時太守賀蘭進明甚重之會安祿山反進明遷北海郡太守奏琦爲錄事參軍

祿山巳陷河間信都等五郡進明未有戰功玄宗大怒遣中使封刀促之曰不即進復斬進明之首進明惶懼不知所出琦乃勸令厚以財帛募勇敢士出奇力戰遂收所陷之郡
齊映大曆中爲滑亳節度令狐彰掌書記彰疾甚草遺表因與謀後事映說彰令上表請代令子建歸京師彰然之
劉昌爲宋州牙門將李靈曜據汴州反刺史李僧惠將受靈曜牽制客遣僧神表潛說僧惠僧惠因間昌昌泣贊其事乃使神表齎表詣闕下遂薊靈曜左翼

汴州平李忠臣嫉僧惠功遂殺之昌潛遁及劉玄佐爲刺史乃復其職

柳渾爲江西觀察使魏少遊判官時與崔祐甫同在使府並推公正州有開元寺僧徒夜飲因醉失火延燒講堂翌日歸罪於守門瘖奴虞候亦受財而同其狀械奴送府少遊將斷獄人知瘖奴之冤莫敢言者渾與祐甫遽入具言醉僧之罪內外蒙蔽致有冤濫少遊大驚趣令訊鞫醉僧首狀瘖奴見原少遊謝日微二君子之言幾成老夫闇劣矣

馬燧爲襄陽節度嗣曹王皐賓介以正直彊幹稱漢

陽王張柬之有園林在州西公府多假之宴集皐嘗謂燧曰漢陽子孫貧弱欲買之如何燧歛容曰張漢陽有中興大功其遺業故第當百代保之王縱欲之柰何令其子孫自衒鬻爲皐默然有慙色謂燧曰皐失詞爲足下羞微足下皐安得聞此言

李憲晟之子也起家太原參軍于頔鎮襄陽憲自醴泉尉爲從事時吳少誠據淮西與襄陽壓境少誠叛頔屢有功淮西獨憚頔之令以憲之軍謀致使然也

韋詞爲韋夏卿東都留守從事頗有裨助其後累佐使府以公才聞

後唐李坤爲平盧軍節度使房知溫行軍司馬初明宗鎮北面知溫爲副部署廢帝爲別將長興末知溫在青州位望驕倨及聞京師變起廢帝起鳳翔陰有窺伺之志嘗於密室召坤謀之日吾嘗爲明宗軍副自有天下吾受恩隆異今岐陽不順內侮王室豈可坐觀其危亡哉吾養士數千鎧仗萬計有錢數室今圖建義何慮不成坤日以公之英武誠知所料然至上坤年未更大事以岐帥之聲望勇略世亦罕儔又藉以屬親以彊侮弱何事不濟禍福糾纆不可誤計也僕願爲公奉表而西徐觀其釁然後圖之及坤到

京廢帝已改元踐阼璽藩職貢坤還優詔獎諭坤謂知溫曰京邑熙熙然速宜入覲以保遠圖及知溫至帝以宿舊待之異禮

晉顏衎正直之士也爲青州房知溫幕客知溫厚歛不已積貨數百萬治第於南城出則以妓樂相隨衎意所之會不以政事爲務衎委曲陳其利病知溫不能用及高祖建義入雒尚不即進獻耀兵於牙帳之下衎正色謂曰僞主當有天下多力善戰豈明公之比而天運有歸坐成灰燼今青州遷延入貢何以求安千百武夫無足爲恃深爲明公之所憂也知溫遂

馳表稱賀青人乃安及知溫卒部曲將吏分其所聚列爲冨室衍又勸其子彥儒進錢十萬貫以助國用朝廷除彥儒爲沂州刺史其家保全皆衍之力也

熊皦閩人多知數邠州節度使劉景巖辟爲判官景巖比以盜據延州朝廷嘗姑息之皦前入朝言巳說景巖肯移近地遂降命改鎮執政以爲皦有綏傾之力乃賜以金紫

漢王敏有文學舉進士第依杜重威歷數鎮從事重威在任以黷貨爲務每箕斂民賦敏力止之十亦行其一二人甚嘉之及重威鎮鄴不以朝命爲事多失

人情敏嘗勸之泣下重威始則不從及其窮也納敏之言翻然來降時以敏洞達逆順有紓難之力亦近代之良士也高祖命以憲秩獎其節義時重威幕客有劉當王祐鞠明德皆論焉

周邊蔚爲毛璋邠寧觀察判官時璋爲麾下所惑有跋扈之意蔚知其事急因乘間極言又諭以逆順之理璋即時遣妻子入貢朝廷以蔚有贊畫之效錫以三品章綬改許州戎判

巡按福建監察御史臣李嗣京　訂正

知閩縣事臣曹冉臣　參閱

知建陽縣事臣黄國琦　較釋

幕府部 八

規諷

兩漢而下自將相府寺以至州郡率有掾屬從事多自辟召以爲佐助其所禮命良在正人是以有知己之義焉有賓主之道焉若乃政或未臧事有過舉或失仁而趨利或憑勢以縱欲則必激切忠告奏記盡規論以正道革其非心故從之者不失其令名拒之者或陷於不義布在方冊可以明徵孔子曰成人之美不成人之惡蓋有是夫

漢崔朝爲幽州從事諫刺史無與燕剌王通及剌王敗昭帝擢朝爲侍御史（燕剌王旦武帝子坐與上官桀等謀亂自殺）

杜欽辟大將軍王鳳幕府時琅邪太守馮野王病滿三月賜告與妻子歸杜陵就醫藥鳳風御史中丞劾奏野王（風讀曰諷）賜告養病而私自便（便安也）持虎符出界歸家奉詔不敬欽素高野王父子行能奏記於鳳爲野王言曰竊見令曰吏二千石告過長安謁（謁者自白得告也律二千石以上告歸歸寧道不過行在所者便道之官無辭）不分別予賜（予予告也賜賜告也）今有司以爲予告得歸賜告不得是一律兩科失省刑之意（省減也）夫三最予告令也（在官連有三最則得予告也）病滿三月賜告詔恩也令告則得詔恩則不得失輕重之差又二千石病賜告得歸有故事不得去郡亡著令（律施行無不得去郡之文也）傳曰賞疑從予所以廣恩勸功也（疑當賞不當賞則予之疑厚薄則從厚）罰疑從去所以慎刑闕難知也（疑當罰不當罰則赦之疑輕重則從輕）今釋令與故事而假不敬之法（釋廢棄也假謂假託法律而致其罪）甚違闕疑從去之意即以二千石守千里之地任兵馬之重不宜去郡將以制刑爲後法者則野王之罪在未制令前也刑賞大信不可不慎鳳不聽竟坐免野王

後漢范升王莽時爲大司空王邑議曹史王莽頻發兵役徵賦繁興升乃奏記邑曰升聞子以人不聞於其父母爲孝臣以下不非其君上爲忠今衆人咸稱朝聖皆曰公明蓋明者無不見聖者無不聞今天下之事昭昭於日月震震於雷霆而朝云不見公云不聞則元元焉所呼天公以爲是而不言則過小矣知而從令則過大矣二者於公無可以免宜乎天下歸怨於公矣朝以遠者不服爲至念升以近者不悅爲

重憂今動與時戾事與道反馳騖輕車之轍揉湯敗
事之後後出益可怪晚發愈可懼耳方春歲首而動
發遠役藜藿不克田荒不耕穀價騰躍斛至數千吏
人陷於湯火之中非國家之人也如此則胡貊守關
青徐之冦在於帷帳矣升有一言可以解天下倒懸
免元元之急不可書傳願蒙引見極陳所懷邑雖然
其言而竟不用
後漢虞延陳留人太守富宗聞延名召署功曹宗性
奢靡車服器物多不中節延諫曰昔晏嬰輔齊鹿裘
不完季文相魯妾不衣帛以約失之者鮮矣宗不悅

延即辭退居有頃宗果以侈縱被誅臨當伏刑攬涕
而歎曰恨不用功曹虞延之諫光武聞而奇之
彭脩會稽人仕郡為功曹時西部都尉宰鼂行太守
事以微過收吳縣獄吏將殺之主簿鍾離意爭諫甚
切鼂怒使收縛意欲案之掾吏莫敢諫脩排閤直入
拜於庭曰明府發雷霆於主簿請聞其過鼂曰受教
三日初不奉行廢命不忠豈非過耶脩因拜曰昔任
座面折文侯朱雲攀毀欄檻自非賢君焉得忠臣今
慶明府為賢君主簿為忠臣鼂遂原意貰赦獄吏罪
瞿酺為大將軍竇憲掾憲擅權驕恣酺數諫之及出
擊匈奴道路愈多不法酺為主簿前後奏記數十指
切長短憲不能容稍疎之因察酺高第出為長岑長
酺自以遠去不得意遂不之官而歸
何敞辟太尉宋繇府時竇氏專政外戚奢侈賞賜過
制倉帑為虛敞奏記繇曰敞聞事君之義進思盡忠
退思補過歷觀世主時臣無不各欲為化垂之無窮
然而平和之政萬無一者蓋以聖主賢臣不能相遭
故也今國家秉聰明之弘道明公履晏晏之純德君
臣相合天下翕然治平之化有望於今孔子曰如有
用我者三年有成今明公視事出入再朞宜當克己

以驗四海之心禮一穀不升則損服徹膳天下不足
若已使然而比年水旱人不收穫涼州緣邊家被凶
害男子疲於戰陳妻女勞於轉運老幼孤寡歎息相
依又中州內郡公私屈竭此實損膳節用之時國恩
覆載賞賚過度但聞臘賜自郎官以上公卿王侯以
下至於空竭帑藏損耗國資尋公家之用皆百姓之
力明君賜賚宜有品制忠臣受賞亦應有度是以夏
禹玄圭周公束帛今明公位尊任重責深負大上當
規正綱紀下當濟安元元豈但空空無違而已哉宜
先正己以率羣下還所得賜因陳得失奏王侯就國

除苑囿之禁節省浮費賑卹窮孤則恩澤下暢黎庶悅豫上天聰明必有立應使百姓歌誦史官紀德豈但子文逃祿公儀退食之比哉踈不能用

周章字次叔南陽隨人仕郡爲功曹時大將軍竇憲免封冠軍侯就國章從太守行春到冠軍太守猶欲謁之章進諫曰今日公行春豈可越儀私交且憲椒房之親勢傾王室而退就藩國禍福難量明府剖符大臣千里重任舉止進退其可輕乎太守不聽遂便升車章前拔佩刀絕馬鞅於是乃止及憲被誅公卿以下多以交關得罪太守幸免以此重章

張敞南陽人爲郡功曹大守王暢下車奮厲威猛甚右大姓敞奏記諫曰五教在寬著之經典湯去三面八方歸仁武王入殷先去炮烙之刑高祖鑒秦唯定三章之法孝文皇帝感一緹縈蠲除肉刑卓茂文翁召父之徒皆疾惡嚴刻務崇温厚仁心賢政流聞後世夫明哲之君網漏呑舟之魚然後三光明於上人物悅於下言之若迂其效甚近發屋伐樹將爲嚴烈雖欲懲惡難以聞遠以明府上智之才日月之曜敷仁惠之政則海內改觀實有折枝之易而無挾山之難郡爲舊都侯甸之國園廟出於章陵三后生自新野士女沾教化黔首仰風流自中興以來功臣將相繼世而隆愚以爲懇懇用刑不如行恩孳孳求姦未若禮賢舜舉皐陶不仁者遠隨會爲政晉盜奔秦虞芮入境讓心自生化人在德不在用刑暢深納敞諫更崇寬政愼刑簡罰教化遂行

周舉辟司徒李郃府後長樂少府朱倀代郃爲司徒舉猶爲吏時宦者孫程等坐懷表上殿爭功順帝怒悉徙封遠縣於是乃勑雒陽令促期發遣舉說倀曰朝廷在西鍾下時非孫程等豈立雖韓彭吳賈之功何以加諸今忘其大德錄其小過如道路夭折帝有

殺功臣之譏及今未去宜急表之倀曰今詔怒二尚書已奏其事吾獨表此必致罪譴舉曰明公年過八十位爲台輔不於今時竭忠報國惜身安寵欲以何求祿位雖全必陷佞邪之譏諫而獲罪猶有忠貞之名若舉言不足採請從此辭倀乃表諫順帝從之

李固爲大將軍梁商從事中郎商以后父輔政而柔和自守不能有所整裁災異數見下權日重固欲令商先正風化退辭高滿乃奏記曰春秋褒儀父以開義路貶無駭以閉利門夫義路閉則利門開利門開則義路閉也前孝安皇帝內任伯榮樊豐之屬外委

周廣謝惲之徒開門受賂署用非次天下紛然怨聲滿道朝廷初立頗存清靜未能數年稍復墮損左右黨進者日有遷拜守死善道者滯涸窮路而未有改敵立德之方又即位以來十有餘年聖嗣未立群下絕望可令中宮博簡嬪媵兼採微賤宜子之人進御至尊順助天意若有皇子毋自乳養無委保妾醫巫以致飛燕之禍明將軍望尊位顯當以天下爲憂崇尚謙省垂則萬方而新營祠堂費功億計非以昭明令德崇示清儉自數年以來災怪屢見比無雨潤而沈陰鬱泱雲起貌宮省之內容有陰謀孔子曰智者見

變思刑愚者觀怪諱名天道無親可爲祇畏加近者月食既於端門之側月者大臣之體也夫窮高則危月滿則溢月盈則缺日中則移凡此四者自然之數也天地之心福謙忌盛是以賢達功遂身退全名養壽無有怵迫之憂誠令王綱一整道行忠立明公踵伯成之高全不朽之譽豈與此外戚凡輩耽榮好位者同日而論哉固狂夫下愚不達大體竊感古人一飯之報況受顧遇而容不盡乎商不能用

朱穆字公叔大將軍梁冀使典兵事桓帝即位順烈太后臨朝穆以冀勢地親重望有以扶持王室因推災異奏記以勸戒冀曰穆伏念明年丁亥之歲刑德合於乾位易經龍戰之會其文曰龍戰于野其道窮也謂陽道將勝而陰道負也今年九月天氣鬱冒五位四侯連失正氣此互相明也夫善道屬陽惡道屬陰若脩正守陽摧折惡類則福從之矣穆每事不逮所好唯學傳受於師時有可試願將軍少察愚言申納諸儒而親其忠正絕其姑息專心公朝割除私欲廣求賢能斥遠佞惡夫人君不可不學當以天地順道漸漬其心宜爲皇帝選置師傅及侍講者得小心忠篤敦禮之士將軍與之俱入參勸講授師賢法古

此猶倚南山坐平原也誰能傾之今年夏月暈房星明年當有小厄宜急誅姦臣爲天下所怨毒者以塞災咎議郎大夫之位本以式序儒術高行之士今多非其人九卿之中亦有乖其任者惟將軍察焉又薦种暠欒巴等而明年嚴鮪謀立清河王蒜又黃龍二見沛國冀無術學遂以穆龍戰之言爲應於是請暠爲從事中郎薦巴爲議郎舉穆高第爲侍御史冀驕暴不悛朝野嗟毒穆以故吏懼其釁積招禍復奏記諫曰古之明君必有輔德之臣規諫之官下至器物銘書成敗以防遺失故君有正道臣有正路從之如

升堂遑之如赴壑今明將軍地有申伯之尊位爲羣公之首一日行善天下歸仁終朝爲惡四海傾覆頃者官人俱匱加以水蟲爲害京師諸官費用增多詔書發調或至十倍各言官無見財皆當出民榜掠割剝強令充足公賦旣重私斂又深牧守長吏多非德選貪聚無厭遇人如虜或絕命於箠楚之下或自賊於迫切之求又掠奪百姓皆托之尊府遂令將軍結怨天下吏人酸毒道路歎嗟昔秦政煩苛百姓土崩陳勝奮臂一呼天下鼎沸而面諛之臣猶言安耳諱惡不悛卒至亡滅昔永和之末綱紀少弛頗失人望

四五歲耳而財空戶散下有離心馬免之徒乘敝而起荊楊之間幾成大患順帝時九江賊馬免稱黃帝歷陽賊華孟稱黑帝並九州都尉滕撫討斬之幸賴順烈皇后初政清靜內外同力僅乃討定今百姓戚戚困於永和內非仁愛之心可得容忍外非守國之計所宜久安也夫將相大臣均體元首共輿而馳同舟而濟輿傾舟覆患實共之豈可以去明即昧履危自安主孤時困而莫之卹乎宜時易宰守非其人者減省第宅園池之費拒絕郡國諸所奉送內以自明外解人惑使挾姦之吏無所依託司察之臣得盡耳目憲度旣張遠邇清一則將軍身尊

事顯德耀無窮天道明察無言不信惟垂省覽冀不納而縱放日滋遂復賂遺左右交通宦者任其子弟賓客以爲州郡要職穆又奏記極諫冀終不悟報書云如此僕亦無一可邪穆言雖切然亦不甚罪也

蓋勳爲漢陽長史時涼州刺史宋梟一作宋泉患多寇亂勳曰涼州寡於學術故屢致反暴今欲多寫孝經令家家習之庶或使人知義勳諫曰昔太公封齊崔杼殺君伯禽侯魯慶父簒位此二國豈乏知學者今不急靜難之術遽爲非常之事旣足結怨一州又當取笑朝廷勳不知其可也梟不從遂奏行之果被詔書

詰責坐以虛慢徵

陳琳爲大將軍何進主簿進欲誅諸宦官太后不聽進乃召四方猛將並使引兵向京城欲以劫恐太后琳諫進曰易稱即鹿無虞諺有掩目捕雀夫微物尚不可欺以得志況國之大事其可以詐立乎今將軍總皇威握兵要龍驤虎步高下在心以此行事無異於鼓洪爐以燎毛髮但當速發雷霆行權立斷違經合道天人順之而反委釋利器更徵外助大兵合聚彊者爲雄所謂倒持干戈授人以柄必不成功祇爲亂階進不納其言竟以取禍

渿衍爲皇甫嵩左將軍長史嵩與董卓有怨卓後秉政初平元年乃徵嵩爲城門校尉因欲殺之嵩將行衍說曰漢室微弱閹豎亂朝董卓雖誅之而不能盡忠於國遂復寇掠京邑廢立從意今徵將軍大則危禍小則困辱今卓在雒陽天子來西以將軍之衆精兵三萬迎接至尊奉令討逆發命海內徵兵群帥袁氏逼其東將軍迫其西此成禽也嵩不從遂就徵

鮑信爲兖州刺史劉岱從事初平三年青州黃巾衆百萬入兖州殺任城相鄭遂轉入東平岱欲擊之信諫曰今賊衆百萬百姓皆震恐士卒無鬭志不可敵

也觀賊衆群輩相隨軍無輜重唯以鈔略爲資今不若畜士衆之力先爲固守彼欲戰不得攻又不能其勢必離散後選精銳據其要害擊之可破也岱不從遂與戰果爲所殺

閻圃巴西人張魯領漢寧太守圃爲功曹民有地中得玉印者群下欲尊魯爲漢寧王圃諫魯曰漢川之民戶出十萬財富土沃四面險固上佐天子則爲桓文次及竇融不失富貴今承制署置勢足斬斷不煩於王願且不稱勿爲禍先魯從之

閻象爲袁術大將軍主簿與平中獻帝播越敗于曹陽術大會群下因謂曰今海內鼎沸劉氏微弱吾家四世公輔（袁安及一子敞京京子湯湯子逢並爲司空）百姓所歸欲應天順民於諸君何如衆莫敢對象進曰昔周自后稷至于文王積德累功三分天下猶服事殷明公雖奕世克昌孰若有周之盛漢室雖微未至殷紂之敝也術默然使召張範範辭疾遣弟承往應之術問曰昔周室陵遲則有桓文之霸秦失其政漢接而用之今孤以土地之廣士人之衆欲徼福於齊桓擬迹於高祖可乎承對曰在德不在衆苟能用德以同天下之欲雖云匹夫霸王可也若陵僭無度干時而動衆之所

棄誰能興之術不說

沮授爲袁紹冀州別駕紹有三子譚熙尚譚長而慧尚少而美紹後妻劉氏偏寵愛尚數稱於紹紹亦奇其姿客欲使得嗣乃以譚繼兄後出爲青州刺史授諫曰世稱一兎走衢萬人逐之一人獲之貪者悉止分定故也且年均以賢德均則卜古之制也願上惟先代成敗之戒下思逐兎分定之義紹曰孤欲令兒各據一州以觀其能授出曰禍其始此乎

崔琰爲袁紹從事時士卒橫暴掘發丘隴琰諫曰昔孫卿有言不素教甲兵不利雖湯武不能以戰勝今

道路暴骨民未見德宜勅郡縣掩骼埋胔示憯怛之
愛追文王之仁紹以爲驍都尉後紹治兵黎陽次于
延津玫復諫曰天子在許民望助順不如守境述職
以寧區宇紹不聽遂敗于官渡
王修爲袁譚治中從事譚欲攻弟尚修諫曰兄弟還
相攻擊是敗亡之道也譚不悅然知其忠節後又問
修計安出修曰夫兄弟者左右手也譬人將鬬而斷
其右手而曰我必勝若是者可乎夫棄兄弟而不親
天下其誰親之屬有讒人固將交鬬其間以求一朝
之利願明使君塞耳勿聽也若斬佞臣數人復相親

睦以禦四方可以橫行天下譚不聽遂與尚相攻擊
魏傅幹爲太祖丞相參軍太祖征吳幹諫曰治天下
之大具有二文與武也用武則先威用文則先德威
德足以相濟而後王道備矣往者天下大亂上下失
序明公用武攘之十平其九今未承王命者吳與蜀
也吳有長江之險蜀有崇山之阻難以威服易以德
懷愚以爲可宜按甲寢兵息軍養士分土定封論功
行賞若此則內外之心固有功者勸而天下知制矣
然後漸興學校以導其善性而長其義節公神武震
四海若修文以濟之則普天之下無思不服矣今舉
十萬之衆屯之長江之濱若賊負固深藏則士馬不
得逞其能奇變無所用其權則大威有屈而敵心未
能服矣唯明公思虞舜舞干戚之義全威養德以道
制勝太祖不從軍遂無功
杜襲爲太祖留府長史駐關中時將軍許攸擁部曲
不附太祖而有慢言太祖大怒先欲伐之羣臣多諫
可招懷攸共討彊敵太祖橫刀於膝作色不聽襲入
欲諫太祖逆謂之曰吾計已定卿勿復言襲曰若殿
下計是邪臣方助殿下成之若殿下計非邪雖成宜
改之殿下逆臣令勿言之何待下之不闇乎太祖曰

許攸慢吾如何可置乎襲曰殿下謂許攸何如人邪
太祖曰凡人也襲曰夫惟賢知賢惟聖知聖凡人安
能知非凡人邪方今豺狼當路而狐狸是先人將謂
殿下避彊攻弱進不爲勇退不爲仁臣聞千鈞之弩
不爲鼷鼠發機萬石之鐘不以莛撞起音今區區之
許攸何足以勞神武哉太祖曰善遂厚撫攸攸即歸
服又文帝爲太子夏侯尚暱於太子情好至密襲謂
非益友不足殊待以聞太祖文帝初甚不悅後乃追
思其柔而不犯皆此類也
邢顒爲太祖丞相東曹掾初太子未定而臨菑侯植

有寵丁儀等並贊翼其美太祖問顒顒對曰以庶代宗先世之戒也願殿下深重察之太祖識其意後遂以爲太子少傅遷太傅

蜀王商爲益州牧劉璋治中從事時王塗隔絶州之牧伯猶七國之諸侯也而璋懦弱多疑不能黨信大臣商奏記諫璋璋頗感悟

黄權爲劉璋主簿璋用別駕從事張松計遣法正將兵迎先主權諫曰劉備有梟名（梟即驍也）今以部曲遇之則不滿其心以賓客待之則一國不容二王此非自安之道從事王累自倒懸於州門以諫璋一無所納

李邈爲丞相諸葛亮參軍亮西征馬謖在前敗績亮將殺之邈諫以秦赦孟明用霸西戎楚誅子玉二世不競失亮意還蜀

楊顒爲諸葛亮主簿亮嘗自校簿書顒直入諫曰爲治有體上下不可相侵請爲明公以作家譬之今有人使奴執耕稼婢典炊爨雞主司晨犬主吠盜牛負重載馬涉遠路私業無曠所求皆足雍容高枕飲食而已忽一旦盡欲以身親其役不復付任勞其體力爲此碎務形疲神困終無一成豈其智之不如奴婢雞狗哉失爲家主之法也是故古人稱坐而論道謂之三公作而行之謂之士大夫故丙吉不問橫道死人而憂牛喘陳平不肯知錢穀之數云自有主者彼誠達於位分之體也今明公爲治乃躬自校簿書流汗竟日不亦勞乎亮謝之

王連爲屯騎校尉領丞相長史時南方諸郡不賓諸葛亮將自征之連諫以爲此不毛之地疫癘之鄉不宜以一國之望冒險而行亮慮諸將才不及己意欲必往而連言輒懇至故停留者久之

晉荀勗參文帝大將軍事時魏高貴鄉公欲爲變大將軍掾孫佑守閶闔門帝弟安陽侯幹聞難欲入佑

謂幹曰未有入者可從東掖門及幹至帝遲之幹以狀白帝欲族誅佑勗諫曰孫佑不納安陽誠宜深責然事有逆順用刑不可以喜怒爲輕重今成倅刑止其身佑乃族誅恐義士私議乃免佑爲庶人

李憙爲并州別駕時驍騎將軍秦朗過并州州將畢軌敬焉令乘車至閤憙固諫以爲不可軌不得已從之

江統蔡克棗嵩等爲成都王穎官屬陸雲爲孟玖所譖穎將害之統等上疏曰統等聞人主聖明臣下盡規苟有所懷不敢不獻昨聞教以陸機後失軍期師

徒敗績以法加刑莫不謂當誠足以肅齊三軍威示遠近所謂一人受戮天下知誡也且闇重教以機畧爲反逆應加族誅未知本末者莫不疑惑夫爵人於朝與衆共之刑人於市與衆棄之惟刑之恤古人所愼今明公與舉義兵以除國難四海同心雲合嚮應罪人之命縣於漏刻太平之期不旦則夕矣機兄弟竝蒙拔擢俱受重任不當背罔極之恩而向垂亡之寇去太山之安而赴累卵之危也直以機計慮淺近不能董攝群帥致果殺敵進退之間事有疑似故令聖鑒未察其實耳刑誅事大言機有反逆之徵宜令

王粹牽秀簡較其事令事驗顯然暴之萬姓然後加雲等之誅未足爲晚今此舉錯實爲太重得之則足令天下情服失之則必使四方心離不可不令審諦不可不令詳愼統等區區非爲陸雲請一身之命實慮此舉有得失之機敢竭愚戇以備誹謗穎不納統等重請穎遲迴者三日盧志又曰昔趙王殺中護軍趙浚赦其子驤驤詣明公而擊趙即前事也蔡克入至穎州叩頭流血曰雲爲孟玖所怨遠近莫不聞今果見殺罪無彰驗將令群心疑惑竊爲明公惜之僚屬隨克入者數十人流涕固請穎惻然有宥雲色孟玖扶穎入催令殺雲時年四十二有二女無男門生故吏迎喪葬清河

孫惠爲齊王冏賊曹屬齊王輔政驕恣日甚終無惓志惠諫王曰惠聞天下五難四不可而明公皆以居之矣指宗廟之主忽千乘之重躬貫甲胄犯冒鋒刃此一難也奮三百之卒決全勝之策集四方之衆致英豪之士此二難也舍殿堂之尊居單幕之陋安囂塵之慘同將士之勞此三難也驅烏合之衆當凶强之敵任神武之畧無疑阻之懼此四難也檄六合之內著盟信之誓升幽宮之帝復皇祚之業此五難也

大名不可久荷大功不可久任大權不可久執大威不可久居未有行其五難而不以爲難遺其不可而謂之爲可惠竊所不安也自永熙以來十有一載人不見德惟戮是聞公族構篡奪之禍骨肉遭梟夷之刑群王被囚檻之困妃主有離絕之哀歷觀前代國家之禍至親之亂未有今日之甚者也良史書過後嗣何觀天下所以不去於晉符命長存於世者主無嚴虐之暴朝無酷烈之政武帝餘恩獻王遺愛聖慈惠和尙結人心四海所係實在於茲今明公建不世之義而未爲不世之讓天下惑之思求所悟長沙成

都魯衛之密國之親親與明公計功受賞尚不自先
今之宜倣桓文之勳邁臧札之風匑徇萬物不仁其
化崇親推近功遂身退委萬機於二王命方嶽於羣
后耀義讓之旗鳴思歸之鑾宅大齊之墟振泱泱之
風垂拱青徐之域高枕營丘之藩金石不足以銘高
八音不足以贊美姬文不得專聖於前太伯不得獨
賢於後今明公忘亢極之悔忽窮高之凶棄五嶽之
安居累卵之危外以權勢受疑內以百揆損神雖處
高臺之上逍遥重仞之墉及其危亡之憂過於潁翟
之慮羣下竦戰莫之敢言惠以衰亡之餘遭陽九

運甘矢石之禍赴大王之義脫褐冠冑從戎于許契
濶戰陣功無可記當隨風塵待罪初服屈原放斥心
存南郢樂毅適趙志戀北燕況惠受恩偏蒙識養雖
復蹔違情隆二臣是以披露血誠冐昧干迕言入身
戮義讓功舉退就鈇鑕此惠之死賢於生也冏不納
熊遠字孝文元帝作相引爲主簿時傳北陵被發帝
將舉哀遠上疏曰園陵旣不親行承傳言之者未可
爲定且園陵非一而直言侵犯遠近吊問答之宜當
有主謂應更遣使攝河南尹按行得審問然後可發
哀即宜命將至雒脩復園陵討除逆類昔宋殺無畏

莊王奮袂而起衣冠相追於道軍成宋城之下況此
酷辱之大恥臣子奔馳之日夫脩園陵至孝也討逆
叛至順也救社稷至義也卹遺黎至仁也若脩此四
道則天下響應無思不服矣昔項羽殺義帝以爲罪
漢祖哭之以爲義劉項存亡在此一舉群賊豺狼弱
於往日惡逆之甚重於丘山大晉受命未改於上兆
庶謳吟思德於下今順天下之心命貔貅之士鳴檄
前驅大軍後至威風赫然聲振朔野則上副西土義
士之情下允海內延頸之望矣屬有杜弢之難不能
從建興初正旦將作樂遠諫曰謹按尚書四海遏密

八音禮云凶年天子徹樂減膳孝懷皇帝梓宮未反
豺狼當塗人神同忿公明德茂親社稷是賴今杜弢
蟻聚湘川比歲征行百姓疲弊故使義衆奉迎未舉
屢端元日正始之初貢士鱗萃南北雲集有識之士
於是觀禮公與國同體憂容未歇昔齊桓貫澤之會
有憂中國之心不召而至者數國及葵丘自矜叛者
九國人心所歸惟道與義將詔皇綱於旣往叛覇業
於來今表道德之軌闡忠孝之儀明仁義之統弘禮
樂之本使四方之士退懷嘉則令榮耳目之觀崇戲
美之好懼違雲韶雅頌之美非納軌物有塵大教謂

宜設饌以賜群下而已元帝納之是時琅邪國侍郎王鑒勸帝親征杜弢遠又上疏曰皇綱失統中夏多故聖王肇祚遠奉西都梓宮外次未反園陵逆寇遊魂國賊未夷明公憂勞乃心王室伏讀聖教人懷慷慨杜弢小豎寇抄湘州比年征討經載不夷昔高宗伐鬼方三年乃剋用兵之難非獨在今伏以古今之霸王遭時艱難亦有親征以隆大勳亦有遣將以平小寇今公親征文武將吏度支籌量舟輿器械所出若足用者然後可征愚謂宜如前遣五千人徑與水軍進征旣可得速必不後時昔齊用穰苴燕晉退軍

秦用王翦剋平南荆必使督護得才即賊不足慮也會弢已平轉從事中郎

羊亮爲大傅楊駿參軍時京兆多盜竊駿欲更重其法盜百錢加大辟請官屬會議亮曰昔楚江乙母失布以爲盜繇令尹公若無欲盜宜自止何重法爲駿慙而止

羊琇參鎭西鍾會軍事從平蜀及會謀反琇正言苦諫還賜爵關内侯

熊甫爲大將軍王敦府參軍見敦委任錢鳳將有異圖因酒酣謂敦曰開國承家小人勿用佞倖在位鮮不敗業敦乃作色曰小人阿誰甫無懼容因此告歸臨與敦別因酒歌曰陰風飈起蓋山陵氛霧蔽日玉石焚往事旣去可長歎念別惆悵會復難敦知其諷已而不納

謝鯤爲王敦長史初敦謂鯤曰吾當以周伯仁爲尚書令戴若思爲僕射及至都復曰近來人情何如鯤對曰明公之舉雖欲大存社稷然悠悠之言實未達高義周顗戴若思南北人士之望明公舉而用之羣情怗然矣是日敦遣兵收周戴而鯤弗知敦怒曰君麤疎邪二子不相當吾已收之矣鯤與顗素相親重

聞之愕然若喪諸已參軍王嶠以敦誅顗諫之甚切敦大怒命斬嶠時人士畏懼莫敢言者鯤曰明公舉大事不戮一人嶠以獻替忤旨便以釁鼓不亦過乎敦乃止敦旣誅害忠賢而稱疾不朝將還武昌鯤喻敦曰公大存社稷建不世之勳然天下之心實有未達若能朝天子使君臣釋然萬方之心於是乃服伏衆望以順羣情盡冲退以奉主上如斯則勳侔九合名垂千載矣敦曰君能保無變乎對曰鯤近日入覲主上側席遲得見公宮省穆然必無虞矣公若入朝鯤請侍從敦勃然曰正復殺君等數百人亦復何損

於時竟不朝而去

王濛爲司徒王導府掾導復引康術弟孝濛致牋於導曰開國承家小人勿用枝德義以尹天下方將澄清彝倫崇重名器軍國殊用文武異容豈可令涇渭混流虧清穆之風何以允荅具瞻儀形海內導不荅

王述爲庾冰征虜長史冰弟安西將軍翼鎮武昌以累有妖人猛虎入府欲移鎮避之述與冰牋曰竊聞安西欲移鎮樂鄉不審此爲筭邪將是情邪若謂爲筭則彼去武昌千有餘里數萬之衆造創移徙方當興立城壁公私勞擾若信要害之地所宜進據猶當

計移徙之煩權二者輕重況此非今日之要邪方今彊胡陸梁當蓄力養鋭而無故遷動自取非筭又江州當泝流數千供繼軍府力役增倍疲曳道路且武昌實是江東鎮戍之中非但扞禦上流而已急緩赴告駿奔不難若移樂鄉遠在西陲一朝江渚有虞不相接救方嶽取重將故當居要害之地倚爲內外形勢使闚闟之心不知所向若是情邪則天道玄遠鬼神難言妖祥吉凶誰知其故是以達人君子直道而行不以情失昔秦忌亡胡之讖卒爲劉項之資周惡檿弧之謡而成褒姒之亂此既然矣歷觀古今鑒其遺事妖異速禍敗者蓋不少矣禳避之道苟非所審且當擇人事之勝理思社稷之長計斯則天下幸甚令名可保矣若安西盛意已耳不能安於武昌但得近移夏口則其次也樂鄉之舉咸謂不可願將軍體國爲家固審此舉時朝議亦不允翼遂不移鎮

郭瑀符氏之末爲雒陽王穆左長史穆惑於讒間西伐索嘏瑀諫曰昔漢定天下然後誅功臣今事業未建而誅之立見麋鹿游於此庭矣穆不從

劉牢之爲王恭司馬恭起兵將以誅王愉爲名牢之諫曰將軍今動以伯舅之重執忠貞之節相王以姬

旦之尊時望所係昔年已戮寶緒送王廞書是深伏將軍也頃所授用雖非皆允未爲大失割庾楷四郡以配王愉於將軍何損晉陽之師其可再乎恭不從

前燕封裕爲記室將軍慕容皝以牧牛給貧家田于苑中公收其八二分入私有牛而無地者亦田苑中公收其七三分入私封裕諫曰臣聞聖王之宰國也薄賦而藏於百姓分之以三等之田十一而稅之寒者衣之饑者食之使家給人足雖水旱而不爲災者何也高選農官務盡勸課人給周田百畝亦不假牛力力田者受旌顯之賞惰農者有不齒之罰又量事

置官量官置人使官必稱職人不虚位度歲入多少
裁而禄之供百僚之外藏之太倉三年之耕餘一年
之粟以斯而積公用於何不足水旱其如百姓何雖
務農之令屢發二千石令長莫有志勤在公銳盡地
利者故漢祖知其如此以墾田不實徵殺二千石以
十數是以明章之際號稱升平自永嘉喪亂百姓流
亡中原蕭條千里無煙饑寒流隕相繼溝壑先王以
神武聖略保全一方威以殄姦德以懷遠故九州之
人塞表殊類襁負萬里若赤子之歸慈父流人之多
舊土十倍有餘人殷地狹故無田者十有四焉殿下

以英聖之資克廣先業南摧彊趙東滅句麗開境三
千户增十萬繼武闡廣之功有高西伯宜省罷諸苑
以業流人人至而無資產者賜之以牧牛人既殿下
之人牛豈失乎善藏者藏於百姓若斯而已爾者深
副樂土之望中國之人皆將壺飧奉迎石季龍誰與
居乎且魏晉雖道消之世猶削百姓不至於七八特
官牛而官田者官得六分百姓得四分私牛而官田
者與官中分百姓安之人皆悅樂臣猶曰非明王之
道而况增乎且水旱之厄堯湯所不免王者宜濬治
溝澮循鄭白西門史起溉灌之法旱則決溝爲雨水

則入於溝瀆上無雲漢之憂下無昏墊之患句麗百
濟及宇文段部之人皆兵勢所徙非如中國慕義而
至咸有思歸之心今户垂十萬狹湊都城恐方將爲
國家深害宜分其兄弟宗屬徙于西境諸城撫之以
恩簡之以法使不得散在居人知國之虚實今中原
未平資畜宜廣官司猥多游食不少一夫不耕歲受
其饑必取於耕者而食之一人食一人之力游食數
萬損亦如之安可以家給人足治致升平殿下降覽
古今之事多矣政之巨患莫甚於斯其有經略出世
才稱時求者自可隨須置之列位非此已往其耕而

食蠶而衣亦天之道也殿下聖性寬明思言若渴故
人盡芻蕘有犯無隱前者叅軍王憲大夫劉明竝竭
忠獻欵以貢至言雖頗有逆鱗意在無責王者奏以
妖言犯上致之於法殿下慈弘包納恕其大辟猶削
黜禁錮不齒於朝其言是也殿下固宜納之如其非
也宜亮其狂狷罪諫臣而求直言亦猶北行詣越豈
有得邪右長史宋該等阿媚苟容輕劾諫士已無骨
鯁嫉人有之掩蔽耳目不忠之甚四業者國之所資
教學者有國盛事習戰務農尤其本也百工商賈猶
其末耳宜量軍國所須置其員數已外歸之於農教

之戰法學者三年無成亦宜還之於農不可徒充大員以塞聰雋之路臣之所言當也願時遝施行非也登加罪戮使天下知朝廷從善如流罰惡不淹王憲劉明忠臣也願宥忤鱗之愆收其藥石之效

宋孔甯子爲高祖太尉主簿上書陳損益曰隆化之道莫先於官得其才枚卜之方莫若於人愼其舉雖復因革不同損益有異求賢審官未之或改師錫僉曰煥乎欽明之誥拔茅征吉著於幽贊之爻晋師有成爪衍作賞楚乘無入爲賈不賀今舊命惟新幽人引領詔之盡美已備於振綱武之未盡善或存於理

目雖九官之職未可備舉親民之選尤宜在先愚欲使天朝四品官外及守牧各舉一人堪爲二千石長吏者以付選官隨缺叙用得賢受賞失舉任罰夫惟帝之難豈庸識所易然舉爾所知非求多之用百官之明孰與一識之見執咎在巳豈容殉物之私今非以選曹所銓其於乖謬衆職所舉必也惟良宜申求賢權其廣塗考績取其少殿若才實拔羣進宜尚德治阿之宰不必計年免徙之守豈限資秩自此以還故當才均以資資均以地宰莅之官誠曰吏職然監觀民瘼翼化宣風則隱厚之求急於刀筆能事之功接於德心以此論才行之年歲豈惟政無粃蠹民庇手足而已將使公路日清私請漸塞仕無心競人必由己處士砥自求之節士子藏交馳之情甯子庸微不識治體冐昧陳愚退懼違謬

何尚之爲盧陵王義眞車騎諮議參軍義眞與司徒徐羨之尚書令傅亮等不協每有不平之言諫戒不納義眞被廢入爲中書侍郎

南齊周顒爲蕭惠開府主簿嘗諫惠開性太險峻惠開不悅荅顒曰天險地險王公設險但問用險何如耳

後魏韓麒麟參征南慕容白曜軍事進攻升城師人多傷及城潰白曜將坑之麒麟諫曰今始踐僞境方圖進趣宜寬威厚惠以示賊人此韓信降范陽之計勍敵在前而便坑其衆恐自此以東將人各爲守攻之難剋日久師老外民乘之以生變故則三齊未易圖也白曜從之皆令復業齊人大悅

辛琛爲滎陽郡丞太守元麗性頗使酒每諫之麗後醉輒令閉閤曰勿使丞入也

張普惠爲任城王澄所知澄爲雍州刺史啓普惠爲府錄事參軍澄功衰在身欲於七月七日集會文武

北園馬射普惠奏記於澄曰竊聞三殺九親別疎昵之叙五服六術等衰麻之心皆因事飾情不易之道者也然則莫大之痛濟於終身之外書策之哀除於喪紀之内外者不可無節故斷之以三年内者不可遂除故敦之以日月禮大練之日鼓素琴蓋推以即吉也若小功以上非虞附練除不沐浴此拘之以制也曾子問曰相識有喪服可以與於祭乎孔子曰緦不祭又何助於人祭既不與疑無宴食之道又曰廢喪服可以與於饋奠之事乎孔子曰脫衰與奠非禮也注云爲其忘哀疾愚謂除喪之始不與饋奠小功之

内其可觀射乎雜記云大功以下既葬適人人食之其黨也食之非其黨弗食也食猶擇人於射爲惑伏見明教立射會之限將以二七令辰集城中文武肆武藝於北園行揖讓於中否時非大閲之秋景涉妨農之節國家縞禫甫除殿下功衰仍襲釋而爲樂以訓百姓便是易先王之典教忘哀感之至情恐非所以昭令德示子孫者也按射義射者以禮樂爲本息而從事不可謂禮鍾鼓弗設不可謂樂捨此二者何用射爲又七月之戲令制無之班勞所施處適事體庫府之虚宜待新調二三之趣停之爲便乞至九月備飾晝行然後奏貍首之章宣矍相之令聲軒懸建雲鉦神民訢暢於斯時也伏惟慈明遠被萬民是望舉動以書發言唯則顧更廣訪賜垂曲採昭其管見之心恕其讜言之責則匆羨無遺歌輿人有獻誦矣澄意納其言託辭自罷乃答曰文武之道自昔成規明耻教戰振古嘗軌今雖非公制而此州承前已有斯式既不勞民損公任其私射復何失也且纂文習武人之常藝豈可於常藝之間要須令制乎比適欲依前州府相率王務之暇肆藝良辰亦未言費用庫物也禮兄弟内除明哀已殺小功客至主不絶樂聽

樂則可觀武豈傷亘自事緣須罷先以令停方獲此請浑具來意

北齊陳元康爲高祖相府功曹參軍高祖嘗怒世宗於内親加毆蹋極口罵之出以告元康元康諫曰王教訓世子自有禮法儀形式瞻豈宜至是言辭懇懇至于流涕高祖從此爲之懲忿時或恚撻輒曰勿使元康知之其敬憚如此

杜弼爲高祖大行臺郎中相府法曹辛子炎諮事云須取署子炎讀署爲樹高祖大怒曰小人都不知避人家諱杖之於前弼進曰禮二名不偏諱孔子言徵

不言在言在不言徵子炎之罪理或可恕高祖罵之曰眼看人瞋乃復牽經引禮叱令出去弼行十步許呼還子炎亦蒙釋宥

隋王韶爲晉王廣行臺右僕射韶嘗奉使節行長城其後王穿池起三山韶既還自鎖而諫王謝而罷之高祖聞而嘉歎賜金百兩并後宮四人

源師爲蜀王秀益州總管司馬秀被徵恐京師有變將謝病不行師數勸之不可違命秀作色曰此自我家事何預卿師垂涕對曰師荷國厚恩忝參府幕僚吏之節敢不盡心但比年已來國家多故秦孝王寢

疾奄致薨殂二十年庶人太子相次淪廢聖上之情何以堪處而有勅追王已淹時月今乃遷延未去百姓不識王心儻生異議內外疑駭發雷霆之詔降一介之使王何以自明願王熟計之秀乃從徵秀廢之後益州官屬多相連坐師以此獲免

皇甫誕爲漢王諒并州總管司馬煬帝即位徵諒入朝諒用諮議王頍之謀發兵作亂數諫止諒不納誕因流涕曰竊料大王兵資無敵京師者加以君臣位定逆順勢殊士馬雖精難以取勝願王奉詔入朝守臣子之節必有松喬之壽累代之榮如更遷延陷身叛逆一挂刑書爲布衣黔首不可得也願察區區之心思萬全之計敢以死請諒怒而囚之

陶模爲嵐州司馬漢王諒據并州作亂刺史喬鍾葵發兵將赴逆模拒之曰漢王所圖不軌公荷國厚恩致位方伯謂宜竭誠效命以荅慈造豈有大行皇帝梓宮未掩翻爲厲階鍾葵失色曰司馬反耶臨之以兵辭氣不撓鍾葵義而釋之軍吏進曰若不斬模何以壓衆心於是囚之於獄悉掠取資財分賜黨與及諒平煬帝嘉之拜開府授大興

巡按福建監察御史臣李嗣京 訂正
知歐寧縣事臣孫以敬叅閱
知建陽縣事臣黃國琦較釋

幕府部 九

武功

士之結髮筮仕委質從政叅預幕畫列于丞佐又豈只樽俎刀筆之用而已哉乃有內懷義勇兼資英槩因冦鈔之竊發或夷蠻之內侮而能率厲驍果挺身進擊冒刃轉鬬刼質靡顧臨機制變殲厥醜類以至

追討亡叛乘危轉禍叅從征伐分部四方或逆黨侵逼姦謀中遘驅攘摧敗先期翦滅堅壁固守保完城堞集茲茂伐載之策府彝東漢而下咸可述焉

後漢孔奮為武都郡丞時隴西餘賊隗茂等夜攻府舍殘殺郡守賊畏奮追急乃執其妻子欲以為質奮年已五十唯有一子終不顧望遂窮力討之吏民感義莫不倍用命焉郡多氐人便習山谷其大豪齊鍾留者為郡氐所信向奮乃率厲鍾留等令要遮鈔擊共為表裏賊窘懼逼急乃推奮妻子以置軍前冀當退却而擊之愈厲遂擒滅茂等奮妻子亦為所殺光武下詔褒美拜為武都太守

楊竦為益州刺史張喬從事元初五年越巂夷叛詔喬遣堪能從事討之喬乃遣竦將兵至楪榆擊之賊盛未敢進先以詔書告示二郡密徵求武事重其購賞乃進軍與封離等戰大破之斬首三萬級獲生口千五百人資財四千餘萬悉以賞軍士封離等惶怖斬其同謀渠帥詣竦乞降竦厚加慰納其餘三十六種皆來降附竦等因奏長吏姦猾侵犯蠻夷者九十人皆減死州中論功未及上會竦病創卒張喬深痛惜之乃刻石勒銘圖畫其像

董卓為涼州從事胡嘗出鈔多虜民人刺史成就使卓領兵騎討捕大破之斬獲千計

魏龐德字令明南安狟道人也少為郡吏州從事漢初平中從馬騰擊反羌叛氐數有功稍遷至較尉

呂虔為太祖兗州從事將家兵守湖陸襄陵較尉杜松部民炅母等作亂與昌豨通太祖以虔代松虔到招誘炅母渠率及同惡數十人賜酒食簡壯士伏其側虔察炅母等皆醉使伏兵盡格殺之撫其餘衆羣賊乃平

田豫為鄢陵侯彰相彰征代郡軍次易北虜伏騎擊

之軍人擾亂莫知所爲豫因地形回車結圍陣弓弩持滿於內疑兵塞其隙胡不能進散去追擊大破之遂前平伐皆豫策也

蜀張嶷巴西郡人州召爲從事會廣漢綿竹山賊張慕等鈔盜軍資刼掠吏民嶷以都尉將兵討之嶷度其鳥散難以戰擒乃詐與和親剋期置酒酒酣嶷身率左右因斬慕等五十餘級渠帥悉殄尋其餘類旬日清泰

吳朱治字君理丹陽故鄣人爲孫堅司馬從討長沙零桂等三郡賊周朝蘇馬等有功堅表治行都尉

晉羊琇少舉郡計參鎮西鍾會軍事從平蜀還賜爵關內侯

劉喬爲王戎建威將軍參軍事伐吳之役戎使喬與參軍羅尚濟江破武昌還授滎陽令

紀瞻爲元帝鎮東長史以討周馥功封都鄉侯還丞相軍諮祭酒以討陳敏功封臨湘侯

陶侃爲劉弘寧朔將軍司馬會張昌妖亂破武昌攻宛及襄陽江楊跨帶五州詔弘鎮宛弘遣侃與參軍蒯桓皮初等率衆討昌於竟陵劉喬又遣將軍李陽督護尹奉總兵向江夏侃等與昌苦戰累日大破之納降萬計昌乃流竄于下雋山明年秋乃擒之傳首京師

褚裒爲吳王功文學蘇峻之逆車騎將軍郗鑒以裒爲參軍峻平以功封都鄉亭侯

毛穆之爲安西將軍庾翼司馬翼薨大將于瓚戴羲等作亂穆之與安西長史江虨司馬朱燾等共平之桓溫伐蜀復取爲參軍從溫平蜀

孫盛爲桓溫參軍與溫俱伐蜀軍次彭模溫自以輕兵入蜀盛領羸老輜重在後賊數千忽至衆皆遑遽盛部分諸將并力距之應時敗走蜀平賜爵安懷縣

侯累遷溫從事中郎從入關平雒以功封吳昌縣侯

劉牢之爲謝玄參軍會苻堅將句難南侵玄率何謙等拒之牢之破難輜重於盱眙獲其運船

毛璩爲譙王恬司馬海陵縣界地名青蒲四面湖澤皆是菰葑逃亡所聚威令不能及璩建議率千人討之時大旱璩因放火菰葑盡然亡戶窘迫悉出詣璩自首近有萬戶皆以補兵朝廷嘉之

宋劉敬宣初仕晉爲後將軍元顯諮議參軍孫恩爲亂東土騷擾敬宣父牢之自表東討軍次虎疁賊皆死戰敬宣請以騎傍南山趣其後吳賊畏馬又懼首

尾受敵遂大敗進平會稽尋加臨淮太守遷後將軍從事中郎後爲高祖中軍諮議參軍高祖伐鮮卑敬宣從至臨朐慕容超出軍拒戰敬宣與兗州刺史劉藩等奮擊大破之龍驤將軍孟龍符戰沒敬宣幷領其衆剋廣固屢獻規略

朱齡石爲高祖參軍盧循之逼京師齡石率勁勇千餘人過淮群賊數千皆長刀矛鋋精甲曜日奮力爭進齡石所領多鮮卑善步矟並結陣以待之賊短兵弗能抗死傷者數百人乃退走會日暮衆亦歸

朱超石爲高祖太尉中兵參軍義熙十二年高祖北

伐超石前鋒入河魏王姚興之壻也遣弟黃門郎鵝青冀州刺史安平公乙旃眷襄州刺史拓拔道生青州刺史阿薄干步騎十萬屯河北常有數千騎緣河隨大軍進止時軍人緣河南岸牽百丈河流迅急有漂渡北岸者輒爲魏軍所殺略遣軍纔過岸魏軍便退走軍還即復東來高祖乃遣白直隊主丁旿率七百人及車百乘河北岸上去水百餘步爲却月陣兩頭抱河車置七仗士事畢使竪一長白毦魏軍見數百人步牽車上不解其意並未動高祖先命超石戒嚴白毦既舉超石馳往赴之幷齎大弩百張一車益二十人設鼓排於轅上魏軍見營陣既立乃進圍營超石先以軟弓小箭射虜虜以衆少兵弱四面俱至魏主又遣南平公長孫嵩三萬騎至遂內薄攻營於是百弩俱發又選善射者叢箭射之魏軍既多弩不能制超石初行別齎大鎚幷千餘張矟乃斷矟長三四尺以鎚鎚之一矟輒洞貫三四人魏軍不能當一時奔潰臨陣斬阿薄干首虜退還平城超石率胡藩斬劉榮祖等追之復爲虜所圍奮擊盡日殺虜千計虜乃退走高祖又遣振武將軍徐猗之五千人向越騎城虜圍猗之以長戟結陣超石赴之未至悉奔走

大軍進尅蒲坂以超石爲河東太守戍之

蒯恩爲高祖大尉長史領衆二千隨益州刺史朱齡石伐蜀至彭模恩所領居前大戰自朝至日旰勇氣益奮賊破走進平成都擢爲行參軍恩自從征討每有危急輒率先諸將嘗陷堅破陣不避艱險凡百餘戰身被重瘡

劉懷愼爲高祖鎮軍參軍從征鮮卑每戰必身先士卒及尅廣固懷愼率所領先登從高祖拒盧循於石頭屢戰克捷

向彌爲高祖鎮軍參軍從征鮮卑大敗於臨朐累日

不坱彌與檀部等分軍自間道攻臨朐城彌擐甲先登即時潰斬其牙旗賊遂奔走攻拔廣固彌又先登

孟龍符爲高祖建武叅軍江乘羅落覆舟三戰並有功叅鎮軍事封平昌縣五等子

劉穆之爲高祖王簿以平桓玄功封西華縣五等子

王鎮惡爲高祖前部賊曹拒盧循於查浦屢戰有功高祖討劉毅鎮惡叅軍事襲毅於江陵未至五六里毅將朱顯之覺之馳去告毅行令閉諸城門鎮惡亦馳進軍人緣城得入門猶未及下關因得開大城東

門大城內毅凡有八隊帶甲千餘已得戒嚴蒯恩入東門便北廻擊射堂前攻金城東門鎮惡入東門便直擊金城西門軍分攻金城內東從舊將猶有六隊千餘人西將及能細直吏快手復有二千餘人食時就鬬至中晡西人退散及歸降畧盡鎮惡入城便因風放火燒大城南門及東門又遣人以詔及赦文并高祖手書凡三函示毅毅皆燒不視金城內亦未信高祖自來有王桓者家在江陵昔手斬桓謙爲高祖所賞拔嘗在左右求還西迎家至是率十餘人助鎮惡戰下晡間於金城東門北三十步鑿城作一穴桓便先衆入穴鎮惡自後繼之隨者稍多因短兵接戰鎮惡軍人與毅東將或有是父兄子弟中表親者鎮惡令且鬬且共語衆并知高祖自來人情離懈一更許聽事前陣散潰斬毅勇將趙蔡毅左右兵猶閉東西閤拒戰鎮惡慮闇夜自相傷犯乃引軍出繞金城開其南面以爲退路毅慮南有伏兵三更中率左右三百許人開北門突出初毅當所乘馬在城外不得入倉卒無馬毅便就子肅民取馬肅民不與朱顯之謂曰人取汝父而惜馬不與汝今自走欲何之奪馬以授毅初出正值鎮惡軍衝之不得去廻衝蒯恩軍

軍人鬬已一日疲倦毅得從大城東門出奔牛牧佛寺自縊死鎮惡身被五箭射鎮惡手所執矟于手中破折江陵平後二日大軍方至署中兵出爲安遠護軍武陵內史以討劉毅功封漢壽縣子食邑五百戸

王仲德爲高祖中兵叅軍高祖伐廣固仲德爲前鋒大小二十餘戰輙尅及盧循逼京師以仲德屯越城賊自蔡州南走遣仲德追之賊留親黨范崇民五千人高艦百餘戍南陵仲德攻之大破崇民焚其舟艦收其散卒功冠諸將封新淦縣侯

檀祗初仕晉爲孫無終輔國叅軍隨無終東征孫恩

屢有戰功

劉懷肅晉末爲劉敬宣寧朔府司馬東征孫恩有戰功振武將軍長沙王道規追桓玄以懷肅爲司馬玄留何澹之郭銓等戍桑落洲進擊破之潁川太守劉統平除高平太守玄旣死從子振大破義軍於楊林義軍退尋陽懷肅與江夏相張暢之攻澹之於西塞破之僞鎮東將軍馮該戍夏口東岸孟山圖據魯山城桓仙客守月壘皆連壁相望懷肅與道規攻之躬擐甲胄陷二城馮該走石城生擒仙客義熙元年正月振敗走道規遣懷肅平石城斬馮該及其子山靖

三月桓振復襲江陵荆州刺史司馬休之出奔懷肅自雲杜馳赴晝夜兼行七日而至振勒兵三萬旗幟蔽野躍馬橫矛躬自突陣流矢傷懷肅額衆懼欲奔懷肅瞋目奮戈膽氣益壯於是士卒爭先臨陣斬振首江陵旣平休之反鎮執懷肅手曰微子之力吾無所歸矣僞輔國將軍符司馬孫僞龍驤將軍金符靚樂志等屯結中夏懷肅又討之梟樂志等道規加懷肅督江夏九郡權鎮夏口

沈叔任晉末爲朱齡石伐蜀司馬齡石遣叔任戍涪蜀人侯産德作亂攻涪城叔任擊破之斬産德

胡藩爲高祖太尉參軍統別軍至河東暴風漂藩重艦渡北岸魏軍牽得此艦取其器物藩氣厲心憤率左右十二人乘小船徑往河北賊騎五六百見藩來並笑之藩素善射登岸射賊應弦而倒者十許人賊皆奔退悉收所失而反又與朱超石等擊姚業於蒲坂超石失利退還藩收超石所捨資實徐行而反業不敢追

陸仲元爲長沙王道憐司馬道憐自京口入朝仲元居守時刁逵子彌爲亡命（刁姓彌名）率數十人入京城仲元擊斬之

裴方明爲劉道濟振武中兵參軍立功蜀土

柳元景爲南雍州刺史竟陵王誕中兵參軍元嘉末文帝欲大舉北討以襄陽外接關河欲廣其資力乃罷江州軍府文武悉配雍州湘州入臺稅租雜物悉給襄陽及大舉北伐命諸蕃並出師莫不奔敗唯元景先克弘農關陝三城多獲首級

劉亮爲巴陵王休若鎮東中兵參軍北伐南討功冠諸將封順陽侯食邑六百戸

張興世竟陵人白衣隨王玄謨伐蠻每戰輒有擒獲玄謨舊部曲諸將不及甚奇之還都白文帝稱其膽

力後隨孝武鎮尋陽以補南中參軍督護入討元凶劭

柳元景爲前鋒事定轉員外將軍領從除南郡王義宣反又隨玄謨出梁山有戰功除建平王宏中軍行參軍領長刀

劉康祖爲南平王鑠安蠻府司馬元嘉末後魏太武親率大衆攻圍汝南文帝遣諸軍救援康祖總統爲前驅軍次新蔡與魏軍戰俱前百餘里濟融水魏衆大至奮擊破之斬其殿中尚書任城公乞地眞去懸瓠四十里太武燒營退走轉左軍將軍

焦度爲青州刺史顏師伯輔國參軍魏遣淸水公拾賁勅文冦淸口度領軍救援刺魏騎將豹皮公墮馬獲其具裝鎧稍手殺數十人

劉悛爲劉延孫南徐州從事隨父司空勔征竟陵王誕以功拜駙馬都尉轉宗愨寧蠻府主簿建安王司徒騎兵參軍復隨父勔征殷琰於壽春累戰皆勝

沈慶之爲趙倫之征虜參軍監南陽郡擊蠻有功遂即眞

沈攸之元嘉二十九年征西陽蠻始補隊主巴口建義南中郎府板長史兼行參軍新亭之戰身被重創事寧爲大尉行參軍封平雒縣五等侯又隨沈慶之征廣陵屢有功被箭破骨孝武以其善戰配以仇池步稍

南齊劉懷珍平原人宋文帝時本州辟主簿時亡命司馬順則聚黨東揚州遣懷珍數千人掩討平之

梁李畟爲交州長史天監四年刺史李凱據州反畟討平之

蕭昂爲廣州長史時司空王茂子貞秀有罪留廣州乃潛結仁威府中兵參軍杜景欲襲州城昂討之景與貞秀同戮

荀朗爲廬陵王府參軍侯景之亂朗招率徒旅據巢湖間無所屬臺城陷後簡文帝密詔授朗雲麾將軍豫州刺史令與外藩討景景使儀同宋子仙任約等頻往征之朗據山立寨自守子仙不能尅時京師大饑百姓皆於江外就食朗更招致部曲解衣推食以相賑贍衆至數萬人侯景敗於巴陵朗出自濡須截景破其後軍

後梁尹正爲宣帝雍州中兵參軍擒張纘獲杜岸皆正之力

陳侯安都初爲梁始興內史蕭子範主簿侯景之亂

招集兵甲至三千人高祖援京邑安都引從高祖攻蔡路養破李遷仕尅平侯景並力戰有功元帝授猛烈將軍遍直散騎常侍富川縣子邑三百戶

侯瑱巴西人事益州刺史蕭子範委以將帥之任山谷夷獠不賓附者並遣瑱征之累功授輕車府中兵參軍

後魏崔敬邕爲中山王英南討都督府長史以功賜爵臨淄男

楊侃爲叔椿雍州錄事參軍帶長安令北地功曹毛洪賓據郡引寇抄掠渭北侃啓自出討之遂購募戰

士信宿之間得三千餘人銜枚夜進至馮翊郡西賊見大軍卒至衆情離解洪賓遂遍書送質乞求自効于是擒送

鹿悆爲彭城王劭司馬先是梁武遣將彭城郡王蕭率衆七萬圍逼瑯邪自春及秋官軍不至而兩青士馬裁可萬餘師次鄖城久而未進劭乃遣悆南青州刺史胡平遣長史劉仁之并監勒諸將徑赴賊壘大破之斬首俘馘二千餘級孝明嘉之璽書勞問

王當伽爲行豫州事兼雄外兵參軍雄隨行臺任延敬討賀若徽于潁州延敬等失利雄收集散卒保大梁周文帝因延敬之敗遣其右丞韋孝寬等攻豫州雄都督郭丞伯程多寶等舉豫州降斬執刺史馮邕并家屬及部下妻子數千口欲送之長安至樂口當伽與都督赫連儁等數十騎從大梁邀之斬多寶拔雄等家口還大梁

北齊尉興敬爲常山公府參軍晉州民李小興羣聚爲賊興敬隨司空韓軌討平之

封隆之爲汝南王悅中兵參軍後魏延昌中道人法慶作亂冀方自號大乘衆五萬餘遣大都督元遥及隆之擒獲法慶賜爵武城子

張晏之字熙德高岳征潁川以晏之爲都督中兵參軍兼記室晏之文士兼有武幹每與岳帷帳之謀又常以短兵接刃親獲首級深爲岳所嗟賞

後周呂思禮初仕魏爲相州功曹參軍葛榮圍鄴思禮有守禦勳賜爵平陸縣伯藥城令

王子直初仕後魏爲大尉參軍時梁人圍壽春臨淮王元彧率軍赴援子直以本官參彧軍事與梁人戰斬其軍主夏侯景超梁人乃退淮南民庶因兵寇之後猶聚爲盜彧令子直招撫之咸來復業自合肥以北安堵如舊

于謹初仕後魏爲行臺僕射元纂鎧曹從事纂令謹率二千騎追茹茹前後十七戰盡降其衆

令狐整初仕魏爲東陽王元榮主簿及鄧彦竊據瓜州拒不受代整與開府張穆等密應使者申徵執彦送京師太祖嘉其忠節表爲都督

王悦爲太祖相府刑獄參軍東魏將侯景攻圍雒陽太祖赴援悅又率鄉里千餘人從軍至雒陽將戰夕悅鑿其行資市牛饗戰士悅所部盡力斬獲居多遷大行臺右丞

伊婁穆爲衛公直襄州長史郢州城民王道僧反襲

陷州城直遣穆率百餘騎馳往援之穆至城下頻破道僧衆會大將軍高琳率衆軍繼進道僧等乃降唐州山蠻恃險逆命穆率軍討之蠻酋等保據石窟一十四處穆分軍進討旬有四日并破之虜獲六千五百人

隋趙賢通初爲周太祖相府參軍從事破雒陽及太祖班師賢通請留撫納亡叛太祖從之於是帥所領與齊人前後五戰斬郡守鎮將縣令五人虜獲甚衆以功封平定縣男邑三百戶

柳旦初仕後周爲兵部下大夫頃之益州總管王謙起逆拜爲行軍長史從梁睿討平之以功授儀同三司

令狐熙爲司徒左長史時吐谷渾寇邊以行軍長史從元帥元諧討之以功進位上開府

盧賁字道生少英果有氣節漢王諒出鎮并州賁以妃兄爲王府主簿從趙仲卿北征突厥以功授儀同三司

劉弘開皇初爲齊州長史志在立功不安佐職平陳之役表請從軍以行軍長史從總管吐萬緒渡江以功加上儀同封護澤縣公

段文振開皇初以行軍長史從達奚震討蠻平之加上開府

王仁恭爲驃騎將軍典蜀王軍事山獠作亂蜀王命仁恭討破之賜奴婢三百口

張須陁大業中爲齊郡丞賊帥裴長才石子河等衆二萬奄至城下縱兵大掠須陁未暇集兵親率五騎戰賊競赴之圍百餘重身中數瘡勇氣彌厲會城中兵至賊稍却須陁督軍復戰長才敗走

唐高士廉隋末爲交趾太守丘和司法書佐欽州俚帥寧長真衆率攻和和欲出門迎之廉進說曰長真

兵勢雖多懸軍遠至內離外憂不能持久且城中勝兵足以當之奈何而欲受人所制和從之因命士廉爲軍司馬水陸俱進逆擊破之長眞僅以身免餘衆盡降

竇軌字士則扶風人隋末爲資陽郡東曹掾去官歸于家高祖義兵起以爲大丞相諮議參軍時稽胡賊五萬餘人掠宜君命軌討之行次黃欽山與賊相遇賊乘高縱矢王師稍却軌斬其部將十四人拔隊中小帥以代之軌自率數百騎殿于軍後令之曰聞鼓聲有不進者自後斬之既鼓士卒爭死皆登山赴敵

賊射之不能止因大破之斬首千餘級虜男女二萬口

唐休璟爲營府戶曹調露中單于突厥背叛誘扇奚契丹侵掠州縣其後奚潟胡又與桑乾突厥同反都督周道務遣休璟將兵擊破之于獨護山斬獲甚衆超拜豐州司馬

伊愼大曆中爲江州別駕以西江牙軍從李希烈討梁崇義愼摧鋒陷敵功居多希烈意欲糜之愼以計遁歸曹王皋希烈懼愼爲曹王所任遺愼七屬之甲詐爲愼書行間焉德宗遣中使即軍以詰之曹王乃抗疏論雪上章未報會賊兵泝江來寇曹王乃召愼勉之令戰大破三千餘衆朝廷始信其不貳累拔蘄山柵取蘄州降其將李良又攻黃梅縣殺賊將韓霜露斬首千餘級優詔褒異授試太子詹事

韋禹爲福建從事貞元四年福建叛卒逐其觀察使吳詵詵奔建州而叛兵四百餘人潰亡入海延至溫台明州寇掠鄉閭頗爲人患德宗憂其滋長令中使皇甫政設策備之政乃令禹延撫二州擇海浦形便起城柵修艦教弩選豪士者爲統將以招討之禹有方略數月之間殺獲頗衆餘悉降之自是瀕海皆寧

萬及將吏各加官賜帛有差

劉昌裔爲許州節度留後上官涚判官貞元十五年吳少誠攻許州日夕攻急堞壞不得修昌裔令造戰柵木柵以待募壯士斫營得突將千人鑿城分出大破之因立戰柵木柵于城上以故不陷兵馬使安國寧與涚不善謀反以城降賊事泄昌裔密討斬之即召其麾下千餘人就食之人賞縑兩疋伏兵于委巷令見持縑者悉斬之無一人得脫十六年以全陳許功以涚爲節度使昌裔爲陳州刺史

任廸簡爲左庶子及張茂昭去易定以廸簡爲行軍

司馬旣至屬虞候揚伯玉以府城叛俄而衆殺之將納廸簡兵馬使張佐元又叛廸簡攻殺之乃得入加簡較工部尚書克節度觀察使

鄭權爲涇原節度使劉昌從事昌病亟請入覲度軍中必有變以權寛厚善容衆俾主留務旣而兵果爲亂權挺身於白刃中抗詞以明逆順因殺其首亂者數人士卒皆戢伏時德宗厭言兵藩鎮將吏得人心者多超授官爵於是自試衛佐擢爲行軍司馬兼御史中

王棲曜爲嘗州別駕時江左兵荒詔內嘗侍馬日新

領汴滑五千人鎮之日新貪暴賊蕭庭蘭乘人怨訴逐之而刼其衆時棲曜遊奕遠郊遂爲賊所脅進圍蘇州棲曜因其怠懈挺身登城率城中出攻賊衆大潰

衛方厚爲邕管館驛巡官前試左衛兵曹參軍太和五年五月方厚狀奏去年冬本使差入谿洞招諭賊帥黃承祖部領至府本使巳薦論伏乞准容管告捷官例處分授邕州錄事參軍

後唐任圜爲潞州觀察判官莊宗以上黨之師攻嘗山城中萬人突出大將孫文進死之賊逼王師圜麾騎士擊之頗有殺獲嘗以禍福諭其城中鎮人信之使人乞降

淳于晏爲霍彦威徐州從事同光末彦威從明宗入魏州監軍使謀害彦威家屬及所留部曲欲據城拒命晏率部將先殺之天成初彦威授平盧軍節度使以晏爲副使

晉吳巒爲沙彦珣從事累遷大同軍節度判官高祖建號契丹之援大原也彦珣據雲中二三顧望及契丹還塞彦珣出城迎謁遂爲所虜時巒在城中謂其衆日豈有禮義之人而臣于夷狄乎即與雲州將吏

闔門拒守契丹大怒攻之半歲不能下高祖致書于契丹乃解圍而去召巒歸闕授徐州節度副使

冊府元龜

巡按福建監察御史臣李嗣京
新建縣舉人臣戴國士參閱
知建陽縣事臣黃國琦較釋

幕府部 十

盡忠

夫委質事人有死無貳烈士之節也繇漢而下公府方面咸得聘署以至丞掾之選率多英豪乃有當艱虞之際盡忠貞之效亢直以禦侮奔走以赴難盡力於救患而忘其楚毒悉心於濟難而安乎厮役勵節以固守蹈刃而無悔以至規諫之不聽死以為謝事勢之既去義不改圖追懷恩紀甘就鼎鑊斯固英風激於頽俗茂烈著於信史千載之下凜乎其有生氣矣

後漢周榮辟司徒袁安府安數與論議甚器之及安舉奏竇景與竇憲爭立北單于事皆榮所具草竇氏客太尉掾徐齮深惡之脅榮曰子為袁公腹心之謀排奏竇氏竇氏悍士刺客滿城中謹備之矣榮曰榮江淮孤生蒙先帝大恩以歷宰二城今復得備宰士榮辟司徒府故稱宰士縱為竇氏所害誠所甘心故皆勑妻子若卒遇飛禍無得殯斂飛禍言倉卒而死也冀以區區腐身覺悟朝廷及竇氏敗榮繇此顯名

袁祕汝南汝陽人為郡門下議生黃巾起祕從太守趙謙擊之軍敗祕與功曹封觀主簿陳端門下督范仲禮賊曹劉偉德主記史丁子嗣記室史張仲然等七人以身扞刃皆死於陣謙以得免詔祕等旌表門閭號曰七賢

耿武為韓馥冀州長史袁紹至馥從事十人棄馥去唯恐在後獨武與別駕閔純杖刀兵不能禁紹後令田豐殺此二人

鮮于輔漢末為幽州牧劉虞從事時公孫瓚既殺劉虞輔以燕國閻柔有恩信共推柔為烏丸司馬及瓚敗死輔持其衆奉王命以輔為建忠將軍督幽州六郡太祖與袁紹相拒於官渡閻柔遣使詣太祖受事遷護烏丸校尉而輔身詣太祖拜左渡遼將軍封亭侯遣還鎮撫本州

祖授為袁紹冀州別駕官渡之敗授為曹公軍所執乃大呼曰授不降也為所執爾曹公見授謂曰分野殊異遂用起絕不圖今日乃得相見授對曰冀州失策自取奔北授智力俱困宜其見禽曹公曰本初無

謀不相用計今喪亂過紀（十二年曰紀）國家未定方當與君圖之授曰叔父母弟懸命袁氏若蒙公靈速死爲福曹公歎曰孤早相得天下不足慮也遂赦而厚遇焉授尋謀歸袁氏乃誅之

魏賈逵爲太祖丞相主簿太祖欲伐吳而大霖雨三軍多不願行太祖知其然恐外有諫者教曰今孤戒嚴未知所之有諫者死逵受教謂其同僚三主簿曰今實不可出而教如此不可不諫也乃建諫草以示三人三人不獲已皆署名入白事太祖大怒收逵等當送獄取造意者逵即言我造意遂去詣獄獄吏以

逵主簿也不即著械謂獄吏曰促械我尊者且疑我在近職求緩於卿今將遣人來察我逵著械適訖而太祖果遣家中人就獄視逵既而教曰逵無惡意原復其職

魯芝爲大將軍曹爽司馬爽將誅芝與主簿楊綜斬關奔爽及爽之將歸罪也芝綜泣諫曰公居伊周之任挾天子杖天威孰敢不從舍此而欲就東市豈不痛哉（一云公挾天子據捨此以至東市乎爽不從）有司奏收芝綜科罪司馬宣王赦之曰以勸事君者

龐淯爲涼州從事守破羌長會武威太守張猛反殺刺史邯鄲商淯號哭尸所猛兵欲來縛淯猛聞之歎曰猛以殺刺史爲罪此人以至忠爲名如又殺之何以勸一州履義之士邪遂使行服

蜀黄權爲益州牧劉璋主簿璋欲迎先主權諫不聽出爲廣漢長及先主襲取益州將帥分下郡縣望風景附權閉城堅守須劉璋稽服乃詣降先主先主假權偏將軍

吳虞翻爲孫策功曹從策討山越斬其渠帥悉令左右分行逐賊獨騎與翻相得山中翻問左右安在策曰悉行逐賊翻曰危事也令策下馬此草深卒有驚

急馬不及縈策但牽之執弓矢以步翻善用矛請在前行得平地勸策乘馬策曰卿無馬奈何荅曰翻能步行日可三百里自征討以來吏卒無及翻者明府試躍馬翻能疏步隨之行及大道得一鼓吏策取角自鳴之部曲識聲小大皆出遂從周旋平定三郡策薨權統事定武中郎將暠策之從兄也屯烏程整帥吏士欲取會稽會稽聞之使民守城以俟嗣主之命因令人告諭暠翻說暠曰討逆明府不竟天年今攝事統衆宜在孝廉翻已與一郡吏士嬰城固守必欲出一旦之命爲孝廉除害惟執事圖之於是暠退

晉郭瑀敦煌人苻氏之末為雒陽王穆太府左長史穆惑於讒聞西伐敦煌索嘏瑀諫曰昔漢定天下然後誅功臣今事業未建而誅之立見麋鹿游於此庭矣穆不從瑀出城大哭舉手謝城曰吾不復見汝矣還而引被覆面不與人言不食七日輿疾而歸旦夕而死

郭舒為荊州刺史王澄別駕澄終日酣飲不以衆務在意舒嘗切諫之及天下大亂又勸澄修德養威保完州境澄以為亂自京都起非復一州所能防禦雖不能從然重其忠亮荊土士人宗欽嘗因酒忤澄澄

怒叱左右捧欽舒厲色謂左右曰使君過醉汝輩何敢妄動澄恚曰別駕狂邪誑言我醉因遣掐其鼻灸其眉頭舒領而受之澄意少釋而欽遂得免

桓雄長沙人少仕州郡譙王承為湘州刺史命為主簿王敦之逆承為敦將魏乂所執佐吏奔散雄與西曹韓階從事武延並毀服為僮豎隨承向武昌乂見雄姿貌長者進退有禮知非凡人有畏憚之色因害之

謝純字景懋晉末為劉毅豫州別駕毅鎮江陵以為衛軍長史南平相高祖遣王鎮惡率軍襲毅已至城下時毅疾病佐吏皆入參承純參承畢已出聞兵至馳還入府左右引車欲還外廨純叱之曰我人吏也逃欲安之乃入及毅兵敗衆散時已暗夜司馬毛修之謂純曰君但隨僕純不從挾兩人出火光中為人所殺

韓延之為平西將軍荊州刺史司馬休之平西府錄事參軍休之以子文思為宋高祖所殺遂結雍州刺史魯宗之謀誅執政高祖討之未至江陵密使與延之書曰文思事源遠近所知去秋遣康之送還司馬君者推至公之極也而了無愧心又絕表疏此是天

地之不容吾受命西討止其父子而已彼土僑舊為所驅逼一無所問往年郗僧施謝邵任集之等交構積歲專為劉毅謀主所以至此卿等諸人一時逼迫本無纖釁吾虛懷期物自有由來今在近路正是諸人歸身之日若大軍先登交鋒接刃蘭艾雜揉或恐不分故自此意并可示同懷諸人延之報曰承親率戎馬遠履西畿闔境士庶莫不驚駭何者莫知師出之名故也今辱來疏始知以譙王前事良增歎息司馬平西躰國忠貞款愛待物當於古人中求爾以君公有興復之勳家國崇賴推德委誠每事詢仰譙王

往以微事見劾猶自表遜位况以大過而當嘿然邪但康之前言有所不盡故重使胡道諮白所懷道未及反已奏表廢之所不盡者命爾推寄相與之懷正當如此有何不可便興兵戈自義旗秉權以來四方方伯誰敢不先相諮疇而徑表天子可謂欲加之罪其無辭乎劉裕足下海內之人誰不見足下此心而復欲欺誑國士天地所不容在彼不在此矣來言虛懷期物自有繇來今伐人之君陷人以利真可謂虛懷期物自有繇來者矣劉藩死於閶闔之門諸葛鑒於左右之手甘言詫方伯襲之以輕兵遂使席上靡

欵懷之士閫外無自信諸侯以是爲得算良可耻也貴府將佐及朝廷賢德寄性命以過日心企太平久矣吾誠鄙劣嘗聞道於君子以平西之至德寧可無授命之臣乎未能自投虎口比迹郗任之徒明矣假令天長喪亂九流渾濁當與臧洪遊於地下不復多言公覽書歎息以示諸佐曰事人當使如此

宋劉穆之爲高祖司馬食必方丈嘗爲十人饌穆之嘗謂高祖曰穆之家本貧賤生多闕自叨忝以來雖每存約損而朝夕所須微爲過豐自此之外一毫不以負公

胡藩初爲荊州刺史殷仲堪參軍嘗說仲堪以崇待桓玄太過後參玄軍事玄敗高祖素聞藩直言於殷氏又爲玄盡節召爲員外散騎侍郎參鎮軍事

謝方明爲高祖中兵主簿方明事思忠益知無不爲高祖謂之曰愧未有瓜衍之賞且當與卿共豫章國祿屢加賞賜

賀弼爲竟陵王誕記室參軍孝武將誅誕誕閉城拒弼固諫再三誕怒抽刀向之乃止或勸弼出降弼曰公舉兵向朝廷此事既不可從荷公厚恩又義無違背唯當死明心爾乃服藥自殺

邊榮爲沈攸之荊州倉曹參軍嘗爲府錄事所辱攸之爲榮鞭殺錄事及攸之自江陵下以榮爲留府司馬守城張敬兒將至人或說之使詣敬兒降榮曰受沈公厚恩一朝緩急便改易本心不能也城敗見敬兒問曰邊公何爲同人作賊不早來榮曰沈荊州舉義兵安社稷身雖可滅要是宋世忠臣天下尚有直言之士不可謂之爲賊身本不斷生何須見問敬兒曰死何難命斬之榮歡笑而去容無異色

臧寅爲沈攸之功曹攸之之兵敗諸將軍皆奔散唯寅曰我委質事人豈可苟免乃投水死

宗儼之爲沈攸之記室攸之抗齊太祖表檄文疏皆儼之辭也及事敗責之荅曰士爲知己用豈爲軍輩所識遂伏誅

南齊房叔安爲青州刺史王玄邈長史齊高帝之鎮淮陰爲宋明帝所疑乃北勸魏遣書結玄邈叔安進曰夫布衣韋帶之士御一飡而不忘義使之然也今將軍居方州之重托君臣之義無故舉忠孝而棄之三齊之士寧蹈東海死爾不敢隨將軍也玄邈意乃定仍使叔安使建業發高帝謀高帝於路執之并求玄邈表叔安荅曰寡君使表上天子不上將軍且僕

之所言利國家而不利將軍無所應問荀伯玉勸殺之高帝曰物各爲主無所責也

鄭紹叔爲壽州治中從事時刺史蕭誕以弟諶誅臺遣收誕兵卒至左右莫不驚散紹叔聞難獨馳赴焉誕死侍誕喪柩人咸稱之到京師司空徐孝嗣見而異之曰祖逖之流也

北齊孫騰初爲高祖晉州長史高祖自晉陽出滏口行至襄垣尒朱兆率衆追高祖高祖與兆宴飲於水濱誓爲兄弟各還本營明旦兆復招高祖高祖欲安其意將赴之臨上馬騰牽衣止之兆乃隔水肆罵馳還晉陽高祖遂東

綦連猛魏末爲爾朱兆都督猛父母兄弟皆在山東爾朱京纏欲投高祖謂猛曰王以爾父兄皆在山東每懷不信爾若不走今夜必當殺爾可走去猛以素蒙兆恩拒而不從京纏曰我今亦欲去爾從我不猛又不從京纏乃舉矟曰爾不從我必刺爾猛乃從之去城五十里即背京纏復歸及爾朱兆敗乃歸高祖問曰爾朱京纏將爾投我爾中路背去何也猛乃具陳服事之理不可貳心高祖曰爾莫懼服事人法須如此遂補都督

慕容紹宗魏末爲爾朱兆長史兆之敗於韓陵也士卒多奔兆懼將欲潛遁紹宗建旗鳴角招集義徒軍容既振與兆徐而上馬

後周周惠達幼有志操魏齊王蕭寶寅爲瀛州刺史召惠達及河間馮景同在閣下甚禮之及寶寅還朝惠達隨入雒陽領軍元乂勢傾海內惠達嘗因寶寅與乂言論乂歎重之於座遺惠達衣物孝昌初魏臨淮王彧北討以惠達爲府長流參軍及萬俟醜奴等搆亂蕭寶寅西征惠達復隨入關寶寅後與賊戰不利退還仍除雍州刺史令惠達使雒陽未還而寶寅

反謀聞於京師有司以惠逵是其行人將執之乃私馳還至潼關遇大使楊侃侃謂惠逵曰蕭氏逆謀已成何爲故入虎口惠逵曰蕭王爲左右所誤今往庶其改圖及至寶寅反形已露不可彌縫遂用惠逵爲光祿勳中書舍人寶寅旣敗人悉逃散唯惠逵等數人從之寶寅謂惠逵曰人生富貴左右咸言盡節及遭厄難乃知歲寒也後爲賀拔岳關中大行臺從事中郎嘗使至雒魏孝武與惠逵語及世難惠逵陳天下事勢述岳有誠節唯以憂國定亂爲事言辭激切帝甚嘉之及還具以白岳岳曰人生於天受命於君

豈有利人榮祿而不憂其禍難卿之所奏實獲吾心自是更被親禮岳每征討嘗命惠逵居守又轉岳府屬岳爲侯莫陳悅所害悅得惠逵辭以疾不見許乃遁入漢陽之麥積崖

賈直言從事於李師道時師道不恭朝命直言冒刃說者二輿櫬說者一師道訖不從

劉昌裔太原陽曲人少遊三蜀楊琳之亂昌裔說其歸順及琳授雒州刺史以昌裔爲從事琳死乃去

馮宿爲徐州節度使張建封掌書記建封卒其子愔爲軍士所立淄清李師古欲乘喪襲取冀鎮時王武俊且覩其釁愔恐懼計無所出宿乃以檄書招師古而說武俊曰張公與君爲兄弟欲同力驅兩河歸天子衆所知也今張公歿幼子爲亂兵所脅內則誠款隔絕於朝廷外則境土侵逼於強寇孤危若此公安得坐視哉誠能奏天子念先僕射之忠勳捨其子之迫脅使得束身歸闕公於朝廷有靖亂之功於張氏有繼絕之德矣武俊大悅即以表聞繇是朝廷賜愔節仍贈建封司徒

蘇兆爲淮西吳少陽判官與陽元卿及其將侯惟清同爲少陽畫朝覲計及元濟自領軍事昏很無知所

聽皆軍中凶悍之徒素不便兆等旣不受詔其左右告兆等有異志元濟乃引兆於別寢縊殺之歸其屍於家械侯惟清而囚之時朝廷聞清已死贈兵部尚書贈兆以右僕射

後唐符習爲鎮州王鎔都較自莊宗經略河朔與鎔連衡嘗令率師從征鎔爲大將軍王德明所害德明據鎮州時習在德勝行臺德明上書請習歸藩莊宗召習謂之曰王德明召爾歸藩自爲行計習雨泣而進曰臣本趙人家世事王氏嘗効忠義而德明乃幽滄叛卒趙王知人不盡過意任使果致此反噬臣等

雖不武願在霸府血戰而死不能委身於兇首被其屠割莊宗曰爾等既懷舊君之愛則能復仇乎吾當助爾習等舉身投地號動感激良久謝曰王必以故使輔翼之勞雪其寃恥臣不敢期師旅爲助但悉本軍可以誅其逆豎帝即令閻寶史建塘助習興師討德明乃以習爲鎭冀節度留後及德明誅將正授節鉞習不敢當其任辭曰臣緣故使未葬無嗣息臣合服斬衰候臣禮制畢聽命及莊宗兼領鎭州乃割相衞二州置義寧軍以習爲節度使習奏曰魏博六州霸王之府不宜遽有割隷但授臣河南一鎭臣自攻

取便也乃授天平軍節度鄆齊棣觀察東南面招討等使習有器度性忠壯於荷恩感遇之際而能奮厲思報自莊宗十年沿河拒戰左掎右角習嘗以本軍景從心無顧望諸將服其爲人

淳于晏登州人以明經登第自霍彥威爲裨將日嘗食於門下彥威嘗敗獨脫其身左右莫繼唯晏仗劍從之徒步草莽自是彥威高其氣義相得甚歡及歷數鎭皆爲判官軍府之事咸取決焉至於私門簿籍婢僕支分事無巨細但取決於晏幕下兼家宰之任爾後公卿之門客往往效焉時謂之效淳俾彥威數鎭稱治晏之盡心他人又不可階也

晉顏衎爲青州節度房知溫從事知溫貪暴積貨數百萬治第於南城出則以妓樂相隨任意所之曾不以政事爲務衎委曲陳其利病知溫不能用焉及高祖建義入雒尚不即進獻耀兵於牙帳之下衎正色謂曰清泰帝富有天下多力善戰豈明公之比而天運有歸坐成灰燼今青州遷延不貢何以求安千百武夫無足爲恃浮爲大王之所憂也知溫遂馳表稱賀青州乃安未幾以沉湎成病而卒部曲將吏分其所聚例爲富室衎又勸其子彥儒進錢十萬貫以助國用朝廷除彥儒爲沂州刺史其家幸獲保全皆衎

之力也

漢李恕初仕後唐爲燕王趙延壽賓佐延壽陷虜十年朝廷不欲恕在朝出爲從事未幾虜犯京師延壽爲虜相輔復召恕委用會延壽子贊爲河中尹命恕往佐之其年虜主死高祖有中原移贊於京兆贊懼漢不能容潛通蜀軍將謀夜遁恕諫贊曰燕王入胡非所願也漢朝建國必務懷來太尉泥首歸朝必保富貴今君狼狽入蜀理難萬全所謂蹄涔不能容吞舟之魚後悔無及願公歸漢其福萬全苟聽卑言請

先入朝爲公申理卽命恕上章高祖引見謂恕曰贊何以附西川軍恕曰贊以家在胡中身受胡命自懷憂恐謂陛下終不能容招引川軍蓋圖苟免以微臣意必料國家撫安所以令臣哀祈請覲高祖曰贊父子皆吾人也事虜出於不幸今聞延壽落於檻穽吾爭忍不容贊恕未還贊已離戎與朝廷嘉恕之忠以爲邠州節度判官

周和凝仕梁爲滑州節度賀瓌賓幕時瓌與後唐莊宗相拒於河上戰於胡柳陂瓌軍敗而北唯凝隨之瓌顧曰無相隨當自努力凝對曰大丈夫受人知有

難不報非素志也但恨未有死所旋有一裨將來逐瓌凝叱之不止遂引弓以射應弦而斃瓌得免旣而謂諸子曰昨非和公無以致此和公文武全才而有志氣後必享重位爾宜謹事之遂以女妻之緣此聲望益隆

王敏仕晉爲杜重威數鎭從事漢初重威叛于鄴時敏爲留守判官涕泣諫重威懇請歸順重威始則不從及其窮也納敏之言以其城降時魏之饑民十猶四五咸保其餘生者敏之力也

巡按福建監察御史臣李嗣京　訂正
分守建南道左布政使臣胡維霖　參閱
知建陽縣事臣黃國琦較釋

幕府部　一十一

辟署

漢氏公卿郡守皆得自舉其屬中興之後辟召尤盛故當時幕府彬彬然多賢才焉魏晉而下內居宰弼之任外膺將領之寄者曷嘗不選衆而舉得人爲盛哉蓋夫藩輔之重安危注意綱紀之職左右惟人故

能參贊於策畫經綸於政務藹溢官之嘉績昭治戎之善志周旋匡佐以成其美焉至乃羔鴈之贄璧馬之聘蓋所以致禮才彥將其厚意然而宣尼有擇木之喻展禽懷枉道之恥若夫含忠履潔之士非志義相期而用舍同趣又豈肯屈身而苟合哉

漢倪寬爲廷尉從史之北地視畜數年還至府上畜簿會廷尉時有疑奏已再見卻矣掾史莫知所爲寬爲言其意掾史因使寬爲奏成讀之皆服以白廷尉湯湯大驚召寬與語乃奇其材以爲掾湯繇是鄉學以寬爲奏讞掾甚重之及湯爲御史大夫以寬爲掾

蕭望之署小苑東門候免歸爲郡吏御史大夫魏相除望之爲屬

尹翁歸河東人太守田延年除補卒史案事發姦窮竟事情延年大重之自以能不及翁歸徙署督郵

薛廣德字長卿蕭望之爲御史大夫除廣德爲屬數與論議器之

馮奉世以選爲郎前將軍韓增奏以爲軍司空令本始中從軍擊匈奴軍罷復爲郎

陳湯免射聲校尉大將軍王鳳奏以爲從事中郎幕府事壹決於湯

王尊涿郡人給事太守府問詔書行事尊無不對太守奇之補除書佐署守屬監獄久之稱病去復召署守屬治獄爲郡決曹

諸葛豐字少季以明經爲郡文學名特立剛直貢禹爲御史大夫除豐爲屬舉侍御史

孫寶潁川人以明經爲郡吏御史大夫張忠辟寶爲屬欲令授子經更爲除舍設儲偫寶自劾去忠固還之心內不平後署寶主簿寶徙入舍祭竈請比鄰忠陰察怪之使所親問寶前大夫爲君設除大舍子自劾去者欲爲高節也今兩府高士俗不爲主簿子旣

爲之從舍甚說何前後不相副也寶曰高士不爲主簿而大夫若以寶爲可一府莫言非士安得獨自高前日君男欲學文而移寶自近禮有來學義無往教道不可詘身詘何傷且不遣者可無不爲況主簿乎忠聞之甚慙

候文京兆故吏剛直不苟合常稱疾不肯仕孫寶爲京兆尹以恩禮請文欲爲布衣友日設酒食妻子相對文求署爲掾進見如賓禮數日以立秋署文東部督郵

原涉字巨先父爲南陽太守父死涉還南陽賻送行

喪塚廬三年繇是顯名京師禮畢扶風謁請爲議曹

陳咸爲御史中丞頗言石顯短後坐事減死髡爲城旦因發成帝初即位大將軍王鳳以咸前指言石顯有忠直節奏請咸補長史

杜欽延年子也王鳳以外戚輔政求賢以自助鳳父頃侯禁與欽兄緩相善故鳳深知欽能奏請欽爲大將軍武庫令職閒無事欽所好也

谷永爲長安小吏博學經書建昭中御史大夫繁延壽聞其有茂材除補屬舉爲太常丞

杜鄴以病去郎王商爲大司馬衛將軍除鄴以爲腹心舉侍御史

毋將隆字君房王音爲大司馬車騎將軍內領尚書外典兵馬踵故選置從事中郎（踵猶躡也言承躡故事也）與參謀議奏請隆爲從事中郎

後漢卓茂初辟丞相府史事孔光稱爲長者

董均建武中舉孝廉司徒府博通古今數言政事

魯恭扶風平陵人十五與弟丕俱居大學兄弟俱爲諸儒所稱恭憐弟丕小欲先就其名託疾不仕郡舉丕方正恭始爲郡吏大傅趙憙聞而辟之

尹敏待詔公車拜郎中辟大司空府

吳良齊國人初爲郡吏歲旦與掾史入賀門下掾王望舉觴上壽諂稱太守功德良勃然責之太守斂容而止轉良功曹恥以言受進終不肯謁時驃騎將軍東平王蒼聞而辟之署西曹甚相敬愛

董宣初爲司徒侯霸所辟舉高第累遷北海相

鮑永字君長上黨人父宣哀帝時任司隸較尉爲王莽所殺永爲郡功曹莽以宣不附己欲滅其子孫都尉路平承望風旨規欲害永太守苟諫擁護召以爲吏常置府中諫卒永自送喪歸扶風平遂收永弟升新太守趙興到聞乃歎曰我受漢茅土不能立節而

鮑宣死之豈可害其子也勑縣出昇復署永功曹

周澤建武末辟大司馬府署議曹祭酒數月徵試博士

衛颯字子產建武二年辟大司徒鄧禹府舉能案劇除侍御史

王景少學易沈深多伎藝辟司徒伏恭府

崔駰善屬文竇憲爲車騎將軍辟駰爲掾憲府貴重掾屬三十人皆故刺史二千石唯駰以處士年少擢在其間及憲遷大將軍復以傅毅爲司馬班固爲中護軍憲府文章之盛冠於當世

杜篤字季雅車騎將軍馬防擊西羌請爲從事中郎將戰歿於射姑山

第五倫京兆長陵人京兆尹閻興召倫爲主簿

樂恢京兆長陵人爲郡功曹辟司空牟融府

何敞扶風平陵人元和中辟太尉宋繇府繇待以殊禮

胡廣南郡人六世祖剛淸高有志節平帝時大司徒馬宮辟之

桓榮字春卿少習歐陽尚書教授江淮閒年六十餘始辟大司徒府

張興辟司徒馮勤舉孝廉稍遷博士

楊震字伯起鄧騭爲大將軍屬人士荒饑死者相望盜賊羣起四夷侵畔騭崇節儉罷力役辟震與朱寵陳禪置之幕府故天下復安

朱穆字公叔舉孝廉屬江淮盜賊羣起州郡不能禁或說大將軍梁冀曰朱公叔才兼文武海內奇士若以爲謀主賊不足平也冀亦素聞穆名乃辟之使典兵事甚見親任

劉寬字文饒桓帝時大將軍辟五遷司徒長史（大將軍梁冀也）

應奉爲武陵太守坐公事免延熹中武陵蠻復寇亂荆州車騎將軍馮緄以奉有威恩爲蠻夷所服上請與俱征拜從事中郎奉勤設方略賊破軍罷緄推功於奉薦爲司隸校尉

馬融字季長大將軍鄧騭聞融名召爲舍人非其好也遂不應命客於涼州武都漢陽界中會羌虜飈起邊方擾亂米穀踊貴自關以西道殣相望融旣饑困乃悔而歎息謂其友人曰古人有言左手據天下之圖右手刎其喉愚夫不爲所以然者生貴於天下也今以世俗咫尺之羞滅無貲之軀殆非老莊所謂也

故徃應僞召

周舉字宣光初辟司徒李郃府後爲蜀郡太守坐事免大將軍梁商表爲從事中郎甚重焉

黄昌字聖真會稽餘姚人曉習文法仕郡爲决曹史行部見昌奇之辟從事

杜喬字叔榮少爲諸生舉孝廉辟司徒楊震府

李膺初舉孝廉爲司徒胡廣所辟高第遷青州刺史

杜密爲人沈質少有厲俗志爲司徒胡廣所辟

魏朗詣太學受五經京師長者李膺之徒争從之辟司徒府再遷彭城令

范滂汝南人爲光祿主事棄官而去後爲太尉黄瓊所辟

巴肅爲貝丘長辭病去辟公府

羊陟少清直有學行舉孝廉辟太尉李固府

張儉山陽人初舉茂材以刺史非其人謝病不起太守崔趨請爲東部督郵

岑晊南陽人雖在閭里慨然有董正天下之志太守弘農成瑨下車欲振威嚴聞晊高名請爲功曹

陳翔少名知察孝廉太尉周景辟高第拜侍御史

何顒字伯求黨事起變名姓亡匿事解辟司空府黄尚爲蜀郡太守免大將軍梁商表爲從事中郎待甚敬重

陳蕃汝南人周景爲豫州刺史辟爲別駕又辟潁川李膺荀緄杜密沛國朱寓爲從事皆天下英俊之士也

史弼字公謙少篤學聚徒數百人州郡辟公府

童恢琅邪人少仕州郡爲吏司徒楊賜聞其執法廉平乃辟之

王允太原人仕郡爲吏人有路佛者少無名行而太守王球召以補吏允犯顏固争球怒收允欲殺之刺

史鄧盛聞而馳傳辟爲別駕從事允繇是知名而路佛以之廢棄允後爲冀州刺史辟荀爽孔融等爲從事

虞詡字升卿早孤祖母終服闋辟太尉李脩府拜郎中

邊讓字文禮初大將軍何進聞讓才名欲辟命之恐不至詭以軍事徵召既到署令史進以禮見之讓善占謝能辭對賓客滿堂莫不羡其風采

趙岐字邠卿辟司空掾後爲大將軍梁冀所辟爲陳損益求賢之策冀不納舉理劇爲皮氏長避仇逃難

四方藏北海孫嵩家複壁中後因赦出三府聞之同時並辟九年乃應司徒胡廣之命

盧植涿郡人爲尚書免官隱於上谷不交人事冀州牧袁紹請爲軍師蔡邕辟司徒喬玄府甚敬待之出補河平長

孔融辟司徒楊賜府會河南尹何進當遷爲大將軍賜遣融奉謁賀進不時通融卽奪謁還府投劾而去河南官屬耻之私遣劒客欲追殺融客有言於進曰孔文舉有重名將軍若造怨此人則四方之士引領而去矣不如因而禮之以示廣於天下進然之旣拜

而辟融高第爲侍御史

劉表初被詔講爲八顧詔書捕黨人亡走得免黨禁解辟大將軍何進掾

鍾繇爲莒長委官還家初州牧陶謙初辟別駕從事辭疾遜遁謙重令楊州從事會稽吳範宣吉堅守意不移欲威以刑罰然後乃起

魏夏侯惇字元讓太祖初起惇嘗爲裨將從征伐太祖行奮武將軍以惇爲司馬

荀攸字公達爲漢尚書太祖素聞攸名與語大悅謂荀彧鍾繇曰公達非常人也吾得與之計事天下當何憂哉以爲軍師

國淵字子尼樂安人與邴原管寧等避亂遼東旣還舊土太祖辟爲司空掾

王修字叔治北河營陵人初平中北海相召以主簿袁譚在青州辟爲治中從事別駕袁紹又辟修除卽墨令後復爲譚別駕袁氏政寬在職者多蓄聚太祖破鄴籍沒審配等家財物貨以萬數及破南皮閱修家穀不滿十斛書數百卷太祖歎曰士不妄有名乃禮辟爲司空掾行司金中郎將

邴原字根矩北海朱虚人在遼東一年後太祖辟爲

司空掾又云孔融在北海以鄭玄爲計掾彭璆爲計吏邴原爲計佐

管寧字幼安避亂於遼東太祖辟爲司空掾

崔琰字季珪清河人就鄭玄學會黃巾賊起去家四年乃歸以琴書自娛太將軍袁紹聞而辟之太祖破袁氏領冀州牧辟琰爲別駕從事

徐奕字季才東莞人避難江東孫策禮命之奕改姓名微服還本郡太祖爲司空辟爲掾屬

何夔字叔龍陳郡人避亂淮南不應袁術辟閒行道本郡頃之太祖辟爲司空掾

邢顒字子昂爲廣宗長以故將喪棄官太祖更辟司

空掾除行唐令入爲丞相門下督郵
鮑勛字叔業父信爲濟北相協規太祖身以遇害太祖爲丞相追錄信功封勛兄邵新都亭侯辟勛丞相掾
華歆字子魚爲下邽令會天子使大傳馬日磾石安集關東日磾辟歆爲掾
郭嘉字奉孝太祖召見論天下事太祖曰使孤成大事者必此人也嘉出亦喜曰真吾主也表爲軍司空
董昭字公仁除癭陶長相人令袁紹以爲參軍事
劉華字子揚大祖辟爲司空倉曹掾

劉放字子棄遭世大亂漁陽王松據其土往依之太祖克冀州劉放說松舉雍奴泉州安次以附之放爲松答太祖書其文甚麗太祖旣善之又聞其說繇是遂辟放與松俱至以放參司空軍事
劉馥字元穎避亂楊州建安初說袁術將戚寄秦翊使率衆與俱詣太祖太祖悦之辟爲司徒掾
王粲字仲宣漢末西京擾亂乃之荆州依劉表表卒粲勸表子琮令歸太祖太祖辟爲丞相掾後遷軍參謀祭酒
荀緯字公高少喜文學建安中召署軍謀掾
衛覬字伯儒少夙成以才學稱太祖辟爲司空掾屬
劉廙字恭嗣南陽人兄望之有名於世荆州牧劉表辟爲從事後望之見害廙懼奔楊州遂歸太祖太祖辟爲丞相掾屬轉五官將文學後徙署丞相倉曹屬
阮瑀字元瑜太祖雅聞瑀名辟之不應連見偪促乃逃入山中太祖使人焚山得瑀送至以爲司空軍謀祭酒管記室
范粲州府交辟皆無所就久之乃應命爲治中轉別駕辟大尉掾
司馬朗字伯達年二十二太祖辟爲司空掾屬

賈逵字梁道除澠池令以祖父喪去官司空辟爲掾
徐邈字景山燕國人大祖平河朔召爲丞相軍謀掾試守奉高令入爲東曹議令史
胡質字文德壽春人爲丞相東曹參令史州請爲治中
王淩字彥雲稍遷至中山大守所在有治迹太祖辟爲丞相掾屬
和洽字陽士汝南人太祖定荆州辟爲丞相掾屬
沐並字德信爲人公果不畏彊禦丞相召署軍謀掾
裴潛字文行河東人避亂荆州劉表待以賓禮潛私

謂所親曰劉牧非霸王之才敗無日矣遂南適長沙太祖定荆州以潛叅丞相軍事出歷三縣令入爲倉曹掾屬

韓暨字公至南陽人避袁術命召徙居山都之山劉表禮辟遂遁居孱陵界表深恨之暨懼應命除宜城長太祖平荆州辟爲丞相士曹屬

高柔字文惠袁紹甥高幹之弟幹以并州叛太祖欲因事誅之以爲刺姦令史柔夙夜匪懈至擁膝抱文書而寢太祖嘗夜微出觀察諸吏見柔哀之徐解裘覆柔而去自是辟爲丞相倉曹屬

孫禮字德達涿郡人太祖平幽州召爲司空軍謀掾

王觀字偉臺少孤貧厲志太祖召爲丞相文學掾

楊阜字義山天水人以州從事爲州牧韋端使詣許拜安定長史非其好遂去官端徵爲太僕子康代爲刺史辟阜爲别駕察孝廉辟丞相府州表留叅軍事

高堂隆字升平泰山人少爲諸生太守薛悌命爲督郵後去吏避地濟南太祖召爲丞相軍謀掾

蒲寵字伯寧山陽人守高平令棄官歸太祖臨兖州辟爲從事及爲大將軍辟署西曹屬

田豫字國讓漁陽人公孫瓚敗而鮮于輔爲國人所推行太守事以豫爲長史豫謂輔曰終能定天下者曹氏也宜速歸命輔從其計太祖召豫爲丞相軍謀掾

牽招字子經安平人冀州牧袁紹辟爲督軍從事兼領烏丸突騎太祖領冀州辟爲從事

杜夔字公良避亂奔荆州荆州降太祖以夔爲軍謀祭酒叅大樂事

郭淮字伯濟文帝爲五官將召署門下賊曹轉丞相兵曹議令史

鄧艾字士載義陽人爲典農綱紀上計吏因使見太

尉司馬宣王宣王奇之辟之爲掾

管輅字公明平原人清河太尉華表召爲文學掾安平趙孔曜薦輅於冀州刺史裴徽徽辟爲文學從事引與相見大善友之徙部鉅鹿遷治中

傅嘏字蘭石弱冠知名司空陳羣辟爲掾

胡遵安定人張既爲雍凉二州刺史與天水楊之阜酒泉龎淯燉煌張恭周生烈等爲既所禮辟終皆有名位

張遼少爲郡吏漢末并州刺史丁原以遼武力過人召爲從事使將兵詣京都

單固字恭夏山陽人爲人有器識正始中交州刺史令狐愚與固父伯龍善辟固欲以爲别駕固不樂爲州吏辭以疾愚禮意愈厚固母夏侯氏謂固曰使君與汝父乂善故命汝不止汝亦固當仕進自可往耳固不獲已遂往

虞松字叔茂陳留人弱冠有才從司馬宣王征東宣王命作檄及破賊作露布松從宣還宣王辟爲掾時年二十四

蜀周羣字仲直巴西閬中人州牧劉璋辟爲師友從事

劉琰字威碩魯國人先主在豫州辟爲從事以其宗

姓有風流善談論厚親待之遂隨從周旋常爲賓客

劉巴字子初零陵人曹公征荆州辟爲掾使招納長沙零陵桂陽會先主略有三郡巴不得反使遂遠適交阯先主深以爲恨巴復從交阯至蜀俄而先主定益州巴辭謝罪負先主不責而諸葛孔明數稱薦之先主辟爲左將軍西曹掾

龐統字士元襄陽人郡命爲功曹先主治荆州以從事守耒陽令在縣不任免官吳將魯肅遺先主書曰龐士元非百里才也使處治中别駕之任始當展其驥足耳諸葛亮亦言之先主先主見與善譚大器之以爲治中從事

糜竺字子仲東海人徐州牧陶謙辟爲别駕從事後曹公表竺領嬴郡太守去官隨先主周旋先主將適荆州遣竺先與劉表相聞以竺爲左將軍從事中郎

孫乾字公祐北海人先主領徐州辟爲從事後隨從周旋

簡雍字憲和少與先主有舊隨從周旋先主至荆州雍與糜竺孫乾同爲從事中郎

伊籍字機伯隨先主南渡江從入益州益州定以爲左將軍從事中郎

秦宓字子勑廣漢人先主定益州廣漢太守夏侯纂請爲師友祭酒領五官掾稱曰仲父益州辟宓從事祭酒建興二年丞相亮領益州牧選宓迎爲别駕

董和字幼宰劉璋以爲益州太守先主定蜀徵爲掌軍中郎將

馬良字季常先主領荆州辟爲從事先主入蜀辟良左將軍

廖立字公淵先主領荆州牧辟爲從事年未三十

楊儀字威公襄陽人太守關羽命爲功曹奉使詣先主先主大悅之辟爲左將軍兵曹掾後爲遷署弘農

太守丞相亮以爲參軍署府事遷長史
費詩字公舉犍爲人先主領益州以爲督軍從事
杜瓊字伯瑜益州牧劉璋辟爲從事先主定益州以爲議曹從事
尹默字思潜梓潼人先主定益州以爲勸學從事
譙周字允南巴西人丞相亮領益州牧命爲勸學從事大將軍
黄權字公衡巴西人少爲郡吏州牧劉璋召爲主簿
李恢字德昂建寧人先主領益州牧以爲公曹書佐主簿更遷別駕從事

蔣琬字公琰諸葛亮爲丞相開府辟琬爲東曹掾舉茂材琬固讓劉邕陰化龐延廖淳亮教荅曰思惟背親捨德以殄百姓衆人既不隱於心實又使遠近不解其義是以君宜顯其功舉以明此選之清重也遷爲參軍又代張裔爲長史
姚伷字子緒爲廣漢太守丞相亮北駐漢中辟爲掾並進文武之士亮稱曰忠益者莫大於進人進人者各務其所向今姚掾並存剛柔以廣文武之用可謂博雅矣願爲掾各希此事以屬其望遷爲參軍
霍弋字紹先先主末年爲太子舍人後主踐祚除謁者丞相諸葛亮北駐漢中請爲記室使與子喬共周旋游處
姜維天水冀人爲中郎參本郡軍事丞相諸葛亮軍向祁山時天水太守適出案行維及功曹梁緒主簿尹賞主記梁虔等從行太守聞蜀軍垂至而諸縣響應疑維等皆有異志於是夜亡保邽維等覺太守去追遲至城門城門已閉不納維等相率還冀冀亦不入維維等乃俱詣諸葛亮會馬謖敗於街亭亮拔將西縣千餘家及維等還故維遂與母相失亮辟爲倉曹掾加奉義將軍封當陽亭侯

吳張昭字子布孫策創業命爲長史
程秉字德樞避亂交州士燮命爲長史
朱治字君理丹陽故鄣人初爲縣吏後察孝廉州辟從事
虞翻字仲翔會稽人太守王朗命爲功曹孫策征會稽翻勸朗避策策後命爲功曹待以交友之禮
陸績字公紀大帝統事辟爲奏曹掾以直道見憚出爲鬱林太守
駱統字公緒大帝以將軍領會稽太守統年二十試爲烏程相民戶過萬咸歎其惠理帝嘉之召爲功曹

行騎都尉

吾粲字孔休孫河爲將軍表粲爲曲河丞遷爲長史

大帝爲車騎將軍召爲主簿

全柔吳郡錢塘人漢靈帝時補尚書郎右丞董卓之亂棄官歸州辟別駕從事後爲丹陽都尉大帝爲車騎將軍以柔爲長史

潘濬字承明武陵人年三十荆州牧劉表辟爲部江夏從事先主領荆州以爲治中從事

胡綜字偉則大帝爲討虜將軍以綜爲金曹從事

步騭字子山大帝爲討虜將軍召騭爲主記除海鹽

長還辟車騎將軍東曹掾帝爲徐州牧以騭爲治中從事舉茂才

顧徽字子歎少游學有脣吻大帝統事聞徽有才辯召署主簿

闞澤字德潤究覽羣籍兼通曆數大帝爲驃騎將軍辟補西曹掾

聶友有脣吻少爲縣吏虞翻徙交州縣令使友送之翻與語而奇焉爲書與豫章太守謝斐令以爲功曹郡時見有功曹斐見之問曰縣吏聶友可堪何職對曰此人縣間小吏耳猶可堪曹佐斐曰論者以爲宜作功曹君其避之乃用爲功曹

徐平字伯先諸葛恪爲丹陽太守討山越以平威重思慮可與效力請平爲丞

晉王祥漢末遭亂攜弟覽避地廬江三十餘年徐州刺史呂虔檄爲別駕祥年垂耳順固辭不受覽勸之爲具車牛祥乃應召虔委以州事

王覽字玄通祥之弟也名亞於祥應本郡之召稍遷司徒西曹掾

魯芝扶風郡人辟州別駕魏車騎將軍郭淮爲雍州刺史深敬重之舉孝廉除郎中會丞相諸葛亮攻隴右淮復請芝爲別駕從事

王沉好書善屬文大將軍曹爽辟爲掾

鄧殷亮直強正鍾會代蜀奇其才自黽池令召爲主簿賈充伐吳請殷爲長史

劉毅僑居平陽太守杜恕請爲功曹後辟司隸從事大常鄭袤舉博士文帝辟爲相國掾辭疾積年不就時人謂毅忠於魏氏而帝怒其顧望將加重辟毅懼應命轉主簿

裴秀字季彦度遼將軍毋丘儉嘗薦秀於大將軍曹爽爽乃辟爲掾

唐彬魯國鄒人初爲郡門下掾累遷別駕彬忠肅公

亮盡規扶救不顯諫以自彰又奉使詣相府計事于時僚佐皆當世英彥見彬莫不欽悅稱之於文帝薦爲掾屬帝以問其參軍人皆切忌其能良久不荅陳騫在坐歛板而稱曰彬之爲人勝騫甚遠帝笑曰但能如卿固未易得何論於勝因辟彬爲鎧曹屬帝問曰卿何以致辟對曰修業陋巷觀古人之遺迹言滿天下無口過行滿天下無怨惡帝顧四坐曰名不虛行他日謂孔顗曰近見唐彬卿受蔽賢之責矣

裴楷字叔則鍾會薦之於文帝辟相國掾

荀勗字公曾仕魏辟大將軍曹爽掾

荀邃字道玄弱冠辟趙王倫相國掾

荀闓字道明有名稱大司馬齊王冏辟爲掾

荀組字大章爲滎陽太守趙王倫爲相國欲收大名選海內德望之士以江夏李重及組爲左右長史東平王堪沛國劉謨爲左右司馬

韓壽字德真美姿貌善容止賈充辟爲司空掾

李憙字季和宣帝辟爲大傅屬固辭疾郡縣扶輿上道

王渾字玄冲雅有器量魏世辟大將軍曹爽掾

王濬字士治弘農人州辟部河東從事守令有廉潔者皆望風自引而去

山濤字巨源河內人年四十始爲郡主簿功曹上計掾州辟部河南從事

郭舒順陽人刺史夏侯含辟爲西曹轉主簿含坐事舒自繫含事得釋刺史宗岱命爲治中喪母去職劉弘收荊州引爲治中弘卒王澄代之聞其名引爲別駕後轉順陽太守王敦召爲參軍從事中郎

樂廣字彥輔裴楷薦廣於賈充遂辟太尉掾

溫羨字長卿少以朗寤見稱齊王攸辟爲掾遷尚書郎

程衛字長玄強正方嚴劉毅聞其名辟爲都官從事奏中護軍羊琇陰私所犯狼藉繇是名振遐邇遂辟公府掾

何攀字惠興蜀郡人仕州爲主簿王濬爲益州辟爲別駕

劉頌字子雅少能辨物理爲時人所稱察孝廉舉秀才不就文帝辟爲相府掾

傅敷字穎根清淨有道素解屬文永嘉之亂避地會稽元帝引爲鎮東從事中郎

向雄字茂伯河內人太守劉毅嘗以非罪笞雄及吳

奮代毅爲太守又以少譴繫獄司隸鍾會於獄中辟雄爲都官從事

阮籍字嗣宗太尉蔣濟聞其有儁才而辟之籍詣都亭奏記曰伏惟明公以含一之德據三台之位英豪翹首俊賢抗足開府之日人人自以爲掾屬辟書始下而下走爲首昔子夏在西河之上而文侯擁篲鄒子處黍谷之陰而昭王陪乘夫布衣韋帶之士孤居特立王公大人所以禮下之者爲道存也今籍無鄒卜之道而有其陋猥見採擢無以稱當方將耕於東臯之陽輸黍稷之稅避當塗者之路負薪疲病足力

不彊補吏之召非所克堪乞廻謬恩以光清舉初濟恐籍不至得記欣然遣卒迎之而籍已去濟大怒於是鄉親共喻之乃就吏宣帝爲大傅命爲從事中郎又爲景帝大司馬從事中郎文帝輔政以爲大將軍從事中郎籍後遺落世事雖去佐職常遊府內朝宴必與焉

阮瞻字千里見司徒王戎戎問曰聖人貴名教老莊明自然其旨同異瞻曰將無同戎咨嗟良久即辟之時人謂之三語掾

阮孚字遙集初辟大傅府遷騎兵屬避亂渡江元帝以爲安東參軍轉丞相從事郎中終日酣縱嘗爲有司所糾帝每優容之

庾峻字山甫穎川人少好學有才思歷郡功曹舉計掾州辟從事

郭象字子玄少有才理辟司徒掾稍至黃門侍郎東海王越引爲大傅主簿甚見親委遂任職當權熏灼內外繇是素論去之

摯虞字仲治京兆人才學博通著述不倦郡檄主簿

王接字祖游河東人爲郡主簿迎太守溫宇宇奇之轉功曹史州辟部平陽從事泰山羊亮爲平陽太守

薦之於司隸較尉王堪出補都官從事

郤詵字廣基爲議郎母憂去職召爲征東參軍

華譚字令思廣陵人爽慧有口辯爲鄰里所重揚州刺史周浚引爲從事史愛其才器待以賓友之禮建興初元帝命爲鎮東軍諮祭酒轉丞相軍諮

陸機字士衡太康末入雒張華薦之諸公大傅楊駿辟爲祭酒

陸雲字士龍吳郡人刺史周駿召爲從事謂人曰士龍當今之顏子也

潘岳字安仁少以才穎見稱早辟司空大尉府

江虨字思玄陳留人本州辟舉秀才平南將軍温嶠以爲參軍後爲州別駕辟司空郗鑒掾除長山令鑒又請爲司馬轉黄門侍郎車騎將軍庾氷鎮江州請爲長史氷薨庾翼以爲諮議參將軍俄而復補長史

江淳字思悛蘇峻之亂避地東陽山大尉郗鑒檄爲交州治中又辟大尉掾康帝爲司徒亦辟爲征西將軍庾亮請爲儒林參軍

孫楚字子荆參鎮東石苞軍事苞表楚訕毁時政淹廢積年征西將軍扶風王駿與楚舊好起爲參軍

孫綽字興公除著作佐郎征西將軍庾亮請爲參軍

後遷尚書郎揚州刺史殷浩以爲建威長史會稽王羲之引爲右軍長史

羅尚字敬之荆州刺史王戎以尚及劉喬爲參軍並委任之

趙誘字元孫淮南人世以將顯州辟主簿刺史郗隆爲其下所害誘還家杜門不出右將軍王敦以爲參軍

周訪字士達汝南人察孝廉除郎中上甲令皆不之官元帝渡江命參鎮東軍事

周撫字道和元帝辟爲丞相掾父喪去官後除武昌太守王敦命爲從事中郎將咸和初司徒王導以爲從事中郎

皇甫商秦州刺史重之弟齊王冏輔政以商爲參軍冏誅長沙王乂以爲參軍

李含字世容隴西人州以短檄召爲門亭長刺史郭奕素聞其賢下車擢爲別駕處群僚之右尋薦之公府大保衛瓘辟爲掾

索靖字幼安燉煌人州辟別駕舉賢良方正

賈疋字彦度初辟公府遂歷顯職

荀晞字道將少爲司隸部從事累遷平陽太守齊王

冏輔政晞參冏軍事冏誅坐免長沙王乂爲驃騎將軍以晞爲從事中郎

祖納有操行性至孝平北將軍王敦聞之遣其二婢辟爲從事中郎有戲之曰奴價倍婢納曰百里奚何必輕於五羖皮耶

范汪弱冠至京屬蘇峻作難汪乃遁逃西歸庾亮温嶠屯兵尋陽汪勸嶠等悉宜進討是日護軍平南二府禮命交至始解褐參護軍軍事

冊府元龜

巡按福建監察御史臣李嗣京訂正
知長樂縣事臣夏允彝叅閱
知建陽縣事臣黃國琦較釋

幕府部一十二

辟署第二

晉羊曼字祖延少知名本州禮命太傅辟皆不就避難渡江元帝以爲鎮東叅軍轉丞相主簿委以機密

王珣字元琳弱冠與陳郡謝玄爲桓溫掾後轉主簿從討袁眞轉大司馬叅軍

陶侃字士行爲盧江縣吏鄱陽孝廉范逵過盧江太守張䕫稱美之䕫召爲督郵遷主簿後除郎中伏波將軍孫秀以亡國支庶府望不顯中華人士恥爲掾屬以侃寒宦召爲舍人

溫嶠字太眞年十七州郡辟召不就司隸命爲都官從事後舉秀才灼然司徒辟東閣祭酒補上黨令平北大將軍劉琨請爲叅軍琨遷大將軍嶠爲從事中郎琨遷司空以爲右司馬

楊方字公回賀循稱之於京師司徒王導辟爲掾轉東安太守遷司徒叅軍事

薛兼字令長察河南孝廉辟公府累歷懷令司空東海王越引爲叅軍轉祭酒元帝爲安東將軍以爲軍諮祭酒稍遷丞相長史

劉阮字大連彭城人爲彭城內史避亂渡江元帝以爲從事中郎遷丞相司直委以刑憲

刁協字玄亮成都王穎請爲平北司馬後歷趙王倫相國叅軍長沙王乂驃騎司馬東嬴公騰鎮臨漳以協爲長史避亂渡江元帝以爲鎮東軍諮祭酒轉長史

戴淵字若思舉孝廉入雒陸機薦之於趙王倫倫乃

辟之累轉東海王越軍諮祭酒後元帝召爲鎮東右司馬

戴邈字望之永嘉中元帝版行邵陵內史丞相軍諮祭酒

周顗字伯仁累遷尚書吏部郎東海王越子毗爲鎮軍將軍以顗爲長史元帝鎮江右請爲軍諮祭酒

應詹字思遠初辟公府爲太子舍人趙王倫以爲征東長史倫誅坐免城都王穎辟爲掾鎮南大將軍劉弘詹之祖舅也請爲長史

卞壼字望之永嘉中除著作佐郎征東將軍周馥請

爲從事中郎不就元帝鎮建業召爲從事中郎將委以選舉甚見親杖

鄧攸字伯道爲太子洗馬東海王越世子文學吏部郎中越弟騰爲東中郎將請攸爲長史

孫惠字德施永寧初赴齊王冏義辟以大司馬戶曹掾轉東曹屬冏敗成都王穎以爲大將軍參軍後改姓名以遁東海王越舉兵下邳惠詭稱南嶽逸士秦秘之以書干越越榜道以求之惠乃出見越卽以爲記室參軍後除太子中庶子復請補司空從事中郎

熊遠字孝文豫章人太守會稽夏靜辟爲功曹及靜

去職遠送至會稽以歸州辟主簿元帝作相引爲主簿轉從事中郎

顧和爲司徒掾時東海王冲爲長水校尉妙選僚屬以劉眈爲司馬庾懌爲功曹和爲主簿

陳頵字延思陳國人仕郡督郵簡獲隱匿者三千人爲一州冠最太守劉享拔爲主簿州辟從事乘馬車還家宗黨榮之

高崧字茂琰總角時司空何充稱其明慧充爲楊州引爲主簿益相欽重轉驃騎主簿累遷黃門侍郎簡文輔政引爲撫軍司馬

庾亮美姿儀善談論而方嚴自守元帝爲鎮東時聞其名辟西曹掾及引見風情都雅過於所望甚器重之

庾翼字稚恭蘇峻作逆時翼年二十二兄亮使白衣領數百人備石頭亮敗與翼俱奔事平始辟太尉陶侃府轉參軍累遷從事中郎在公府雍容諷議

庾懌字叔預東海王冲爲長水校尉清選綱紀以懌爲功曹又爲冲中軍司馬

王承字安期永寧初爲驃騎將軍後避難南下遷司空從事中郎後東海王越鎮許以爲記室參軍雅相

知重

王述字懷祖年三十尚未知名人或謂之癡司徒王導以門地辟爲中兵屬旣見無他言惟問以江東米價述張目不荅導曰王掾不癡人何言癡也康帝爲驃騎將軍召補功曹又歷庾氷征虜長史

王坦之字文度簡文帝爲撫軍將軍辟爲掾累遷參軍從事中郎仍爲大司馬桓温長史

王廙字世將初辟太傅掾轉參軍出爲濮陽太守元帝作鎮江右廙棄郡過江帝見之大悅以爲司馬後以冠軍將軍領丞相軍諮祭酒

蔡謨字道明父克爲成都王頴大將軍記室頴爲丞相擢爲東曹掾後絕不仕東嬴公騰爲車騎將軍鎮河北以克爲從事中郎知必不就以軍期致之謨避亂渡江明帝爲東中郎將引爲叅軍元帝拜丞相復辟爲掾轉叅軍後歷大將軍王敦從事中郎司徒左長史

諸葛恢字道明元帝爲安東將軍以恢爲主簿復爲鎮東叅軍與卞壺並以時舉遷從事中郎兼統記室

孔愉字敬康會稽人值亂入新安山中改姓孫氏永嘉中元帝始以安東將軍鎮楊土命愉爲叅軍邦族

尋求莫知所在建興初始出應召爲丞相掾仍除駙馬都尉叅丞相軍事時已五十矣

謝尚字仁祖司徒王導深器之比之王戎嘗呼爲小安豐辟爲掾轉西曹屬

謝安字安石年四十征西大將軍桓溫請爲司馬既到溫甚喜言生平歡笑竟旣出溫問左右頗嘗見我有如此客不

王獻之字子敬轉秘書丞謝安甚欽愛之請爲驃騎長史安進號衞將軍復爲長史

桓宣譙國人爲元帝丞相舍人時塢主張平自稱豫州刺史樊雅自稱譙郡太守轉宣行叅軍使說平雅平雅遣將軍主簿詣丞相府受節度南中郎將王含請爲叅軍

桓伊字叔夏有武幹標悟簡率爲王濛劉惔所知頻叅諸府軍事累遷大司馬叅軍

毛穆之字憲祖寶之子果毅有父風安西將軍庾翼以爲叅軍翼子方之爲建武將軍守襄陽方之年少翼選武將可信仗者爲輔弼乃以穆之爲建武司馬

桓遐字應遠勇力絕人桓溫以爲叅軍數從溫征伐

虞預字叔寧餘姚人大守庾琛命爲主簿預上計陳

時政所失琛善之郎皆施行太守紀瞻到預復爲主簿轉功曹史安東從事中郎諸葛恢叅軍庾亮等薦預召爲丞相行叅軍兼記室

秦據字道彥美容貌善文辭弱冠辟大將軍府

周玘字宣佩弱冠州郡辟命不就刺史初到召爲別駕從事虎已備禮方始膺命

車胤風姿美邵機悟敏速甚有鄉曲之譽桓溫在荆州辟爲從事以辯識義理深重之引爲主簿

習鑿齒字彥威荆州刺史桓溫辟爲從事江夏相袁喬深器之數稱其才於溫轉西曹主簿親遇隆密

謝玄字幼度有經國才略屢辟不起後與王珣俱被桓溫辟爲掾並禮重之

謝萬弱冠辟司徒掾遷右西屬不就簡文帝作相聞其名召爲撫軍從事中郎萬著白綸巾鶴氅裘履版而前既見與帝共談移日

鄧粲長沙人少以高潔著名與南陽劉驎之南郡劉尚公同志友善並不應州郡辟命荆州刺史桓冲卑辭厚禮請粲爲别駕粲爲其好賢乃起應召

孫盛字安國補瀏陽令太守陶侃請爲參軍庾亮代侃引爲征西主簿轉參軍庾翼代亮以爲安西諮議

參軍桓溫代翼留爲參軍與俱伐蜀累遷從事中郎

羅企生字宗伯豫章人爲臨汝令刺史王凝之請爲别駕殷仲堪之鎮江陵引爲功曹累遷武陵太守未之郡而桓玄攻仲堪仲堪更以企生爲諮議參軍

宋徐羨之字宗文少爲王雅太子少傅主簿劉牢之鎮北功曹又爲桓循撫軍中兵參軍與高祖同府深相親結義旗建高祖板爲鎮軍參軍領軍司馬補瑯邪王大司馬參軍司徒左西屬深州别駕從事義熙十一年除鷹揚將軍瑯邪内史仍爲大司馬從事中郎將高祖北伐轉太尉左司馬嘗留任以副劉穆之

王鎮惡北海人廣固之役或薦鎮惡於高祖即以爲青州治中從事史行參中軍太尉軍事署前部賊曹義熙八年大軍西討轉參軍事十二年高祖將北伐轉諮議參軍行龍驤將軍領前鋒

孟龍符懷玉弟也早爲高祖所知既克京城以爲建武參軍

朱齡石初爲桓循撫軍參軍高祖克京城以爲建武參軍後還武康令又召爲參軍累遷尚書都官郎尋復爲參軍坐事免復爲參軍

朱超石齡石之弟桓謙爲衛將軍以補行參軍又參

何無忌輔國右軍軍事徐道覆破無忌得超石以爲參軍至石頭說其司舟人單舸走歸高祖高祖甚喜之以爲徐州主簿遷車騎參軍事復補中兵參軍

毛修之字敬文少有大志頗讀史籍荆州刺史殷仲堪以爲寧遠參軍後爲桓玄參佐桓玄平下至京師高祖以爲鎮軍諮議參軍

羊欣字敬元桓玄輔政領平西將軍以欣爲平西參軍義熙中弟徽被遇於高祖高祖謂諮議鄭鮮之曰羊徽一時美器時論猶在兄後恨不識之即板欣補右將軍劉藩司馬轉長史中軍將軍道憐諮議參軍

傳弘之字仲度少倜儻有大志義旗建輔國將軍劉道規以爲叅軍

劉道産彭城人初爲輔國叅軍無錫令有能名高祖按爲中軍行叅軍又爲道憐驃騎叅軍後又爲彭城王驃騎中兵叅軍

王敬弘瑯邪人桓玄輔政及篡位屢召不下高祖以爲車騎從事中郎徐州治中從事征西將軍道規諮議叅軍

謝靈運陳郡人初爲晉瑯邪王大司馬行叅軍撫軍將軍劉毅鎮姑熟以爲記室叅軍毅鎮江陵又以爲

衛軍從事中郎毅伏誅高祖按爲太尉叅軍高祖伐長安驃騎將軍道憐居守按爲諮議叅軍

劉秀之字道寶父仲道高祖克京城以補建武叅軍秀之累官建業令太祖鎮襄陽以爲撫軍錄事叅軍

張敷性整實風韻甚高好讀古書兼屬文論少有盛名高祖見而愛之以爲世子中軍叅軍數見接父邵爲湘州去官侍從太祖按爲西中郎叅軍江夏王義恭鎮江陵以爲撫軍功曹轉記室叅軍

王華父廞起兵兵敗不知存亡華布衣蔬食十餘年高祖欲收其才用乃發廞喪問使華制服服闋高祖北伐長安領鎮西將軍北徐州刺史辟華爲州主簿仍轉鎮西主簿治中從事史歷職著稱

袁淑字陽源遷太子洗馬以脚疾不拜衛軍臨川王義慶雅性好文章請爲諮議叅軍遷司徒左西屬

謝莊爲吏部尚書免官時北中郎將新安王子鸞有盛寵欲令招引才望孝武乃使子鸞板莊爲長史

顔延之字延年文章之美冠絶當時飲酒不護細行後將軍吳國內史劉柳以爲行叅軍因轉主簿豫章公世子中軍行叅軍

顔師伯字長淵父邵剛正有局力爲謝晦所知晦鎮

江陵請爲諮議叅軍領掾事師伯少孤貧劉道產爲雍州以爲輔國行叅軍弟師仲妻臧質女也質爲徐州辟師伯爲主簿衡陽王義季代質爲徐州質薦之於義季即命爲征西行叅軍興安侯義賓代義季世祖代義賓仍爲輔國安北行叅軍諮議叅軍王景文薦之世祖乃以爲徐州主簿世祖鎮尋陽啟太祖請爲南中郎主簿太祖不許謂與籤曰中郎府主簿那得用顔師伯世祖又啓爲長流正佐太祖又曰朝廷不能除之卿可自授亦不宜署長流乃板爲叅軍事署刑獄

沈慶之字弘先兄敬之爲趙倫之征虜參軍南陽太守慶之往襄陽省兄倫之見而賞之倫之子伯符爲竟陵太守倫之命伯符板爲寧遠中兵參軍

顧覬之吳郡人初爲郡主簿謝晦爲荆州以爲南蠻功曹仍爲晦衛軍參軍晦愛其雅素深相知待王弘辟爲陽州主簿仍爲弘衛軍參軍鹽官令衡陽王義季右軍主簿

沈穆夫字彦和少好學王恭命爲前軍主簿與其父書曰足下既秉不拔之志高卧東南故屈賢子共事非以吏職嬰之也

劉勔少有志節兼好文義家貧爲廣州增城令廣州刺史劉道錫引爲揚烈府主簿

何長瑜東海人廬陵王紹鎮尋陽以長瑜爲南中郎行參軍掌書記之任

龔穎遂寧人少好學益州刺史毛璩辟爲勸學從事璩爲譙縱所殺縱脅穎以兵刃穎遂不屈節其後刺史至輒加辟引歷府參軍州別駕從事

袁顗父爲吳郡顗隨父在官值元凶弑立安東將軍隨王誕舉兵入討板顗爲諮議參軍

南齊孔稚珪字德璋會稽人少學涉徽有美譽太守王僧虔見而重之引爲主簿州舉秀才解褐安成王車騎法曹行參軍後爲殿中郎太祖爲驃騎以稚珪有文翰取爲記室參軍對掌辭筆

辛普明河南人有賢行後遭母喪幾至毀滅揚州刺史豫章王辟爲議曹從事

夏侯恭叔譙國人桓崇祖爲豫州聞其才義辟爲主簿兼掌書翰

庾杲之爲王儉衛軍長史時人呼儉府爲入芙蓉池儉謂人曰昔袁公作衛軍欲用我爲長史雖不獲就要是意何如此今亦應須知我輩人也乃用杲之

桓崇祖字敬遠下邳人年十四有幹略刺史劉道隆辟爲主簿厚遇之

劉懷珍字道玉平原人本州辟主簿江夏王義恭出鎮盱眙道遇懷珍以應對見重取爲驃騎長史兼墨曹行參軍

劉善明平原人年四十刺史劉道隆辟治中從事父懷民謂善明曰我已見汝立身復欲見汝立官也善明應辟

周山圖字季寂初爲吳郡晉陵防郡隊主兗州刺史沈僧榮鎮瑕丘與山圖有舊以爲已建武府參軍

焦度字文續孝武帝初青州刺史顏師伯出鎮臺以度領幢主送之與魏軍戰於沙溝破陣大捷師伯拔爲已輔國府參軍後補晉安王子勛夾轂隊主子勛起兵事敗逃宮亭湖中朝廷聞其勇甚憂患之使江州刺史王景文誘降度景文以爲己鎮南參軍尋領中直兵

虞玩之少閑刀筆泛涉書史累遷安成王車騎錄事轉少府太祖鎮東府朝野致敬玩之猶躡屐造席太祖引爲驃騎諮議參軍霸府初開賓客輻湊玩之與樂安任遐俱以應對有席上之美齊名見遇

謝超宗陳郡人爲新安王撫軍行參軍泰始初爲建安王司徒參軍事遷司徒主簿丹陽丞建安王休仁引爲司徒記室正員郎太祖爲領軍數與超宗共屬文愛其才翰衛將軍袁粲聞之謂太祖曰超宗開亮迺悟善可與語取爲長史臨淮太守

虞悰字景豫會稽人少而謹正有至性州辟主簿累至州治中別駕黃門郎武帝爲中軍引悰爲諮議參軍遣吏部江謐持手書謂悰曰今因江吏部有白以君情意願欲相屈

胡諧之豫章人州辟從事主簿累爲邵陵王左軍諮議武帝頻鎮盆城使諧之守尋陽城及爲江州復以諸之爲別駕以事任

蕭景先南蘭陵人太祖鎮淮陰以景先領軍主除後軍行參軍與世祖款暱世祖爲廣興郡啓太祖求景先同行除世祖寧朔府司馬自此常相隨逐

江祏字弘業累官南徐州別駕高宗輔政委以心腹高宗爲驃騎鎮東府以祏爲諮議參軍

江斅字叔文濟陽人少有美譽桂陽王休範臨州辟迎主簿不就後爲安成王撫軍記室轉驃騎從事褚淵爲衛將軍重斅爲人先通吉意引爲長史

何昌寓字儼望廬江人宋建安王休仁爲楊州辟昌寓州主簿遷司徒行參軍太傅五官司徒東閤祭酒建平王景素爲征北南徐州昌寓又爲府主簿以風素見重

謝瀹字義潔累官至撫軍功曹武帝爲中軍引爲記室建元初累至中書郎衛軍王儉引爲長史雅相禮遇

王思遠琅邪人少無仕心宋建平王景素辟南徐州主簿甚見禮遇

陸慧曉字叔明吳郡人初應州郡辟舉秀才衛尉史

歷諸府行參軍以毋老還家太祖輔政除尚書殿中郎太祖表禁奢侈惠曉撰答詔草爲太祖所賞引爲太傅東閣祭酒

王融字元長少而神明警惠晉安王南中郎授行參軍坐公事免竟陵王爲司徒授法曹行參軍

謝朓字玄暉爲新安王中軍記室尋兼尚書殿中郎高宗輔政以朓爲驃騎諮議領記室掌霸府文筆又掌中書詔誥

張欣泰字義亨宋左衛將軍興世之子少有志節不以武業自居好讀子史辟州主簿歷諸王府佐

卞彬字士蔚才操不羣文多指刺州辟西曹主簿

丘巨源少舉丹陽郡孝兼爲宋孝武所知江夏王義恭取爲掌書記

王智深字雲才建平王景素爲南徐州作觀法篇智深和之見賞辟爲西曹書佐未到職而景素敗

賈淵字希鏡世傳譜學大始初辟丹陽郡主簿昇明中太祖嘉淵世學取爲驃騎參軍

李珪之字孔璋江夏人少辟州從事宋泰始初蔡興宗爲郢州以珪之爲安西府佐委以職事

封延伯字仲璉渤海人有學行不與世人交州辟主簿不就垣崇祖爲豫州辟資太祖用爲長史帶梁郡太守

平蕩爲豫章王嶷荆州刺史主簿參知州事嶷甚重爲州人嫉之或譖蕩廡門如市嶷遣覘之方見蕩閉閤讀書嶷還都以蕩爲太尉刑獄參軍典書記

樂頤字文德南陽人世居南郡少而言行和謹湘州刺史王僧虔引爲主簿以同僚非人棄官去

蔡樽舉高第爲司徒法曹行參軍王儉高選府僚以樽爲主簿

梁沈約起家奉朝請濟陽蔡興宗聞其才而善之興

宗爲郢州刺史引爲安西外兵參軍兼記室興宗嘗謂其諸子曰沈記室人倫師表宜善事之

范岫與吳興沈約俱爲蔡興宗所禮興宗爲安西將軍引爲主簿

陸倕吳郡人年十七舉本州秀才刺史竟陵王子良開西邸延英俊倕亦預焉辟議曹參軍

周捨有口辨王亮爲丹陽尹聞而喜之辟爲主簿政事委焉

龔愜遂寧人劉季連爲益州刺史辟爲府主簿愜頴之孫累世有學行故引

王僧孺爲大學博士尚書僕射王晏深相賞好晏爲丹陽尹召補郡功曹使僧孺撰東宮新記後兼太學博士晏子得元出爲晉安郡以僧孺補郡丞

任昉爲征西行叅軍永明初衛將軍王儉領丹陽尹引爲主簿儉雅欽重昉以爲當時無輩

劉景昕事母孝謹母病三十年不朝而瘳鄉里以爲誠感荆州刺史湘東王辟爲主簿

江淹昇明初齊帝輔政聞其才召爲尚書駕部行驃騎叅軍事

王亮爲大司馬從事中郎出爲衡陽太守以南土卑

濕辭不之官遷給事黄門侍郎尋拜晉陵太守在職清公有美政時齊明帝作相聞而嘉之引爲領軍長史甚見賞納

郗元起爲武寧太守戍三關郢州刺史張冲督河北軍事元起累與冲書求旋軍冲報書曰足下在彼吾在此表裏之勢所謂金城湯池一旦捨去則荆棘生焉乃表元起爲平南中兵叅軍事

樂法才少遊京師造沈約約見而稱之和帝爲相國召爲府叅軍鎮軍蕭穎胄辟爲主簿

王志字次道司空僧虔之子爲大尉行叅軍又爲武陵王文學褚淵爲司徒引志爲主簿謂僧虔曰朝廷之恩本爲殊特所可光榮在屈賢子

柳慶遠字文和爲襄陽令高祖臨雍州問京北人杜惲求州綱惲舉慶遠高祖曰文和吾已知之所問未知者耳因辟别駕從事史

夏侯詳字叔遠譙郡人年十六遭父艱服闋刺史殷琰召補主簿琰叛輔國將軍劉勔討平代爲刺史又補主簿頃之爲新汲令豫州刺史表轉治中從事仍遷别駕歷事八將州部稱之

蔡道恭字懷儉少寛厚有大量齊文帝爲雍州召補

主簿

鄭紹叔字仲明榮陽人年二十餘爲安豐令有能名本州召補主簿轉治中從事史高祖臨司州命爲中兵叅軍領長流

柳惔字文通年十七齊武帝爲中軍命爲叅軍轉主簿

柳憕字文深爲中庶子後爲鎮北始興王長史王移鎮益州復請憕帝曰柳憕風標才氣恐不能久爲少干臣王請數四不得已以爲鎮西長史

宗夬字明歇南陽人宋明帝即位爲郢州治中以父

老去官南康王爲荆州刺史引爲别駕

樂藹字蔚遠南陽人宋建平王景素爲荆州刺史辟爲主簿景素爲南徐州復引爲征北刑獄參軍遷龍陽相齊豫章王嶷爲武陵太守雅善藹爲政及嶷爲荆州刺史以藹爲驃騎行參軍領州主簿參知州事嶷還都以藹爲太尉刑獄參軍典書記遷支江令還爲大司馬中兵參軍轉都記室後南康王爲西中郎以藹爲諮議參軍

傅昭字茂遠宋世太原王延秀薦於丹陽尹袁粲深爲所禮辟爲郡主簿

蕭琛字彦瑜少而朗悟爲齊太學博士王儉宴于樂遊苑琛著虎皮靴策桃杖直造儉坐儉與語大悦儉爲丹陽尹辟爲主簿後爲晉熙王長史行南徐州兼少府高祖定京邑引爲驃騎諮議領録事

裴子野字幾原爲右軍安成王參軍俄遷兼廷尉正免職吳平侯蕭景爲南兖州刺史引爲冠軍録事府遷職解

顧協字正禮爲安成王國左常侍兼廷尉正大尉臨川王聞其名召掌書記累遷輕車湘東王參軍事兼記室西豐侯正德受詔北討引爲府録事參軍掌書記

賀琛字國寶會稽人於鄉里聚徒教授普通中刺史臨川王辟爲祭酒從事

劉孺字季稚彭城人本州召迎主簿起家中軍法曹行參軍鎮軍沈約聞其名引爲主簿常與遊宴賦詩大爲約所嗟賞

劉遵字孝陵累遷晉安王宣惠雲麾二府記室甚見賓禮轉南徐州治中王後爲雍州復引爲安北諮議參軍

臧盾字宣卿齊世爲丹陽尹丞高祖平京邑霸府建

引爲驃騎刑獄參軍

丘遲字希範吳興人州辟從事累遷車騎録事參軍高祖平京邑霸府開引爲驃騎主簿甚被禮遇

庾於陵字介傳學有才思齊隨王子隆爲荆州召爲主簿子隆代還又以爲送故主簿後始興王遥光爲撫軍引爲行參軍兼記室

吳均字叔庠吳興人家世寒賤至均好學有俊才柳惲爲吳興召補主簿日引與賦詩建安王偉爲揚州引兼記室掌文翰

劉峻字孝標齊蕭遥光爲豫州引爲府刑獄禮遇甚

厚後爲西省學士兔安成王季好峻文學及遷荆州
引爲戸曹叅軍
伏挺字士標高祖義師至挺迎謁於新林高祖見之
甚悦謂曰顔子引爲征東行叅軍時年十八
顔見遠博學有志行齊和帝之鎮荆州以見遠爲錄
事叅軍
庾域少沉静有名鄉曲梁文帝爲郢州辟爲主簿歎
美其才曰荆南杞梓其在斯乎加以恩禮
陳蔡景歷字茂世爲海陽令侯景之亂客遊京口高
祖鎮朱方素聞其名以書要之景歷對使人荅書筆

不停綴文不重改高祖得書甚加欽賞仍更賜書報
荅即日授征北府中兵叅軍仍領記室衡陽獻王昌
時爲吳興郡昌年尚少吳興王之鄉里父老故人尊
卑有序高祖恐昌年少接對乖禮乃遣景歷輔之
沈恪吳興武康人深有幹局梁新渝侯蕭映爲郡特
召爲主簿映遷北徐州恪隨映之鎮映又遷廣州以
恪兼府中兵叅軍甞領兵討伐
江德藻濟陽人爲武陵王行叅軍南平王偉爲大司
馬聞其才名請爲東閤祭酒
杜之偉幼精敏有志爲邵陵王叅軍侯景之亂逃竄
山澤及高祖爲丞相素聞名召補記室叅軍
周鐵虎膂力過人便馬槊事梁河東王譽以敢勇聞
奏授爲府中兵叅軍
張種爲梁西昌侯府西曹掾時武陵王爲益州刺史
重選府僚以種爲征西曹掾侯景之亂種奉其母東
奔母卒以凶荒未獲葬服制雖畢而甞若在喪侯景
平司徒王僧辯以狀聞起爲貞威將軍治中從事史
并爲具葬禮訖方即吉
沈烱字禮明少有儁才初爲賊將宋子仙所逼掌書
記子仙敗梁將王僧辯購得之羽檄軍書皆出於禮

明僧辯爲司徒以禮明爲從事中郎
虞寄字安坎會稽人閉門稱疾以書籍自娱岳陽王
爲會稽太守引爲行叅軍遷記室叅軍領郡五官掾
轉爲中記室掾
到仲舉字德言侯景之亂依文帝及景平文帝爲吳
興郡守以仲舉爲郢郡丞與頴川庾持俱爲文帝賓
客文帝爲宣毅將軍以仲舉爲長史
蕭乾字思惕五舉明經再遷大子舍人建安侯蕭正
立出鎮南豫州授録事叅軍累遷中軍宣城王中録
事諮議叅軍侯景平高祖鎮南徐州引爲貞威將軍

司空從事中郎

孔奐字休文爲儀曹侍郎丹陽尹何敬容以奐剛直請補功曹史喪母以孝聞侯景平司徒王僧辯先下辟書引爲左西掾又補丹陽丞元帝即位於荆州徵奐及沈禮明僧辯表留之帝手勅曰孔沈二士今且借公爲朝廷所重如此仍除太尉從事中郎僧辯爲楊州又補揚州治中從事高祖作相除司徒右長史

沈君理字仲倫起家湘東王法曹參軍高祖鎮南徐州遣君理謁見高祖高祖器之辟爲府西曹掾

徐陵字孝穆梁晉安王爲平西將軍寧蠻較尉父摛

爲王諮議王又引陵參寧蠻府軍事

謝貞字元正累官駕部侍郎始興王叔陵爲楊州刺史引爲祠部侍郎阮卓記室辟貞爲主簿貞不得已乃行尋遷府録事參軍領丹陽丞

詎亨字亨通侯景之亂避地郢州梁邵陵王引爲諸議參軍王僧辯之襲郢州也素聞其名召爲儀同從事郎中遷太尉從事中郎

徐慶字孝節安陸人世居京師少倜儻不拘小節及長姿貌瓌偉嗜酒好博嘗使童僕屠酤爲事始與內史蕭介之郡度從之將領士卒征諸山洞以驍勇聞高祖征交阯原禮招之度乃委質

何之元解褐梁太尉臨川王楊州議曹從事史尋轉主簿及袁昂爲丹陽尹辟爲丹陽五官掾總戶曹事安西武陵王爲益州刺史以之元爲安西刑獄參軍侯景之亂王琳召爲記室參軍其後湘州刺史始興王叔陵遣功曹史柳咸齎書召之之元始與朝廷有隙及書至大惶恐讀書至孔章無罪左車見用之元仰而歎曰辭旨若此豈欺我哉遂隨咸至湘州再遷中衛府諮議參軍

冊府元龜

巡按福建監察御史臣李嗣京訂正
知閩縣事臣曹鼎臣參閱
知建陽縣事臣黃國琦較釋

幕府部一十三

辟署第三

後魏莫含鴈門繁畤人家世殖貨貲累巨萬劉琨爲并州辟含從事含居近塞下嘗往來國中穆帝愛其才器善待之及爲代王備置官屬求含於琨琨遣含入國含心不願琨喻之曰當今胡冦滔天泯滅諸夏百姓流離死亡塗地主上幽執沉溺醜虜唯此一州

介在羣胡之間以吾薄德能自存立者賴代王之力是以傾身竭寶長子遠質覬滅殘賊報雪大恥卿爲忠節亦是奮義之時何得苟惜共事之小誠以忘出身之大益入爲代王腹心非但吾願亦一州所賴含乃入代參國官

郞博字幼和范陽涿鹿人好學有文才尤長史幹刺史裴延儁用爲主簿

崔孝聦字敬業博陵安平人少寬雅早著長者之風彭城王勰之臨定州辟爲主簿釋褐冀州安東府外兵參軍

崔孝芬字恭梓博學好文司徒彭城王勰拔爲行參軍後除著作郎尚書令高肇親寵權盛子植除青州刺史啓孝芬爲司馬後除司徒記室參軍司空屬

崔士和爲西道行臺元脩義左丞行涇州事蕭寶寅之在關中高選寮佐以爲督府長史

崔長謙清河人好學脩立少有令名刺史尉景取爲開府諮議參軍事

崔勉字宣祖永安初除建節將軍尚書右中兵郎中後太尉豫章王蕭贊啓爲諮議參軍

辛纂爲越騎校尉尚書令李崇北伐蠕蠕引爲錄事參軍臨淮王彧北征以纂隨崇有稱啓爲長史及廣陽王淵北伐又引爲長史

李璉美容貌有才學清河王懌知賞之辟司徒參軍

宋輔字處仁少慷慨有大操博覽群書州辟別駕

李東字休賢郡辟功曹以父憂去職終身不食酒肉孝明初司空任城王澄嘉其操尚以爲參軍事

張普惠以學業爲任城王澄所重澄爲安西將軍雍州刺史啓普惠爲府錄事參軍

房士達起家濟州左將軍府倉曹參軍時京兆王繼

爲大將軍出鎮聞其名徵補騎兵參軍領帳內統軍

房景遠事二兄至謹撫養兄孤恩訓甚篤益州刺史傅堅眼慕其名義啓爲昭武府功曹參軍

盧道將秘書監淵之子涉獵經史頗有文才諸父竝敬憚之彭城王勰任城王澄皆虛襟相待勰爲中軍大將軍辟行參軍遷司徒東閤祭酒

裴仲規少好經史頗有志節咸陽王禧爲司州牧辟爲主簿

裴瑗字珍寶河北郡人少孤貧而清苦自立太守司馬悅召爲中正悅爲將軍征義陽引爲中兵參軍瑗

夙夜恭勤爲悅所知

郭祚字季祐孫小爲并州刺史以祚爲主簿重祚文才兼任之以書記時人多之

李元忠少厲志操居喪以孝聞清河王懌爲司空辟爲士曹參軍

崔道固字季堅父輯南徙青州爲泰山太守道固賤出適母兄等輕侮之時宋孝武爲徐兗二州刺史得辟他州民爲從事輯乃資給道固令其南征既至彭城駿以爲從事道固美形容善舉止便弓馬好武事駿稍嘉之會青州刺史新除過彭城駿謂之曰崔道固人身如此豈可爲寒士至老乎而世人以其偏庶便相陵侮可爲歎息青州刺史至州辟爲主簿轉治中後爲義隆諸子參軍

薛謹字法順辯之子也宋武帝擒姚泓辟相府行參軍隨武帝渡江轉記室參軍

寇讚字奉國少以清素知名苻堅僕射韋華州里高達雖年時有異甞以風味相待華爲馮翊太守召爲功曹

高允字伯恭渤海人郡召功曹神䴥三年太武舅陽平王杜超行征南大將軍鎮鄴以允爲從事中郎年

四十餘矣

高燮字季和渤海人亦有文才甞從容於家州辟主簿

陰道方性和雅頗涉書傳爲李神儁所知賞神儁爲前將軍荆州刺史請道方爲其府長流參軍

姜儉字文儁起家徐州車騎府田曹參軍轉太尉外兵參軍蕭寶寅討關西引爲開府屬寶寅爲雍州仍請開府從事帶長安令

甄楷字德方粗有文學頗習吏事除祕書郎免官任城王澄爲司徒引爲法曹參軍稍遷尚書郎孝明末

定州刺史廣陽王淵被徵還朝時楷丁憂在鄉臨發召楷兼長史委以州任

楊固字敬安太和中從大將軍劉昶征義陽板府法曹行參軍還言之高祖年三十餘始辟大將軍府參軍事署城局仍從昶鎮彭城神龜末清河王懌領太尉辟固從事中郎懌被害汝南王悅爲太尉辟固從事中郎不就正光二年京兆王繼爲司徒高選官寮辟固從事中郎

李琰之曾遊河內北山便欲有隱遁意會彭城王勰辟爲行臺參軍苦相敦引

胡叟少聰慧好屬文孤標坎壈未有仕路遂入漢中宋梁秦三州刺史馮翊吉翰以叟才士頗相禮接授叟末佐不稱其懷未幾翰遷益州叟隨入蜀多爲豪儁所尚

穆子琳出帝時爲鎮東將軍以占奪民田免官爵父之阿至羅國主副越居爲蠕蠕所敗其子去賓來奔齊獻武王奏去賓爲安北將軍肆州刺史封高車王招慰夷虜表子琳爲去賓長史復其前封

羊侃字士業年三十一襲父爵華陰伯釋褐太尉汝南王悅騎兵參軍楊州刺史長孫稚請爲錄事參軍後奏爲統軍又請爲其府錄事參軍帶長安令府州之務多所委決

王士良字君明少脩謹不妄交遊孝莊末爾朱仲遠啓爲府參軍事

叱羅協少寒微甞爲小吏以恭謹見知甞州刺史楊均擢爲從事

北齊司馬子如雲中人孝昌中北州淪陷子如攜家口南奔肆州爲爾朱榮所禮遇假以中軍榮之向雒也以子如爲司馬

龐蒼鷹太原人知高祖有霸王之量每私加敬割其

宅半以奉高祖緣此遂蒙親識高祖之牧晉州引爲兼治中從事

李繪字敬文儀貌端偉神情朗俊齊王蕭寶寅引爲主簿記室專督表檄待以賓友之禮

王紘字師羅太安人初從葛榮反爾朱榮遣使喻之然後始降以爲府從事中郎

封子繪字仲藻渤海人爾朱兆之亂與父隆之舉義信都奉使詣高祖高祖至信都召署開府主簿仍典書記中興元年轉大丞相主簿

張華原字蒲國代郡人少明敏有器度高祖開驃騎

府引爲法曹參軍遷大丞相府屬仍侍左右從於信都深爲高祖所親待

崔陵字長儒河東人釋褐太學博士坐事免歸鄉里高祖於信都起義陵歸焉高祖見之甚悅以爲諮議參軍

崔贍字彥通陵之子也年十五刺史高昂召署主簿清河公岳辟爲開府西閤祭酒後除御史高祖入朝還晉陽被勅與北海王晞陪從俱爲諸子賓友仍爲相府中兵參軍轉主簿

祖鴻勳涿郡人魏永安初元羅爲東道大使署封隆

之邢卲李渾李象及鴻勳竝爲子使

高德政字士貞北海蓨人父顥魏滄州刺史德政幼而敏慧有風神儀表文宣引爲開府參軍知管記事甚相親狎神武入擢爲相府掾委以腹心

徐遠字彥遐廣寧人少習吏事郡辟功曹高祖以遠閑習書計命爲丞相騎兵參軍深爲高祖所知

崔昂性端直少華沉深志略堅實難傾動少好章句頗綜文詞文襄廣開幕府引爲記室參軍

張亮字伯德西河人初事爾朱兆拜平遠將軍兆敗自縊於樹亮伏屍而哭高祖嘉歎之授丞相府參軍事漸見親待委以書記之任

元景安魏昭成五世孫也沉敏有幹局少工騎射善於事人釋褐爾朱榮大將軍府長流參軍

張纂字徽纂代郡人初爲爾朱兆都督長史爲兆使於高祖遂被顧識高祖起義山東劉誕據相州拒守纂亦在其中高祖攻而拔之引參丞相軍事

獨孤永業字世基中山人也有才幹便弓馬被簡擢補定州六州都督宿衞晉陽或稱其有識用文襄與語悅之超授中外府外兵參軍

王峻字巒嵩零丘人悟明有幹略高祖以爲相府墨

曹參軍坐事去官久之文宣爲儀同開府引爲城局參軍

崔廓之陳郡陽夏人沉隱有識量以學業見稱自臨水令爲瑯邪王儼大司馬西閤祭酒遷領軍功曹參軍

李元忠趙郡人魏清河王懌爲司空辟爲士曹參軍遷太尉啓復爲長流參軍懌後爲太傅被詔爲營搆明堂大都督又引爲主簿

羊烈字信卿太山人魏孝昌中方弱冠州辟主簿又兼治中從事史以吏事爲意幹濟見知釋巾太師咸

陽王行參軍

盧文偉字休族范陽人北州冠族少爲鄉閭所敬州辟主簿年三十八始舉秀才

盧恭道性温良有文學州辟主簿李崇北征以爲開府墨曹參軍

李幼廉趙郡人初爲濟州長史文襄嗣事召詣晉陽除霸府掾謂杜弼曰并州王者之基須好長史各舉所知時玄有所稱皆不允衆人未荅文襄乃謂陳元康曰我教君好長史處李幼廉即其人也遂命爲并州長史嘗在文襄第内與隴西辛術等六人號爲館

客待以上賓之禮

平鑒燕郡人鑒歸爾朱榮於晉陽因陳靖亂安民之策榮大奇之即署參軍前鋒從平鞏寄每陳先登除撫軍襄州刺史

孫搴字彦舉樂安人高祖西討令作檄其文甚美高祖大悦即署相府主簿專典文筆

崔伯謙字士遜少孤貧善養母高祖召赴晉陽補相府功曹稱之曰清直奉公真良佐也遷瀛州别駕

蘇瓊字珍之幼時隨父在邊嘗謁東荊州刺史曹芝芝戲問之曰卿欲官否對曰設官求人非人求官芝異其對署爲府長流參軍

高隆之字延興身長八尺美鬚髯沉深有志氣魏汝南王悦爲司州牧以爲户曹從事遷員外散騎侍郎高祖與行臺于暉出討羊侃於太山暉引隆之爲行臺郎中

孫騰少質直明解吏事屬爾朱榮建義騰隨榮入雒高祖之爲晉州引騰爲長史加後將軍

斛律羨字豐雒少有機警尤善射藝高祖見而稱之世宗擢爲開府參軍

薛元穎太常卿光熾之子廉謹有信義起家永安王

參軍

陸卬爲吏部郎中上雒王思宗爲清都尹辟爲邑中正食具丘縣幹

盧潛范陽涿人容貌瓌偉善言談少有成人志上儀同賀拔勝辟開府行參軍

劉逖字子長彭城人少而聰敏戈獵騎射以行樂爲事愛交遊善戲謔郡辟功曹

崔暹字季倫世爲北州著姓父穆州主簿暹書生避地渤海依高乾以妹妻乾弟慎後臨光州啓暹爲長史

宋遊道廣平人魏廣陽王深北伐請爲鎧曹及爲定州刺史又以爲府佐

盧斐字子章性殘忍以强斷知名世宗引爲刑獄參軍

李愍孝昌之末天下兵起愍潛居林慮山觀候時變賊帥鮮于脩禮毛普賢作亂詔遣大都督長孫稚討之稚素聞愍名召兼帳內統軍

裴諏之爲沛王大司馬府記室遷鄴後諏之留在河南西魏領軍獨孤信入據金墉以諏之爲開府屬號曰雒陽遺彥又周書云柳虯退耕陽城大統三年馮翊王元季海領軍獨孤信鎮雒陽時舊

京茫變人物罕存唯有虯在陽城諏在潁川信等乃俱徵之以虯爲行臺郎中諏爲督府屬並掌文翰時人爲之語曰北府裴諏南省柳虯

裴藻少機辯有不羈志太傅司馬子如以爲主簿子如之子消難鎮北豫又以爲中兵參軍

後周宇文深初仕後魏祕書郎時群盜蜂起深屢言時事爾朱榮雅知重之拜厲武將軍尋除車騎府主簿後爲子都督太祖以深有謀略欲引致左右圖議政事乃啓爲丞相府主簿

周惠達字懷文章武人魏齊王蕭寶寅爲瀛州刺史召惠達及河間馮景同在閤下甚禮之孝昌初魏臨淮王彧以惠達爲府長流參軍又云寶寅爲大督景同爲功曹參軍

皇甫璠安定人少忠謹有幹略州辟爲掾太祖爲牧補王簿以勤事被知每蒙褒賞引爲丞相府行參軍

冀儁魏太昌初爲賀拔岳墨曹參軍及岳被害太祖引爲記室

薛端字仁直河東人年十七司空高乾邕辟爲參軍賜爵平陰男

柳帶韋字孝孫深沉有度量少好學身長八尺三寸美風儀善占對韓賢素爲雒州刺史召爲主簿

蘇亮字景順魏齊王蕭寶寅引爲參軍後寶寅開府

爲其府主簿寶寅西征轉記室參軍寶寅遷大將軍仍爲之掾寶寅雅知重之

柳敏河東解縣人爲河東郡丞及文帝尅復河東見而器異之乃謂之曰今日甚喜得卿也即拜丞相府參軍事轉戶曹參軍兼記室

盧柔字子剛賀拔勝出牧荆州以柔爲大行臺郎中掌書記及勝爲大保以柔爲掾

趙善字僧慶爾朱天光爲肆州刺史辟爲主簿深器重之又以爲長史軍中謀議每參預之天光爲關右行臺表善爲行臺右丞後賀拔岳總關中兵復以爲

長史

韓裒爲大中大夫魏室亂裒避地於夏州太祖爲丞相引裒爲錄事參軍尋爲丞相府屬

趙肅河南人早有操行魏正光中鄜元爲河南尹辟爲主簿

薛寘爲中書令車騎大將軍儀同燕公于謹征江陵以寘爲司錄軍中謀略寘竝參之

李旭頓丘人初謁太祖深奇之綏德公陸通盛選僚案請以旭爲司馬太祖許之後太祖嘗欲以書記委之於是以旭爲丞相府記室參軍

檀翥高平人司州牧城陽王元徽以翥爲從事尋謝病客遊三輔時毛遐爲行臺鎭北雍州表翥爲行臺郎中

元偉河南人爲幽州都督府長史尉遲迥伐蜀以偉爲司錄書檄文記皆偉所爲

梁昕安定人爲關中著姓後居京兆之盩厔魏正光中秦隴亂蕭寶寅爲大都督統兵出討以昕爲行參軍以功累進征西將軍爾朱天光入關復引爲外兵參軍太祖迎魏孝武軍次雍州昕以三輔望族上謁太祖見昕容貌瓌偉深賞異之卽授右府長流參軍

辛慶之隴西狄道人爲祕書郎司空楊津爲北道行臺討爾朱氏啓慶之爲行臺左丞與參謀議後賀拔岳爲行臺復啓慶之爲行臺吏部郎中開府掾

樊深字文深河東猗氏人于謹引爲府參軍事累轉從事中郎謹拜司空以深爲諮議

杜叔毗字子弼性慷慨有志節晉公護辟爲中外府樂曹參軍

令狐整字延保燉煌人世爲西土冠族魏東陽王元榮辟爲主簿

顔之儀父協在梁不仕元帝爲湘東王引協爲其府

記室參軍協不得已乃應命

隋柳雄亮字信誠幼有志節好學不倦柱國蔡國公廣欽其名行引爲記室參軍年始弱冠府中文筆頗亦委之

趙芬字士茂少有辯智頗涉經史太祖引爲相府鎧曹參軍歷記室

辛彦之不交非類博涉經史太祖見而器之引爲中外府禮曹賜以衣馬珠玉

衞玄字文昇少有器識周武帝在藩引爲記室

柳彧少好學頗涉經史大冢宰宇文護引爲中外府

記室

李文博爲縣丞數載不調薛道衡爲司隸大夫遇之於東都尚書省甚嗟愍之遂奏爲從事因謂齊王司馬李綱曰今日遂遇文博得奏用之以爲懽笑其見賞知音如此

劉行本自梁歸周以諷讀爲事性剛烈大冢宰宇文護引爲中外府記室

元巖少以名節自許與高熲友善周大冢宰宇文護見而器之以爲中外府記室

郭榮太原人周大冢宰宇文護引爲親信護察榮謹

厚擢中外府水曹參軍

李德林字公輔在齊爲殿中將軍天保之季謝病還鄉閭門自守乾明初尚書令楊遵彦奏追德林入議曹長廣王作相居守在鄴引授丞相府行參軍

趙賢通沉深有器局周太祖引爲相府參軍事

王邵字君懋少沉嘿好讀書弱冠齊尚書僕射魏收辟開府軍事

庾季才幼穎悟好占玄象梁廬陵王續辟荆州主簿湘東王繹重其術藝引授外兵參軍

蕭寶美風儀善談笑年未弱冠名重一時高祖輔政引爲丞相府典籤深被識遇

諸葛潁清辯有俊才晉王廣素聞其名引爲參軍事

韋師字公穎京兆人周大冢宰宇文護引爲中外府記室轉賓曹參軍齊王憲爲雍州牧引爲主簿

韋世康京兆人幼而沉敏有器度年十歲州辟主簿

段文振性剛直明達時務爲後周宇文護親信知其有幹用擢授中外府兵曹

韋壽字世齡孝寬之子在周以貴公子早有令譽趙王爲雍州牧引爲主簿

韋肅在周爲宣納上士高祖爲相引爲賓曹參軍

長孫熾字仲光在州爲御正上士高祖作相擢爲丞相府功曹參軍

盧愷字長仁神情爽悟沿涉書記頗解屬文周齊王憲引爲記室

盧昌衡字子均年十七魏濟陰王元暉召補太尉參軍事兼外兵參軍

魏澹字彦深世以文學自業齊博陵王濟聞其名引爲記室及琅邪王儼爲京畿大都督以澹爲鎧曹參軍

陸爽字開明少而聰敏年十七齊司州牧清河王岳

引爲主簿

趙綽周初爲夏官下士以明幹見知後爲掌教中士高祖爲丞相知其清正引爲錄事叅軍

鮑宏字潤身嘗和梁湘東王繹詩嗟賞不已引爲中記室

裴政字德表年十五辟梁邵陵王府法曹叅軍事累轉枝江令湘東王之臨荆州召爲宣惠府記室

柳莊字思敬少有遠量博覽墳籍兼善辭令梁岳陽王蕭詧辟爲叅軍轉法曹

郎茂字蔚之爲陳州戶曹屬高祖亳州總管見而悅

之命掌書記

高構字孝基北海人好讀書工史事弱冠州補主簿仕齊河南王叅軍事

張虔威字元敬年十二州補主簿十八爲太尉中兵叅軍齊亡仕周爲宣納中士高祖得政引爲相府典籤

裴矩字弘大河東人齊北平王貞爲司州牧辟爲典曹從事轉高平王文學及齊王不得調高祖爲定州總管召補記室甚親敬之以母憂去職高祖作相遣使者馳召叅相府記室事

何稠字桂林仕周御飾下士及高祖爲丞相召補叅軍兼掌細作署

皇甫誕字玄憲安定人少剛毅有器局周畢王賢逼引爲倉曹叅軍

游元字楚客廣平人少聰敏年十六齊司徒徐顯秀引爲叅軍事開皇中爲殿內侍御史晉王廣爲楊州總管以元爲法曹叅軍

張祚京兆人少爲高祖所知其後引爲丞相叅軍事

陸彥師字雲房好學解屬文魏襄城王元旭引爲叅軍事齊彭城王澂爲司州牧召補主簿後歷中外府

東閣祭酒

趙軌河南人少有行蕳周蔡王引爲記室以清苦聞

劉綽字士元都昌人以儒學知名爲州博士刺史趙賢通引爲從事

劉炫字光伯河間人周武帝平齊瀛州刺史宇文亢引爲戶曹從事後刺史李繪署禮曹從事以吏幹知名

劉臻字宣摯沛國人仕梁爲召陵王東閣祭酒後仕蕭詧爲中書侍郎周冢宰宇文護辟中外府記室叅軍事羽檄多成其手

孫萬壽字仙期信都人滕穆王引爲文學坐衣冠不整配防江南行軍總管宇文述召典軍書

唐儉字茂約并州人高祖在太原留守儉與太宗周密高祖開大將軍府授簡記室參軍

劉政會滑州人隋大業中爲太原鷹揚府司馬高祖大將軍府建引爲戸曹參軍從平長安除丞相府掾

武士彠并州人高祖初行軍於汾晉休止其家因蒙顧接及爲太原留守引爲行軍司鎧以士彠爲大將軍府鎧曹

姜謩秦州人大業末爲晉陽長高祖留守大原見謩

深器之大將軍府建引爲功曹參軍平京城除相國賓曹參軍

温大雅字彦弘高祖在大原甚禮之義兵起引爲大將軍府記室參軍專掌文翰

竇威字文蔚隋蜀王秀辟爲記室以秀行事多不法稱疾還田里累轉考功郎中坐事免高祖入關召補大丞相府司録參軍

李綱字文紀少慷慨有志節每以忠義自命周齊王憲引爲參軍

封倫字德彝隋開皇末江南作亂內史楊素往征之署爲行軍記室

房喬字玄齡齊人大宗狥渭北一見便如舊識署爲北道行軍記室參軍

杜如晦字克明仕隋補滏陽尉棄官而歸太宗平京城引爲秦王府兵曹參軍

張公謹字弘慎倜儻好奇略簡較鄄州別駕初未知名大宗爲秦王李勣驟薦之於是引入幕府

岑文本字景仁南陽人蕭銑僭號召署中書侍郎及河間王孝恭定荆州署荆州別駕孝恭進擊輔公祏召典軍書復署行臺考功郎中

令狐德棻宜州人義旗建淮安王神通據太平宮自稱總管以德棻爲記室參軍高祖入關引直大丞相府記室

干志寧爲銀青光祿大夫太宗爲秦王天策上將志寧累授天策府從事郎中

李守素有實學高才爲山東名族容儀魁偉性識通辯工談論言詞簡要文洞名理大宗平王世充徵爲學士署天策府倉曹

李桐客仕隋爲門下録事從討竇建德建德平太宗授秦府法曹參軍

蔡允恭初仕隋爲起居舍人太宗平山東召入幕府署參軍事補學士

蘇味道爲咸陽尉吏部侍郎裴行儉甚加禮遇及征突厥阿史那都之引爲管記

徐堅爲大子文學聖曆中車駕在三陽宮御史大夫楊再思大子左庶子王方慶爲東都留守引堅爲判官

牛仙客涇州鶉觚人初爲縣吏縣令傅文靜甚重之文靜後爲隴右營田使引仙客參預其事遂以軍功累轉洮州司馬開元初王君㚟爲河西節度使以仙

客爲判官甚委信之

封常清爲四鎮都知兵馬使高仙芝傔人以破達奚功授疊州地下戍主便以爲判官仙芝代夫蒙靈詧爲安西節度使便奏爲慶王府錄事參軍充節度判官每出征討常令知留後事

崔圓累官司勳員外郎宰臣楊國忠遥制劍南節度使引圓佐理乃奏授尚書郎兼蜀郡大都督府左司馬知節度留後

段秀實隴州人沉厚多斷天寶初安西節度馬靈詧署爲別駕奏從討護密有功授安西府別將七載高仙芝代靈詧舉兵圍怛羅斯黑衣救至靈詧大衂軍士相失夜中聞都將李嗣業之聲因大呼責曰軍大而求免非夫也嗣業甚慙遂與秀實糾合散卒復成其軍師還嗣業請于仙芝以秀實爲判官授大侯府果毅後又爲節度荔非元禮白孝德判官孝德改鎮邠寧奏秀實試大常卿支度營田二副使

苗晉卿浮沉有精識爲中書舍人時宰臣李林甫兼河南節度使以晉卿爲判官處事精審林甫重之

裴冕爲渭南縣尉以吏道聞御史中丞王鉷充京畿採訪使表爲判官遷監察御史鉷有罪誅河西節度

使哥舒翰表冕爲行軍司馬

呂諲爲寧陵尉本道採訪使韋陟以爲支使及哥舒翰爲隴右河西節度使奏授左龍武軍倉曹充支度判官歷太子通事舍人性謹密勤於職務在使幕終無事塊然獨坐不離按牘翰益親之

徐浩字季海累遷右拾遺麗正殿校理幽州節度使張守珪奏在幕府改監察御史

令狐滜彰父也天寶中仕鄧州錄事參軍以清白聞本道採訪使宋鼎引爲判官

高適好學以詩知名爲汴州封丘尉時邊將用事務

收復又河西節度使哥舒翰表適為左驍衞兵曹充掌書記

趙驊為河東縣丞採訪使韋陟以驊履操清直頗推敬之表為賓僚使罷陳留採訪使郭納復奏驊為支使

韋倫為藍田尉以吏事勤恪楊國忠署為鑄錢內作使判官

馬炫以儒學著名隱蘇門山李光弼鎮太原辟為掌書記累遷侍御史嘗參軍府謀議光弼益器之

韓滉字太冲少貞介好學至德初青齊節度鄧景山

辟為判官授監察御史兼北海郡司馬以道路阻絕不獲赴因辟地山南採訪使李承昭奏充判官授通州長史彭王府諮議參軍

杜亞京兆人善言物理及歷代成敗之事至德初獻封章授較書郎杜鴻漸為河南節度辟為從事永泰末劍南叛亂鴻漸以宰相出領山南副元帥以亞及楊炎並為判官

陸長源少涉獵書記乾元中陷河北諸賊因為昭義軍節度薛嵩從事累授簡較郎中

張鎰蘇州人朔方節度齊丘之子以門蔭授左衞兵曹參軍郭子儀為關內副元帥以嘗伏事齊丘辟鎰為判官後為殿中侍御史坐事貶撫州司戶量移晉陵令未之官洪吉觀察張鎬辟為判官奏授殿中侍御史

元載為監察御史常鎰充使監選黜中引載為判官

崔元翰年已五十餘李勉鎮滑臺辟為從事後馬燧在太原聞其名致禮之又為燧府掌書記

裴胄為秘書郎陳少遊為陳鄭節度使留後奏授大理司直少遊罷隴右節度李抱玉奏授監察御史不得意歸免陳少遊為宣歙觀察復辟在幕府抱玉發

怒奏貶桐盧尉江西觀察使李栖筠有重望虛心下士幕府盛選才彥觀察判官許鳴謙有學識栖筠嘗異席咨事之崔造輩皆所薦引一見胄深重之薦於栖筠奏授大理評事觀察支使

馬燧字洵美寶應中澤潞李抱玉署奏趙城尉令說相衞薛嵩拒絕僕固懷恩署奏左武衞兵曹歷太子通事舍人遷著作郎營田判官

齊抗少遊會稽剡溪中好讀書為文長於牋奏壽州刺史張鎰辟為判官閑吏事而敏於機鎰甚重之鎰為江南西道都團練觀察使抗隨在幕府建中二年

鎰自中書侍郎平章事出爲鳳翔隴西節度使奏抗爲監察御史前後籌量幕中事多出抗

張建封兗州人大曆初道州刺史裴虬薦建封於觀察使常之晉辟爲參謀奏授左清道兵曹不樂吏役而去素與馬燧有故燧爲河陽三城鎭遏使辟爲判官及燧爲河東節度復奏建封爲判官特拜侍御史

裴延齡乾元末爲汜水縣尉遇東都陷賊因寓居鄂州後華州刺史董晉辟爲防禦判官

姚南仲自右補闕貶海鹽令浙江東西觀察使韓滉辟爲推官無何表殿中侍御史內供奉充支使

齊映少舉進士以博學宏詞授河南府參軍滑亳節度令狐彰辟爲掌書記及彰卒後兵亂映脫身歸東都河陽三城使馬燧辟爲判官奏殿中侍御史張鎰出爲鳳翔節度使署奏爲判官

杜佑字君卿京兆萬年人父希望西河郡太守佑以蔭入仕補濟南郡參軍剡縣丞時潤州刺史韋元甫嘗受恩於希望佑謁見元甫元甫未之知以故人子待之他日元甫視事有疑獄不能決佑時在旁元甫試訊於佑佑口對響應皆得其要元甫奇之乃奏爲司法參軍及爲浙西觀察淮南節度皆辟爲從事深信委之

盧群字載初少好讀書初學於番山淮南節度陳少遊聞其名辟爲從事建中末薦於朝廷會李希烈反叛詔諸將討之以群爲監察御史江西行營糧料使興元元年江西節度嗣曹王皐奏爲判官曹王移鎭江陵襄陽皆佐使幕府中事多以咨委以正直聞

嚴礪爲梓州玄武尉從祖兄震節制南梁委以廪餉之職事甚修辦署爲從事加兼監察御史

路泌爲城門郎從幸梁州以策說渾瑊署爲從事瑊討李懷光累奏爲副元帥判官

李景略幽州人爲幽府功曹寓居河中李懷光爲朔方節度招在幕府懷光反狀始萌景略退歸私家尋爲靈武節度杜希全辟在幕府轉殿中侍御史

高郢字公楚授咸陽尉郭子儀辟爲掌書記後忤子儀旨奏貶猗氏丞李懷光節制邠寧奏爲從事轉副元帥判官及懷光叛馬燧平河中又辟郢爲掌書記

權德輿字載之韓洄黜陟河南辟爲從事試祕書省校書郎貞元初復爲江西觀察使李兼判官府罷杜佑裴胄皆奏請表同日至德宗雅聞其名徵爲太常博

李若礽爲陳州太康令刺史李克厚遇之克遷河陽三城使奏若礽爲從事軍中事多委之

李融少孤自修立性嚴正善吏事累官至美原尉京兆尹賈至舉授長安主簿朔方節度郭子儀署奏監察御史爲賓佐居無何子儀聽讓署奏大理司直兼藥陵令官罷鮑防署奏監察御史福建都團練判官

馬彝扶風人嗣曹王臯爲襄陽節度善用人彝未知名臯始辟之卒以正直強幹稱

冊府元龜

巡按福建監察御史臣李嗣京　訂正

知甌寧縣事臣孫以敬叅閲

知建陽縣事臣黃國琦較釋

幕府部　一十四

辟署第四

唐于頎字休甫河南人少以吏事聞累授京兆府士曹爲尹史翽所知翽出鎮襄陽奏爲御史充判官大曆中第五琦署爲河東租庸糧料鹽鐵等使務元載爲諸道營田使又署爲郎官令於東都汝州開置屯田

于頔字允元河南人始以千牛備身調華陰尉黜陟使劉灣辟爲判官

李元諒勇敢多計少從軍備禁衛積功勞至試太子詹事鎮國軍節度使李懷讓署奏鎮國軍副使使領州

盧綸建中初爲昭應令朱泚之亂咸寧王渾瑊克京城西面副元帥板綸爲元帥判官簡較金部郎中

呂元膺鄆州東平人質度瓌偉有公侯之器建中初策賢良對問高第授陝州安邑尉同州刺史侯鏐聞其名辟爲長春宮判官屬蒲賊侵軼鏐失所守元膺遂潛跡不務進取貞元初論惟明節制渭北延在賓席自是名達於朝廷

鄭雲逵滎陽人大曆初舉進士性果誕敢言客遊兩河以畫干朱泚泚悅表爲判官授大理評事累諫議大夫奉天之難奔赴行在居數月李晟表爲行軍司馬戎略多咨之賊平拜給事中

趙植奉天人朱泚之亂德宗幸奉天以家人奴客奮力拒守仍獻家財以助軍資賊平咸寧王渾瑊辟爲推官貞元初遷鄭州刺史鄭滑節度使李融奏兼副使

郗士美字和夫未冠爲陽翟丞李抱真鎮潞州辟爲從事雅有叅贊之績

李鄘字爲宇爲李懷光所辟懷光叛鄘密奏賊軍虛實及攻取之勢事泄懷光囚之獄中懷光死馬燧就獄致禮表爲河東從事辭以言不行歸養徙中襄州節度嗣曹王皐致禮延辟署爲從事

崔從貞元初進士登第釋褐山南西道推官以父憂免喪不應辟命久之西川節度韋皐奏掌西山運務知邛州事劉闢阻命從拒守不從之闢平從事坐累

多伏法唯從以拒關免盧坦在宣州辟爲團練副使

胡証字啓中河東人舉進士貞元中登科渾瑊爲河中節度使辟爲從事自殿中侍御史拜韶州刺史以毋年高不可適遠改授太子舍人襄陽節度使于頔請爲掌書記

程异爲華州鄭縣尉精於吏職剖析無滯杜確之刺同州帥河中辟爲賓佐

韋綬字子章初爲長安尉朱泚之亂變服乘驢赴奉天于頔鎮襄陽辟爲賓佐

段平仲舉進士杜佑李復相繼鎮淮南皆表爲掌書

記復移鎮華州仍爲從事

劉伯芻登進士第志行脩謹淮南杜佑辟爲從事

穆員工文詞尚節義杜亞爲東都留守辟爲從事簡較員外郎

路隨泌子也爲潤州參軍爲李錡所困使知市事隨翛然坐市中不介意韋夏卿爲東都留守聞而辟之由是聲名自振

孟郊少隱於嵩山稱處士李翺分司雒中與之遊薦於留守鄭餘慶辟爲賓佐餘慶鎮興元又奏爲從事辟書下而卒

竇羣爲侍御史順宗時附王叔文爲叔文之黨出爲唐州刺史羣至唐州節度使于頔以故人待之署羣爲副使表兼御史中丞賜金紫

竇常字中行大曆十四年登進士第寓居廣陵之柳楊結廬種樹不求苟進以講學著書爲事凡二十年不出貞元十四年杜佑鎮淮南奏授較書郎爲節度參謀

馬總字會元爲刑部侍郎元和十二年宰相裴度爲淮西宣慰處置使奏總爲宣慰副使司勳員外郎李正封都官員外郎馮宿禮部員外郎李宗閔等爲兩

使判官書記皆從之

韓愈字退之元和中爲右庶子時方討淮蔡兵久無功丞相裴度兼淮西節度督軍於郾城奏愈守本官兼御史中丞爲行軍司馬仍賜金紫旋以蔡州平隨度歸闕拜刑部侍郎

崔戎字可大爲藍田主簿爲藩鎮名公交辟裴度領大原署爲參謀

竇鞏字友封元和二年登進士第袁滋鎮滑州辟爲從事滋改荆襄二鎮皆從之掌書記之任平盧薛平又辟爲副使入朝爲刑部郎中元稹觀察浙東奏爲

副使兼中丞賜金紫移鎮武昌肇又從之終於鄂渚

孔敏行字至之元和五年進士擢第呂元膺廉問岳鄂辟爲賓佐丁母憂而罷後元膺爲東都留守移鎮河中敏行皆從之

梁覬梁州城固人夫妻隱於城固南山山南西道節度使鄭餘慶高其行辟爲節度參謀

賈直言初從事於李師道師道不恭朝命直言冐刃說者二輿櫬說者一師道訖不從及劉悟斬師道節制鄭滑得直言於禁錮之間又嘉其所爲因奏置幕中悟遷於潞亦與之俱後穆宗以諫議大夫徵之悟

拜章乞留復授簡較右庶子兼御史大夫依前充昭義軍行軍司馬

張又新爲左補闕與拾遺李續之尤黨宰相李逢吉聽倚指爲鷹犬逢吉出爲山南東道節度使請又新爲行軍司馬續之爲副使

薛戎字元夫河中寶鼎人少有學術不求聞達居於毗陵之陽羨山年踰四十不易其操江西觀察使李衡辟爲從事使者三返方應召故相齊映代衡又留署職府罷歸之

高瑀少好論兵釋褐右金吾曹累辟諸府從事

王質字華卿釋褐嶺南管記歷佐淮蔡許昌梓潼興元四府累奏兼監察御史入朝累官戶部員外郎舊府延薦簡較司封郎中賜紫金魚袋充興元節度副使

崔咸少有林壑之志往往潛遊南山經時不返既冠連中文科尤長於篇詠好飲酒每風月孤靜吟嘯移時多悽愴流涕至酷醉則已鄭餘慶李夷簡皆辟於幕中如奉師友

崔珦博陵人王質爲宣州觀察使辟珦及劉蕡裴夷直趙晳爲從事皆一代名流

羅讓丁父憂衰服既除尚麻衣茹茶不從四方之辟者十年李鄘爲淮南節度就其家拜請從事除監察御史

李德裕字文饒元和初以父再秉國均避嫌不仕臺省累辟諸府從事張弘靖罷相鎮太原辟爲掌書記繇大理評事遷殿中侍御史

李石元和十三年進士擢第從涼國公李聽歷四鎮從事後爲兵部郎中令狐楚奏爲太原節度副使

韋溫字子斐太和六年擢進士第性貞退登第後十年不仕周墀鎮鄭滑辟爲從事

劉蕡寶曆二年擢進士第太和二年策試賢良不第令狐楚在興元牛僧儒在襄陽辟爲從事待如師友

鄭亞字子佐李德裕在翰林亞以文干謁深知之出鎮浙西辟爲從事

鄭畋字台文亞之子也釋褐汴州節度推官大中朝白敏中令狐綯相繼秉政素與李德裕相惡凡德裕親舊多廢斥之畋不得偕於士伍咸通末令狐綯出鎮淮海劉瞻鎮北門辟爲從事

盧簡求字子藏釋褐江西王仲舒從事又從元稹爲浙東江夏二府掌書記裴度鎮襄陽保釐東雒皆辟

爲賓佐入朝爲監察御史裴度鎮太原復奏爲記室

令狐楚弱冠擢進士第桂州觀察使王拱愛其才辟爲幕府禮不從請乘章而後致意父承簡時爲太原功曹楚有庭闈之戀至桂林謝知不負晏遊乞解職奉養李說嚴綬鄭儋繼鎮太原高其節行累辟爲掌記

鄭朗字有融長慶元年登進士甲科覆落鄭公綽鎮襄陽首辟之朗後爲名相公綽又辟盧簡辭崔璵夏侯孜韋長李拭皆至公卿

鄭璧進士第文格高雅馬植鎮陳許辟爲掌書記又從植汴州李瓚鎮桂州奏爲觀察判官

鄭玭初辟高湜度支推官踰年拜左補闕湜出鎮澤潞奏爲節度副使入爲殿中侍御史李蔚鎮襄陽辟爲掌書記湜再鎮澤潞復爲副使

李商隱少負奇才令狐楚罷相歷汴州興元節制辟爲從事遊處之間未嘗相捨楚卒王茂元鎮涇原聞其才命爲管記茂元移任俱之河陽茂元卒桂州鄭亞復奏爲判官官至侍御史在嶺表累年大中十三年入朝京兆尹盧弘正奏署掾曹令典牋奏明年令狐綯作相商隱屢啓陳情綯不之省弘正鎮徐州又

從爲掌書記府罷復以文章干綯乃補大學博士會河南尹柳仲郢鎮東蜀辟爲節度判官

劉三復潤州人李德裕爲浙西觀察使三復以所業詣郡干謁德裕閱其文倒屣迎之辟爲從事德裕三爲浙西三復皆從太和中德裕輔政用爲員外郎居無何罷相復鎮浙西三復從之汝州刺史劉禹錫以宗人遇之深重其才嘗爲詩贈三復序曰從弟三復三爲浙右從事凡十餘年往年主公入相薦用登朝中復從公之京口未幾而罷非以尚書員外郎奉使至潞旋承新命改轅而東三從公皆在舊地徵諸故

事變無其比因賦詩餞別以志之又從德裕歷滑臺
西蜀揚州累遷御史中丞

楊收字藏之兄發爲潤州從事因家金陵收得第東歸路繇淮右故相司徒杜悰鎮揚州延收署節度推官奏授較書郎自悰罷相鎮西川復管記室宰相馬植奏爲渭南尉充集賢較理改監察御史收辭以兄尚從事侯府植嘉之收即密達意於西蜀願復爲叅佐悰即表爲節度判官植乃以收弟嚴代爲較理周墀罷相鎮西蜀表嚴爲掌書記墀至鎮而卒悰乃辟嚴爲觀察判官兄弟同幕爲兩使判官時人榮之

劉鄴三復子也三復嘗爲李德裕浙西從事大中初德裕貶逐鄴無所依以文章客遊江浙高元裕廉察陝虢署爲團練推官

王蕘龜子也苦學善屬文以季父作相避嫌不就科試乾符初崔瑾廉察湖南崔涓鎮江陵皆辟爲從事

溫庭筠太原人本名岐字飛卿大中初應進士累年不第徐商鎮襄陽往依之署爲廵官

李磎字景望大中十三年登進士第歸仁晦鎮大梁

穆仁裕鎮河陽自監察殿中相次奏爲從事

王調爲長安令鄭從讜罷相爲太原尹北都留守河東節度兼行營招討制下許自擇叅佐乃奏調爲副使兵部員外郎史館修撰劉崇龜爲節度判官前司勳員外郎史館脩撰趙崇爲觀察判官前進士劉崇魯充推官前左拾遺李渥充掌書記前長安尉崔澤充支使開幕之盛冠於一時中朝瞻望者曰太原爲小朝廷言名人之多也

劉崇望登進士科王凝廉問宣歙辟爲廵官崔安潛鎮許昌成都崇望昆仲四人皆在安潛幕下

趙光裔爲膳部郎中知制誥劉季述廢立之後旅遊江表以避患嶺南劉隱深重之奏爲副使

司空圖咸通中登進士第三司王凝於進士中尤奇之凝廉問宣歙爲上客召拜殿中侍御史以赴闕遲留責授光祿寺主簿分司東都宰相盧攜罷免以賓客分司嘉其高節攜入朝路繇分陝謂陝帥盧渥曰司空御史高士也公其厚之渥即日奏爲賓佐後爲禮部郎中故相王徽鎮澤潞乃表圖爲副使牋不赴鎮而止

常寂字處黙釋褐爲萬年尉同州夏陽令崔喬知爲循吏辟鹽鐵廵官

梁張策爲膳部員外郎華帥韓建辟爲戎判及建領

許州又爲掌書記天復中策奉其主書幣來聘太祖見而喜曰張夫子且至矣即奏爲掌記兼賜金紫

孫隲滑臺人知書亦微有詞筆唐光啓中魏博從事公乘億以女妻之因教以牋奏程式時中原多難縫掖之士緇影竄跡不復自顯億既死魏帥以表章牋疏淹積兼月不能發一字或以隲爲言即署末職主奏記事累遷職自支使掌記至節度判官

敬翔字子振同州馮翊人唐平陽王暉之後也翔好讀書尤長刀筆應用敏捷乾符中舉進士不第及黄巢陷長安乃東出關時太祖初鎮大梁有觀察使支

使王發者翔里人也翔往依焉發以故人遇之然無蹤薦達翔久之計窘乃與人爲牋刺往往有警句傳於軍中太祖比不知書章檄喜淺近語聞翔所作愛之謂發曰知公鄉人有才可與俱來及見應對稱旨即補右職每令從軍翔不喜武職求補文吏即署館驛巡官俾專掌檄奏龍紀元年六月以朝散大夫前太子中允爲中大夫簡較水部郎中守揚州大都督府左司馬賜紫金魚袋翔始以書檄從軍每進規畫自經始蔡寇至于殄滅梁祖嘉其侍從裨贊之績特表其事遂有此授

李振仕唐爲台州刺史會盜據浙東不克之任以策干太祖太祖奇之辟爲從事太祖兼領鄆州署天平軍節度副使

韋震仕唐爲右武衛將軍歸于太祖表爲楊州左司馬又表爲蔡州四面都統判官尋奏授簡較左僕射充宣武節度副使

謝曈字子明爲亳州團練使太祖征淮南過郡因求侍府幕表爲宣義節度副使留後

高逖字耶遠初爲鄆州從事爲鹽鐵使秦韜玉所知薦於太祖乃署宣武軍掌記遷汴宋亳觀察判官改

平宣義兩府從事

盧曾頗好書有所執守始爲齊州防禦使朱瓊從事瓊降與之偕來太祖辟爲宣義幕職

李珽字公度爲監察御史丁內艱憂闋再徵爲御史以疾不起成汭鎮荆州辟爲掌書記踰時乃就汭死襄帥趙凝復奏爲掌記入爲左補闕太祖爲元帥復署爲天下掌記一日大會將佐指珽曰此真書記也

羅隱餘杭人也居廣明中因亂歸鄉里節度使錢鏐辟爲從事

後唐任圜京兆人李嗣昭與兵於晉陽與圜遊處分

義甚洽及鎮澤潞請爲觀察判官制授廷評解褐賜朱紱

王緘幽州劉仁恭故吏也少以刀筆直記室仁恭假以幕職令使鳳翔還經太原屬仁恭阻命武皇留之緘堅辭復命書詞稍抗武皇怒下獄詰之謝罪聽命乃署爲推官歷掌書記從莊宗經略山東承制授簡較司空魏博節度副使

趙光逢幼嗜墳典動守規節議者目爲玉界尺昭宗朝登進士第踰月辟度支巡官鳳翔支使

豆盧革少値亂離避地鄜延轉入山中王處直禮之

辟於幕下有奏記之譽因壯丹會賦詩諷處直以禁祐爲意言甚古雅漸加器仰轉節度判官

趙鳳幽州人從劉守奇奔梁用守奇爲博州刺史表鳳爲判官

何瓚閩人也天祐三年登進士第謁莊宗於晉陽一見受知辟河東推官漸轉留守判官張承業卒代知軍府處事明敏胥吏畏其清而服其能好會賓友飲饌精簡談笑婉洽外睦內審事有所執性愎不回鄴中建號拜諫議大夫處帝業不成堅乞判留守於北京詔下許之末行車駕已平梁苑瓚從至雒下郭崇韜欲留於兩掖爲人所忌竟赴北京

盧汝弼唐大順中登進士第宣歙觀察使裴樞辟爲判官後爲祠部員外郎知制誥從昭宗遷都移疾退居客遊上黨過潞府爲太原所攻節度使丁會歸降汝弼從會至太原武皇奏爲節度副使累奏戶部侍郎

盧程天復末登進士第爲鹽鐵巡官昭宗遷雒陽程客遊燕趙中山王處直禮遇未優故投于太原莊宗署爲推官尋改支使後歷觀察判官

李敬義衛公德裕孫也嘗從事浙東退歸雒南平泉

舊業昭宗遷都雒陽敬義爲司勳員外郎辭疾不授衛尉寺主簿後挈族客居衛州者累年莊宗定河朔遣使迎至魏州署北京留守判官

孔邈兗州曲阜人乾寧五年登進士第除校書郎崔遠在中書奏萬年尉充集賢校理以親舅獨孤損方在廊廟避嫌不赴職謁羅紹威於鄴下辟爲判官

蕭希甫梁時登進士第之鎮州王鎔署參軍後遁於易州落髮爲僧莊宗搜楊賢俊幽州馬紹宏以希甫聞召至魏州辟爲推官

李襲吉乾符末爲河東節度李都権鹽判官時喪亂

之後衣冠多逃難汾晉閒襲吉訪舊至太原武皇署爲府掾出宰榆社光啓初武皇遇難上源記室殁焉旣歸鎭辟掌奏者多不如旨或有薦襲吉能文召試稱旨卽奏爲掌書記三遷節度副使

陳人少好學善屬文嘗客於浮陽會浮陽軍亂徙居大梁莊宗平梁郭崇韜遷領嘗山召居賓榻崇韜從魏王繼岌代蜀署爲招討判官

藥縱之太原人少爲儒明宗刺代州署爲軍事衙推從明宗鎭邢州爲掌書記歷天平宣武成德節度副使

馬郁幽州人劉仁恭入燕用爲掌書記唐天祐元年汴人寇滄景仁恭求援於武皇武皇徵其兵同攻潞州仁恭遣郁與監軍張居翰率師數萬赴會澤潞旣平仁恭爲其子守光所囚兄守文又失滄景乃留郁不遣署爲副留守累官至簡較司空秘書監武皇與莊宗禮遇俱厚歲時給賜優異

司空頲貝州清陽人景福中舉進士不第羅紹威爲節度副大使頲以所業干之幕客公乘億爲延譽羅弘信署爲府參軍辟館驛巡官改節度巡官歷掌書記

張憲字允中晉陽人精力遊學莊宗嗣世補太原府司錄參軍天祐十三年授監察賜緋署魏博推官改掌書記魏博觀察判官鎭州平授魏博鎭冀十郡觀察判官

胡裝禮部尚書曾之孫莊宗署館驛巡官未幾遷節度巡官賜緋尋歷推官

王正言鄆州人早孤貧爲沙門密州刺史賀德倫令歸俗署郡職德倫鎭青州表爲推官改鎭魏州觀察判官

周玄豹本燕人有袁許之術莊宗署玄豹北京巡官

石知訥本梁時之走吏也漸厠簪組夏魯奇辟爲河陽節度判官移任許州亦佐之

晉趙瑩初依梁將康延孝延孝奔唐莊宗同光初用爲鄭州防禦使表瑩爲判官三年延孝爲陝帥又署賓職高祖爲陝府兩使留後瑩時在郡以前官謁之一見如舊相識卽奏署官高祖歷諸鎭皆從之

劉昫涿州人文學優贍隱居上谷太寧山與呂夢奇張麟結菴共處定州連帥王處直以其子都爲易州刺史署昫爲軍事衙推及都去任假五廻令都招昫至中山會其兄暄爲節度衙推不踰歲命爲觀察推

官

馮玉字璟臣少應進士不第唐長興中宣徽使馮贇出鎮太原玉以宗盟之分往依之贇乃奏玉爲從事府罷入朝拜監察御史

崔稅梁永明三年舉進士王文薛廷珪愛其才擢升甲科開封尹王瓚表爲從事專掌書奏瓚待之若親友

呂琦幽州人勵志勤學遊於汾晉唐天祐中莊宗方開霸府尅佇賢士墨制授琦代州軍事判官秩滿歸太原監軍使張承業重琦器業禮遇尤厚會其子瓘

領麟州刺史乃辟琦從事同光中趙德鈞鎮滄州表琦爲節度推官德鈞移鎮幽州亦從之

殷鵬字大舉大名人少而攜秀爲鄉曲所稱弱冠擢進士第唐閔帝之鎮魏州聞其名辟爲從事

曹國珍字彦輔少値燕薊亂離因落髮被緇客于河西延州高萬興兄弟皆好文辟爲從事國珍嘗以文章自許求貢禮闈萬興飛表薦之梁永明中特勅進士及第還爲萬興幕客且掌書奏朞年入爲左拾遺

史圭常山人後唐同光中任圖爲真定尹擢本府司錄不應命郭崇韜領甘六地辟爲從事及明宗代崇韜復以舊職縻之

尹玉羽京兆長安人杜門隱居無名宦之意梁永明中劉鄩開幕鄜坊辟爲保大軍節度推官歷雍汴滑兗從事

孔崇弼登進士第爲弘文較理昭宗幸雒陽河南尹張宗奭以崇弼名家子署爲幕賓

陳保極閩中人也少好學善屬文後唐天成中擢進士第秦王榮後聞其名辟爲從事

漢李崧深州饒陽人仕後唐爲太常寺協律郎王師伐蜀王繼岌爲都統署都統掌書記

蘇逢吉京兆人也父悅爲高祖從事因從容薦逢吉令事左右高祖召見以神情爽惠甚憐之有頃擢爲賓佐爲節度判官

李鏻少舉進士累舉不第客游河朔入常山趙王鎔辟爲從事嘗山平莊宗以鏻爲霸府支使

龍敏幽州人少爲儒丏遊都邑莊宗定魏博敏聞故人馮道爲霸府記室乃客于河中歲內歸太原館於馮道之家監軍使張承業從容謂道曰吾子鄉友南來何不相見遂得通刺會莊宗在魏州召道從軍承業即署敏爲巡官典監軍奏記

張允鎮州人幼學爲儒仕本州爲參軍張文禮之據州叛唐莊宗致討允隨文禮子處瑾請降於鄴不允與處瑾並繫于獄鎮冀平宥之留于鄴署府功曹趙在禮嬰城叛署節度推官從事滄兖二鎮書記

周馮道瀛州人唐天祐中劉守光署爲幽府掾守光敗道歸太原監軍使張承業辟爲本院巡官尋爲覇府從事莊宗歸寧太原置酒公宴舉酒謂張承業曰予今於此會取一書記先以卮酒辟之即舉酒屬道道以所舉非次抗酒辭莊宗曰勿謙抑無踰於卿也遂署太原掌書記

馬裔孫同光末擢進士第唐末帝爲潞王鎮河中裔孫客遊依之署爲支使俄改記室潞王守河中留京師歲餘裔孫不離于邸第長興中潞王自西京留守改節鳳翔裔孫累轉觀察判官

和凝字成績十九登進士第滑師賀環知其名辟寘幕下

蘇禹珪字玄錫以五經中第爲潞并管記漢高祖作鎮并門奏爲廉判

楊凝式爲禮部員外郎三川守張宗奭見而嘉之請以本官充留守巡官

王仁裕天水人入蜀爲翰林學士蜀亡入雒復爲秦州戎判秩蒲歸田里時王思同鎮興元聞仁裕名奏辟爲幕賓尋改西京留守判官

司徒詡清河人少好讀書弱冠應鄉舉不第唐明宗鎮邢臺詡往謁之甚見禮遇命試吏歷須城令有能名長興初唐末帝鎮河中奏辟爲從事

賈緯眞定人舉進士不第歸河朔本府累署參軍邑宰范延光鎮眞定表授趙州軍事判官

劉昫後唐初投高季興於荆南累爲荆州攝官旣而兄暭明宗朝爲學士遣人召歸梁漢顒鎮鄧州辟爲

從事入爲監察御史歷水部員外郎史館脩撰長興末宰臣趙鳳鎮邢臺表爲節度判官

張沆徐州人登進士第唐明宗子秦王好文每賓寮大集手自出題令面前賦詩少不如意則壞裂抵棄沆初遍刺屬合座客各爲南湖廳記謂沆曰聞生名久矣請爲此文沆不獲已從之及羣士記成獨取沆所爲勒之於石繇是署爲河南府巡官秦王敗勒歸鄉里晉初桑維翰秉政沆以文干進用爲著作佐郎集賢校理右拾遺維翰出鎮奏爲記室

張昭趙郡寧晉人後唐同光中依興唐尹張憲憲奏

爲從事及憲移河東留守與之俱行遇莊宗雒陽之

變憲爲部將苻彦超所害昭侁以身免

册府元龜

册府元龜　幕府部　辟署四　卷之七百二十九

冊府元龜

巡按福建監察御史臣李嗣京　正

分守建南道左布政使臣胡維霖　訂

知建陽縣事臣黄國琦　較

幕府部　一十五

連累　貪縱　邪謀　譴斥

連累

古者三公將帥並開幕府必精於聘選以爲參佐故崇讌馬之禮盛弓旌之招爲之佐助待以師友若乃禆贊無狀計畫靡聞使其僭擬致禍驕侈取亡或陰拱以覬其謀或踴躍以挻其惡以至法當連茹禍及淪胥至於禁錮終身孥戮親族豈繇天孽非不幸焉

後漢傅毅爲車騎將軍馬防軍司馬毅以文雅顯於朝廷防外戚尊重待以師友之禮及馬氏敗免官而歸

班固爲大將軍竇憲中護軍與參議及憲敗固先坐免官

崔瑗爲度遼將軍鄧遵所辟居無何遵被誅瑗免歸

羊陟辟太尉李固府舉高第拜侍御史會固被誅陟以故吏禁錮歷年

何休辟大尉陳蕃府與參政事蕃敗休坐廢錮

魏王基爲大將軍曹爽官屬徙河南尹未拜而爽伏誅基隨例罷

盧欽爲大將軍曹爽掾除尚書郎爽誅免官

裴秀爲大將軍曹爽掾遷黄門侍郎及爽誅以故吏免

蜀向朗領丞相諸葛亮長史隨亮漢中朗素與馬謖善謖逃亡朗知情不舉亮恨之免官還成都

晉潘岳爲大傅楊駿主簿駿誅除名

嵇含爲楚王瑋掾瑋誅坐免

應詹爲趙王倫征東長史倫誅坐免

陸玩徵拜侍中以疾辭王敦請爲長史逼以軍期不得已而從命敦平尚書令郗鑒議敦佐吏不能諫正姦惡宜皆免官禁錮會溫嶠上表申理得不坐復拜侍中

宋庾登之爲謝晦撫軍長史及晦拒王師欲使登之留守登之不許晦敗登之以無任免罪禁錮還家

陸展爲臧質車騎長史尋陽太守質敗伏誅

荀伯玉爲晉安王子勛鎮軍行參軍子勛舉事伯玉友人孫冲爲將帥伯玉隸其驅使封新亭侯事敗伯

王還都賣卜自業

陳韋諒爲始興王叔陵錄事參軍兼記室叔陵謀逆諒伏誅

後魏路仲信爲章武王融之討葛榮也仲信爲其都督府長史融敗歿仲信遂亦免棄

李鳳爲定州刺史安樂王長樂主簿長樂以罪賜死時卜巫者河間邢瓚辭引鳳曰長樂不軌鳳爲謀主伏誅

李遺元爲京兆王愉功曹參軍帶扶卬令爲愉所親遇與同反愉敗遺元逃竄會赦文乃雪

北齊王晞爲常山王友時文宣昏逸常山王數諫帝疑王假辭於晞欲加大辟王私謂晞曰博士明日當作一條事爲欲相活亦圖自全宜深體勿怪乃於衆中杖晞二十帝尋發怒聞晞得杖以故不殺髡鞭鉗配甲坊居三年王又固諫爭大被毆撻閉口不食大后極憂之帝謂左右曰儻小兒死柰我老母何於是每問王疾謂曰努力強食當以王晞還汝乃什晞令往王抱晞曰吾氣息惙然恐不復相見晞流涕曰夫道神明豈令殿下遂斃此舍至尊親爲人兄尊爲人王安可與計殿下不食太后亦不食殿下縱不自惜不惜太后乎言未卒王強坐而飯晞繇是免徙還爲王友

後周陸逞爲河州刺史晉公護雅重其才表爲中外府司馬頗委任之尋復爲司會兼納言遷小司馬及護誅坐免官

隋蘇沙羅爲益州總管長史會越巂人王奉舉兵作亂沙羅從段文振討平之賜奴婢百口會蜀王秀廢吏案奏沙羅云王奉爲奴所殺秀乃詐稱左右斬之又調屬僚令出奴婢沙羅隱而不奏繇是除名

李圓通爲并州長史時秦孝王爲刺史以奢侈得罪

圓通亦免官

唐崔器天寶中爲監察御史中丞宋渾東畿採訪使渾引器爲判官渾坐贓流嶺南器亦隨貶

李白天寶末爲永王璘江淮兵馬都督從事璘謀亂兵敗白坐長流夜郎遇赦得還

盧徵永泰中江淮轉運使劉晏辟爲從事委以腹心之寄累授殿中侍御史晏得罪徵貶珍州司戶元琇亦晏之門人與元中爲戶部侍郎判度支薦徵爲度支員外郎琇得罪徵坐貶爲信州長史

馬總貞元中姚南仲鎮滑臺辟爲從事南仲與監軍

使不叶監軍誣奏南仲不法及罷免總坐貶泉州別駕監軍入掌機務福建觀察使柳冕希旨欲殺總遣從事穆贊鞫總贊稱無罪總方免死

沈亞之爲柏耆滄德宣慰判官耆以數百騎入滄州取節度使李同捷赴京諸將害耆邀功爭上表論列耆貶循州司戶亞之貶虔州南康尉

錢可復太和末爲禮部郎中鄭注出鎮鳳翔李訓選名家子以爲賓佐授可復簡較兵部郎中兼御史中丞充鳳翔節度副使訓注敗可復爲鳳翔監軍使所害

李巨川爲王重榮河中府掌書記重榮爲部下所害朝議罪參佐貶爲漢中掾

後唐劉贊明宗朝爲刑部侍郎時秦王爲元帥秦王府判官太子詹事王居敏與贊鄉曲之舊以秦王虛年自恣須朝中遴士納誨與其寮長乃薦贊明宗授秘書監兼秦王傅贊性雍和與物無忤居官畏慎人若以私故干之雖權豪不能移其操及在秦府因事或發正論王側目怒視殊無下賢之色或與諸僚候於外廳有竟日不召而不得食而指闕之謀故不顧闕及秦府得罪或傳旨安慰言止於朝降而贊已被府衣乘驢在門聞其安慰曰此存撫之情也豈有國君之嗣一旦舉室塗地而參佐朝降免死幸也俄而臺吏示勅長流即時赴貶所

貪縱

後唐樂文紀爲亳州判官刺史李鄴爲政貪穢長流崖州百姓文紀坐昧於贊佐配祁州長流百姓

漢陳湯爲大將軍王鳳從事中郎湯明法令善因事爲執納說多從嘗受人金錢作章奏卒以此敗

後漢宋章爲司徒桓虞掾章貪而不法同府掾楊仁脩不與交言同席

魏丁斐爲太祖典軍校尉從征吳斐以家牛羸私易官牛

晉郭象辟司徒掾稍至黃門侍郎東海王越引爲太傅主簿甚見親委遂任職當權熏灼內外繇是素論去之

諸葛長民爲桓玄平西參軍有文武幹用然不持行檢無鄉曲之譽尋以貪刻免

後魏韓務爲平北長史頗有受納爲御史中尉李平所劾付廷尉會赦免

張僧皓爲歷城郡功曹時內史房伯祖闇弱委事僧

皓僧皓七有受納伯祖衣食不克
祖瑩爲冀州鎮東府長史以貨事發除名後李崇爲
都督北討引瑩爲長史又坐截没軍資除名
羊祉爲司空輔國長史侵盜公私營構居宅有司按
之抵死孝文特恕遠徙復還
元慶智爲大尉主簿事無大小得物然後判或十錢
或二十錢得便取之府號曰十錢主簿
東魏裴景顏孝静初徙司空長史在官貪穢武定二
年爲中尉崔暹所劾事下廷尉遇疾死於獄中
北齊陳元康爲神武相府功曹參軍便辟善事人希

顏候意多有進舉而不能平心處物溺於財利受納
金帛不可勝紀放債交易徧於州郡爲清論所譏
祖珽爲神武開府倉曹參軍性踈率不能廉愼守道
倉曹雖云州局乃受山東大文綾并連珠孔雀羅等
百餘疋令諸嫗擲樗蒲調新曲招城市年少歌舞爲
娱遊諸倡家與陳元康穆子容任胄元士亮等爲聲
色之遊文宣罷州珽例應隨府規爲倉局之間致請
於陳元康元康爲白爾是還任倉曹珽又委體附參
軍事攝典籤陸子先并爲畫計請糧之際令子先宣
教出倉粟十車爲寮官捉送神武親問之珽自言不

署歸罪子先神武信而釋之珽出而言曰此丞相天
緣明鑒然實孝徵所爲（斑字孝徵）珽後爲秘書丞領舍人
事文襄州客至請賣華林遍略文襄多集書人一日
一夜寫畢退其本曰不須也珽以遍略數帙質錢樗
蒲文襄杖之四十又與令史李雙倉督成祖等作晉
州啓請粟三千石代功曹參軍趙彦深宣神武教給
城局參軍過與籤事高景略疑其不實密以問彦深
彦深答都無此事遂被推𨼆珽即引伏神武大怒决
鞭二百配甲坊加鉗其穀倍徵未及科會并州定國
寺成神武謂陳元康温子昇曰昔作芒山寺碑文時

稱妙絶今定國寺碑當使誰作詞也元康因薦珽才
學并解鮮卑語乃給筆札就禁所具二日内成其文
甚麗神武以其工而且速特恕不問然猶免官散參
軍府文襄嗣事以爲功曹參軍及文襄遇害元康被
傷創重倩珽作書屬家累事并云祖喜邊有少許物
宜早索取珽乃不通此書喚祖家私問得金二十五
鋌唯與祖喜二鋌餘盡自入已盜元康家書數千卷
祖喜懷恨遂告元康二弟叔諶季璩等叔諶以語揚
愔愔嚬眉答曰恐不益下者因此得停文宣作相珽
擬補令史十餘人皆有受納據法處絞帝尋捨之又

盜官遞略一部事發文宣付從事中郎王士推簡并興平陽公淹令錄珽付禁勿令越逸淹遣田曹參軍孫子寬往珽受命便爾私逃黃門郎高德正留臺奏謀亡珽自知有犯驚恐是當但宜一命向祕書稱奉并州約束須五經三部仰丞親簡較催遣如此則珽意安夜當還宅然後掩取珽果如德正所圖遂還宅簿聽就家掩之縛珽送廷尉據犯枉法處絞刑文宣以珽伏事先世諷所司命特寬其罰遂奏免死除名天保元年復被召從駕依除免例參於晉陽珽尋還典御文奏造胡桃油復爲割截免官文宣每見之嘗呼爲賊

唐陸長源爲宣武節度行軍司馬好輕言無威儀自到汴州不爲軍州所禮重判官孟叔度性苛刻又縱恣聲色數至樂營與諸婦人嬉戲自稱孟郎衆是人惡而輕之衆心共怒故節度使董晉卒未十日兵亂殺長源叔度仍臠食之

鄭侃爲壽州刺史楊承恩判官侃擅行威令貪冒貨財多欲枉法貞元十五年七月命權知壽州刺史王宗集衆決疑

後唐馬郁唐末爲幽州李儔掌書記嘗使於鎮州王鎔官妓有轉轉者美麗善歌舞因宴席郁屢挑之鎔幕客張澤亦以文章有名謂郁曰子能座上成賦可以此妓奉酬郁抽筆操紙即時成賦擁妓而去

丑盧華初爲定州王處直判官理家無法有日獨請謁見處直慮布政有闕疑有所勉歛板出迎華立通尺牘處直揩笏披之乃爲娶人新軍職也

司空頲爲莊宗魏博節度判官是時帝方事河南連年征役魏博軍政决之於頲累遷簡較右僕射權軍府事長史補署多通賂遺家畜妓妾不修廉隅同職惡之

晉張從朏爲晉昌府節度行軍司馬以僞蜀故夔王滕李氏富於粧奩從朏略娶爲妻李氏訴之天福七年四月勅以曾該赦宥止配靈武收管永不任用

邪謀

夫漢魏之後並開幕府參佐之列其猶股肱莫不資濟濟之賢成婉婉之畫也若乃以利傷行枉道事人毀信廢忠交私逢惡縱肆邪說協比匪人故大則毀其龜玉小亦累其長上聽其言者曾不是圖觀其謀始之端循謂相得之晚稔其干紀俾之覆宗斯則爲人謀而不忠當法家之所耻者也是以於奉國爲不臣

於事人爲不義前車之覆可以明徵謀謨是資尤所深誡者矣

晉錢鳳爲大將軍王敦鎧曹參軍數得進見知敦有不臣之心因進邪說遂相朋搆專弄威權言成禍福遭父喪外託還葬而密爲使與沈充交構沈充爲王敦參軍明帝將伐敦遣其鄉人沈禎諭充許以爲司空充謂禎曰三司具瞻之重豈吾所任幣厚言甘古人所畏且丈夫共事終始當同寧可中道改易人誰容我禎曰不然舍忠與順未有不亡者也大將軍阻兵不朝爵賞自已五尺之童知其異志今此之舉將

行簒弑耳豈同於往年乎是以疆場諸將莫不歸赴本朝内外之士咸願致死正以移國易主義不北面以事之也奈何協同逆謀當不義之責朝廷誠信禎所具也賊之黨類猶宥其罪與之更始況見機而作邪充不納率兵臨發謂其妻子曰男兒不竪豹尾終不還也及敗歸吳興亡失道誤入其故將吳儒家爲儒所殺

周撫爲王敦從事中郎與鄧嶽俱爲敦爪牙甘卓遇害敦以撫爲沔北諸軍事南中郎將鎮沔中及敦作逆撫領二千人從之敦敗撫與嶽俱亡走

任讓爲冠軍將軍蘇峻參軍庾亮輔政徵峻爲散騎常侍峻疑亮害已表乞補青州界一荒郡以展鷹犬之用復不許峻嚴裝將赴召猶豫未決讓謂峻曰將軍求處荒郡而不見許事勢如此恐無生路不如勒兵自守峻從之遂不應命

郗超爲大司馬桓温征西將軍枋頭之敗温深恥之既而超就温宿中夜謂温曰明公都有慮不温曰卿欲有所言邪超曰明公既居重任天下之責將歸於公矣若不能行廢立大事爲伊霍之舉者不足鎮壓四海震服宇内豈可不深思哉温既得此計深納其

言遂定廢立超始謀也

卞範之爲桓玄江州刺史委以心膂之任潛謀密計莫不決之後玄將爲簒亂以範之爲丹陽尹與殷仲文陰撰策命玄僭位其禪詔即範之文也

殷仲文爲桓玄諮議參軍時王謐見禮而不親卞範之被親而少禮而仲文寵遇隆重兼於王卞矣玄將爲亂使總領詔命以爲侍中領左衛將軍玄九錫仲文之辭也初玄簒位入宮其牀忽陷群下失色仲文曰將軍聖德深厚地不能載玄大悦

後秦韋宗爲姚宣參軍姚泓初立宣時鎮李閏北地

太守毛雍據趙氏塢以叛于泓泓使姚超擒之宜未知雍敗遣部將姚佛生等來衛長安衆既發宗姦詣好亂說宜曰主上初立威化未著勃勃彊盛爲害必深本朝之難未可弭也殿下居維城之任宜深慮之邢望地形險固總三方之要若能據之虚心撫御非但克固維城亦霸王之業也宜乃率戶三萬八千棄李閏以叛

宋何承天爲謝晦荆州諮議參軍領記室文帝元嘉三年晦將見討其弟黄門郎𠷣寄信報之晦問承天曰若果爾卿令我云何承天曰以王者之重舉天下

以攻一州大小既殊順逆又異境外求全上計也其次以腹心領兵戍於義陽將軍率衆於夏口一戰若敗即趨義陽以出北境其次也晦良久曰荆楚用武之國兵力有餘且當決戰走不晚也乃使承天造立表檄

宗儼之爲沈攸之荆州主簿攸之既舉兵反初至郢州有順流之志儼之勸功曹臧寅以爲攻守勢異非旬日所拔若不時舉挫鋭損威今順流長驅計日可捷既傾根本則郢城豈能自固攸之不從

焦度爲江州刺史王景文鎮南參軍隨景文還都當在府州內景文被害度大怒勸景文拒命景文不從

陳彭嵩爲始興王叔陵書記領衡陽內史叔陵爲逆嵩伏誅嵩叔陵舅也有寵謀謨皆預焉

後魏斛斯椿既歸爾朱榮署外兵事椿性佞巧甚得榮心軍之密謀頗亦關預

北齊司馬子如魏末爲爾朱榮司馬榮之誅子如知有變自宮內突出榮宅棄家隨榮妻子與爾朱世隆走出京城世隆便欲還北子如曰事貴應機兵不厭詐天下洶洶唯强是視於此際會不可以弱示人若必走北郎恐變故隨起不如分兵守河橋廻軍向京

出其不意或可離潰假不如心猶是爾有餘力使天下觀聽懼我威强於是世隆還逼京城

隋張衡爲濮王諒侍讀及諒轉牧揚州衡復爲掾諒甚親任之衡以竭慮盡誠事之奪宗之計多衡所建

唐高尚玄宗天寶末爲安禄山平盧掌書記出入卧内禄山甚信用之禄山肥疾若睡尚執筆在旁通宵不寐繇是益親信遂與嚴莊等共解圖讖因其疑懼勸其謀反禄山累表至屯田員外郎及隨禄山寇陷東京僞授中書侍郎僞赦書制勅盡尚爲之毁黷本朝所不忍聞皆繇尚曲說其事也

盧會昌德宗貞元中爲昭義節度李抱眞營田副使抱眞卒其子緘匿喪不發會昌令抱眞從甥元仲經潛與緘謀其明日將吏會集仲經詐爲抱眞令曰吾疾甚不能蒞職今令緘掌軍事諸軍善佐之節度副使李說及諸將吏俛首皆曰諾須臾緘盛服而出衆拜之緘乃悉府藏頒賞軍士會昌仍詐爲抱眞表請以職事付緘翌日又令諸將連奏請緘領軍事帝聞抱眞卒乃遣中使第五守進馳傳觀變且命以軍事屬於大將軍王延貴守進至潞州緘詐言抱眞疾病請見明日如此者凡三日緘乃出造中使左右皆陳

兵甚嚴備中使謂緘曰朝廷已知相公釁歿令以軍務屬延貴侍御宜歸發喪行服也緘愕然出謂諸將曰有詔不許緘掌軍事諸公意如何將吏莫有對者緘懼而退遽以使印及管鑰歸監軍是日乃發喪畢一哭中使召延貴以口詔令視事趣遣緘赴東都元仲經逃于外延貴捕得殺之既歸罪仲經會昌因得不坐

鄭侃貞元中爲壽州刺史楊承恩判官承恩老耄多病其政事委男澄及侃與孔目官林晟等承恩既疾甚侃等乃與將較等謀以澄爲刺史團練副使王宗知之密與大將田瑀等議曰楊大夫暫疾病當郎痊平脫有不諱即朝廷自除刺史豈可便令楊澄知事也遂因繫澄侃等驛騎以聞故授宗官晟侃等得罪

季貞抱昭宗時爲幽州李威幕客威以軍亂故推其弟衛爲留後鎮州王鎔以威失國因請税駕於常山北郭海子園託以親屯既造之威遂逼以兵伏同詣理所乃入自子城東偏門內有鎔之親騎營中之卒忽掩其外關復於缺垣中有一人識是　闕文

譴斥

唐殷嶠爲吏部侍郎從太宗擊薛舉爲元帥府司馬

時太宗遇患委軍於劉文靜誡之曰賊衆遠來利在急戰難與爭鋒且宜持久待糧盡然後可圖也嶠謂文靜曰王體不安慮公不濟故發此言宜可因機破賊乃以勅敵遣王也久之言於文靜曰王不念恐賊輕我請耀武以威之遂陳兵撫圻爲薛舉所乘軍乃大敗嶠坐減死除名

元萬頃爲李勣遼東道管記勣嘗令萬頃作文檄高麗其語有譏高麗不知守鴨淥水險莫離支報云謹聞命矣遂移兵固守鴨淥官軍不得入萬頃坐是流于嶺外

張弘靖爲東都留守杜亞從事留守將令狐運逐獸出郊其日有刼運絹於道者亞以運豪家子意其爲之乃令判官穆員及弘靖同鞫其事員與弘靖皆以運職在衙必不爲盜刼堅請不按亞不聽遂以獄聞仍斥員及弘靖出幕府有詔令三司使雜治之後果於河南界得賊

後唐盧程莊宗在晉陽程爲推官及出師趙魏欲還爲書記程以無刀筆才不敢奉命故盧質典記室留於晉陽自行臺駐魏州河東軍之務專制於監軍張承業承業嘗命程監諸廪出納程辭之日此事非僕

所能請擇其能者承業叱之日公稱文士卽合飛書草檄開濟霸圖命爲書記堅稱短拙及令監廪又以爲辭公所能者何也程垂涕謝之

勾龍階爲陝州觀察判官清泰二年勒停追毁見任官牒以斷獄謬誤故也

第十六頁八行識是下脫三十三字

王鎔遽挾于馬上肩之而去威格鬭移時與貞抱俱死焉而此時之謀皆出于貞抱也

第十六頁八行後脫五條

後唐魏琢自莊宗為晉王時琢為安義軍留後李繼韜幕客與牙將申蒙入奏公事每摭陰事報繼韜云朝廷無人終為河南吞噬遲速間耳由是陰謀叛計内官張居翰時為昭義監軍莊宗將即尊位詔赴鄴都潞州節度判官任團時在鎮州亦奉詔赴鄴矣琢蒙謂繼韜曰國家急

召此二人情可知也

孫晟莊宗時為秘書省著作佐郎明宗天成初朱守殷據夷門叛晟時為幕賓實賛成其事

晉胡漢榮為安州節帥李金全元隨左都押衙天福二年十一月金全奏奉詔抽漢榮以近染重疾候損日赴闕漢榮本猾吏也從金全歷數鎮而濫聲諠聞知有旨欲授以他職免陷功臣漢榮懼其得罪遂託疾勸金全貳於朝廷自此之始

胡饒為王建立所辟奏為真定少尹天成末定

州王都構亂陰使人結建立為兄弟之國鏡又
曾薦梁時右庶子張澄為判官建立亦狎之澄
素不知書每坐則以陰符鬼谷為己任建立時
密以王都之盟告之澄與鏡俱贊成其事會王
師會中山其事遂寢而鏡之凶戾如此
高鴻漸為雍京知留恐文矩從事文矩素慎靜
為鴻漸所教京兆之人稍致撓弊
第十六頁九行後脱譴斥門小序及孫楚等十
條
夫朝廷藩屏寄之公侯幕府婉畫屬在賓寮莫

不交致辟書廣延時彥奉以加籩之禮資其入
幕之謀洎乎罔稱其才有辱□命任使失所職
事斯廢不能畏此簡書所以受其譴斥也
晉孫楚參石苞驃騎軍事楚既負其才氣頗侮
易於苞初至長揖曰天子命我參卿軍事因此
而嫌隙遂構苞奏楚與吳人孫世山共訕毀時
政楚亦抗表自理紛紜經年事未判又與鄉人
郭奕忿爭武帝雖不顯明其罪然以少賤受責
遂湮廢積年初參軍不敬府主楚既輕苞遂制
施敬自楚始也

李興蜀郡人刺史羅尚辟別駕尚為李雄所攻
使興詣鎮南將軍劉弘求救興因願留為弘參
軍而不還尚白弘弘即奪其手版而遣之
習鑿齒襄陽人為大司馬桓温別駕温甚器遇
之後使至京簡文亦雅重焉既還温問相王何
似答曰生平所未見以此大忤温旨左遷戶曹
參軍温後激怒既盛乃出鑿齒為滎陽太守後
以脚疾遂廢于里巷
宋臧質為江夏王義恭撫軍以輕薄無檢為太
祖所知徙為給事中會稽宣長公主每為之言

乃出為建平太守
顧琛為彭城王義康司徒錄事軍出為義興太
守初義康請琛入府欲委以腹心琛不能承事
劉湛故尋見斥外
何長瑜為臨川王義慶平西記室參軍嘗於江
陵寄書與宗人
何勗以韻語序義慶州府僚佐云陸展染鬢髮
欲以媚側室青青不解久星星行復出如此者
五六句而輕薄少年遂演而廣之凡厥人士並
為題目皆加劇言苦句其文流行義慶大怒白

太祖除為廣州所統曾城令

梁謝朏為司徒右長史坐殺牛免官

江淹為建平王景素鎮軍參軍事領南東海郡丞會南東海郡太守陸澄丁艱淹自謂郡丞應行郡事景素用司馬柳世隆淹固求之景素大怒言於選部黜為建安吳興令

北齊崔龍子為司州司馬初龍子為司徒功曹嫁女與穆提婆以求此職提婆許之以其階品懸絕先轉為率更令至是成婚即畢即便用之尋有謠言牓於路側曰司州司馬崔老鵰取錢能疾判事遲御史馮仕幹見而劾之遂免其官

冊府元龜

巡按福建監察御史臣李嗣京　訂正

分守建南道左布政使臣胡維霖　參閱

知建陽縣事臣黃國琦　較釋

陪臣部七百三十一

總序

古者建侯分土皆有臣吏（若有虞廐正有仍牧正之比）夏商以往其詳蓋闕周王之制始以諸侯上大夫卿下大夫上士中士下士爲五等大國三卿皆命於天子次國三卿二卿命於天子一卿命於其君小國二卿皆命於

其君而國皆有下大夫五人上士二十七人平王東遷諸侯立政家陪之職多擬王室其見於春秋者曾有司徒司馬司空司寇太宰（皆卿官也諸侯僭此）祝宗十史之職（大祝掌祠祀宗人掌禮太卜掌卜筮太史掌記事諸國皆有但不備見於經爾魯太史之外復有外史）又有工正掌車服隧正主役徒周人掌圖籍宰人掌禮書馬正挍人掌馬縣邑則有大夫宰以守邑有賈正掌物價（諸國縣邑皆有大夫唯楚縣置尹或僭稱公）宋以司徒爲司城（避武公諱）有大司馬少司馬司馬大司徒司徒右師左師大司寇少司寇司寇太宰太宰晳少宰大尹卿正門尹又有御士主公御司里掌閭里迹人主迹禽獸校正主馬工正主車晉以司徒爲中軍（避僖侯諱）有大司空司空太傅司寇司馬太師太史之職三軍之外復有中行右行左行之官（周制大國三軍皆以卿將之大夫佐之晉舊有三軍又新作三軍避天子六軍之制故以行爲右）又有軍司馬軍尉軍侯亞旅侯奄皆掌軍事又有侯正主斥侯輿師主兵車校正主馬司士主車右五正主五官執秩主爵秩七輿大夫主車輿大士主治獄公族旄車掌公族餘子掌公適子之毋弟公行掌庶子輿尉掌役司典掌典籍復陶主衣服筮史膳宰樂師各掌其事齊卿官及太史太師之外有銳司徒主銳兵辟司徒主辟壘工正主百

工衡虞主山舟鮫掌澤虞侯掌藪祈望掌海又有侍漁監取魚虞人掌山澤縣大夫之外別有師掌地域楚有令尹太宰右尹宰少宰司徒司空司馬左司馬右司馬司敗（陳楚謂司寇爲司敗）七大夫莫敖若敖連尹工尹樂尹藍尹箴尹鍼尹囂尹陵尹寢尹沈尹芊尹郊尹卜尹莠尹門尹馬尹宮廐尹中廐尹又有太師掌環列之尹封人主役右領左史爲賤官縣尹之外又有司馬鄭卿官之外有司宮主宮令正主作辭令馬師主馬封人主封疆卜大夫府人庫人郊人各掌其事其餘國則衛有右宰吳有太宰隨有少師它職皆不

見於經其戰國之際公侯多僭王號諸國皆有相國假相國上卿客卿國尉御史田部吏其用兵則有大將軍將軍軍師監寧裨將等官縣則有園吏市掾監門之職秦孝公時又置縣令以公士上造簪褭不更不更亦見於春秋大夫公大夫官大夫公乘五大夫左右庶長左更中更右更少上造大上造駟車庶長大庶長關內侯徹侯爲二十爵惠文君時又置左右丞相及有犀首之官若漢虎牙將軍楚又有左徒三閭大夫其家臣則春秋時有家宰家司馬祝宗差車戰國有舍人中庶子其太子官及官者皆見於本序此不復紀夫陪

貳藩國分守官次所以輔翊其主尊屏王室而有智用淵達謀慮沈敏延賢懿之德秉忠亮之操方正不撓辭令克允爲禮明上下之等臨政適寬猛之要規正闕失薦達賢彥臨難而盡節受邑而建嗣至於擅命恣橫僭上奢縱罔循典禮連構禍危詭譎交變戕賊肆害任性以忿兢棄國而奔越咸用論叙以著於篇凡陪臣部二十門

封邑　立嗣

封邑

周制卿大夫士有祿秩之差諸侯亦自命其陪臣卿佐故其家邑采地制祿受封亦惟舊矣東遷之後庶邪立政雖大國之卿當命於天子者亦罕聞焉若夫驍者之士過於數圻强家之賦踰於百乘當其以能詔爵以功裂壤賞之以衍沃錫之以暗敦傳世延嗣係姓受氏自爾胄緒蕃衍宗族熾大專制國命以弱公室者亦固有之傳曰末大必折尾大不掉其是之謂也

桓叔晉文侯弟成師也文侯封之於曲沃曲沃邑大於翼翼晉君都邑也成師封曲沃號爲桓叔靖侯庶孫欒賓相桓叔桓叔是時年五十八矣好德晉國之

衆皆附焉君子曰晉之亂其在曲沃矣末大於本而得民心不亂何待

共叔段鄭莊公母弟也母姜氏爲共叔段請制公曰制巖邑也虢叔死焉他邑惟命虢叔東虢君也恃制巖險而不修德鄭滅之恐段復然故屬以他邑虢國今滎陽縣請京使居之謂之京城大叔公順姜請使段居京鄭人謂之京城大叔言寵異於衆臣京鄭邑今滎陽京縣

季友魯莊公弟也僖公元年以汶陽鄪封季友汶陽鄪魯二邑

韓武子爲晉大夫封於韓原

趙夙畢萬皆晉大夫晉獻公伐魏趙夙御戎畢萬爲

右以滅耿滅霍滅魏還賜趙夙耿賜畢萬魏

趙衰晉大夫晉文公伐曹衛兵先下山東而以原封趙衰（河内沁水縣西北有原城）

狐溱陽處父皆晉大夫先食於溫地

郤缺晉大夫晉哀公反自箕以一命命郤缺爲卿復與之冀

孫叔敖爲楚相及卒其子窮困負薪逢優孟優孟謂楚莊王曰念爲廉吏奉法守職竟死不敢爲非廉吏安可爲也楚相孫叔敖持廉至死及今妻子窮困負薪而食不足爲也於是莊王謝優孟乃召孫叔敖子

封之寢丘（在固始）四百戶以奉其祀後十世不絶

士伯晉大夫晉荀林父敗赤狄於曲沃梁乃滅潞晉侯治兵于稷以略狄土賞桓子（林父也）狄臣千室賞士伯以瓜衍之縣曰吾獲狄土子之功也微子吾喪伯氏矣

北郭佐齊大夫齊慶氏亡皆召群公子具其器用而反其邑焉與晏子邶殿其鄙六十弗受與北郭佐邑六十受之

子展子產皆鄭大夫鄭伯賞入陳之功享子展賜之先輅三命之服先八邑賜子產次輅再命之服先六邑子產辭邑曰自上以下降殺以兩禮也臣之位在四且子展之功也臣不敢及賞禮請辭邑公固予之乃受三邑

鬭辛楚大夫魯昭公十四年楚子殺鬭成然後滅養氏之族使鬭辛居鄖

魏舒爲晉卿韓宣子卒魏獻子爲政（獻子即魏舒也）分祁氏之田以爲七縣分羊舌氏之田以爲三縣司馬彌牟爲鄔大夫賈辛爲祁大夫司馬烏爲平陵大夫魏戊爲梗陽大夫知徐吾爲塗水大夫韓固爲馬首大夫孟丙爲孟大夫樂霄爲銅鞮大夫趙朝爲平陽大夫

僚安爲楊氏大夫

夫概王吳王闔閭弟也夫概王自立爲王敗走奔楚楚王封夫概王於棠谿（在慎縣一云汝南有吳房縣）爲棠谿氏

田嘗齊大夫割安平以東爲已封封邑大於齊

顔涿聚齊大夫顔庚也魯哀公二十七年晉荀瑶伐鄭鄭請救于齊齊師將興陳成子設乘車兩馬繫五邑焉（乘服車兩馬大夫服又加之五邑）召涿聚之子晉曰隰之役而父死焉（隰役在二十三年）以國之多難未汝恤也今君命汝以是邑也服車而朝無廢前勞

伯魯趙簡子太子也簡子廢伯魯立子毋卹簡子卒

毋卹立是爲襄子襄子姊前爲代王夫人簡子旣葬
未除北登夏屋山在廣武請代王使厨人操銅枓以食代
王及從者行斟陰令宰人各一作雒以枓擊殺代王及
從官遂興兵平代地遂以代封伯魯子周爲代成君
樂羊爲魏文侯將伐取中山文侯封樂羊以靈壽屬任
恒山
蘇秦爲趙相旣約六國從親歸趙趙肅侯封爲武安
君
樂毅爲燕亞卿伐齊破之濟西追至於臨淄齊湣王
之敗齊西亡走保於莒樂毅獨留徇齊齊皆城守樂

毅攻入臨淄盡取齊寶財物祭器輸之燕燕昭王大
悅親至濟上勞軍行賞饗士封樂毅於昌國屬齊號爲
昌國君毅徇齊五歲下齊七十餘城唯獨莒卽墨未
服昭王死惠王使騎劫代將而召樂毅樂毅畏誅西
降趙趙封樂毅於觀津號曰望諸君燕王復以樂毅
子樂間爲昌國君
田單爲齊將大敗燕軍燕軍敗走楚王遂夷殺其將
騎劫燕軍擾亂奔走齊人追亡逐北所過城邑皆畔
燕而歸齊田單兵日益多乘勝燕日敗亡卒至河上
而齊七十餘城皆復爲齊乃迎襄王於莒入臨淄而
聽政襄王封田單號曰安平君
廉頗爲趙將大破燕軍於鄗殺燕將栗腹遂圍燕燕
割五城請和乃聽之趙以尉文邑也封廉頗爲信陵君
爲假相國
樂乘昌國君樂間之宗也燕王喜用其相栗腹之計
欲攻趙而問樂間樂間曰趙四戰之國也其民習兵
伐之不可燕王不聽遂伐趙趙使廉頗擊大破栗腹
之軍於鄗禽栗腹樂乘趙封樂乘爲武襄君
范雎爲秦相秦昭王封雎以應號爲應侯
蔡澤爲秦相數月人或惡之懼誅乃謝病歸相印號

爲綱成君
李宗老子之子也爲魏相封於段干魏邑名
馮亭爲韓上黨守秦昭王四十五年伐韓之野王野
王降秦上黨道絶亭與民謀曰鄭道已絶河南新鄭韓之國都
是也韓必不可得爲民秦兵日進韓不能應不如以上
黨歸趙趙若受我秦怒必攻趙趙被兵必親韓韓趙
爲一則可以當秦因使人報趙趙孝成王與平陽君
平原君計之平陽曰不如勿受受之禍大於所得平
原君曰無故得一郡受之便趙受之因封馮亭爲華
陽君

樗里子秦惠王弟也惠王二十五年使樗里子爲將伐趙虜趙將軍莊豹拔藺明年助魏章攻楚敗楚將屈丐取漢中地秦封樗里子號爲嚴君

魏冉爲秦相秦昭王封魏冉於穰復邑於陶（一作陰）號曰穰侯

衛鞅爲秦相孝公使鞅將而伐魏既破魏還秦封之於商（弘農商縣也）十五邑號爲商君

趙奢趙之田部吏也秦伐韓軍於閼與趙王令趙奢將救之大破秦軍秦軍解而走遂解閼與之圍而歸趙惠文王賜奢號爲馬服君

李牧爲趙將趙幽繆王三年封李牧爲武安君

田嬰爲齊大夫齊將封嬰於薛楚武王聞之大怒將伐齊齊王有輟志公孫閈曰封之成與不非在齊也又將在楚閈說楚王令其欲封公也又甚於齊嬰曰願委之於子公孫閈謂楚王曰魯宋事楚而齊不事者齊大而魯宋小王獨利魯宋之小不惡齊之大何也夫齊之削地而封田嬰是其所以弱也願勿止楚王曰善因不止

田文爲齊相封孟嘗君既救趙趙王封之武城

田忌爲齊大夫亡齊而之楚鄒忌代之相齊恐田忌欲以楚權復於齊杜赫曰臣請爲留楚謂楚王曰鄒忌所以不善楚者恐田忌以楚權復於齊也王不如封田忌於江南以示忌之不復返齊也鄒忌必以齊厚事楚田忌亡人也而得封必德王若復於齊必以齊事楚此用二忌之道也楚果封之於江南

鄒忌子以鼓琴見齊威王三月而受相印朞年封以下邳號曰成侯

公子無忌魏昭王少子安釐王異母弟也昭王薨安釐王卽位封公子爲信陵君

黃歇爲楚相封春申君賜淮北地十二縣後十五歲

黃歇言之楚王曰淮北邊齊其事急請以爲郡便因獻淮北十二縣請封於江東考烈王許之春申君因城故吳墟自以爲都邑

趙勝爲趙相封於東武城（屬淸河）

張儀秦惠王時爲相封五邑號武信君

白起秦昭王時爲相封武安君

李同趙邯鄲傳舍吏子也秦惠圍邯鄲邯鄲急且降平原君甚患之李同說平原君平原君從之得敢死之士三千人李同遂與三千人赴秦軍秦軍爲之郤三十里亦會楚魏救至秦兵遂罷邯鄲復存李同戰

死封其父爲李侯（河内城皐有李城）

虞卿遊說之子也說趙孝成王再見爲趙上卿故號爲虞卿（食邑於虞）

呂不韋陽翟人也秦莊襄王元年爲丞相封文信侯食河内雒陽十萬户

立嗣

春秋之世諸侯立政家陪之列或執國命傳祚强大與國升降遠者綿綿不絶近者不十數世其有父沒子繼兄亡弟及或家老請嗣或宗人議立或决於龜筮或私於憎愛亂亡之患爭奪之源於茲多矣然而

年釣擇賢義鈞以卜所以生世適之嗣承太宗之重克荷先業大庇族人自非奉若前訓以稽乎至順愼永令德無忝爾祖亦曷能潔蒸祭而纘基緒者哉

石駘仲衛大夫石碏之族也駘仲卒無適子有庶子六人卜所以爲後者（莫適立也）曰沐浴佩玉則兆（言齊潔則得吉兆）五人者皆沐浴佩玉石祁子曰孰有執親之喪而沐浴佩玉者乎不沐浴佩玉（心正且知禮）石祁子兆衞人以龜爲有知也

趙衰字子餘晉大夫初從公子重耳（文公也）奔狄狄人伐廧咎如獲其二女納諸公子公子以叔隗妻趙衰生盾後文公妻趙衰（文公以女妻趙衰）生原同屏括樓嬰趙姬請逆盾與其母（趙姬文公女）子餘辭姬曰得寵而忘舊何以使人必逆之固請許之來以盾爲賢請于公以爲嫡子而使其三子下之

公孫敖魯大夫也出奔莒魯人立文伯（文伯敖子穀也）文伯疾而請曰穀之子弱（子孟獻子年尚少）請立難也（難敖弟）許之文伯卒立惠叔

趙武晉大夫盾之孫朔之子也朔妻晉成公女莊姬也晉討趙同趙括（同括並盾之弟也）武從姬氏畜於公宮以其田與祁奚韓厥言於晉侯曰成季之勳宣孟之忠

（成季趙衰宣孟趙盾）而無後爲善者懼矣乃立武而反其田焉

仲嬰齊魯大夫公孫嬰齊也（未見於經爲公孫嬰齊今見於經爲仲嬰齊）公孫嬰齊則曷爲謂之仲嬰齊爲兄後也爲兄後則曷爲謂之仲嬰齊（括本公孫）爲人後者爲之子也（更爲公孫之子故不得復氏公孫）爲人後者爲其子則其稱仲何（括氏非一）孫以王父字爲氏也（謂諸侯子也顧興滅繼絶故紀族明所出）然則嬰齊孰後後歸父也歸父使于晉而未反（宣公十八年自晉至檉奔齊范今未還）何以後之（括已絶也）叔仲惠伯傅子赤者也（叔仲者叔彭生氏也文家自積於叔叔仲有長幼故連氏之經云仲若明春秋賢家當積於仲惠謚也）文公死子幼（子赤幼也）公子遂謂叔仲惠伯曰君幼如之何願與子慮

之叔仲惠伯曰吾子相之老夫抱之禮大夫七十而致仕若不得謝則必賜之几杖行役以婦人從適四方乘安車自稱曰老夫何幼君之有公子遂知其不可與謀退而殺叔仲惠伯弑子赤而立宣公殺叔仲惠伯不書者舉弑君爲重叔仲惠伯事與荀息相類不得爲累者有異也叔仲惠伯直先見殺耳不如荀息死之宣公死成公幼臧宣叔者相也臧孫許宣謚君死不哭聚諸大夫而問焉曰昔者叔仲惠伯之事孰爲之諸大夫皆雜然曰仲氏也其然乎於是遣歸父之家時見君幼欲以防示諸大夫然後哭君歸父使乎晉還自晉至檉聞君薨家遣墠帷哭君成踊反命於介自是走之齊魯人徐傷歸父之無後也徐者皆共之辭也關東語傷其先人爲惡身見

逐幼不忘愆也於是使嬰齊後之也弟無後兄之義爲亂昭穆之序失父子之親故不言仲孫明不與子爲父孫

鮑牽齊大夫也齊刖鮑牽來召鮑國而立之國牽之弟文子初鮑國棄鮑氏而來爲施孝叔臣氏施卜宰句須吉卜立家宰施氏之宰有百室之邑與句須邑使爲宰以讓鮑國而致邑焉施孝叔曰子實吉對曰能與忠良吉孰大焉鮑國相施氏忠故齊人取以爲鮑氏後

國佐齊大夫殺慶克以穀叛齊侯復之國勝言難于晉使待命于清勝國佐子使以高氏之難告晉齊欲討國佐故留其子於外成十八年齊殺國佐于内宮之朝使清人殺國勝國弱來奔弱勝之弟王湫奔萊湫國佐黨慶封爲大夫慶佐爲司寇封佐皆慶克子既齊侯反國弱使嗣國氏禮也佐云罪不及乏祀

荀偃晉大夫將中軍伐齊還荀偃癰疽生瘍於頭濟河及著雍病目出大夫先歸者皆反士匄請見弗納請後曰鄭甥可鄭甥荀吳其母鄭女

公孫黑肱鄭大夫黑肱有疾歸邑于公召室老宗人立段段子石黑肱子

季武子魯大夫無適公子彌長而愛悼子欲立之公彌公組悼子紇也訪於申豐曰彌與紇吾皆愛之欲擇才焉而立之申豐趨退歸盡室將行申豐季氏屬大夫他日又訪焉

對曰其然將具敝車而行其然猶必爾乃止止不立紇訪於臧紇臧紇曰飲我酒吾爲子立之季氏飲大夫酒臧紇爲客爲上賓既獻已獻酒臧孫命北面重席新樽潔之酒樽既新復潔滌之召悼子降逆之大夫皆起臧孫下迎悼子及旅而召公鉏獻酬禮畢而通行爲旅使與之齒使從庶子之禮列在悼子之下季孫失色恐公鉏不從季氏以公鉏爲馬正馬正家司馬慍而不出閔子馬見之閔子馬閔馬父曰子無然禍福無門唯人所召爲人子者患不孝不患無所所位處敬共父命何常之有言廢置在父無常位也若能孝敬富倍季氏可也父寵之則可富姦回不軌禍倍下民可也禍甚於貧賤公鉏然之敬共朝夕恪

居官次次舍也季孫喜使飲己酒而以具往盡舍旃具饗
共享之故公鉏氏富又出爲公左軍出季氏家臣仕於公
孟莊子魯大夫也孟孫惡臧孫不相善季孫愛之愛共成己
志孟氏之御騶豐點好羯也羯孟莊子之庶子孺秩之弟孝伯也曰
從余言必爲孟孫爲孟孫後再三云羯從之孟莊子疾豐
點謂公鉏苟立羯請讐臧氏使孟氏與公鉏共憎臧孫公鉏謂季
孫曰孺子秩固其所也固自當立若羯立則季氏信有力
於臧氏矣臧氏因季孫之欲立紇而定之猶爲有力今若專立孟氏之少則季氏有力過於臧
氏矣弗應孟孫卒公鉏奉羯立於戶側戶側喪位季孫至入
哭而出曰秩焉在公鉏曰羯在此矣季孫曰孺子長

公鉏曰何長之有唯其才也季孫廢鉏立紇云欲擇才故以此答之且
夫子之命也遂誣孟孫遂立羯秩奔邾
臧孫紇魯大夫出奔邾初臧宣叔娶於鑄生賈及爲
而死鑄國濟北蛇丘縣所治繼室以其姪女子謂兄弟之子爲姪穆姜之
姨子姪穆姜姨母之子與穆姜姨兄弟生紇長於公宮姜氏愛之故
立之立爲宣叔嗣臧賈臧爲出在鑄還舅氏也臧武仲自邾使
告臧賈且致大蔡焉大蔡大龜曰紇不敏失守宗祧遠宗廟爲
祧敢告不弔不爲天所弔恤紇之罪不及不祀言應有後子以大
蔡納請其可請爲先人立後賈曰是家之禍也非子之過也
賈聞命矣再拜受龜使爲以納請賈使爲爲己請遂自爲也

爲自爲請臧孫如防防臧孫邑使來告曰紇非能害也知不足
也言使甲從己但慮事淺耳非敢私請爲其先人請也苟守先祀無廢二
勳二勳文仲宣叔敢不辟邑據邑請後故孔子以爲要君乃立臧爲臧紇
致防而奔齊
崔杼齊大夫也生成及彊而寡偏喪曰寡寡特也娶東郭姜
生明東郭姜以孤入曰棠無咎無咎棠公之子與東郭偃相
崔氏東郭姜之弟也崔成有疾而廢之有惡疾而立明成請
老於崔齊南東朝陽縣西北有崔氏城欲居崔邑以終老崔子許之偃與無
咎弗予曰崔宗邑也必在宗主宗邑宗廟所在宗主謂崔明成與
彊怒將殺之告慶封曰夫子之身亦子所知也唯無

咎與偃是從父兄莫得進矣大恐害夫子敢以告夫子
謂崔杼慶封曰子姑退吾圖之告盧蒲嫳嫳慶封屬大夫封以成彊
之言告嫳盧蒲嫳曰彼君之讐也天或者將棄彼矣彼實
家亂子何病焉君謂齊莊公爲崔杼所弒崔之薄慶之厚也崔敗則慶
專權他日又告成彊復告慶封曰苟利夫子必去之難吾助
汝崔成崔彊殺東郭偃棠無咎於崔氏之朝崔子怒
而出其衆皆逃求人使駕不得使圉人駕寺人御而
出圉人養馬者寺人奄士且曰崔氏有福止余猶可恐滅家禍不止其身
遂見慶封慶封曰崔慶一也言如一家是何敢然請爲子
討之使盧蒲嫳帥甲以攻崔氏崔氏堞其宮而守之

（堞短垣使其衆居短垣内以守）弗克使國人助之遂滅崔氏殺成與彊而盡俘其家其妻縊（妻東郭姜也）嬖復命於崔子且御而歸之（嬖爲崔子御）至則無歸矣乃縊崔明夜辟諸大墓（開先人之冢以藏之）遂奔魯

高止齊大夫也出奔燕故高豎以盧叛（豎高止子）閭丘嬰帥師圍盧高豎曰苟使高氏有後請致邑（還邑於君）齊人立敬仲之曾孫酀（敬仲高傒）良敬仲也（良猶賢也）高豎致盧而出奔魯

駟偃字子游鄭大夫也偃娶於晉大夫生絲弱（弱幼少）其父兄立子瑕（子瑕子游叔父駟乞）

臧會魯人也臧昭伯如晉魯竊其寶龜僂句（僂句龜所出地名）以卜爲信與僭僭吉（僭不信也）臧氏老將如晉問（問昭伯起居）會請往（代家老行）昭伯問家故盡對（故事也）及内子與母弟叔孫則不對（内子昭伯妻不對若有他故）再三問不對歸及郊會逆問又如初（又不對）至次於外而察之皆無之執而戮之逸奔郈郈魴假使爲賈正焉（郈在東平無鹽縣東南魴假郈邑大夫賈正掌貨物使有常價若市吏然）計於季氏（送計簿於季氏）臧氏使五人以戈楯伏諸桐汝之間（桐汝里名）會出逐之反奔執諸季氏中門之外平子怒曰何故以兵入吾門拘臧氏老季臧有惡（相怨惡）及昭伯從公（昭伯從昭公孫齊）平子立臧會（立以爲臧氏後）會曰僂句不余欺也（傳言卜筮之驗善惡由人）

季桓子有疾命正常曰無死（正常桓子之寵臣欲付以後事故勅令勿從己死）南孺子之子男也則以告而立之（南孺子桓子之妻言若生男告公而立之）女也則肥也可（肥康子也）季孫卒康子即位既葬康子在朝（在公朝）南氏生男正常載以如朝告曰夫子有遺言命其圉臣曰南氏生男則以告於君與大夫而立之今生矣男也敢告遂奔衛康子請退（退辟公）公使共劉視之（共劉魯大夫）則或殺之矣乃討之（討殺者）

公儀仲子之喪檀弓免焉（故爲非禮以非仲子也禮朋友皆在他邦乃袒免）仲子舍其孫而立其子（比其所立非也公儀蓋魯同姓周禮適子死命適孫爲後）

檀弓曰何居我未之前聞也（居讀爲姬姓之姬齊魯之間語也前猶故也）趨而就子服伯子於門右曰仲子舍其孫而立其子何也（去賓位就主人兄弟之賢者而問之子服伯子蓋仲孫蔑之玄孫子服景伯蔑魯大夫）伯子曰仲子亦猶行古之道也昔者文王舍伯邑考而立武王微子舍其孫腯而立衍也夫仲子亦猶行古之道也（伯子爲親者隱耳立子非也文王之立武王權也微子適子死立其弟衍者乃殷禮也）子游問諸孔子孔子曰否立孫（據周禮）

惠叔蘭衛將軍文子彌牟之弟司寇惠子也惠子之喪（惠叔蘭生子虎）子游爲之麻衰壯麻經（惠子廢適立庶爲之重服以譏之麻衰以重服之布爲衰）文子辭曰子辱與彌牟之弟游（謝其存）又辱

爲之服敢辭（止之服也）子游曰禮也文子退反哭（子游名習禮文子亦以爲當然未覺其所譏）子游趨而就諸臣之位（深譏之大夫之家臣位在賓後）文子又辭曰子辱與彌牟之弟游又辱爲之服又辱臨其喪敢辭（止之在臣位）子游曰固以請（再不從命）文子退扶適子南面而立曰子辱與彌牟之弟游又辱爲之服又辱臨其喪虎也敢不復位（覺所譏也虎適子名文子親扶而辭敬子游也南面而立則諸臣位在門內北面明矣）子游趨而就客位

趙簡子晉大夫也子毋卹（襄子也）毋賤翟婢也簡子盡召諸子與語毋卹最賢乃廢太子伯魯而以毋卹爲太子

趙襄子爲兄伯魯之不立也不肯立子且必欲傳位與伯魯子代成君代成君先死乃取代成君子浣立爲太子

田嬰齊宣王庶弟也嬰有子四十餘人其賤妾有子曰文嬰使文王家待賓客賓客日進名聲聞於諸侯諸侯皆使人請薛公田嬰以文爲太子嬰許之嬰卒謚爲靜郭君（皇覽曰靖郭君家在魯國薛城中東南陬）而文果代立於薛是爲孟嘗君

册府元龜卷之七百三十一終

冊府元龜

巡按福建監察御史臣李嗣京　訂正

知長樂縣事臣夏允彝　參閱

知建陽縣事臣黃國琦　較釋

陪臣部　七百三十二

智識

古人有言曰智者心之符又曰識洞機先則知智識之爲用也德必有鄰道無不在奉國之主當爲政之先經濟之有成故動靜而無爽言以見志可威强敵之兵默以成謀乃挫鄰國之勢至於立功遂事出言有章爲當時之規範垂後世之鑒戒信爲霸者之佐焉

士蔿晉大夫也莊公二十七年晉侯將伐虢士蔿曰不可虢公驕若驟得勝於我必棄其民（棄民不養之）無衆而後伐之欲禦我誰與夫禮樂慈愛衆所畜也夫民讓事樂和愛親哀喪而後可用也（止之使民以義讓不可哀樂爲本言力彊）虢弗畜也亟戰將饑（言虢而不畜讓而力戰）

荀息晉大夫也晉獻公欲伐虢荀息曰君何不以屈產之乘垂棘之璧而借道乎虞也（屈邑產駿馬垂棘出良璧）公曰此晉國之寶也如受吾幣而不借吾道則如之何荀息曰此小國之所以事大國也（此謂璧馬之屬）彼不借吾道必不敢受吾幣如受吾幣而借吾道則是我取之中府而藏之外府取之中廐而置之外廐也公曰宮之奇存焉（宮之奇虞之賢大夫）必不使受也荀息曰宮之奇之爲人也達心而懦（懦弱）又少長於君達心則其言略（明達之人言則舉綱領要不言提其耳則愚者不悟）懦則不能彊諫少長於君則君輕之且夫玩好在耳目之前而患在一國之後此中知以上乃能慮之臣料虞君中知以下也公遂借道而伐虢宮之奇諫曰晉國之使者其辭卑而幣重必不便於虞虞公弗聽遂受其幣而借之道宮之奇諫

曰語曰脣亡則齒寒其斯之謂歟（語諺言也）挈其妻子以奔曹獻公亡虢五年而後舉虞荀息牽馬操璧而前曰璧則猶是也而馬齒加長矣

郄叔虎晉大夫也晉獻公田見翟祖之氛（田獵翟祖國名氛氣凶象也凶曰氛吉曰祥）歸寢不寐（欲伐翟祖寐瞑也）郄叔虎朝公語之（語以寢不寐郄叔父晉大夫郤芮之父郤豹）對曰床第之不安邪（第簀）抑驪姬之不在側邪公辭焉出遇士蔿曰今夕君寢不寐必爲翟祖（君意在翟祖）夫翟祖之君好專利而不忌（忌難也）其臣競諂以求媚其進者壅塞（其臣競諂故進者則壅塞其上使不聞過也）其退者距違（其退去者則距違其君）其上貪以恐（忍爲不義也）其

下偸以幸（偸苟也幸是僥倖）有縱君而無諫臣（縱放也）有冒上
而無忠下（冒怯冒言貪）以是處國不亦難乎君若伐之可
克也吾不言子必言之（不言讓其上）士蔿以告公說乃伐
翟祖
史蘇晉大夫獻公卜伐驪戎史蘇占之曰勝而不吉
公曰何謂也遇兆挾以銜骨齒牙爲猾（遇見也挾會也骨所以鯁刺人猾夷也齒牙謂兆端左右釁坼有似齒牙中有從畫故曰銜骨骨在口中齒牙弄之以象讒口之爲害也禮卜師作龜大夫占色史占墨）戎夏交捽（兆有二畫外象戎內象諸夏夏謂晉也兆端俞齒牙有似捽交對也）交捽是交勝也臣故云且懼有口攜人國
移公焉公曰何口之有口在寡人寡人弗受誰敢與

之對曰苟可以攜其人也必甘是而不知胡可壅也
公不聽遂伐驪戎尅之獲驪姬以歸有寵立爲夫人
公飲大夫酒令司正實爵與史蘇曰飲而無肴夫驪
之役女曰勝而不吉故賞女以爵罰女以無肴克國
得妃其有吉孰大焉史蘇卒爵再拜稽首曰兆之有
臣不敢蔽蔽兆之紀失臣之官有二罪焉何以事君
大罰將及不惟無肴抑君亦樂其吉而備其凶凶之
無有備之何害若其有之備之爲瘳臣之不信國之
福也何敢憚罰飲酒出史蘇告大夫曰有男戎必有
女戎若晉以男戎勝戎而戎亦必以女戎勝晉其若

之何里克曰何如史蘇曰昔夏桀伐有施氏有施人
以妹喜女焉妹喜有寵於是乎與伊尹比而亡夏殷
辛伐有蘇氏有蘇氏以妲已女焉妲已有寵於是乎
與膠鬲比而亡殷周幽王伐有褒人有褒人以褒姒
女焉褒姒有寵生伯服於是乎與虢叔甫比逐太子
宜臼而立伯服太子出奔申申人繒人召西戎以伐
周周於是乎亡今晉寡德而安俘女又增其寵雖當
三季之王不亦可乎且其兆云挾以銜骨齒牙爲猾
我卜伐驪龜往離散以應我夫若是賊之兆也非吾
宅也離則有之不跨其國可謂挾乎不得其君能銜

骨乎若跨其國而得其君雖逢齒牙以猾其中誰云
弗從諸夏從戎非敗而何從政者不可以不戒亡無
日矣郭偃曰夫三季王之亡也宜民之主也縱惑不
疚肆侈不違流志而行無所不疚是以其亡而不獲
追鑒今晉國之方偏侯也其土又小大國在側雖欲
縱惑未獲專也且夫口三五之門也是以讒口之辭
下過三五且大家隣國將師保之多而驟立不其集
亡雖驟立不過五矣夫挾小鯁也可以小戕而不能
喪國當之者戕焉於晉何害雖謂之挾而猾以齒牙
口弗堪也其與幾何晉國懼則甚矣亡猶未也商之

衺也其銘有之曰嗛嗛之德不足就也不可以矜而祇取憂也嗛嗛之食不足狃也不能為膏而祇離舍也雖驪之亂其離咎而已其何服吾聞之以亂得聚者非謀不卒時非人不免難非禮不終年非義不盡齒非德不及世非天不離數今不據其安不可謂能謀行之以齒牙不可謂得人廢國而向已不可謂禮不度而過求不可謂義以寵賈怨不可謂德少族而多敵不可謂天吾觀君夫人也若為亂其猶隸農也雖獲沃田而勤易之將弗克饗為人而已士蔿曰戒莫如豫豫而後給夫子戒之抑二大夫之言其皆有焉既而驪姬不克晉正於秦五立而後平正者為秦所輔正謂以兵納惠公文公殺呂郤之屬也五立謂奚齊卓子惠公懷公至文公乃平

里克晉大夫驪姬生奚齊其娣生卓子公將黜太子申生而立奚齊里克丕鄭荀息相見里克曰夫史蘇之言將及矣其若之何荀息曰吾聞事君者竭力以役事不聞違命君立臣從何貳之有丕鄭曰吾聞事君者從其義不阿其惑也惑則誤民民誤失德是棄民也民之有君以治義也義以生利利以豐民若之何其民之與處而棄之也必立太子里克曰我不佞雖不識義亦不阿惑吾其靜也獻公使太子伐東山里克諫曰君行太子居以監國也君行太子從以撫軍也今君居太子行未有此也公曰非子之所知也寡人聞之立太子之道三身鈞以年年同以愛愛疑決之以卜筮子無謀吾父子之間吾以此觀之公不說里克退見太子太子曰君賜我以偏衣金玦何也里克曰孺子懼乎衣躬之偏而握金玦令不偷矣孺子何懼夫為人子者懼不孝不懼不得立且吾聞之敬賢於請孺子勉之乎君子曰善處父子之間矣

卜偃晉大夫也僖公二十三年晉懷公殺狐突偃稱疾不出曰周書有之乃大明服周書康誥言君能大明則民服已則

不明而殺人以逞不亦難乎民不見德而惟戮是聞其何後之有

舅犯晉大夫也與公子重耳同奔重耳自翟適齊過五鹿乞食於野人野人舉塊以與之公子怒將鞭之子犯曰天賜也民以土服又何求焉天事必象十有二年必獲此土二三子志之歲在壽星及鶉尾其有此土乎天以命矣復於壽星必獲諸侯天之道也由是始之有此其以戊申乎所以申土也再拜稽首受而載之獻公之喪秦穆公使人弔重耳獻公殺其世子申生重耳辟難出奔是時在翟就弔之且曰寡人聞亡國嘗於斯得國嘗於

斯言在喪代之際雖吾子儼然在憂服之中喪亦不可久也
時亦不可失也孺子其圖之勸其反國意欲納之喪謂亡失位孺擇也
以告舅犯舅犯重耳之舅犯偃也字子犯舅犯曰孺子其辭焉喪人
無寶仁親以爲寶寶謂善道可守者仁親親行仁義父死之謂何又
因以爲利欲反國求爲後是利父死而天下其孰能說之孺子其
辭焉說謂解也公子重耳對客曰君惠弔亡臣重耳身喪
父死不得與於哭泣之哀以爲君憂謝之父死之謂何
或敢有他志以辱君義稽顙而不拜哭而起起而不
私他志謂私心子顯以致命於穆公使者公子縶也盧氏云古者名字相配顯
當作韅穆公曰仁夫公子重耳夫稽顙而不拜則未爲

後也故不成拜哭而起則愛父也起而不私則遠利
也里克殺奚齊卓子丕鄭使屠岸夷告公子重耳於
翟曰國亂民擾得國在亂治民在擾子盍入乎吾請
爲子鉥重耳告舅犯曰里克欲納我舅犯曰不可夫
堅樹在始始不固本終必槁落夫長國者唯知哀樂
喜怒之節是以導民不哀喪而求國難因亂以入殆
以喪得國則必樂喪樂喪必哀生因亂以入則必喜
亂喜亂必怠德是哀樂喜怒之節易也何以導民民
不我導誰長重耳曰非喪誰代我非亂誰納我舅犯
曰偃也聞之喪亂有小大大喪大亂之剡也不可犯
也父母死爲大喪讒在兄弟爲大亂今適當之是故
難公子重耳出見使者曰子惠顧亡人重耳父生不
得供備洒掃之臣死又不敢莅喪以重其罪且辱大
夫敢辭夫固國者在親衆而善鄰在因民而順之苟
衆所利鄰國所立大夫其從之重耳不敢違重耳在
翟十二年狐偃曰自吾來此也非以翟爲榮可以成
事也吾日奔而易達因而有資資以擇利可以戾也
今戾久矣戾久將底底著滯淫誰能興之盍速行乎
吾不適齊楚避其遠也蓄力一紀可以遠矣齊侯長
矣而欲親晉管仲沒矣多讒在側謀而無正衷而思

始夫必追擇前言求善以終饜邇逐遠遠人入服不
爲郵矣會其季年可也茲可以親皆以爲然乃行又
僖公二十七年楚子及諸侯圍宋宋公孫固如晉告
急公孫固宋莊公孫先軫曰報施救患取威定霸於是乎在
矣先軫晉下軍之佐原軫也報宋贈馬之施狐偃曰楚始得曹而新昏於
衞若伐曹衞楚必救之則齊宋免矣又云楚圍宋宋復告急晉文公
欲救宋則攻楚爲楚嘗有德不欲伐也欲釋宋宋又嘗有德於晉晉惠之先軫曰執曹伯分曹衞地以與
宋楚急曹衞其勢宜釋宋於是文公從之而楚成王乃引兵歸
胥臣晉大夫也文公問於胥臣曰吾欲使陽處父傅
讙也而教誨之其能善之乎對曰是在讙也蘧除不

可使俯戚施不可使仰僬僥不可使舉侏儒不可使援矇瞍不可使視嚚瘖不可使言聾聵不可使聽童昏不可使謀質將善而賢良贊之則濟可竢也若不違質教將不入其何善之爲臣聞昔者太任娠文王不變少溲于豕牢而文王不加病焉文王在母不憂在傅弗勤處師弗煩事王不怒敬友二虢而惠慈二蔡刑于太姒比于諸弟詩云刑于寡妻至于兄弟以御于家邦于是乎用四方之賢良及其即位也詢于八虞而咨于二虢度于閎夭而謀於南宫諏于蔡原而訪於辛尹重之以周召畢榮億寧百神而和柔萬

民故詩曰惠于宗公神罔時恫若是則文王非專教誨之力也公曰然則教無益乎對曰胡爲文益其質故人生而學非學不入公曰奈夫八疾何對曰官師之所材也戚施直鎛蘧蒢蒙璆侏儒扶盧矇瞍修聲聾聵司火僮昏嚚瘖僬僥官師之所不材也以實裔土夫教者因體能質而利之者也若川然有原以卬浦而後大（卬迎也言川已有原因開利迎之以浦能後大也）

原軫晉大夫僖公三十三年初秦使孟明西乞白乙襲鄭不克而還原軫曰秦違蹇叔而以貪勤民天奉我也奉不可失敵不可縱縱敵患生違天不祥必伐秦師欒枝曰未報秦施而伐其師其爲死君乎（言以君死故忘秦施）先軫曰秦不哀吾喪而伐吾同姓秦則無禮何施之爲（言秦以無禮加已施不足顧）吾聞之一日縱敵數世之患也謀及子孫可謂死君乎（言不可謂背君）遂廢命敗秦師

趙衰晉大夫也文公二年秦孟明視敗於彭衙秦伯猶用孟明孟明增修國政重施於民趙成子言於諸大夫曰（成子趙衰）秦師又至將必辟之懼而增德不可當也詩曰毋念爾祖聿修厥德（詩大雅言念其祖考則宜述修其德以顯之毋念念也）孟明念之矣念德不怠其可敵乎

荀林父晉大夫也文公七年晉襄公卒靈公少趙孟

使先蔑迎公子雍於秦穆嬴日抱太子以啼于朝趙孟患之乃背先蔑立靈公而敗秦師先蔑奔秦士會從之先蔑之使也荀林父止之曰夫人太子猶在而外求君此必不行子以疾辭若何不然將及（禍將及已）攝卿以往可也何必子同官爲寮吾嘗同寮敢不盡心乎弗聽爲賦板之三章（板詩大雅其三章義取芻蕘之言猶不可忽況同寮乎）信（二十八年林父將中行先蔑將左行）又弗聽及亡荀伯盡送其孥及其器用財賄於秦曰爲同寮故也

中行桓子晉大夫也赤狄伐晉圍懷及邢丘（邢丘今河西平皐縣）晉侯欲伐之中行桓子曰使疾其民（驕則數戰以爲民使疾）以

盈其貫將可殪也殪盡也貫猶習也周書曰殪戎殷周書康誥也義取周武王以兵伐殷盡滅之此類之謂也荀首晉大夫楚圍鄭晉救鄭及河聞鄭楚平晉荀林父欲還士會曰善先穀曰不可以中軍佐濟知莊子曰此師殆哉莊子荀首周易有之在師☷☵坎下坤上師之臨☷☱兌下坤上臨初六變而之臨曰師出以律否臧凶此師卦初六爻辭律法否不也執事順成爲臧逆爲否今彘子逆命不順故應否臧之凶衆散爲弱坎爲衆今變爲兌兌柔弱川壅爲澤坎爲川今變爲兌兌爲澤是川見壅有律以如已也如從也法行則人從法法敗則法從人坎爲法象今爲衆則散爲川則壅是失法之用從人之象故曰律否臧且律竭也竭散也坎變爲兌是法敗盈而以

竭夭且不整所以凶也水遇夭塞不得整流則竭涸也不行之謂臨水變爲澤乃成臨卦澤不行之物有師而不從臨孰甚焉此之謂矣譬推子之違命亦不可行果遇必敗遇敵必敗彘子尸之主此禍雖免而歸必有大咎晉師果敗後年晉殺先穀

伯宗晉大夫也宣公十五年楚子圍宋宋使樂嬰齊告急于晉晉侯欲救之伯宗曰古人有言曰雖鞭之長不及馬腹言非所當擊天方授楚未可與爭雖晉之強能違天乎諺曰高下在心度時制宜川澤納汙山藪藏疾山之有林藪毒害者居之瑾瑜匿瑕言雖美玉之質亦或居藏瑕穢國君含垢忍垢恥天之道也晉侯恥不救宋故伯宗說小惡不損大德之喩君其待之待楚衰乃止又晉侯將伐潞諸大夫皆曰不可酆舒有三儁才酆舒潞相儁絶異也言有才藝勝人者三不如待後之人伯宗曰必伐之狄有五罪儁才雖多何補焉不祀一也耆酒二也棄仲章而奪黎氏地三也仲章潞賢人也黎氏黎侯國上黨壺關縣有黎亭虐我伯姬四也傷其君目五也怙其儁才而不以茂德茲益罪也後之人將敬奉德義以事神人而申其固命審其政令若之何待之不討有罪曰將待後後有辭而討焉毋乃不可乎夫恃才與衆亡之道也商紂繇之故滅繇用也天反時爲災寒暑易節地反物爲妖羣物失性民反德爲亂亂則妖災生故文反正爲乏文字反其正字即爲乏字

伐果克之又與夏陽說衛孫良夫甯相鄭人伊雒之戎陸渾蠻氏侵宋夏陽說晉大夫蠻氏戎別種也河南新城縣東南有蠻城經唯書孫良夫御衛吉也以其辭會也師于鍼衛人不保不守備說欲襲衛曰雖不可入多俘而歸有罪不及死伯宗曰不可衛唯信晉故師其在郊而不設備若襲之是棄信也雖多衛俘而晉無信何以求諸侯乃止師還衛人登陴又梁山崩晉侯以傳召伯宗傳驛也伯宗辟重曰辟傳重載之輦重人曰待我不如捷之速也捷邪出也問其所曰絳人也問絳事焉曰梁山崩將召伯宗謀之問將若之何曰山有朽壤而崩可若何國主山川主謂所主祭故

山崩川竭君爲之不舉去盛饌降服損盛服乘縵車無文徹樂息音聲出次舍於郊祝幣陳圭帛史辭自罪書以禮焉禮山川其如此而已雖伯宗若之何伯宗請見之見之於晉君不可不肯見遂以告而從之從重人言

范武子晉大夫也郤獻子聘于齊齊頃公使婦人觀而笑之郤獻子怒歸請伐齊范武子退自朝謂其子曰燮乎吾聞之于人之怒必獲毒焉夫郤子之怒甚矣不逞於齊必發諸晉國不得政何以逞怒余將致政焉以成其怒無易內以外也爾勉從二三子以承君命唯敬乃老乃告老

范文子晉大夫也秦晉爲成將會于令狐晉侯先至焉秦伯不肯涉河次于王城使史顆盟晉侯于河東史顆秦大夫晉郤犨盟秦伯于河西記盟二處范文子曰是盟也何益齊盟所以質信也齊一心質成也會所以信之始也始之不從其可質乎秦伯歸而背晉成晉人執魯季文子魯使叔聲伯請于晉文子謂欒武子曰季孫於魯相二君矣二君宣成妾不衣帛馬不食粟可不謂忠乎信讒慝而棄忠良若諸侯何子叔嬰齊奉君命無私不受郤犨清邑謀國家不貳謂四日不食以堅事晉圖其身不忘其君辭邑不食皆先名而後身若虛其請是棄善人也子其圖之乃許魯平赦季孫又鄢陵之役晉伐鄭荊救之欒武子將上軍范文子將下軍欒武子將戰范文子不欲曰吾聞之惟厚德者能受多福無德而服者衆必自傷也今我戰又勝荊與鄭吾君將伐智而多力怠教而重斂大其私暱而益婦人用戰若勝亂地之秩者也其產將害大盍姑無戰乎武子曰昔韓之役惠公不復舍邲之役三軍不役旅箕之役先軫不復命晉國固有大恥三今我任晉國之政不損晉恥又以違蠻夷重之雖有後患非吾所知也范文子曰擇福莫若重擇禍莫若輕福無所用輕禍無所用重晉國固有大

恥與其君臣不相聽以爲諸侯笑也盍姑以違蠻夷爲恥乎欒武子不聽遂與荊人戰於鄢陵大勝之於是乎君伐智而多力怠教而重斂大其私暱殺三郤而尸諸朝納其室而分婦人於是乎國人弗蠲遂弑諸翼葬之翼東門之外以車一乘厲公之所以死者唯無德而功烈多服者衆也一說鄢陵之役晉伐鄭荊救之大夫欲戰范文子不欲曰吾聞君人者刑其民成而後振武於外是以內和而外威今吾司寇之刀鋸日弊而斧鉞不行也內猶不刑而況外乎夫戰刑也刑之過也過由大而怨由細故以惠誅怨以

恐去過細無怨而大不過而後可以武刑外之不服者今吾刑外乎大夫而恐於小民將誰行武武不行而勝幸也幸以爲政必有內憂且惟聖人能無外患又無內憂詎非聖人必偏而後可偏而在外猶可救也疾自中起是難盍姑釋荆與鄭以爲外患乎釋置也又厲公將伐鄭范文子不欲曰若以吾意諸侯皆畔則晉可爲也唯有諸侯故擾擾焉凡諸侯難之本也得鄭憂滋長安用鄭郤至曰然則王者多憂乎文子曰我王者之功也乎哉夫王者成其德而遠人以其方賄歸之故無憂今我寡德而求王者之功故多憂

子見無土而欲富者樂乎哉無土求富厲公敗荆師於鄢將穀范文子立於戎馬之前曰君幼弱諸臣不佞吾何福以及此吾聞天道無親惟德是授晉且以勸荆乎君與二三臣其戒也夫德福之基也無德而福隆猶無基而厚墉也其壞也無日矣又厲公敗荆於鄢而反范文子謂其宗祝曰君驕泰而有烈夫以德勝者猶懼失之而況驕泰乎君多私令以勝歸私必昭昭私難必作吾恐及焉凡吾宗祝謂我祈死先難爲免七年夏范文子卒冬難作始於三郤卒及於公

范宣子晉大夫也襄公五年楚子囊爲令尹公子貞范宣子曰我喪陳矣楚人討貳而立子囊必改行改子辛所行而疾討陳疾急也陳近於楚民朝夕急能無往乎有陳非吾事也無之而後可言晉力不能及陳故七年陳侯逃歸也

韓獻子晉大夫也成公十五年楚子侵鄭及暴隧侵衛及首止鄭子罕侵楚取新石新石楚邑晉欒武子欲報楚韓獻子曰無庸庸用也使重其罪民將叛之背盟數戰罪也無民孰戰遂止又楚子重救彭城伐宋使偏師與鄭人侵宋子重爲後鎮宋華元如晉告急韓獻子爲政於是欒書卒韓厥代將中將曰欲求得人必先勤之勤恤其急成霸安強自宋始矣晉侯師於台谷以救宋台谷地闕遇楚師於靡角之谷楚

師還畏晉強也靡角宋也又楚司馬何忌曾襄公三年侵陳四年春楚師爲陳叛故猶在繁陽前年何忌之師侵陳猶未還繁陽楚地在汝南鮦陽縣南韓獻子患之言於朝曰文王帥殷之叛國以事紂唯知時也時未可爭今我易之難哉晉力未能服楚受陳爲非時中行獻子晉大夫也諸侯伐鄭鄭人恐乃行成與晉成也中行獻子曰遂圍之以待楚人之救也而與之戰不然無成獻子荀偃也恐楚救鄭鄭復屬之知武子曰一之盟而還師以敝楚人敝罷也吾三分四軍分四軍爲三部與諸侯之銳以逆來者來者楚也於我未病楚不能矣晉各一動而楚三來故曰不能猶愈於戰勝聚戰暴骨以逞不可以爭言爭當以謀不可以暴骨大勞

未艾君子勞心小人勞力先王之制也艾息也言當從勞心之勞諸侯皆不欲戰乃許鄭成又襄公十四年衛侯出奔衛人立公孫剽晉侯問衛故於中行獻子問衛逐君當討否對曰不如因而定之衛有君矣謂剽已立伐之未可以得志而勤諸侯史佚有言曰因重而撫之重不可移就撫安之仲虺有言曰亡者侮之亂者取之推亡固存國之道也仲虺湯左相君其定衛以待時乎待其昏亂之時乃伐之冬會于戚謀定位也謀定立剽

荀罃晉大夫也哀公十年宋公享晉侯于楚丘請以桑林桑林殷天子之樂名荀罃辭辭讓之荀偃士匄曰諸侯宋魯

於是觀禮宋王者後魯以周公故皆用天子禮樂故可觀魯有禘樂賓祭用之禘三年大祭則作四代之樂別祭群公則用諸侯之樂宋以桑林享君不亦可乎言具天子樂也舞師題以旌夏師帥也旌夏大旌也題識也以大旌表識其行列晉侯懼而退入于房旌夏非常卒見之人心偶有所畏去旌卒享而還及著雍疾晉侯疾也著雍晉地卜桑林見祟見於卜兆荀偃士匄欲奔請禱焉奔走還宋禱荀罃不可曰我辭禮矣彼則以之以用也猶有鬼神於彼加之言自當加罪于宋

韓宣子晉大夫襄公二十七年初宋向戌善於趙文子又善於令尹子木欲弭諸侯之兵以為名欲獲息民之名如晉告趙孟趙孟謀於諸大夫韓宣子曰兵民之殘也財用之蠹蠹害物之蟲小國之大菑也將或弭之雖曰不可必將許之言雖知兵不得久弭今不可不許弗許楚將許之以召諸侯則我失為盟主矣晉人許之如楚楚亦許之如齊齊人難之陳文子曰晉楚許之我焉得已且人曰弭兵而我弗許則固攜吾民矣將焉用之齊人許之告秦秦亦許之皆告於小國為會於宋

叔向晉大夫也襄公二十一年諸侯會於商任齊侯衛侯不敬叔向者二君者必不免會朝禮之經也禮政之輿也政身之守也怠禮失政失政不立是以亂也又宋向戌如晉請弭諸侯之兵為會於宋楚人衷

甲趙孟患楚衷甲以告叔向叔向曰何害也匹夫一為不信猶不可單斃其死單盡也斃踣也若合諸侯之卿以為不信必不捷矣食言者不病不病者單斃於死非子之患也楚食言當死晉不食言故無患夫以信召人而以僭濟之濟成也必莫之與也安能害我且吾因宋以守病為楚所病則欲入宋城則夫能致死與宋致死雖倍楚可也宋為地主致死助我則力可倍楚子何懼焉又不及是曰弭兵以召諸侯而稱兵以害我稱舉也吾庸多矣非所患也晉獨取信故其功多宋之盟弭兵之盟楚人固請先歃叔向謂趙文子曰夫霸王之勢在德不在先歃子若能以忠信質君而裨諸侯之闕歃

雖後諸侯將載之何爭於先若違於德而以賄成事今雖先諸侯將棄之何欲以先昔成王盟諸侯於岐陽楚爲荆蠻置茅蕝設望表與鮮牟守燎故不與盟置立也蕝束茅而立所以縮酒也望祭山川立木爲表其位也鮮牟東夷國也今將與狎主諸侯之盟唯有德也子務德無爭先務德所以服楚也乃先楚人讓使楚先又昭公五年韓宣子如楚逆女叔向爲介鄭子皮子太叔勞諸索氏河南城皐縣東南大索縣太叔謂叔向曰楚王汰侈已甚子其戒之叔向曰汰侈已甚身之灾也焉能及人若奉吾幣帛愼吾威儀守之以信行之以禮敬始而思終終無不復事皆可復行從而

不失儀敬而不失威道之以訓辭奉之以舊法考之以先王以先王之禮成其好度之以二國度晉楚之勢雖汰侈若我何及楚楚子朝其大夫將以韓宣子爲閽叔向爲司空遠啓疆曰不可乃厚爲其禮又昭十三年諸侯會于平丘晉侯使叔向告劉獻公獻公王卿士劉子曰抑齊人不盟若之何對曰盟以底信底致也君苟有信諸侯不貳何患焉告之以文辭董之以武師雖齊不許君庸多矣董督也庸功也討之有辭故功多也天子之老請師王賦元戎十乘以先啓行天子大夫稱老元戎戎車在前先啓開也行道也遲速惟君欲佐晉討齊叔向告於齊曰諸侯求盟已在此矣今君弗利

寡君以爲請對曰諸侯討貳則有尋盟若皆用命何盟之尋托用命以拒叔向曰國家之敗有事而無業事則不經業貢賦之業有業而無禮經則不序行禮而有次序有禮而無威序則不共禮須威嚴而後共有威而不昭共則不明威須昭告神明而後信義著不明棄共百事不終所繇傾覆也信義不明則棄威不威棄禮無禮無威無經無業故百事不成是故明王之制使諸侯歲聘以志業志識也歲聘以修其職業間朝以講禮三年而一朝正班爵之義率長幼之序再朝而會以示威六年而一會以訓上下之則制財用之節再會而盟以顯昭明十二年而一盟所以昭信義也凡八聘四朝再會三一巡狩盟于方嶽之下志業於好聘也講禮於等朝也示威於衆會也昭明於神盟也

自古以來未之或失也存亡之道嘗繇是興晉禮主盟依先王先公舊禮王諸侯盟懼有不治奉承齊犧齊盟之犧牲而布諸君求終事也終竟也君曰余必廢之何齊之有唯君圖之寡君聞命矣齊人懼對曰小國言之大國制之敢不聽從既聞命矣敬共以往遲速惟君叔向曰諸侯有間矣間隙也不可以不示衆八月辛未治兵習戰建而不旆建立旌旗不曳其旆旆遊也壬申復旆之諸侯畏之軍將戰則旆故曳旆以恐之昭公十五年荀躒如周葬穆后籍談爲介既葬除喪以文伯宴樽以魯壺且求彝器籍談歸以告叔向叔向曰王其不終乎吾聞之所樂必卒焉今

王樂憂若卒以憂不可謂終王一歲而有三年之喪二焉天子絶期惟服三年故後雖期通謂之三年喪於是乎以喪賓宴又求彝器樂憂甚矣且非禮也彝器之來嘉功之繇非繇喪也三年之喪雖貴遂服禮也王雖弗遂宴樂以早亦非禮也言今雖不能遂服猶當靜嘿而便宴樂又失禮也禮王之大經也一動而失二禮無大經矣失二禮謂既不遂服又設宴樂言以考典考成也典以志經志經而多言舉典將焉用之昭公十三年楚靈王之弒也子干自晉歸楚人立爲少韓宣子問於叔向曰子干其濟乎對曰難宣子曰同惡相求如市賈焉何難宣子謂棄疾親恃子干共同好惡故言如市賈同利以相求對

曰無與同好誰與同惡言棄疾不與子干同好則亦不得同惡取國有五難有寵而無人一也寵須賢人而固有人而無主二也雖有賢人當須內主爲應有主而無謀三也謀策也有謀而無民四也有民而無德五也四者既備當以德成子干在晉十二年矣晉楚之從不聞達者可謂無人晉楚之士從子干游皆非達人族盡親叛可謂無主無親族在楚無釁而動可謂無謀時楚未有大釁爲羇終世可謂無民終身羇客在晉楚是謂無民亡無愛徵可謂無德楚人無愛念之者王虐而不忌靈王暴虐無所畏忌將自亡楚君子干涉五難以弒舊君誰能濟之言楚借君子干以弒靈王終無能成有楚國者其棄疾乎君陳蔡城外屬焉城方城也時穿封戌既死棄疾并領陳事苛慝不作盜賊伏隱私欲不違不以私欲違民事民無怨心先神命之先神謂群望國民信之芊姓有亂必季實立楚之常也獲神一也當璧拜有民二也民信之令德三也無苛慝寵貴四也貴妃子居常五也棄疾季有五利以去五難誰能害之子干之官則右尹也數其貴寵則庶子也以神所命則又遠之其貴亡矣位不尊其寵棄矣交既歿故民無懷焉非令德國無與焉無內主將何以立宣子曰齊桓晉文不亦是乎皆言賤對曰齊桓衛姬之子也有寵於僖衛姬齊僖公有鮑叔牙賓須無隰朋以爲輔佐有莒衛以爲外主齊桓出奔莒衛有舅氏之助有國高以爲

內主國氏高氏齊上卿從善如流言其疾也下善齊肅齊嚴也肅敬也不藏賄清也不從欲儉也施舍不倦施舍猶言布恩德求善不厭是以有國不亦宜乎我先君文公狐季姬之子也有寵於獻好學而不貳言篤忠生十七年有士五人狐偃趙衰顛頡魏武子司空季子五士從出有先大夫子餘子犯以爲腹心子餘趙衰子犯狐偃有魏犫賈佗以爲股肱魏犫魏武子也稱五人而說四士賈佗又不在本數內蓋叔向所賢有齊宋秦楚以爲外主齊妻以女宋贈以馬楚王享之秦伯納之有欒郤狐先以爲內主謂欒枝郤穀狐突先軫也亡十九年守志彌篤惠懷棄民惠公懷公不恤民也民從而與之獻無異親民無異望獻公之子六人唯文公在天方相晉將何以代文此二

君者異於子干共有寵子國有奥主記棄疾也無施於民
無援於外去晉而不送歸楚而不逆何以冀國言子干所
以蒙弒君之名棄疾所以得國又昭公十一年周單子歸韓宣子于
戚單子單成公視下言徐叔向曰單子其將死乎朝有著
定著定朝內列位常處謂之表著會有表野會設表以爲位衣有襘帶有結
襘領會結帶結也會朝之言必聞於表著之位所以昭事序
也視不過結襘之中所以道容貌也言以命之容貌
以明之失則有闕今單子爲王官伯而命事於會視
不登帶言不過步貌不道容而言不昭矣不道不共
不昭不從貌正曰容言順曰從無守氣矣爲此年冬單子卒起本又叔向

見司馬侯之子撫而泣之曰自其父之死吾蔑與比
面而事君矣昔者其父始之我終之我始之夫子終
之無不可者籍偃在側曰君子有比乎叔向曰君子
比而不別比德以贊事比也引黨以封已利已而忘
君別也又楚令尹享趙孟事畢趙孟謂叔向曰令尹
自以爲王矣何如問將能成否對曰王弱令尹彊其可哉
言可成雖可不終趙孟曰何故對曰彊以克弱而安之
彊不義也安於勝君是彊而不義不義而彊其斃必速詩曰赫
赫宗周褒姒滅之彊不義也詩小雅褒姒周幽王后幽王惑焉而行不義是
以滅之令尹爲王必求諸侯晉少懦矣懦弱也諸侯將往

若獲諸侯其虐滋甚滋益也民弗堪也將何以終夫以
彊取取不以道不義而克必以爲道以不義爲道道以虐淫弗
可久已矣
女叔侯晉大夫也襄二十九年晉侯使司馬女叔侯
來魯治杞田使魯歸前侵杞田所歸少故不書弗盡歸也晉悼夫人
慍曰齊也取貨夫人平公母杞女也謂叔侯取貨於魯故不盡歸杞田先君若
有知也不尚取之不尚叔侯之取貨公告叔侯叔侯曰虞虢
焦滑霍楊韓魏皆姬姓也八國皆晉所滅焦在陝縣楊屬平陽縣晉是
以大若非侵小將何所取武獻以下兼國多矣武公獻公
晉始盛之君誰得治之杞夏餘也而即東夷行夷禮魯周公

之後也而睦於晉以杞封魯猶可而何有焉何有盡歸魯
之於晉也職貢不乏玩好時至公卿大夫相繼於朝
史不絕書書魯之朝聘府無虛月無月不受朝貢如是可矣何必
瘠魯以肥杞且先君而有知也毋寧夫人而焉用老
臣言君毋寧怪夫人之先所爲毋用責我
士文伯晉大夫魯昭公六年三月鄭人鑄刑書士文
伯曰火見鄭其火乎火心星也周五月昏見火未出而作火以
鑄刑器刑器鼎也藏爭辟焉火如象之不火何爲象類也同氣
求火未出而用火相感以致災六月丙戌鄭災終文伯之言
祁午晉大夫也昭公元年諸侯盟於虢祁午謂趙文

子曰宋之盟楚人得志於晉（得志謂先歃午祁奚子）今令尹之不信諸侯之所聞也子弗戒懼又如宋（恐楚復得志）子木之信稱於諸侯猶詐晉而駕焉（駕猶陵也詐謂衷甲）況不信之尤者乎（尤甚也）楚重得志於晉晉之恥也子相晉國以爲盟主於今七年矣（襄二十五年始爲政以春言故云七年）再合諸侯（襄二十五年會夷儀二十六年會澶淵）三合大夫（襄二十七年會於宋三十年會澶淵及二）會虢服齊狄寧東夏（襄二十八年齊侯伯伏朝晉）平秦亂（襄二十九年秦也晉爲成）城淳于（襄二十九年城杞之淳于杞遷都）師徒不頓國家不罷民無謗讟（讟非也）諸侯無怨天無大灾子之力也有令名矣而終之以恥午也是懼吾子其不可以不戒文

子曰武受賜矣（受午言）然宋之盟子木有禍人之心武有仁人之心是楚所以駕於晉也今武猶是心也楚又行僭（僭不信）非所害也武將信以爲本循而行之譬如農夫是穮是蔉（穮耘也壅苗爲蔉）雖有饑饉必有豐年（言耕耘不以水旱息必獲豐年之收也）且吾聞之能信不爲人下吾未能也（自恐未能信）詩曰不僭不賊鮮不爲則信也（詩大雅僭不信賊害）人能爲人則者不爲人下矣吾不能是難楚不爲患也

史趙晉大夫也昭公八年楚師滅陳晉侯問於史趙曰陳其遂亡乎對曰未也公曰何故對曰陳顓頊之族也（陳祖舜舜出顓頊）歲在鶉火是以卒滅陳將如之（顓頊氏以歲在鶉火而滅火盛而水滅也）今在析木之津猶將復繇（箕斗之間有天漢故謂之析木之津繇用也）且陳氏得政于齊而後陳卒亡（物莫能兩盛）自幕至于瞽瞍無違命（幕舜之先瞽瞍舜父從幕至瞽瞍閒無違天命廢絕者）舜重之以明德寘德於遂（遂舜後蓋殷興存舜之後而封遂言舜德乃至于後）遂世守之及胡公不淫故周賜之姓使祀虞帝（胡公滿遂之後也周武王賜姓曰嬀封諸陳繼舜後）臣聞盛德必百世祀虞之世數未也繼守將在齊其兆既存矣後陳滅而陳完之後復代齊

荀吳晉大夫也昭公十一年楚師在蔡荀吳謂韓宣子曰不能救蔡物以無親（物事也）晉之不能亦可知也

已謂盟主不恤亡國將焉用之遂救蔡晉侯以齊侯宴中行穆子相（穆子荀吳）投壺晉侯先穆子曰有酒如淮有肉如坻（淮水名坻山名）寡君中此爲諸侯師中之齊侯舉矢曰有酒如澠有肉如陵（澠水出齊國臨淄縣北入時水陵大阜也）寡人中此與君代興（代更也）亦中之伯瑕謂穆子曰（伯瑕士文伯）曰子失辭吾固師諸侯矣壺爲何焉其以中儁也（言投壺中不足爲儁異）齊君弱吾君歸弗來矣（欲與晉君代興是弱之）穆子曰吾軍師彊禦卒乘競勸今猶古也齊將何事（言晉德不衰於古齊不事晉將無所事）公孫傁趨進曰日旰君勤可以出矣以齊侯出（傁齊大夫傳言晉之衰）

司馬寅晉大夫也初哀公十三年魯哀公會單平公晉定公吳夫差于黃池吳晉爭先（爭歃血先後）吳人曰於周室我爲長（吳爲太伯後故爲長）晉人曰於姬姓我爲伯（爲侯伯）趙鞅呼司馬寅曰日旰矣（旰晚也）大事未成二臣之罪也（大事盟也二臣鞅與寅）建鼓整列二臣死之長幼必可知也對曰請姑視之反曰肉食者無墨（墨黑色下也肉食之人氣色下）今吳王有墨國勝乎（國爲敵所勝）大子死乎且夷德輕不忍久請少待之（少待無與爭）乃先晉人（盟不書諸侯恥之故）

士鞅晉大夫也定公八年趙鞅言於晉侯曰諸侯惟宋事晉好逆其使猶懼不至今又執之是絕諸侯也

將歸樂祁士鞅曰三年止之無故而歸之宋必叛晉（執樂祁在六年）獻子私謂子梁曰（獻子范鞅子梁樂祁）子君懼不得事宋君是以止子子姑使溷代子（溷樂祁子）子梁以告陳寅陳寅曰宋將叛晉是棄溷也不如待之（留待勿以子自代）樂祁歸卒于大行（大行晉東南山）士鞅曰宋必叛不如止其尸以求成焉乃止諸州（州晉地）

訾祏范宣子家臣也范宣子與龢大夫爭田久而無成宣子欲攻之問於伯華伯華曰外有軍內有事赤也外事也不敢侵官且吾子之心有出焉可徵訊也問於孫林父林父曰魯人所以事子也惟事是待問於張老張老曰老也以軍事承子非戎則非吾所知也問於祁奚祁奚曰公族之不恭公室之有回內事之邪大夫之貶是吾罪也若以軍官從子之私懼子之應且憎也問於籍偃籍偃曰偃也以斧鉞從於張孟日聽命焉若夫子之命也何二之有釋夫子而舉是反吾子也問於叔魚叔魚曰待吾爲子殺之叔向聞之見宣子曰聞子與龢未寧徧問於大夫又無決盍訪之於訾祏訾祏質直而博且能端辯之博能上下比之且吾子之家老也吾聞國家有大事必順於典刑而訪咨於耇老而後行之宣子問於訾祏訾祏

對曰昔隰叔子違周難於晉國生子輿爲食理以正於朝朝無姦官爲司空以正於國國無敗績世及武子佐文襄爲諸侯諸侯無二心後之人可則是以受隨范及文子成晉荊之盟豐兄弟之國今吾子嗣位於朝無姦行於國無邪民無四方之患無外內之憂賴三子之功而享其祿位今既無事矣而非龢於是加寵將何治爲宣子說乃益龢田而與之和訾祏死范宣子謂獻子曰鞅乎昔者吾有訾祏也吾朝夕顧焉以相晉國且爲吾家今吾觀女也專則不能謀則無與也將若之何對曰鞅也居處恭不敢安易敬學

而好仁和於政而好其道謀於衆不以賈好和志雖衰不取謂是也必長者之餘宣子曰可以免耳

趙簡子晉大夫也昭二十五年諸侯會於黄父簡子令諸侯之大夫輸王粟其戍人曰明年將納王宋樂大心曰我不輸粟我於周爲客（二王後爲賓客）若之何使客晉士伯曰自踐土以來（踐土在僖二十八年）宋何役之不會而何盟之不同曰同恤王室子焉得辟之子奉君命以會大事而宋背盟無乃不可乎右師不敢對受牒而退（右師樂大心）士伯告簡子曰宋右師必亡奉君命以使而欲背盟以干盟主無不祥大焉（言不善無大於此者定十年宋樂大

心出奔）又簡子有兩白騾而甚愛之陽城胥渠疾（陽城姓胥渠名疾猶病）廣門之官夜欵門而謁曰主君之臣胥渠有疾（廣門邑之官小臣欵叩趙簡子門簡子晉大夫稱主君）醫教曰得白騾之肝病則止（止愈也）不得則死謁者入董安于御于側慍曰譆胥渠胥渠也欺吾君請即刑焉（安于簡子家臣也慍怒也即刑請就胥渠而刑之）簡子曰夫殺人以活畜不仁乎殺畜以活人不亦仁乎於是召庖人殺白騾取其肝以予陽城胥渠處無幾何病愈趙興兵而攻翟廣門之官左七百人右七百人皆先登而獲甲首（衣甲者之首也）

傳傻晉趙簡子屬也晉趙鞅與鄭師戰鄭師大敗獲齊粟千車趙孟喜曰可矣傳傻曰雖克鄭猶有知在憂未艾也（言知氏將爲難後竟有晉陽之患）

趙襄子晉大夫也智伯攻趙襄子趙襄子出曰吾何走乎從者曰長子近且城厚完襄子曰罷民力以固之又斃死以守之其誰與我從者曰邯鄲之倉庫實襄子曰浚民之膏澤以實之又因而殺之其誰與我其晉陽乎先主之所屬也尹鐸之所寛也民必和矣乃走晉陽晉師圍而灌之沉竈產蛙民無畔意趙襄子攻翟而勝之尤人終人（尤人終人翟之二邑也）使者來謁之襄子方將食而有憂色左右曰一朝而兩城下此人

之所喜也今君有憂色何也襄子曰江河之大也不過三日（三日而滅也）飄風暴雨日中不須臾（言其不能終日）今趙氏之德行無所積今一朝兩城下亡及其我乎孔子聞之曰趙氏其昌乎夫憂所以爲昌也而喜所以爲亡也勝非其所難者也賢主以此持勝故其福及後世

絺疵晉大夫也初智伯從韓魏兵以攻趙圍晉陽而水之城下不沉者三版絺疵謂智伯曰韓魏之君必反矣智伯曰何以知之絺疵曰以其事知之夫從韓魏之君而攻趙趙亡難必及韓魏矣今約勝趙而三

分其地今城不浸者三版臼竈生鼃人馬相食城降有日而韓魏之君無喜志而有憂色是非反如何明日智伯以告韓魏之君曰疵言君之且反也韓魏之君曰夫勝趙而三分其地城今且將拔矣夫二家雖愚不棄美利於前背信盟之約而爲危難不可成之事其勢可見也是疵爲趙計矣使君疑二主之心而解於攻趙也今君聽讒臣之言而離二主之交爲君惜之趨而出絺疵謂智伯曰君又何以疵言告韓魏之君爲智伯曰子安知之對曰韓魏之君視疵端而趨疾絺疵知其言之不聽請使於齊智伯遣之韓

魏之君果反矣

冊府元龜

冊府元龜
巡按福建監察御史臣李嗣京訂正
知閩縣事臣曹學佺臣叅閱
知建陽縣事臣黄國琦較釋
陪臣部三　七百三十三
智識第二
叔瞻鄭大夫也晉公子重耳出奔過鄭鄭文公弗禮
叔瞻諫其君曰晉公子賢而其從者皆國相且又同
姓鄭之出自厲王而晉之出自武王鄭君曰諸侯亡
公子過此者衆安可盡禮叔瞻曰君不禮不如殺之

且後爲國患鄭君不聽晉重耳返國是爲文公以無
禮討鄭
中繻魯大夫也初内蛇與外蛇鬬於鄭南門中内蛇
死六年而厲公入公聞之問於申繻曰猶有妖乎對
曰人之所忌其氣燄以取之妖繇人興也尚書洛誥無若火始
燄燄未盛而進退之時以喻人心不堅正人無釁焉妖不自作人棄常則
妖興故有妖
孔叔鄭大夫諸侯盟王使周公召鄭伯曰吾撫女以
從楚輔之以晉可以少安周公宰孔也王恨齊桓定太子之位故召鄭伯使叛
齊也晉楚不服於齊故以鎮安鄭鄭伯喜於王命而懼其不朝於齊
也故逃歸不盟孔叔止之曰國君不可以輕輕則失
親親黨親携也失親患必至患而乞盟所喪多矣君必悔之
弗聽逃其師而歸明年諸侯伐鄭
子良鄭大夫也宣公九年初楚子爲厲之役故伐鄭
六年楚伐鄭取成於厲既成鄭伯逃歸晉郤缺救鄭鄭伯敗楚師於柳
棼柳棼鄭地國人皆喜惟子良憂曰是國之災也吾死無
日矣自是晉楚交兵伐鄭十二年卒有楚子入鄭之禍
子展鄭大夫也襄公二十九年葬周靈王鄭上卿有
事子展使印段往伯有曰弱不可印段年少官卑子展曰與
其莫往弱不猶愈乎詩云王事靡盬不遑啓處詩小雅

不堅固也啓跪也言王事無不堅固不暇啓處東西南北誰敢寧處謂上鄭堅
事晉楚以蕃王室也言我固事晉楚乃所以藩屏王室王事無曠何
常之有遂使印段如周傳言周衰卑於晉楚又魯襄公二十一
年十二月游販將歸晉游販公孫蠆子未出竟遭逆妻者奪
之以館于邑舍之其邑不復行丁巳其夫攻子明殺之子明即游
販以其妻行十二月無丁巳丁巳十一月十四日也子展廢良而立太
叔良游販子太叔販弟曰國卿君之貳也民之主也不可以苟
請舍子明之類子明有罪而良又不賢故求亡妻者使復其所使
游氏勿怨鄭國不討專殺之人所以抑强扶弱臨時之宜曰無昭惡也交怨則
之不修益明也

子產鄭大夫子國之子襄公八年鄭人欲媚於晉使子國子耳侵蔡獲蔡司馬公子燮（鄭侵蔡欲以求媚於晉子耳子良之子不言敗故以獲告）鄭人皆喜子產曰小國無文德而有武功禍莫大焉楚人來討能勿從乎從之晉師必至晉楚伐鄭自今鄭國不四五年弗得寧矣子國怒之曰爾何知國有大命而有正卿童子言焉將爲戮矣（大命起師行軍之命）又鄭簡公三年鄭相子駟欲自立爲君子孔使尉止殺相子駟而代之子孔又欲自立子產曰子駟爲不可誅之今又效之是亂無時息也於是子孔從之而相鄭簡公又襄公十年子孔當國（代子駟）爲載書

以位序聽政辟（自羣卿諸司各守其職位以受執政之法不得與朝政）大夫諸司門子弗順將誅之（子孔欲誅不順者）子產止之請爲之焚書（既止子孔又勸令燒除載書）子孔不可曰爲書以定國衆怒而燒之是衆爲政也國不亦難乎（難以至治）子產曰衆怒難犯專欲難成合二難以安國危之道也不如焚書以安衆子得所欲（欲爲政也）衆亦得安不亦可乎專欲無成犯衆興禍子必從之乃焚書於倉門之外衆而後定（不於朝內燒欲使遠近見所燒）其年鄭尉止作亂殺子國子耳子西聞盜不儆而出（子西公孫夏子駟子）尸而追盜（先臨尸而逐賊）盜入於北宮乃歸授甲臣妾多逃器用多喪子產聞盜爲門

者（置守門）庀群司（具衆官）閉府庫愼閉藏完守備成列而後出兵車十七乘（千二百七十五人）尸而攻盜於北宮子蟜帥國人助之殺尉止子師僕盜衆盡死侯晉奔晉堵女父司臣尉翩司齊奔宋（尉翩尉止子司齊司臣子）又襄二十六年楚子及秦人侵鄭印堇父與皇頡使城麇（印堇父鄭大夫）楚人囚之以獻於秦鄭人取貨於印氏以請之子太叔爲令正（主作辭令之正）以爲請子產曰不獲（謂太叔辭以貨請堇父必不得）受楚之功而取貨於鄭不可謂國秦其不然（受楚獻功干名也以貨免之小利故謂秦不爾）若曰拜君之勤鄭國微君之惠楚師其猶在敝邑之城下其可（辭如此堇父可得）弗從遂行秦

人不予更敝從子產而獲之（更遣使執幣用子產辭乃得堇父傳積子產之善）又楚子伐鄭鄭人將禦之子產曰晉楚將平諸侯將和楚王是故昧於一來（昧謂貪昧）不如使逞而歸乃易成也（逞快也）夫小人之性釁於勇嗇於禍以足其性而求名焉者非國家之利也若何從之（釁動也嗇貪也言鄭之故與楚戰者皆釁事勇名之人非能爲國計慮久利不可從也）子展說不禦寇子產相鄭伯以如晉叔向問鄭國之政焉對曰吾得見與否在此歲也駟良方爭未知所成（駟氏子皙也良氏伯有也）若有所成吾得見乃可知也叔向曰不旣和矣乎對曰伯有侈而愎（愎很也）子皙好在人上莫能相下也雖其和也

猶將積惡也惡至無日矣（此年秋良霄出奔）襄公三十年子產爲政有事伯石賂與之邑（伯石公孫段有事欲使之）子太叔曰國皆其國也奚獨賂焉（言鄭大夫共憂鄭國事奚爲獨賂之）子產曰無欲實難（言人不能無欲）皆得其欲以從其事而要其成非我其成其在人乎（言成猶在我非在人也）何愛於邑邑將焉往（言猶在國）子太叔曰若四國何（恐爲四鄰所笑）子產曰非相違也而相從也（言賂以邑欲爲和順）四國何尤焉鄭書有之（鄭國史書）曰安定國家必大焉先（先和大族而後國家安）姑先安大以待其所歸（要其成也）既伯石懼而歸邑卒與之（卒終也）伯有既死使太史命伯石爲卿辭太史退則請命焉（請太史更命已）復

命之又辭如是三乃受策入拜子產以是惡其爲人也（惡其虛飾）使次已位（畏其作亂故寵之）襄三十一年子皮欲使尹何爲邑（爲邑大夫）子產曰少未知可否（尹何年少）子皮曰愿吾愛之不吾叛也（愿謹善也）使夫往而學焉夫亦愈知治矣（夫謂尹何）子產曰不可人之愛人也求利之也吾子愛人則以政（以政與之）猶未能操刀而使割也其傷實多（多自傷）子之愛人傷之而已其誰敢求愛於子子於鄭國棟也棟折榱崩僑將厭焉敢不盡言子有美錦不使人學製焉（製裁也）大官大邑身之所庇也而使學者製焉其爲美錦不亦多乎（言官邑之重多於美錦）僑聞學而後入政未聞以政學者也若果行此必有所害譬如田獵射御貫則能獲禽（貫習也）若未嘗登車射御則敗績厭覆是懼何暇思獲子皮曰善哉虎不敏吾聞君子務知大者遠者小人務知小者近者我小人也衣服附在吾身我知而慎之大官大邑所以庇身也我遠而慢（慢易）之微子言吾不知也他日我曰子爲鄭國我爲吾家以庇焉其可也今而後知不足（自知謀慮不足謀其家）自今請雖吾家聽子而行子產曰人心之不同如其面焉吾豈敢謂子面如吾面乎抑心所謂危亦以告也子皮以爲忠故委政焉子產是以能爲鄭國（傳言子產之治

乃子皮之力）其年鄭人游於鄉校（鄉之學校）以論執政（論其得失）然明謂子產曰毀鄉校何如（忠人於中謗議國政）子產曰何爲夫人朝夕退而游焉以議執政之善否其所善者吾則行之其所惡者吾則改之是吾師也若之何毀之吾聞忠善以損怨（爲忠善則怨謗息）不聞作威以防怨（欲毀鄉校即作威）豈不遽止然猶防川（遽畏懼也）大决所犯傷人必多吾不克救也不如小决使道（道通也）不如吾聞而藥之也（以爲藥石）然明曰蔑也今而後知吾子之信可事也小人實不才若果行此其鄭國實賴之豈惟二三臣仲尼聞是語也曰以是觀之人謂子產不仁吾不信也（仲尼

（以二十二年生於是十歲長而後聞之）昭公元年游吉如楚楚郟敖且聘立君歸謂子產曰具行器矣（行器會備）楚王汏侈而自說其事必合諸侯吾往無日矣子產曰不數年未能也昭公四年楚子使椒舉如晉求諸侯楚子問於子產曰晉其許我諸侯乎對曰許君晉君少安在不諸侯（安於小少不能遠圖）其大夫多求（貪也）莫匡其君在宋之盟又曰如一（晉楚同也）若不許君將焉用之（焉用宋盟）王曰諸侯其來乎對曰必來從宋之盟承君之歡不畏大國何故不來（大國晉也）不來者其魯衛曹邾乎曹畏宋邾畏魯魯衛偪於齊而親於晉唯是不來其餘君之所及也誰

敢不至（言楚威力所能及）王曰然則吾所求者無不可乎對曰求逞於人不可（逞快也求人以快意人必違之）與人同欲盡濟申之會魯衛曹邾不會其年子產作丘賦國人謗之子產曰何害苟利社稷死生以之吾不遷矣（遷移也）渾罕曰（渾罕子寬）國氏其先亡乎君子作法於涼其敝猶貪（涼薄也）作法於貪敝將若之何（言不可久行）姬在列者（在列國也）蔡及曹滕其先亡乎偪而無禮（蔡偪楚曹滕偪宋）鄭先衛亡偪而無法（偪晉楚）政不率法而制於心民各有心何上之有（子產權時救急渾罕譏之正道）昭公七年子產聘於晉爲豐施歸州田於宣子（豐施鄭公孫段之子三年晉以州田賜段）曰日君以夫公孫段爲能任其事而賜之州田今無祿早世不獲久享君德其子弗敢有不敢以聞於君私致諸子（此年正月公孫段卒）宣子辭子產曰古人有言曰其父析薪其子弗克負荷（荷擔也以微薄喻重責）施將懼弗能任其先人之祿其況能任大國之賜縱吾子爲政而可後之人若屬有疆埸之言敝邑獲戾（恐後代宣子者將以鄭取晉邑罪鄭）而豐氏受其大討吾子取州是免敝邑於戾而建置豐氏也敢以爲請（傳言子產貞而不諒）宣子受之以告晉侯晉侯以與宣子宣子爲初言病有之（初言謂與趙文子爭州田）以易原縣於樂大心（樂大心宋大夫原晉邑以賜樂大心也）魯昭公十一年秋會于厥慭謀

救蔡也（不書救蔡不果救）鄭子皮將行子產曰行不遠不能救蔡也蔡小而不順楚大而不德天將棄蔡以壅楚盈而罰之（盈楚惡）蔡必亡矣且喪君而能守者鮮矣三年王其有咎乎美惡周必復王惡周矣（元年楚子弒君而立歲在大梁後三年十三歲歲星周復于大梁）晉人使狐父請蔡于楚弗許（狐父晉大夫）昭公十三年晉會諸侯同盟于平丘齊服也令諸侯日中造于除（除地爲壇盟會處）癸酉退朝（先盟朝晉）子產命外僕速張于除（張帷幕）子太叔止之使待明日及夕子張聞其未張也使速往乃無所張矣（地已滿也傳言子產每事敏于太叔）十六年鄭大旱使屠擊祝欵豎柎有事於桑山（三子

鄭大夫有事祭也斬其木不雨子產曰有事於山蓺山林也
當蓺養令繁殖而斬其木其罪大矣奪之官邑鄭禆竈言於
子產曰宋衛陳鄭將同日火若我用瓘斝玉瓚鄭必
不火瓘珪也斝玉爵也瓚勺也欲以禳火子產弗與以為天災流行非禳所息故也明
年五月宋衛陳鄭皆火禆竈曰不用吾言鄭又將火
前年禆竈欲用瓘斝禳火子產不聽今復請用之鄭人請用之信竈言子產不
可子大叔曰寶以保民也若有火國幾亡可以救亡
子何愛焉子產曰天道遠人道邇非所及也何以知
之竈焉知天道是亦多言矣豈不或信多言者或時有衆遂
不與亦不復火傳言天道難明雖禆竈猶不足以盡知之鄭之未災也里

析告子產曰將有大祥里析鄭大夫祥變異之氣民震動國幾亡
吾身泯焉弗良及也言將先災死國遷其可乎子產曰雖
可吾不足以定遷矣子產知天災不可逃非遷所免故託以知不足昭公十
六年晉宣子有環其一在鄭商玉人同工共朴成此雙環宣子謁
諸鄭伯謁請也子產弗與曰非官府之守器也寡君不
知子太叔子羽謂子產曰韓子亦無幾求言所求少晉國
亦未可以貳晉國韓子不可偷也偷薄也若屬有讒人
交鬬其間鬼神而助之以興其凶怒悔之何及吾子
何愛於一環其以取憎於大國也盍求而與之子產
曰吾非偷晉而有二心將終事之是以弗與忠信故

也僑聞君子非無賄之難立而無令名之患僑聞為
國非不能事大字小之難無禮以定其位之患夫大
國之人令於小國而皆獲其求將何以給之一共一
否為罪滋大滋益也大國之求無禮以斥之何饜之有
吾且為鄙邑則失位矣不復成國若韓子奉命以使而求
玉焉貪淫甚矣獨非罪乎出一玉以起二罪吾又失
位韓子成貪將焉用之且吾以玉賈罪不亦銳乎銳細
小也韓子買諸賈人既成賈矣商人曰必告君大夫韓
子請諸子產曰日起起宣子名請夫環執政弗義弗敢復
也復重求也今買諸商人商人曰必以聞敢以為請子產

對曰昔我先君桓公與商人皆出自周鄭本在周畿內桓公東遷
并與商人俱庸次比耦庸用也用次更相從耦耕以艾殺此地斬之蓬
蒿藜藋而共處之世有盟誓以相信也曰爾無我叛
我無強賈無強市其物毋或匄奪爾有利市寶賄我勿與
知恃此質誓故能相保以至于今今吾子以好來辱
而謂敝邑強奪商人是教敝邑背盟誓也毋乃不可
乎吾子得玉而失諸侯必不為也若大國令而共無
蓺蓺法也鄭鄙也亦弗為也不欲鄙為邑之事僑若獻玉不知
所成敢私布之布陳也韓子辭玉曰起不敏敢求玉以
徼二罪敢辭之傳言子產知禮宣子能改過昭公十九年鄭大水

龍鬬於時門之外洧淵時門鄭城門也洧水出滎陽密縣東南至潁川長平入潁
國人請爲禜焉子產弗許曰我鬬龍不我覿也覿見也
龍鬬我獨何覿焉禳之則彼其室也淵龍之室吾無求於
龍龍亦無求於我乃止也傳言子產之知昭公十年鄭子皮
如晉葬平公將以幣行見新君之質子產曰喪焉用幣必
用百兩載幣用車百乘百兩必千人千人至將不行行用也不
行必盡用之不得見新君將自費用盡幾千人而國不亡言千人之費不
可當子皮固請以行既葬諸侯之大夫欲因見新君叔
孫昭子曰非禮也弗聽叔向辭之曰大夫之事畢矣
送葬禮畢而又命孤孤斬焉在縗絰之中既葬未卒哭故猶服斬衰其

以嘉服見則喪禮未畢其以喪服見是重受弔也大
夫將若之何皆無辭以見子皮盡用其幣歸謂子羽
曰非知之實難將在行之言不患不知患不能行夫子知之矣
我則不足言已錄子產之戒既知其不可而遂行之是我之不足書曰欲敗度
縱敗禮商書我之謂矣夫子知度與禮矣我實欲縱欲
而不能自克也欲因喪以慶新君故縱而行之不能自勝
子羽鄭大夫也襄公二十九年楚郟敖即位郟敖康王子熊
麇也王子圍爲令尹圍康王弟子羽曰是謂不宜必代之昌
松柏之下其草不殖言楚君弱令尹强物不兩盛昭元年圍殺郟敖昭元年
楚公子圍聘于鄭且娶於公孫段氏伍舉爲介伍舉椒舉

介副也將入館就客舍鄭人惡之知楚懷詐使行人子羽與之
言乃館於外舍城外既聘將以衆逆以兵入逆婦子產患之
使子羽辭曰以敝邑褊小不足以容從者請墠聽命
欲以城外除地爲墠行昏禮令尹命太宰伯州犂對曰君辱貺寡
大夫圍謂圍將使豐氏撫而有室豐氏公孫段圍布几筵
告於莊共之廟而來莊王圍之祖共王圍之父若野賜之是委君
貺於草莽也是寡大夫不得列於諸卿也言不得從卿禮不
寧唯是又使圍蒙其先君蒙欺也告先君而來不得禮於女氏之廟故以爲先
君將不得爲寡君老大臣稱老懼辱命而黜退其蔑以復矣惟大
夫圖之子羽曰小國無罪恃實其罪恃大國而無備則是罪將

恃大國之安靖已而無乃包藏禍心以圖之小國失
恃而懲諸侯使莫不憾者距違君命而無所壅塞不
行是懼信已失所恃則諸侯懲恨以距君命壅塞不行所懼惟此不然敝邑館人
之屬也館人守舍人也其敢愛豐氏之祧祧遠祖廟伍舉知其有
備也請垂櫜而入垂櫜示無弓許之入逆而出
子太叔鄭大夫也楚子使遠射城州屈復茄人焉還復
茄人於州屈城丘皇遷訾人焉移訾人於州皇使熊相禖郭巢季
然郭卷使二大夫爲巢卷築郭也卷城在南陽華縣南子太叔聞之曰楚王
將死矣使民而不安其土民必憂憂將及王弗能久
矣

駟引鄭大夫也晉荀罃帥師圍鄭未至鄭駟弘曰知伯愎而好勝是下之則可行也(行去聲)乃先保南里以待之

曹劌魯人也莊公十年齊師伐魯莊公將戰曹劌請見其鄉人曰肉食者謀之又何間焉(肉食在位者間猶與也)劌曰肉食者鄙未能遠謀乃入見問何以戰公曰衣食所安弗敢專也必以分人對曰小惠未徧民弗從也(分公衣食所惠不過左右故曰未徧)公曰犧牲玉帛弗敢加也必以信(祝辭不敢以小爲大以惡爲美)對曰小信未孚神弗福也(孚大信也)公曰小大之獄雖不能察必以情(必盡己情察審也)對曰忠之屬

也可以一戰戰則請從(上思利民忠也)公與之乘(共乘兵車)戰于長勺公將鼓之劌曰未可齊人三鼓劌曰可矣齊師敗績公將馳之劌曰未可下視其轍(視車跡也)登軾而望之曰可矣遂逐齊師既克公問其故對曰夫戰勇氣也一鼓作氣再而衰三而竭彼竭我盈故克之夫大國難測也懼有伏焉(恐詐也)吾視其轍亂望其旗靡故逐之

臧文仲魯大夫也僖公二十年宋襄公欲合諸侯文仲聞之曰以欲從人則可(屈己之欲從衆之善)以人從欲鮮濟

齊國莊子來聘於魯自郊勞至于贈賄禮成而加之以敏(迎來曰郊勞送去曰贈賄敏審當於事)臧文仲言於公曰國子爲政齊猶有禮君其朝焉臣聞之服有禮社稷之衞也

公如齊

縣子魯大夫歲旱穆公召而問焉(凡穆公或作繆公)曰天久不雨吾欲暴尫而奚若(奚若何如也尫者面鄉天覬天哀而雨之)曰天則不雨而暴人之疾子虐毋乃不可與(錮疾人之所哀暴之是虐)然則吾欲暴巫而奚若曰天則不雨而望之愚婦人於以求之毋乃已疏乎(已猶甚也巫主接神亦覬天哀而雨之春秋傳說巫曰在女曰巫在男曰覡周禮大巫旱暵則舞雩也)徙市則奚若曰天子崩巷市七日諸侯薨巷市三日爲之徙市不亦可乎(徙市者庶人之喪禮今徙市是憂戚於旱若喪)

公子偃魯大夫也莊公十年齊師宋師伐魯次於郎公子偃曰宋師不整可敗也宋敗齊必還請擊之魯莊公弗許自雩門竊出蒙皋比而先犯之(雩門魯南城門皋比虎皮)公從之大敗宋師於乘丘齊師乃還

季文子魯大夫也文公十五年初齊侯侵魯遂伐曹討其朝魯也季文子曰齊侯其不免乎己則無禮(執王使而伐無罪)而討於有禮者曰女何故行禮禮以順天天之道也己則反天之道而又以討人難以免矣詩曰胡不相畏不畏于天(詩小雅)君子之不虐幼賤畏于天

也在周頌曰畏天之威于時保之詩周頌言畏天威於是保福祿不畏于天將何能保以亂取國奉禮以守猶懼不終多行無禮弗能在矣十八年齊人殺其君商人成公七年吳伐郯郯成季文子曰中國不振旅蠻夷入伐而莫之或恤振整也旅衆也無弔者也夫言中國不能相愍恤故夷狄內侵詩曰不弔昊天亂靡有定其此之謂與詩小雅刺在上者不能弔愍下民故號天告亂有王不弔其誰不受亂王謂霸主吾亡無日矣君子曰知懼如是斯不亡矣成公八年晉侯使韓穿來言汶陽之田歸之于齊季文子餞之餞送行飲酒私言私與之言曰大國制義以為盟主是以諸侯懷德畏討無有

貳心謂汶陽之田敝邑之舊也而用師於齊使歸諸敝邑用師鞍之戰今有二命曰歸諸齊信以行義義以成命小國所望而懷也信不可知義無所立四方諸侯其誰不解體言不復肅敬於晉詩曰女也不爽士貳其行士也罔極二三其德爽差也極中也詩衛風婦人怨丈夫不一其行喻魯事晉猶丈夫之不敢過差而晉有罔極之心反二三其德七年之中一予一奪二三孰甚焉士之二三猶喪妃耦而况霸主霸主將德是以以用也而二三之其何以長有諸侯乎詩曰猶之未遠是用大簡猶圖也簡諫也詩大雅言王者圖事不遠故用大道諫之行父懼晉之不遠猶而失諸侯也是以敢私言之

季武子魯大夫也襄公三十年魯使者在晉晉趙孟以絳縣人為絳縣師於是歸以語諸大夫季武子曰晉未可偷也偷薄也有趙孟以為大夫有伯瑕以為佐伯瑕士文伯有史趙師曠而咨度焉有叔向女齊以師保其君其朝多君子其庸可偷乎勉事之而後可

孟獻子魯大夫也聘於晉宣子觴之三徙鐘石之懸不移而具獻子曰富家哉宣子曰子之家孰與我家富獻子曰吾家甚貧惟有二士曰顏向慈無靈者使吾邦家安平百姓和協惟此二者耳吾盡於此矣獻子出宣子曰彼君子也以畜賢為富我鄙人也以鐘

石金玉為富孔子曰孟獻子之富可著於春秋宣公十四年楚伐宋孟獻子言于宣公曰臣聞小國之免於大國也聘而獻物物玉帛皮幣也於是有庭實旅百主人亦設籩豆百品實於庭以答賓朝而獻功獻其治國者征伐之功於牧伯於是有容貌采章嘉淑而有加貨容貌威儀容貌也采章車服文章也嘉淑令辭稱贊也加貨命宥幣帛也言往則共來報亦備謀其不免也誅而薦賄則無及也薦進也見責而往則不足解罪今楚在宋君其圖之公說明年歸父會楚子于宋仲孫蔑襄公二年秋會晉荀罃宋華元衛孫林父曹人邾人于戚孟獻子曰請城虎牢以偪鄭虎牢舊鄭邑今屬晉知武子曰善鄫之會吾子聞崔子之言今不來矣元年

孟獻子與齊崔杼次于鄭崔杼有不服晉之言獻子以告知武子滕薛小邾之不至皆齊故也三國齊之屬寡君之憂不惟鄭言復憂齊叛瑩將復於寡君而請於齊以城事白晉君而請齊會之欲以觀齊志得請而告吾子之功也得請謂齊人應命告諸侯會築虎牢若不得請事將在齊將伐齊吾子之請諸侯之福也城虎牢足以服鄭息征伐豈唯寡君賴之傳言荀瑩能用善謀冬復會于戚齊崔武子及滕薛小邾之大夫皆會知武子之言故也武子言事將在齊齊人懼帥小國而會之遂城虎牢鄭人乃成如孟獻子之謀又襄公七年夏四月三卜郊不從乃免牲獻子曰吾乃今而後知有卜筮夫郊祀后稷以祈農事也郊祀后稷以配天后稷周始祖能播植者是故啓蟄

而郊郊而後耕今既耕而卜郊宜其不從也啓蟄夏正建寅之月耕謂春分晉使郤錡來乞師將事不敬將事致君命孟獻子曰郤氏其亡乎禮身之幹也敬身之基也郤子無基且先君之嗣卿也受命以求師將社稷是衛而惰棄君命也不亡何爲郤錡郤克子故曰嗣卿後晉果殺郤錡叔孫穆子魯大夫也虢之會諸侯之大夫尋盟未退季武子伐莒取鄆莒人告於會楚人將以叔孫穆子爲戮晉樂王鮒求貨於穆子曰吾爲子請於楚穆子不予梁其踁謂穆子曰有貨以衛身也出貨而可以免子何愛焉穆子曰非女所知也承君命以會大事而國有罪我以貨私免是我會吾私也苟如是則又可以出貨而成私欲乎雖可以免吾其若諸侯之事何夫必將或循之曰諸侯之卿有然者故也則我求安身而爲諸侯法矣君子是以患作作而不衷將或導之是昭其不衷也余非愛貨惡不衷也且罪非我之罪爲戮何害楚人乃赦之又衛孫文子來聘且拜武子之言而尋孫桓子之盟盟在成公三年公登亦登禮登階臣後君一等叔孫穆子相趨進曰諸侯之會寡君未嘗後衛君敵體竝登今吾子不後寡君寡君未知所過吾子必少安安徐也孫子無辭亦無悛容悛改也穆叔曰孫子必亡

爲臣而君過而不悛亡之本也詩曰退食自公委蛇委蛇委蛇順貌詩召南言人臣自公門入私門無不順禮謂從者也從順也衡而委蛇必折衡橫也橫不順道必毀折其後林父逐君又魯襄公在楚楚人使公親襚諸侯有遣使贈襚之禮今楚欲依遣使之禮公患之穆叔曰祓殯而襚則布幣也先使巫祓除殯之凶邪而行襚禮與朝而布幣無異乃使巫以桃茢先祓殯茢黍穰楚人弗禁既而悔之又楚子郟敖即位襄公三十年使薳罷聘魯穆叔問王子之爲政何如王子圍爲令尹對曰吾儕小人食而聽事猶懼不給命而不免於戾焉與知政固問焉不告穆叔告大夫曰楚令尹將有大事子蕩將與焉子蕩薳罷助之匿其情矣

子圍素貴鄭敖徼弱諸侯皆知其將爲亂故穆叔問之其後圍弒郟敖澶淵之
會穆叔之自會見孟孝伯語之曰晉趙孟將死矣其
語偷不似民主偷苟且且年未盈五十而諄諄焉如八
九十者弗能久矣威二年戰於鞍趙朔已死於是趙文子始生至襄公三十年會澶淵
蓋年四十七八故言未盈五十若趙孟死爲政者其韓子乎韓子韓起吾
子盍與季孫言之可以樹善君子也言韓起有君子之德今方知政
可素往立善晉君將失政矣若不樹焉使早備魯使韓子早爲魯
備既而政在大夫韓子懦弱大夫多貪求欲無厭齊
楚未足與也魯其懼哉孝伯曰人生幾何誰能無偷
朝不及夕將安用樹穆叔出而告人曰孟孫將死矣

吾語諸趙孟之偷也而又甚焉言朝不及夕偷之甚也又與季
孫語晉故知與孟孫言季孫不從及趙文子卒在昭公元年晉
公室卑政在侈家韓宣子爲政不能圖諸侯魯不堪
晉求讒慝弘多是以有平丘之會又昭公三年小邾
穆公朝季武子欲卑之不欲以諸侯禮待之穆子曰不可曹滕
二邾實不忘我好敬以逆之猶懼其二又卑一睦焉
一睦謂小邾逆群好也其如舊而加敬焉志曰能敬無灾
又曰敬逆來者天所福也季孫從之又襄公二十八
年崔杼弒其君而後自縊齊人求杼尸將戮之不得
叔孫穆子曰必得之武王有亂臣十人亂治也崔杼其

有乎不十人不足以葬既崔氏之臣曰與我拱璧吾
獻其柩於是得之
褒仲魯大夫也如齊拜穀之盟復曰臣聞齊人將食
魯之麥以臣觀之將不能齊君之語偷臧文仲有言
曰民主偷必死明年齊人弒懿公
臧武仲魯大夫也襄公四年陳成公卒楚人將伐陳
聞喪乃止軍禮不伐喪陳人不聽命不聽楚命臧武仲聞之曰
陳不服於楚必亡大國行禮而不服在大猶有咎而
況小乎楚彭名侵陳陳無禮故也又襄公十三年衛
侯奔齊在郲武仲如齊唁衛侯衛侯與之言虐退而

告其人曰衛侯其不得入矣其言糞土也亡而不變
何以復國子展子鮮聞之見武仲與之言道順道理臧
孫說謂其人曰衛君必入夫二子者或輓之或推之
欲無入得乎又襄公十九年季武子以所得於齊之
兵作林鍾而銘魯功焉林鍾律名鑄鍾聲應林鍾因以爲名武仲謂季
孫曰非禮也夫銘天子令德天子銘德不銘功諸侯言時計
功舉得時動有功則可銘也大夫稱伐銘其功伐之勞今稱伐則下等也
從大夫故計功則借人也借晉力也言時則妨民多矣何以爲
銘且夫大伐小取其所得以作彝器彝常也謂鐘鼎爲宗廟之常器
銘其功烈以示子孫昭明德而懲無禮也今將借人

之力以救其死者之何錫之小國幸於大國（以勝大國爲幸）而昭所獲焉以怒之亡之道也

孟公綽魯大夫也襄公二十五年齊崔杼帥師伐我北鄙以報孝伯之師（前年魯使孟孝伯爲晉伐齊）公患之使告于晉孟公綽曰崔子將有大志不在病我必速歸何患焉其來也不寇（不爲寇害）使民不嚴（欲得民心）異於他日齊師徒歸（徒空也）

展莊叔魯大夫也襄二十八年齊慶封奔魯獻車於季武子美澤可以鑑（光鑑形也）莊展叔見之曰車甚澤人必瘁宜其亡也

叔弓魯大夫也昭二年聘於晉晉侯使郊勞（聘禮賓至近郊君使卿勞之）辭曰寡君使弓來繼舊好固曰女無敢爲賓徹命於執事敝邑弘矣（徹達也）敢辱郊使請辭（辭郊勞）致館辭曰寡君命下臣來繼舊好好合使成臣之祿也（得通君命則於巳爲榮祿）敢辱大館（敢不敢也）叔向曰子叔子知禮哉吾聞之曰忠信禮之器也卑讓禮之宗也（宗猶主也）辭不忘國忠信也（謂稱舊好）先國後巳卑讓也（始稱敝邑之弘先國也次稱臣之祿後巳也）詩曰敬慎威儀以近有德夫子近德矣

子服惠伯魯大夫也昭公七年楚子成章華之臺願與諸侯落之遠啓疆來召魯昭公公將往夢襄公祖（祭祖神道）梓愼曰君不果行襄公之適楚也夢周公祖而行今襄公實祖君其不行子服惠伯曰行先君未嘗適楚故周公祖以道之襄公適楚矣而祖以道君不行何之後公如楚

叔孫昭子魯大夫也魯昭公二十年二月巳丑日南至（是歲朔旦冬至之歲也當言正月巳丑朔日南至時失閏閏更在二月後故經因史書正月傳更具於二月記南至日以正曆也）梓愼望氛（氛氣也時魯侯不行登臺之禮使梓愼望氣）曰今茲宋有亂國幾十二年而後弭蔡有大喪（後宋華向出奔蔡侯卒）叔孫昭子曰然則戴桓也（戴桓族向氏）汰侈無禮巳甚亂所在也（傳言妖繇人興）二十一年宋華亥向寧華定

自陳入于南里以叛先是九年冬築郎囿季平子欲其速成也叔孫昭子曰詩曰經始勿亟庶民子來（詩大雅言文王始經營靈臺非急疾之衆民自以子義來歡樂爲之）焉用速成其以勦民也（勦勞也）無囿猶可無民其可乎

叔仲昭伯魯大夫也從襄公如楚及漢聞康王卒欲還叔仲昭伯曰君之來也非爲一人也爲其名與其衆也今王死其名未改其衆未敗何爲還諸大夫皆欲還子服惠伯曰不知所爲姑從君乎叔仲曰子之來也非欲安身也爲國家之利也故不憚勤遠而聽於楚非義楚也畏其名與衆也夫義人者固慶其喜

而弔其憂況畏而服乎聞畏而往聞喪而還苟芊姓實嗣其誰代之任喪王太子又長矣執政未改予爲先君來死而去之其誰曰不如先君將爲喪舉聞喪而還其誰曰非侮也事其君而任其政其誰曰已貳求說其侮而亟於前之人其讐不滋大乎說侮不懦執政不貳帥大讐以憚小國其誰云待之若從君而走患則不如違君以避難且夫君子計成而後行二三子計乎有禦楚之術而有守國之備乎則可也若未有不如往也乃遂行

子家羈魯大夫也魯昭公二十五年昭公伐季氏平

子登臺而請曰君不察臣之罪使有司討以干戈臣請待於沂上以察罪無許（魯城南有沂水平子欲出城待罪也大沂水出蓋縣南至下邳入泗）請囚於費弗許請以五乘亡弗許子家子曰君其許之政自之出久矣隱民多取食焉（隱約窮困）爲之徒者衆矣日入慝作弗可知也（慝姦惡也日冥姦人將起共衆助季氏不可知也）衆怒不可蓄也（季氏衆）蓄而弗治將蘊（蘊積也）蘊蓄民將生心生心同求將合（與季氏同求叛君者）君必悔之弗聽郈孫曰必殺之公使郈孫逆孟懿子（懿子仲孫何忌）叔孫氏之司馬鬷戾言於其衆曰若之何莫對（衆疑所助）又曰我家臣也不敢知國凡有季氏與無於我孰利皆曰無季氏是無叔孫氏也鬷戾曰然則救諸帥徒以往陷西北隅以入（陷公圍也）公徒釋甲執冰而踞（言其戰心也冰櫝丸蓋或云櫝丸是箭筩可以取酒）遂逐之（逐公走）孟氏使登西北隅以望季氏見叔孫氏之旌以告孟氏執郈昭伯殺之于南門之西遂伐公徒子家子曰諸臣僞劫君者而負罪以出君止（使若非君本意者君自可止不出）意如之事君也不敢不改（意如季平子名）公曰余不忍也與臧孫如墓謀（祭先君且謀所奔）遂行已亥公孫于齊臧昭伯率從者將盟載書曰戮力一心好惡同之信罪之有無（信明也處者有罪從者無罪）繾綣從公無通外內於是以公命示子家子子家子曰如此

吾不可以盟羈也不佞不能於二三子同心而以爲皆有罪（從者陷君留者逐君皆有罪也）或欲通外內且欲去君（去君僞負罪出奔不如繾綣從公）二三子好亡而惡定焉可同也陷君於難罪孰大焉通外內而弑君君將速入弗通何爲而何守焉乃不與盟

子服景伯魯大夫也魯哀公十二年會晉侯吳子於黃池吳人將以公見晉侯子服景伯言而止既而悔之將囚景伯景伯曰何也立後於魯矣（何景伯名）將以二乘與六人從遲速惟命遂囚以還及戶牖（戶牖陳留外黃縣西北東昏城是）謂太宰嚭曰魯將以十月上辛有事於上帝

先王季辛而畢何世有職焉有職於祭事自襄以來未之改也魯襄公若不會祝宗將日吳實然言魯祝宗將告神云景伯不會坐爲吳所囚吳人信鬼故以是恐之且謂魯不共而執其賤者七人何損焉太宰嚭言於王曰無損於魯而祇爲名適爲惡名不如歸之乃歸景伯

陽文子爲魯大夫楚惠王以梁與魯陽文子文子辭曰梁險而在北境懼子孫之有貳者也夫事君無憾憾則懼偪偪則懼貳夫盈而不偪憾而不貳者臣能自壽也不知其他縱臣而得以其首領沒懼子孫之以梁之險而乏臣之祀也王曰子之仁不忘乎子孫施及楚國敢不從子與之賜魯

巡按福建監察御史臣李嗣京　訂正
知甌寧縣事臣孫以敬參閱
知建陽縣事臣黄國琦較釋

陪臣部七百三十四

智識第三

仲孫湫齊大夫也魯莊公之薨閔公元年仲孫湫來省魯難歸曰不去慶父魯難未已（時慶父亦已還魯）公曰若之何而去之對曰難不已將自斃（斃踣也）君其待之公曰魯可取乎對曰不可猶秉周禮周禮所以本也臣

聞之國將亡本必先顛而後枝葉從之魯不棄周禮未可動也君其務寧魯難而親之親有禮因重固（能重能固則當成之）間攜貳（離而相疑者其當因而間之）覆昬亂（覆敗也）霸王之器也又齊湫聘且言王子帶（前年王子帶奔齊言欲伐之）事畢不與王言（不言子帶事）歸復命曰未可王怒未息其十年乎不十年王弗召也

管仲齊大夫也僖公六年諸侯盟于甯毋謀鄭故也管仲言於齊侯曰臣聞之招攜以禮懷遠以德（攜離也）德禮不易無人不懷齊侯修禮於諸侯諸侯官受方物（諸侯官司各於齊受其方所當貢天子之物）鄭伯使其太子華聽命於會言於齊侯曰洩氏孔氏子人氏此三族者實違君之命（三族鄭大夫也）君若去之以爲成我以鄭爲内臣君亦無所不利焉（小鄭是齊女封内臣）齊侯將許之管仲曰君以禮與信屬諸侯而以姦終之無乃不可乎子父不奸之謂禮守命共時之謂信（守君命共時事）違此二者姦莫大焉公曰諸侯有討於鄭未捷今苟有釁從之不亦可乎（子華犯父命是其釁隙）對曰君若綏之以德加之以訓辭而帥諸侯以討鄭鄭將覆亡之不暇豈敢不懼若總其罪人以臨之（總將領也子華奸父之命即罪人）鄭有辭矣何懼（以大義爲辭）且夫合諸侯以崇德也會而列姦何以示後嗣（列姦

用子華）夫諸侯之會其德刑禮義無國不記記姦之位（位會位也子華爲姦人而列在會位將爲諸侯所記）君盟替矣（替廢也）作而不記非盛德也（君舉必書雖復齊史隱諱亦損盛德）君其勿許鄭必受盟夫子華既爲太子而求介於大國以弱其國亦必不免（介因也）鄭有叔詹堵叔師叔三良爲政未可間也齊侯辭焉子華繇是得罪于鄭冬鄭伯使請盟於齊

曹沫爲魯將與齊戰三敗北魯莊公與齊桓公盟曹沫執匕首劫桓公桓公乃許盡歸魯之侵地沫下壇桓公怒欲倍其約管仲曰不可夫貪小利以自快棄信於諸侯失天下之援不如與之於是桓公乃遂割魯侵

地曹洙三戰所亡地盡復于魯齊桓公合諸侯衛人後至公朝而與管仲謀伐衛罷朝而入衛姬望見君下堂再請衛君之罪公曰吾與衛無故子曷爲請對曰妾望見君之入也足高氣彊伐國之志也見色而有動色伐衛也明日君朝揖管仲而進之管仲曰君舍衛乎公曰仲父安識之管仲曰君之揖朝也恭而言也徐見臣而有慙色臣是以知之公曰善管仲治外夫人治內寡人知終不爲諸侯笑矣

東郭郵齊人也齊桓公與管仲闔門而謀伐莒未發而已聞於國矣桓公密謂管仲曰寡人與仲父闔門

而謀伐莒未發也而已聞於國其故何也管仲曰國必有聖人桓公曰然夫日之役者有執席食以上視者彼必是邪（桓公與管仲謀時役人於前乃有執席而食私目上視所以察君也必是人者）知君於是乃令之復役毋復相代（時執席而食者代人入役且得察君謀今不令相代彼亦知君覺已必當自來之也）少焉東郭郵至桓公令擯者延而上（擯謂贊引賓客者也）與之分級而上（公以客禮待之故與之分級而上謂使之就賓階也）問焉曰子言伐莒者乎東郭郵曰然臣也桓公曰寡人不言伐莒而子言伐莒其故何也東郭郵對曰臣聞之君子善謀而小人善意（善以意度之也）臣意之也桓公曰子奚以意之東郭郵曰夫欣然喜樂者鐘鼓之色也淵然清靜者縗絰之色也漻然豐蒲（心在兵謀則氣盛故其貌豐蒲）而手足拇動者（中勇外形必應故手足拇動也）兵甲之色也日者視二君之在臺上也口開而不闔是言莒也（莒字兩口故二君開口相對即知其言莒也）舉手而指勢當莒也且臣觀小國諸侯之不服者唯莒於是（惟莒不服於是齊）臣故曰伐莒桓公曰善哉以微射明此之謂乎（言以形色之微知伐國之明）子其坐寡人與子同之（同伐莒之謀也又云齊桓公與管仲謀伐莒謀未發而聞於國桓公怪之曰與仲父謀伐莒未發而聞於國其故何也管仲對曰國必有聖人也桓公曰譆日之役者有執蹠胎而上視者意者其是邪乃令復役毋得相代少頃東郭郵至管仲曰此必是已乃令賓者延之而上分之而立管仲曰郎言伐莒者對曰然管仲曰我不言伐莒子何故言伐莒子何以意之對曰臣

聞君子有三色顯然喜樂者鐘鼓之色也愀然清靜者縗絰之色也艴然充盈手足矜者兵革之色也日者臣望君之在臺上者艴然充盈手足矜者此兵革之色也君呿而不唫呿開唫閉所言者莒也君舉臂而指所當者莒也臣切聞諸侯之不復者其莒乎臣故言之）

晏桓子齊大夫也公孫歸父會齊侯於穀桓子與之言魯樂桓子告高宣子（桓子晏嬰父宣子高固也）曰子家其亡乎懷於魯矣（子家歸父字懷思也）懷必貪貪必謀人謀人亦謀已一國謀之何以不亡（後歸父奔齊）

晏平仲齊大夫也晉欒盈奔楚魯襄公二十二年秋盈自楚適齊晏平仲言於齊侯曰商任之會受命於晉（受錮欒氏之命）今納欒氏將安用之小所以事大信也失

信不立君其圖之弗聽退告陳文子曰君人執信臣人執共忠信篤敬上下同之天之道也君自棄也弗能久矣欒盈猶在齊晏子曰禍將作矣齊將伐晉不可以不懼 明年齊伐晉 齊侯自衛將遂伐晉平仲曰君恃勇力以伐盟主若不濟國之福也不德而有功憂必及君襄公二十八年慶封患子雅子尾之怒使析歸父告晏平仲 欲與共謀子雅子尾 平仲曰嬰之衆不足用也知無能謀也言弗敢出 不敢洩謀 有盟可也子家曰子之言云 子家析歸父 又焉用盟告北郭子車 子車齊大夫 子車曰人各有以事君非佐之所能也 佐子車名 又昭公三年齊公

孫竈卒 竈子雅 司馬竈見平仲 司馬竈齊大夫 曰又喪子雅矣平仲曰惜也子旗不免殆哉 以旗不臣 姜族弱矣而嬀將始昌 嬀陳氏 二惠競爽猶可 子雅子尾皆齊惠公之孫也競強也爽明也 又弱一个 一作介 焉姜其危哉齊侯伐北燕將納簡公 簡公北燕伯三年出奔齊 晏子曰不入燕有君矣民不二吾君賄左右諂諛作大事不以信未嘗可也又高子問晏子曰子事靈公莊公景公皆敬子三君之心一邪夫子之心三邪對曰善哉問事君嬰一心可以事百君三心不可以事一君故三君之心非一心也而嬰之心非三心也且嬰之於靈公也盡復而不能立之政所謂僅全其四支以從其君者也及莊公陳武夫尚勇力欲辟勝於邪而嬰不能禁故退而野處嬰聞之言不用者不受其祿不理其事者不與其難吾於莊公行之矣今之君輕國而重樂薄於民而厚於養藉斂過量使令過任而嬰不能禁庸知能全身以事君乎又晉叔向問晏子曰齊國之德衰矣今子若何晏子對曰嬰聞之事明君者竭心力以役其身行不逮則退不以誣持祿事惰君者優游其身以役其世力不能則去不以諛持危且嬰聞君子之事君也進不失忠退不失行不苟合以隱志可謂不失忠不持利以傷

廉可謂不失行叔向曰善哉詩有之曰進退惟谷其此之謂歟叔向又問曰事君之倫徒處之義奚如晏子曰事君之倫知慮足以安國譽厚足以道君和柔足以懷衆不廉上以爲名不倍民以爲行上也潔於治已不飾過以求先不讒諛以求進不阿所私不誣所能次也盡力守職不敢怠奉官從上不敢惰畏上故不苟忌罪故不辟下也三者事君之倫也及夫大賢則徒處與有事無擇也隨時宜者也有所謂君子者能不足以補上退處不順上治唐國考菲履共恤上令弟長鄉里不夸言不愧行君子也不以上爲本

不以民爲憂内不恤其家外不顧其交夸言愧行自勤於饑寒不及醜儕命之曰枉辟之民明上之所禁也進不能及上退不能獨處作窮於富利之門畢志於畎畝之業窮通不行無宫處之慮佚於心利通不得窮業不成命之曰處封之民明上之所誅也有知不足以補君有能不足以勞民俞身徒處謂之傲上苟進不擇所道苟得不知所惡謂之亂賊身無以與君能無以勞民飾徒處之義揚輕上之名謂之亂國明君在上三者不免罪叔向曰賢不肖性夫吾每有問而退未嘗自得也又公孫接田開彊古冶子事景

公以勇力搏虎聞晏子過而趨三子者不起晏子入見公曰臣聞明君之蓄勇力之士也上有君臣之義下有長率之倫内可以禁暴外可以威敵上利其功下陷其勇故尊其位重其祿今君之蓄勇力之士也上無君臣之義下無長率之倫内不可以禁暴外不可以威敵危國之器也不若去之公曰三子者搏之恐不得刺之恐不中也晏子曰此皆力攻勍敵之人也無長幼之禮因請公使人少餽之二桃曰三子何不計功而食桃公孫接仰天而歎曰晏子智人也夫使公之計吾功者不受桃是無勇也士衆而桃寡何不計功而食桃矣接一搏特豬而再搏乳虎若接之功可以食桃而無與人同矣援桃而起田開彊曰吾伏兵而卻三軍者再若開彊之功亦可以食桃而無與人同矣援桃而起古冶子曰吾嘗從君濟於河黿銜左驂以入砥柱之流當是時也冶少不能游潛行逆流百步順流九里得黿而殺之左操驂尾右挈黿頭鶴躍而出津人皆曰河伯也若冶視之則大黿之首也若冶之功者亦可以食桃而無與人同矣二子者何不反桃抽劍而起公孫接田開彊曰吾勇不子若功不子逮取桃不讓是貪也然而不死無勇也皆

反其桃挈領而死古冶子曰二子死之冶獨生之不仁夫恥人以言而夸其聲不義恨乎所行而不死無勇雖然二子同桃而節冶專桃而宜亦反其桃挈領而死侍者復曰已死矣殮之以服葬之以士禮焉

陳文子齊大夫也襄二十四年齊侯伐晉而懼將欲見楚子楚子使薳啓彊如齊聘且請期請會期齊社蒐軍實使客觀之祭社因閱數軍器以示薳啓彊文子曰齊將有寇吾聞之兵不戢必取其族戢藏也族類也取族還自害也

苑何忌齊大夫也昭公二十年齊侯使公孫青聘于衞旣出聞衞亂使請所聘及衞告寧于齊且言子石

子石公孫青言其有禮齊侯將飲酒徧賜大夫曰二三子之敬也（喜青敬衛侯）苑何忌辭曰與於青之賞必及於其罰（言青若有罪亦并受其罰）在康誥曰父子兄弟罪不相及（尚書康誥）況在群臣臣敢貪君賜以干先王乎（言受賜則無康誥之義）

騶忌子齊大夫也魏惠王圍邯鄲趙求救於齊齊威王召大臣而謀曰救趙孰與勿救騶忌子曰不如勿救段干朋曰不救則不義且不利威王曰何也對曰夫魏氏并邯鄲其於齊何利哉且夫救趙而軍其郊是趙不伐而魏全也故不如南攻襄陵以弊魏邯鄲拔而乘魏之弊威王從其計 一說魏伐趙趙與韓親

共擊魏趙不利戰於南梁韓氏請救於齊齊宣王召大臣而謀曰蚤救孰與晚救騶忌子曰不如勿救田忌曰弗救則韓且折而入于魏不如蚤救之孫子曰夫韓魏之兵未弊而救之是吾代韓受魏之兵顧反聽命於韓也且魏有破國之志韓見亡必東面而愬於齊侯吾因深結韓之親而晚受魏之弊則可重利而得尊名也宣王曰善乃陰告韓之使者而遣之韓因恃齊五戰不勝而東委國於齊齊因起兵使田忌田嬰將（徐廣曰嬰一作朌）孫子爲帥救韓趙以擊魏大敗之馬陵殺其將龐涓虜魏太子申（又國策云南梁之難韓氏請救於齊田侯召大臣而謀曰早救之孰與晚救之便張丐對曰晚救之韓且折而入魏不如早救之田思臣曰不可夫韓魏之兵未弊而我救之是我代韓而受魏之兵顧反聽命於韓也且夫魏有破韓之志韓見且亡必東愬於齊我因陰結韓之親而晚承魏之弊則國可重利可得名可尊矣田侯曰善乃陰告韓氏使者而遣之韓自以專有齊國五戰五不勝東愬於齊齊因起兵擊魏大敗之馬陵魏破韓弱韓魏之君因田嬰北面而朝田侯田侯齊宣王也）

田文齊公子號孟嘗君初趙王封孟嘗君以武城孟嘗君擇舍人以爲武城吏而遣之曰鄙語豈不曰借車者馳之借衣者被之哉皆對曰有之孟嘗君曰文甚不取也夫所借衣車者非親友則兄弟也夫馳親友之車被兄弟之衣文以爲不可今趙王不知文不

肖而封之以武城願大夫之任也毋伐樹木毋發屋室訾然使趙王悟而知文也

宮之奇虞大夫也僖公五年晉侯復假道於虞以伐虢宮之奇諫曰虢虞之表也虢亡虞必從之晉不可啓寇不可翫（翫習也）一之謂甚其可再乎（爲二年假晉道滅下陽）諺所謂輔車相依脣亡齒寒者其虞虢之謂乎（輔頰輔車牙車）公曰晉吾宗也豈害我哉對曰太伯虞仲太王之昭也太伯不從是以不嗣（太伯虞仲皆太王之子不從父命俱讓適吳仲雍之子別封西吳虞公其後也穆生昭昭生穆以世次計之故太伯虞仲於周爲昭）虢仲虢叔王季之穆也（王季者太伯虞仲之母弟也虢仲虢叔王季之子文王之母弟也仲叔皆虢君字）

爲文王卿士勳在王室藏於盟府盟府司盟之官將虢是滅
何愛於虞且虞能親於桓莊乎其愛之也桓莊之族
何罪而以爲戮不唯偪乎桓叔莊伯之族晉獻公之從祖昆弟獻公患其偪盡
殺之親以寵偪猶尚害之況以國乎公曰吾享祀豐絜
神必據我據安也對曰臣聞之鬼神非人實親唯德是
依故周書曰皇天無親惟德是輔周書逸書又曰黍稷非
馨明德惟馨馨香之遠聞又曰民不易物惟德繄物黍稷惟王
無惠則不見享有惠則見享言物一而用異如是則非德民不和神不享
矣神所馮依將在德矣若晉取虞而明德以薦馨香
神其吐之乎弗聽許晉使宮之奇以其族行行去也曰

虞不臘矣臘歲終祭衆神之名在此行也晉不更舉矣晉伐虢之役師
出於虞宮之奇諫而不聽出謂其子曰虞將亡矣惟忠信者能留外寇而不害除闇以應外謂之忠定身
以行事謂之信今君施其所惡於人闇不除矣貪賂滅親身不定矣夫國非忠不立非信不固既不忠信
而留外寇人知其釁而歸圖焉已自拔其本矣何以能久吾不去懼及焉因以其孥適西山三月虞乃亡
公孫枝秦大夫也僖公九年晉惠公入秦伯謂公孫
枝曰夷吾其定乎公孫枝秦大夫子桑也對曰臣聞之唯則定
國詩曰不識不知順帝之則文王之謂也詩大雅帝大也則法
也言文王闇行自然合天之法又曰不僭不賊鮮不爲則僭過差也賊傷害也
能不然則可爲人法則無好無惡不忌不克之謂也今其言多
忌克既僭而賊難哉言能自定難公曰忌則多怨又焉能克是

吾利也僖十三年晉荐饑荐饑皆不熟使乞糴于秦秦伯
謂子桑子與諸乎對曰重施而報君將何求言不損秦也
重施而不報其民必攜攜而討焉無衆必敗不義故民離
謂百里與諸乎百里秦大夫對曰天災流行國家代有救
災恤鄰道也行道有福
百里奚秦大夫也僖公二十三年秦伯將襲鄭輕行疾至
不戒以入曰襲百里子與蹇叔子諫曰千里而襲人未有不
亡者也行疾不假途變必生道遠多險阻遭變必亡秦伯怒曰若爾之年
者宰上之木拱矣宰冢也拱可以手對抱爾曷知師出百里子
與蹇叔子送其子而戒之曰爾即死必於殽之嶔巖

是文王之所辟風雨者也其處險阻隘勢一人可要百故文王之駈馳嘗若辟
風雨襲鄭所當繇也過吾將尸爾焉在床曰尸在棺曰柩子揖師而行揖其
父于師中介冑不拜爲其拜如尊百里子與蹇叔子從其子而哭之
秦伯怒曰爾曷爲哭吾師對曰臣非敢哭君師哭臣
之子也言恐臣先死子不見臣故先哭之弦高者鄭商也鄭商賈人僖三
十三年遇之殽矯以鄭伯之命而犒師焉詐稱曰矯犒勞也見
其軍於非常不似君子恐見虜掠故生意矯君命勞之或曰往矣或曰反矣軍中
語也時以爲鄭實使弦高來犒之或以爲鄭相已然知將見襲必設備不如還或曰緒也當遂往之
而晉人與姜戎要之殽而擊之匹馬隻輪無反者
毓朝秦大夫也文公十三年晉使魏壽餘僞以魏叛

者以誘士會秦伯師于河西魏人在東壽餘曰請東人之能與夫二三有司言者吾與之先（欲與晉人在秦者共先告諭魏有司）使士會士會辭曰秦人虎狼也若背其言臣死妻子爲戮無益於君不可悔也秦伯曰若背其言所不歸爾帑者有如河（言必歸其妻子明白如河）士會往繞朝贈之以策（策馬撾別授之馬撾示已所策以展情）曰子無謂秦無人吾謀適不用也（示已覺其情）既濟魏人譟而還秦人歸其帑

后子秦大夫也昭公元年奔晉見趙孟趙孟曰吾子其曷歸（問何時當歸）對曰鍼懼選於寡君是以在此將待嗣君趙孟曰秦君何如對曰無道趙孟曰亡乎對曰

何爲一世無道國未艾也（艾絕也）國於天地有與立焉（言欲輔助之者多）不數世淫弗能斃也趙孟曰天乎對曰有焉趙孟曰其幾何對曰鍼聞之國無道而年穀和熟天贊之也（贊助也）鮮不五稔（鮮少也少尚當歷五年多則不啻）趙孟視蔭曰朝夕不相及誰能待五（蔭日景也趙孟意衰以日景自喻故言朝夕不相及誰能待五）后子出而告人曰趙孟將死矣主民翫歲而愒日（翫愒皆貪也）其與幾何（言不能久）

甘茂事秦武王爲左丞相武王三年謂甘茂曰寡人欲容車通三川以窺周室而寡人死不朽矣甘茂曰請之魏約以伐韓而令向壽輔行甘茂至謂向壽曰子歸言之於王曰魏聽臣矣然願王勿伐事成盡以爲子功向壽歸以告王王迎甘茂於息壤甘茂至王問其故對曰宜陽大縣也上黨南陽積之久矣名曰縣其實郡也今王倍數險行千里而攻之難矣昔曾參之處費魯人有與曾參同姓名者殺人人告其母曰曾參殺人其母織自若也頃之一人又告其母曰曾參殺人其母尚織自若也頃又一人告之曰曾參殺人其母投杼下機踰牆而走夫以曾參之賢與其母之信也三人疑之其母懼焉今臣之賢不若曾參王之信臣又不若曾參之母信曾參也疑臣者非特

三人臣恐大王之投杼也始張儀西并巴蜀之地此取西河之外南取上庸天下不以多張子而以賢先王魏文侯令樂羊將而攻中山三年而拔之樂羊返而論功文侯示之謗書一篋樂羊再拜稽首曰此非臣之功也主君之力也今臣羈旅之臣也樗里子公孫奭二人者挾韓而議之王必聽之是王欺魏王而臣受公仲侈（一作馮）之怨也王曰寡人不聽也請與子盟於是與之盟於息壤卒使丞相甘茂將兵伐宜陽五月而不拔樗里子公孫奭果爭之武王召甘茂欲罷兵甘茂曰息壤在彼王曰有之因大悉起兵使甘

茂擧之斬首六萬遂拔宜陽韓襄王使公孫侈入謝與秦平武王竟至周而卒于周

甯莊子衛大夫也衛大旱卜有事於山川不吉有事祭也甯莊子曰昔周饑克勤而年豐今邢方無道諸侯無伯伯長也天其或者欲使衛討邢乎從之師興而雨

甯武子衛大夫也僖公三十一年衛成公夢康叔曰相奪予享相夏后啓之孫居帝丘享祭也公命祀相武子不可曰鬼神非其族類不歆其祀歆猶享也杞鄫何事言杞鄫夏後有當祀相相之不享於此久矣非衛之罪也言帝丘久不祀相非衛所絕不可以間成王周公之命祀諸侯受命各有常祀請改祀命改祀相之

命從之

右宰穀襄公二十六年衛獻公出奔求復國於甯喜甯喜告右宰穀右宰穀曰不可獲罪於兩君前出獻公今弒剽天下誰畜之畜猶容也悼子曰吾受命於先人不可以貳悼子甯喜也穀曰我請使焉而觀之觀知可還否遂見公於夷儀反曰君淹恤在外十二年矣淹久也而無憂色亦無寬言猶夫人也言其爲人倫如故若不已死無日矣已止也悼子曰子鮮在右宰穀曰子鮮在何益多而能亡於我何爲言子鮮爲義多不過亡出悼子曰雖然弗可以已獻公入而果誅喜

北宮文子衛大夫也初襄公三十一年相衛襄公以如楚文子北宮佗也襄公獻公子過鄭印段廷勞于棐林如聘禮而以勞辭用時禮而用郊勞之辭文子入聘報印段子羽爲行人馮簡子與子太叔逆客逆文子事畢而出言於衛侯曰鄭有禮其數世之福也其無大國之討乎詩云誰能執熱逝不以濯詩大雅濯以水濯手禮之於政如熱之有濯也濯以救熱何患之有此以上文子辭衛侯在楚北宮文子見令尹圍之威儀言於衛侯曰令尹似君矣將有他志言語瞻視行步不常雖獲其志不能終也詩云靡不有初鮮克有終終之實難令尹其將不免公曰子何以知之對曰

詩云敬慎威儀惟民之則令尹無威儀民無則焉民所不則以在民上不可以終公曰善哉何謂威儀對曰有威而可畏謂之威有儀而可象謂之儀君有君之威儀其臣畏而愛之則而象之故能有其國家令聞長世臣有臣之威儀其下畏而愛之故能守其官職保族宜家順是以下皆如是是以上下能相固也衛詩曰威儀棣棣不可選也詩邶風棣棣富而閑也選數也言君臣上下父子兄弟内外大小皆有威儀也周詩曰朋友攸攝攝以威儀詩大雅攸所也攝佐也言朋友之道必相教訓以威儀也周書數文王之德曰逸書大國畏其力小國

懷其德言畏而愛之也詩云不識不知順帝之則言則而象之也（大雅又言文王行事無所斟酌惟在則象上天）紂囚文王七年諸侯皆從之囚紂於是懼而歸之可謂愛之文王伐崇再駕而降爲臣（文王聞崇德亂而伐之三旬不降退修教而復伐之因壘而降）蠻夷帥服可謂畏之文王之功天下誦而歌舞之可謂則之文王之行至今爲法可謂象之有威儀也故君子在位可畏施舍可愛進退可度周旋可則容止可觀作事可法德行可象聲氣可樂動作有文言語有章以臨其下謂之有威儀也

褚師圃衛大夫也初齊伐晉衛侯乃過中牟中牟人

欲伐之褚師圃亡在中牟曰衛雖小其君在焉未可勝也齊師克城而驕其帥又賤（城謂夷儀也帥謂東郭書）遇必敗之不如從齊乃伐齊師敗之

公叔文子衛大夫也定公十三年文子朝而請享靈公（欲令君臨其家）退見史鰌而告之（史鰌史魚）史鰌曰子必禍矣子富而君貪罪其及子乎文子曰然吾不先告子是吾罪也君旣許我矣其若之何史鰌曰無害子臣可以免（言能執臣禮）富而能臣必免於難上下同之（言尊卑皆然）戌也驕其亡乎（戌文子之子）富而不驕者鮮吾惟子之見驕而不亡者未之有也戌必與焉（與禍難）及文子卒衛侯始惡於公叔戌以其富也公叔戌又將去夫人之黨（靈公夫人南子黨宋朝之徒）夫人愬之曰戌將爲亂於是戌奔魯

目夷宋大夫也字子魚僖公二十年宋襄公爲鹿上之盟以求諸侯於楚楚人許之公子目夷諫曰小國爭盟禍也宋其亡乎幸而後敗諸侯會宋公盟于盂子魚曰禍其在此乎君欲已甚其何以堪之於是楚執宋公以伐宋會于亳以釋之子魚曰禍猶已也未足以懲君及二十二年夏宋公伐鄭子魚曰所謂禍在此矣與楚戰於泓宋師敗績公傷股

公孫固宋大夫也晉重耳過宋宋襄公新困兵於楚傷於泓聞重耳賢欲得晉援乃以國禮禮於重耳以馬二十乘公孫固善於舅犯曰宋小國新困不足以求入更之大國重耳乃去

西鉏吾宋大夫也成公十八年楚子鄭伯伐宋宋魚石復入于彭城宋人患之西鉏吾曰何也若楚人與吾同惡以德於我吾固事之也不敢貳矣（惡謂魚石）大國無厭鄙我猶憾（言已事之則以我爲鄙邑猶恨不足此吾患也）不然而收吾憎使贊其政（謂不同惡魚石而用之使佐政）以閒吾釁亦吾患也今將崇諸侯之姦而披其地（崇長也謂楚令取彭城以封魚石披猶分也）以

塞夷庚夷庚吳晉往來之要道楚封魚石於彭城欲以截吳晉之道逞姦而攜服
毒諸侯而懼宋晉隔吳晉之道故懼攜能也吾庸多矣非吾憂也
且事晉何爲晉必恤之言宋嘗事晉何爲顧有此患難
子罕宋大夫也襄公二十七年向戌會諸侯之大夫
以弭兵向戌宋左師左師請賞曰請免死之邑欲宋君稱功加厚賞
故謙言免死之邑也公與之邑六十以示子罕子罕曰凡諸侯
小國晉楚所以兵威之畏而後上下慈和慈和而後
能安靖其國家以事大國所以存也無威則驕驕則
亂生亂生必滅所以亡也天生五材金木水火土也民並用
之廢一不可誰能去兵兵之設久矣所以威不軌而

昭文德也聖人以興謂湯武亂人以廢謂桀紂廢興存亡
昏明之術皆兵之繇也而子求去之不亦誣乎以誣
道蔽諸侯罪莫大焉縱無大討而又求賞無厭之甚
也削而投之削賞左師之書左師辭邑向氏欲攻司城司城子罕
左師曰我將亡夫子存我德莫大焉又可攻乎君子
曰彼已之子邦之司直詩鄭風司主也樂喜之謂乎何以恤
我我其收之逸詩恤憂也收取也向戌之謂乎善向戌能知其過
仲幾宋大夫也昭二十五年宋元公將爲魯昭公故
如晉請納公夢大子欒即位於廟已與平公服而相之
平公元公父且召六卿公曰寡人不佞不能事父兄父兄謂華

向以爲二三子憂寡人之罪也若以群子之靈獲保
首領以沒唯是楄柎所以藉幹者楄柎棺中笭牀也幹骸骨也請
無及先君欲自貶損仲幾對曰君若以社稷之故私降昵
宴群臣弗敢知昵近也降昵宴謂降損親近宴樂飲食之事若夫宋國之
法死生之度先君有命矣群臣以死守之弗敢失隊
臣之失職常刑不赦臣不忍其死君命祇辱言君命必不行
適以自辱也宋公遂行卒於曲棘
逢滑爲陳大夫哀元年吳之入楚也使召陳懷公懷
公朝國人而問焉曰欲與楚者右欲與吳者左陳人
從田無田從黨都邑之人無田者隨黨而立不知所與故直從所居田在西者居右在東

者居左逢滑當公而進不左不右曰臣聞國之興也以福其
亡也以禍今吳未有福楚未有禍楚未可棄吳未可
從而晉盟主也若以晉辭吳若何公曰國勝君亡非
禍而何楚爲吳所勝對曰國之有是多矣何必不復小國
猶復況大國乎臣聞國之興也視民如傷是其福也
如傷恐驚動其亡也以民如土芥是其禍也芥草也楚雖無
德亦不艾殺其民吳日敝於兵暴骨如莽草生於廣野莽莽然
故曰草莽而未見德焉天其或者正訓楚也使懼而改過禍之
適吳其何日之有言至今陳侯從之

巡按福建監察御史臣李嗣京訂正
新建縣舉人臣戴國士叅閱
知建陽縣事臣黃國琦較釋

陪臣部七百三十五

智識第四

鬬伯比楚大夫也楚武王侵隨魯桓公六年使遠章求成焉遠章楚大夫軍於瑕以待之瑕隨地隨人使少師董成少師隨大夫董正也鬬伯比言於楚子曰吾不得志於漢東也我則使然我張吾三軍而被吾甲兵以武臨之彼則懼

而協以謀我故難間也漢東之國隨爲大隨張必棄小國張自侈大也小國離楚之利也少師侈請羸師以張之羸侈也熊率且比曰季梁在何益熊率且比楚大夫季梁隨賢臣鬬伯比曰以爲後圖少師得其君言季梁之諫不過一見後隨侯卒當以少師爲計故云以爲後圖二年蔡侯鄭伯會于鄧始懼楚楚子自此遂盛終於抗衡中國故傳備言其事以終始之王毀軍而納少師從伯比之謀少師歸請追楚師隨侯將許之季梁止之隨侯懼而修政楚不敢伐

叔伯楚大夫也僖公二十三年成得臣帥師伐陳成得臣子玉也討其貳於宋也取焦夷城頓而還子文以爲之功使爲令尹叔伯曰子若國何叔伯楚大夫蔿呂臣也以爲子玉不任令尹對曰吾以靖國也夫有大功而無貴仕貴仕貴位其人能靖者與有幾

蔿賈楚大夫僖公二十七年楚子將圍宋使子文治兵於睽子文時不爲令尹故云使治兵習號令也睽楚邑終朝而畢不戮一人終朝自旦及食時也子玉復治兵於蔿子玉爲令尹蔿楚邑終日而畢鞭七人貫三人耳國老皆賀子文子文飲之酒賀子玉堪其事蔿賈尚幼後至不賀子文問之對曰不知所賀子之傳政於子玉曰以靖國也靖諸內而敗諸外所獲幾何子玉之敗子之舉也舉以敗國將何賀焉子玉剛而無禮不可以治民過三百乘其不能以入矣

苟入而賀何後之有

潘尪楚大夫也文公十六年楚伐庸自廬以往振廩同食往往伐庸也振發也廩倉也同食上下無異饌也次于句澨楚西界也使廬戢梨侵庸戢梨廬大夫及庸方城方城庸地上庸縣東有方城亭也庸人逐之囚子揚窻窻戢梨官屬三宿而逸曰庸師衆羣蠻聚焉不如復太師還復自筮師且起王卒合而後進師叔曰不可師叔尪字姑又與之遇以驕之彼驕我怒而後可克先君蚡冒所以服陘隰也蚡冒楚武王父陘隰地名又與之遇七遇皆北軍走曰北唯裨鯈魚人實逐之裨鯈魚庸三邑魚魚復縣今巴東永安縣輕楚故但使三邑人逐之庸人曰楚不足與戰矣遂不設備

楚子乘驛會師于臨品驛傳車也臨品地名也分為二隊隊部也分為兩也攻之子越自石溪子貝自仞以伐庸子越鬬椒也石溪仞入庸道秦人巴人從楚師群蠻從楚子盟蠻見楚強故遂滅庸

申叔時楚大夫也成公十六年晉侯伐鄭人聞有晉師使告于楚姚句耳與往句耳鄭大夫與往非使也楚子救鄭司馬將中軍子反令尹將佐子重右尹子辛將右公子壬夫過申子反入見申叔時曰叔時老在申曰師其何如對曰德刑詳義禮信戰之器也器猶用也德以施惠刑以正邪詳以事神義以建利禮以順時信以守物民生厚而德正財足則思無邪用利而事節動不失利則事得其節時順而物成羣生得所

上下和睦周旋不逆動順理求無不具下應上各知其極無二心故詩曰立我蒸民莫匪爾極蒸衆也極中也詩頌言先王立其衆民無不得中正是以神降之福時無災害民生敦厖和同以聽敦厚厖大也莫不盡力以從上命致死以補其闕闕戰死也此戰之所由克也今楚內棄其民不施惠而外絕其好義不建利瀆齊盟不詳事中而食話言信不守物奸時以動禮不順時周四月今二月妨農桑而疲民以逞刑不正邪而苟快意民不知信進退罪也人恤所底其誰致死底至也子其勉之吾不復見子矣言其必敗不及姚句耳先歸子駟問焉對曰其行速過險而不整速則失志不思慮也不整則喪列志失列喪將何以戰楚懼不可用也戰於鄢陵楚師敗績

遠子馮楚大夫也襄公二十四年楚子伐鄭以救齊門于東門次于棘澤諸侯還救鄭楚子自棘澤還使遠啓疆帥師送陳無宇傳言齊楚固相結也吳人為楚舟師之役故在此年夏召舒鳩人舒鳩人叛楚舒鳩楚屬國名欲與兵以伐楚也楚子師於荒浦荒浦舒鳩地使沈尹壽與師祁犂讓之二子皆楚大夫也舒鳩子敬逆二子而告無之且請受盟二子復命王欲伐之遠子曰不可彼告不叛且請受盟而又伐之伐無罪也姑歸息民以待其卒卒終也卒而不貳吾又何求若猶叛我無辭有庸乃還彼無辭我有功明年楚滅舒鳩

遠啓疆楚大夫也齊侯既伐晉而懼將欲見楚子楚子使遠啓疆如齊聘且請期請其會齊社蒐軍實使客觀之祭社因閱數軍器以示遠啓疆陳文子曰齊將有寇吾聞之兵不戢必取其族戢藏也族類也取族還自害

沈尹戌楚大夫也昭公二十三年楚囊瓦為令尹囊瓦子囊之孫子常也代陽匄城郢楚用子囊遺言已築郢城矣今畏吳復增修以自固沈尹戌曰子常必亡郢苟不能衛城無益也古者天子守在四夷德及遠天子卑守在諸侯政卑損諸侯守在四鄰鄰國為之守諸侯卑守在四境裁省慎其四境結其四援結四鄰之

國以爲援助民卹其野卹安智也三務成功春夏秋三時之務民無內憂而又無外懼國焉用城今吳是懼而城於郢守已小矣卑之不獲能無亡乎不獲守四境昔梁伯溝其公宮而民潰在僖公十八年也民棄其上不亡何待夫正其疆場修其土田險其走集走集邊境之壘壁親其民人明其伍候使民有部伍相爲候望信有鄰國愼其官守守其交禮交接之禮不僭不貪不懦不耆懦弱也耆強也完其守備以待不虞又何畏矣詩曰無念爾祖聿修厥德詩大雅無念念也聿述也義取念祖考則述其治德以顯之無亦監乎若敖蚡冒至於武文四君皆楚先君之賢者土不過同方百里爲一同言未滿一圻愼其四境猶未城郢今

土數圻方千里爲圻而郢是城不亦難乎言守若是難以爲安也定四年吳入楚

寧國楚大夫也楚莊王欲伐陳使人視之使者曰陳不可伐也莊王曰何故對曰城郭高溝洫深畜積多也寧國曰陳可伐也夫陳小國而積畜多賦斂重則民怨上矣城郭高溝洫深則民力罷矣興兵伐之陳可取也莊王聽之遂取陳

孫叔敖楚大夫也狐丘丈人丈人老人而居狐丘者謂孫叔敖曰人有三怨子知之乎孫叔敖曰何謂也對曰爵高者士妬之官大者主惡之祿厚者怨處之孫叔敖曰吾爵益高吾志益下吾官益大吾心益小吾祿益厚吾施益博是以免三怨可乎故老子曰必貴而以賤爲本必高而以下爲基又孫叔敖疾將死戒其子曰王數封我矣吾不受也孫叔敖遂賈之子莊王之令尹也我死王必封汝汝必無受利地人所貪利之地楚越之間寢之丘者此其地不利人不利之而名甚惡謂丘也荊人鬼而越人機言荊人畏鬼神越人信吉凶之機詳此地名丘惡畏之終不利可長有者唯此也唯獨也孫叔敖死王果以美地封其子辭而請寢之丘至今不失孫叔敖之知知以不利之爲利矣知以人之所惡爲己之所善矣此有道者之所異乎俗也衆人利利孫叔

敖病利

申無宇楚大夫也昭公四年楚子欲遷許於賴使鬭韋龜與公子棄疾城之而還爲許城也韋龜子文之玄孫申無宇曰楚禍之首將在此矣召諸侯而來伐國而克城境莫校謂築城於外境諸侯無與爭王心不違民其居乎言將有事不得安也民之不處其誰堪之不堪王命乃禍亂也

椒舉楚大夫也昭公四年申之會楚子示諸侯侈自奢侈椒舉曰夫六王二公之事六王湯武成康穆啟也二公齊桓公晉文公皆所以示諸侯禮也諸侯所繇用命也夏桀爲仍之會有緡叛之仍緡皆國名商紂爲黎之蒐東夷叛之黎東夷國

名周幽爲大室之盟戎狄叛之大室中岳皆所以示諸侯汏也諸侯所繇棄命也今君以汏無乃不濟乎王弗聽子產見左師曰吾不患楚矣汏而愎諫愎很也不過十年左師曰然不十年侈其惡不遠遠惡而後棄惡及遠方而人棄之善亦如之德遠而後興

范無宇楚大夫也楚靈王城陳蔡不羹使僕夫子晳問於范無宇曰吾不服諸夏而獨事晉何也唯晉近我遠也今我城三國賦皆千乘亦當晉矣又加之以楚諸侯其來乎對曰其在志也國爲大城未有利者昔鄭有京櫟衞有蒲戚宋有蕭蒙魯有卞費齊有渠

丘晉有曲沃秦有徵衙叔段以京患莊公鄭幾不封櫟人實使鄭子不得其位衞蒲戚實出獻公宋蕭蒙實弒昭公魯卞費實弱襄公齊渠丘實弒無知晉曲沃實納齊師秦徵衙實難桓景皆志於諸侯此其不利者也且夫制城邑若體性焉有首領股肱至於指拇毛脉大能掉小故變而不動地有高下天有晦明民有君臣國有都鄙古之制也先王懼其不帥故制之以義旌之以服行之以禮辯之以名書之以文道之以言既其失也易物之繇夫邊境者國之尾也譬之如牛馬處暑之既至虻蟻之既多而不能掉其尾臣亦懼之不然是三城也豈不使諸侯之心惕惕焉子晳復命王曰是知天咫安知民則是言誕也右尹子革侍曰民天之生也知天必知民矣是其言可以懼哉三年陳蔡及不羹人納棄疾而弒靈王

王子勝楚大夫也昭十八年言于楚子曰許於鄭仇敵也而居楚地以不禮於鄭十五年平王復遷邑許自東還居葉恃楚而不事鄭晉鄭方睦鄭若伐許而晉助之楚喪地矣君盍遷許許不專於楚自以舊國不專心事楚鄭方有令政許曰余舊國也許先鄭封鄭曰余俘邑也隱十一年鄭滅許而復存之故曰我俘邑葉在楚國方城之外蔽也爲方城外之蔽障士不可易易輕也國不

可小謂鄭許不可俘讎不可啓君其圖之楚子說冬楚子使王子勝遷許於析實白羽於傳時白羽改爲析

士尹池楚大夫也使於宋司城子罕止而觴之南家之牆犨於前而不直犨猶出也出於子罕堂前西家之潦經其宮而不止西家地高潦流注子罕之宮而不禁之也尹池問其故子罕曰南家工人也爲鞔者也鞔作履之工也吾將徙之其父曰吾恃爲鞔以食三世矣今徙是宋國之求鞔者不知吾處也吾將不食願相之憂吾不食也爲是故吾不徙之也西家高吾宮卑潦之徑吾宮也利故不禁也士尹池歸楚適興兵而將攻宋士尹池諫曰宋不可攻也

其主賢其相仁賢者得民仁者能用人若攻之必無功徒爲天下笑耳遂釋宋而攻鄭孔子聞之曰夫修之於廟堂之上而折衝乎千里之外者其司城子罕之謂

藍尹亹楚大夫也子西歎於朝藍尹亹曰吾聞君子惟獨居思念前世之崇替與哀殯喪於是有歎其餘則否君子臨政思義飲食思禮同宴思樂在樂思善無有歎焉今吾子臨政而歎何也子西曰闔廬能敗吾師闔廬卽世吾聞其嗣又甚焉吾是以歎對曰子患政德之不修無患吳矣夫闔廬口不貪嘉味耳不

樂逸聲目不淫於色身不懷於安朝夕勤志恤民之羸聞一善若驚得一士若賞有過必悛有不善必懼是故得民以濟其志今吾聞夫差好罷民力以成私好縱過而翳諫一夕之宿臺榭陂池必成六畜玩好必從夫先自敗也已焉能敗人子修德以待吳吳將斃矣

子西楚大夫也哀公元年吳師在陳楚大夫皆懼曰闔廬惟能用其民以敗我於柏舉今聞其嗣又甚焉將若之何子西曰二三子恤不相睦無患吳矣昔闔廬食不二味居不重席室不崇壇平地作室不起壇也器不彤鏤彤丹也鏤刻也宮室不觀觀臺榭舟車不飾衣服財用擇不取費選取堅厚不尚細靡在國天有菑癘癘疾疫也親巡孤寡而共其乏困在軍熟食者分而後敢食必須軍士皆分熟食不敢先食分循徧也其所嘗者卒乘與焉所嘗甘於非嘗食勤恤其民而與之勞逸是以民不罷勞死知不曠知身死不見曠棄吾先大夫子常易之所以敗我也易猶反也今聞夫差次有臺榭陂池焉積土爲高曰臺有木曰榭過再宿曰次宿有妃嬙嬪御焉妃嬙貴者嬪御賤者皆內官一日之行所欲必成玩好必從珍異是聚觀樂是務視民如讐而用之日新夫先自敗也已安能敗我

范蜎楚臣也齊使甘茂於楚楚懷王新與秦合婚而驩昭王二年時迎婦於楚而秦聞甘茂在楚使人謂楚王曰願送甘茂於秦楚王問於范蜎曰蜎一作蠉寡人欲置相於秦孰可對曰臣不足以識之楚王曰寡人欲相甘茂可乎對曰不可夫史舉下蔡之監門也大不爲事君小不爲家室以苟賤不廉聞於世甘茂事之順焉故惠王之明武王之察張儀之辯而甘茂事之取十官而無罪茂誠賢者也然不可相於秦夫秦之有賢相非楚國之利也且王前嘗用召滑于越滑一作涓而內行章義之難一云內自章昧之難越國亂故楚南塞厲門一作瀨胡而

郡江東計王之功所以能如此者越國亂而楚治也今王知用諸越而忘用諸秦臣以王為鉅過矣然則王若欲置相於秦則莫若向壽者可夫向壽之於秦王親也少與之同衣長與之同車以聽事王必相向壽於秦則楚國之利也於是使使請秦相向壽於秦秦卒相向壽而甘茂竟不得復入秦卒於魏

季札吳大夫也襄公二十九年聘魯見叔孫穆子說之謂穆子曰子其不得死乎不得以壽死好善而不能擇人吾聞君子務在擇人吾子為魯宗卿而任其大政不慎所舉何以堪之禍必及子昭四年豎牛作亂殺

穆子途聘於齊說晏平仲謂之曰子速納邑與政納歸之于公無邑無政乃免於難齊國之政將有所歸未獲所歸難未歇也歇盡也故晏子因陳桓子以納政與邑是以免於欒高之難聘於鄭見子產如舊相識與之縞帶子產獻紵衣焉大帶也吳地貴縞鄭地貴紵故各獻己所貴示損己而不為彼貨利謂子產曰鄭之執政侈難將至矣政必及子子為政慎之以禮不然鄭國將敗侈謂伯有適衛說蘧瑗蘧伯玉史狗史朝之子文子史鰌史魚公子荊公叔發公叔文子公子朝曰衛多君子未有患也自衛如晉將宿于戚戚孫文子之邑聞鐘聲焉曰異哉吾聞之也辯而不德必加於戮辯猶爭也夫子獲罪於君以在此孫文子以戚叛懼猶不足而又何樂夫子之在此也猶燕之巢于幕上言至危君又在殯而可以樂乎獻公卒未葬遂去之不止宿文子聞之終身不聽琴瑟聞義能徙適晉說趙文子韓宣子魏獻子曰晉國其萃於三家乎言晉國之政將集於三家說叔向將行謂叔向曰吾子勉之君侈而多良大夫皆富政將在家富而厚施故政在家吾子好直必思自免於難

李克魏大夫魏武侯之居中山也問於李克曰吳之所以亡者何也李克曰驟戰而驟勝武侯曰驟戰而驟勝國家之福也其亡也何故對曰驟戰則民罷驟

勝則主驕以驕主使罷民然而不亡者鮮矣驕則恣恣則極物罷則極慮上下俱極吳之亡也猶晚

趙奢趙之田吏部也收租稅而平原君家不肯出趙奢以法治之殺平原君用事者九人平原君怒將殺奢奢因說曰君於趙為貴公子今縱君家而不奉公則法削法削則國弱國弱則諸侯加兵諸侯加兵是無趙也君安得有此富乎以君之貴奉公如法則上下平上下平則國強國強則趙固而君為貴戚豈輕於天下邪平原君以為賢言之於王王用之治國賦國賦太平民富而府庫實

藺相如趙大夫也爲上卿位在廉頗之右廉頗曰我爲趙將有攻城野戰之大功而藺相如徒以口舌之勞而位居我上且相如素賤人吾羞不忍爲之下宣言曰我見相如必辱之相如聞不肯與會如每朝時嘗稱病不欲與廉頗爭列已而相如出望見廉頗相如引車避匿於是舍人相與諫曰臣所以去親戚而事君徒慕君之高義也今君與廉頗同列廉君宣惡言而君畏匿之恐懼殊甚且庸人尚羞之況於將相乎臣等不肖請辭去藺相如固止之曰公之視廉將軍孰與秦王曰不若也相如曰夫以秦王之威而相

如廷叱之辱其群臣相如雖駑獨畏廉將軍哉顧吾念之彊秦之所以不敢加兵於趙者徒以吾兩人在也今兩虎共鬬其勢不俱生吾所以爲此以先國家之急而後私讐也廉頗聞之肉袒負荆因賓客至藺相如門謝罪曰鄙賤之人不知將軍寬之至此也卒相與驩爲刎頸之交

宋公者趙仇液之客也秦昭王七年樗里子死而使涇陽君質於齊趙人樓緩來相秦趙不利乃使仇液之秦請以魏冉爲秦相仇液將行其客宋公謂液曰秦不聽公樓緩必怨公公不若謂樓緩曰請爲公毋急秦秦王見趙請相魏冉之不急且不聽公公言而事不成以德樓子事成魏冉故德公矣於是仇液從之而秦免樓緩而魏冉相秦

甯越趙大夫也齊攻廩丘趙使孔青將兵救之與齊人戰大敗齊將死得車二千得屍二萬以爲二京（京觀也）甯越謂之曰惜矣不如歸屍以內攻之越聞之古之善戰者隨責服（責置也服則置之）郤舍延屍（郤舍以緩其民使得收之）車甲盡於戰府庫竭於葬此之謂內攻之孔青曰敵齊不屍則如何甯越曰不然彼戰而不勝其罪一與人出而不與之入其罪二與之屍而不取其罪三民

以此三者怨其上則上無以使下下無以事上是之謂重攻之甯越可謂知用文武矣

商文事魏吳起謂商文曰事君果有命矣夫商文曰何謂也起曰治四境之內成馴教變習俗使君臣有義父子有親子與我孰賢商文曰吾不若子曰今日置質爲臣其主安重今日釋璽辭官其主安輕子與我孰賢商文曰吾不若子起曰士馬成列馬與人敵人在馬前援桴一鼓使三軍之士樂死若生子與我孰賢商文曰吾不若子起曰三者子皆不吾若也位則在吾上命也夫事君商文曰善哉亦問子世變主

少群臣相疑黜首不定屬之子乎屬之我乎起默然不對少頃乃曰吾不若子商文曰是吾所以加於子之上矣

魏敬魏臣也初秦王立帝宜陽令許綰誕魏王將入秦魏敬謂魏王曰以河內孰與梁重王曰梁重又曰梁孰與身重王曰身重若使秦求河內則王將與之乎王曰不與魏敬曰河內三論之下也秦索其下而王不聽之臣竊不取也王曰善乃輟行

公子無忌魏信陵君也無忌與魏王博而北竟傳舉烽言趙寇至且入界作高木櫓櫓上作桔槔頭兜零以薪置其中謂之烽常低之有寇卽火燃舉之以相告

魏王釋博欲召大臣謀公子止王曰趙王田獵耳非爲寇也復博如故王恐心不在博居頃復從北方來傳言曰趙王獵矣非爲寇也魏王大驚曰公子何以知之公子曰臣之客有能探得趙王陰事者趙王所爲客輙以報臣臣以此知之是後魏王畏公子之賢能不敢任公子以國政又齊楚相約而攻魏秦昭王救之故欲親秦而伐韓以求故地無忌謂魏王曰秦與戎翟同俗有虎狼之心貪戾好利無信不識禮義德行苟有利焉不顧親戚兄弟若禽獸耳此天下之所識也非有所施厚積德也故太后母也而以憂死穰侯舅也功莫大焉而竟逐之兩弟無罪而再奪之國此以親戚若此而況於仇讐之國乎今王與秦共伐韓而益近秦患臣甚惑之而王不識則不明羣臣莫以聞則不忠今韓氏以一女子奉一弱主內有大亂外交强秦魏之兵王以爲不亡乎韓亡秦有鄭地與大梁鄰王以爲安乎王欲得故地今負强秦之親王以爲利乎秦非無事之國也韓亡之後必將更事必就易與利就易與利必不伐楚與趙矣是何也夫越山踰河絕韓上黨而攻强趙是復閼與之事秦必不爲也若道河內倍鄴朝歌絕漳滏水

與趙兵決於邯鄲之郊是知伯之禍也秦又不敢伐楚道涉山谷行三千里而攻冥阸之塞楚之險塞也或以爲今江夏鄳縣所行甚遠所攻甚難秦又不爲也若道河外倍大梁右蔡左召陵與楚兵決於陳郊秦又不敢故曰秦必不伐楚與趙矣又不攻衛與齊矣夫韓亡之後兵出之日非魏無攻已秦固有懷茅在修武軹縣有茅亭邢丘在平皐攻垝津以臨河內河內共汲必危汲縣屬河內有鄭地成皐滎陽亦屬縣得垣雍垣雍城在卷縣卷縣屬魏也卷縣又有長城經陽武到密者也決滎澤水大梁大梁必亡王之使者出過而惡安陵氏於秦召陵有安陵郡征羌有安陵亭也秦之欲誅之久矣秦葉陽昆

陽與舞陽鄰聽使者之惡之隨安陵氏而亡之繞舞陽之北以東臨許南國必危國無害已夫憎韓不愛安陵氏可也夫不患秦之不愛南國非也異日者秦在河西晉國去梁千里（魏國之界千里又云河南梁縣有汪城）有河山以闌之有周韓以間之從林鄉軍（林鄉在宛縣）以至于今秦七攻魏五入囿中（一作城中）邊城盡拔文臺墮垂都焚（一云魏山都焚句陽有垂亭）林木伐麋鹿盡而國繼以圍又長驅梁北東至陶衛之郊北至平監（平縣屬河南平或作乎字史記亦闕止作監字闕在東平須昌縣）所亡於秦者山南山北河外河內大縣數十（一作百）名都數百（一作十）秦乃在河西晉去梁千里

而禍若是矣又况於使秦無韓有鄭地無河山而闌之無周韓而間之去大梁百里禍必繇此矣異日者從之不成也楚魏疑而韓不可得也今韓受兵三年秦橈之以講識亡不聽投質于趙請爲天下鴈行頓刃楚趙必集兵皆識秦之欲無窮也非盡亡天下之國而臣海內必不休矣是故臣願以從事王王速受楚趙之約趙挾韓之質以存韓而求故地韓必效之此士民不勞而故地得其功多於與秦共伐韓而又與强秦鄰之禍也夫存韓安魏而利天下此亦王之天時已通韓上黨於共甯（韓耿有甯鄉）使道安成出入賦之是魏重質韓以其上黨也今有其賦足以富國韓必德魏愛魏重魏畏魏韓必不敢反魏是韓則魏之縣也魏得韓以爲縣衛大梁河外必安矣今不存韓二周安陵必危楚趙大破衛齊甚畏天下西鄉而馳秦入朝而爲臣不久矣

惠施魏人也齊魏戰於馬陵齊大勝魏殺太子申覆十萬之軍魏王召惠施而告之曰夫齊寡人之讎也怨之至死不忘國雖小吾嘗欲悉起兵而攻之何如對曰不可臣聞之王者得度而霸者知計今王所以告臣者疏於度與計王固先屬怨於趙而後與齊戰

今戰不勝國無守戰之備王又欲悉起兵而攻齊此非臣之所諭也王若欲報齊乎則不如因變服折節而朝齊楚王必怒矣王游人而令其鬬則楚必伐齊以休楚而伐罷齊則必爲楚擒矣是王以楚致齊也王曰善乃使人報於齊願臣畜而朝田嬰許諾張丑曰不可戰不勝魏而得朝禮與魏和而下楚此可以大勝也今戰勝魏覆十萬之軍而擒太子申臣萬乘之魏而卑秦楚此其於暴戾矣且楚王之爲人也好用兵而甚務名終爲齊患者必楚也田嬰不聽遂內魏王而與之竝朝齊侯再三趙氏醜之楚王怒自將

而伐齊趙應之大敗齊於徐州

虞卿趙上卿也秦趙戰於長平趙不勝亡一都尉趙王召樓昌與虞卿曰軍戰不勝尉復死（復一作係）寡人使束甲而趨之何如樓昌曰無益也不如發重使爲媾（右后切求和日媾）虞卿曰昌言媾者以爲不媾軍必破也而制媾者在秦且王之論秦也欲破趙之軍乎不邪王曰秦之不遺餘力矣必且欲破趙軍虞卿曰王聽臣發使出重寶以附楚魏楚魏欲得王之重寶必內吾使趙使入楚魏秦必疑天下之合從且必恐如此則媾乃可爲也趙王不聽與平陽君爲媾發鄭朱入秦

秦內之趙王召虞卿曰寡人使平陽君爲媾於秦秦已內鄭朱矣卿以爲奚如虞卿對曰王不得媾軍必破矣天下賀戰勝者皆在秦矣鄭朱貴人也入秦秦王與應侯必顯重以示天下楚魏以趙爲媾必不救王秦知天下不救王則媾不可得成也應侯果顯鄭朱以示天下賀戰勝者終不肯媾長平大敗遂圍邯鄲爲天下笑秦既解邯鄲圍而趙王入朝王入朝使趙郝（音釋一作攻）約事於秦割六縣而媾虞卿謂趙王曰秦之攻王也倦而歸乎王以其力尚能進愛王而弗攻乎王曰秦之攻我也不遺餘力矣必以倦而歸也虞卿曰秦以其力攻其所不能取倦而歸王又以其力之所不能取以送之是助秦自攻也來年秦復攻王王無救矣王以虞卿之言告趙郝趙郝曰虞卿誠能盡秦力之所至乎誠知秦力之所不能進此彈丸之地弗與令秦來年復攻王王得無割其內而媾乎王曰請聽子割矣子能必使來年秦之不復攻我乎趙郝對曰此非臣之所敢任也他日三晉之交於秦相善也今秦善韓魏而攻王王之所以事秦必不如韓魏也今臣爲足下解負親之攻開關通幣齊交韓魏至來年而王獨取攻於秦此王之所以事秦必在

韓魏之後也此非臣之所敢任也王以告虞卿虞卿對曰郝言不媾來年秦復攻王王得無割其內而媾乎今媾郝又以不能必秦之不復攻也今雖割六城何益來年復攻又割其力之所不能取而媾此自盡之術也不如無媾秦雖善攻不能取六縣趙雖不能守終不失六城秦倦而歸兵必罷我以六城收天下以攻罷秦是我失之於天下而取償於秦也吾國尚利孰與坐而割地自弱以強秦哉今郝曰秦善韓魏而攻趙者必以爲韓魏不救趙也而王之軍必孤有以王之事秦不如韓魏也是使王歲以六城事秦也

即坐而城盡來年秦復求割地王將與之乎弗與是棄前功而挑秦禍也與之則無地而給之語曰強者善攻弱者不能守今坐而聽秦秦兵不弊而多得地是強秦而弱趙也以益強之秦而割愈弱之趙其計故不止矣且王之地有盡而秦之求無已以有盡之地而給無已之求其勢必無趙矣趙王計未定樓緩從秦來趙王與樓緩計之曰予秦地何如毋予孰高緩辭讓曰此非臣之所能知也王曰雖然試言公之私樓緩對曰王亦聞夫公甫文伯母乎公甫文伯仕於魯病死女子爲自殺於房者二人其母聞之弗哭

也其相室曰焉有子死而弗哭者乎其母曰孔子賢人也逐於魯而是人不隨也今死而婦人爲之自殺者二人若是者必其於長者薄而於婦人厚也故從母言之是爲賢母從妻言之是必不免爲妬妻故其言一也言者異則人心變矣今臣新從秦來而言勿予則非計也言予之恐王以臣爲秦也故不敢對使臣得爲大王計不如與之王曰諾虞卿聞之入見王王曰此飾說也王眘徐廣曰音愼勿予樓緩聞之往見王王又以虞卿之言告樓緩對曰不然虞卿得其一不得其二夫秦趙構難而天下皆說何也曰吾且因強而乘弱矣今趙兵困於秦天下之賀戰勝者則必盡在於秦矣故不如亟割地爲和以疑天下而慰秦之心不然天下將因秦之強怒乘趙之弊瓜分之趙且亡何秦之圖乎故曰虞卿得其一不得其二願王以此決之勿復計也虞卿聞之往見王曰危哉樓子之所以爲秦者是愈疑天下而何慰秦之心哉獨不言其示天下弱乎且臣言勿予者非固勿予而已也秦索六城於王而王以六城賂齊齊秦之深讎也得王之六城并力西擊秦齊之聽王不待辭之畢也則是王失之於齊而取償於秦也而齊趙之深讎可以報矣

而示天下有能爲也王以此發聲兵未窺於境臣見秦之重賂至趙而反媾於王也從秦爲媾韓魏聞之必盡重王重王必出重寶以先於王則是王一舉而結三國之親而與秦易道也趙王曰善則使虞卿東見齊王與之謀秦虞卿未反秦使者已在趙矣樓緩聞之亡去趙於是封虞卿以一城居頃之而魏請趙王爲從趙孝成王召虞卿謀過平原君平原君曰願卿之論從也虞卿入見王王曰趙請爲從對曰魏過光帥切王曰寡人固未之許對曰王過王曰魏請從卿曰魏過寡人未之許又曰寡人過然則從終不可乎

對曰臣聞小國之與大國從事也有利則大國受其福有敗則小國受其禍今魏以小國請其禍而王以大國辭其福臣故曰王過魏亦過竊以爲從便王曰善乃合魏爲從

段規韓康子臣也趙葭魏宣子臣也張孟談趙襄子臣也知伯帥趙魏而伐范中行氏滅之休數年使人請地於韓韓康子欲勿與段規諫曰不可夫知伯之爲人也好利而鷙復來請地不與必加兵於韓矣君其與之與之彼狃又將請地於他國他國不聽必鄉之以兵然則韓可以免於患難而待事之變康子曰

善使使者致萬家之邑一於知伯知伯說又使人請地於魏魏宣子欲弗與趙葭諫曰彼請地於韓韓與之請地於魏魏弗與則是魏內自强而外怒知伯也然則其錯兵於魏必矣不如與之宣子曰諾因使人致萬家之邑一於知伯知伯說又使人之趙請蔡皐狼之地趙襄子弗與知伯因陰結韓魏將以伐趙趙襄子召張孟談而告之曰夫知伯之爲人陽親而陰疏三使韓魏而寡人弗與焉其移兵寡人必矣今吾安居而可張孟談曰夫董閼安於簡主之才臣也世治晉陽而尹鐸循之其餘政教猶存君其定晉陽君曰諾乃使延陵王將車騎先之晉陽君因從之至行城郭案府庫視倉廩召張孟談曰吾城郭之完府庫足用倉廩實矣無矢奈何張孟談曰臣聞董子之治晉陽公宮之垣皆以狄蒿若楚牆之其高至丈餘君發而用之於是發而試之其堅則箘簵之勁不能過也君曰矢足矣吾銅少張孟談曰臣聞董子之治晉陽也公宮之室皆以鍊銅爲柱質請發而用之則有餘銅矣君曰善號令以定備守以具三國之兵乘晉陽城遂戰三月不能拔因舒軍而圍之決晉水而灌之圍晉陽三年城中巢居而處懸釜而炊財食將盡

士卒羸病襄子謂張孟談曰糧食匱城力盡士大夫病吾不能守矣欲以城下何如張孟談曰臣聞之亡不能存危不能安則無爲貴知士也君釋此計勿復言也臣請見韓魏之君襄子曰諾張孟談於是陰見韓魏之君曰臣聞脣亡則齒寒今知伯帥二國之君伐趙趙亡矣亡則君爲之次矣二君曰我知其然夫知伯爲人也麤中而少親我謀未遂而知則其禍必至爲之奈何張孟談曰謀出二君之口入臣之耳人莫之知也二君卽與張孟談陰約三軍與之期日夜遣入晉陽張孟談以報襄子襄子再拜之張孟談因

朝知伯而出遇知過（一云知果）轅門之外知過入見知伯曰二主殆將有變君曰何如對曰臣遇張孟談於轅門之外其志矜其行高知伯曰不然吾與二主約謹矣破趙三分其地寡人所親之必不欺也子釋之勿出於口知過出見二主入說知伯曰二主色動而意變必背君不如令殺之知伯曰兵著晉陽三年矣旦暮當拔之而饗其利乃有他心不可子愼勿復言知過曰不殺則遂親之知伯曰親之奈何知過曰魏宣子之謀臣曰趙葭韓康子之謀臣曰段規是皆能移其君之計君其與二君約破趙則封二子者各萬家

之縣一如是則二主之心可不變而君得其所欲矣知伯曰破趙而分其地又封二子者萬家之縣一則吾所得者少不可知過見君之不用也言之不聽出更其姓爲輔氏遂去不見張孟談聞之入見襄子曰臣遇知過於轅門之外其視有疑臣之心入見知伯出更其姓今暮不擊必後之矣襄子曰諾使張孟談見韓魏之君曰夜期殺守堤之吏而決水灌知伯軍知伯軍救水而亂韓魏翼而擊之襄子將卒犯其前大敗知伯軍而擒知伯知伯身死國亡地分爲三而天下笑此貪欲無厭也夫不聽知過亦所以亡也知氏盡滅惟輔氏存焉三晉已破知氏將分其地段規謂韓王曰分地必取成皐韓王曰成皐石溜之地也寡人無所用之段規曰不然臣聞一里之厚而動千里之權者地利也萬人之衆而破三軍者不意也王用臣言則韓必取鄭矣王曰善果取成皐至韓之取鄭也果從成皐

冊府元龜

冊府元龜

巡按福建監察御史臣李嗣京　訂正
分守建南道左布政使臣胡維霖　參閱
知建陽縣事臣黃國琦較釋

陪臣部　七百三十六

智謀

傳云智者利人又云咨難曰謀蓋智以興利謀以紓難者古之道也春秋之世下逮戰國諸侯競取其覇大夫各圖其功故有處重臣之列負先見之明考幾微極思慮畫經久之畧獻康濟之謀詭辭以濟禍亂

重幣以誤仇敵或兵車之旣會金鼓之旣陳辨盟載之義決勝負之策飾之以文辭潤之以禮樂足以讐服諸夏光啓邦家若其令從連衡搆怨速禍專任喉舌遐棄二刑者蓋不足稱焉

管子名夷吾字敬仲齊大夫也桓公問於管仲曰楚者山東之强國也其人民習戰鬭之道舉兵伐之恐力不能過兵弊於楚功不成於周爲之柰何管子對曰卽以戰鬭之道與之矣曰何謂也管子對曰公貴買其鹿桓公卽爲百里之城使人之楚買生鹿楚生鹿當一而八萬管子卽令桓公與民通輕重藏穀什之而六令左司馬伯公將白徒而鑄錢於莊山令中大夫王邑載錢二千萬求生鹿於楚楚王告其相曰彼金錢人之所重也國之所以存明主之所以賞有功禽獸者群害也明主之所棄逐也今齊以重寶貴買吾群害則是楚之福也天且以齊私楚也子告吾民急求生鹿以盡齊之寶楚民卽釋其耕農而田鹿管仲告楚之賈人曰子爲我致生鹿二十賜子金百斤什至而金千斤也則是楚不賦於民而財用足也楚之男子居外女子居涂隰朋敎民藏粟伍倍楚以生鹿藏錢伍倍管子曰楚可下矣公曰柰何管子對

曰楚錢伍倍其君且自得而修穀錢伍倍是楚强也桓公諾因令人閉關不與楚通使楚王果自得而修穀穀不可三月而得也楚糴四百齊因令人載粟處芊之南楚人降齊者十分之四三年而楚服桓公又曰寡人欲西朝天子而賀獻不足爲此有數乎管子對曰請以令城陰里使其牆三重而門九襲因使玉人刻石而爲璧尺者萬泉八寸者八千七寸者七千珪中四千瑗中五百璧之數巳具管子西見天子曰敝邑之君欲率諸侯而朝先王之廟觀於周室請以令使天下諸侯朝先王之廟觀於周室者不得不以

形弓石璧不以形弓石璧者不得入朝天子許之曰諾號令於天下諸侯載黃金珠玉五穀文采布帛輸齊以收石璧流而之天下財物流而之齊故國八歲而無籍陰里之謀也桓公又曰寡人多務令衡籍吾國之富商蓄賈稱貸家以利吾貧萌農夫不失其本事反此有道乎管子對曰惟反之以號令爲可耳桓公曰行事奈何管子對曰請使賓胥無馳而南隰朋馳而北寧戚馳而東鮑叔馳而西四子之行定夷吾請號令謂四子曰子能爲我君視四方稱貸之間其受息之萌幾何千家以報吾鮑叔馳而西反報曰西

方之萌者帶濟負河沮澤之萌也漁獵取薪蒸而爲食其稱貸之家多者千鍾少者六七百鍾其出之鍾也一鍾其受息之萌九百餘家賓胥無馳而南反報曰南方之萌者山居谷處登降之萌也上斷輪軸下采杼栗田獵而爲食其稱貸之家多者千萬少者六七百萬其出之中伯伍也其受息之萌八百餘家寧戚馳而東反報曰東方之萌帶山負海若處上斷福漁獵之萌也治葛縷而食爲其稱貸之家丁惠高國多者五千鍾少者三千鍾其出之中鍾五釜也其受息之萌八九百家隰朋馳而北反報曰北方之萌者衍處負海煮沸爲鹽梁濟取漁之萌也薪食其稱貸之家多者千萬少者六七百萬其出之中伯二十也受息之萌九百餘家凡稱貸之家出泉三千萬出粟三數千萬鍾受子息民三萬家四子已報管子曰不棄我君之有萌中一國而五君之正也然欲國之無貧兵之無弱安可得哉桓公曰爲此有道乎管子曰惟反之以號令爲可耳請以令賀獻者皆以鐻枝蘭鼓則必坐長什倍其本矣君之棧臺之職以坐長什倍請以令召稱貸之家君因酌之酒太宰行觴桓公舉衣而問曰寡人多務令衡籍吾國聞子之假貸吾

貧萌使有以終其上令寡人有鐻枝蘭鼓其賈中純萬泉也願以爲吾貧萌決其子息之數使無券契之責稱貸之家皆齊首而稽顙曰君之憂萌至於此請再拜以獻堂下桓公曰不可子使吾萌春有以傳耜夏有以決芸寡人之德子無所寵若此而不受寡人不得於心故稱貸之家曰皆再拜受所出棧臺之職未能參千純也而決四方子息之數使無券契之責四方之萌聞之父教其子兄教其弟曰夫墾田發務上之所急可以無庶乎君之憂我至於此此之謂反準管子曰昔者癸度居人之國必四面望於天下天

下高亦高天下高我獨下必失其國於天下桓公曰此若言曷謂也管子對曰昔萊人善染陳茈之於純錙緺綬之於萊亦純錙也其周中十金萊人知之聞綦茈空周且斂馬作見於萊人操之萊有推馬是自萊失綦茈而反準於馬也故可因者因之乘者乘之此因天下以制天下此之謂國準桓公又曰寡人以定三君之居處矣（三君杞邢衛）今又何將行管子對曰臣聞諸侯貪于利勿與分于利君何不發虎豹之皮文錦以使諸侯令諸侯以縵帛鹿皮報桓公曰諾於是以虎豹皮文錦使諸侯諸侯以縵帛鹿皮報則令因

始行於天下矣又桓公曰仲父何不遂交楚哉管子對曰不可楚人攻宋鄭燒焫熯焚鄭地使城壞者不得復築也屋之燒者不得復葺也令人有喪雌雄居屋如鳥鼠處穴要宋田夾塞兩川使水不得東流東山之西水浅滅埦四面百里而後可田也楚欲吞宋鄭思人衆兵强而能害已者必齊也是欲以文克齊（以寶幣賂齊而齊自服故曰以文克齊）而以武取宋鄭也楚取宋鄭而不正禁是失宋鄭也禁之則是又不信于楚也知困於內兵困於外非善擧也桓公曰善然則若何管子對曰請興兵而南存宋鄭而令曰無攻楚言與楚王

遇（冬會曰遇）至於遇上而以鄭城與宋水爲請楚若許則是我以文令也楚若不許則遂以武令焉桓公曰善于是遂興兵而南存宋鄭與楚王遇于召陵之上而令于遇上曰無貯粟無曲堤無擅廢適子無置妾以爲妻因以鄭城與宋水爲請于楚楚人不許遂退七里而舍使軍人城鄭南之城立百代城焉（取其雖百代而無敵毀者）曰自此而北至于河者鄭自城之而楚不敢隳也東發宋田夾兩川使水復東流而楚不敢塞也遂南伐及踰方城濟于汝水望文山（文音岷汶山江水所從出）南致楚越之君而西伐秦北伐狄東存晉君于南（自伐秦而自存晉於

晉之南故曰東存）北伐孤竹還存燕山兵車之會六乘車之會三九合諸侯反位爲已霸修鐘磬而復樂管子曰此臣之所謂樂也又桓公問於管子曰代國之出何有管子對曰代之出狐白之皮公其貴賤之管子曰狐白應陰陽之變六月而一見公貴買之代人忘其難得喜其貴賈必相率而求之則是齊金錢不必出代民民必去其本而居山林之中離枝聞之必侵其北離枝侵其北代必歸於齊公其令齊載金錢而往桓公曰諾卽令中大夫王師北將人徒載金錢之代谷之上求狐白之皮代王聞之卽告其相曰代之所

以弱於離枝者以無金錢也今齊乃以金錢求狐白之皮是代之福也子急令民求狐白之皮以致齊之幣寡人將以來離枝之民代人果去其本處山林之中求狐白之皮二十四月而不得一離枝聞之則侵其北代王聞之大恐則將其士卒保於代谷之上離枝遂侵其谷王卽將其士卒顧以下齊齊未亡一錢幣使修三年而代服桓公又問於管子曰吾欲制衡山之術爲之奈何管子曰公其令人貴買衡山之械器而賣之燕代必從公而買之秦趙聞之必與公爭之衡山之械器必倍其賈天下爭之衡山械器必十

倍以上公曰諾因令人之衡山求買械器不敢辯其賈齊修械器於衡山十月燕代聞之果令人之衡山求買械器燕代修三月秦國聞之果令人之衡山求買械器衡山之君告其相曰天下爭吾械器令其買再什以上衡山之民釋其本修械器之巧齊卽令隰朋漕粟於趙趙糴十五隰朋取之石五十天下聞之載粟而之齊齊修械器十七月修糴五月卽閉關不與衡山通使燕代秦趙卽引其使而歸衡山械器盡魯削衡山之南齊削衡山之北內自量無械器以應二敵卽奉國而歸齊矣又桓公問曰夫軍令則寄諸內政矣齊國寡甲兵爲之若何管子對曰輕過而移諸甲兵制重罪贖以犀甲一戟（重罪死罪犀犀皮可爲甲戟車戟也祕長丈六尺）輕罪贖以鞼盾一戟（輕罪剕刖之屬鞼盾綴華有文如繢）小罪讁以金分（小罪不入五刑者以金贖有分兩之差今之罰金是也書曰金作贖刑）宥閒罪（宥赦也閒罪刑罰之疑者尚書曰五刑之疑有赦）索訟者三禁而不可上下坐成以束矢（索求也求訟者之情三禁禁之三日使審實其辭不可上下辭定不可移也坐成獄訟之坐已成也十二矢爲束矢取往而不反周禮以兩造禁民訟入束矢于朝然後聽之）美金以鑄戟劍（鑄冶）試諸狗馬（狗馬難爲利者）惡金以鑄鉏夷斤斸（惡粗夷平也所以削草平地也斤形似鉏而小斸斫也）試諸壤土則甲兵大足也

王繆秦繆公內史也戎將由余使秦秦繆公問之得失之要對曰古有國者未嘗不以恭儉也失國者未嘗不以驕奢也由余因論五帝三王之所以衰及至布衣之士所以亡繆公然之於是告王繆曰鄰國有聖人敵國之憂也由余聖人也將奈之何王繆曰夫戎王居僻陋之地未嘗見中國之聲色也君遺之女樂以婬其志亂其政其臣下必踈因爲由余請緩期使其君臣有閒然後可圖繆公曰善乃使王繆以女樂二列遺戎王爲由余請緩期戎王大悅許之於是張酒聽樂日夜不休終歲婬縱牛馬多死由余歸數

諫不聽去之秦繆公迎拜之上卿遂以并國十二辟地千里又云秦繆公見由余悅而欲留之由余不肯繆公以告蹇叔曰君以告史廖廖曰戎人不達于五音與五味君不若遺之繆公以女樂二人與良宰遺之宰謂膳宰戎王喜迷惑大亂飲酒晝夜不休由余驟諫而不聽因怒而歸

屈瑕楚莫敖也楚伐絞軍其南門屈瑕曰絞小而輕輕則寡謀請無扞采樵者以誘之扞衛也樵薪也從之絞人獲三十人獲楚人也明日絞人爭出驅楚役徒于山中楚人坐其北門而覆諸山下坐猶守也覆設伏兵而待之大敗之爲城下之盟而還

公孫偃魯大夫也齊師宋師伐魯次于郎公孫偃曰

宋師不整可敗也宋敗齊必還請擊之魯莊公弗許自雩門竊出蒙皐比而先犯之雩門魯南城門皐比虎皮公從之大敗宋師于乘丘齊師乃還

鬭廉楚大夫也屈瑕將盟貳軫貳軫二國名鄖人軍于蒲騷將與隨絞州蓼伐楚師鄖國在江夏雲杜縣東南有鄖城蒲騷鄖邑絞國名州國在南郡華容縣東南蓼國今義陽棘陽縣東南湖陽城莫敖患之莫敖楚官名即屈瑕鬭廉曰鄖人軍其郊必不誡且日虞四邑之至也虞度也四邑隨絞州蓼也君次于郊郢以禦四邑君謂屈瑕也郊郢楚地我以銳師宵加于鄖鄖有虞心而恃其城恃近其城莫有鬭志若敗鄖師四邑必離莫敖曰盍請濟師於王盍何不也濟益

也對曰師克在和不在衆商周之不敵君之所聞也商紂也周武王也傳曰武王有亂臣十人紂有億兆夷人成軍以出又何濟焉莫敖曰卜之對曰卜以決疑不疑何卜遂敗鄖師于蒲騷卒盟而還

荀息晉大夫也晉獻公欲伐虢荀息曰君何不以屈產之乘垂棘之璧而借道乎虞也荀息晉大夫屈邑產駿馬垂棘出良璧公曰此晉國之寶也如受吾幣而不借吾道則如之何荀曰此小國之所以事大國也此謂璧馬之屬彼不借吾道必不敢受吾幣如受吾幣而借吾道則是我取之中府而藏之外府取之中廐而置之外廐也公曰

宮之奇存焉宮之奇虞之賢大夫必不使受也荀息曰宮之奇之爲人也達心而懦懦弱又少長於君達心則其言畧明達之人言則舉綱領要不言提其耳則愚者不悟也不懦則不能彊諫少長於君則君輕之且夫玩在耳目之前而患在一國之後此中知以上乃能慮之臣料虞公中知以下也公遂借道而伐虢宮之奇諫曰晉國之使者其辭卑而幣重必不便於虞虞公弗聽遂受其幣而借之道宮之奇諫曰語曰脣亡則齒寒其斯之謂與諺語也挈其妻子以奔曹獻公亡虢五年而後舉虞荀息牽馬操璧而前曰璧則猶是也而馬齒加長矣猶是言如故

先軫晉大夫也楚伐宋宋人使門尹般如晉師告急門尹般宋大夫公曰宋人告急舍之則絶與晉絶告楚不許我欲戰矣齊秦未可若之何未肯戰先軫曰使宋舍我而賂齊秦求救於齊秦藉之告楚假借齊秦使爲宋請我執曹君而分曹衛之田以賜宋人楚愛曹衛必不許也不許齊秦之請喜賂怒頑能無戰乎言齊秦喜得宋賂而怒楚之頑必自戰也不可告請故曰頑公悅執曹伯分曹衛之田以畀宋人楚子使子玉去宋子玉使宛春告於晉師曰請復衛侯而封曹臣亦釋宋之圍衛侯未出境曹伯見執在宋已失位故言復衛封曹子犯曰子玉無禮哉君取一臣取二君取一以釋宋圍惠晉侯臣取二復曹衛爲己功不可失

矣言可伐先軫曰子與之定人之謂禮楚一言而定三國我一言而亡之我則無禮何以戰乎不許楚言是棄宋也救而棄之謂諸侯何言將爲諸侯所怪楚有三施我有三怨怨讎已多將何以戰不如私復曹衛以携之私許二國使告絶于楚而後復之携離也執宛春以怒楚旣戰而後圖之須勝負決乃定計公悅乃拘宛春於衛且私許復曹衛曹衛告絶于楚子玉怒從晉師晉師退軍吏曰以君辟臣辱也且楚師老矣何故退子犯曰師直爲壯曲爲老豈在久乎微楚之惠不及此重耳過楚楚成王有贈送之禮退三舍辟之所以報也一舍三十里初楚子云若返國何以報我故退三舍以報背惠食言以亢其讎亢猶當也讎謂楚也我曲楚直其衆素飽不可謂老有氣盈飽我退而楚還我將何求若其不還君退臣犯曲在彼矣退三舍楚衆欲止子玉不可戰於華北楚師敗績

狐偃晉大夫也楚子及諸侯圍宋宋公孫固如晉告急公孫固宋莊公孫先軫曰報施救患取威定霸於是乎在矣先軫晉下軍之佐原軫也報宋贈馬之施狐偃曰楚始得曹而新昏於衛若伐曹衛楚必救之則齊宋免矣楚圍宋宋復告急于晉晉文公欲救則攻楚謂楚嘗有德不欲伐也欲釋宋宋又嘗有德于晉晉患之先軫曰執曹伯分曹衛地以與宋楚急曹衛其勢宜釋宋於是文公從之而楚成王乃引兵歸

師叔楚大夫潘尪也楚伐庸自廬以往振廩同食往往伐庸也振發也廩倉也同食上下無異饌也次于句澨句澨楚西界也使廬戢黎侵庸戢黎廬大夫及庸方城方城庸地上庸縣東有方城亭庸人逐之囚子楊窻窻戢黎官屬三宿而逸曰庸師衆群蠻聚焉不如復大師還復並師且起王卒合而後進師叔曰不可姑又與之遇以驕之彼驕我怒而後可克先君蚡冒所以服陘隰也蚡冒楚武王陘隰地名也乃與之遇七遇皆北軍走曰北惟裨鯈魚人實逐之裨鯈庸之邑魚復今巴東永安縣輕楚故但使三邑人逐之庸人曰楚不足與戰矣遂不設備楚子乘驛會師於臨品驛傳車也臨品地名分爲二隊隊部也兩道攻之子越自石溪子具

自仞以伐庸(子越闕椒也石溪仞皆庸道)秦人巴人從楚師群蠻從楚子盟(蠻兄楚强故)遂滅庸

公孫申鄭大夫也晉人執鄭伯鄭人圍許公孫申謀之曰我出師以圍許(示不畏晉)爲將改立君者而紓晉使(紓緩也勿亟遣使語晉示欲更立君也)晉必歸君明年晉歸鄭伯

仲孫蔑魯大夫孟獻子也襄公二年秋會晉荀罃宋華元衛孫林父曹人邾人于戚謀鄭故也(鄭久叛晉謀討也)孟獻子曰請城虎牢以偪鄭(虎牢舊鄭邑今屬晉)知武子曰善鄫之會吾子聞崔子之言今不來矣(元年孟獻子與齊崔杼次于鄫崔杼有不服晉之言獻子以告武子)滕薛小邾之不至皆齊故也(三國齊之

齊屬)寡君之憂不惟鄭(言復憂齊叛)罃將復於寡君而請于齊(以城事白晉君而請會之欲以觀其志)得請而告吾子之功也(得請謂齊人應命告諸侯會築虎牢)若不得請事將在齊(將伐齊)吾子之請諸侯之福也(城虎牢足以服鄭息征伐)豈惟寡君賴之(傳言荀罃能用善謀)冬復會于戚齊崔武子及滕薛小邾之大夫皆會知武子之言故也(武子言吾事將在齊齊人懼帥小國而會之)遂城虎牢鄭人乃成(如獻子之謀)

慶虎陳大夫也楚子囊圍陳諸侯會陳侯于鄬以救之(晉會諸侯)陳侯患楚(楚圍陳故)慶虎慶寅謂楚人曰吾使公孫黃往而執之(二慶陳執政大夫公子黃哀公弟)楚人從之(爲執黃)二慶使告陳侯于會(鄬之會)曰楚人執公子黃矣君若不來群臣不忍社稷宗廟懼有二圖(皆君屬楚)陳侯逃歸

知武子晉大夫也諸侯伐鄭鄭人恐乃行成(與晉成也)中行獻子曰遂圍之以待楚人之救也而與之戰不然無成(獻子荀偃也恐楚救鄭鄭復屬之)知武子曰許之盟而還師以敝楚人(敝罷也)吾三分四軍(分四軍爲三部)與諸侯之銳以逆來者(來者楚也)於我未病楚不能矣(晉各一動而楚三來故曰不能)猶愈於戰(勝聚戰)暴骨以逞不可以爭(言爭當以謀不可以暴骨)大勞未艾君子勞心小人勞力先王之制也(艾息也言當從勞心之勞)諸侯皆不欲戰乃許鄭成

子展鄭大夫也鄭人患晉楚之故諸大夫曰不從晉國幾亡(幾近也)楚弱於晉晉不吾疾也(疾急也)晉疾楚將辟之何爲而使晉師致死於我(言當作何計)楚弗敢敵而後可固與也(固與晉也)子展曰與宋爲惡諸侯必至吾從之盟楚師至吾又從之則晉怒甚矣晉能驟來楚將不能乃固與晉大夫說之使疆埸之司惡於宋(使守疆埸之吏侵犯宋)宋向戌侵鄭大獲子展曰師而伐宋可矣若我伐宋諸侯之伐我必疾吾乃聽命焉且告於楚楚師至吾又與之盟而重賂晉師乃免矣(言如此乃免於晉楚之難)子展侵宋(欲以致諸侯)諸侯伐鄭齊太子光宋向戌先至

於鄭門於東門其莫晉荀罃至于西郊東侵舊許（許之舊國鄭新邑）衛孫林父侵其北鄙諸侯會于北林師于向（向地在潁川長社縣東北）右還次于瑣（此行而西爲右還榮陽宛陵縣西有瑣侯亭）圍鄭觀兵于南門（觀示也）西濟于濟隧（濟隧水名）鄭人懼乃行成

荀偃晉大夫中行獻子也衛侯出奔衛人立公孫剽晉侯問衛故於中行獻子（問衛逐君當討否）對曰不如因而定之衛有君矣（謂剽已立）伐之未可以得志而勤諸侯史佚有言曰因重而撫之（重不可移就撫安之）仲虺有言曰亡者侮之亂者取之推亡固存國之道也（仲虺湯左相）君其定

衛以待時乎（待其昏亂之時乃伐之）冬會於戚謀定衛也（定立剽）

欒王鮒晉大夫桓子也晉欒盈帥曲沃之甲因魏獻子以晝入絳（獻子魏舒絳晉國都）初欒盈佐魏莊子於下軍（莊子魏絳獻子之父）獻子私焉故因之（私相親愛）趙氏以原屏之難怨欒氏（成八年莊姬譖之欒欲爲徵）韓趙方睦（韓起讓趙武故和睦）中行氏以伐秦之役怨欒氏（十四年晉伐秦欒黶違荀偃命曰余馬首欲東）而固與范氏和親（范宣中行偃子佐丁中軍）知悼子少而聽於中行氏（悼子盈也知罃之子荀氏中行氏同少年十七知祖故相聽從）程鄭嬖於公（鄭亦荀氏宗）惟魏氏及七輿大夫與之（七輿官名）欒王鮒侍坐于范宣子或告曰欒氏至矣宣子懼桓子曰奉君以走固宮必無害也且欒氏多怨子爲政欒氏自外子在內其利多矣既有利權又執民柄（賞罰爲民柄）將何懼焉欒氏所得其惟魏氏乎而可强取也夫克亂在權子無懈矣公有姻喪（夫人有杞喪）王鮒使宣子墨縗冒絰（晉自殺戰還遂常墨王）二婦人輦以如公（恐欒氏有內應拒之故爲婦人服而進）奉公以如固宮（固宮宮之有臺官備守者）

叔孫豹魯大夫穆叔也襄公在楚楚康王卒楚人使公親襚（望侯有遺使賵襚之禮今楚欲依遺使之禮）公患之穆叔曰祓殯而襚則布幣也（先使巫祓除殯之凶而行襚禮與朝而布幣無異）乃使巫以桃茢先祓殯楚人弗禁既而悔之

厨人濮宋厨邑大夫也華登以吳師救華氏（登二年奔吳）齊烏枝鳴戍宋（烏枝鳴齊大夫）厨人濮曰軍志有之先有奪人之心後人有待其衰盍及其勞且未定也伐諸若入而固則華氏衆矣悔無及也從之齊師宋師敗吳師于鴻口獲其二帥公子若雉偃州員

冀芮晉大夫也晉獻公二十三年遂發賈華等伐屈（賈華晉右行大夫）屈潰夷吾將翟冀芮曰不可重耳已在矣今往晉必移兵伐翟翟畏晉禍且及不如走梁梁近於秦秦强吾君百歲後可以求入焉遂奔梁二十五年晉伐翟翟以重耳故亦擊晉於齧桑（翟地）晉兵解而

去晉既殺、奚齊卓子秦穆使公子縶弔、公子重耳重耳再拜不稽首起而哭退而不私縶退弔公子夷吾于梁如弔重耳之命夷吾告冀芮曰秦人勤我矣冀芮曰公子勉之乎亡人無狷潔狷潔不行重賂配德公子盡之無愛財人實有之我以徼幸不亦可乎夷吾出見使者再拜稽首而不哭退而私於公子縶曰中大夫里克與我矣吾命之以汾陽之田百萬丕鄭與我矣吾命之以負蔡之田七十萬君苟輔我蔑天命矣吾必遂矣亡人苟入掃除宗廟定社稷亡人何國之與有君實有郡縣且入河外列城五豈謂君無

有亦爲君之東游津之上無有難急也亡人之所懷挾纓瓖以望君之塵垢者黃金四十鎰白玉之珩六雙不敢當公子請納之左右公子縶反致命穆公曰吾與公子重耳重耳仁再拜不稽首不敢爲後也起而哭愛其父也退而不私不沒於利也公子縶曰君之言過矣君若求置晉君而載之置仁不亦宜乎君若求置晉君以成名於天下則不如置不仁以滑其中且可以進退臣聞之仁有置德武有置仁仁置德武置服是故先置公子夷吾寔爲惠公穆公問冀芮曰公子誰恃於晉國對曰臣聞之亡人無黨有黨必有讎夷吾之少也不好弄戲不過所復怒不及色及其長也弗改是故出亡亦無惡於國而衆安之不然夷吾不佞其誰能恃君子曰善以徼勸

張孟談趙臣也知伯帥趙魏而伐范中行氏滅之休數年使人請地於韓韓康子欲勿與段規諫曰不可夫知伯之爲人也好利而鷙愎來請地不與必加兵於韓矣君其與之與之彼狃又將請於他國他國不與必鄉之以兵然則韓可以免於患難而待事之變康子曰善使使者致萬家之邑一於知伯知伯悅又使人請地於魏魏宣子欲勿與趙葭諫曰彼請地於

韓韓與之請地於魏魏弗與則是魏內自強而外怒知伯也然則其錯兵於魏必矣不如與之宣子曰諾因使人致萬家之邑一於知伯知伯悅又使人之趙請蔡皐狼之地趙襄子弗與知伯因陰結韓魏將以伐趙趙襄子召張孟談而告之曰夫知伯之爲人陽親而陰疏三使韓魏而寡人弗與焉其移兵寡人必矣今吾安居而可張孟談曰夫董閼安于簡子之才臣也世治晉陽而尹鐸循之其餘政教猶存其定居晉陽君曰諾乃使延陵君將車騎先之晉陽君因從之至行城、郭案府庫、視倉廩召張孟談曰吾城郭之

完府庫足用倉廩實矣無矢奈何張孟談曰臣聞董子之治晉陽公宮之垣皆以荻蒿苫楚廧之其高至丈君發而用之於是發而試之其堅則箘簬之勁不能過也君曰矢足矣吾銅少張孟談曰臣聞董子之治晉陽也公宮之室皆以鍊銅爲柱質請發而用之則有餘銅矣君曰善號令以定備守以具三國之兵乘晉陽城遂戰三月不能拔因紓軍而圍之決晉水而灌之圍晉陽三年城中巢居而處懸釜而炊財食將盡士卒羸病襄子謂張孟談曰糧食匱城力盡士大夫病吾不能守矣欲以城下何如張孟談曰臣聞

之亡不能存危不能安則無爲貴知士也君釋此計勿復言也臣請見韓魏之君襄子曰諾張孟談於是陰見韓魏之君曰臣聞脣亡則齒寒今知伯帥二國之君伐趙趙亡矣亡則君爲之次矣二君曰我知其然矣夫知伯之爲人也麁中而少親我謀而知則禍必至爲之奈何張孟談曰謀出二君之口入臣之耳人莫之知也二君卽與張孟談陰約三軍與之期日夜遣入晉陽張孟談以報襄子襄子再拜之張孟談因朝知伯而出遇知過（一云知果）轅門之外知過入見知伯曰二主殆將有變君曰何如對曰臣遇張孟談於轅門之外其志矜其行高知伯曰不然吾與二主約謹矣破趙三分其地寡人所親之必不欺也子釋之勿出諸口知過出見二主入說知伯曰二子色動而意變必背君不如令殺之知伯曰兵著晉陽三年矣旦暮當拔之而嚮其利乃有他心不可子愼勿復言知過曰不殺則遂親之知伯曰親之奈何知過曰魏宣子之謀臣曰趙葭韓康子之謀臣曰段規是皆能移其君之許君其與二君約破趙則封二子者各萬家之縣一如是則二主之心不可變而君得其所欲矣知伯曰破趙而三分其地又封二子者則吾所得

者少不可知過見君之不用也言之不聽出更其姓爲輔氏遂去不見張孟談聞之入見襄子曰臣遇知過於轅門之外其視有疑臣之心入見知伯出更其姓今暮不擊必後之矣襄子曰諾使張孟談見韓魏之君曰夜期教守堤之吏而決水灌知伯軍救水而亂韓魏翼而擊之襄子將卒犯其前大敗知伯軍而禽知伯知氏盡滅惟輔氏存焉

段規韓臣也三晉已破知氏將分其地段規謂韓王曰分地必取成皐韓王曰成皐石溜之地也寡人無所用之段規曰不然臣聞一里之厚而動千里之權

者地利也萬人之衆而破三軍者不意也王用臣言則韓必鄭矣王曰善果取成皐至韓之取重也果從成皐

伍員事吳吳子問於伍員曰初而言伐楚余知其可也而恐其使余往也又惡人之有余之功也今余將自有之矣伐楚何如對曰楚執政衆而乖莫適任患若爲三師以肄焉(肄猶勞也)一師至彼必皆出彼出則歸彼歸則出楚必道敝(罷敝于道)亟肄以罷之(亟數也)多方以誤之既罷而後以三軍繼之必大克之闔廬從之楚於是乎始病

文種越大夫也吳王夫差起師伐越越王勾踐起師逆之江大夫種乃獻謀曰夫吳之與越惟天所授王其無庸戰夫申胥華登簡服吳國之士於甲兵而未嘗有所挫也一人善射百夫決拾勝未可成也夫謀必素見成事焉而後履之不可以授命王不如設戎約辭行成以喜其民以廣終吳王之心吾以卜之於天天若棄吳必許吾成而不吾足也將必寬然有伯諸侯之心焉既罷弊其民而天奪之食安受其燼乃無有命矣越王許諾乃令諸稽郢行成于吳曰寡君勾踐使下臣郢不敢顯然布幣行禮敢私告於下執事曰昔者越國見禍得罪於天王天王親舉玉趾以心孤勾踐而又赦宥之君王之於越也繄起死人而肉白骨也孤不敢忘天災其敢忘君王之大賜乎今句踐申禍無良草鄙之人敢忘天王之大德而思邊垂之小怨以重得罪於下執事句踐用帥二三之老親任重罪項顙於邊今君王不察盛怒屬兵將殘伐越國越國固貢獻之邑也君王不以鞭箠使之而辱軍士使寇令焉句踐請盟一介嫡女執箕帚以晐姓於王宮一介嫡男奉盤匜以隨諸御春秋貢獻不解於王府天王豈辱裁之亦征諸侯之禮也夫諺曰狐

埋之而狐搰之是以無成功今天王既封殖越國以明聞於天下而又刈亡之是天王之無成勞也雖四方之諸侯則何實之以事吳敢使下臣盡辭惟天王秉利度義焉吳王夫差乃許越成

范蠡越大夫也越國大饑(穀不熟)王恐召范蠡而謀之蠡曰王何患焉今之饑此越國之福而吳之禍也夫吳國甚富而財有餘其王年少智寡剽輕好須臾之名不思後患(其王吳王夫差)王若重幣卑辭以請糴於吳則食可得也(王越王勾踐也)食得其糴越必有吳而王何患焉(得其糴終必得吳國王何憂焉)王曰善乃使人請食於吳王將與之

伍子胥諫曰不可與也夫吳之與越接土鄰境道易人通仇讎敵國也非吳喪越越必喪吳若燕秦齊魯山處陸居豈能踰五湖九江越十七陂以有吳哉踰渡也越歷也陂險難也故曰非吳喪越越必喪吳今將輸之粟與之食是長吾讎而養吾死也財匱而民怨悔無及也不若勿與而攻之固其數也數術也此者吾先王之所以霸且天幾代事也先王闔閭也代更也猶淵之與陂誰國無有吳王曰不然吾聞之義兵不攻服仁者食饑饑今服而攻之非義兵饑而不食非仁者不仁不義雖得十越吾不爲也遂與之不出三年而吳亦饑使人請

食於越越王弗與乃攻之夫差爲禽

陳軫與張儀俱事秦惠王皆貴重爭寵軫奔楚楚未之重也而使陳軫使於秦過梁欲見犀首犀首謝弗見軫曰吾爲事來公不見軫軫將行不得待異日犀首見之陳軫曰公何好飲也犀首曰無事也曰吾請令公饜事可乎曰奈何曰田需約諸侯從親楚王疑之未信也公謂於王曰臣與燕趙之王有故數使人來曰無事何不相見願謁行於王王雖許公公請勿多車以車三十乘可陳之於庭明言之燕趙燕趙客聞之馳車告其王使人迎犀首楚王聞之大怒曰田需與寡人約而犀首之燕趙是欺我也怒而不聽其事齊聞犀首之北使人以事委焉犀首遂行三國相事皆斷於犀首軫遂至秦韓魏相攻期年不解秦惠王欲救之問於左右左右或曰救之便或曰勿救便惠王未能爲之決陳軫適至秦惠王曰子去寡人之楚亦思寡人不陳軫對曰王聞夫越人莊舄乎王曰不聞曰越人莊舄仕楚執珪有頃而病楚王曰舄故越之鄙細人也今仕楚執珪富貴矣亦思越不中謝對曰凡人之思故在其病也彼思越則越聲不思越則楚聲使人往聽之猶尚越聲也今臣雖棄逐之楚

豈能無秦聲哉惠王曰善今韓魏相攻期年不解或謂寡人救之便或曰勿救便寡人不能決願子爲子主計之餘爲寡人計之陳軫對曰亦嘗有以夫卞莊子刺虎聞於王者乎莊子欲刺虎館豎子止之曰兩虎方且食牛食甘必爭爭則必鬬鬬則大者傷小者死從傷而刺之一舉必有雙虎之名卞莊子以爲然立須之有頃兩虎果鬬大者傷小者死從傷者而刺之一舉果有雙虎之功今韓魏相攻期年不解是必大國傷小國死從傷而伐之一舉必有兩實此猶莊子刺虎之類也臣之與王何異也惠王曰善卒弗救

大國累傷小國亡秦與兵而伐大尅之此陳軫之計也

張儀事秦惠王王欲發兵以伐蜀以爲道險狹難至而韓又來侵秦秦惠王欲先伐韓後伐蜀恐不利欲先伐蜀恐韓襲秦之敝猶豫未能決司馬錯與張儀爭論於惠王之前司馬錯欲伐蜀張儀曰不如伐韓王曰請聞其說儀曰親魏善楚下兵三川塞什谷之口（徐廣曰一作尋城皐鞏縣有尋口）當屯留之道魏絶南陽楚臨南鄭秦攻新城宜陽以臨二周之郊誅周王之罪侵楚魏之地周自知不能救九鼎寶器必出據九鼎按圖

籍挾天子以令於天下天下莫敢不聽此王業也今夫蜀西僻之國而戎翟之倫也敝兵勞衆不足以成名得其地不足以爲利臣聞爭名者於朝爭利者於市今三川周室天下之朝市也而王不爭焉顧爭於戎翟去王業遠矣司馬錯曰不然臣聞之欲富國者務廣其地欲强兵者務富其民欲王者務博其德三資者備而王隨之矣今王地小民貧故臣願先從事於易夫蜀西僻之國也而戎翟之長也有桀紂之亂以秦攻之譬如使豺狼逐群羊得其地足以廣國取其財足以富民繕兵不傷衆而彼已服焉拔一國而天下不以爲暴利盡四海而天下不以爲貪是我一舉而名實附也而又有禁暴止亂之名今攻韓劫天子惡名也而未必利也又有不義之名而攻天下所不欲危矣臣請論其故周天下之周室也齊韓之與國也周自知失九鼎韓自知亡三川將二國幷力合謀以因乎齊趙而求解乎楚魏以鼎與楚以地與魏王不能止也此臣之所謂危也不如伐蜀完惠王曰善寡人請聽子卒起兵伐蜀十月取之遂定蜀貶蜀王更號爲侯而使陳莊相蜀蜀旣屬秦秦以益强富厚輕諸侯儀又以商於六百里地詐楚懷王後秦要楚

欲得黔中地欲以武關外易之楚王曰不願易地願得張儀而獻黔中地秦王欲遣之口弗忍言張儀乃請行惠王曰彼楚王怒子之負以商於之地是且甘心於子張儀曰秦强楚弱臣善靳尚尚得事楚夫人鄭袖所言皆從且臣奉王之節使楚楚何敢加誅假令誅臣而爲秦得黔中之地臣之上願遂使楚楚懷王至則囚張儀將殺之靳尚謂鄭袖曰秦王甚愛張儀而不欲出之今將以上庸之地六縣賂楚以美人聘楚以宮中善謳歌者爲媵楚王重地尊秦秦女必貴而夫人斥矣不若爲言而出之於是鄭袖日夜言

懷王曰人臣各爲其主用今地未入秦秦使張儀來至重王王未有禮而殺張儀秦必大怒攻楚妾請子母俱遷江南毋爲秦所魚肉也懷王後悔赦張儀厚禮之如故

段干朋齊臣也魏惠王圍邯鄲趙求救於齊齊威王召大臣而謀曰救趙孰與勿救騶忌子曰不如勿救段干朋曰不救則不義且不利威王曰何也對曰夫魏氏幷邯鄲其於齊何利哉且夫救趙而軍其郊是趙不伐而魏全也故不如南攻襄陵以弊魏邯鄲拔而乘魏之弊威王從其計

無忌魏公子也齊楚相約而攻魏秦昭王救之魏王以秦救之故欲親秦而伐韓以求故地無忌謂魏王曰秦與戎翟同俗有虎狼之心貪戾好利無信不識禮義德行苟有利焉不顧親戚兄弟若禽獸耳此天下之所識也非有所施厚積德也故太后母也而以憂死穰侯舅也功莫大焉而竟逐之兩弟無罪而再奪之國此親與戚若此而況於仇讎之國乎今王與秦共伐韓而益近秦患臣甚惑之而王不識則不明群臣莫以聞則不忠今韓氏以一女子奉一弱主內有大亂外交强秦魏之兵王以爲不亡乎韓亡秦有韓地與大梁鄰王以爲安乎王欲得其故地今負强秦之親王以爲利乎秦非無事之國也韓亡之後必將更事更事必就易與利就易與利必不伐楚與趙矣是何也夫越山踰河絕韓上黨而攻强趙是復閼與之事秦必不爲也若道河內倍鄴朝歌絕漳滏水與趙兵決於邯鄲之郊是知伯之禍也秦又不敢伐楚道涉山谷行三千里而攻鄳阨之塞（楚之險塞也徐廣曰或以爲今江夏鄳縣）所行甚遠所攻甚難秦又不爲也若道河外倍大梁右蔡左召陵與楚兵決陳郊秦又不敢故曰秦必不伐楚與趙矣又不攻衛與齊矣夫韓亡之後

兵出之日非魏無攻已秦固有懷茅（在修武鄇縣有茅亭）邢丘（在平皋）城垝津以臨河內河內共汲必危（汲縣屬河內）有鄭地（成皋滎陽亦屬鄭）得垣雍（垣雍城在卷縣卷縣屬魏地卷又有長城經陽武到密者也）決熒澤水大梁大梁必亡王之使者出過而惡安陵氏於秦（召陵有安陵鄉征羌有安陵亭也）秦之欲誅之久矣秦華陽昆陽與舞陽鄰聽使者之惡之隨安陵氏而亡之繞舞陽之北以東臨許南國必危國無害已夫憎韓不愛安陵氏可也夫不患秦之不愛南國非也異日者秦在河西晉國去梁千里（魏國之界千里又云河草梁縣有注城）有河山以闌之有周韓以間之從林鄉軍（林鄉在宛縣）以至於

今秦七攻魏五入囿中（一作城中）邊城盡拔文臺墮垂都（一云毘山都句陽有垂亭）焚林木伐麋鹿盡而國繼以圍又長驅梁北東至陶衛之郊北至平監（平縣屬河南平或作于字史記齊闕止作監字闕在東平須昌縣）所亡於秦者山南山北河外河內大縣數十（一作百）名都數百（一作十）秦乃在河西晉去梁千里而禍若是矣又況於使秦無韓有鄭地無河山而闌之無周韓而間之去大梁百里禍必繇此矣異日者從之不成也楚魏疑而韓不可得也今韓受兵三年秦撓之以講識亡不聽投質於趙請為天下雁行頓刃楚趙必集兵皆識秦之欲無窮也非盡亡天下之

國而臣海內必不休矣是故臣願以從事王王速受楚趙之約趙挾韓之質以存韓而求故地韓必効之此士民不勞而故地得其功多於與秦共伐韓而又免與彊秦鄰之禍也夫存韓魏而利天下此亦王之天時已通韓上黨於共甯（朝歌有甯鄉）使道安城出入賦之是魏重質韓以其上黨也今有其賦足以富國韓必德魏愛魏重魏畏魏韓必不敢反魏是韓則魏之縣也魏得韓以為縣大梁河外必安矣今不存韓二周安陵必危楚趙大破衛齊甚畏天下西鄉而馳秦入朝而為臣不久矣

虞卿為趙上卿秦趙戰於長平趙不勝亡一都尉趙王召樓昌與虞卿曰軍戰長平不勝尉復死（復一作係）寡人使束甲而趨之何如樓昌曰無益也不如發重使為媾（古后切求和曰媾）虞卿曰昌言媾者以為不媾軍必破也而制媾者在秦且王之論秦也欲破趙之軍乎不邪王曰秦不遺餘力矣必且欲破趙軍虞卿曰王聽臣發使出重寶以附楚魏楚魏欲得王之重寶必內吾使趙使入楚魏秦必疑天下之合從且必恐如此則媾乃可為也趙王不聽與平陽君為媾發鄭朱入秦秦內之趙王召虞卿曰寡人使平陽君為媾於秦

秦已內鄭朱矣卿以為奚如虞卿對曰王不得媾軍必破矣天下賀戰勝者皆在秦矣鄭朱貴人也入秦秦王與應侯必顯重以示天下楚魏以趙為媾必不救王秦知天下不救王則媾不可得成也應侯果顯鄭朱以示天下賀戰勝者終不肯媾長平大敗遂圍邯鄲為天下笑秦解邯鄲圍而趙王入朝使趙郝約事於秦割六縣而媾虞卿謂趙王曰秦之攻王也倦而歸乎王以其力尚能進愛王而弗攻乎王曰秦之攻我也不遺餘力矣必以倦而歸也虞卿曰秦以其力攻其所能取倦而歸王又以其力之所不能取以

送之是助秦自攻也來年秦復攻王王無救矣王以虞卿之言告趙郝趙郝曰虞卿誠能盡秦力之所至乎誠知秦力之所不能進此彈丸之地弗與秦來年復攻王王得無割其内而媾乎王曰請聽子割矣子能必使來年秦之不復攻我乎趙郝對曰此非臣之所敢任也他日三晉之交於秦相善也今秦善韓魏而攻王王之所以事秦必不如韓魏也今臣爲足下解負親之攻開關通幣於齊交韓魏至來年而王獨取攻於秦此王之所以事秦必在韓魏之後也此非臣之所敢任也王以告虞卿虞卿曰郝言不媾來年

秦復攻王王得無割其内而媾乎今媾郝又以不能必秦之不復攻也今雖割六城何益來年復攻又割其力之所不能取而媾此自盡之術也不如無媾秦雖善攻不能取六縣趙雖不能守終不失六城秦倦而歸兵必罷我以六城收天下以攻罷秦是我失之於天下而取償於秦也吾國尚利孰與坐而割地自弱以强秦哉今郝曰秦善韓魏而攻趙者必以爲韓魏不救趙也而王之軍必孤又以王之事秦不如韓魏也是使王歲以六城事秦也卽坐而城地盡來年秦復求割地王將與之乎弗與是棄前功而挑秦禍也與之則無地以給之語曰强者善攻弱者不能守今坐而聽秦秦兵不弊而多得地是强秦而弱趙也以益强之秦而割愈弱之趙其計固不止矣且王之地有盡而秦之求無已以有盡之地而給無已之求其勢必無趙矣趙王計未定樓緩從秦來趙王與樓緩計之曰予秦地何如毋予孰若緩辭讓曰此非臣之所能知也王曰雖然試言公之私樓緩對曰王亦聞夫公甫文伯母乎公甫文伯仕於魯病死女子爲自殺於房中者二人其母聞之弗哭也其相室曰焉有子死而弗哭者乎其母曰孔子聖人也逐於魯而

是人不隨也今死而婦人爲之自殺者二人若是者必其於長者薄而於婦人厚也故從母言之是爲賢母從妻言之是必不免爲妒妻故其言一也言者異則人心變矣今臣新從秦來而言勿予則非計也言予之恐王以臣爲爲秦也故不敢對使臣得爲大王計不如予之王曰諾虞卿聞之入見王曰此飾說也王眘單讀勿予樓緩聞之往見王王又以虞卿之言告樓緩樓緩對曰不然虞卿得其一不得其二夫秦趙構難而天下皆說何也曰吾且因强而乘弱矣今趙兵困於秦天下之賀戰勝者則必盡在於秦矣故不

如亟割地爲和以疑天下而慰秦之心不然天下將因秦之强怒乘趙之弊瓜分之趙且亡矣何秦之圖乎故曰虞卿得其一不得其二願王以此決之勿復計也虞卿聞之往見王曰危哉樓子之所以爲秦者是愈疑天下而何慰秦之心哉獨不言其示天下弱乎且臣言勿予者非固勿予而已也秦索六城於王而王以六城賂齊齊秦之深讎也得王之六城并力西擊秦齊之聽王不待辭之畢也則是王失之於齊而取償於秦也而齊趙之深讎可以報矣而示天下有能爲也王以此發聲齊兵未窺於境臣見秦之重

賂至趙而反媾於王也從秦爲媾韓魏聞之必盡重王重王必出重寶以先於王則是王一舉而結三國之親而與秦易道也趙王曰善則使虞卿東見齊王與之謀秦虞卿未返而秦使者已在趙矣樓緩聞之亡去趙於是封虞卿以一城虞卿又謂趙王曰人之情寧朝人寧朝於人乎趙王曰寧朝人耳何故寧朝於人虞卿曰夫魏爲從主而違者范痤也今王能以百里之地君萬戶之都請殺范痤痤死則從事可移於趙趙王曰善乃使人以百里之地請殺范痤於魏魏王許諾使司空執范痤而未殺也痤獻書魏王曰臣聞趙王以百里之地請殺痤之身也夫殺無罪痤薄故也而得百里之地大利也臣竊爲大王美之雖然而有一焉百里之地大可得而死者不可復生也則王必爲天下笑也臣竊以爲與其死人市不若以生人市便也又遺其後相信陵君（一作信安君）書曰夫趙魏敵戰之國也趙王以咫尺之書來而魏王輕爲之殺無罪之痤痤雖不肖故魏之免相也嘗以魏之故得罪於趙夫國內無用臣外雖得地勢不能守然今能用魏者莫如君矣王聽趙殺痤之後强秦襲趙之欲倍趙之割君將何以止之此君之累也信陵君曰

諾遽言之王而出之

孫臏齊臣也魏伐趙趙與韓親共擊魏趙不利戰於南梁宣王召田忌復故位韓氏請救於齊宣王召大臣而謀曰蚤救孰與晚救騶忌子曰不如勿救田忌曰弗救則韓且折而入於魏不如蚤救之孫臏曰夫韓魏之兵未弊而救之是吾代韓受魏之兵顧反聽命於韓也且魏有破國之志韓見亡必東面而愬於齊矣吾因深結韓之親而晚承魏之弊則可重利而得尊名也宣王曰善乃陰告韓之使者而遣之韓因恃齊五戰不勝而東委國於齊齊因起兵使田忌田

嬰將（嬰一作盼）孫子爲師救韓趙以擊魏大敗之馬陵殺
其將龐涓虜魏太子申（又云南梁之難韓氏請救于齊田侯召大臣而謀曰早救之孰與晚救之便張丐對曰晚救之韓且折而入于魏不如蚤救之田忌曰不可夫韓魏之兵未弊而我救之是我代韓而受魏之兵顧反聽命于韓也且夫魏有破韓之志韓見且亡必東愬于齊我因陰結韓之親而晚承魏之弊則國可重利可得名可尊矣田侯曰善乃陰告韓使者而遣之韓自以專有齊國五戰五不勝東愬于齊齊國起兵擊魏大敗之馬陵魏破韓弱韓魏之君因田嬰北面而朝田侯田侯齊宣王也）
樂毅爲燕亞卿當是時齊湣王强南敗楚相唐眛於
重丘西摧三晉於觀津遂與三晉擊秦助趙滅中山
破宋廣地千餘里與秦昭王爭重爲帝已而復歸之

諸侯皆欲背秦而服於齊湣王自矜百姓弗堪於是
昭王問伐齊之事樂毅對曰齊霸國之餘業也地大
人衆未易獨攻也王必欲伐之莫如與趙及楚魏於
是使樂毅約趙惠文王別使連楚魏令趙嚪秦（嚪進說之意）
以伐齊之利諸侯害齊湣王之驕暴皆爭合從與
燕伐齊樂毅還報燕昭王悉起兵使樂毅爲上將軍
惠施魏臣也齊魏戰於馬陵齊大勝魏殺太子申覆
十萬之軍魏王召惠施而告之曰夫齊寡人之讎也
怨之至死不忘國雖小吾嘗欲悉起兵而攻之何如
對曰不可臣聞之王者得度而霸者知計今王所以
告臣者疏於度與計王固先屬怨於趙而後與齊戰
今戰不勝國無守戰之備王又欲悉起而攻齊此非
臣之所謂也王若欲報齊乎則不如因變服折節而
朝齊楚王必怒矣王游人而合其鬭則楚必伐齊以
休楚而伐罷齊則必爲楚禽矣是王以楚毁齊也王
曰善乃使人報於齊願臣畜而朝田嬰許諾張丑曰
不可戰不勝魏而得朝禮與魏和而下楚此可以大
勝也今戰勝魏覆十萬之軍而禽太子申臣萬乘之
魏而卑秦楚此其暴戾定矣且楚王之爲人也好用
兵而甚務名終爲齊患者必楚矣田嬰不聽遂内魏

王而與之並朝齊使再至趙氏醜之楚王怒自將而
伐齊趙應之大敗齊於徐州

冊府元龜

巡按福建監察御史臣李嗣京　訂正

知長樂縣事　臣　夏允彝　叅閱

知建陽縣事　臣　黄國琦　較釋

陪臣部　七百三十七

薦賢　賢德

薦賢

夫十室之邑必有忠信三人同行厥有我師舉爾所知惟君子之不比各於其黨見士庶之相讓若乃春秋務戰之世敵國忌賢之際而有處大夫之列挾覇

王之術以尊其主者何嘗不勤接士類汲引材智推轂靡遺於後進拔茅乃至于彙征大則讓卿宰之位小則備家陪之列或以素敦友善夙知隱滯或以方在覊旅久爲僕御並加推奬俾之效用至於舉讎取盜會無嫌問自非深於知人忠於事上者其能若是乎

鮑叔牙齊大夫也桓公使爲宰（宰太宰也）辭曰臣君之傭臣也君加惠于臣使不凍饑則君之賜也若必治國家者則非臣之所能也其惟管夷吾乎臣之所不如管夷吾者有五寛惠愛民臣不如也治國家不失其秉臣不如也（秉柄也柄所操以作事國柄者賞罰之紀要故也）忠信可結於諸侯臣不如也制禮義可法於四方臣不如也執枹鼓立於軍門使百姓皆加勇焉臣不如也夫管子民之父母將欲治其子不可棄其父母公曰夫管夷吾射寡人中鉤殆於死今乃用之可乎鮑叔對曰彼爲其君動也君若宥而反之其爲君猶是也桓公遂任以政

管仲相齊三月請論百官桓公曰諾管仲曰升降揖讓進退閑習辯辭之剛柔臣不如隰朋請立以爲大行墾草入邑辟土聚粟多衆盡地之利臣不如甯戚

請立以爲司田平原廣牧（廣遠可牧之地）車不結轍士不旋踵鼓之而三軍之士視死如歸臣不如王子城父請立以爲大司馬決獄折中不殺不辜不輕有罪臣不如賓胥無請立以爲大司理犯君顏色進諫必忠不避死亡不撓富貴臣不如東郭牙請立以爲大諫之臣此五子者夷吾一不如（於三子者各不如其一）然而以易夷吾夷吾不爲也（以五子之能易夷吾之德則夷吾所以不能）君若欲治國强兵則五子者存矣若欲覇王夷吾在此桓公曰善

孔子曰管仲遇盜取二人焉上下爲公臣曰其所與遊避者可人也（言此人可也但居惡人之中使人犯法）管仲死桓公使

爲之服宦於大夫者之爲之服也自管仲始也有君命焉爾也（亦記失禮所繇也善桓公不忘賢者之舉宦猶仕也此仕于大夫連升于公與爲大夫之諸侯同爾禮不及服）

佚之狐鄭大夫晉文公與秦伯圍鄭佚之狐言於鄭伯曰國危矣若使燭之武見秦君師必退（燭之武亦鄭大夫）公從之辭曰臣之壯也猶不如人今老矣無能爲也已公曰吾不能蚤用子今急而求子是寡人之過也然鄭亡子亦有不利焉許之夜縋而出見秦伯秦師乃還

臼季晉大夫使過冀見冀缺耨其妻饁之（臼季胥臣也冀晉邑

耨鋤也野饋曰饁）敬相待如賓與之歸言諸文公曰敬德之聚也能敬必有德德以治民君請用之臣聞之出門如賓（如見大賓）承事如祭（常敬謹也）仁之則也公曰其父有罪可乎（缺父冀芮欲殺文公）對曰舜之罪也殛鯀其舉也興禹（禹鯀子）管敬仲桓之賊也實相以濟康誥曰父不慈子不祗兄不友弟不恭不相及也（祗敬也）詩曰采葑采菲無以下體君取節焉可也（葑菲之菜上善下惡食之者不以其惡而棄其善言可取上善下）文公以爲下軍大夫

百里奚秦大夫初仕虞虞亡走宛秦繆公以五羖羊皮贖之授之國政號曰五羖大夫百里奚讓曰臣不及臣友蹇叔蹇叔賢而世莫知臣嘗游困於齊而乞食銍人（銍一作姪）蹇叔收臣臣因而欲事齊君無知蹇叔止臣臣得脫齊難遂之周周王子頹好牛臣以養牛干之及頹欲用臣蹇叔止臣臣去得不誅事虞君蹇叔止臣臣知虞君不用臣臣誠私利祿爵且留再用其言得脫一不用及虞君難是以知其賢於是穆公使人厚幣迎蹇叔以爲上大夫

虞丘相爲楚相孫叔敖者楚之處士也虞丘相進之於楚莊王以自代

趙文子（趙武也）爲晉大夫所舉於晉國管庫之士七十

有餘家（管庫之士府史以下官長所置也舉之於君以爲士大夫也管鍵也庫物所藏）晉平公過九原而歎曰嗟呼此地之蘊吾良臣多矣若使死者起也吾將與誰歸乎叔向對曰趙武乎平公曰子黨於子之師也對曰臣敢言趙武之爲人也立若不勝衣言若不出於口然其身舉上於白屋下者四十六人皆得其意而公家甚賴之及文子之死也四十六人皆就賓位是其無私德也臣故以爲賢也平公曰善夫趙武賢臣也相晉天下無兵革者九年春秋曰晉趙武之力盡得人也

司馬侯爲晉大夫悼公與之升臺而望曰樂夫對曰

臨下之樂則樂矣德義之樂則未公曰何謂德義對曰諸侯之爲日在君側以其善行以其惡戒可謂德義矣公曰孰能對曰羊舌肸習於春秋乃召叔向使傅太子彪

祁奚爲晉大夫請老 老致仕也 問嗣焉 嗣續其職者 稱解狐其讎也將立之而卒 解狐卒 又問焉對曰午也可 午祁奚子 於是羊舌職死矣晉侯曰孰可以代之對曰赤也可 赤職之子伯華 於是使祁午爲中軍尉羊舌赤佐之 各代其父 君子謂祁奚於是能舉善矣稱其讎不爲諂立其子不爲比舉其偏不爲黨 諂媚也偏屬也 商書曰無偏無黨王道

蕩蕩 蕩蕩平正無私 其祁奚之謂矣解狐得舉 未得位故曰得舉 祁午得位伯華得官建一官而三物成 一官軍尉物事也 能舉善也夫惟善故能舉其類詩云惟其有之是以似之祁奚有焉 言惟有德之人能舉似己者

趙盾爲晉大夫 趙盾宣子也 言韓獻子於靈公 獻子韓厥也 以爲司馬河曲之役趙孟使人以其乘車行獻子戮而戮之衆咸曰韓厥必不没矣其主朝升之而暮戮其車其誰安之宣子召而禮之曰吾聞事君者比而不黨夫周以舉義比也舉以其私黨也夫軍事無犯犯而不隱義也吾言汝於君懼汝不能也舉而不能黨孰大焉勉之臨長晉國者非汝其誰皆告諸大夫曰二三子可以賀我矣吾舉厥也而中吾乃今知免於罪也

公叔文子爲衛大夫薦其家臣僎與文子同升諸公 僎本文子家臣薦之使與己並爲大夫同升在公朝上 孔子聞之曰可以爲文矣 言行如是可謚爲文

晏嬰爲齊相景公時晉伐阿鄄而燕侵河上齊師敗績景公患之晏嬰薦田穰苴曰穰苴雖田氏庶孽 司馬穰苴者田完之苗裔也 然其人文能附衆武能威敵願君試之景公召穰苴與語兵事大説之以爲將軍嬰嘗出其

御之妻從門間而闚其夫其夫爲相御擁大蓋策駟馬意氣揚揚甚自得也既而歸其妻請去夫問其故妻曰晏嬰長不滿六尺身相齊國名顯諸侯今者妾觀其出志念深矣常有以自下者今子長八尺乃爲人僕御然子之意自以爲足妾是以求去也其後夫自抑損晏子怪而問之御以實對晏子薦以爲大夫

魏冉爲秦相舉白起使代向壽將而攻韓魏敗之伊闕斬首二十四萬虜魏將公孫喜明年又取楚之宛葉

公仲連爲趙烈侯相國烈侯好音謂公仲連曰寡人

有愛可以貴之乎公仲連曰富之可貴之則否烈侯
曰然夫鄭歌者槍石二人吾賜之田人萬畝公仲曰
諾不與居一月烈侯從代來問歌者田公仲曰求未
有可者有頃烈侯復問公仲終不與乃稱疾不朝番
吾君番音盤常山有番吾縣自代來謂公仲曰君實好善而未
知所持今公仲相趙於今四年亦有進士乎公仲曰
未也番吾君曰牛畜荀欣徐越皆可公仲乃進三人
及朝烈侯復問歌者田何如公仲曰方使擇其善者
牛畜侍烈侯施以仁義約以王道烈侯逌然明日荀
欣侍以選練舉賢任官使能明日徐越侍以節財儉

用察度功德所與無不克君說烈侯使使謂相國曰
歌者之田且止官牛畜為師荀欣為中尉徐越為內
史賜相國衣二襲單複具為一襲
趙勝封平原君趙奢者趙之田部吏也平原君以為
賢言之於王王用之治國賦國賦大平民富而府庫
實
田忌為齊大夫孫臏至齊田忌善而客待之進於威
王威王問兵法遂以為師大破梁軍
貂勃為齊大夫常惡安平君田單小人也安平君聞之
故為酒而召貂勃曰單何以得罪於先生故常見譽
於朝貂勃曰跖之狗吠堯非貴跖而賤堯也狗固吠
非其主也且今使公孫子賢而徐子不肖然而公孫
子與徐子鬬徐子之狗猶將攫公孫子之腓而噬之
也若乃得去不肖者而為賢者狗豈得攫其腓而噬
之哉安平君曰敬聞命明日任之於王王有所幸臣
九人之屬傷安平君相與語於王曰燕之伐齊之時
楚王使將軍將萬人而佐齊今國已定而社稷已安
矣何不使使者謝於楚王王曰左右孰可九人之屬
曰貂勃可貂勃使楚
李克為魏大夫文侯謂李克曰先生嘗教寡人家貧

則思良妻國亂則思良相今所置非成則璜璜翟璜也成文侯
弟二子何如李克對曰臣聞之卑不謀尊疎不謀戚
臣在闕門之外不敢當命文侯曰先生臨事勿讓李
克曰君不察故也居視其所親富視其所與達視其
所舉窮視其所不為貧視其所不取五者足以定之
矣何待克哉文侯曰先生就舍寡人之相定矣李克
趨而出過翟璜之家璜曰今者聞君召先生而卜相
果誰為之乎李克曰魏成子為相矣翟璜忿然作色
曰以耳目之所覩記臣何負於魏成子西河之守臣
之所進也君內以鄴為憂臣進西門豹君謀欲伐中

山臣進樂羊中山已拔無使守之臣進先生君之子無傅臣進屈侯鮒臣何負於魏成子克曰且子之言克於子之君者豈將比周以求大官哉君問置相非成則璜二子何如克對曰君不察故也居視其所親富視其所與達視其所舉窮視其所不爲貧視其所不取五者足以定之矣何待克哉是以知魏成子之爲相也且子安得與魏成子比乎魏成子食祿千鍾什九在外什一在内是以東游得卜子夏田子方段干木此三人者君皆師之子之所進五人者君皆臣之子惡得與魏成子比也翟璜逡巡再拜曰璜鄙人

也失對願卒爲弟子

鄭安平魏人范雎既爲魏齊笞擊得出後魏齊悔復召求之安平聞之乃遂操范雎亡伏匿更名姓曰張祿當此時秦昭王使謁者王稽於魏鄭安平詐爲卒侍王稽王稽問魏有賢人可與俱西游者乎鄭安平曰臣里中有張祿先生欲見君言天下事其人有仇不敢晝見王稽曰夜與俱來鄭安平夜與張祿見王稽語未究王稽知范雎賢謂曰先生待我於三亭之南與私約而去王稽辭魏去過載范雎入秦至湖關望見車騎從西來范雎曰彼來者謂誰王稽曰秦相穰侯東行縣邑范雎曰吾聞穰侯專秦權惡内諸侯客此恐辱我我寧且匿車中須穰侯果至勞王稽因立車而語曰關東有何變曰無有又謂王稽曰謁君得無與諸侯客子俱來乎無益徒亂人國耳王稽曰不敢即別去范雎曰吾聞穰侯智士也其見事遲鄉者疑車中有人忘索之於是范雎下車走曰此必悔之行十餘里果使騎還索車中無客乃已王稽遂與范雎入咸陽已報使因言曰魏有張祿先生天下辯士也曰秦王之國危於累卵得臣則安不可以言傳也臣故載來後秦王拜雎爲相

賢德

夫家陪佐設命曰諸侯之臣德用南彰乃爲巨室之慕本自列國政出多門武力相征謀臣並騖達從政之道處交兵之間而能滅私徇公克已致讓謙抑周愼敎戒垂裕改過不吝容衆在寬正以御家忠以事上信義兼著貞白自守飭行以絜矩恕已以推義無遺時哲得是民好謹厚而知節廉約而繕性至於進退語默咸適其宜昭厥聲猷爲人景仰斯乃得士君子之道矣

臾駢爲晉上軍佐初賈季奔狄趙宣子使臾駢送其

孥孥妻子也宣子以賈季中軍之佐同官故夷之蒐賈季戮臾駢臾駢之人欲盡殺賈氏以報焉臾駢曰不可吾聞前志有之曰敵惠敵怨不在後嗣忠之道也敵猶對也若及子孫則爲非對非對則爲遷怒夫子禮於賈季我以其寵報私怨無乃不可乎言蒙宣已于寵位介人之寵非勇也介因也損怨益仇非知也殺季家欲以除怨宣子將復怨已是益仇以私害公非忠也釋此三者何以事夫子盡具其帑與其器用財賄親帥扞之送致諸境

子良鄭公子也鄭靈公遇弒鄭人將立子良穆公庶子辭曰以賢則去疾不足去疾子良名以順則公子堅長乃立

襄公襄公堅也襄公將去穆氏逐群兄弟而舍子良以其讓己子良不可曰穆氏宜存則固願也若將亡之則亦皆亡去疾何爲何爲獨留乃舍之皆爲大夫

郤克郤獻子也爲晉大夫將中軍靡笄之役韓獻子將斬人郤獻子馳將救之至則旣斬之矣郤子使速以徇告其僕曰吾以分謗也不欲韓氏獨受謗

士燮范文子也爲晉大夫佐上軍靡笄之役郤獻子師勝而反范文子後入武子曰燮乎汝亦知吾望爾也乎對曰夫師郤子之師也其事臧若先則恐國人之屬耳目於我也故不敢武子曰吾知免矣

公子黑肱爲鄭大夫有疾歸邑于公黑肱子張召室老宗人立段段子石黑肱子而使黜官薄祭黜官無多受職祭以特羊殷以少牢四時祀以一年三年盛祭以羊豕殷盛也足以供祀盡歸其餘邑曰吾聞之生於亂世貴而能貧民無求焉可以後亡敬共事君與二三子生在敬戒不在富也是月子張卒君子曰善戒詩曰愼爾侯度用戒不虞鄭子張其有焉詩大雅侯維也義取愼法度戒未然

華元爲宋大夫宋城華元爲植巡功植將主也城者謳曰睅其目皤其腹棄甲而復睅出皤大腹棄謂亡師于思于思棄甲復來于多鬚思之貌使其驂乘謂之曰牛則有皮犀兕尚

多棄甲則那那猶何也役人曰從其有皮丹漆若何華元曰去之夫其口衆我寡傳言華元不吝其咎寬而容衆

子罕爲宋司城鄭尉氏司氏之亂其餘盜在宋亂在魯襄公十年鄭人以子西伯有子產之故納賂于宋三子之父皆爲尉氏所殺故以馬四十乘百六十四與師茂師惠樂師也茂惠其名也公孫黑爲質焉公孫黑子晳也司城子罕以堵汝父尉翩司齊與之良司臣而逸之賢而放之託諸季武子武子寘諸卞子罕以司臣託季氏鄭人醢之三人也三人堵汝父尉翩司齊也師慧過宋朝將私焉私小便其相曰朝也相師者慧曰無人焉相曰朝也何故無人慧曰必無人焉若猶有人豈其以千

乘之相易淫樂之賺必無人焉故也（千乘之相謂子產等也言不爲子產殺三盜得賂而歸之是重淫而輕國相）子罕聞之固請而歸之（言子罕能改過）

荆人士尹（尹一作君）池使於宋子罕止而觴之南家之牆擁於前而不直西家之潦經於宮而不止士尹池問其故子罕曰南家工人也爲鞔者也吾將徙之其父曰吾恃爲鞔以食三世矣今徙是宋邦之求鞔者不知吾處也吾將不食願相國之憂吾不食也爲是故不徙也西家高吾宮卑潦之經吾宮也利爲是故吾不禁也士尹池歸荆適興兵欲攻宋士尹池諫於王

曰宋不可攻也其主賢其相仁賢者得民仁者能用人攻之無功爲天下笑楚乃釋宋而攻鄭孔子聞之曰夫修之于廟堂之上而折衝于千里之外者司城子罕之謂也

范武子爲晉大夫宋向戌請弭諸侯之兵爲會于宋楚子木問於趙孟曰范武子之德何如（士會賢聞於諸侯故問之）對曰夫子之家事治言於晉國無隱情其祝史陳信於鬼神無愧辭（祝陳馨香德足副之故不愧）子木歸以語王王曰尚矣（尚上也）能歆神人（歆享也使神享其祭人懷其德）宜其光輔五君以爲盟主也（五君文襄靈成景也）

子產爲鄭大夫豐卷將祭請田焉弗許（田獵也）曰惟君用鮮（鮮野獸）衆給而已（衆臣祭以芻豢爲足）子張怒（子張豐卷也）退而徵役（召兵欲攻子產）子產奔晉子皮止之而逐豐卷豐卷奔晉子產請其田里（請於公不沒入）三年而復之反其田里及其入焉（田里所收入）

叔孫豹爲魯大夫季武子伐莒莒人告於虢之會楚告於晉請戮其使（時叔孫豹在會欲戮之）樂王鮒相趙文子欲求貨於叔孫而爲之請叔孫弗與曰諸侯之會衛社稷也我以貨免魯必受師是禍之也何衛之爲雖怨季孫魯國何罪叔出季處有自來矣吾又誰怨趙孟

聞之曰臨患不忘國忠也（謂言魯國何罪）思難不越官信也（謂言叔出季處）圖國忘死貞也（謂不以禍免）謀主三者義也（三者忠信貞）有是四者又可戮乎（并義而四）乃請諸楚曰魯雖有罪其執事不辟難（執事謂叔孫）畏威而敬命矣（謂不敢避戮）子若免之以勸左右可也若子之群吏處不避汙（汙勞事）出不逃難（不苟免）其何患之有患之所生汙而不治難而不守所由來也能是二者又何患焉不靖其能又誰從之（安靖則衆賢能附從）魯叔孫豹可謂能矣請免之以靖能者子會而赦有罪（不伐魯）又賞其賢（赦叔孫）諸侯其誰不欣焉望楚而歸之視遠如邇疆埸之邑一彼一此何

常之有恤大舍小足以爲盟主子其圖之固請諸楚楚人許之乃免叔孫

陳桓子爲齊大夫欒施高彊來奔於魯陳鮑分其室晏子謂桓子必致諸公讓德之主也讓之謂懿德凡有血氣皆有爭心故利不可彊（不可彊取）思義爲愈義利之本也蘊利生孽（蘊畜也孽妖害也）姑使無蘊乎可以滋長桓子盡致諸公而請老于莒（莒齊邑）桓子召子山（子山子商子周襄三十一年子尾所逐群公子）私具幄幕器用從者之衣屨（私具不告公）而反棘焉（棘子山故邑齊國西安縣東有戟里亭）子商亦如之而反其邑子周亦如之而與之夫于（子周本無邑故更與之齊南於陵縣西北

有于亭）反子城子公公孫捷（三子襄八年子旗所逐）而皆益其祿凡公子公孫之無祿者私分之邑（桓子以己邑分之）國之貧約孤寡者私與之粟公與桓子莒之旁邑辭（讓不受）穆孟姬爲之請高唐陳氏始大（穆孟姬景公母傳言陳氏所以興）

叔孫婼魯大夫也爲晉人所執叔孫所館者雖一日必葺其牆屋（葺補治也）去之如始至（不以當去而有所毀壞）

延陵季子吳公子也楚子期伐陳季子救之謂子期曰二君不務德（二君吳楚）而力爭諸侯民何罪焉我請退以爲子名務德而安民乃還（季子吳王壽夢少子）

司馬牛爲宋大夫桓魋之弟也桓魋之寵害于公（恃寵驕盈）公使夫人驟請享焉而將討之（夫人景公母也數請享欲因請討）未及魋先謀公請以鞍易薄（鞍向魋邑薄公邑欲因易邑爲公享宴而作亂）乃益鞍七邑而請享公焉（僞喜）以日中爲期家備盡往（甲兵之備）公知之魋奔衛司馬牛致其邑與珪焉而適齊（珪守邑符信）向魋出於衛地公文氏攻之（公文氏衛大夫）求夏后氏之璜焉與之他玉而奔齊陳成子使爲次卿司馬牛又致其邑焉而適吳（示不與魋同）吳人惡之而反趙簡子召之陳成子亦召之卒於魯郭門之外阬氏葬之丘輿（阬氏魯人也泰山南城縣北有輿城錄其卒葬所在懸賢者失所）

沈諸梁字子高爲楚葉公白公勝作亂殺令尹子西

司馬子期圍公陽穴宮負王（昭王子惠王也）以如昭夫人之宮（公陽楚大夫昭夫人王母越女）葉公亦至及北門或遇之曰君胡不胄國人望君如望慈父母焉盜賊之矢若傷君是絶民望也若之何不胄乃胄而進又遇一人曰君胡胄國人望君如望歲焉（歲年穀子）日日以幾（冀君來）若見君面是得艾也（艾安也）民知不死其亦夫有奮心猶將旌君以狥於國（旌表也）而又掩面以絶民望不亦甚乎乃免胄而進（言葉公得民心）遇箴尹固帥其屬將與白公（欲與白公并）子高曰微二子者楚不國矣（二子子西子期也栢舉之敗二子功多）棄德從賊其可保乎乃從葉公使與國人以攻白公

白公縊死沈諸梁兼二事二事令尹司馬國寧乃使寧爲令尹子西之子子國使寬爲司馬子期之子而老於葉

趙文子爲晋大夫其中退然如不勝衣中身也退柔和貌鄉射記日引二寸以爲侯中退或爲安其言吶吶然不如諸其口吶吶咅囁貌所舉於晋國管庫之士七十有餘家管府之士府史以下官長所置也舉之於君以爲大夫士也管鍵也生不交利廉也死不屬其子焉潔也

晏嬰爲齊大夫事齊靈公莊公景公其在朝君及之即危言語不及之即危行國有道即順命無道即衡命以此三世顯名於諸侯

册府元龜 陪臣部 卷之七百三十七 十七

册府元龜

冊府元龜

巡按福建監察御史臣李嗣京　訂正

知閩縣事臣曹閔臣參閱

知建陽縣事臣黄國琦較釋

陪臣部七百三十八

爲政　知禮

爲政

自周室東遷諸侯爲政咸保世以傳祚必得士而乃昌焉故其霸者之佐乘時間出爲國以盡慮居位而不懈斟酌政典講求治道制禮俗之法定兵賦之度修職秩之序搜遺滯之儁明刑賞之訓申儆備之畧謹賓聘之儀翦寇盜之災恤鰥窮之戚振威讓之令繇是綱目咸舉而執物以甄國以富强民斯嘉靖觀其總庶績之要治千乘之邦裁成物宜導揚官業奬倫克叙而不紊成憲遵行而可久非夫包兼濟之術極惟幾之慮者疇克以奮庸而垂裕哉

孔子爲魯大司寇攝行相事與聞國政三月鬻羔豚者弗飾賈男女行者别於塗塗不拾遺四方之客至於邑者不求有司有司常共其職客求而有在也皆予之以歸初魯有沈猶氏旦飲羊飽之以欺市人公愼氏淫而有妻愼潰氏奢侈驕佚魯市之鬻牛馬者善豫賈孔子將爲魯司寇沈猶氏不敢朝飲其羊公愼氏出其妻愼潰氏踰境而徙魯之鬻牛馬不豫賈布正以待之也旣爲司寇季孟墮郈費之城齊人歸所侵魯之地繇積正之所致也

子服景伯魯大夫子服何也哀公三年五月辛卯司鐸火司鐸官名火踰公宫桓僖災桓公僖公廟救火者皆曰顧府言常人愛財南宫敬叔至命周人出御書俟于宫敬叔孔子弟子南宫閱周人司周書典籍之官御書進于君者也使其待命于宫曰它女而不在死它具也子服景伯至命宰人出禮書宰人冢宰之屬以待命命不共有常刑待求之命校人乘馬巾車脂轄校人掌馬巾車掌車乘馬使四四相從爲四馬百官官備府庫愼守官人肅給國有大災恐有變難故愼爲備濟濡帷幕鬱攸從之鬱攸火氣也濡物于水出用爲濟蒙葺公屋以濡物冒覆公屋自太廟始外内以悛悛次也先尊後卑以次救之助所不及有不用命則有常刑無赦公父文伯至命校人駕乘車乘車公車季桓子至御公于象魏之外象魏門闕命救火者傷人則止財可爲也命藏象魏周禮正月縣教令之法于象魏使萬民觀之故謂其書爲象魏曰舊章不可亡也富父槐至曰無備而官辦者猶拾瀋也槐富父終生之後瀋汁也言不備而責辦不可得於是乎去表之槀表表火道風所向者去其槀積道還公宫闢除道周匝公

冊府元龜　陪臣部　爲政　卷之七百三十八　一

嘗使狄無相通

趙盾晉大夫宣子也初晉使狐射姑將中軍代先且居趙盾佐之代趙衰也盾趙衰子陽處父至自溫往年聘衛過溫今始至改蒐于董易中軍易以趙盾爲帥射姑佐之河東汾陰縣有董亭陽子成季之屬也處父嘗爲趙衰屬大夫故黨於趙氏且謂趙盾能曰使能國之利也是以上之宣子於是乎始爲國政宣趙盾謚制其典典常也正法罪輕重當辟獄刑辟猶理也董逋逃董督也由質要由用也質要契券也治舊洿治理洿穢本秩禮貴賤不失其本續常職修廢官出淹滯拔賢能也既成以授太傅陽子與太師賈佗使行諸晉國以爲常法

隨會晉大夫范武子也會聘于周王饗之餚蒸會私於原公曰吾聞王室之禮無毀折今此何禮也王曰子弗聞乎親戚宴饗則有餚蒸武子遂不敢對而退歸乃講聚三代之典禮於是乎修執秩以爲晉法會將中軍且爲太傅於是晉國之盜逃奔於秦羊舌職曰吾聞之禹稱善人稱舉也不善人遠此之謂也夫詩曰戰戰兢兢如臨深淵如履薄冰善人在位也言善人居位則無不戒懼善人在上則國無幸民諺曰民之多幸國之不幸也是無善人之謂也

魏絳晉大夫也初晉會諸侯伐鄭諸侯皆不欲戰乃許成楚子伐鄭楚莊王夫人卒共王母王未能定鄭而歸晉侯歸謀所以息民魏絳請施舍施恩惠舍勞役輸積聚以貸輸盡也自公以下苟有積者盡出之國無滯積散在民亦無困人不匱乏公無禁利與民共亦無貪民禮讓行祈以幣更不用牲賓以特牲務崇省器用不作因仍舊車服從給足給事也行之期年國乃有節三駕而楚不能與爭三駕三興師謂十年師于牛首十一年師于向其秋觀兵于鄭東門自是鄭遂服

趙武晉大夫也代范匄爲政令薄諸侯之幣而重其禮以重禮待諸侯穆叔見之謂穆叔曰自今以往兵其少弭矣弭止也齊崔慶新得政將求善于諸侯武也知楚令

尹令尹屈建若敬行其禮道之以文辭以靖諸侯兵可以弭初齊人成郟之歲其夏齊烏餘以廩丘奔晉烏餘齊大夫廩丘今東郡廩丘縣故城是襲衛羊角取之今廩丘縣所治羊角城是遂襲魯高魚高魚城在廩丘縣東北有大雨自其竇入兩故水竇關介于其庫入高魚庫而介其甲以登其城克而取之又取邑于宋於是范宣子卒宣子范匄諸侯弗能治也及武爲政乃卒治之武言于晉侯曰晉爲盟主諸侯或相侵也則討而使歸其地今烏餘之邑皆討類也言如此宜見討類而貪之是無以爲盟主也請歸之公曰諾

叔向爲晉太傅秦后子來仕其車千乘楚公子干來

仕其車五乘叔向實賦祿韓宣子問二公子之祿焉對曰大國之卿一旅之田（公之孤四命五百人爲旅爲田五百頃）上大夫一卒之田（上大夫一命百人爲卒爲田一百頃也）夫二公子者上大夫也皆一卒可也宣子曰秦公子富若之何其均之也對曰夫爵以建事祿以食爵德以賦之功庸以稱之若何其以富賦祿也夫絳之富商韋藩木楗以過於朝（韋藩蔽前後木楗木擔）惟其庸功少也而能金玉其車文錯其服能行諸侯之賄而無尋尺之祿無大績于民故也且秦楚匹也若之何其回於富也乃均其祿

樂喜宋大夫也初宋災樂喜爲司城以爲政（樂喜子罕

也爲正卿知將有火災素戒爲備火之政）使伯氏司里（伯氏宋大夫司里里孝也）火所未至徹小屋塗大屋（大屋難徹就屋塗之）陳畚挶具綆缶（畚簣籠挶土轝綆汲索缶汲器）備水器（盆罌之屬）量輕重（計人力所任）蓄水潦積土塗巡丈城繕守備（巡行也丈度也繕治也行度守備之處恐因災有亂）表火道（火起則從其所趣標表之）使華臣具正徒（華臣華元子爲司徒正徒役徒也司徒之所主）令隧正納郊保奔火所（隧正官也五縣爲隧納聚郊野保守之民使隨火所起往救之）使華閱討右官官庀其司（華閱華元子代元爲右師討治也庀具也使具其官屬）向戌討左亦如之（向戌左師）使樂遄庀刑器亦如之（樂遄司寇也刑器刑書也）使皇鄖命校正出馬工正出車備甲兵庀武守（皇鄖皇父充石之後校正主馬工正主車使各備其宮）使西鉏吾庀府守（鉏吾太宰也府六官之典）令司空巷伯儆宮（司空奄臣巷伯寺人皆掌宮內之事）二師令四鄉正敬享（二師左右師也四鄉大夫享祝也）祝宗用馬于四墉祀盤庚于西門之外（祝六祝宗宗人墉城也用馬祭于四城以禳火盤庚殷王宋之遠祖城積陰之氣故祀之凡天災有幣無牲用馬祀盤庚皆非禮）

子皮鄭大夫也子展卒子皮卽位（子皮代父爲上卿）於是鄭饑而未及麥民病子皮以子展之命餼國人粟戶一鍾（在喪故以父命也六斛四斗曰鍾）是以得鄭國之民故罕氏常掌國政以爲上卿宋司城子罕聞之曰鄰於善民之望也（民亦望君爲善）宋亦饑請於平公出公粟以貸使大夫皆貸司城氏貸而不書（施而不德）爲大夫之無者貸宋無饑

人叔向聞之曰鄭之罕宋之樂其後亡者也二者其皆得國乎（得掌國政）民之歸也施而不德樂氏加焉其以宋升降乎（升降隨宋盛衰）

國僑字子產爲鄭大夫子產爲政使都鄙有章（國都及邊鄙章服尊卑各有分部）上下有服（公卿大夫服不相踰）田有封洫（封疆也洫溝也）廬井有伍（廬舍也九夫爲井使五家相保）大夫之忠儉者（謂卿大夫）從而與之泰侈者因而斃之（因其有罪而斃踣之）從政一年輿人誦之曰取我衣冠而褚之（褚蓄也奢侈者畏法故蓄藏）取我田疇而伍之孰殺子產吾其與之（並畔爲疇）及三年又誦之曰我有子弟子產誨之我有田疇子產殖之（殖生也）子產而

死謂其嗣之（一日子產者鄭之列大夫也鄭駟公之時以所愛徐摯爲相國亂上下不親衆子不和大宮子朔言之君以子產爲相爲相一年豎子不戲狎斑白不提挈僮子不犁畔二年市不豫賈三年門不夜關道不拾遺四年田器不歸五年士無尺籍喪期不令而治治鄭二十六年而死丁壯號哭老人兒啼曰子產去我死乎民將安歸又曰子產相鄭內無國中之亂外無諸侯之患也）子產之從政也擇能而使之馮簡子能斷大事子太叔美秀而文（其貌美其才秀）公孫揮能知四國之爲（知諸侯所欲爲）而辨于其大夫之族姓班位貴賤能否而又善爲辭令裨諶能謀謀於野則獲（得所謀也）謀於邑則否（此才性之蔽）鄭國將有諸侯之事子產乃問四國之爲於子羽且使多爲辭令與裨諶乘以適野使謀可否而告馮簡子使斷

之事成乃授子太叔使行之以應對賓客是以鮮有敗事北宮文子所謂有禮也（傳跡子產行事以明北宮文子之言）子產作丘賦（丘十六井當出馬一匹牛三頭今子產別賦其田如魯之田賦田賦在哀公十一年）國人謗之（謗毀也）曰其父喪于路（謂子國爲尉氏所殺）已爲蠆尾（謂子產重賦毒害百姓）以令於國國將若之何子寬以告（子寬鄭大夫也）子產曰何害苟利社稷死生以之（以用也）且吾聞爲善者不改其度故能有濟也民不可逞度不可改（度法也）詩曰禮義不愆何恤于人言（逸詩也子產自以爲權制齊國於禮義無愆）吾不遷矣（遷移也）鄭定公六年五月鄭火作子產辭晉公子公孫于東門（晉人新來未入故辭不使前也）使司寇出新客（新來聘者）禁舊客勿出于宮（爲其知國情不欲令去）使子寬子上巡群屏攝至於大宮（二子鄭大夫屏攝祭祀之位大宮鄭祖廟巡行宗廟不得使火及之也）使公孫登徙大龜（登開卜大夫）使祝史徙主祏于周廟告于先君（祏廟主石函周廟厲王廟也有大災故合群主于祖廟易救護）使府人庫人各儆其事（儆備火也）商成公儆司宮（商成公鄭大夫司宮巷伯寺人之官）出舊宮人寘諸火所不及（舊宮人先公宮女）司馬司寇列居火道（備非常也）行火所焮（焮炙也）城下之人伍列登城（爲部伍登城備姦也）明日使野司寇各保其徵（野司寇縣土也火之明日四方乃聞災故戒保所徵役之人）郊人助祝史除于國北（爲祭處于國北者就大陰禳火）禳火于玄冥回祿（玄冥水神回祿火神）祈于四鄘（鄘城也城積土陰氣所聚故祈祭之

以禳火之餘災也）書焚室而寬其征與之財（征賦稅也）三日哭國不市（示憂戚不會市）使行人告于諸侯七月子產爲火故大爲社（爲治）祓禳于四方振除火災禮也（振棄也）乃簡兵大蒐將爲蒐除（治兵于廟城內地迫故除廣之）子太叔之廟在道南其寢在道北其庭小（庭蒐場也）過期三日（處小不得一時畢）使除徒陳於道南廟北曰子產過女而命速除乃毀於而鄉（而女也毀女所向）子產朝（朝君）過而怒之（怒不毀）除者南毀子產及衝使從者止之曰毀于北方（言子產仁不忍毀人廟）火之作也子產授兵登陴子太叔曰晉無乃討乎（辭晉公子公孫而授兵似若敵晉）子產曰吾聞之小國忘守則危況有災乎

國之不可小有備故也子産有疾謂子太叔曰我死子必爲政惟有德者能以寬服民其次莫如猛夫火烈民望而畏之故鮮死焉水懦弱民狎而翫之（狎輕也）則多死焉故寬難（難治也）疾數月而卒太叔爲政不忍猛而寬鄭國多盜取人于萑符之澤（萑符澤名於澤内劫人）太叔悔之曰吾蚤從夫子不及此興徒兵以攻萑符之盜盡殺之盜少止仲尼曰善哉政寬則民慢慢則糾之以猛（糾猶攝也）猛則民殘殘則施之以寬寬以濟猛猛以濟寬政是以和詩曰民亦勞止汔可小康惠此中國以綏四方施之以寬也（詩大雅汔其也康綏皆安也周厲王暴虐民勞于苛

政故詩人刺之欲其施之以寬也）毋從詭隨（詭人隨人無正心不可從）以謹無良（謹勅愼也）式遏寇虐憯不畏明糾之以猛也（式用也遏止也憯曾也言爲寇虐曾不畏明法者亦當用猛政糾治之也）柔遠能邇以定我王子之以和也（柔安也邇近也遠者懷附近者各以能進則王室定）又曰不競不絿不剛不柔（詩殷頌言易政得中和競強也絿急也）布政優優百祿是遒（優優和也遒聚也）和之至也

管仲既任政相齊以區區之齊在海濱通貨積財富國強兵與俗同好惡故其稱曰倉廩實而知禮節衣食足而知榮辱上服度則六親固四維不張國乃滅亡（管子曰四維一曰禮二曰義三曰廉四曰恥）下令如流水之原令順民心故論卑而易行俗之所欲因而予之俗之所否因而去之其爲政也善因禍而爲福轉敗而爲功貴輕重愼權衡管子卒齊國遵其政常彊于諸侯

蔿掩爲楚司馬（蔿子馮之子）子木使庀賦（庀治）數甲兵（閲數之）蔿掩書土田（書土地之所宜）度山林（度量山林之材以共國用）鳩藪澤（鳩聚也聚成藪澤使民不得焚燎壞之欲以備田獵之處）辨京陵（辨別也絶高曰京大阜曰陵別之以爲冢墓之地）表淳鹵（淳鹵埆薄之地表異輕其賦税）數疆潦（疆界有流潦者計數減其租入）規偃豬（偃豬下濕之地規度其受水多少也）町原防（廣平曰原防隄也隄防間地不得方正如井田別爲小頃町）牧隰皋（隰皋瓜岸下隰爲芻牧之地）井衍沃（衍沃平美之地則如周禮制以爲井田六尺爲步步百爲畝畝百爲夫九夫爲井）量入修賦（量九土之

所入而治理其賦税）賦車籍馬（齒甄其毛色歲籍以備軍用）賦車兵（車兵甲士）徒兵（步卒）甲楯之數（使器楯有常數）既成以授子木禮也（得治國之禮）

孫叔敖爲楚相施教導民上下和合世俗盛美政緩禁止吏無姦邪盜賊不起秋冬則勸民山採春夏以水（乘多水時而出材竹）各得其所使民皆樂其生莊王以爲幣輕更以小爲大百姓不便皆去其業市令言之相曰市亂民莫安其處次行不定相曰如此幾何頃乎市令曰三月頃相曰罷吾今令之復矣後五日朝相言之王曰前日更幣以爲輕今市令來言曰市亂民莫安其處次行之不定臣請遂令復如故王許之下令

三日而市復如故楚民俗好庳車王以爲庳車不便馬後下令使高之相曰令數下民不知所好不可王必欲高車臣請教閭里使高其梱乘車者皆君子君子不能數下車王許之居半歲民悉自高其車此不教而民從其化近者視而效之遠者四面望而法之

莊王十五年叔敖城沂（沂楚邑）使封人慮事（封人其時主築城者慮事先慮計功）以授司徒（司徒掌役）量功命日（命作日數）分財用（財用築作之具）平版榦（榦楨也）稱畚築（稱量輕重畚盛土器）程土物（爲作程限）議遠邇（均勞受）略基趾（趾城足略行也）具餱糧（餱乾食也）度有司（謀監主）事三旬而成（十日爲旬）不愆于素（不過素所慮之期也言叔敖之能使民也）

吳起相楚悼王明法審令捐不急之官廢公族踈遠者以撫養戰鬭之士要在強兵破馳說之言從横者於是南平百越北并陳蔡却三晉西伐秦

申不害爲韓昭侯相内修政教外應諸侯十五年終申子之身國治兵強無侵韓者

衛鞅爲秦左庶長定變法之令令民爲什伍而相牧司連坐不告姦者腰斬告姦者與斬敵首同賞匿姦者與降敵同罰民有二男以上不分異者倍其賦有軍功者各以率（音律）受上爵爲私鬭者各以輕重被刑大小僇力本業耕織致粟帛多者復其身事末利及怠而貧者舉以爲收孥宗室非有軍功論不得爲屬籍明尊卑爵秩等級各以差次名田宅臣妾衣服以家次有功者顯榮無功者雖富無所芬華令既具未布恐民之不信已乃立三丈之木於國都市南門募民有能徙置北門者予十金民怪之莫敢徙復曰能徙者予五十金有一人徙之輒予五十金以明不欺卒下令令行於民期年秦國之民都言初令之不便者以千數於是太子犯法衛鞅曰法之不行自上犯之將法太子太子君嗣也不可施刑刑其傅公子虔黥其師公孫賈明日秦人皆趍令行之十年秦民

大悅道不拾遺山無盜賊家給人足民勇于公戰怯于私鬭鄉邑大治秦民初言令不便者有來言令便者鞅曰此皆亂化之民也盡遷之於邊城其後民莫敢議令於是以鞅爲大良造居三年作爲築冀闕宫庭於咸陽秦自雍徙都之而令民父子兄弟同室内息者爲禁而集小都鄉邑聚爲縣置令丞凡三十一縣爲田開阡陌封疆而賦稅平平斗桶（音勇今之斛也）權衡丈尺行之四年公子虔復犯約劓之居五年秦人富彊天子致胙于孝公諸侯畢賀

知禮

禮者國之幹也身之文也於人之若麴糵在治之由粉澤降自中古下逮列國承商因之制增周監之文故有家陪之臣禮義是習莽尊卑之序達升降之節別會盟之等詳贈勞之規或辭享於王朝徹加於鄰國避湛露之賦歸宰旅之司致三肅以惟恭薦六儀而靡忒宜乎寵以文路賜之州田享昌阜之祥加好貨之數傳曰忠信之人可以學禮其斯之謂歟

韓厥爲晉大夫晉郤克與齊侯戰于鞍魯成公三年齊師敗績韓厥從齊侯及之執縶馬前縶馬絆也執之示修臣僕之職再拜稽首奉觴加璧以進進觴璧亦以示敬曰寡君使群臣爲

魯衛請曰無令輿師陷入君地本但爲二國救請不意乃過入君地謙辭下臣不幸屬當戎行無所逃隱屬適且懼奔辟而忝兩君臣辱戎士若奔避則爲辱晉君并爲齊侯羞故言二君此蓋韓厥自處臣僕謙敬之飾言敢告不敏攝官承乏言欲以已不敏攝承空乏從君俱還齊侯以逢丑父故獲免丑父齊臣與公易位故韓厥獲丑父也其後晉侯享齊侯魯成公二年齊侯視韓厥韓厥曰君知厥也乎齊侯曰服改矣戎朝異服也言服改明識其人韓厥登舉爵曰臣之不敢愛死爲兩君之在此堂也

郤至爲晉大夫鄢陵之戰魯成公十六年郤至以韎韋之跗注三逐王卒三君云一染曰韎鄭司農說以爲韎茅蒐染也韎齊也韋昭謂茅蒐今絳草也急疾呼茅蒐成韎也凡染一入爲縓跗注兵服也自腰以下注于跗也見王必下奔下下車奔走退戰王使工尹襄問之以弓工尹楚官襄名問遺也曰方事之殷也事戎事殷中也有韎韋之跗注君子也屬見不穀而下無乃傷乎屬適傷恐其傷郤至甲冑而見客免冑而聽命免脫也恍人爲障耳曰君之外臣至以寡君之靈間蒙甲冑蒙被也被介在甲冑之間不敢當拜君命之辱爲使者故敢三肅之禮軍事肅拜肅拜者下手至地也君子曰勇以知禮禮軍禮也

韓宣子爲晉大夫聘于周魯襄公二十六年王使請事問何事來聘對曰晉士起將歸時事于宰旅無他事矣起宣子名禮諸侯大大入天子國稱士時事四時貢職宰旅家宰之士言獻職貢於宰旅不敢斥尊王聞之曰

韓氏其昌阜於晉乎辭不失舊阜大也傳言周衰諸侯莫能如禮惟韓起不失舊

趙文子爲晉大夫楚屈建卒魯襄公二十八年趙文子喪之如同盟禮也宋之盟有衷甲之隙不以此廢好故曰禮

公孫段爲鄭大夫鄭伯如晉魯昭公三年公孫段相甚敬而卑禮無違者晉侯嘉焉授之以策策賜命之書曰子豐有勞於晉國子豐段之父余聞而弗忘賜女州田州縣今屬河內郡以胙乃舊勳伯石再拜稽首受策以出君子曰禮其人之急也乎伯石之汰也伯石段字汰驕也一爲禮於晉猶荷其祿況以禮終始乎詩曰人而無禮胡不遄死

其是之謂乎

女叔齊爲晉大夫魯昭公如晉(五年)自郊勞至於贈賄無失禮晉侯謂女叔齊曰魯侯不亦善於禮乎對曰魯侯焉知禮公曰何爲自郊勞至於贈賄禮無違者何故不知對曰是儀也不可謂禮禮所以守其國行其政令無失其民者也今政令在家不能取也有子家覊弗能用也奸大國之盟陵虐小國利人之難不知其私公室四分民食於他思莫在公不圖其終爲國君難將及身不恤其所禮之本末將於此乎在而屑屑焉習儀以亟(言以習儀爲急)言善于禮不亦遠乎君子

謂叔齊於是知禮

趙孟爲晉大夫越圍吳(魯哀公二十年)趙孟降於喪食(趙孟襄子無恤也時有父簡子之喪)楚隆曰三年之喪親暱之極也主又降之無乃有故乎(楚隆襄子家臣)趙孟曰黃池之役先主與吳王有質(先主簡子質盟信也)曰好惡同之今越圍吳嗣子不廢舊業而敵之(嗣子襄子自謂欲敵越救吳)非晉之所能及也吾是以爲降楚隆曰若使吳王知之若何趙孟曰可乎隆曰請嘗之(嘗試之也)乃往先造乎越軍曰吳犯間上國多矣聞君親討焉諸夏之人莫不欣喜惟恐君志之不從請入視之許之告于吳王曰寡君之老無恤使陪臣隆敢展謝其不共(展陳也)黃池之役君之先臣志父得承齊盟曰好惡同之今君在難無恤不敢憚勞非晉國之所能及也使陪臣敢展布之王拜稽首曰寡人不佞不能事越以爲大夫憂拜命之辱與之一簞珠(簞小笥)使問趙孟(問遺也)曰句踐將生憂寡人寡人死之不得矣

皇武子爲鄭卿宋成公如楚還入於鄭(魯僖公二十四年)鄭伯將享之問禮於皇武子對曰宋先代之後也於周爲客天子有事膰焉(有事祭宗廟也膰祭肉尊之故賜以祭胙)有喪拜焉(宋弔周喪王特拜謝之)豐厚可也鄭伯從之享宋公有加禮也

子產爲鄭大夫鄭簡公卒(魯昭公十二年)將爲葬除(除葬道)及游氏之廟(游氏子太叔族)將毀焉子太叔使其除徒執用以立而無庸毀(用毀廟具)曰子產過女而問何故不毀乃曰不忍廟也諾將毀矣(教毀廟者之辭)既如是子產乃使辟之司墓之室有當道者(簡公別營葬地不在鄭先公舊墓故道有臨時遷直也司墓之室鄭之掌公墓大夫徒屬之家)毀之則朝而塴(塴下棺)弗毀則日中而塴子太叔請毀之曰無若諸侯之賓何(不欲久留賓)子產曰諸侯之賓能來會吾喪豈憚日中無損於民而民不害何故不爲遂弗毀日中而葬君子謂子產於是乎知禮禮無毀人以自成也是歲晉侯享諸侯子產

相鄭伯辭於享請免喪而後聽命簡公未葬晉人許之禮也善晉不奪孝子之情

季孫宿爲魯大夫如晉魯昭公六年拜莒田也謝前年受牟夷邑不見討晉侯享之有加籩籩豆之數多于常禮武子退使行人告曰小國之事大國也苟免於討不敢求貺貺賜也得貺不過三獻當禮大夫三獻今豆有加下臣弗堪無乃戾也懼以不堪爲罪宣子曰寡君以爲驩也以加禮致驩對曰寡君猶未敢未敢當此加也況下臣君之隸也敢聞加貺固請徹加而後卒事晉人以爲知禮重其好貨宴好之貨

叔孫武叔爲魯大夫從哀公會吳子代齊魯哀公十一年將

戰吳子呼叔孫叔孫武叔州仇也曰而事何也問其何職對曰從司馬從吳司馬所命王賜之甲劍鈹曰奉爾君事敬無廢命叔孫未能對衛賜進賜子貢孔子弟子也曰州仇奉甲從君而拜拜受之

縣子爲魯大夫陳莊子死赴於魯魯人欲勿哭君無哭鄰國大夫之禮陳莊子齊大夫陳嘗之孫名伯繆公召縣子而問焉縣子曰古之大夫束脩之問不出竟欲哭之安得而哭之以其不外交今之大夫交政于中國雖欲弗哭焉得而勿哭言時君弱臣強政在大夫專盟會以交接且臣聞之哭有二道有愛而哭之有畏而哭之以權激勸之公曰然然則如之何而可縣子曰請哭諸異姓之廟明不當哭於是與哭諸縣氏

甯武子爲衛大夫聘於魯魯文公四年公與之宴爲賦湛露及彤弓非禮之常公特命樂人以示意故言爲賦湛露彤弓詩小雅不辭又不荅賦使行人私焉私問之對曰臣以爲肄業及之也肄習也魯人失所賦甯武子佯不知此其愚不可及昔諸侯朝正於王朝而受政教也王宴樂之於是乎賦湛露則天子當陽諸侯用命也湛露曰湛湛露斯匪陽不晞晞乾也言露見日而乾猶諸侯禀命天子而行諸侯敵王所愾而獻其功敵猶當也愾恨怒也王於是乎賜之彤弓一彤矢百玈弓矢千以覺報宴覺明也謂諸侯有四夷之功王賜之弓矢又爲歌彤弓以明報功宴樂今陪臣來繼舊好方論天子之樂故自稱陪臣君辱貺之其

敢干大禮以自取戾戾罪也

合左師爲宋大夫楚子合諸侯于申魯昭公四年使問禮於左師與鄭子產左師曰小國習之大國用之敢不薦聞言所聞謙言所未行獻公合諸侯之禮六其禮六儀也宋爵公故獻公禮子產曰小國共職敢不薦守獻伯子男會公之禮六鄭伯爵故獻伯子男會公之禮其禮同所從言之異君子謂合左師善守先代子產善相小國

管仲爲齊大夫齊侯使管仲平戎於王魯僖公十二年平和也王以上卿之禮享管仲管仲辭曰臣賤有司也有天子之二守國高在國子高子天子所命爲齊守臣皆上卿也莊公二十二年高傒始見

經僖公二十八年國歸父乃見傳歸父之父曰懿仲高傒之子曰莊子不知當今誰世若節春秋來承王命何以禮焉節時也陪臣敢辭諸侯之臣曰陪臣王曰舅氏伯舅之使故曰舅氏余嘉乃勳應乃懿德謂督不忘往踐乃職無逆朕命功勳美德可謂士而不可忘者不言位而言職者管仲位卑而執齊政故欲以職尊之管仲受下卿之禮而還管仲不敢以職自高卒受本位之禮君子曰管仲之世祀也宜哉讓不忘其上詩曰愷悌君子神所勞矣

國莊子爲齊大夫聘于魯魯莊公三十三年自郊勞至於贈賄禮成而加之以敏迎來曰郊勞送去曰贈賄敏審當于事也

穆叔爲魯大夫齊人城郟穆叔如周魯襄公二十四年聘且

賀城王嘉其有禮也賜之大路大路天子所乘車之總名

商陽爲楚工尹與陳棄疾追吳師及之工尹楚官名棄疾楚公子棄疾也陳棄疾謂工尹商陽曰王事也子手弓而可手弓子射諸商陽仁不忍傷人以王事勸之射之斃死韔弓不忍復射斃死人死也韔韜也又及謂之又斃二人每斃一人掩其目掩其目不忍視之止其御曰朝不坐燕不與殺三人亦足以反命矣朝燕於寢大夫坐于上士立于下然則商陽與御者皆士也兵車參乘射者在左戈盾在右御在中央孔子曰殺人之中又有禮焉善之

冊府元龜

巡按福建監察御史臣李嗣京　訂正

知甌寧縣事臣孫以敬參閱

知建陽縣事臣黃國琦較釋

陪臣部　七百三十九

忠義

夫琭璋之德投烈火而辨松柏之姿涉歲寒而顯忠臣之志因危難而覩義士之操遇顛沛而彰當夫周道衰微諸侯立政既有內患且多外虞苟或失人何以爲國乃有參家陪之列當囏阸之會秉大節仗明

誠不以利回不以威奪臨鈇鉞而靡懼瘝肝膽而無悔或身徇於社稷或功濟於邦家雖成敗有殊而蹈死無異故可書之竹帛貴其封樹聳觀於千載伸勸於多士焉

徒人費齊人也齊襄公以魯桓十八年殺公子彭生魯莊公八年齊連稱管至父謀作亂冬齊侯游于姑棼遂田于貝丘（姑棼貝丘皆齊地田獵也樂安博昌縣南有地名貝丘）見大豕從者曰公子彭生也（公見大豕從者見是彭生皆妖鬼）公怒曰彭生敢見射之豕人立而啼公懼隊于車傷足喪屨反誅屨于徒人費（誅責也）弗得鞭之見血走出遇賊于門劫而束之費曰我奚禦哉袒而示之背信之費請先入（詐欲助賊）伏公而出鬬死於門中石之紛如死於階下（石之紛如齊小臣亦鬬死）賊入殺孟陽於牀（孟陽亦小臣代公居牀）

仇牧宋大夫也魯莊公十二年宋長萬搏閔公絕其脰牧聞難而至遇萬於門手劍而叱之萬臂擬仇牧而殺之齒著乎門闔

鬻拳楚大閽也魯莊公十九年春巴人伐楚楚子禦之大敗于津（禦巴人爲巴人所敗津楚地或曰江陵縣有津鄉）還鬻拳弗納遂伐黃（黃嬴姓國今代陽縣）敗黃師于踖陵（踖陵黃地）還及湫有疾（南郡鄀縣東南有湫城）夏六月卒鬻拳葬諸夕室（夕室地名）亦自殺

也而葬于絰皇（絰皇冢前闕生守門故死不失職）初鬻拳彊諫楚子楚子不從臨之以兵懼而從之鬻拳曰吾懼君以兵罪莫大焉遂自刖也楚人以爲大閽謂之大伯（若今城門校尉官）使其後掌之（使其子孫掌主此官）君子曰鬻拳可謂愛君矣諫以自納于刑刑猶不忘納君于善（言愛君明非法也楚文王能盡其忠愛所以興也）

季友魯公子也魯莊公三十二年公疾問後於叔牙對曰慶父材（蓋欲造其同母兄）問於季友對曰臣以死奉般（季友莊公母弟故欲立般）公曰鄉者牙曰慶父材成季使以君命命僖叔待于鍼巫氏（成季季友也鍼巫氏魯大夫）使鍼季酖之（酖鳥

名其羽有毒以畫酒飲之則死曰飲此則有後於魯國不然死且無後飲之歸及逵泉而卒立叔孫氏逵泉魯地不以罪誅故得立後世其祿八月癸亥公薨于路寢子般即位

鬭穀於菟爲令尹申公鬭般殺子元申楚縣也令尹自毀其家以紓楚國之難

弘演一作寅衛懿公之臣也受命而使未及反魯閔公二年翟人攻衛於是懿公欲與師迎之其民皆曰君之所與祿位者鶴也所富者宮人也不若亦使鶴與宮人戰余安能戰左傳曰狄伐衛懿公好鶴鶴有乘軒者將戰國人受甲者皆曰使鶴鶴實有祿位余焉能戰遂潰而皆去翟人至追及懿公于滎澤

殺之盡食其肉獨舍其肝弘演至報使於肝辭畢呼天而號盡哀而止曰若臣者獨死可耳於是遂自刳出腹實納懿公之肝乃死齊桓公聞之曰衛之亡也以無道也今有臣若此不可不存於是復立衛于楚丘如弘演可謂忠士矣殺身以徇其君非徒徇其君又令衛之宗廟復立祭祀不絕可謂有大功者矣

荀息晉大夫也魯僖公九年九月晉獻公卒里克丕鄭欲納文公故以三公子之徒作亂丕鄭晉大夫三公子申生重耳夷吾初獻公使荀息傅奚齊公疾召之曰以是藐諸孤言其幼賤與諸子縣藐辱在大夫其若之何欲屈辱荀息使保護之荀息稽首而對曰臣竭其股肱之力加之以忠貞其濟君之里也不濟則以死繼之公曰何謂忠貞對曰公家之利知無不爲忠也送往事居偶俱無猜貞也往死者居生者偶兩也送死事生兩無猜疑所謂正也及里克將殺奚齊先告荀息曰三怨將作三公子之徒秦晉輔之子將何如荀息曰將死之里克曰無益也荀叔曰吾與先君言矣不可以貳能欲復言而愛身乎荀叔荀息也復言言可復也雖無益也將焉辟之且人之欲善誰不如我我欲無貳而能謂人已乎言不能止里克使勿忠于申生等冬十月里克殺奚齊于次次喪寢荀息將死之人曰不如立卓子而輔之荀息立公子卓以葬十一月里克殺公子卓于朝荀息死之君

子曰詩所謂白圭之玷尚可磨也斯言之玷不可爲也荀息有焉

叔詹鄭大夫也晉公子重耳過曹曹共公不禮焉聞其駢脅欲觀其狀止其舍諜其將浴設微薄而觀之未候微蔽薄迫也公子過鄭鄭文公亦不禮焉叔詹諫弗聽請殺之弗聽公子反國是爲文公文公誅觀狀以伐鄭鄭人以名實行成公不許曰與我詹而師還詹叔詹伯也詹請往鄭伯不許詹固請曰一臣可以救百姓而定社稷君何愛于臣也鄭人以詹與晉人晉人將烹之詹曰臣欲盡辭而死公聽其辭詹曰天降鄭禍使

淫觀狀棄禮違命 淫放也放國不禮於君 曹臣曰不可夫晉公子
賢明若使復國而得志於諸侯禍不赦矣今禍及矣
尊明勝忠智也 明謂公子勝猶過也 殺身贖國忠也乃就烹據
鼎耳而疾號曰自今以往知忠以事君者與詹同命
乃不殺厚爲之禮而歸之鄭人以詹伯爲將軍

侯孺曹伯之豎 豎掌通內外者 魯僖公二十八年晉執曹伯
晉侯有疾 晉侯文公也 侯孺貨筮史 史晉史 使曰以曹爲解
以滅曹爲解故 齊桓公爲會而封異姓 封邢衛 今君爲會而滅
同姓曹叔振鐸文之昭也 叔振鐸曹始封之君文王之子 先君唐叔
武之穆也且合諸侯而滅兄弟非禮也與衛偕命 私許

復曹衛 而不與偕復非信也同罪異罰非刑也 衛已復故 禮
以行義信以守禮刑以正邪舍此三者君將若之何
公說復曹伯

甯俞衛大夫也初衛侯與元咺訟甯武子爲輔鍼莊
子爲坐士榮爲大士 大士治獄官也周禮命夫命婦不躬坐獄訟元咺又不宜與其
君對坐故使鍼莊子爲主又使衛之忠臣及其獄官質正元咺傳曰王叔之宰與伯輿之大夫坐獄于王
庭各不身親蓋令長吏有罪先驗吏卒之義 衛侯不勝 三子辭屈 殺士榮刖鍼
莊子謂甯俞忠而免之執衛侯歸之於京師寘諸深
室 深室別爲囚室 甯子職納橐饘焉 甯俞以君在幽隘故親以衣食爲已任橐衣之
橐饘糜也言其忠志所慮者深也 魯僖公三十年晉侯使醫衍酖衛
侯 衍醫名晉侯實怨衛侯欲殺而罪不及死故使醫因治疾而加酖毒 甯俞貨醫使薄其
酖衛侯不死 甯俞視衛侯衣食故得知之

弦高鄭商人也魯僖公三十三年春秦使孟明西乞
白乙侵鄭及滑弦高將市於周遇之以乘韋先牛十
二犒師 商行賈也乘四韋先韋乃入牛古者將獻遺于人必有以先之 曰寡君聞吾
子將步師出于敝邑敢犒從者不腆敝邑爲從者之
淹居則具一日之積 腆厚也淹久也積芻米菜薪 行則備一夕之
衛且使遽告于鄭

若敖克黃 令尹子文之孫 爲楚箴尹魯宣公四年楚子文卒
子越將攻王戰于臯滸遂滅若敖氏克黃使於齊還

及宋聞亂其人曰不可以入矣箴尹曰棄君之命獨
誰受之君天也天可逃乎遂歸復命而自拘于司敗
王思子文之治楚國也曰子文無後何以勸善使復
其所改命曰生 易其名也

解揚晉大夫魯宣公十五年楚圍宋宋人告急于晉
晉使解揚如宋使無降曰晉師悉起將至矣鄭人囚
而獻諸楚楚子厚賂之使反其言 反言晉不救 不許三而
許之登諸樓車使呼宋人而告之遂致其君命楚子
將殺之使與之言曰爾既許不穀而反之何故非我
無信女則棄之速即爾刑對曰臣聞之君能制命爲

義臣能成命爲信信載義而行之爲利謀不失利以衛社稷民之主也義無二信（欲爲義者不行兩言）信無二命（欲行信者不受二命）君之賂臣不知命也受命以出有死無隕（隕廢隊也）又可賂乎臣之許君以成命也死而成命臣之福也寡君有信臣下臣獲考（考成也）死又何求楚子舍之以歸

逄丑父爲齊頃公車右魯成公二年六月齊侯與晉師戰于鞌齊師敗績逄丑父與公易位（居公位）將及華泉驂絓於木而止（驂馬絓也）韓厥執縶馬前（韓厥晉中軍司馬縶馬絆也執之示修臣僕之禮）再拜稽首奉觴加璧以進曰寡君使群

臣爲魯衛請曰無令輿師陷入君地下臣不幸屬當戎行無所逃隱且懼奔辟而忝兩君臣辱戎士敢告不敏攝官承乏丑父使公下如華泉取飲鄭周父御佐車宛茷爲右載齊侯以免（佐車副車）韓厥獻丑父郤獻子將戮之呼曰自今無有代其君任患者有一於此將爲戮乎郤子曰人不難以死免其君我戮之不祥赦之以勸事君者乃免之齊侯免求丑父三入三出（重其代已故三入晉軍求之）

子叔聲伯魯大夫也成公十六年秋公會諸侯於沙隨初宣伯（叔孫僑如）通於穆姜（穆姜成公之母）欲去季孟而取其室（季文子孟獻子）將行穆姜送公而使逐二子公以晉難告（會晉伐鄭）曰請反而聽命姜怒公子偃公孫鉏趨過（二公子公庶弟）指之曰女不可是皆君也（言欲廢公更立君）公待於壞隤申宮儆備（申勑宮備）設守而後行七月公會尹武公及諸侯伐鄭將行姜又命公如初（復欲使公逐季孟）公又申守而行諸侯之師次于鄭西我師次于督揚（督揚鄭東地）不敢過鄭子叔聲伯使叔孫豹請逆於晉師（豹叔孫僑如弟也僑如於是遂作亂豹因奔齊）爲食於鄭郊師逆以至（声伯戒叔孫以必須以逆晉師至乃食）聲伯四日不食以待之食使者（使者豹之介）而後食（言其忠也）宣伯使告郤犨曰魯之有季孟猶晉之有欒范也

政令於是乎成今其謀曰晉政多門不可從也（政不由君）寧事齊楚有亡而已蔑從晉矣（蔑無也）若欲得志於魯請止行父而殺之（行父季文子也）我斃蔑也（蔑孟夫子也時留守公官）而事晉蔑有二矣魯不二小國必睦不然歸必叛矣九月晉侯執季文子於苕丘公還待於鄆（鄆魯西邑東郡廩丘縣東有鄆城）使子叔聲伯請季孫於晉郤犨曰苟去仲孫蔑而止季孫行父吾與子國親於公室（親魯甚于晉公室）對曰僑如之情子必聞之矣（聞其淫慝之情）若去蔑與行父是大棄魯國而罪寡君也若猶不棄而惠徼周公之福使寡君得事晉君則夫二人者魯國社稷之臣也若朝

卞之會必夕亡以魯之密邇仇讎仇讎謂齊楚也亡而爲讎治之何及言魯屬齊楚則還爲晉讎郤犫曰吾爲子請邑對曰嬰齊魯之常隸也隸賤官敢介大國以求厚焉介由也承寡君之命以請承奉也若得所請吾子之賜多矣又何求范文子謂欒武子曰季孫於魯相二君矣二君宣成妾不衣帛馬不食粟可不謂忠乎信讒慝而棄忠良若諸侯何子叔嬰齊奉君命無私不受郤犫請邑謀國家不二謂四日不食以堅事晉圖其身不忘其君辭邑不食皆先君而後身若虛其請是棄善人也子其圖之乃許魯平赦季孫

韓厥晉大夫韓獻子也魯成公十七年晉厲公既殺

三郤欒武子中行獻子圍公於匠麗氏乃召獻子獻子辭曰殺君以求威非吾所能爲也威行爲不仁事廢爲不智享一利亦得一惡非所務也昔者吾畜於趙氏孟姬之讒吾能違兵古人有言曰殺老牛莫之敢尸而況君乎二三子不能事君安用厥也中行偃欲伐之欒書曰不可其身果而辭順順無不行果無不徹犯順不祥伐果不克乃止

子駟鄭大夫也魯襄公二年鄭成公疾子駟請息肩於晉欲避楚役以負擔喻公曰楚君以鄭故親集矢於目謂鄢陵之戰晉人射楚王中目非異人任寡人也言楚子任此患不爲他人蓋在己若背之是棄力與言其誰暱我言盟誓之言也免寡人惟二三子秋七月庚辰鄭伯睔卒於是子罕當國攝國事子駟爲政爲政卿子國爲司馬晉師侵鄭晉伐喪非禮也諸大夫欲從晉子駟曰官命未改成公未葬嗣君未免喪故未人言未改不欲違先君意

公子貞字子囊楚令尹也魯襄公十四年子囊還自伐吳卒將死遺言謂子庚必城郢楚都郢未有城郭公子燮公子儀因築城爲亂事未得訖子囊欲訖而未服故遺言見意君子謂子囊忠君薨不忘增其名謂謚君爲共將死不忘衛社稷可不謂忠乎一云荊人與吳人將戰荊師寡吳師衆荊將軍子囊曰我與吳人戰必敗若敗王師辱王名虧壤土忠臣不忍爲也不復于王而遁至于郊使人復於王曰臣請死王曰將軍之遁也以其爲利今誠利將軍何死子囊曰遁

者無罪則後世之爲主將者皆依不利之名而赦臣遁若是與荊國終爲天下笑遂伏劍而死王曰請成將軍義乃爲之桐棺三寸加斧鑕其上可

獲陳大夫魯襄公二十五年鄭伐陳陳侯扶其大子偃師奔墓遇賈獲載其母妻下之而授公車公曰舍而母辭曰不祥雖急猶不欲男女無別與其妻扶其母以奔墓亦免

祝佗父齊大夫魯襄公二十五年五月崔杼弑莊公佗父祭於高唐高堂有別別廟至復命不脫弁而死於崔氏爵弁祭服

申蒯齊侍漁者侍漁監取魚之官崔杼之亂蒯退謂其宰曰

爾以孥免帑孥妻子之我將死其宰曰免是反子之義也反死君之義與之偕死一日申蒯漁於海將入死之其御止之曰君無道聞於天下不可死也申蒯曰安得食亂君之祿而死治君之事乎及門門者止之申蒯曰汝疑我乎吾與汝臂乃斷左臂以與門者以示崔杼崔杼陳入列令其入申蒯拔劍呼天鬬殺七列未及崔子二列而死之

陳不占齊人也崔氏之亂不占聞君之難將赴之比去飧則失匕上車失式御者曰怯如是去之益乎不占曰死君之義公也無勇私也不以私害公遂往聞戰鬬之聲恐駭而死人曰不占可謂仁者之勇矣

申鮮虞齊莊公近臣也崔氏之亂鮮虞奔魯僕賃于野以喪莊公

袁克陳侯嬖人之貴者魯昭公八年四月陳侯溺卒九月楚公子棄疾帥師奉孫吳圍陳孫吳悼太子偃師之子惠公也十一月壬午滅陳壬午十月十八日言十一月誤也克殺馬毀玉以葬欲以非禮厚葬哀公楚人將殺之請寘之寘馬玉既又請私私盡君臣恩私於幄加絰於顙而逃幄帳也逃不欲爲楚臣也

夙沙釐鼓子之臣也魯昭公十五年晉中行伯既克鼓以鼓子宛支來令鼓人各復其所非寮勿從夙沙釐以其孥行軍吏執之辭曰我君是事非事土也名曰君臣豈曰土臣今君實遷臣何賴於鼓穆子召之曰鼓有君矣爾心正事君吾定而爵祿對曰臣委質于翟之鼓未委質于晉之鼓也臣聞之委質爲臣無有貳心委質而策死古之法也君有烈名臣無畔質敢卽私利以煩司寇而亂舊法其若不虞何穆子歎而謂其左右曰吾何德之務而有是臣也乃使行既獻言於頃公與鼓子田于河陰使夙沙釐相之

申亥楚芊尹無宇之子也魯昭公十三年楚靈王聞群公子之死也沿夏將欲入鄢夏漢別名順流爲沿順漢水南至鄢申亥曰吾父再奸王命謂斷王旌執人于章華宮王弗誅惠孰大焉君不可忍惠不可棄吾其從王乃求王遇諸棘闈以歸棘里名闈門也

厨人僕宋人也魯昭公二十一年宋華氏之亂華登以吳師救華氏齊烏枝鳴戍宋華登敗宋師宋公欲出出奔厨人僕曰吾小人可籍死可借使死難而不能送亡君請待之謂君待復戰決勝負乃徇曰楊徽者公徒也徽識小衆從之公自揚門見之見國人皆揚徽惟陽正東門名揚門下而巡之曰國亡君死二三子之恥也豈孤之罪也厨人僕以裳裹首而荷以走曰得華登矣遂敗華氏於新里新里華氏所取邑

諸梁楚葉公也楚令尹子西將召白公葉公止之不從及白公之亂子西子期死葉公聞之曰吾怨其棄

吾言而德其沿楚國之能平均以復先王之業者夫子也以小怨棄大德吾不義也將入殺之帥方城之外以入殺白公而定王室葬二子之族

王孫繇于楚大夫魯定公四年吳伐楚入郢楚昭王濟江入于夢中（入于雲夢澤中所謂江南之夢）王寢盜攻之以戈擊王王由于以背受之中肩王奔鄖由于徐蘇而從（以背受戈故當府閼絶）

子西楚令尹也吳伐楚楚昭王奔隨王之在隨也子西爲王車服以保路國于脾洩（脾洩楚邑也失王則恐國人潰散故爲王車服立國脾洩以保安道路之人）問王所在而後從王王使繇于城

麇（於麇築城）復命子西問高厚焉弗知子西曰不能如辭（言自知不能當辭勿行）城不知高厚小大何知對曰固辭不能子使余也人各有能有不能王遇盜于雲中余受其戈其所猶在袒而示之背曰此余所能也脾洩之事余亦弗能也

鄖公辛楚鬭辛也吳伐楚楚敗鄖公辛之弟懷將弑昭王曰平王殺吾父吾殺其子不亦可乎（辛蔓成然之子也昭公十四年楚平王殺成然）辛曰君討臣誰敢讎之君命天也若死天命將誰讎詩曰柔亦不茹剛亦不吐不侮矜寡不畏彊禦惟仁者能之（言不辟強陵弱）違強陵弱非勇也乘人之約非仁也滅宗廢祀非孝也（弑君罪應滅宗）動無令名非知也必犯是余將殺女鬭辛與其弟巢以王奔隨

子期楚昭王兄公子結也昭王奔隨吳人從之謂隨人曰周之子孫在漢川者楚實盡之天誘其衷致罰於楚而君又竄之（竄匿也）周室何罪君若顧報周室施及寡人以獎天衷（獎成也）君之惠也漢陽之田君實有之楚子在公宮之北（隨公宮也）吳人在其南子期似王逃王而已爲王曰以我與之王必免隨人卜與之不吉乃辭吳曰以隨之僻小而密邇於楚楚實存之世有盟誓至於今未改若難而棄之何以事君執事之患

不惟一人（一人楚王也）若鳩楚竟敢不聽命吳人乃退（鳩安集也）

申包胥楚人也吳敗楚兵于栢舉遂入郢昭王出亡在隨申包胥不受命而赴于秦乞師曰吳爲無道行封豕長蛇以蠶食天下從上國始於楚寡君失社稷越在草莽使下臣告急曰吳夷狄之求無饜滅楚則西與君接竟若鄰于君君疆埸之患也逮吳之未定君其圖之若得君之靈存撫楚國世以事君秦伯使辭焉曰寡人聞命矣子其就館將圖而告子對曰寡君越在草茅未獲所休下臣何敢即安依於庭牆立

哭日夜不絕聲水漿不入口七日七夜秦哀公爲賦無衣之詩兵出包胥九頓首而坐秦哀公曰楚有臣若此而亡吾無臣若此吾亡無日矣於是乃出師救楚申包胥以秦師至楚秦大夫子蒲子虎率車五百乘子蒲曰吾未知吳道使楚人先與吳人戰而會之大敗吳師吳師既退昭王復國而賞始於包胥包胥曰輔君安國非爲身也救急除害非爲名也功成而受賞是賣勇也君既定矣又何求焉遂逃賞終身不見

棼冒勃蘇楚人也吳入郢棼冒勃蘇羸糧潛行十日

而薄秦朝鶴立不轉晝吟宵泣七日不得告水漿不入於口秦王聞而走之冠劍不相及左奉其首右濡其口於是秦救楚退吳師復楚

茅夷鴻邾大夫也季康子伐邾以邾子益來獻於亳社邾茅夷鴻以束帛乘韋自請救於吳（無君命故言自也）曰魯弱晉而遠吳馮恃其衆（馮依也）而背君之盟辟君之執事（辟陋也）以陵我小國邾非敢自愛也懼君威之不立小國之憂也若夏盟於鄫衍（鄫衍即鄫也）秋而背之成求而不違（言魯成其所求無違逆也）四方諸侯其何以事君且魯賦八百乘君之貳也（貳敵也魯以八百乘之賦貢于吳言其國大也）邾賦六百乘君之私也（爲私屬）以私奉貳惟君圖之吳子從之（明年吳伐魯）

子閭楚公子也魯哀公六年七月楚子在城父將救陳卜戰不吉卜退不吉王曰然則死也再敗楚師不如死（前以敗于柏舉今若退還亦是敗）棄盟逃讎亦不如死死一也其死讎乎命公子申爲王不可則命公子結亦不可則命公子啓（申子西結子期啓子閭皆昭王之兄）五辭而後許將戰王有疾庚寅昭王攻大冥卒於城父（大冥陳地吳師所在）子閭退曰君王舍其子而讓群臣敢忘君乎從君之命順也（從命許立）立君之子亦順也二順不可失也與子西子期

謀潛師閉塗逆越女之子章立之而後還（潛師密發也閉塗不通外使也越女昭王妾章惠王也）

公山不狃魯人奔吳魯哀公八年吳爲邾故將伐魯問於叔孫輒（問可伐否輒亦故魯人）叔孫輒對曰魯有名而無情（有大國之名無情實）伐之必得志焉退而告公山不狃公山不狃曰非禮也君子違不適讎國（違奔亡也）未臣而有伐之奔命焉死之可也（未臣所適之國若有伐本國者則可還奔命死其難）所託也則隱（會所因託則爲之隱惡）且夫人之行也不以所惡廢鄉（不以其私怨惡廢棄其鄉黨之好）今子以小惡而欲覆宗國不亦難乎（輒公族故謂之宗國）若使子率子必辭王將使我子張病之

子張郭也王問於子洩(子洩不狃)對曰魯雖無與立(緩時苛無能自立)必有與斃(恐則人人知懼告將同死戰)諸侯將救之未可以得志焉晉與齊楚輔之是四讎也(與魯而四)夫魯齊晉之脣脣亡齒寒君所知也不救何為三月吳伐我子洩率故道險從武城(故繇險道從使魯成備)

孔子魯人也哀公十四年齊陳成子弑簡公孔子沐浴而朝告於哀公曰陳恒弑其君請討之(將告君故先齊齊必沐浴)公曰告夫三子(謂三卿)孔子曰以吾從大夫之後不敢不告也君曰告夫三子者(我禮當告君不當告三子君使我往故復往告)之三子告不可孔子曰以吾從大夫之後不敢不告

也(孔子由君命之三子告不可故復以此辭語之而止)

仲由字子路卞人也哀公十五年齊陳瓘如楚(瓘陳恒之兄子玉也)過衛仲由見之曰天或者以陳氏為斧斤既斲喪公室而他人有之不可知也其使終饗之亦不可知也(饗受也)若善魯以待時不亦可乎何必惡焉(仲由事孔子故為魯言)子玉曰然吾受命矣子使告吾弟(弟成子也)冬及齊平子服景伯如齊子贛為介見公孫成(公孫成成宰公孫宿也)曰人皆臣人而有背人之心況齊人雖為子役其有不貳乎(言子叛魯齊人亦將叛子也)子周公之孫也多饗大利猶思不義利不可得而喪宗國將焉用之(喪宗國謂以邑入齊)使魯有危亡之禍也成子曰善哉吾不蚤聞命(傳言仲尼之徒皆忠于魯國)

慶忌吳公子也魯哀公二十年慶忌驟諫吳子曰不改必亡弗聽(吳子弗聽)出居于艾(艾吳邑豫章有艾縣)遂適楚聞越將伐吳冬請歸平越遂歸欲除不忠者以說于越吳人殺之

城北餘子蘇基者魯人也佛肸以中牟縣叛設祿邑炊鼎曰與我者受邑不與我者烹中牟之士皆與之蘇基獨後至祛衣將入鼎曰蘇基之義軒冕在前非義不乘斧鉞於後義死不避遂祛衣將入鼎佛肸止之趙簡子屠中牟得而取之論有功者用蘇基為始

基曰吾聞廉士不恥人如此受中牟之功則中牟之士終身慙矣遂襁負其母南徙於楚楚王高其義待以司馬

申鳴者楚士也治園以養其母孝聞於楚國王欲授之相申鳴辭不受其父曰王欲相汝汝何不受乎申鳴對曰捨父之孝子而為王之忠臣何也其父曰使其祿於國立義於庭汝樂吾無憂矣吾欲汝之相也申鳴曰諾遂入朝楚王因授之相居三年白公為亂殺司馬子期申鳴將往死之父止之曰棄父而死其可乎申鳴曰聞夫士者身歸於君而祿歸於親今去

父事君得無死於難乎遂辭而往因以兵圍之白公謂石乞曰申鳴者天下之孝子者也子往劫其父以兵申鳴聞之必來與之語白公曰善則往取其父持之以兵告申鳴曰子與吾吾與子分楚國子不與吾子父則死矣申鳴流涕而應之曰始吾父之孝子也今吾君之忠臣也吾聞之也食其食者死其事受其祿者畢其能今吾已不得爲孝子矣乃君之忠臣也吾何得以全身援桴皷之遂殺白公其父亦死王賞之百斤金申鳴曰食君之食避君之難非忠臣也定君之國殺臣之父非孝也名不可兩立行不可兩全

也如是而生何面目立於天下遂自殺

莊善楚人也惠王有白公之難莊善辭其母將往死之其母曰棄其親而死其君可謂義乎莊善曰吾聞事君者內其祿而外其身今所謂養母者君之祿也身安得無死乎遂辭而行比至公門三癈車中其僕曰子懼矣曰懼曰既懼何不返莊善曰懼者吾私也死義吾公也吾聞君子不以私害公及公門刎頸而死君子曰好義乎哉

屈盧楚人也楚白公勝將殺惠王王出亡令尹司馬皆死復拔劍而屬之于屈盧曰子與我將舍子不與我將殺子屈盧曰詩有之曰莫莫葛藟延於條枚愷悌君子求福不回今子殺子叔父而求福於盧也可乎且吾聞之知命之士見利不動臨難則死是謂人臣之禮故上知天命下知臣道其有可劫乎子胡不推之白公勝乃入其劍焉

石他人齊人也陳恒弑簡公而盟者皆完其家不盟即殺之石他人曰昔之事其君者皆得其君而事之今謂他人曰舍而君而事我他人不能雖然不盟則殺父母也從而盟是無君臣之禮也生於亂世不得正行劫於暴上不得道義故雖盟必以父母之死不

如退而自殺以禮其君乃自殺

子淵捷齊人也陳恒弑君使勇士六人劫之子淵捷曰子之欲與我以我爲知乎臣弑君非知也以我爲仁乎見利而倍君非仁乎以我爲勇乎劫我以兵懼而與子非勇也使吾無此三者與何補於子若有此三者終不從子矣乃舍之

孔伋字子思孔子孫也居於衛衛有齊寇或曰寇至盍去諸子思曰如伋去君誰與守

王孫賈年十五事齊閔王王出走失王之處王孫賈乃入市中曰淖齒亂齊國殺閔王欲與我誅者袒右

市人從者四百人與之誅淖齒刺而殺之
王蠋齊畫邑人(齊西南近邑畫音獲)燕之初入齊聞蠋賢令軍中曰環畫邑三十里無入以王蠋之故已而使人謂蠋曰齊人多高子之義吾以子爲將封子萬家蠋固謝燕人曰子不聽吾引三軍而屠畫邑王蠋曰忠臣不事二君烈女不更二夫齊王不聽吾諫故退而耕於野國既破亡吾不能存今又劫之以兵爲君將是助桀爲暴也與其生而無義固不如烹遂經其頸于樹枝自奮絕脰而死齊亡大夫聞之曰王蠋布衣義不北面於燕況在位之食祿者乎乃相聚如莒求諸

子立爲哀王
縮高秦安陵人其子爲管守魏攻管不下信陵君使人謂安陵君曰其遣縮高吾將仕之以五大夫使爲持節尉安陵君曰安陵小國也不能必使其民使者自往請使使道使者至謂縮高曰將使高爲將縮高曰君之幸高也將使高攻管也夫以父攻子宗人大笑也見臣而下是倍主也父教子倍亦非君之所喜也敢再拜辭使者以報信陵君信陵君大怒遣大使之安陵曰安陵之地亦猶魏也今吾攻管而不下則秦兵及我社稷必危矣願君之生束縮高而致之若君弗致也無忌將發十萬之師以造安陵之城安陵君曰吾先君成侯受詔襄王以守此地手受太府之憲憲之上篇曰子殺父臣弑君有恒不赦國雖大赦降城亡子不得與焉縮高辭大位以全父子之義而君曰必生致之是使我負襄王詔而廢太府之憲也雖死終不敢行縮高聞之曰信陵君爲人悍而自用此辭反必爲國禍吾已全已之爲人臣之義矣豈可使吾君有魏患也乃之使者之舍刎頸而死信陵君聞縮高死素服辟舍使使者謝安陵君曰無忌小人也困於思慮失言於君敢再拜釋罪

樂毅爲燕將去燕之趙趙王欲圖燕毅泣曰臣事昭王猶事大王若獲罪在於他國終身不敢謀趙之徒隸況燕昭王後嗣乎
李同趙邯鄲傳舍吏子也秦圍邯鄲急且降平原君甚患之同說平原君曰君不憂趙亡耶平原君曰趙亡則勝爲虜何爲不憂乎同曰邯鄲之民炊骨易子而食可謂急矣而君之後宮以百數婢妾被綺縠餘梁肉而民褐衣不完糟糠不厭民困兵盡或剡木爲矛矢而君器物鐘磬自若使秦破趙君安得有此使趙得全君何患無有今君誠能令夫人以下編於士

卒之間分功而作家之所有盡散以饗士方其危苦之時易德耳於是平原君遂從之得敢死士三千人李同遂與三千人赴秦軍秦軍爲之郤三十里亦會楚魏救至秦兵遂罷邯鄲復存李同戰死封其父爲李侯

申公子培荆大夫也荆莊哀王獵於雲夢荆莊哀王考烈王之子在春秋後雲夢楚澤也今在南郡華容縣射隨兕中之申公子培劫王而奪之隨兕惡獸也子培中邑宰也楚僭稱王邑宰稱公也殺隨兕者凶故劫奪王受殃也王日何其暴而不敬也命吏誅之下陵其上謂之暴誅之誅子培也左右大夫進諫日子培賢者也又爲王百倍之臣此

必有故願王察之也子培之賢百倍於人必有所爲也故願王察之不出三月子培疾而死爲代王殺隨兕故死也荆與晉師戰於兩棠大勝晉兩棠地名也荆克晉負故日大勝歸而賞有功者申公培之弟請賞於吏日人之有功也於軍旅臣之兄有功也於車下於王車下奪王隨兕所以代王死臣之兄是有功也王日何謂也對日臣之兄犯暴不敬之名觸死亡之罪於王之側其愚心將以忠於君王之身而持千歲之壽忠猶愛也持猶得也忠愛君王犯奪隨兕是代君受死亡之疾使君王得千歲之壽也臣之兄嘗讀古記日殺隨兕者不出三月古記古書也三月必死故日不出也是以臣之兄驚懼而爭之驚懼王壽之不長故與王爭隨兕而奪王也故伏其罪而死罪殃也王令人發平府而視之於古記果有乃厚賞之平府府名也賞之賞子培之地

黃歇楚人事頃襄王頃襄王使歇與太子完入質於秦秦留之數年楚頃襄王病太子不得歸而楚太子與秦相應侯善於是黃歇乃說應侯日相國誠善楚太子乎應侯日然歇日今楚王恐不起疾秦不如歸其太子太子得立其事秦必重而德相國無窮是親與國而得儲萬乘也若不歸則咸陽一布衣耳楚更立太子必不事秦夫失與國而絶萬乘之和非計也願相國熟慮之應侯以聞秦王日令楚太子之傅先

往問楚王之疾返而後圖之黃歇爲楚太子計日秦之留太子也欲以求利也今太子立未能有以利秦也歇憂之甚而陽文君子二人在中王若卒大命太子不在陽文君子必立爲後太子不得奉宗廟矣不如亡秦與使者俱出臣請止以死當之楚太子因變衣服爲楚使者御以出關而黃歇守舍嘗爲謝病度太子已遠秦不能追歇乃言秦昭王日楚太子已歸出遠矣歇當死願賜死昭王大怒欲聽其自殺也應侯日歇爲人臣出身以徇其主太子立必用歇故不如無罪而歸之以親楚秦因遣黃歇歸歇至楚三月

頃襄王卒太子完立是爲考烈王

冊府元龜

冊府元龜　卷之七百三十九　二十五

冊府元龜

巡按福建監察御史臣李嗣京　訂正
新建縣舉人臣戴國士參閱
知建陽縣事臣黄國琦較釋

陪臣部七百三十九

規諷

百王以下皆有父兄子弟以補察其政至於瞽史百工亦得獻規而納誨矧内參家陪之列居卿佐之任者乎春秋之世逮於戰國其間挺公正之操懷忠讜之節或引經據古援事取譬弼違箴闕以貢乎讜言拂心逆耳以救乎失德非惟官守言責之使然也至

或農夫漁者樂正膳宰亦能有犯無隱罄其誠心原乎進不圖寵動非徼福以愛君利國爲念雖蒙恥觸禍而靡憚自非蹇蹇匪躬之子坦坦履道之士亦惡能及是者哉故獻可替否所以濟其美改過從善所以成其德詩云彼已之子邦之司直蓋神明之介福焉

石碏爲衛大夫衛莊公夫人無子公子州吁嬖子之子也（嬖親幸也）有寵而好兵公弗禁莊姜惡之石碏諫曰臣聞愛子教之以義方弗納於邪驕奢淫佚所自邪也四者之來寵祿過也將立州吁乃定之矣若猶未也階之爲禍（將立爲太子則宜早定若不早定州吁必緣而爲禍）夫寵而不驕驕而能降降而不憾憾而能眕者鮮矣（如此言少也降其身則必憾憾則思亂不能自安自重）且夫賤妨貴少陵長遠間親新間舊小加大（小國而加兵于大國如息侯伐鄭之比）淫破義所謂六逆也君義臣行父慈子孝兄愛弟敬所謂六順也（臣行君之義）去順效逆所以速禍也君人者將禍是務去而速之無乃不可乎

臧僖伯魯大夫魯隱公將如棠觀魚者臧僖伯諫曰凡物不足以講大事（大事祀與戎也）其材不足以備器用則

君不舉焉（材謂皮革齒牙骨角毛羽也）君將納民於軌物者也故講事以度軌量謂之軌取材以章物采謂之物不軌不物謂之亂政亂政亟行所以敗也故春蒐夏苗秋獮冬狩（蒐索擇取不孕者苗爲苗除害也獮殺也以殺爲名順秋氣也狩圍守也冬物畢成獲則取之無所擇也）皆於農隙以講事也（各隨時事之間）三年而治兵入而振旅（雖四時講武猶復三年而大習出曰治兵始治其事入曰振旅治兵禮畢整衆而還振整也旅衆也）歸而飲至以數軍實（飲于廟以數車徒器械及所獲也）昭文章（車服旌旗）明貴賤辨等列順少長習威儀也鳥獸之肉不登于俎（俎祭宗廟之器）皮革齒牙骨角毛羽不登于器（謂以飾法度之器）則公不射古之制也若夫山林川澤之事器用

之資皂隸之事官司之守非君所及也士臣皂皂臣輿輿臣隸言取此雜猥之物以資器備是小臣有司之職非諸侯之所親也公曰吾將畧地焉孫辭以畧地畧總攝巡行之名傳曰東畧之不知西則否矣遂往陳魚而觀之陳設張也公大設捕魚之備而觀之僖伯稱疾不從

公子佗陳桓公弟五父也鄭伯請成于陳成尤平也陳侯不許五父諫曰親仁善鄰國之寶也君其許鄭陳侯曰宋衛實難畏難也鄭何能爲遂不許

臧哀伯魯大夫僖伯之子也魯桓公取郜大鼎於宋納于太廟宋華督弒殤公以郜大鼎賂魯也臧哀伯諫曰君人者將昭德塞違以臨照百官猶懼或失之故昭令德以示

子孫是以清廟茅屋以茅飾屋著儉也清廟肅然清淨之稱大路越席大路玉路祀天車也越席結草大羹不致大羹肉汁不致五味粢食不鑿黍稷曰粢不精鑿昭其儉也此四者皆示儉衮冕黻珽衮畫衣也冕冠也黻韋韠以蔽膝也珽玉笏也若今吏之持簿帶裳幅舄帶革帶也衣下曰裳幅若今行縢者舄複履衡紞紘綖衡維持冠者紞冠之垂者也紘纓從下而上者綖冠上覆昭其度也尊卑各有制度藻率鞞鞛藻率以韋爲之所以藉玉也玉五采公侯伯三采子男二采鞞佩刀削上飾鞛下飾鞶厲游纓鞶紳帶也一名大帶厲大帶之垂者游旌旗之游纓膺前如索帬者也昭其數也尊卑各有數火龍黼黻火畫火也龍畫龍也白與黑謂之黼若斧形黑與青謂之黻兩已相戾昭其文也以文章明貴賤五色比象昭其物也車服器械之有五色皆以比象天地四方以示器物不虛設錫鸞和鈴昭其聲也錫在馬額鸞在鑣和在衡鈴在旂動皆有鳴聲三辰旂旗昭其明也三辰日月星也畫于旂旗象天之明夫德儉而有度登降有數登降謂上下尊卑文物以紀之聲名以發之以臨照百官百官於是乎戒懼而不敢易紀律今滅德立違謂立華督違命之臣而置其賂器於太廟以明示百官百官象之其又何誅焉國家之敗繇官邪也官之失德寵賂章也郜鼎在廟章孰甚焉武王克商遷九鼎于雒邑九鼎殷所受夏九鼎也武王克商乃營雒邑而後去之又遷九鼎焉時但營雒邑未有都城至周公乃卒營雒邑謂之王城卽今河南城也故傳曰成王定鼎于郟鄏義士猶或非之蓋伯夷之屬而况將昭違亂之賂器於太廟其若之何公不聽周內史聞之曰臧孫達其有

後於魯乎君違不忘諫之以德

季梁隨賢臣也楚武王侵隨使薳章求成焉薳章楚大夫軍於瑕以待之瑕隨地隨人使少師董成少師隨大夫董正也鬬伯比言於楚子曰吾不得志于漢東也我則使然鬬伯比楚大夫令尹子文之父我張吾三軍而被吾甲兵以武臨之彼則懼而協以謀我故難間也漢東之國隨爲大隨張必棄小國張自侈大也小國離楚之利也少師侈請羸師以張之羸弱也熊率且比曰季梁在何益熊率且比楚大夫鬬伯比曰以爲後圖少師得其君言季梁之諫不過一見從隨侯卒當以少師爲計故云以爲後圖王毁軍而納少師從伯比之言少師歸請追

楚師隨侯將許之信楚弱也季梁止之曰天方授楚楚之羸其誘我也君何急焉臣聞小之能敵大也小道大淫所謂道忠於民而信於神也上思利民忠也祝史正辭信也正辭不虛稱君美今民餒而君逞欲逞快也祝史矯舉以祭臣不知其可也詐稱功德以欺鬼神公曰吾牲牷肥腯粢盛豐備何則不信牲牛羊豕牷純色完全也腯亦肥也黍稷曰粢在器曰盛對曰夫民神之主也言鬼神之情依民而行是以聖王先成民而後致力於神故奉牲以告曰博碩肥腯謂民力之普存也博廣也碩大也謂其畜之碩大蕃滋也謂其不疾瘯蠡也謂其備腯咸有也雖告神以博碩肥腯其實皆當兼此四謂謂民力適完則六畜

既大而滋也皮毛無疥癬兼備而無有所闕奉盛以告曰潔粢豐盛謂其三時不害而民和年豐也三時春夏秋奉酒醴以告曰嘉栗旨酒嘉善也栗謹敬也謂其上下皆有嘉德而無違心也所謂馨香無讒慝也馨香之遠聞故務其三時修其五教父義母慈兄友弟共子孝親其九族以致其禋祀禋潔敬也九族謂外祖父外祖母從母子及妻父妻母姑之子姊妹之子女子之子并己之同族皆外親有服而異族者於是乎民和而神降之福故動則有成今民各有心而鬼神乏主民饑餒也君雖獨豐其何福之有君姑修政而親兄弟之國庶免於難隨侯懼而修政楚不敢伐

曹劌為魯大夫魯莊公如齊觀社二十三年齊因祀社蒐軍實以示客公往觀之曹劌諫曰不可夫禮所以正民也是故先王制諸侯使五年四王壹相朝也王謂王事天子也五年之間四聘於王而一相朝終則講於會以正班爵之義終畢講習班次也謂朝畢則習禮於會以正爵位次序尊卑之義也夫齊棄太公之法而觀民於社太公齊始祖太公望君為是舉而往觀之舉舉動也非故業也業事何以訓民土發而社助時也土發春分周語曰土方脈發社者助時祈福為農始收擴而烝納要也擴拾也冬祭曰烝因祭祀以納五穀之要休農夫也月令孟冬祀于天宗大祀公社及門閭今齊社而往觀旅非先王之訓也旅衆天子祀上帝上帝天也諸侯會之受命焉助祭受君命諸侯祀先王先公先王謂若宋祖帝乙鄭祖厲王之屬先公先君卿大夫佐之受

事焉事職事也臣不聞諸侯之相會祀也祀又不法不法謂觀民君舉必書書而不法後嗣何觀不聽遂如齊一云莊公如齊觀社曹劌諫曰不可夫禮所以整民也故會以訓上下之則制財用之節朝以正班爵之義帥長幼之序征伐以討其不庭諸侯有王王有巡狩以大習之非是君不舉矣故君舉必書書而不法後嗣何觀

御孫慶為魯掌匠大夫魯莊公丹桓宮之楹而刻其桷桓宮桓公廟也楹柱也莊公娶于齊曰哀姜哀姜將至當見于廟故丹柱刻椽以誇之也匠師慶言於公曰臣聞聖王公之先封者謂若湯武周公太公遺後人之法令先君儉而君侈之先君桓公令德替矣替滅公曰吾屬欲美之屬適也適欲自美之非先君之意對曰無益於君而替前之令德臣故曰庶可以已乎已止公弗聽一云莊公丹桓宮之

楹又刻桓宮桷御孫諫曰臣聞之儉德之共也侈惡之大也先君有共德而君納諸大惡無乃不可乎

哀姜至公使宗婦覿用幣非禮也御孫曰男贄大者玉帛 公侯伯子男執玉諸侯世子附庸孤卿執帛 小者禽獸 卿執羔大夫執鴈士執雉 以章物也 章所執之物以別貴賤 女贄不過榛栗棗脩以告虔也 榛小栗也脩脯虔敬也皆取其名以示敬也 今男女同贄是無別也男女之別國之大節也而繇夫人亂之無乃不可乎

夏父展魯宗人也 宗人宗伯主男女贄幣之禮 哀姜至公使大夫宗婦覿用幣 宗婦同宗大夫之婦覿見也見夫人也用幣與大夫同贄 夏父展曰非故也公曰君作故 言君所作則爲故事 展對曰君作而順則故之 順順于禮則書爲故事 逆則亦書其逆也臣從有司懼逆

之書於後也故不敢不告 從有司言備位隨從有司後行 夫婦贄不過棗栗以告虔也 棗取蚤起栗取敬栗虔敬也曲禮婦人之贄脯修棗栗也 男則玉帛禽獸以章物也 公執桓圭侯執信圭伯執躬圭子執穀男執蒲璧孤執皮帛卿執羔大夫執鴈士執雉庶人執鶩工商執雞章明也明尊卑異物 今婦執幣是男女無別也男女之別國之大節也不可無也公弗聽

管仲爲齊大夫齊桓公會魯莊公于柯 魯莊公十三年 曹沫劫盟桓公桓公乃許盡歸魯之地既而桓公怒欲倍其約管仲曰不可夫貪小利以自快棄信於諸侯失天下之援不如與之于是桓公乃遂割魯侵地曹沫三戰所亡地盡復于魯桓公盟于甯母謀鄭故也管仲言於齊侯曰臣聞之招攜以禮懷遠以德 攜離也 德禮不易無大不懷齊侯修於諸侯官受方物 諸侯官司各於齊受其方所當貢天子之物 鄭伯使太子華聽命於會言於齊侯曰洩氏孔氏子人氏三族實違君命 三族鄭大夫 君若去之以爲成我以鄭爲內臣君亦無所不利焉 以鄭事齊如封內臣 齊侯將許之管仲曰君以禮與信屬諸侯而以姦終之無乃不可乎子父不奸之謂禮守命共時之謂信 守君命共時事 違此二者姦莫大焉公曰諸侯有討於鄭未捷今苟有釁從之不亦可乎 子華犯父命是其釁隙 對曰君若綏之以德加之以訓辭而帥諸侯以討鄭鄭將覆

亡之不暇豈敢不懼若總其罪人以臨之 總將領也子華奸父之命即罪人 鄭有辭矣何懼 以大義爲辭 且夫合諸侯以崇德也會而列姦何以示後 列姦用子華 夫諸侯之會其德刑禮義無國不記記姦之位 位會位也子華爲姦人而列在會位將爲諸侯所記 君盟替矣 替廢也 作而不記非盛德也 君舉必書雖復齊史隱諱亦損盛德 君其勿許鄭必受盟夫子華既爲太子而求介於大國以弱其國必不免 介因也 鄭有叔詹堵叔師叔三良爲政未可間也齊侯辭焉子華由是得罪於鄭鄭伯使請盟於齊桓公既覇會諸侯於葵丘而欲封禪 魯僖公九年葵丘在陳留外黃縣禪音上載反 管仲曰古者封泰山禪梁父

者七十二家父音而夷吾所記者十有二焉昔無懷氏封泰山禪云云無懷古之王者在伏羲前見莊子云云山在蒙陰縣故城東北下有云云亭虙羲封泰山禪云云虙讀曰伏神農氏封泰山禪云云炎帝封泰山禪云云炎帝神農後黃帝封泰山禪亭亭鉅平有亭亭山顓頊封泰山禪云云帝嚳封泰山禪云云堯封泰山禪云云舜封泰山禪云云禹封泰山禪會稽湯封泰山禪云云周成王封泰山禪社首在鉅平南十三里皆受命然後得封禪桓公曰寡人北伐山戎過孤竹伯夷國也在遼西令支令音郎定反支音神祇之祇西伐束馬縣車上卑耳之山將上山纏束其馬縣鈎其車世卑耳即齊語所謂辟耳南伐至召陵召陵地也在汝

南召讀曰劭登熊耳山以望江漢熊耳山在順陽北益陰縣東北禹貢所云導雒自熊耳者也其山兩峯狀若熊耳因以爲名也兵車之會三乘車之會六九合諸侯一匡天下兵車之會三謂莊十二年會於北杏以平宋亂僖四年侵蔡蔡潰遂伐楚次于陘六年伐鄭圍新城也乘車之會六謂莊十四年會于鄄十五年會于鄄十六年同盟于幽僖五年會于首止八年盟于洮九年會于葵丘也一匡天下謂定襄王爲天子之位也一說謂陽穀之會令諸侯云無鄣谷無貯粟無以妾爲妻天下皆從故云一正也諸侯莫違我昔三代受命亦何以異乎於是管仲睹桓公不可窮以辭因設之以事曰古之封禪鄗上之黍北里之禾所以爲盛鄗音羅鄗上北里皆地名也盛謂以實簠簋江淮之間一茅三脊所以爲藉也茅草有三脊也謂靈茅也藉以藉地籍音才夜反東海致比目之魚爾雅云東方有比目魚言不比不行其名謂之鰈音土盍反西海有比翼之鳥山海經云崇吾之山有鳥狀如鳧而一翼一目相得乃飛其名曰蠻爾雅云南方有比翼鳥焉不比不飛其名謂之鶼鶼而管仲乃云西海其說異也然後物有不召而至者十有五焉今鳳凰麒麟不至嘉禾不生而蓬蒿藜莠茂鴟梟羣翔蓬蒿藜莠皆穢惡之草梟不祥之鳥也鴟蓋今所謂角鴟也梟土梟也而欲封禪無乃不可乎於是桓公乃止葵丘之會天子使宰孔賜桓公文武胙且曰謂爾伯舅無下拜桓公召管子謀對曰爲君不君爲臣不臣亂之本也桓公懼出見客又桓公問管仲曰寡人願聞國君之信對曰民愛之鄰國親之天下信之此國君之信公曰善請問信

安始而可對曰始于爲身中于爲國成于爲天下公曰請問爲身對曰道血氣以求長心長德長心謂謀慮速長德謂恩施廣此爲身也公曰請問爲國對曰遠舉賢人慈愛百姓外存亡國繼絕世起諸孤孤謂死王事者子孫薄稅斂輕刑罰此爲國之大禮也法行而不苛刑廉而不赦有司寬而不陖不虐惸獨菀濁困滯皆法度不亡菀濁謂穢塞不潔清者也困滯謂癈羸微隱者也有知此者此皆以法度加之不令有所失也往行不來而民游世矣其行法度者但往行而進不却來而退而人以此自得行于世也此爲天下也又桓公之時宋伐杞狄伐邢衛桓公不救裸體紐胃稱疾紐摩也自摩其胸若有所痛患也召管仲曰寡人有千歲之

食而無百歲之壽今有疾病姑樂乎管子曰諾於是令人懸鐘磬之莊（莊可以嚴飾之）陳歌舞竽瑟之樂日殺數十牛者數旬羣臣進諫曰宋伐杞狄伐邢衞君不可不救桓公曰寡人有千歲之食而無百歲之壽今又有疾病姑樂乎且彼非伐寡人之國也伐鄰國也子無事焉宋已取杞狄已拔邢衞矣桓公起行筍簴之間管子從之從至大鐘之西桓公南面而立管仲北向對之大鐘鳴桓公視管仲曰樂夫仲父管仲對曰此臣之所謂哀非樂也臣聞之古者之言樂於鐘磬之間者不如此言脫于口而令行乎天下（脫出）在鐘磬之

間而無四面兵革之憂今君之事言脫於口令不得行於天下在鐘磬之間而有四面兵革之憂此臣所謂哀非樂也桓公曰善於是伐鐘磬之懸（伐謂折斷）併歌舞之樂也（併除）宮中虛無人（不令人掌守之）桓公曰寡人已伐鐘磬之縣併歌舞之樂矣請問所始於國將爲何行管子對曰宋伐杞狄伐邢衞而君之不救也臣請以慶（以不救爲慶是故慶之）臣聞之諸侯爭於强者勿與分於强（若救三國是分于强）今君何不定三君之處哉（三君既失國當定其君處也）於是桓公曰諾因令以車百乘卒千人以緣陵封杞車百乘卒千人以夷儀封邢車五百乘卒五千人以楚丘封衞又桓公問於管仲曰王者何貴曰貴天桓公仰視天管仲曰所謂天非蒼莽之天也王以百姓爲天百姓與之卽安輔之卽强非之卽危倍之卽亡又桓公置酒令諸侯大夫曰後者飲一經程管仲後當飲一經程飲其半而棄其半桓公曰仲父當飲一經程而棄之何也管仲曰臣聞之酒入者舌出舌出者棄其身與其身不寧寧棄酒乎桓公曰善又桓公出游於野見亡國故城郭氏之墟問於野人曰是爲何墟野人曰是爲郭氏之墟桓公曰郭氏者何爲爲墟野人曰郭氏者善善而惡惡桓公曰善善而惡惡人

之善行也其所以爲墟者何也野人曰善善而不能行惡惡而不能去是以爲墟也桓公歸以語管仲管仲曰其人爲誰桓公曰不知也管仲曰君亦一郭氏也於是桓公召野人而賞焉

公子完陳公子也爲齊工正飲桓公酒樂（齊桓賢之故就其家會據主人之辭故言飲桓公酒）公曰以火繼之辭曰臣卜其晝未卜其夜不敢君子曰酒以成禮不繼以淫義也（夜飲爲淫樂）以君成禮弗納於淫仁也

鮑叔爲齊大夫齊桓公與管仲鮑叔寗戚飲酒桓公謂鮑叔姑爲寡人祝乎鮑叔奉酒而起曰祝吾君無

忘其出亡而在莒也使管仲無忘其束縛而從魯也使甯武子無忘其飯牛于車下也桓公辟席而拜曰寡人與二大夫皆無忘夫子之言齊國之社稷必不廢此言寗思困隘之時必不驕矣

輪扁齊人也桓公讀書於堂輪扁斲輪於堂下釋其椎鑿而問桓公曰君之所讀書者何書也桓公曰聖人之書輪扁曰其人焉在問作書之人何在也桓公曰已死矣輪扁曰是直聖人之糟粕耳糟酒滓也粕已漉之精也桓公勃然作色而怒曰寡人讀書工人焉得譏之哉有說則可無說則死輪扁曰然有說臣誠以臣之斲輪語之太

疾則苦而不入苦急意也太徐則甘而不固甘緩意也不甘不苦應於手厭於心而可以至妙者臣不能以教臣之子而臣之子亦不能得之於臣是以行年六十老而爲輪今聖人之所言者亦已懷其實窮而死獨其糟粕在耳

士蔿爲晉大夫晉侯將伐虢士蔿曰不可虢公驕若驟得勝於我必棄其民棄民不養之無衆而後伐之欲禦我誰與夫禮樂慈愛戰所蓄也夫民讓事樂和愛親哀喪而後可也上之使臣以義讓哀樂爲本言不可力屈也虢弗蓄也亟戰將饑言虢不蓄義讓而力戰

里克爲晉大夫晉獻公使太子申生伐東山皐落氏赤狄別種也皐落其氏族里克諫曰太子奉冢祀社稷之粢盛里克晉大夫冢大也以朝夕視君膳者也膳廚膳故曰冢子君行則守有守則從從曰撫軍守曰監國古之制也夫帥師專行謀帥師者必專謀軍事誓軍旅宣號令也君與國政之所圖也非太子之事也國政正卿師在制命而已命者將軍所制稟命則不威專命則不孝故君之嗣適不可以帥師君失其官帥師不威將焉用之太子帥師是失其官也專命則不孝是爲帥必不威也且臣聞皐落氏將戰君其舍之公曰寡人有子未知其誰立焉不對而退

孔叔爲鄭大夫楚人伐鄭鄭伯欲成孔叔曰不可齊方勤我孔叔鄭大夫勤恤其難棄德不祥祥善也齊桓公與諸侯盟王使周公召鄭伯曰吾撫女以從楚輔之以晉可以少安周公宰孔也王恨齊桓定太子之位故召鄭伯使叛齊也楚不服于齊故以鎮安鄭也鄭伯喜於王命而懼其不朝於齊也故逃歸不盟孔叔止之曰國君不可以輕輕則失親親黨援也失親患必至病而乞盟所喪多矣君必悔之弗聽逃其師而歸其後諸侯伐鄭孔叔言於鄭伯曰諺有之曰心則不競何憚於病競強也憚難也既不能強又不能弱所以斃也國危矣請下齊以救國公曰吾知其所由來矣姑少

待我欲以中侯說對曰朝不及夕何以待君鄭殺申侯以
說於齊
宮之奇爲虞大夫魯僖公五年晉獻公復假道于虞
以伐虢宮之奇諫曰虢虞之表也虢亡虞必從之晉
不可啓寇不可翫翫習也一之爲甚其可再乎爲二年假晉道
滅下陽諺所謂輔車相依脣亡齒寒者其虞虢之謂也
輔夾輔車牙車公曰晉吾宗也豈害我哉對曰太伯虞仲太
王之昭也太伯不從是以不嗣太伯虞仲皆太王之子不從父命俱讓適
吳仲雍之子別封西吳虞公其後也穆生昭昭生穆以世次計故太伯與虞仲于周爲昭虢仲虢
叔王季之穆也王季者太伯虞仲之母弟也虢仲虢叔文王之母弟也仲叔皆虢君字

爲文王卿士勳在王室藏於盟府盟府司盟之官將虢是滅
何愛於虞且虞能親於桓莊乎其愛之也桓莊之族
何罪而以爲戮不惟偪乎桓叔莊伯之族晉獻公之從祖昆弟獻公患其偪盡
殺之親以寵偪猶尚害之況以國乎公曰吾享祀豐潔
神必據我據猶安也對曰臣聞之鬼神非人實親惟德是
依故周書曰皇天無親惟德是輔周書逸書又曰黍稷非
馨明德惟馨馨香之遠聞又曰民不易物惟德繄物黍稷牲玉
無德則不見享有德則見享言物一而用異如是則非德民不和神不享。
矣神所馮依將在德矣若晉取虞而明德以薦馨香
神其吐之乎弗聽許晉使宮之奇以其族行行去也曰
虞不臘矣臘歲終祭衆神之名在此行也晉不更舉矣不更舉兵是
年晉滅虢師還館於虞遂襲虞滅之
慶鄭爲晉大夫秦饑使乞糴於晉晉人弗與慶鄭曰
背施無親幸災不仁貪愛不祥怒鄰不義四德皆失
何以守國虢射曰皮之不存毛將安傳虢射惠公舅也皮以喻所
寄秦城毛以喻糴言既背秦施爲怨已深須與之糴猶無皮而施毛也慶鄭曰棄信背
鄰患孰恤之無信患作失援必斃是則然矣虢射曰
無損於怨而厚於寇不如勿與言與秦粟不足解怨適足使秦強慶
鄭曰背施幸災民所棄也近猶讎之況怨敵乎弗聽
退曰君其悔是哉秦伯伐晉晉惠公乘小駟鄭入也

鄭所獻馬名小駟慶鄭曰古者大事必乘其產生其水土而
知其人心安其教訓而服習其道惟所納之無不如
志今乘其異產以從戎事及懼而變將與人易變易人意
亂氣狡憤陰血周作張脈僨興外彊中乾狡戾也僨動也氣狡
憤於外則血脈必周身而作隨氣張動外雖有強形而內實乾燥進退不可周旋不
能君必悔之弗聽
臧文仲爲魯大夫魯僖公伐邾取須句邾人以須句
故出師公卑邾不設備而禦之卑小也臧文仲曰國無
小不可易也無備雖衆不可恃也詩曰戰戰兢兢如
臨深淵如履薄冰詩小雅言常戒懼也又曰敬之敬之天惟顯

思顯明也思猶辭也命不易哉周頌言有國宜敬戒天明臨下奉承其命甚難先王
之明德猶無不難也無不懼也況我小國乎君其無
謂邾小蠭蠆有毒而況國乎弗聽公及邾師戰于升
陘我師敗績二十一年夏大旱公欲焚巫尫巫尫女巫也主
祈祀請雨者或以爲尫非巫也瘠病之人其面上向俗謂天哀其病恐雨入其鼻故爲之旱是以公欲焚
之文仲曰非旱備也修城郭貶食省用務穡勸分穡稻
也勸分有無相齊也此其務也巫尫何爲天欲殺之則如勿生
若能爲旱焚之滋甚公從之是歲也饑而不害
公子目夷宋司馬子魚也宋人圍曹子魚言於宋公
曰文王聞崇德亂而伐之軍三旬而不降崇崇侯虎退修

教而復伐之因壘而降復往攻之備不改前而崇自降也詩云刑于
寡妻至于兄弟以御于家邦詩大雅言文王之教自近及遠寡妻嫡妻謂太
姒也刑法也今君德無乃猶有所闕而以伐人若之何盍
姑內省德乎無闕而後動
公孫固宋莊公之孫也爲大司馬楚人伐宋宋公將
戰固諫曰天之棄商久矣君將興之弗可赦也已言君
興天所棄必不可不如赦楚勿與戰也弗聽戰于泓宋師敗績
甯莊子名俞衛大夫也衛文公有邢翟之虞不能禮
晉文公重耳甯莊子言於公曰夫禮國之紀也親民
之結也善德之建也此三者公之所慎也晉公子善

人也而衛親也君不禮焉棄三德矣君其圖之康叔
文之昭也唐叔武之穆也周之大功在武苟姬未絶
周室而卑守天聚者必武族武族惟晉實昌晉胄公
子實德晉仍無道天祚有德晉之守祀必公子也若
復而修其德鎮撫其民必獲諸侯以討無禮君弗蚤
圖衛而在討小人是懼敢不盡心公弗聽
叔詹詹一作瞻鄭大夫也晉公子重耳過鄭鄭文公不禮
焉叔詹諫曰天之所啓人弗及也晉公子有三焉天
其或者將建諸君其禮焉男女同姓其生不蕃蕃息也
晉公子姬出也而至于今一也大戎狐姬之子故曰姬出離外之

患出亡在外而天不靖晉國殆將啓之二也有三士足以
上人而從之三也國語云狐偃趙衰賈佗三人皆卿才晉國同儕儕等也
其過子弟固將禮焉況天之所啓乎弗聽叔詹曰若
不禮焉則請殺之諺曰黍稷無成不能爲榮稷粢也無成謂
死榮秀也黍不爲黍不能蕃廡爲成蕃滋廡豐也稷不爲稷不能
蕃殖殖長所生不疑惟德之基所生謂生黍得黍種稷得稷若不禮重耳則當
除之不耳則當宜厚之如此不疑是爲得基公弗聽
胥臣晉大夫晉文公問曰吾欲使陽處父傅讙也而
教誨之其能善乎陽處父晉太傅陽子也讙文公子襄公名對曰是在讙
也蘧蒢不可使俯蘧蒢直者爲疾戚施不可使仰戚施屈者僬僥

不可使舉僬僥長三尺不能舉重侏儒不可使援侏儒短者不能亢援矇瞍不可使視有眸子而無見曰矇無眸子曰瞍嚚瘖不可使言口不道忠信之言爲嚚瘖不能言者聾聵不可使聽耳不別五音之和曰聾生而聾曰聵僮昏不可使謀僮無知昬闇亂質將善而賢良贊之則濟可竢也贊導也若有違質違邪教將不入不入其心其何善之爲言不使臣臣聞昔者太姒娠文王不變娠有身也不變不動也少溲于豕牢少不溲便也而得文王不加病焉言易也文王在母不憂體不變故不憂在傅不懃處師弗煩事王不怒王謂王季敬友二虢善兄弟曰友二虢文王弟虢仲虢叔而慈惠二蔡惠愛也二蔡文王子也管叔初亦爲蔡刑于太姒刑法也太姒文王妃也比于兄弟比親也兄弟同宗之弟詩

云刑于寡妻至于兄弟以御于家邦寡妻寡德之妻謂太姒也御治也於是乎用四方之賢良以自輔也及其卽位也詢于八虞詢謀也八虞周八士皆在虞官而咨于二虢咨謀也度于閎天而謀于南宮皆周賢臣度亦謀也南宮括諏于蔡原而訪于辛尹諏訪皆謀也蔡公原公辛辛甲尹尹佚皆周賢大夫也重之以周召畢榮周周文公召召康公畢畢公榮榮公也億寧百神億安也而和柔萬民柔安也故詩曰惠于宗公神罔時恫惠順也宗公大臣也恫痛也言文王爲政咨于臣順而行之故鬼神無怨恫者也若是則文王非專教誨之力也言因體也公曰然則教無益乎對曰胡爲文益其質亦有美質加以文采乃善故人生而學非學不入不入不入于道也公曰奈夫八疾何蘧蒢至僮昬對曰官師之所材也師長也材古裁字戚施直鎛直主擊者鎛主鐘者蘧蒢蒙瞍蒙戴也璆玉磬不能俯故使擊磬侏儒扶盧扶緣也盧矛戟也緣之以爲戲也矇瞍循聲目無見于音聲則聞使循之聾聵司火耳無聞于視則審故使主火僮昬嚚瘖僬僥官師之所不材也所不能裁用以實裔土荒裔夫教者因體能質而利之者也能質性能也若川然有原以卬浦而後大卬迎也言川已有原因開利迎之以浦然後大也

郭偃晉大夫晉文公問於郭偃曰始也吾以國爲易今也難對曰君以爲易其難也將至矣君以爲難其易也將至矣以爲難而勤修之故其易將至矣

畋者史失其名晉人也晉文公出田逐獸碭入大澤迷不知所出其中有畋者文公謂曰我若君也道安從出我且厚賜若畋者曰臣願有獻文公曰出澤而受之於是遂出澤文公令曰子之所欲以教寡人者何等也願受之畋者曰鴻鵠保河海之中厭而欲移徙于小澤則必有繳矰之憂黿鼉保深淵厭而之淺渚則必有羅網釣射之憂今君逐獸碭入至此何行之太遠文公曰善哉謂從者記畋者名畋者曰君何以名爲君其尊天事地敬社稷固四國慈愛萬民薄賦斂輕租稅者臣亦與焉君不敬社稷不固四國外失禮

於諸侯内逆民心一國流亡斂者雖有厚賜不得保
也遂辭不受曰君亟歸國臣亦反吾斂所

冊府元龜　　卷之七百四十　　二十二

巡按福建監察御史臣李嗣京 訂正
分守建南道左布政使臣胡維霖 參閱
知建陽縣事臣黃國琦 較釋

陪臣部十十一

規諫第二

老古晉之農夫也晉文公逐麋而失之問老古曰吾麋何在老古以足指曰如是往公曰寡人問子子以足指何也老古振衣而起曰壹不意人君如此也虎豹之居也厭閒而近人故得魚鱉之居也厭深而之

淺故得諸侯厭衆而亡其國詩曰維鵲有巢維鳩居之君故不歸人將居之於是文公恐歸遇欒武子欒武子曰獵得獸乎而有悅色文公曰寡人逐麋而失之得善言故有悅色欒武子曰其子安在曰吾未與來也欒武子曰處上位而不恤其下驕也緩令急誅暴也取人之言而弃其身盜也文公曰善還載老古與俱歸

子上楚令尹也楚成王將以商臣爲太子訪諸子上子上曰君之齒未也 齒年也言尙少 而又多愛黜乃亂也楚國之舉嘗在少者 舉立也 且是人也蠭目而豺聲忍人也 能忍行不義 不可立也弗聽

欒豫宋大夫也宋昭公將去群公子樂豫曰不可公族公室之枝葉也若去之則本根無所庇蔭矣葛藟猶能庇其本根 葛之能藟蔓繁滋者以本枝蔭庇之多 故君子以爲比 謂詩人取以喻九族兄弟 況國君乎此諺所謂庇焉而縱尋斧焉者也 縱放也 必不可君其圖之親之以德皆股肱也誰敢攜貳若之何去之不聽穆襄之族率國人以攻公 穆公襄公之子孫昭公所欲去者 殺公孫固公鄭於公宮 二子在公言故爲亂兵所殺 六卿和公室

叔仲惠伯魯大夫也穆伯 公孫敖也 如莒涖盟且爲襄仲

逆女見之美自娶之仲請攻之公將許之惠伯諫曰臣聞之兵作於內爲亂於外爲寇寇猶及人亂自及也今臣作亂而不禁以啓寇讎若之何公止之惠伯成之 平二子 使仲舍之 舍不娶 公孫敖反之 還莒女 復爲兄弟如初從之

士季晉大夫隨會也晉靈公不君宰夫胹熊蹯不熟殺之寘諸畚使婦人載以過朝 畚以草索爲之筥屬 趙盾士季見其手問其故而患之將諫士季曰諫而不入則莫之繼也會請先不入則子繼之三進及溜而後視之 士季隨會也三進伏公不省又前也公知欲諫故佯不見 曰吾知所過矣將改之

稽首而對曰人誰無過過而能改善莫大焉詩曰靡不有初鮮克有終夫如是則能補過者鮮矣君能有終則社稷之固也豈惟群臣賴之人曰袞職有闕惟仲山甫補之能補過也（袞君之上服闕過也言服袞者有過則惟仲山甫能補之）君能補過袞不廢矣（嘗服袞也）

孫息晉大夫也晉靈公造九層臺費用千億謂左右曰敢有諫者斬孫息求見靈公張弩持矢見之謂之曰子欲諫邪孫息曰臣不敢諫也臣能累十二博棊加九雞子於其上公曰吾未嘗見也子爲寡人作孫息即正顔色定志意以棊子置下雞子置其上左右

懼息靈公曰危哉孫息曰復有危於此者公曰願復見之息曰九層之臺三年不成男不得耕女不得織國用空虚戶口減少吏人叛亡隣國謀議將興兵公乃壞臺（一云晉平公爲九層之臺叉曰叔向見司馬侯之子撫而泣曰自其父之死吾蔑與事君矣昔者其父始之我終之我始之夫子終之無不可者是女齊事君必有規諫必諫作臺）

洩冶陳大夫也陳靈公與孔寧儀行父通於夏姬皆衷其衵服以戲於朝（二子陳卿夏姬鄭穆公女陳大夫御叔妻衷懷也衵服近身衣）洩冶諫曰公卿宣淫民無效焉（宣示也）且聞不令君其納之（納藏衵服）公曰吾能改矣公告二子二子請殺之公弗禁遂殺洩冶

蘇從楚大夫也楚莊王侶即位三年不出號令日夜爲樂令國中曰有敢諫者死無赦伍舉入諫莊王左抱鄭姬右抱越女在鍾鼓之間伍舉曰願有進隱（隱謂隱藏之意）曰有鳥在於阜三年不蜚不鳴是何鳥也莊王曰三年不蜚蜚將冲天三年不鳴鳴將驚人舉退矣吾知之矣數月淫益甚蘇從乃入諫王曰若不聞令乎對曰殺身以明君臣之願也於是罷淫樂聽政所誅者數百人所進者數百人任伍舉蘇從以政國人大說（一云楚莊王莅政三年不治社稷危國將亡士慶問左右羣臣曰王莅事政三年不治而好隱戲社稷危國將亡胡不入諫左右曰子其入士慶入再拜而進隱曰有大鳥來上南山之陽三年不蜚不

鳴不審其故何也王曰子其去矣寡人知之矣士慶曰臣言亦死不言亦死願聞其說王曰此鳥不蜚以長羽翼不鳴以觀群臣之慝是鳥雖不蜚蜚必冲天雖不鳴鳴必驚人士慶稽首曰所愿聞已王大說士慶之問而拜之以爲令尹授之相印）

申叔時楚大夫也楚莊王爲陳夏氏亂故伐陳（夏姬子徵舒弒靈公）謂陳人無動將討於少西氏（少西徵舒之祖子夏之名）遂入陳殺夏徵舒轘諸栗門（轘車裂也栗門陳城門）因縣陳（城陳以爲楚縣）申叔時使於齊反復命而退王使讓之曰夏徵舒爲不道殺其君寡人以諸侯討而戮之諸侯縣公皆慶寡人（楚縣大夫皆僭稱公）女獨不慶寡人何故對曰猶可辭乎王曰可哉曰夏徵舒弒其君其罪大矣討而戮之君

之義也抑人亦有言曰牽牛以蹊人之田（抑詞也　蹊徑也）而奪之牛牽牛以蹊者信有罪矣而奪之牛罰已重矣諸侯之從也曰討有罪也今縣陳貪其富也以討召諸侯而以貪歸之無乃不可乎王曰善哉吾未之聞也反之可乎對曰可哉吾儕小人所謂取諸其懷而與之也（叔時謙言小人意淺謂譬如取人物於其懷而還之爲愈於不還）乃復封陳鄉取一人焉以歸謂之夏州

申公巫臣楚大夫也楚莊王討陳夏氏欲納夏姬巫臣曰不可君召諸侯以討罪也今納夏姬貪其色也貪色爲淫淫爲大罰周書曰明德慎罰文王所以造

周也明德務崇之之謂也慎罰務去之之謂也若興諸侯以取大罰非慎之也君其圖之王乃止

孫叔敖楚令尹也楚莊王將興師伐晉告士大夫曰有敢諫者至死無赦孫叔敖曰臣聞畏鞭箠之嚴而不敢諫其父非孝子也懼鈇鉞之誅而不敢諫其君非忠臣也於是遂進諫曰臣園中有榆其上有蟬蟬方奮翼悲鳴欲飲清露不知螳螂之在後曲其頸欲攫而食之也螳螂方欲食蟬而又不知黄雀在後舉其頸欲啄而食之也黄雀方欲食螳螂不知童子挾彈丸在榆下迎而欲彈之童子方欲彈黄雀不知前有深坑後有掘也此皆言前之利而不顧後害者也

又莊王問叔敖曰寡人未得所以爲國是也孫叔敖曰國之有是衆非之所惡也臣恐王之不能定也王曰不定獨在君乎亦在臣乎孫叔敖曰國君驕士曰士非我無道安富士驕君曰國非士無道安彊人君或至失國而不悟士或至饑而不進君臣不合國是無道定矣夏桀殷紂不定國是而以合其取舍者爲是以爲不合其取舍者爲非故致亡而不知莊王曰善哉願相國與諸侯士大夫共定國是寡人豈敢以福國驕士民哉

田贊衣儒衣而見荊王（楚莊王也）荊王曰先生之衣何其惡也田贊對曰衣又有惡於此者荊王曰可得而聞耶對曰甲惡於此王曰何謂也對曰冬日則寒夏日則熱衣無惡於甲者也贊也貧故衣惡也今大王萬乘之主也富厚無適而好衣人以甲臣竊爲大王不取也意者爲其義邪甲者兵之事折人之首刳人之腹墮人城郭係人子女其名尤甚不榮意者爲其實邪苟慮害人人必慮害之苟慮危人人亦必慮危之其實人甚不安之二者爲大王無取焉荊王無以應也

詹何楚人也楚莊王問詹何曰治國柰何對曰何明於治身而不明於治國楚王曰寡人得立宗廟社稷願學所以守之詹何對曰臣未聞身治而國亂者也亦未嘗聞身亂而國治者也故本在於身不敢對以末楚王曰善

優孟楚之樂人也嘗以談笑諷諫楚莊王有愛馬衣以文繡置之華屋之下席以露牀啗以棗脯馬病肥死使群臣喪之欲以棺槨大夫禮葬之左右爭之以爲不可王下令曰有敢以馬諫者罪至死優孟聞之入殿門仰天大哭王驚而問其故優孟曰馬者王所

愛也以楚王堂堂之大何求不得而以大夫禮葬之薄請以人君禮葬之王曰何如對曰臣請彫玉爲棺文梓爲槨楩楓豫章爲題湊以木累棺外木頭皆內故曰題湊發甲卒爲穿壙老弱負土齊趙陪位於前韓魏翼衛其後楚莊王時未有趙韓魏三國廟食大牢奉以萬戶之邑諸侯聞之皆知大王賤人而貴馬也王曰寡人之過一至此乎爲之柰何優孟曰請以大王六畜葬之以壠竈爲棺銅歷爲槨齎以薑棗薦以木蘭祭以粳稻衣以火光葬之於人腹腸於是王乃使以馬屬太官無令天下久聞也

士渥濁晉大夫士貞子也晉林父帥師與楚戰於邲晉師敗績晉師歸桓子林父也請死晉侯欲許之士貞子諫曰不可城濮之役晉師三日穀在僖二十八年文公猶有憂色左右曰有喜而憂如有憂而喜乎言憂喜失時公曰得臣猶在憂未歇也歇盡也困獸猶鬭況國相乎及楚殺子玉子玉得臣公喜而後可知也喜見於顏色曰莫余毒也已是晉再克而楚再敗也楚是以再世不競成王至穆王今天或者大警晉也警戒也而又殺林父以重楚勝其無乃久不競乎林父之事君也進思盡忠退思補過社稷之衛也若之何殺之夫其敗也如日月之食

焉何損於明晉侯使復其位

伯宗晉大夫也楚子圍宋宋人使樂嬰齊告急於晉晉侯欲救之伯宗曰不可伯宗晉大夫古人有言曰雖鞭之長不及馬腹言非所擊天方授楚未可與爭雖晉之強能違天乎諺曰高下在心度時制宜川澤納汙受汙濁山藪藏疾山之有林藪毒害者居之瑾瑜匿瑕匿亦藏也雖美玉之質亦或居藏瑕穢國君含垢忍垢恥天之道也晉侯恥不救宋故伯宗爲說小惡不損大德之喻君其待之待楚衰乃止

里革魯太史克也魯宣公夏濫於泗淵濫漬也漬罟於泗水之淵以取魚泗在魯城北里革斷其罟而弃之罟網曰古者大寒降土

蟄發降下也寒氣初下謂季冬建丑之月大寒之後也土蟄發謂孟春建寅之月令孟春蟄蟲始震魚上冰獺祭魚水虞於是乎講罛罶取名魚登川禽而嘗之寢廟行諸國助宣氣也水虞漁師也掌川澤之禁令講習也罛魚網罶笱也名魚大魚川禽鱉蜃之屬諸之也時陽氣起魚陟負冰故令國人所以助宣氣也月令季冬始魚乃嘗魚先薦寢廟鳥獸孕水蟲成孕懷子謂春時獸虞於是乎禁罝羅矠魚鱉以爲夏犒獸虞掌鳥獸之禁令罝兎罟羅鳥罟禁二不得施矠擉犒乾也夏不得取於此時擉刺魚鱉以爲犒儲助生阜也阜長也鳥獸方孕故取魚鱉助生物鳥獸成水蟲孕水虞於是乎禁罝麗設穽鄂罝當爲罜罜麗小網穽坑也鄂作格所以誤獸也謂立夏鳥獸已成水蟲懷孕之時禁魚鱉之網設取獸之物以實廟庖畜功用也以獸實宗廟庖廚而長魚鱉畜四時助足用財用也且夫山不槎蘖槎斫也以

株生曰蘖澤不伐夭山木未成曰夭魚禁鯤鮞鯤魚子鮞未成魚獸長麑麇鹿子曰麑麇子曰麇鳥翼鷇卵翼成生哺曰鷇未乳曰卵蟲舍蚳蝝蚳蟻子可以爲醢蝝蝮蜪可食舍不取也蕃庶物也古之訓也蕃息今魚方別孕不教魚長又行網罟貪無藝也別二於雄而懷子藝極也公聞之曰吾過而里革正我不亦善乎是良罟也爲我得法良法使有司藏之使吾無忘諗言見此罟則不忘里革言諗告也師存侍師樂師名存曰藏罟不如寘里革於側之不忘也寘置晉人殺厲公晉人欒書中行偃邊人以告邊人疆場之司也成公在廟成公魯宣公之子黑肱公曰臣弒其君誰之過也大夫莫對里革曰君之過也夫君人者其威大矣君天也故其威大失威

而至於弒其過多矣過不積不至於弒且夫君也者將牧民而正其邪者也若君縱私回而棄民事回邪民旁有慝無由省之慝惡省察益邪多矣若以邪臨民陷而不振陷墜振救用善不肯專則不能使至於殄滅而莫之恤也國安用之桀奔南巢南巢楊州之地巢伯之國今廬江居巢是紂踣于京踣斃也京殷京師厲流於彘厲王彘晉也幽滅於戲幽王爲西戎所殺戲戲山在西周皆是術也術道也失威多過之道夫君也者民之川澤也行而縱之美惡皆君之由民何能爲焉以君諭川澤民諭魚也魚從川之美惡以爲肥瘠

季文子季孫行父也魯大夫也魯成公如晉晉侯見公不

敬公至自晉欲求成於楚而叛晉季文子曰不可晉雖無道未可叛也國大臣睦而邇於我邇近也諸侯聽焉未可以貳聽服也史佚之志有之周文王大史曰非我族類其心必異楚雖大非吾族也其肯字我乎公乃止

苗賁皇晉大夫也晉侯盟諸侯於斷道齊侯使高固晏弱蔡朝南郭偃會晏弱桓子及斂盂高固逃歸晉人執晏弱於野王執蔡朝於原執南郭偃于溫野王縣今屬河內苗賁皇使見晏桓子賁皇楚鬬椒之子楚滅鬬氏而賁晉食邑於苗地晏弱時在野王故因使而見之歸言於晉侯曰夫晏子何罪昔者諸侯事吾先君皆如不逮言汲汲也舉言羣臣不信諸侯皆有貳

志（舉亦皆）齊君恐不得禮（不見禮待）故不出使而四子來左右或沮之（沮止也）曰君不出必執吾使故高子及歛盂而逃夫三子者曰若絕君好寧歸死焉爲是犯難而來吾若善逆彼（彼齊三人）以懷來者吾又執之以信齊沮吾不旣過矣乎過而不改而又久之以成其悔何利之有焉使反者得辭（反者高固謂得不當來之辭）而害來者以懼諸侯將焉用之晉人緩之逸

士燮晉大夫范文子也晉厲公與楚子戰於鄢陵楚子敗績宵遁晉楚軍三日穀（食楚粟三日也）范文子立於戎馬之前曰君幼諸臣不佞（佞才也）何以及此君其戒之

（戒勿驕）周書曰惟命不於常有德之謂（言勝無常命惟德是與）

魏絳晉大夫魏莊子也無終子嘉父使孟樂如晉（無終山戎國名孟樂其使臣）因魏莊子納虎豹之皮以請和諸戎（欲戎與晉和）晉侯曰戎狄無親而貪不如伐之魏絳曰諸侯新服陳新來和將觀於我我德則睦否則攜貳勞師於戎而楚伐陳必弗能救是棄陳也諸華必叛（諸華中國）戎禽獸也獲戎失華無乃不可乎夏訓有之曰有窮后羿（夏訓夏書有窮國名后君也羿有窮君之號）公曰后羿何如（怪其言不次故問之）對曰昔有夏之方衰也后羿自鉏遷於窮石因夏民以代夏政（禹孫大康淫放失國夏人立其弟仲康仲康亦微弱仲康卒子相立羿遂代相號曰有窮鉏羿本國名）恃其射也（羿善射）不修民事而淫于原獸（淫放原野）棄武羅伯因熊髡龎圉（四子皆羿之賢臣）而用寒浞寒浞伯明氏之讒子弟也（寒國北海平壽縣東有寒亭伯明其君名）伯明后寒棄之夷羿收之（夷氏）信而使之以爲己相浞行媚於內（內宮人）而施賂於外愚弄其后（欺罔之）而虞羿於田（樂之以游田）樹之詐慝以取其國家（樹立也）外內咸服（信浞詐）羿猶不悛（悛改也）將歸自田（羿獵）家衆殺而亨之以食其子（食羿子）其子不忍食諸死於窮門（殺之於國門）靡奔有鬲氏（靡夏遺臣事羿者有鬲國名今平原鬲縣）浞因羿室（就其妃妾）生澆及豷恃其讒慝詐僞而不德於民使澆用師滅斟灌及斟尋

氏（二國夏同姓諸侯仲康之子后相所依樂安壽光縣東南有灌亭北海平壽縣南有斟亭）處澆於過處豷於戈（過戈皆國名東萊掖縣北有過鄉戈在宋鄭之閒）靡自有鬲氏收二國之燼（燼遺民）以滅浞而立少康（少康夏后相之子）少康滅澆於過后杼滅豷於戈（后杼少康子）有窮由是遂亡失人故也（浞因羿室故不改有窮之號）昔周辛甲之爲太史也命百官官箴王闕（辛甲周武王太史闕過也使百官各爲箴辭戒王過）於虞人之箴（虞人掌田獵）曰芒芒禹迹畫爲九州（芒芒遠貌畫分也）經啓九道（啓開九州之道）民有寢廟獸有茂草各有攸處德用不擾（人神各有所歸故德不亂）在帝夷羿冒於原獸（冒貪也）忘其國恤而思其麀鹿（言但念獸）武不可重（重猶數也）用不恢於夏家（羿以好武）

雖有褻家而不能恢大之獸臣司原敢告僕夫獸臣虞人告僕不敢斥尊虞箴如是可不懲乎於是晉侯好田故魏絳及之

柳莊衛大夫獻公出奔反於衛及郊將班邑於從者而后入欲賞從者以懼居者獻公以魯襄十四年出奔齊二十六年復歸于衛柳莊曰如皆守社稷則孰羈靮而從如皆從則孰守社稷言從守者一靮紲也君反其國而有私也毋乃不可乎言有私則生恐弗果班

師曠字子野晉太師也衛公出奔師曠侍於晉侯晉悼公也晉侯曰衛人出其君不亦甚乎對曰或者其君實甚良君將賞善而刑淫養民如子蓋之如天容之如

地民奉其君愛之如父母仰之如日月敬之如神明畏之如雷霆其可出乎夫君神之主而民之望也若困民之主匱神乏祀百姓絕望社稷無主將安用之弗去何為天生民而立之君使司牧之勿使失性有君而為之貳貳卿佐使師保之勿使過度是故天子有公諸侯有卿卿置側室側室支子之官大夫有貳宗貳宗宗子之副貳者士有朋友庶人工商皁隸牧圉皆有親暱以相輔佐也善則賞之賞謂宣揚過則正之患則救之救其難也失則革之革更也自王以下各有父兄子弟以補察其政補其愆過察其得失史為書謂太史君舉則書瞽為詩瞽盲者為詩以風刺工誦箴諫工樂人也誦箴諫之辭大夫規誨規正誨其君士傳言士卑不得徑達聞君過失傳告大夫庶人謗庶人不與政聞君過得誹謗商旅於市旅陳也陳其貨物以示時所貴尚百工獻藝獻其技藝以喻政事故夏書曰遒人以木鐸徇於路逸書遒人行人之官也木鐸木舌金鈴徇於路求歌謠之言官師相規官師大夫自相規正工執藝事以諫所謂獻藝正月孟春於是乎有之諫失常也有道人徇路之事天之愛民甚矣豈其使一人肆於民上肆放也以從其淫而棄天地之性必不然矣

石言於晉魏榆魏榆晉地晉侯晉平公也問於師曠曰石何故言對曰石不能言或馮焉謂有精神馮依石而言不然民聽濫也濫失也抑臣又聞之抑疑辭曰作事不時怨讟動於民則

有非言之物而言今宮室崇侈民力彫盡彫傷也怨讟並作莫信其性性命也民不敢自保其性命石言不亦宜乎於是晉侯方築虒祁之宮虒祁地名在絳西四十里臨汾水叔向曰子野之言君子哉君子之言信而有徵故怨遠於其身起咎遠其身也小人之言僭而無徵故怨咎及之詩曰哀哉不能言匪舌是出惟躬是瘁不能言謂不知言理以僭言見退者其言非不從舌出以僭而無信自取瘁病故哀之哿矣能言巧言如流俾躬處休其是之謂乎哿善也巧言如流謂非正言而順敍以聽言見德者言其可嘉以信而有徵自取安逸師曠縱問流轉終歸於諫故以此巧言如流也當叔向時詩義如此故與今說詩者小異是宮也成諸侯必叛君必有咎夫子知之矣晉平公聞居

師曠侍坐平公曰子生無自甚矣子之壘壘也師曠對曰天下有五壘壘而臣不得與一焉平公曰何謂也師曠曰群臣行賂以採名譽百姓侵冤無所告愬而君不悟此一壘壘也忠臣不用用臣不忠下才處高不肖臨賢而君不悟此二壘壘也姦臣欺詐空虛府庫以其少才覆塞其惡賢人逐姦邪貴而君不悟此三壘壘也國貧民罷上下不和而好財用兵嗜欲無饜謟諛之人容容在傍而君不悟此四壘壘也至道不明法令不行吏民不正百姓不安而君不悟此五壘壘也國有五壘壘而不危者未之有也壘壘耳

何害乎國家哉

范獻子晉大夫也魯昭公如晉莒牟夷以牟婁及防茲來奔莒人愬于晉愬魯受牟夷晉侯平公也欲止公范獻子曰不可人朝而執之誘也討不以師而誘以成之惰也爲盟主而犯此二者無乃不可乎請歸之間而以師討焉間暇也乃歸公

屠蒯晉宰夫也晉荀盈如齊逆女自爲逆還卒於戲陽魏郡內黃縣北有戲陽城殯於絳未葬晉侯飲酒樂平公也膳宰屠蒯趨入請佐公使尊公之使人執尊酌酒請爲之佐許之公許也而遂酌以飲工工樂師師曠也曰汝爲君耳將司聰也樂所以聰耳辰在子卯謂之疾日病患也紂以甲子喪桀以乙卯亡故國君以爲忌日君徹宴樂學人舍業爲疾故也君之卿佐是謂股肱股肱或虧何痛如之言痛疾過於忌日女弗聞而樂是不聰也不聞是義而心樂又飲外嬖叔外都大夫之嬖者曰女爲君目將司明也職在外故主視服以旌禮旌表也禮以行事事政令事有其物物類也物有其容容貌也今君之容非其物也有卿佐之喪而作樂勸會故日非其物而女不見是不明也亦自飲也曰味以行氣氣以實志氣和則志充志以定言在心爲志發言爲詩言以出令臣實司味二御失官而君弗命臣之罪也工與嬖叔侍御君者失官不聽明公說徹酒初公欲廢知氏而立其外嬖爲是悛

而止

叔向晉大夫也晉平公射鴳不死豎襄搏之失公怒拘將殺之叔向聞之夕君告之叔向曰君必殺之昔吾先君唐叔射兕于徒林殪以爲大甲以封於晉今君嗣吾先君唐叔射鴳不死搏之不得是揚吾君之耻也君其必速殺之勿令遠聞君忸怩頹乃趣赦之

固桑晉船人也晉平公浮西河中流而嘆曰嗟乎安得賢士與共此樂者固桑一云蓋胥進對曰君言過矣夫劍產於越珠產江漢玉產崑山此三寶者皆無足而致今君苟好士則賢士至矣平公曰固桑來吾門下

食客者三千餘人朝食不足暮收市租暮食不足朝收市租吾尚可謂不好士乎固桑對曰今夫鴻鵠高飛沖天然其所恃者六翮耳夫腹下之毳背上之毛增去一把飛不爲高下不知君之食客者六翮耶將腹背之毳也平公默然而不應焉

郭榮齊大夫也晉伐齊師至於楊門齊侯靈公也駕將走郵棠郵棠齊邑太子與郭榮扣馬太子光也曰師速而疾略也言欲略行其地無久攻意將退矣君何懼焉且社稷之主不可以輕輕則失衆君必待之將犯之大子抽劔斷鞅乃止

叔仲昭伯魯大夫叔仲帶也襄公入楚及漢聞康王卒欲還叔仲昭伯曰君之來也非爲一人也一人謂康王爲其名與其衆也名謂爲大國有盟主之名衆謂多兵甲衆今王死其名未改其衆未敗何爲還諸大夫皆欲還子服惠伯曰不知所爲姑從君乎惠伯魯大夫仲孫他之子子服椒也姑且也叔仲曰子之來也非欲安身也爲國家之利也故不憚勤遠而聽於楚憚難非義楚也畏其民與衆也義楚非必楚有義而往夫義人者固慶其喜而弔其憂況畏而服焉慶猶賀喜福聞畏而往聞喪而還苟芉姓實嗣其誰代之任喪芉姓楚嗣嗣世任當也誰當代之當喪爲主者乎言必自當之故不可不往弔也王大子又長矣執政未改執政令尹司馬改易子爲先君來死而去之其誰曰不如先君言我爲楚先君故來聞死而去後嗣臣子誰肯自謂德不如先君將爲喪舉聞喪而還其誰曰非侮也舉動也如在國聞楚有喪將爲之舉動而往況已至漢聞而還其誰言魯不輕侮之者事其君而任其政其誰由已貳任當由從也言楚臣方事其君而當其政誰肯從已侍而使諸侯有攜二者求說其侮而亟於前之人其讎不滋大乎說猶除也滋益亟疾也言楚之君臣求除其輕侮已者將亟疾於前之人其讎不益大乎說侮不懦執政不二帥大讎以憚小國其誰云待之懦弱憚難也言楚人欲除侮慢之恥不懦弱其執政之臣無二心以楚大讎爲魯作難其誰能待之猶禦也若從君而走患則不如違君以避難走之且夫君子計成而後行二三子計乎

有禦楚之術而有守國之備乎則可也可可還若未有不如往也乃遂行

榮成伯名欒魯大夫也魯襄公如楚反及方城聞季武子襲卞方城楚北山卞魯邑季武子取之以自予公欲還出楚師以伐魯伐季氏言魯者季氏專魯國也成伯曰不可君之於臣其威大矣不能令於國而恃諸侯諸侯其誰暱之暱親若得楚師以伐魯魯既不違夙之取卞也必用命焉守必固矣夙武子名言夙取卞時魯人不違是德用其命必同心而守故曰固矣若楚之克魯克勝諸姬不獲闚焉而況君乎彼無亦置其同類以服東夷而大攘諸夏將天下是王而何德於君其寻君也

亦無亦也同類同姓擴却也言楚亦將自置其同姓於魯以取天下不予君若不克魯君以蠻夷伐之而又求入焉必不獲矣不如予之予之以卞子武子也夙之事君也不敢不悛悛改醉而怒醒而喜庸何傷庸用也言公欲伐魯君人醉而怒今正若醒而喜用何傷乎君其入也乃歸遂子馮楚令尹也吳人召舒鳩人反楚舒鳩楚屬國召欲與共伐楚楚子師於荒浦荒浦舒鳩地使沈尹壽與師祁犂讓之二子楚大夫舒鳩子敬逆二子而告無之且請受盟二子復命王欲伐之遂子曰不可彼告不叛且請受盟而又伐之伐無罪也姑歸息民以待其卒卒終也卒而不二吾又何求若猶叛我無辭有庸乃還彼無辭我有功

册府元龜　陪臣部　規諫一　卷之七百四十一　十九

司馬侯晉大夫也楚靈王使椒舉如晉求諸侯椒舉致命曰寡君使舉曰君有惠賜盟于宋宋盟在襄二十七年曰晉楚之從交相見也以歲之不易於易言有難寡人願結驩於二三君欲得諸侯謀事補問使舉請問君若苟無四方之虞虞度也則願假寵以請於諸侯欲借君之威寵以致諸侯晉侯平公也欲勿許司馬侯曰不可楚王方侈天或者欲逞其心以厚其毒而降之罰未可知也其事能終亦未可知也晉楚惟天所相相助也不可與爭君其許之而修德以待其歸若歸於德吾猶將事之况諸侯乎若適淫虐楚將棄之棄不以為居吾又誰與爭公曰晉有三不殆其何敵之有殆危也國險而多馬齊楚多難多篡殺之難有是三者何鄉而不濟對曰恃險與馬而虞鄰國之難是三殆也四嶽東嶽岱西嶽華南嶽衡北嶽常三塗在河南陸渾縣南陽城在陽城縣東北大室在河南陽城縣西南荊山在新城沂鄉縣南中南在治平武功縣南九州之險也是不一姓雖是天下至險無德則滅亡冀之北土燕代馬之所生無興國焉恃險與馬不可以為固也從古以然是以先王務修德音以享神人享通也不聞其務險與馬也鄰國之難不可虞也或多難以固其國啓其疆土或無難以喪其國失其守宇於國則四垂為宇若何虞難齊有仲孫之難而獲桓公至今賴之仲孫公孫

册府元龜　陪臣部　規諫一　卷之七百四十一　二十

無知事在莊九年晉有里丕之難而獲文公是以為盟主里克本鄭事在僖九年衛邢無難敵亦喪之閔二年狄滅衛僖二十五年衛滅邢故人之難不可虞也恃此三者而不修政德亡於不暇又何能濟君其許之紂作淫虐文王惠和殷是以隕周是以興夫豈爭諸侯乃許楚使使叔向對曰寡君有社稷之事是以不獲春秋時見言不得自往也諸侯君實有之何辱命焉一說晉悼公與司馬侯升臺而望曰樂夫對曰臨觀之樂則樂矣德義之樂則未公曰何謂德義對曰諸侯之爲日在君側以其善行以其惡戒可謂德義矣公曰孰能對曰羊舌肸習於春秋乃使叔向傅太子彪平公也

册府元龜

册府元龜

巡按福建監察御史臣李嗣京訂正

知長樂縣事臣夏允彝叅閱

知建陽縣事臣黄國琦較釋

陪臣部一十二

規諷第三

椒舉楚大夫也楚子(靈王也)會諸侯於申椒舉言於楚子曰臣聞諸侯無歸禮以爲歸今君始得諸侯其慎禮矣霸之濟否在此會也夏啟有鈞臺之享(啟禹子也河南陽翟縣南有鈞臺陂蓋啟享諸侯於此)商湯有景亳之命(河南鞏縣西南有湯亭或言亳即偃師縣)

周武王有孟津之誓(將伐紂也)成有岐陽之蒐(周成王歸自奄大蒐於岐山之陽岐山在扶風美陽縣西北)康有酆宮之朝(酆在始平鄠縣東有靈臺康王於是朝諸侯)穆有塗山之會(周穆王會諸侯於塗山塗山在壽春東北)齊桓有召陵之師(在僖四年)晉文有踐土之盟(在僖二十八年)君其何用宋向戌鄭公孫僑皆諸侯之良也君其選焉(選擇所用)王曰吾用齊桓(用會召陵之禮)楚子示諸侯侈(自奢侈)椒舉曰夫六王二公之事(六王啟陽武成康穆也二公齊桓晉文)皆所以示諸侯禮也諸侯所由用命也夏桀爲仍之會有緡叛之(仍緡皆國名)商紂爲黎之蒐東夷叛之(黎東夷國名)周幽爲大室之盟戎狄叛之(大室中嶽)皆所以示諸侯汰也諸侯所由棄命也今君以汰無乃不濟乎王弗聽楚子圖朱方執齊慶封而盡滅其族(慶封以襄二十八年奔吳)將戮慶封椒舉曰臣聞無瑕者可以戮人慶封惟逆命是以在此(逆命謂性不恭順)其肯從於戮乎(言不肯默而從戮)播於諸侯焉用之(播揚也)王弗聽負之斧鉞以徇於諸侯使言曰無或如齊慶封弒其君弱其孤以盟其大夫(齊崔杼弒君慶封其卿也故以弒君罪責之)慶封曰無或如楚共王之庶子圍弒其君兄之子麇而代之以盟諸侯王使速殺之楚靈王爲章華之臺與伍舉升焉(伍舉即椒舉也)曰臺美夫對曰臣聞國君服寵以爲美安民以爲樂聽德以爲聰致

遠以爲明不聞其以土木之崇高雕鏤爲美而以金石匏竹之昌大囂庶爲樂不聞其以觀大視侈淫色以爲明而以察清濁爲聰也先君莊王爲匏居之臺高不過望國氛大不過容宴豆木不妨守備用不煩官府民不廢時務官不易朝嘗問誰宴焉則宋公鄭伯問誰相禮則華元駟騑問誰贊事則陳侯蔡侯許男頓子其大夫侍之先君是以除亂尅敵而無惡于諸侯今君爲此臺也國民罷焉財用盡焉年穀敗焉百官煩焉舉國營之數年乃成願得諸侯與始升焉諸侯皆距無有至者而後使大宰啟疆請於魯侯懼

之以蜀之役而僅得以來使富都那豎贊焉而使長鬣之士相焉臣不知其美也夫美也者上下外內大小遠邇皆無害焉故曰美若於目觀則美以財用則匱是聚民利以自封而瘠民也胡美之爲夫君國者將民之與處民實瘠君安得肥且夫私欲弘侈則德義鮮少德義不行則邇者騷離而遠者距違若斂民利以成其私欲使民蒿焉忘其安樂而有遠心其爲惡也甚矣安用目觀故先王之爲臺榭也榭不過講軍實臺不過望氛祥故榭度於大卒之居臺度於臨觀之高其所不奪穡地其爲不匱財用其事不煩官

業其日不敗時務瘠磽之地於是乎爲之城守之本於是乎用之官寮之暇於是乎臨之四時之隙於是乎成之故周詩曰經始靈臺經之營之庶民攻之不日成之經始勿亟庶民子來王在靈囿麀鹿攸伏夫爲臺榭將教民利也不知其以匱之也若君謂此臺美而爲之正楚其殆矣

遠啟疆楚大夫也晉韓宣子如楚逆女叔向爲介及楚楚子（靈王也）朝其大夫曰晉吾仇敵也苟得志焉無卹其佗今其來者上卿上大夫也若吾以韓起爲閽（則足使守門）以羊舌肸爲司宮（加宮刑）足以辱晉吾亦得志矣可乎大夫莫對薳啟疆曰可苟有其備何故不可恥匹夫不可以無備况恥國乎是以聖王務行禮不求恥人朝聘有珪（珪以爲信）享覜有璋（享饗也覜見也既朝聘而享見也臣爲君使執璋）小有述職（諸侯適天子曰述職）大有巡功（天子巡守曰巡功）設几而不倚爵盈而不飲（言務行禮）宴有好貨（宴飲以貨爲好衣服車馬在客所無）飧有陪鼎（熟食爲飧陪加也加鼎所以厚殷勤）入有郊勞（賓至逆勞之於郊）出有贈賄（去則贈之以貨賄）禮之至也國家之敗失之道也則禍亂興（失朝聘宴好之道）城濮之役晉無楚備以敗於邲邲之役楚無晉備以敗於鄢自鄢以來晉不失備而加之以禮重之以睦（君臣和也）是以楚弗能報而求親

焉既獲姻親又欲恥之以召寇讎備之若何（言何以爲備）誰其重此（言然重）若有其人恥之可也（謂有賢人以敵晉則可恥之）若其未有君亦圖之晉之事君臣曰可矣求諸侯而麇至（麇群也）求昏而薦女（薦進也）君親送之上卿及上大夫致之猶欲恥之君其亦有備矣不然柰何韓起之下趙成中行吳魏舒范鞅知盈（五卿位在韓起之下皆三軍之將佐也成趙武之子吳荀偃之子）羊舌肸之下祁午張趯籍談女齊梁丙張骼輔躒苗賁皇皆諸侯之選也（言非凡人）韓襄爲公族大夫韓須受命而使之（韓襄無忌子也爲公族大夫須起之門子年雖幼已任出使）箕襄邢帶（二人韓氏族）叔禽叔椒子羽（皆韓起庶子）皆大家

也韓賦七邑皆成縣也成縣賦百乘也羊舌四族皆彊家也四族銅鞮伯華叔向叔魚叔虎兄弟四也晉人若喪韓起羊肸五卿八大夫五卿趙成以下八大夫祁午以下輔韓須羊石石叔向子食我也因其十家九縣韓氏七羊舌氏四而言十家舉大數也羊舌四家共二縣故但言彊家長轂九百長轂戎車也縣百乘其餘四十縣遺守四千計遺守國者尚有四千乘奮其武怒以報其大恥伯華謀之伯華叔向兄中行伯魏舒帥之伯仲行吳其蔑不濟矣君將以親易怨失婚姻之親實無禮以速冦而未有其備使群臣往遺之禽以逞君心何不可之有王曰不穀之過也大夫無辱謝遠啓疆厚爲韓子禮王欲敖叔向以其所不知而不能言叔向之多知亦

册府元龜 陪臣部 規諷三 卷之七百四十二 五

厚其禮

申無宇楚大夫也楚靈王城陳蔡不羹襄城縣東南有不羹城定陵西北有不羹亭使棄疾爲蔡公王問於申無宇曰棄疾在蔡何如對曰擇子莫如父擇臣莫如君鄭莊公城櫟而寘子元焉使昭公不立子元鄭公子莊公寘子元於櫟桓十五年厲公因之以殺櫟大夫檀伯遂居櫟卒使昭公不安位而見殺齊桓公城穀而寘管仲焉至於今賴之臣聞五大不在邊五細不在庭上古金木水火土謂之五官玄鳥氏丹鳥氏亦有五又以五鳩氏五雉爲五工正盖五官之本也末世遂事施職是以官無常數今無宇稱習古言故云五大言五官之長專盛過節則不可居邊細弱不勝任亦不可居朝廷親不在外羇不在內今棄疾在外鄭丹在內襄十九年丹奔楚君其少戒王曰國有大城何如對曰鄭京櫟實殺曼伯曼伯檀伯也厲公得櫟又并京宋蕭亳實殺子游在莊十二年齊渠丘實殺無知在莊九年渠丘今齊國西安縣也齊大夫雍廪邑衛蒲戚實出獻公蒲甯殖邑戚孫林父邑出獻公在襄十四年若由是觀之則害於國末大必折折其本尾大不掉君所知也又云楚靈王城陳蔡不羹使僕夫子晳問於無宇曰吾不服諸夏而獨事晉何也惟晉近我遠也今吾城二國賦皆千乘亦當晉矣又加之以楚諸侯其來乎對曰其在志也國爲大城未有別利者昔鄭有京櫟衛有蒲戚宋有蕭蒙魯有卞費齊有渠丘晉有曲沃秦有徵衙叔段以京患嚴公鄭幾不封櫟人實使鄭子不得其位衛蒲戚實出獻公宋蕭蒙實殺昭公魯卞費實弱襄公齊渠丘實殺無知晉曲沃實納齊師秦徵衙實難桓景皆志於諸侯此其不利者也且夫制城邑若體性焉有首領股肱至于指拇毛脈大能掉小故變而不勤地有高下天

册府元龜 陪臣部 規諷三 卷之七百四十二 六

有晦明民有君臣國有都鄙古之制也先王懼其不帥制之以義旌之以服行之以禮辨之以名書之以文道之以言及其失也易物之由夫邊境者國之尾也譬之如牛馬處暑之既至䖟蠻之既多而不能掉其尾臣亦懼之不然是楚三城也豈不使諸侯之心惕惕焉子晳復命王曰是知天咫安知民則是言誕也右尹子華侍曰民天之生也知天必知民矣是其言也可以懼哉三年陳蔡不羹人納弃疾而弑靈王矣

鄭丹楚大夫也楚子狩於州來狩冬獵也次于潁尾潁水之尾在下蔡西使湯侯潘子司馬督囂尹午陵尹喜帥師圍徐以懼吳五子楚大夫徐吳與國欲圍之以偪吳楚子次於乾谿在譙國城父縣南以爲之援雨雪王皮冠秦復陶秦所遺羽衣也翠被以翠羽飾被豹舄以豹皮爲履執鞭而出執鞭以教令僕析父從楚大夫右尹

子革夕子革鄭丹夕莫也王見之去冠被舍鞭敬大臣與之語曰昔我先王熊繹楚始封君與呂級齊大公之子丁公王孫牟衞康叔子康伯燮父晉唐叔之子禽父周公子伯禽並事康王康王成王子四國皆有分我獨無有四國齊晉魯衞分珍寶之器今吾使人於周求鼎以爲分王其與我乎對曰與君王哉昔我先王熊繹辟在荆山在新城沶鄉縣南篳路藍縷以處草莽跋涉山林以事天子惟是桃弧棘矢以共禦王事桃弧棘矢以禦不祥言楚在山林少所出有齊王舅也成王母齊太公女晉及魯衞王母弟也楚是以無分而彼皆有今周與四國服事君王將命是從豈其愛鼎王曰昔我皇祖伯父昆吾舊許

是宅陸終氏生六子長曰昆吾少曰季連季連楚之祖故謂昆吾爲伯父昆吾嘗居許地故曰舊許是宅今鄭人貪賴其田而不我與我若求之其與我乎對曰與君王哉周不愛鼎鄭敢愛田王曰昔諸侯遠我而畏晉今我大城陳蔡不羹賦皆千乘子與有勞焉諸侯其畏我乎對曰畏君王哉是四國者專足畏也四國陳蔡二不羹又加之以楚敢不畏君王哉工尹路請曰君王命剝圭以爲鏚柲鏚斧也柲柄也破圭以飾斧柄敢請命請制度之命王入視之析父謂子革曰吾子楚國之望也今與王言如響國其若之何譏其順王心如響應聲子革曰摩礪以須王出吾刃將斬矣以已喻鋒刃欲自摩厲以斷王之淫慝王出復語左史倚相趨過倚相楚史名王曰是良史也子善視之是能讀三墳五典八索九丘皆古書名對曰臣嘗聞焉昔穆王欲肆其志周穆王肆極也周行天下將皆必有車轍馬迹焉祭公謀父作祈招之詩以止王心謀父周卿士祈父周司馬世掌甲兵之職招其名祭公方諫游行故指司馬官而言此逸詩矣王是以獲没於祇宮獲没不見篡弑臣問其詩而不知也若問遠焉其焉能知之王曰子能乎對曰能其詩曰祈招之愔愔式昭德音愔愔安和貌式用也昭明也思我王度式如玉式如金金玉取其堅重形民之力而無醉飽之心言國之用巳當隨其力任如金冶之器隨器而制形故言形民之力去其醉飽過盈之心王揖而入饋不食寢不寐數日深感

子革之言不能自克以及於難克勝也仲尼曰古也有志克己復禮仁也信善哉楚靈王若能如是豈其辱於乾谿

白公子張楚大夫也靈王虐子張驟諫王患之謂史考曰吾欲已子張之諫若何史考子亹已止對曰用之實難已之易矣若諫君則曰余左執鬼中右執殤宮中身也禮曰其中退然天死曰殤殤害殤之居也執謂把其錄籍制服其身如其居處若今世云能使殤也凡百箴諫吾盡聞之矣寧聞佗言不欲聞諫白公又諫王如史考之言對曰昔殷武丁能聳其德至于神明武丁高宗聳敬至通也通於神明夢見傳說也於是乎三年嘿以思道嘿諒闇也思道思君

人之道書曰高宗諒闇不言言乃讙也卿士患之患不言也曰王言以出令也若不言是無所稟令也稟受武丁於是作書以書解卿士曰以余正四方余恐德之不類茲故不言類善茲此如是而又使以象旁求四方之賢聖思賢而夢見之識其容狀故作其象而使求之也得傳說以來升以爲公公上公也書序高宗夢傳說使伯工營求之野得傳說作說命而使朝夕規諫曰若金用汝作礪使磨礪也若涉水用汝作舟喻遺涉水若大旱用汝作霖雨大旱自比苗稼三日以上爲霖啓乃心沃朕心啓開也賢者之心比霖雨若藥不瞑眩厥疾不瘳以藥喻忠言瞑眩煩瞀攻已急也瘳愈也若跣不視地厥足用傷以失道比徒跣而不視若武丁之神明也通於神明旣得道猶不敢專制

使以象旁求聖人以爲輔今君或者未及武丁而惡規諫者不亦難乎難以保國齊桓晉文皆非嗣也非嫡嗣還軫諸侯不敢淫逸還軫謂出奔心類德音以得有國類善近臣諫遠臣謗輿人誦以自誥也輿衆也誦誦善敗也誥告也是以其入也四封不備一同備滿也方百里曰同方欲美之故尤小焉而至於是有畿田方千里曰畿以屬諸侯屬會至於今爲令君桓文皆然君不度於二令君而欲自逸也無乃不可乎周詩有之曰弗躬弗親庶民弗信爲政不躬親則衆民不信臣懼民之不信君也故不敢不言不然何意其以言取罪也王病之曰子復語病不能然故復使語不穀雖不能用吾憖寘之於身憖猶願也寘置也對曰賴君之用之也故言賴恃不然巴浦之犀犛兕象其可盡乎其又以規爲瑱也犛犛牛規諫也瑱所以塞耳言四獸之牙角可以爲瑱難盡而又以規諫爲之乎今象出徼外其三獸則荊交有焉巴浦地名或曰巴郡浦合浦遂趨而退歸杜門不出七月乃有乾谿之亂靈王死之

叔向晉大夫也楚公子棄疾如晉報韓子也報送女韓宣子之適楚也楚人弗逆公子棄疾及晉境晉侯將亦弗逆叔向曰楚辟我衷辟邪也衷正也若何效辟詩曰爾之教矣民胥效矣言上教下效從我而已焉用效人之辟書曰聖作則逸書則法也無寧以善人爲則無寧寧也而則人

之辟乎匹夫爲善民猶則之況國君乎晉侯說乃逆之

子瑕楚令尹也言蹶由於楚子蹶由吳王弟靈王執以歸曰彼何罪諺所謂室於怒市於色者楚之謂矣言靈王怒吳子而執其弟猶人忿於室家而作色於市人舍之怒可也乃歸蹶由

晏嬰齊大夫齊莊公將伐晉問於晏子晏子對曰君德合而欲多養欲而意驕德合而欲多者危養欲而意驕者困今君志於勇力之士以伐盟主幸而不濟君之福不幸而有功憂必及君莊公作色不悅晏子辭而不爲臣退而窮處堂下生藜藿門外生荊棘莊

公終任勇力之士西伐晉取朝歌及大行萃而民散身滅於崔氏又景公欲更晏子之宅曰子宅近市湫隘囂塵不可以居（湫下隘小囂聲塵土）請更諸爽塏者（爽明塏燥）辭曰君之先臣容焉（先臣晏子之先人）臣不足以嗣之於臣侈矣（侈奢也）且小人近市朝夕得所求小人之利也敢煩里旅（旅衆也不敢勞衆爲已宅）公笑曰子近市識貴賤乎對曰既利之敢不識乎公曰何貴何賤於是景公繁於刑（繁多也）有鬻踊者故對曰踊貴屨賤景公爲是省于刑君子曰仁人之言其利溥哉晏子一言而齊侯省刑詩曰君子如祉亂庶遄已（如行也祉福也遄庶也言君子行福則庶幾亂即止也）

其是之謂乎又景公疥遂痁（痁瘧疾也）期而不瘳諸侯之賓問疾者多在梁丘據與裔款（二子齊嬖大夫）言於公曰吾事鬼神豐於先君有加矣今君疾病爲諸侯憂是祝史之罪也諸侯不知其謂我不敬君盍誅於祝固史嚚以辭賓（欲殺嚚固以辭謝來問疾之賓）公說告晏子晏子曰日宋之盟（日往日也宋盟在襄二十七年）屈建問范會之德於趙武趙武曰夫子之家事治言於晉國竭情無私其祝史祭祀陳信不愧其家事無猜其祝史不祈（家無猜疑之事故史無求於鬼神）建以語康王（楚王）康王曰神人無怨宜夫子之光輔五君以爲諸侯主也（五君文襄靈成景）公曰據與款謂寡人能事鬼神故欲誅於祝史子稱是語何故對曰若有德之君外內不廢（無廢事）上下無怨動無違事其祝史薦信無愧心矣（君有功德祝史陳說之無所愧）是以鬼神用饗國受其福祝史與焉（與受國福）其所以蕃祉老壽者爲信君使也其言忠信于鬼神其適遇淫君外內頗邪上下怨疾動作辟違從欲厭私（使私情厭足）高臺深池撞鍾舞女斬刈民力輸掠其聚（掠奪取也）以成其違不卹後人暴虐淫縱肆行非度無所還忌（還猶顧也）不思謗讟不憚鬼神神怒民痛無悛於心其祝史薦信是言罪也（以實白神是言君罪）其蓋失數美是矯誣也（蓋掩也）進退無辭則虛以求

媚（作虛詞以求媚於神）是以鬼神不饗其國以禍之祝史與焉所以夭昏孤疾者爲暴君使也其言僭嫚於鬼神公曰然則若之何對曰不可爲也（言非誅祝史所能治）山林之木衡鹿守之澤之萑蒲舟鮫守之藪之薪蒸虞候守之海之鹽蜃祈望守之（衡鹿舟鮫虞候祈望皆官名也言公專守山澤之利不與民共）縣鄙之人入從其政偪介之關暴征其私（介隔也迫近國都之關言邊鄙既入服政後又爲近關所征稅任暴奪其私物）承嗣大夫強易其賄（承嗣大夫世位者）布常無藝（藝法制也布政無制）徵斂無度宮室日更淫樂不違（違去也）內寵之妾肆奪於市（肆放也）外寵之臣僭令於鄙（詐爲教令於邊鄙）私欲養求不給則應（養長也所求不給則應之）

以犁民人苦病夫婦皆詛祝有益也詛亦有損聊攝以東聊攝齊西界也平原聊城縣東北有攝城姑尤以西姑尤齊東界也姑水尤水皆在城陽郡東南入海其爲人也多矣雖其善祝豈能勝億兆人之詛十萬曰億十億曰兆君若欲誅於祝史修德而後可公說使有司寬政毁關去禁薄斂已責除逋責景公田於沛至自田晏子侍於遄臺子猶馳而造焉子猶梁丘據公曰唯據與我和夫晏子對曰據亦同也焉得爲和公曰和與同異乎對曰異和如羹焉水火醯醢鹽梅以烹魚肉燀之以薪燀炊也宰夫和之齊之以味濟其不及以洩其過濟益也洩減也君子食之以平其心君臣亦然亦如羹

君所謂可而有否焉否不可也臣獻其否以成其可獻君之否以成其可君所謂否而有可焉臣獻其可以去其否是以政平而不干民無爭心故詩曰亦有和羹旣戒旣平詩頌殷中宗言中宗能與賢者和齊可否其政如羹敬戒且平和羹備五味異於大羹鬷假無言時靡有爭鬷總也假大也言總大政能使上下皆如和羹先王之濟五味濟成也和五聲也以平其心成其政也聲亦如味一氣須氣以動二體舞者有大武三類風雅頌四物雜用四方之物以成器五聲宮商角徵羽六律黃鍾大族姑洗蕤賓夷則無射也陽聲爲律陰聲爲呂比十二月氣七音周武王伐紂自午及子凡七日武王因此以數合之以聲昭之故以七同其數以律和其聲謂之七音八風八方之風九歌九功之德皆可歌也六府三事謂之九功以相成也言此九者合然後相成爲和樂清濁大小長短疾徐哀樂剛柔遲速高下出入周流以相濟也周密也君子聽之以平其心心平德和故詩曰德音不瑕心平則德音無瑕闕今據不然君所謂可據亦曰可君所謂否據亦曰否若以水濟水誰能食之若琴瑟之專一誰能聽之同之不可也如是飲酒樂公曰古而無死其樂若何晏子對曰古而無死則古之樂也君何得焉昔爽鳩氏始居此地爽鳩氏少皞之司寇也季前因之季前虞夏諸侯代爽鳩氏者有逢伯陵因之逢伯陵殷諸侯姜姓蒲姑氏因之蒲姑氏殷周之閒代逢公者而後大公因之古若無死爽鳩氏之樂非君所願也齊侯甘於所樂志於不死晏子稱古

以節其情願又景公時有彗星齊侯使禳之晏子曰無益也祇取誣焉誣欺也天道不諂諂疑也不貳其命若之何禳之且天之有彗也以除穢也君無穢德又何禳焉若德之穢禳之何損詩曰惟此文王小心翼翼昭事上帝聿懷多福厥德不回以受方國翼翼共也聿惟也回違也言文王德不違天人故四方之國歸往之也君無違德方國將至何患於彗詩曰我無所監夏后及商用亂之故民卒流亡逸詩也言追監夏商之亡皆以亂故若德回亂民將流亡祝史之爲無能補也公說乃止又景公與晏子坐於路寢公歎曰美哉室其誰有此乎景公自知德不能久有國故歎也晏子曰敢問何謂

也公曰吾以爲在德對曰如君之言其陳氏乎陳氏雖無大德而有施於民豆區釜鍾之數其取之公也薄(以公量收)其施之民也厚(以私量貸)公厚斂焉陳氏厚施焉民歸之矣詩曰雖無德與女式歌且舞(義取雖無大德要有喜說之心欲歌舞之式用也)陳氏之施民歌舞之矣後世若少惰陳氏而不亡則國其國也已公曰善哉是可若何對曰惟禮可以已之在禮家施不及國民不遷農不移工賈不變(常守業)士不濫(不失職)官不滔(滔慢也)大夫不收公利(不作福)公曰善哉我不能矣吾今而後知禮之可以爲國也對曰禮之可以爲國也久矣與天地並(有天地則

禮義興)君令臣共父慈子孝兄愛弟恭夫和妻柔姑慈婦聽禮也君令而不違臣共而不二父慈而教子孝而箴(箴諫也)兄愛而友弟敬而順夫和而義妻柔而正姑慈而從(從不自專)婦聽而婉(婉順也)禮之善物也公曰善哉寡人今而後聞此禮之上也對曰先王所稟於天地以爲其民是以先王上之(稟受也)

大宰犯楚大夫也宋華氏之亂晉曹衛救宋敗華氏圖諸南里楚薳越帥師將逆華氏大宰犯諫曰諸侯唯宋事君今又爭國釋君而臣是助無乃不可乎王曰而告我也後旣許之矣

子家駒魯大夫也魯昭公將弒季氏(傳言弒者從昭公之詞)告子家駒曰季氏爲無道僭於公室久矣(諸侯稱公室)吾欲弒之如何(昭公素畏季氏意者以爲如人君故言弒)子家駒曰諸侯僭於天子大夫僭於諸侯久矣昭公曰吾何僭矣哉(失禮成俗不自知也)子家駒曰設兩觀(禮天子諸侯臺門天子外闕兩觀諸侯內闕一觀)乘大路(禮天子大路諸侯路車大夫大車士飾車)朱干(干楯也以朱飾楯)以玉戚(戚斧也以玉飾斧)以舞大夏(大夏夏樂也周所以舞于樂者王者始起未制作之時取先王之樂與已同者假以風化天下天下大同乃自作樂取夏樂者與周俱文也王者舞六樂於宗廟之中舞先王之樂明有法也舞已之樂明有制也舞四夷之樂大德廣及之也東夷之樂曰株離南夷之樂曰任西夷之樂曰禁北夷之樂曰昧)八佾以舞大武此皆天子之禮也且夫牛

馬維婁(繫馬曰維繫牛曰婁)委已者也(委食已者)而柔焉(柔順)季氏得民衆久矣(季氏專賞罰得民衆之心久矣民順從之猶牛馬之於委食已者)君無多辱焉(恐民不欲從君命而爲季氏用反逐君故云爾子家駒上說正法下引時事以諫者欲使昭公先自正乃正季氏)昭公不從其言終敗焉(果反爲季氏所逐)

公子西楚大夫也吳子使徐人執掩餘使鍾吾人執燭庸(二十七年奔故)二公子奔楚楚子大封而定其從(大封與土而定其所從之居)使監馬尹大心逆吳公子使居養(二子奔楚楚使逆之於境也養即所封之邑)莠尹然左司沈尹戌城之(城養)取其城父與胡田以與之(胡田故胡之地)將以害吳也子西諫曰吳光新得國而親其民視民如子辛苦同之將用之也

君好吾邊疆使柔服焉猶懼其至（柔服謂不與吾搆怨）吾又彊其仇以重怒之無乃不可乎（讎謂二公子）吳周之胄裔也而棄在海濱不與姬通今而始大比於諸華光又甚文將自同於先王（先王謂大王王季亦自西戎始比諸華）不知天將以爲虐乎使翦喪吳國而封大異姓乎其抑亦將卒以祚吳乎其終不遠矣（言其事行可如不久）我盍姑億吾鬼神（億安也）而寧吾族姓以待其歸（善惡之歸）將焉用自播揚焉（播揚猶勞動也）王弗聽吳子怒執鍾吾子遂伐徐防山以水之（防壅山水以灌徐）滅徐又昭王之奔隨也將涉於成臼（江夏竟陵縣西有臼水出聊屈山西南入漢）藍尹亹涉其帑（亹楚大夫）不與王舟及

寧王欲殺之（寧安定也）子西曰子常惟思舊怨以敗君何效焉王曰善使復其所吾以志前惡（惡過也）

子綦楚司馬也楚昭王欲之荆臺游子綦諫曰荆臺之游左洞庭之波右彭蠡之水南望獵山下臨方淮其使人遺老而忘死也王不可游也

公叔發衞大夫公叔文子也魯伐鄭不假道於衞衞侯怒使彌子瑕追之公叔文子老矣輦而如公曰尤人而效之非禮也昭公之難君將以文之舒鼎（衞文公之鼎）成之昭兆（寶龜）定之鞶鑑（鞶帶而以鏡爲飾也今西方羌胡猶然古之遺服）苟可以納之擇用一焉公子與二三臣之子諸侯苟憂之將以爲之質（爲質求納魯昭公）此群臣之所聞也今將以小忿蒙舊德（蒙復也）無乃不可乎大姒之子（大姒文王妃）唯周公康叔爲相睦也而效小人以棄之不亦誣乎天將多陽虎之罪以斃之君姑待之若何乃止（止不伐魯師）

伍員吳大夫吳王夫差敗越於夫椒（夫椒吳郡縣西南太湖中椒山）遂入越越子以甲楯五千保於會稽（上會稽山也在會稽山陰縣南）使大夫種因吳大宰嚭以行成吳子將許之伍員曰不可臣聞之樹德莫如滋去疾莫如盡昔有過澆殺斟灌以伐斟鄩（澆寒浞子封於過者二斟夏同姓諸侯襄四年傳曰澆用師滅斟灌）滅

夏后相（夏后相啓孫也后相失國依於二斟復爲澆所滅）后緡方娠逃出自竇（后緡相妻娠懷身也）歸於有仍（后緡有仍氏女）生少康焉爲仍牧正（牧官之長）惎澆能戒之（惎毒也戒備也）澆使椒求之（椒澆臣）逃奔有虞爲之庖正以除其害（虞舜後諸侯也梁國有虞縣庖正掌膳羞之官賴此以得除巳害）虞思於是妻之以二姚（思有虞君也虞思以二女妻少康姚虞姓）而邑諸綸（綸虞邑）有田一成有衆一旅（方十里爲成五百人爲旅）能布其德而兆其謀（兆始）以收夏衆撫其官職（襄四年傳曰靡自有鬲氏收二國之燼以或浞而立少康）使女艾諜澆（女艾少康臣諜謀也）使季杼誘豷（豷澆弟也季杼少康子后杼也）遂滅過戈復禹之績（過澆國戈豷國）祀夏配天不失舊物（物事也）今吳不如過而越大於少康或將

豈之不亦難乎言與越或是使越豐大必爲吳難句踐能親而務施施不失人所加惠賜皆得其人親不棄勞推親愛之誠則不遺小勞與我同壤而世爲仇讎於是乎克而弗取將又存之違天而長寇讎猶言天與不取後雖悔之不可食已食消也已止也姬之衰也日可俟也姬吳姓言可計日而待介在蠻夷而長寇仇以是求伯必不行矣弗聽吳王夫差乃告諸大夫曰孤將有大志於齊欲代齊吾將許越成而無拂吾慮拂絕若越既改吾又何求若其不改反行吾振旅焉代齊反振旅而討之也申胥諫曰不可許也申胥即伍員也夫越非實忠心好吳也又非懾畏吾甲兵之強也大夫種勇以善謀將還

玩吳國於股掌之上以得其志還轉玩弄也胳本曰股夫固知君王之蓋威以好勝也蓋猶尚也故婉約其辭以從迎王志婉順約卑從隨也使淫樂於諸夏之國以自傷使吾甲兵鈍獘民人離落而日以憔悴離畔落殞憔悴疲病也然後安受吾燼夫越王好信以愛民四方歸之年穀時熟日長炎炎炎炎進貌及吾猶可以戰也爲虺弗摧爲蛇將若何虺小蛇傳曰封豕長蛇吳王曰大夫奚隆於越奚何隆盛越曾足以爲大虞乎虞度若無越則吳何以春秋曜吾軍士乃許之成夫差既許越成乃大戒師徒將以伐齊申胥進諫曰越之在吳也猶人之有腹心之疾也今王非越是圖而齊魯以爲憂事夫齊魯譬諸疥癬也疥癬在外爲害微豈能涉江淮而與我爭此地哉將必越實有吳土壤地接而越修德也王盍亦鑑於人無鑑於水鑑鏡也以人爲鏡見成敗以水爲鏡見形而已書曰人無於水鑑當於民鑑昔楚靈王不君不得君道其臣箴諫以不入入受乃築臺於章華之上章華地名闕爲石郭陂漢以象帝舜闕穿陂壅也舜葬九疑其山體水旋其丘故壅漢水使旋石郭以象之也罷獘楚國以間陳蔡間候也候其隙而取之魯昭八年楚滅陳十一年滅蔡不脩方城之內方城楚北山踰諸夏而圖東國諸夏陳蔡東國徐夷吳越也三歲於沮汾以服吳越沮汾水名楚東鄙沮汾之間乾谿也魯昭六年楚令尹子蕩帥師伐吳師于豫章次于乾谿其民不忍饑勞之殃三軍叛王於

乾谿殃害也民罷國亂中外叛潰事在魯昭十三年王親獨行屏營彷徨於山林之中三日乃見其涓人疇涓人今中涓也疇名王呼之曰余不食三日矣疇趨而進王枕其股以寢於地王寐疇枕王以墣而去墣塊王覺而無見也乃匍匐將入於棘闈棘闈不納也棘楚邑闈門乃入芋尹申亥氏焉申亥楚大夫芋尹無宇之子傳曰治夏將入鄭申亥曰吾父再于命王弗誅惠孰大焉乃求王遇諸棘闈也王縊申亥負王以歸而土埋之其室傳曰王縊申亥以其二女殉而葬也此志也豈遽忘於諸侯之耳乎志記也言此事皆見記於諸侯諸侯之耳尚未忘今王既變鯀禹之功王夫差也變易也魯語禹能以德修鯀之功也而高高下下以罷民於姑蘇高高起臺榭下下深汙池姑蘇臺名在吳西近湖

天奪吾食都鄙薦饑天奪吾食稻蟹也都國鄙邊邑薦重也今王將狼天而伐齊狼逼夫吳氏離矣有離畔心體有所傾辟如群獸然一介負矢將百群皆奔傾傷也言衆獸群聚其中一介被矢則百群皆走以言吳氏瞻陳兢戰少有傾傷亦復然王其無方收也方道收還越人必來襲我王雖悔之其猶有及乎王弗聽吳將伐齊越子率其衆以朝焉王及列士皆有饋賂吳人皆喜唯子胥懼曰是豢吳也夫諫曰越在我心腹之疾也壤地同而有欲於我夫其柔服求濟其欲也不如早從事焉得志於齊猶獲石田也無所用之越不爲沼吳其凶矣使醫除疾而曰必遺類焉者未之有也盤庚之誥曰其有顛越不共則殄滅無遺育無俾易種于茲新邑是商所以興也今君易之將以求大不亦難乎弗聽

鮑文子齊大夫魯陽虎出奔齊請師以伐魯曰三加

必取之三加兵於魯齊侯將許之鮑文子諫曰臣嘗爲隸於施氏矣施氏魯大夫文子鮑國也成十七年齊人召而立之至今七十四歲於是文子蓋九十餘矣魯未可取也上下猶和衆庶猶睦能事大國大國晉也而無天菑若之何取之陽虎欲勤齊師也齊師罷大臣必多死亡己於是乎奮其詐謀夫陽虎有寵於季氏而將殺季孫以不利魯國而求容焉求自容親富不親仁君焉用之君富於季氏而大於魯國茲陽虎所欲傾覆也魯免其疾而君又收之無乃害乎

逢滑爲陳大夫吳之入楚也使召陳懷公懷公朝國人而問焉曰欲與楚者右欲與吳者左陳人從田無田從黨都邑之人無田者隨黨而立不知所與故直從所居田在西者居右在東者居左逢滑當公而進當公不左不右曰臣聞國之興也以福其亡也以禍今吳未有福楚未有禍楚未可棄吳未可從而晉盟主也若以晉辭吳若何公曰國勝君亡非禍而何楚爲吳所勝對曰國之有是多矣何必不復小國猶復況大國乎臣聞國之興也視民如傷是其福也如傷恐驚動其亡也以民爲土芥是其禍也芥草也楚雖無德亦不艾殺其民吳日敝於兵暴骨如莽草之生於廣野莽莽然故曰草莽而未見德焉天其或者正訓楚也使懼而改過禍之適吳其何日之有言今至陳侯從之

巡按福建監察御史臣李嗣京 訂正
知閩縣事臣曹冉臣參閱
知建陽縣事臣黃國琦較釋

陪臣部一十三

規諷第四

孔子爲魯大夫定公問君使臣臣事君如之何（定公君臣失禮公患之故問）孔子對曰君使臣以禮臣使君以忠定公又問一言而可以興邦有諸孔子對曰言不可以若是其幾也（以其大要而言不能即興國幾近也有近一言可以興國）人之言曰爲

君難爲臣不易如知爲君之難也不幾乎一言而興邦乎（事不可以一言而成如知此則可近也）曰一言而喪邦有諸孔子對曰言不可以若是其幾也人之言曰予無樂乎爲君唯其言而莫予違也（言無樂于爲君所樂者惟樂其言而不見違）如其善而莫之違也不亦善乎如不善而莫之違也不幾乎一言而喪邦乎（人君所言善無違之者則善也所言不善而無敢違之者則近一言而喪國）

顏淵魯人侍魯定公于臺東野畢御馬于臺下定公曰善哉東野畢之御顏淵曰善則善矣然其馬將佚定公不悅以告左右曰吾聞君子不讒人君子亦讒人乎顏淵不悅歷階而去須臾馬敗聞矣定公躐席而起曰趣駕請顏淵顏淵至定公曰向寡人曰善哉東野畢御也吾子曰善則善矣雖然其馬將佚矣不識吾子何以知之也顏淵曰臣以政知之昔舜工於使人造父工於使馬舜不窮其民造父不盡其馬是以舜無佚民造父無佚馬也今東野畢之御也上車執轡御體正矣周旋步驟朝禮畢矣歷險致遠而馬力殫矣然求不已是以知其佚也定公曰善可少進與顏淵曰獸窮則觸鳥窮則啄人窮則詐自古及今未見有窮其下能無危者未之有也詩曰執轡如組

兩驂如舞善御之謂也定公曰善哉寡人之過也

有若爲魯季氏宰哀公問於有若曰年饑用不足如之何有若對曰盍徹乎（盍何不也周法什一而稅謂之徹徹通也爲天下之通法）曰二吾猶不足如之何其徹也（二謂什二而稅）對曰百姓足君孰與不足百姓不足君孰與足（孰誰也）

范蠡爲越大夫越王句踐即位三年而欲伐吳范蠡進諫曰夫國家之事有持盈（持守盈滿）有定傾（定安傾危）有節事（節制）王曰爲三者柰何范蠡對曰持盈者與天（與天法天也天道盈而不溢盛而不驕）定傾者與人（與人取人之心也人道好謙傾危之中當卑辭尊禮玩好女樂尊之以名也）節事者與地（與地法地時不至不可強生事不究不可強成）

之爲王不問蠡不敢言天道盈而不溢陽盛則損月滿則虧盛而不驕盛元氣廣大時也不驕不自縱弛也勞而不矜其功也勞動而不已也矜大也不自大其功施而不德也夫聖人隨時以行是謂守時隨時時行則行時止則止天時不作弗爲之客作起也攻者爲客起謂天時利害災變之應人事不起弗爲之始人事謂怨叛逆亂之萌先動爲始今君王未盈而溢未盈國未富實而君意溢未盛而驕道化未盛而自驕不勞而矜其功未有勤勞而自大其功天時不作而先爲人客吳未有天災而欲伐之人事不起而創爲之始此逆於天而不和於人天應未至人事不起故逆於天而失人和也王若行之將妨於國家靡王躬行妨害靡損王弗聽蠡進諫曰夫勇者逆德也德尚禮讓勇則攻奪兵者凶

器也言害人爭者事之末也言賢者修其德政而遠方附事文德不行然後用武故曰爭者事之末陰謀逆德好用凶器陰謀兵謀勇爲逆德始於人者人之所本也始以伐人人終害之淫佚之事上帝之禁也淫佚放濫先行此者不利王曰無是貳言也吾已斷之矣貳二也二言陰謀淫佚也果興師而伐吳戰於五湖五湖今泰湖不勝棲於會稽越王歸自會稽其後十五年王召范蠡而問焉曰諺有之曰觥飯不及壺飧觥大也大飯盛饌也盛饌未具不能以虛待之不及壺飧之救饑疾也言已欲滅吳取使意得之而已不能待有餘力也今歲晚矣子將柰何蠡對曰微君王之言微無臣固將謁之謁請也伐吳臣聞從時者猶救火追亡人也蹶而趨之唯恐不及蹶走

王曰喏遂興師伐吳於五湖吳人聞之出挑戰一日五反王弗忍欲許之不忍其忿蠡進諫曰夫謀之廊廟失之中原其可乎王姑勿許也臣聞之得時無怠時不再來天予不取反爲之災贏縮轉化後將悔之贏縮進退轉化變易天節固然固然有轉化唯謀不遷謀必素定不可遷移王曰喏弗許蠡曰臣聞古之善用兵者謂若黃帝武湯贏縮以爲常四時以爲紀以爲常隨其贏縮也紀法也四時有轉運用兵有利鈍也周語曰王欲合是五位二所而用之是也無過天極究數而止極至也究窮也無過天道之所至窮其數而止天道皇皇日月爲常皇皇著明常象也明者以爲法微者則是行明謂日月盛滿時也微謂虧損薄蝕也法其明者以進取行其微時以隱遁也陽至

而陰陰至而陽至極日困而還月盈而虧困窮古之善用兵者因天地之常與之俱行隨時轉運虧盈晦明之常也後則用陰先則用陽後後動先先動用陰謂沈重固客用陽謂輕疾猛厲也近則用柔遠則用剛敵近則用柔順示之以弱遠則抗威厲辭以抗御之後無陰蔽先無陽察後動者大舒靜爲陰蔽也先動者大昰變爲陽察也用人無藝往從其所藝射的也無藝無常所也行軍用人之道因敵制之不預設也故往從其所剛強以禦陽節不盡不死其野言敵以剛強來禦已其陽節未盡尚未可尅故曰不死其野彼來從我固守勿與勿與戰也若將與之必因天地之災彼有災變則可也又觀其民之饑飽勞逸以參之言雖有災民尚逸飽則未也盡其陽節盈吾陰節而奪之彼陽勢已盡而吾陰節盛滿則能奪之

宜爲人客剛強而力疾陽節不盡輕而不可取先動爲客於時宜爲人客剛強力疾陽數未盡雖輕易猶不可得取宜爲人主安徐重固陰節不盡柔而不可迫時宜爲人主安徐重固陰數未盡雖柔而不可固迫也凡陳之道設右以爲牝益左以爲牡陳有牝牡使相受也在陰爲牝在陽爲牡蚤晏無失必順天道晏晚周旋無究究窮也無窮若日月然今其來也剛強而力疾言吳陽勢未盡未可擊王姑待之王曰喏弗與戰其後四年越復伐吳吳士民罷弊輕銳盡死於齊晉而越大破吳因而留圍之三年吳師敗越遂復棲吳王於姑蘇之山吳王使公孫雄吳大夫肉袒膝行而前請成越王曰孤臣夫差敢布腹心異日嘗得

罪於會稽夫差不敢逆命得與君王成以歸今君王舉玉趾而誅孤臣孤臣惟命是聽意者亦欲如會稽之赦孤臣之罪乎句踐不忍欲許之范蠡曰會稽之事天以越賜吳吳不取今天以吳賜越越其可逆天乎且夫君王蚤朝晏罷非爲吳耶謀之二十二年一旦而棄之可乎且夫天與弗取反受其咎伐柯者其則不遠君忘會稽之厄乎句踐曰吾欲聽子言吾不忍其使者范蠡乃鼓進兵曰王已屬政於執事執事蠡自謂也使者去不者且得罪我爲子得罪吳使者泣而去句踐憐之乃使人謂吳王曰吾置王甬東君百家甬東會稽句章縣東海中洲也吳王謝曰吾老矣不能事君王遂自殺

赤章蔓枝厹繇之臣也厹繇山中之國近晉者也智伯欲攻之而無道也無道路爲鑄大鍾方二車軌以遺之厹繇之君特斬岸堙谿以迎鍾赤章蔓枝諫曰詩云唯則定國我胡以得是於智伯夫智伯之爲人也貪而無信必欲攻我而無道也故爲大鍾方二車軌以遺君君因斬岸堙谿以迎鍾師必隨之不聽又諫君曰大國爲權而子逆之不祥子釋之赤章蔓枝曰爲人臣不忠貞罪也忠貞不用遠身可也斬轂而行山中道狹故也至衛七日而厹繇下

大戊午趙大夫趙肅侯游大陵大原有大陵縣亦曰大陸出於鹿門大戊午扣馬曰耕事方急一日不作百日不食肅侯下車謝

卜商字子夏居西河教授爲魏文侯師魏文侯問於子夏曰吾端冕而聽古樂則唯恐卧聽鄭衛之音則不知倦敢問古樂之如彼何也新樂之如此何也端正衣也古樂先王之正樂也子夏對曰今夫古樂進旅退旅和正以廣絃匏笙簧會守拊鼓始奏以文復亂以武治亂以相訊疾以雅君子於是道古脩身及家平均天下者此古樂之法也旅猶俱也俱進俱退言其齊一也和正以廣無姦聲也會猶合也皆也言

衆皆衍擊鼓乃作周禮大師職曰大祭祀帥瞽登歌合奏擊拊下管播樂器令奏鼓朄文謂鼓也武謂金也拊即拊也亦以節樂拊者以韋爲表裝之以糠一名相因以名焉齊人或謂糠爲相雅亦樂器名也狀如漆筩中有椎也今夫新樂進拊姦聲以濫溺而不止及優侏儒獶雜子女不知父子樂終不可以語不可以道古此新樂之發也拊猶曲也言不齊一也濫濫竊也溺而不止聲淫亂無以治之優你獼猴也言舞者如獼猴戲也亂男女之尊卑獶或爲優今君之所問者樂也所好者音也夫樂者與音相近而不同言文侯好音而不知樂也鏗鏘之類皆爲音應律乃爲樂文侯曰敢問何如欲知音樂異也子夏對曰夫古者天地順而四時當民有德而五穀昌疾疢不作而無妖祥此之謂大當然後聖人作爲父子君臣以爲

紀綱紀綱既正天下大定天下大定然後正六律和五聲絃歌詩頌此之謂德音德音之謂樂當謂樂不失其所詩云莫其德音其德克明克明克類克長克君王此大邦克順克俾俾于文王其德靡悔既受帝祉施于孫子此之謂也此有德之音所謂樂也德正應和曰莫照臨四方曰明勤施無私曰類教誨不倦曰長慶賞刑威曰君慈和徧服曰順俾當作比聲之誤也擇善從之曰比施延也言文王之德皆能如此故受天福延于後世也今君之所好者其溺音乎言無文王之德則所好非樂也文侯曰敢問溺音何從出也既習之又不知所由出也子夏對曰鄭音好濫淫志宋音燕女溺志衛音趨數煩志齊音敖辟喬志此四者皆淫於色而害於德是以祭

祀弗用也言四國皆出此溺音濫濫竊姦聲也燕安也春秋傳曰懷與安實敗名趨數讀爲促速聲之誤也煩勞也祭祀不用淫樂詩云肅雍和鳴先祖是聽夫肅肅敬也雍雍和也夫敬以和何事不行言古樂敬且和故無事而不用溺音無所施爲人君者謹其所好惡而已矣君好之則臣爲之上行之則民從詩云誘民孔易此之謂也誘進也孔甚也言民從君所好惡進之於善無難然後聖人作爲鞉鼓椌楬壎篪此六者德音之音也六者爲本以其聲質也椌楬謂柷敔也壎篪或爲簨虡然後鍾磬竽瑟以和之干戚旄狄以舞之此所以祭先王之廟也所以獻酬酳酢也所以官序貴賤各得其宜也所以示後世有尊卑長幼之序官序貴賤謂尊卑樂器列數有

差次鍾聲鏗鏗以立號號以立橫橫以立武君子聽鍾聲則思武臣號號令所以警衆也橫充也謂氣作充滿也石聲磬磬以立辨辨以致死君子聽磬聲則思死封疆之臣石聲磬磬當爲罄字之誤也辨謂分明於節義絲聲哀哀以立廉廉以立志君子聽琴瑟之聲則思志義之臣廉廉隅也竹聲濫濫以立會會以聚衆君子聽竽笙簫管之聲則思畜聚之臣濫之意猶擥聚也會猶聚也聚或爲最鼓鼙之聲讙讙以立動動以進衆君子聽鼓鼙之聲則思將帥之臣聞讙囂則人意動作讙或爲歡動或爲勳君子之聽音非聽其鏗鏘而已也彼亦有所合之也以聲合成己之意

李克魏人魏文侯問曰吳之所以亡者何也對曰數戰而勝文侯曰數戰數勝國之福也其所以亡何也李克對曰數戰則民疲數勝則主驕以驕主使疲民此其所以亡也是故好戰窮武未有不亡者也文侯又問曰人有惡乎對曰有夫貴者則賤者惡之富者則貧者惡之智者則愚者惡之文侯曰善行此三者使人弗惡亦可乎李克曰可臣聞貴而下賤則衆弗惡也富能分貧則士弗惡也智而教愚則童蒙弗惡也文侯曰善哉言乎堯舜其猶病諸寡人雖不敏請守斯語矣

狐卷子魏人魏文侯問曰父賢足恃乎對曰不足子賢足恃乎對曰不足兄賢足恃乎對曰不足弟賢足恃乎對曰不足臣賢足恃乎對曰不足文侯勃然作色而怒曰寡人問此五者於子一一以爲不足者何也對曰父賢不過堯而丹朱放子賢不過舜而瞽叟拘兄賢不過舜而象放弟賢不過周公而管叔誅臣賢不過湯武而桀紂伐望人者不至恃人者不久君欲治從身始人何可恃

箕季魏人魏文侯見其牆壞而不築文侯曰何爲不築對曰不時其牆枉而不端問曰何不端曰固然從者食其園之桃箕季禁之少焉日晏進糲飡瓜瓠之羹文侯出其僕曰君亦無得於箕季矣曩者進食臣竊視之糲飡之食瓜瓠之羹文侯曰吾何無得於箕季也吾一見季而得四焉其牆壞不築對云待時者教我無奪農時也牆枉而不端對云固然者是教我無侵封疆也從者食園桃箕季禁之豈愛桃哉是教我下無侵上也食我以糲飡者箕季豈不能具五味哉教我無多斂於百姓以省飲食之養也

田子方爲魏文侯友文侯與之飲酒而稱樂文侯曰鍾聲不比乎左高子方笑文侯曰奚笑子方曰臣聞

之君明則樂官不明則樂音今君審於聲臣恐君之聾於官也文侯曰善敬聞命

吳起爲魏西河守魏武侯與諸大夫浮於西河稱曰河山之險豈不亦信固哉王鍾侍曰此晉國之所以強也若善脩之則霸王之業具矣吳起對曰吾君之言危國之道也而子又附之是重危也武侯忿然曰子之言有說乎吳起對曰河山之險信不足保也是霸王之業不從此也昔者三苗之居左有彭蠡之波右有洞庭之水大山在其南而衡山在其北恃此險也爲政不善而禹放逐之夫夏桀之國左天門之陰

而右天谿之陽廬睾在其北伊雒出其南有此險也然爲政不善而湯伐之殷紂之國左孟門而右漳滏前帶河後被山有此險也然爲政不善而武王伐之且君親從臣而勝降城城非不高人民非不衆也然而可得并者政惡故也從是觀之地形險阻奚足以霸王矣武侯曰善吾乃今日聞聖人之言也西河之政專委之子矣武侯謀事而當群臣莫能逮朝而有喜色吳起進曰昔者有以楚莊王之語聞者乎武侯曰未也莊王之語柰何吳起曰楚莊王謀事而當群臣莫能逮朝而有憂色申公巫臣進曰君朝而有憂

色何也莊王曰吾聞之諸侯自擇師者王自擇友者霸是已而群臣莫之若者亡今以不穀之不肖而議於朝且群臣莫能逮吾國其幾於亡乎吾是以有憂色也莊王之所以憂而君獨有喜色何也武侯逡巡而謝曰天使夫子振寡人之過也天使夫子振寡人之過也

惠公魏惠王相惠施者也魏惠王死葬有日矣天大雨雪至於牛目群臣多諫太子曰雪甚如此而葬行民必甚疾之官費又恐不給請弛期更日太子曰爲人子者以民勞與費用之故而不行葬不義子勿復言群臣皆莫敢諫以告犀首犀首魏人公孫衍也佩五國相印能合從連横號爲犀首犀首曰吾未有以言之未無是其唯惠公乎請告惠公惠公曰諾駕而見太子曰葬有日矣太子曰然惠公曰昔王季歷葬於渦山之尾欒水齧其墓見棺之前和棺題日和文王曰譆先君必欲一見群臣百姓也天故使欒水見之於是出而爲之張朝百姓皆見之三日而後更葬此文王之義也今葬有日矣而雪甚及牛目難以行太子爲及日之故得無嫌於欲亟葬乎願太子亦曰先王必欲少留而撫社稷安黔首也故使雨雪其因弛期而更爲日此文王之義也若此而不爲義者羞法文王也太子曰甚善敬弛期更擇

日

許綰魏人也魏王將起中天臺令曰敢諫者死許綰負畚操鍤入曰聞大王起中天臺臣願加一力王曰子何力之有加綰曰雖無力能高臺王曰若何曰臣聞天與地相去萬五千里今王因而半之當起七千五百里之臺高既如是其趾須方八千里盡王之地不足以爲臺趾古者堯舜建諸侯地方五千里王必起此臺先以兵伐諸侯盡有其地猶不足又伐四夷得方八千里乃足以爲臺趾材木之積人徒之衆倉

廩之儲數以萬億度八千里之外當定農畆之地足以奉給王之臺者臺具已備乃可以作魏王默然無以應乃罷起臺

騶忌子以鼓琴見齊威王說而舍之右室須臾王鼓琴騶忌子推戶入曰善鼓琴王勃然不說去琴按劒曰夫子見容未察何以知其善也騶忌子曰夫大弦濁以春溫者君也小弦廉折以淸者相也琴操曰大弦者君也寬和而溫小弦者臣也清廉而不亂攫之深以爪持也攫音俱足切醳之愉者一作舒政令也鈞諧以鳴大小相益回邪而不相害者四時也吾是以知其善也王曰善語音騶忌子曰何獨

語音夫治國家而弭人民皆在其中王又勃然不說曰若夫語五音之紀信未有如夫子者也若夫治國家而弭人民又何爲乎絲桐之間騶忌子曰夫大弦濁以春溫者君也小弦廉折以清者相也攫之深而舍之愉者政令也鈞諧以鳴大小相益回邪而不相害者四時也夫復而不亂者所以治昌也連而徑者所以存亡也故曰琴音調而天下治夫治國家而引人民者無若乎五音者王曰善三月而受相印

淳于髡齊之贅壻也齊威王喜隱好爲淫樂長夜之飲沈湎不治委政卿大夫百官荒亂諸侯並侵國且危亡在於旦暮左右莫敢諫淳于髡說之以隱曰國中有大鳥止王之庭三年不蜚又不鳴王知此鳥何也王曰此鳥不飛則已一飛沖天不鳴則已一鳴驚人於是乃朝諸縣令長七十二人賞一人誅一人奮兵而出諸侯振驚皆還齊侵地威王大說後置酒後宮召髡賜之酒問曰先生能飲幾何而醉髡對曰臣飲一斗亦醉一石亦醉威王曰先生飲一斗而醉惡能飲一石哉其說可得聞乎髡曰賜酒大王之前執法在傍御史在後髡恐懼俯伏而飲不過一斗徑醉矣若親有嚴客髡帣韝鞠䐹帣收衣褏也褏衿也韝臂捍也音溝鞠曲也䐹

音其紀切又與跽同謂小跪也侍酒於前時賜餘瀝奉觴上壽數起飲不過二斗徑醉矣若朋友交游久不相見卒然相覩歡然道故私情相語飲可五六斗徑醉矣若乃州閭之會男女雜坐行酒稽留六博投壺相引爲曹握手無罰目眙不禁眙吐饑切直視貌前有墮珥後有遺簪髡竊樂此飲可八斗而醉二參猶言有餘日暮酒闌合尊促坐男女同席履舃交錯杯盤狼藉堂上燭滅主人留髡而送客一本云獨髡坐起送客羅襦襟解微聞薌澤當此之時髡心最歡能飲一石故曰酒極則亂樂極則悲萬事盡然言不可極極之而衰以諷諫焉齊王曰善乃

罷長夜之飲

王斗齊人也欲見齊宣王宣王使謁者延入王斗曰斗趨見王爲好勢王趨見斗爲好士於王何如使者復還報王曰先生徐之寡人請從宣王因趨而迎之於門與入曰寡人奉先君之宗廟守社稷聞先王直言正諫不諱王斗對曰王聞之過斗生於亂世事亂君焉敢直言正諫宣王忿然作色不說有間王斗曰昔先君桓公所好者九合諸侯一正天下天子受籍立爲大伯今王有四焉宣王說曰寡人愚陋守齊國唯恐失抎（魚耒切）之焉能有四焉王斗曰否先君好馬

王亦好馬先君好狗王亦好狗先君好酒王亦好酒先君好色王亦好色先君好士而王不好士宣王曰當今之世無士寡人何好王斗曰世無騏驎騄耳王之駟已備矣世無東郭俊盧氏之狗王之走狗已具矣世無毛嬙西施王宫已充矣王亦不好士也何患無士王曰寡人憂國愛民固願得士以治之王斗曰王之憂國愛民不若王愛尺縠也王曰何謂也王斗曰王使人爲冠不使左右便辟而使工者何也爲能之今王治齊非左右便辟無使也臣故曰不如愛尺縠也宣王謝曰寡人有罪國家於是舉士五人任官齊國大治

莫敖子華楚大夫也楚威王問於莫敖子華曰自從先君文王以至不穀之身亦有不爲爵勸不爲祿勉以憂社稷者乎莫敖子華對曰如子華不足知之矣王曰不於大夫無所聞之莫敖子華對曰君王將何問者也彼有廉其爵貧其身以憂社稷者有崇其爵豐其祿以憂社稷者有斷脰決腹一瞑而萬世不視不知所益以憂社稷者有勞其身愁其志以憂社稷者亦有不爲爵勸不爲祿勉以憂社稷者王曰大夫此言將何謂也莫敖子華對曰昔令尹子文布帛之

衣以朝鹿裘以處未明而立於朝日晦而歸食朝不謀夕無一月之積故彼廉其爵貧其身以憂社稷者令尹子文是也昔者葉公子高身獲於表著而位於柱國定白公之禍寧楚國之事恢先君以揜方城之外四封不侵名不挫於諸侯當此之時也天下莫敢舉兵南鄉葉公子高食田六百畛故彼崇其爵豐其祿以憂社稷者葉公子高是也昔者吳與楚戰於柏舉兩師之閒夫卒交莫敖大心撫其御之手顧而大息曰嗟乎子乎楚國亡之日至矣吾將深入吳軍若扑一人若捽一人以與大心者社稷其庶幾乎故斷

腨夾腹一瞑而萬世不視不知所益以憂社稷者莫敖大心是也昔吳與楚戰於柏舉三戰入郢寡君身出大夫悉屬百姓離散棼冒勃蘇曰吾被堅執銳赴強敵而死此猶一卒也不若奔諸侯於是贏糧潛行上峥山踰深谿蹠穿膝暴七日而薄秦王之朝雀立不轉晝吟宵哭七日不得告水漿無入口瘨而殫悶旄不知人秦王聞而走之冠帶不相及左奉其首右濡其口勃蘇乃蘇秦王身問之子孰誰也棼冒勃蘇對曰臣非異人楚之使棼冒勃蘇吳與楚人戰於柏舉三戰入郢寡君身出大夫悉屬百姓離散使下臣

來告亡且求救秦王顧令不起寡人聞之萬乘之君得罪一士社稷其危今此之謂也遂出華車千乘卒萬人屬之子蒲與子虎下塞以東與吳人戰於濁水而大敗之亦聞於遂蒲故勞其身愁其思以憂社稷者棼冒勃蘇是也吳與楚戰於柏舉三戰入郢君王身出大夫悉屬百姓離散蒙穀結鬬於宮唐之上舍鬬奔郢曰若有孤楚國社稷其庶幾乎遂入大宮負雞次之典以浮於江逃於雲夢之中昭王反郢五官失法百姓昏亂蒙穀獻典五官得法而百姓大治此蒙穀之功多與存國相若封之執圭田六百畛蒙穀怒曰穀非人臣社稷之臣苟社稷血食餘豈患無君乎遂自棄於磨山之中至今無冒故不爲爵勸不爲祿勉以憂社稷蒙穀是也王乃大息曰此古之人也今之人焉能有之耶莫敖子華對曰昔者先君靈王好小腰楚士約食馮而能立式而能起食之可欲忍而不入死之可惡殺而不避子華聞之其君好射者其臣決拾君王直不好若君王誠好賢此五臣者皆可得而致之

摎留韓宣王時人也韓宣王謂摎留曰吾欲兩用公仲公叔其可乎對曰不可晉用六卿而國分簡公用

田成監止而簡公弑魏兩用犀首張儀而西河之外亡今王兩用之其多力者內樹其黨其寡力者籍外權群臣或內樹其黨以擅其主或外爲交以裂其地則王之國必危矣

中期秦昭王時人也秦昭王謂左右曰今時韓魏與始孰強對曰不如始強王曰今時如耳魏齊與孟嘗芒卯孰賢對曰不如芒卯王曰以孟嘗芒卯之賢率強韓魏以攻秦猶無柰寡人何也今以無能之如耳魏齊而率弱韓魏以伐秦其無柰寡人何亦明矣左右皆曰甚然中期馮琴而對曰王之料天下過矣當

晉六卿之時知氏最強滅范中行又率韓魏之兵以圍趙襄子於晉陽决晉水以灌晉陽之城不湛者三板知伯行水魏桓子御韓康子爲參乘知伯曰吾始不知水之可以亡人之國也乃今知之汾水可以灌安邑絳水可以灌平陽魏桓子肘韓康子韓康子履魏桓子肘足接於車上而知氏地分身死國亡爲天下笑今秦兵雖強不能過知氏韓魏雖弱尚賢其在晉陽之下也此方其用肘足之時也願王之必無易也於是秦王恐

貫珠者齊人也莫知其名氏齊襄王立田單相之過

菑水有老人涉菑而寒出不能行坐沙中田單解裘而衣之襄王惡之曰田單之施將欲以取我國乎不早圖恐後之左右顧無人巖下有貫珠者襄王呼而問之曰女聞吾言乎對曰聞之王曰女以爲何若對曰王不如因以爲己善王嘉單之善下令曰寡人憂民之饑也單收而食之寡人憂民之寒也單解裘而衣之寡人憂勞百姓而單亦憂之稱寡人之意單有是善而王嘉之單之善亦王之善也王曰善乃賜單牛酒嘉其行後數日貫珠者復見王曰王至朝日宜召田單而揖之於庭口勞之乃布令求百姓之饑寒者收穀之乃使人聽於閭里聞丈夫之相與語曰田單之愛人嗟嗟乃王之教澤也

貂勃齊襄王時人也王有所幸臣九人之屬欲傷安平君田單相與語於王曰燕之伐齊之時楚王使將軍將萬人而佐齊今國已定而社稷已安矣何不使使者謝於楚王王曰左右孰可九人之屬曰貂勃可貂勃使楚楚王受而觴之數日不反九人之屬相與語於王曰夫一人之身而牽留萬乘者豈不以據勢也哉且安平君之與王也君臣無禮而上下無別且其志欲爲不善內收百姓循撫其心振窮補不足布

德於民外懷戎翟天下之賢士陰結諸侯之雄俊豪英其志欲有爲也願王察之異日而王曰召相單來田單免冠徒跣肉袒而進退而請死罪五日而王曰子無罪於寡人子爲子之臣禮吾爲吾之王禮而已矣貂勃從楚來王賜之宴酒酣曰召相田單而來貂勃避席稽首曰王惡得此亡國之言乎王上者孰與周文王王曰吾不若也貂勃曰然臣固知王之不若也下者孰與齊桓公王曰吾不若也貂勃曰然臣固知王之不若也昔周文王得呂尚以爲太公齊桓公得管夷吾以爲仲父今王得安平君田單且自天地

之開民人之治爲人臣之功者誰有厚於安平君者哉而王曰單惡得此亡國之言乎且王能守王之社稷燕人興師而襲齊墟王走而之城陽之山中安平君以惴惴之即墨三里之城五里之郭敝卒七千人禽其司馬而反千里之齊安平君之功也當是時也闔城陽而王天下莫之能正然而計之於道歸之於義以爲不可故爲棧道木閣而迎王與后於城陽山中王乃得反子臨百姓今國已定民以安矣王乃曰單單且嬰兒之計不爲此王不亟殺此九子者以謝安平君不然國危矣乃殺九子而逐其家益封安平

君以邑萬戶

屈原字平楚大夫秦使張儀獻楚懷王以商於之地六百里使絕齊楚使受地儀詐曰與王約六里不聞六百里懷王怒興師伐秦楚大敗明年秦割漢中地以和楚王不願得地願得張儀而甘心焉儀請如楚儀設詭辯於懷王之寵姬鄭袖鄭袖卒言張儀於王而出之儀出懷王因善遇儀儀因說楚王以叛從約而與秦合親約婚姻張儀已去屈原使從齊來諫王曰何不誅張儀懷王悔使人追儀弗及其後秦昭王與楚婚欲與懷王會懷王欲行屈原曰秦虎狼之國不可信不如無行懷王稚子子蘭勸王行王入武關秦伏兵絕其後因留王竟死於秦

莊辛楚襄王時人也謂楚襄王曰君王左州侯右夏侯輦從鄢陵君與壽陵君專逸侈靡不顧國政郢郢必危矣襄王曰先生老悖乎將以爲楚國妖祥乎莊辛曰臣誠見其必然也非敢以爲國妖祥也君王卒幸四子者不衰楚國必亡矣臣請辟於趙淹留以觀之莊辛之趙留五月秦果舉鄢郢巫山蔡陳之地襄王流揜於城陽於是使人發騶徵莊辛於趙莊辛曰諾莊辛至襄王曰寡人不能用先生之言今事至於

此爲之柰何莊辛對曰臣聞鄙語曰見兔而顧犬未爲晚也亡羊而補牢未爲遲也臣聞昔湯武以百里昌桀紂以天下亡今楚國雖小絕長續短猶以數千里豈特百里哉王獨不見夫蜻蛉乎六足四翼飛翔乎天地之間俛啄蟁虻而食之仰承甘露而飲之自以爲無患與人無爭也不知夫五尺童子方將調飴膠絲加已乎四仞之上而下爲螻蟻食也蜻蛉其小者也黃爵因是以俯噣白粒仰棲茂樹鼓翅奮翼自以爲無患與人無爭也不知夫公子王孫左挾彈右攝丸將加已乎十仞之上以其類爲招晝游乎茂樹

夕淍乎酸醎夫黃爵其小者也黃鵠因是以游於江海淹乎大沼俯噣鰋鯉仰囓菱荇奮其六翮飄搖乎高翔自以爲無患與人無爭也不知夫射者方將脩其碆盧治其繒繳將加巳乎百仞之上彼礛磻引微繳折淸風而抎矣故晝游乎江河夕調乎鼎鼐夫黃鵠其小者也蔡靈侯之事因是以南游乎高陂北陵乎巫山飲茹谿之流食湘波之魚左抱幼妾右擁嬖女與之馳騁乎高蔡之中而不以國家爲事而不知夫子發方受命乎靈王繫巳以朱絲而見之也蔡靈侯之事其小者也君王之事因是以左州侯右夏侯

輦從鄢陵君與壽陵君飯封祿之粟而戴方府之金與之馳騁乎雲夢之中而不以國家爲事不知夫穰侯方受命乎秦王塡黽塞之內而投巳乎黽塞之外襄王聞之顏色變作身體戰慄於是乃以執珪而受之封爲陽陵君

雍門司馬齊大夫（不載名氏）齊王建入朝於秦雍門司馬前曰所爲立王者爲社稷耶爲王立王耶王曰爲社稷司馬曰爲社稷立王王何以去社稷而入秦齊王還車而反

樂間事燕封昌國君燕王命相栗腹約歡趙以五百金爲趙王酒還報燕王曰趙王壯者皆死長平其孤未壯可伐也王召樂間問之對曰趙四戰之國其民習兵不可伐王曰吾以五而伐一對曰不可燕王怒群臣皆以爲可卒起二軍車二千乘栗腹將而攻鄗（在常山今日高邑）卿秦攻代唯獨大夫將渠謂燕王曰與人通關約交以五百金飲人之王使者報而反攻之不祥兵無成功燕王不聽自將偏軍隨之將渠引燕王綬止之曰王必無自往往無成功王蹵以足將渠泣曰臣非以自爲爲王也燕軍至宋子（屬鉅鹿）趙使廉頗將擊破栗腹於鄗破卿秦樂乘於代樂間奔趙

冊府元龜

巡按福建監察御史臣李嗣京訂正
知甌寧縣事臣孫以敬參閱
知建陽縣事臣黄國琦較釋

陪臣部十四

有詞

夫言者樞機務乎發而必中辭比林藪有以多爲貴者通其變則靡侯乎終日順其理則無過於天下春秋之世辯士間出雖枝葉之蔓衍而雌黃之斯在則有奉命霸王委質與國當干戈之日尋戰不以義見

俎豆之失序動罔循理而能獨運寸舌不持尺柄開談敍聽引事慷慨或應對於會盟之所或折衝於朝聘之際大者尊王而紓國難小者保家而全身訏至於博通前志備率嘉話彈射臧否折衷長短俾強盛傾聽剛狡易慮豈咄咄而是迫在便便而唯謹斯實得君子之正道可尚者哉

屈完楚大夫齊桓公伐楚楚屈完如師魯僖公四年齊侯陳諸侯之師與屈完乘而觀之乘共載齊侯曰豈不穀是爲先君之好是繼與不穀同好如何言諸侯之附從非爲己乃尋先君之好謙而自廣因求與楚同好孤寡不穀諸侯謙稱對曰君惠徼福於敝邑之社稷辱收寡君寡君之願也齊侯曰以此衆戰誰能禦之以此攻城何城不克對曰君若以德綏諸侯誰敢不服君若以力楚國方城以爲城漢水以爲池方城山在南陽葉縣南以言境土之遠漢水出武都至江夏南入江言其險固以當城池雖衆無所用之

郤芮晉人與惠公逃驪姬之難走於梁晉獻公卒齊隰朋帥師會秦師納惠公魯僖公九年隰朋齊大夫也問於郤芮曰公子誰恃於晉國芮對曰臣聞亡人無黨有黨必有讎有與爲黨必有與爲讎無黨則必無讎夷吾之少也夷吾惠公也不好弄戲不過所復不過差也怒不及色無過色也及其長也弗改

是故出亡亦無惡於國而衆安之不然夷吾不佞其誰能恃佞才也言無恃則恃秦君子曰善以微勸

陰飴生晉大夫秦伐晉獲晉侯魯僖公十五年陰飴甥會秦伯盟於王城陰飴甥即呂甥也食采於陰故曰陰飴甥王城秦地馮翊臨晉縣東有王城今名武鄉秦伯曰晉國和乎對曰不和小人恥失其君而悼喪其親痛其親爲秦所殺不憚征繕立圉也曰必報讎寧事戎狄君子愛其君而知其罪不憚征繕以待秦命曰必報德有死無二以此不和秦伯曰國謂君何曰小人慼謂之不免君子恕以爲必歸小人曰我毒秦秦豈歸君毒謂二施不報君子曰我知罪矣秦必歸君貳而

執之服而舍之德莫厚焉刑莫威焉服者懷德貳者畏刑此一役也（言還惠公使諸侯威服復可當一事之功）秦可以霸納而不定廢而不立以德為怨秦不其然秦伯曰是吾心也改館晉侯饋七牢焉

展喜魯大夫齊伐魯西鄙（魯僖公二十六年）僖公使展喜犒師（勞齊師）使受命於展禽（柳下惠）齊侯未入境展喜從之曰寡君聞君親舉玉趾將辱於敝邑使下臣犒執事（言執事不敢斥尊）齊侯曰魯人恐乎對曰小人恐矣君子則否齊侯曰室如縣罄野如青草何恃而不恐（如而也時夏四月今之二月野物未成故言居室而資糧縣盡在野則無蔬食之物所以當其恐）對曰恃先

冊府元龜　陪臣部　有詞五　卷之七百四十四　三

王之命昔周公太公股肱周室夾輔成王成王勞之而賜之盟曰世世子孫無相害也載在盟府（載載書也）太師職之（職主也太公為太師兼主司盟之官）桓公是以糾合諸侯而謀其不協彌縫其闕而匡救其災昭舊職也及君即位諸侯之望曰其率桓之功（率循也）我敝邑用不敢保聚（用此舊盟故不聚衆保守）曰豈其嗣世九年而棄命廢職其若先君何君必不然恃此以不恐齊侯乃還

孟明秦大夫晉敗秦師（魯僖公三十三年）獲孟明西乞白乙文嬴請而釋之（文嬴晉襄公嫡母）使陽處父追之及諸河則在舟中矣釋左驂以公命贈孟明（欲使還拜因而執之）對孟明稽首曰君之惠不以纍臣釁鼓（纍囚繫也殺人以血塗鼓謂之釁鼓）使歸就戮於秦寡君之以為戮死且不朽若從君惠而免之三年將拜君賜

西乞術秦大夫秦伯使西乞術聘於魯（文公十二年）且言將伐晉襄仲辭玉（襄仲魯大夫）曰君不忘先君之好炤臨魯國鎮撫其社稷重之以大器寡君敢辭玉（大器圭章也不欲與秦為好故辭玉）對曰不腆敝器不足辭也（腆厚也）主人三辭賓客答曰寡君願徼福於周公魯公以事君（徼要也魯公伯禽也言願事君以并蒙先君之福）不腆先君之敝器使下臣致諸執事以為瑞節（節信也出聘必告廟故稱先君之器）要結好命所以藉寡

冊府元龜　陪臣部　有詞五　卷之七百四十四　四

君之命結二國之好（藉薦也）是以敢致之襄仲曰不有君子其能國乎國無陋矣厚賄之

子家鄭大夫晉侯合諸侯於扈（魯文公十七年）晉侯不見鄭伯以為貳於楚也鄭子家使執訊而與之書以告趙宣子（執訊通訊問之官為書與宣子）曰寡君即位三年（魯文公二年）召蔡侯而與之事君九月蔡侯入於敝邑以行（行朝晉也）敝邑以侯宣多之難寡君是以不得與蔡侯偕（宣多既立穆公恃寵專權）十一月克減侯宣多而隨蔡侯以朝於執事（減損也難未盡而行言汲汲於朝晉）十二年六月歸生佐寡君之嫡夷（歸生子家名夷太子名）以請陳侯於楚而朝諸君（請臣於楚與俱朝晉）十四年

七月寡君又朝以蕆陳事（蕆敕也敕成前好）十五年五月陳侯自敝邑往朝於君往年正月燭之武往朝夷也（將夷往朝晉）八月寡君又往朝以陳蔡之密邇於楚而不敢貳焉則敝邑之故也（密邇比近也）雖敝邑之事長君何以不免（免免罪也）在位之中一朝於襄而再見於君（君靈公也）夷與孤之二三臣相及於絳（孤之二三臣謂燭之武歸生自謂也絳晉國都）雖我小國則蔑以過之矣今大國曰爾未逞吾志敝邑有亡無以加焉古人有言曰畏首畏尾身其餘幾（言首尾有畏則身中不畏者少）又曰鹿死不擇音（音所茠蔭之處古字聲同皆相假借）小國之事大國也德則其人也（以德加已則以人道相事）不德則其

鹿也鋌而走險急何能擇（鋌疾走皃言急則欲蔭茠於楚如鹿赴險）命之罔極亦知亡矣（言晉命無極）將悉敝賦以待於鯈唯執事命之（鯈晉鄭之境言欲以兵距晉）文公二年六月壬申朝於齊（鄭又二年六月壬申魯莊二十二年六月二十日）四年二月壬戌爲齊侵蔡（魯莊二十三年二月無壬戌三月二十日）亦獲成於楚（鄭與楚成）居大國之間而從於強令豈其罪也（令號令也）大國若弗圖無所逃命晉使鞏朔行成於鄭趙穿公壻池（晉侯女壻）爲質焉（使二子質鄭以示信）

莒僕弒紀公（紀公生僕又生季佗愛佗而黜僕且多行無禮于國僕因國人弒之）以其寶玉來奔（魯文公十八年）納諸宣公公命與之邑曰今日必授季文子使司寇出諸境曰今日必達公問其故季文子使太史克對曰先大夫臧文仲教行父事君之禮行父奉以周旋弗敢失隊曰見有禮於其君者事之如孝子之養父母也見無禮於其君者誅之如鷹鸇之逐鳥雀也先君周公制周禮曰則以觀德（則法也合法則爲吉德）德以處事（處猶制也）事以度功（度量也）功以食民（食養也）作誓命曰毀則爲賊（誓要信也毀則壞法也）掩賊爲藏（掩匿也）竊賄爲盜（賄財也）盜器爲姦（器國用也）主藏之名（以掩賊爲名）賴姦之用（用姦器也）爲大凶德有常無赦（赦有音）在九刑不忘（誓令以下皆九刑之書九刑之書今無）行父還觀莒僕莫可則也（還猶周旋）

孝敬忠信爲吉德盜賊藏姦爲凶德夫莒僕則其孝敬則殺君父矣則其忠信則竊寶玉矣其人則盜賊也其器則姦兆也（兆域也）保而利之則主藏也以訓則昏民無則焉不度於善（度居也）而皆在於凶德是以去之昔高陽氏有才子八人（高陽帝顓頊之號八人其苗裔）蒼舒隤凱檮戭大臨尨降庭堅仲容叔達（陶之字）齊聖廣淵明允篤誠天下之民謂之八愷（齊中也淵深也允信也篤厚也愷和也）高辛氏有才子八人（高辛帝嚳之號八人亦其苗裔）伯奮仲堪叔獻季仲伯虎仲熊叔豹季貍（此即稷契朱虎熊羆之倫）忠肅共懿宣慈惠和天下之民謂之八元（肅敬也懿美也宣偏也元善也）此十六族也

世濟其美不隕其名（濟成也隕隊也）以至於堯堯不能舉舜臣堯舉八愷使主后土（后土地官禹作司空平水土即主地之官）以揆百事莫不時序地平天成（揆度也成亦平也）舉八元使布五教于四方（契作司徒五教在寬故知契在八元之中）父義母慈兄友弟共子孝內平外成（內諸夏外夷狄）昔帝鴻氏有不才子（帝鴻黃帝）掩義隱賊好行凶德醜類惡物頑嚚不友是與比周（醜亦惡也比近也周密也）天下之民謂之渾敦（謂驩兜渾敦不開通之貌）少皞氏有不才子（少皞金天氏之號次黃帝）毀信廢忠崇飾惡言靖譖庸回（崇取也靖安也庸用也回邪也）服讒蒐慝以誣盛德（蒐隱也慝惡也盛德賢人也）天下之民謂之窮奇（謂共工共行窮其好奇）顓頊氏有不才子

不可教訓不知話言（話善言也）告之則頑（德義不入心）舍之則嚚（不道忠信）傲很明德以亂天常天下之民謂之檮杌（謂鯀檮杌頑凶無儔匹之貌）此三族也世濟其凶增其惡名以至於堯堯不能去（方以宣公比堯行父比舜故言堯亦不能去須賢臣而除之）縉雲氏有不才子（縉雲黃帝時官名）貪於飲食冒於貨賄侵欲崇侈不可盈厭聚斂積實不知紀極不分孤寡不恤窮匱（冒亦貪也盈滿也實財也）天下之民以比三凶（非帝子孫故別以比三凶）謂之饕餮（貪財為饕貪食為餮）舜臣堯（為堯臣）賓於四門（闢四門達四聰以賓禮衆賢）流四凶族（案四凶罪狀而流放之）渾敦窮奇檮杌饕餮投諸四裔以禦魑魅（投棄也裔遠也放之四遠使當魑魅之災魑魅山林異氣所生為人害者）

是以堯崩而天下如一同心戴舜以為天子以其舉十六相去四凶也故虞書數舜之功曰慎徽五典五典克從無違教也（徽美也典常也此八元之功也）曰納於百揆百揆時序無廢事也（此八愷之功）曰賓於四門四門穆穆無凶人也（流四凶有）舜有大功二十而為天子（舉十六相去四凶也）今行父雖未獲一吉人去一凶矣於舜之功二十之一也庶幾免於戾乎

知罃晉大夫邲之戰（魯宣公十二年）楚獲知罃晉人歸楚公子穀臣與連尹襄老之尸於楚以求知罃於是荀首佐軍中矣（荀首知罃父）故楚人許之王送知罃曰子其怨

我乎對曰二國治戎臣不才不勝其任以為俘馘執事不以釁鼓使歸即戮君之惠也臣實不才又誰敢怨王曰然則德我乎對曰二國圖其社稷而求紓其民（紓緩也）各懲其忿以相宥也（宥赦也）兩釋纍囚以成其好（纍繫也）二國有好臣不與及其誰敢德（言二國本不為己）王曰子歸何以報我對曰臣不任受怨君亦不任受德無怨無德不知所報王曰雖然必報不穀對曰以君之靈纍臣得歸骨於晉寡君之以為戮（戮其不勝任）死且不朽若從君之惠而免之以賜君之外臣首（稱於異國君曰外臣）首其請於寡君而以戮於宗亦死且不朽若不獲

命(君不許戮)而使嗣宗職(嗣其祖宗之位職)次及於事而帥偏師以脩封疆雖遇執事(遇楚將帥)其弗敢違(違辟也)其竭力致死無有二心以盡臣禮所以報也王曰晉未可與爭重爲之禮而歸之

國佐齊大夫晉師從齊師入自丘輿擊馬陘(魯成公二年丘輿馬陘皆齊邑)齊侯使賓媚人賂以紀甗玉磬與地(媚人國佐也甗玉磬皆滅紀所得)不可則聽客之所爲賓媚人致賂晉人不可曰必以蕭同叔子爲質(同叔蕭君之字齊侯外祖父子女也難斥言其母故遠言之)而使齊之封內盡東其畆(使壟畆東西行)對曰蕭同叔子非他寡君之母也若以匹敵則亦晉君之母也吾

子布大命於諸侯而曰必質其母以爲信其若王命何(言違王命)且是以不孝令也詩曰孝子不匱永錫爾類(詩大雅言孝子不乏者又能以孝道長賜其同類)若以不孝令於諸侯其無乃非德類也乎(不以孝德賜同類)先王疆理天下物土之宜而布其利(疆界也理正也物土之宜播殖之物各從土宜)故詩曰我疆我理南東其畆(詩小雅或南或東從其土宜)今吾子疆理諸侯而曰盡東其畆而已唯吾子戎車是利(晉之伐齊循壟東行易)無顧土宜其無乃非先王之命也乎反先王則不義何以爲盟主其晉實有闕(闕失)四王之王也(禹湯文武)樹德而濟同欲焉(樹立也濟成也)五伯之霸也(夏伯昆吾商伯大彭豕韋周伯齊桓晉文)勤而撫之以役王命(役事也)今吾子求合諸侯以逞無疆之欲(疆竟也)詩曰布政優優百祿是遒(詩頌殷湯布政優和故百祿來聚遒聚也)子實不優而棄百祿諸侯何害焉(言不能爲諸侯害)不然(不見許)寡君之命使臣則有辭矣曰子以君師辱於敝邑不腆敝賦以犒從者(戰而曰犒爲孫辭)畏君之震師徒撓敗(震動撓屈也)吾子惠徼齊國之福不泯其社稷使繼舊好唯是先君之敝器土地不敢愛子又不許請收合餘燼(燼火餘木)背城借一(欲於城下復借一戰)敝邑之幸亦云從也況其不幸敢不唯命是聽(言完全之時尚不敢違晉命若不幸則從命)

郤至晉大夫如楚聘且莅盟(魯成公十二年)楚子饗之子反

相爲地室而縣焉(縣鍾鼓也)郤至將登(登堂)金奏作於下(擊鍾而奏樂)驚而走出子反曰日云莫矣寡君須矣吾子其入也賓曰君不忘先君之好施及下臣貺之以大禮重之以備樂(貺賜也)如天之福兩君相見何以代此下臣不敢(言此兩君相見之禮)子反曰如天之福兩君相見無亦唯是一矢以相加遺焉用樂(言兩君戰乃相見無用此樂)寡君須矣吾子其入也賓曰(傳諸交讓得賓主辭者多曰賓主以見之)若讓之以一矢禍之大者其何福之爲世之治也諸侯間於天子之事則相朝也(王事間缺則脩私好)於是乎有享宴之禮享以訓共儉(享有體薦設几而不倚爵盈而不飲肴乾而不食所以訓共儉)宴以示慈

惠（宴則折俎相與共食）共儉以行禮而慈惠以布政政以禮成民是以息百官承事朝而不夕（不夕言無事）此公侯之所以干城其民也（干蔽也言享宴結好鄰國所以蔽干其民）故詩曰赳赳武夫公侯干城（赳赳武貌干扞也言公侯之與武夫止於扞難而已）及其亂也諸侯貪冒侵欲不忌爭尋常以盡其民（八尺曰尋倍尋曰常言爭尺丈之地以相攻伐）略其武夫以爲已腹心股肱爪牙（略取也言世亂則公侯制禦武夫以從已志使侵害鄰國爲搏噬之用）故詩曰赳赳武夫公侯腹心（舉詩之正以駁亂義詩言治世則武夫能合德公侯外爲扞城內制其腹心）天下有道則公侯能爲民干城而制其腹心亂則反之（略其武夫以爲已腹心爪牙）今吾子之言亂之道也不可以爲法然吾

子主也至敢不從遂入卒事

呂相晉大夫魏錡之子晉侯伐秦（魯成公十三年）使呂相絶秦（蓋口宣已命）曰昔逮我獻公及穆公（晉獻公秦穆公）相好勠力同心申之以盟誓重之以婚姻（穆公夫人獻公之女）天禍晉國文公如齊惠公如秦（辟驪姬也不言狄梁舉所恃大國）無祿獻公卽世穆公不忘舊德俾我惠公用能奉祀于晉（僖十年秦納惠公）又不能成大勳而爲韓之師（僖十五年秦伐晉獲惠公）亦悔于厥心用集我文公（集成也）是穆之成也（成公於晉）文公躬擐甲冑跋履山川（草行爲跋）踰越險阻征東之諸侯虞夏商周之胤而朝諸秦則亦旣報舊德矣鄭人怒君之疆埸我文公帥諸侯及秦圍鄭（晉自以鄭貳於楚故圍之鄭非侵秦也晉以此誣秦事在僖三十年）秦大夫不詢於我寡君擅及鄭盟（詢謀也盟者秦伯謀言大夫）諸侯疾之將致命於秦（致死命而討秦庤具諸侯蓋諸侯遲致此意）文公恐懼綏靜諸侯秦師克還無害則是我有大造於西也（造成也言晉有成功於秦）無祿文公卽世穆爲不弔（不見弔傷）蔑死我君寡我襄公（寡弱）迭我殽地奸絶我好伐我保城殄滅我費滑（伐保城誣之費滑滑國都於費今緱氏縣）散離我兄弟撓亂我同盟（滑晉同姓）傾覆我國家我襄公未忘君之舊勳（納文公之勳）而懼社稷之隕是以有殽之師（在僖二十三年）

猶願赦罪於穆公（晉欲求解於秦）穆公弗聽而卽楚謀我天誘其衷成王隕命（秦使鬬克歸楚求成事見文十四年文元年楚弑成王）穆公是以不克逞志于我（逞快）穆襄卽世康靈卽位（文六年晉襄秦穆皆卒）康公我之自出（晉外甥）又欲闕翦我公室傾覆我社稷帥我蝨賊以來蕩遙我邊疆（蝨賊食禾稼虫名謂秦納公子雍）我是以有令狐之役（在文七年）康猶不悛入我河曲（悛改也）伐我涑川俘我王官（涑水出河東聞喜縣西南至蒲坂縣入河）翦我羈馬我是以有河曲之戰（在文十二年）東道之不通則是康公絶我好也（言康公自絶故不復東通晉）及君之嗣也（君秦桓公）我君景公引領西望曰庶撫我乎（望秦撫恤晉）君亦不惠稱盟（不肯稱晉望而共盟）利吾有狄難（謂晉滅潞氏縣）入我河縣焚我箕郜芟

夷我農功（夷傷也）虔劉我邊垂（虔劉皆殺也）我是以有輔氏之聚（聚衆也在宣十五年）君亦悔禍之延（延長也）而欲徼福于先君獻穆（晉獻秦穆）使伯車來命我景公（伯車秦桓公子）曰吾與汝同好棄惡復脩舊德以追念前勲言誓未就景公即世我寡君是以有令狐之會（令狐會在十一年申厲公之命宜言寡人稱君誤也）君又不祥（祥善也）背棄盟誓白狄及君同州（及與也）君之仇讎而我之婚姻也（季隗廧咎如赤狄之女也白狄伐而獲之納諸文公）君來賜命曰吾與女伐狄寡君不敢顧婚姻畏君之威而受命于使君有二心於狄曰晉將伐女狄應且憎是用告我（言狄雖應答秦而心實憎秦無信）楚人惡君之二三其德

也亦來告我曰秦背令狐之盟而來求盟于我昭告昊天上帝秦三公楚三王（三公穆康共三王成康莊）曰余雖與晉出入（出入猶往來）余惟利是視不穀惡其無成德是用宣之以懲不一諸侯僃聞此言斯是用痛心疾首暱就寡人（疾亦痛也暱親也）寡人帥以聽命唯好是求君若惠顧諸侯矜哀寡人而賜之盟則寡人之願也其承寧諸侯以退（承君之意以寧靜諸侯）豈敢徼亂（徼要也）君若不施大惠寡人不佞其不能以諸侯退矣敢盡布之執事俾執事實圖利之（俾使也）秦桓公既與厲公為令狐之盟而又召狄與楚欲道以伐晉諸侯是以睦於晉（晉辭多誣秦故傳據此三事以正秦罪）

子叔聲伯魯大夫季文子會諸侯伐鄭（魯成公十六年）宣伯使告郤犨曰魯之有季孟猶晉之有欒范也政令於是乎成今其謀曰晉政多門不可從也（政不由君）寧事齊楚有亡而已蔑從晉矣（蔑無也）若欲得志於魯請止行父而殺之（行父季文子也）我斃蔑也（蔑孟子時留守公宫）而事晉蔑有二矣魯不二小國必睦不然歸必叛矣九月晉人執季文子于苕丘公還待於鄆（鄆魯西邑東郡廩丘縣東有鄆城）使子叔聲伯請季孫於晉郤犨曰苟去仲孫蔑而止季孫行父吾與子國親於公室（親魯甚於晉公室）對曰僑如之情

子必聞之矣（聞其淫匿情）若去蔑與行父是大棄魯國而罪寡君也若猶不棄而惠徼周公之福使寡君得事晉君則夫二人者魯國社稷之臣也若朝亡之魯必夕亡以魯之密邇仇讎（仇讎謂齊楚）亡而為讎治之何及（言魯屬齊楚則還為晉讎）郤犨曰吾為子請邑對曰嬰齊魯之常隸也（隸賤官）敢介大國以求厚焉（介因也）承寡君之命以請（承奉也）若得所請吾子之賜多矣又何求范文子謂欒武子曰季孫於魯相二君矣（二君宣成）妾不衣帛馬不食粟可不謂忠乎信讒慝而棄忠良若諸侯何子叔嬰齊奉君無私（不受郤犨請邑）謀國家不貳（謂四日不食以堅事晉）圖

其身不忘其君（餘邑不食皆先君而後身）若虛其請是棄善人也
子其圖之乃許魯平赦季孫
孟獻子魯大夫襄公如晉（四年）聽政（受貢賦多少之政）晉侯享
公公請屬鄫（鄫小國也欲得使屬魯如須句顓臾之比使助魯出貢賦公時年七歲蓋相者
爲之言鄫今琅邪鄫縣）晉侯不許孟獻子曰以寡君之密邇於
仇讎而願固事君無失官命（晉官徵發之命）鄫無賦於司馬
（晉司馬又掌諸侯之賦）爲執事朝夕之命敝邑敝邑褊小闕而
爲罪寡君是以願借助焉（借鄫以自助）晉侯許之
季武子魯大夫魯襄公會晉人伐鄭（九年）次於陰口而
還公送晉侯晉侯以公享于河上問公年季武子對

曰會於沙隨之歲寡君以生（沙隨在成十六年）晉侯曰十二
年矣是謂一終一星終也（歲星十二歲而一周天）國君十五年
而生子冠而生子禮也（冠成人之服故必冠而後生子）君可以冠矣
大夫盍爲冠具武子對曰君冠必以祼享之禮行之
（祼謂灌鬯酒也享祭先君也）以金石之樂節之（以鐘磬爲舉動之節）以先君
之祧處之（諸侯以始祖之廟爲祧）今寡君在行未可具也請及
兄弟之國而假借焉晉侯曰諾公還及衛冠於成公
之廟（成公今衛獻公之曾祖從衛所處）假鐘磬焉禮也
臧孫紇魯大夫晉伐鄭鄭人聽命晉與鄭盟（魯襄公十一年）
晉侯使叔肹告于諸侯（叔肹叔向也告諸侯亦使赦鄭囚）公使臧孫
紇對曰凡我同盟小國有罪大國致討苟有以藉手
鮮不赦宥寡君聞命矣（言晉討小國有藉手之功則赦其罪人德義如是不敢不
承命）
晏桓子齊大夫周靈王求后于齊（魯襄公十二年）齊侯問對
於晏桓子桓子對曰先王之禮辭有之天子求后於
諸侯諸侯對曰夫婦所生若而人（不敢譽亦不敢毁故曰若人）妾
婦之子若而人（言非適也）無女而有姊妹及姑姊妹則曰
先守某公之遺女若而人齊侯許婚王使陰里結之
（陰里周大夫結成也）
石㚟爲太宰與大夫良霄爲楚所執言於子囊（魯襄公十

三年）曰先王卜征五年（先征五年而卜吉凶也征謂巡守征行）而歲習其
祥祥習則行（五年五卜皆同吉乃巡守）不習則增脩德而改卜（不習
謂卜不吉）今楚實不競行人何罪（不能脩德與晉競）止鄭一卿以
除其偪（一卿良霄）使睦而疾楚以固於晉焉用之（位不偪則大臣
睦怨疾楚則事晉固）使歸而廢其使（行而見執於楚鄭又遂堅事晉是廢鄭本見使之意）
怨其君以疾其大夫而相牽引也不猶愈乎楚人歸
之
太叔儀衛大夫衛侯出奔齊（魯襄公十四年）公使厚成叔弔
于衛曰寡君使瘠聞君不撫社稷而越在他竟（越遠也瘠
厚成叔名）若之何不弔以同盟之故使瘠敢私於執事（執事

(衛諸大夫)日有君不弔(弔恤也)有臣不敏(敏達也)君不赦宥臣亦不帥職增淫發洩其若之何衛人使太叔儀對日群臣不佞得罪於寡君寡君不以即刑而悼棄之以爲君憂君不忘先君之好辱弔群臣又重恤之(重恤謂慰其不達也)敢拜君命之辱重拜大貺(謝重恤之賜)厚孫歸復命語臧武仲日衛君其必歸乎有太叔儀以守(守於國)有毋弟鱄以出或撫其內或營其外能無歸乎

穆叔魯大夫如晉聘(魯襄公十六年)且言齊故(言齊再伐魯)晉人日以寡君之未禘祀(禘祀三年喪畢之吉祭)與民之未息(新伐許及楚)不然不敢忘穆叔日以齊之朝夕釋憾於敝邑之

地是以大請敝邑之急朝不及夕引領西望日庶幾乎(庶幾晉來救)比執事之間恐無及也見中行獻子賦圻父(圻父詩小雅周司馬掌封畿之兵甲故謂之圻父詩人責圻父爲王爪牙不脩其職使百姓受困苦之憂而無所止居)獻子日偃知罪矣敢不從執事以同恤社稷而使魯及此(及此憂)見范宣子賦鴻鴈之卒章(鴻鴈卒章日鴻鴈于飛哀鳴嗸嗸惟此哲人謂我劬勞言魯憂困嗸嗸然若鴻鴈之失所大日鴻小日鴈)宣子日匄在此敢使魯無鳩乎(鳩集)

欒盈晉大夫出奔楚(魯襄公二十一年)過於周周西鄙掠之(劫掠財物)辭於行人(王行人也)日天子陪臣盈(諸侯之臣稱於天子日陪臣)得罪於王之守臣(范宣子爲王所命故日守臣)將逃罪罪重於郊甸(重得罪於郊甸謂爲郊甸所侵掠也郊外日郊郊外日甸)無所伏竄敢布其死(布陳也)昔陪臣書能輸力於王室王施惠焉(輸力謂輔相晉國冀戴天子)其子黶不能保任其父之勞大君若不棄書之力亡臣猶有所逃(大君謂天王)若棄書之力而思黶之罪臣戮餘也(罪戮之餘)將歸死於尉氏(尉氏討姦之官)不敢還矣敢布四體唯大君命焉(布四體言無所隱)王日尤而效之其又甚焉(尤晉逐盈而自掠之是效尤)使司徒禁掠欒氏者歸所取焉使候出諸轘轅(候送迎賓客之官也轘轅關在緱氏縣東南)

子產爲鄭少正(少正鄭卿官也)晉人徵朝于鄭(召鄭使朝魯襄公二十二年)鄭人使子產對日在晉先君悼公九年我寡君於

是即位(魯襄八年)即位八月(即位年之八月)而我先大夫駟從寡君以朝於執事執事不禮於寡君(言朝於執事謙不敢斥晉侯)寡君懼因是行也我二年六月朝於楚(因朝晉不見禮生朝楚心)晉是以有戲之役(在九年)楚人猶競而申禮於敝邑敝邑欲從執事而懼爲大尤日晉其謂我不共有禮是以不敢攜貳於楚我四年三月先大夫子僑又從寡君以觀釁於楚(實朝言觀釁飾辭言欲往觀楚知可去否)晉於是乎有蕭魚之役(在十一年)謂我敝邑邇在晉國譬諸草木吾臭味也(晉鄭同姓故)而何敢差池(差池不齊一)楚亦不競寡君盡其土實(土地所有)重之以宗器(宗廟禮樂之器鍾磬之屬)以受齊盟(齊同也)遂

帥群臣隨於執事以會歲終朝正貳於楚者子侯石盂歸而討之石盂石奐溴梁之明年溴梁在十六年子僑老矣公孫夏從寡君以朝於君見於嘗酎酒之新熟重者爲酎嘗新飲酒爲嘗酎與執膰焉間二年聞君將靖東夏謂二十年澶淵盟四月又朝以聽事期先澶淵二月往朝以聽會期不朝之間無歲不聘無役不從以大國政令之無常國家罷病不虞薦至薦仍也無日不惕豈敢忘職惕懼也大國若安定之其朝夕在庭何辱命焉言自將往不須來召若不恤其患而以爲口實口實但有其言而已其無乃不堪任命而翦爲仇讎翦削也謂見剝削不堪命則成仇讎敝邑是懼其敢忘君命委諸執事執事實重

圖之子產有辭所以免大國之討是時晉范宣子爲政諸侯之幣重鄭人病之鄭伯如晉魯襄公二十四年子產寓書於子西以告宣子寓寄也曰子爲晉國四鄰諸侯不聞令德而聞重幣僑也惑之僑聞君子長國家者非無賄之患而無令名之難夫諸侯之賄聚於公室則諸侯貳貳離若吾子賴之則晉國貳賴恃用之諸侯貳則晉國壞晉國貳則子之家壞何沒沒也沒沒沉滅之言將焉用賄夫令名德之輿也德須令名以遠聞德國家之基也有基無壞無亦是務乎有德則樂樂則能久詩云樂只君子邦家之基有令德也夫言君子樂美其道爲邦家之基所以濟令德上帝臨女無

貳爾心有令名也夫言武王爲天所臨不敢懷貳心所以濟令名恕思以明德則令名載而行之是以遠至邇安無寧使人謂子子實生我無寧寧也而謂子浚我以生乎浚取也言取我財以自生象有齒以焚其身賄也焚斃也宣子說乃輕幣明年子產伐陳遂入之獻捷于晉獻入陳之功而不獻其俘戎服將事戎服軍旅之衣異於朝服晉人問陳之罪對曰昔虞閼父爲周陶正以服事我先王閼父舜之後當周之興閼父爲武王陶正我先王賴其利器用也與其神明之後也舜聖故謂之神明庸以元女大姬配胡公庸用也元女武王之長女胡公閼父之子滿也而封諸陳以備三恪周得天下封夏殷二王後又封舜後謂之恪并二王後爲三國其禮轉降示敬而已故曰三恪則我

周之自出至於今是賴言陳周之甥至今賴周德桓公之亂蔡人欲立其出陳桓公鮑卒於是陳亂事在魯桓公五年蔡出桓公之子厲公也我先君莊公奉五父而立之五父佗桓公弟殺太子免而代之鄭莊公因就定其位蔡人殺之欲立其出故我又與蔡人奉戴厲公奉戴猶奉事至於莊宣皆我之自立陳莊公宣公皆厲公子夏氏之亂成公播蕩又我之自入君所知也播蕩流移失所宣十一年陳夏徵舒弑靈公靈公之子成公奔晉自晉因鄭而入也今陳忘周之大德蔑我大惠棄我姻親介恃楚衆以馮陵我敝邑不可億逞億度也逞盡也我是以有往年之告謂鄭伯稽首告晉請伐陳未獲成命未得伐陳命則有我東門之役前年陳從楚伐鄭東門當陳隊者井堙木刊敝邑大

懼不競而耻大姬(止辱大姬之靈)天誘其衷啓敝邑心(啓開也開
道其心故得勝)陳知其罪授首於我用敢獻功晉人曰何故
侵小對曰先王之命唯罪所在各致其辟(辟誅也)且昔
天子之地一圻(方千里)列國一同(方百里)自是以衰(衰降也)
今大國多數圻矣若無侵小何以至焉晉人曰何故
戎服對曰我先君武莊爲平桓卿士(武公莊公爲周平王桓王卿士)
城濮之役文公布命曰各修舊職(晉文公)命我文公戎
服輔王以授楚捷不敢廢王命故也(城濮在僖二十八年)士莊
伯不能詰(士莊伯士弱也)復於趙文子文子曰其辭順犯順
不祥乃受之其後子產相鄭伯以如晉(魯襄公三十年)晉侯

以魯喪故未之見也子產使盡壞其館之垣而納車
馬焉士文伯讓之曰敝邑以政刑之不脩寇盜克斥
(克滿斥見言其多)無若諸侯之屬辱在寡君者何是以令吏
人完客所館(館舍)高其閈閎(閎門也)厚其牆垣以無憂
客使(無令客使憂寇盜)今吾子壞之雖從者能戒其若異客
何以敝邑之爲盟主繕完葺牆(葺復也)以待賓客若皆
毀之其何以共命寡君使匄請命(謂問毀垣之命)對曰以敝
邑褊小介於大國(介間也)誅求無時(誅責也)是以不敢寧
居悉索敝賦以來會時事(隨時來朝會)逢執事之不閒而
未得見又不獲聞命未知見時不敢輸幣亦不敢暴

露其輸之則君之府實也非薦陳之不敢輸也(薦陳猶獻
見也)其暴露之則恐燥濕之不時而朽蠹以重敝邑之
罪僑聞文公爲盟主也(僑子產名文公晉重耳)宮室卑庳無觀
臺榭以崇大諸侯之館館如公寢庫廄繕脩司空以
時平易道路(易治也)圬人以時塓館宮室(圬人塗者塓塗也)諸
侯賓至甸設庭燎(庭燎設火於庭)僕人巡宮(巡宮行宮)車馬有所
(有所處)賓從有代(代客役)巾車脂轄(巾車主車之官)隸人牧圉各
瞻其事(瞻視客所當得)百官之屬各展其物(展陳也謂群官各陳其物以待
賓)公不留賓而亦無廢事(賓得速去則事不廢)憂樂同之事則
巡之(巡行也)教其不知而恤其不足賓至如歸無寧菑

患(言見遇如此寧當復有菑患邪無寧寧也)不畏寇盜而亦不患燥濕今
銅鞮之宮數里(銅鞮晉離宮)而諸侯舍於隸人(舍如隸人舍)門
不容車而不可踰越(門庭之內迫迮又有牆垣之限)盜賊公行而夭
癘不戒(癘猶災也言水潦無時)賓見無時命不可知若又勿壞
是無所藏幣以重罪也敢請執事將何所命之(問晉命已
所止之宜)雖君之有魯喪亦敝邑之憂也(言鄭於魯亦有同姓之憂)若
獲薦幣(薦進也)脩垣而行(行去也)君之惠也敢憚勤勞文
伯復命(反命於晉君)趙文子曰信(信如子產言)我實不德而以
隸人之垣以贏諸侯(贏受也)是吾罪也使士文伯謝不
敏焉晉侯見鄭伯有加禮(禮加敬)厚其宴好而歸之乃

築諸侯之館叔向曰辭之不可以已也如是夫子產有辭諸侯賴之若之何其釋辭也詩曰辭之輯矣民之協矣辭之繹矣民之莫矣言辭輯睦則民協同辭說繹則民安定莫猶定也其知之矣晉會諸侯於平丘魯昭公十三年及盟子產爭承承貢賦之次曰昔天子班貢輕重以列列位也列尊貢重周之制也公侯地廣故所貢者多卑而貢重者甸服也甸服謂天子畿內共職貢者鄭伯男也而使從公侯之貢言鄭國在甸服外爵列伯子男不應出公侯之貢懼弗給也敢以為請諸侯靖兵好以為事靖息也行理之命行理使人通聘問者無月不至貢之無藝藝法制小國有闕所以得罪也諸侯脩盟存小國也貢獻無

極亡可待也存亡之制將在今矣自日中以爭至於昏晉人許之其後鄭災魯昭公十八年子產授兵登陴晉之邊吏讓鄭曰鄭國有災晉君大夫不敢寧居卜筮走望不愛牲玉鄭之有災寡君之憂也今執事憪然授兵登陴憪然動忿貌將以誰罪邊人恐懼不敢不告子產對曰若吾子之言敝邑之災君之憂也敝邑失政天降之災又懼讒慝之間謀之以啓貪人薦為敝邑不利薦重也以重君之憂幸而不亡猶可說也說解也不幸而亡君雖憂之亦無及也鄭有他竟望走在晉言鄭雖與他國接境每瞻望晉歸赴之既事晉矣其敢有二心明年駟偃卒駟偃鄭大夫子游娶於晉大夫生絲弱也子游駟偃也弱幼小其父兄立子瑕子瑕子游叔父駟乞子產憎其為人也憎子瑕且以為不順舍子立叔不順禮也弗許亦弗止許之為違禮止之為違衆故立中駟氏聳聳懼也他日絲以告其舅晉人使以幣如鄭問駟乞之立故駟氏懼駟乞欲逃子產弗遣請龜以卜亦弗予大夫謀對子產不待而對客曰鄭國不天不獲天福寡君之二三臣札瘥夭昏大死曰札小疫曰瘥短折曰夭未名曰昏今又喪我先大夫偃其子幼弱其二三父兄懼隊宗主私族於謀而立長親於私族之謀宜立親之長者寡君與其二三老曰抑天實剝亂是吾何知焉言天自欲亂駟氏非國所知諺曰無過亂

門民有兵亂猶憚過之而況敢知天之所亂今大夫將問其故抑寡君實不敢知其誰實知之平丘之會在十三年君尋舊盟曰無或失職若寡君之二三臣其即世者晉大夫而專制其位是晉之縣鄙也何國之為辭客幣而報其使晉人舍之晉人報晉侯

冊府元龜

巡按福建監察御史臣李嗣京　正

分守建南道左布政使臣胡維霖　訂

知建陽縣事臣黃國琦較

陪臣部一十五

有詞第二

聲子宋大夫通使於晉(爲國通晉事魯襄公二十六年)還如楚令尹子木與之語問晉故焉(故事)且曰晉大夫與楚孰賢對曰晉卿不如楚其大夫則賢皆卿材也如杞梓皮革自楚往也(杞梓皆木名)雖楚有材晉實用之(言楚亡臣多在晉)子

木曰夫獨無族姻乎(夫謂晉)對曰雖有而用楚材實多歸生聞之(歸生聲子名)善爲國者賞不僭而刑不濫賞僭則懼及淫人刑濫則懼及善人若不幸而過寧僭無濫與其失善寧其利淫無善人則國從之(從之亡也)詩曰人之云亡邦國殄瘁無善人之謂也(殄盡也瘁病也)故夏書曰與其殺不辜寧失不經懼失善也(不經不用常法)商頌有之曰不僭不濫不敢怠皇命于下國封建厥福(言殷湯賞不僭差刑不濫濫不敢怠解自寬假故能爲下國所命爲天子)此湯所以獲天福也古之治民者勸賞而畏刑(樂行賞而憚用刑)恤民不倦賞以春夏刑以秋冬(順天時)是以將賞爲之加膳加膳則飫賜(飫饜也酒食賜下無不饜足所謂加膳也)此以知其勸賞也將刑爲之不舉不舉則徹樂(不舉盛饌)此以知其畏刑也夙興夜寐朝夕臨政此以知其恤民也三者禮之大節也有禮無敗今楚多淫刑其大夫逃死於四方而爲之謀主以害楚國不可救療所謂不能也(療治也所謂楚人不能用其材也)子儀之亂析公奔晉(在文十四年)晉人寘諸戎車之殿以爲謀主(殿後軍)繞角之役晉將遁矣析公曰楚師輕窕易震蕩也若多鼓鈞聲以夜軍之(鈞同其聲)楚師必遁晉人從之楚師宵潰晉遂侵蔡襲沈獲其君敗申息之師於桑隧獲申麗而還(成公六年晉欒書救鄭與楚師遇於繞角楚師還晉侵沈

獲沈子八年復侵楚敗申息獲申麗)鄭於是不敢南面楚失華夏則析公之爲也雍子之父兄譖雍子君與大夫不善是也(不是其曲直)雍子奔晉晉人與之鄐(鄐晉邑)以爲謀主彭城之役晉楚遇於靡角之谷(在成十八年)晉將遁矣雍子發命於軍曰歸老幼反孤疾二人役歸一人簡兵蒐乘(簡擇蒐閱)秣馬蓐食師陳焚次(次舍也焚舍示必死)明日將戰行歸者而逸楚囚(欲使楚知之)楚師宵潰晉降彭城而歸諸宋以魚石歸(在元年)楚失東夷子辛死之(楚東小國及陳見楚不能救彭城皆叛五年楚人討陳侯故殺令尹子辛)則雍子之爲也子反與子靈爭夏姬(子靈巫臣)而雍害其事(子反亦雍害巫臣入使得取夏姬)子靈奔晉

晉人與之邢（邢晉邑）以爲謀主扞禦北狄通吳於晉教吳叛楚教之乘車射御驅侵使其子狐庸爲吳行人焉吳於是伐巢取駕克棘入州來（駕棘皆楚邑譙周鄭縣東北有棘亭）楚罷於奔命至今爲患則子靈之爲也（事見成七年）若敖之亂伯賁之子賁皇奔晉晉人與之苗（若敖亂在宣四年苗晉邑）以爲謀主鄢陵之役（在成十六年）楚晨壓晉軍而陳晉將遁矣苗賁皇曰楚師之良在其中軍王族而已（言楚之精卒惟在中軍）若塞井夷竈成陳以當之（塞井夷竈以爲陳）欒范易行以誘之（欒書時將中軍范燮佐之易行謂簡易兵備欲令楚貪己不復顧二穆之兵）中行二郤必克二穆（郤錡時將上軍中行偃佐之郤至五新軍令此三人分良以攻二穆之兵楚子重子辛皆出穆王故曰二穆）吾乃四萃於其王族必大敗之（四萃四面集攻之）晉人從之楚師大敗王夷師熸（夷傷也吳楚之間謂大滅爲熸）子反死之鄭叛吳興楚失諸侯則苗賁皇之爲也子木曰是皆然矣聲子曰今又有甚於此椒舉娶於申公子牟子牟得戾而亡君大夫謂椒舉女實遣之懼而奔鄭引領南望曰庶幾赦余亦弗圖也（言楚亦不以爲意）今在晉矣晉人將與之縣以比叔向（以舉抒能比叔向）彼若謀害楚國豈不爲患子木懼言諸王益其祿爵而復之聲子使椒鳴逆之（椒鳴伍舉子傳言聲子有辭伍舉所以得反子孫復任於楚）

向戌宋大夫如晉請弭諸侯之兵（魯襄公二十七年）子木謂向戌請晉楚之從交相見也（使諸侯從晉楚者更相朝見也）向戌復於趙孟趙孟曰晉楚齊秦匹也晉之不能於齊猶楚之不能於秦也（不能勝而使之）楚君若能使秦君辱於敝邑寡君敢不固請於齊（請齊使朝楚）

游吉鄭大夫鄭伯使游吉如楚（魯襄公二十八年）及漢楚人還之曰宋之盟君實親辱（君謂鄭伯）今吾子來寡君謂吾子姑還吾將使驛奔問諸晉而以告（問鄭君應來朝否）子大叔（即游吉也）曰宋之盟君命將利小國而亦使安定其社稷鎮撫其民人以禮承天之休（休福祿也）此君之憲令而小國之望也（憲法也）寡君是故使吉奉其皮幣（聘用乘皮束帛）以歲之不易聘於下執事（言歲有饑荒之難故鄭伯不得自朝楚）今執事有命曰女何與政令之有必使而君棄而封守跋涉山川蒙犯霜露以逞君心小國將君是望敢不唯命是聽無乃非盟載之言以闕君德而執事有不利焉小國是懼不然其何勞之敢憚其後鄭伯如晉（魯昭公二十四年）子大叔相（相謂相其儀）見范獻子獻子曰若王室何對曰老夫其國家不能恤敢及王室抑人亦有言曰嫠不恤其緯（嫠寡婦也織者嘗苦緯少寡婦所宜憂）而憂宗周之隕爲將及焉（恐禍及己）今王室實蠢蠢焉（蠢蠢動擾貌）吾小國懼

吳然大國之憂也吾儕何知焉吾子其早圖之詩曰缾之罄矣惟罍之恥（罍大器缾小器嘗稟於罍者而所受罄盡則罍爲無餘故恥也）王室之不寧晉之恥也獻子懼而與宣子圖之（宣子韓起）乃徵會於諸侯期以明年其後葬晉頃公（魯昭公三十年）游吉弔且送葬魏獻子使士景伯詰之曰悼公之喪子西弔子蟜送葬（在襄十五年）今吾子無貳何故（弔葬共使）對曰諸侯所以歸晉君禮也禮也者小事大大字小之謂事大在共其時命（隨時共所求）字小在恤其所無以敝邑居大國之間共其職貢與其備御不虞之患豈忘共命（言不敢忘共命以所備御者多不及辦之）先王之制諸侯之喪士弔大

夫送葬唯嘉好聘享三軍之事於是乎使卿晉之喪事敝邑之閒先君有所助執紼矣（紼輕索也禮送葬必執紼）若其不閒雖士大夫有所不獲數矣（不得加先王禮數）大國之惠以慶其加（慶善也謂善其君自行）而不討其乏明底其情（底致也）取備而已以爲禮也靈王之喪（在襄二十九年）我先君簡公在楚我先大夫印段實往敝邑之少卿也（少年少也）王吏不討恤所無也今大夫曰女盍從舊（盍何不也）舊有豐有省不知所從從其豐則寡君幼弱是以不共從其省則吉在此矣唯大夫圖之晉人不能詰

馭蘇吳子弟也楚子以諸侯及東夷伐吳（魯昭五年）薳射以繁揚之師會於夏汭（會楚子）越大夫常壽過帥師會楚子于瑣（瑣楚地）聞吳師出薳啓彊帥師從之（從吳師也）遂不設備吳人敗諸鵲岸（廬江舒縣有鵲尾）楚子以馹至於羅汭（馹傳也羅水名）吳子使蹶由犒師（犒勞）楚人執之將以釁鼓王使問焉曰女卜來吉乎對曰吉寡君聞君將治兵於敝邑卜之以守龜曰余亟使人犒師請行以觀王怒之疾徐而爲之備尚克知之（言吳命龜如此）龜兆告吉曰克可知也君若驩焉好逆使臣滋敝邑休怠（休解）而忘其死亡無日矣今君奮焉震電馮怒（馮盛也）虐執使臣將以釁鼓則吳知所備矣敝邑雖羸若早修完（完器

備）其可以息師（息楚之師）難易有備可謂吉矣且吳社稷是卜豈爲一人使臣獲釁軍鼓而敝邑知備以禦不虞其爲吉孰大焉國之守龜其何事不卜（言當卜）一臧一否其誰能常之城濮之兆其報在邲（城濮戰楚卜吉其效乃在邲）今此行也其庸有報志（言吳有報楚意）乃弗殺

遠啓彊楚大宰楚子成章華之臺（魯昭公七年）願與諸侯落之（宮室始成祭之爲落臺今在華容城內）遠啓彊曰臣能得魯侯遠啓彊來召公辭曰昔先君成公命我先大夫嬰齊曰吾不忘先君之好將使衡父照臨楚國鎮撫其社稷以輯寧爾民嬰齊受命于蜀（蜀盟在成二年衡父公衡）奉承以來

弗敢失隕而致諸宗祧(言奉承公此語以告宗廟)曰我先君共王
引領北望日月以冀(冀魯朝)傳序相授於今四王矣(四王
共康郟敖及靈王)嘉惠未至唯襄公之辱臨我喪(襄公二十八年如楚
臨康王喪)孤與其二三臣悼心失圖(在哀喪次)社稷之不皇况
能懷思君德(皇暇也言有大喪多不暇)今君若步玉趾辱見寡君
(趾足也)寵靈楚國以信蜀之役致君之嘉惠是寡君既
受貺矣何蜀之敢望(言但欲使君來不敢望如蜀復有質子)其先君鬼
神實嘉賴之豈唯寡君君若不來使臣請問行期(問魯
見伐之期)寡君將承質幣而見于蜀以請先君之貺(請問之二)
公如楚

子服惠伯魯大夫季孫在晉(爲晉所執)子服惠伯私於中
行穆子(私與之語魯昭公十三年)曰魯事晉何以不如夷之小國
魯兄弟也土地猶大所命能具若爲夷棄之使事齊
楚其何瘳於晉(瘳差也)親親與大賞共罰否所以爲盟
主也子其圖之諺曰臣一主二(言一臣必有二主道不合得去事他國)
吾豈無大國(言非獨晉可事)穆子告韓宣子且曰楚滅陳蔡
不能救而爲夷執親將焉用之乃歸季孫惠伯曰寡
君未知其罪合諸侯而執其老(老尊卿稱)若猶有罪死命
可也(死晉命也)若曰無罪而惠免之諸侯不聞是逃命也
何免之爲請從君惠於會(欲得盟會見遣不欲私去)宣子患之謂

叔向曰子能歸季孫乎對曰不能鮒也能(鮒叔魚)乃使
叔魚叔魚見季孫曰昔鮒也得罪於晉君自歸於魯
君(蓋襄二十一年坐叔虎與欒氏黨并得罪)微武子之賜不至於今(武子季平
子祖父也)雖獲歸骨於晉猶子則肉之敢不盡情歸子而
不歸鮒也聞諸吏將爲子除館於西河(西使近河)其若之
何且泣(泣以信其言)平子懼先歸惠伯待禮
晏嬰齊大夫聘吳吳王問曰君子之行何如對曰君
順懷之政治歸之不懷暴君之祿不居亂國之位君
子見兆則退不與亂國俱滅不與暴君偕亡嬰又使
楚楚王聞之謂左右曰齊遣晏子使寡人之國幾至

矣左右曰晏子天下之辯士也與之議國家之務則
不如也與之論往古之術則不如也王獨可以與晏
子坐使有司東人過王王問之使言齊人善盜故東
之是宜可以困之王曰善晏子至即與之坐語圖國
之恶務辨當世之得失再舉再窮王默然無以憒居
有間東徒以過之王曰何爲者也有司對曰是齊人
善盜東而詰吏王欣然大笑曰齊乃冠帶之國辯士
之化固善盜乎晏子曰然物固有之王不見夫江南
之樹乎名橘樹之江北則化爲枳何則地土使然乎
夫人處齊之時冠帶而立儼有伯夷之廉今居楚而

善盛意土地之化俗使然乎王又何怍乎
祝佗衛大夫劉文公會諸侯代楚魯定公四年將會衛子
行敬子言於靈公子行敬子衛大夫曰會同難難得宜嘖有煩
言莫之治也嘖至也煩言分爭其使祝佗從公曰善乃使子
魚子魚即祝佗子魚辭曰臣展四體以率舊職猶懼不給
而煩刑書若又共二共二職徼大罪也且夫祝社稷之
常隸也隸賤臣也社稷不動祝不出竟官之制也社稷動謂國遷
君以軍行祓社釁鼓師行先有事祓禱於社謂之宜社於是殺牲以血塗鼓鼙爲釁
鼓祝奉以從奉社主也於是乎出竟若嘉好之事謂朝會君
行師從二千伍百人卿行旅從伍百人臣無事焉公曰行也

及皐鼬將盟將長蔡於衛欲令蔡先衛衛侯使祝佗私於萇
弘曰聞諸道路不知信否若聞蔡將先衛信乎萇弘
曰信蔡叔康叔之兄也蔡叔周公兄康叔周公弟先衛不亦可乎
子魚曰以先王觀之則尚德也昔武王克商成王定
之選建明德以蕃屏周故周公相王室以尹天下尹正
也於周爲睦睦親厚也以盧德見親厚分魯公以大路大旂魯公伯禽
也此大路金路錫同姓諸侯車也交龍爲旂周禮同姓以封夏后氏之璜璜美玉名封
父之繁弱封父古諸侯也繁弱大弓名殷民六族條氏徐氏蕭氏
索氏長勺氏尾勺氏使帥其宗氏輯其分族將其類
醜醜衆也以法則周公用即命于周即就也使六族就周受周公之法制

是使之職事于魯共魯公之職事以昭周公之明德昭顯也
之土田陪敦陪增也敦厚也祝宗卜史大祝宗人大卜太史凡四官備物
典策典策春秋之制官司彝器官司百官也彝器嘗用器因商奄之民商奄
國名也與四國流言或逆數在魯皆令即屬魯康采之命以伯禽伯禽周公世子時周公唯
遣伯禽之國故皆以付伯禽而封於少皞之虛少皞虛曲阜也在魯城內分康
叔康叔衛之祖以大路少帛綪茷旃旌少帛雜帛也綪茷大赤取染草名也
通帛爲旃析羽爲旌大呂鍾名殷民七族陶氏施氏繁氏錡氏樊
氏饑氏終葵氏封畛土略自武父以南及圃田之北
竟畛涂所徑也略界也武父衛北界圃田鄭藪名取於有閻之土以共王職
有閻衛所受朝宿邑蓋近京畿取於相土之東都以會王之東蒐爲湯

沐邑王東巡守以助祭泰山聃季授土聃季周公弟司空陶叔授民陶叔司徒
命以康誥而封於殷虛康誥周書殷虛朝歌也皆啓以商政疆
以周索皆魯衞也啓開也居殷故地因其風俗開用其政疆理土地以周法索法也分唐
叔唐叔晉之祖以大路密須之鼓密須國名闕鞏甲名沽洗鍾名懷
姓九宗職官五正懷姓唐之餘民九宗一姓爲九族職官五正五官之長命以
唐誥而封於夏虛唐誥誥命篇名也夏虛大夏今大原晉陽也啓以夏政
亦因夏風俗開用其政疆以戎索大原近戎而寒不與中國同故自以戎法三者皆
叔也而有令德故昭之以分物不然文武成康之伯
猶多而不獲是分也唯不尚年也管蔡啓商惎間王
室惎毒也周公攝政管叔蔡叔開道紂子祿父以毒亂王室王於是乎殺管叔而

蔡蔡叔周公承王命以討二叔蔡放也以車七乘徒七十人與蔡求車徒爲放之其子蔡仲改行帥德周公舉之以爲巳卿士爲周公臣見諸王而命之以蔡命爲蔡侯其命書云王曰胡無若爾考之違王命也胡蔡仲名君之何其使蔡先衛也武王之母弟八人周公爲大宰康叔爲司寇聃季爲司空五叔無官豈尚年哉五叔管叔鮮蔡叔度成叔武霍叔處毛叔聃也曹文之昭也文王子與周公異母晉武之穆也武王子曹爲伯甸非尚年也以伯爵居甸服言小今將尚之是反先王也晉文公爲踐土之盟衛成公不在夷叔其母弟也猶先蔡踐土昭陵二會經書蔡在衛上霸王以國大小之序之子魚所言盟載之次其載書云王若曰晉重文公

魯申僖公衛武叔武蔡甲午莊侯鄭捷文公齊潘昭公宋王臣成公莒期玆丕公也齊序鄭下周之宗盟異姓爲後藏在周府可覆視也吾子欲復文武之略略道也而不正其德將如之何萇弘說告劉子與范獻子謀之乃長衛侯於盟

叔孫武叔魯大夫也定公十年郈宰侯犯以郈叛武叔懿子圍郈弗克是年侯犯奔齊齊人乃致郈武叔聘于齊謝致郈也齊侯享之日子叔孫若使郈在君之他竟寡人何知焉屬與敝邑際故敢助君憂之以致郈德叔孫對曰非寡君之望也所以事君封疆社稷是以以猶爲也敢以家隸勤君之執事夫不令之臣天下之所惡也君豈以爲寡君賜言義在討惡非所以賜寡君

大宰嚭陳大夫吳夫差侵陳魯哀公元年靳祀殺厲神祀位有星樹者厲疫病吳侵陳以魯哀元年秋師還出竟嚭使於師夫差謂行人儀曰是夫也多言盍嘗問焉師必有名人之稱斯師也者則謂之何大宰行人官名也夫差吳子光之子盍何不也嘗猶試也夫差修舊怨庶幾其師有善名大宰嚭曰古之侵伐者不斬祀不殺厲不獲二毛獲謂係虜之毛鬢髮班白今斯師也殺厲與其不謂之殺厲之師與欲微攻之故其言似若不容然正言殺厲重人曰反爾地歸爾子則謂之何子謂所獲民臣曰君王討敝邑之罪又矜而赦之師與有無名乎又微勸之終其意吳楚僭號稱王

子服景伯魯大夫魯哀公七年會吳于鄫吳欲霸中國吳來徵百牢子服景伯對曰先王未之有也吳人曰宋百牢我是時吳過宋得百牢魯不可以後宋且魯牢晉大夫過十晉大夫范鞅也在昭二十一年吳王百牢不亦可乎景伯曰晉范鞅貪而棄禮以大國懼敝邑故敝邑十一牢之君若以禮命於諸侯則有數矣有常數若亦棄禮則有淫者矣淫過也周之王也制禮上物不過十二上物天子之牢以爲天之大數也天有十二次故制禮象之今棄周禮而曰必百牢亦唯執事吳人弗聽景伯曰吳將亡矣棄天而背本違周爲背本不與必棄疾於我捨棄由疾來代伐乃與之其後哀公

會單平公晉定公吳夫差于黃池（十三年）吳人將以公見晉侯子服景伯對使者曰王合諸侯則伯率侯牧以見於王（伯王官伯侯牧方伯）伯合諸侯則侯帥子男以見於伯（伯諸侯長）自王以下朝聘玉帛不同故敝邑之職貢於吳有豐於晉無不及焉以爲伯也今諸侯會而君將以寡君見晉君則晉成爲伯矣敝邑將改職貢魯賦於吳八百乘若爲子男則將半邾以屬於吳（半邾三百乘）而如邾以事晉（如邾六百乘）且執事以伯召諸侯而以侯終之何利之有焉吳人乃止旣而悔之（謂景伯欺之）將囚景伯景伯曰何也立後於魯矣（何景伯名）將以二乘與六

人從遲速惟命遂囚以還及戶牖（戶牖陳留外黃縣西北東昏城是）謂大宰曰魯將以十月上辛有事於上帝先王季辛而畢何世有職焉（有職於祭事）自襄以來未之改也（魯襄公）若不會祝宗將曰吳實然（言魯祝宗將告神云景伯不會坐爲吳所囚吳人信鬼故以是恐之）且謂魯不共而執其賤者七人何損焉大宰嚭言於王曰無損於魯而祇爲名（適爲惡名）不如歸之乃歸景伯

子貢孔子弟子哀公七年吳大宰嚭召季康子康子使子貢辭大宰嚭曰國君道長（言君長於道路）而大夫不出門此何禮也對曰豈以爲禮畏大國也（畏大國不敢虛國盡行）大國不以禮命於諸侯苟不以禮豈可量也寡君旣共命焉其老豈敢棄其國大伯端委以治周禮仲雍嗣之斷髮文身臝以爲飾豈禮也哉有繇然也（大伯周大王之長子仲雍大伯弟也大伯仲雍讓其弟季歷俱適荆蠻遂有民衆大伯卒無子仲雍嗣立不能行禮致化故效吳俗言其權時制宜以辟災害非以爲禮也端委禮衣也）反自鄖以吳爲無能爲也（棄禮知其不能霸也）十二年公會吳于橐皋吳子使大宰嚭請尋盟（尋鄖盟）公不欲使子貢對曰盟所以周信也（周固）故心以制之（制其義）玉帛以奉之（奉贄神明）言以結之（結其信）明神以要之（要以禍福）寡君以爲苟有盟焉弗可改也已若猶可改日盟何益今吾子曰必尋盟若可

尋也亦可寒也（尋重也寒歇也）乃不尋盟十五年子服景伯如齊子貢爲介陳成子館客（使景伯子貢就館）曰寡君使當告曰寡人願事君如事衛君（言衛與齊同好而魯未肯）景伯揖子貢而進之對曰寡君之願也昔晉人伐衛（在定八年）齊爲衛故伐晉冠氏喪車五百（在定九年冠氏陽平館陶縣）因與衛地自濟以西禚媚否以南書社五百（二十五家爲一社籍書而致之）吳人加敝邑以亂（在八年）齊因其病取讙與闡（亦在八年）寡君是以寒心若得視衛君之事君也則固所願也成子病之乃歸成（病其言也）

王孫苟吳大夫吳王夫差會諸侯于黃池（魯哀公十三年）旣

退乃使王孫苟告勞于周（勞功也）曰昔者楚人爲不道不供承王事吾先君闔廬不貫不忍（貫被）被甲帶劒挺鈹搢鐸（挺拔搢振）以與楚昭王毒遂於中原柏舉（柏舉戰在魯四年毒暴也中原原中）天舍其衷（衷善也言天舍善於吳）楚師敗績今齊侯任不鑒于楚（任齊景公孫悼公之子簡公任也不鑒不以楚敗爲鑒戒）又不供承王命夫差不貫不忍被甲帶劒挺鈹搢鐸遵汶伐博（博齊別都）簦笠相望於艾陵（簦笠備雨器也相望言不避暑艾陵之戰在上傳曰五月克博至嬴）天舍其衷齊師還（言敗而還）夫差豈敢自多文武實舍其衷（文武二后）敢使苟告於下執事周王荅曰昔周室逢天之降禍遭民之不祥（周王周景王子敬王匄也子朝篡立敬王出奔民戾周之民助子期者）余心豈忘憂卹不爲下王之不康靖（不但憂四方乃憂王室）今伯父曰戮力同德（戮并）伯父秉德已侈大哉

惠子爲魏惠王爲法爲法已成以示諸良人諸良人皆善之獻惠王惠王亦善之以示翟煎翟煎曰善惠王曰可行也翟煎曰不可惠王曰善而不可行何故煎曰今夫舉大木者前將輿謣後亦應之此其輿舉大木者善矣豈無鄭衛之音哉然不若此其宜也夫國亦木之大者也

蘇秦在燕人有毀蘇秦者曰左右賣國反覆之臣也將作亂蘇秦恐得罪歸而燕王不復官也蘇秦見燕王曰臣東周之鄙人也無有分寸之功而王親拜之於廟而禮之於廷今臣爲王却齊之兵而攻得十城宜以益親今來而王不官臣者人必有以不信傷臣於王者臣之不信王之福也臣聞忠信者所以自爲也進取者所以爲人也且臣之說齊王曾非欺之也臣棄老母於東周固去自爲而行進取也今有孝如曾參廉如伯夷信如尾生得此三人者以事大王何若王曰足矣蘇秦曰孝如曾參義不離其親一宿於外王又安能使之步行千里而事弱燕之危王哉廉如伯夷義不爲孤竹君之嗣不肯爲武王臣不受封

侯而餓死首陽山下有廉如此王又安能使之步行千里而行進取於齊哉信如尾生與女子期於梁下女子不來水至不去抱柱而死有信如此王又安能使之步行千里却齊之強兵哉臣所謂以忠信得罪於上者也燕王曰若不忠信耳豈有以忠信而得罪者乎蘇秦曰不然臣聞客有遠爲吏而其妻私於人者其夫將來其私者憂之妻曰勿憂吾已作藥酒待之矣居三日而夫果至妻使妾舉藥酒進之妾欲言酒之有藥則恐其逐主母也欲勿言乎則恐其殺主父也於是乎佯僵而棄酒主父大怒笞之五十故妾

一僵而覆酒上存主父下存主母然而不免於笞惡在乎忠信之無罪也夫臣之遇不幸而類是乎燕王曰先生復就故官益厚遇之

張儀在秦秦使使約復與楚親分漢中之半以和楚楚懷王曰願得張儀不願得地張儀聞之請之楚秦王曰楚且甘心於子奈何張儀曰臣善其左右靳尚靳尚又能得事於楚王幸姬鄭袖袖所言無不從者且儀以前使負楚以商於之約今秦楚大戰有惡臣非面自謝楚不解且大王在楚不宜敢取儀誠殺儀以便國臣之願也儀遂使楚至懷王不見因而囚張

儀欲殺之儀私於靳尚爲尚爲請懷王曰拘張儀秦王必怒天下見楚無秦必輕王矣又謂夫人鄭袖曰秦王甚愛張儀而王欲殺之今將以上庸之地六縣賂楚以美人聘楚王以宮中善歌者爲之媵楚王重地秦女必貴而夫人必斥矣夫人不若言而出之鄭袖卒言張儀於王而出之儀出懷王因善遇儀儀因說楚王以叛從約而與秦合親約婚姻張儀已去屈原使從齊來諫王曰何不誅張儀懷王悔使人追儀弗及

冊府元龜

巡按福建監察御史臣李嗣京　訂正

分守建南道左布政使臣胡維霖　叅閱

知建陽縣事臣黄國琦較釋

陪臣部一十六

公正　死節

公正

古之君子進思盡忠有犯無隱在公正色當官而行者何嘗不以尊主庇民爲心齊特利物爲務雖復參家陪之列仕諸侯之國而能秉心忠義臨事感慨規

冊府元龜　陪臣部　公正　卷之七百四十六　一

政教之失盡獻替之道竭節於公室馳聲於隣境風軌可尚蓋莫勝紀至有亡身殞命義存君親扶危持顛志厲金石此皆特立不回之士疾惡如讐之人苟能明哲保身進退以禮斯可謂全德者矣詩之司直豈過是乎

石碏衛大夫也魯隱公四年衛州吁弑桓公而立未能和其民石碏子厚問定君於石子（石子石碏也以州吁不安諸其位）石子曰王覲爲可曰何以得覲曰陳桓公方有寵於王陳衛方陸若朝陳使請必可得也厚從州吁如陳石碏使告于陳曰衛國褊小老夫耄矣無能爲也此二人者實殺寡君敢卽圖之（八十日耄稱國小己老自謙以委陳使因其往就圖之）陳人執之而請涖于衛（請衛人自臨討之）九月衛人使右宰醜涖殺州吁于濮石碏使其宰獳羊肩涖殺石厚于陳君子曰石碏純臣也惡州吁而厚與焉大義滅親其是之謂乎

卜偃晉大夫也魯僖公二十二年晉懷公殺狐突卜偃稱疾不出曰周書有之乃大明服（周書康誥言君能大明則民服）己則不明而殺人以逞不亦難乎民不見德而唯戮是聞其何後之有

冊府元龜　陪臣部　公正　卷之七百四十六　二

臧文仲魯大夫也僖公二十八年温之會晉人執衛成公臧文仲言於僖公請於晉而免之衛侯聞其臧文仲之爲也使納賂焉辭曰外臣之言不越境不敢及君

士季晉大夫會也魯文公七年晉先蔑奔秦士會在秦三年不見士伯（士伯先蔑）其人曰能亡人於國（言能與人俱亡）不能見於此焉得用之（何用如此）士季曰吾與之同罪（俱有逆公於晉之罪）非義之也將何見焉（言己非慕先蔑之義而從之）及歸遂不見（責先蔑爲正卿而不直諫且俱出奔惡有黨也士會歸在三十年）

季文子魯大夫文公十八年莒太子僕弑其君紀公以其寶玉來奔納諸宣公公命與之邑曰今日必授

季文子使司寇出諸竟曰今日必達(未見公而文子出之)

郤獻子名至晉大夫也靡笄之役(魯成公二年)韓獻子將斬人獻子馳將救之至則既斬之矣郤獻子請以徇其僕曰子不將救之乎郤獻子曰敢不分謗乎(言欲與韓子分謗)厲公將作難胥童曰必先三郤公曰然郤氏聞之郤錡欲攻公曰雖死君必危郤至曰人所以立信知勇也信不叛君知不害民勇不作亂失茲三者其誰與我死而多怨將安用之(言俱死無用多其怨咎)君實有臣而殺之其謂君何我之有罪吾死後矣若殺不辜將失其民欲安得乎(不信得安君位)待命而已受君之祿是以

聚黨有黨而爭命(爭死命)罪孰大焉(傳言郤至無反心)

子臧曹公子也魯成公十五年晉侯以曹伯殺太子而自立執而歸諸京師諸侯將見子臧於王而立之子臧辭曰前志有之曰聖達節次守節下失節為君非吾節也雖不能聖敢失守乎遂逃奔宋十六年六月曹人請于晉曰自我先君宣公即世(在十三年)國人曰若之何憂猶未弭(弭息也既葬國人皆將從子臧所謂憂未息)而又討我寡君(前年晉侯執曹伯)以亡曹國社稷之鎮公子(謂子臧逃奔宋)是大泯曹也(泯滅也)先君無乃有罪乎(言今君無罪而見討得無以先君故)若有罪則君列諸會矣(諸侯雖有篡弑之罪侯伯已與之會則不復討前年會于戚曹伯在列盟畢乃執之故曹人以爲無罪)君唯不遺德刑(遺失也)以伯諸侯豈獨遺諸敝邑敢私布之七月曹人復請于晉晉侯謂子臧反吾歸而君(以曹人重子臧故)子臧反曹伯歸(子臧自宋還)子臧盡致其邑與卿而不出(不出仕)

范文子晉大夫也魯成公十六年四月晉侯將伐鄭范文子曰若逞吾願諸侯皆叛晉可以逞(逞快也晉厲公無道三郤驕故欲使諸侯叛與其懼而思德)若唯鄭叛晉國之憂可立俟也五月晉師濟河聞楚師將至范文子欲反曰我僞逃楚可以紓憂(紓緩也)夫合諸侯非吾所能也以遺能者我若群臣輯睦以事君多矣武子曰不可六月晉楚

遇於鄢陵范文子不欲戰郤至曰韓之戰惠公不振旅(衆散敗也在僖十五年)箕之役先軫不反命(死於狄也在僖三十三年)邲之師荀伯不復從(荀林父奔走不復故道在宣十二年)皆晉之恥也子亦見先君之事矣(見先君成敗之事)今我辟楚又益恥也文子曰吾先君之亟戰也有故(亟數也)秦狄齊楚皆彊不盡力子孫將弱今三彊服矣(齊秦狄)敵楚而已唯聖人能外內無患自非聖人外寧必有內憂(驕亢則憂患生也)盍釋楚以爲外懼乎及楚宵遁晉入楚軍三日穀(食楚粟三月)范文子立於戎馬之前曰君幼諸臣不佞(佞才也)何以及此君其戒之(戒勿驕)周書曰惟命不于常有德之

謂周書康誥言勝無常命惟德是與范文子反自鄢陵使其祝宗祈死祝宗主祭祀祈禱也曰君驕侈而克敵是天益其疾也難將作矣愛我者唯祝我使我速死無及於難范氏之福也

魏絳晉司馬也魯襄公三年夏晉悼公會諸侯盟于雞澤晉侯之弟楊干亂行於曲梁魏絳戮其僕悼公怒謂羊舌赤曰合諸侯以爲榮也楊干爲戮何辱如之必殺魏絳魏絳至授僕人書將伏劍公跣而出曰寡人之言親愛也吾子之討軍禮也子無重寡人之過與之禮食

匠慶爲大匠魯襄公四年秋定姒薨不殯于廟無櫬不虞櫬親身棺季孫以定姒本賤既無器備議其喪制欲殯不過廟又不反哭匠慶謂季文子曰子爲正卿而小君之喪不成謂如季孫所議則爲夫人禮不成不終君也慢其母是不終事君之道君長誰受其咎言襄公長將責季孫初季孫爲己樹六檟於蒲圃東門之外蒲圃場圃名季文子樹檟欲自爲櫬匠慶請木爲定姒在櫬季孫曰畧不以道取爲畧匠慶用蒲圃之檟季不御御止也傳言遂得成禮故經無異文君子曰志所謂多行無禮必自及也其是之謂乎

子罕爲宋司城魯襄公六年宋華弱與樂轡少相狎長相優又相謗也狎親習也優調戲也子蕩怒以弓梏華弱于朝子蕩樂轡也張弓以貫其頭若械之在手故曰梏平公見之曰司武而梏於朝難以勝矣司武司馬言其懦弱不足以勝敵遂逐之夏宋華弱來奔子罕曰同罪異罰非刑也專戮於朝罪孰大焉亦逐子蕩子蕩射子罕之門曰幾日而不我從言我射女門女亦當以不勝任見逐子罕善之如初言子罕雖見辱不追忿所以得安

向戌宋大夫也魯襄公十年晉侯會諸侯于柤晉士匄請伐偪陽以封向戌五月甲午遂滅偪陽以與向戌向戌辭曰君若猶辱鎮撫宋國而以偪陽光啓寡君羣臣安矣其何貺如之言見賜之厚無過比若專賜臣是臣興諸侯以自封也其何罪大焉敢以死請乃予宋公

晏嬰爲齊卿齊惠欒高氏皆耆酒欒高二族皆出惠公信內多怨說婦人言故多怨彊於陳鮑氏而惡之惡陳鮑有告陳桓子曰子旗子良將攻陳鮑亦告鮑氏桓子授甲而如鮑氏遭子良醉而騁欲及子良醉故騁告鮑文子遂見文子文子鮑國則亦授甲矣使視二子二子子旗子良則皆將飲酒桓子曰彼雖不信彼傳言者聞我授甲則必逐我及其飲酒也先伐諸陳鮑方睦遂伐欒高氏子良曰先得公陳鮑焉往遂伐虎門欲以公自輔助欲入公不聽故伐公門晏子端委入于虎門之外端委朝服四族召之無所往四族欒高陳鮑其徒曰助陳鮑乎曰何善焉言無善義何助助欒高乎曰庸愈乎罪惡不善于陳鮑

然則歸乎曰君伐焉歸公召之而後入

穿封戌楚大夫魯襄公二十六年楚子侵鄭五月至于城麇鄭皇頡戍之出與楚師戰敗穿封戌囚皇頡公子圍與之爭之正於伯州犂伯州犂曰請問於囚乃立囚伯州犂曰所爭君子也其何不知上其手曰夫子爲王子圍寡君之貴介弟也下其手曰此子爲穿封戌方城外之縣尹也誰獲子囚曰頡遇王子弱焉戌怒抽戈逐王子圍弗及魯昭公八年楚靈王滅陳 靈王即王子圍也 使戌爲陳公曰城麇之役不諂侍飲酒於王王曰城麇之後女知寡人之及此女其辟寡人

乎 及此謂爲王 對曰若知君之及此臣必致死禮以息楚國 息寧靜也

魯公冶季氏屬大夫襄公二十九年公入楚還及方城季武子取卞 取卞邑以自益 使公冶問 問公起居 璽書追而與之 璽印也 曰聞守卞者將叛臣帥徒以討之旣得之矣敢告公冶致使而退 致季氏使命 及舍而後聞取卞 發書乃聞之 公曰欲之而言叛祇見疏也 言季氏欲得卞而欺我言叛益疏我 公謂公冶曰吾可以入乎 以季氏疏已故不敢入 對曰君實有國誰敢違君公與公冶冕服 以卿服玄冕賞之 固辭强之而後受公欲無入榮城伯賦式微乃歸 式微詩邶風曰式微式微胡不歸式用也義取寄寓之微陋勸公歸 五月公至自楚公冶致其邑於季氏 本從季氏得邑故還之 而終不入焉 不入季孫家 曰欺其君何必使余季孫見之則言季氏如他日不見則終不言季氏及疾聚其臣 大夫家臣 曰我死必無以冕服斂非德賞也 言公畏季氏而賞其使非以我有德 且無使季氏葬我

叔孫豹魯大夫也昭公元年諸侯盟于虢季武子伐莒取鄆莒人告於會楚告於晉曰尋盟未退 尋弭兵之盟 而魯伐莒瀆齊盟 瀆慢也 請戮其使 時叔孫豹在會欲戮之 樂桓子相趙文子 桓子樂王鮒相佐也 欲求貨於叔孫而爲之請使請帶焉 難指求貨故以帶爲辭 弗與梁其踁曰貨以藩身子何

愛焉 踁叔孫家臣 叔孫曰諸侯之會衛社稷也我以貨免魯必受師 言不戮其使必伐其國 是禍之也何衛之爲人之有牆以蔽惡也 喻己爲國衛如牆爲人蔽 牆之隙壞誰之咎也 咎在牆 衛而惡之吾又甚焉 罪甚牆 雖怨季孫魯國何罪 怨季孫之伐莒 叔出季處有自來矣吾又誰怨 季孫守國叔孫出使所從來久今遇此戮無所怨也 然鮒也賄弗與不已召使者裂裳帛而與之曰帶其褊矣 言帶褊盡故裂裳示不相逆 叔孫歸 旣會歸 曾天御季孫以勞之旦及日中不出 恨季孫代莒使已幾被戮 曾天謂曾阜 曾阜叔孫家臣 曰旦及日中吾知罪矣魯以相忍爲國也忍其外不忍其內焉用之 欲受楚戮是忍其外日中不出是不忍其內 阜曰

數月於外（言叔孫勞役在外數月）一旦於是庸何傷賈而欲贏而惡囂乎（言譬如商賈求贏利者不得惡諠囂之聲）臯謂叔孫曰可以出矣叔孫指楹曰雖惡是其可去乎乃出見之（楹柱也以喻魯有季孫猶屋有柱）

芋尹無宇楚大夫也魯昭公元年楚靈王卽位初楚子之爲令尹爲王旌以田（祈羽爲旌王旌游至於軫）芋尹無宇斷之曰一國兩君其誰堪之及卽位爲章華之宮納亡人以實之（章華南郡華容縣）無宇之閽入焉（有罪亡入章華宮）無宇執之有司弗與（王有司也）曰執人於王宮其罪大矣執而謁諸王（執無宇也）王將飲酒（遇其歡也）無宇辭曰天子經畧（經營

天下畧有四海故曰經畧）諸侯正封（封疆有定分）古之制也封畧之內何非君土食土之毛誰非君臣（毛草也）故詩曰普天之下莫非王土率土之濱莫非王臣（詩小雅濱涯也）天有十日（甲至癸）人有十等（王至臺）下所以事上上所以共神也故王臣公公臣大夫大夫臣士士臣皁皁臣輿輿臣隷隷臣僚僚臣僕僕臣臺馬有圉牛有牧（養馬曰圉養牛曰牧）以待百事今有司曰女胡執人於王宮將焉執之周文王之法曰有亡荒閱（荒大也閱蒐也有亡人當大蒐其衆）所以得天下也吾先君文王（楚文王）作僕區之法（僕區刑書名）曰盜所隱器（隱盜所得器）與盜同罪所以封汝也（行善法故能行啓疆北至汝水）若從有司是無所執逃臣也逃而舍之是無陪臺也（言皆將逃）王事無乃闕乎昔武王數紂之罪以告諸侯曰紂爲天下逋逃主萃淵藪（萃集也天下逋逃悉以紂爲淵藪集而歸之）故夫致死焉（人欲致死討紂）君王欲求諸侯而則紂無乃不可乎若以二文之法取之盜有所在矣（言王亦爲盜）王曰取而臣以往（往去也）盜有寵未可得也（盜有寵王自謂）遂赦之

社洩魯叔孫氏宰也昭公四年冬叔孫豹卒五年正月舍中軍卑公室也初作中軍三分公室而各有其一季氏盡征之叔孫氏臣其子弟孟氏取其半焉及其舍之也四分公室季氏擇二子各一皆盡征之而

貢于公以書使社洩告於殯（告叔孫之柩）曰子固欲毁中軍既毁之矣敢告社洩曰夫子唯不欲毁也故盟諸僖閎詛諸五父之衢（皆在襄十一年）受其書而投之（投擲也）帥士而哭之（痛叔孫之見誣）

叔向晉大夫也魯昭公十四年冬十二月晉邢侯與雍子爭鄐田（邢侯楚申公巫臣之子也雍子亦故楚人）久而無成士景伯如楚（士景伯晉理官）叔魚攝理（攝代景伯）韓宣子命斷舊獄罪在雍子雍子納其女於叔魚叔魚蔽罪邢侯（蔽斷也）邢侯怒殺叔魚與雍子於朝宣子問其罪於叔向叔向曰三人同罪施生戮死可也（施行罪也）雍子自知其罪而賂

以買直鮒也鬻獄邢侯專殺其罪一也已惡而掠美爲昏（掠取也昏亂也）貪以敗官爲墨（墨不潔之稱）殺人不忌爲賊（忌畏也）夏書曰昏墨賊殺（逸書二者皆死刑）皋陶之刑也請從之乃施邢侯而尸雍子與叔魚於市仲尼曰叔向古之遺直也（言叔向之直有古人遺風）治國制刑不隱於親（謂國之大問己所荅當也至於他事則宜有隱）三數叔魚之惡不爲末減（末薄也減輕也皆以正言之）曰義也夫可謂直矣（於義未安直則有之）平丘之會數其賂也（謂言瀆貨無厭）以寬衛國晉不爲暴歸魯季孫稱其詐也（謂言紒也能）以寬魯國晉不爲虐邢侯之獄言其貪也以正刑書晉不爲頗三言而除三惡加三利（三惡暴虐頗也

三惡除則三利加）殺親益榮（榮名益巳）猶義也夫（三罪唯荅宜子問不可以不正其餘則以直傷義故重歸之）

奮揚爲楚城父司馬魯昭公二十年春費無極言於楚子曰太子建與伍奢將以方城外叛自以爲猶宋鄭也齊晉又交輔之將以害楚其事集矣王信之問伍奢伍奢對曰君一過多矣（一過納建妻）何信於讒王執伍奢（忿奢切言）使奮揚殺太子未至而使遣之（知太子冤故遣令走）三月太子見奔宋王召奮揚使城父人執已以至王曰言出於余口入于爾耳誰告建也對曰臣告之君王命臣曰事建如事余臣不佞（佞才也）不能苟貳奉初以還（奉初命以周旋）不忍後命故遣之旣而悔之亦無及已王曰而敢來何也對曰使而失命召而不來是再奸也（奸犯也）逃無所入王曰歸從政如他日

叔孫婼魯大夫也昭公二十三年邾師過武城魯人取邾師獲徐鉏丘弱茅地邾人愬于晉晉人來討叔孫婼如晉晉人執之晉人使與邾大夫坐（坐訟曲直）叔孫曰列國之卿當小國之君固周制也（在禮卿得會伯子男故曰當小國之君）邾又夷也（邾又有東夷之風）寡君之命介子服回（子服回魯大夫爲叔孫之介副）請使當之不敢廢周制故也乃不果坐韓宣子使邾人聚其衆將以叔孫與之（與邾使執之）叔孫聞

之去衆與兵而朝（示欲以身死）士彌牟謂韓宣子（彌牟士景伯）曰子弗良圖而以叔孫與其讐叔孫必死之魯亡叔孫必亡邾邾君亡國將焉歸（時邾君在晉若亡國無所歸將益晉憂）子雖悔之何及所謂盟主討違命也若皆相執焉用盟主（聽邾衆取叔孫是爲諸侯皆得輒相執）乃弗與使各居一館（分別叔孫子服回）士伯聽其辭而愬諸宣子乃皆執之（二子辭不屈故士伯愬而執之）士伯御叔孫從者四人過邾館以如吏（欲使邾人見叔孫之屈辱）先歸邾子士伯曰以芻蕘之難從者之病將館子於都（都別都謂箕也）叔孫旦而立期焉（立待命也從至旦爲期）乃館諸箕舍子服昭伯於他邑（別四之）范獻子求貨於叔孫使

請冠焉（以求冠爲辭）取其冠法而與之兩冠曰盡矣（既送作冠模法又進二冠以與之爲若不解其意）爲叔孫故申豐以貨如晉（欲行貨以免叔孫）叔孫曰見我吾告汝所行貨見而不出（留申豐不使得出不欲以貨免）吏人之與叔孫居於箕者請其吠狗弗與及將歸殺而與之食之（示不愛）叔孫所館者雖一日必葺其牆屋（葺補治也）去之如始至（不以當去而有所毀壞）

子家子魯大夫昭公三十二年十二月公疾徧賜大夫（從公者）大夫不受賜子家子雙琥（琥王器）一環一璧輕服（細好之服）受之大夫皆受其賜巳未公薨子家子反賜於府人曰吾不敢逆君命也大夫皆反其賜定公元

冊府元龜　陪臣部　公正　卷之七百四十六　十三

年夏叔孫成子逆昭公之喪于乾侯（成子叔孫婼之子）季孫曰子家子亟言於我未嘗不中吾志也吾欲與之從政子必止之且聽命焉（衆事皆諮問子家子）子家子不見叔孫易幾而哭（幾哭會也不欲見叔孫故朝夕哭下同會）叔孫請見子家子辭曰羈未得見而從君以出（羈子家子名羈出時成子未爲卿）君不命而薨羈不敢見（言未受昭公之命託辭以距叔孫）叔孫使告之曰公衍公爲實使群臣不得事君（二子始謀逐季氏）若公子宋主社稷則群臣之願也（宋昭公弟定公）凡從君出而可以入者將唯子是聽子家氏未有後季孫願與子從政此皆季孫之願也使不敢以告（不敢叔孫成子名）對曰若立君則有卿士大夫與守龜在羈弗敢知若從君者則貌而出者入可也（貌出爲以義從公與季氏無實然）寇而出者行可也（與季氏爲寇難者自可去）若羈也則君知其出也（君昭公）而未知其入也羈將逃也喪至壞隤公子宋先入從公者皆自壞隤反（出奔）

石奢者楚昭王相也堅直廉正無所阿避行縣道有殺人者相追之乃其父也縱其父而還自繫焉使人言之王曰殺人者臣之父也夫以父立政不孝也廢法縱罪非忠也臣罪當死王曰追而不及不當伏罪子其治事矣石奢曰不私其父非孝子也不奉主法

冊府元龜　陪臣部　公正　卷之七百四十六　十四

非忠臣也王赦其罪上惠也伏誅而死臣職也遂不受令自刎而死

仲繇字子路魯哀公十四年小邾射以句繹來奔曰使季路要我吾無盟矣（子路信誠故欲得與相要誓而不須盟）使子路子路辭季康子使冉有謂之曰千乘之國不信其盟而信子之言子何辱焉對曰魯有事于小邾不敢問故死其城下可也彼不臣而濟其言是義之也繇弗能也（濟成）

釁夏魯宗人也（宗人禮官也）哀公二十四年公子荊之母嬖（荊哀公庶子）公將以爲夫人使釁夏獻其禮對曰無之公

怒曰女爲宗司立夫人國之大禮也何故無之對曰周公及武公娶於薛武公敖也孝惠娶於商孝公稱惠公弗皇商宋也自桓以下娶於齊桓公始娶文姜此禮也則有若以妾爲夫人則固無其禮也公卒立之而以荆爲太子國人始惡之惡公

翟黄魏大夫文侯與士大夫坐問曰寡人何如君也群臣皆曰君仁君也次至翟黄曰君非仁君也曰子何以言之對曰君伐中山不以封君之弟而以封君之長子臣是以知君之非仁君也文侯怒而逐翟黄翟黄起而出次至任座文侯問寡人何如君也任座

對曰君仁君也子何以言之對曰臣聞之其君仁也其臣直向翟黄之言直臣是以知君仁君也文侯曰善復召翟黄入拜爲上卿

趙奢者趙之田部吏也收租稅而平原君家不肯出趙奢以法治之殺平原君用事者九人平原君怒將殺奢奢因說曰君於趙爲貴公子今縱君家而不奉公則法削法削則國弱國弱則諸侯加兵諸侯加兵是無趙也君安得有此富乎以君之貴奉公如法則上下平上下平則國强國强則趙固而君爲貴戚豈輕於天下耶平原君以爲賢言之於王王用之治國賦國賦大平民富而府庫實

死節

古之事上者固有殺身以成仁刎頸以見志蓋捨生取義輕鴻毛於一命以身徇節貫白日於丹赤若乃春秋之世諸侯專政其有屬衰弱之在運逢艱虞之間作或奔走以徇死或周旋以從士秉志誓心無所變易捐軀殞首罔思畏避至於隣兵載交强戰相窘於是英勇感慨忠憤特立聞金鼓而自奮塗肝腦而不奮復有上失其道政出多門譏慝屢興姦詐萌起禮罔由節言以買禍靡敢胥怨自求死所者亦不失

爲臣之義也並用著之于篇

欒共子晉大夫也武公伐翼殺哀侯武公曲沃桓叔之孫嚴伯之子武公稱也翼晉國都也哀侯晉昭侯孫鄂侯子哀侯光也初昭侯分國以封叔父桓叔爲曲沃伯曲沃盛强昭侯微弱後晉潘父弒昭侯納桓叔不剋晉人立昭侯之子孝侯於翼更爲翼侯後桓叔之子嚴伯伐翼殺孝侯翼人立其弟鄂侯鄂侯生哀侯魯桓三年曲沃武公伐翼殺哀侯後竟滅翼侯之後而兼之魯嚴十六年王使虢公命武公以一軍爲晉侯遂爲晉祖止欒共子曰苟無死欒共子晉哀侯大夫共叔成也初桓叔爲曲沃伯共子之父欒賓傅之故止共子使無死也吾以子見天子令子爲上卿制晉國之政上卿執政命於天子者辭曰臣聞之民生於三事之如一三君父師也故一服勤至死父生之師教之君食之食謂祿也非父不生非食不長非教不知

生之旌也故一事之旌顯也一事之事之如一唯其所在則致死
焉在君父爲君父在師爲師報生以死報賜以力人之道也賜惠也以
力爲臣臣敢以私利廢人之道私利謂不死爲上卿君何以訓矣
無以教爲忠曰君知成之從也未知其待於曲沃也君武公也
言君知成將死其君爲從臣道故使止臣未知成不死而待君於曲沃之爲二也從君而貳
君焉用臣貳二心遂鬭而死

荀息晉大夫也里克弑其君之子奚齊又弑其君卓
子及其大夫荀息奚齊卓子者驪姬之子也荀息傅
焉禮諸侯之子八歲受少傅教之以小學業小道焉履小節焉十五受太傅教之以大學業大道焉履
大節焉驪姬者國色也其顏色一國之選獻之愛公甚欲立其

子於是殺世子申生申生者里克傅之獻公病將死
謂荀息曰士何如則可謂之信矣獻公自知廢正當有後患欲託二子
於荀息故動之云爾荀息對曰使死者反生生者不愧乎其言
則可謂信矣荀息察言觀色知獻公欲爲奚齊卓子未動已故荅之云爾獻公死
奚齊立里克謂荀息曰君殺正而立不正廢長而立
幼長謂重耳如之何願與子慮之荀息曰君嘗訊臣矣上問
下曰訊言臣者明君臣相與言不可負臣對曰使死者反生生者不愧
乎其言則可謂信矣里克知其不可與謀退弑奚齊
荀息立卓子里克弑卓子荀息死之荀息可謂不食
其言矣

狐突晉大夫也晉惠公卒懷公命無從亡人懷公子圉亡人
重耳期期而不至無赦狐突之子毛及偃從重耳在秦
弗召偃子犯也懷公執狐突曰子來則免未期而執突以不召子故對
曰子之能仕父教之忠古之制也策名委質貳乃辟
也名書於所臣之策屈膝而君事之則不可以貳辟罪也今臣之子名在重耳
有年數矣若又召之教之貳也父教子貳何以事君
刑之不濫君之明也臣之願也淫刑以逞誰則無罪
臣聞命矣乃殺之

先軫晉大夫晉侯敗狄于箕先軫曰匹夫逞志於君
謂不顧而唾而無討敢不自討乎免冑入狄師死焉狄人

歸其元元首面如生

蕩意諸宋大夫宋公子鮑禮於國人宋饑竭其粟而
貸之襄夫人欲通鮑而不可乃助之施昭公無道國
人奉公子鮑以因夫人於是華元爲右師元華督曾孫代代公
子成公孫友爲左師華耦爲司馬代公子卯鱗鑵爲司徒蕩
意諸爲司城公子朝爲司寇代華御事初司城蕩卒公孫
壽辭司城壽蕩之子請使意諸爲之意諸壽之子旣而告人曰
君無道吾官近懼及焉禍及已棄官則族無所庇子身
之貳也姑紓死焉姑且也紓緩也雖亡子猶不亡族已在故也旣
夫人將使公田孟諸而殺之公知之盡以寶行蕩意

諸曰盍適諸侯公曰不能其大夫至於君祖母以及國人（君祖母諸侯祖母之稱謂襄夫人）諸侯誰納我且既爲人君而又爲人臣不如死盡以其寶賜左右而使行（行去也）夫人使謂司城去公對曰臣之而逃其難若後君何（言無以事後君）冬十一月甲寅宋昭公將田孟諸未至夫人王姬使帥甸攻而殺之（襄夫人周襄王姊故稱王姬帥甸郊甸之師）蕩意諸死之

郤至晉大夫初厲公將殺三郤郤錡謂郤至曰君不道於我我欲以吾宗與吾黨夾而攻之雖死必敗國國敗君必危其可免乎郤至曰不可至聞之武人不

亂知人不詐仁人不黨夫利君之冨冨以聚黨利黨以危君君之殺我也後矣且衆何罪均之死不若聽君之命是故皆自殺也

惠伯魯大夫襄仲殺惡及視而立宣公仲以君命召惠伯（詐以惡命）其宰公冉務人止之曰入必死叔仲曰死君命可也公冉務人曰若君命可死非君命何聽弗聽乃入殺而埋之馬矢之中（惠伯死不書者史畏襄仲不敢書殺惠伯）公冉務人奉其孥以奔蔡既而復叔仲氏

孔達衛大夫清丘之盟晉以衛之救陳也討焉（尋清丘之盟以責衛）使人弗去曰罪無所歸將加而師孔達曰苟利社稷請以我說（欲自殺以說晉）罪我之繇我則爲政而亢大國之討將以誰任（亢禦也謂禦宋討陳也）我則死之孔達縊而死衛人以說于晉而免（以殺告故免于伐）遂告于諸侯曰寡君有不令之臣達構我敝邑于大國既伏其罪矣敢告（諸殺大夫亦告告）衛人以爲成勞復室其子（以有平國之功故以女妻之）使復其位（繼父祿位）

公孫敖魯大夫奔莒生二子敖死其二子來（敖在莒所生）孟獻子愛之聞於國（獻子穀之子仲孫蔑）或譖之曰將殺子獻子以告季文子二子曰夫子以愛我聞我以將殺子聞不亦遠於禮乎遠禮不如無一人門于句鼆一人

門于戾丘皆死（句鼆戾丘魯邑有寇攻門二子禦之而死）

唐苟鄭大夫也魯成公十六年晉侯及楚子鄭伯戰于鄢陵石首御鄭成公唐苟爲右石首曰衞懿公唯不去其旗是以敗於熒乃內旌於弢中（熒戰在閔二年）唐苟謂石首曰子在君側敗者一人我不如子子以君免我請止乃死

荆蒯芮齊大夫初崔杼弑莊公荆蒯芮使晉而至其僕曰君之無道也四隣諸侯莫不聞也以夫子而死不亦難乎荆蒯芮曰善而言也早言我能諫諫而不聽我能去今既不諫又不去吾聞之食其食死其事

吾既食亂君之食矣又安得治君而死之遂驅車而入死其僕曰人有亂君猶必死之我有治長可無死乎乃結轡自刎乎車上君子聞之曰荆蒯芮可謂守節死義矣則僕夫無爲死也猶食飲而遇毒也詩曰夙夜匪懈以事一人荆先生之謂乎易曰不恒其德或承之羞僕夫之謂矣

叔孫昭子魯大夫昭公孫于齊昭子自闞歸見平子平子稽顙曰子若我何昭子曰人誰不死子以逐君成名子孫不忘不亦傷乎將若子何平子曰苟使意如得改事君所謂生死而肉骨也昭子從公于齊與

公言子家子命適公館者執之（恐從者知叔孫謀）公與昭子言於幄内曰將安衆而納公（昭子請歸安衆）公徒將殺昭子伏諸道（伏兵）左師展告公公使昭子自鑄歸（辟伏兵）平子有異志（不欲復納公）昭子齊于其寢使祝宗祈死而卒（恥爲平子所欺因祈而自殺）

仲繇字子路卞人衛大夫孔悝納蒯聵公立之初孔圉取大子蒯聵之姊生悝（孔圉孔文子也蒯聵姊孔伯姬）孔氏之豎渾良夫長而美孔文子卒通於内（通伯姬）太子在戚孔姬使焉（使良夫詣太子所）太子與之言曰苟使我入獲國服冕乘軒三死無與（冕大夫服軒大夫車三死死罪三）與之盟爲請於伯姬（良夫爲太子請）閏月良夫與太子入舍於孔氏之外圃（圃園）昏二人蒙衣而乘（二人太子與良夫蒙衣爲婦人服也）寺人羅御如孔氏孔氏之老欒寧問之稱姻妾以告（自稱昏姻家妾）遂入適伯姬氏既食孔伯姬杖戈而先太子與五人介輿豭從之（介彼甲與豭豚欲以盟）迫孔悝於厠强盟之（孔氏專政故劫孔悝欲令逐輒）遂劫以登臺欒寧將飲酒炙未熟聞亂使告季子（季子子路也爲孔氏邑宰）召獲駕乘車（召獲衛不法爲乘車言令欲戰）行爵食炙奉衛侯輒來奔季子將入遇子羔將出（子羔衛大夫羔柴孔子弟子將出奔）曰門已閉矣季子曰吾姑至焉（且欲至門）子羔曰弗及不踐其難（言政不及己可不須踐其難）季子曰食焉不避其難（謂食孔氏

禄）子羔遂出子路入及門公孫敢門焉（守門）曰無人爲也（言輒已出無爲復入）季子曰是公孫也求利焉而逃其難繇不然利其禄必救其患有使者出乃入（因門開而入）曰太子焉用孔悝雖殺之必或繼之（言已必繼孔悝爲難攻太子）且曰太子無勇若燔臺半必舍孔叔太子聞之懼下石乞孟黶敵子路（二子蒯聵黨敵當也）以戈擊之斷纓子路曰君子死冠不免（不使冠在地）結纓而死孔子聞衛亂曰柴也其來由也死矣

高昭子名張齊人也齊景公病命其相國惠子與高昭子以子荼爲太子景公卒兩相高國立荼是爲晏

孺子而田乞不說欲立景公陀子陽生乃與鮑牧譖
大夫以兵入公室昭子聞之與國惠子救公公師敗
田乞之衆追國惠子惠子奔莒遂返殺高昭子
鄭魁壘晉士也荀瑤帥師圍鄭未至鄭駟弘曰知伯
愎而好勝早下之則可行也（行去也）乃先保南里以待
之（保守也南里在城外）知伯入南里門于桔柣門鄭人俘御魁
壘賂之以晉政（欲使反為鄭）閉其口而死
雍門狄齊大夫也初越甲至齊雍門狄請死之齊王
曰鼓鐸之聲未聞矢石未交長兵未接子何務死之
爲人臣之禮邪雍門狄對曰臣聞之昔者王田於囿

左轂鳴車右請死之王曰子何爲死車右曰爲其鳴
吾君也王曰左轂鳴者此工師之罪也子何事之有
焉車右對曰吾不見工師之乘而見其鳴吾君也遂
刎頸而死有是乎王曰有之雍門狄曰今越甲至其
鳴吾君豈左轂之下哉車右可以死左轂而臣獨不
可以死越甲邪遂刎頸而死是日越人引軍而退七
十里曰齊王有臣均如雍門狄擬使越社稷不血食
遂歸齊王塟雍門狄以上卿之禮
肥義趙大夫初武靈王傳國於子惠文王又封長子
章爲代安陽君章素侈心不服其弟所立主父又使
臣不禮相章也李兌謂肥義曰公子章彊壯而志驕
黨衆而欲大殆有私乎不禮之爲人也忍殺而驕二
人相得必有謀陰賊起一出身徼幸夫小人有欲
輕慮淺謀徒見其利而不顧其害同類相推俱入禍
門以吾觀之必不久矣子任重而勢大亂之所始禍
之所集也子必先患仁者愛萬物而智者備禍于未
形不仁不智何以爲國子奚不稱疾毋出傳政于公
子成毋爲怨府毋爲禍梯肥義曰不可昔者王父以
王屬義也曰毋變而度毋異而慮堅守一心以歿而
世義再拜受命而籍之今畏不禮之難而忘吾籍變

孰大焉進受嚴命退而不全負孰甚焉變負之臣不
容于刑諺曰死者復生生者不愧吾言已在前矣吾
欲全吾言安得全吾身且夫貞臣也難至而節見忠
臣也累至而行明子則有賜而忠我矣雖然吾有語
在前者也終不敢失李兌曰諾子勉之矣吾見子已
今年耳涕泣而出李兌數見公子成以備田不禮之
事異日肥義謂信期曰公子與田不禮甚可憂也其
于義也聲善而實惡此爲人也不子不臣吾聞之也
奸臣在朝國之殘也讒臣在中主之蠹也此人貪而
欲大內得主而外爲暴矯令爲慢以擅一旦之命不

難爲也禍且逮國今吾憂之夜而忘寐饑而忘食盜賊出入不可不備自今已來若有召王者必見吾面食我將先以身當之無故而王乃入信期曰善哉吾得聞此也旣而公子章卽以徒與田不禮作亂先殺肥義

扈輒趙幽謬王二年秦攻武城輒率師救之軍敗死之

韓舉韓將也宣惠公八年與齊魏戰死于桑丘

冊府元龜

冊府元龜

巡按福建監察御史臣李嗣京　訂正
知長樂縣事臣夏允彝　叅閱
知建陽縣事臣黃國琦　較釋

陪臣部一十七

失禮　奢僭　專恣

失禮

夫禮者所以章疑別微以爲民防者也若乃當春秋之世居大夫之列亡君臣之禮違朝著之位玉幣相聘失行人之辭樽俎交歡愆爲賓之序乃至紛亂祀典顛越彝制存諸赴告厥用垂誡

公子友爲魯大夫莊公二十七年秋公子友如陳葬原仲非禮也原仲季友之舊也（原仲陳大夫季友違禮會外夫大葬）

先軫爲晉大夫魯僖公三十二年晉敗秦師獲孟明西乞白乙文嬴請而釋之先軫朝問秦囚公曰夫人請之吾舍之矣先軫怒曰武夫力而拘諸原婦人暫而免諸國（暫猶卒也）墮軍實而長寇讎亡無日矣（墮毀也）不顧而唾

臧文仲爲魯大夫孔子曰臧文仲安知禮夏父弗綦逆祀而弗止也燔柴於奧（文仲魯公子彄之曾孫辰也莊文之間爲大夫於時僖賢是以非之不正禮也文二年八月丁卯有事于太廟躋僖公始逆祀是夏父弗綦爲宗人之爲也奧當爲爨字之誤也或作竈祀戶卒食而祭饎爨饔爨也時人以爲祭大神乃燔柴）夫奧者老婦之祭盛於盆尊於瓶（老婦先炊者也尊瓶炊器也明此祭先炊非祭大神燔柴似失之）禮也者猶體也（若人身體）體不備君子謂之不成人設之不當猶不備也

郤克晉大夫獻子也魯成公二年靡笄之役郤獻子伐齊齊侯來（靡笄之役故服而朝晉也）獻之以得隕命之禮（獻致享也敵遵豆之數征伐所獲國君之獻禮也以得言不得也伐國獲君若秦獲晉惠晏爲隕命今齊雖敗須公不見得非隕命也故苗棼皇以郤克不知孔司馬法曰其有隕命行禮如會所爭義不爭利也）曰寡君使克也不腆敝邑之禮爲君之辱敢歸諸下執政

以犛御人（歸履也執政執事整願也御人婦人願以此報君御人笑也）曰郤子勇而不知禮矜其伐而耻國君其與幾何（言將不終命）

郤犫爲晉大夫魯成公十四年春晉侯使犫子衞侯饗苦成叔（成叔郤犫）甯惠子相（相佐禮惠子甯殖）苦成叔傲甯子曰苦成家其亡乎古之爲享食也以觀威儀省禍福也故詩曰兕觥其觩旨酒思柔（周小雅言君子好禮飲酒皆思柔德雖兕觥觩然不用以兕角爲觵所以罰不敬觩陳設之貌）彼交匪傲萬福來求（彼之交於事而不得傲乃萬福之所求）今夫子傲取禍之道也

孫林父衞大夫文子也魯襄公七年文子來聘公登亦登（禮登皆臣後君一等）叔孫穆子相趨進曰諸侯之會寡君

未嘗後衛君敵體正登今吾子不後寡君寡君未知所過吾子其少安安習也孫子無辭亦無悛容悛改也

高厚爲齊大夫魯襄公十年春諸侯會吳子相三月癸丑齊高厚相太子光以先會諸侯于鍾離不敬吳子未至光從東道與東諸侯會遇姚本勘地故不並會高厚高固子也癸丑月二十六日士莊子晉大夫曰高子相太子以會諸侯將社稷是衛而皆不敬後與光俱不敬棄社稷也其將不免乎十九年齊殺高厚二十五年殺其君光

伯有爲鄭大夫魯襄公二十七年鄭伯享趙孟于垂隴伯有賦鶉之賁賁鶉之賁賁詩鄘衛人刺其君淫亂鶉鵲之不若義取人之無良

我以爲兄我以爲君也趙孟曰牀第之言不踰閾況在野乎非使人之所得聞也第簀也此詩刺趙孟故云牀第之言閾門限使人趙孟自謂

慶封爲齊大夫魯襄公二十七年春齊使慶封來聘叔孫與慶封食不敬爲賦相鼠亦不知也相鼠詩鄘風曰相鼠有皮人而無儀人而無儀不死何爲慶封不知此詩爲己言其闇甚二十八年慶封來奔叔孫穆子食慶封慶封汜祭禮食有祭示有所先也汜祭遠散所祭不共穆子不說使工爲之誦茅鴟工樂師茅鴟逸詩刺不敬亦不知既而齊人來讓讓魯受慶封慶封奔矣

孟僖子爲魯大夫昭公七年二月公如楚鄭伯勞于師之梁鄭城門孟僖子爲介不能相儀僖子仲孫貜及楚不能荅郊勞

孔張爲鄭大夫魯昭公十六年三月晉韓起聘于鄭鄭伯享之子產戒曰苟有位於朝無有不共恪孔張後至立於客間孔張子孔之孫執政禦之執政掌位列者禦止也適客後又禦之適縣間縣樂肆客從而笑之

涉佗成何皆晉大夫也魯定公八年晉師將盟衛侯於鄟澤趙簡子曰群臣誰敢盟衛君者前者衛叛晉屬齊簡子意欲推辱之涉佗成何曰我能盟之衛人請執牛耳盟禮尊者涖牛耳王次盟者衛侯與晉大夫盟自以當涖牛耳故請之成何曰衛吾溫原也焉得視諸侯言衛小比縣人不得從諸侯禮將歃涉佗捘衛侯之手及

腕捘擠也血至腕衛侯怒王孫賈趨進賈衛大夫曰盟以信禮也信猶明也有如衛君其敢不唯禮是事而受此盟也衛侯乃叛晉晉人請改盟弗許十年晉人討衛之叛故曰繇涉佗成何捘衛侯手故於是執涉佗成何奔燕君子曰此之謂棄禮必不鈞言必見殺不得與人等詩曰人而無禮胡不遄死佗亦遄矣哉詩鄘風遄速也

蕢尚爲魯大夫哀公使人弔蕢尚遇諸道辟於路畫宮而受弔焉哀公魯君也畫宮畫地爲宮曾子曰蕢尚不如杞梁之妻之知禮也行弔禮于野非莊公襲莒于杞梁死焉其妻迎其柩于路而哭之哀莊公使人弔之對曰君之臣不免於罪則將肆諸市朝而妻受執君之臣免於罪則有先人之敝盧在君

無所辱命

渾良夫爲衛大夫衛侯爲虎幄於籍圃於籍田之圃新造幄幕皆以虎獸飾之成求令多者與之始食焉太子請使良夫良夫應爲令名良夫乘衷甸兩牡衷甸一轅卿車紫衣狐裘紫衣君服至袒裘不釋劒而食食而熱故偏袒亦不敬太子使牽以退數之以三罪而殺之三罪紫衣袒裘帶劒

奢僭

傷民力而干邦憲者其奢僭之謂乎故古者聖賢之所譏切著在方策昭昭可見矣當周室微弱諸侯爲政乃有家陪之列因緣逞欲怙寵崇侈卑上長傲驕

佚以自滿晏安而無懼斯乃犯義侵禮招損取禍之道也已

管仲字夷吾爲齊相富擬於公室孔子曰管仲鏤簋朱紘山節藻稅君子以爲濫矣濫亦盜竊也鏤簋謂刻而飾之大夫刻爲龜耳諸侯飾以象天子飾以玉朱紘天子冕之紘也諸侯爲組紘大夫士當緇組紘纁邊栭謂之節梁上楹謂之梲宮室之飾士首本大夫達棱諸侯斲而礱之天子加密石焉無畫山藻之禮也又曰管仲之器小哉言其器量小也或曰管仲儉乎或人見孔子小之以器謂之大儉曰管氏有三歸官事不攝焉得儉三歸取三姓女婦人謂嫁曰歸攝猶兼也禮國君事大官各有人大夫兼并今管仲家臣備職非爲儉然則管仲知禮乎或人以儉問故荅以安得儉或人問不儉便謂爲得禮曰邦君樹塞門管氏亦樹塞門邦君爲兩君之好有反坫管氏亦有反坫反坫反爵之坫在兩楹之間人君別內外於門樹屏以蔽之若與鄰國爲好會其獻酢之禮更酌畢則各反爵於坫上今管仲皆僭爲之如是是不知禮管氏而知禮孰不知禮

子臧鄭子華弟也魯僖公二十四年出奔宋好聚鷸冠鷸鳥名聚鷸羽以爲冠非法之服鄭伯聞而惡之惡其服非法使盜誘之八月殺之于陳宋之間君子曰服之不衷身之災也衷猶適也詩曰彼巳之子不稱其服詩曹風刺小人在位言彼人之德不稱其服子臧之服不稱也夫詩曰自詒伊慼其子臧之謂矣詩小雅詒遺也慼憂也取其自遺憂夏書曰地平天成稱也

后子秦桓公子景公母弟鍼也有寵於桓如二君於

景其寵如兩君其母曰弗去懼選選數也恐景公數其罪而加戮鍼適晉其車千乘言其富也后子享晉侯爲晉侯設享禮造舟于河造舟爲梁通秦晉之道十里舍車一舍八乘爲八反之備自雍及絳雍絳相去千里用車八百乘歸取酬幣備九獻之義始禮自擧其一故續送其八酬酒幣終事八反舟十里以八乘車各以次載幣相授而還不經至故言八反千里用車八百乘其二百乘以自隨故言千乘傳言秦鍼之出極奢富以成禮欲盡敬於所赴

仲孫叔孫季孫皆魯大夫也謂之三桓皆桓公後禮運云諸侯不敢祖天子大夫不敢祖諸侯而公廟之設於私家非禮也繇三桓始也公廟魯以周公之故立文王廟三家見而僭焉又大夫而饗君非禮也其享君由强且富也大夫强而君殺之義

也繇三桓始也又季孫有喪孔子往吊入門而左從客也主人以璵璠收喪季平子意如之喪桓子斯在喪孔子吊之入門而左行故曰從客位也主人以璵璠收收斂也孔子徑庭而趨歷級而上上堂曰以寶玉收譬之猶暴骸中原也璵璠君佩玉也昭公在外平子行君事入宗廟佩璵璠故欲用之孔子以爲平子逐昭公出之其行惡不當以玉斂而反用之肆行非度人又利之必先發掘故曰由暴骸中原也徑庭歷級非禮也雖然以救過也孔子曰肆下禮也今肆乎上泰也雖違衆吾從下吾不欲違禮亦不足人之失禮故歷級死古之人非無寶也其所寶者異也又季氏八佾舞於庭孔子謂是可忍也孰不可忍也孰誰也佾列也天子八佾諸侯六卿大夫四士二八人爲列八八六十四人魯以周公故受王者禮樂有八佾舞季桓子僭於其家廟舞之故孔子譏之三家

者以雍徹三家謂仲孫叔孫季孫雍周頌臣工篇名天子祭於宗廟歌之以徹祭今三家亦作此樂孔子曰相維辟公天子穆穆奚取於三家之堂辟公謂諸侯及二王之後穆穆天子之容貌雍篇歌此者有諸侯及二王之後來助祭故也今三家但家臣而已何取此義而作之於堂邪

臧文仲魯大夫也居蔡臧孫辰也文謚也蔡國君之守龜出蔡地因以爲名焉長尺有二寸居蔡僭也山節藻梲包曰節者栭也刻鏤爲山梲者梁上楹畫爲藻文言其奢侈孔子曰何如其知也孔子非時人謂之爲也

趙文子晉大夫也大夫之奏肆夏也繇趙文子始也僭諸侯趙文子名武

慶封齊大夫也魯襄公二十七年來聘其車美孟孫謂叔孫曰慶季之車不亦美乎季慶封字叔孫曰豹聞之服美不稱必以惡終美車何爲

騶秦鄭大夫也富而後變大夫也而嘗陳卿之車服於其庭鄭人惡而殺之子思曰詩曰不解於位民之攸塈子思子産子國三也詩大雅攸所也塈息也不守其位而能久者鮮矣商頌曰不僭不濫不敢怠皇命以多福僭差也濫溢也皇暇也言騶秦違詩商頌故受戮

穰侯魏冉者秦昭王母宣太后弟也冉相秦六歲而免二歲復相秦四歲而使白起拔楚之郢秦置南郡乃封白起爲武安君白起者穰侯之所任舉也相善

於是穰侯之富富於王室及免相國就封邑出關輜車千乘有餘

黃歇楚春申君也考烈王立楚復强趙平原君使人於春申君春申君舍之於上舍趙使欲夸楚爲瑇瑁簪刀劍室以珠玉飾之請命春申君客春申君客三千餘人其上客皆躡珠履以見趙使趙使大慚

專恣

昔周道衰微祿去公室諸侯以之擅命陪臣繇是專恣行私惠以收民心用宗黨以參邦政峻殺戮以圖異己濫爵賞以務悅人動靡顧於典刑言但肆於威

禍其甚者取美櫝受饋錦外交鄰邦內易先嗣徒佴忠臣覩之而扼腕賢者覽之以寒心故先聖曰陪臣執國命三世希不失矣蓋欲使姦臣賊子聞之而懼焉又曰惟名與器不可以假人此誠百王之攸戒也

公子豫魯大夫也隱公元年十月鄭人以王師虢師伐衛南鄙虢西虢國也弘農陜縣東南有虢城請師於邾邾子使私於公子豫私請師豫請往公弗許遂行及邾人鄭人盟乎翼翼邾地

祭仲鄭大夫也魯桓公十五年春祭仲專鄭伯患之使其壻雍糾殺之將享諸郊雍姬知之謂其母曰父

與夫孰親其母曰人盡夫也父一而已胡可比也婦人在室則天父出則天夫女以爲疑故母以所生爲本解之遂告祭仲曰雍氏舍其室而將享子於郊吾惑之以告祭仲殺雍糾尸諸周氏之汪汪池也周氏鄭大夫殺而暴其尸以元六也公載以出愍見其尸故載其尸共出國曰謀及婦人宜其死也

公子溺魯大夫莊公三年正月溺會齊師伐衛疾其專命而行故伐之

公子元楚文王弟也魯莊公三十年夏歸自伐鄭而處王宮谷遂尸失人闘射師諫則執而梏之射師闘廉也足曰桎手曰梏狄申公闘班殺子元申楚縣也楚僭號縣尹皆稱公

魏犨晉大夫也魯僖公二十八年晉文公入曹令無入僖負羈之宮而免其族報施也魏犨顛頡怒曰勞之不圖報於何有爇僖負羈氏

公子商人齊桓公子也魯文公十四年公子商人驟施於國驟數也而多聚士盡其家貸於公有司以繼之家財盡從公及國之有司富者貸

趙盾晉正卿任國政二年而襄公卒太子夷皐年少盾以國多難欲立襄公弟雍雍時在秦使迎之太子母日夜啼泣頓首謂盾曰先君何罪釋其適子而更求君趙盾患之恐其宗與大夫襲誅之迺遂立太子

是爲靈公發兵距所迎襄公弟於秦者靈公既立趙盾益專國政

田襄子齊大夫既相齊宣公三年晉殺知伯宣公之三年時也分其地襄子使其兄弟宗人盡爲齊都邑大夫與三晉通使日以其齊國

先縠晉大夫也魯宣公十二年晉師圍鄭晉師救鄭及河聞鄭與楚平荀林父欲還彘子曰不可彘子先縠晉所以霸師武臣力也今失諸侯不可謂力有敵而不從不可謂武由我失霸不如死且成師以出聞敵彊而退非夫也非大夫命爲軍師而卒以非夫唯羣子能

之我弗爲也以中軍佐濟佐蒍子所帥也濟渡河臧宣叔魯大夫也宣公十八年公孫歸父以襄仲之立公也有寵歸父襄仲子欲去三桓以張公室時三桓強公室弱故欲先之以張大公室與公謀而聘于晉欲以晉人去之冬公薨季文子言於朝曰使我殺適立庶以失大援者仲也夫適謂子惡齊外甥襄仲殺之而立宣公南通於楚既不固又不能堅事齊晉故云失人援也臧宣叔怒曰當其時不能治也後之人何罪子欲去之許請去之宣叔文仲子武仲父許其名也時爲司寇主行刑言子自以歸父宮已欲去者許請爲子去之遂逐東門氏襄仲居東門故日東門氏

季文子魯大夫襄公二年齊姜薨初穆姜使擇美檟

檟梓之屬以自爲櫬與頌琴櫬棺也頌琴琴名猶言雅琴皆欲以送終文子取以葬齊姜君子曰非禮也禮無所逆婦養姑者也虧姑以成婦逆莫大焉穆姜成公母齊姜成公婦也

季武子爲魯上卿襄公十一年春將作三軍魯本無中軍唯上下軍皆屬于公有事三卿更帥以征伐季氏欲專其氏人故假立中軍因以改作告叔孫穆子曰請爲三軍各征其軍征賦稅也三家各征其軍之家屬穆子曰政將及子子必不能政者霸國之政令禮大國三軍魯次國而爲大國之制貢賦必重故憂不能也武子故請之穆子曰然則盟諸穆子知季氏將復變易故盟乃盟諸僖閎僖宮之門詛諸侯父之衢五父衢道名在魯國東南以禍福之言利要正月作三軍三分公室而各有其一三分國民衆三子各毀其乘壞其軍乘分以足成三軍十二年春王三月莒人伐我東鄙圍郃益攻守之官深政以危祿其月季孫宿帥師救郃遂入鄆宿武子名鄆莒邑遂繼事也受命而入鄆惡季孫宿也

二十九年公如楚還及方城季武子取卞取卞邑以自益使公冶問問公起居公冶季氏屬大夫璽書追而與之璽印也曰聞守卞者將叛臣帥徒以討之既得之矣敢告公冶致使而退致季氏使命及舍而後聞取卞發書乃聞之公曰欲之而言叛祇見疏也言季氏欲得卞而欺我言叛益疏我公謂公冶曰吾可以入乎以季氏疏已故不敢入對曰君實有國誰敢違君公與公冶冕服以卿服玄冕賞之固辭強之而後受公欲無入榮

成伯賦式微乃歸式微詩邶風曰式微式微胡不歸式用也義取寄寓之微陋勸公歸五月公至自楚公冶還其邑於季氏本從季氏得邑故還之而終不入焉不入季孫家曰欺其君何必使余季孫見之則言季氏如他日不見則終不言季氏及疾聚其臣大夫家臣曰我死必無以冕服斂非德賞也言公畏季氏而賞其使非以我有德且無使季氏葬我趙簡子問史墨史墨晉史蔡墨曰季氏亡乎史墨對曰不亡季友有大功於魯受費爲上卿至于文子武子世增其業文公卒東門遂東門遂襄仲也居東門故稱東門遂殺適立庶魯君於是失國政政在季氏於今四君矣民不知何以得國是以爲君愼器與名不可

以假人器車服名爵號

崔杼齊大夫魯襄公十九年崔杼殺高厚於灑藍而兼共室灑藍齊地書曰齊殺其大夫從君於昏也又魯襄公二十五年晉侯使魏舒宛沒逆衞侯衞獻公以十四年奔齊將使衞與之夷儀崔子止其帑以求五鹿崔杼欲得衞之五鹿故留衞侯妻子於齊以質之

子孔鄭大夫魯襄公十九年鄭子孔之爲政也專專權國人患之乃討西宮之難十年尉止等作難西宮子孔知而不言與純門之師前年子孔召楚師至純門子孔當罪以及甲及子革子良氏之甲守以自守也甲辰子展子西率國人伐之殺子孔

冊府元龜　陪臣部　專恣　卷之七百四十七　十三

而分其室書曰鄭殺其大夫專也亦以國討爲文子然子孔宋子之子也子然子革父士子孔圭嬀之子也宋子圭嬀皆鄭穆公妾士子孔子良父圭嬀之班亞宋子而相親也亞次士子孔亦相親也僖之四年子然卒鄭僖四年魯襄六年簡之元年士子孔卒魯襄八年司徒孔實相子革子良之室司徒孔實與二女相親故相助其子三室如一言同心故及於難故二子奔及難子革子良出奔楚子革爲右尹子革鄭丹鄭人使子展當國子西聽政立子產爲卿簡公猶幼故大夫當國

范宣子晉大夫初欒桓子娶於范宣子生懷子桓子欒黶懷子盈也范鞅以其亡也怨欒氏十四年欒黶强逐范鞅使奔秦故與欒盈爲公族大夫而不相能桓子卒欒祁與其老州賓通欒祁桓子妻范宣子女盈之母也范氏堯後祁姓幾亡室矣言亂甚懷子患之祁懼其討也愬諸宣子曰盈將爲亂以范氏爲死桓主而專政矣桓主欒黶曰吾父逐鞅也不怒而以寵報之謂宣子不爲黶責怒鞅而反與鞅寵位又與吾同官而專之同爲公族大夫而專其權勢吾父死而益富死吾父而專於國有死而已吾蔑從之矣言宣子專政盈欲以死作難其謀如是懼害於主吾不敢不言范鞅爲之徵證其有此懷子好施士多歸之宣子畏其多士也信之懷子爲下卿下軍佐宣子使城著而遂逐之著晉邑在外易逐魯襄公二十一年秋欒盈出奔

冊府元龜　陪臣部　專恣　卷之七百四十七　十四

楚宣子殺箕遺黃淵嘉父司空靖邴豫董叔邴師申書羊舌虎叔羆皆晉大夫欒盈之黨羊舌虎叔向弟囚伯華叔向籍偃籍偃上軍司馬

司城子罕相宋謂宋君曰夫國家之安危百姓之治亂在君之行夫爵祿賞賜人之所好也君自行之殺戮刑罰民之所惡也臣請當之君曰善寡人當其美子受其惡寡人自知不爲諸侯笑矣國人知殺戮之刑專在子罕也大臣親之百姓畏之君不至朞年子罕遂去宋君而專其政

左師宋大夫魯襄公二十六年秋宋公殺其世子痤

初左師見夫人之步馬者步馬習馬問之對曰君夫人氏也左師曰誰爲君夫人余胡弗知圉人歸以告夫人夫人使饋之錦與馬先之以玉以玉爲錦馬之先曰君之妾棄使某獻左師改命曰君夫人而後再拜稽首受之左師令使者改命也傳言宋公闇左師諛太子所以無罪而死

費無極楚大夫也魯昭公二十七年吳子欲因楚喪而伐之前年楚平王卒楚左尹郤宛工尹壽帥師至于潛吳師不能退及聞吳亂而還郤宛直而和國人說之以直事君以和接顏鄢將師爲右領右領官名與費無極比而惡之惡欲宛令尹子常賄而信讒無極譖郤宛焉謂子常曰子

惡欲飲子酒子惡郤宛又謂子惡令尹欲飲酒於子氏子惡曰我賤人也不足以辱令尹令尹將必來辱爲惠已甚吾無以酬之若何酬報獻無極曰令尹好甲兵子出之吾擇焉擇取以進子常取五甲五兵曰寘諸門令尹至必觀之而從以酬之日無極辭及饗日帷諸門左張帷陳甲兵其中無極謂令尹曰吾幾禍子子惡將爲子不利甲在門矣子必無往且此役也此春救潛之役吾可以得志子惡取賂焉而還又誤群帥使退其師曰乘亂不祥吳乘我喪我乘其亂不亦可乎令尹使視郤氏則有甲焉不往召鄢將師而告之告子惡門有甲兵將害已將師退遂令攻郤氏且爇之爇燒也子惡聞之遂自殺也國人弗爇令曰令爇郤氏與之同罪或取一編管焉或取一秉秆焉編管苫也秉把秆藁也國人投之遂弗爇也令尹炮之炮燔郤宛盡滅郤氏之族黨殺陽令終與其弟完及佗令終昜匄子與晉陳及其子弟晉陳楚大夫皆郤氏黨晉陳之族呼於國曰鄢氏費氏自以爲王專禍楚國弱寡王室蒙王與令尹以自利也蒙欺也令尹盡信之矣國將如何令尹病之進胙者莫不謗令尹進胙國中祭祀也謗詛也沈尹戌言於子常曰夫左尹與中廄尹莫知其罪而子殺之以興謗讟至于今不已左尹郤宛也中廄尹昜令終成也惑之仁者殺人

以掩謗猶弗爲也今吾子殺人以興謗而弗圖不亦異乎夫無極楚之讒人也民莫不知去朝吳在十五年出蔡侯朱在二十年盡喪太子建殺連尹奢在二十年屏王之耳目使不聰明不然平王之溫惠共儉有過成莊無不及焉所以不獲諸侯邇無極也邇近也今又殺三不辜以興大謗三不辜郤氏昜氏晉氏陳氏幾及子矣子而不圖將焉用之夫鄢將師矯子之命以滅三族國之良也而不愆位在位無愆過吾新有君光新立也疆埸日駭楚國若有大事子其危哉知者除讒以自安也今子愛讒以自危也甚矣其惑也子常曰是瓦之罪敢不良圖九月巳

未子常殺費無極與鄢將師盡滅其族以說於國謗言乃止

魏舒晉大夫也魯定公元年春王正月辛巳魏舒合諸侯之大夫于狄泉將以城成周魏子涖政涖臨也代天子大夫爲政衛彪傒衛大夫曰將建天子立天子之居而易位以令非義也大事奸義必有大咎晉不失諸侯魏子其不免乎是行也魏獻子屬役於韓簡子及原壽過簡子韓起孫不信也原壽過周大夫而田於大陸焚焉禹貢大陸在鉅鹿此嫌絕遠疑此田在汲郡吳澤荒蕪之地大田弁見燒也爾雅廣平曰陸還卒於甯甯今修武縣近吳澤范獻子去其柏椁以其未復命而田也范獻子代魏子爲政去其柏椁示貶

之

陽虎魯季氏家臣也定公五年六月季平子行東野東野季氏邑還未至丙申卒于房陽虎將以璵璠斂璵璠美玉君所佩仲梁懷弗與懷亦季氏家臣曰改步改玉昭公之出季孫行君事佩璵璠祭宗廟今定公立復臣位改君步亦當去璵璠陽虎欲逐之告公山不狃不狃曰彼爲君也子何怨焉不狃季氏臣費宰子代也爲君不欲使僭九月乙亥陽虎囚季桓子公父文伯文伯季桓子從父昆弟也陽虎欲爲亂恐二子不從故囚之而逐仲梁懷冬十月丁亥殺公何藐藐季氏族己丑盟桓子于稷門之內魯南城門庚寅大詛逐公父歜及秦遄皆奔齊歜郈文伯也秦遄平子姑壻也傳言季氏之亂七年秋齊國夏伐我齊叛晉故昜虎御季桓子公斂處父御孟懿子處父孟氏臣成宰公斂昜將宵軍齊師齊師聞之墮伏而待之墮毀其君以誘敵而設伏兵處父曰虎不圖禍而必死而女也苫夷曰虎陷二子於難苫夷季氏家臣二子季孟不待有司余必殺女虎懼乃還不敗傳言陪臣強能自相以制季孟不敢有心

田釐子乞事齊景公爲大夫其收賦稅於民以小斗受之其粟予民以大斗行陰德於民而景公弗禁繇此田氏得齊衆心宗族益彊民思田氏晏子數諫景公景公弗聽已而使於晉與叔向私語曰齊國之政其卒歸於田氏矣晏嬰卒後范仲行氏反晉晉攻之

急范仲行請粟於齊田乞欲爲亂樹黨於諸侯乃說景公曰范仲行數有德於齊齊不可不救齊使田乞救之而輸之粟景公太子死後有寵姬曰芮生子荼一作粥子景公病命其相國惠子與高昭子以子荼爲太子景公卒兩相高國立荼是爲晏孺子而田乞不說欲立景公陀子陽生陽生素與乞歡晏孺子之立也陽生奔魯田乞僞事高昭子國惠子者每朝代參乘言曰始諸大夫不欲立孺子旣立君相之大夫皆自危欲作亂又紿大夫曰高昭子可畏也及未發先之諸大夫從之田乞鮑牧與大夫以兵入公室攻高昭

子昭子聞之與國惠子救公公師敗田乞之衆追國惠子惠子奔莒遂返殺高昭子晏孺子奔魯田乞使人之魯迎陽生陽生至齊匿田乞家田乞請大夫曰常之母有魚菽之祭幸而來會飲會飲田氏田乞盛陽生橐中置座中央發橐出陽生曰此乃齊君矣大夫皆伏謁將盟立之鮑牧醉田乞誣曰吾與鮑牧謀共立陽生也鮑牧怒曰大夫忘景公之嚴命乎諸大夫欲悔陽生乃頓首曰可則立之不可則已鮑牧恐禍及己乃復曰皆景公之子何爲不可遂立陽生於田乞之家是爲悼公乃使人遷晏孺子於駘而殺孺

子荼悼公既立田乞爲相專齊政

孟孺子洩魯孟懿子之子也哀公十四年將圉馬於成（洩孟懿子之子孟武伯　圉畜養也成孟氏邑）成宰公孫宿不受曰孟孫爲成之病不圉馬焉（病謂民貧困）孺子怒襲成從者不得入乃反成有司使孺子鞭之（恨恚故鞭成有司之使人）秋八月辛丑孟懿子卒成人奔喪弗内袒免哭于衢聽共弗許諸（聽命共使）懼不歸（不敢歸成）十五年正月成叛

季孫維魯大夫哀公二十四年閏月公如越得太子適郢（適郢越王句踐之太子）將妻公而多與之地公孫有山使告于季孫季孫懼使因大宰嚭而納賂焉乃止（嚭故吳臣也季孫恐公因而討己故懼）

大尹宋近官有寵者魯哀公二十六年宋景公無子取公孫周之子得與啓畜諸公宮（周元公孫子高也得昭公也啓得弟　畜養也）未有立焉於是皇緩爲右師皇非我爲大司馬皇懷爲司徒（皇懷非我從昆弟）靈不緩爲左師（不緩子零圍龜之後）樂茂爲司城（茂樂溷之子）樂朱鉏爲大司寇（朱鉏樂輓之子）六卿三族降聽政（三族皇靈樂降和同也）因大尹以達（六卿因之以自通達於君）大尹常不告而以其欲稱君命以令（不告君也）國人惡之司城欲去大尹左師曰縱之使盈其罪（盈滿也）重而無基能無敝乎（言勢重而無德以爲基必敗也）冬十月公游于空澤（空澤宋邑）

辛巳卒于連中（連中官名）大尹興空澤之士千甲（甲士千人）奉公自空桐入如沃宮（奉公尸也梁國虞縣東南有地名空桐沃宮宋都内官名）使召六子曰聞下有師君請六子畫（畫計策）六子至以甲劫之曰君有疾病請二三子盟乃盟于少寢之庭曰無爲公室不利大尹立啓奉喪殯于大宮三日而後國人知之司城茂使宣言于國曰大尹惑蠱其君而專其利今君無疾而死死又匿之是無他矣大尹之罪也（言大尹所獄）得夢啓北首而寢於盧門之外（盧門宋東門北首死象在門外失國也）已爲烏而集于其上咮加于南門尾加於桐門曰余夢美必立（桐門北門）大尹謀曰我不在盟（少寢

（盟位以君命盟六卿大尹不盟）無乃逐我復盟之乎使祝襄爲載書六子在唐孟（地名）將盟之祝襄以載書告皇非我（襄祝名）皇非我因子潞（子潞樂茷）門尹得（得樂得）左師謀曰民與我逐之乎皆歸授甲使徇于國曰大尹惑蠱其君以陵虐公室與我者救君者也衆曰與之大尹徇曰戴氏皇氏將不利公室（戴氏樂氏）與我者無憂不富衆曰無別（惡其號令與君無別）戴氏皇氏欲伐公（公謂啓）樂得曰不可彼以陵公有罪我伐公則甚焉使國人施于大尹（施罪于大尹）大尹奉啓以奔楚乃立得司城爲上卿盟曰三族共政無相害也

田常齊卿殺簡公乃立簡公弟驁是爲平公平公卽位田常相之專齊之政割齊安平以東爲田氏封邑（平公之時齊自是稱田氏）田常既殺簡公懼諸侯共誅己乃盡歸魯衛侵地西約晉韓魏趙氏南通吳越之使修功行賞親于百姓以故齊復定

趙簡子晉卿也晉定公十八年簡子圍范中行氏于朝歌中行文子奔邯鄲二十一年簡子救邯鄲中行文子奔柏人簡子又圍柏人中行文子范昭子遂奔齊趙竟有邯鄲柏人范中行餘邑入于晉趙名晉卿實專晉權奉邑侔於諸侯

晉頃公之十二年六卿以法誅公族祁氏羊舌氏分其邑爲十縣六卿各令其族爲之大夫晉公室由此益弱

魏冉秦宣太后異父弟封穰侯同父弟曰芈戎爲華陽君而招王同弟母曰高陵君涇陽君而魏冉最賢自惠王武王時任職用事武王卒諸弟爭立唯魏冉力爲能立昭王昭王卽位以冉爲將軍衛咸陽誅季君之亂而逐武王后出之魏昭王諸兄弟不善者皆滅之威振秦國昭王少宣太后自治任魏冉爲政

巡按福建監察御史臣李嗣京 訂正
分守建南道左布政使臣胡維霖 叅閲
知建陽縣事臣黄國琦 較釋

陪臣部一十八

交爭 變詐 賊害

交爭

春秋之世陪臣執國命彊公室寄任亦多儀制猶簡或奉干戈之役或修朝會之儀而乃進退由心輕重在已始於放肆卒以交爭起釁專戮生於此矣

公孫閼鄭大夫魯隱公十五年五月鄭伯將伐許授兵於大宮大宮鄭祖廟公孫閼與潁考叔爭車潁考叔挾輈以走輈車轅也子都挾棘以逐之子都公孫閼棘戟也及大逵弗及子都怒逵道方軌也七月鄭伯傳于許傳于許城下潁考叔取鄭伯之旗蝥弧以先登蝥弧旗名子都自下射之顛

樂轡宋大夫華弱與樂轡少相狎長相優又相謗也狎親習也優調戲也子蕩怒以弓梏華弱于朝子蕩樂轡也張弓以貫頸若械之在手故曰梏平公見之曰司武而梏於朝難以勝矣司武司馬言其懦弱不足以勝敵遂逐之華弱奔魯司城子罕曰同罪異罰非刑也專戮於朝罪孰大焉亦逐子蕩子蕩射子罕之門曰幾日而不我從言我射汝門汝亦當以不勝任見逐子罕善之如初言子罕雖見辱而不忿所以得安

子朱晉大夫魯襄公二十六年春秦伯之弟鍼如晉修成修會夷儀歲之成叔向命召行人子員欲使荅秦命行人子朱曰朱也當御御進也言次當行三云叔向不應子朱怒曰班爵同同爲大夫何以黜朱於朝黜退也撫劍從之從叔向也叔向曰秦晉不和久矣今日之事幸而集集成晉國賴之不集三軍暴骨子員道二國之言無私子常易之姦以事君者吾所能御也拂衣從之拂衣褰裳也人救之平公曰晉其庶乎庶幾于治吾臣之所爭者大師曠曰公室懼卑臣不心競而力爭謂二子不心競爲忠而撫劍拂衣不務德而爭善爭謂所行爲善私欲已侈能無卑乎

穿封戌楚大夫魯襄公二十六年楚子侵鄭至于城麇鄭皇頡戍之皇頡鄭大夫守城麇之邑出與楚師戰敗穿封戌囚皇頡公子圍與之爭之公子圍共王子靈王也正於伯州犁正曲直也伯州犁曰請問於囚乃立囚伯州犁曰所爭君子也其何不知言王子圍及穿封戌皆非細人易别識也上其手曰夫子爲王子圍寡君之貴介弟也介大也下其手曰此子爲穿封戌方城外之縣尹也誰獲子上下手以道囚意囚曰頡遇王子弱焉弱敗也言爲王子所得戌怒抽戈逐王子圍弗及

楚人以皇頡歸

公孫黑鄭大夫魯襄公二十九年鄭伯有使公孫黑如楚黑子晳辭曰楚鄭方惡而使余往是殺余也伯有曰世行也言女世爲行人子晳曰可則往難則已何世之有伯有將强使之子晳怒將伐伯有氏大夫和之鄭大夫盟於伯有氏裨諶曰是盟也其與幾何言不能久也裨諶鄭大夫詩曰君子屢盟亂是用長今是長亂之道也禍未歇也必三年而後能紓紓解也子晳又與子南爭聘徐吾犯之妹及適子南氏子晳怒櫜甲以見子南欲殺之而取其妻子南知之執戈逐之及衝擊之以戈子

晳傷而歸衝交道也

士彌牟晉大夫魯定公元年正月辛巳晉魏舒合諸侯之大夫于狄泉將以城成周孟懿子會城成周庚寅栽栽板版築宋仲幾不受功曰滕薛郳吾役也欲使三國代宋受功役也郳小邾薛宰曰宋爲無道絶我小國於周以我適楚故我常從宋晉文公爲踐土之盟曰凡我同盟各復舊職若從踐土若從宋亦唯命仲幾曰踐土固然固曰從舊薛舊爲宋役薛宰曰薛之皇祖奚仲居薛以爲夏車正皇大也奚仲爲夏禹掌車服大夫奚仲遷于邳邳下邳縣仲虺居薛以爲湯左相仲虺奚仲之後若復舊職將承王官何故以役諸侯承奉也仲幾曰三代各異物薛焉得有舊言居周世不得以夏殷爲舊爲宋役亦其職也士彌牟曰晉之從政者新言范獻子新爲政未習故事子姑受功歸吾視諸故府求故事仲幾曰縱子忘之山川鬼神其忘諸乎山川鬼神盟所告士伯怒謂韓簡子曰薛徵於人典籍故事人所知也宋徵於鬼取證于鬼神宋罪大矣且已無辭而抑我以神誣我也啓寵納侮其此之謂矣開寵過分則納受侵侮必以仲幾爲戮乃執仲幾以歸

樂溷宋大夫魯定公九年春宋公使樂大心盟于晉且逆樂祁之尸辭僞有疾乃使向巢如晉盟且逆子

梁之尸子明謂桐門右師出子明樂祁之子溷也右師樂大心子明族父也右師往到子明舍子明逐使出門去曰吾猶衰絰而子擊鍾何也忿其不遜父喪因責其無同族之恩右師曰喪不在此故也既而告人曰巳衰絰而生子余何故舍鍾巳子明也子明聞之怒言於公曰右師將不利戴氏樂氏氏族不肯適晉將作亂也不然無疾乃逐桐門右師

韓偃相韓嚴遂重於君二人相害也嚴遂政議直指擧韓傀之過韓傀以之叱之於朝嚴遂拔劒趨之於是嚴遂懼誅亡去

變詐

古者諸侯各眞方國必有命卿至于大夫以輔其政洎晩周微弱五覇迭起以幾先而爲勝內由權變以取威縣是仁義廢而變詐興矣則有局已而就事違道以成功欺割地之言反好用之物定君於詭詐之際還兵於倉卒之間葢亦才出一時智通群萃施之變亂庶可嘉然與夫皇王之道斯爲遠矣禮所謂用人之智去其詐良有以乎

叔孫僑如魯大夫通於穆姜欲去季孟而取其室（季文子孟獻子）成公十六年冬十月出僑如而盟之僑如奔齊（齊諸大夫共盟以僑如爲戒）齊聲孟子通僑如（聲孟子齊靈公母宋女）使立於

高國之間（位比二卿）僑如曰不可以再罪奔衛亦間於卿（傳亦終言僑如之佞）

胥梁帶晉大夫魯襄公二十六年齊人城郟之歲（在二十四年）其夏齊烏餘以廩丘奔晉（烏餘齊大夫也廩丘今東郡廩丘縣故城是）襲衛羊角取之（今廩丘縣所治羊角城是）遂襲我高魚（高魚城在廩丘縣東北）有大雨自其竇入（雨大故水竇開）介于其庫（入高魚庫而介其中）以登其城克而取之（取魯高魚）又取邑於宋於是范宣子卒（宣子范匄）諸侯弗能治也及趙文子爲政乃卒治之文子言於晉侯曰晉爲盟主諸侯或相親也則討而使歸其地今烏餘之邑皆討類也（言於此類宜見討）而貪之是無以爲盟主也請歸之公曰諾孰可使也對曰胥梁帶能無用師晉侯使往（言能無用師有權謀也）至二十七年春胥梁帶使諸喪邑者（諸喪邑謂齊魯宋也）具車徒以受地必周（周密也必密來勿以受地爲名）使烏餘具車徒以受封（烏餘以邑故詐許討之）烏餘以其衆出（出受封也）使諸侯僞執烏餘之封者（執致也使齊魯宋爲若致邑封烏餘者）而遂執之盡獲之（皆獲其徒衆）皆取其邑而歸諸侯諸侯是以睦於晉（傳言趙文子賢故平公雖失政而諸侯猶睦）

韓起晉大夫魯昭公三年如齊逆女（爲平公逆）公孫蠆爲少姜之有寵也以其子更公女而嫁公子（更嫁公女）人謂宣子子尾欺晉晉胡受之宣子曰我欲得齊而遠其

寵寵將來乎（寵謂子尾）

薳啓彊楚大夫魯昭公七年三月公如楚楚子享公于新臺（章華臺也）使長鬛者相（鬛鬚也欲光夸魯侯）好以大屈（晏好之賜大屈弓名）既而悔之薳啓彊聞之見公公語之拜賀公曰何賀對曰齊與晉越欲此久矣寡君無適與也而傳諸君君其備禦三鄰（言齊晉越將伐魯而取之）愼守寶矣敢不賀乎公懼乃反之（言楚靈不信所以不終）

冉猛魯人定公八年正月公侵齊門於陽州師退冉猛僞傷足而先（欲先歸）其兄會乃呼曰猛也殿（會見師退而猛不在列乃大呼詐言猛在後爲殿傳言魯無軍政）二月公侵齊魯攻廩丘之

邾主人出師奔攻邾人少故遣後師走往助之陽虎僞不見冉猛者曰猛在此必敗陽州之後猛先歸言若在此必後敗猛逐之顧而無繼僞顛逐廩丘人虎曰盡客氣也言皆客氣非勇

子服景伯魯大夫哀公十三年秋七月辛丑盟吳晉爭先爭歃血先後吳人曰於周室我爲長晉人曰於姬姓我爲伯爲侯伯乃先晉人吳人將以公見晉侯景伯對使者吳人乃止既而悔之謂景伯欺之將囚景伯景伯曰何也立後於魯矣何景伯名將以二乘與六人從遲速唯命遂囚以還及戶牖戶牖陳留外黃縣西北東昏城是謂大宰嚭曰魯將以十月上辛有事於上帝先王季辛而畢何世

有職焉有職於祭事自襄以來未之有改也魯襄公若不會祝宗將曰吳實然言魯祝宗將告神云景伯不會坐爲吳所囚吳人信鬼故以事恐之且謂魯不共而執其賤者七人何損焉大宰嚭言於王曰無損於魯而祗爲名適爲惡名不如歸之乃歸景伯

智伯晉卿也魯哀公二十七年晉荀瑤帥師伐鄭次于桐丘鄭駟弘請救于齊駟弘子齹齊陳成子師師救鄭智伯聞之乃還使謂成子曰大夫陳子陳之自出陳之不祀鄭之罪也十七年楚獨滅陳非鄭之罪蓋智伯誣陳子故陳子怒謂其多陵人故寡君使瑤察陳衷焉衷善也謂大夫其恤陳乎若利本之顛瑤何有焉言陳滅已何傷成子怒曰多陵人者皆不在智伯其能久乎

張儀相秦秦欲伐齊齊楚從親於是張儀往相楚楚懷王聞張儀來虛上舍而自館之曰此僻陋之國子何以教之儀說楚王曰大王誠能聽臣閉關絶約於齊臣請獻商於之地六百里使秦女得爲大王箕箒之妾秦楚娶婦嫁女長爲兄弟之國此北弱齊而西益秦也計無便此者楚王大說而許之群臣皆賀陳軫獨弔楚王怒曰寡人不興師發兵得六百里地群臣皆賀子獨弔何也陳軫對曰不然以臣觀之商於之地不可得而齊秦合齊秦合則患必至矣楚王曰

有說乎陳軫對曰夫秦之所以楚重者以其有齊也今閉關絶約於齊則楚孤秦奚貪夫孤國而與之商於之地六百里張儀至秦必負王是北絶齊交西生患於秦也兩國之兵必俱至善爲王計者不若陰合而陽絶於齊使人隨張儀苟與吾地絶齊未晚也不與吾地陰合謀計也楚王曰願陳子閉口毋復言以待寡人得地乃以相印授張儀厚賂之於是遂閉關絶約於齊使一將軍隨張儀張儀至秦佯失綏墮車不朝三月楚王聞之曰儀以寡人絶齊未甚耶乃使勇士至宋借之符北罵齊王齊王大怒折節而下秦

秦齊之交合張儀乃朝謂楚使者曰臣有奉邑六里願以獻大王左右楚使者曰臣受令於王以商於之地六百里不聞六里還報楚王楚王大怒發兵而攻秦陳軫曰軫可發口言乎攻之不如割地反以賂秦與之并兵而攻齊是我出地於秦取償於齊也王國尚可存楚王不聽卒發兵而使將軍屈匄擊秦秦齊共攻楚斬首八萬殺屈匄遂取丹陽在枝江漢中之地楚又復益發兵而襲秦至藍田大戰楚大敗於是楚割兩城以與秦平秦要楚欲得黔中地欲以武關外易之楚王曰不願易地願得張儀而獻黔中地秦王

欲遣之口弗忍言張儀乃請行惠王曰彼楚王怒子之負以商於之地是且甘心於子張儀曰秦彊楚弱臣善靳尚尚得事楚夫人鄭袖所言皆從且臣奉王之節使楚楚何敢加誅假令誅臣而爲秦得黔中之地臣之上願遂使楚楚懷王至則囚張儀將殺之靳尚謂鄭袖曰秦王甚愛張儀而不欲出之今將以上庸之地六縣賂楚以美人聘楚以宮中善歌謳者爲勝楚王重地尊秦秦女必貴而夫人斥矣不若爲言而出之於是鄭袖日夜言懷王曰人臣各爲其主用今地未入秦秦使張儀來至重王王未有禮而殺張儀秦必大怒攻楚妾請子母俱遷江南毋爲秦所魚肉也懷王後悔赦張儀厚禮之如故

樓緩趙大夫秦攻趙於長平大破之引兵而歸因使人索六城於趙而謀計未定樓緩新從秦來趙王與樓緩計之曰與秦地與不與詆吉樓緩辭讓曰非人臣所知也王曰雖然試言公之私樓緩曰王亦聞公父文伯乎公父文伯官於魯病死婦人之爲自殺房中者二人其母聞之不肯哭也其相室曰焉有子死不哭者乎其母曰孔子賢人也逐於魯是人不隨今死而婦人爲死者二人若是者其於長者薄於婦人

厚也故從母言之爲賢母也從婦人言之爲妬婦故言之一也言者異則人心變矣今臣新從秦來言勿與則非計也言與之則恐以臣爲秦也故不敢對使臣得爲王計不如與之王曰諾虞卿聞之入見王王以樓緩言告之虞卿曰此飾說也王曰何謂也虞卿曰秦之攻趙倦而歸乎王以其力尚能進愛王而不攻乎王曰秦之攻我也不遺餘力矣必以倦而歸也虞卿曰秦以其力攻其所不能取倦而歸王又爲之攻其力之所不能取以資之是助秦自攻也來年秦復攻王王無救矣王以虞卿言告樓緩樓緩曰虞卿

能盡知秦力之所至乎誠知秦力之進也此彈丸之地猶不與也今秦來年復攻王得無割其內而媾乎王曰請聽子割矣子能必來季秦不復攻乎樓緩曰此非臣之所敢任也他日者三晉之交於秦相善也今秦善韓魏而獨攻王王之所以事秦必不如韓魏也今臣爲足下解負親之攻啓關通幣於齊交韓魏至來年而王獨不攻於秦王之所以事秦者必在韓魏之後也此非臣之所敢任也王以樓緩言告虞卿虞卿曰樓緩言不媾來年秦復攻王得無更割其內而媾乎今樓緩又不能必秦之不復攻也雖割何益

來年復攻之割其力之所不能取而媾此自盡之術也不如無媾秦雖善攻不能歲取六縣趙雖不能守不至歲失六城秦倦而歸兵必罷我以六城收天下以攻罷秦是我失之於天下而取償於秦也吾國尚利孰與坐而割地自弱以彊秦哉今樓緩曰秦善韓魏而攻趙者必以王之事秦不如韓魏也是使王歲以六城事秦也坐而地盡矣來年秦復求割地王將與之乎不與則是棄前費而挑秦禍也與之則無地而給之語曰彊者善攻而弱者不能守今坐而聽秦秦兵不弊而多得地是强秦而弱趙也以益强之秦

而割逾弱之趙其計固不止矣且秦虎狼之國也無禮義其求無已而王之城有盡以有盡之地給無已之求其勢必無趙矣故曰此飾說也王必勿與王曰諾樓緩聞之入見王王又以虞卿言告之樓緩曰不然也虞卿得其一不得其二夫秦趙構難天下皆悅何也我將因强而乘弱今趙兵困於秦故不如亟割地爲和以疑天下慰秦之心不然天下將因秦之怒乘趙之弊而瓜分之趙見亡之不暇何秦之敢圖願王以此斷之勿復計也虞卿聞之復入見王曰危矣樓緩之爲秦也夫趙兵困於秦又割地爲和是愈疑

天下而何慰秦心哉是亦獨不言其示天下弱乎且臣曰勿與者非固勿與而已也秦索六城於王王以五城賂齊齊秦深讐也得王五城并力而西擊齊秦之聽王又不待辭之畢矣則是王失之於齊而取償於秦也而齊趙之讐可以報示天下有能爲也王以此發聲兵未闚境臣見秦之重賂而反媾於王也從秦爲媾韓魏聞之必盡重王重王必出重器以先於王是一舉而結三國之親而與秦易道也趙王曰善因發虞卿東見齊王與之謀秦虞卿未還秦之使者已在趙矣樓緩聞之逃而去也

賊害

古人有言曰士無賢愚入朝見嫉又曰堆生於岸水必湍之斯固達者因事而立喻也若乃利害相形曲直異稟當其勝會突起很心乃有取其善而害其人攘其逼而奪其位茲乃賢愚之共弊古今之深戒者也在昔曾陪繼世名位迭居苟以一時之忿或至勦類之慘姑因私怨構其事端終爲深禍危乎邦本斯則猜賊者之議得讒毀者之計行故受枉被誅莫不由是徵諸前史可覆視也此其事類以存戒焉

狐射姑晉大夫也晉侯使射姑將陽處父諫曰射姑

民衆不說不可使將於是廢將陽處父出射姑入君謂射姑曰陽處父言曰射姑民衆不說不可使將射姑怒出刺陽處父於朝而走明君漏言殺之當坐殺也易曰君不密則失臣臣不密則失身幾事不密則害成

箕鄭父晉大夫也夷之蒐晉侯將登箕鄭父先都登之於上軍也使而士穀梁益耳將中軍士穀本司空先克曰狐趙之勳不可廢也從之狐偃趙衰有從亡之勳先克奪蒯得田于堇陰七年晉禦秦師于堇陰以軍事奪其田也先克中軍佐故箕鄭父先都士穀梁益耳蒯得作亂使賊殺先克

屠岸賈晉大夫也屠岸賈欲殺趙朔賈始有寵於靈公及至於景公而賈爲司寇將作難乃治靈公之賊以致趙盾徧告諸將曰盾雖不知猶爲賊首以臣弑君子孫在朝何以懲罪請誅之韓厥曰靈公遇賊趙盾在外吾君以爲無罪故不誅今諸君將誅其後是非先君之意而今妄誅妄誅謂之亂臣有大事而君不聞是無君也賈不聽韓厥告趙朔趣亡朔不肯曰子必不絕趙祀朔死不恨韓厥許諾稱疾不出賈不請而擅與諸將攻趙氏於下宮殺趙朔趙同趙括趙嬰齊皆滅其族

郤錡郤犨郤至皆晉大夫也三郤害伯宗譖而殺之

及欒弗忌欒弗忌晉賢大夫伯州犁奔楚伯宗子韓獻子曰郤氏其不免乎善人天地之紀也而驟絕之不亡何待旣殺伯宗又及弗忌故曰驟也初伯宗每朝其妻必戒之曰盜憎主人民惡其上子好直言必及於難

子尾齊大夫也害閭丘嬰欲殺之使帥師以伐陽州陽州魯地我問師故魯以師往問齊何故伐我子尾殺閭丘嬰以說于我師言伐魯者嬰所爲也工僂灑渻竈孔虺賈寅出奔莒四子嬰之黨

季平子魯大夫也平子伐莒取郠郠莒邑獻俘始用人于亳社以大祭殷社臧武仲在齊聞之曰周公其不饗魯祭乎周公享義魯無義詩曰德音孔昭視民不佻詩小

[羿佻偷也言明德君子必愛民]佻之謂甚矣而一用之將誰福哉一同也同人于畜狌駟歂鄭大夫殺鄧析而用其竹刑[鄧析鄭大夫欲改鄭所鑄舊制不受君命而私造刑法書之于竹簡故言竹刑]君子謂子然於是不忠苟有可以加于國家者棄其邪可也[加猶益也棄不責其邪惡也]靜女之三章取彤管焉[詩邶風也言靜女三章之詩雖說美女義在彤管彤管赤管筆女史記事規誨之所執]干旄何以告之取其忠也[詩鄘風也錄干旄詩者取其忠心願告人以善道也言此二詩皆以一善見采而鄧析不以一善存身]故用其道不棄其人詩云蔽芾甘棠勿翦勿伐召伯所茇[詩召南也召伯決訟於蔽芾小棠之下詩人思之不伐其樹茇草舍也]思其人猶愛其樹況用其道

册府元龜　陪臣部　賊害　卷之七百四十八　十五

而不恤其人乎子然無以勸能矣[傳言子然嗣大叔爲政鄭所以衰弱]陳逆齊大夫也齊簡公之在魯也闞止有寵焉[簡公悼公易生子王也闞止子我也]及即位使爲政陳成子憚之驟顧諸朝[成子陳常心不安故數顧之]諸御鞅言於公曰陳闞不可並也君不擇焉[擇用一人]弗聽子我夕[夕視事]陳逆殺人逢之[陳逆子行陳氏宗也子我逢之]遂執以入[執逆至朝]陳氏方睦[欲謀齊國故宗族和]使疾而遺之潘沐備酒肉焉[使詐病因内潘沐并歸内酒肉潘米汁可以沐頭]享守因者醉而殺之而逃白公勝楚太子建之子也太子建之遇讒也自城父奔宋又辟華氏之亂於鄭鄭人甚善之又適晉與晉人謀襲鄭乃求復焉鄭人復之如初晉人使諜於子木請行而期焉[請行襲鄭之期子木即建也]子木暴虐於其私邑邑人許之鄭人省之得晉諜焉遂殺子木其子曰勝在吳子西欲召之葉公曰吾聞勝也詐而亂無乃害乎[葉公子高沈諸梁也]子西曰吾聞勝也信而方不爲不利舍諸邊境使衛藩焉[使爲藩屏之衛]葉公曰周人之謂信也[周親]率義之謂勇也[率行]吾聞勝也好復言[言之所許必欲復行之不顧道理]而求死士殆有私乎[私謀復讐]復言非信也期死非勇也[期必也]子必悔之弗從爲之使處吳竟爲白公[白楚邑也汝陰褒信縣西南有白亭]請伐鄭子西曰楚未節也[言楚國新復政令猶未得

册府元龜　陪臣部　賊害　卷之七百四十八　十六

節制]不然吾不忘也他日又請許之未起師晉人伐鄭楚救之與之盟勝怒曰鄭人在此讐不遠矣[比子西於鄭人]勝自厲劍子期之子平見之曰王孫何自厲也曰勝以直聞不告女庸爲直乎將以殺爾父子平以告子西子西曰勝如卵余翼而長之[以鳥爲喻]楚國第[用士之次第]我死令尹司馬非勝而誰勝聞之曰令尹之狂也得死乃非我[言我必殺之若得自死我乃不復成人]子西不悛勝謂石乞[石乞勝之徒]曰王與二卿士[二卿子西子期]皆五百人當之則可矣乞曰不可得也[五百人不可得]曰市南有熊宜僚若得之可以當五百人矣乃從白公而見之與之言說告之

故辭(告從作亂宜僚辟拒之)承之以劔不動(枎劍指其喉)勝曰不爲利諂不爲威惕不洩人言以求媚者去之吳人伐愼白公敗之(汝陰愼縣也)請以戰備獻(與吳戰之所得車仗兵器皆備而獻之欲因此作亂)許之遂作亂殺子西子期于朝而刼惠子西以袂掩面而死(慙於葉公)

大宰嚭吳大夫也嚭旣與子胥有隙因讒曰子胥爲人剛暴少恩猜賊其怨望恐爲深禍也前日王欲伐齊子胥以爲不可王卒伐之而有大功子胥耻其計謀不用乃反怨望而今王又復伐齊子胥專愎彊諫沮(自呂切)毀用事徒幸吳之敗以自勝其計謀耳今王

自行悉國中武力以伐齊而子胥諫不用因輟謝佯病不行王不可不備此起禍不難且嚭使人微伺之其使於齊也乃屬其子於齊之鮑氏夫爲人臣內不得意外倚諸侯自以爲先王之謀臣今不見用常怏怏怨望願王早圖之吳王曰微子之言吾亦疑之乃使使賜伍子胥屬鏤(鏤子切)之劔曰子以此死伍子胥仰天歎曰嗟乎讒臣嚭爲亂矣王乃反誅我我令若父覇自若未立時諸公子爭立我以死爭之於先王幾不得立若旣得立欲分吳國予我我顧不敢望也然今若聽諛臣言以殺長者乃告其舍人曰必樹吾墓上以梓令可以爲器而抉吾眼縣吳東門之上以觀越寇之入滅吳也乃自經死

趙鞅晉大夫簡子也竇鳴犢舜華晉國之賢大夫也簡子未得志之時須此兩人而後從政及其已得志殺之乃從政

須賈爲魏中大夫爲魏昭王使於齊范雎從之留數月未得報齊襄王聞雎辯口乃使人賜雎金十斤及牛酒雎辭謝不敢受須賈知之大怒以爲雎持魏陰事告齊故得此饋令雎受其牛酒還其金旣歸心怒雎以告魏相魏齊魏齊大怒使舍人笞擊雎折脅摺

齒雎佯死卽卷以簀置厠中賓客飲者醉更溺雎故僇辱以懲後令無妄言者雎從簀中謂守者曰公能出我我必厚謝公守者乃請出簀中死人魏齊醉曰可矣范雎得出

趙襄子晉大夫也襄子姊前爲代王夫人簡子旣葬未除服北登夏屋(山在廣武)請代王使厨人操銅枓以食代王及從者行斟陰令宰人各(一作雒)以枓擊殺代王及從官遂興兵平代地其姊聞之泣而呼天摩笄自殺代人憐之所死地名之爲摩笄之山遂以代封伯魯子周爲代成君

卷止

第八頁一行後脫一條

田釐子乞事齊景公為大夫景公太子死後有寵姬曰芮子生子荼景公病命其相國惠子與高昭子以子荼為太子景公卒兩相高國立荼是為晏孺子而田乞不說欲立景公佗子陽生陽生素與乞歡晏孺子之立也陽生奔魯田乞偽事高昭子國惠子者每朝代參乘言曰始諸大夫不欲立孺子孺子既立君相之大夫皆自危謀作亂又紿大夫曰高昭子可畏也及未發先之諸大夫從之田乞鮑牧與大夫以兵入公

室攻高昭子昭子聞之與國惠子救公公師敗田乞之衆追國惠子惠子奔莒遂返殺高昭子晏孺子奔魯田乞使人之魯迎陽生陽生至齊匿田乞家田乞請大夫曰常之母有魚菽之祭幸而來會飲會飲田氏田乞盛陽生橐中置坐中央發橐出陽生曰此乃齊君矣大夫皆伏謁將盟立之鮑牧醉田乞誣曰吾與鮑牧謀共立陽生鮑牧怒曰大夫忘景公之命乎諸大夫欲悔陽生乃頓首曰可則立之不可則已鮑牧恐禍及己乃復曰皆景公之子何為不可遂立陽生於田乞之家是為悼公乃使人遷晏孺子於駘而殺孺子荼

冊府元龜

巡按福建監察御史臣李嗣京　訂正

知甌寧縣事臣孫以敬叅閱

知建陽縣事臣黄國琦較釋

陪臣部一十九

構患

夫內懷隱慝心專樂禍罔念乎紓難姑務於構怨苟利於己貽患於國斯葢臣之不令而人之無良者歟春秋之世施及六國諸侯力政征伐自出乃有參家陪之列總兵賦之職預公族之齒居發御之昵不念

乎令德之訓徇於公家之利怙亂以肆志興戎而致擾因私憾而忘本恃外援而傾宗以至干戈日尋禍釁交作燎原之勢暴起發矢之悔莫追其有積稔之自貽夷滅之是取名在國策爲世大戮不爲不幸也

石制鄭大夫魯宣公十二年春楚子圍鄭是役也石制實入楚師將以分鄭而立公子魚臣辛未鄭殺僕叔及子服（僕叔魚臣也子服石制也）君子曰史佚所謂毋怙亂者謂是類也（言恃人之亂以要利）詩曰亂離瘼矣奚其適歸（詩小雅離憂也瘼病也爰於也言禍亂憂病於何所歸乎歎之）歸於怙亂者也

先穀晉大夫魯宣公十三年秋赤狄伐晉及清先穀召之也（邲戰不得志故召狄欲爲變清一名清原）

宣伯魯大夫叔孫僑如也成公十六年公出于壞隤（壞隤魯邑齊魏皆後非獨魯明晉以僑如故不見公）宣伯通於穆姜（穆姜成公母）欲去季孟以取其室（季文子孟獻子）將行穆姜送公而使逐二子公以晉難告（會晉伐鄭）曰請反而聽命姜怒公子偃公子鉏趨過（二子公庶弟）指之曰女不可是皆君也（言欲廢公更立君）公待於壞隤申宮儆備（申勅宮備）設守而後行是以後（待晉楚戰期）使孟獻子守于公宮秋會于沙隨謀伐鄭也（鄭猶未服）宣伯使告郤犫曰魯侯待于壞隤以待勝者（觀晉楚之勝負）郤犫將新軍且爲公族大夫以主東諸侯（主齊魯之

屬）取貨于宣伯而訴公于晉侯（訴譖也）晉侯不見公七月公會伊武公及諸侯伐鄭將行姜又命公如初（復欲使公逐季孟）公又申守而行諸侯之師次于鄭西我師次于督陽不敢過鄭（督揚鄭東也）子叔聲伯使叔孫豹請逆于晉師（豹叔孫僑如弟也僑如於是遂作亂豹困奔齊）爲食於鄭郊師逆以至（聲伯戒叔孫以必頓所逆晉師至乃食）聲伯四日不食以待之食使者（使者豹之介）而後食（言其忠也）宣伯使告郤犫曰魯之有季孟猶晉之有欒范也政令於是乎成今其謀曰晉政多門不可從也（政不由君）寧事齊楚有亡而已蔑從晉矣（蔑無也）若欲得志於魯請止行父而殺之（行父季文子也）我斃

蔑也蔑孟獻子時留守公宮而事晉蔑有二矣魯不二小國必睦不然歸必叛矣九月晉人執季文子于苕丘公還待于鄆鄆魯西邑東郡廩丘縣東有鄆城使子叔聲伯請季孫于晉郤犨曰苟去仲孫蔑而止季孫行父吾與子國親於公室親魯甚於晉公室對曰僑如之情子必聞之矣聞其淫慝情若去蔑與行父是大棄魯國而罪寡君也若猶不棄而惠徼周公之福使寡君得事晉君則夫二人者魯國社稷之臣也若朝亡之魯必夕亡以魯之密邇仇讎仇讎謂齊楚亡而爲讎治之何及言魯屬齊楚則還爲晉讎郤犨曰吾爲子請邑對曰嬰齊魯之常隸也隸賤官敢介大國

以求厚焉介因焉承寡君之命以請承奉也若得所請吾子之賜多矣又何求范文子謂欒武子曰季孫於魯相二君矣二君宣成妾不衣帛馬不食粟可不謂忠乎信讒慝而棄忠良若諸侯何子叔嬰齊奉君命無私無私受郤犨請邑謀國家不貳謂四日不食以堅事晉圖其身不忘其君辭邑不食皆先君而後身若虛其請是棄善人也子其圖之乃許魯平赦季叔冬十月出叔孫僑如而盟之僑如奔齊諸大夫共盟以僑如爲戒十二月季孫及郤犨盟于扈歸刺公子偃偃與鉏俱爲姜所指而獨殺偃偃與謀召叔孫豹于齊而立之近此七月聲伯使豹請逆於晉聞魯人將討僑如豹乃辟其難先奔齊生二子而魯乃召之故襄二年豹始見經傳於此因言其終

胥童晉大夫魯成公十七年冬晉殺其大夫郤錡郤犨郤至晉厲公侈多外嬖外嬖愛幸大人反自鄢陵欲盡去羣大夫而立其左右胥童以胥克之廢也怨郤氏童胥克之子宣八年郤缺廢胥克而嬖於厲公郤錡奪夷陽五田五亦嬖於厲公郤犨與長魚矯爭田執而梏之梏械之與其父母妻子同一轅繫之車中既矯亦嬖於厲公欒書怨郤至以其不從已而敗楚師也郤廢之鄢陵戰欒書欲固壘郤至言楚有大閒以取勝也使楚公子茷告公曰此戰也郤至實召寡君鄢陵戰晉因公子茷以歸以東師之未至也齊魯衛之師與軍師之

不具也曰此必敗荀罃佐下軍居守郤犨將軍軍乞師故言不具吾因奉孫周以事君孫周襄公曾孫悼公君楚王公告欒書書曰其有焉不然豈其死之不恤而受敵使乎謂鄢陵戰時楚子問郤至以弓君盍嘗使諸周而察之嘗試也郤至聘于周欒書使孫周見之公使覘之信覘伺也遂怨郤至厲公田與婦人先殺而飲酒後使大夫殺傳言厲公無道先婦人而後卿佐郤至奉豕進之於公寺人孟張奪之寺人奄士郤至射而殺之公曰季子欺余季子郤至公厭以爲郤至奪孟張家厲公將作難胥童曰必先三郤族大多怨去大族不偪不偪公室敵多怨有庸討多怨者易有功公曰然郤氏聞之郤錡欲攻公曰雖死君必危郤至

日人所以立信智勇也信不叛君知不害民勇不作亂失茲三者其誰與我死而多怨將安用之言俱死無用多其怨咎君實有臣而殺之其謂君何我之有罪而死後矣若殺不辜將失其民欲安得乎言不得安君位待命而已受君之祿是以聚黨有黨而爭命爭死命罪孰大焉傳言郤至無反心壬午胥童夷羊五帥甲八百將攻郤氏八百人長魚矯請無用衆公使清沸魋助之沸魋亦嬖人抽戈結衽衽裳際而僞訟者僞與清沸魋訟三郤將謀於榭榭講武堂矯以戈殺駒伯苦成叔於其位位所坐處也駒伯郤錡苦成叔郤犫溫季曰逃威也遂趨郤至本意欲禀君命而死今矯等不以君命而來故欲逃凶賊爲害故曰威言

可畏也或曰威當爲藏矯及諸其車以戈殺之皆尸諸朝陳其尸於朝胥童以甲刼欒書中行偃於朝矯曰不殺二子憂必及君公曰一朝而尸三卿余不忍益也對曰人將忍君人謂書與偃也臣聞亂在外爲姦在內爲宄御姦以德德綏遠御宄以刑刑治近不施而殺不可謂德臣偪而不討不可謂刑德刑不立姦宄並至臣請行遂出奔狄行去也公使辭於二子辭謝書與偃曰寡人有討於郤氏郤氏既伏其辜矣大夫無辱其復職位胥童刼而執之故云辱皆再拜稽首曰君討有罪而免臣於死君之惠也二臣雖死敢忘君德乃皆歸公使胥童爲卿公遊于匠麗氏匠麗嬖大夫家欒書中行偃遂執公焉召士匄士匄辭辭不往召韓厥韓厥辭曰昔吾畜於趙氏孟姬之讒吾能違兵畜養也違去也韓厥少爲趙盾所待養及孟姬之亂晉將討趙氏而厥去其兵示不與黨言此者明已所偏明孟姬亂在八年古人有言曰殺老牛莫之敢尸而況君乎二三子不能事君焉用厥也尸主也閏月乙卯晦欒書中行偃殺胥童以其刼已故民不與郤氏胥童道君爲亂故皆書曰晉殺其大夫厲公以私欲殺三郤而三郤死不以無罪書書以家怨害胥童而胥童受國討文明郤氏失民胥童道亂宜其爲國戮

子駟鄭公子也魯襄公八年冬楚子囊伐鄭討其侵蔡也子駟子國子耳欲從楚子孔子蟜子展欲待晉

待晉來救子孔穆公子子蟜子游子子展子罕子子駟曰周詩有之曰俟河之清人壽幾何逸詩也言人壽促而河清遲喻晉之不可待兆云詢多職競作羅兆卜詢謀也職主也言既卜且謀多則競作羅網之難無成功謀之多族民之多違族家也事滋無成滋益也民急矣姑從楚以紓吾民晉師至吾又從之敬共幣帛以待來者小國之道也犧牲玉帛待於二竟二竟晉楚界上以待彊者而庇民焉寇不爲害民不罷病不亦可乎子展曰小所以事大信也小國無信兵亂日至亡無日矣五會之信謂三年會雞澤五年會戚又會城棣七年會鄖八年會邢丘今將背之雖楚救我將安用之言失信得楚不足賴親我無成晉親鄭鄙我是欲楚欲以鄭爲鄙邑而

戾欲焉成不可從也言子駟不可從不如待晉晉君方明四軍無闕八卿和睦必不棄鄭四軍謂上中下新軍也軍有二卿楚師遼遠糧食將盡必將速歸何患焉舍之聞之舍之子展名杖莫如信完守以老楚杖信以待晉不亦可乎子駟曰詩云謀夫孔多是用不集詩小雅孔甚也集就也言人欲爲政是非相亂而不成發言盈庭誰敢執其咎言謀者多若有不善無適受其咎如匪行邁謀是用不得于道匪彼也行邁謀謀於路人也不得于道衆無適從請從楚騑也受其咎騑子駟名乃及楚平使王子伯駢告于晉伯駢鄭大夫曰君命敝邑修而車賦儆而師徒以討亂畧蔡人不從敝邑之人不敢寧處悉索敝賦索盡也以討于

蔡獲司馬燮獻于邢丘今楚來討曰女何故稱兵于蔡稱舉也焚我郊保郭外曰郊保守也馮陵我城郭馮迫也敝邑之衆夫婦男女不皇啟處以相救也皇暇也啟跪也翦焉傾覆無所控告翦盡也控引也民死亡者非其父兄即其子弟夫人愁痛夫人猶人人也不知所庇民知窮困而受盟于楚孤也與其二三臣不能禁止孫鄭伯不敢不告知武子使行人子負對之曰君有楚命見討之命亦不使一介行李告于寡君一介獨使也行李行人也而即安于楚君之所欲也誰敢違君寡君將帥諸侯以見于城下唯君圖之明年晉伐鄭

子孔鄭公子也魯襄公十八年冬楚伐鄭子孔欲去諸大夫欲專權將叛晉而起楚師以去之使告子庚子庚弗許子庚楚令尹公子午楚子聞之使楊豚尹宜告子庚曰國人謂不穀主社稷而不出師死不從禮不能成先君之業死將不得從先君之禮不穀即位於今五年師徒不出人其以不穀爲自逸而忘先君之業矣謂已未嘗統師自出大夫圖之其若之何子庚歎曰君王其謂午懷安乎吾以利社稷也見使者稽首而對曰諸侯方睦於晉臣請嘗之嘗試其難易也若可君而繼之不可收師而退可以無害君亦無辱子庚帥師治兵於汾襄城縣東北有汾丘城於是子蟜伯

有子張從鄭伯伐齊子張公孫黑肱子孔子展子西守二子知子孔之謀二子子展子西完守入保完城郭內保守子孔不敢會楚師楚師伐鄭次於魚陵魚陵魚齒山也在南陽犨縣北鄭地右師城上棘遂涉潁次于旃然將涉潁故於水邊權築山城以爲進退之備旃然水出滎陽城皇縣東入汴蔿子馮公子格率銳師侵費滑胥靡獻于雍梁胥靡獻于雍梁皆鄭邑河南陽翟縣東北有雍氏城右回梅山在滎陽密縣東北侵鄭東北至于蟲牢而反子庚門于純門信于城下而還信再宿也涉于魚齒之下魚齒山之下有滍水故言涉甚雨及之楚師多凍役徒幾盡

析公楚大夫也魯襄公二十六年蔡大夫聲子使於

晉還如楚謂楚令尹子木曰子儀之亂析公奔晉（在文十四年）晉人寘諸戎車之殿以爲謀主（殿後軍）繞角之役晉將遁矣析公曰楚師輕窕易震蕩也若多鼓鈞聲以夜軍之（鈞同其聲）楚師必遁晉人從之楚師宵潰晉遂侵蔡襲沈獲其君敗申息之師於桑隧獲申麗而還（成六年晉欒書救鄭與楚師遇於繞角楚師還晉侵沈獲沈子八年楚復敗申息獲申麗）鄭於是不敢南面楚失華夏則析公之爲也

雍子楚大夫也雍子之父兄譖雍子君與夫人不善是也（不見其曲直）雍子奔晉晉人與之鄐（鄐晉邑）以爲謀主彭城之役晉楚遇於靡角之谷（在成十八年）晉將遁矣雍

子發命於軍曰歸老幼反孤疾二人役歸一人簡兵蒐乘（簡擇蒐閱）秣馬蓐食師陳焚次（次舍也焚舍示必死）明日將戰行歸者而逸楚囚（欲使楚知之）楚師宵潰晉降彭城而歸諸宋以魚石歸（在元年）楚失東夷子辛死之則雍子之爲也（楚東小國及陳見楚不能救彭城皆叛五年楚人討陳叛故殺令尹子辛）

子靈楚大夫也楚子反與子靈爭夏姬（子靈巫臣）而雍害其事（子反亦雍害巫臣不使得取夏姬）子靈奔晉晉人與之邢（邢晉邑）以爲謀主扞禦北狄通吳於晉教吳叛楚教之乘車射御驅侵使其子狐庸爲吳行人焉吳於是伐巢取駕克棘入州來（駕棘皆楚邑譙國酇縣東北有棘亭）楚罷於奔命至今爲患則子靈之爲也（事見成七年）

苗賁皇楚大夫也楚莊王時若敖之亂伯賁之子賁皇奔晉晉人與之苗（苗晉邑）以爲謀主鄢陵之役楚晨壓晉軍而陳晉將遁矣苗賁皇曰楚師之良在其中軍王族而已（言楚之精卒唯在中軍）若塞井夷竈成陳以當之（塞井夷竈以爲陳）欒范易行以誘之（欒書時將中軍范燮佐之易行謂簡易兵備欲令楚貪己不復顧二穆之兵）中行二郤必克二穆（郤錡時將上軍中行偃佐之郤至佐新軍令此三人分良以攻二穆之兵楚子重子辛皆出穆王故曰二穆）吾乃四萃於其王族必大敗之（四萃四面集攻之）晉人從之楚師大敗夷師熸（夷傷也吳楚之間謂大威爲熸）子反死之鄭叛吳興楚失諸侯

則苗賁皇之爲也

慶封齊大夫也魯襄公二十七年春慶封來聘初崔杼生成及強而寡（偏喪曰寡寡特也）娶東郭姜生明東郭姜以孤入曰棠無咎（無咎棠公之子）與東郭偃相崔氏（東郭偃姜之弟）崔成有疾而廢之（有惡疾也）而立明成請老于崔（濟南東朝陽縣西北有崔氏城成欲居崔邑以終老）崔子許之偃與無咎弗予曰崔宗邑也必在宗主（宗邑宗廟所在宗主崔明）成與強怒將殺之告慶封曰夫子之身亦子之所知也唯無咎與偃是從父兄莫得進矣大恐害夫子敢以告（夫子謂崔杼）慶封曰子姑退吾圖之告盧蒲嫳（嫳慶封屬大夫以成彊之言告嫳）盧蒲嫳

曰彼君之讐也天或者將棄彼矣彼實家亂子何病焉君謂齊莊公爲崔杼所殺崔之薄慶之厚也崔敗則慶專權他日又告成彊後告慶封曰苟利夫子必去之難吾助女九月庚辰崔成崔彊殺東郭偃棠無咎於崔氏之朝崔子怒而出其衆皆逃求人使駕不得使圉人駕寺人御而出圉人養馬者寺人奄士且曰崔氏有福止余猶可恐滅家福不止其身遂見慶封慶封曰崔慶一也言如一家是何敢然請爲子討之使盧蒲嫳帥甲以攻崔氏崔氏堞其宮而守之堞短垣使其衆居短垣內以守弗克使國人助之遂滅崔氏殺成與彊而盡俘其家其妻縊妻東郭姜嫳復命於崔子且御而歸

之嫳爲崔氏御至則無歸矣乃縊崔明夜辟諸大墓開先人之冢以藏之辛巳崔明來奔慶封當國當國秉政二十八年慶封使諸亡人得賊者以告而反之亡人辟崔氏難出奔者故反盧蒲癸癸臣子之子之慶舍有寵妻之子之以其女妻癸慶舍之士謂盧蒲癸曰男女辯姓子不辟宗何也辯別也別姓而後可相取慶氏盧蒲氏皆姜姓曰宗不余辟言舍欲妻已余獨焉辟之賦詩斷章余取所求焉惡識宗言已苟欲有求於慶氏不能後顧禮辟而賦詩者取其一章而已癸言王何而反之二人皆嬖二子皆莊公黨二十五年崔氏殺莊公癸何出奔今還求寵於慶氏欲爲莊公報讐使執寢戈而先後之寢戈親近兵伏公膳日雙鷄卿大夫之膳食饔人竊更之以鶩御者知之則

去其肉而以其洎饋御進食者饔人御者欲使諸大夫怨慶氏減其膳蓋盧蒲癸王何之謀子雅子尾怒二子皆惠王孫慶封告盧蒲嫳以二子怒告嫳盧蒲嫳曰譬之如禽獸吾寢處之矣言能殺而席其皮慶封之亂陳無宇濟水而戕舟發梁戕傷壞也不欲慶封得救難盧蒲姜謂癸曰有事而不告我必不捷矣姜癸妻慶舍女癸告之告欲殺慶舍姜曰夫子愎莫之止將不出我請止之夫子謂慶舍癸曰諾十一月乙亥嘗於太公之廟慶舍涖事臨祭事盧蒲姜告之且止之弗聽曰誰敢者遂如公至公所麻嬰爲尸爲祭尸慶集爲上獻上獻先獻上盧蒲癸王何執寢戈慶氏以其甲環公宮廟在宮內陳氏鮑氏之圉人爲優

優俳慶氏之馬善驚士皆釋甲束馬束絆之也而飲酒且觀優至于魚里魚里里名優在魚里就觀之欒高陳鮑之徒介慶氏之甲欒子雅高子尾陳陳須無鮑鮑國子尾抽桷擊扉三桷榱也扉門闔也以桷擊扉爲期盧蒲癸自後刺子之王何以戈擊之解去左肩猶援廟桷動於甍甍屋棟以俎壺投人而後死言其多力遂殺慶繩麻嬰慶繩慶集公懼鮑國曰群臣爲君故也言欲尊公室非爲亂陳須無以公歸稅服而如內宮言公懼於外難慶封歸遇告亂者丁亥伐西門弗克還伐北門克之入伐內宮陳鮑在公所故弗克反陳于嶽嶽里名請戰弗許遂來奔伯有鄭大夫良霄也魯襄公三十年鄭人殺良霄初

伯有耆酒爲窟室（窟室地室）而夜飲酒擊鍾焉朝至未已
朝者曰公焉在（家臣故謂伯有爲公）其人曰吾公在壑谷（壑谷窟室）
皆自朝布路而罷（布路分散）既而朝（伯有朝鄭君）則又將使子
晳如楚歸而飲酒庚子子晳以駟氏之甲伐而焚之
伯有奔雍梁（雍梁鄭地）醒而後知之遂奔許大夫聚謀子
皮曰仲虺之志（仲虺湯左相）云亂者取之亡者侮之推亡
固存國之利也罕駟豐同生（罕子皮駟子晳豐公孫段也二家本同母兄弟）
伯有汰侈故不免（三家同出而伯有孤特又汰侈以亡）人謂子產就直
助彊（將謂子晳直三家彊）子產曰豈爲我徒（徒黨也言不以駟良爲黨）國之
禍難誰知所敝或主彊直難乃不生（言能彊能直則可弭難今二家

未能則伯有方爭）姑成吾所（欲以無所附著爲所）辛丑子產歛伯有氏
之死者而殯之不及謀而遂行（不與於國謀）印段從之（義子
產）子皮止之衆曰人不我順何止焉子皮曰夫子禮
於死者况生者乎遂自止之壬寅子產入癸丑子石
入（子石印段）皆受盟于子晳氏乙巳鄭伯及其大夫盟于
大宮（大宮祖廟）盟國人于師之梁之外（師之梁城門）伯有聞鄭
人之盟己也怒聞子皮之甲不與攻己也喜曰子皮
與我矣癸丑晨自墓門之瀆入（墓門鄭城門）因馬師頡介
於襄庫以伐舊北門（馬師頡子羽孫）駟帶率國人以伐之（駟帶
子西之子子晳之宗主）皆召子產（駟氏伯有俱召）子產曰兄弟而及此
吾從天所與（兄弟息等故無所偏助）伯有死於羊肆（羊肆市列）子產
襚之枕股而哭之歛而殯諸伯有之臣在市側者既
而葬諸斗城（斗城鄭地名）子駟氏欲攻子產子皮怒之曰
禮國之幹也殺有禮禍莫大焉（乃止歛葬伯有爲有禮）於是游
吉如晉還聞難不入（懼禍奔及）復命于介八月甲子奔晉
駟帶追之及酸棗與子上盟用兩珪質于河（子上駟帶也沈
珪於河爲信也酸棗名縣）使公孫肸入盟大夫己巳復歸（游吉歸也）書
曰鄭人殺良霄不稱大夫言自外入也（既出位絕非復鄭大夫）
僕展從伯有與之皆死（僕展鄭大夫伯有黨）羽頡出奔晉爲任
大夫（羽頡鄭馬師頡任晉縣今屬廣平郡）雞澤之會（在三年）鄭樂成奔楚

遂適晉羽頡因之與之比而事趙文子言伐鄭之說
焉以宋之盟故不可（宋盟終弭兵故）子皮以公孫鉏爲馬
師（鉏子罕之子代羽頡）
欒施齊大夫也魯昭公十年欒施來奔齊惠欒高氏
彊於陳鮑氏而惡之（惡陳鮑）夏有告陳桓子曰子旗子
良將攻陳鮑亦告鮑氏桓子授甲而如鮑氏遭子良
醉而騁（欲及子良醉故驅告鮑文子）遂見文子（文子鮑國）則亦授甲矣
使視二子（二子子旗子良）則皆將飲酒桓子曰彼雖不信（彼傳
言者）聞我授甲則必逐我及其飲酒也先伐諸陳鮑方
睦遂伐欒高氏子良曰先得公陳鮑焉往（欲以公自輔助）遂

伐虎門(欲入公不聽故伐公門)晏平仲端委立于虎門之外(端委朝服)四族召之無所往(四族欒高陳鮑)其徒曰助陳鮑乎曰何善焉(言無善義可助)助欒高乎曰庸愈乎(罪惡不差於陳鮑)然則歸乎曰君伐焉歸公召之而後入公卜使王黑以靈姑銔率吉請斷三尺焉而用之(王黑齊大夫靈姑銔公旗名斷三尺不敢與君同)五月庚辰戰於稷(稷祀后稷之處)欒高敗又敗諸莊(莊六軌之道)國人追之又敗諸鹿門(鹿門齊城門)欒施高彊來奔(高彊不書非卿)陳鮑分其室

叔仲子魯大夫昭公十二季季平子立而不禮於南蒯(蒯南遺之子季氏費邑宰)南蒯謂子仲(子仲公子慭)吾出季氏而歸

其室於公(室季氏家財)子更其位(更代也)我以費爲公臣子仲許之南蒯語叔仲穆子且告之故(穆子叔仲帶之子叔仲小也語以欲出季氏以不見禮故)季悼子之卒也叔孫昭子以再命爲卿(悼子季武子之子平子父也傳言叔孫之見命乃在平子爲卿之前)及平子伐莒克之更受三命(十年平子伐莒以功加三命昭子不伐莒亦以例加爲三命)叔仲子欲構二家(欲構使相爭)謂平子曰三命踰父兄非禮也(言昭子受三命自踰其先人)平子曰然故使昭子(使昭子自貶黜)昭子曰叔孫氏有家禍殺適立庶故婼也及此(禍在四年)若因禍以斃之則聞命矣(言因亂討已不敢辭)若不廢君命則固有著矣(著位次)昭子朝而命吏曰婼將與季氏訟書辭無頗(頗偏也)

季孫懼而歸罪於叔仲子故叔仲小南蒯公子慭謀季氏慭告公而遂從公如晉(慭子仲)南蒯懼不克以費叛如齊子仲還及衛聞亂逃介而先(介副使也)及郊聞費叛遂奔齊(言及如辭經所以告出)南蒯之將叛其鄉人或知之過之而歎(鄉人過蒯而歎)且言曰恤恤乎湫乎攸乎(恤恤憂患湫愁隘攸懸危之皃)深思而淺謀邇身而遠志家臣而君圖(家臣而圖人君之事故言思深而謀淺身近而志遠)有人矣哉(言今有此人微以感人)南蒯枚筮之(不指其事汎卜吉凶)遇坤☷☷(坤下坤上)之比☵☷(坤下坎上此坤六五爻變)曰黃裳元吉(坤六五爻辭)以爲大吉也示子服惠伯曰即欲有事何如惠伯曰吾嘗學此矣忠信之事則

可不然必敗外彊內溫忠也(坎實故强坤順故溫强而能溫所以爲忠)和以率身信也(水和而土安和平信之本也)故曰黃裳元吉黃中之色也裳下之飾也元善之長也中不忠不得其色(言非黃)下不共不得其飾(不爲裳)事不善不得其極(生中外德)內倡和爲忠(不相違也)率事以信爲共(率猶行也)共養三德爲善(三德謂正直剛克柔克也)非此三者弗當(非忠信善不當此卦)且夫易不可以占險將何事也且可飾乎(大易猶此易謂黃裳元吉之卦問其何事)(欲令從下之飾)中美能黃上美爲元下美則裳參成可筮(參美盡備吉可知筮)猶有闕也筮雖吉未也(有闕謂不參成)將適費飲鄉人酒(南蒯自共家還適費)鄉人或歌曰我有圃生之杞乎(言南蒯在

實欲爲亂如杞生於圃圃非宜也杞世所謂枸杞也從我者子乎子男子之通稱言從巳耳不失今之尊去我者鄙乎倍其鄰者耻乎鄰循親也巳乎巳乎非吾黨之士乎巳乎巳乎言自遂不改平子欲使昭子逐叔仲小欲以自辭說小聞之不敢朝昭子命吏謂小待政於朝曰吾不爲怨府言不能爲季氏逐小生怨禍之聚

觀從楚人也魯昭公十三年楚公子棄疾殺公子比初楚子之爲令尹也殺大司馬薳掩而取其室在襄十二年及卽位奪薳居田居掩之族言薳氏所以怨遷許而質許圍遷許在九年圍許大夫蔡洧有寵於王王之滅蔡也其父死焉楚滅蔡在十一年洧仕楚其父在國故死王使與於守而行使洧守國王行至乾谿申

之會越大夫戮焉申會在四年王奪鬭韋龜中犫韋龜令尹子文玄孫中犫邑名又奪成然邑而使爲郊尹成然韋龜子郊尹治郊竟大夫蔓成然故事蔡公蔡公棄疾也故猶舊也韋龜以棄疾有當辟之命故使成然事之故薳氏之族及薳居許圍蔡洧蔓成然皆王所不禮也因群喪職之族啟越大夫常壽過作亂常壽過申會所戮者圍固城克息舟城而居之息舟楚邑城之堅固者觀起之死也其子從在蔡事朝吳觀起死在襄二十二年朝吳故蔡大夫聲子之子曰今不封蔡蔡不封矣我請試之觀從以父死怨楚故欲試作亂以蔡公之命召子干子晳二子皆靈王弟元年子干奔晉子晳奔鄭及郊而告之情告以蔡公不及謀强與之盟入襲蔡蔡公將食見之而逃不知其故驚起辟之觀從使子干食坎用牲加書而速行使子干居蔡公之牀食蔡公之食並僞與蔡公盟之徵驗以示衆巳徇于蔡巳觀從也曰蔡公召二子將納之與之盟而遣之矣將師而從之詐言蔡將以師助二子蔡人聚將執之執觀從辭曰失賊成軍而殺余何益乃釋之賊謂子干子晳也言蔡公已成軍殺已不解罪朝吳曰二三子若能死亡則如違之以待所濟言若能爲靈王死亡則可遲蔡公之命以待成敗所在若求安定則如與之以濟所欲言與蔡公則可得安定且違上何適而可言不可違上也上謂蔡公衆曰與之乃奉蔡公召二子而盟于鄧潁川召陵縣西南有鄧城二子子干子晳依陳蔡人以國國陳蔡而依之楚公子比子干公子黑肱子晳公子棄疾蔡公蔓成

然蔡朝吳帥陳蔡不羹許葉之師因四族之徒四族薳氏許圍蔡洧蔓成然以入楚及郊陳蔡欲爲名故請爲武軍欲築壘壁以示後人爲後讐之名蔡公知之曰欲速且役病矣請藩而已乃藩爲軍藩籬也蔡公使須務牟與史猈先入因正僕人殺太子祿及公子罷敵須務牟史猈楚大夫蔡公之黨也正僕太子之近官公子比爲王公子黑肱爲令尹次于魚陂竟陵縣城西有甘魚陂公子棄疾爲司馬先除王宮使觀從從師于乾谿而遂告之從乾谿之師告靈王且曰先歸復所後者劓劓截鼻師及訾梁而潰靈王近至訾梁而衆散

公子鐸莒群公子也魯昭十四年秋八月莒著丘公

卒郟公不感郟公著丘公子國人弗順欲立著丘公之弟庚輿庚輿莒共公蒲餘侯惡公子意恢而善於庚輿蒲餘侯莒大夫茲夫也意恢莒群公子郟公惡公子鐸而善於意恢鐸亦群公子公子鐸因蒲餘侯而與之謀曰爾殺意恢我出君而殺庚輿許之爲下冬殺意恢傳冬十二月蒲餘侯茲夫殺莒公子意恢郟公奔齊公子鐸逆庚輿於齊齊隰黨公子鉏送之有賂田言賂齊以田

費無極爲楚大夫朝吳之在蔡也無極欲去之乃謂之曰王唯信子故處子於蔡子亦長矣而在下位辱必求之吾助子請又謂其上之人曰王唯信吳故處

諸蔡二三子莫之如也而在其上不亦難乎弗圖必及於難蔡人逐朝吳朝吳出奔鄭

齊豹衛大夫魯昭公二十年秋盜殺衛侯之兄縶初衛公孟縶狎齊豹公孟靈公兄也齊豹齊惡之子爲衛司寇狎輕也奪之司寇與鄄鄄豹邑有役則反之縶兄不良故可役則以官邑還豹使行公孟惡北宮喜褚師圃欲去之喜貞子公子朝通于襄夫人宣姜宣姜靈公嫡母懼而欲以作亂故齊豹北宮喜褚師圃公子朝作亂初齊豹見宗魯於公孟公薦達也爲驂乘焉爲公孟驂乘將作亂而謂之曰公孟之不善子所知也勿與乘吾將殺之對曰吾由子事公孟子假吾名焉故不吾遠也言子借我以善名故公孟親近我也雖其不善吾亦知之抑以利故不能去是吾過也今聞難而逃是僭子也使子言不信也子行事乎吾將死之以周事子周猶終竟也而歸死於公孟其可也丙辰衛侯在平壽平壽衛下邑公孟有事於蓋獲之門外有事祭也蓋獲衛郭門齊子氏帷於門外而伏甲焉齊豹之家使祝鼃寘戈於車薪以當門要其前也使一乘從公孟以出亦如前車寘戈於薪尋其後使華齊御公孟宗魯驂乘及閎中閎曲門中齊氏用戈擊公孟宗魯以背蔽之斷肱以中孟公之肩皆殺之齊氏之宰渠子召北宮氏子北宮喜也北宮氏之宰不與聞謀殺渠子遂伐齊氏滅

之

公子城宋平公子也魯昭公二十年冬宋華亥向寧華定出奔陳與君爭而出宋華向之亂公子城平公子公孫忌樂舍舍樂喜孫司馬彊向宜向鄭宜鄭皆向戌子楚建建平王之太子郳坤小邾穆公子出奔鄭八子宋大夫皆公黨辟難出奔其徒與華氏戰于鬼閻八子之徒衆也潁川長子縣西北有閻鄉敗子城子城適晉子城爲華氏所敗別走至晉爲明年子城以晉師至起本二十一年宋華亥向寧華定自陳入于宋南里以叛自外至故曰入被其邑故曰叛南里宋城內里名初華費遂生華貙華多僚華登貙爲少司馬多僚爲御士公御士與貙相惡乃譖諸公曰貙將納亡人亡人華亥

等亟言之公曰司馬以吾故亡其良子（司馬謂貲遂良子謂華登）死亡有命吾不可以再亡之對曰君若愛司馬則如亡（言若愛大司馬則當亡走失國）死如可逃何遠之有（言亡可以逃死勿慮其遠）以恐動公公懼使侍人召司馬之侍人宜僚飲之酒而使告司馬（告司馬使逐貙）司馬歎曰必多僚也吾有讒子而弗能殺吾又不死抑君有命可若何乃與公謀逐華貙將使田孟諸而遣之公飲之酒厚酬之（酬酒幣）賜及從者司馬亦如之（亦如公賜）張匄尤之（張匄華貙臣尤怪賜之厚）曰必有故使子皮承宜僚以劍而訊之（子皮華貙訊問也）宜僚盡以告（告欲因田以遣之）張匄欲殺多僚子皮曰司馬老矣登之

謂甚（言登亡傷司馬心已甚）吾又重之不如亡也五月丙申子皮將見司馬而行則遇多僚御司馬而朝張匄不勝其怒遂與子皮臼任鄭翩殺多僚（任翩亦貙家臣）劫司馬以叛而召亡人壬寅華向入樂大心豐愆華䡖禦諸橫（國梁睢陽縣南有橫亭）華氏居盧門以南里叛（盧門宋東城南門）六月庚午宋城舊鄘及桑林之門而守之（田鄘故城也桑林城門名）十一月癸未公子城以晉師至

季孫魯卿也昭公二十一年夏晉士鞅來聘叔孫爲政（叔孫昭子以三命爲國政）季孫欲惡諸晉（情叔孫在己上位欲使得罪於晉）使有司以齊鮑歸費之禮爲士鞅（鮑國歸費在十四年禮各如其命數魯人失禮故爲鮑國七牢）士鞅怒曰鮑國之位下其國小而使鞅從其牢禮是卑敝邑也將復諸寡君魯人恐加四牢爲爲十一牢（言魯不能以禮事大國）

季公若魯大夫昭公二十五年九月乙亥公孫于齊初季公鳥娶妻於齊鮑文子生申（公鳥季公亥之兄平子叔父）公鳥死季公亥與公思展與公鳥之臣申夜姑相其室（公亥即公若也展季氏族相治也）及季姒與饔人檀通（季姒公鳥妻鮑文子女饔人食官）而懼乃使其妾抶己以示秦遄之妻（秦遄魯大夫妻公鳥妹秦姬也）曰公若欲使余余不可而抶余又訴於公甫（公甫平子弟）曰展與夜姑將要余（要劫我以非禮）秦姬以告公之（公之

亦平子弟）公之與公甫告平子平子拘展於卞而執夜姑將殺之公若泣而哀之曰殺是是殺余也將爲之請平子使豎勿內日中不能請有司逆命（執夜姑之有司欲迎受殺）公之使速殺之故公若怨平子季郈之雞鬬（季平子郈昭伯二家相近故雞鬬）季氏介其雞（擣芥子播其羽也或曰以膠沙播之爲介雞）郈氏爲之金距平子怒（怒其不下己）益宮於郈氏（侵郈氏室以益宮）且讓之（讓責也）故郈昭伯亦怨平子臧昭伯之從弟會（昭伯臧爲子）爲讒於臧氏而逃於季氏臧氏執旃平子怒拘臧氏老將禘於襄公萬者二人其衆萬於季氏（禘祭也萬舞也於禮公當三十六人）臧孫曰此之謂不能庸先君之廟

不能用禮也蓋襄公别立廟大夫遂怨平子公若獻弓於公爲公爲昭公子務人且與之出射於外而謀去季氏公爲告公果公賁果賁皆公爲弟公果公賁使侍人僚柤告公公寢將以戈擊之乃走公曰執之亦無命也懼言執之無勑命懼而不出數月不見公不怒又使言公執戈以懼之乃走又使言公曰非小人之所及也謂僚柤爲小人公果自言公以告臧孫臧孫以難言難逐告郈孫郈孫以可勸告子家懿伯子家羈莊公之玄孫懿伯曰讒人以君徼幸事若不克君受其名受惡也不可爲也舍民數世以求克事不可必也且政在焉其難圖也公退之退使去辭曰臣與聞命

矣言若洩臣不獲死乃館於公恐受洩命之罪故留公宮以自明叔孫昭子如闞闞魯邑公居於長府官府名九月戊戌季氏殺公之于門遂入之平子登臺而請曰君不察臣之罪使有司討臣以干戈臣請待於沂上以察罪弗許魯城西自有沂水平子欲出城待罪池大沂水出蓋縣南至下邳入泗請囚于費弗許請以五乘亡弗許子家子曰君其許之政自之出久矣隱民多取食焉隱約窮困爲之徒者衆矣日入慝作弗可知也慝姦惡也曰宜姦人將起叛君助季氏不可知衆怒不可蓄也季氏衆蓄而弗治將蘊蘊積也蘊蓄民將生心生心同求將合與季氏同求叛君者君必悔之弗聽郈孫曰必殺之公使郈孫

逆孟懿子懿子仲孫何忌叔孫氏之司馬鬷戾言於其衆曰若之何莫對衆疑所助又曰我家臣也不敢知國凡有季氏與無於我孰利皆曰無季氏是無叔孫氏也鬷戾曰然則救諸師徒以往陷西北隅以入陷公圍也公徒釋甲執冰而踞言無戰心也冰櫝丸蓋或云櫝丸是箭筩其蓋可以取飲遂逐之逐公徒孟氏使登西北隅以望季氏見叔孫氏之旌以告孟氏執郈昭伯殺之于南門之西遂伐公徒子家子曰諸臣爲劫君者而負罪而出君止使若非君本意君自可止不出意如之事君也不敢不改意如季平子名公曰余不忍也與臧孫如墓謀辭先君且謀所奔遂行巳亥公孫于齊次于陽

州齊侯將唁公于平陰公先至于野井齊侯曰寡人之罪也使有司待於平陰爲近故也齊侯自咎本不勑有司遠詣陽州而欲近會于平陰故令魯侯過共先至野井遠見迎逆自咎以謝公書曰公孫于齊次于陽州齊侯唁公于野井禮也將求於人則下之禮之善物也物事也謂先往至野井齊侯曰自莒疆以西請致千社二十五家爲社千社二萬五千家欲以給公以待公命待君伐季氏之命寡人將帥敝賦以從執事唯命是聽君之憂寡人之憂也公喜子家子曰天祿不再天若胙君不過周公以魯足矣失魯而以千社爲臣誰與之立爲齊臣且齊君無信不如早之晉弗從臧昭伯率從者將盟載書曰

戮力一心好惡同之信罪之有無（信明也處者有罪從者無罪）繾
綣從公無通內外（繾綣不離散）以公命示子家子子家子
曰如此吾不可以盟羈也不佞不能與二三子同心
而以爲皆有罪（從者臨君备者逐君皆有罪也）或欲通外內且欲去
君二三子好亡而惡定焉可同也陷君於難罪孰大
焉通外內而去君君將速入弗通何爲而何守焉乃
不與盟（何必守公）昭子自闞歸見平子平子稽顙曰子若
我何昭子曰人誰不死子以逐君成名子孫不忘不
亦傷乎將若子何平子曰苟使意如得改事君所謂
生死而肉骨也昭子從公于齊與公言子家子命適

公館者執之（恐從者知叔孫諸）公與昭子言於幄內曰將安
衆而納公（昭子請歸安衆）公徒將殺昭子伏諸道（伏兵）左師展
告公公使昭子自鑄歸（辟伏兵）平子有異志（不欲復納公）冬
十月辛酉昭子齊於其寢使祝宗祈死戊辰卒（恥爲平子
所欺因祈而自殺）左師展將以公乘馬而歸公徒執之（展魯大夫
欲與公俱輕歸）
夷射姑邾大夫也魯定公二年冬邾莊公與夷射姑
飲酒私出（出辟酒）閽乞肉焉奪之杖以敲之（奪敲杖以敲閽頭也）
（爲明年邾子卒傳）三年春二月辛卯邾子在門臺（門上有臺）臨廷
閽以缾水沃廷邾子望見之怒閽曰夷射姑旋焉（小
便）命執之（見其不潔執射姑）弗得滋怒自投于牀廢于鑪炭
爛遂卒（廢墮也）先葬以車五乘殉五人（欲藏中之潔故先內車及殉別
爲便房蓋其遺命）莊公卞急而好潔故及是（卞躁疾也）
仲梁懷魯大夫定公五年夏季平子卒既葬桓子行
東野（桓子意如子季孫斯）及費子洩爲費宰逆勞于郊桓子敬
之勞仲梁懷仲梁懷弗敬（懷時從桓子行輕慢子洩）子洩怒謂陽
虎子行之乎（行逐懷也）秋陽虎囚季桓子
叔孫成子魯大夫定公十年夏叔孫州仇仲孫何忌
帥師圍郈（郈叔孫氏邑）秋叔孫州仇仲孫何忌帥師圍郈
初叔孫成子欲立武叔公若藐固諫曰不可（藐叔孫氏之族）

成子立之而卒公南使賊射之不能殺（公南叔孫家臣武叔之黨）
公南爲馬正使公若爲郈宰武叔既定使郈馬正侯
犯殺公若弗能其圉人曰（武叔之圉人）吾以劍過朝公若
必曰誰之劍也吾稱子以告必觀之吾僞固而授之
末則可殺也（僞爲固陋不知禮者以劍鋒末授之）使如之公若曰爾若
吳王我乎（見劍向己逆呵之鱄諸殺吳王亦用劍刺之）遂殺公若侯犯以
郈叛（犯以不能副武叔之命故叛叛而以關告廟故書圍）武叔懿子圍郈弗克
秋二子反齊師復圍郈弗克叔孫謂郈工師駟赤（工師
掌工匠之官）曰郈非唯叔孫之憂社稷之患也將若之何
對曰臣之業在揚水卒章之四言矣（揚水詩唐風卒章四言曰我聞

有命叔孫稽首謝其受已命駟赤謂侯犯曰居齊魯之際而無事必不可矣無所復事子盍求事於齊以臨民不然將叛侯犯從之齊使至駟赤與郈人爲之宣言於郈中詐爲齊使言也曰侯犯將以郈易於齊齊人將遷郈民謂易其民人衆兇懼不欲遷駟赤謂侯犯曰衆言異矣不與始同子不如易於齊與其死也猶是郈也而得紓焉何必此言以郈民易取齊人與郈無異取齊人郈爲叛人所殺齊人欲以此偪魯必倍與子地言非徒得民文將得齊且盍多舍甲於子之門以備不虞侯犯曰諾乃多舍甲焉侯犯請易於齊齊有司觀郈將至駟赤使周走呼曰齊使至矣郈人大駭介侯犯

之門甲以圍侯犯駟赤將射之僞爲侯患射郈人侯犯止之曰謀免我侯犯請行許之郈人許之駟赤先如宿宿東平無鹽縣故宿國侯犯殿每出一門郈人閉之閉其後門及郭門止之曰子以叔孫氏之甲出有司若誅之誅責也群臣懼去駟赤曰叔孫氏之甲有物吾未敢以出物識也赤還救侯犯也犯謂駟赤曰子止而與之數數甲以相付駟赤止而納魯人侯犯奔齊齊乃致郈致其名簿

趙鞅晉大夫魯定公十三年春齊侯魏侯次于垂葭使師伐晉鞅謂邯鄲午曰歸我衛貢五百家吾舍諸晉陽午許諾十年趙鞅圍衛衛人懼貢五百家鞅置之邯鄲今欲徙諸晉陽晉易趙鞅邑歸告其父兄父兄皆曰不可衛是以爲邯鄲言衛以五百家在邯鄲嘗爲是故與邯鄲親而寘諸晉陽絶衛之道也不如侵齊而謀之侵齊則齊當來報欲因懼齊而徙則衛與邯鄲好不絶乃如之而歸之于晉陽欲如是謀而後歸之貢趙孟怒召午而囚諸晉陽趙鞅不察其謀謂午不用命欲囚之使其從者說劍而入涉賓不可涉賓午家臣不肯說劍入欲謀殺乃使告邯鄲人曰吾私有討於午也二三子唯所欲立午趙鞅同族別封邯鄲故使邯鄲人更立午宗族遂殺午趙稷涉賓以邯鄲叛

范臯夷晉大夫魯定公十三年夏六月上軍司馬籍秦圍邯鄲秋七月范氏中行氏伐趙氏之宮趙鞅奔

晉陽晉人圍之范臯夷無寵於范吉射而欲爲亂於范氏臯夷范氏側室子梁嬰父嬖於知文子文子荀躒文子欲以爲卿韓簡子與中行文子相惡簡子韓起孫不信也中行文子荀寅也魏襄子亦與范昭子相惡襄子魏舒孫曼多也昭子范吉射故五子謀五子范臯夷梁嬰父知文子韓簡子魏襄子將逐荀寅而以梁嬰父代之逐范吉射而以范臯夷代之荀躒言於晉侯曰君命大臣始禍者死載書在河爲盟書沈之河今三臣始禍而獨逐鞅刑已不鈞矣請皆逐之

武子賸鄭大夫魯哀公九年春武子賸之嬖許瑕求邑無以與之賸罕達也瑕武子之嬖請外取許之瑕請取於它國故圍

宋雍丘宗皇瑗圍鄭師（許瑗師）每日遷舍（作壘漸成輒徙舍合其圍）壘合鄭師哭子姚救之大敗（子姚武子賸也）二月甲戌宋敗鄭師于雍丘使有能者無死（惜其能也）以郟張與鄭羅歸（鄭之有能者）

闞止齊大夫魯哀公十四年齊人弑其君壬二舒州初齊簡公之在魯也闞止有寵焉（簡公悼公陽生子壬也闞止子我也）事（在六年）及即位使爲政陳成憚之驟顧諸朝（成子陳常心不安故數顧之）諸御鞅言於公曰陳闞不可並也君其擇焉（擇用一人）弗聽

皇瑗宋右師也魯哀公十七年冬皇瑗奔晉皇瑗之

子麇有友曰田丙而奪其兄鄖般邑以與之鄖般慍而行告桓司馬之臣子儀克（克在下邑不與雎之亂故在）子儀克適宋告夫人曰麇將納桓氏公問諸子仲（子仲皇野）初子仲將以杞姒之子非我爲子（爲適子杞姒子仲妾）麇曰必立伯也（伯非我兄）是良材子仲怒弗從故對曰右師老矣不識麇也（言右師老不能爲亂麇則不可知）公執之（執麇）皇瑗奔晉召之（召令還）十八年春宋殺皇瑗公聞其情復皇氏之族使皇緩爲右師（言宋景公無常也緩瑗從子）

孟武伯魯大夫哀公二十五年六月公至自越（前年行今還）季康子孟武伯逆於五梧（魯南鄙也）郭重僕（爲公御車）見二子曰惡言多矣君請盡之（二子不臣之言甚多欲使公盡極以觀之）公宴於五梧武伯爲祝（祝士觴酒）惡郭重曰何肥也（訾毀其貌）季孫曰請飲彘（飲罰之）以魯國之密邇仇讐臣是以不獲從君克免於大行又謂重也肥（言重隨君遠行勞不宜稱肥）公曰是食言多矣能無肥乎（以激三桓之數食言）飲酒不樂公與大夫始有惡

智伯晉卿與趙韓魏共攻出公出公奔齊道死智伯乃立昭公曾孫驕是爲晉懿公智伯益驕請地韓魏韓魏與之請地趙趙不與以其圍鄭之辱智伯怒遂率韓魏攻趙趙襄子懼乃奔保晉陽晉出公十一年

智伯伐鄭趙簡子疾使太子毋卹將而圍鄭智伯醉以酒灌擊毋卹毋卹群臣請死之毋卹曰君所以置毋卹爲能忍訽然亦慍智伯智伯歸因謂簡子使廢毋卹簡子不聽毋卹由此怨智伯

田乞齊大夫晏孺子元年春田乞僞事高國者每朝乞參乘言曰子得君大夫皆自危欲謀作亂又謂諸大夫曰高昭子可畏也及未發先之大夫從之六月田乞鮑牧乃與大夫以兵入公宮攻高昭子昭子聞之與國惠子救公公師敗田乞之從追之曰國惠子奔莒遂反殺高昭子晏圉奔魯（圉晏嬰之子）

公孫閱齊大夫始成侯騶忌與田忌不善公孫閱謂成侯忌曰公何不謀伐魏田忌必將戰勝有功則公之謀中也戰不勝非前死則後北而命在公矣於是成侯言威王使田忌南公襄陵十月邯鄲拔齊因起兵擊魏大敗之桂陵於是齊最強於諸侯自稱爲王以令天下三十三年殺其大夫牟辛（一作夫人）三十五年公孫閱又謂成侯忌曰公何不令人操十金卜於市曰我田忌之人也吾三戰而三勝聲威天下欲爲大事亦吉乎不吉乎卜者出因令人捕爲之卜者驗其辭于王之所田忌聞之因遂率其徒襲攻臨淄求成

侯不勝而奔

李園趙人事楚始楚考烈王無子春申君患人求婦人宜子者進之甚衆卒無子趙人李園持其女弟欲進之楚王聞其不宜子恐久毋寵李園求事春申君爲舍人已而謁歸故失期還謁春申君問之狀對曰齊王使使求臣之女弟與其使者飲故失期春申君曰娉入乎對曰未也春申君曰可得見乎曰可於是李園乃進其女弟即幸於春申君知其有身李園乃與其女弟謀女弟承間以說春申君曰楚王之貴幸君雖兄弟不如也今君相楚二十餘年而王無子即百歲後將更立兄弟則楚更立君後亦各貴其故所親君又安得長有寵乎非徒然也君貴用事久多失禮於王兄弟兄弟誠立禍且及身何以保相印江東之封乎今妾自知有身矣而人莫之知妾幸君未久誠以君之重而進妾於楚王王必幸妾妾賴天有子男則是君之子爲王也楚國盡可得孰與身臨不測之罪乎春申君大然之乃出李園女弟謹舍而言之楚王楚王召入幸之遂生子男立爲太子以李園女弟爲王后楚王貴李園園用事李園既入其女弟立爲王后子爲太子恐春申君語泄而益驕陰養死士

欲殺春申君以滅口而國人頗有知之者春申君相二十五年楚考烈王病朱英謂春申君曰世有無妄之福又有無妄之禍今君處無妄之世事無妄之主安可以無無妄之人乎春申君曰何謂無妄之福曰君相楚二十餘年矣雖名相國實楚王也今楚王病旦暮且卒卒而君相少主因而代立當國如伊尹周公王長而反政不即遂南面稱孤而有楚國此所謂無妄之福也春申君曰何謂無妄之禍曰李園不治國而君之仇也不爲兵而養死士之日久矣楚王卒李園必先入據權而殺君以滅口此所謂無妄之禍

也春申君曰何謂無妄之人對曰君置臣郎中楚王
卒李園必先入臣爲君殺李園此所謂無妄之人也
春申君曰足下置之李園弱人也僕又善之且又何
至此朱英知言不用恐禍及身乃亡去後十七日楚
考烈王卒李園果先入伏死士於棘門之內春申君
入棘門園死士俠刺春申君斬其頭投之棘門外於
是遂使吏盡滅春申君之家而李園女弟初幸春申
君有身而入之王所生子者遂立是爲楚幽王

第一頁十四行後脱一條

華元宋大夫也魯宣公二年春華元帥師及鄭
公子帥師戰于大棘宋師敗績將戰華元殺羊
食士其御羊斟不與及戰曰疇昔之羊子爲政
今日之事我爲政與入鄭師故敗

冊府元龜

巡按福建監察御史臣李嗣京訂正

新建縣舉人臣戴國士參閱

知建陽縣事臣黃國琦較釋

陪臣部 二十

奔亡

賜玦而去禮開待放之端越境以亡傳載出奔之迹葢夫五等疏爵千乘承家必有陪臣用司厥政固宜盡瘁以委質陳力以事公競獻其忠各專其覇其或守節不固爲德靡修當聽任之不明忠邪之並進君

臣道替上下相疑憂讒搆之言懼誅殛之罪事勢斯窘奔亡是圖其或包藏興謀出成戎首之釁退避時難反無討賊之功載之信書甚可醜也

魯隱公元年鄭共叔段出奔共(共國今汲郡共縣)公孫滑出奔衛(公孫滑共叔段之子)衛人爲之伐鄭取廩延

莊公九年齊人殺襄公初襄公立無常鮑叔牙曰君使民慢亂將作矣奉公子小白出奔莒亂作管夷吾召忽奉公子糾奔魯十二年宋南宫長萬弒閔公殺大夫仇牧及太宰督立子游(宋公子)群公子奔蕭公子御說奔亳(宋莊公子)

十六年鄭厲公治與雍糾之亂者(魯桓公十五年鄭祭仲專鄭伯患之使其壻雍糾殺之糾妻告祭仲祭仲殺雍糾厲公奔蔡魯莊十四年鄭伯復入)殺公子閼刖強鉏(二子祭仲黨)公父定叔出奔衛(共叔段之孫定謚)三年而復之曰不可使共叔無後於鄭

二十二年春陳人殺其太子御寇陳公子完與顓孫奔齊(公子完顓孫皆御寇之黨)顓孫自齊奔魯

三十二年魯莊公疾問後於叔牙(莊公弟)對曰慶父材(蓋欲進其同母兄故欲立般)問於季友對曰臣以死奉般(般莊公子季友莊公母弟)八月公薨子般即位次于黨氏(即喪位次舍也)共仲使圉人犖賊子般於黨氏(共仲慶父)成季奔陳(即季友也)

閔公元年八月季子來歸

二年八月共仲使卜齮賊公於武闈(宮中小門謂之闈)成季以僖公適邾共仲奔莒乃入立之以賂求共仲於莒莒人歸之及密使公子魚請(公子魚奚斯也)不許哭而往共仲曰奚斯之聲也乃縊

十二月鄭大夫高克奔陳克好利而不顧其君文公惡之使師次于河上久而弗召師潰而歸高克奔陳

僖公五年晉獻公使寺人披伐蒲蒲城人欲戰重耳不可曰保君父之命而享其生祿(享受也保猶恃也)於是乎得人(以祿致衆)有人而校罪莫大焉(校報也)吾其奔也遂奔

狄從者狐偃趙衰（衰趙夙弟）顛頡魏武子（武子魏犨）司空季子胥臣（臼季也時狐毛賈佗公從而獨舉此五人賢而有大功者）

十四年四月晉人殺丕鄭子丕豹奔秦

十六年鄭殺太子子華子華弟子臧出奔宋

二十八年晉文公盟諸侯於踐土衛侯出奔楚遂適陳使元咺奉叔武以受盟（奉使攝君事）或訴元咺於衛侯曰立叔武矣其子角從公公使殺之（角元咺子）咺不廢命奉夷叔以入守（夷叔武謚）晉人復衛侯衛侯先期入公子歂犬華仲前驅叔武將沐聞君至喜捉髮走出前驅射而殺之元咺出奔晉

三十年秦伯使杞子逢孫楊孫戍鄭（三子秦大夫）

三十一年鄭洩駕惡公子瑕鄭伯亦惡之故公子瑕出奔楚

三十二年杞子自鄭使告于秦曰鄭人使我掌其北門之管若潛師以來國可得也穆公召孟明西乞白乙出師於東門之外及滑鄭商人弦高使遽告于鄭鄭穆公使視客館則束載厲兵秣馬矣（嚴兵待秦師）使皇武子辭焉曰吾子淹久於敝邑惟是脯資餼牽竭矣爲吾子之將行也（示知其情）鄭之有原圃猶秦之有具圃也吾子取其麋鹿以間敝邑若何杞子奔齊逢孫楊孫奔宋

文公六年春使狐射（姑狐偃子賈季也）將中軍趙盾佐之陽處父改蒐于董易中軍（易以趙盾爲帥射姑佐）陽子成季之屬也（處父嘗爲趙衰屬大夫）故黨於趙氏九月賈季使續鞫居殺陽處父十一月晉殺續簡伯（簡伯鞫居也）賈季奔狄

八月晉襄公卒太子少（太子靈公也）晉人以難故欲立長君趙孟使先蔑迎公子雍于秦穆嬴日抱太子以啼于朝趙孟與諸大夫皆患穆嬴且畏偪（畏國人以大義來偪己）乃背先蔑立靈公而敗秦師先蔑奔秦士會從之先蔑之使也荀林父止之曰夫人太子猶在而外求君

此必不行子以疾辭若何不然將及（禍將及己）攝卿以往可也何必子同官爲寮吾嘗同寮敢不盡心乎弗聽爲賦板之三章（義取蒭蕘之言猶不可忽況同寮乎傳二十八年林甫將中行先蔑將左行）又弗聽及亡荀伯盡送其孥及其器用財賄於秦曰爲同寮故也

八年十月魯公孫敖（穆伯也）奔莒初穆伯娶於莒曰戴己生文伯其娣聲己生惠叔（穆伯公孫敖也文伯穀也惠叔難也）戴己卒又聘于莒莒人以聲己辭則爲襄仲聘焉（襄仲公孫敖從父昆弟）七年冬徐伐莒莒人來請盟（見伐故欲結援）穆伯如莒涖盟且爲仲逆及鄢陵登城見之美（鄢陵莒邑）自爲娶之

仲請攻之公將許之叔仲惠伯諫而止及是穆伯如周弔喪不至以幣奔莒從己氏焉己氏莒女魯人立文伯穆伯之子穀也穆伯生二子於莒而求復文伯以爲請襄仲使無朝聽命復而不出不得使典聽政事終寢於家三年而盡室以復適莒

是冬宋司城蕩意諸奔魯宋襄公夫人襄王之姊也昭公不禮焉昭公適祖母夫人因戴氏之族華樂皇皆戴族以殺襄公之孫孔叔公叔鍾離及大司馬公子卬皆昭公之黨也司城蕩意諸來奔效節於府人而出效猶致也意諸公子黨之孫公以其官逆之皆復之亦書以官皆貴之也

卿違從大夫之位公賢其效節故以本官逆之諸宋而復之司城官屬悉來奔故言皆復之

十二年春郕伯卒初郕太子朱儒自安於夫鍾國人弗狗順也郕伯卒太子以夫鍾與郕邽來奔郕邽亦邑公以諸侯逆之非禮也非公寵叛人

十三年邾文公卒文公元妃齊姜生定公二妃晉姬生捷菑文公卒邾人立定公捷菑奔晉

十四年九月宋高哀爲蕭封人以爲卿蕭宋附庸仕附庸還升爲卿不義宋公而出遂來奔出而待放從放所來故曰遂書曰宋子哀來奔貴之也貴其不食汚君之祿避禍速也

宣公元年晉人討不用命者放胥甲父于衛胥甲下軍佐文十二年戰河曲不肯薄秦於險而立胥克克甲之子先辛奔齊辛甲之屬大夫

二年二月鄭公子歸生伐宋華元帥師戰於大棘將戰華元殺羊食士其御羊斟不與及戰曰疇昔之羊子爲政今日之事我爲政與入鄭師故敗宋人以兵車百乘文馬百駟畫馬爲文四百匹以贖華元于鄭半入華元逃歸立于門外告而入告宋城門而後入門不苟見叔牂曰子之馬然也叔牂羊斟也卑賤得先歸華元見而慰之對曰非馬也其人也叔牂知前年言以顯故不敢讓罪既合而來奔叔牂言畢遂奔魯合猶荅也

十年夏齊惠公卒崔杼有寵於惠公高國畏其偪也公卒而逐之奔衛高國二家齊正卿

十八年公孫歸父如晉還至笙遂奔齊歸父以襄仲之立公也有寵歸父襄仲子欲去三桓以張公室時三桓彊公室弱故欲去之以張大公室與公謀而聘于晉欲以晉人去之冬公薨季文子言於朝曰使我殺適立庶以失大援者仲也夫適謂子惡齊外甥襄仲殺之而立宣公南通于楚既不能固又不能堅事齊晉故云失大援也臧宣叔怒曰當其時不能治也後之人何罪子欲去之許請去之宣叔文仲子武仲父許其名也時爲司寇主行刑言子自以歸父害己欲去者許請爲子去之也遂逐東門氏襄仲居東門故曰東門氏子家還及笙子家歸父壇帷復命於介除地爲壇而張帷介副也將去使介反命於君既復命袒括髮以麻約髮郎位哭三踊而出依在國喪禮設哭位公薨故遂奔齊

成公二年楚使申公巫臣聘于齊巫臣盡室以行室家
盡去及鄭使介反幣而以夏姬行將奔齊齊師新敗曰
吾不處不勝之國遂奔晉晉人使爲邢大夫
七年冬衛孫林父出奔齊十四年春衛定公如晉晉
侯强見孫林父焉强見欲歸之定公不可夏侯既歸晉晉
侯使郤犨送孫林父而見之衛侯見而復之復林父位
十三年曹宣公卒於師公子負芻守成公也殺太子而
自立諸侯將見子臧於王而立之子臧辭曰前志有
之曰聖達節次守節下失節爲君非吾節也雖不能
聖敢失守乎遂逃奔宋

十五年諸侯會于戚討曹成公討其殺太子而自立執而歸諸
京師諸侯將見子臧於王而立之子臧逃奔宋
十六年宋殺其大夫山於是華元爲右師魚石爲左
師蕩澤爲司馬華喜爲司徒公孫師爲司城向爲人
爲大司寇鱗朱爲少司寇向帶爲太宰魚府爲少宰
蕩澤弱公室殺公子肥華元曰我爲右師君臣之訓
師所司也今公室卑而不能正吾罪大矣不能治官
敢賴寵乎乃出奔晉魚石止華元於河上乃反使華
喜公孫師帥國人攻蕩氏殺子山魚石向爲人鱗朱
向帶魚府出舍於睢上畏同族罪及將出奔華元止之不可遂
出奔楚
十七年齊使國勝告難于晉待命于清勝國佐子齊欲討國佐故
留其子于外
十八年齊殺國佐于內宫之朝使清人殺國勝國弱
來奔弱勝之子王湫奔萊
襄公六年宋華弱奔魯華弱與樂轡少相狎長相優
又相謗也狎親習也優調戲也子蕩怒以弓梏華弱于朝子蕩樂轡
也張弓以貫其頸若械之在手故曰梏平公見之曰司武而梏於朝難
以勝矣司武司馬言其懦弱不足以勝敵遂逐之華弱來奔
七年鄭子駟使賊夜弑僖公八年群公子以僖公之

死也謀子駟子駟先之辟殺子孫子熙子侯子丁辟罪
也加罪以義之孫擊孫惡出奔衛二孫子孫之子
十四年夏諸侯之大夫從晉侯伐秦至棫林欒黶先
還諸軍從之晉人謂之遷延之役欒鍼曰此役也報
櫟之敗也役又無功晉之恥也吾有二位於戎路欒鍼
欒黶弟也二位謂黶將下軍鍼爲戎右敢不恥也與士鞅馳秦師死焉
士鞅反士鞅士匄子欒黶謂士匄曰余弟不欲往而子召之
余弟死而子來是而子殺余之弟也弗逐余亦將殺
之士鞅奔秦欒黶復修詠逐士鞅也
是年衛孫林父自戚入見蘧伯玉曰君之暴虐子所

知也大懼社稷之傾覆將若之何對曰君制其國臣敢奸之奸猶犯也雖奸之庸知愈乎言逐君更立知當差否遂行從近關出畏難作欲違出竟

十七年宋華閱卒華臣弱臯比之室臣閱之弟臯比閱之子弱侵易之使賊殺其宰華吳賊六人以鈹殺諸盧門合左師之後盧門宋城門合向戌邑後屋後左師懼曰老夫無罪賊曰臯比私有討於吳遂幽其妻幽吳妻也曰畀余以大璧畀與也宋公聞之曰臣也不唯其宗室是暴大亂宋國之政必逐之左師曰臣也亦卿也大臣不順國之耻也不如葢之乃舍之左師爲己短策苟過華臣之門必騁之惡之

十一月甲午國人逐瘈狗瘈狗入於華臣氏國人從之華臣懼遂奔陳華臣心不自安見逐狗而驚走

十九年鄭子孔之爲政也專國人患之子展子西率國人伐之殺子孔而分其室子然子孔宋子之子也子然子華父士子孔圭嬀之子也宋子圭嬀皆鄭穆公妾士子孔子良子圭嬀之班亞宋子而相親也士子孔亦相親也子然士子孔卒司徒孔實相子華子良之室司徒孔實與二女相親故而助其子三室如一言同心故及於難故二子奔及難子華子良出奔楚子華爲右尹子華卽鄭丹

二十年蔡公子燮欲以蔡之晉背楚蔡人殺之公子履其母弟也故出奔楚陳慶虎慶寅畏公子黃之偪二慶陳卿恐黃偪奪其政愬諸楚曰與蔡司馬同謀同與之晉楚人以爲討討責陳公子黃出奔楚奔楚自理

二十一年正月邾庶其以漆閭來奔二邑在高平南平湯縣東北有漆鄉西北有顯閭亭以邑出爲叛迎魯是春齊侯討公子牙之黨執公子買於句瀆之丘公子鉏奔魯叔孫還奔燕二子齊公族

秋晉欒盈出奔楚初欒桓子娶於范宣子生懷子桓子欒黶懷子盈也范鞅以其亡也怨欒氏十四年欒黶強逐范鞅使奔秦故與欒盈爲公族大夫而不相能桓子卒欒祁與其老州

賓通欒祁桓子妻范宣子女盈之母也范氏老後祁姓幾亡室矣言亂甚懷子患之祁懼其討也愬諸宣子曰盈將爲亂以范氏爲死桓主而專政矣桓主欒黶曰吾父逐鞅也不怒而以寵報之謂宣子不爲黶責怒鞅而反與鞅寵位又與吾同官而專之同爲公族大夫而鞅專其權勢吾父死而益富死吾父而專於國有死而已吾蔑從之矣言宣子專政盈欲以死作難其謀如是懼害於主吾不敢不言范鞅爲之徵證其有此懷子好施士多歸之宣子畏其多士也信之懷子爲下卿懷子佐宣子使城著而遂逐之著晉邑在外易逐盈出奔楚知起中行喜州綽邢蒯出奔齊四子晉大夫皆欒氏之黨也

二十三年夏邾畀我奔魯（畀我是庶其之黨同有竊邑叛君之罪）

十月魯臧孫紇奔齊初季武子無適子公彌長而愛悼子（彌公鉏悼子紇也）欲立之訪於臧紇臧紇曰飲吾酒吾爲子立之季孫飲大夫酒臧紇爲客（爲上賓）旣獻（已獻酒）臧孫命北面重席新樽絜之召悼子降逆之大夫皆起（臧孫下逆悼子）及旅而召公鉏（獻酬旣畢而通行爲旅）使與之齒（使從庶子之禮列在悼子之下）季孫失色（恐公鉏不從）季氏以公鉏爲馬正（馬正家司馬）孟孫惡臧孫（不相善）季孫愛之（愛其成己志）孟孫之御騶豐點好羯也（羯孟莊子之庶子孺子秩之弟孝伯）曰從吾言必爲孟孫（爲孟孫後）再三云羯從之孟莊子疾豐點謂公鉏苟

立羯請讎臧氏（使孟氏與公鉏共怨臧孫）公鉏謂季孫曰孺子秩固其所也若羯立則季氏信有力於臧氏矣弗應孟孫卒公鉏奉羯立於戶側（戶側喪主）季孫曰秩焉在公鉏曰羯在此矣遂立羯秩奔邾孟氏閉門告於季孫曰臧氏將爲亂不使我葬（不使孟孫得成葬禮）季孫不信臧孫聞之戒（戒爲備也）冬十月孟氏將辟藉除於臧氏（辟穿藏也於臧氏借人除葬道）臧孫使正夫助之（正夫遂正）除於東門甲從己而視之（畏孟氏故從甲士視作者）孟氏又告季孫季孫怒命攻臧氏（見其有甲故）臧紇斬鹿門之關以出奔邾（魯南城邾東門）臧伯自邾如防（防臧孫邑）致防而奔齊

是月晉人克欒盈于曲沃盡殺欒氏之族黨欒魴出奔宋

二十四年冬陳人復討慶氏之黨鍼宜咎出奔楚

二十五年齊崔杼弑其君光盧蒲癸奔晉王何奔莒（二子莊公黨）閭丘嬰以帷縛其妻而載之與申鮮虞乘而出（二子莊公近臣）鮮虞推而下之（下嬰妻也）曰君昏不能匡危不能救死不能死而知匿其暱（匿藏也暱親也）其誰納之行及弇中將舍（弇中狹道）嬰曰崔慶其追我鮮虞曰一與一誰能懼我（言雖道狹衆無所用）遂舍枕轡而寢（恐失馬也）食馬而食駕而行嬰出弇中謂嬰曰速驅之崔慶之衆不可當遂

奔魯

二十六年春衛獻公使子鮮（子鮮獻公母弟）與甯喜言苟反政由甯氏祭則寡人甯喜告蘧伯玉伯玉曰瑗不得聞君之出敢聞其入（十四年孫氏欲逐公瑗從近關出）遂行從近關出

夏齊烏餘以廩丘奔晉（烏餘齊大夫）

二十七年夏衛侯之弟鱄出奔晉（子鮮也）衛殺甯喜子鮮曰逐我者出（謂孫林父）納我者死（謂甯喜）賞罰無章何以沮勸君失其信而國無刑不亦難乎（難以治國）且鱄實使之（使甯喜納君）遂出奔晉公使止之不可（不肯留）及河又使止之止使者而盟於河（誓不還）託於木門（木門晉邑）不向衛

閭而坐怨之深也木門大夫勸之仕不可曰仕而廢其事罪也從之昭吾所以出也將誰愬乎從之謂治其事也事治則明已出欲仕無所自愬吾不可以立於人之朝矣終身不仕自誓不仕終身公喪之如稅服終身稅即繐也喪服繐縗裳縷細而希非五服之常本無月數痛愍子鮮故特爲此服無月數數而獻公尋薨故言終身

九月齊崔明奔魯初崔杼生成及彊而寡偏喪曰寡時也娶東郭姜生明東郭姜以孤入曰棠無咎無咎棠公之子與東郭偃相崔氏偃姜之弟崔成有疾而廢之有惡疾也而立明成請老于崔崔子許之偃與無咎弗予曰崔宗邑也必在宗主宗邑宗廟所在宗主爲崔明成與彊怒殺東郭偃棠無咎

崔子怒遂見慶封慶封曰請爲子討之使盧蒲嫳攻崔氏遂滅崔氏殺成與彊而盡俘其家其妻縊嫳復命於崔子且御而歸之至則無歸矣乃縊崔明辟諸大墓開先人之冢藏之遂奔魯

二十八年夏衛人討甯氏之黨故石惡出奔晉

冬齊慶封來奔叔孫穆子食慶封慶封氾祭禮食有祭示有所先也氾祭遠散所祭不共穆子不說使工爲之誦茅鴟工樂師茅鴟逸詩刺不敬亦不知旣而齊人來讓讓魯受慶封封奔吳

二十九年九月齊公孫蠆公孫竈放其大夫高止於北燕蠆子尾竈子雅放者宥之以遠故高豎以盧叛豎高止子十月閭丘嬰帥師圍盧高豎曰苟使高氏有後請致邑還邑於君齊人立敬仲之曾孫酀敬仲高傒良敬仲也良猶賢也十一月高豎致盧而出奔晉晉人城緜而寘旃晉人善其致邑

三十年鄭良霄出奔許鄭伯有良霄也耆酒爲窟室窟室地室而夜飲酒擊鐘焉朝至未已朝者曰公焉在家臣故謂伯有爲公其人曰吾公在壑谷壑谷窟室皆自朝布路而罷布路分散旣而朝伯有朝鄭君則又將使子晳如楚歸而飲酒子晳以駟氏之甲伐而焚之伯有奔雍梁雍梁鄭地醒而後知之遂奔許

是年鄭羽頡出奔晉爲任大夫羽頡即馬師頡任晉縣今屬廣平郡雞

澤之會在三年鄭樂成奔楚遂適晉羽頡因之與之比而事趙文子言伐鄭之說焉以宋之盟故不可宋盟約弭兵故

昭公元年夏秦伯之弟鍼出奔晉后子有寵於桓如二君於景后子秦桓公子景公母弟鍼也其權寵如兩君其母曰弗去懼選選數也恐景公數其罪而加戮鍼適晉其車千乘

冬楚公子圍問王疾縊而殺之楚右尹子干出奔晉宮廐尹子晳出奔鄭子干奔晉從車五乘叔向使與秦公子同食食祿同皆百人之餼百人卒也其祿定百人趙文子曰秦公子富謂秦鍼富强秩祿不宜與子干同叔向曰底祿以德底致

（也）德均以年年同以尊公子以國不聞以富且夫以千乘去其國彊禦已甚詩曰不侮鰥寡不畏強禦（詩大雅侮陵也）秦楚匹也使后子與子干齒（以年齒爲高下而坐）

四年冬魯叔孫豹卒（以餒死）叔仲子謂季孫曰帶受命於子叔孫曰葬鮮者自西門（不以壽終爲鮮西門非魯朝正門）季孫命杜洩（杜洩叔孫氏家宰命使從西門）杜洩曰卿喪自朝魯禮也（從生存朝覲之正路）吾子爲國政未改禮而又遷之（遷易也）群臣懼死不敢自也既葬而行（善杜洩能辟禍）

五年夏莒牟夷以牟婁及防茲來奔牟夷非卿而書尊地也（尊重也重地故書以名其人終爲不義）

六年二月鄭罕朔奔晉鄭馬師氏與子皮氏有惡（馬師氏公孫鉏之子罕朔也襄二十年馬師頡出奔公孫鉏代之爲馬師與子皮俱同一族）罕朔殺罕魋（魋子皮弟）罕朔奔晉齊宣子問其位於子產（問朔可使在何位）子產曰君之羇臣苟得容以逃死何位之敢擇卿違從大夫之位（謂以禮去者降位一等）罪人以其罪降（罪重則降多）古之制也朔於敝邑亞大夫也其官馬師也（大夫位馬師職）獲戾而逃唯執政所寘之得免其死爲惠大矣又敢奸位宣子爲子產之敏也使從嬖大夫（爲子產故使降一等不以罪降）

夏宋華合比出奔衛宋寺人柳有寵（有寵於平公）太子佐惡之華合比曰我殺之（欲以求媚太子）柳聞之乃坎用牲埋書（許爲盟處）而告公曰合比將納亡人之族（亡人華臣也襄十七年奔衛）既盟於北郭矣公使視之有焉遂逐合比合比奔衛

八年七月齊子尾卒子旗欲治其室（子旗欒施也欲并治子尾之家政）殺梁嬰（梁嬰子尾家宰）八月逐子成子工子車（三子齊大夫子尾之屬子成頃公子故也子工成之弟鑄也子車頃公之孫捷也）皆來奔

十年夏齊欒施奔魯齊惠欒高氏皆耆酒（欒高二族皆出惠公）信內多怨（信婦人言故多怨）彊於陳鮑氏而惡之（惡陳鮑）有告陳桓子曰子旗子良將攻陳鮑亦告鮑氏桓子授甲

而如鮑氏遭子良醉而騁（欲及子良醉故驅告鮑文子）遂見文子（文子鮑國）則亦授甲矣使視二子（子旗子良）則皆將飲酒桓子曰彼雖不信（彼傳言者）聞我授甲則必逐我及其飲酒也先伐諸陳鮑方睦遂伐欒高氏戰于稷（稷祀后稷之處）欒高敗又敗諸莊（莊六軌之道）國人追之又敗諸鹿門（鹿門齊城門）欒施高彊來奔

十二年十月公子憖出奔齊季平子立而不禮於南蒯（蒯南遺之子季氏費邑宰）南蒯謂子仲（子仲公子憖）吾出季氏而歸其室於公（室季氏家財）子更其位（更代也）我以費爲公臣子仲許之南蒯語叔仲穆子且告之故（穆子叔仲帶之子叔仲小也語

以欲出季氏以不見禮故季悼子之卒也叔孫昭子以再命爲卿悼子季武子之子平子父也傳言叔孫之見命乃在平子爲卿之前及平子伐莒克之更受三命十年平子伐莒以功加三命昭子不伐莒亦以例加以三命叔仲子欲構二家欲構使相爭謂平子曰三命踰父兄非禮也言昭子受三命自踰其父兄平子曰然故使昭子使昭子自貶黜昭子曰叔孫氏有家禍殺適立庶故婼也及此禍在四年若因禍以斃之則聞命矣言因亂討已不敢辭若不廢君命則故有著矣著位次昭子朝而命吏曰婼將與季氏訟書辭無頗頗偏也季孫懼而歸罪於叔仲子故叔仲小南蒯公子慭誅季氏慭告公而遂從公如晉慭子仲南蒯懼不克以費

叛如齊子仲還及衛聞亂逃介而先介副使也及郊聞費叛遂奔鄭

十四年春南蒯奔齊南蒯之將叛也盟費人司徒老祁盧癸二人南蒯家臣僞廢疾使請于南蒯曰臣願受盟而疾興若以君靈不死請待間而盟間差也許之二子因民之欲叛也請朝衆而盟欲因合衆而作亂遂劫南蒯曰群臣不忘其君君謂季氏畏子以及今三年聽命矣子若弗圖費人不忍其君將不能畏子矣不能復畏子子何所不逞欲請送子送使出奔請期五日南蒯請期冀有變遂奔齊

十五年夏蔡朝吳出奔鄭楚費無極害朝吳之在蔡也朝吳蔡大夫有功於楚平王故無極恐其有寵疾害之欲去之乃謂之曰王唯信子故處子於蔡子亦長矣而在下位辱必求之吾助子請請求上位又謂其上之人蔡人在上位者曰王唯信吳故處諸蔡二三子莫之如也而在其上不亦難乎弗圖必及於難蔡人逐朝吳朝吳出奔鄭

二十年春楚太子建奔宋楚費無極言於楚子曰建與伍奢將以方城之外叛十九年令太子建居城父王信之執伍奢使城父司馬奮揚殺太子未至而使遣之知太子寃故遣令去太子奔宋無極曰奢之子材若在吳必憂楚國盍以免其父召之彼仁必來不然將爲患王使召之曰

來吾免而父棠君尚謂其弟員尚奢長子爲棠邑大夫員尚弟子胥曰爾適吳我將歸死吾知不逮我能死爾能報爾其勉之伍尚歸楚人皆殺之員如吳

夏曹公孫會自鄸出奔宋鄸曹邑

秋衛齊豹殺公孟縶縶靈公兄公出如死鳥北宮氏之宰伐齊氏滅之公入八月公子朝褚師圃子玉霄子高魴出奔晉皆齊氏黨

冬宋華亥向寧華定出奔陳宋元公無信多私而惡華尚華定華亥與向寧謀華亥僞有疾誘殺群公子取太子欒與母弟辰公子地爲質公亦取華亥向寧

華定之子爲質公子城平公子公孫忌樂舍舍樂喜孫司馬彊向宜向鄭宜鄭皆向戌子楚建楚平王之亡太子郳甲小邾穆公子出奔鄭公子宋大夫皆公黨避難出奔其徒與華氏戰八子之徒衆也敗子城予城奔晉十月公殺華向之質而攻之華向奔陳華登奔吳登費遂之子黨華向者

三十一年冬邾黑肱以濫奔魯黑肱邾大夫

定公元年叔孫成子逆昭公之喪於乾侯初昭公二十五年孫于齊子家懿伯從子家羈也叔孫逆公喪請見子家子子家子辭曰羈未得見而從君以出出時成子未爲卿君不命而薨羈不敢見言未受昭公之命託辭以拒叔孫叔孫使

告之曰公衍公爲實使群臣不得事君二子始謀逐季氏若公子宋主社稷則群臣之願也宋昭公弟定公兄凡從君出而可以入者將唯子是聽子家氏未有後季孫願與子從政此皆季孫之願也使不敢以告不敢叔孫成子名對曰若立君則有卿士大夫與守龜在羈弗敢知若從君者則貌而出者入可也貌出謂以義從公與季氏無實怨寇而出者行可也與季氏爲寇讐者自可去若羈也則君知其出也君昭公而未知其入也羈將逃也喪及壞隤公子宋先入從公者皆自壞隤反從公諸臣皆反出奔

四年冬吳子及楚人戰于柏舉楚師敗績楚囊瓦出奔鄭初伍員爲吳行人以謀楚楚之殺郤宛也伯氏之族出伯州犁之孫嚭爲吳太宰以謀楚冬蔡侯吳子唐侯伐楚舍舟于淮汭自豫章與楚夾漢楚令尹囊瓦也子常濟漢而陳三戰子常知不可欲奔知吳不可勝十一月庚午二師陳于柏舉闔廬之弟夫槩王以其屬五千先擊子常之族子常之卒奔楚師亂吳師大敗之子常奔鄭五年九月吳王闔廬弟夫槩王歸自立也以與王戰而敗自立爲吳王號夫槩奔楚爲棠谿氏

八年夏晉師將盟衛侯于鄟澤趙簡子曰群臣誰敢盟衛君者前年衛叛晉屬齊簡子意欲摧辱之涉佗成何曰我能盟之

二子晉大夫將歃涉佗捘衛侯之手及捥捘擠也血至捥衛侯怒叛晉晉人請改盟弗許十年晉人討衛之叛曰由涉佗成何捘衛侯手故於是執涉佗以求成於衛衛人不許晉人殺涉佗成何奔燕

九年春宋公使樂大心盟于晉且逆樂祁之尸辭僞有疾乃使向巢如晉盟且逆子梁之尸巢向戌曾孫子明謂桐門右師出子明樂祁之子溷也右師樂大心子明族父也右師往到子明舍子明遂使出門去曰吾猶衰絰而子擊鐘何也忿其不逆父喪因責其無同族之恩右師曰喪不在此也既而告人曰已衰絰而生子余何故舍鐘巳子明也子明聞之怒言於公曰右師將不利

戴氏樂氏戴公族不肯適晉將作亂不然無疾乃逐桐門
右師樂大心奔曹
十年秋宋公子地奔陳初公子地嬖蘧富獵地宋景公弟辰之兄也十一分其室而以其五與之與富獵也公子地有白
馬四公嬖向魋魋欲之魋司馬桓魋也公取而朱其尾鬣
以與之與魋也地怒使其徒抶魋而奪之魋懼將走公
閉門而泣之目盡腫母弟辰曰子分室以與獵也而
獨卑魋亦有頗焉子爲君禮禮辟君也不過出竟君必止
子公子地出奔陳公弗止辰爲之請弗聽辰曰是我
廷吾兄也廷欺也吾以國人出君誰與處冬母弟辰暨

仲佗石彄出奔陳佗仲幾子彄褚師段子皆宋卿衆之所望故言國人
十四年春衛侯逐公叔戍與其黨故趙陽奔宋戍來
奔夏衛北宮結來奔公叔戍之故也亦黨公叔戍
秋衛世子蒯聵出奔宋盡逐其黨故公孟彄出奔鄭
自鄭奔齊
哀公三年秋季孫有疾命正常曰無死正常桓子之寵臣欲付以後事故勑令勿從己死南孺子之子男也則以告而立之南孺子季桓子之妻言若生男告公而立之女也則肥也可肥康子也季孫卒康子
即位既葬康子在朝在公朝也南氏生男正常載以如朝
告曰夫子有遺言命其圉臣曰南氏生男則以告於
君與大夫而立之今生矣男也敢告遂奔衛康子請
退退辟位也公使共劉視之共劉大夫則或殺之矣乃討之
討殺者召正常正常不反畏康子也
冬十月晉趙鞅圍朝歌師于其南范仲行所在荀寅伐其
郛伐其北郭圍使其徒自北門入巳犯師而出荀寅使左外救巳之徒擊趙氏圍之北門因身內攻得出癸丑奔邯鄲
四年九月晉趙鞅帥師圍邯鄲邯鄲降荀寅奔鮮虞
十二月齊弦施會鮮虞人納荀寅於栢人
五年春晉圍栢人荀寅士吉射奔齊
秋齊景公疾使國惠子高昭子立荼惠子國夏昭子高張寘群

公子于萊萊齊東鄙邑齊景公卒冬十月公子嘉公子駒
公子黔奔衛公子鉏公子陽生來奔皆景公子在萊者萊人
歌之曰景公死乎不與埋三軍之事乎不與謀師乎
師乎何黨之乎師衆也黨所也之往也稱謚蓋葬後而爲此歌哀群公子失所
六年夏六月陳乞鮑牧牧鮑國孫及諸大夫以甲入于公
宮昭子聞之與惠子乘如公戰于莊敗高國敗也莊六軌之道
國人追之國夏奔莒遂及高張晏圉弦施來奔圉晏嬰之子圉施
八月齊邴意茲來奔高國之黨故
十一年夏陳轅頗出奔鄭初轅頗爲司徒賦封田以

嫁公女封内之田悉賦稅之有餘以爲已大器大器九鼎之器國人逐之故出道渴其族轅咺進稻醴粱糗服脯焉糗乾飯也喜曰何其給也對曰器成而具具此醴糗曰何不吾諫對曰懼先行恐言不從先見逐

冬衛太叔疾出奔宋疾卽齊也初疾娶于宋子朝子朝宋人仕衛爲大夫其娣嬖娣所娶女之弟子朝出出奔孔文子使疾出其妻而妻之疾使侍人誘其初妻之娣寘于犂犂衛邑而爲之一宮如二妻文子怒欲攻之仲尼止之遂奪其妻或淫于外州外州人奪之軒以獻外州衛邑軒車恥是二者故出

十四年春小邾射以句繹來奔射小邾大夫繹地名

五月陳宗豎出奔楚

是月宋向魋出奔衛桓魋之寵害於公恃寵驕盈公使夫人驟請享焉而將討之夫人景公母也數請享飲欲因請討之未及魋先謀公請肇易薄肇向魋邑薄公邑欲因易邑爲公享宴而作亂公曰不可薄宗邑也乃益肇七邑而請享公焉僞喜受賜以日中爲期家備盡往甲兵之備公知之向魋遂入于曹以叛八年宋滅曹以爲邑六月使左師巢伐之欲質大夫以入焉巢不能伐以致公怒待國內大大夫爲質還入國不能亦入于曹取質不能得大夫故入曹劫曹人弟子而質之欲以自固魋曰不可既不能事君又得罪於民將之若何乃舍之舍曹子弟民遂叛之向魋奔衛向巢來奔宋公止之曰寡人與子有言矣不可以絕向氏之祀辭曰臣之罪盡滅桓氏可也若以先君之故而使有後君之惠也若臣則不可以入矣司馬牛致其邑與珪焉而適齊牛桓魋弟也珪守邑符信向魋出於衛地公文氏攻之公文氏衛大夫求夏后氏之璜焉與之佗玉而奔齊陳成子使爲次卿司馬牛又致其邑焉而適吳示不與魋同吳人惡之而反趙簡子召之陳成子亦召之卒于魯郭門之外阬氏葬諸丘輿阬氏魯人泰山南城縣西北有輿城錄其卒葬所在愍賢者失所

冬陳轅買出奔楚

十五年夏齊高無丕出奔北燕

十六年春衛瞞成褚師比出奔宋初衛莊立害故政欲盡去之故政輒之臣先謂司徒瞞成曰寡人離病于外久矣請亦嘗之歸告褚師比欲與之伐公不果乃奔

夏衛孔悝出奔宋是時衛侯飲孔悝酒於平陽曹郡燕縣東北有平陽亭重酬之大夫皆有納焉納財賄也醉而送之夜半而遣之夜遣者慙負孔悝不欲令人見載伯姬於平陽而行載其母俱去及西門使貳車反祏于西圃使副車還取廟主于西圃孔氏廟所在祏藏主石函子伯季子初爲孔氏臣新登于公升爲大夫請追之遇載祏者殺而乘其車子伯殺載祏者許公爲反祏孔氏徑載祏者久不

來使公爲反逆之過之曰與不仁人爭明無不勝不仁人謂子伯季子也明無不勝言必勝必使先射射三發皆遠許爲許爲射之殪傳言子伯不仁所以能也或以其車從從公爲得祏於橐中孔悝奔

宋

秋衛太叔遺奔晉衛侯占夢嬖人以能占夢見愛求酒於太叔僖子僖子太叔遺不得與卜人比而告公曰君有大臣在西南隅弗去俱害託占卜夢而言乃逐太叔遺奔晉

魏武侯時吳起治西河之外王錯譖之魏武侯武侯使人召之吳起至於岸門止車而休望西河泣數行下其僕謂之曰竊觀公之志視舍天下若舍屣今去

西河而泣何也吳起雪泣應之曰子不識也君知我而使我畢能秦必可亡西河可以王今君聽讒人之議而不知我西河之爲秦也不久矣魏因此削矣吳起果去魏入荆有間西河畢入秦魏日以削秦日益大此吳起之所以先見而泣也

楚惠王十九年王子英奔秦

秦厲共公二十五年晉大夫智開率其邑人來奔

二十九年晉大夫智伯寬率其邑人來降

趙敬侯元年武公子朝出奔魏初烈侯卒弟武公立武公卒趙復立烈侯太子章是爲敬侯敬侯元年武公子朝作亂不克出奔衛

韓威侯二十五年公子緤與太子爭立緤敗亡奔

孝成王時使廉頗伐魏之繁陽屬衛郡拔之王卒子悼襄王立使樂乘代廉頗廉頗怒攻樂乘樂乘走廉頗奔魏之大梁

齊威王時成侯鄒忌及田忌將而救韓伐魏成侯與田忌爭寵成侯賣田忌田忌懼襲齊之邊邑不勝亡走會威王卒宣王立知成侯賣田忌乃復召田忌以爲將

秦昭王七年欲誅呂禮禮出奔齊

燕昭王時使樂毅爲上將軍并護趙楚韓燕之兵以伐齊五歲下齊七十餘城皆爲郡縣以屬燕唯獨莒即墨未服會昭王死子立爲惠王惠王自爲太子時嘗不快於樂毅及即位得齊反間乃使騎劫代將而召樂毅樂毅知惠王之不善代之畏誅西降趙趙封樂毅於觀津號曰望諸君

秦孝公二十四年衛鞅亡歸魏